中国古代車馬研究

林巳奈夫【著】
岡村秀典【編】

臨川書店

中国古代車馬研究

序論

中国大陸の一角に新石器時代文化のはしりが初めて姿を現わすのは紀元前第六千年紀のことである。紀元前第五千年紀には同大陸東部に赤焼きの彩文土器をもった新石器文化が定着し、前第三千年紀にはこれが灰色ないし黒色を基調とする彩文のない土器に特徴づけられた文化に移行、その末期には銅の道具が現れる。前第二千年期中頃には青銅器鋳造の開始と前後して王朝の成立が確認され、前第二千年紀の終りの三分の一には文字、暦、宮殿、軍団、それに祭祀、饗宴用の豪勢な青銅容器類によって特徴づけられた殷王朝が繁栄する。前第二千年紀末に周辺の未開民族に出自する周が殷にとって代り、その文化を継承する。前第一千年紀の半ば過ぎから中国も鉄器時代に入り、それまでそれぞれ地方的な特色を保持して来た独立国は前二二一年、秦始皇帝に統一される。短命であった秦に代った漢帝国は四〇〇年の命脈を保ち、画一化された文化を版図の隅々にまで浸透させるに至る。古代中国文化の集大成であった。

中国は農耕文化の開始、青銅器の使用、鉄器時代の始まり等、年代的に西アジア文明から立ち遅れてはいるが、その文明発達の速度、その創造性において目覚しいものがあった。紀元前第二千年紀末には早くも後世中国文化の特産物として有名になる絹織物、硬質陶器、漆器の発達が知られ、前第一千年紀末には鋳鉄、紙、一頭立ての効率の良い馬車等、西方文明に数百年も先んずる大発明がなされている。中国は若々しく、創造力に富んだ時代にあった。この時代の中国が筆者の研究対象である。

ところでこの時期については、時代の関係から研究資料としては考古学的なものが大きな部分を占める――右の概観もこの方面の研究成果によったものである――。遺物のみによる研究の可能な分野にはしかし自ずから制約がある。器物の型式の時代的な変遷、特定の遺跡や文化の年代の考定といった作業に始まるいわゆる考古学的研究であるが、この方法によって復原された過去の世界は無言であり、主人公であった人間の社会的紐帯についての推測も極めて抽象的なものに留まる。

一方、文献資料も利用できる時期になると、考古学の遺物の扱いも多様となり、遺物をして語らしめる部面も格段に広くなる。筆者が長年とり組んで来たのは中国のこの時期に属する事物の研究である。

中国においては紀元前第一千年紀の後半、経済が急テンポで発展し、新しい社会階層が支配者にのし上り、彼らに対して思想家、策士たちが多様な理想を提げて華やかな言論を展開した。その中に、急速にわからなくなってゆく古き良き時代の制度、社会慣行、事物を記録し、復原して理想にかかげようという一派があった。彼らのテキストは幸い現在にまで残り、彼ら一派の理想の王国の文物制度について語っている。一時代前までは、これが秦より古い時代の事物に関するほとんど唯一の知識源であった。しかしここ半世紀ばかりにわたる考古学の発達により情勢は一変した。現代の我々は彼らの語る時代について、地下から掘り出された同時代の品物の豊富な知識を持つに至った。にもかかわらず彼らのテキストも依然として価値を持っている。発掘された器物の名称、用途、社会の中における役割等を研究する参考資料としてである。我々には文献資料に書かれていることと豊富な考古学的知識を突き合せるという、必ずしも容易でないだけにやり甲斐のある仕事が加わったのである。

この一派の書きのこしたテキストの中の、器物についての知識は、現代の我々の持つ年代の明らかな実物についての知識に照らしてみてゆくと、極めて抽象的、図式的であり、時代不詳のものであることが明らかになる。また彼らの器物に関する知識は、意外なことであるが、その理想的な制度の伝説的な創始者よりずっと時代が降ったもので、前九世紀を遡ることがないことが知られるに至った。即ち前第二千年紀末から前第一千年紀初、殷後期から西周時代となると、彼らの文献は参考にならないということである。この時期に関しては、筆者はひと先ずあまり頼りにならない文献資料の浮袋を離して、地中から掘り出される遺物の海に泳ぎ出し、探索を試みてから改めてもどって来る方法を採った。この方法によって予期した以上の展望が文献資料記載についても開かれるのが常である。このことは文献の相当に整備されている紀元後の時代の遺物、図像類の研究についても言えることである。

この本に採録したのは右に概括した一様でない方法によって行ってきた筆者の研究のうち、国家、社会の制度に関連したものの若干である。*文献資料による考古遺物の同定、考古遺物を利用した文献資料の解釈という事実解明のほか、両方面の資料の活用による幾つかの新たな文化事象の析出にも成功していることと信ずる。

*他にこの方面の研究としては次のものがある。
「中国古代の祭玉、瑞玉」『東方学報』京都四〇、一六一―三二三頁、一九六九年
「佩玉と綬―序説」『東方学報』京都四五、一―五七頁、一九七三年
「先殷式の玉器文化」『ミュージアム』三三四、四―一六頁、一九七九年
「中国古代の酒甕」『考古学雑誌』六五、二、一―二二頁、一九七九年

第一章　先秦時代の旗

軍隊の観念から軍旗や徽章類を除外することはできない。中国先秦時代の武器、あるいは軍事組織の研究は従来いくつも発表されているが、旗については資料が不十分なためか、まとまった研究がない。旗は、それを以て直接敵を殺傷する武器ではないが、古代中国人にとっては単なる付随的な部隊の象徴に止ったはずはない。それは宗教的な威力をもって、青銅製の武器と同等の、あるいはそれ以上の力を以て敵を圧倒するものであったと予想されるのである。旗を研究することによって古代中国の宗教、軍事、社会制度を明らかにすることができるのではないか。筆者が不十分な資料を以てこの方面の研究に手をつけた所以である。

古代中国の旗には、当然のことながら各種の形態のものがあると共に、それにはいろいろの意匠の図柄がつけられていた。旗の研究はこの両者の研究をまって始めて完全なものとなるのであるが、ここにはまず旗の各種の形態を扱うことにしたい。図柄の方は次の章で詳しく論ぜられる。

一　『周礼』司常に記される旗

先秦時代の旗の実物ないし、旗の圧痕などの跡は現在ほとんど全く発見されていない。そこで資料は文献の記述と、同時代の図像的表現に限られる。最初に先秦時代の旗の種類、用途の別を記した『周礼』春官、司常の文から検討しよう。始めに司常の取扱う旗の種類を記して次のごとくいう。

司常掌九旗之物名、各有属以待国事、日月為常、交龍為旂、通帛為旜、雑帛為物、熊虎為旗、鳥隼為旟、亀蛇為旐、全羽為旞、析羽為旌

王の旌旗を司る役の司常は、次の九種の旗の異なった図案と名称を取り扱う。これらの旗には各々徽識、即ち小さい布製の徽章がついており、それぞれ国の行事にそなえてある。日月の図案をつけたのを「常」といい、交龍の図案をつけたのを「旂」という。一色の生地で作ったのを「旜」といい、色ちがいの生地で作ったのを「物」という。熊虎の図案をつけたのを「旗」といい、鳥隼の図案をつけたのを「旟」といい、亀蛇の図案をつけたのを「旐」という。鳥の羽根で作ったのを「旞」といい、裂いた羽根で作ったのを「旌」というのである。（ついで国の行事の際のこれらの旗の用途が記されるが、これは略す。）

ここに記された各種の旗のうち、まず鄭玄が形式の違うものとして説明しているものからその具体的な形を考えてみたい。

〈旜〉鄭玄は本文の旜と物につき

通帛謂大赤、従周正色、無飾、雑帛者以帛、素飾其側、白殷之正色

通帛というのは赤一色の旗をいい、赤は周王朝の正色によったもので、装飾はない。雑帛というのは帛で作り、白い絹でふちを飾る。白は殷王朝の正色だ

という。孫詒讓は鄭玄が旜、物をそれぞれ独立した一種類の旗の名としているのは誤りで、これらは常、旂、旟、旗、旐の五種に共通した記述でなければならないという。(1) 孫はこの五旗は五行の各色に対応して大常は黄、大旂は青というように五色のうちの一色の布で作られた、という説をとるからこう解するわけである。しかしこれは五行

説で古典を整理して説明するようになってからの説で、先秦時代に実際にあった事実の反映として礼経を利用しようという場合には採るには当るまい。

鄭玄は旜について赤一色の旗だというのについては、孫詒讓が引くごとく漢魏時代に他にも生地の色だけで図案を画いてないのを旜とする説がある[2]。これは漢時代にあった朱一色の旗、例えば遼陽、棒台子屯壁画墓[3]の例のごとき類を頭に置いて言ったものであり、また鄭玄が「雑帛為物」について色ちがいの生地を縫い合せて作った一種類の旗としたのも、この墓の朱黒両色の旗[4]のごときものを考えて言ったに相違ない。おそらく鄭玄が考えたごとく、先秦時代にも同様なものがあったとみてよいと考えられる。

一方、孫詒讓は王の五旗でも、大事には一色の生地のものを用い、小事には色ちがいの生地をはいだものを用いたろうという[5]。大事、小事という標準で実際に区別したかは別として、同じ形式の旗でこういう生地の使い方の違うものがあったことは事実と考えられる。図3の1と2の左側の旗を比べてみると、同じく日月の類と思われる図案を飾った同形式の旗でありながら2の方は生地が一色と思われるに対し、1の方は末の方が日月と同じ凸で浮き出しに表わされ、ここは色ちがいの生地を使ったことを表わしていると解釈できるからである。

〈物〉　司常の本文「雑帛為物」について鄭玄は前引のごとく旗の大体のへりに殷の正色たる白の絹でふちをつけると解釈している。『釈名』釈兵にも雑色の生地で燕尾形のふちをつけたものが「物」だという解説がある[6]。これらは、図1の1、2の旗のふちに縫いつけられたようなものを頭において解釈したものであろう。

これは一説であるが、漢人には別に次に記すごとく、ふちどりとは別な、「物」を独立の旗の一形式とする解釈がある。即ち、『説文』勿部に

勿、州里所建旗、象其柄有三游、襍帛、幅半異、以趨民……㫾或从㫃

勿は州里の建てる旗である。この字形はこの旗の柄と、三本の吹き流しを象る。生地は半幅ずつ色ちがいになっ

ている。……この字はまた㫃に従って𣄴に作る[7]と。

孫詒譲はここに「三游」というのは字形によっていったものだという[8]。まあ、吹流しは三本には限るまい。ここにいう𣄴は、鄭玄らのいう旗のふち取りの布とは異なるものと思われる。この字が象るというからには、いろいろの色の幅の狭い布を何本か束にした五月の節句の吹流し状のものでなければならない。漢代の図像のうちには見つからないが、戦国時代の狩猟の画像に現れる、図3の6の右の馬車の後にみるものがこれに当ると思われる。このような色ちがいの布を何本か束ねたものが「物」とすれば、一色の布一本を以てする旜と対にして挙げられるにちょうどふさわしいであろう。「物」は図3の6の左の馬車にみるごとく、別の形式の旗の柄にとりつけられることもある。漢人が他の形式の旗の付属物と解釈した「物」はふち取りのようなものでなく、本来はこのような形で付加されたのではないかと考えられるのである。

同時代の図像についての右の判断に誤りがなければ、「物（𣄴）」は独立の旗の種類ではなく、常、旂等五旗の形式に関するものだとする孫詒譲の説は一方的である。独立の旗としても用いられるし、他の旗に付属するものとして使われることもある、というのが真である。

〈旐と旆〉　孫詒譲は司常の本文に出てくる旐と、これにつけるといわれる旆というものについて考証している[9]。即ち『爾雅』釈天、その郭注、『公羊伝』宣公十二年何注[10]などを引き、旆は旐の端末につけられる燕尾形の布で色ちがいのものを用いることに注意し、劉熙が『釈名』に旗のわきにつけるとしたのは間違いだといっている。

図像でさがすと、旐とそれにつけられた旆は、図1の3に見るごときものに違いない。端末は燕尾形になっており、く字形の紋様が何段かついているのは、何色かの布を縫い合せたものであろうか。この旗は旗の柄につけられたふさ状のものにつながれている。棒の先につけたこのようなふさは旄と呼ばれたものに違いない。後漢時代の車馬行列の先頭を行く伍佰のもつこの式の持物（図2の1）が旄であることは第七章、六六六頁に説明するごとくである。

旄に旐をつけることは先秦時代からあったことである。即ち、『詩』小雅、出車の「設此旐矣、建彼旄矣」（この旐を設け、かの旄を建つ）の句を鄭箋は、旐を旄につないで戎車に建てたのだと説明している。[11] また『左伝』定公四年には晋人が羽旄を鄭人から借り、これに旐、旆をぶらさげた話が出ている。[12]

〈旌〉司常の「全羽為旞、析羽為旌」について鄭玄は

全羽析羽皆五采、繫之於旞旌之上、所謂注旄於干首也

全羽、析羽はみな五色で、旞、旌の上につないだものだ。『詩』干旄の毛伝に「注旄於干首」というのがこれだ

と。

孫詒譲はこの全羽、析羽について次のごとく考察している。[13] 即ち

『左伝』襄公十四年「范宣子仮羽毛於斉……」の孔穎達の正義に「全羽、析羽とは鳥の翼の羽根全部を使うか、その一本一本を別に分けて使うかの区別だろう」という。しかしこれは確かでない。賈公彦は『周礼』司常の正義に「『周礼』には鳥の羽根を染める官がある。鄭玄が「五采羽」というのは鳥の羽根を五色に染めて旞や旌に使ったのだろう」という。一方『儀礼』郷射礼に翿旌について「白羽与朱羽糅」というから、一本の羽根を五色に染めるのでなく、一色だけに染めたものがあったのである。すると、これを使った方が析羽であり、一本一本が五色に染めてあったのが全羽だ

と。

しかし全羽、析羽という、全、析の語は孫詒譲のいうような意味にとれるのであろうか。析はいうまでもなく「破木也」というのが本義で、分、解、分異等の意味がある。[14] 孫が『周礼』楽師の正義で引くごとく楽師の注に鄭玄は、「帗析五采繒」といい、鼓人の注に「帗列五采繒為之」という。孫は後者の正義に注意するごとく、列は『説文』に

「分解也」という意味である。そうすると今の「析五采繒」はどうしても「五采の繒を裂く」（裂いて多数集めて使う）ということでなければならない。しからば問題の全羽、析羽という時も、一本一本の羽根をそのままの形で使うものと、一本一本の羽根を裂いた上で使うもの、と取るべきである。[15]

旞、旌を形成する羽根についてはこれでわかったが、その形はどうであろうか。前引の鄭注にはこれについて具体的に記していない。孫詒譲はこの問題を考察した末、これらは常、旂、旗、旟、旐につけた旄のごとき形式のもので、これを羽根で作ったものであり、実はそういう名の独立した旗の種類があったのではない、という結論を出している。[16]これもさきの旜、旃についての場合のごとく、五方、五色に配された五旗の観念にとらわれた見解で、とうてい従い難い。

私は当然旞、旌ともに独立した種類の旗であると考える。旌は『説文』に

游車載旌、析羽注旄首

という。「游車、即ち王が田猟などに使う車に建てるもので、析羽を旄の上にくっつけたものだ」というのである。[17]『爾雅』釈天にも、旄の上にくっつけるものを旌という、とある。[18]旄は前記のごとく、図2の1のごとく竿の頭につけた毛の房の類である。このような形のものの上に析羽で作ったと思われる旗を着けた例は、本来の旗の類の図像の中からは見出されないが、図4の4のごとく鼓の上に着けた例がある。鼓の上から出た軸の上に旄とみられる房があり、その上に軽く翻る長い旗の類がつけられている。この旗には魚骨状の線が細かく画かれ、析羽をつづり合わせたものと解釈しうる。『沂南古画像石墓発掘報告』[19]に、鼓の上の飾りの説明として『漢書』礼楽志、安世房中歌の「庶旄翠旌」とあるのを引いているのは正確である。この「庶旄翠旌」について顔師古が、

謂析五采羽、注翠旄之首而為旌耳

即ち「五采の羽を裂き、翠の旄の上につないで旌としたのだ」と説明しているのはすこぶる的確である。孫詒譲らは

この形を正確に表象し損ったために前引のごとき考えを持つに至ったものである。

『爾雅』釈天の「注旄首曰旌」の注に郭樸は

載旄於竿頭、如今之幢、亦有旒

旄を竿頭につけるのは、今日の幢のごとくであり、また旒があるという。ここに出てくる幢とは第七章六七四頁に説明するように、図2の2のごときもので、旄の房を大型にしたようなものである。竿の頭に笠のような形でつくところに、旄が竿頭に短い紐で吊したのと異なる点がある。郭樸の注はこの違いを説明したのである。即ち『爾雅』に旌というのは、当時の旄のごとく（図2の1）紐で吊したのでなく、幢のように（図2の2）竿頭に載せられたものだ、と注意を加えたのである。図4の4の鼓についた飾りは旄のつき方からみて条件に合すると見られよう。この郭樸の注を旌の説明と取るのは誤りであることはいうまでもない。なお「亦有旒」というのは、この竿頭にのせた旄には旌の他に旒もついていた、という注意である。[20]

始めに引いた旞、旌の作りについての鄭玄の注の最後に「所謂注旄於干首」とあるのは、『詩』干旄「孑孑干旄」の伝「注旄於干首、大夫之旃也」即ち「旄を干首に注するのは大夫の旃である」というのを引いたものという。ここの鄭箋には旃、「物」はみな首に旄をつなぐ旨記されている。[21] しからば旞、旌の説明のためにこれを引いたというのは、旞、旌が旄だというのではなく、旌の竿の頭にも旄がついていたことを言おうとしたのだと取らねばなるまい。旌が旄でないこと、旃、「物」が旄でないのと同様である。

旌を本来の旗として使った例は漢時代の図像的資料には今のところ見出しえない。戦国時代についてみると、図3の1、2の右、図3の4のごとき、杉葉状のものが析羽をつづった旌であろうことは、筆者がさきに注意したごとくである。[22] 図3の4は田猟の車につけられている。司常に「斿車載旌」とあるのに当る。また図4の5には射の的である侯のわきに置かれた旗がみられる。これが郷射礼に服不氏が合図をするに使う旌であろうこともさきに筆者が記したごとくである。[23] これらはいずれも析羽を以て作ってあるためか、軽々と空中をうねっている。図4の3も同じく旌であろうか。これらにはいずれもはっきり旄につけられていると断ずべき表現が欠如している。図4の5の旌の竿頭に小円が表わされているのは、あるいは旄のつもりかもしれないが。

〈旞〉 次に「全羽為旞」という旞とは具体的にどのような形のものであろうか。『説文』には

旞、導車所載、全羽以為允、允、進也（段注のテキストによる）

旞は導車の載せるところのもので、全羽でもって允を作る。允とは進の意味である

とある。全羽でもって允というものを作るというのであろうか。允の何たるかは明らかでない。導車、即ち車馬行列の先頭に近いところに配置される車にのせるというが、それらしきものをのせた図像も今のところ見つからない。

また『周礼』天官、夏采に「大喪……以乗車建綏、復於四郊」（大喪には……乗車をもって綏を建て、四郊に復す）とある綏について、鄭玄は

故書綏為禮、杜子春云、「当為綏、禮非」、是也

故書には綏を禮と書いている。杜子春はいう、「当に綏と書くべきで、禮はよくない」と。その通りであるという。故書に綏を禮と書いているのは、杜子春のいう通り綏とする方がよい、というのである。孫詒譲はこれに対し、段玉裁、金榜、王引之の説を引いて、ここは禮とすべきで、禮は『説文』に旞の或体とする旞であったはずだ、という。[24] するといまの問題の旞は天子がなくなった時その乗用車に建てて四郊を廻り、天子の魂を呼びかえす儀式に使われたことがわかる。

鄭玄はこの綏について、『礼記』明堂位に「有虞氏之綏」といわれる旌旗の一つであり、字は緌に作るべきだという、その作りについて

緌以旄牛尾為之、綴於橦上、所謂注旄於干首者

綏は旄牛の尾でしわをつくり、橦の上に綴する。「注旄於干首」といわれるのであるという。「所謂」以下は司常の文にも引かれるところである。綏は旄牛の尾で作り、旗竿の上につけるというのである。この綏の説明は旄そのものの説明である。孫詒譲が記すごとく[25]、夏采の注で綏という名の旌旗を考えた際、鄭玄が冠のあごひもの結び目から長く垂れた飾紐という意味の緌を意識していたことは確かであろう。後者の意味の緌は後漢時代にいくらも図像が残るごとく、図2の6の男の頸の後にみるごときものである。

この鄭玄の綏についての観念に何らかの古い時代からの根柢があるとすれば、綏は旄と共通した作りの特徴をもったものであったと考えられる。そして夏采の綏が実は司常に「全羽為旞」という旞であるとなると旞は毛のようなやわらかいものの代りに、ぴんとした丸っぽの羽根を束ねた、例えばバドミントンの羽根のような作りのもの、ということになろう。

図像でいえば、図5の1、2、10、11の竿頭、14―18の戈についた飾りのごときものがこれと考えられる。旞の図像については次節にもっとくわしく説明する[26]。

司常の注に形式の違いが説明されているのは右のごとくである。ところで次に司常の本文に、それにつけられる図案の相違のみが、また『周礼』巾車に斿、即ちふちにつけるひらひらする布の数の相違のみが記されている常、旂、旗、旟は同じ形式の旗であろうか。おそらくそうではあるまい。次にこれを検討してみよう。

〈常〉　司常に常は日月の図案をつけたものといわれるが、日月をつけたものがすべて「常」というわけではない。旂にこれがある[27]。図案が旗の名称を区別する目安とはいえない証である。ところで「常」は『周礼』では大閲、祭礼などの時に王が建てるものとされる。『周礼』が編纂された時代に実際に用いられたものも、おそらく大きさ、作りが最も堂々としたものであったに違いない。図1の1、2は鬼神の乗り物である雲車だが、裂地を何枚もはぎ合せ

1

2

3

図１　漢時代の旌旗

1

2

3

4

5

6

7

図２　漢時代の旌旗

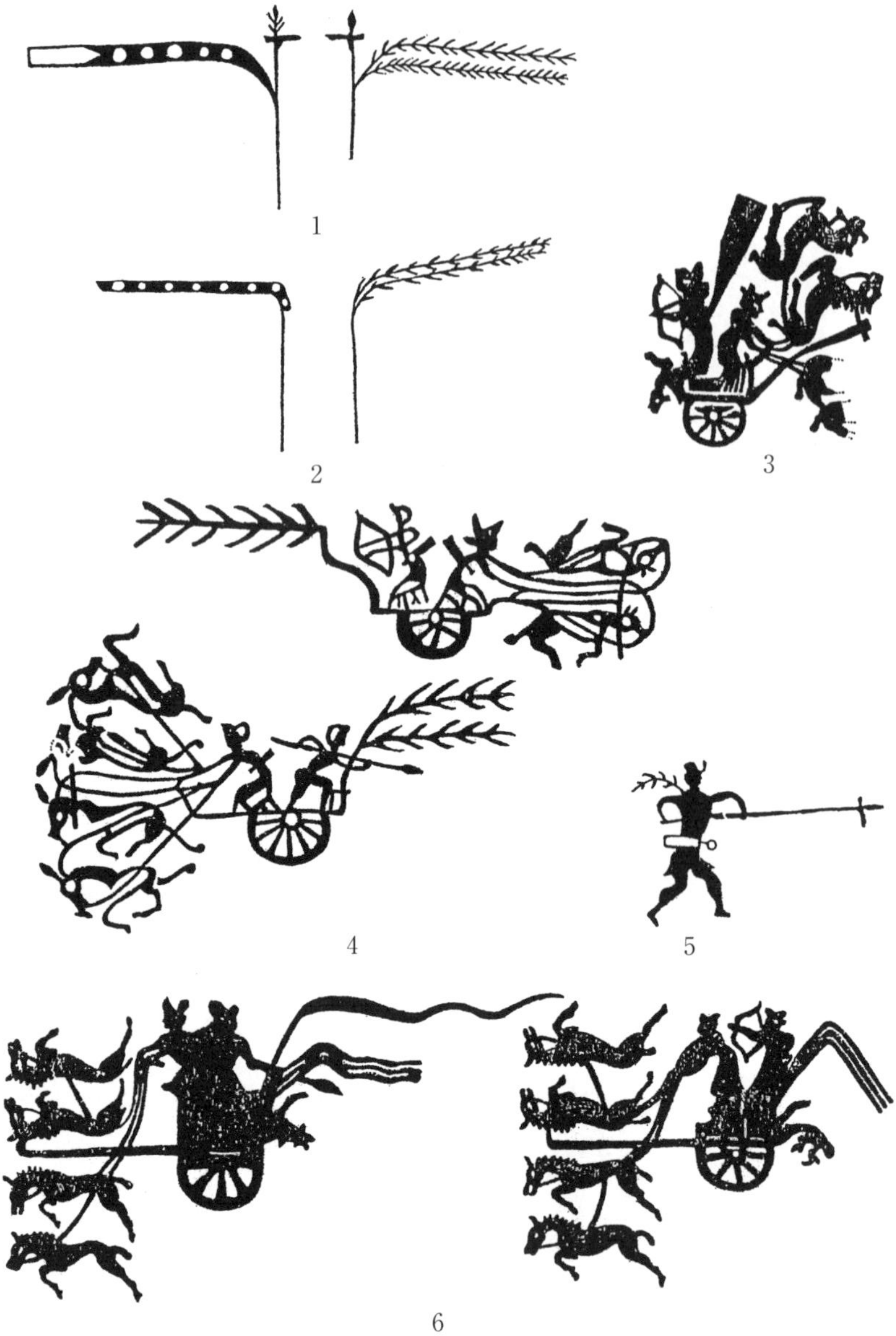

図3　戦国時代の旌旗

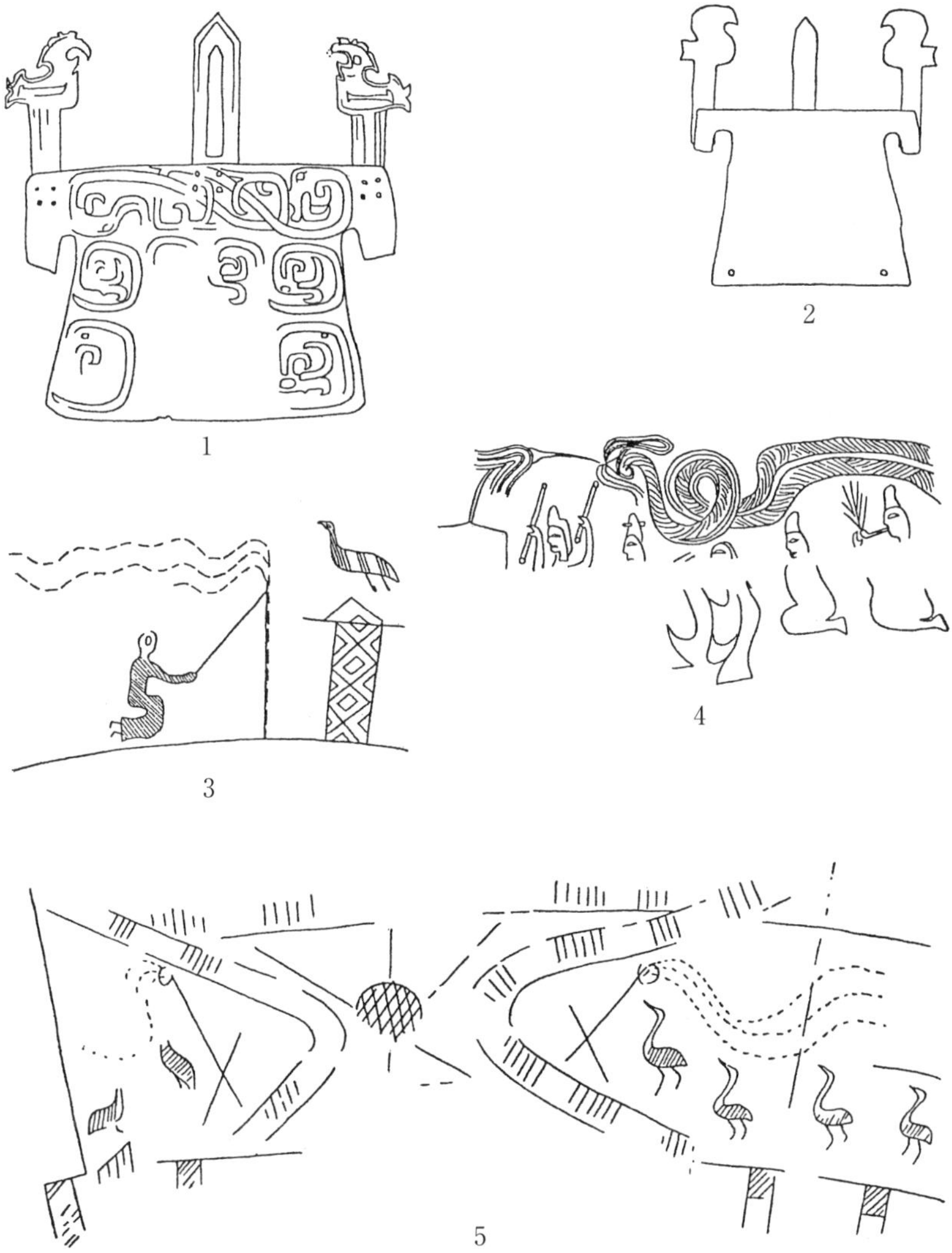

図４　春秋、戦国時代の旌旗

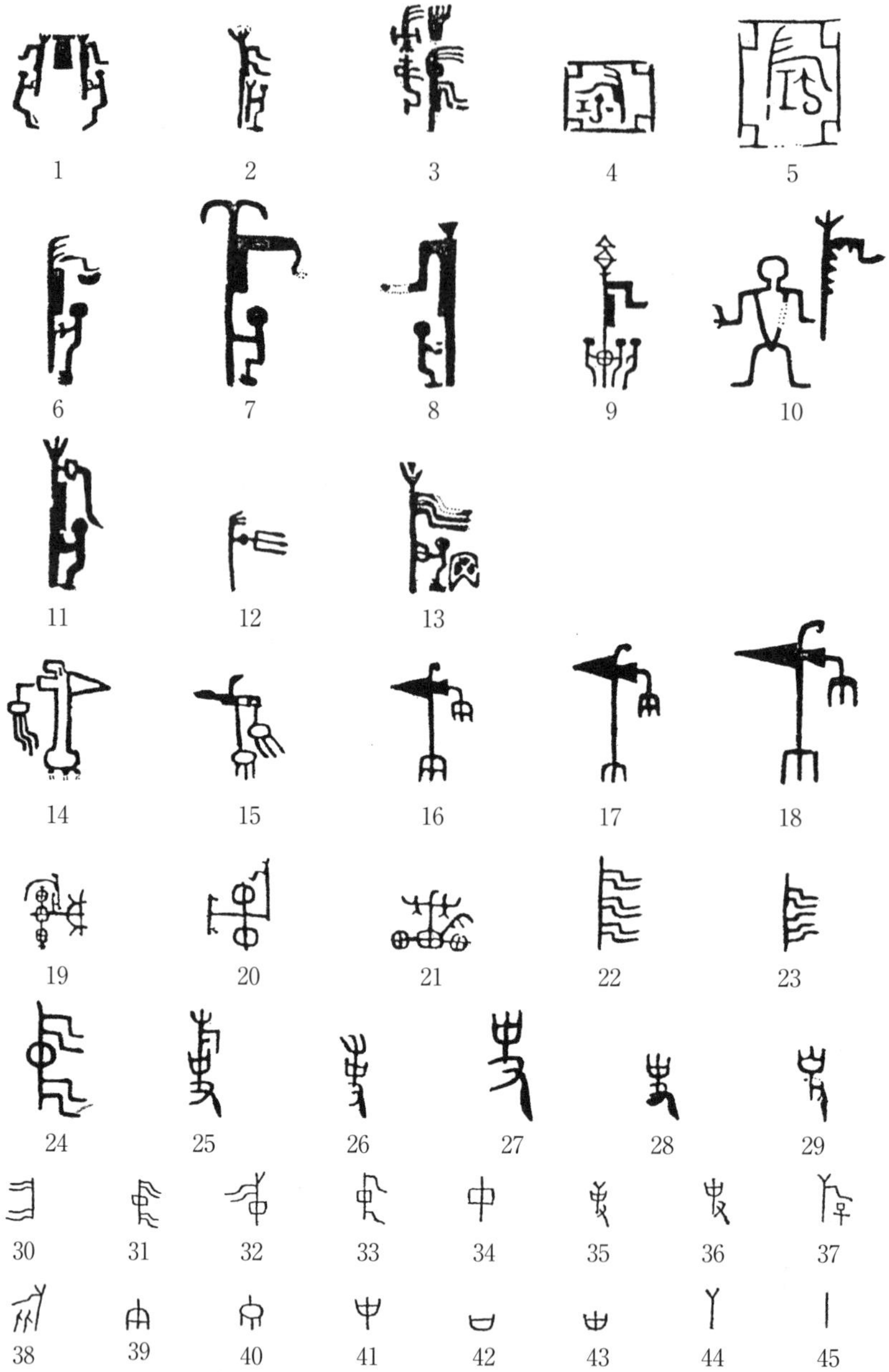
1 2 3 4 5
6 7 8 9 10
11 12 13
14 15 16 17 18
19 20 21 22 23
24 25 26 27 28 29
30 31 32 33 34 35 36 37
38 39 40 41 42 43 44 45

図5　殷、西周時代の旌旗

た、まるで緞帳のような旗で、赤地に日月と思われる図案がつけられ、わき、下縁にぴらぴらしたふち取りがある。「日月為常」という「常」はこういうものを言ったに違いない。「常」の語は『説文』に「下帬也……裳、常或从衣」即ち「下帬のことである……常の字はまた衣偏をつけて裳とも書く」という。はかまの意味で、裳とも書く、というのである。今の図にあるような、たてに何枚もの裂地をはぎ合せた旗は常（はかま）の名にふさわしい。

なおこれらの雲車にははたきのような形のものが何本も立っている。これは雲罕というものででもあろうか。『漢書』司馬相如伝、上「載雲罕」の注に「張揖曰、罕、畢也」即ち「張揖いわく、罕は畢なり」という。罕は畢、即ち柄の長い網だというのである。また『続漢書』輿服志、上「前駆有九斿雲罕」の注に「薛綜曰、旌旗名」というごとく、旗の類ともいわれる。畢というものは甲骨文、金文の象形字でわかるごとく、頂点を下にした二等辺三角形の網に長い柄をつけたものである。その形を裂地で作った旗であるとすると、裂地の部分が下に垂れて、図5の23、24に表わされたような形になるのではないかと考えられるのである。

『周礼』巾車によると常には一二本の斿がつけられたというが、[28] そのようなものの図像は今のところ見出せない。〈旂〉司常には「交龍為旂」とある。『釈名』釈兵にも同様な解説があるが、[29] 龍を表わしたもの、というだけではその形式を推す手がかりとはならない。

一方『説文』に

旂、旗有衆鈴、以令衆

即ち「旂は衆鈴のついた旗で、それで以て衆に令するものだ」といい、『爾雅』釈天にも

有鈴曰旂

即ち「鈴のついたものを旂という」とある。これらはこの旗の形式を推す手がかりとなる。鈴をどこにつけたかについて、郭樸は『爾雅』の今の条の注に「竿頭に懸ける」といい、[30] 別に李巡の「旒の端につける」という説がある。[31] 段

玉裁は竿頭につけるのは羽旄で、鈴は竿頭につけるものではないから、李巡の説の方がよいという。(32) これは礼の説の範囲内での判断であるが、ここではもう少し広い範囲の資料から総合的に判断する必要がある。

旂というものは西周時代、王より臣下への賜りものとして金文中に頻繁に現れる。例えば番生簋に「朱旂……二鈴あり」(33)とあるごとく、たしかに旂に鈴がついていたことが証せられる。

一方、西周後期の金文の賜りものの中に「䜌旂」と䜌と旂を連続していうものが多い。䜌は和鸞の鸞で、馬車の衡につける鈴《すず》の類の意味がある。すると「䜌旂」というと鸞のついた旂、ということかとも考えうる。しかし旂に付属するものとしては古典中に例外なく「鈴」があげられており、また金文の体例からいって、䜌が旂の付属品であるなら「旂䜌」（旂。䜌あり）とあるべきである。さらに金文中には七年趞曹鼎のごとく䜌だけを賜るものがある。すると「䜌旂」とつづけて記されているのは馬車の付属品たる鸞および旂とみるべきである。(34)

ところで、鸞は下がソケットになった柱状の台の上に固定された凸レンズ状の鈴《すず》で、物の上に樹てるように出来ている。もしさきの郭樸の説のように、旂の竿頭につけるとしたら鸞が最適である。ところが旂には鸞でなく鈴《れい》がついたことは右に記したところから確定的である。鈴《れい》とはいうまでもなく漠然たる鈴《すず》ではなく、高さ数センチの吊鐘形の鈴で、上に吊すための弓なりの耳がついた形のものをいう。(35) 旂にこの鈴《れい》がついているとすれば、それは竿頭でなく、前引の李巡のように、布製の部分でなければならない。

高さ数センチの青銅製の鈴《れい》を吊すとなると、この旗は横に長くなびかせる形式のものではあるまい。このような重しがついたのでは、旗はだらしなく垂れるだけでなく、竿に堅く巻きついたりしかねない。鈴がつくという旂は、しからば殷、西周初の図象記号に普通に表わされた図5の1―9のごとき旗であろう。竿のわきに日本の幟のごとき縦長の裂地、旛がついている。(36) この表現からすると、上には日本の幟のごとく水平の支えの棒「弧」があったと思われる。この縦長の部分の下辺外端は鈴を吊すのに好適である。鈴はこの旛をぴんとさせるための重しの役も兼ねたであろう。日本の幟のこの部分に砂を容れた布袋を重しに下げることはよく見かけるところである。

以上鈴があるという手がかりから旂の形式を明らかにすることができたと信ずる。

〈旗〉 次は司常に「熊虎為旗」という「旗」である。「旗」にはいうまでもなく「司常掌九旗之物名」という「旗」のごとく、旗指物全般を指す用例があることはいうまでもない。しかしここでは狭義の「旗」の形が問題である。ところが現在のところ、古典中にも図像中にもどのようなものが同時代に狭義の「旗」と呼ばれたか、その特殊性を確定すべき適当な資料がみつからない。

旌旗という言葉がある。[37] 段玉裁が「旌旗者旗之通称、旌有羽者、旗未有羽者、各挙其一、以該九旗」という。旌旗とは旗の通称で旌は羽根のついた旗、旗は羽根のつかない旗で、各代表をあげて九種類の旗を総括させたというのである。おそらく「旗」という種類の旗は例えば漢代に例の多い図2の4のごとく最も普通にみかける布製の旗であったにちがいない。しからば確定的ではないが、図3の1、2のごとく旌を建てた船と向い合った船に建てられているものは、おそらく狭義の旗と呼ばれたものと考えてよいのではなかろうか。

〈旟〉 それでは司常に「鳥隼為旟」という旟はどのようなものであろうか。『爾雅』釈天には

錯革鳥曰旟
革鳥を錯くを旟という

といい、『説文』にも

旟、錯革鳥其上（段注のテキストによる）
旟は革鳥をその上に錯いたものだ

という。ここにいわれる「革鳥」とは何か。「錯」くというのはどこにおくのか。段玉裁は『説文』の右の条の注にこの問題に関係の注釈を引いている。

即ち、毛亨は『詩』六月「織文鳥章」の伝に「鳥章とは革鳥を錯いて章としたもの[38]」といい、『公羊伝』宣公十二年の疏に引かれる李巡の説では「革を以てこれを作り、旐の端に置く[39]」といい、同所に引かれる孫炎の説では「錯は置なり。革は急なり。急疾の鳥を旒に画くをいう[40]」という。郭樸は『爾雅』釈天の前引の注に「これは鳥の皮毛をまるはぎにし、これを竿頭に置くをいう、『礼記』に「載鴻及鳴鳶」とあるものだ[41]」という。

孫炎の解釈は『周礼』司常の規定と同じことになるが、彼だけが画くといって「錯く」といわない点に疑いが残る。錯は画とは異なり、錯金（象嵌のこと）の用語でわかるように、生地の上に異なった材質のものを紋様として錯くことである。「錯」を絶対多数で生かすとなると、革鳥を革で作った鳥とし、これをおく、とした李巡の説がよさそうである。李巡の説は同時代の、旌の端に鳥頭を飾ったもの（図2の7）を頭に置いて言ったものに相違ない。郭樸の「鳥の剝製を竿頭につけた」という説は、あるいは例えば沂南画像石の鼓上につけた幢の頂上に鳥を飾ったもの[42]のごときを頭に置いて言ったものかと思われる。しかしこれでは「錯」の語義から外れてしまうであろう。

以上検討してきた司常の九旗を、そこに記される順に要約すると次のごとくである。

常――裳（はかま）のごとく、何枚もの裂地を縦にはぎ合せて作った幅広い旗。とうぜん上端に芯を入れ、芯の両端から綱を渡して中央で吊る。

旂――日本の幟《のぼり》の形式をもった旗で、上に斿があり、旛の下縁外端に鈴《れい》を吊す。

旜――一色の長い裂地を竿の頭につけたもの。図案を画かない。

物（旛）――色ちがいの細長い裂地を何本か一まとめにして竿につけた吹流し状の旗。

旗――長い裂地を竿の頭につけた旗で、図案を画いたもの。

旟――細長い裂地ないしは旌の端に鳥を象った革の飾りをつけた旗。

旐――一尋ばかりの細長い裂地の先に燕尾状の飾りを（色わけにして何段か）つけた旗。
旞――鳥の羽根を裂かずに丸っぽのままバドミントンの羽根状にまとめて竿の先につけたもの。
旌――裂いた鳥の羽根を長い紐か布につづりつけた旗。

こうみると司常に身分の高下に従って系列づけられている九種の旗は、殷周時代に実際に用いられていた形式を異にする各種の旗を、大きさ、作りの立派さの程度を参考にして秩序づけたものであることが知られる。旗につけられる図案も、もちろん司常に記されるごとく一形式に一種類というような窮屈なものであったとは思われない。例えば既に記したごとく日月の図案がつけられるのは「常」には限られていない。

二　徽識

旗のうちには日本の指物のように戦士が個人個人で体につける小型の類があり、また徽識と呼ばれる徽章類も盛んに用いられた。『周礼』司常の「各有属」の属について鄭玄は

属謂徽識也、大伝謂之徽号、今城門僕射所被、及亭長著絳衣、皆其旧象

属というのは徽識のことで、『尚書大伝』では徽号と呼んでいる。後漢時代の城門僕射がつけるもの、亭長が制服の赤い上衣につけているものはみなその伝統によるものだ

というのである。漢時代に兵士が肩に赤い布で作り、端が燕尾状になった徽章をつけ、また城門僕射が背に赤い幡を負っていたことは孫詒譲が孔広森、任大椿の説を引いて証しているところである(43)。

これらは漢より古い時代からの伝統であるというのである。幡、即ち旛を背に負っている図像は図3の3にみられ

る。車の後に立つ人物の背に立っているのは、注(36)に説明した旛である。端が燕尾形の布切れというと、ちょうど現今の団体旅行のメンバーが印につけているリボンのようなものと考えられるが、このようなものは今のところ図像の中から発見することができない。しかし、例えば『左伝』昭公二十一年に「廚人濮……曰、揚徽者、公徒也」即ち「廚の人である濮が……いった、徽を揚げる者が公の徒である」とあるごとく、先秦時代からあったことは確かである。

図像にみられる徽識のもう一つの例は図3の5である。四人一組になって戦う歩兵の一人であるが、肩から旌と同様な、杉葉状のものが翻っている。これは『国語』晋語に「被羽先升」という「羽を被《お》う」姿に違いない。このような風習はやはり後漢時代にまで遺っており、『後漢書』賈復伝に「於是被羽先登」即ち「ここにおいて羽を被《お》いて先に登る」とある。(44)

これらの徽識の用途について鄭玄はさきの司常の条の注に戦争で殺されたとき誰かわかるように名を書いた札を下げておくのだ、といったのに対し(45)孫詒譲は恵士奇の説を引き、色、着ける場所などによって兵士の部署や部隊を識別するものであったことをくわしく考証している。(46)長くなるので引用しない。

三　殷、西周時代の文字、記号等に表わされた旗

戦国時代以後の旗関係の図像については前二節で引証したので改めてもう一度解説する必要はなかろう。しかし殷、西周時代の文字、記号に現れるものについては、前二節で触れなかった問題もあるので、これについて説明を加えておきたい。

〈斿〉　図5の1―9に現れる旗の類が斿を象ったものであろうことはさきに記したごとくである。しかしこの記号に表わされた旗の形は、金文の旅、旂などの字の各時代における字体の変遷をたどれば知られるごとく、明らかに『説文』の㫃《えん》に変化して行ったもとの形である。図象記号で竿ぞいの旛を表わした幅広い部分が文字ではなくなっている。図5の4、5は同じ記号であるが、5では旛が略されている。游と旛は多く一つづきに表わされているが、両者が別々に竿につけられたごとき表現もある（図5の6、9）。図5の2、3には游が二本表わされている。竿は多く人の背の二倍以上に表わされていて、当時の旗竿の長さの標準を知ることができる。しかし図5の1のごとく短小なものもある。この形が『説文』の㫃字の原形であるとはいえ、『説文』にいう「旌旗の游が高く舞い上る様」といった限定された意味を表わすものでなく、斿の画像そのものであることはいうまでもない。

〈崇牙〉　図5の10の旗は旛と游の下縁が鋸歯状になっている。これは『礼記』明堂位に

有虞氏之綏、夏后氏之綢練、殷之崇牙、周之璧翣

有虞氏の綏、夏后氏の綢練、殷の崇牙、周の璧翣

とあるうち、殷の崇牙といわれるものであろう。鄭玄の注に「夏は旗の竿を練でつつみ、練で旒を作った。殷はまた繒で重牙を作り、そのへりを飾った[47]」と説明している。旒のへりに牙状の飾りをつけるというと、ちょうどこの図のごときものとなろう。これは旛にも同じ飾りが及んでいる。

漢時代の画であるが、この図象記号に象られたと同式の旗が一対、楼閣の上に立てられた例がある（図6）。遼陽北園壁画墓に画かれたものである[48]。崇牙と呼ばれたものの伝統が漢時代まで存続したことが知られる。

〈翣〉　前引の明堂位の文に周の璧翣というものが引かれている。鄭玄は「この旌旗と翣はみな喪葬の飾である……翣は柩路を前後左右からはさむ。天子は八翣で、みな璧と垂羽をのせる。諸侯は六翣で、みな圭をのせる。大夫は四翣、士は二翣で、みな緌をのせる[49]」と解説する。翣の数は『礼記』礼器によるものである。この翣は棺を埋めるとき

図6　漢時代の崇牙のつく旌旗

一緒に埋めるものである(50)。三門峡市上村嶺一七〇六、一七〇一号春秋前期ごろの墓から発見された青銅製の「棺飾」といわれる遺物（図4の1、2）は右に引いた翣を青銅で作ったものに違いない。中央に圭が立ち、「諸侯六翣、皆載圭」即ち「諸侯は六翣で、みな圭を載せる」というのに該当する。一七〇六号墓では棺側に立てかけられた形で長辺に二つずつ、短辺には鳥形の飾りだけが各一つ、計六個が発見され(51)、一七〇一号墓では棺上に置いた形で短辺に各二、中央に一つ、さらに短辺に対応する墓壙の壁の近くに各一つ、計七つとなっている(52)。数がほぼ合うのは偶然とも思われない。圭の立つ台は三宝のような独特な形をしているが、あるいは図5の7の旗の頂上についている、旄のような飾りを影絵風に表現したものではなかろうか。図4の2の方は下方に釘孔がみえる。この下に何か柄をつけたものであろう。なお上に鳥がとまった形の飾りがあるが、このようなものについて古典に記載があるかどうかは知らない。相近い遺物は陝西省宝鶏県陽平鎮の春秋後期の墓からも発見されている(53)。

右の判断に誤りがないとすると、これは旌旗関係の稀な遺物ということになる。また翣についての礼の所伝が春秋初にまで遡る伝統をふまえたもので、意外に的確に実際に行われた社会慣行を伝えたものであることが証される(54)。

〈旞〉　図5の1—6、10—12の旗の竿頭には、三叉またはすすきの穂状のものがついている。後者は殷時代の鳥の羽根の表現である。羽、非などの字がこれに従っていることから知られよう(55)。また前者もやはり鳥の羽根で、これを何本か束ねた形と考えられる。図5の6の記号は、また竿頭が三叉になった形でも表わされるからである(56)。この羽根はしゃんと立っているから裂いた羽根でなく全羽であろう。全羽を束ねて上向きに竿頭に着けているのである。司常に「全羽為旞」という旞の一類に違いない。

図5の14—18にはいわゆる立戈形の図象記号を引いた。戈の「内」端に吊された飾りが、全羽をバドミントンの羽

根状にまとめた旞ではないかと先に推測した。14では長い羽根の根本の方はぴんとして、先の方がひらひらした様が表わされていると見られる。15ではこれがもう少し簡潔になり、以下16―18と簡略化のあとがたどられる。一九五〇年発掘の武官村大墓、W8から出土した戈には「内」に鳥羽の一長段が残存していたという。報告者はこれは「舞干羽」の執った武器だろうかという[57]。ここに推測した戈の「内」に吊した旞の全羽のあとと見た方がよいであろう。

ここに引いた戈の図像の柲の下端には「内」に吊されているのと同じ飾りがついている。するとこれも旞でなければならない。ここは石突きに当り、このようなところに羽根の飾りを着けたら、戈をつき立てたとき台なしになりはしないかとも考えられるが、殷の戈の柲は一メートル内外のごく短いものであるから、ここを地面に突き立てることはなかったに違いない。薪割りの柄の手許を地上に突くことはないのと同様である。

この柲につけられた旞は紐で吊すのでなく、直接柲に作りつけられている。旗の竿頭につけると同じ方式である。さきに一三頁に旄についてこれが竿頭にはたきのように、旄牛の毛をくくりつけたものと、はたきの頭をもいで紐で竿頭にぶら下げたようなものと両式があったことを記した。旞にも同様二つのとりつけ方があったことが知られたであろう。

ところで「内」端と柲の下端にこのような飾りをつけた立戈形の図象記号を注意してみると、この戈の援はすべて長さが短く幅の広い形式のものである。実用的な機能において劣ると思われるこの形式の戈にこのような飾りがついているのは、この戈が宗教的ないし儀式的性格の強いものであることを示すと思われる。

〈「幸」の竿頭〉　図5の9の竿頭につくものは「幸」字と同形であり、いうまでもなく手枷である。

〈旄〉　図5の7の竿頭の飾りは両側に垂れている。旄か、羽旄のような、やわらかい類を表わしたものと見られる。

図5の11の游は1―10までのものと異なり、もとに丸いものがついている。おそらく旄首に旗をつけたものであろ

う。

〈斿〉図5の12につく吹流し状のものは、同形のものに結ばれている。比例からみて図5の14—18の戈の「内」に着くものより長大である。旃につないだ斿と見られよう。図5の13は竿に直接斿をつけている。

図5の19—21は旅字である。旂形の旗と車は多く分離して書かれているが、ここに示したものは車上に人が立って旗を持つもの、車上に立てた形のものを引いた。馬車の上に旗を建てることが殷時代より行われたことを知ることが出来る。21は例外的に旂の形式ではなく、斿の形式の旗が建っている。

〈中〉図5の22—24、30—33はいずれも一本の竿に複数の旒のついた、形式からいうと斿の形式に近い旗を表わした文字である。唐蘭はこれらはいずれも「中」字であることを証し、図5の34は最も簡略化された体で、これらはみな旗を象ったものだといっている(58)。たしかと思われる。また旗の類で「中」という意味を表わすわけについて、この旗は始めは氏族社会における徽幟であり、『周礼』司常に旗に各種の記号、図案をつけるようにいわれているのは古代のトーテム制度の残存である。この徽幟は氏族員がそのもとに参集する中心となったために「中」の意味が生れた、と説明している(59)。胡厚宣もこの「中」字を旗と見、卜辞の「立中」「立斿」その他の語からこれを氏族の軍事、開墾活動の中心として立てられた旗と考えている(60)。

『周礼』司常の文で知られるごとく、人を集合させるに各社会グループの集合場所を示すのに旌旗が使われたことはたしかであり、殷時代にもそういうことがあったに相違ない。しかし「中」を表わす文字にはヴァリエイションが多いとはいえ、複数、それも二本一まとめの旒の束が、一本の竿に上下対称につけられた形で表わされる傾向が強く、自ずから他の旗とは異なった一種類の形式を具えている。即ちどの種類の旗ででも「中」という意味が表わせたわけでないところに前引の諸説の難点がある。おそらくこの形式の旗は殷時代にさきに引いた説明よりももっと限定された象徴的意味、機能をもった旗であったと考えねばなるまい。しかしその原義については筆者は今のところよい意見の持ち合せがない。

〈事、史〉 図5の25は金文の事字である。上半には明らかに竿頭に旞の類をつけ、游のある旌旗の形が認められる。しかしこの体の例は稀で、普通は游のない字体が用いられ、金文、甲骨文には図5の26、35と書かれている[61]。この簡略な方の体は、㫃に从う字の游に当る筆画を省くことがないことからみて、筆画を省いたというより、その象った対象が多く游をつけていなかったことを示すものであろう。この字はまた使字にも使われることはいうまでもない。

しからばこの旌旗の竿の中途にある口字形は何であろうか。旌旗につくものといえば直ちに図5の16、17の戈につけられた旞の形が思い起されるであろう。ここでは下向きになっているが、事字では竿の中途に上向きにつけられている。ぴんとした全羽をもって作られたものと考えられる。戦国時代初めの水陸交戦紋鑑をみると[62]、戈戟の柲の中途に、旌と同様な杉葉状の飾りが上向きに出ている。これも羽根の装飾であることは疑いない。

この事字から旞を残して上部を切り去った形が甲骨文、金文の史字である（図5の27、28、36）。図5の16をみると、この戈の柲の下半をとって上下逆にし、これを手にもった形が史字であることが知られるであろう。稀な例であるが、史見卣の蓋銘には史を普通に図5の28に作るに対し、器銘では29に作る。戈につけた旞をあるいは図5の39に、あるいは図5の40に作るのと平行例と考えられる。史字の従う図5の41が戈に着けられるのと同じ旞であることを証するものである。

こうみると、史は旞を手に持つ形、事は竿の途中に旞をつけた旌旗を手に持つ形、ということになる。史、事の最も古い時代の資料である甲骨文の用例については、白川静がくわしく研究している[63]。史の官の原義について氏は「史は祭祀の祝告を掌るものであり、史の起原は祭祀における祝告の儀礼、祝辞の管掌にある[64]」としたことは正鵠をえたものと考えられる。しかし、史、事の字形について「図5の36、字の従う図5の42、43がいずれも祝冊を収める器の形を示すもの[65]」「図5の35には遠くに使する意味が含まれることが多い。いまその字形によっていえば図5の44は叉頭の長桿であって、図5の36がただ宗廟の中で祝冊を神木に懸けて捧持する形であるのに対して、遠く都外に出る意を含ませたものと見られる[66]」とするのには賛成し難い。長桿、神木に皿形の容器を懸け、これに冊を盛って捧持するというのも、中味が落ちはしないかと不安な限りである。

史字、事字の従う図5の43を形の方面から旛の類と見るべきであることは前記のごとくである。また次に記すごとく、そう解することによってこれらの文字の原義がすこぶる明快に解釈されるのである。

史の字が旛の類を手に持つ形で表わされるのは、旛が神や祖霊を呼び降すための必須の道具であるからと考えられる。夏采が復する（死者の魂を呼び返す）のに旛を用いたことは一四頁に引いたごとくである。また『周礼』男巫には

旁招以茅

旁招を行うには茅をもってする

とある。即ち四方の望祭する神々を茅旌の類で招くのである。神を招き降すほか、茅旌は宗廟でも使われた。即ち『公羊伝』宣公十二年「鄭伯肉袒、左執茅旌」の注に

茅旌祀宗廟所用、迎道神指、護祭者

即ち「茅旌は宗廟を祀るのに用いる所で、神の意を迎道し、祭を護るものだ」というのである。

また各種の祭祀に際して行われる舞には羽根や旄の類が用いられる。『周礼』楽師に

凡舞、有帗舞、有羽舞、有皇舞、有旄舞、有干舞、有人舞

凡そ舞には帗舞あり、羽舞あり、皇舞あり、旄舞あり、干舞あり、人舞あり

とある。帗舞は丸のままの羽根あるいは五采の繒を束ねて柄をつけたもの[67]を持つ舞。羽舞は白羽を裂いたもので、帗

と同じ形に作ったものをもってする舞。皇舞は五采の羽根を裂いたもので帗と同じ形に作ったものをもってする舞。これらの六舞は楽師の注に始めから順に社稷、宗廟、四方、辟廱、兵事、星辰を祭るに使うといい、舞師では始めから三つは順に社稷、四方、旱暵に用いるとされ、兵舞は山川の祭祀に用いるという。各種祭祀に用いられる舞に羽根を束ねた旞ないし羽旄、旄の類を持ってするものが多いことがわかる。これらの持物は本来単なる美観のための小道具であったとは考え難い。いずれも神を招き降す旞と同じ意味あいのものであったに違いない。祝告の類の神事を司る官である史が、羽根をつけた道具を手に持つ形で象られているのも同じ関連においてであると見るのが穏当と考えられる所以である。

それでは事・使字がやはり旞をつけた旌旗の類を手にもつ形で表わされるのはどう理解すべきであろうか。白川は、「事」は王のために祭祀を行うことが原義であり、卜辞にみるごとく「使」は祭祀の地に事（祭事）のためにおもむく義がある、という[70]。祭事の目的のために神を招き降す旌旗を王からあずかって持参することは当然のことであろう。さきに事字は多く斿のない形で表わされ、それが実際に用いられた旗がこれを欠いているのを象ったのであろうことに注意した。このような斿をとり去った旗は『周礼』夏采に用いられている。即ち前引のごとく王の官である夏采は大喪に際し、王の乗車の馬車に旞をたて、これに乗って四郊に復の礼を行うわけであるが、それについて鄭玄は

王祀四郊乗玉路、建大常、今以之復、去其旒、異之於生、亦囚先王有徒緌者

王は生時には四郊を祀るに玉で飾った馬車に乗り、大常の旗を建てていた。王がなくなった今、この馬車に乗って復の礼を行うのに、その裂地の部分をとり去って（竿頭の旞だけを残し）、生時と区別する。また先王、即ち有虞氏の用いたと伝えられる[71]、裂地の部分をつけず旞だけをつけた旌旗の制度によるのであると解説する。

ここに出てくる竿とこれにつけた旞だけを残して裂地の部分を外してしまった旌旗は、ちょうど普通の事字の象る旌旗の形そのままである。夏采は王の乗用の馬車にこれを建てて祭事に四郊におもむくわけである。そして殷時代の事・使字は王のために臣が祭事のために祭祀の地におもむく義があるのである。両者が無関係であると考えることは困難であろう。こうみると事・使字が旞をつけた旌旗の類を手に持つ形であることは決定的といってよいであろう。後世、王の使者が節をしるしに持って使いにおもむく風習がある。節とは図2の5に示した人物が持つものである。傍に「漢使者」と題されている。使者がこのような杖に旄のついたものを持ってしるしにするというのも、おそらく使・事字に象られるごとき、旞・旄の類の旌旗を持って王事にあたった伝統の残存と解釈すべきであろう。(72)

事字には游のついた旌旗を手にもつ形のものもあることは前記のごとくである。この旗は図5の1―9に示したごとき、さきに筆者が斿とした形式の旗の竿に旞を付加した形である。斿が王の祭事に用いられる旗であったことは西周時代になっても同じである。西周金文、特に後期のものには賜りものの品目を列挙した最後に「用事」(用て事せよ)とあるものが多い。この語のある例のうち、賜りものの中に旗を含むものが大半であるが、その旗はみな斿である。(73)「用て事する」ための旗が斿であったことが知られる。

以上、旗といっても竿に旞や旄のついたものは神を招き降す力のある、いわば恐ろしい力をもったものであったことが知られた。例えば戦場などにこれを持ち出されることは、日本でいえば比叡山の僧兵が日吉の神輿をかつぎ出してくるのと同様、由々しい大事であったにちがいない。旗の宗教的、社会的機能は、しかし、これにつけられたしるし、図案についての理解が不可欠である。これについては第二章に述べる。

注

（1）孫一九〇五、五三、一四葉。

（2）同、五三、一四葉。『左伝』僖公二十八年孔疏の引く孫炎の説に「因其繪色以為旗、章不画之」といい、『釈名』釈兵に「旃（旜に同じ）通以赤色為之、無文采」という。

（3）李一九五五、二〇頁。

（4）同、一九頁。

（5）孫一九〇五、五三、一五葉。

（6）「雑帛為物、以雑色綴其辺為燕尾」と。

（7）段玉裁は注に経典の「物」の字はこの⿸㫃勿の訛だろうという。

（8）孫一九〇五、五三、一五葉。

（9）同、一五―一六葉。

（10）『爾雅』釈天に「継旐曰旆」とあり、郭注に「帛続旐末為燕尾者」といい、『公羊伝』宣公十二年「荘王親自手旌」の何注に「緇広充幅、長尋曰旐、継旐如燕尾曰旆」とある。

（11）設旄者、属之於干旄而建之戎車。

（12）晋人仮羽旄於鄭、鄭人与之、明日或旆以会。

（13）孫一九〇五、五三、一六葉。

（14）同、四四、五葉。

（15）全羽については楽師の正義（四四、三葉）に孫詒譲もこのように解釈している。

（16）孫一九〇五、五三、一六―一八葉。

（17）注は属の義。

（18）注旄首曰旌。

（19）曾等一九五六、三六頁。

（20）なおこの条の孫炎注（疏引）には旒の他縿もあるとしている。李巡注（疏引）には「旄牛尾著竿首」といい、旄が旌だという説明ともみえるが、『公羊伝』宣公十二年疏に引くところでは「氂牛尾旌首者」とあり、竿首が旌首となり、動詞がない。原形を復原しえないのでここには利用しない。

（21）周礼孤卿建旃、大夫建物、皆首注旄。

（22）林一九六一―六二、(二)、四一頁。

（23）同、一二頁。

（24）孫一九〇五、一六、四三葉。

（25）同、四四葉。

（26）なお西周初期の𤔲方鼎銘中、作器者が賜与された品物を記したうちに「遂毛」があり、陳夢家はこれを「旞旄」と読み、『左伝』に出てくる羽旄と類比してこれを全羽で作った旄とみている。白川静も同意見である。しかしこの方鼎銘の真偽については強い疑いがあるのでここでは資料として使用しない。

（27）『礼記』明堂位に「旂十有二旒、日月之章」という。

（28）『周礼』節服氏の「維王之大常」の注に鄭玄は「王旌十二旒、両々以縷綴連旁」という。両側のへりに縫いつけたという解釈である。

(29)「交龍為旂、旂、依也、画作両龍、相依倚、諸侯所建也」と。

(30) 懸鈴於竿頭、画交龍於旒。

(31)『詩』周頌、載見「龍旂陽々、和鈴央々」の疏引「以鈴著旒端」。

(32)『説文』旂字の注。

(33)「朱旂、旜、金荠、二鈴」とある。旜を郭沫若は（郭一九五七、考釈、一三三葉）『周礼』司常の「通帛為旜」の旜としている。是であろう。一方「金荠」を錦枋（枋は柄）と釈し、「釈天所謂『素錦綢杠』、如為金属之杠不易挙、故知金必為錦」というのは蛇足である。「金車」「金毋（干）」等はどう解釈しようというのであろうか。ここは普通に「青銅の金具で飾った」の意味の「金」でよい。

(34) 呉一九〇六、二、四葉に「䜌、和鸞、旂、龍旂」とある通りである。なおいつも䜌の次に旂があげられるのは何故かということは、西周後期金文の賜り物の列挙の順が固定化していた事実によって説明されよう。

(35) 林一九六四a、二九〇頁。

(36) この縦長の裂地は『説文』に「旛、旛胡也、謂旗幅之下垂者」という旛と考えられる。ここにいう胡は、牛の頸に垂れた皮のことで、戈の刃の下に垂れた部分もこの名で呼ばれていることはいうまでもない。この図象記号に表わされた縦長の裂地は胡の名にふさわしい。

(37)『説文』㫃の注。

(38) 鳥章、錯革鳥為章也。

(39) 以革為之、置於旐端。

(40) 錯、置也、革、急也、言画急疾之鳥于旐。（『詩』六月疏の引用には「于旐」を「於縿」に作る）。

(41) 此謂合剝鳥皮毛、置之竿頭、即礼記云、載鴻及鳴鳶。

(42) 曾一九五六、図版八八。

(43) 孫一九〇五、五三、一三葉。東京賦「戎士介而揚揮」の薛綜注に「揮為肩上絳幟、如燕尾者也」（揮は徽）とあり、『説文』巾部に「徽、徽識也、以絳帛、箸於背」（段注のテキストによる）といい、また衣部に「褚、卒也、卒衣有題識者」とあるのを引く。また城門僕射の服装については『続漢書』輿服志に「卻非冠……宮殿門吏僕射冠之、負赤幡、青翅燕尾、諸僕射幡皆如之」とあるのがこれだという。

(44) 章懐太子注に「被猶負也、析羽為旌旗、将軍所執」という。或いは漢代の図2の3のような姿を想像したのかと思われるが、旌旗を負ったというのは少々不正確で、被羽というからには今の図のように肩か背に着けていたと考えられる。

(45) 兵凶事、若有死事者、当以相別也。

(46) 孫一九〇五、五五、四四葉。

(47) 夏綢其杠以練、為之旒、殷又刻繒為重牙、以飾其側。

(48) 李一九四七、第三図。また『世界美術全集』一九五二、図版六九。

(49) 此旌旗及翣、皆喪葬之飾……翣夾柩路、左右前後、天子八翣、皆載璧垂羽、諸侯六翣、皆載圭、大夫四翣、士二翣、皆載緌。
(50)『礼記』檀弓上に「周人牆置翣」とあるごとくである。牆は棺のおおい。
(51)中国科学院考古研究所一九五九、図二九。
(52)同、図五。
(53)陝西省文物管理委員会一九六五、三三九頁、図一。
(54)筆者はさきに戦国時代の画像紋を研究した際、射、宴楽等について、『儀礼』などの礼の書が些小な細部まで戦国時代に実際に行われた礼を伝えていることに注意した（林一九六一―六二）。
(55)林一九五三、二一一頁。
(56)羅一九三六、一五、三葉。
(57)郭一九五一、三七頁。
(58)唐一九三四、三七―四〇葉。
(59)同、四〇―四一葉。
(60)胡一九五五、序、五頁。
(61)図象記号、金文で三叉に表わされる旌旗の竿を甲骨文では二叉の頭のついた形で表わすことは、斿、旅の甲骨文を図5の37、38に表わすことを見れば明らかであろう。
(62)林一九六一―六二、図1。
(63)白川一九五五、四頁以下。
(64)同、一頁。
(65)同、一四頁。
(66)同、一九頁。
(67)『周礼』舞師注に「鄭司農云、帗舞者全羽」と。また鼓人注に鄭玄は「帗、列五采繒為之、有秉」と。
(68)舞師の注に「羽、析白羽為之、形如帗」と。
(69)鄭司農が楽師注に羽根を頭につけた舞とするに対し、鄭玄は舞師の注に「皇、析五采羽為之、亦如帗」という。
(70)白川一九五五、二〇頁。
(71)『礼記』明堂位「有虞氏之旂、夏后氏之緌」注「有虞氏当言緌、夏后氏当言旂、此蓋錯誤也」。
(72)白川静は「古くは征行に当って、まず祭祀官等の職にある聖職のもの、あるいは呪術儀礼を修するものが先行して、その行程に当る地の地霊を鎮め、邪気を祓うことを行った。左伝にいう太史先行とはおそらくその遺礼であろう」という（白川一九六二、二六頁）。後漢時代の車馬行列の先頭に旄をもった伍佰が配置されていることは別に記したごとくである。この旄が、白川氏の考えるごとき役割を演じた先導の、宗教的起原をもった小道具であることは疑いない。
(73)便宜のため郭一九五七から引くと、考釈の次の葉に例が見出される。六五、七二、七三、七七、七九、八〇、八九、一〇〇、一〇六、一一四、一一五、一二一、一二五、一四九、一五〇、一五四等。

挿図目録

図1の1 林一九六四、図24
2 同、図25
3 重慶博物館一九五七、図31
図2の1 Chavannes 1909, Pl. 73, no. 111 bis
2 傅一九五一、二三
3 Chavannes 1909, Pl. 65, no. 129
4 迅冰一九五九、石刻、図三三
5 Chavannes 1909, Pl. 63, no. 118
6 曾等一九五六、図版五五
7 関野一九一六、第一一〇図
図3の1 林一九六一―六二、図1
2 米沢一九六三、図版五九頁、図七八
3 Karlgren 1952, fig. 59
4 鄒安一九一六
5 林一九六一―六二、図1
6 同、図6
図4の1 中国科学院考古研究所一九五九、図版五〇、1
2 同、図版三、3
3 中国科学院考古研究所一九五六、図一三八
4 沈一九五七、二九
5 湖南省博物館一九五九、図二、2
図5の1 羅一九三六、一四、一三
2 同、一五、三
3 于一九五七、四三
4 羅一九三六、一六、四四
5 同、一三、三〇
6 同、一四、一三
7 同、一一、一
8 同、一二、四三
9 同、一二、四九
10 同、一四、四六
11 同、一四、一三
12 同、一三、二六
13 同、一九、九
14 于一九五七、四八四
15 羅一九三六、六、二
16 同、二、四
17 同、六、二
18 同、六、二
19 同、三、三
20 同、一一、一七
21 同、一三、七
22 同、二、三一
23 同、一三、二八
24 同、一八、五
25 同、六、五七
26 同、三、五〇
27 同、五、八
28 同、一三、二三

29　同、一三、二三
30　中国科学院考古研究所一九六五、二八九
31　同、一七
32　同、一七
33　同、一七
34　同、一八
35　同、三
36　同、一二七
37　同、二八九
38　同、二九〇
39—45　筆者作成
図6　李一九四七、第三図、『世界美術全集』一九五二、図版六九

引用文献目録

〈日本文〉

白川静一九五五「釈史」『甲骨金文学論叢』初集、一—六六頁

白川静一九六二「安州六器通釈」『甲骨金文学論叢』一〇集、一—六〇頁

世界美術全集一九五二『世界美術全集』（平凡社版）、中国Ⅰ、東京

関野貞一九一六『支那山東省に於ける漢代墳墓の表飾』東京

林巳奈夫一九五三「殷周青銅器に現れる龍について」『東方学報』京都二三、一八一—二一八頁

林巳奈夫一九六一—六二「戦国時代の画像紋」㈠—㈢、『考古学雑誌』四七、三、二七—四九頁、同四七、四、二〇—四八頁、同四八、一、一—二一頁

林巳奈夫一九六四「後漢時代の馬車」上、下、『考古学雑誌』四九、三、一—一八頁、四、一—一七頁

林巳奈夫一九六四a「殷周青銅彝器の名称と用途」『東方学報』京都三四、一九九—二九七頁

米沢嘉圃一九六三『中国美術』一（『講談社版世界美術大系』八）、東京

〈中国文〉

于省吾一九五七『商周金文録遺』北京

郭宝鈞一九五一「一九五〇年春殷墟発掘報告」『中国考古学報』五、一—六一頁

郭沫若一九五七『両周金文辞大系図録考釈』北京

胡厚宣一九五五『甲骨続存』上海

呉式芬一九〇六『従吉堂款識学』

湖南省博物館一九五九「長沙楚墓」『考古学報』一九五九、一、四一—五八頁

重慶博物館一九五七『重慶博物館蔵四川画像磚選集』北京

迅冰一九五九『四川漢代彫塑芸術』北京

鄒安一九一六『芸術類徴』（広倉学窘叢書、乙類四集）

陝西省文物管理委員会一九六五「陝西宝雞陽平鎮秦家溝村秦墓発掘記」『考古』一九六五、七、三三九—三四六

曾昭燏等一九五六『沂南古画像石墓発掘報告』北京

孫詒譲一九〇五『周礼正義』

中国科学院考古研究所一九五六『輝県発掘報告』北京
中国科学院考古研究所一九五九『上村嶺虢国墓地』北京
中国科学院考古研究所一九六五『甲骨文編』北京
沈重文一九五七「埋葬了両千三百年」『人民画報』一九五七、一二、二七—二九頁
唐蘭一九三四『殷虚文字記』
傅惜華一九五一『漢代画像全集』二編、北京
羅振玉一九三六『三代吉金文存』
李文信一九四七「遼陽北園壁画七墓地略」『国立潘陽博物院等備委員会彙報』第一期、一二二—一六三頁
李文信一九五五「遼陽発現的三座壁画古墳」『文物参考資料』一九五五、五、一五—四二頁

〈欧　文〉

Chavannes, E. 1909, *Mission archéologique dans la Chine septentrionale*, paris
Karlgren, B. 1952, *A Catalogue of the Chinese Bronzes in the Alfred F. Pillsbury Collection*, London

第二章　殷周時代の図象記号

前章において先秦時代の旗の各種の形式を明らかにし、若干のものについてその宗教的、社会的意味を解明した。即ち『周礼』司常に列挙され、それに表わされる図柄や、作りの形式の記載が見られる常、旂、旜、物、旗、旟、旐、旞、旌のいわゆる「九旗」について、『周礼』のテキスト、後漢の鄭玄以後、清朝に及ぶ旧来の注釈を検討するとともに、漢から遡って、戦国時代の画像、春秋時代の遺物、殷時代の図象記号に表わされた旗の類の図像的表現を参照して、それらが実際にはどのような作り、図柄のものであったかを可能な限り具体的に明らかにした。さらに旗棹の上端に着けられた羽根束、または羽根束だけを柄につけた一種の旌旗である旞、旄が、神を招き降す作用をもった道具であることを『周礼』その他の古典の記載や「史」「事」字の原形とその語の原義との関連において明らかにし、氏族が参集したり、戦争したりする時に持ち出されたこのような羽根束のついた旗は、その族の神を降臨せしめる力のある神聖なものであり、また他族の者にとっては恐ろしい力をもった危険な代物であったことを解説した。本章は旗をも含めた器物に表わされ、その社会集団を代表し、象徴した図柄の同時代における概念、その社会的、宗教的意義の解明を行うもので、この記号の着けられた器物の代表である旗がいかなるものであるかを明らかにした前章は、いわばこれの序論をなすものである。

一　従来の研究

ここに研究する紋章的な記号は「図形文字」「図象文字」「図象記号」「部族標識」「族徽号」等と呼ばれるもので、多く殷、西周初期の青銅器に独立で、あるいは祖先名と共に、あるいは銘文の文章の始めまたは末尾に記されている。この記号が宋時代以来誤って解読されていたのに対し、郭沫若はこれが古代の国族を示す徽識であり、いわゆるトーテムの残存あるいはその転変したものであり、青銅器にこれが着けられているのは、今の人が自分の作ったものに印を捺したり署名したりするのと同じで、作器者が自分のしるしを着けたものだ、との説を出した。(1) 記号であるという解釈の方向においてはあまり異論のないところである。

呉其昌は祖某、父某+図象記号の形の銘文を、祖某、父某――図象記号の形の系図に解釈しており、(2) 図象記号を個人名と見ていることがわかる。また饒宗頤も例えば図45の1の記号を◇と葡と皋の三人の合作の意だと解するなど、(3) 図象記号を個人名とする解釈を随所に示している。図象記号を個人名とする考えも、記号全般についての考察を行えば、成立し難いことは直ちに明らかとなろう。カールグレンは各種図象記号を、捧げ物であることをシンボライズするという方向で解釈し、例えば亜字形は琮を象り、「宗廟に捧げる器であることを示す」等々としたのは、(4) 郭説以前への退化である。また岑仲勉は銘末の図形あるいは文字は、書人の記号か吉祥の意味を寓したもので、作器者と関係がない、という考えである。(5) 作冊大鼎がその父の代に作られた令方彝と同じ「鳥形冊」の記号を銘末につける事実（図13）は、この記号が書人の記号でないことを証するし、また銘文の文章の最後にあるのでなく、独立に記された図象記号は書人の記号でなく、吉祥の意と解さねばなるまいが、それにはあまりにも変化に富み、岑の説のとうてい成立し難いことを証するといいえよう。

郭沫若は前引論文でいわゆる「析子孫形」が甲骨文に国族名として現れ、またいわゆる「奉尊形」も甲骨文に同様に用いられることを証し、前者を「冀」と読み、また図11の1にある記号を「天黿」と読んで、これらが単なる記号ではなく、文字の一種であるとの見方を取っている。董作賓は図象記号を文字と見る立場をさらにおし進め、これを甲骨文以前の原始図画文字と見た(6)。後世、印章に篆文を用いるごとく、青銅器の作器者は自分の名を署するに絵画的な古体である「古文」を用いたのであり、殷後期には「古文」ですでに死滅したものも多く、「今文」の甲骨文には残っていない、という考えである。伊藤道治もこれを「原文字」とみる説を述べており(7)、同じ考えは姜亮夫もかなりくわしく記している(8)。確かに面白い思いつきである。しかし行きすぎのきらいがあろう。即ち、中国で文字が発生したのは殷後期より遥か古くに遡る時期であるとしても、殷後期に使われている字体においては、記号としての文字と、事物の図像的表現との間に大した距離が生じていない事実が観察されるのである(9)。殷後期の人は例えば虎や水牛などの図像を青銅器に表わす場合に、甲骨文にこれらを表わす場合と同じ爪、角、体全体の特徴的な輪郭の線などを用いており、文字（記号）と画の分離はあまり遠くにまで及んでいなかったのである。故に例えば魚を表わそうとするとき、甲骨文字で「魚」と書いた同じ人が、魚を丁寧に表わしたなら、図象記号の魚形がおのずから出来たと考えられる。即ち図象記号の「魚」形は必ずしも現代人が篆文の「魚」字を書くときのごとき、古い字体を書くという意識、ないしは特殊な専門的知識を必要としなかったに違いないのである。図象記号を前引のような意味で「古文」「原文字」と見ることは不適当であるとはいえ、こういう絵を画くことと字を書くことが分化して久しくない段階にあった殷人の画いた記号であるから、それを全体として、また複合的なものではそれを構成する要素を、記号＝文字として音と意味を読み取ることは正当であり、また大抵の研究者が無意識のうちに行っていることである。後に引くごとく、甲骨文の中にはこれら図象記号が簡略化されて意外と数多く使われており、当時の人々が図象記号を字として読んでいたことは確実である。図象記号がどのような起原を持つものかについて、郭沫若は鳥獣虫魚の形のものはトーテムの残存したもので、その他の形をとったものはその変化したものと考えている。[10] 中国に古くトーテミズムの社会が存在したという仮説による古代史資料の解釈は李玄伯によって最も系統的に進められているが、[11] 証拠不十分のため成功しているとはとうてい言えない。しかし金文図象記号の起原のトーテムによる説明は中国においては現代に至るまで放棄されていない。[12] 後に詳しく分類説明するごとく、図象記号は鬼神の姿を象ったもののごとくトーテミズムによって説明されうる可能性をもつもの以外に、広範な内容を含んでいるのである。

図象記号がどのような性質の記号であり、殷時代の社会のどのような組織に対応するものであったかについて、正面から問題としたのは白川静である。氏は多子族集団の性格を検討した結果、その標識たる析子孫形標識をもつ一つの集団は「郭沫若の確言するような人名や国族の名でなく、すなわち血縁的部族でも地縁的集団でもなく、国家機構上の必要によって特に政治的任務を以て構成された特殊な職能的集団であったというほかない」とし、さらに各種の図象記号をその主要な構成要素によって類別し、それらの表わす図柄の内容の推測によってこれが同様職業集団の標識であろうことを結論し、さらに二つ以上の複合された形の図象記号の成立の由因についても推測を加えている。[13] 図象記号の中に、職業集団といった解釈をしたくなるような図柄のものが多数存在するため、白川のような精密な推論を展開するに至らずとも、多少とも近い解釈を述べている人は他にも幾人か見出される。[14] しかしそもそも職業を表わす記号が存在するか否かは後に記すごとく、大いに問題のあるところである。図象記号の構成要素に社会組織に対応する表現を認めるにしても、それを表わす構成要素、例えば亜字形を取ってみても、各研究者が理解する内容は必ずしも一致しない。白川は多亜という職能集団を示すものとしているが、[15] 他にこれを爵名とするもの、[16] 官名とするもの、[17] 官職を示すとするもの、[18] 身分を示すとするものなどがある。[19] 複合的な図象記号の解釈ともなれば、さらに解釈が岐れ、定説というものが出てくるというにはほど遠い有様である。いわんや図象記号がなぜ殷、西周初の青銅器のみに集中しており、その後急速に消滅に向うのか、青銅器の銘文から消えたとはいえ、後世にこのような記号が果して使用され続けなかったものか、古典にはその証跡が見出されないのか、等の問題は、ほとんど全く組織的な研究がなされていない。これは図象記号が盛んに使われた殷後期から西周にかけての時代における社会組織、その変遷の状況については資料の不足からごく僅かしか確かなことが明らかになっていないことにもよる。しかし図象記号が社会の何らかの集団に固有の記号であったとすれば、これこそが問題の時代の社会を明らかにするための、重要な資料なのである。

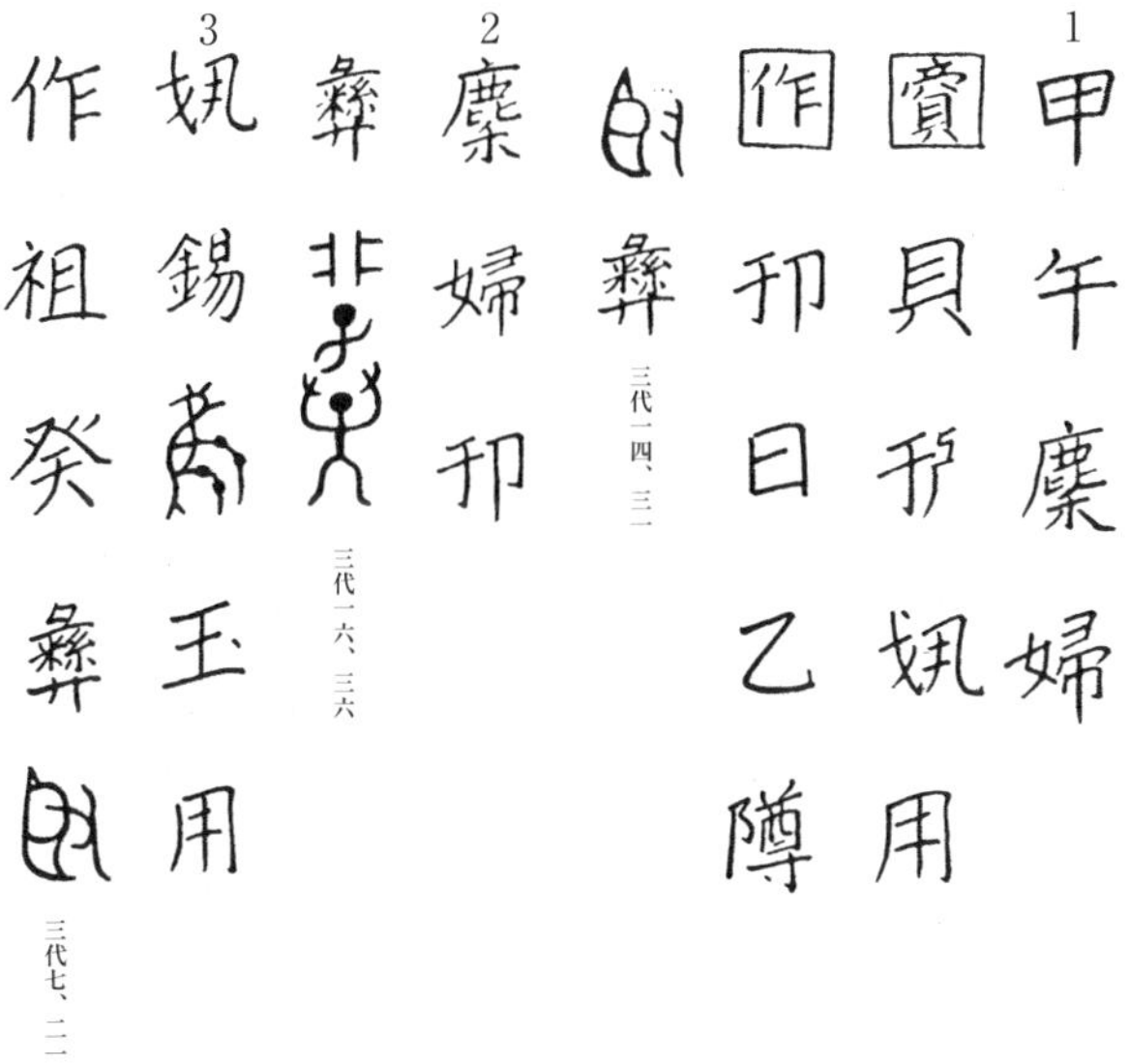

図7　問題のある図象記号を伴う金文(1)

なお、図象記号がいかなる社会組織を代表するかについて、若干の根本的な疑義が提出されているので、本論に入る前にそれについて弁じておきたい。

赤塚忠は図7の1、2の金文につき、「なお前記のように麋婦觚（図7の1）と麋婦爵（図7の2）とが同時の作であるならば、一は臤の記号、一は冀の記号であることは、記号を族徽号とする説にとっても、集団徽号とする説にとっても、また官職号とする説にとっても説明しがたいものがあろう」という。[20]これは次のように考えられるであろう。即ち、図7の1の銘は「麋婦が貝を娸に賞賜した」と読むことができる。そう読めば作器者は図7の2の作器者と同じ麋婦ではなく、娸ということになる。図7の3に引いたごとき金文があり、娸氏が臤の図象記号を持っていたことが知られ、図7の1の銘を筆者のごとく読むことによって娸が臤の記号を用い

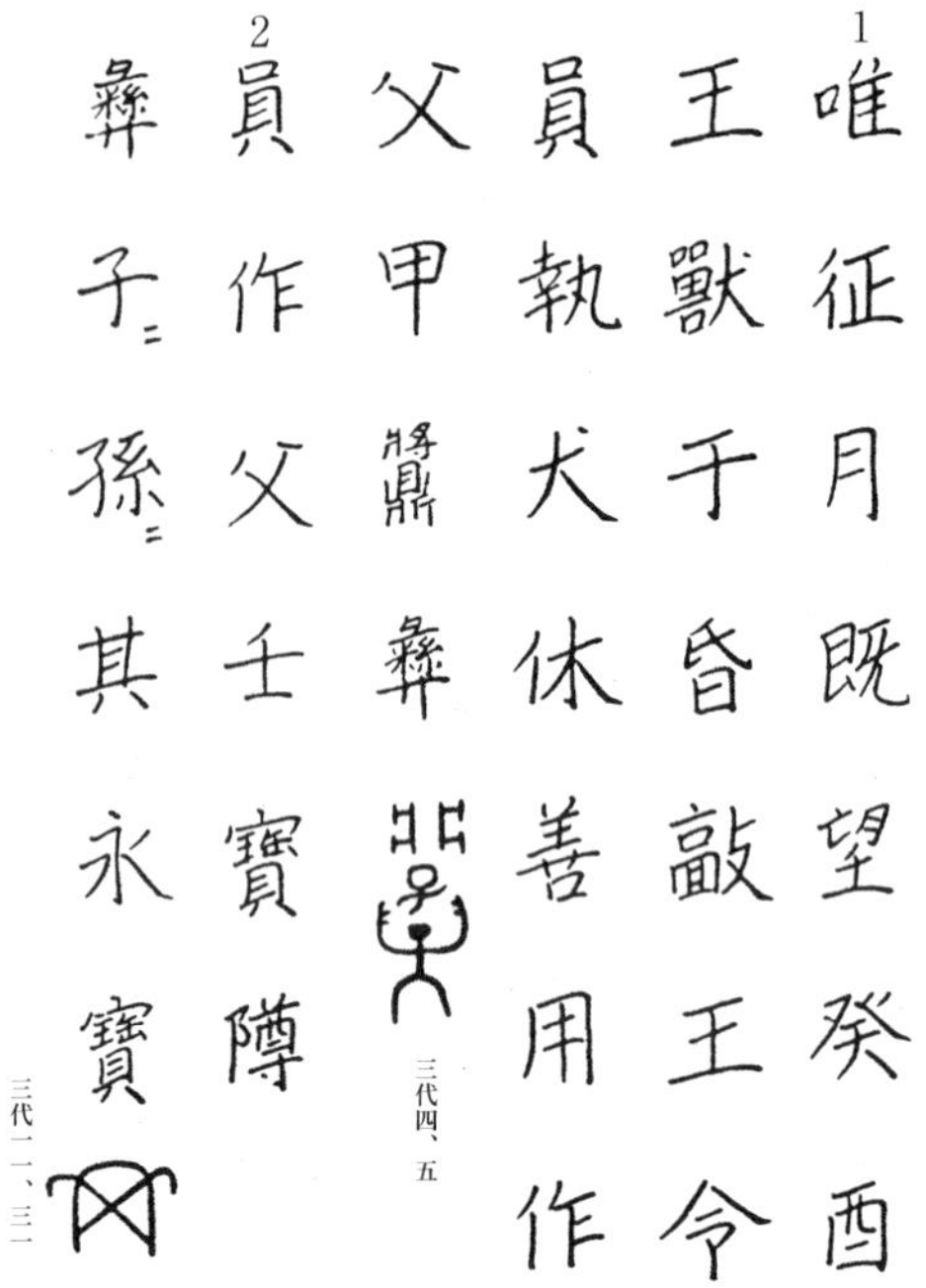

図8　問題のある図象記号を伴う金文(2)

ている事実に符号することになる。(21)

次に伊藤道治は図8の1、2の金文を引き、同じ員の作った器が別の記号を着ける点に疑問を持ち、「この員の族は、さらに内部が幾つかの小族に分れていたのではないかと想像される」として、その構成について考察し、(22)また同じ材料について「むしろ員のある時期における任務、あるいは一つの身分を示すものとして、こういった記号が使用されていたと考えられる」と別な考えを述べている。(23)これは資料に問題がある。図8の1の銘の員字は員に作り確かに員字であるが、図8の2の方の員と読まれた字は鼏に作り、上が口に従っている。員はいうまでもなく○（円）に従わねばならないから、後者の員と読まれた字はもし読むとしたら別字に読まれねばならない。さらによく見ると、図8の2の銘は彝字に廾が欠如し、上部もおかしな形になっている。また銘文全体から偽銘ではないかとの印象を強く受けるのである。こうみると先の員氏の記号についての疑義も自ずから解消することになろう。

二　資料の取扱い

従来の図象記号に関する研究は、関係資料の総体をふまえた上で、それがいかなるものかの判断を下すというのでなく、自分の思いついた解釈に好都合なものを幾種か拾い出して論を立てるという傾向が認められる。同じ金文のうちでも、文章を成すものと違ってせいぜい数種の図形要素ないし文字記号から成り立ったものであるため、何を表わすか判定し難いものがおびただしく、さらにはいかなる要素から出来たものかさえわからないものも少なくない。そのうえ、文章を成すものに比べて数量は格段に多い。そのため、結局わかりやすいと思うものだけを拾い出すことになるのである。また文章を成さない絵に近い図像またはその要素の組合せのものが多く見出されるため、その気になれば何とでも恣意的な解釈を加えることが出来るわけである。単なる穿鑿癖ないしは考古趣味を満足させるにはこれでもよいかも知れない。しかし、学問をしようという以上は、資料処理の繁雑な手間や、考証の困難を回避すべきではあるまい。筆者は先人の業績を省み、まずなるべく単純な問題から始め、何人にも明らかな証拠によって実証される確実な地歩を順次確保し、次第に複雑な問題へと取り組んでゆくように力めたい。

資料は銘文の拓本ないし写真によって公刊されているものを有る限り用い、カードに取って自らの検索に便な形にした。模本しか見られないものは例外的にしか使っていない。実物を見ない限り銘文の真偽は最終的に判定し難いのであるが、世界各地に分散した実物総てを検分することは事実上不可能である。拓本ないし写真であれば、あるていど偽物を除外することが可能であるので、現在可能な次善の策に由ったのである。

図象記号としてここに扱うものは、それだけ独立に、あるいは祖先名と共に表わされた、あるいは文章をなした銘文の始めや終り、その他その周辺に、文章とは独立に記された記号で、そのような形で表わされた文字をも同様に取り扱う。ここでいう記号とは、文字として使われない紋章的な記号に限らず、文章に使われる文字と同構造で、文字として読めるものであっても、文章中の文字と違って丁寧に、多少とも絵に近く表わされたものをいい、文字とは、銘文の文章に使われるのと全く同じ体のものをいう。図９の１―３はここに文字といった例、４―６が記号である。

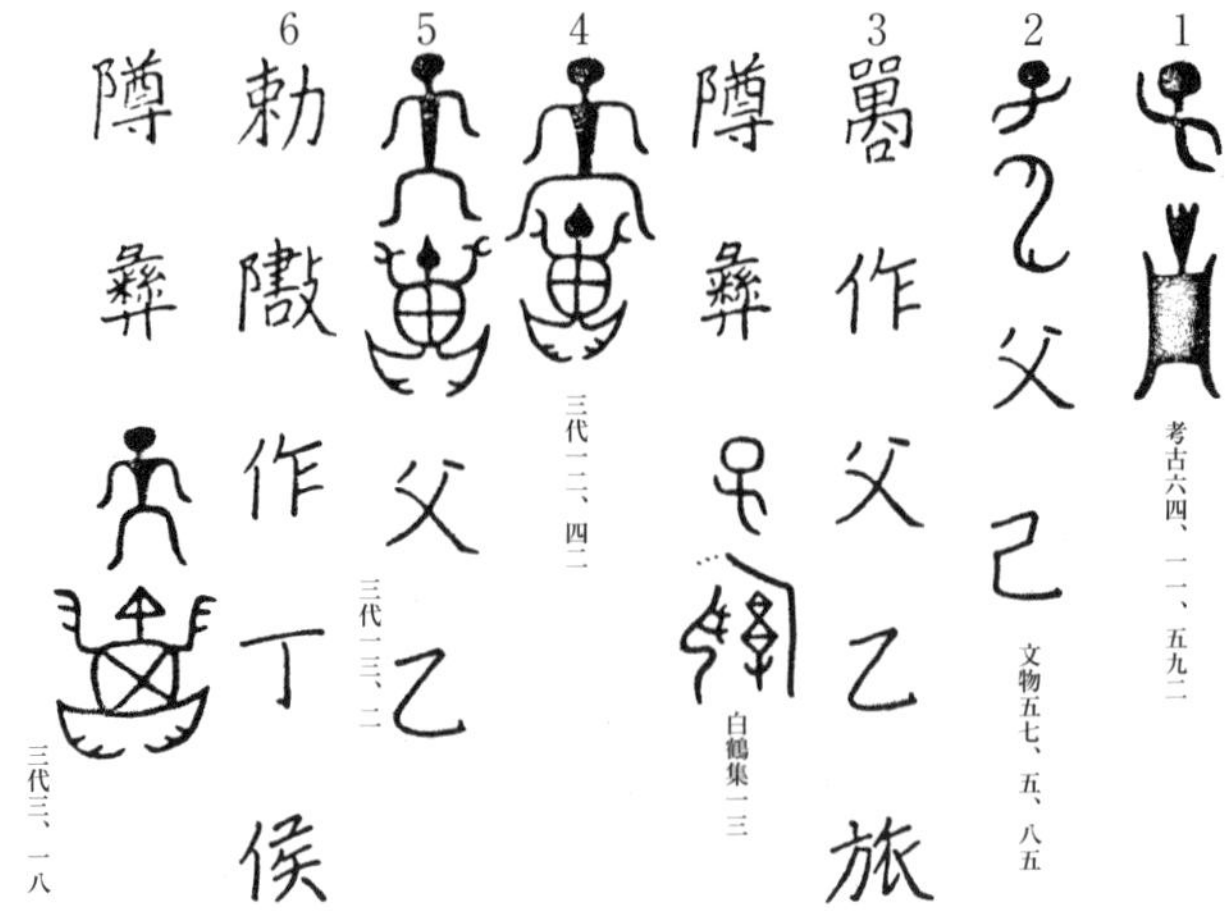

図9　図象記号の使われ方

図9の1―3のごとき文字をも、4―6の記号と同列に取り扱うのは、1と4、2と5、3と6を対比してみれば明らかなごとく、両者の用法に差異が見出し難く、その違いは表現の精粗だけであると認められるからである。言葉をかえて言えば、金文も一種の文書であるから、書式によって或る一定の位置に在る文字は、同一性質のものと判定してよい、という判断である。身近な例についていえば、封筒の裏側下寄りに何か文字があれば、ゴム印で捺してあろうと、ペン書きであろうと、またそれがたとえ読めなくなっていようと、差出人の住所氏名だと判定しうるというのと同原理である。

三　図象記号は何を表わすか

前節に記した方針に従って、わかりやすいものから見てゆくことにしたい。

(一)　国・氏を記すもの

図10の1―3に引いたのは、殷、西周初であれば、図象記号が表わされることが多い、戈の内端に記されたもの

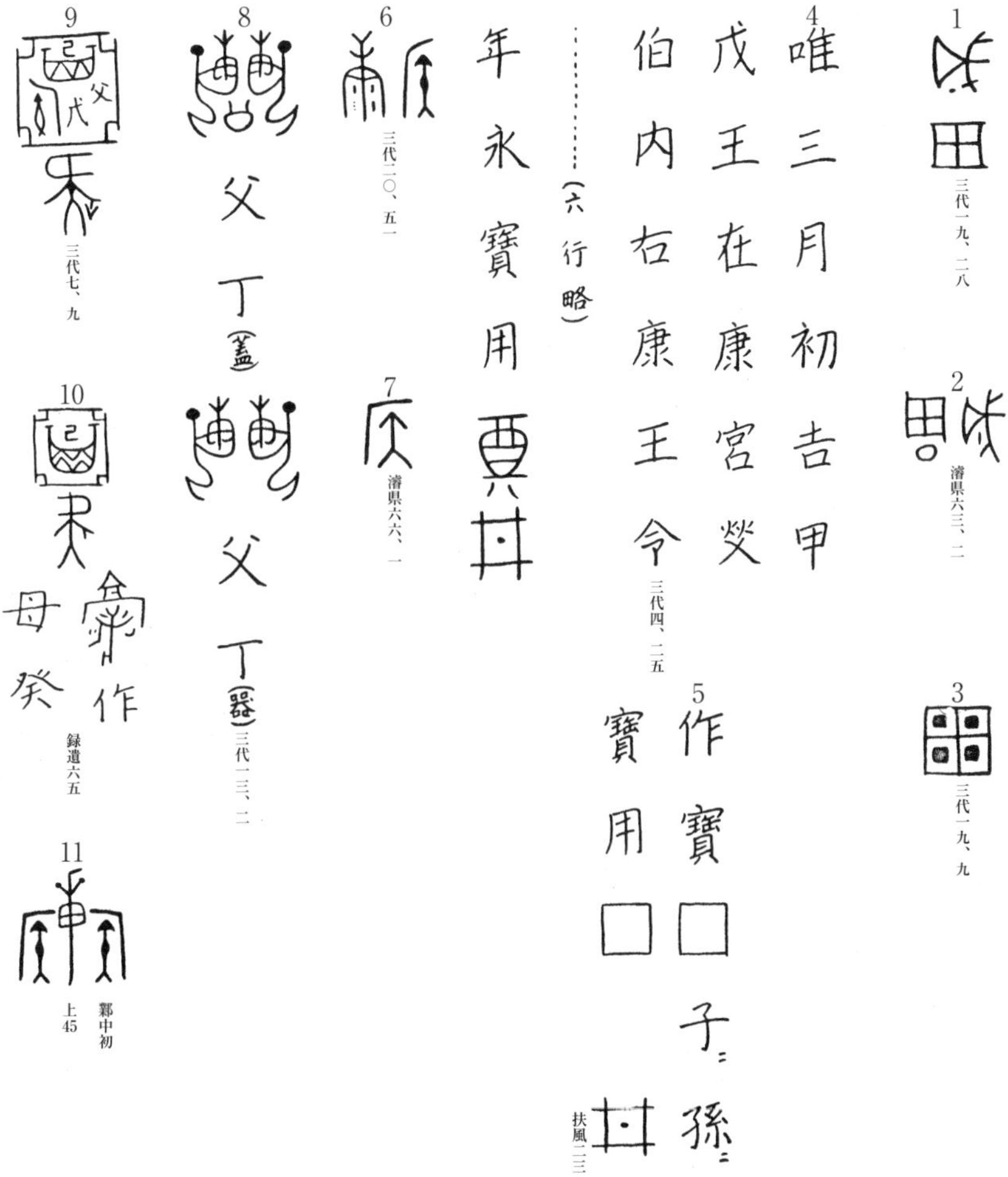

図10　国・氏を記す図象記号(1)

で、「成周」「周」が国名を表わすことは何人も疑わないところである。図10の4、5の銘の末尾にあるのは「奠井」「井」と読まれる。井は金文に井侯、井人と出てくる諸侯の名で、「奠井」は西鄭を封邑とした井叔であると郭沫若は説明している。[24]「奠井」は「奠の地の井氏」ということになる。

図10の6は「康侯」と読まれ、いうまでもなく国名にいわゆる爵名をつけたもの。濬県から出たといわれるもので、同地出土のものには「侯」とだけあるものもあるので図10の7に引いておいた。図10の8は、蓋には「〓公」とあるが、器には「公」が略されている。これも地名にいわゆる爵名をつけた図象記号である。

図10の11の記号は、中央の「單」字形の中軸上に鉤形線の加わったものを、左右から「侯」字形が挟んでいる形である。中央の記号は、「單」の上に加わった鉤形の先端に矢印形が確認できないが、甲骨文字で「單」上に「斤」を加えた文字〓（蘄）に対応すると見られる。この文字は卜辞では「蘄侯」と出てくることがある。[25]この図象記号が甲骨文の「蘄侯」に対応する図象記号であることは疑いなかろう。

図10の9、10に引いた記号は「㠱侯」「㠱」の文字を亜昊形記号の亜形中に記したものである。㠱侯は甲骨文にも現れ、[26]殷時代からある諸侯名で、㠱は卜辞に地名としても出てくる。[27]これは㠱侯＋亜昊形の形をとり、右に記した国、氏名、国名＋爵名の形よりさらに複雑になっている。これがどのような成り立ちのものかを考える資料は図11の1、2の例である。1は献侯鼎で、献侯が亡父の丁侯の障彝を作ったことを記した後に図象記号がある。この記号が献侯の家の記号であったことが知られる。2の例を見ると、この記号に献の字が加えられ、最後にその器を以て祀るべき祖先名「祖丁」の文字が記されている。この祖丁が1の器の丁侯で、2は1の器の作者の次の世代の者が作ったものと考えられる。成王時代、おそらく初めて献の地に封ぜられて献侯となった1の器の作者の子の代には、父親からすでにそうであった家の記号に、封地名「献」を加えた記号を使っているということが知られた。そうすると、さきの㠱侯＋亜昊形も同様、従来の家の記号の亜昊形に、新たに定住することになった㠱の地名に爵名を付したものを

付け加えることによって成立した形であることは、ほぼ疑いない。

図11の3―5をみると、3では丯は明らかに氏であるが、これが4、5では中義父、中姞の図象記号として用いられている。彼らは丯氏から出自した者であるので、これを図象記号としたと考えられる。

他に図11の6―8に示したごとく「伯某」の形の図象記号がある。さきの「某侯」「某公」というのと同形式と見

図11　国・氏を記す図象記号(2)

られる。
以上によって図象記号の中に国、氏名、これに侯公等の爵名をつけたもの、さらにこれに旧来の図象記号を組合せたものがあることが知られたであろう。

(二) 女の正式称号を記すもの

図12の銘は、いうまでもなく𦥑という人が作ったものであるが、銘末の通常図象記号のある位置に「季姜」と記されている。「季姜」という言い方は、ふつう嫁にゆく娘ないしは嫁にきた女を呼ぶ時の称号で、西周金文にも例が少なくない。例えば次の銘文

番匊生鋳賸壺、用賸厥元子孟妃𡚬(番匊生壺)[28]
番匊生 賸壺を鋳る。もってその元子孟妃𡚬に賸る

は、嫁にゆく娘に賸器を作ってやったわけで、その名は「孟妃𡚬」と記されている。妃姓の妃の上の孟、仲、季の孟を付けて呼んでいる。その下の𡚬は名と考えられる。また

趞拝稽首、対揚王休、用作季姜障彝(趞鼎)[29]
趞 拝し稽首し、王の休に対揚し、もって季姜の障彝を作る

という季姜も、書いてないが亡くなった母であることは間違いない。
この姓を付した呼称がどのようなものであるかを考えるうえに次の例が参考になる。

頌敢対揚天子丕顕魯休、用作朕皇考韓叔、皇母韓姒宝障彝(頌鼎)[30]
頌 敢えて天子の丕顕なる魯休に対揚し、もってわが皇考、皇母韓姒の宝障彝を作る

用作朕皇考奠伯、奠姫宝盤（寰盤）[31]

もってわが皇考奠伯、奠姫の宝盤を作る

量拝稽首、敢対揚天子丕顕魯休、用作宝盨、叔邦父、叔姞邁年子〻孫〻永宝用（量盨）[32]

量 拝して稽首し、敢えて天子の丕顕なる魯休に対揚し、もって宝盨を作る。叔邦父、叔姞邁年子に孫々永く宝用せよ

頌鼎には龏叔、龏姒と父母の名を併称している。寰盤に出てくる奠伯、奠姫の奠は後世の姫姓の鄭であるか明らかでないが、奠姫は奠伯の姉妹か夫人であろう。これらはいずれも死者である。量盨の叔邦父について郭沫若は量の字だと言っている[33]。郭はふれていないが、叔姞はその夫人か姉妹に違いない。これは生人が男女並称されている例である。叔邦父が「字」とすると、叔姞も字であろうか。否である。王国維が証するごとく[34]、女の「字」は金文には「某母」という形で出てくるからである。

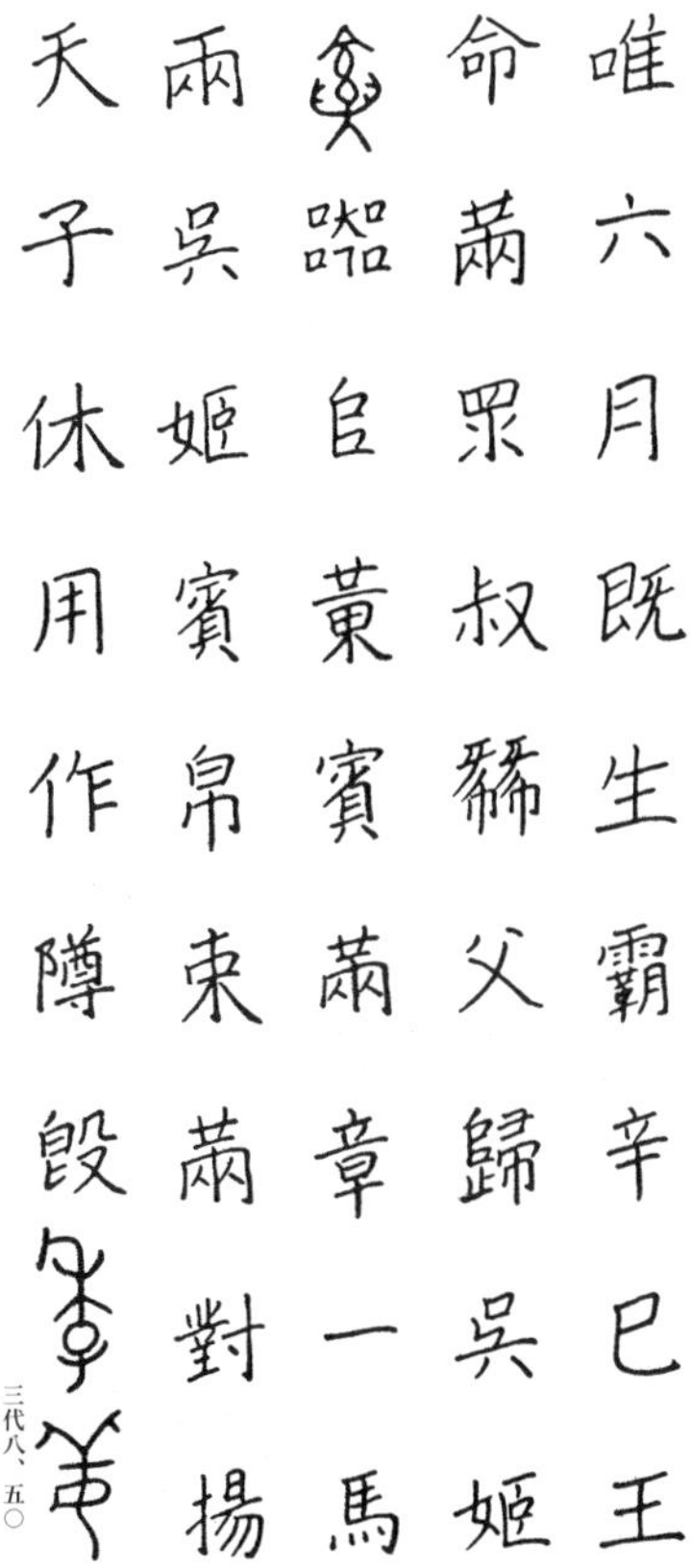

図12 「季姜」の図象記号

前引の頌鼎には龏叔と龏姒が、寰盤には奠伯と奠姫が並称されている。これでみると頭に国名を付する点は男女共通する。また男子ではその下に伯、叔と兄弟中の順位を示す語を付けるのに対し、女は実家の出自を姓で示しており、いずれも氏族制度中における自分の位置を記す点に共通性がある。孟妃、季姜という呼び方も、その点同様

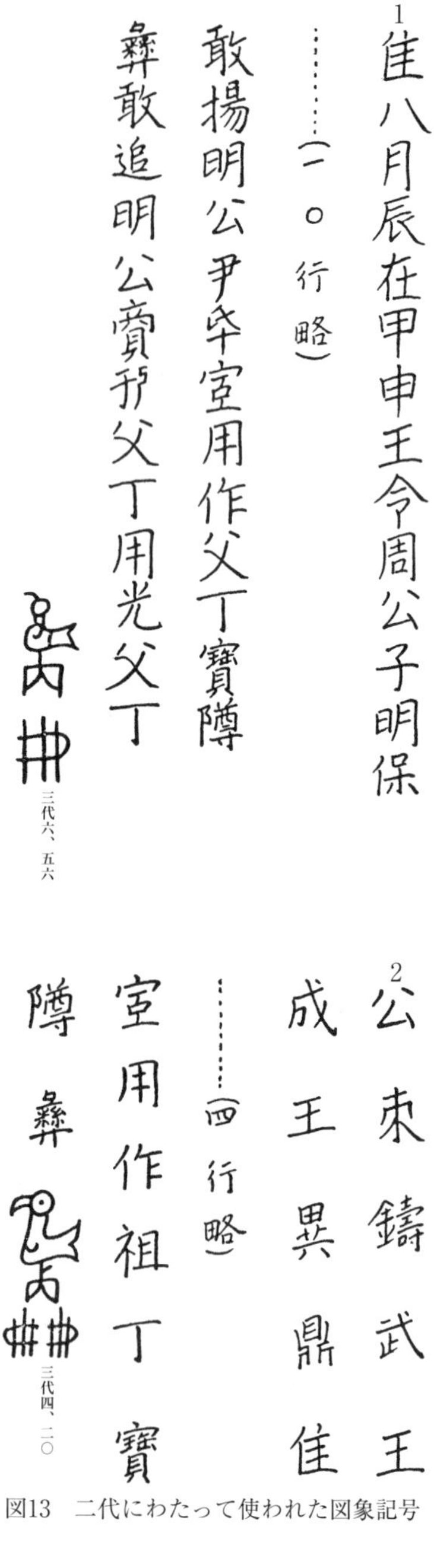

1
隹八月辰在甲申王令周公子明保
……(一〇行略)
敢揚明公尹氒宦用作父丁寶𨽍
彝敢追明公賞于父丁用光父丁
三代六、五六
2
公朿鑄武王
成王異鼎隹
……(四行略)
宦用作祖丁寶
𨽍彝
三代四、二〇

図13　二代にわたって使われた図象記号

であるから、女のこの呼び方は男に龏叔、兾伯と称するのと同様な、最も正式な称号であることが知られる。この項の最初に引いた𬜯簋についてはそうすると次のように考えるほかあるまい。即ち、𬜯は女である。使いに行く対手が呉姫という女であったから、女の𬜯が男の叔緐父と同行することになった。使いに行った時に引出物をもらったので、それで簋を作り、銘文の終りに自分の正式称号を記した、と。𬜯が男だとしたら、何故「季姜」とあるかについて全く説明することが出来ないであろう。西周時代、婦人の地位が後世ほど低くなかったとはいえ、父系制であったことは疑いなく、図象記号も父から子に伝わっているのである。図13の2で祖丁を祀った大が、1で父丁を祀る令の子であり、同じ図象記号を記していることは郭沫若が注意するごとくである。(35) そうすると𬜯が男としたら、例えば母親の「季姜」の称号を銘末に記すことはあり得ないのである。西周初に王姜が臣下に命令を下し、後で褒美をやっている例は睘卣に見え、この王姜は成王の妃だといわれている。(36) 婦人の社会的地位が後の時代より高かったから、前引銘文にみるごとく氏族の長と並んで祭祀を受けたり、嘏辞を称えてもらったりしているわけである。こうみると、今

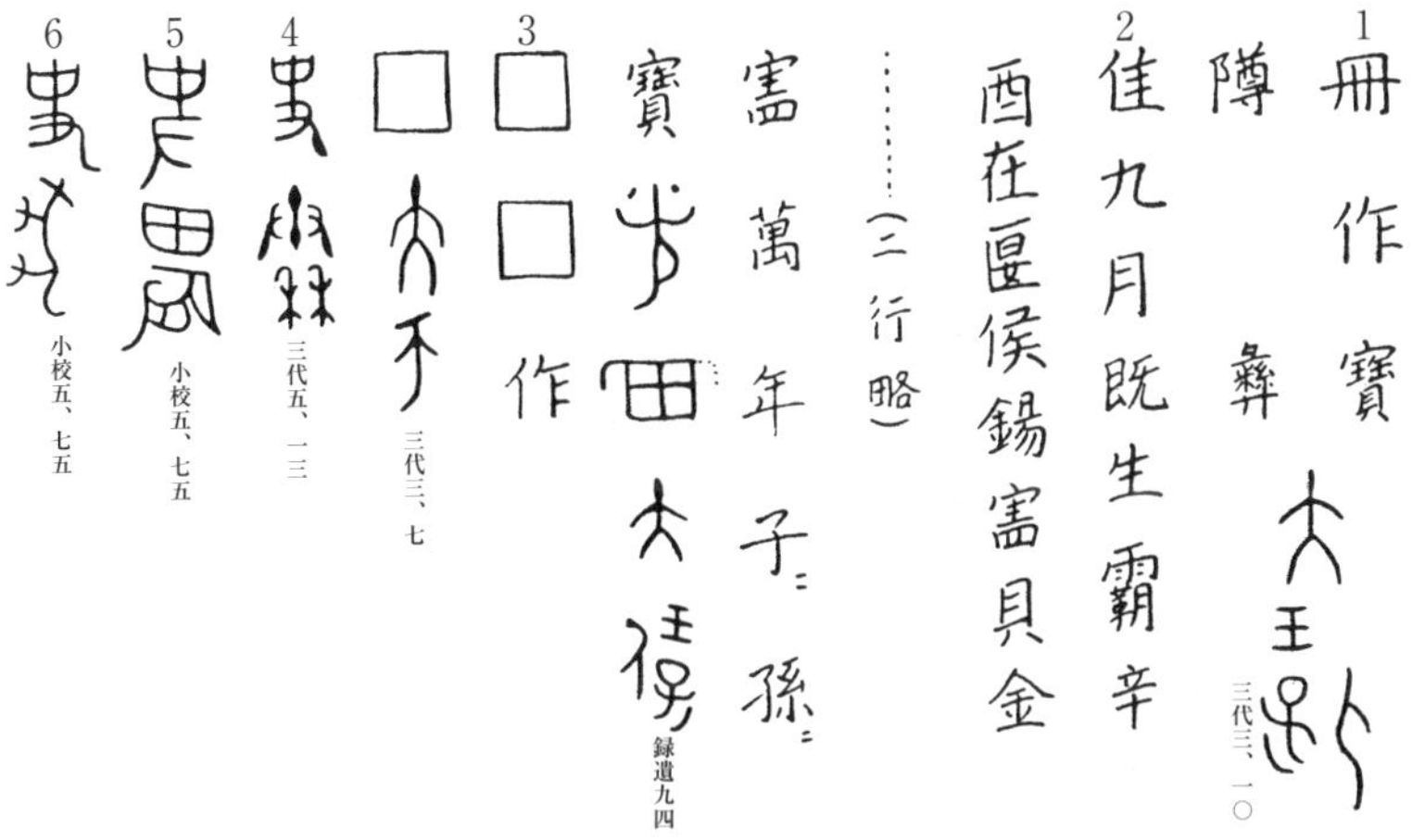

図14　官名を記す図象記号

の𦳝簋の銘末に「季姜」とあるのは㈠項で記した康侯、曩侯等の記号に対応するもので女の正式称号を銘末にしたもの、ということが出来るのである。

㈢　官名を記すもの

図14の1には図象記号に「大保」とある。これが官名であることはいうまでもない。2には「大保」の上にさらに二つの記号が加わっているものである。「大保」の直上にある記号は格伯簋その他にも記されているもので、譚戒甫はその例を五つ集め、いずれも格伯の一族の作った銘文と考えようとしている。[37] 議論の進め方は少々強引のきらいがあるが、これが或る一族の図象記号のことは確かである。この図象記号の一番上の記号、光字形も、図象記号に例が見出される（図21の10）。図14の2の図象記号はそうすると、大保の官名に、害の属する家の図象記号が加わったものということができよう。

図14の3の図象記号は「大師」と読める。大保、大伝と共に三公の一とされる大師であろう。図14の4―6は「史某」とあるもので、いずれも西周時代のものである。「史の官にある某」の意と考えられる。

以上は官名を図象記号に用いたものとして、誰しもそう疑義を抱かな

図15　線分を組合せた図象記号

いと思われる類である。

㈣　線分を組合せた記号

図象記号のうちには右に記したものとはかなり様子の違った、線分の組合せによる単純な記号、ないしはそれを幾つか寄せた類がある。図15に示したのがそれである。この類の記号は安陽四盤磨村、長安豊鎬地区出土の卜骨にも見出される（図16）。唐蘭はこの類の資料を列挙した後、次のように記している。(38)

(1)　これらは特殊な形式の文字である。

(2)　周時代にはこれらの文字はすでに氏族の名称にのみ用いられるだけとなっている。氏族記号は古い形式を保存するものなので、文字として使われなくなってからも若干の銘刻の中に保存されていたのである。

(3)　豊鎬遺跡からこの種の文字のある卜骨が二個発見されたが、殷虚でも、西周の銘文でもこの種の文字は使われていない。周国は文王以後に豊鎬に移ったのであるから、これらの文字は殷の文字でも周族の先祖の文字でもなく、豊鎬に住んでいた民族のものである。

(4)　四盤磨の卜骨には殷文字とこの文字が対照されているから、少な

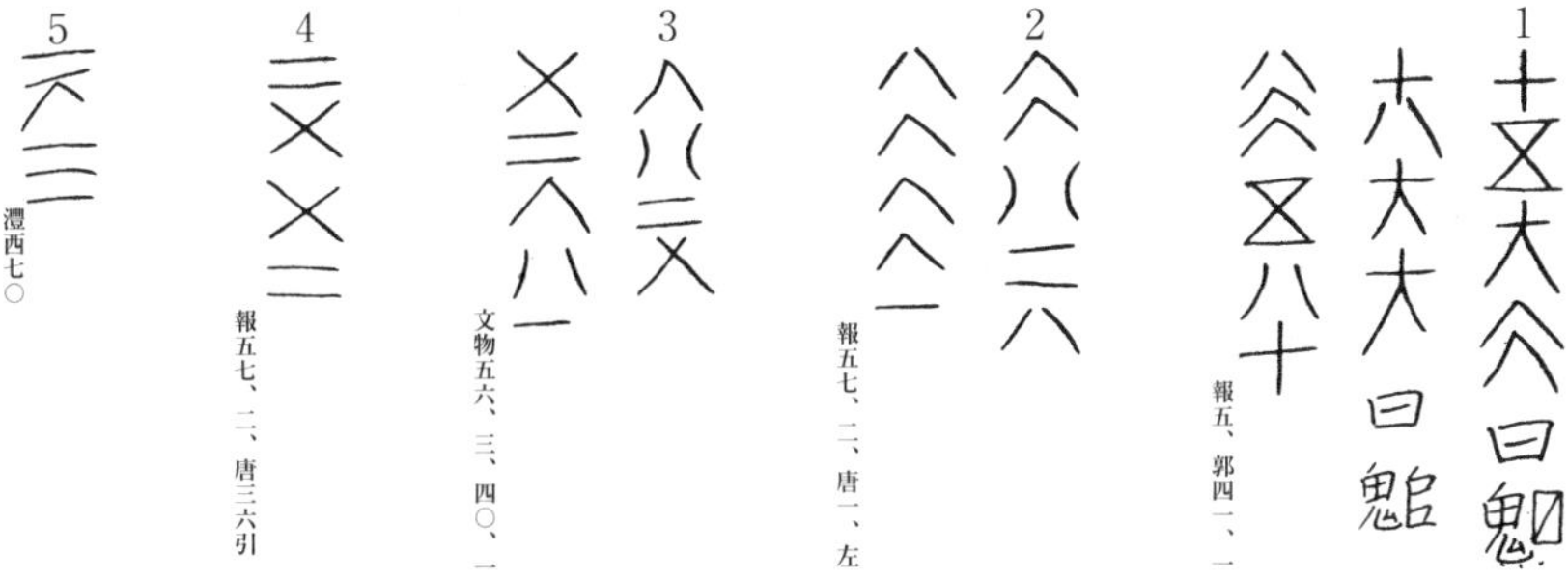

図16　線分を組合せた記号

くとも殷代にはこの種の文字を熟知した人がいたのである。といい、さらにこの種の文字が多く殷虚文字の数字一—八と共通する要素から成り立っている点に注目し、殷虚文字の一—八はこの種の文字に法って作られたものだとの考えを述べている。

思うに、唐蘭はこれを文字と言うが、文字として使われた形跡はない。即ち、これらの記号が幾つかで文章を成していることがわかる例はないのである。図16の1の四盤磨村の例も、多数の要素が組合せられているが、その記号を「魁という」「隗という」とあるのであるから、この記号の一群が殷の文字の魁、隗に対応することが知られるのである。するとこれも図15に引いた金文の図象記号として使われているものと同様、一つの図象記号と見て一向に差支えない。相似た構成を持った図16の2—5も同様に見ることが出来るのである。[39]

このような短い線分から成り立った記号の伝統の古いことは唐蘭の指摘するごとくである。中国で文字の創られる以前、仰韶、龍山文化の土器にこの式の記号が刻されていることは周知のごとくである。

図17の1は西安半坡の仰韶文化の土器に刻された例各種、同図の2は歴城城子崖出土の龍山文化土器にある各種である。半坡の記号につき、報告者は同一記号を刻んだ土器が同一竪穴、または狭い範囲内から発見される傾向があることから、この種の記号は氏族、家族、あるいは個人の記号ではないかと言っている。またこの種の記号は他地域の仰韶文化の遺跡にも発見されることから、仰韶文化中にある程度普遍的な記

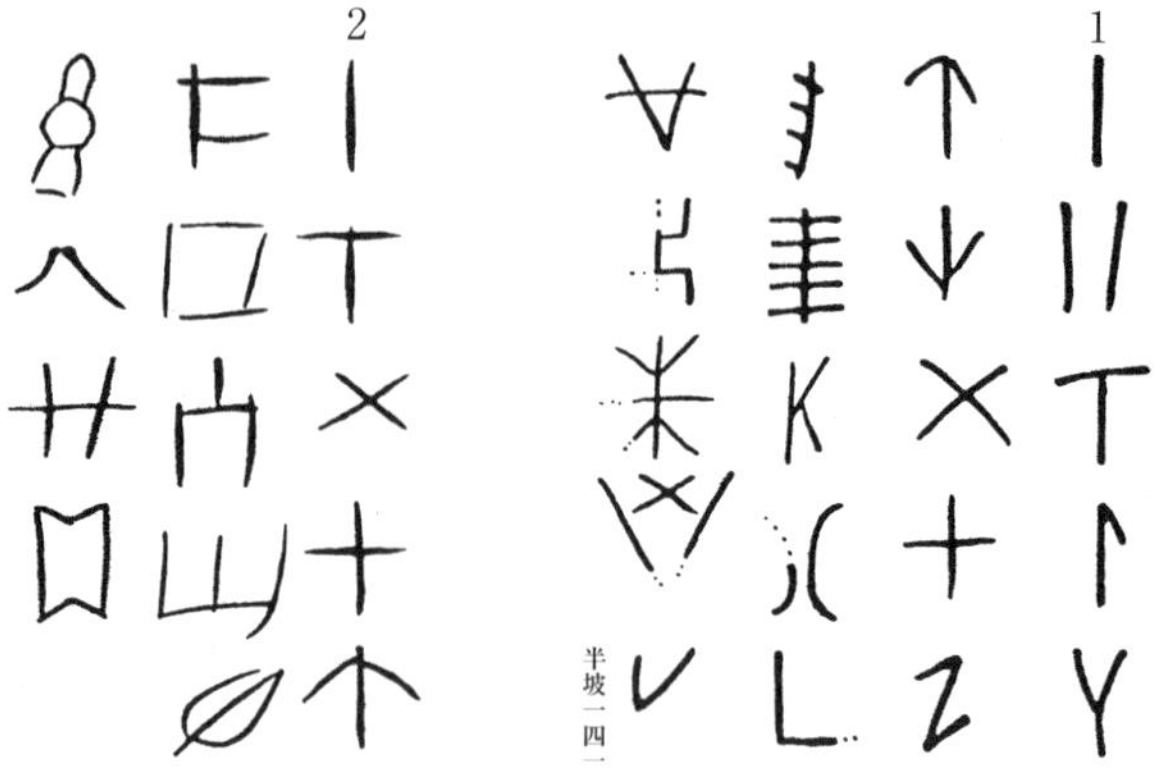

図17　仰韶、龍山文化の記号

号で、同符号は同じ意味を持っていたらしい、とも記している。[40]

仰韶から、龍山、殷へと文化の断絶のない発展がたどられる事実から考えて、図15、図16に引いたごとき殷、西周時代の図象記号が、これら仰韶、龍山文化の記号の伝統を受けついだものであることは疑いない。また金文に現れる例は、その機能においても、その器物がどの人間に属するかを示すためのものである点において、仰韶文化のものと根本的に変っていないと言えよう。

㈤　以上のものを包摂する概念

主として西周時代の資料によって見た図象記号には次のようなものがあることが知られた。

(1)　国の名、某侯・公・伯の称号
(2)　国の名ないし某侯＋その家在来の図象記号
(3)　氏の名
(4)　女子の正式称号
(5)　官名
(6)　仰韶・龍山文化以来の短い線分を組合せた記号

これらは一見雑多なものの集合であり、一つの概念によって総括することは不可能であるかのごとくである。図象記号が青銅器に最も盛んに使われているのはいうまでもなく殷後期であるが、その衰滅に向いている西周時代のものなどをわかりやすいからといって検討の対象としたのが誤りだったのであろうか。否である。順に考えて行こう。

まず右に列挙した各項目は、古代中国の旗に表わされたとされるものと共通するのである。『周礼』春官、司常に

司常掌九旗之物名、各有属以待国事、日月為常、交龍為旂、通帛為旜、雑帛為物、熊虎為旗、鳥隼為旟、亀蛇為旐、全羽為旞、析羽為旌、及国之大閲、賛司馬頒旗物、王建大常、諸侯建旂、孤卿建旜、大夫士建物、師都建旗、州里建旟、県鄙建旐、道車載旞、斿車載旌、皆画其象焉、官府各象其事、州里各象其名、家各象其号

司常は九旗の物名を掌る。各々属ありてもって国事を待つ。日月を常となし、交龍を旂となし、通帛を旜となし、雑帛を物となし、熊虎を旗となし、鳥隼を旟となし、亀蛇を旐となし、全羽を旞となし、析羽を旌となす。国の大閲に及びては、司馬を賛けて旗物を頒つ。王は大常を建て、諸侯は旂を建て、孤卿は旜を建て、大夫・士は物を建つ。師都は旗を建て、州里は旟を建て、県鄙は旐を建つ。道車は旞を載せ、斿車は旌を載す。みなその象を画く。官府は各々その事を象り、州里は各々その名を象り、家は各々その号を象る

という。「司常が九旗の物名を掌る」というのは、以下に記される九種の旗の「物」と名を掌るということである。この「物」とは、鄭玄が注に「物名者、所画異物則異名也」即ち「物名とは画く所、物を異にすれば即ち名を異にするなり」といい、また次の段の注に

旗画成物之象、王画日月、象天明也、諸侯画交龍、一象其升朝、一象其下復也

旗には画きて物の象を成す。王は日月を画く。天の明を象るなり。諸侯は交龍を画く。（龍の）一はその朝に升るを象り、一はその下復するを象る

というごとく、旗に画かれる日月、交龍等の図象のことだとしている。「物」を画かない旗もあるわけで、孫詒譲が旜、物などには「物」が画かれなかったことを注意しているごとくである。(41)

司常の「日月為常」以下の旗が実際にどのような形式のものであったかについては前章に記した通りである。本文の「及国之大閲……斿車載旌」はこれらの旗の使い途を記しているのであるが、次に「皆画其象焉、官府各象其事、州里各象其名、家各象其号」とあることがいま考察している問題に最も関係のある個所である。まず鄭玄のこれに対する注を十分に理解する必要がある。各句ごとに引用して解説しておこう。

事、名、号者徽識

事、名、号とは徽識のことだ

と。徽識についても第一章二五―二六頁に解説した。日本の指物のようなものから、兵士が肩に着ける部隊の目印の小さい布裂れぐらいまで、大きさは色々だが、要するに個人用のあまり大きくない旗ないし徽章の類である。テキストに「事」「名」「号」を象るというのは、この徽識についての話だ、というのである。

所以題別衆臣、樹之於位、朝各就焉

衆くの臣を題別する所以にして、これを位に樹て、朝すれば各々これに就く

と。これら徽識は多くの臣下にラベルをつけて分別するためのもので、参列すべき定位置にこれを建てておき、参朝した者は自分の徽識の建っている位置に就くのである、ということである。

覲礼曰、公侯伯子男皆就其旂而立、此其類也

覲礼に曰く、公侯伯子男みなその旂に就きて立つ、と、これその類なり

と。これは右の解釈の例証を挙げたものである。

或謂之事、或謂之名、或謂之号、異外内也

或いはこれを事といい、或いはこれを名といい、或いはこれを号というは、内外を異にするなり

と。テキストに事、名、号というのは、朝廷内の官府と、朝廷外の州里、家に対して言葉の表現を区別しただけで、

実質は名を書いたので同じことだ、という解説である。

三者旃旗之細也

三者は旃旗の細なるものなり

と。以上の三種の徽識は旃旗の小型のものだ、という解説である。

士喪礼曰、為銘各以其物、亡則以緇、䞓末、長終幅、広三寸、書名於末、此蓋其制也

士喪礼に曰く、銘を作るには各々その物をもってさもなくば別ち緇をもってす。末を䞓にす。長さは終幅、広さは三寸。名を末に書す、と。これ蓋しその制なり

と。これは徽識の作りの記録がないので、銘の制度をもってこれを類推したのである。今の士喪礼には䞓を經に、「書名」の名を銘に作る。「末」は士喪礼の注に「末為旆也」という。この段の意味は、「『儀礼』士喪礼にいう「銘を作るのには各々士が持っていた雑帛の旗である『物』を使う。これを持っていない時は黒い絹である緇をもってし、赤い裂を旆として着ける。長さは布地の幅一ぱい、即ち二尺二寸、広さは三寸で、名前を旆に書く」というのは、蓋し徽識の制だろう」というのである。武威出土の漢の「銘」は尺寸がこれと合わないが、ここに記されたようなアイデンティファイするための旗が使われたことが知られる（一五三頁参照）。

徽識之書則云、某々之事、某々之名、某々之号

徽識の書には則ち云う、某々の事、某々の名、某々の号

と。これを解説して賈公彦が疏に、例えば「大宰之下某甲之事」「某卿之下某甲之名」「某家之下某甲之号」というように書かれたといったのに対し、孫詒譲は鄭玄のいう意味は官府は執り行う事を、州里は郷遂の名を、家は采邑の号を書くといっただけだという[42]。そうであろう。

今大閲礼、象而為之

今の大閲の礼に象りてこれをつくる

と。上に記される大閲礼には、銘旌、朝に建てる徽識を象ったものを作って体に着けるのだ、というのである。

兵凶事、若有死事者、亦当以相別也

兵は凶事なり、もし死事あれば、また当にもって相い別つなり

と。戦争は凶事で、戦死するようなことがあったら、体に着けた徽識で本人を認識するのだというのである。

杜子春云、画当為書、玄謂、画、画雲気也、異於在国軍事之飾

杜子春いう。画は当に書につくるべし、と。玄いう、画とは雲気を画くなり。在国の軍事の飾と異にするなり

と。杜子春は大司馬に「中秋、教治兵、如振旅之陳、弁旗物之用、王載大常、諸侯載旂……各書其事与其号焉」即ち「中秋に治兵を教うること振旅の陳のごとし。旗物の用を弁ず。王は大常を載せ、諸侯は旂を載せ……各々その事とその号とを書す」と同様な事を記すのに「書」とあることから、「書」とすべしと言ったのである。鄭玄は字のわきに雲気紋を画き、この軍事用のものを国中で使う時には徽識にこれを画かないのと区別するのだ、という説である。

以上は鄭玄の解釈であるが、これが総て妥当かどうかはまた別問題である。

第一に、鄭玄はいま問題の条を九旗に着けられた徽識のこととして解釈しているのであるが、孫詒譲がいうように(43)これは少し見当外れである。即ち、経は上文に九旗のことを書いてきたのだから、事、名、号を書くのはなにも徽識に限らず、九旗に書かれたものとする方が文脈が通ずることは確かである。孫詒譲は旗の類に文字を書くことがあった証として『周礼』司勲に「凡有功者、銘書于王之大常」即ち「凡そ功ある者は、王の大常に銘書す」といい、『左伝』成公十六年に「欒鍼見子重之旌、請曰、楚人謂夫旌子重之麾也、彼子重也」即ち「欒鍼子重の旌を見、請いて曰く、楚人かの旌を子重の麾という。彼は子重なり」とあることを引く(44)。司勲の例は自分の旗に自分の名とか官の所属を書くのと異なる。『左伝』の例は、もし旌に名が書いてあるのだったら、自分の目で読んで確認すればよいはずで

あるが、楚人の助けを借りてそれが子重のものだと認識したのである。これは字が書いてあったのではない証である。その作りの特徴から、あるいは付けられた記号か何かから識別したにちがいない。大体九旗の内には、布で作ったのでないものが含まれている。羽で作った旞、旌のごときものである。そうすると、こういうものに事、名、号を付けようとすれば、別にそれを着けた徽識をどこかにくくり着けなければなるまい。鄭玄が九旗に徽識を着けると考えたのも、あながち孫のいうごとく全くの間違いとは言えないのである。

第二に、本文の「皆画其象焉」の「画」を、鄭玄が雲気を画いた、というのは孫詒譲がいうごとく取るに足りない。(45)そうかといって、杜子春の説に賛して簡単に「画」を「書」に改めてしまうのもいかがであろうか。というのは、大司馬には「各書其事与号焉」とあるから、「書」でよい。しかし司常には「皆画其象焉、官府各象其事……」と、「事、号、名の象を画く」「その事を象る」というようにあるからである。「象」の語は、それが字でないことを示すものである。孫はこの「象」は大宰の「治象」、大司従の「教象」、大司馬の「政象」、大司冠の「刑象」と意味は蓋し相近からん、という。(46)そして大宰の正義には(47)「凡書著文字通謂之象、司常説旗識云、皆画其象焉、杜注云、画当為書、与治象義略同」即ち「凡そ文字を書著するを通じてこれを象という。司常に旗識を説いていう、みなその象を画く、と。杜注にいう、画は当に書につくるべし、と。治象と義ほぼ同じ」という。これは循環論法である。すると凡て文字で書いたものが象だ、という孫の考えも根拠を失う。「象」の語の注釈に、孫のいうような文字で書いたもの、というような意味は全く見出し得ない。「象」とは、名詞としては可視的な形、何らかの図形、具象的な図像といった範囲の内容を持った語である。『易』繋辞伝、上に、八卦の各々の形について「聖人有以見天下之賾、而擬諸其形容、象其物宜、是故謂之象」即ち「聖人もって天下の賾を見るあり、諸々のその形容を擬し、その物宜を象る。ここをもってこれを象という」と言っているのが、「象」の最も典型的な用法である。天、地、風、雷などを八卦の長短の画を一定の形に組合せた記号で象る、というのがこの「象」の意味である。そうすると司常に、旗に

「象」のあることを記すのに「画」といっているのはすこぶる適切であり、誤りとは言えまい。官府の事、州里の名、家の号は画かるべき象徴的な記号「象」であったから、次に「官府各象其事……」と「象」とあり、「書」とないのである。司常では官府の事、州里の名、家の号の「象」が「画」かれるとあるのに、すぐ先の大司馬でははっきりと「各書其事与其号」とあるのはどういうことであろうか。そこで思い当るのが、殷、西周時代の青銅器に残る図象記号である。即ちこれが字としても読めるし、またその文字的表現は文章に使われるものよりも丁寧に表わされ、記号として「画」かれたものとも言える事実である。旗の裂地に表わされ、あるいは別に徽識を作ってこれに表わして付加せられた事、号、名等が図象記号の類であったからこそ、あるいはその象を画くといわれ、あるいは書く、と言われたのではないかと考えられるのである。春秋、戦国時代の青銅器には、ほんの例外的にしか図象記号は残っていない（図54）。青銅器にほとんど残らないからといって、これが社会から消滅したと考えるのは早計である。文献でいえば、先に引いた『左伝』成公十六年の条の子重の旌に、文字でなく何か記号があった可能性が考えられることは前記のごとくである。また、『左伝』定公十年に「叔孫氏之甲有物」即ち「叔孫氏の甲に物あり」とあり、注に「物、識也」という。また『左伝』昭公二十一年に「廚人濮……曰、揚徽者、公徒也」即ち「廚の人の濮は……曰く、徽を揚ぐる者は公の徒なり」という。これらの徽、識にはおそらくその家の記号が表わされていたであろう。『説文』に「卒、隸人給事者為卒、古以染衣題識」（段注のテキスト）即ち「卒は隸人の事に給する者を卒となす。古はもって衣に題識を染む」とある。隸人であるから、着る者個人個人の家の名などを染め抜いたものを着たはずはない。その隷属するところの家の名か記号を染め抜いた仕着せの衣とみてよい。印半纏の類といえようか。『儀礼』郷射礼に「大夫之矢則兼束之以茅、上握焉」即ち「大夫の矢は則ちこれを兼束するに茅をもってす。握より上にす」とあり大夫の矢は別にくくっておく旨記される。何で大夫の矢が見分けられるかについて鄭玄は「言大夫之矢則矢有題識也」即ち「大夫の矢には則ち題識あるをいうなり」といっている。これは矢に「題識」があった証である。こう見ると、青銅器にはほとんど使われなくなって後も、マークの類が品物や人間の目印として使われ続けたことは疑いないことである。『周礼』に各種の旗に着けると言うのも同じ類で、多くあるその用法の一つと見られよう。

この項の最初に要約した、主として西周時代の金文から弁別した図象記号の種類のうち、(1)―(3)、(5)は司常に記される東周時代の各種の旗に着けられたものの一類と見てよいことが知られたであろう。

(4)は「季姜」という一例だけであるが、これも旗の類に書かれることがあったものである。即ち、『礼記』喪服小記に

　復与書銘、自天子達於士、其辞一也、男子称名、婦人書姓与伯仲、如不知姓則書氏

　復と書銘とは、天子より士に達するまでその辞は一なり。男子は名を称し、婦人は姓と伯仲とを書す。姓を知らざれば則ち氏を書す

という。もし婦人が死後でなく、生きている時に旗でも何でも、自己をアイデンティファイすべき印として名を書くとしたら、同様に姓と伯仲を書いたに違いない。さきの「季姜」という図象記号は、まさにこれと合致するのである。

最後の(6)はいかがであろうか。これに関連して、前引の『左伝』定公十年の条に「叔孫氏之甲有物」と「物」の語を使っているのは興味深い。(6)の記号が中国新石器時代の単純な線分を組合せた記号の伝統を引くものであることは前記のごとくである。一方、地面に画された簡単な十字形の印が「物」と呼ばれる例がある。射礼の時、矢を射る者が立つ場所を示すマークがこれである。[48] (6)の線分を組合せた記号が、他の図象記号と機能において何ら変らないものであることは疑いない。そうすると次のように考えることができよう。(6)の類は中国において知られるマークのうち、最も伝統の古いもので、仰韶文化に遡りうるものである。(6)の類をも含めて家のマークに対しては春秋時代「物」の名称が用いられている。また先秦時代単純な線分を十字形に組合せた印が、射礼において「物」と呼ばれている。しからば(6)の一類は最も始原的な意味の「物」であり、この意味が戦国時代まで残存したのが射の「物」であ

る、と。

以上の考察によって次のことが知られた。即ち、本項の始めに(1)—(6)に要約した、主として西周時代の資料によって見た図象記号の各種は、春秋以後の文献資料によって旗その他の物品、人間に付したことの知られる記号の各種類にうまく対応するらしい、と。

(六) もう一つ別な図象記号の一類

前項では線分を組合せた単純な記号が、最も由来の古い「物」であることを推測した。ところが「物」にはもっと広い意味がある。「物猶神也[49]」即ち「物はなお神のごときなり」、「物謂鬼神也[50]」即ち「物は鬼神をいうなり」というごとく、「物」には鬼神の意味がある。この漢代の言葉でいう鬼神はやや漠然とした表現である。もう少しくわしく考えてみねばなるまい。いかなるものが「物」と呼ばれたかについては、『山海経』の記載がこれを明らかにしてくれる。即ち、劉歆の上山海経表[51]に、この本は

禹別九州、任土作貢、而益等類物善悪、著山海経

禹は九州を別ち、土に任じて貢を作る。而して益は物の善悪を等類し、『山海経』を著す

と解されているが、例えば海内南経に

狌狌知人名、其為獣、如豕而人面

狌々は人の名を知る。その獣たる、豕の如くにして人面

氐人国……其為人、人面而魚身無足

氐人国は……その人たる、人面にして魚身、足なし

巴蛇……其為蛇、赤黄赤黒
巴蛇は……その蛇たる、赤黄赤黒なり

とあるのに並んで、例えば海内北経に

鬼国……為物人面一目
鬼国は……物たる人面一目
袜（注、袜即魅也）、其為物、人身黒首人目
袜はその物たる、人身にして黒首人目

というようにいわれ、「物」は劉歆の用語よりも限定された意味に使われ、獣、人、蛇等に対し、鬼、魅というようなものに対して「物」という分類名が使われているのである。現実に居る生物に対する精霊類が「物」なのである。このような「物」の用語例は『山海経』に限らない。『荘子』(52)にも

斉桓公田於沢……公曰、請問委蛇之状如何、曰、委蛇其大如轂、其長如轅、紫衣而朱冠、其為物也悪……
斉桓公沢に田す……公曰く、請う、委蛇の状いかんを問わん、と。曰く、委蛇はその大は轂のごとく、その長は轅のごとし。紫衣にして朱冠す、その物たゝ悪し……

というごとくである。

『左伝』昭公二十九年に、豢龍氏が居なくなったので龍が飼えなくなったことについて

其物、物有其官、官修其方、朝夕思之……官宿其業、其物乃至……龍水物也、水官弃矣、故龍不生得
それ物には、物ごとに官あり、官その方を修む。朝夕にこれを思う。……官その業に宿《やす》んずればその物すなわち至る。……龍は水物なり。水官弃《すた》る。故に龍は生得せられず

という。ここには龍のことが「物」といわれているのである。

前引の『山海経』に出てきた袜（魅）は『説文』に「鬽、老精物也」即ち「鬽は老精物なり」というものである。段玉裁はこれを、『漢書』王莽伝、中「以禦魑魅」の顔注により、「精物」を「物精」と訂正している。段注にも引くごとく、『漢書』芸文志、雑占家の中に「人鬼精物六畜変怪二十一巻」とあるから、「精物」という語があったことは確かである。『論衡』訂鬼篇に「鬼者、老物精也」即ち「鬼とは老物精なり」とあり、ここの「老物精」が「年取った「物」の精」の意味であることから、段氏は鬽の説明も「老物精」を正しいと見たに違いない。しかし『論衡』にいうのは鬼であって鬽でない。すると『説文』の鬽は従来のテキストの通り、「老精物也」とし、「精物」の年取ったもの、という意味に取るべきである。

なお、老精物と近似した語に「老物」という語がある。『周礼』秋官、序官、伊耆氏注に、

伊耆、古王者号、始為蜡、以息老物

伊耆は古の王者の号なり。始めて蜡し、もって老物と息わしむ

というものである。これも古い年取った物鬽の意味である。「精物」が年を取ると「鬽」になるわけである。鬽は『左伝』宣公三年の疏に引く服虔注にいうごとく、「怪物」といわれる。そうすると「精物」は比較的まともな「物」に違いない。『周礼』大司楽に

凡六楽者、一変而致羽物、及川沢之示、再変而致臝物、山林之示……

凡そ六楽は、一変して羽物及び川沢の示を致し、再変して臝物、山林の示を致し……

と各種の「物」を致すことが記される。これらはもちろん祭祀の対象として音楽や舞で呼び寄せるのであるから、生きた動物そのものでなく、その精霊たる「物」である(53)。こういったものが「精物」であろうか。もちろん、生きている動物とその精霊の区別は曖昧であったに違いない。趙簡子が病中に眩覚を見、その中で熊、羆を射殺するのであるが、それについて鬼が熊、羆は晋の二卿の先祖だと教えたという伝説があり、これについて王充は

熊羆物也、与人異類、何以施類於人、而為二卿祖

熊羆は物なり。人と類を異にす。何をもって類を人に施《うつ》し、二卿の祖となる

という(54)。熊羆は動物であるが、これがまたそのままの姿をした「物」と考えられたようである。また前引の大司楽の条のつづきに

六変而致象物及天神

六変して象物及び天神を致す

とある。鄭玄は注に「象物、有象在天、所謂四霊者」即ち「象物は象ありて天に在り、いわゆる四霊なるものという」と記すが、孫詒譲は四霊は前に記された毛、羽、鱗、介の中に含まれているべきだからこの解釈は誤りだという(55)。全くである。孫は「此象物則時見形象、本無生性、若夔罔象之属是也」即ち「この象物は則ち時に形象をあらわすも、本と生性なし。夔罔象の属のごときはこれなり」という。この解釈が当を得ている。自然物の形を写したものでない怪物が「象物」ということになる。

筆者はさきに殷周時代の遺物に表わされた図像の中から鬼、夔、蟜、蚘、虺等をアイデンティファイし、殷周時代の器物に表わされたいわゆる動物紋が、戦国時代以後に「物」「鬼神」と呼ばれたものであることを明らかにした(56)。また『左伝』宣公三年に

昔夏之方有徳也、遠方図物、貢金九牧、鋳鼎象物、百物為之備、使民知神姦、故民入川沢山林、不逢不若、螭魅罔両、莫能逢之

昔夏《か》のまさに徳あるや、遠方 物を図し、金を九牧に貢す。鼎を鋳て物を象り、百物これがために備わる。民をして神姦を知らしむ。故に民 川沢山林に入しも不若に逢わず。螭魅罔両も能くこれに逢わず

とあり、これが殷周時代の青銅彝器に各地方に居ると信ぜられた「物」を各種鋳出したことを記したものであること

は、すでに何度か筆者が説明したところである。[57]

『周礼』司馬、訓方氏にいう「観新物」のことも、右の『左伝』に記される伝説と同趣旨のことを記したものと考えられる。

訓方氏掌道四方之政治、与其上下之志、誦四方之伝道、正歳則布而訓四方、而観新物

訓方氏は四方の政治とその上下の志とを道い、四方の伝道を誦するを掌る。正歳には則ち布して四方に訓し、新物を観す

とある。注によると最初の「道」は言というような意味、「伝道」とは世々伝説するところの往古の事だという。訓方氏は往古の伝説を誦する語部的な性格を持った官であるが、これが「観新物」のことをするというのである。「新物」について注には「四時於新物出、則観之、以知民志所好悪、志淫行辟、則当以政教化正之」即ち「四時に新物の出ずるにおいて則ちこれを観し、もって民の志の好悪を知る。志淫にして行辟なれば、則ち当に政をもって教化し、これを正すべきなり」といい、民の生産した物産の義にとっているが、これではこの官の役柄にふさわしくあるまい。「新物」は新しく出現した「物」、即ち従来の「伝道」の中にはそれまで出てこなかった鬼神の類で、これの象を民に見物させる、というのが「観新物」の意味であると考えるべきであろう。右の『左伝』宣公三年の条にいう、夏の時代に九鼎に百物の像を鋳出して民をしてその神姦を周知せしめた、というのと同じ観念に基づくものと考えられるのである。

さきに記した各種の「物」の区別によっていえば、殷周青銅器の紋様のうち、自然に居る動物とアイデンティファイしうる虎、水牛などは「精物」ないしそれが年老いて性悪になった「魃」の類、目玉と羽根から形造られた、自然に対応物のないものは「象物」、罔両の類といえよう。これらの中には善悪いろいろあり、それぞれ中国各地の特定の川沢山林に住むと信ぜられたものなのである。

前項には図象記号のうち、単純な線分の組合せから成るものを取り上げ、これが仰韶文化の伝統を受けついだ最も由来の古い「物」であることを記した。ここでは殷周青銅器その他の遺物に見受けられるいわゆる動物紋もまた「物」と呼ばれ、中国各地に土着した鬼神であることを明らかにした。この項で明らかにした類の「物」も、図象記号＝「物」として用いられているのである。図18に引いたのがそれである。次に各々について簡単に解説を加えておく。

「記号1」は龍形の図象記号。この形の龍が本来の意味の龍であることは以前に筆者がくわしく論証したごとくである。(58)

「記号2―4」は鳳凰の類。冠羽のあるもの、ないもの、色々である。これら鳳凰の各種についてはさきに筆者が記したことがあるのでくり返さない。(59)

「記号5」は鳳凰と似た表現であるが、頭の後にハート形の角ないし耳が表わされている点に特徴がある。これは殷、西周時代青銅器や玉製品に例の多い、鴟鴞を表わしたものに違いない。ここに見る耳ないし角状のものは羽角で、『説文』に「雈、雖旧頭上角雈也」即ち「雈は雖旧の頭上の角雈なり」という雈である。

「記号6」はさきに筆者が夔であることを証した泉屋博古館蔵の銅鼓に表わされた鬼神の側視形である。(60)甲骨文にも似た文字があり、唐蘭が夔と読んでいる。(61)

「記号7」は一頭双身蛇形の記号である。先に筆者はこれが戦国時代に涸沢、涸川に戻ると信ぜられた神で、蟡、蚘と呼ばれたものの類であることを証した。(62)

「記号8」は点線で囲んだ記号のために引いたものである。この記号は禹字である。赤塚忠は殷周時代の盤の内底に大きく表わされた亀、丸まった龍の類の図像を、それぞれ鯀、禹に当てた。(63)貝塚茂樹も同時に、これとは独立に相近い考えを発表している。(64)楊寛は禹はまた勾龍、虯龍等と呼ばれたことを注意しているが、(65)銅器のこの龍は体が丸まっている点、句龍、虯龍の名と合致し、また頭が異常に大きいところはここに引いた禹字形の記号と合う。

「記号9」は立った人間を正面から見た形をなし、頭上に乙字形の冠羽の着いた神像を表わしたものである。このような形の神像の頭部は山東省益都、蘇埠屯出土の殷代の青銅車飾に、(66) 全形は西周時代前半頃の玉器(67)その他に表わされている。(68)

「記号10」は図象記号のうちではいわゆる析子孫形と共に最も目立ったものの一つで、多くの人がその形の解説、解釈を試みており、最近では貝塚茂樹も論じている。(69) 上半が足を曲げて立つ人間形で、「天」ないし「大」字形といいうることは問題あるまい。下に居るものは、郭沫若が黿（『説文』に大鼈なりという）と見たのに対し、(70) 聞一多はこの図象記号に現れるこの動物に尾のあるものが一例もなく、後足が長くて後向きになっている点、図象記号に現れる亀の形と明らかに区別がある点より、蛙の類と見て黽《ぼう》と釈した。(71) 貝塚はこれが蛙の特徴を持ちながら、頭の表現、背の紋様は亀の表現と共通するから、これを両者の複合形と見ている。(72)

背中の紋様について考えるに、亀甲が十字形、井字形の紋様を以て表わされているとはいえ、亀甲を写したとすれば文字通り亀甲紋であるべきである。このような形に表わしているのは概略の便宜的表現である。蛙の背に同じ紋様があるからといって、亀の特徴を持つとは言えないであろう。蛙の背の紋様を便宜的に同じ概略的な表現で表わしたに過ぎないと言えるからである。頭と頸の表現はしかし、確かに亀と同じ特徴を持っている。なぜなら蛙には頸らしくくびれた部分はないからである。しかし、これは殷時代の習慣によって、蛇、亀、蛙、蜥蜴等を同じ表現の頭を以て表わしたと見られよう。春秋戦国時代の文字から篆文に到るまで、黽字は形の頭と頸を着けた形に表わされている。(73) そして黽は『説文』に「鼃黽也」といわれ、大きな声で鳴く殿様蛙の類とされる。この蛙にも周知のごとくくびれた頸はないのである。そうするといま問題の図象記号の動物も、普通の蛙をそう表わす習慣になっていたから頸を持った頭を着けた形に表わされただけのことで、ことさらに亀の要素を加えた複合的動物が意図されているとは見得ないことになる。以上によって、10の図象記号は、足を曲げて立つ人間形と、足の下に、これに頭を向けた蛙を伴

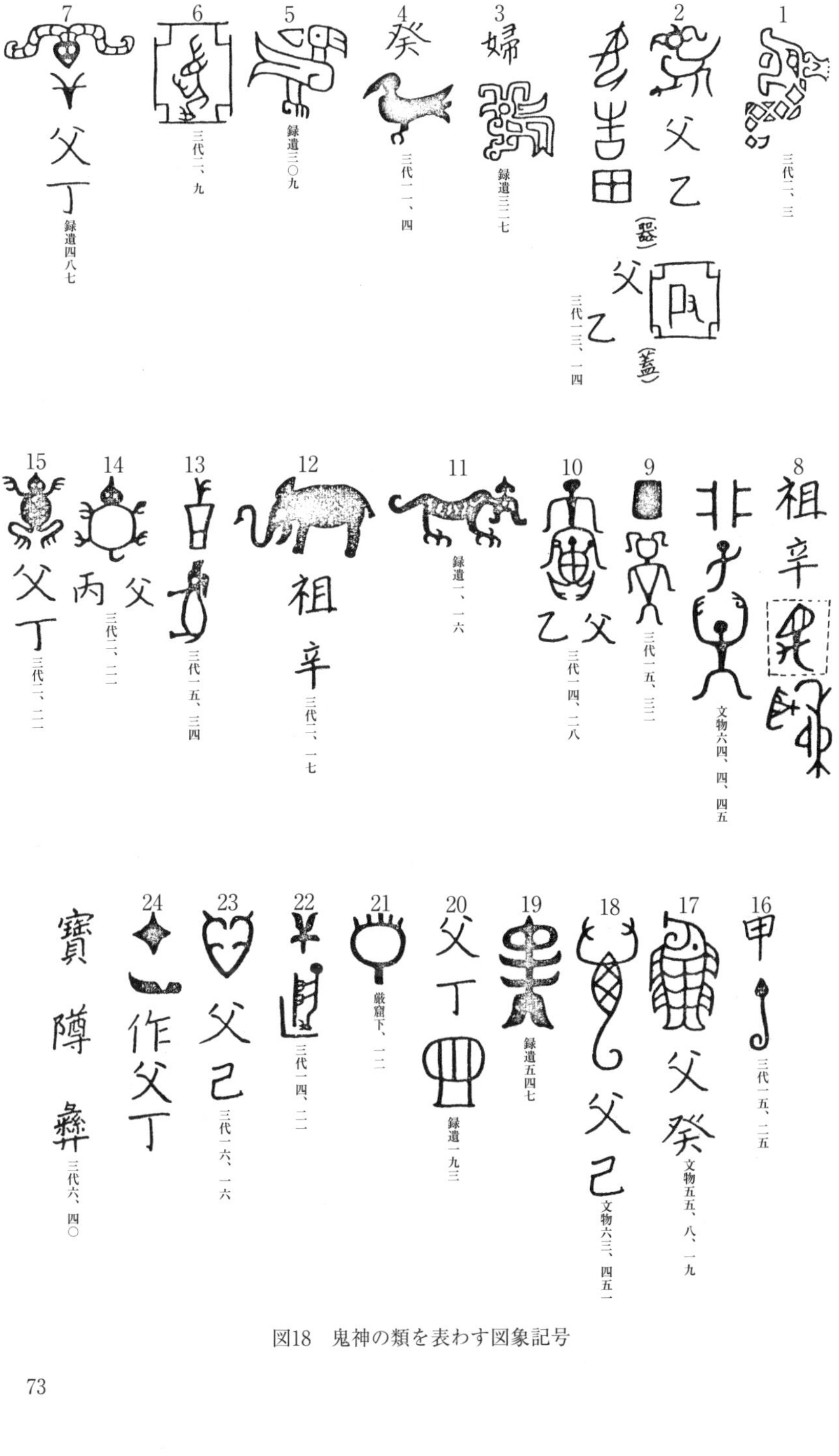

図18　鬼神の類を表わす図象記号

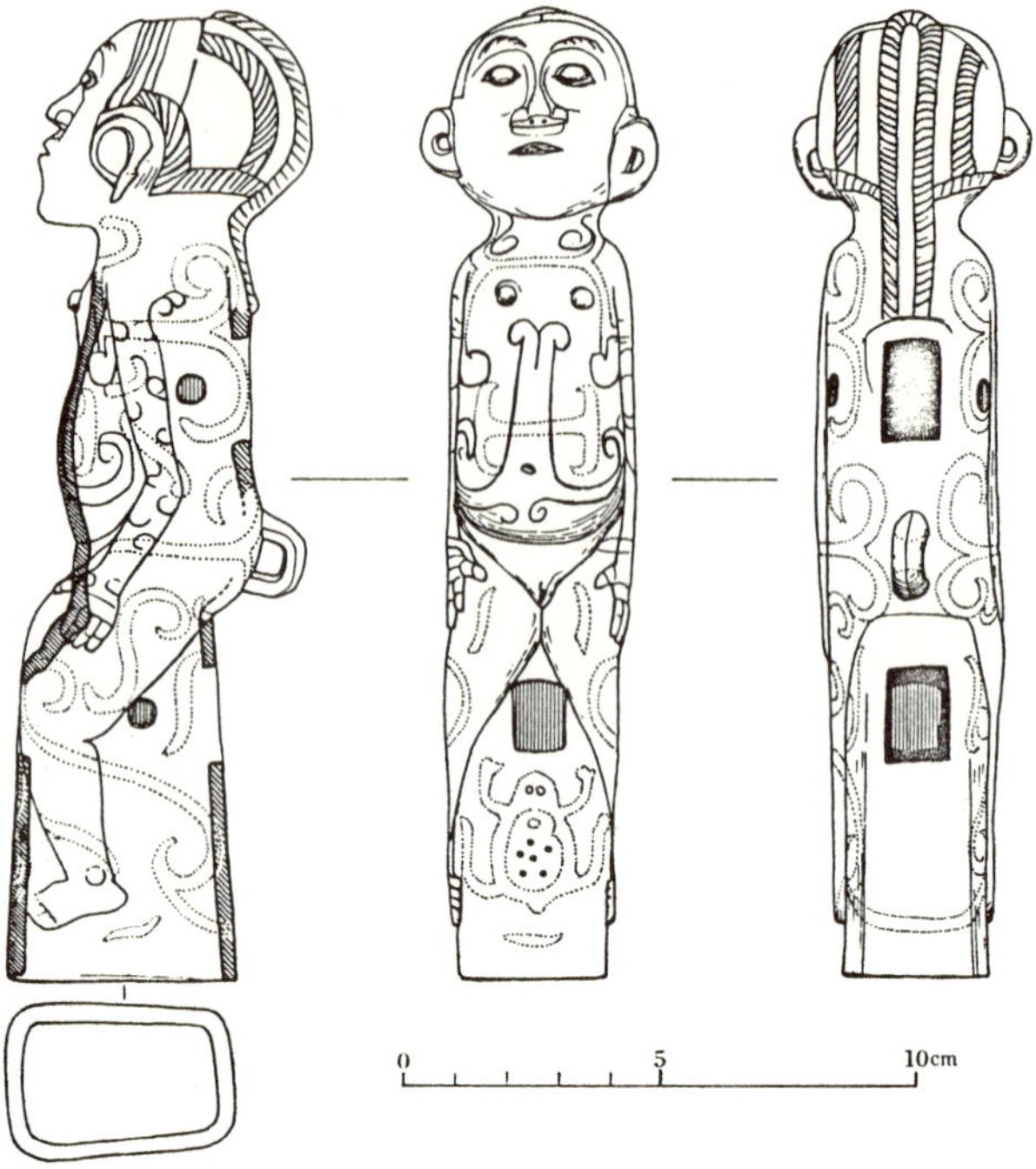

図19　神像を象った青銅金具（天理参考館蔵）

う図像ということになった。図19は現在天理参考館に収蔵されている春秋時代頃と思われる青銅製の金具である[74]。裸の人間は足を少し拡げて筒状の金具の上に中腰で腰掛けた形になっている。何かの金属を用いた象嵌で、足の間に蛙と思われる動物が上向きに表わされている。この動物は、後足が前向きである点、あまり蛙らしくないが、後足は前足に比して著しく長いから、やはり蛙であろう。後足がこれと近い形に表わされた蛙は、泉屋博古館蔵の盤にある[75]。地上に坐るところでなく、水上に浮ぶ姿を表わしたものと見得よう。この青銅金具に表わされた人間形の像は裸であるが、体に羽紋が表わされている。何らかの神像に違いない。頭に弁のようなかぶりものを着け、頭の後に編んだ髪を垂らしている。この髪を見ると非中国人ではないかと一応疑われるが、そうではあるまい。この像は、図を見れば明らかなごとく、女性である。お下げ風俗の中国人女性は、春秋末ないし戦国初の画像紋、採桑の図柄に多く表わされている。図19の神像が、図18の10の図像記号に対応することは、以上によって[76]明らかであろう。そうするとこの記号を天黿とか大黽とかの二字に見ることは出来ない。こういう姿の神像を写したものだからである。この記号は、この女神を族神とする氏族の記号とみてよいであろう。

次は自然に棲息している動物の姿を持った「物」ないしそれが年功を経た魌の類と見られるもの。「記号11」は虎形。青銅彝器に表わされた虎、金文、甲骨文の虎のアイデンティフィケイションはさきに筆者が試みた。(77)ここにはくり返さない。

「記号12」が象であることは問題なかろう。象を象った青銅容器があり、また匜などに象の紋様が着けられていることも、研究者の遍く知るところである。

「記号13」に見る動物は水牛であろうか。水牛についても前に記したことがあるから繰返さない。(78)

「記号14」は貝塚が記すごとく明らかに亀である。(79)亀の図象が盤の内底や他の青銅器の外底に大きく表わされることも、貝塚が例を多く挙げて説明している。(80)貝塚はこの亀を、夏の治水伝説に出てくる鯀が、その先導によって治水を行った亀と関係づけてその神話的意義を考察し、(81)赤塚もこれとは独立に相近い考えを発表している。(82)ここに引いた図象記号の亀が、ただの亀の子でなく、このような神話的背景を背負った神亀であることはほぼ疑いないところである。

「記号15」は蛙。さきの10の人間形の下に伴うものと同形である。蛙が殷時代にどのような神話的関連を以て表象されていたかについては、説明に多くのスペースを必要とするので、ここには記すことが出来ない。殷代青銅器には目立った地位を占めていないが、その図像は仰韶文化から漢まで引続きあり、漢代には月に住むものとされており、これらはただの蛙とは考え難く、物、魌の類と見るべきである点を注意するに止めたい。

「記号16」は蛇である。蛇でも両顎がふくれており、毒蛇の形である。甲骨文に它字があり、足のそばにこの毒蛇の形を書いて超自然的な存在の及ぼす悪い影響を表わす文字を作っていることからも知られるごとく、この毒蛇形は害悪を及ぼす魌の類を表わしていることはほぼ明らかである。

「記号17」は魚形。このような魚の形の玉あるいは貝製品は殷、西周時代の遺跡から多く発見され、青銅器では多く盤に表わされている。また泉屋博古館蔵の銅鼓[83]に飾られた夔は、Penisの脇に魚を伴っている。この形の魚が何らかの象徴的な意味を持ったものであることは疑いない。西安半坡の彩陶に魚の図柄が多く使われているが、人頭形の両脇に一対表わされているのは[84]、その表わし方において銅鼓と共通性がある。これらはトーテム崇拝として説明され[85]、またさらに半坡文化は魚をトーテムとする氏族のもので、鳥をトーテムとして土器に表わしている廟底溝文化と対照する説もある[86]。何らかの宗教的意味をもった動物が総てトーテムとは限られない。しかし魚が仰韶文化時代、西安半坡の地で何らかの象徴的意味を持っていたことは確かである。ただこれが殷周以後のいま問題の魚と関係があるかどうかは今のところ明らかでない。

「記号18」は萬、即ち蠆で、さそりの象形であることはいうまでもない。遺物にはごく稀にしか現れない。ロホフ氏蒐集の青銅壺[87]はその稀な例である。

「記号19」の記号を郭沫若は卜辞に習見する国族名〓と同一と見て魚の背骨と認め、脊と読んだ[88]。唐蘭はこの類の記号の諸形を並べ、蜥蜴の形を象るとし、〓字を『説文』屮部兂字に当てている[89]。この記号が魚の骨を表わしたものでないことは、中に前足の表わされたものがあることから明らかであるが、蜥蜴とするには前足も略されたり、これがあっても後足のないものがある点疑いが持たれる。これが蜥蜴らしくない決定的な特徴は、尾の形が魚尾状の羽根で表わされていることである。とはいえ、これがどのような動物を象ったものかについては、今のところ決定的な案を持ち合さない。何か昆虫の類ではなかろうか。この図象記号に対応する動物は、殷時代の青銅彝器その他の遺物に往々に見かける[90]。これも「物」を象った類とみてよいであろう。

以上の外にも牛・羊・豚ないし猪その他の動物形の図象記号があるが、家畜であるか、その野生であるか判定し難いものはここに省く。

次は殷、西周時代の鬼神の類の図像を構成する一要素、および青銅彝器その他遺物を飾る紋様の一単位を以て表わされた図象記号。

「記号20」の形について、筆者は以前にこれが虎の耳（ないし角）の一つの表現法であることを、甲骨文字の虎字、龍字の各種表現の比較によって証明した(91)。虎といってももちろん現実の虎でなく、「物彪」としての虎の耳（角）である。虎の耳が特別な象徴的意味を持つものと意識されていたことは疑いない。

「記号21」は鳳凰の冠羽の尖端部を象った記号である。この表現は孔雀の尾羽根の尖端部から原形が取られたもので、太陽＝目を象徴し、おそらく「皇」の音を以て発音されたであろうことは、筆者が先に鳳凰の図像の系譜について考察したさい論及したところである(92)。

「記号22」の上端の記号は、羽根を二枚背中合わせにした形である。この形が、最も普通に饕餮の額の中央に立った形で表わされていることはよく知られるごとくであり、西周後期には分解した左右対称の龍紋の、対称の中心に独立で表わされることもある。筆者はさきに、『酉陽雑俎』に、龍の頭上にあって、龍が天に昇るために不可欠なものだと記される「尺木」がこれの後身であろうことを推測した(93)。この形が殷時代より漢まで龍の頭に存続し、その象徴的意味について語られていることは、この形のものが重要な意味を持っていたことの何よりの証拠と考えられる。

「記号23」は青銅彝器の紋様では、鴟鴞卣の胸の下半部にみるような形に使われる(94)。このような鳥の胸に飾るのに対応する表現は図象記号の一種の鳥にも見られる(95)。また殷代容器によくある二等辺三角形を並べた形の紋様の、各三角形の中に一つずつ納められることも多い。

「記号24」の菱形は、最も普通には饕餮の額に表わされている。菱形はまた蛇や龍の銅に並べて付けられることが多い。しかし両者には区別がありそうである。即ち図象記号、饕餮の額のものは、四辺が内反り気味のものが多い点、蛇や龍の鱗に連続して用いられる菱形と相違がある。図象記号の菱形のうちには内反りの程度がかなり甚だしく、甲骨文、金文の「甲」字に近づいたものがある。この図象記号は甲と読むことが出来ようか。威嚇的な饕餮の類の額にあるのだから、相当な威力のある記号であったに相違ないが、その起原、具体的意味については今のところ明らかにし難い。

以上、図象記号の中には青銅彝器その他の遺物に表わされている鬼神、物彪の形をとった一群があることが明らかになったであろう。そこでもう一度この類の図象記号について考えてみたい。

前引の『左伝』宣公三年の条に、「夏の徳が盛んな時代に、遠いところにある方国がその地の川沢山林に居る精霊（「物」）の図像を王朝に献上し、王朝ではこれを青銅の鼎に鋳出して表わした。そこで民はこれらの精霊の姿とその善悪の区別を認識したので山林に入っても悪い精霊に出遇うことがなくなった」、と記される。そして劉歆は、『山海経』をこのような各地の精霊の善悪に関する知識の集成と見ているのである。精霊はもちろん名を持っているわけである。この精霊はまた方国の氏族の図象記号として用いられ、両者は同じ「物」の名で呼ばれていたのである。これは図象記号であるから、氏族の名として一定の音を以て読まれたわけである。精霊（物）の名と、氏族記号としての読みとは、おそらく同じものであったであろう。

殷時代の「河」について、赤塚忠は甲骨文資料によって検討を加えた結果、「河」は河の精霊であり、起原的には「河」なる族集団の神であったと考え、(96) さらに同様な考えを他の神＝族名についても展開している。(97) この項に記した地方の精霊＝物と、それを図象記号＝物とする氏族との関係も、同様に考えるほかないであろう。なぜなら、精霊が生きて活発な働きを人間に対して及ぼしていた時代に、得体の知らない無縁な精霊の絵姿を、かりそめにも自分の氏族を象徴する図象記号として借用するというようなことは考え得ないことだからである。このような精霊＝物は、その図像を図像記号＝物として着けた器物に在住することによって、その祭祀を行う氏族に属するものであることを示し、他族の者に対しては、その「物」が危険な影響を及ぼす可能性を以て、その器物を保護し得たと考えられるのである。

これらの「物」とその名称の知識に通暁していることは、それらを対象とする祭祀、それを図象記号とする氏族の集合する儀式をとり行う際には必須なことであった。『周礼』春官、以神仕者には

掌三辰之灋、以猶鬼神之居、弁其名物

三辰の法を掌り、もって鬼神の居を猶し、その名物を弁ず

とある。注に猶は「図するなり」という。鬼神の姿と名を弁別するのを「弁其名物」という。大司徒には

以天下土地之図、周知九州之地域、広輪之数、弁其山林川沢丘陵墳衍原湿之名物

天下の土地の図をもって、九州の地域、広輪の数を周知し、その山林川沢丘陵墳衍原湿の名物を弁ず

という。ここの「名物」は鄭注に「十等之名与所生之物」即ち「十等の名と生ずる所の物」というが、この名物も前引の条と同様、山林……原湿といった地に居る精霊とその名、とみてもいっこう差支えあるまい。小宗伯にはまた

毛六牲、弁其名物……弁六齍之名物……弁六彝之名物……弁六尊之名物……

六牲を毛してその名物を弁じ……六齍の名物を弁じ……六彝の名物を弁じ……六尊の名物を弁じ……

とある。この「名物」は、祭る供え物や器物が祭祀の対象に適した「物」と名に属するかを弁別するということで、犠牲の毛色や種類、器物の紋様などにそれぞれ「物」という標準の種類分けがあったのである。『山海経』にはそれぞれの土地の神の祭祀にどのような種類の供え物、犠牲を用いるかについて詳細な記載がある。小宗伯が必要としたのはこのような具体的な知識であったに違いない。ここに六牲、六齍、六彝、六尊というのは、それを六という整数を使って体裁よく要約した形で記したものである。祭祀の対象たる「物」に適合した供え物、器物という概念がここにいう「物」である。こうみると、五九頁に引いた『周礼』司常に

司常掌九旗之物名
司常は九旗の物名を掌る

という「物名」も、同様な方向から解すべきではないかと考えられるのである。即ち鄭玄はこの「物」を旗に表わされる日月、交龍、熊羆等のこととし、それらの図柄によって常、旂、旗等と旗の名称を異にするということと解している。これらの図像が「物」であるというのは誤りではない。しかし、「物」はこの場合もそのような限られた内容とは考えられない。多種類の旗につけられたもろもろの氏族の図象記号たる「物」であり、「物名」の名はその記号を以て表わされた氏族の名と見るべきである。その方が先に若干の例を引いた『周礼』の他の官が弁ずるとされる「物」「名」と統一的に解釈し得るのである。

四　甲骨文と対照してみた図象記号

前節では図象記号の中からわかりやすいものを幾種類か取り出して分類し、これがどのような性質のものを包括するかを見、その基本的性格の規定を試みた。この節ではさらに進んでより多数の資料を対象とし、図象記号に対応する文字を甲骨文資料の中から拾い出し、その文字が卜辞の中でどのような用法で使われているかを分類、検討することによって、前節で明らかにした結論の当否を確かめ、必要とあれば補足、修正を行ってみよう。

甲骨文字の名詞の中に金文図象記号に対応するものがあることは先人によって断片的に指摘されているとはいえ、関係資料全般にわたってその対応関係を調べた研究は発表されていない。金文図象記号と甲骨文字では表現の繁簡に懸隔があるため、両者の同一関係は目につきやすいとは言い難く、関係資料の数も厖大である。故に資料の検索をくり返すと、そのたびに新たに対応するものが気づかれるのが常で、それは論文を仕上げてしまった現在でも同様であることを確信している。そういうわけで、次に引用するものがとうぜん引くべきもの総てを完璧に挙げつくしているとはとうてい保証し難いことはいうまでもない。とはいえ、図象記号、甲骨文字の対応については、各種につきかなりの例数を拾うことに成功しているので、各種につきとうぜん幾つかずつが将来補足されることにはなっても、ここに現在拾い出した例について下す判断の大勢には影響が少ないものと考える。

(一) 甲骨文方名に対応するもの

方名とはもちろん「某方」というもの。甲骨文には用例が多く[98]、周知のごとく国名である。図象記号に「方」を付けたものは図20の1、2の二例しかない。以下図によって図象記号と甲骨文字の対照を示す。図の各段上列には図象記号、下列には甲骨文を配した。甲骨文には卜辞中における用法のうち、図象記号と関係のある用法を注記した。出典はそれがそのような用法であることを判定した人が既にある場合、その論文を略称を以て注記した。略称は本章末尾の略称表を参照。判定した人が何人もいる場合、その用法に関係してなるべく綜合的に取扱っている著録を引用するようにした。対照表の甲骨文が、複合的な図象記号の一要素とのみ対応するものも一緒に引いてある。複合的なものがどのような成り立ちかについては第六節に論じてある。その節をまって始めてこのような対応の採り方が正当づけられるわけである。しばらく黙って先に進んでいただきたい。

甲骨文に「某方」と出てくる場合の某に対応する図象記号があるものは図20の3—22の例が挙げられる。合計二一項目である。島邦男が列挙する甲骨文の「某方」の名は五五項目である[99]。その約半数に達する。意外に多数といえよう。

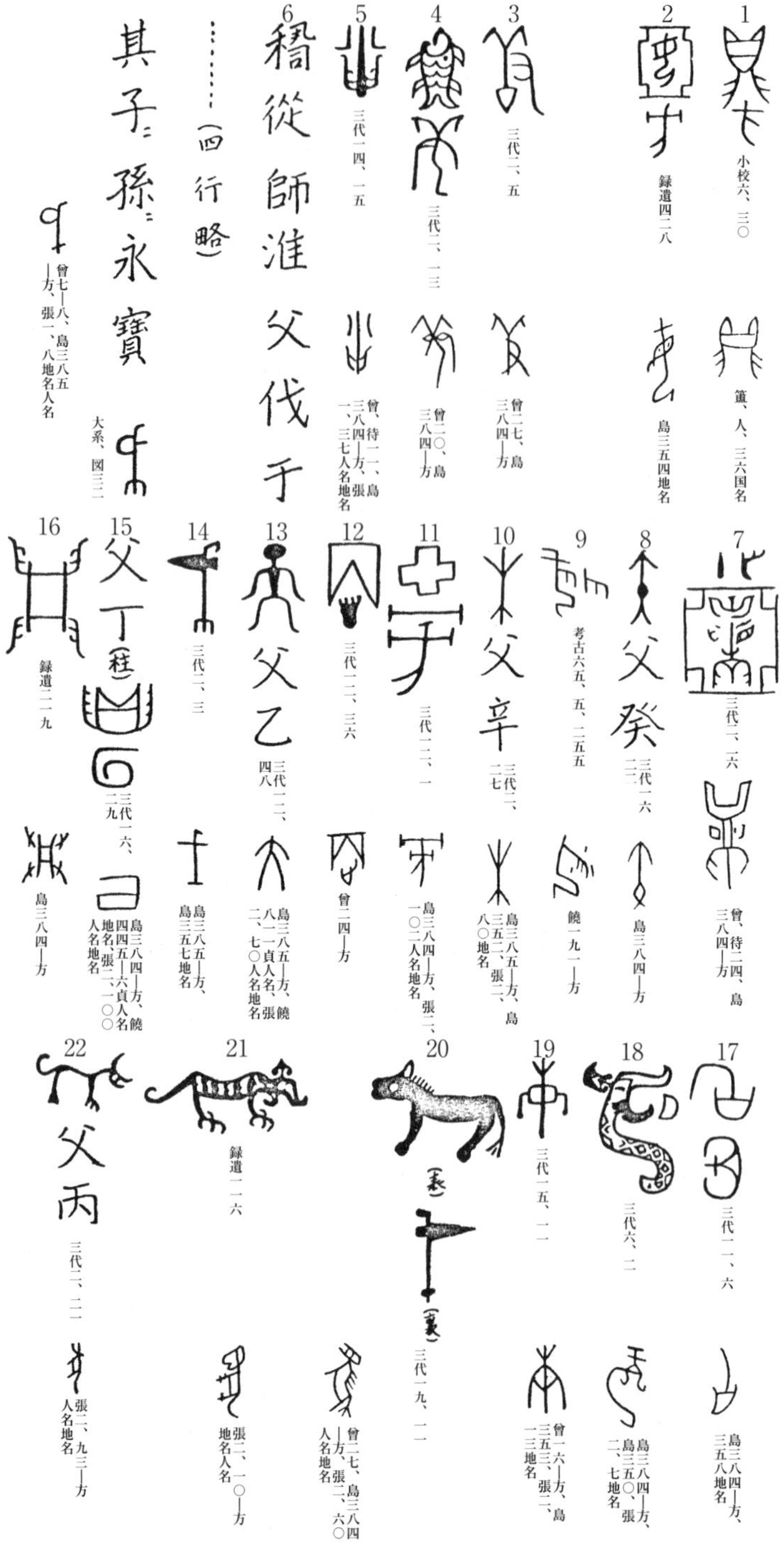

図20 「某方」とある図象記号、甲骨文方名に対応する図象記号

なお20に引いた図象記号は戈「内」の表裏につけられた記号である。表裏に分けて表わされているのはスペースの都合によるもので、広いスペースがあれば本来一カ所に固めて、複合の図象記号として表わされるべきものである。「子某」の形をもった図35の13の図象記号が戈の「内」の表裏に分けて表わされていることからそう知られるのである。

(二) 甲骨文の侯伯名に対応するもの

図象記号で「某侯」「某伯」等と侯伯の語の着いたものは図10に引いた。ここには甲骨文に「某侯」「某伯」とある某に対応する図象記号を引く(図21)。図象記号にまで「侯」が着き、甲骨文の「某侯」に対してその通り「某侯」の形で対応するのは図21の18の一例だけである。

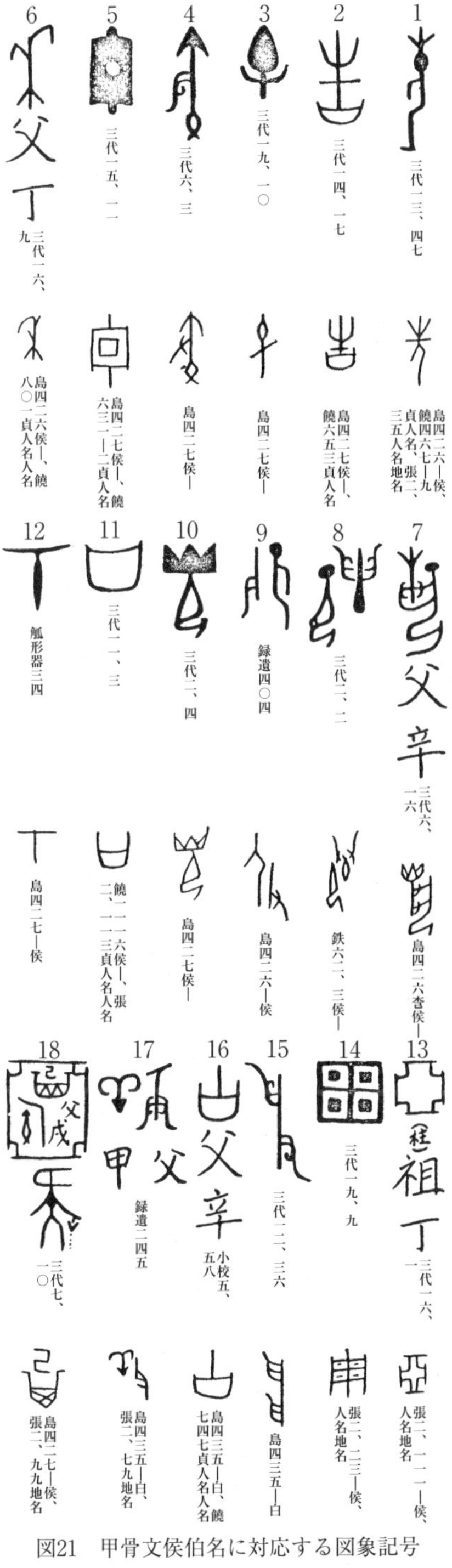

図21　甲骨文侯伯名に対応する図象記号

図表中の図象記号と甲骨文の対応関係はおおかた一見して明らかなものばかりであるが、若干説明を加えれば、3の図象記号は、下部の縦画から左右に出る枝が両方上向きに曲るのに対し、甲骨文では縦画に対して斜めの画が交叉している。これは、甲骨文で「子」字の下半が、この両様に表わされることを想起すれば、この両方を対応させることの正当性が認められるであろう。5では中央の方形が塗りつぶされ、小円が抜かれているのに対し、甲骨文では方形の中に小方形が線で表わされている。これも、例えば「王」字のごとく金文で黒く太く表わされる部分が甲骨文では塗りつぶさずに線で表わされ、また「丁」字のごとく金文で隅丸に表わされるものが甲骨文では方形で表わされている書きぐせの相違によってその対応が説明される。15は図象記号で手の形（又）が縦棒の両側に、上下の方向から加えられているに対し、甲骨文では片側、一方向から加えられている。これはあるいは対応しないものであるかも知れない。両手と縦棒の要素が共通するので一応ここに加えておいた。その他、17で甲骨文の攴の「又」が、図象記号では「収」に代えられているのは、両者の繁簡の差と解釈され、別に問題はなかろう。

ここに拾ったものは合計一八項目である。島が列挙する卜辞の侯伯名は七五項目ある。その約四分の一である。

(三) 甲骨文の地名・人名に対応するもの

卜辞においては、同じ文字が或る例では地名と解され、別の例では人名あるいは国ないし氏の名として用いられるようなことが多く、地名と人名の区別がはっきり分け難いことはよくいわれるところである(100)。次に引く甲骨文にも、いちおう判定者の用語に従って地名、人名等と注記しておくが、必ずしも人名とあっても人名とだけ解せられるとは限らないことに注意しておきたい。図22—図26には甲骨文の地名・人名と対応する図象記号を引いた。この類のうち、貞人名としての用法の見出されるものは図27—図28に別に引き出してまとめてあるから、同時にそれを見る必要

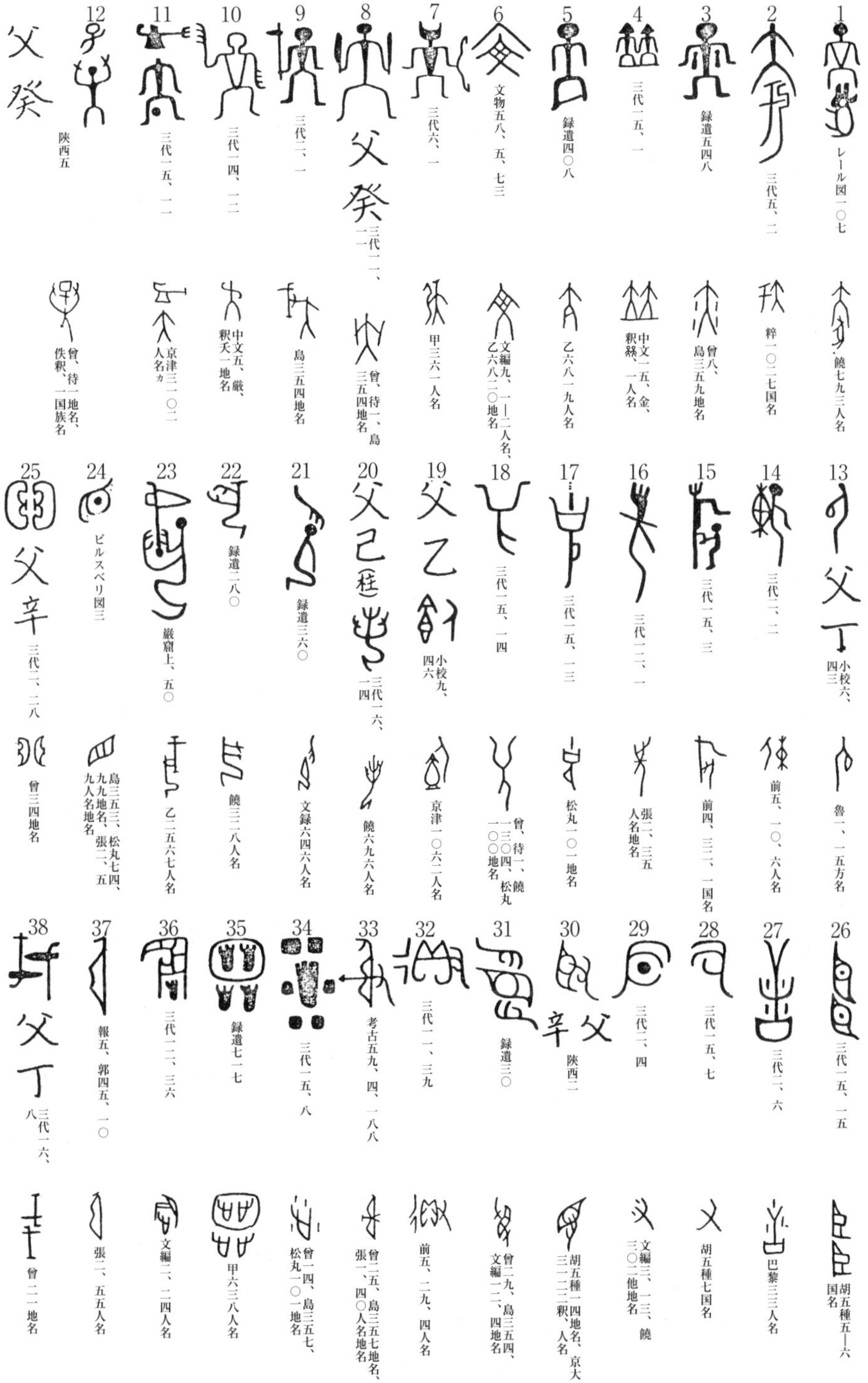

図22　甲骨文地名・人名に対応する図象記号(1)

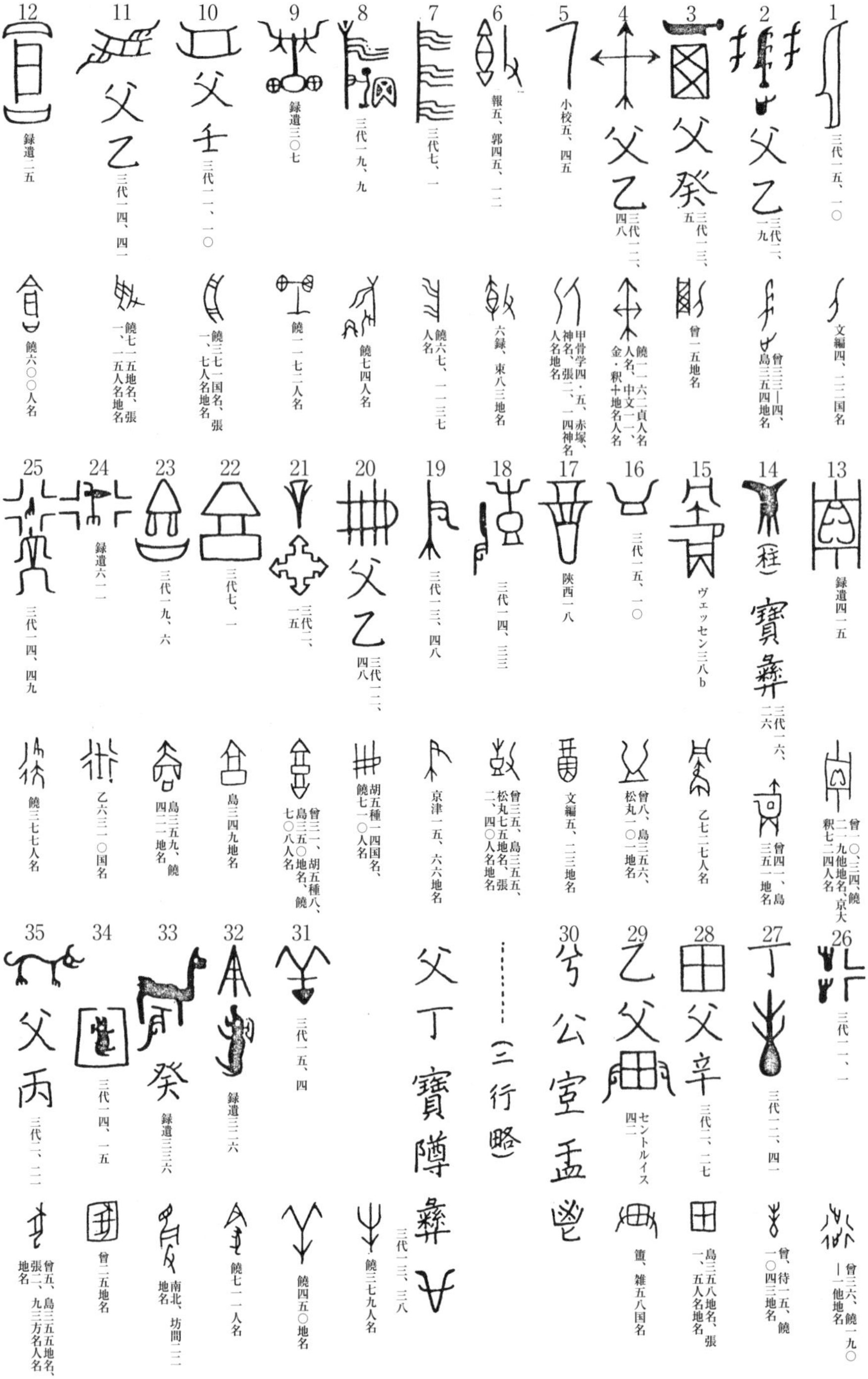

図23　甲骨文地名・人名に対応する図象記号(2)

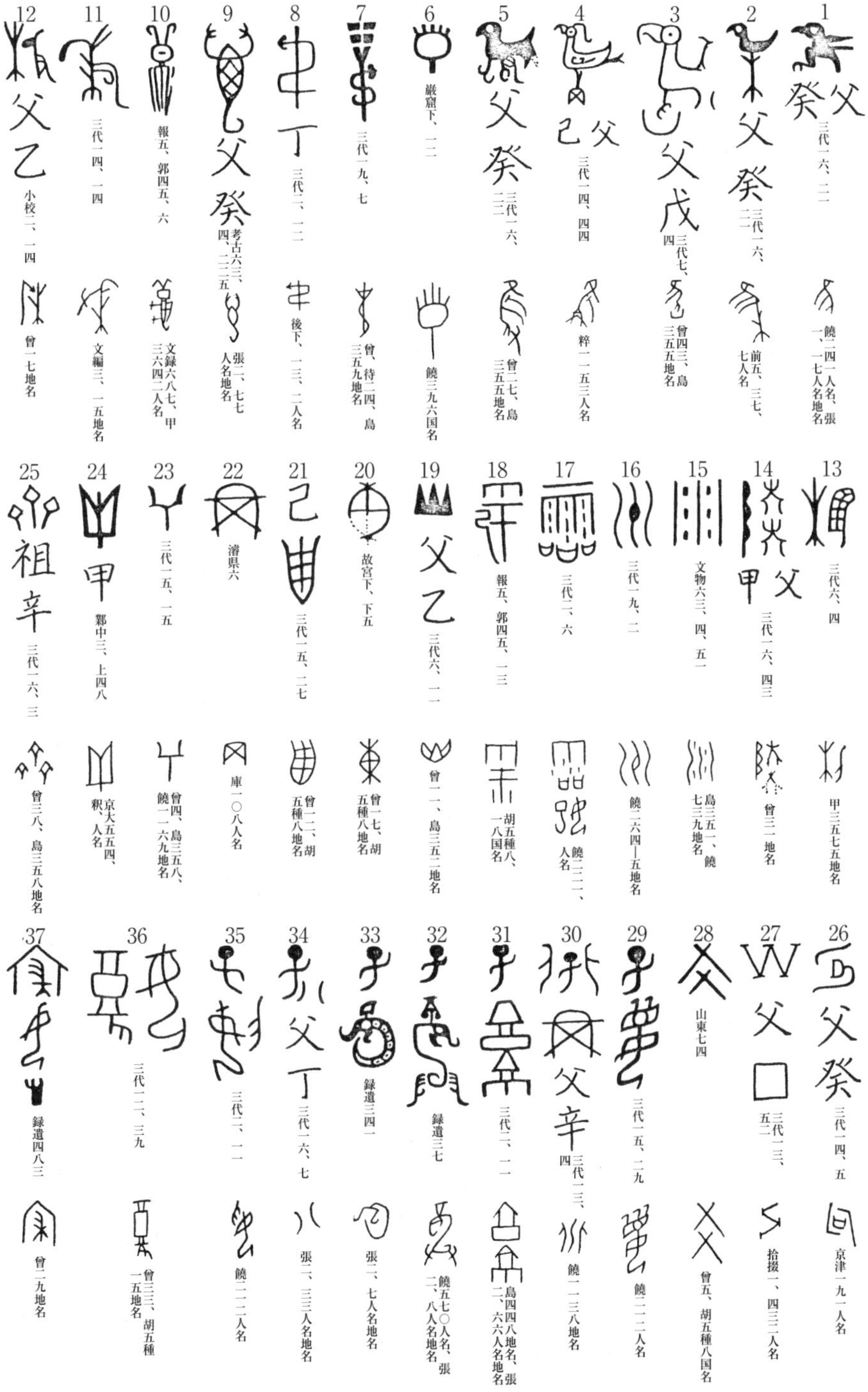

図24 甲骨文地名・人名に対応する図象記号(3)

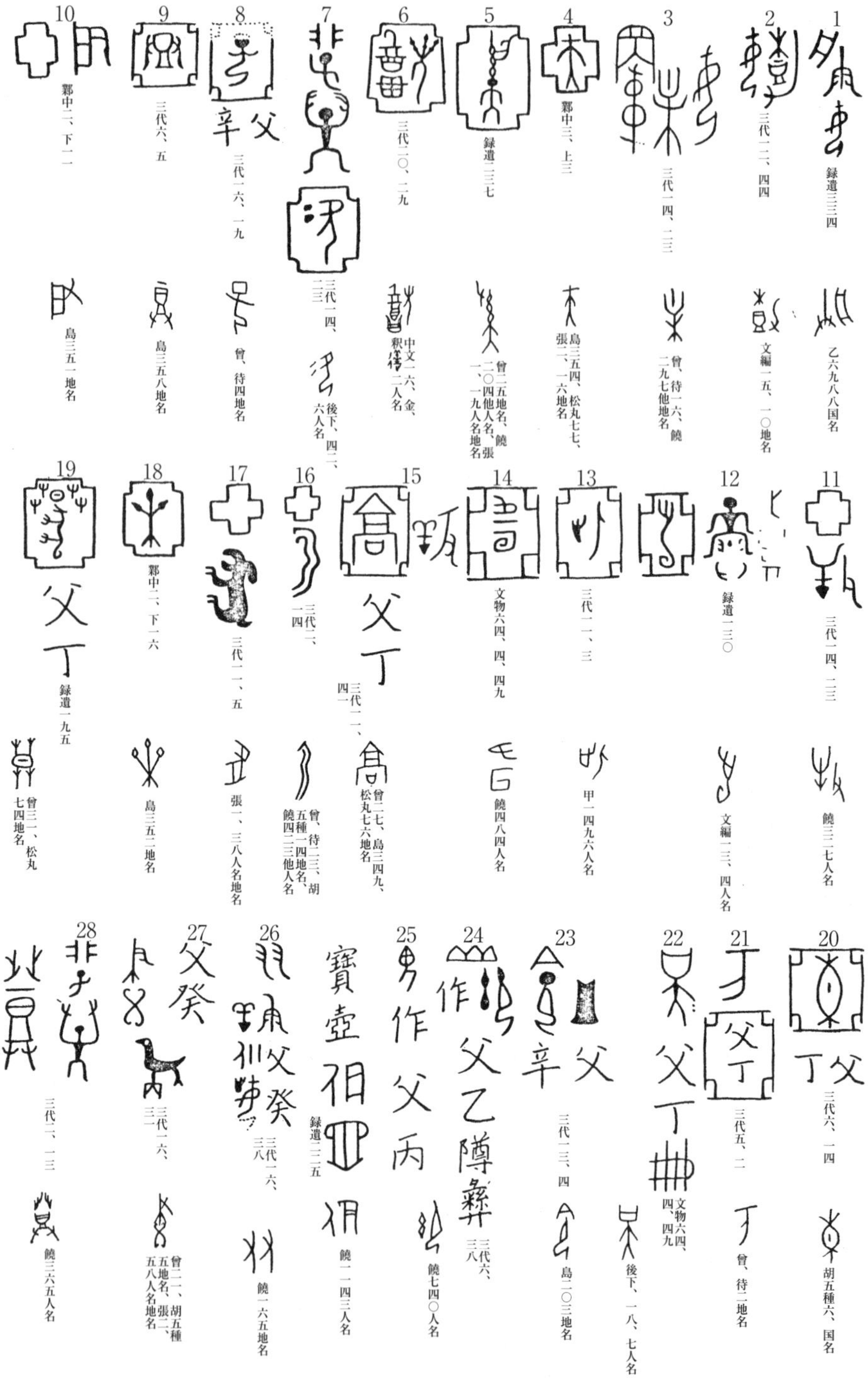

図25　甲骨文地名・人名に対応する図象記号(4)

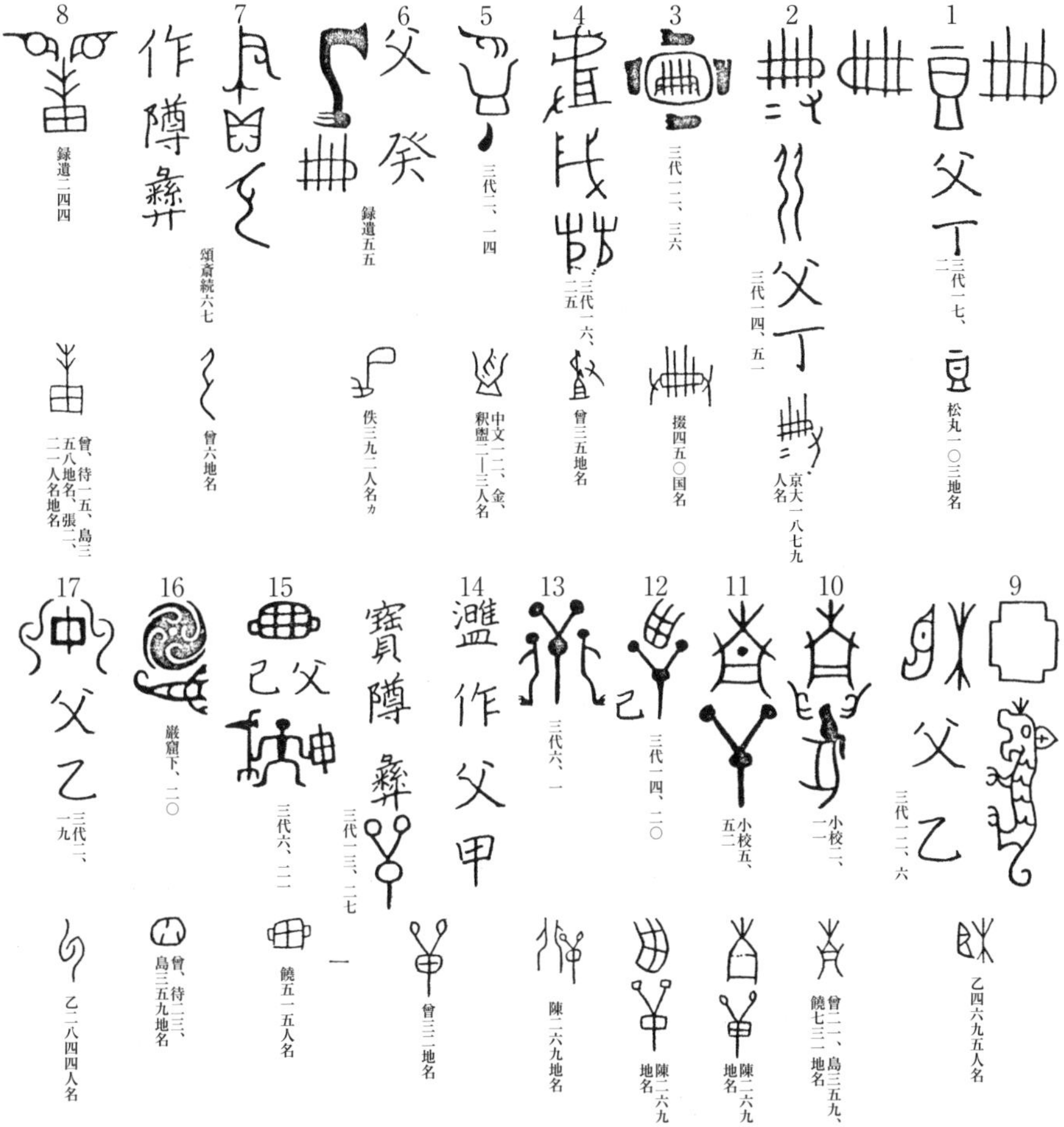

図26　甲骨文地名・人名に対応する図象記号(5)

図22—図26は甲骨文の中で地名・人名として使われている文字に対応する図象記号を表示してある。上段は図象記号、下段はそれに対応する甲骨文字。甲骨文の人名の中でも、貞人は図27—図28に別にまとめた。両者を含めて217項目となる。図象記号は数百種類ある。そのうち約三分の一となる。貞人は現在約120人前後が数えられている。そのうち図象記号と対応するものは約半数に及ぶのである。図象記号をつけた青銅器発見の偶然性を顧慮すれば、この数字は予想外に大きなものである。

がある。

　ここに示した図象記号と甲骨文字の対応関係についても、一見して明らかなものが大部分であるから、いちいち説明はしない。念のために若干注釈を加えれば、図22の2、図24の18はいずれも、図象記号は「亍」の要素に「护」の繁形を用い、甲骨文は「亍」の形を用いるが、同じことである。図22の2では、「亍」の要素は図象記号では「大」の下にあり、甲骨文では「大」の横に来ている。図23の3の「刀」も、図象記号では「网」の上に、甲骨文では横にある。図22の25では、図象記号と甲骨文では「耳」の方向が逆になっているが、対応するとみて差支えなかろう。図23の21では、甲骨文は「𩫖」の体で、城壁の二方に望楼がある形であるのに対し、図象記号は城壁の四方にこれが着いた形であるが、これも繁簡の差として対応させてよいと思われる。図23の34は、図象記号が一方に入口のある欄の中に「豕」がいる形であり、甲骨文は四方のふさがった欄に「㲋」のいる形である。意が共通するのでいちおう引いておいた。図24の13の図象記号の「木」のわきにある要素は、形の類似から「刀」とみて甲骨文字と対応させたものである。

　甲骨文の地名・人名と対応するものは、貞人名に対応するものをも含めて合計二一七項目である。卜辞中に人名・地名がいったい総数幾つくらいあるのか、数えたことがないから、そのうち何割くらいが図象記号と対照できたかは不明である。しかし、図象記号は数百種類といわれるから、この数字は決して小さなものではなかろう。

㈣　甲骨文の貞人名に対応するもの

　図27—図28に引いたのは甲骨文の貞人名に対応する図象記号である。(101) 合計六二項目が数えられる。殷虚卜辞に現れる貞人は、例数が少ないものについては董作賓、陳夢家、島邦男、饒宗頤等各研究者によって判定が異なるものがあ

り、そのため合計何人を数えるかについては一致していないが、今のところ概数で約一二〇人前後が検出されているということが許されるであろう。[102] そうすると図象記号でこれと一致するものが約半数拾い出されたことになる。これは意外に大きな割合といえよう。貞人が同時代において、図象記号として青銅器に鋳出される機会と、甲骨に記される機会とでは、後者の方が圧倒的に多かったに相違なく、また出土した甲骨が数万点といわれるに対し、図象記号の記された銅器は四〇〇〇点ばかりしか知られていないことを顧慮すれば、この数十の項目数がすこぶる大きいものであることが知られるであろう。

ところで、董作賓以来、卜辞の貞人は一人の人間を指す名であると考えられ、貞人の名は断代の標準とされてきた。張秉権[103]は多くの貞人と同じ名の方国、邦邑、侯伯名が卜辞中に見出されることに注意し[104]、人名と地名の密接な関係に論及して、同じ人名、地名があるからといって、同時代の卜辞と必ずしも断じ得ないことを論じ、これらの名前については慎重な取扱いを要するとしながらも、貞人名と称謂は信用できる標準だと言って貞人名を説明なしに除外例としている。饒宗頤も張と同様、貞人と同じ名を以て記された人物が卜辞中で活躍する例を広く捜集して『殷代貞卜人物通考』を著わした。この書で明らかにした殷代卜辞中の人物関係を二〇巻に「貞卜人物同版関係表」としてまとめているが、その最後に次のように記している。

右の表に列出した同辞の卜人をみると、従来武丁時代の人とされている者と、祖甲、廩辛、康丁時代の人が常に互見している。この種の現象からは以下のごとき各種の解釈が仮定される。(1)偶然の一致。(2)同一の甲骨が前後時期を異にして使われた。(3)いわゆる卜人某というものは、多くその封邑氏族の名であって個人名ではない。(4)もし同一人とすれば、その人はきっと長命だったに相違ない。武丁と廩辛康丁時代は遠く隔っているとはいえ、その間同一人が生存し得る

と。そして最後にこれらの問題の決定は将来の研究に俟つ旨記している。そうはいってもこれはほんの付け足りで、

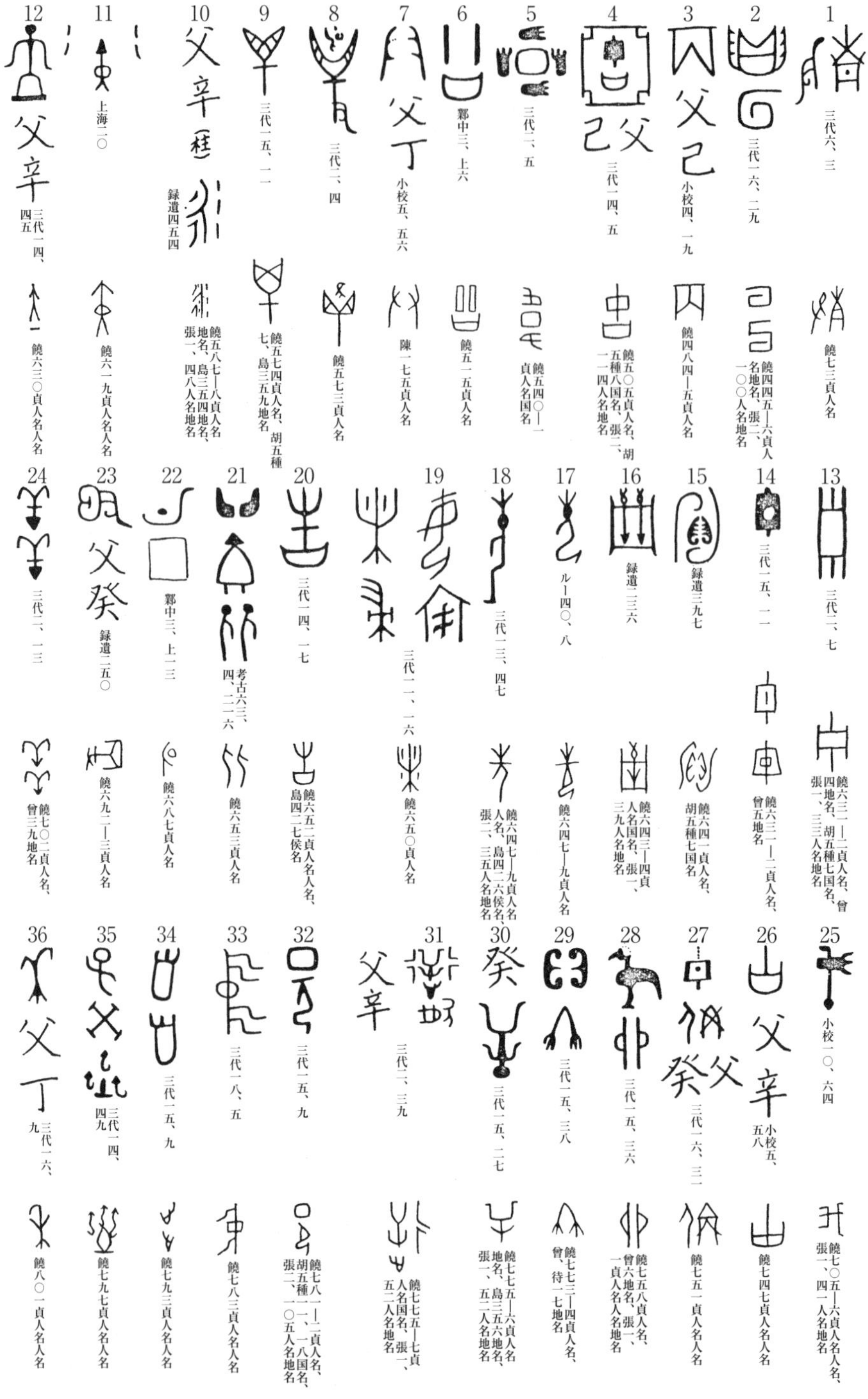

図27　甲骨文貞人名に対応する図象記号(1)

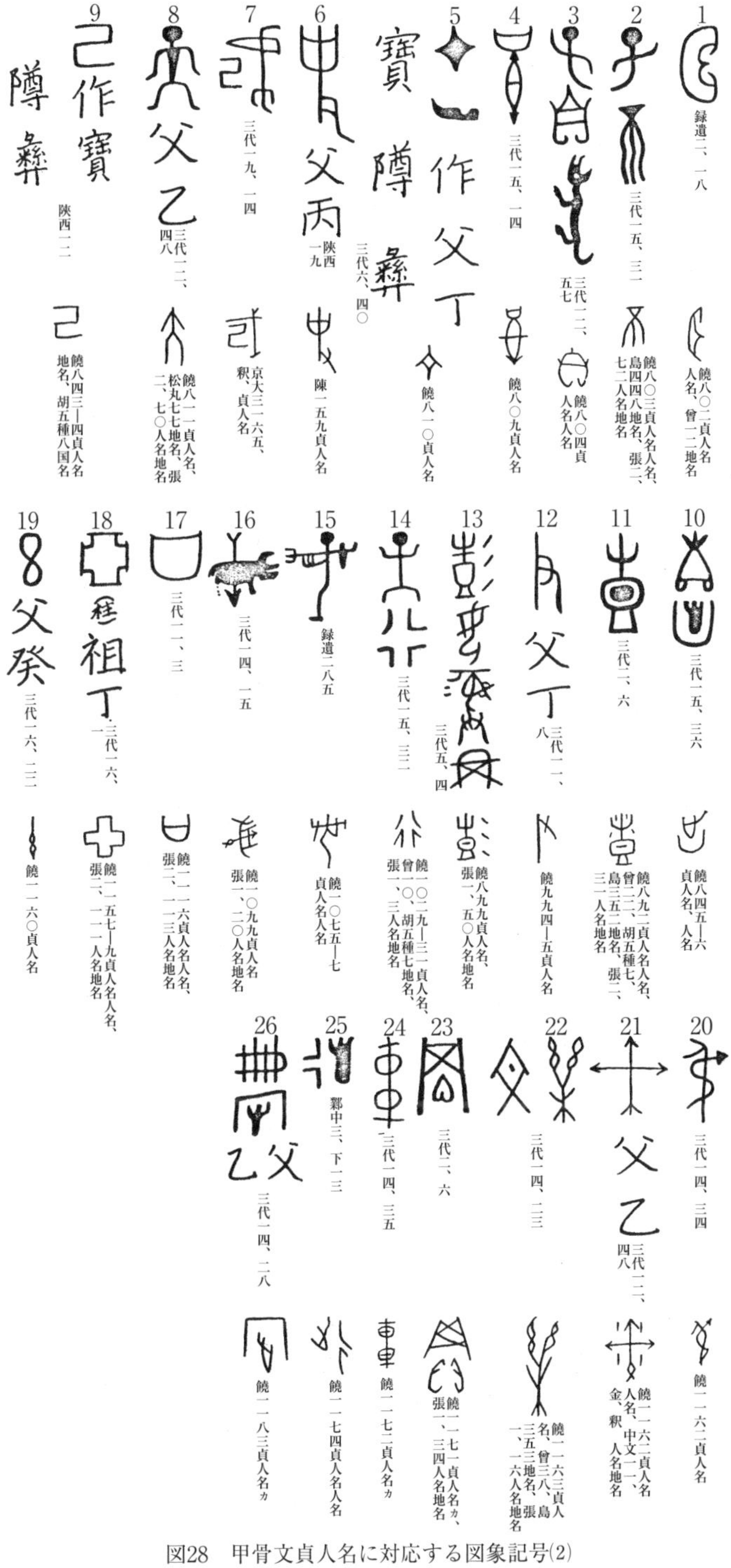

図28　甲骨文貞人名に対応する図象記号(2)

書物の題からもわかるごとく、饒は貞人は一個人の名だという考えであり、このことは本文の記述中にも各処にうかがわれる。例えば金文の「㱿」の図象記号を、貞人㱿が名を署したもの、といい(105)、本章図45の1の図象記号を、◇と葡と皋の三人が一緒に作ったものだという(106)、図象記号をも個人が名を署したものと説明しているのである。

貝塚茂樹は卜辞中に貞人名、国名、族名に同名が現れる問題について、前引の諸説を参照した後、次のような理由で貞人名が何世代にも亙って用いられる国族名ではないと考え、依然として貞人が断代の標準として使用されうることを示した(107)。即ち、『左伝』をみるとわかるごとく、古代中国では名字称号などが実に多様に使われているが、「卜辞は殷王朝の朝廷で、貞人が王命を奉じて、天の意志をきく神聖な文章である……この記録に名を書くときは、必ず本名を用いることは、恐らく自明のことであろう」という考え方である(108)。そして一人の人間が生存し続けるのには無理なほどかけ離れた期に同一人名が現れる場合に対しては、古代中国で子が親の名を継ぐ習慣を想起し、世襲的な名ということで説明されうる可能性を指摘した(109)。

図27―図28に示したごとく、殷虚卜辞中の貞人名と合致する図象記号が、現在知られる貞人の約半数にも上ることが知られ、とうてい偶然の一致とは考えられないことになったとなると、貞人名の性質については、従来とは別様に考える必要が生ずる。即ち、貞人名が卜辞中で、貞人以外の人名や地名としても使われることは饒宗頤が丹念に資料を集めて論証したごとくであり(110)、その点㈢項に引いた貞人以外の人名、地名と同列にあることは疑いないところである。しからば貞人名と合致する図象記号は、㈢項に引いた他の人名、地名と合致する図象記号と同様、国名ないしは氏の名を表わしたものと認めるのが最も自然な考え方である。貞人名が氏の名であり、またそのまま図象記号としても使用され、代々伝わるものであったからこそ、期を異にした卜辞に出現することもあるのである、と。

貝塚が、卜辞の性格上、貞人は「名」を記したはずだというのも、必ずしも確かとはいえないであろう。近年出土の侯馬出土の盟書は、「章敢不閛其腹心以事其室云々」即ち「章は敢えてその腹心を閛せず、もってその室に事え云々」と始まり、最初の文字の章は盟った人、趙敬侯章の名とされる。[111] これは神聖な書に貝塚の考え通り個人の名を記す例であるが、神に対して告げる神聖な書でも詛楚文は[112]「有秦嗣王、敢用吉玉宣璧……告于丕顕大沈久湫云々」即ち「有秦の嗣王は、敢えて吉玉宣璧を用い……丕顕なる大沈久湫に告ぐ云々」という。「有秦嗣王」の語法は、『礼記』曲礼下に「君天下曰天子……践阼、臨祭祀、内事曰孝王某、外事曰嗣王某」即ち「天下に君たるときは天子という……践阼して祭祀に臨むとき、内事には孝王某といい、外事には嗣王某という」という類であろうが、詛楚文では肝腎の「名」が記されていない。実際は必ずしも礼家の理想通りには行われなかったのである。してみると、それより遥か昔の殷時代に、現代の我々の学問から推論してかくあるべしと思う通りのことが行われたかどうか、はなはだ覚束ないのではなかろうか。

そう時代の隔った資料を使わず、甲骨文資料から考えてみるに、卜辞とは別の一類である骨臼刻辞がある。中に「某々が若干を納入した。某」とある一類があり、最後の某は事務を取扱った史官の署名とされる。この某に㱿、永、賓、㚇、亘、𡆥等々、貞人と同じ名が現れることはよく知られるところである。[113] この書式は、いわば事務的な記録であって、この署名が「名」であると見るべき特別な理由はなく、これが氏であってもいっこう差支えあるまい。この貞人名と同じ文字を以て記された事務的な署名が、貞人とは同名異人だと考えることは困難である。しからば卜辞中に記されている貞人の名も、右と同様その件を扱った人の責任の所在を明らかにするための、いわば事務的なものと考えることが十分に可能である。しからばこの文字が個人の「名」でなく、氏であっても一向に差支えないことになる。

貞人を氏と見ることによって、長期にわたって、あるいは長期をへだてて現れる人名の問題は簡単に解決されよう。何世代かにわたってあるいはへだてて王朝に関係を持ったとすれば異常な長命を想定することも不必要になるからである。また個人名でなく、氏と見ることによって貞人による断代の基礎が崩れ去るものでもない。王の交替による王朝の要職につく者を出す氏の入れ替り、盛衰は後の時代の例を引くまでもなく、いくらでもありえたことだから

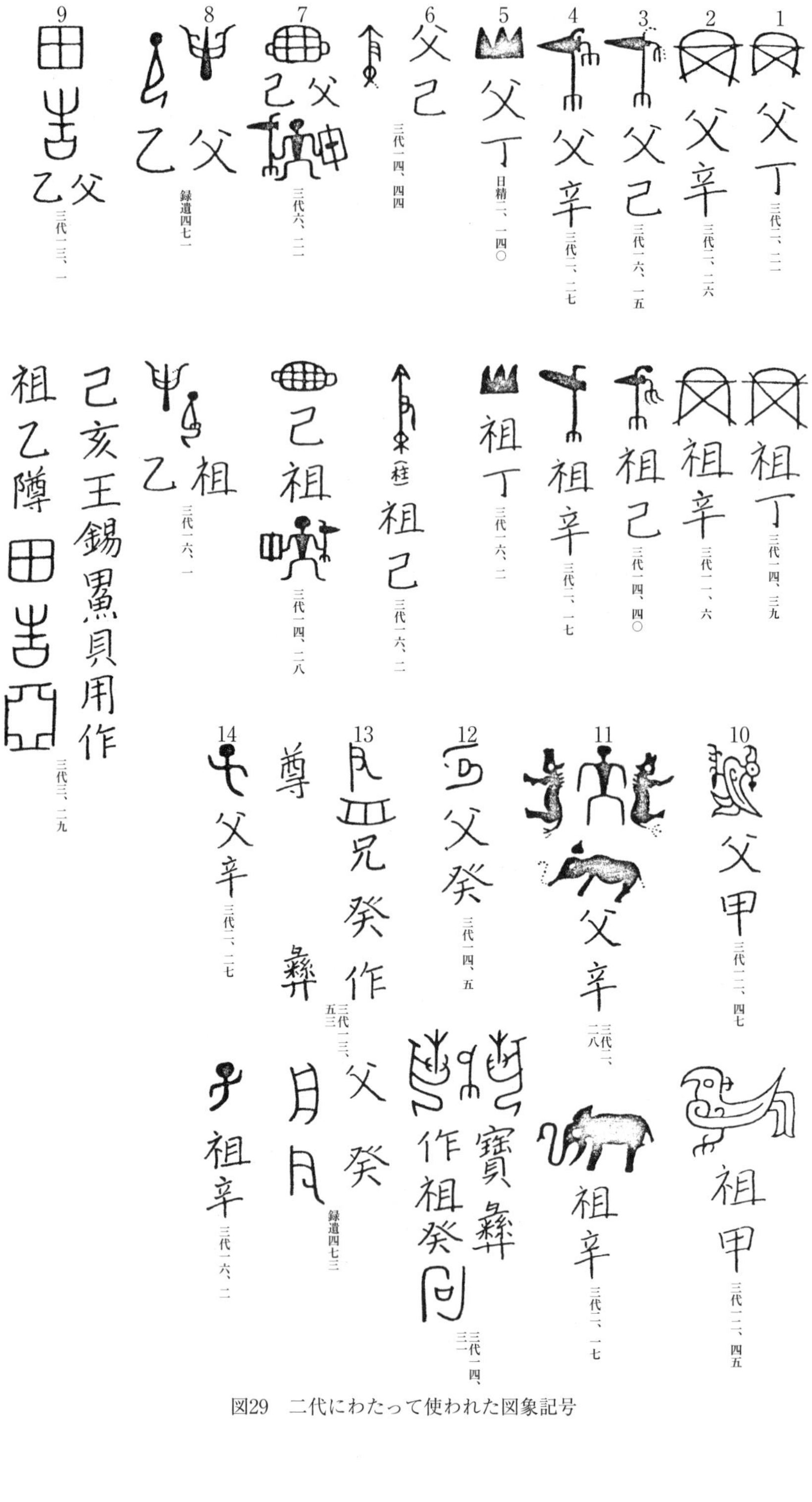

図29　二代にわたって使われた図象記号

である。二世代にわたって使用された可能性が大である図象記号は、図11の1、図13の1、2に引いた他にも幾つかあるので、この機会に図29に示しておく。長期にわたって卜辞に現れる人名を考える参考となろう。各段の上列は前の世代、下列は次の世代と見られるもので、いうまでもなく祀るべき父祖の名から判断してそう考えうるものである。

㈤　甲骨文の子某・婦某と対応するもの

卜辞中の個有名詞として目立つ一群に「子某」ないし「某子」というもの、および「婦某」というものがある。「子某」または「某子」の「子」の性質について、饒宗頤が要約していうごとく、[114]次の解釈が考えられる。⑴子爵、⑵殷姓の子氏、⑶男子の美称、⑷王子。

董作賓は⑴、⑷を以て解釈し、[115]胡厚宣は⑷説である。[116]貝塚も董の王子説に賛成しているから⑷説で、さらに卜辞に出てくる「多子族」は殷の王子たちを中核とし、これに諸国の小子、小臣等の加わった宗教、軍事訓練の団体だと考えた。[117]白川静も⑷の説であるが、この「子」は董氏等が考えるごとく殷王の実の子ばかりでなく、殷王朝の同輩行の子供をも含めたもので、これが「多子」集団を形成し、これに「多子族」が属していたと考えた。[118]島は同氏の甲骨断代説によると同じ子某の名が一期と四期に現れることになるので、子某は王子ではなく、殷の同氏姓の者が地方に封ぜられたもので、「子」は殷の姓で子爵の淵源となったものとする。[119]饒宗頤は「子某」は「多子」の一人であると見、その多子を『尚書』洛誥の正義により、卿大夫の美称と考える。[120]氏はまた「多子族」を殷の子姓の族とするが、[121]両方の関係をどう考えるのか明らかでない。

婦某の婦については、郭沫若は卜辞中に帚某について「又子」「娩嘉」とあることによって殷王の配偶者たちの名とした。[122]白川静は第一期武丁時代の婦某の名が六〇名以上あって武丁一人の配偶者にしては多すぎること、多子集団内部の問題に限って占っていると見られる子卜貞形式の卜辞に婦某が現れ、これは多子集団に属する子某の配偶者と考えられることにより、卜辞の婦某の婦は『爾雅』釈親の「子之妻為婦」の婦で、これは子某の夫人であると考えた[123]。島は郭説に反対である。即ち郭が帚を王の配偶者と見た根拠たる、「帚某〓」の類の辞の最後の字は、これに別の要素が加わった繁雑な字体の省文と見られ、この繁体の文字の意味が不明だからこの〓の字の意味も不明という他なく、またこの〓字が子某についていわれる点も子供が生れるという意味に取るに不都合な点である。また郭が娩とした〓字は子某、子、小臣についてもいわれる例があるから、郭のようには解し得ない、と考える。そしてこの字を「服」と読んだ[124]。饒も小臣について「〓妫」という例につき、島と同じことを指摘している[125]。最もラディカルなのは魯実先で、子某、帚某、侯・伯某等の某から貞人名などは総て封地を以て氏としたものであり、帚、子も爵名であると考えている[126]。

これら先人の説について、その論点の一々について詳細な批評を加えることは、本書の目的から外れるので控えることにしたい。しかし、いま問題の図象記号中に、甲骨文と同じ形式で子某、婦某というものがあるので、この呼称に対する筆者の考えを記しておく必要はある。子某の名が、饒のいうごとき臣僚の名の美称でないことは確かである。後に引くごとく、子某は図象記号に用いられているが、他人が自分を呼ぶ際の美称を、自己の作った青銅器の所属を示すために鋳込むことはあり得ないと考えられるからである。そうすると「子」は饒の挙げる(1)子爵、(2)殷姓の子、(4)王子、のうちにしぼられる。白川、島とも、卜辞から知られる子某の活動のうち、祭祀関係、特に「御」祭に注目し、この類の王室の祖先祭祀に子某が他の侯伯将臣とは異なって深い関係を持ったことを証している[127]。よく知られる語であるが、『左伝』僖公十年に「神不歆非類、民不祀非族」即ち「神は類に非ざるをうけず、民は族に非ざるを祀らず」という。殷にもこのような観念があったに違いない。殷の死んだ王に対する祭祀を行い、また死んだ祖先の及ぼす祟りから王を禁禦する祭りを行っている子某は[128]、そうすると王家と同族であったことは確実である。しか

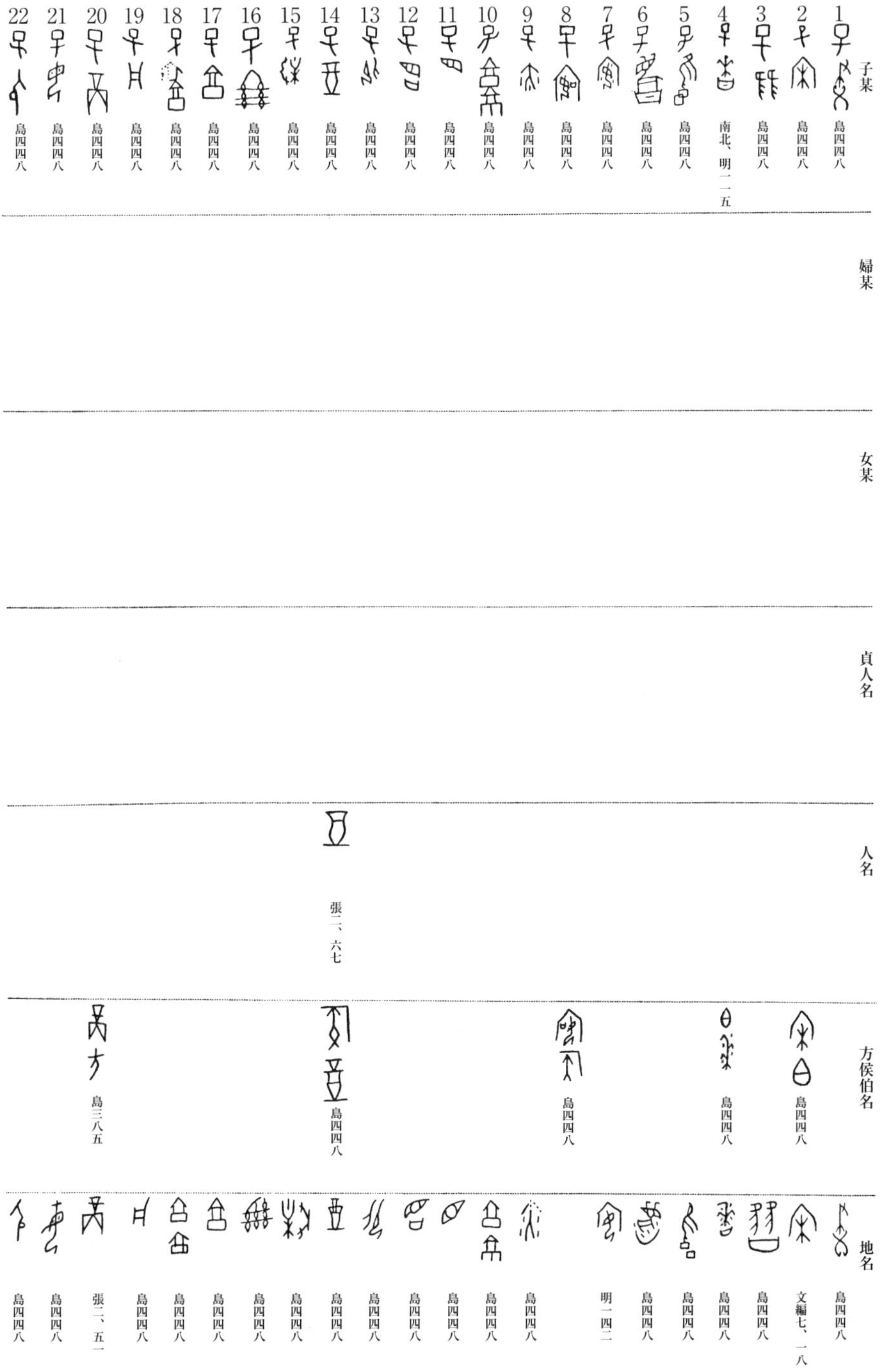

図30　子某、婦某、女某、人名、地名対照表(1)

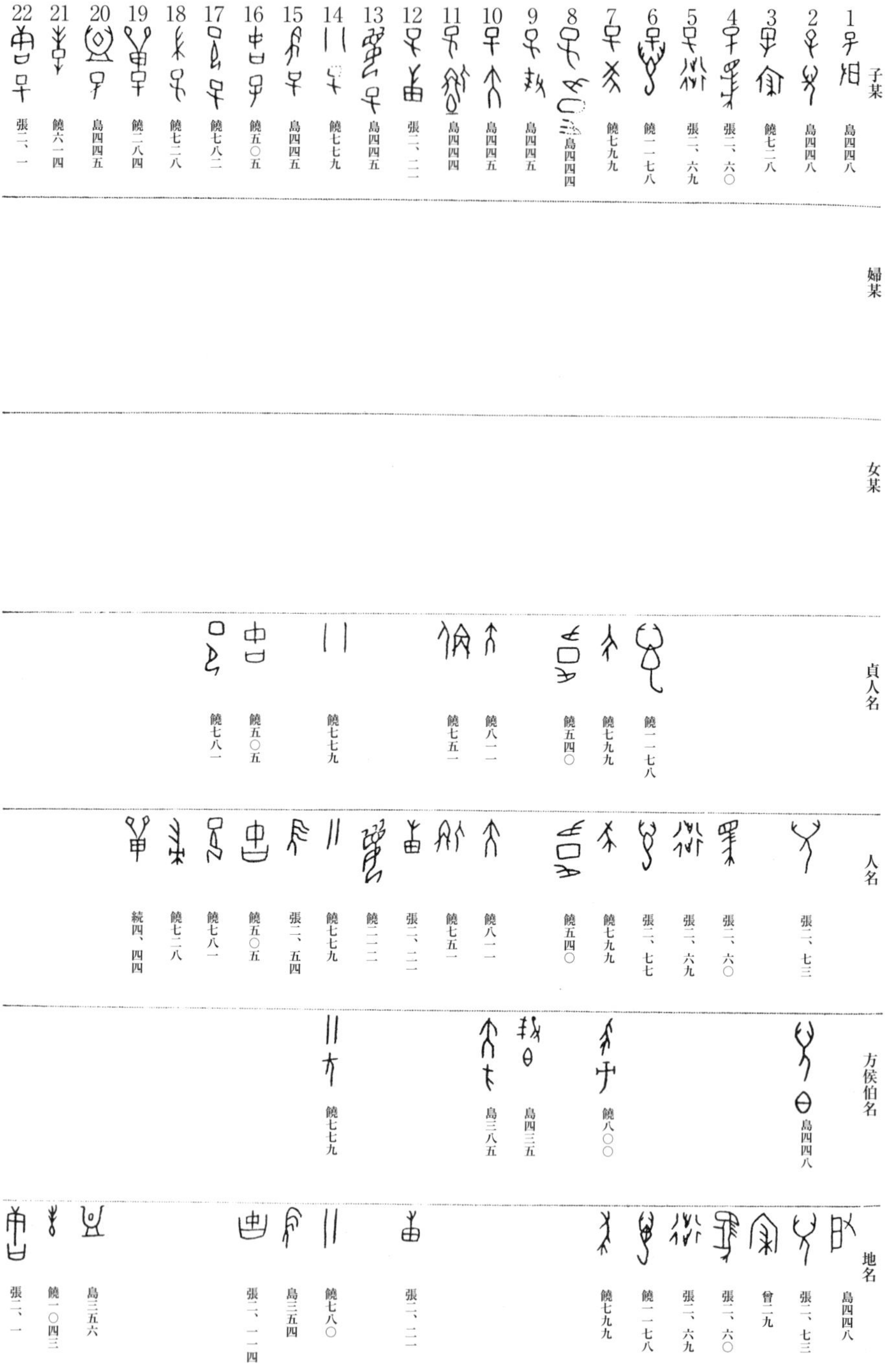

図31　子某、婦某、女某、人名、地名対照表(2)

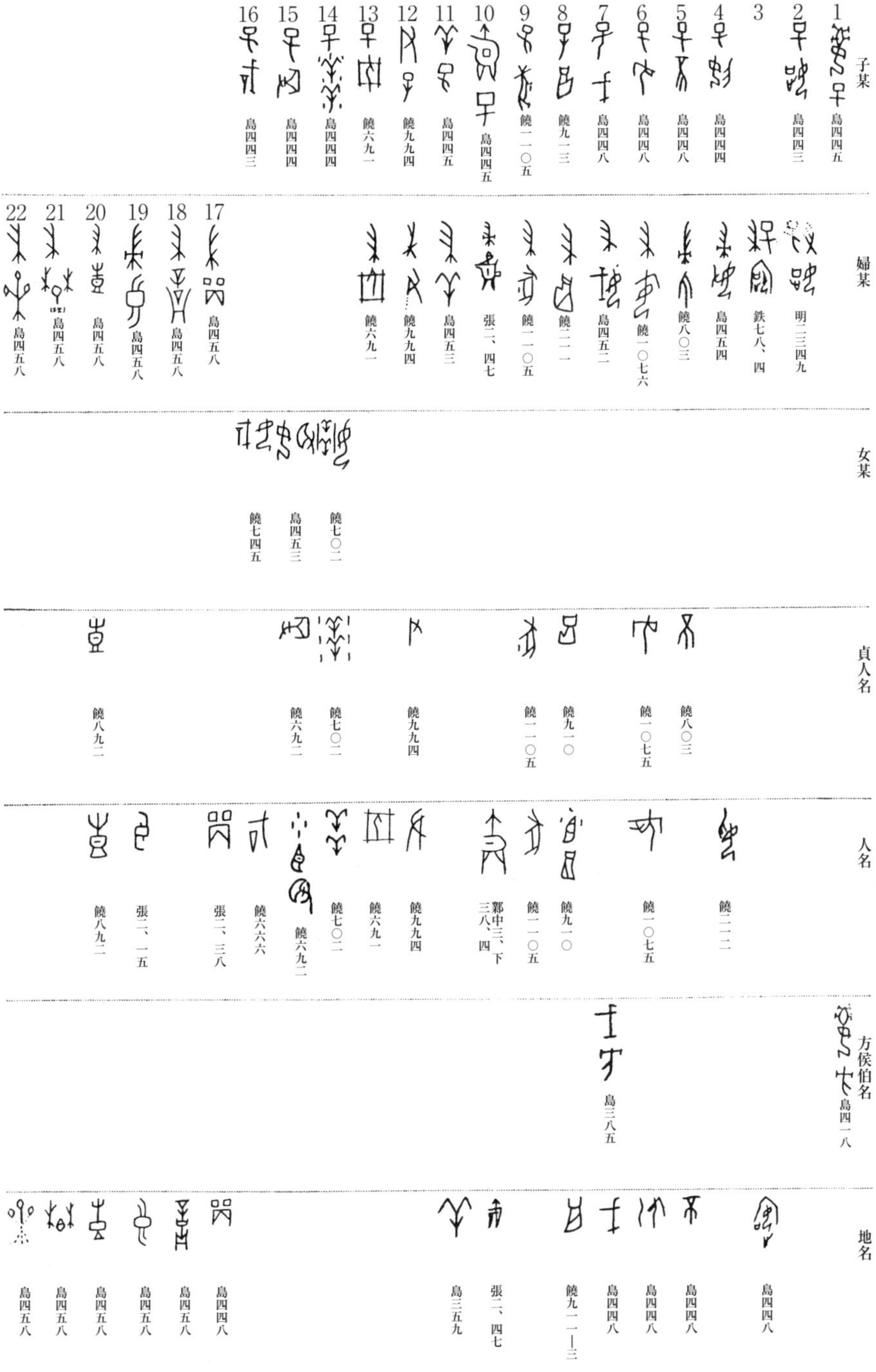

図32　子某、婦某、女某、人名、地名対照表(3)

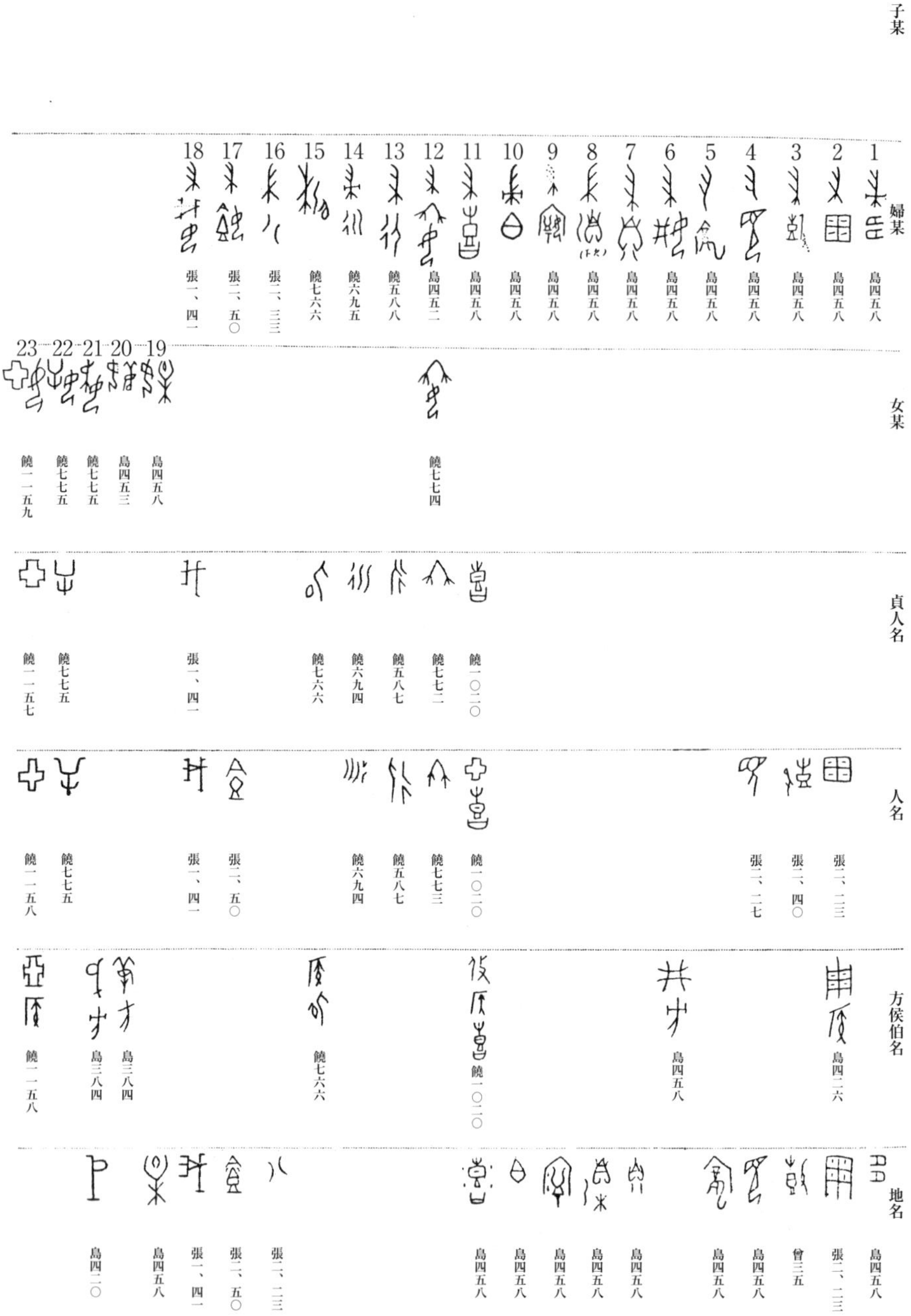

図33　子某、婦某、女某、人名、地名対照表(4)

し、子某が殷王と同族であったとしてもこれを以て子某の子が子爵の子か殷姓の子か、王子の子かは決し得ない。この問題を考察するため、まず図30―図33の表をかかげておく。甲骨文子某、婦某の某の字のうち、甲骨文の地名、侯伯名と合致するものが多いことは島が表示しているごとくであり、(129) 又貞人名と合うものも少なくない。(130) ここに示した図表は先人の示したもののうちから疑わしいものを除き、筆者の気づいたものを加えて一覧表としたものである。

饒の挙げた分類の(4)の、子某を王子と考える説は、これを春秋に出てくる王子某、公子某という呼び方と見るわけであろうが、この図表に見るごとく、卜辞の子某の某が多く地名と一致し、他のものもそうである可能性が大であるとなれば、これは『左伝』隠公八年の条に記される、祖父の公子展の字を取って孫の家の氏を展氏と命名したごとき方式が殷時代に行われたのではないかと一応考えられる。しかし、この解釈は成立し得ない。即ち、子某の名は卜辞では一期にしか現れないが、金文ではこの時代に限られていないようである。図34(131)にかかげたのは器の形式からみて殷末から周初にかけてのものと思われるものである。いずれも同じ「子廟」が図象記号として用いられているが、1は罍が父乙のために作り、2は別の名の人〓が祖乙のために作ったものである。父乙、祖乙の名から判断して二代にわたって「子廟」の記号が使われていると見るほかあるまい。もし1の「子廟」が「王子廟」ないし「公子廟」というのと同方式の名であったなら、2の方は「孫廟」となっていなければならないが、そうなっていない。この「子廟」は二代も続いて使われる点、「王子廟」というような方式の名でないことは明らかである。

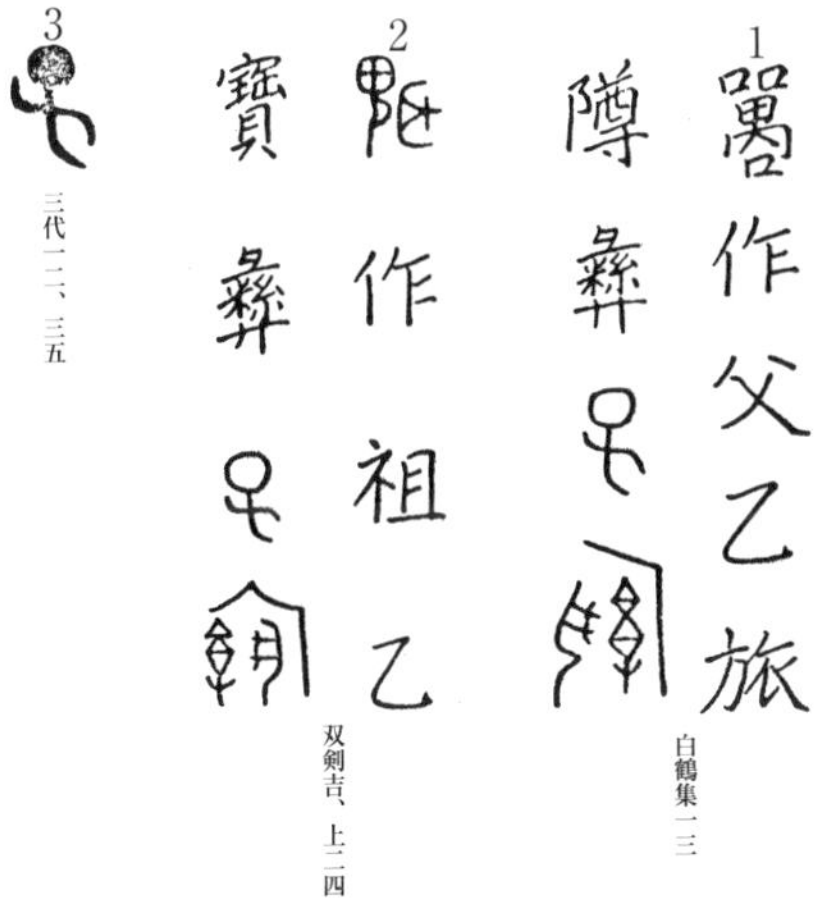

図34　二代にわたって使われた「子某」図象記号

金文図象記号の「子某」が「王子某」というような個人名でない

ことが知られた。図35に示したごとく、金文の子某と合致するものの多数ある甲骨文の「子某」も同じく個人名とはいえないことはいうまでもない。そうすると金文図象記号の「子某」「某子」は図10の6に引いた「康侯」といった国名と爵名を合せたもの——子は饒のいう(1)子爵——か、さもなければ第三節(一)項に説明した図11の1、下のごとき、本来の家の図象記号＋封地の国名の複合的図象記号の類——子は饒のいう(2)殷姓の子——かのいずれかと見るべきであろう。この二つのうちのいずれかにしぼることができるであろうか。金文図象記号中には子某、某子とせず、図34の3のごとく単独に「子」とあるもの、これに父某、祖某の名を加えた形のものがかなりあり、さしあたり四〇例が数えられる。[132]この「子」が「子某」「某子」と関係ないと見るべき証拠は見当らない。この「子」はいわゆる爵名と見られるであろうか。三節(一)項に引いたごとく、単独に「侯」と称するものがあった（図10の7）。しかしこれは西周中頃ないしもっと時代の降るものである。卜辞中に某侯、某伯の名が現れるが、殷、西周初の図象記号が盛んに現れる時代に単独に「侯」「伯」という図象記号がない。「子」を爵名とすると、「子」だけあって「侯」「伯」がないというおかしなことになるのである。しからば子某の子は最後に残った殷の姓の「子」ということになる。ここに「姓」といったが、姓とは西周時代以後、その個人がどの血縁の系統に属するかを示し、同姓不婚の原則を貫くために重要な役割を果したもので、貴族の婦人がその国号または孟仲季をそれに付して向姜、孟子、仲子（この「子」は姓）等と称する例が『春秋』や西周以後の金文に多く知られる。姓に孟仲季を付けた呼称は殷時代には知られないが、国号を付けたものに対応する呼称が殷時代にも知られることは後に記すごとくである。後世殷の後胤である宋国が子姓であることは周知のごとくであるから、殷時代に後世の姓に当るものがいかなる形で存在し、どのような社会的機能を持っていたかは将来の研究に俟たねばならないとはいえ、[133]後の姓の前身となるような何らかの血縁上の分類として殷王朝が「子」の名の系統に属していたことは疑いない。仮にこの分類を後の名称によって姓と呼んでおく。

金文図象記号に単独に「子」と称するものは、作器者の属する殷王室の姓「子」を以てアイデンティファイしたものということが知られた。子某、某子の某が地名、国名であることは前に記したところによって問題ないとすれば、子某、某子とは、自己の属する姓と、その生活の本拠となった地の名を以てアイデンティファイしたものに違いない。この場合、この名を以てその一族を指すことも出来たし、その代表者個人を指すことも出来たであろう。子某がこのような姓+国名という内容であったからこそ、図象記号の形で用いられ、また図34の1、2の例のごとく父子二代にわたって使用され得たわけである。二代にわたって使われた可能性のある「子」の例は図29の14に引いておいた。子、子某をこのように解すると、卜辞の「多子」は殷王室と同姓で各地に分居していた「子」姓の複数であり、「多子族」はこれら「子」姓に属する親族のグループの複数である、といったすこぶる単純な解釈を以て足りることになり、それと共に「多子」「多子族」について従来スペキュレイトされてきた年齢階級、教育・軍事組織に関係した社会組織の類も再考を要することになろう。

　次は甲骨文婦某である。九七―九八頁に引いた島の論で、これを婦とするについて反対する理由のうち、第一の、〓字に繁体があり、普通多く見るのはこれの省文と見られ、そのもとと考えられる繁体の解釈がつかないから省文の方も意味不明だ、という論法はいかがであろうか。普通には次のように考えるのではなかろうか。即ち、一つの字体があって普通に用いられ、稀にこの体に別の要素が加わった字が使われることがあり、用法は普通に使われる体の字と同じであったら、別に加わった要素の解釈はつかなくとも、普通に用いられる体の字として読んでもよい、と。第二にあげる、子某についてこの字が動詞に使われるから、この字は子供が生れるという「育」の字に読んではおかしいというのもいかがであろうか。「某君に子供が出来る」ということは我々の日常言うところで「某君の奥さんに子供が生れる」と厳密な表現をすることはむしろ稀であろう。島、饒が〓字について、これが子某、小臣某について言われるから、という理由でこれを娩と読むことに反対するについても、同様のことが言えよう。この〓は普通「〓娩」の形で占いの言葉が発せられている。この〓字は殷以後使用例がなく、そのため何と読むべきか決定的なことはいえない。しかし、郭沫若がいうごとく[134]『殷契佚存』五八六に「乙亥卜旨貞、王曰、㞢〓妨、〓曰妨」とある卜辞の〓字は人間の大きな腹の中に子字が書かれており、身（娠）字であることは疑いない。「妨」の字が妊娠について言われているからには、同じく「妨」かどうかを問われる〓も、同じ関連の語として差支えないのではなかろうか。婦某の婦字は、甲骨文では〓、〓のごとく女偏を付けないで書かれるが、同じ類と見られる金文図象記号では後に示すごとく明らかに女偏を付けるものが多い。女偏が付いたものについては、誰しも大体これを婦人の婦以外の意味に読みかえようという考えを、始めから起さないのではなかろうか。甲骨文の「帚」の体はもちろん甲骨文に多い省体と見るべきである。甲骨文「帚某」が「婦某」であることが確かであるとすると、これはどういう構成の、どのような者を指す名前であろうか。行論の便宜上白川の説から考えてみる。白川は多子集団内部の問題に限って占っていると見られる子卜貞形式の卜辞に婦某が現れることから、この婦某が多子集団に属する子某の配偶者ではないかと考えたわけであるが、右に記した筆者の考察により、ここに言われる子某、子卜貞の子が王子の子とは考えられなくなったわけである。従って年齢階級的な多子集団といったものも推論の根拠を失っているのである。またそれに関連した、子卜貞形式の卜辞に出てくるから、という理由も無意味になっている。するとこれに出てくる婦某も、特に子供の妻という意味の婦とすることもないわけである。そうすると郭沫若に始まる説のごとく、帚某を王の配偶者とすべきであろうか。胡厚宣はこの説を採り、さらに進んで帚某の某は姓で、また国名であるとし、帚某の地の受年を占い、また征戦に従うことを占っている卜辞を引いて、これは武丁の妃のうち寵愛の無い者が地方に封建されたものだと考えた[135]。この考えはすこぶる不手際である。姓なら生れた時から既に決っているものであり、失寵の妃が、その姓の名にし負うまさにその地に封建されるという機会は滅多にあり得ないことと考えられる。なぜなら、そのような地があったとしたら、その女の出身した一族がそこを占拠しているだろうからである。

婦某の某が国名に由来するであろうことは、図32、図33の表を見れば確信できるであろう[136]。婦某の婦が前記のごとく婦人の婦に近い意味で女を指し、島の考えたごとく爵名の類でないとなれば、婦某の某は出身の国名、または嫁ぎ先の国名を以てした婦人の呼称である。そのどちらであろうか。西周以後婦人が孟子、仲子のごとく姓に長幼の序列を示す語に姓を付け、あるいは向姜のごとく実家の国名に姓を付けて呼ばれ、いずれも姓を付して呼ばれるのは同姓不婚の原則を背景としたものであるが、殷時代も結婚の対手に異なった血族の者を選んだであろうことは疑いないとすれば、女性が婦号の下に国名を付した命名を採る場合[137]、これはその女がどの血族から出たかの出自を示すものであったはずで、その国名は嫁ぎ先でなく、胡厚宣が前引とは別のところでいうごとく[138]、自己の出身の国名であったことはほぼ断定してよい。

右の考察に誤りないとすれば、甲骨文の婦某は、その出自した国の名を以て名づけられた「婦」ということになる。この婦某は一概に王の配偶者と見うるであろうか。少なくとも婦好はそうは考えられない。婦好は他の多くの婦の中で最も有力な者として知られ、しばしば方国の征伐を行っており、その地からは三千人、旅一万人を徴集することが占われる例がある[139]。婦の下の字は、例えば婦井を婦姘に、婦〓をまた婦〓に書くごとく、女を付けて表わすことがあるが、これは後述のごとく女某と読むべきで、この表わし方はいわゆる合文とみるべきであると考えられる。すると婦好は婦＋女＋子で、「子」が出身を示す国名である。この「子」は金文図象記号にも出てくる「子」に相当し、殷王室の姓である。殷王が「子」姓出身の女を娶るというのはあり得ないことであるから、この婦好は殷王の配偶者ではないことは明らかである。なお、殷王室から他に嫁いだ女だから、卜辞にうかがわれるごとくとうぜん最も有力な婦であったわけである。

図30―図33にみるごとく、子某の某と婦某の某の共通するものは多くない。子某の某を名とした婦は、これまで述べてきたところから知られるごとく、殷と同姓の出身である可能性が大きいわけであるが、卜辞に出てくる婦某のうちに子某の某と一致する者が少ないということは、多くは子姓の者でなく、王や、卜辞中にその活躍が知られる子

某、即ち子姓の貴族たちの配偶者であり得る、ということである。

以上によって子某、婦某という形の名がいかなる名前であるかについて見当がついた。次に図象記号の資料を見てみよう。

単独に「子」とだけあるものは図34の3に例を引き、前に説明した。

子某、即ち殷王室の姓と、封地名の氏を加えた記号のうち、卜辞の子某と合致するものは図35に示した。各段上列は金文図象記号、第二列は「子某」の某が「子」を伴わずに出てくる図象記号、第三列は甲骨文子某である。これらの対応関係の大部分については説明を要しないであろう。念のため若干の注釈を加えれば、2の上列の図象記号の「子」の下の記号は、口の周囲に足を三つ加えているが、小屯、乙二一一八に貞人の韋を同じく足を三つ加えた形に作るものがあり、甲骨文「子韋」の韋に対応するものと見て差支えないことが知られる。7の甲骨文の子の下の字は、通常鬲と釈されているが誤りである。上部は「目」字の形をなし、これは甲骨文で鹿その他動物の頭を表わす時に使われる普通の形であり、これが動物の象形字であることが知られるからである。その下半は上列の図象記号の蝙形の翼と胴、尾の形の概略の形と見られよう。12の図象記号は、下に引いた甲骨文の子庚の庚字と字形に隔りがあるが、甲骨文庚字の中には、図20の19の下列に引いたごとき形があり、この図象記号を甲骨文庚に対応させるのが正当であることが知られる。13の記号は戈の「内」の両面に表わされた記号であるから、どちらが表でどちらが裏か明らかでないが、甲骨文との比較によって一応「子」の方を表としておいた。勿論この逆であっても甲骨文と対応するわけである。この例によって、戈の「内」の両面に表わされた一つずつの図象記号が、両方で一つの複合の図象記号を表わすものであることが知られる。

卜辞に同じものが見出されない図象記号「子某」形のものは図36、図37の1―4がある。子某の某が子を伴わない

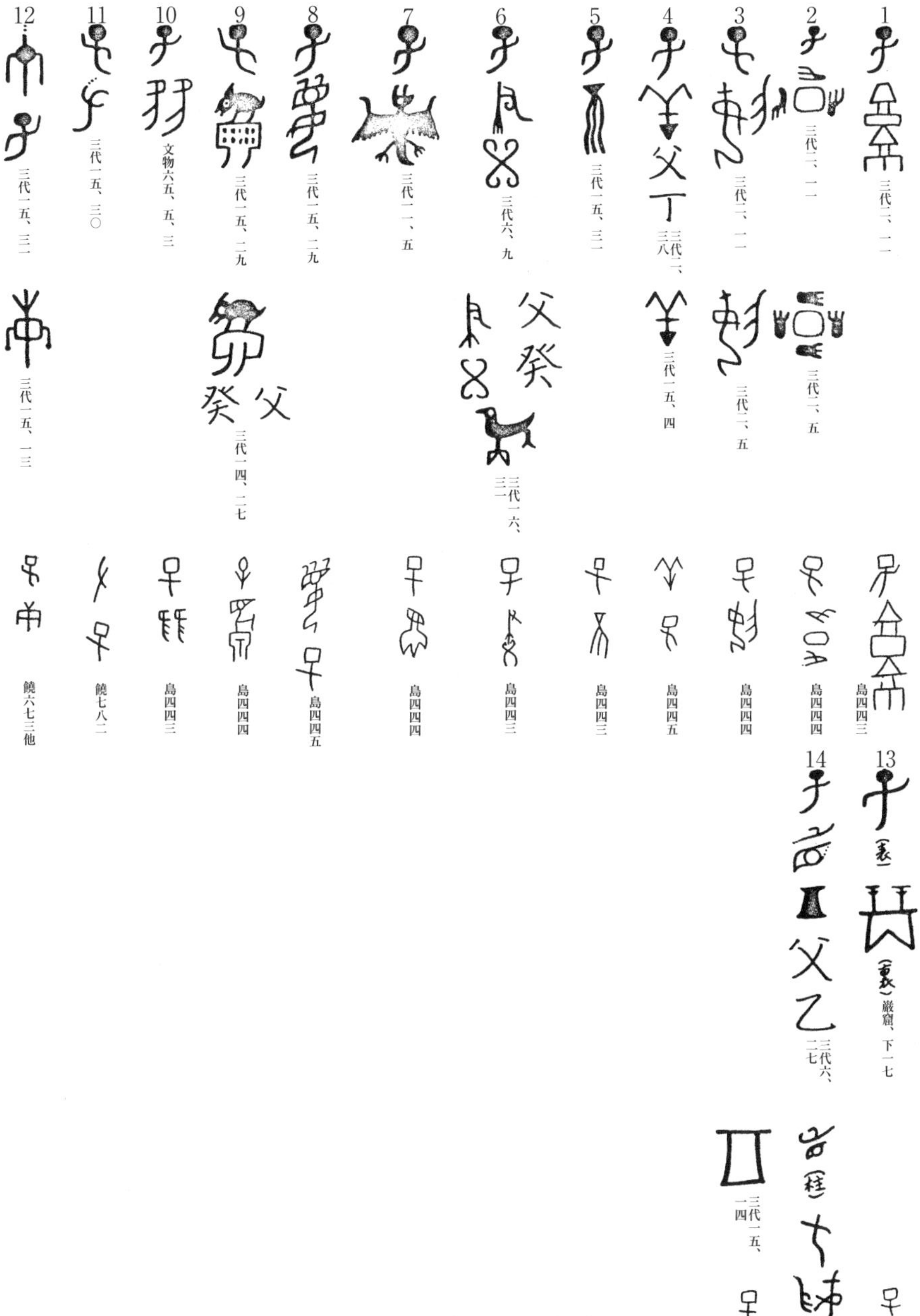

図35　甲骨文と対応する「子某」図象記号（章末挿図注参照）

甲骨文に「子某」という形の人名がある。図34—図37はこれと同じ形をもった図象記号を拾い出してかかげてある。図象記号の資料によって考えると、「子某」は殷の姓の「子」と、その封地名の氏とによって構成されたものであることが知られるのである。

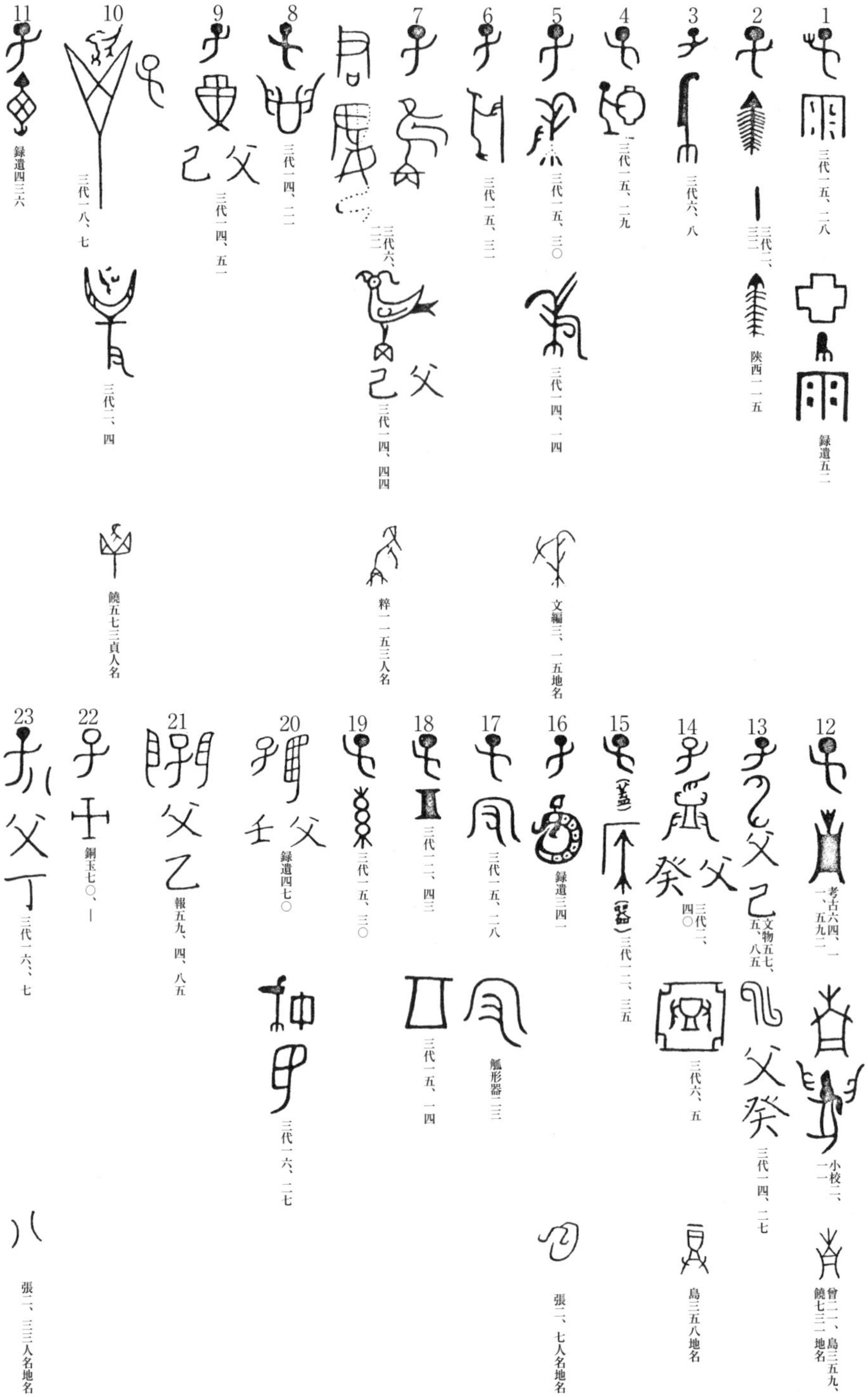

図36 「子某」図象記号（章末挿図注参照）

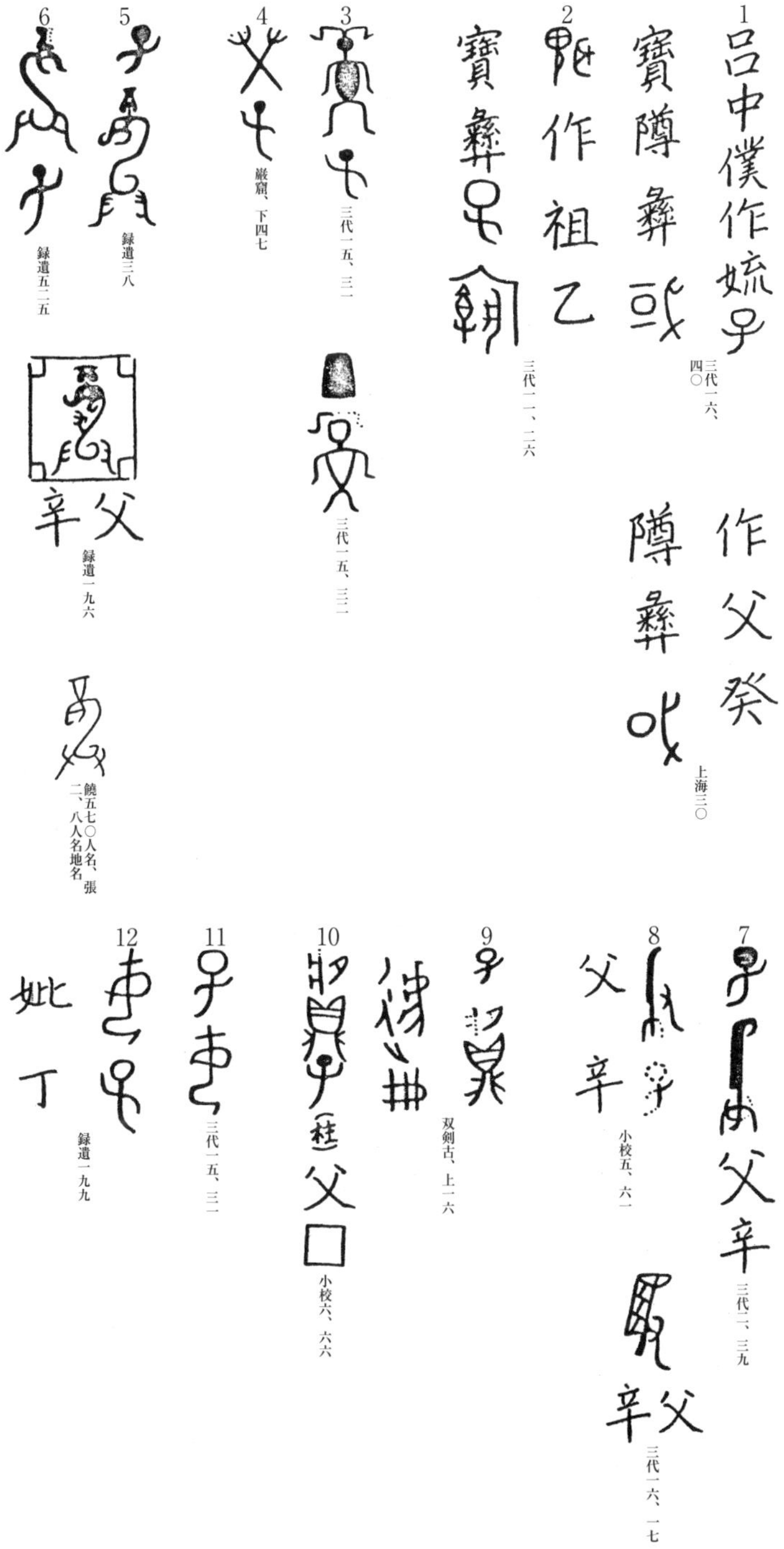

図37　「子某」図象記号、「子某」「某子」図象記号（章末挿図注参照）

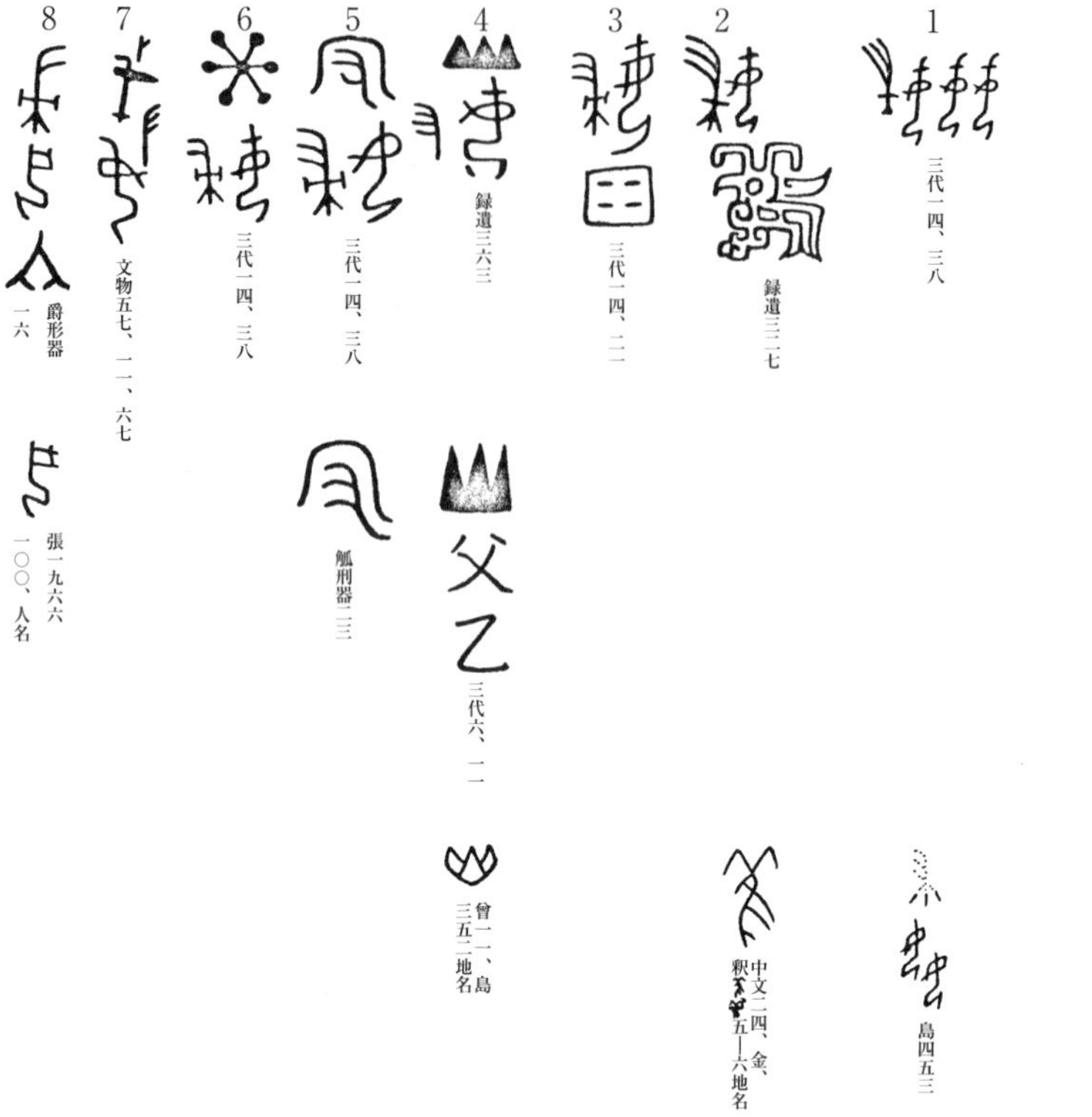

図38 「婦某」図象記号（章末挿図注参照）

で出てくる図象記号、これに対応する甲骨文で地名、人名の用法のあるものを前図と同様第二列、第三列に引いてある。

子＋某は姓の子に地名の氏を組合せたものだから、某＋子と順を逆にしてもよかったわけであろう。そのような例が幾つか見出される。図37の5―12に引いたのがそれである。5と6、7と8……というように組にして引いてある。董作賓が子某の子を王子、某子の子を爵名とした[140]のが誤りであることはこれらの例を以ても証せられる。

なお子某の某が二つ以上の記号から成る例があるが、それについては第六節に論ずる。

次は婦某であるが、金文図象記号では子関係に比して総数も遥かに少なく、甲骨文の婦某と一致するのは図38の1だけである。この図象記号の三つ並ぶ女のうち、左の一つは婦の女偏とみて甲骨文と対応させたものである。

甲骨文にはないが「婦某」の形式を持つものは図38の2、3に引いた。婦は甲骨文に帚に作るが、これら図象記号には女偏を付けて婦に作る。順を逆にして「某婦」というものは図38の4―7に引いた。

婦某の某は甲骨文では地名に当る出身の某の字に「女」を付けているものがかなりある。そして甲骨文に婦某をまた「婦」字を付けずに「某」とこの「女」の要素を加えた文字だけを以て呼ぶ例がかなりあり、女名と呼ばれている。この女名に対応する形式の図象記号も幾つかある。図39に引いたものである。1は甲骨文婦名に対応する名が見出されるものである。他は子、婦と同様、「女」の要素を取ったものが出てくる図象記号、甲骨文で地名、人名の用例のあるものをそれぞれ第二列、第三列に示した。

これら図象記号の女名をみると図39の8、9、13―16のごとく、女偏を付けた一字のごとく表わされるものも多く、女であるから出身地の氏の名に女偏を付けて表わしたのかとも思われるが、他に女と地名の字がはっきり上下、左右に分離して表わされていて、某女、女某と読むほかないものも多数ある。しからばこれらいわゆる女名は女某、某女と読むべきで、一字のごとく表わされたのは合文と見るべきだということになる。『大戴礼記』帝繫篇に女某氏という女の名が多く現れる。

顓頊娶于滕隍氏、滕隍氏奔之子謂之女禄氏、産老童

顓頊滕隍氏を娶る。滕隍氏奔の子はこれを女禄氏といい、老童を産む

呉回氏産陸終、陸終氏娶于鬼方氏、鬼方氏之妹謂之女隤氏、産六子

呉回氏は陸終を産む。陸終氏は鬼方氏を娶る。鬼方氏の妹はこれを女隤氏といい、六子を産む

帝堯娶于散宜氏之子、謂之女皇氏、帝舜娶于帝堯之子、謂之女匽氏、鯀娶于有莘氏、有莘氏之子謂之女志氏、産文命、禹娶于塗山氏、塗山氏之子謂之女憍氏、産啓

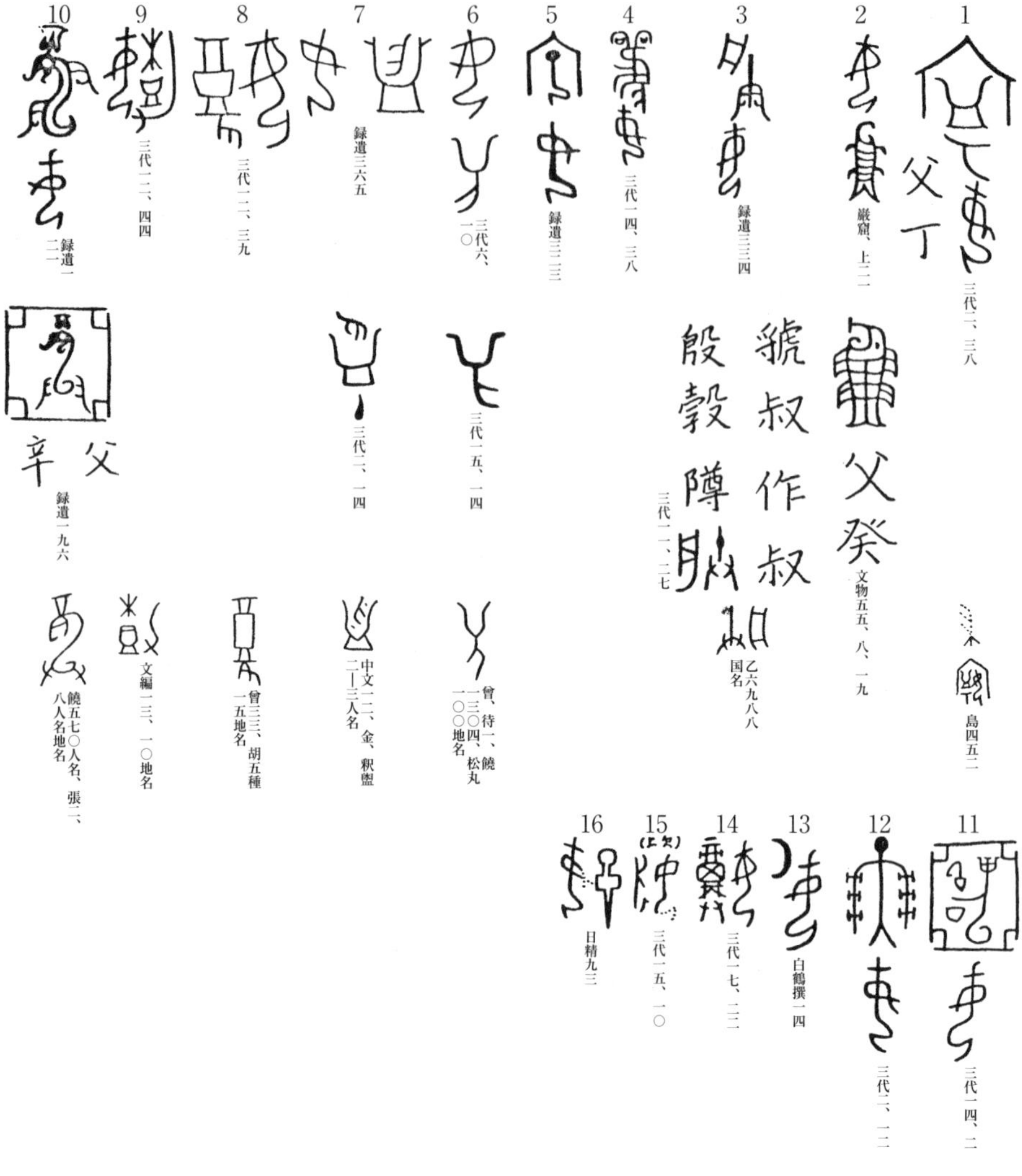

図39 「女某」図象記号（章末挿図注参照）

甲骨文には「婦某」「女某」という形の人名が出てくる。図38、図39にはこれと同じ形をもった図象記号を掲げてある。これらに出てくる「某」はその女の出身の氏の名と考えられる。嫁した女が自らの図象記号をもち、青銅彝器を作ってそれにこの記号を付けていることは殷—西周社会における婦人の地位が後世より高かったことを示すものと考えられる。

帝堯は散宜氏の子を娶る。これを女皇氏という。帝舜は帝堯の子を娶る。これを女匽氏という。鯀は有莘氏を娶る。有莘氏の子はこれを女志氏といい、文命を産む。禹は塗山氏を娶る。塗山氏の子はこれを女憍氏といい、啓を産む

というごとくである。これらは甲骨文、金文図象記号の女某の名と無関係ではあるまい。「鬼方氏の妹を女隤氏という」とある女隤氏の隤は、鬼と音が通じうるといわれる。(141) しからば女隤氏は出身の鬼方氏の鬼を女の下に付した名で、甲骨文、金文の女某と同じ方式による命名であることになる。他の女某の名は今のところこのようにうまく説明できないが、一つでも甲骨、金文と同式の命名法が文献に見出されることは貴重である。

婦某、女某の形式を持った図象記号には、さらに別の記号と組合さったものもある。これについては第六節に論ずる。

(六)　子某、婦某、女某の某と対応するもの

本節に記したところにより、甲骨文の子某、婦某、女某の某は国名を以て呼ばれた氏であると考えられることが知られた。子某、婦某、女某の名が甲骨文にあることによってそれが国＝氏名であることが知られる文字のうちには、図象記号に対応するものが幾つか見出される。図40に示したのがそれである。

このうち若干問題があるのは8である。上列の図象記号の「婦」は単独に表わされている。この記号は婦号の婦としては図象記号としてほとんど意味をなさない。下列に引いた「帚子」の甲骨文は、あるいは後に一四三―一四七頁に記すごとき、「子」姓出身の婦の名の一種と解釈することも可能であり、あるいはそうした方がよいかも知れない。ここには上列に示したごとく婦号の婦ではなく、国＝氏の名と解するほかない「婦」の図象記号があるので、「婦」

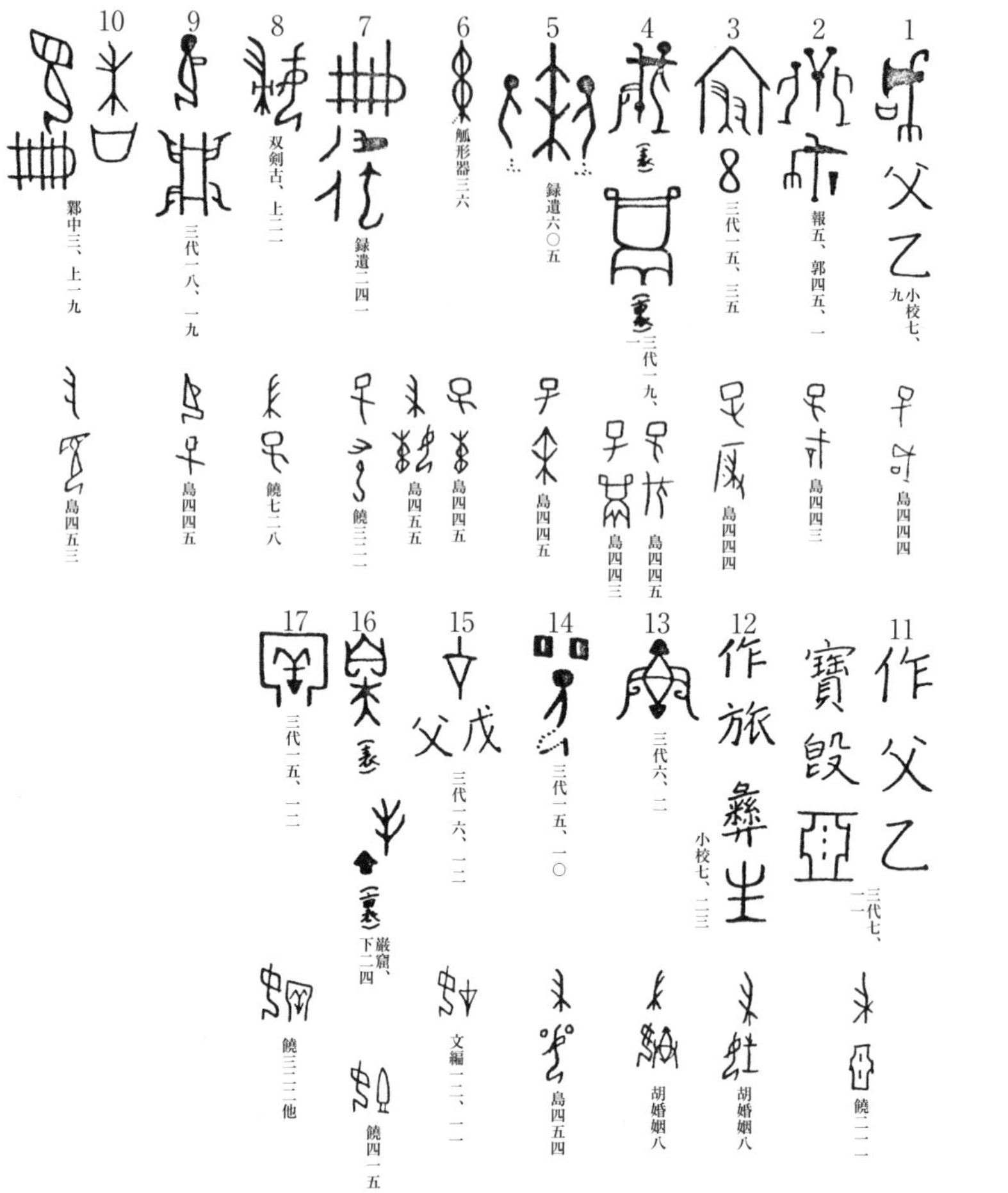

図40　甲骨文子某、婦某、女某の某に対応する図象記号

という国＝氏名を「子」に加えた名と見てここに引いたのである。ほかに、4も疑問を起させる例である。即ち、これは戈の「内」の両面に表わされた図象記号で、さきに記したごとく、この両方で一つの複合の図象記号を成すものと考えられるものである。複合の図象記号を構成する各要素それぞれに「子某」の某が対応するというと、どういうことになるであろうか。同様な例については後に一三七―一四一頁に論ずることになるので、そこを参照されたい。

(七)　甲骨文官名と対応するもの

甲骨文の中には幾つか身分名や官と称せられるものがあることはよく知られるごとくである。陳夢家は臣、小臣、馬、亜、箙、射、犬、戍、尹、作冊、卜、工、史、吏の類を挙げている。[142] これらはまた「多」をつけて多馬、多亜等と、また人名をつけて小臣某、亜某等と呼ばれている。これらの身分名、官名は字そのものの意味、西周以後の資料からの類推によって官名と推定されているのである。[143] これらの総てが図象記号に現れるわけではない。現在のところ全然発見されていないものとしては次のものが挙げられる。

(1)　小臣、臣のごとく、身分名と思われるもの。臣のつく図象記号にはよく知られる「臣辰」のつくものがあるが、他に「臣」字の付くものは皆無である。そうすると臣辰の図象記号に伴う「臣」も氏の名であって身分名を示すものでない可能性が大である。故にここでは身分名の臣の例として取り上げないことにした。[144]

(2)　戍。金文では図41の20に引いた戍嗣子鼎に戍嗣子の名が現れ、官名とも見うるが、図象記号にはこの要素は出てこない。[145]

(3)　卜。饒宗頤は甲骨文で「某日卜、卜某貞」という例から知られるごとく、いわゆる貞人は「卜」の官にあった者という。[146] さきに貞人と同じ名の図象記号を六〇余り拾ったが、中に「卜某」というものは皆無である。

(4)　工。甲骨文で官名とされる工は𠮛に作る。金文図象記号中に工と思われるものがあり、図41の1のごときは、あるいは司工と読めるかも知れない。しかし司に当る文字は𤔲に作られ、金文の司を𤔲に作って司に从うのと相違がある点、司工という読みには疑問がある。また図41の2のごとく、工を横向きにしたと見られる要素を持つものもある。

今ここに工と読んだ要素は工に作られ、金文王字が王に作られることから見て、これが工字に相当することは疑い

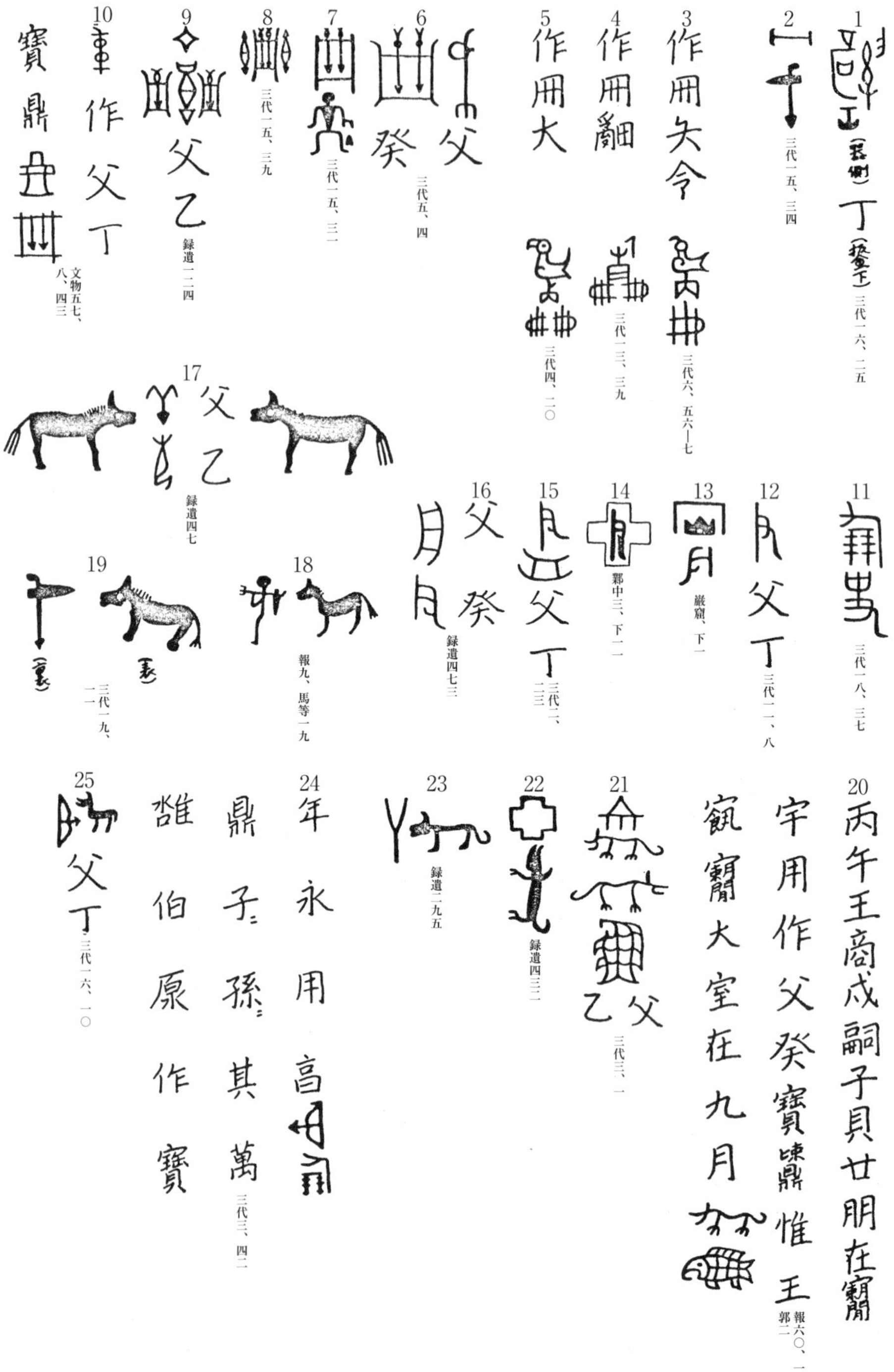

図41　官名（？）を含む図象記号

ない。ところで金文の王に当る甲骨文は亼、亚である。しからば下辺の形の相違から考えて金文工に当る字が甲骨文で𠮛に作られたかどうか、その蓋然性ははなはだ少ないというべきであろう。そうすると甲骨文に官名として出てくる𠮛を図41の1、2の工に対応させ、これを官名と見ることは危険であろう。

そうはいっても、図象記号のうちに、甲骨資料に照らして官名を表わすと思われるものが皆無なわけではない。次に確かそうなものを挙げる。

(1)　冊。白川静は王宜戸方甗、父乙鼎、令簋、令方彝、𠀀卣、作冊大方鼎を引き、作冊某の作った器銘の末に冊形のついた図象記号があるから、冊形は作冊の官を示すものであると考えた[147]。妥当と考えられる。白川の引いたもののうち偽刻の疑いのあるものを除き、作器者名と図象記号だけを図41の3—5に示す。他に冊の着く図象記号は五〇余種が数えられる。ここにはいちいち引かない。なお、作冊の官を示すと思われる冊の要素と、図23の20に引いたごとき甲骨文国族名と合致する冊の関係は後に論ずる。

(2)　亜。白川静は金文亜字形についての宋時代以来清朝に及ぶ宗廟石室説、阮元の弗字説、羅振玉の匡郭説、加藤常賢の地下穴居住宅説等を紹介、批判した後、「亜字はやはり四阿の象形で宗廟を意味し、亜字形をもつ標識は、各部族、氏族の中にあって特に宗廟に仕える神聖な一族の標識であったと解せられ、それらは多く殷室の宗廟に出でて仕えたものであろう。……多亜とよばれるものは、そのように諸部族やあるいは多方より殷都に来って集団を形成していた一群の職能集団の凡称であった」とする[148]。思うに、白川の職能集団説は多子集団、多子族集団に関する氏の考えを[149]、多亜集団に推し及ぼしたものと考えられるが、多子集団、多子族集団に関する説は甲骨文の子某を王子、子供の「子」と解釈する上に立っている。筆者は㈤項においてこの解釈の成り立ち難いことを証した。そうすると職能集団説も根本から再検討を要することになるのである[150]。

図象記号の亜を甲骨文の亜に当て、官名と見る説が陳夢家にあり[151]、同様な考えは赤塚忠、李亜農も記している[152]。筆者はこの解釈が最も穏当なものと考える。即ち、『尚書』牧誓に

王曰、嗟我友邦冢君、御事、司徒、司馬、司空、亜旅師氏、千夫長、百夫長

王曰く、ああ、わが友邦の冢君、御事の司徒、司馬、司空、亜旅師氏、千夫長、百夫長よ

とあり、酒誥に

越在内服、百僚庶尹、惟亜、惟服

および内服にありては百僚庶尹、これ亜、これ服

とあり、『詩』周頌、載芟に

侯主侯伯、侯亜侯旅

これ主これ伯、これ亜これ旅

とある亜を、郭沫若は甲骨文の亜が西周に引きつがれたもので、官職であるとしている[153]。載芟の伝には亜は仲叔なりといい、『尚書』には伝に亜を次の意味で解釈しているが、これは当っていまい。載芟に亜、旅が連言されているのは牧誓の亜旅に当ると思われ、この亜旅が亜と旅の意味であることが確かとすれば、亜は牧誓、酒誥いずれも官職名を列挙した中にいわれているのであるから、郭のみるごとく亜も官職名として用いられているとしか考えられない。しからば事柄は次のようなことになる。即ち、西周初に確かに官職名としての亜があり、殷時代にも官職名と解することの可能な亜が甲骨文に出てくる。一方、亜形および亜形と他の図象記号を結合した記号が殷末から周初に多数存在する、ということである。これから判断しうる最も妥当な結論は次のようなもの以外ではあり得ないであろう。即ち、殷末から西周初に亜という官職があった。この官職名を要素として持つ図象記号は、この官にあった族の図象記号である、と。

亜字形と組合された図象記号は一六〇から一七〇種が数えられるが、あまり多いので例を引かない。図象記号に亜と単独に用いられるものがあり、甲骨文でも貞人名をも含めた人名、地名としての用法の亜があることは、図28の17に示したごとくであるが、これと官職名の亜との関連については後に考察する。

亜字形の原義、それから敷衍した亜の官の職掌に関する推測といった異論の多い問題はここに触れない。この論文は、図象記号の性質、構成に関する形式的な問題を扱うのが本旨だからである。

以上はやや確かなもの。以下は問題のあるもの。

(3)　箙。陳夢家は甲骨文、金文図象記号に出てくる箙を、前引の酒誥に「惟亜、惟服」と出てくる服にあて、官名としている。(154)箙形図象記号が他の図象記号と組合さったものには図41の6—10のごとき種類がある。箙形単独のもの以外、疑わしいものを除くと総数一〇ばかりしかない。

(4)　史。例数は五〇数例あって多い方であるが、前にも記したごとく他の記号と組合さるものとしては図14の4—6の他には、図41の11があるくらいで、この点(3)の箙と同様、冊、亜などと比べると全然比較にならないほど種類が少ない。しかし、甲骨文の用例をみると、史は後世の資料から考えて史の官にふさわしい役割を演じており、(155)またこの甲骨文の史と図象記号の史が無関係とは考え難い。そうすると、史と他の図象記号と組合さったものが稀だということは、殷—西周時代、史は一つの氏族によってほとんど独占的に司られたということにでもなろうか。

(5)　尹。独立に使われるものは図41の12くらいのもので、他の記号と組合さったものとして13—16があるが、これも意外に例数が貧弱である。鐃は貞人尹について子尹、婦尹があることに注意し、尹を人名とみている。(156)

(6)　馬。馬形のつく図象記号は、いわゆる牽馬形大豕父某と称するものが四例あるが、これは「大」形の人物が馬の口を取る形であるから、馬形と他の記号との組合せと見うるかどうか疑わしいので、これを除くと図41の17—19の三種しかないことになる。

(7) 犬。図20の22、図23の35に方名、地名に対応するものとして引いた単独の例のほか、他の記号と組合さったものとしては図41の20―23のごとき種類があるだけである。

(8) 射。単独のものとして図22の33のごときものが四例あるほか、他の記号と組合さったものとしては図41の24、25があるに過ぎない。

右に引いた官名らしきもののうち、亜、史、尹、箙は貞人名として、冊は国族名、地名として、射も地名として、犬、馬は方名として甲骨文に出てくることは、前項までに引いたごとくである。もちろん例えば史の官にあった氏が史を氏の名とし、またその居住地がその氏の名を以て呼ばれるということがあったことは、春秋時代から類推して大いにあり得ることである。故に地名、人名に対応する図象記号が官名であってもよいわけである。甲骨文では官名か人名かすこぶる判定に難しい文字があるが(157)、このように考えれば一応の解釈がつこう。それはそう解釈するとしても、さらに別な疑問が存する。例えば亜形は大部分他の要素と組合さっており、独立なものは稀なのに対し、同じくかなり数の多い部類に属する史はほとんど独立に表わされ、他の要素と組合さったものが稀なのはどう説明されるであろうか。さきに記したごとく、史の官は、その名によって呼ばれる血縁集団によってほとんど独占的に司られたと考えることができる。それに対し、亜の官は多数の血縁集団のものがあずかった、と。

それでも説明し切れないことがある。馬は甲骨文に亜と並んで現れるのに(158)、馬と亜とでは図象記号に現れる頻度に著しい差異があるのはどうしたわけであろうか。犬、射も甲骨文にはやはり少なからず現れるが、図象記号には前記のように貧弱である。これらの官に従った人たちは銅器を作る力がないような弱小氏族であったためとも考えられるし、甲骨文のこれらの文字を官職名とすることにそもそも問題があるかも知れない。

殷代の雄族とされる者でも、例えば雀(159)が図象記号に例が皆無というようなこともあり、逆に図象記号にすこぶる多い[illegible]が甲骨文にごく稀にしか現れないというような例がある。現在手にし得る資料に明らかに偏りがあることが知られ、その偏りの生じた理由を十分説明しえない以上は、関係資料の豊富さ、稀少さといった分量を根拠に推論を進めるのははなはだ危険である。右に記したような疑問に対しては、それが存することを指摘するに止め、その解釈の確定は将来に俟ちたい。

なお白川静は殷時代に多子、多子族、多亜の職能的集団を想定し、さらに多数の図象記号を、それを構成する図柄によってあらまし分類し、その部族の職能や身分を示すものと解釈したことがある。(160) 即ち、「立人形のものには頭上に器皿の類を載せ、あるいは交木の類を載せ、または……。これはそれぞれ荷担携弐そのことを職とするか、もしくはそれらの所持物の生産に従っている氏族または部族の標識であろう。さらにまたこれら立人形のものには、犬、豕、馬、牛その他名の識るべからざる獣形のものをひいたり殺したりしているものがあり、いずれも動物の飼育や犠牲、あるいは狩猟に関する職分を示すものであろう」といった方式に考え、立人形の多数の標識は、戦闘・器物製作その他の労務に服するもの、家屋・舟車・武器・諸器具を示す標識は、みなその製作に関したもの、鳥獣虫魚の類はいずれもその飼育を掌った氏族の標識、と書いている。氏は近時やや別様に考えていられるとのことであるが、確かにこの考えは少々望文生義のきらいがある。これら標識のうちには、いつかは知られない起原の時代には、これを持った集団があるいはそういう職能と関係があったか否かは、現在のところ誰にも知られないが、いま問題の、これら標識の使われた時代に、各集団が標識の図柄から想像されるごとき職を事とするものであったかどうかについては、一向に証拠がないのが大部分だからである。図柄だけから想像すれば、箙はさしづめ武官とか、箙を作る特殊技術者の家とか考えることになろう。ところが殷王朝においては箙はこれらとはおよそかけ離れた、貞人の職をとり行っているのである。図象記号の図柄によって、その記号を荷う集団の職能を想像することの危険性は多くの例をあげるまでもなく明らかである。

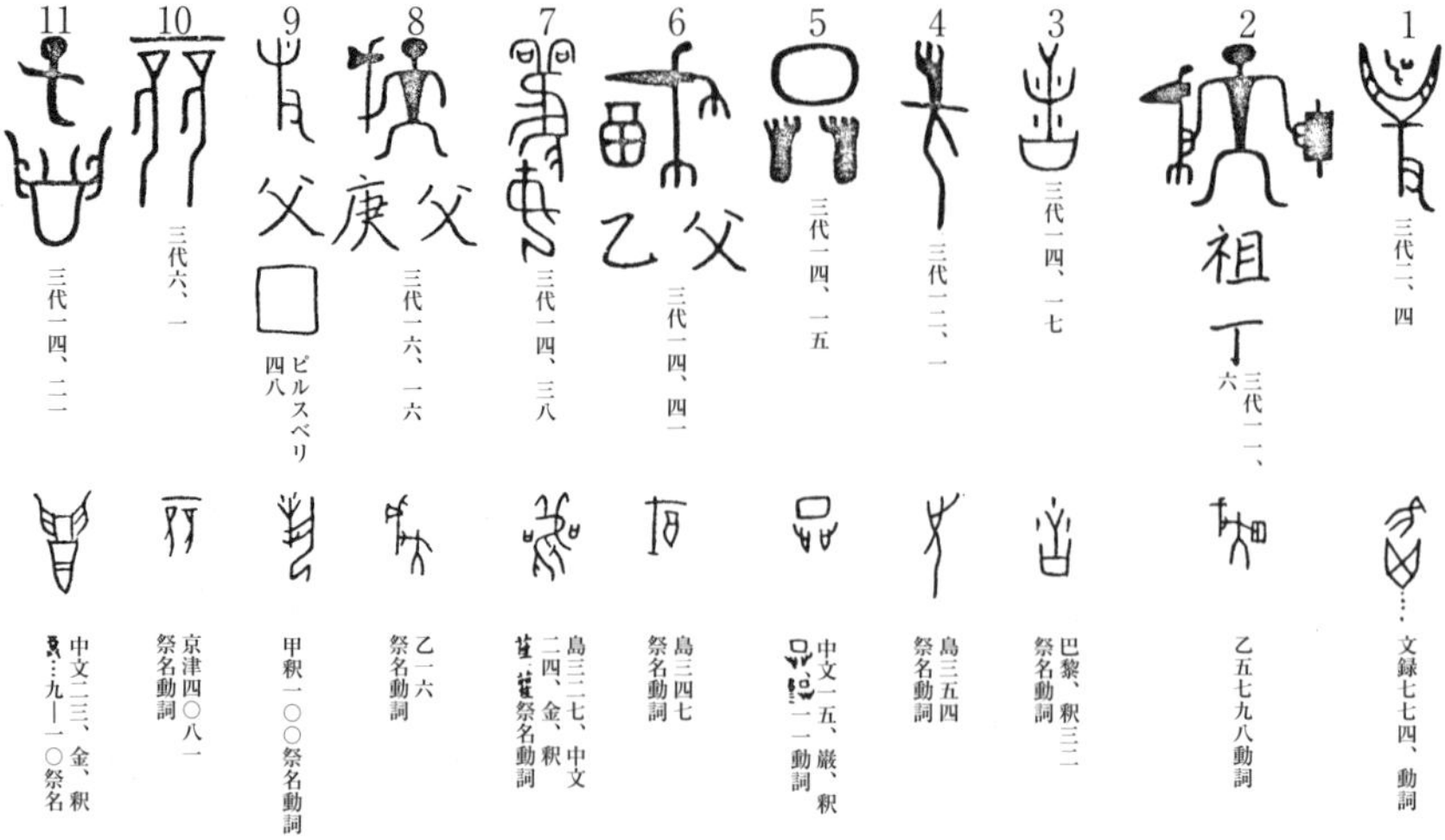

図42　甲骨文動詞、祭名動詞に対応する図象記号

㈧　甲骨文動詞と対応するもの

殷時代の文字がどのような発達の過程を経て甲骨文字の段階に到達したかは、今のところ資料の欠如によって実証的に示すことができないが、地名ないし氏族名を表わす図象記号の類は第二節で記したごとく新石器時代に遡るものであるからおそらく早く発達し、動詞、形容詞などは、それらの固有名詞の記号を借りて表現することがあったろうことは想像に難くない。従って動詞を表わす甲骨文字と図象記号の一致するものがあっても、それを以てその動詞の用法の内容を職とする官に当る何らかの職業的集団を予想することは、証拠不十分のうらみがあろう。図42の1、2のごときはその若干例である。

しかしながら、動詞と合致する図象記号のうちには、単なる仮借でないものも含まれている可能性がある。即ち祭祀関係の動詞と合致するものである。『左伝』桓公六年に

公問名於申繻、対曰……不以国、不以官、不以山川、不以隠疾、不以畜牲、不以器幣、周人以諱事神、名終将諱之、故以国則廃名、以官則廃職、以山川則廃主、以畜牲則廃祀、以器幣則廃礼

> 公名を申繻に問う。対えて曰く……国をもってせず、官をもってせず、山川をもってせず、隠疾をもってせず、畜牲をもってせず、器幣をもってせず。周人は諱をもって神に事う。名は終ればまさにこれを諱まんとす。故に国をもってすれば則ち名を廃し、官をもってすれば則ち職を廃し、山川をもってすれば則ち主を廃し、畜牲をもってすれば則ち祀を廃し、器幣をもってすれば則ち礼を廃せん

という。春秋時代、国の大事に関係するものの名は国君の子に付けないのが建前だったという。名を呼ぶことになるのを諱んだのである。ここに「以国則廃名」というのは、「自分の国の名を以て名としたら、名を廃する」というのであるが、殷時代、王朝の大事である祭祀を記するのに、たとえ自分の配下の国の名であるとしてもその国の名の字を諱むことなくそのまま使って平気だったかどうか、いちおう疑うことが出来よう。当時国名は単なる名ではなく、その名を負う集団の名でもあり、その文字は「物」として旗に着けられ、祭祀用の器物に着けられる神秘的な力をもった記号であったからである。そうとすると、祭祀の動詞に用いられる甲骨文字と合致する図象記号があった場合、その記号を持った集団はその祭祀と偶然でない、何かの本質的なつながりを持ったものである可能性が考えられよう。例えばその集団が名にし負う祭祀は、その集団が古来行ってきたもので、殷王朝でも独占的にその集団がとり行うも

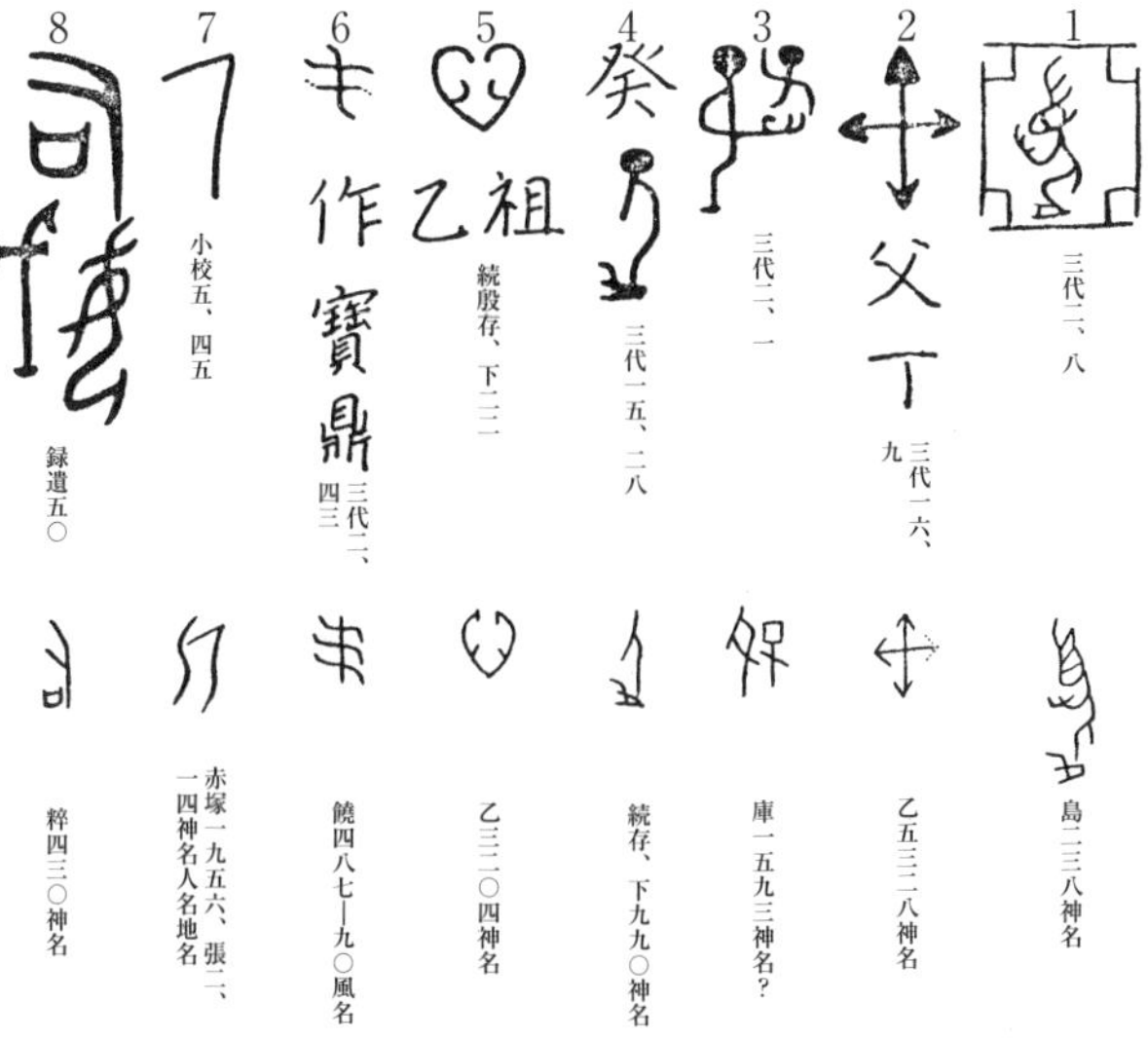

図43　甲骨文神名に対応する図象記号

のであった、というような、特に確乎たる証拠があるわけではないが、参考のために拾い出して図42の3—11に示した。

㈨　甲骨文神名と対応するもの

赤塚忠が殷時代甲骨文に現れる河、𡵂その他の神名が、その神名を以て名とした族の族祖神であったことを証しいることとは第三節㈥項末尾に引いたごとくである。甲骨文と合致する図象記号のうち、その類に当るものは先にも引いた「可」がある（図43の7）。他に、さしあたり甲骨文には祭祀の対象としてしか現れない甲骨文と合致する図象記号がある。類推により、これもその神を族神とする族の図象記号である蓋然性が非常に大である。第三節㈥項には、精霊＝物と対応する図象記号を図18に引いた。ここには若干重複するものもあるが、甲骨文に神名として現れるものと対応するもの、という観点から拾って図43に示した。

㈩　以上の総括

以上に記したところにより、第三節で手始めにわかりやすい例を引いて分類、説明した図象記号の各類が、図象記号の同時資料である甲骨文との対応関係の検討によって確証せられたことと考える。対照表の形で示せば次のごとくである。

〔第三節〕　　　　　　　　　〔第四節〕
㈠　国の名、某侯の称号　　　㈠　方　国

　　　　　　　　　　　　　　　　㈡侯　国
　　　　　　　　　　　　　　　　㈢地・人名
　　　　　　　　　　　　　　　　㈥子・婦・女某の某
㈡国の名ないし某侯＋その家在来の記号　㈤子　某
㈢氏の名　　　　　　　　　　　　㈢地・人名
　　　　　　　　　　　　　　　　㈥子・婦・女某の某
㈡女子の正式称号　　　　　　　　㈤婦某、女某
㈢官　名　　　　　　　　　　　　㈦官　名
㈥精霊＝物　　　　　　　　　　　㈨神　名

これらについてはこれ以上説明を要しないであろう。

五　十干名の図象記号

この節では以上の図象記号の考察で埒外にとり除けておいた十干名の問題にふれたい。図象記号が盛んに使われた時代、父祖の名が甲乙等十干名で名づけられ、図象記号と共に、あるいはこれを伴わずに青銅彝器に鋳出されていることは周知のごとくである。ところでこの時代にはまた後引のごとく父、祖、妣等を冠せず、十干の字だけを図象記号に加えたものがある。これら父、祖等の字を伴わないものは、いちおう父、祖等の文字を略したものではないかと考えられるが、饒宗頤が注意するごとく、貞人に丁、己等十干を以て名とするものが

あり、[161]さきの筆者の考察によれば、これら貞人名は国ないし氏の名ということになる。そうすると、明らかに図象記号と知られるものと共に表わされた父、祖等の文字を伴わない十干の記号は国ないし氏を表わすものなのか、あるいは死んだ祖先名なのか、さらに同じ十干を以て呼ばれる祖先名と十干名の国ないし氏の名とは関係があるのかないのか、あればどういう関係か、といった問題を考えておく必要が生ずる。

青銅器の銘文にのこる十干名の父祖名のうち、どの程度が殷王であるかについては、今のところ筆者に判断することができないが、[162]周時代の銘文に十干名の祖先名があって明らかに殷王を指すのでないものがあるから、殷、西周初の銘文中の十干名の父祖名が総て殷王でないことは確かである。殷王の名が十干によって名づけられていることはよく知られるところであるが、これがどのようにして命名されたものかについては諸説があり、一番古いのは漢代の説で、『白虎通』姓名篇に、

殷以生日名子何、殷家質、故直以生日名子也

殷に生日をもって子に名づくるは何ぞ。殷家は質なり。故に直ちに生日をもって子に名づくるなり

というほか、幾つかの書物に同じ説が見られる。近人の説では董作賓の死日説のほか、卜選説、次序説等があり、[163]ほかに張光直が提唱した氏族内の婚姻グループ名と解釈する説がある。[164]ここではこれら諸説の拠るところをいちいち紹介、批判する余裕はない。図象記号の性質に関係する方面から筆者の意見を提出するに止めたい。

十干の名称、それを表わす文字の字形の原形については現在不明というほかないとしても、[165]殷時代、十干は先ず par excellence に日を指すものであったことは確かといえよう。中国古代にはよく知られた十日、即ち十個の太陽の伝説がある。『山海経』海外東経に

湯谷上有扶桑、十日所浴、在黒歯北、居水中有大木、九日居下枝、一日居上枝

湯谷の上《ほとり》に扶桑あり、十日の浴する所にして黒歯の北にあり。水の中に居りて大木あり。九日は下枝に居り、一

日は上枝に居る

といい、大荒東経に

湯谷上有扶木、一日方至、一日方出、皆載于烏

湯谷の上《ほとり》に扶木あり。一日まさに至れば一日まさに出ず、みな烏に載かる

というところから、十個の太陽が一日交替で天をめぐると考えられたわけである。この十個の太陽の一つ一つがそれぞれ出現する順に十干を以て名づけられたもので、その一巡するのが一単位をなし、一旬であると考えられたことは疑いない。中国古代の人々にとって一日一日は我々にとってそうであるごとくには同質であり得なかった。十個の太陽が一日ごとに天をめぐるが、十日の内の各日は、毎日異なった太陽が天に輝き、世界に君臨しているからである。殷虚卜辞に各種の行為をどの日に行うべきかを占うに、甲の日にすべきか乙の日にすべきか、日の十干名を特に問題にしているのは、どの太陽が支配している日にすべきかを問うているのだと考えられる。『左伝』荘公三十二年に、正体不明の神が莘に降ったのについて、恵王がどう扱うべきかを内史過にたずねた話がある。その答えは

以其物亨焉、其至之日、亦其物也

その物をとってこれを亨せよ。その至るの日もまたその物なり

というのである。注には『礼記』月令に

仲春之月……其日甲乙……祭先脾……

仲春の月には……その日は甲乙……祭るには脾を先にす

とあるのを引き、その神の降った日によって決った祭りの供え物、祭りの時の服装などがあることを以て解釈している。このような「物」の観念については第三節㈥項にややくわしく解説した。この『左伝』や『礼記』月令の記事は、十干を以て呼ばれたそれぞれの日にはそれぞれ別々の太陽の精霊＝物が支配しているのだから、当然それぞれの

日にはその精霊の気に入るべき類を異にした祭祀があるべきだ、という古い考え方の遺存をうかがうことが出来よう。得体の知れない神が降ったら、いずれ祭祀してもらうことを予期して降ったのだから、その降った日の十干名を以てその類を推測することが出来たわけである。

ところで、殷、西周初の祭らるべき父祖の名が十干を以て呼ばれているのは、正確には十個の太陽のうちの一つを以て名づけられているというべきである。確実な出土品をもっていえば、例えば一九六三年陝西、扶風、斉家村出土の匜、方彝、方尊には同銘で

作文考日己宝障宗彝……

文考日己の宝障宗彝を作る……

といい[166]、父をただの己でなく「日己」と呼んでいる[167]。十個の太陽のうちの一つを以て名づけられた祖先であるからこそ、同じ名の太陽の出る日に降り、祭祀を受けるのが自然であり、生きている子孫にとってはその日に祭るのが無難だと考えられたことは、前引の『左伝』の莘に降った神の例から類推することができる。殷時代の卜辞資料で王朝の祖先がその名と同名の十干の日に祭られることが多いのは、このように理解されよう。

こう考えることが出来るとすれば、死者が十干名を以て名づけられているのについては生日説を採るべきである。前引『左伝』の記事で莘に降った神が、その降った日がその神の「物」であると判定されたのと同じ理由で、人間が特定の日にこの世界に出現したのは、その日の「物」に属するからだと考えられたに相違ないからである。漢時代の生日説は、古代のこの考え方についての何らかの記憶に基づくところがあったに相違あるまい。勿論、殷時代卜辞に生きた人間が十干名で呼ばれる例がないことは、屈万里の証するところであり[168]、漢時代の十干を「名」としたという説は誤りである。正確には死後祭祀を受ける霊魂の名というべきである。十日のうちどの日に生れたかによって判定せられるその人の「物」＝十干名は、何といっても一旬のうちのどの日に、どのような供え物を以て祭るかの問題に

関連して、死後に重要性を持ってくるものであったのである。死んだ祖先の十干名をこう解するとなると、張光直の提唱した殷世系の甲乙および丁の両グループによる解釈[169]も、全く意味を失うことになる。

十個の太陽の名、十干と十干名をもった人間の霊魂の関係が明らかになったから、次に十干名の父祖名が青銅器銘文に現れる現象の解釈に進む。

「某作父某宝障彝」というように、十干名を持った祖先の器を作るという文章であれば、作器の記録として意味をなすが、「図象記号、父某」ないしは「父某」というような銘文が、「某作父某宝障彝」式のものの省略だと考える解釈はどうも腑に落ちぬものである。いわんや例えば図44の1、2のごとく氏族のごとき集団を代表する図象記号の中に父某、祖某の名が割り込み、図象記号と一体な形をなすごとく組合されている例が多いが、これらの父某、祖某をただ祀らるべき祖先の廟号と見たのでは、木に竹を接いだような奇異な現象としか説明できないであろう。これは父某、祖某の某の十干名を、前記のごとくその死者の十干名の太陽の精霊＝「物」と見ることによって始めて納得のゆく解釈がつくのである。即ち、これらの名は死んだ祖先の単なる廟号ではなく、その祖先の属する「物」なのである。図象記号が「物」であることは第三節にくわしく論証したごとくである。同じ「物」であればこそ、自由に図象記号と組合されうるのであり、また独立に銅器に記されうるのである、と。

図44の、3—5にみるごとき、図象記号に付された「父」「祖」の字を伴わない十干名は、張光直のごとく、同族内の婚姻組の名を示すものとするにはこの類の記号の稀少さが大きな障碍となる。また十干名を日の次序を示す文字と解釈したのでは、生日説、死日説、次序説等従来の説のいずれをとるにしても、これを祖先名と見ることは難しかろう。何故父某、祖某というべきところを、僅か一字節約して序数詞的な十干名だけを以て指し示さねばならないのか、解釈がつかないからである。十干名が十個の太陽の精霊＝「物」のどれに属するかを示す記号であると見ること

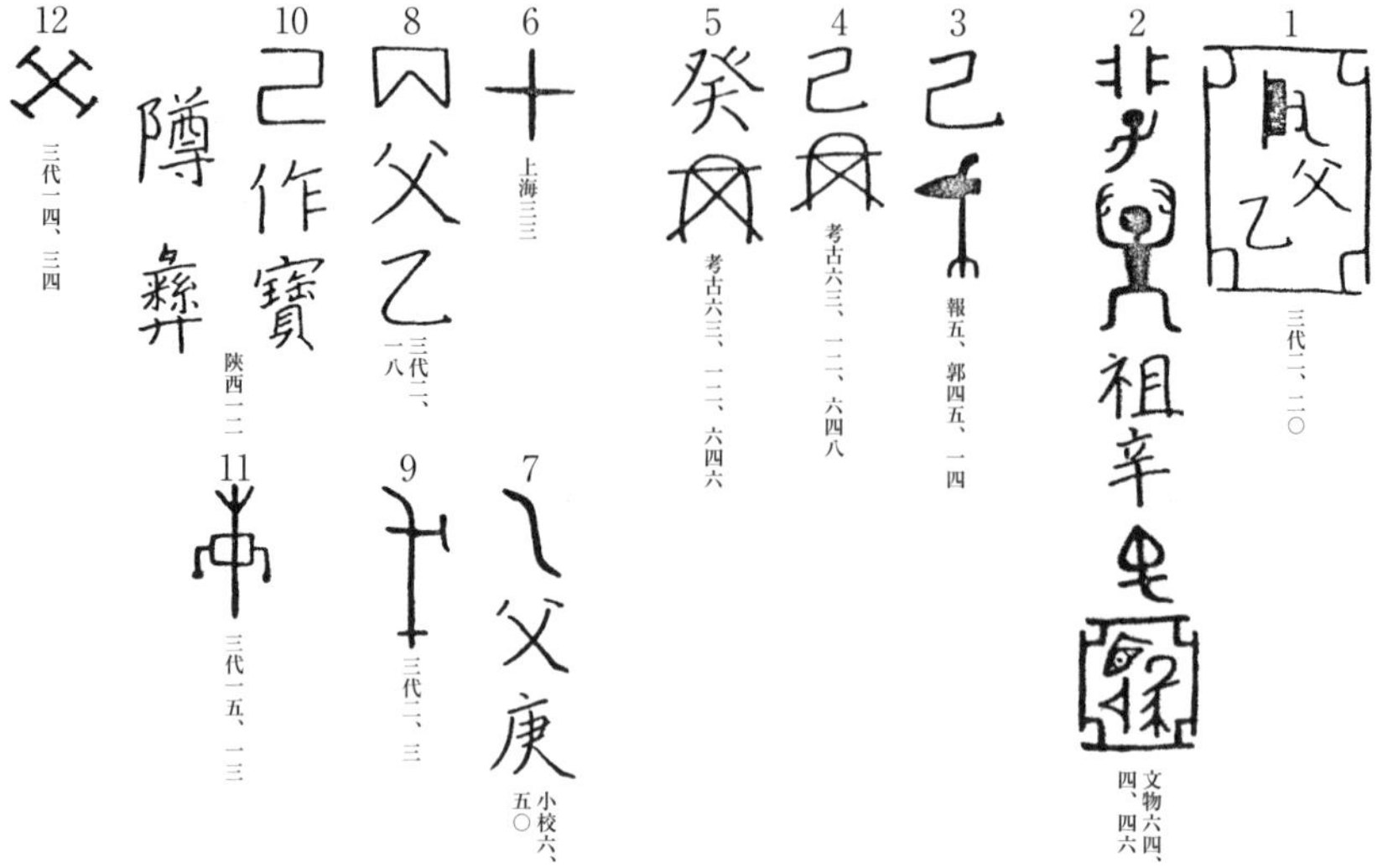

図44　十干名関係の図象記号

によって、始めて十干のみを以て祖先名を表わしえたことが知られるのである。父某、祖某の名のうち十干名の某がその「物」を示すもので、本質的な重要性を帯びるものだったのである。十干名さえわかれば何度も引いた『左伝』の莘に降った神と同様、祭るべき日、供え物等を誤る気遣いはなかったのである。

ここに、死んだ人間は十日のうちの一つを「物」として持っていたことが明らかになったが、それと、その人間の生時に属していた氏族の「物」がどういう関係にあったかは、今後の問題として残しておく。

ここで興味あることは次のことである。即ち、筆者がさきに明らかにしたごとく[170]、旬、即ち十日を表わす文字は、青銅器に例の多い大きな目を羽根がぐるりと取り巻いた図柄を象ったもので、太陽＝目を神化した図柄と考えられるが、旬は舜ともと同音で、後世の帝舜の原形と考えられることである。殷時代卜辞に帝と呼ばれている神格が、後世の幾人かの帝とどのような関係があるか十分確かめえないが、もし殷時代も舜が帝であったとすると、帝は十日の神ということになる。卜辞資料によって帝は雨、穀物の稔り、戦争その他の事業に祐助を与えるものと考えられていたことはよく知られるごとくである。ところで、殷時代、十干名を以て名づけられた殷王の霊は、殷後期の終りになると、帝と同様に祭祀をしたものに祐を与え、その点「祖先の霊を帝の機能に近いものと考えるようになっていたことを示す」といわれる(171)。これは理屈の通ったことである。即ち、先の舜が帝であったとの仮設が正しいとすれば、帝は十日の神であり、死んだ祖先は十日の一つの「物」に属することから、いわば死んだ祖先の霊は帝の働きを代行して然るべきだからである。他の古代文明と異なり、中国において他の祭祀に祖先祭祀が優先するに至ったのは、こういうところに由来するのではなかろうか。

西周後期、猶鐘に、「但〻先王、厳在帝左右」即ち「但々たる先王、厳として帝の左右にあり」とある(172)。これなどは死んだ人の霊が帝の十日の「物」を有するという観念が、時代とともに具体的に表象されるようになってきた結果いわれたことではないかと考えられよう。

この節の始めに、饒宗頤が貞人名に干支を以て名とするものがあることを指摘したことを引いたが、十干の字を以てする図像記号がいくつかある。最後にこの問題にふれておきたい。

図44の6—12に引いたものである。8、10—12は甲骨文の人名・地名に対応するものがあるからよいが、6、7はあるいは十干名を以てする祖先名であるかも知れず、7は乙と読めるかどうか少々怪しい。疑わしいものは除くとしても、十干を図象記号とした確かな例があることは事実である。これらの図象記号を持った氏族が、その名を持った太陽とどういう関係を持ったかについて推測すべき確かな証拠はない。『左伝』昭公元年に

昔高辛氏有二子、伯曰閼伯、季曰実沈、居于曠林、不相能也、日尋干戈、以相征討、后帝不臧、遷閼伯于商丘、主辰、商人是因、故辰為商星、遷実沈于大夏、主参、唐人是因、以服事夏商

昔高辛子に二子あり、伯を閼伯といい、季を実沈という、曠林に居り、相能《ゆる》すあたわず。日に干戈を尋《もち》い、もって相征討す。后帝臧《よ》からずとし、閼伯を商丘に遷し、辰を主らしむ、商人これに因る。故に辰を商星となす、実

沈を大夏に遷し、参を主らしむ。唐人これにより、もって夏商に服事す

というような伝説がある。星でなく十個の太陽のうちの一つを祀る氏族があったとしても差支えあるまい。十干名の図象記号は、その名の太陽を祀り、その太陽を「物」とすることを以て名づけられものと解釈しうる。

六　複合の図象記号

図象記号は、単純な形をなしていて独立に用いられる例があることにより、あるいは甲骨文の地名、方国名その他として用いられていることによって、それだけで完結したものであることが知られる一単位のみから成るものももちろん多数あるが、複数の図象記号が組合さったものも予想以上に多い。前節で述べたところにより、父某、祖某等の死んだ祖先の名、あるいは十干名だけでこれを表わしたものをも図象記号と同じ類と見ることができるとなれば、複合の例はさらに多くなるわけであるが、この方はその成り立ちがはっきりしているから、ここで複合の図象記号の考察から外しておくことにする。

複合の図象記号に対する諸説のうち、図45の1、2について饒宗頤が各要素三人の合作であるとした意見は、さきに四二頁に引いた。

白川静は「上述の数百種に及ぶ標識の中には、多亜標識や立人形諸標識のような場合を除いて、二つの独立標識が結合されて一標識をなすという場合が少なからずある。たとえば王子集団たる多子標識においては単に子字形のみを標するもの以外に、他の独立標識と結合しているものが四十種を超えている。それらはいずれも独立標識として存するものであるから、この現象は多子標識をもつ一氏族の支裔が他の職能的氏族に転化したのか、もしくはそのような

独立標識をもつ他の氏族との結合によって別にその結合標識をもつ一氏族を立てるに至ったか、この両解を出ることは出来ない」と考え、「複合標識でも明かに本源的なものから次第に分派したと思われるものも若干ある。例えばいわゆる光字形のものは光一字のほか、光両冊字形、辰臣光、小臣辰両冊光などと次第に複雑化したものがある」、「しかし戈形や負戈側身形、山字形等はこの標識の性質上何等の類縁をもたない要素の附加であるから、これらは二氏族の結合によって成立した標識とみなすべきであろう」とし、「複合標識の多数はかくして二族間の結合を示すものと解すべきである」と考えた[173]。そしてその結合方式は明らかでないが、ａｂ二族間の大規模な結合によるｃ族の分出といった方式を予想している。これは複合の記号の構成要素を同一性質の名称とみる考え方である。

赤塚忠が図45の3の図象記号について亜は身分名、犬は族名、暮は世襲職を示すというような解読法を試み[174]、また魯実先が図45の4の記号は箙方戉氏の作、5は箙方光氏の作であることを示すと言っているのは[175]、いずれも複合記号の各単位を各々性質の異なったものの名称と見る考え方である。

図象記号に関してではなく、古典に残る古い族名の解釈に関するものであるが、李玄伯の次の考えは、複合的な図

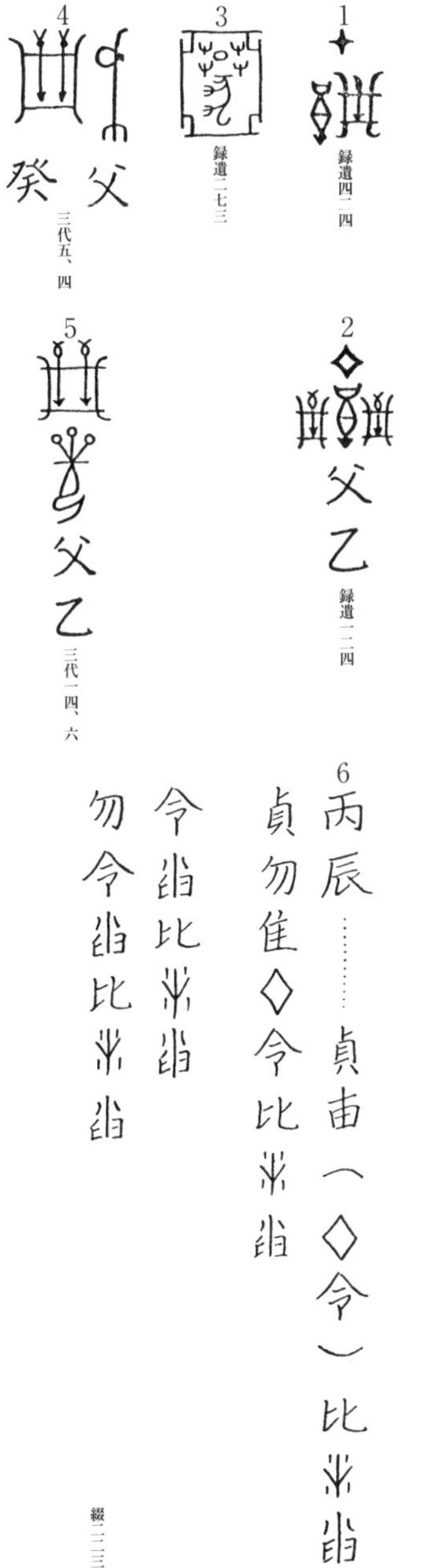

図45　複合の図象記号若干例、複合の国名の現れる甲骨文

象記号の解釈にさらに多くの可能性が考えられることを示唆するものである。李玄伯は古代中国のトーテム制について研究しているわけであるが、斟灌、斟鄩について次のようにいう(176)。

拠左伝載寒浞滅相時、同時亦滅斟灌斟鄩、少康復国時亦深得這両国的幫助。這両個名字皆含有斟字、対比有三種仮設加後。第一個仮設：斟灌斟鄩皆係斟団的支団、斟所以表示他們皆出自斟団、灌与鄩係支図騰以互相区別者。在他団中亦曾見比例、如左伝文公十二年有舒庸、舒鳩、十四年有舒蓼、即所謂偃姓的群舒、舒係総図騰、庸、鳩、蓼係支図騰以互相区別者。第二個仮設：斟所以区別灌及鄩与其他灌及其他鄩者、如楚所都之郢亦称紀郢（水経注沔水篇、楚昭王為呉所迫、自紀郢徙都之〔鄀〕）、所以区別于其余郢。第三個仮設：灌鄩雖非斟的支団、但這両団的人皆曾与斟団通婚、後人因取母姓的斟与父姓的灌鄩相合而成斟灌、斟鄩。這種亦曾有例証。尭姓伊祁氏、帝王世紀曰：「帝尭陶唐氏、祁姓也。……或従母姓伊氏」。這書所載雖常不足靠、但従母姓乃父系制度未行時旧俗、此言必有所受、否則皇甫謐処父系社会発達已経千年以後、決難理想当時型範以外的社会而強造。総起来説、由前個仮設、斟灌、斟鄩皆属斟団；由第二個仮設、則灌鄩皆在旧斟団所定居之地；由後個仮設、灌鄩与斟係甥舅之団。

『左伝』にのせし寒浞が相を滅ぼした時の話によると、同時にまた斟灌と斟鄩も滅ぼしているが、少康が国に復する時にもまた大いにこの両国の助けを受けた。この二つの名はいずれも「斟」の字を含んでいる。これについては以下の三つの仮設が考えられる、第一の仮設。斟灌と斟鄩はいずれも斟団の支団で、斟はそれらが出自した斟団を表示するためのもので、灌と鄩とは支トーテムであり、相互に区別するものである。他の団の中にもかつてこのように例が見られた。『左伝』文公十二年に舒庸、舒鳩があり、十四年に舒蓼があり、これらはいわゆる偃姓の群舒であるが、舒は総トーテムにかかり、庸、鳩、蓼は支トーテムにかかり、相互に区別するものである、というごときである。第二の仮設。斟は灌と鄩をその他の灌及びその他の鄩から区別するためのものである。楚の都する所の郢は紀郢と称され（『水経注』沔水篇に楚の昭王は呉の迫る所となり、紀郢より徙ってここ〔鄀〕に都す、と）その他の郢と区別するためにそう呼ばれたごときである。第三の仮設。灌、鄩は斟の支団ではないが、しかしこのふたつの団の人はいずれも斟団と通婚しており、後人が母の姓の斟と父の姓の灌、鄩と相合して斟灌、斟鄩とした。この類にも例証がある。尭の姓は伊祁氏であるが、『帝王世紀』にいう、「帝尭陶唐氏は祁姓なり。……或いは母の姓の伊氏に従う」と。この本の載せる所は常に信憑するに足りないが、ただ母の姓に従うのは父系制の未だ行われない時の旧俗であり、この言はきっと受けついだ所伝をもつものと思われる。さもなければ、著者の皇甫謐は父系社会が発達してすでに千年も経った後に、当時のカテゴリーに外の社会を理想としてむりに送り出すことは、極めて困難と思われるからである。以上を総括していえば、第一の仮設によれば斟灌、斟鄩はいずれも斟団に属し、第二の仮設によれば灌、灌鄩はいずれも旧く斟団の定住していた地であり、第三の仮設によれば灌、鄩と斟は甥舅の団ということになる。

李玄伯の中国古代におけるトーテム制存在の論証は全般に証拠不十分で成功しているとはいえないが、この二字をもった国族名の解釈の可能性に関する考察は、例証を挙げているだけに複合の図象記号を考察する参考にすることができる。

単純な形の複合図象記号についてはすでに記してきた。官名＋図象記号の類がそれである。これについては改めて説明することもなかろう。

また、単純な形の複合図象記号のうち、子某がまとまった一群をなす。これは前に説明したごとく、殷王朝の姓の子に、その一族が自分の住む国の名を氏として加えたものである。これは前引李玄伯の斟鄩、斟灌の関係についての第一の仮設の形として説明されると考える。即ち、子姓の本家から分家して子某の某の地に分れ住んだものとしてである。理由は次のごとくである。

即ち、貝塚茂樹が注意したごとく[177]、殷時代の金文に「子錫小子某」の形式のものがあり、この銘文にいわゆる析子孫形（図44の2祖辛の上の記号）が付けられている。この形式の銘文に出てくる「子」が図象記号の「子」からの類推によって王子の「子」でなく殷姓の「子」であるとすると、小子の「子」も殷姓の「子」に小を冠したものと考えられよう。『左伝』僖公七年、「夏小邾子来朝」の杜注に

郳之別封、故曰小邾

郳の別封、故に小邾という

という。小子はこの小邾と同じ方式の呼称と解釈される[178]。この子姓の小子の作った器にいわゆる析子孫形の記号があり、この記号は、子某の型式の一類である某子の形をとった卝子と、⚲の複合の図象記号と解すべきである[179]。いわば「子某」の複雑化した形の図象記号である。そうするとこの銘文は子が、子姓の一族から分裂したもので子某の形の図象記号を持った小子某に賜り物を授かっている銘文、ということになるのである。こうみると、「子」と「子某」の形の図象記号を持ったものが上下の関係にあったことが知られる。春秋時代、諸侯が同族から分家した一族を卿、大夫として臣従せしめていたのと共通した関係の例証がここに得られたことになる。

相似た関係と思われるものは、図45の6に引いた卜辞の甾と朩甾について考えられる。一対ずつになった一組の卜辞は、◇に朩甾を比せしめるか、甾にそれをさせるかを占っているものである。卜辞中、朩は貞人として現れるが[180]、この場合は朩甾で一つの国族名でなければおかしい。仮にこれを朩と甾とすると、後の一対の辞で、甾が甾を比するというおかしなことになるからである。朩甾が一つの国族名ということになると、後の一対の辞で甾が朩甾を比することを貞うていることになる。これはさきの「子錫小子某」形式の金文で、子が小子——子某々の形の図象記号をもつ——の賞賜するのと平行例で、本家の甾が朩の地に分家した朩甾に対して命令する地位にあったことが知られるの

である。

次に子某の某が複数から成る図象記号そのものを考察の対象としてみよう。図46はそれを示したもので、各段第一列は子某某……の某のうちの一つと子が組合さったものを一段下げて脇に示し、第二列には子某某……の某のうち、子を伴わずに図象記号として使われる例を、第三列には甲骨文の対応するものを示してある。ここにみる複数の某は、これだけみれば幾つかの族が共同してその器を作ったとか、幾つかの族が合併して成立した一つの族が器を作ったことを示す、というような説明はどれでも可能であるかのごとくである。しかしここに引いた例をつぶさに考察すると、解釈の可能性は狭くしぼられてこよう。まず1の子眉⧗をみるに、子の下についた二つの要素が子の下についた3の子⧗と甲骨文の子眉がある。これをみると、李玄伯の第三の仮設にいわれるような、両族の結婚に関連して1が出来たのでないことはまず明らかである。いずれも子姓で、殷時代においてもまず同姓は不婚が原則であったと考えて間違いないだろうからである[181]。

また、1と2の例をみると、一方は子眉と子⧗、一方は子⧗と子ㄨがそれぞれ合同して作った器であるとも考えられそうであるが、すぐ次に引く4—6のような複雑な構成のものをみると、それも考え難いこととなろう。

それでは白川の考えるような氏族の合併説はいかがであろうか。子⧗、子眉があり、子眉⧗があるのをみると、最後のものは前二者の合併によって成立したと見る考えは有力のように思われる。また図40に引いた「伐甗」形図象記号の「伐」「甗」のそれぞれに対応する「子伐」「子甗」のあることは図40の4に注意しておいた。この例も合併説に有利な材料と見られる。しかし別に2の子⧗ㄨがある。そうすると子⧗は少なくとも二つに分裂し、その一方はㄨと、一方は眉と合併したとせねばなるまい。

これに関連してくるのは図46の4—6である。この三つを比べると、点線で囲んだ子と刀、糸の三単位は三つに共通し、それ以外が各例に一つずつ異なっている。三つに共通の子刀糸を一つの単位とみると、これは三つに分れてそれぞれ丙と合併したとせねばならない。しかし一つの族が三つに分裂して合併というのはおかしい。合併というからには雪だるま式に大きくなるためにするもので、自分が分裂して小さくなっては意味をなすまい。ここは別に考える方が筋が通る。図象記号の子某が子姓の族で某の地に住む者ということは先に記したごとくである。4―6の例で子、刀、糸の三つを一くくりにして子に置きかえてみれば、4―6はそれぞれ子丙、子、子の形となる。そうすると先の子某の成立をここに適用すれば、「子刀糸」の同族が丙、、の地に分居したのがそれぞれ4、5、6の図象記号の持主であると考えるべきであろう。そうするとさきの1、2の例も子の同族で、眉、の地に住むに至ったものが1、2の図象記号の持主ということになろう。1の場合、眉の地には武丁時代に同じ子姓が居たことがト辞によって知られるわけであるが、子がどういう事情でこの地に住むことになったかは明らかでない。同様にして図46の8に示した例も、同様子癸が壘の地に食封を持つことによって成立したことが知られるであろうし、10の場合も同様である。

右の考察により、従来その意味するところについて各種の可能的解釈が出されながら、一向に証拠に基づいて論ぜられるところのなかった複合の図象記号の成立について、僅かな例についてではあるが解釈を確立することが出来たことと信ずる。また共通な要素を持つ図象記号によって代表される集団相互の上下関係についても、考察の手がかりを提供することに成功したと考える。

他の複合的図象記号についても、同じ原則を適用して解釈することが可能であろう。先に図10の9、10、図11の1、2に関してその成り立ちを説明したが、複合的図象記号を構成する単位のうち、どれが後世の姓に当るその族本来の記号で、どれが末端的な氏に当るかについては、必ずしも明らかでないものが多い。個々の記号について関係資料を集めてみて、運よく材料がそろっているものを拾い出すことが必要であるが、その作業は後の機会にゆずりたい。

図46　複合の「子某」図象記号（章末挿図注参照）

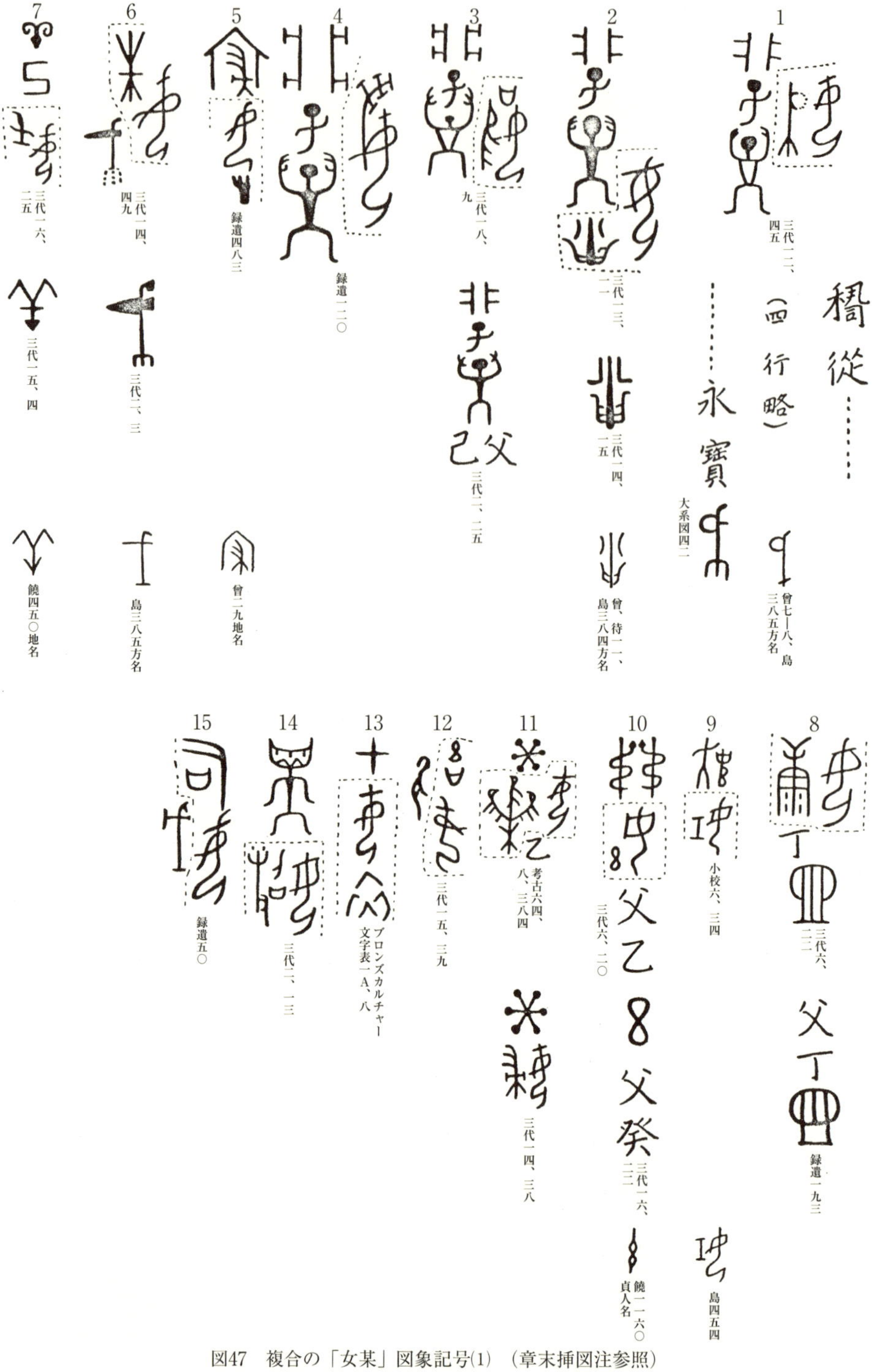

図47　複合の「女某」図象記号(1)　(章末挿図注参照)

次に、同じ複合の図象記号の中には、確かに結婚によって成立したものがある。女某、婦某のつくものである。図47は女某にもう一つの図象記号のついたものを示した。各段第二列は複合の単位をなす関係の図象記号、第三列は対応する甲骨文を挙げた。女某の形を取っていると思われる部分は点線で囲んである。1—4はいずれもいわゆる析子孫形に組合さったもので、これらの女某が析子孫形、即ち子姓の一族の家に嫁いできた者の図象記号であろうことはほぼ疑いないであろう。9の例は甲骨文に女某の「妊」があり、上列の記号の下半に対応する。この記号も上下に分けた二つの要素が合さったものであることは確かである。このほか、5、7、8、10、14などについても、筆者が点線で示した区分は、形のまとまりの上からみてほぼ誤りないものと考えられよう。その他のものについては、例えば6の「女」の左にある「朱」「戈」の要素のごとく、「女」のいずれに対応するとも決め難い中途半端な位置に表わされている。そのため、筆者の示した点線の区画は仮設的なものであることを断っておきたい。

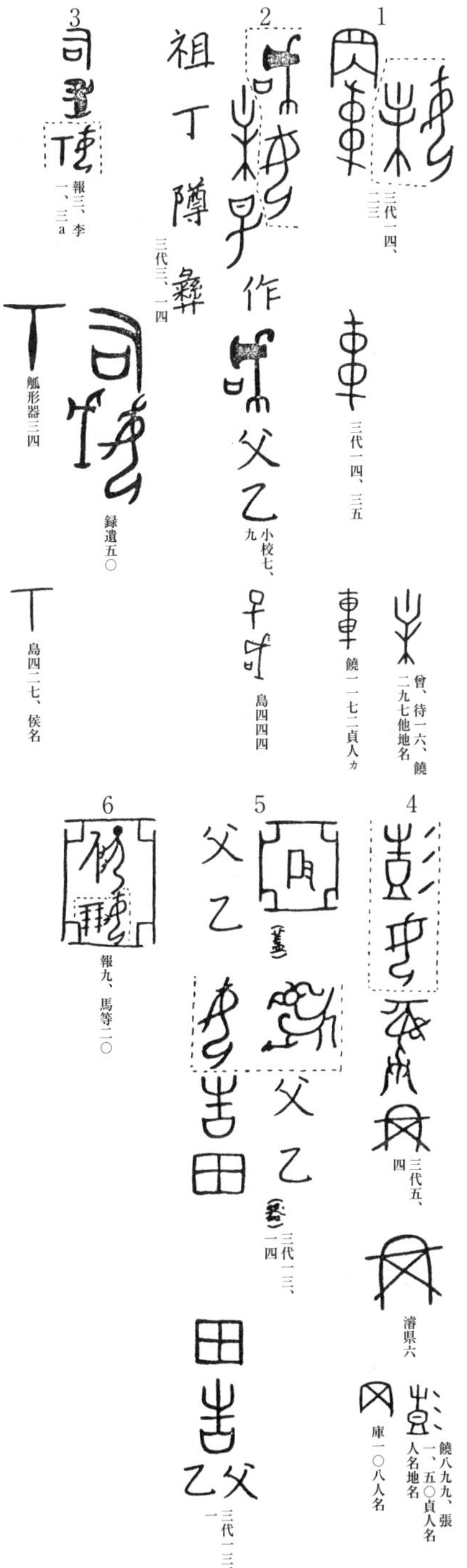

図48　複合の「女某」図象記号(2)（章末挿図注参照）

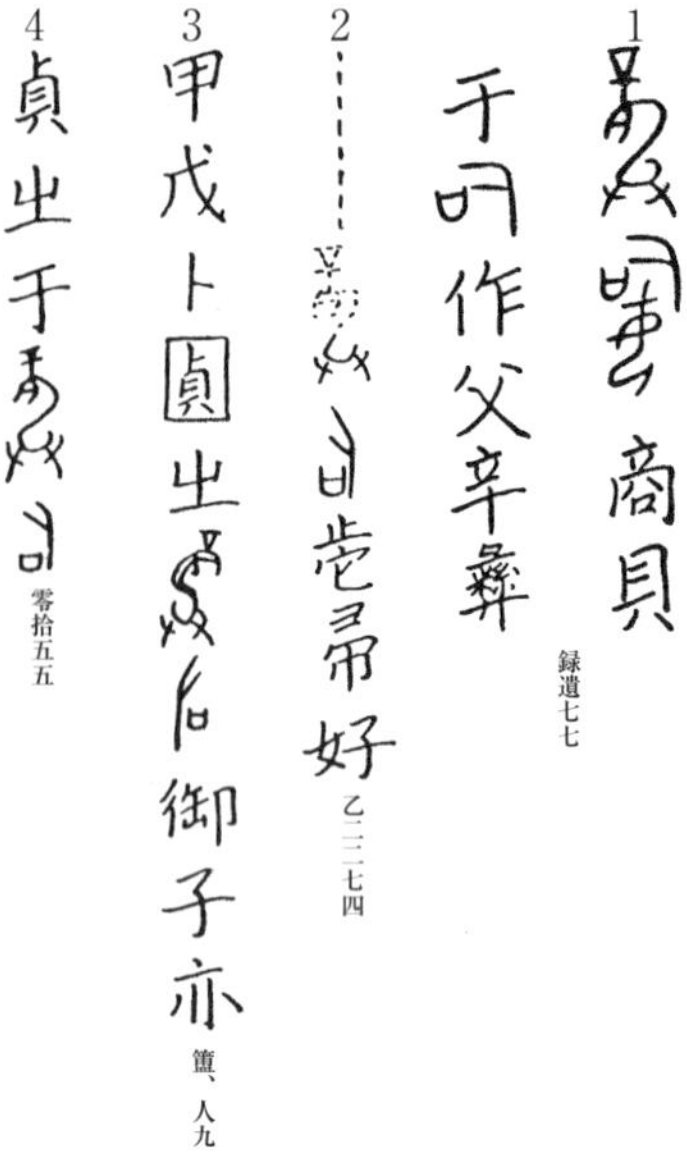

図49　龏要関係の金文、甲骨文

さきに五二頁に、頌鼎が父母の龏叔、龏姒のために作られている金文を引いた。龏姒は嫁ぎ先の氏と出身の姓で表示されているが、ここに引いた女某に図象記号を加えたものはこの形式に対応するものと考えられる。

図48に示したのは「女某」に加わった図象記号が二つ以上になった例である。1は「女某」が点線で区分した部分に当ることは、形の上からみて確かであろう。これに「車」ともう一つの要素が加わっている。3も形からみて「女」と「示」が一つの単位をなし、女某の形をとり、それに「司」ともう一つの動物形が加えられていることがわかる。4も「女某」の要素を持つ記号であるとの前提が正しければ、点線で示したごとく区分されるであろう。6は亞形中の下半が明らかに「女某」の形をとっている。これにその上にある要素と亞形の加わったものである。5の器銘も、「告」「田」の要素を取り除けると、点線で示したごとき「女某」の形が現れる。この器は蓋に亞形と「𠬝」の組合さった記号があるから、「女某」に加わった記号の数は合計四つと数えられる。2は点線の区分が最も仮設的なものである。いちおう図表のごとくに分けてみた。これらはいずれも嫁した先の家が複合の図象記号を持っていたと解釈することが出来よう。

嫁した女が自己の図象記号を持ち、銅器にそれを着けるというのは、後世の婦人の地位から考えるとそぐわない感じがする。それについて、図49の1に引いた銘文[182]は示唆を与えるものであろう。龏要はここに問題の図象記号と同形式を持つ。即ち女に司の加わった女某の形に地名の龏がついた形を持っているのである。この龏要の名は甲骨文に龏司として出て来るものと考えられる[183]。図49の2―4に引くごときものですべて第一期のものである。王朝の官によって祟り、禦祭のことが占われている。第一期にはすでに死んでおり、王室と親しい関係のあった顕著な地位の女であったことが知られる。

　ところでこの銘文は、龏妟が商の貝を司に賜わったとも、逆に受身に読んで龏司が司より商の貝を賜与された、とも読める。甲骨文から龏妟は王室と親近な関係にあった有力な女であったことが知られるから、前者として実家に商の貝をやった、と考えることも可能であるごとくであるが、民族学の例でみると、嫁した女が実家に物を贈るという慣行はまずないという。赤塚は後者に読んでいる。[184] それでよいと思われる。そうすると龏に嫁した司出身の女が、実家の司から商の貝をもらって、それで彝器を作ったことになる。嫁した女が自ら青銅彝器を作るのについては、このような実家からの経済的な援助によったのであることが知られ、また自分用の図象記号を持っている点からうかがわれる人格の上でのある程度の独立性は、実家の経済的バックの上に立つものであったのである。一一二—一一六頁に引いたごとく、西周時代にも金文資料によって社会における婦人の地位が後世よりも高かったことがうかがわれる。前引の龏妟についても共通の事情があってのことと推測される。

　なおこの嫁ぎ先の家の図象記号と女某の名を合せた複合の図象記号は、次の世代まで伝えられて行ったことを示す証拠を今のところ見出すことが出来ない。おそらく嫁いできた女の代を以て終ったと見るべきであろう。そうすると李玄伯の前引の第三の仮設のようなことは、図象記号からは証跡が見出せないというほかない。

　次は婦某と別の図象記号が複合した例（図50、図51）。図48、図49と同じ要領で示してある。図50の1—4は婦某と組合さった図象記号が単数のもの、5、6はそれが複数のものである。これらは図48の女某に婦某が代ったものとみればよい。女某に複数の図象記号が加わったものは、さきに女某の嫁して来た家が複数の図象記号をもった家であったものと解釈した。図51の1は2の形式の最も明瞭な例である。即ち点線で囲んだのは婦名であるが、上の子𠦪は他

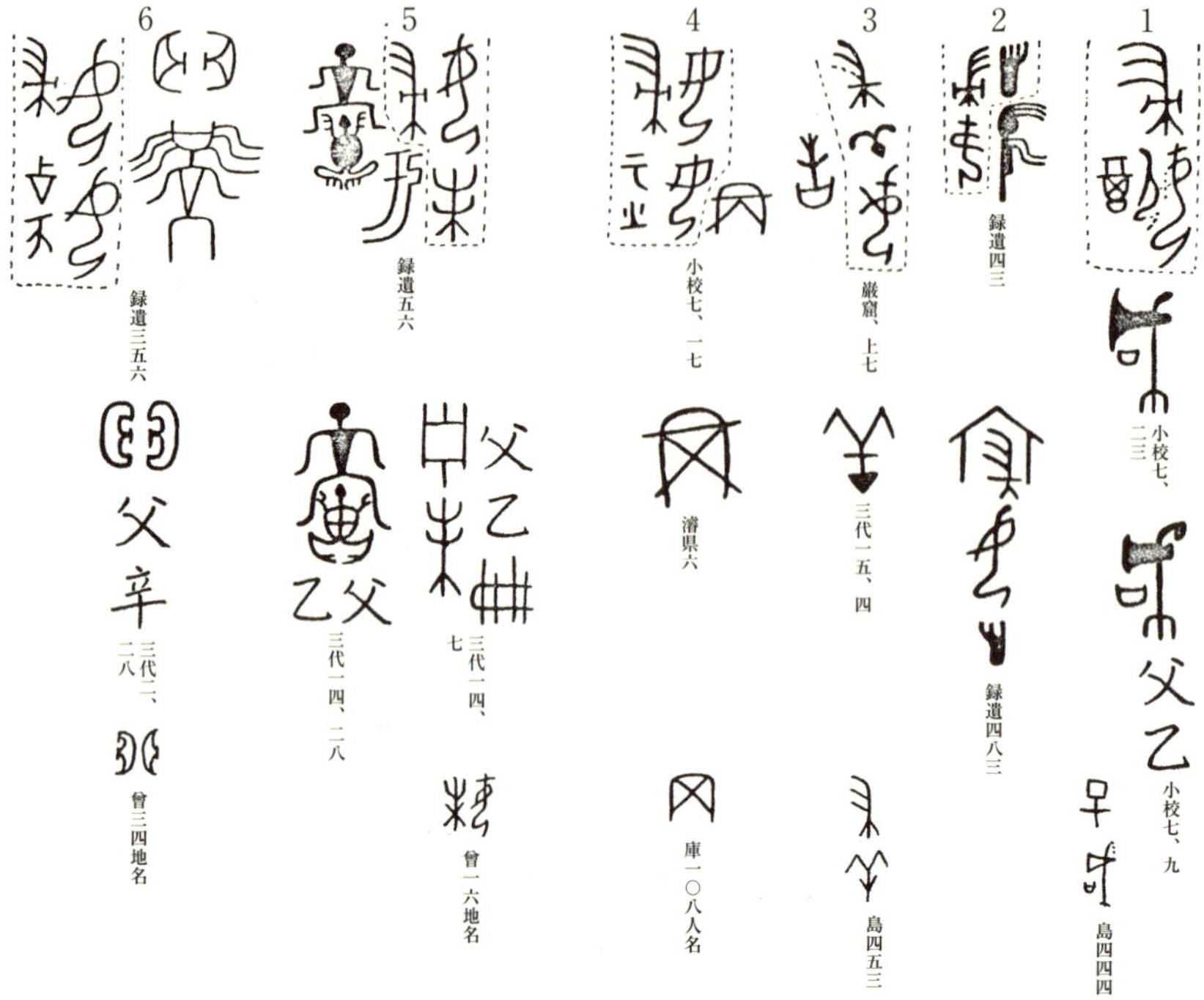

図50　複合の「婦某」図象記号（章末挿図注参照）

に金文にも例があり、子某の形の図象記号で、いうまでもなく姓の子に帚氏の複合したものなのである。

図51の2は一見どう分割すべきか判断に困しむものであるが、次のように理解すべきものである。即ち、図32の2に見るごとく甲骨文に子〓があるから、一見子〓と帚〓の合文のごとくにも見える。そうするとこの図象記号は子姓の〓と、この家の出身で他家に嫁した女である帚〓の合作ということになろうが、これは少しおかしい。図51の3のごとき甲骨文があり、図32の2、婦の欄に示したごとく補いうるとすれば、この金文図象記号と同じものが甲骨文字に書かれていたことになる。これと同じ書き方でもっとはっきりしたものがある（図51の4）。これら甲骨文の例で考えると、この形は子某と婦某と合文のようなものではあり得ない。このような単純とはいい難い関係の二人の名を合文で表わし、それが一つの行為をすることの可否を一遍に占うというようなことは例がないし、またありうることと考え難いからであ

る。そうすると、右の図象記号および甲骨文の名は帚某の形の名と解釈するほかない。即ち、帚と出身の氏の名である子〓、子〓を以て表わされた名である。今まで引いた例は帚号の下に着けられて出身を示す氏の名は単純な形のものばかりであったが、子某の出身はこのような形で表わされることがあったのである。図51の5に引いた記号は同様に解釈できよう。即ち第二列に引いたごとき子)(の例があるのであるが、5はこれに「婦」の要素を加えている。子)(出身の婦ということを示すものに違いない。

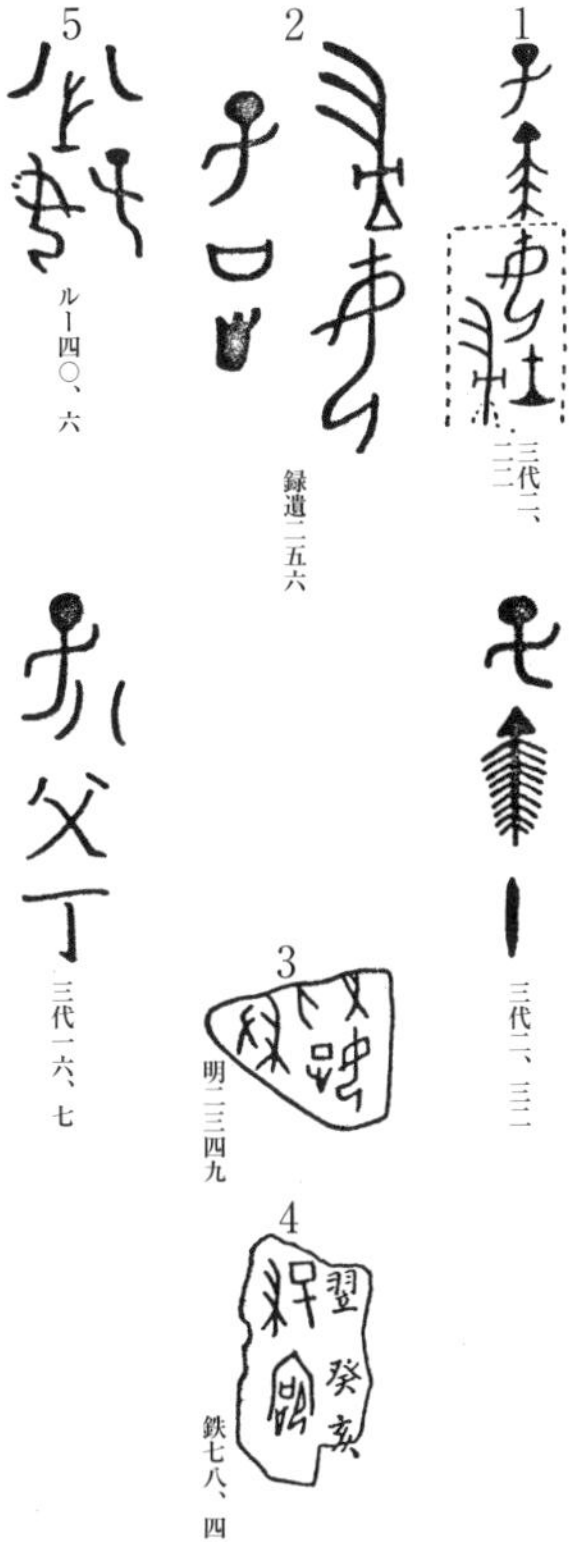

図51　「子某婦」図象記号

七　図象記号の盛衰

(一)　青銅器に図象記号はいつまで使われているか

十干名を以てする父祖名を含めて、図象記号が青銅器に鋳出されるようになるのは殷後期になってからである。殷中期式の青銅器には銘文のあるものが今のところ知られていない[185]。もちろん青銅器に残っていないからといって、図象記号の類が存在しなかったわけではあるまい。殷初のものと思われる偃師二里頭出土の土器に図52の1のごとき記号が刻されており[186]、殷後期の図象記号と人間の表現——例えば図22の10の人間形の頭、頸、体から腕のあたりの表わし方――に共通性が見られ、殷後期の図象記号の祖先がさらに古くまで遡りうることが予想されるからである。図象記号が青銅器に多く鋳られて残っているのはいうまでもなく殷後期から西周初である。青銅器が殷末、西周初のいずれの時代に属するか判定することは必ずしも容易でない。さらに図象記号の資料が多く銘文の拓本の形で発表され、もとの器の写真その他、時期を判断する資料が知られないものが多い現状では、殷か西周かを決定できないものが大部分といってよい程である。しかし殷周革命によって国家機構、文化ががらりと変ったということが考えられない以上、殷、周いずれの王朝に属するかということは大した問題ではない。その終末に関しても関係資料の右のごとき現状から、どの時分から西周銅器に付けられた銘文中より図象記号が減少してゆくかについて、精密に跡づけることは困難であるが、西周後期の青銅器にはごく少なくなっていることは確実である。長文の銘の字体や形式、あるいはつけられた器の形式によってはっきり西周後期と知られる例に図52の2―6のごときものがある。他に図53に引くごときものがあるが、銘末の柯形あるいは鼎形は図象記号でなく、「永宝用亯」という時の亯のごとき、文章の一部をなす文字であるかも知れない。いちおう引くだけ引いておく。春秋前期にも若干の例がある。図54の1―5に引いたごときものである。4はこれのつけられた器の形式からこの時代と判定したのであるが、器形がわからなければ殷―西周初に入れてもよいようなものである。また5も郟県太僕郷出土の器につけられたもので、その器の形式、伴出遺物からみて明らかにこの時代に属するものであるが、この時代にもこのような、裸の人間形を象った、どうみても雅醇でない記号が使われていることは、図19に引いた裸の女神像の残存と共にこの時代の空気を考える上に重要な参考になるものである。

さらに降って秦景公時代（前五七六―五三七年）のものとされる秦公簋の銘末に図54の6に示したごとく[187]「宜」と記されている。郭沫若はこの字について、今の人が祭文の終りに「尚享」とつけるようなものだというが[188]、いかがであろうか。体裁からみればやはり図象記号と見ねばならない。器の形式からみて春秋前期のものと考えられる秦子戈

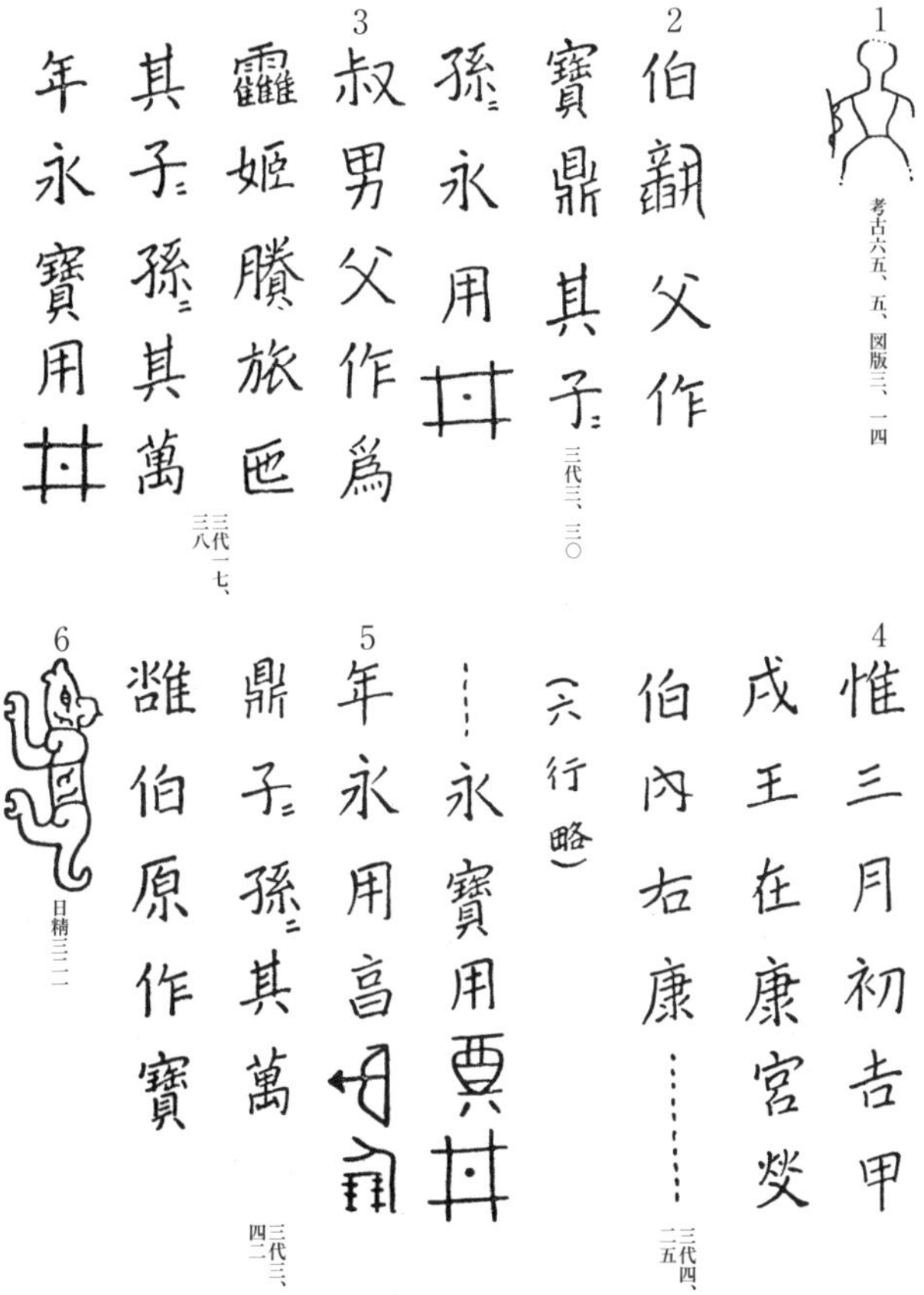

図52　殷前期、西周後期の図象記号

に「秦子作簋公族元用。左右□□用迮宜」即ち「秦子公族の元用を作簋す。……用いて迮せよ。宜」とあり[189]、秦子の作った器の銘の末に「宜」と記している。筆者の解釈を裏書きするものである。

図54の7、8は臨淄出土の鼎につけられたものである。この鼎の形式、伴出の壺の形からみて春秋後期頃のものであることが知られる。8の方は筆画がはっきり出ていないところがあるため読めないが、7の方は「国子」と読める。その出土地から考えて、斉の名族の国氏の末裔のものと見られよう。これが現在知られる金文図象記号のうち最も時代の降るものである。

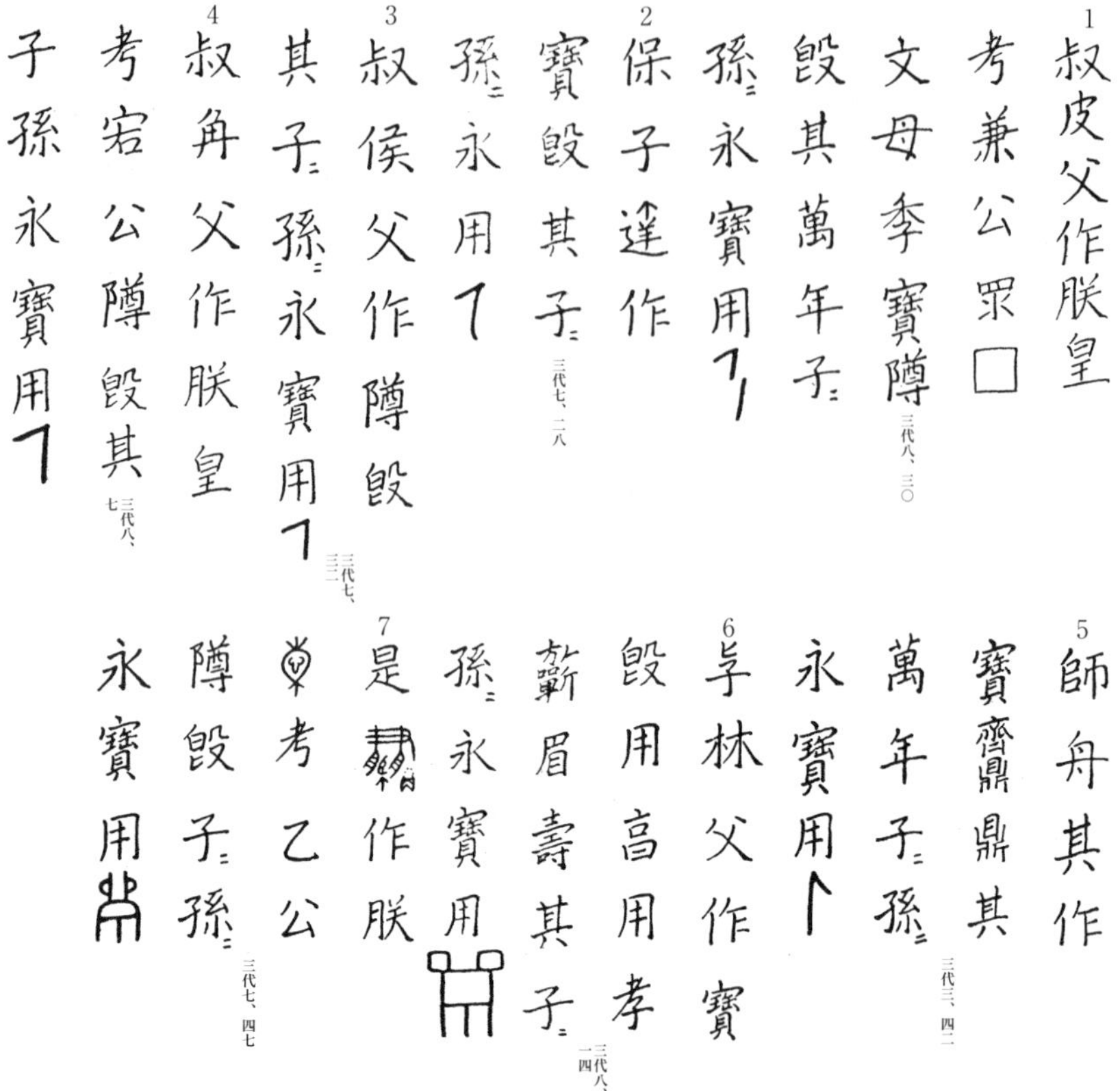

図53　西周後期の図象記号

㈡　画像印ほか

青銅器の図象記号も、細々ながら戦国時代まで続いていることが知られたが、その盛行期は何といっても西周前期と後期の間を境に終っていることは確かである。青銅器にほとんど使われなくなってからも、それが春秋戦国時代を通じて旗指物、武具、衣服などに使われ続けたと考えられることは、第三節㈤項に記したごとくである。さきには主として文献資料を用いて論じたので、ここには関係の考古学的資料を提示して補足しておきたい。

図55の1に示したのはよく知られる伝殷虚出土の青銅印である。この亜字形中にあるのは殷時代卜辞の貞人名にも合致する図象記号であり（図27の8）、これと亜字形を組合せた図象記

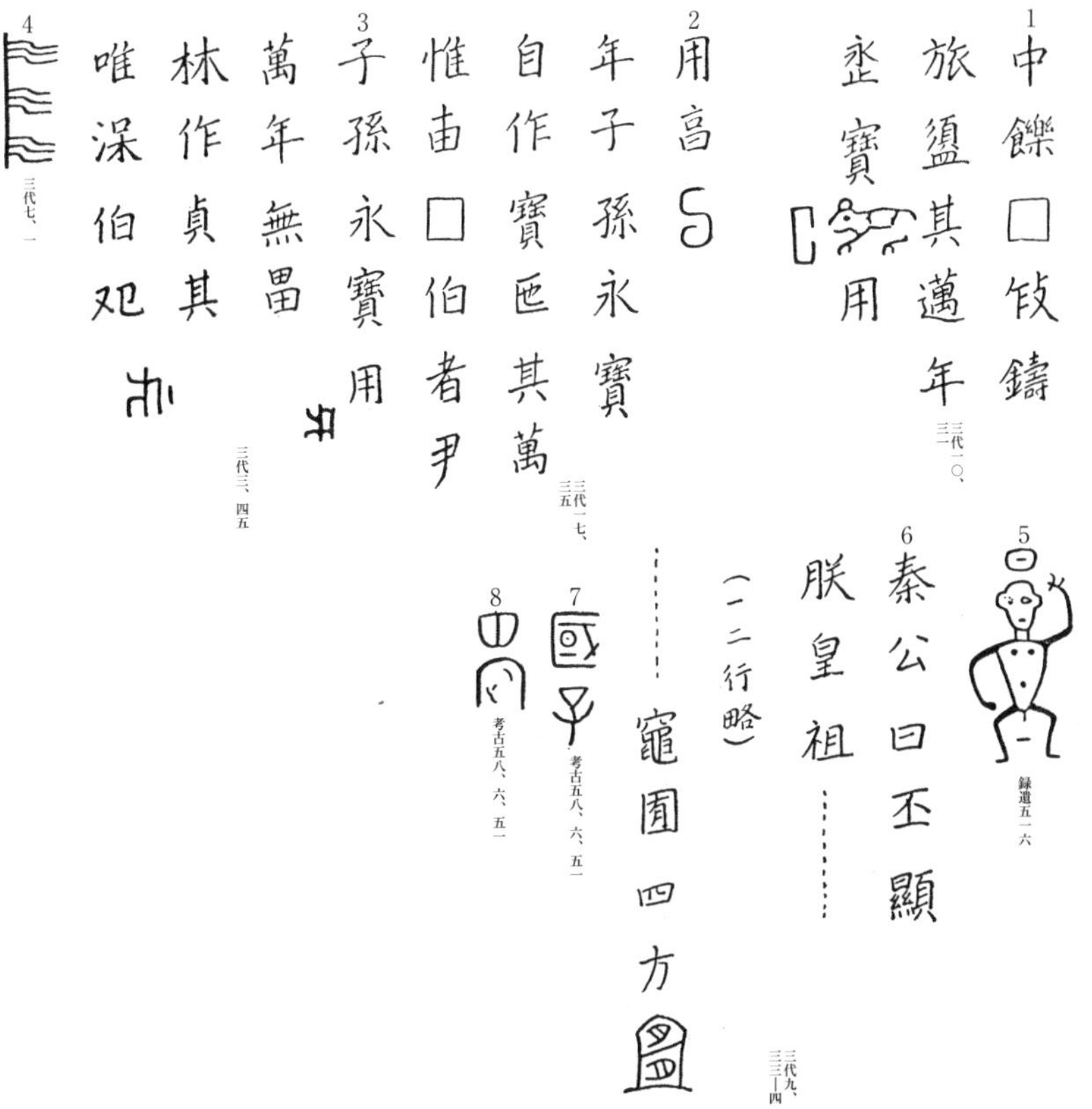

図54　春秋—戦国の図象記号

号もある[190]。この青銅印には隼字形の両側にT字形が二つ加わっている点に相違がある。

　図55の2も殷虚出土という青銅印であるが、体裁は全く異なる。田字形に区切った四区の中に一つずつ記号的なものを入れている。そのうち左上のものは舜を表わした図柄であり[191]、右上は頭を中に巻き込み、尾の先が羽根になった蛇であるが、他の二区はあまり見かけない図柄である。表現からみて西周初期と見られる。

　黄濬が手に入れた印の中には、同じく西周頃と思われるものが幾つかある。図55の3—6に転載したものがそれである[192]。3は殷—西周時代の犬や馬の鈴によく見掛ける饕餮、4は同じ時代の青銅容器の圏足内の外底に時どき着けられているC字形の体の龍——図

図55　殷―戦国の画像印

象記号では図24の33に対応する――、5は西周中期の玉器や青銅器に用いられている後をふり向いた鳳凰、6は西周中期から後期の青銅製の鑣に採用されている、鳥頭龍身の鬼神の類である。印影でみたところいずれも本物のようであるが、もしこれらが巧みな偽物ないしは真物の器物の一部を利用した改作品でなければ、殷後期から西周時代、「物」を図柄とした印が作られたことになる。

　これらの後裔と思われるものが、戦国―漢時代の画像印である。画像印のうち、四川省から出る巴蜀文化に属する一類[193]は中原と異なった文化の系統に含まれるから除外するとして、戦国時代に属するものは図55の7―8に若干例を示したごとき動物が多数を占め、9、10のごとき人間形の神像も稀でない。漢代のものはそれらのほか、画像塼や画像石に表わされているような車馬、燕楽、建築物、四神その他の吉祥的動物が加わり、文字と共に表わされることも多くなる。[194]これらの画像印の起原について水野清一はギリシア、アケメニッド・ペルシアというような、西方文明国の影響を想定しているが、[195]これは当るまい。画像印の伝統が殷末―西周初に遡るからである。中国本土では画像印の起原をトーテミズムによって説明しようという説があるが、[196]トーテミズムの名を冠することによって説明が済むものでもあるまい。

　現在知られる一番古い印（図55の1）についてみれば、中国における印の起原は当然さきに説いた「物」の観念を以て説明さるべきである。即ち、青銅器その他の器物につけ、一族を代表する旗に画いてその存在を公示し、その器物が神聖不可侵なことを表示したところの図象記号＝「物」を、文書や器物を封印するに用いたことはすこぶる理に叶ったことであることが直ちに理解されるであろう。しかし、それより後の画像印の場合、同じ「物」を表わすとはいっても、一族を代表する図象記号とは内容の上で早く分岐して行ったようである。というのは、前掲の西周の例でいえば、青銅器、玉器等に表わされるテーマと一致し、戦国時代のものでも青銅器その他の遺物や、図55の9、10のごとく『山海経』に出てくる蛇を手に持った神などに合致するなど[197]、いわば一般的な鬼神が用いられており、特殊的な図象記号がないからである。画像印にはこのように、一般によく知られた物＝鬼神が所有権不可侵性の守護者として用いられているのである。戦国時代の画像印から、漢代の車馬、燕楽、建築物、四神その他の吉祥的動物の図柄の画像印への変化は、戦国時代の銅器の画像紋から漢代画像石の図柄への変化に対応する解釈が当てはまろう。先に筆者がこの問題について記したところを参照されたい[198]。

殷時代にその一族が祭り、以てその加護を受けるところの鬼神であった族神の「物」が、時代の変遷と共におそらくその地で祭祀を行った氏族の交替がたびたびあったりした結果、族神としての性格を失い、一般的な鬼神として印章に用いられるようになってしまったものと思われるが、そうかといってこれら鬼神の図像が吉祥的な記号としては印章以外に用途がなくなってしまったわけではない。

図56　漢代の「銘」甘粛武威出土

図56は甘粛、武威、磨嘴子第二三号墓の棺蓋上に置かれていた「銘」である[199]。長さ一・五〇メートル、幅〇・三八メートル、淡黄色の麻布上に墨書されている。麻布の周囲には薄い赭色の薄紗に似た裂地が付けられ、左右のは幅約一〇センチメートル、

上辺のは倍の幅がある。銘文の上に二つの円があり、左は朱地に黒で鳥を、右のは墨で廻った龍を画き、体は朱に塗っているという(200)。これは寸法や作りは合わないが、『儀礼』士喪礼に

為銘、各以其物、亡則以緇、長半幅、䞓末、長終幅、広三寸、書銘于末曰、某氏某之柩

銘をつくるに各々その物をもってす。なくば則ち緇をもってす。長さ半幅。末を䞓にす。長さは終幅、広さは三寸。銘を末に書して曰く、某氏某之柩と

というものに当る。『儀礼』では、銘は生前使っていた旗を使い、これがなければ新しく作るという。生きているとき自己をアイデンティファイするのに旗指物を使ったわけであるが、死んでからも同じくアイデンティファイするにはこれが必要だということからきた風習と考えられる。この武威出土の銘には、円の中に動物を画いた図柄がつけられている。これが死者だけに使われたものか、漢時代の実用の旗にも使われたものか明らかでないが、これは殷、西周時代に旗に「物」を画いた風習の残存であることは疑いない。そしてこの旗が「物」と呼ばれる種類のものであるのは偶然ではあるまい。生前、死後を通じて自己をアイデンティファイするのに、「物」を画いた旗が用いられ、特に「物」を着けるための旗だから「物」と呼ばれたものと考えられる。この武威の銘に画かれた動物の図柄は、この旗の持主の張伯升にとって、おそらく殷代の氏族がその「物」に対するような密接な関係のあるものではなかったであろう。図版がかなり模糊としているため、その細部ははっきり確かめられないが、戦国—漢の画像印に見るごとき、一般的な主題の図柄とみて間違いなさそうである。こう見ると、戦国—漢の画像印に表わされた「物」は、殷時代のものが持っていたごとき関連とはすっかりかけ離れた形で用いられているごとくであるが、案外とまたその古い形の用法が残存していたことが知られるのである。

八　結び

以上の考察によって図象記号がいかなるものであるかについて、従来よりも格段と明確な概念を形造ることが出来るようになったことと信ずる。図象記号は、仰韶、龍山文化の短い線分を組合せた記号に起原し、この形式の記号は殷、西周時代にも残っている。殷後期、西周時代には、当時用いられた文字、またはこれを丁寧に、多少とも写生に近い形で表わした記号が青銅器に多数残っている。西周後期以後戦国時代まで、青銅器に表わされた資料は激減するが、図象記号は消滅したわけでなく、その間も旗の類、武具、衣服、印章などに使われ続けたと考えられる。

殷、西周時代の図象記号はその氏族の本拠であったと思われる地名と同名の氏を表わすものが大部分で、個人の「名」を表わすものはない。甲骨文に出てくる人名もこの図象記号と同じ文字を以て、氏の名で呼ばれている。[201] ある氏族が分支して新しい土地に移ると、旧来の記号に新たな地名を加えた。「子」姓の一支で⧗に住んだ者が「子⧗」の記号を持ち、これがさらに「眉」の地に分支すれば「子⧗眉」の記号を持つことになり、その名で呼ばれるようになる、というようなもので同じ類の氏族名は甲骨文の中にも見出される。Localized lineage といわれるもので民族例は世界各地にあるもののようである。また官職名を氏族記号に加えることもあり、間に官職名だけを以て記号とするものもある。これは後世の官名を氏とするものに相当する。結婚した女は出身の氏の名に「女」を加えたものを図象記号として用い、これに「婦」字を付するものもある。また女某、婦女某の記号に嫁ぎ先の氏族の図象記号を組合せることもあった。最後の方式は西周時代の鼒姒というように自分の属する姓に嫁ぎ先の国名を冠した呼称法に相当するものである。

これら図象記号の中には、全体のうちに占める割合は少ないが、当時各地に居ると信ぜられ、その土地の氏族によって祀られていたと思われる鬼神に由来するものがあり、氏族記号の起原の一つが族神の神像ないしはそれを象徴する記号にあることが推測される。姓の起原に関して前漢時代に多く感生起原説[202]の由って来たるところはここにあろう。これらの図象記号は先秦時代「物」という範疇に入るものであった。「物」とは地上、空中に無数に住んでいる鬼神、魑魅の類の精霊であり、この中には危険なものも含まれていた。これらを祭祀するにはそれぞれ用うべき犠牲の動物の毛色、穀物の種類、祭祀に用いる器物やその際に着る衣服の種類等が決っていた。人間もその生れた血統によってどの精霊――「物」――に属するかが決っており、それを他に明示し、他人が判別するための目印――図象記号、それを着けた旗、徽章――も「物」と呼ばれたのである。『周礼』に記されるごとく王朝が各地の山川の鬼神を祀り、あるいは戦争、演習に際して各地の氏族を王朝に参集させるうえに、これらの「物」の知識を記録、整理、保存し、また一般に周知せしめるのは重要な仕事であった。『山海経』のごとき「物」の知識を集成した書は、こういう政治上の必要があったことから考えて、起原の古いものであることが推測される。また殷周青銅器に着けられた鬼神の図像――「物」――も右のごとき社会教育の役割を果したと考えられる。

　死後、青銅の容器を使って祭祀を受けるごとき人には、もう一つ属すべき別な「物」があった。一日交替に天を運行する十干名を持った十個の太陽のうちの一つである。十干名の太陽のどれに属するかは、おそらくその人の生れた日によって判定されたと思われ、死後はその名を用いて父甲、祖乙のごとく呼ばれ、原則としてその太陽の出ている日に祭祀を受けた。父祖を祀る器には、単独に、あるいは氏の図象記号と並べたり不可分にその中に組み込まれたりしてこの「物」も記されていることが多い。

　従来トーテム、職業集団、多子族、国名等のうちの一つを以て、またはその幾つかの並列的列挙によって解釈されてきた図象記号は、筆者の右の研究により、「物」の概念によって統一的に説明されるに至ったことと信ずる。図象記号を資料として従来立てられてきた殷―西周初の社会、政治制度に関する説も、重大な改変を要することとなろう。この問題についてはここに詳論する余裕がないので、簡単に幾つかの項目を列挙するに止めたい。

(1) 多子。殷王朝の姓「子」に地名を加えた氏族の名であることを明らかにしたが、その数は、島が数えたところでは卜辞に七〇余あり、金文では卜辞と重複するものを除いて五〇余が数えられ、計一二〇余となる。卜辞では第一期から後は子某の名は子を省いて呼ぶことになったと考えられるから、それ以後の資料では「子」姓の国名を弁別しえない。故に子姓の国名の数はもっと多いはずである。一二〇余というと、春秋時代に一二四国が記録に残るというが[203]、それに匹敵する数である。『左伝』昭公二十八年に

> 昔武王克商、光有天下、其兄弟之国者十有五人、姫姓之国者四十人
> 昔武王商に克ち、光《おお》いに天下を有す。その兄弟の国は十有五人、姫姓の国は四十人

という。右の子姓の国はこの姫姓の国の倍を遥かに上廻る数である。各国の規模は知られないが、数の上でいえば殷王朝は周を遥かに上廻る数の同姓の国の藩屏に囲まれていたといえよう。『史記』殷本紀に

> 自成湯以来、采於書詩、契為子姓、其後分封、以国為姓、有殷氏、来氏、宋氏、空桐氏、稚氏、北殷氏、目夷氏
> 成湯より以来、『書』、『詩』より采るに、契は子姓となり、その後は分封され、国をもって姓となす。殷氏、来氏、宋氏、空桐氏、稚氏、北殷氏、目夷氏あり

と数国をあげるに過ぎない。おびただしい数が歴史記録から消え去ってしまったものである。卜辞中、子某と称する者が、軍事、祭祀に重要な役割を演じていることは諸研究者の指摘するところである。子某が筆者の証したごとく殷王と同姓の氏であるとなれば、これは春秋時代、諸侯の分家が卿、大夫となり、一族を率いて諸侯の政治を補佐、執行したごとき形態は早く殷にあったことが知られる。複雑な多子、多子族といった擬制的な族集団のごとき仮説は立てる必要がなくなるのである。

（2）多婦。図象記号にも卜辞にも出てくる婦（女）某、女某は王を含めた各氏族に嫁いできた女で、その出自の氏を以て呼ばれたものであることは先に記したごとくである。龏⿱司女鼎銘から推測したごとく、彼女らは出自の氏族と強い経済的な結びつきを保持していたようであり、このことは卜辞から知られる彼女らの殷王朝における実力——征戦に従い、時に何千もの人員を調達し、所領の豊凶を占う等[204]——や金文にみる周初の王姜の活躍を理解する上に重要である。彼女らが嫁ぎ先とは別の、自らの図象記号を持ち、青銅彝器を作ってこれを着けていることは、同じく彼女らの実家との経済的な結びつきをバックにした実力を示すものであろう。もちろん殷後期時代は、殷王の系譜からみても疑いなく父系社会であり、殷、西周初の図象記号も父子によって伝えられており、女某の図象記号が嫁ぎ先で次の世代に継承された証拠は見出せない。故に彼らが母権制氏族の族長であったというようなことは考え難い。また女某、婦女某の記号に、結婚の対手の氏と思われる記号が組合された例があり、西周時代金文にも同形式の名が現れるから、彼女らは夫方の氏族の一員となっていたものと考えられる。

民族学の例証では、一般に氏族の規模が比較的小さい時には、他氏族に嫁した女は両氏族の勢力を結集する必要上、その紐帯として重要であるところから、その地位が高いものであるという。殷後期から西周初、約三〇〇年ほどの間のものである金文図象記号の種類は七、八〇〇を下らず、卜辞に出てくる固有名詞を加えれば、その数はさらに増えるであろう。春秋時代と比べてその数が何倍かに上り、しかもとうぜん人口は殷の方が少なかったに違いないことを考慮すれば、各氏族が小規模であったろうことは想像に難くない。殷後期から西周初における婦人の活躍はこの小型氏族分立の形勢によって説明されるであろう。『左伝』哀公十九年に、

秋、楚沈諸梁伐東夷、三夷男女及楚氏盟于敖

秋、楚の沈諸梁東夷を討つ。三夷の男女及び楚氏、敖に盟う

とある。三夷の男女について竹内照夫は「男女とあるのは夷では女も政治上の力を持っていたことを示す」と注して

いる。[205] 殷、西周時代のごとき社会状態が東夷のごとき落後民族にこの時分まで残存していたものとみえる。

（3）　青銅彝器の図象記号の殷、西周初における盛行。この時代の青銅彝器が主として祖先の祭祀に用いられたであろうことは誰しも大体知っていることである。この時期の銘文を見ると、作器の由来を記したものも若干あるが、大部分は十干名の父祖名のみ、またはそれに図象記号の加わったもの、図象記号に「十干名の父祖の宝障彝を作る」とあるものである。これらの器物は銘文の意味からみて、文字通り死んだ父祖のものと考えるほかあるまい。これは殷から西周初になく、西周中期以後になって始めて現れてくる[206]「子〻孫〻長く宝用せむことを」という句の着くものと対比してみればはっきりする。即ち、この方は死んだ祖先の器とはいっても、これを用いて子孫が永く使用するようにというから、宗廟に置いて生きた人間が祖先の祭祀に使用することが意図されているのである。即ち所有者は子孫である。この「子〻孫〻永く宝用せむことを」の句が現れる西周中期は、青銅器から図象記号が消滅してゆく過渡期に相当する。これらはどういう関連をもつであろうか。

伊藤道治は「殷後期末になると某が戦功を建て、そのために賞賜を受けたという趣旨のことを記す金文が現れ、作器者の名は小臣某、小子某といった、氏族名を以てする名が記されているとはいえ、恐らくこれは族全体でなく、族長個人を指すものと考えられる。というのは、卜辞資料によると、殷後期末に王個人の行為を明記する風習が始まったことを考え合せると、各族においても、その族長個人の行為を特に記念することが行われるようになったのではないかと考えられる。このことはこの時代の族が、個人を集団に埋没させる可能性の強い氏族組織でなく、族長の権力の確立した大家族制、即ち中国で宗法家族と呼ばれるものに似たものであったことを示すものと考えられる」と言う。[207] 周が殷王朝に代って天下を取って以後、この宗法家族的な形への変化は急速に進行したものと考えられる。さきにも引いたごとく、周王朝の同族は殷の同族に比べて著しく数において劣勢であったのである。友邦を加えても知れたものであったろう。この少数を以て殷のごとく氏族が分裂して小単位となっていたのでは被征服氏族の海に呑みこまれてしまう危険が大であったに違いない。宗法のごとき方式で氏族成員の上下の統属関係を規制し、その力を結集しておく必要が緊急なものであったと考えられるからである。

「子〻孫〻永く宝用せむことを」の句が金文に現れてくる時期は、後の宗法家族の原形となるものが一応の形をなしてきたのに対応するものと考えられる。父祖は宗廟の中に秩序づけられ、その祭祀が宗族の秩序維持の機能の点で重視されるようになった結果、そのための道具である青銅彝器も、祭祀を行う者のものと意識されるようになったものと考えられるからである。この考察に誤りなければ、図象記号が盛んに青銅器に付けられた時代は、後の宗法の秩序による族の秩序づけの確立以前、即ち族相互の本家分家、族内の嫡庶の別、分家の時期といった、血縁のつながりの親疎による上下関係が厳しく規制されていない、氏族制度の段階に対応することになる。

金文図象記号が何種類あるか、正確には数えていないが、七、八〇〇を下らない。図象記号と重複しない卜辞中のいわゆる国族名を加えれば、殷後期の氏族の数はさらに増えることであろう。殷後期から西周初期まで、三〇〇年ばかりの間に、興亡があるにしても、ともかく何百を以て数える氏族が各地に散在したことは疑いない。それら総てが個々ばらばらのものでなく、「子」姓の氏族名にみるごとく、それぞれの出自をたどれば比較的少数の系統に整理されるものであったろうことは推測に難くない。しかし当時の人にとってもその系統は周知のものでないと意識されていたことは、その出自の氏の名を冠して自らの系統を明らかにした複合の図象記号が使われていることによって証せられる。このような、無数の氏族が各地に分居し、それらが万人に周知な秩序によって一定の系統への帰属が明らかというにはほど遠い状態にあり、しかも殷王朝の下に国家の形に統率され、祭祀、軍事などに際して集合した時に互いに認識し合う必要があった時期にこそ、人間、器物の帰属を明らかにする図象記号が大いに活躍する必要があったと思われるのである。有事に際して多数の氏族が集合する時の旗指物は勿論であるが、父祖の霊が自己の祭器を確認するためにも、青銅器に図象記号があることが望ましいと考えられたに違いないのである。

祭器のうちには、嫁してきた女が作るものがあり、その点またさらに込み入っていたと考えられるのである。殷時代の女性の女某、婦女某の称号についている某は、出身の氏の名であり、西周以後の姓に相当するのであるが、その数は西周以後の資料に残る姓のごとく限られた数のものでない[208]。殷時代、各地に増えてゆく氏は、すべてが後世の姓に相当するものとして、嫁してゆく女に付けられたものと考えられる。後世の同姓不婚に当る原則が殷時代にもあったろうことは疑いないが、その際どのような血縁の親疏を以て不婚の線が引かれていたかは明らかでない。図47の1―4に引いた図象記号はさきに説明したごとく、「子」姓の一分支であるいわゆる析子孫形図象記号を持った氏族の家に嫁してきた女の図象記号と考えられるが、1はある時期殷に敵対的であった方国出身の女で、2も同様であり、これらがこの子姓の氏と通婚するフラトリー内の一氏族であった可能性は先ずなさそうである。そうすると一つの氏族が妻を求める対手の氏族は春秋時代にそうであるごとく多くの姓のうちの一つであったと考えるべきである。図象記号、卜辞によって殷時代にその存在が知られる氏族は、我々にとってと異なり、殷時代の関係者にはその系統が熟知されていたに相違なく、我々にとってのごとく無秩序な多数の氏ではなかったに違いない。そうはいっても、西周春秋時代のごとく女は少数の姓によって表示された名を持ち、誰にでも系統が明らかというのとは大違いで、我々には未知な、また殷時代の人にとってもその知識を持つことによって始めてその系統が知られるごとき何百もの姓のうちの一つを以て名づけられていたのである。このような称号によって呼ばれた女が自己の称号を図象記号として付けた青銅彝器を作るのである。この銘に出てくる祖先が嫁ぎ先のものか、出自の家のものかははっきりしないが、出自の氏族の姓の図象記号を以てした女某の記号からみると、出自の氏族のものである蓋然性が多いのではなかろうか。

以上のごとく考えると一人の祖先を祀る器がどこにあるかは、宗族制の確立した時代のごとく自明というにはほど遠く、氏族が分支でもすると男の子のみでも二個所以上、女の子の嫁ぎ先でも何個所かになる可能性が出てくる。この時代の人々にとっては、我々と違って親族関係の事柄について正確詳細な記憶を保持するのは何の造作もないことであり、死んだ祖先の霊にもそのことが当然期待されたに違いないとはいえ、死んだ父祖の祭器が、ここにも作ってあるということを、図象記号と十干名の父祖名で明示しておくということは、子孫にとって余計なおせっかいとは考えられなかったと思われる。万一その怒りを買って祟られでもしては大変だからである。

殷—西周初の青銅彝器に図象記号が盛んに使われ、それ以後急速に少なくなるについては、このように解釈されるのである。

注

（1）郭一九三〇。
（2）呉一九三六、下、四三—五六頁。
（3）饒一九五九、八〇九頁。
（4）Karlgren 1944, p. 8.
（5）岑一九五六、一六一—一六二頁。
（6）董一九五二。
（7）伊藤一九五八、五六頁。
（8）姜一九六三。
（9）林一九五八、四九—五〇頁。
（10）郭一九三〇、一〇頁。
（11）李一九四一。
（12）例えば、姜一九六三、一〇八—一一三頁。

従来トーテミズムの語は人間と動・植物界、自然現象との間の実に様々な関係を指し示すために用いられ、誰にでも自明であるごとき普遍的な規定がなされていたというにはほど遠い。故に「トーテミズムの残存」というようなことを言っただけでは、ほとんど何事も説明しないのと同じことであろう。トーテミズムの最も包括的な旧来の定義は、部族ないし社会集団がトーテムの集団に区分され、各集団各々はある一種の動物、植物ないし無生物（トーテム）に関連すること、各集団とトーテム間の関係は同じ形式であること、各集団の成員は原則としてトーテムの帰属の変更を許されないこと、等であるとされるが（Lévi-Strauss 1965, pp. 12–13）、中国古代に関しては動物の祖先とか、動植物名の姓の存在以上に、それら動植物と社会集団の間にトーテミズムの存在を証するに足るだけの関係があったことが証せられたのを見たことがない。中国にトーテミズムが存在したとすれば殷より古い時代であるが、それを殷以後の資料から逆推することは不可能ではないと考える。しかし現在何らの証明がなされていないのであるから、今はそのレッテルを貼って事足れりとするのは止めにしたい。

(13) 白川一九五一。
(14) 貝塚一九五四、一六七、加藤一九五六、赤塚一九五九、三、一九、二〇、二二等。
(15) 白川一九五一。
(16) 丁山一九五六、四五―五七頁。
(17) 陳一九五六、五一一頁。
(18) 李一九五五、五四頁。他に図象記号には氏族の徽章、行業的記号があるという（同、五四―五五頁）。
(19) 赤塚一九五九、一九、二六頁等。
(20) 赤塚一九五九、二五頁。
(21) なお、図7の1、2に出てくる邗字を、赤塚は親族呼称とみて嫗と読んだ。この両器以外に知られない字である。仮にそう読むと、図7の2の方は「麇婦嫗彝」となり、他に類例のない語法の銘となる。両器の麇と釈される字は、動物の目の後下に耳が出ているのも異例である。鹿の類のこのような形の耳の表現は、通常目形で表わされた頭の上またはその直後に着く。これらの点からみると、銘文の真偽がそもそも問題なようである。
(22) 伊藤一九六五、一六九―一七〇頁。
(23) 伊藤一九六七、一二五頁。
(24) 郭一九五七、釈八四―八五頁。
(25) 李殿魁一九六八、四葉。
(26) 島一九五八、四二六頁。
(27) 張一九六七、二、九九頁。
(28) 郭一九五七、釈一三四葉。
(29) 同、釈五七葉。
(30) 同、釈七二葉。
(31) 同、釈一二六葉。
(32) 同、釈一四〇―一四一葉。
(33) 同、釈一四一葉。
(34) 王一九二二、余読彝器文字而得周之女字十有七焉、蘇冶妊鼎曰、蘇冶妊作虢改魚母賸鼎……此皆女子自作器、或為他人作器、而自称曰某母者也、余謂此皆女字、女子之字曰某母、猶男子之字曰某父。
(35) 郭一九五七、釈三三葉。
(36) 同、釈一四葉。
(37) 譚一九六二。
(38) 唐一九五七。
(39) 図16に示したような記号については、張政烺が各要素を数字に読み、これを易卦と解釈する説を出し（張政烺「試釈周初青銅器銘文中的易卦」『考古学報』一九八〇、四、四〇三―四一五頁。最初一九七八年一一月に吉林大学で行われた中国古文字学術討論会で発表された）、以来この解釈が通用している。しかし青銅器銘文中に何故これが使われているかについては未だ納得のゆく説明がなされていない。
(40) 中国科学院考古研究所等一九六三、一九八頁。

(41) 孫一九〇五、五三、二二―二三頁、詒讓案、成物即日月交龍之等、鄭言此者、欲見孤卿大夫士、泛指百官、不専治民、故建旜建物、不画成物也、大司馬注云、凡旌旗、有軍衆者画異物、無者帛而已、与此義略同。
(42) 孫一九〇五、五三、三四葉。
(43) 同、五三、三二葉。
(44) 同、五三、三四葉。
(45) 同、五三、三五葉。
(46) 同右。
(47) 同、四、四葉。
(48) 郷射礼記「物長如何、其間容弓、距随長武」注「物謂射所立処也」。
(49) 『漢書』武帝紀「輯江淮之物」注引如淳。
(50) 『漢書』郊祀志、上、「有物曰蛇」顔師古注。
(51) 宋本『山海経』および道蔵本所載。
(52) 『太平御覧』八八三引。
(53) 孫一九〇五、四二、五七葉参照。
(54) 『論衡』奇怪篇。
(55) 孫一九〇五、四二、五六―五七葉。
(56) 林一九六〇。
(57) 林一九五三、一九九頁、林一九六〇、四七頁。
(58) 同、一八五頁。
(59) 林一九六六a。
(60) 林一九六〇、三四―三八頁。
(61) 唐一九三四、三四頁。
(62) 林一九六〇、三八―四〇頁。
(63) 赤塚一九六四、二八八頁。
(64) 貝塚一九六四、一九―三一頁。
(65) 楊寛一九四一、三五八頁。
(66) 山東省文物管理処等一九五九、図八三、八四頁。
(67) 米沢一九六三、五四頁、図六一。
(68) 詳しくはHayashi 1968 参照。
(69) 貝塚一九六四、一三―一四頁。
(70) 郭一九五七、三一頁。
(71) 聞一九五六、五〇七―五〇八頁。
(72) 貝塚一九六四、一七頁。
(73) 聞一九五六、五一一頁。
(74) この実測図はこの器物が天理参考館に入る以前、人文科学研究所において田中重雄氏が作製したもので、ここにかかげた図の仕上げも同氏の手をわずらわせた。記して感謝の意を表したい。写真は朝日新聞社一九六七、一六に出ている。なおこの本にのせられたこの器物の図版解説の原稿は筆者が書いたものであるが、編者によってリライトされていることを断っておく。
(75) 濱田一九一九、一一〇頁。
(76) 林一九六一―六二、㈠、図2、3、㈡、三四―三五頁。

(77) 林一九五三、二一三—二一六頁。
(78) 同、二一六—二一七頁。
(79) 貝塚一九六四、一五—一六頁。
(80) 同、一八—二一頁。
(81) 同、二四—三一頁。
(82) 赤塚一九六四、二八八頁。
(83) 濱田一九一九、一三〇頁。
(84) 中国科学院考古研究所等一九六三、図一二〇。
(85) 同、二一七—二一八頁。
(86) 石一九六二、三二六頁。
(87) 水野一九五九、図版二九A、挿図五五。
(88) 郭一九三七、考釈一〇頁。
(89) 唐一九三九、考釈四四—四五頁。
(90) 例えば、濱田一九一九、九四頁、匜の蓋、流上の饕餮の鼻面。梁等一九六二、図版八六、大理石鴞小立雕、角の上面等。
(91) 林一九五三、二一四頁。
(92) 林一九六六a、一四頁。
(93) 林一九五三、一九〇頁。
(94) 水野一九五九、図版五七、七二等。
(95) 羅一九三六、一〇、四六頁、一一、一八頁、一四、五二頁等。
(96) 赤塚一九五六。
(97) 赤塚一九六一。
(98) 島一九五八、三八四—三八五頁。
(99) 同、三八四—三八五頁。
(100) 例えば、饒一九五九、巻末索引二二頁。また張一九六七はこの問題をとり上げて論じている。
(101) 便宜上、だいたい饒一九五九に記述される順序に従って並べてある。
(102) 陳一九五六、二〇二頁、島一九五八、二、三四頁、饒一九五九、一二〇二頁。
(103) 張一九五七、八—一一頁。
(104) 張は張一九六七にさらに同じ問題を取り上げ、一七三例を引いている。
(105) 饒一九五九、七三頁。
(106) 同、八〇九頁。
(107) 貝塚一九六〇、考釈二七—四一頁。
(108) 同、三一頁。
(109) 同、三四頁。
(110) 饒一九五九、一一九二—一二〇〇頁に表示されている。
(111) 郭一九六六、四頁。
(112) 容一九四三、詛楚文、二頁。
(113) 董一九三三、六四六頁。
(114) 饒一九五九、一一九八頁。
(115) 董一九三六、四二二—四二九頁。子某を王子、某子を爵名とす。
(116) 胡一九四四、殷代封建制度考、四頁。
(117) 貝塚一九三八、九二―九四頁。
(118) 白川一九五一、二二六―二二八、白川一九五四、二三、二五―二六頁。
(119) 島一九五八、四四三頁。
(120) 饒一九五九、一一九七―一一九八頁。
(121) 同、五六九頁。
(122) 郭一九三四、六―八頁。
(123) 白川一九五四、二六―二七頁。
(124) 島一九五八、二五六―二六〇頁。
(125) 饒一九五九、四二八頁。
(126) 魯一九五九、一―六頁。
(127) 白川一九五四、二九―三五頁。島一九五八、四四九―四五〇頁。
(128) 白川一九五四、三二―三三頁。
(129) 島一九五八、四四八、四五八頁。
(130) 饒一九五九、一一九五―一一九九頁。
(131) 2の銘の祖字は、一見両側の画が一番下の横画より下に突き出ていて偽刻かとも疑われる。しかし、よく見ると突き出た部分が細くなっていて上と続かないから、これは剔し誤りとみてよいであろう。
(132) 筆者の拾ったところでは前者一三例、後者二七例ある。
(133) 卜辞に「多生」の語があり、これは「多姓」と解されているが、この「姓」がいかなるものを指すかは明らかにされていない(陳一九五六、四八五頁、饒一九五九、九八二頁)。
(134) 郭一九三四、七頁。
(135) 胡一九四四、殷代封建制度考、二―四頁。
(136) 陳夢家は、卜辞中婦某は常に一個人を指している、故に婦某の某は姓でなく名である、という(陳一九五六、四九二―四九三頁)。これは何かの勘違い以外の何物でもない。『左伝』文公四年の婦姜はもちろん個人を指すが、姜はいうまでもなく姓である。
(137) 号の呼称は『礼記』曲礼、下「天子之妃曰后、……士曰婦人」正義による。
(138) 胡一九四四、殷代婚姻家族宗法制度考、一一頁。
(139) 白川一九五四、三八頁。
(140) 董一九三六、四二二頁。
(141) 徐一九三六、一三八頁。
(142) 陳一九五六、五〇三―五一二頁。
(143) 島は卜辞の「多某」と多をつけて記されているものを総て侯伯名および官名と見ているようであるが(島一九五八、四六一―四七五頁)、この判断は安易に過ぎよう。
(144) 「臣辰」の一類の中に「小臣𠂤辰父辛」というものが一例だけある(羅一九六三、一一、二一頁)。他の例で「臣」というところがここに「小臣」となっている。そうすると

「臣辰」の臣も身分名ではないかと考えられることになる。しかし、この銘は筆画がすっきりせず、偽刻かと疑われる。偽かと疑って見ると♀の図象記号が臣と辰の間に挟まっている。これは他の総ての「臣辰」の付く図象記号に見られない特徴である。この銘は偽刻と断定してよいと思われるので採らない。

(145) 郭沫若はこの戉を国族名としている（郭一九六〇、二頁）。

(146) 饒一九五九、六五―六六頁。

(147) 白川一九五五、四五―四八頁。丁山もこれに似た考えを発表している（丁一九五六、一三〇頁）。

(148) 白川一九五〇、一―七頁。

(149) 白川一九五一。

(150) 李亜農は『左伝』定公四年「分魯公以……殷六族、条氏、徐氏、蕭氏、索氏、長勺氏、尾勺氏……」の条の索氏、長勺氏、尾勺氏を職業を以て氏としたものと見ている（李一九五五、六〇三頁、注一三）。名称の他に証拠がないから、そうではないと全く否定し去ることはできないが、これを以て職業を氏の名とした集団があった証拠にすることはできない。

(151) 陳一九五六、五〇九―五一一頁。

(152) 赤塚一九五九、一九、二六頁等、李一九五五、五四―五五頁。他に丁山に図象記号の亜を田と読み、爵名とする説があるが（丁一九五六、四四―五七頁）、その論法は「田告」の図象記号をまた「亜告」に作るものがあるから亜はまた田の意味がある、というような雑駁なものであるから、まともには採り上げられない。

(153) 郭一九三七、考釈一五一頁。

(154) 陳一九五六、五一一頁。

(155) 白川一九五五、四頁以下。

(156) 饒一九五九、九九四頁。

(157) 饒一九五九、一一五八頁。

(158) 陳一九五六、五〇八―五〇九頁。

(159) 白川一九五七。

(160) 白川一九五一、二七〇―二八一頁。

(161) 饒一九五九、八四三頁。

(162) 丁山は金文図象記号に伴う十干名の祖先名のうち若干を殷王にあてる説が見えるが（丁一九五六、七〇―七一、九四頁）、何故それを殷王のものとしたのか根拠はわからない。

(163) 張一九六三、六七―六九頁。

(164) 張一九六二。

(165) 『説文』の説明は五行説によって無理にこじつけていることはいうまでもなく、郭沫若の考え（郭一九三一）も思いつきの説である。

(166) 梁等一九六三、四一四、図二。

(167) 偶然の発見品の中にももちろん類例が多い。ただしよく引かれる且乙戈、且日乙戈、大兄日乙戈（羅一九三六、一九、一九―二一頁）は明らかな偽物である。この戈を柄にとりつけると、逆さになるような方向に文字が彫られているからである。

(168) 屈一九四八。

(169) 張一九六三。

(170) 林一九六四。

(171) 伊藤一九六七、六七頁。

(172) 郭一九五七、釈八三頁。

(173) 白川一九五一、二七九―二八一頁。

(174) 赤塚一九五九、一九頁。

(175) 魯一九五九、二九―三〇頁。

(176) 李一九四一、六二―六三頁。

(177) 貝塚一九三八、八九―九〇頁。

(178) 遥か後世、契丹族の例であるが、シグー氏族が分裂して、兄の率いる族は大・長上シグー部と呼ばれ、諸弟の率いる族は小・小児シグー部と呼ばれたことが知られている（愛宕一九五九、二二四―二二五頁）。小子、小郝の呼称で呼ばれた族も、分裂したもとの氏族の長より卑幼な長によって率いられたから、こう呼ばれたことは大いにありうることと考えられる。

(179) 林一九六九、四九三頁。

(180) 饒一九五九、六五〇頁。

(181) 徐仲舒は、春秋時代、同姓不婚が必ずしも守られなかった例を挙げ、「同姓不婚は東方の旧俗で、周人はもともと必ずしもこの制を守らなかったのではないかと思う」という（徐一九三六、一四二―一四三頁）。東方、西方民族の説は現在従い難いが、春秋より古い時代にももちろん例外はあったであろう。

(182) White 1956, Graph chart Ⅶ, B の觚に同銘があり、「于司」を「护妟」に作る。拓本で見たところでは決定的ではないが、筆画が直線的でぎごちなく、偽刻の疑いがあるので採らない。

(183) 赤塚忠、林、一九二一、二、二五、三にある妟字の上の字を龔と読み、この金文の龏妟に当てたが（赤塚一九五九、九七頁）、この甲骨文字は龏と読めるかどうか確かでない。金祥恒が福と読む（金一九六二、三頁）。この方が良さそうである。

(184) 赤塚一九五九、九七頁。

(185) 京都大学人文科学研究所蔵の殷中期式の平底爵の鋬下に「父癸」の銘があるが、後刻の形跡が認められる。

(186) 中国科学院考古研究所洛陽発掘隊一九六五、図版三、14。

(187) 楊一九五二。

(188) 郭一九三〇a、一三七頁。

(189) 羅一九三六、一九、五三頁。

(190) 同、六、一四他頁。

(191) 林一九六四。

(192) 温一九五八、図一、『尊古斎集印譜』より引く。

(193) 沈・王一九五五、図一、二。
(194) 陳一九二二、三〇巻に多くの例がみられる。
(195) 水野一九四八、一四〇頁。
(196) 王一九五八、四六頁、温一九五八、二五頁。
(197) Hayashi 1968, chap. 2, (7).
(198) 林一九六一―六二、㈢、一一―一二頁。「以上の考察によってここに見てきた家屋、宴楽、樹木、車馬、戦争等の主題は、戦国画像紋から漢画像石に、その主題、表現、組合せにおいて親子関係がたどられるばかりでなく、内容的にもつながることが明かになったであろう。異なる点は、戦国のものは未だ殷、西周以来の宗教的観念の諸関連がかなりよく残存しているに対し、後漢画像石ではこれが薄れていることである……」。
(199) 甘粛省博物館等一九六四、図版二三。
(200) 同、一四八頁。
(201) 張秉権は卜辞中「某侯某」といった固有名詞の三字目が「名」であると考える旧説に対し、これは「某侯」と「某」の二つの固有名詞を並列して記したものだとして、「名」を記すものとする説に反対している（張一九六七、七七四頁）。是であろう。
(202) 鈴木一九六四、三六―三七頁。
(203) 顧一七四九、春秋列国疆域表敍。
(204) 白川一九五四、三五―三九頁。
(205) 竹内一九五八、四〇〇頁。
(206) 伊藤一九六七a、五―六頁。
(207) 伊藤一九六七、七九頁。
(208) 記録に残る姓は、金文資料も含めて三〇足らずである（呉一九三六、目録）。

図表注記文献略称表

佚　商承祚『殷契佚存』一九三三、南京
ヴェッセン　B. Karlgren, Bronzes, in the Wessén Collection, *Bulletin of the Museum of Far Eastern Antiquities*, no. 30, 1958
乙　董作賓『殷虚文字』乙編、一九四九―五三、上海、台北
画象印　水野清一「画象印について」『東方学報』京都一六、一九四八、一三五―一四〇頁
巌窟　梁上椿『巌窟吉金図録』一九四四、北京
饒　饒宗頤『殷代貞卜人物通考』一九五九、香港
京大　貝塚茂樹『京都大学人文科学研究所蔵甲骨文字』一九五九、京都
鄴中初　黄濬『鄴中片羽』初集、一九三五、北平
鄴中二　黄濬『鄴中片羽』二集、一九三七、北平
鄴中三　黄濬『鄴中片羽』三集、一九四二、北平
京津　胡厚宣『戦後京津新獲甲骨集』一九五四、上海
庫　万法斂『庫方二氏蔵甲骨卜辞』一九三五、上海

後　羅振玉『殷虚書契』後編、一九一六
甲　董作賓『殷虚文字』甲編、一九四八、上海
甲釈　屈万里『殷虚文字甲編考釈』一九六一、台北
考古　『考古通訊』『考古』
故宮　国立故宮中央博物院聯合管理処『故宮銅器図録』一九五八、台北
觚形器　石璋如・高去尋『殷虚出土青銅觚形器之研究』一九六四、南港
胡五種　胡厚宣「武丁時五種紀事刻辞考」『甲骨学商史論叢』初集、三、一九四四
胡婚姻　胡厚宣「殷代婚姻家族宗法生育制度考」『甲骨学商史論叢』初集、一、一九四四
三代　羅振玉『三代吉金文存』一九三六
山東　山東省文物管理処・山東省博物館『山東文物選集』普査部分、一九五九、北京
島　『殷墟卜辞研究』一九五八、弘前
爵形器　石璋如・高去尋『殷虚出土爵形器之研究』一九六六、南港
上海　上海博物館『上海博物館蔵青銅器』一九六四、上海
拾掇　郭若愚『殷契拾掇』一九五一、上海
十鐘　陳介祺『十鐘山房印挙』一九二二、上海
濬県　孫海波『濬県彝器』一九三八、北京
小校　劉体智『小校経閣金文拓本』一九三五
頌斎続　容庚『頌斎吉金続録』一九三八、北京
城子崖　傅斯年等『城子崖』一九三四、南京
粋　郭沫若『殷契粋編』一九三七、東京
前　羅振玉『殷虚書契』前編、一九一一
陝西　陝西省博物館・陝西省文物管理委員会『青銅器図釈』一九六〇、北京
セントルイス　J. Edward Kidder Jr., *Early Chinese Bronzes in the City Art Museum of St. Louis*, 1956, St. Louis
曾　曾毅公『甲骨地名通検』一九三九
双剣吉　于省吾『双剣誃吉金図録』一九三四、北京
双剣古　于省吾『双剣誃古器物図録』一九四〇、北京
続　羅振玉『殷虚書契』続編、一九三三
続殷存　王辰『続殷文存』一九三五、北京
続存　胡厚宣『甲骨続存』一九五五、上海
大系　郭沫若『両周金文辞大系図録考釈』一九五七、北京
中文　『中国文字』
張　張秉権「甲骨文字中所見人地同名考」『慶祝李済先生七十歳論文集』下、一九六七、台北、六八七—七七六頁
陳　陳夢家『殷虚卜辞綜述』一九五六、北京
綴　郭若愚等『殷虚文字綴合』一九五五、北京
鉄　劉鶚『鉄雲蔵亀』一八九九
銅玉　水野清一『殷周青銅器と玉』一九五九、東京
南北　胡厚宣『戦後南北新獲甲骨録』一九五一、北京、上海
日精　梅原末治『日本蒐儲支那古銅精華』一九五九—六二、京都
白鶴集　梅原末治『白鶴吉金集』一九三四、神戸
白鶴撰　梅原末治『白鶴吉金撰集』一九四一、神戸
巴黎　饒宗頤『巴黎所見甲骨録』一九五六、香港
半坡　中国科学院考古研究所・陝西省西安半坡博物館『西安

半坡』一九六三、北京
ピルスベリ　B. Karlgren, *A Catalogue of the Chinese Bronzes in the F. Pillsbury Collection*, 1952, London
扶風　陝西省博物館、陝西省文物管理委員会『扶風斉家村青銅器群』一九六三、北京
ブロンズカルチャー　W. C. White, *Bronze Culture of Ancient China*, 1956, Toronto
文物　『文物参考資料』『文物』
文編　中国科学院考古研究所『甲骨文編』一九六五、北京
文録　孫海波『河南通志文物志甲骨文録』一九三七
簠　王襄『簠室殷契徴文』一九二五、天津
報　『中国考古学報』『考古学報』
灃西　中国科学院考古研究所『灃西発掘報告』一九六二、北京
松丸　松丸道雄「殷虚卜辞中の田猟地について」『東洋文化研究所紀要』三一、一九六三、一―一六三頁
明　明義士『殷虚卜辞』一九一七、上海
ルー　*An Exhibition of Ancient Chinese Ritual Bronze loaned by C. T. Loo & Co.*, 1940, Detroit
零拾　陳邦懐『甲骨文零拾』一九五七、天津
レール　Max Loehr, *Chinese Bronze Age Weapons*, 1956, Ann Arbor
魯　魯実先『卜辞姓氏通釈』一『東海学報』一、一、一―六頁
録遺　于省吾『商周金文録遺』一九五七、北京
六録　胡厚宣『甲骨六録』成都

挿図注

図35の2　図31の8参照
4　図32の11　〃
6　図25の27　〃
8　図31の13　〃
12　図20の19　〃
図36の5　図24の11　〃
7　図24の4　〃
10　図27の8　〃
12　図26の10　〃
14　図25の9　〃
16　図24の33　〃
23　図24の34　〃
図37の5、6　図24の32、図39の10　〃
図38の2　図18の3　〃
4　図24の19　〃
5　図36の17　〃
図39の1　図33の9　〃
2　図18の17　〃
3　図25の1　〃
6　図22の18　〃
7　図26の5　〃
8　図24の36　〃
9　図25の2　〃

10 図24の32、図37の5、6 〃
11 図25の6 〃
図46の1 図35の14 〃
4 図27の3 〃
5 図23の1 〃
8 図27の35、図44の12 〃
11 図22の12 〃
12 図24の22 〃
14 図28の5 〃
15 図20の22、図28の3 〃
16 図37の9 〃
図47の1 図20の6 〃
2 図20の5 〃
5 図24の37 〃
6 図20の14 〃
7 図23の31、図35の4 〃
8 図18の20 〃
10 図28の19 〃
11 図38の6 〃
図48の1 図25の3、図28の24 〃
2 図40の1 〃
3 図43の8、図47の15、図21の12 〃
4 図28の13、図24の22 〃
5 図29の9 〃
図50の1 図40の1、図48の2 〃
2 図47の5 〃

3 図32の11、図47の7 〃
4 図24の22 〃
5 図18の10 〃
6 図22の25 〃

引用文献目録

〈日本文〉

赤塚忠一九五六 「殷王朝における河「巛」の祭祀とその起原」『甲骨学』四・五、六三―八九頁
赤塚忠一九五六 『稿本殷金文考釈』東京
赤塚忠一九六一 「殷代における祈年の祭祀形態の復原」『甲骨学』九、一―六七頁
赤塚忠一九六四 「鯀・禹と殷代銅盤の亀・龍図象」『古代学』一一、四、二七三―三〇一頁
朝日新聞社一九六七 『天理参考館図録』中国編
愛宕松男一九五九 『契丹古代史の研究』京都
伊藤道治一九五八 「中国古代社会の記録――卜占具と文字」『世界考古学大系』六、四九―六二頁
伊藤道治一九六五 「西周時代に於ける王権の消長」神戸大学文学部『研究』三五、一六七―一九七頁
伊藤道治一九六七 『殷王朝のなぞ』東京
伊藤道治一九六七a 「新出金文資料のもつ意義」『書道全集』二六、補遺、一―九頁
貝塚茂樹一九三八 「殷代金文に見えた図象文字亞𠂇子につい

て」『東方学報』京都九、五七—一一一
貝塚茂樹一九五四　『書道全集』一、図版解説
貝塚茂樹一九六〇　『京都大学人文科学研究所蔵甲骨文字』京都
貝塚茂樹一九六四　「金文に現れる夏族標識」『東方学報』京都三六、一—三一頁
加藤常賢一九五六　「殷の金文」『定本書道全集』一、一六五—一六九頁
島邦男一九五八『殷墟卜辞研究』弘前
白川静一九五〇　「殷の族形態——いわゆる亜字形款識について」——『説林』二、一、一—七頁
白川静一九五一　「殷の基礎社会」『立命館創立五十周年記念論文集』文学編、二六〇—二九六頁
白川静一九五四　「殷の王族と政治の形態」『古代学』三、一、一九—四四頁
白川静一九五五　「釈史」『甲骨金文学論叢』初集、一—六六頁
白川静一九五五ａ　「作冊考」『甲骨金文学論叢』二、一—六三頁
白川静一九五七　「殷代雄族考、其二、雀」『甲骨金文学論叢』六、一—六二頁
鈴木隆一一九六四　「姓による族的結合」『東方学報』京都三六、三三—五二頁
竹内照夫一九五八　「春秋左氏伝」『中国古典文学全集』三、東京
濱田耕作一九一九　『泉屋清賞』京都
林泰輔一九二一　『亀甲獣骨文字』東京
林巳奈夫一九五三　「殷周青銅器に現れる龍について」『東方学報』京都二三、一八一—二一八頁
林巳奈夫一九五八　「殷文化の編年」『考古学雑誌』四三、三、一八五—二〇七頁
林巳奈夫一九六〇　「殷周時代の遺物に表わされた鬼神」『考古学雑誌』四六、二、一〇五—一三二頁
林巳奈夫一九六一—六二　「戦国時代の画像紋」㈠—㈢、『考古学雑誌』四七、三、二七—四九頁、同、四七、四、二〇—四八頁、同、四八、一、一—二一頁
林巳奈夫一九六四　「帝舜考」『甲骨学』一〇、一六—三〇
林巳奈夫一九六六　「中国先秦時代の旗」『史林』四九、二、六六—九四頁
林巳奈夫一九六六ａ　「鳳凰の図像の系譜」『考古学雑誌』五二、一、一一—二九頁
林巳奈夫一九六九　「殷中期に由来する鬼神」『東方学報』京都四一、一—七〇頁
水野清一一九四八　「画像印について」『東方学報』京都一六、一三五—一四〇頁
水野清一一九五九　『殷周青銅器と玉』東京
米沢嘉圃一九六三　『中国美術』（『講談社版世界美術大系』八）、東京

〈中国文〉

王国維一九二二　「女字説」『観堂集林』三
王伯敏一九五八　「略談肖形印」『文物参考資料』一九五八、一、四六—四七頁
温廷寛一九五八　「印章的起源和形肖印」『文物参考資料』一九

五八、一一二、一二三—一二五頁
郭沫若一九三〇「殷彝中図形文字之一解」『殷周青銅器銘文研究』（新版）一九五四　北京、一—一〇頁（初版一九三〇）
郭沫若一九三〇ａ「秦公簋韵読」『殷周青銅器銘文研究』二、一三〇—一三七頁
郭沫若一九三一「釈支干」『甲骨文学研究』七六—一六八頁
郭沫若一九三四『古代銘刻彙攷続編』東京
郭沫若一九三七『殷契粋編』東京
郭沫若一九五七『両周金文辞大系図録考釈』北京
郭沫若一九六〇「安陽円坑墓中鼎銘考釈」『考古学報』一九六〇、一、一—二頁
郭沫若一九六六「侯馬書試探」『文物』一九六六、二、四—六頁
甘粛省博物館・中国科学院考古学研究所一九六四、『武威漢簡』北京
羌亮夫一九六三「古初的絵画文字」『杭州大学学報』（人文科学版）、一九六三、二、一〇三—一一八頁
饒宗頤一九五九『殷代貞卜人物通考』香港
金祥恆一九六二「釈后」『中国文字』一〇
岑仲勉一九五六『西周社会制度問題』上海
屈万里一九四八「諡法濫觴於殷代論」『歴史語言研究所集刊』一三、二一九—二二六頁
呉其昌一九三六『金文世族譜』上海
胡厚宣一九四四『甲骨学商史論叢』初集
顧棟高一七四九『春秋大事表』
山東省文物管理処・山東省博物館一九五九『山東文物選集』普査部分、北京
徐仲舒一九三六「殷周之際史蹟之検討」『歴史語言研究集刊』七、二、一三七—一六四頁
石興邦一九六二「有関馬家窯文化的一些問題」『考古』一九六二、六、三一八—三二九頁
孫詒讓一九〇五『周礼正義』
譚戒甫一九六二「〈格伯簋銘〉総合研究」『光明日報』一九六二、八、三〇頁
中国科学院考古研究所・陝西省西安半坡博物館一九六三『西安半坡』北京
中国科学院考古研究所洛陽発掘隊一九六五「河南偃師二里頭遺址発掘簡報」『考古』一九六五、五、二一五—二二四頁
張光直一九六三「商王廟号新考」『民族学研究所集刊』一五、六五—九四頁
張秉権一九五七『殷虚文字』丙編、上、㈠、台北
張秉権一九六六「瓢爵両形銅器銘子考釈」『殷虚出土青銅爵形器之研究』八七—一〇一頁
張秉権一九六七「甲骨文中所見人地同名考」『慶祝李済先生七十歳論文集』台北、六八七—七七六頁
陳介祺一九二二『十鐘山房印挙』上海
陳夢家一九五六『殷虚卜辞綜述』北京
沈仲常・王家祐一九五五「記四川巴県冬笋壩出土的古印及古貨幣」『考古通訊』一九五五　六、四八—五四頁
丁山一九五六『甲骨文所見氏族及其制度』北京
董作賓一九三三「帚矛説」『安陽発掘報告』四、六三五—六六四

董作賓一九三六「五等爵在殷商」『歴史語言研究所集刊』六、三、四一三—四三〇頁
董作賓一九五二「中国文字的起原」『大陸雑誌』五、一〇、三四八—三五八頁
唐蘭一九三四『殷虚文字記』
唐蘭一九三九『天壌閣甲骨文存』北京
唐蘭一九五七「在甲骨金文中所見的一種已経遺失的中国古代文字」『考古学報』一九五七、二、三三—三六頁
聞一多一九五六「釈」『古典新義』下、北京、五〇七—五一四頁
楊寛一九四一「中国上古史導論」『古史弁』七、上、上海、六五—四二一頁
容庚一九三四『古石刻零拾』
楊樹達一九五二「秦公殷再跋」『積微居金文説』四四—四五
羅振玉一九三六『三代吉金文存』
李亜農一九五五『殷代社会生活』上海
李玄伯一九四一『中国古代社会新研初稿』上海
李殿魁一九六八「冬飲廬蔵甲骨文字考釈」『中国文字』三〇
梁思永・高去尋一九六二『侯家荘、一〇〇一号墓』台北
梁星彭・馮孝堂一九六三　陝西長安、扶風出土西周銅器」『考古』一九六三、八、四一三—四一五頁
魯実先一九五九「卜辞姓氏通釈」一、『東海学報』一、一、一—一六頁

〈欧　文〉

Hayshi, M. 1968, The Character of the Twelve Gods in the Ch'u Silk Manuscript and their Antecedents, *Proceedings of the Symposium of the Ch'u Silk Manuscript, Aug. 21st to 25th, 1967*, New York
Karlgren B. 1944, Some Early Chinese Bronze Masters, *Bulletin of the Museum of Far Eastern Antiquities*, no. 16, pp. 1–24
Lévi-Strauss, Claude 1965, *Le Totémisme aujourd'hui*, Paris
White, W. C. 1956, *Bronze Culture of Ancient China*, Toronto

第三章　先秦時代の馬車

中国先秦時代の馬車が人の乗る部分「輿」の前に一本のながえ「輈」をもち、その先につけた横木「衡」の下に輈を挟んで二頭の「服馬」がつながれ、さらにその外に二頭の「驂馬」が服馬を挟んで駢駕されたものであることは、経書の注釈によって古くより広く知られるところである。その馬車の形制については『周礼』の考工記に詳しい尺寸の比例が示され、清朝の考証学者によっていろいろ注釈が加えられており、また馬車の俯瞰形の象形字である甲骨文、金文の車字、車に从う文字、その他にも図像上の例証が求められている。近年中国の考古学者によって殷周時代の墳墓より馬車の木部の圧痕の残る例が発掘され、その報告書によっていよいよ具体的にその姿を想像することができるようになった。

ところでこのような、我々が今日みるのとは異なった馬車は、一体どのような構造をもち、どのような革具を使って繋駕され、御されたのであろうか。またこのような馬車はいかにして中国に出現したものであろうか。古代オリエント、エジプトなど西方世界のこれと相似た馬車については、ヨーロッパ人によっていくつかの古典的研究がなされているにかかわらず、中国のものについては未だ綜合的な研究が行われていない。私は中国先秦の馬車を発掘する機会をもったわけでなく、また古典を取扱う学問の専門家でもなく、馬車を御したこともないので、真に綜合的、周匝に馬車の問題を論じつくすことができるとはいえない。以下には中国先秦の馬車の構造、繋駕法、性能、起原などごく基本的な問題についての資料を呈示し、私の判断を記した。より綜合的な、完全な研究を行うための踏み台とすることができれば幸いである。

馬車の問題と密接な関連をもつ馬の問題については別の章で記した。馬、馬車の装飾的性格の強い装具、金具類の各種のヴァリエーションについても十分にふれていない。それらは別の機会に考察を加えたい。

一　先秦時代の馬車の構造

地下からの発掘資料、文字その他の図像的表現、文献の記載などがその研究資料である。殷、西周、東周に分けて記す。

(一)　殷

(1)　発掘資料

河南安陽殷虚からいくつかの車馬坑が発掘されている。

(a)　安陽小屯C区の二〇号墓など五つの車坑

安陽の第一三次発掘に際し、小屯C区で二〇号、四〇号、二〇二号、二〇四号の五つの車坑が相近接して発見された(1)（図57）。小屯前期、即ち殷が安陽に都した時代の前半のものである(2)。

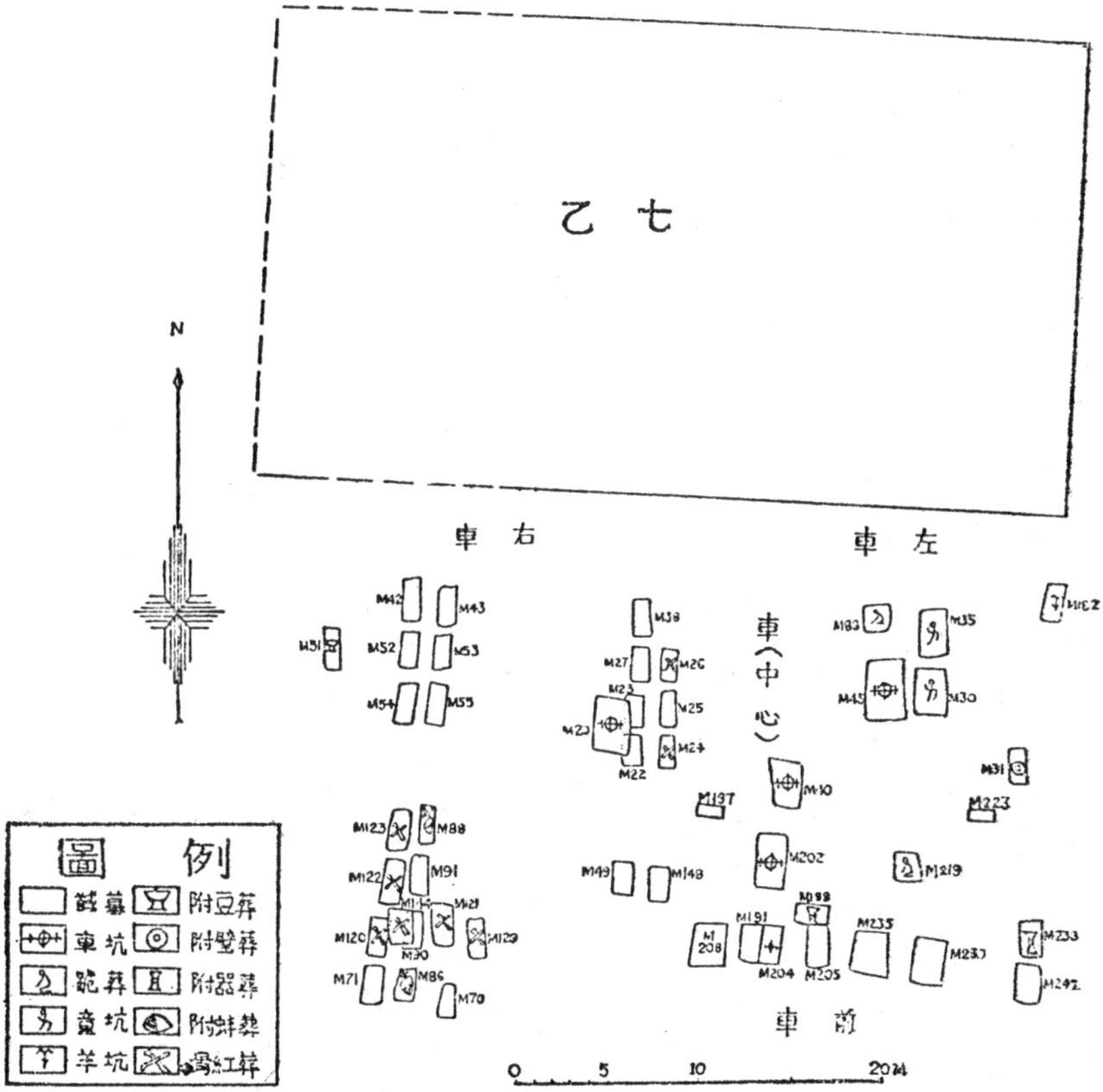

図57　安陽小屯Ｃ区、乙七基壇の南の一群の殷墓

【二〇号墓】　この墓の保存が最もよい[3]。墓坑は南北約二・八メートル、東西約二メートルの長方形をなし、馬車の他に三人の人骨と四頭の馬が埋められていた（図58）。馬車は二台入れられていたと考えられている。軫と輈の交叉する部分に使われた金具、車軸の端、軎を飾る金具などがそれぞれ二対出ているから、そう考えて誤りなかろう。

　第一の馬車は石璋如によって第一類乙種と名づけられたもので、車坑のやや東よりに、輈を南にして入れられている。輈の後端が軫と交叉する部分（踵）を飾る金具（図59）、輈が軫の下から出て前に向う部分を飾る金具（図60）を結ぶ線を中心に、東西対称形に松緑石で星形を象嵌した円形青銅泡が箕の形に並んでいて、これが輿の土台

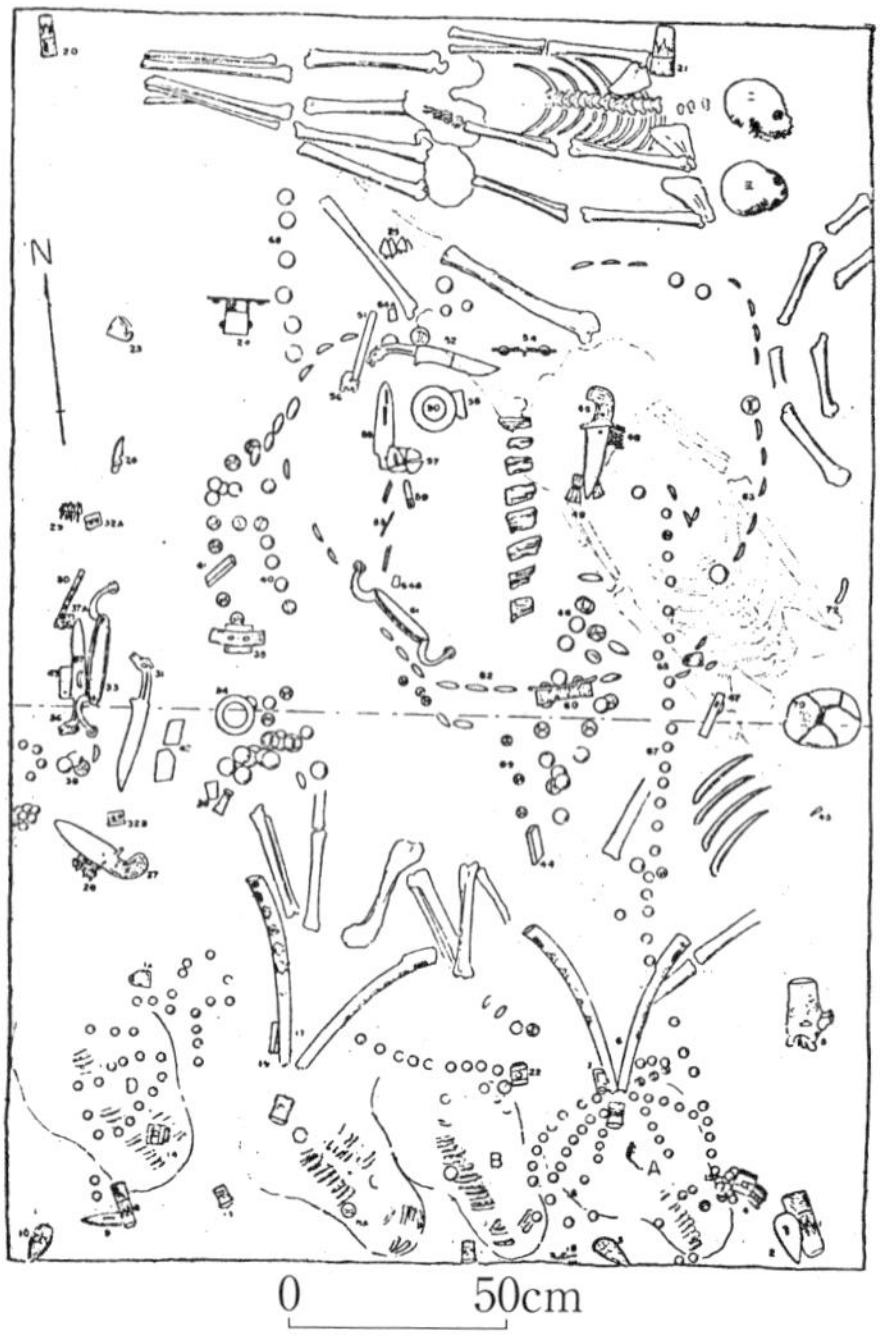

図58　安陽小屯Ｃ区、20号墓車馬坑

をなす材、軫を飾ったものとされる。これは正しいと思われる。この輿は南北八八センチ、東西一一五センチという小さなものである。

輿の周囲の囲い、軨に何か飾りがあったかどうか、腐朽していて明らかでない、としながらも、石璋如は、軫の飾りと同じ紋様だが一まわり小さい銅泡が輿から南に向ってつながっているのを（図61）軨の上縁の飾りと考えた。[4] 四〇号墓の石氏が軨の上縁の飾りと考えた龍形の飾金具の出土状況から類推したものである。後述のごとく四〇号墓の龍形の飾りについての石氏の判断には従いがたいところがあるので、その類推によるこの考えもいかがかと思われる。

石璋如はこの車の輿の西南および南中央部に接して出土した二かたまりの銅泡（図62）について考察を加え、輢飾、輢前飾、輪輻飾、馬の頸の飾り、などの万能性を一に検討した末、それを鞧（しりがい）の飾りと考えた。図63のごとく使われたというのである。この判断には二つの誤りがある。第一に、第四章、四八〇頁に記すごとく、鞧は先秦時代の馬車には知られていないのである（石が考工記に鞧は最も重要なものの一つとしてあげているというのはとんでもない読みちがいである）。第二に、石の鞧の前端の馬車への繋ぎ方が間違いである。鞧は馬車を止めようとして馬を止めた時、車が馬の尻に衝突するのを防ぐものだから、これは衡につないでおかねば意味がない。馬が停止したとき惰性で輿は輈、衡と共に前に進み、衡に結ばれた車の上部を前に押すが、鞧を軛の脚に結んでおいたのでは、すぐに

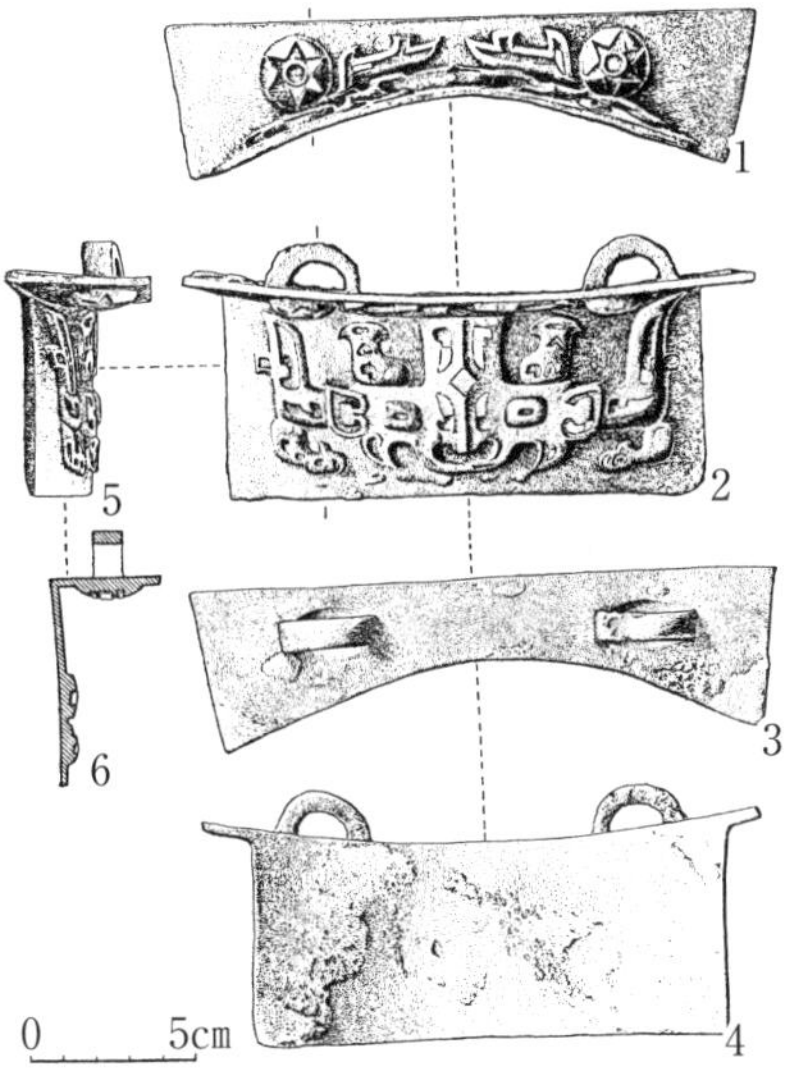

図60　安陽小屯Ｃ区、20号墓の第１類乙種車の輢と軫の交叉部の飾金具

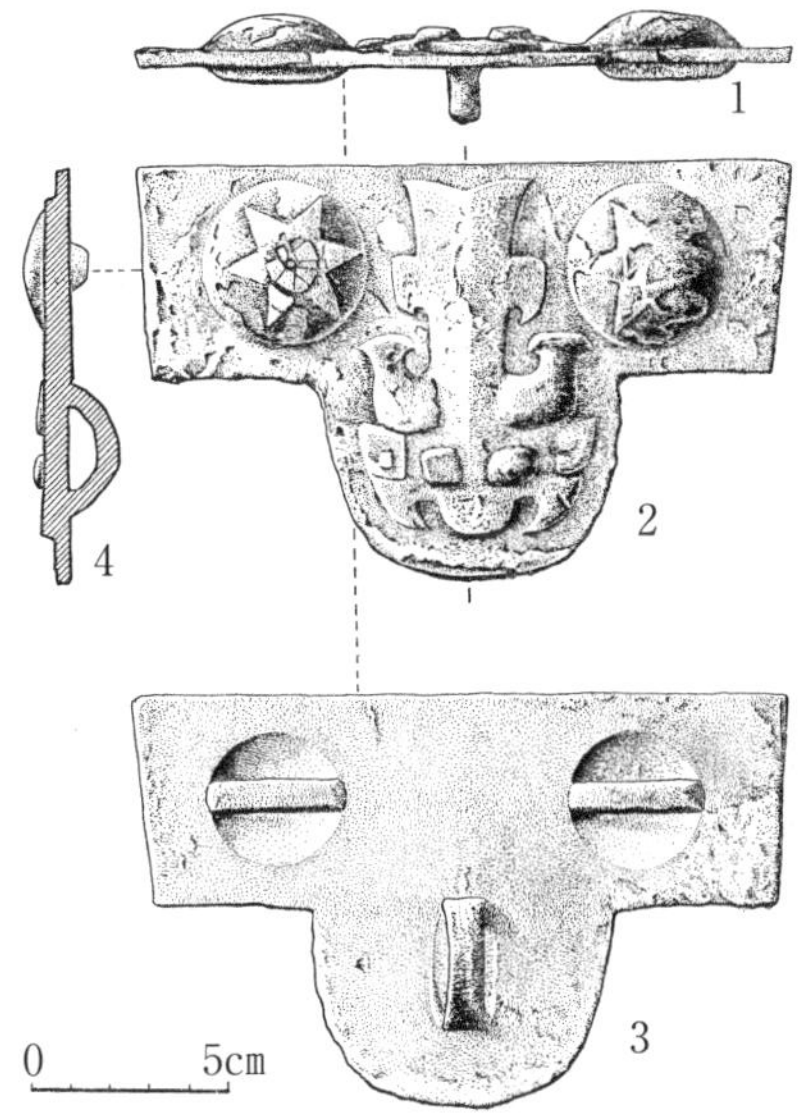

図59　安陽小屯Ｃ区、20号墓の第１類乙種車の踵の飾金具

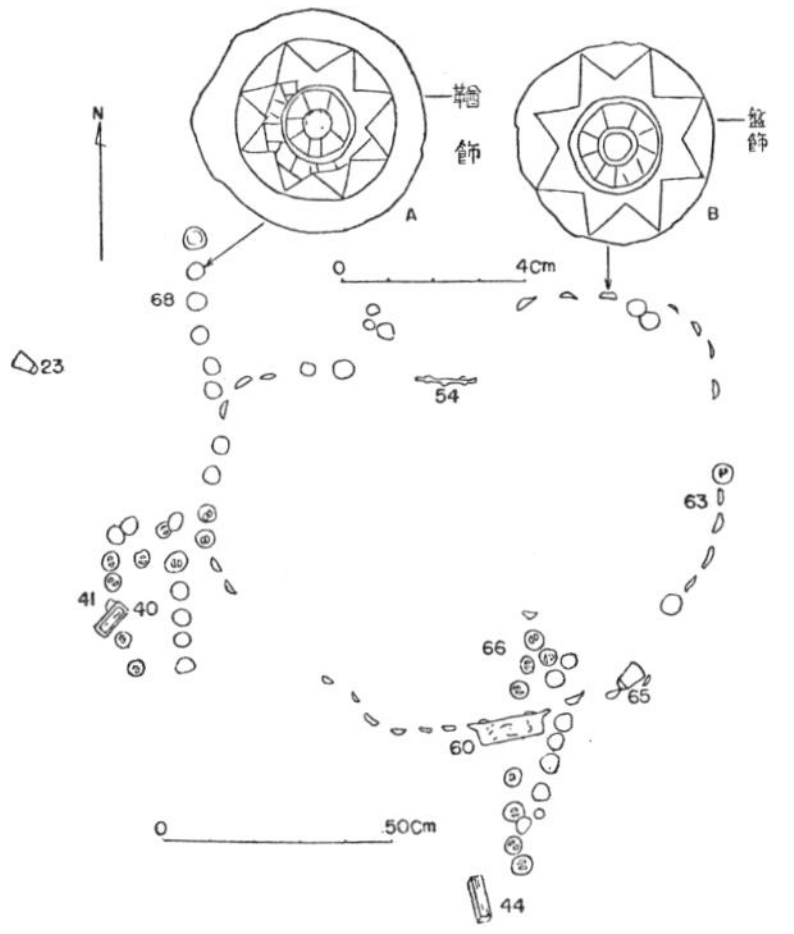

図62　安陽小屯Ｃ区、20号墓の第１類乙種車の輿の付近から出土した２かたまりの銅泡

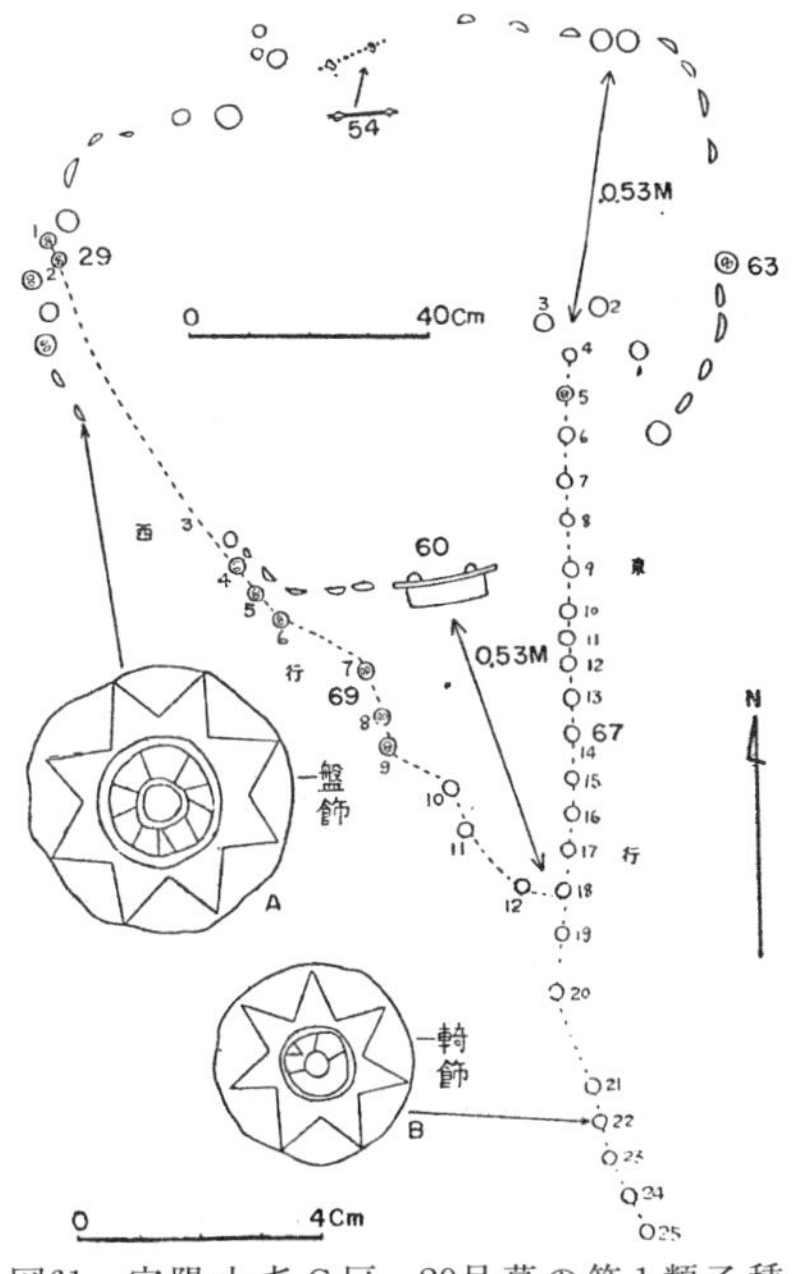

図61　安陽小屯Ｃ区、20号墓の第１類乙種車のとじつけられた銅泡の列

は輿・輈・衡を止める働きをしないからである。思うに、この二つながりの銅泡は鑣の飾りとみるのがよかろう。もちろん馬は脱駕してあり、この馬車の部品もばらばらにして埋めてあるのだから鑣も衡からとり外してあったとみるのである。

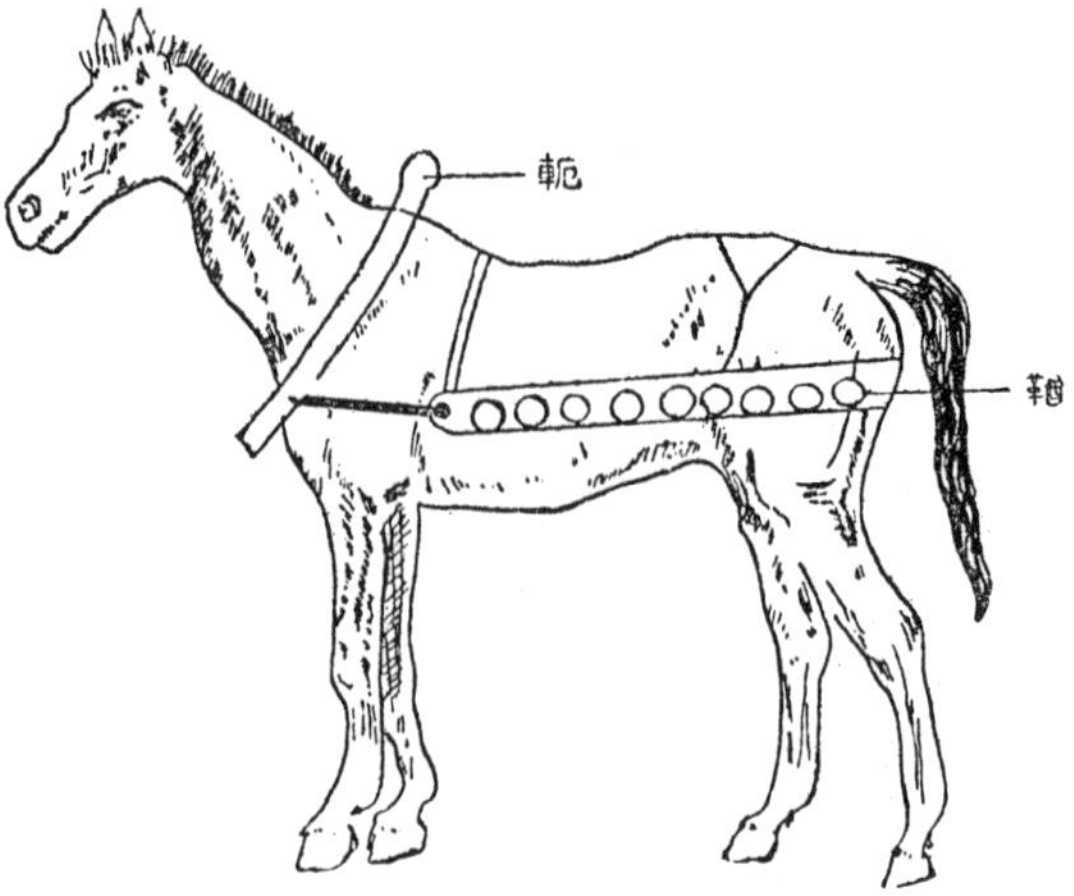

図63　石璋如による安陽小屯C区、20号墓の馬車の馬具の復原

軎の金具は墓室の南北端に分れて出土している。車軸ごととり外し、墓室の南北の長さいっぱいに入れられたと解釈されている。図64のごとく、截頭円錐形で、轄をはめる長方孔があり、松緑石で紋様を象嵌した上等の作りである。輿の前方から出土した図65のような長方形筒形の金具一付が轄の飾金具と解釈されている。これにも松緑石の象

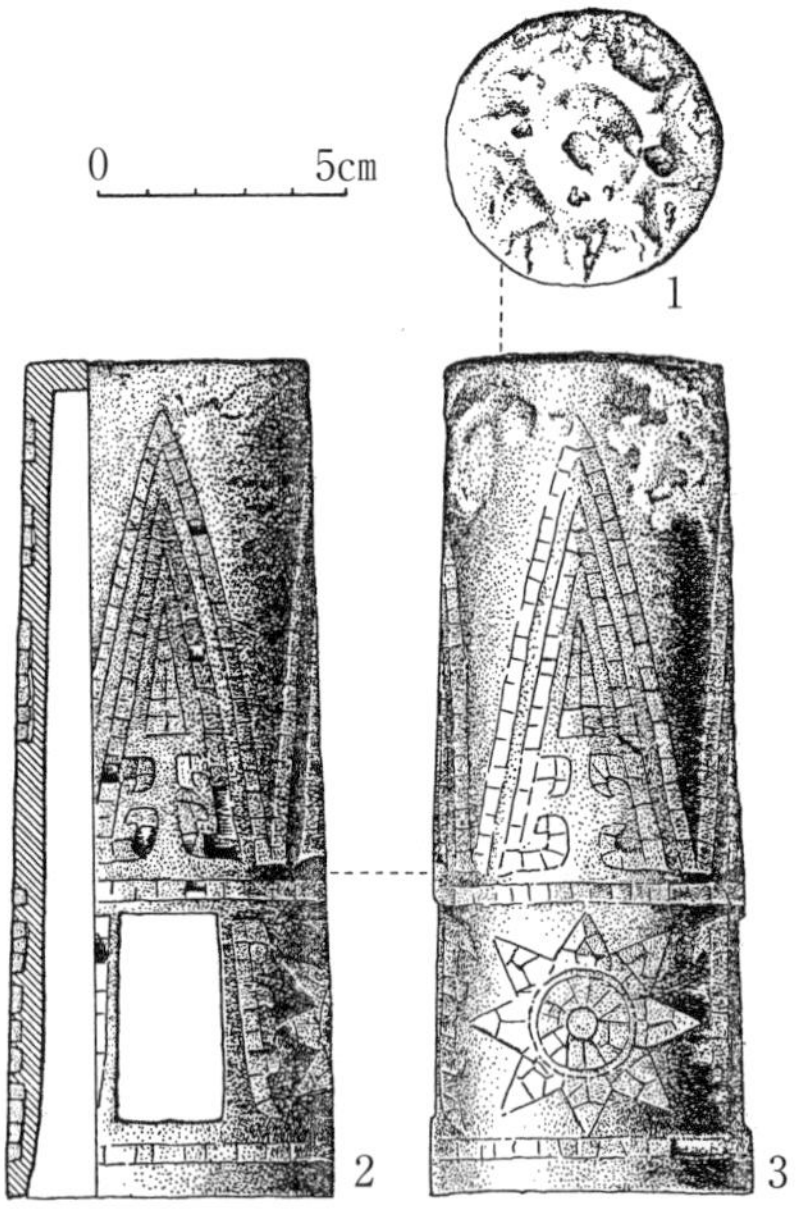

図64　安陽小屯C区、20号墓の第1類乙種車の軎の飾金具

嵌が施される。轄そのものは木製で軸から外に出る部分に青銅製の飾りをかぶせているのである。後世にみない型式である。中にはまる轄の本体からこの飾りが抜けないように木釘でとめられており、そのための孔が青銅飾にあけてあるが、一方の孔は長方形・他方は杏仁形である。中に木が残っている。

この墓の馬車には輪の痕跡が残らない。軥は饕餮を象った青銅製の軥頭飾が出ている（図66）。頸のところの太さ七センチ。頸の部分上下に円い孔があるのを、石璋如は軥と衡を連結する木製の棒（石はこれを軏と呼ぶ）を通したものだとし、上孔は径二・七センチ、下孔は径二・五センチだから、明らかに上から下に挿したものだという。思うに、軥は衡の上にのる。故にここに軥と衡を貫く木の棒を挿したとしたら、この遺物とは反対に上孔が下孔より小でないと具合が悪かろう。この木栓が上に抜けてきてしまうからである。この孔の大小の形状は石の解釈に対する反証である。第一、そのような径二・五センチの釘でもって、たとえ衡と軥の結合が確保されたとしても、径四―五センチしかない衡の材は、その孔のところでじきに折れてしまうに違いない。(5) この孔は木の軥から青銅の軥頭飾が抜けないように木釘を挿すだけのためのものに違いない。四〇号墓の青銅軛脚飾の上部にここにみるのと同様、径二・五センチばかりの円孔がある。円孔に木釘を通した例証である。

石璋如はここに埋められた馬車の衡について金文「車」字（図67の1）にみかけるような、両端が上に反り上った形を想定し、従来、「当盧」とされていた卵形の青銅飾を衡端の装飾と見てその距離一・七メートルを衡の長さとしている（図68）。この金具は一つの目方が二四〇―三〇〇グラムもあって当盧には重すぎる。一方、この飾金具は安陽西北岡でも、大司空村でも軛の両側にあって一・七―一・九メートルをへだてて出土しているから、軛をとりつけたままの衡の両端の飾りらしい、という推理がある。このようにとりつけたとすると、せっかく飾った衡端上面の飾りも、御者以外によく見える者がない点に何か腑に落ちないものを感ずるが、一応の仮説として面白い。石は前引図でひどく太い衡を画いている。これは軛脚の上孔の下縁と軛脚の紋様の上縁の間隔八センチを衡の幅とみたからで、軥より

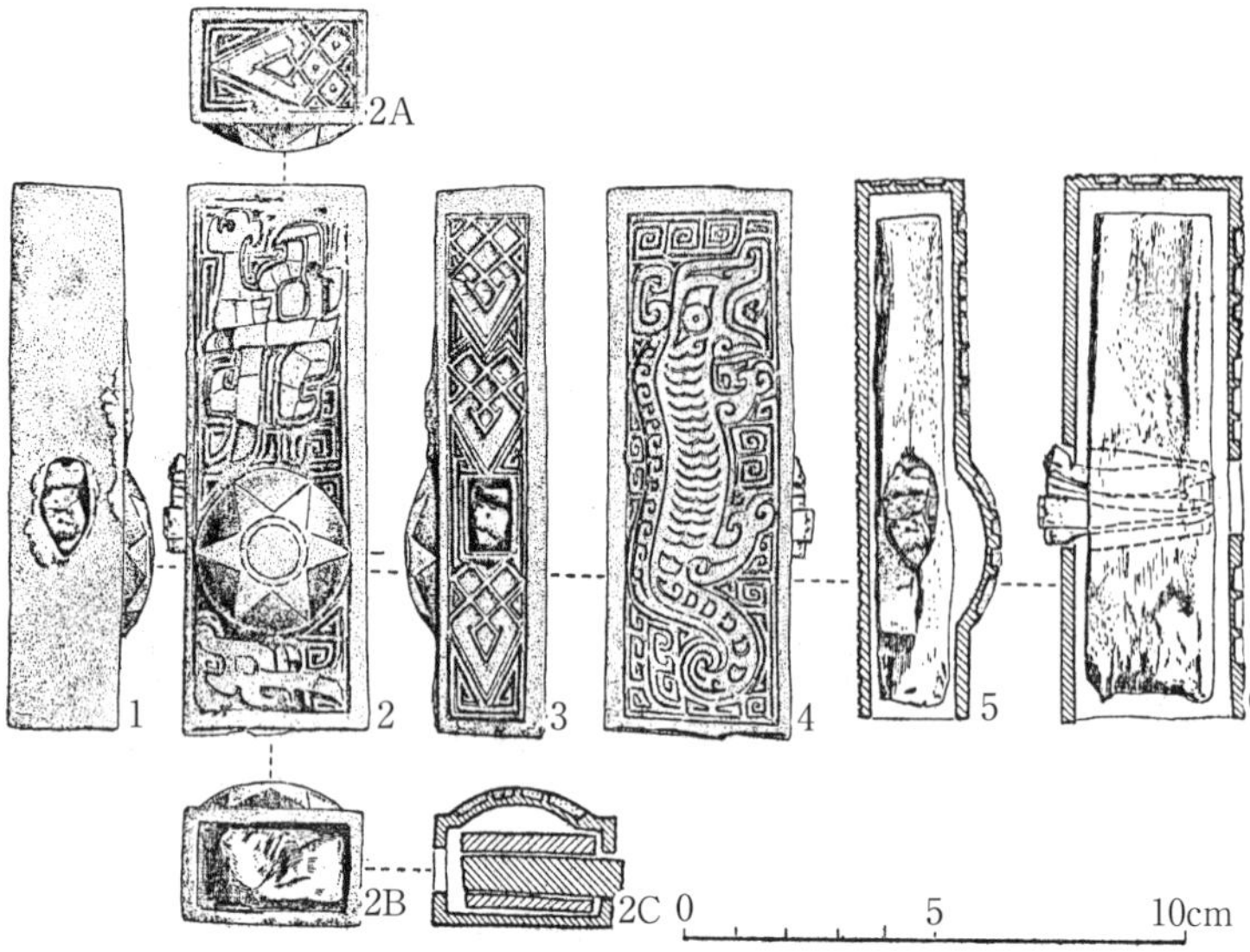

図65　安陽小屯C区、20号墓第1類乙種車の轄の飾金具

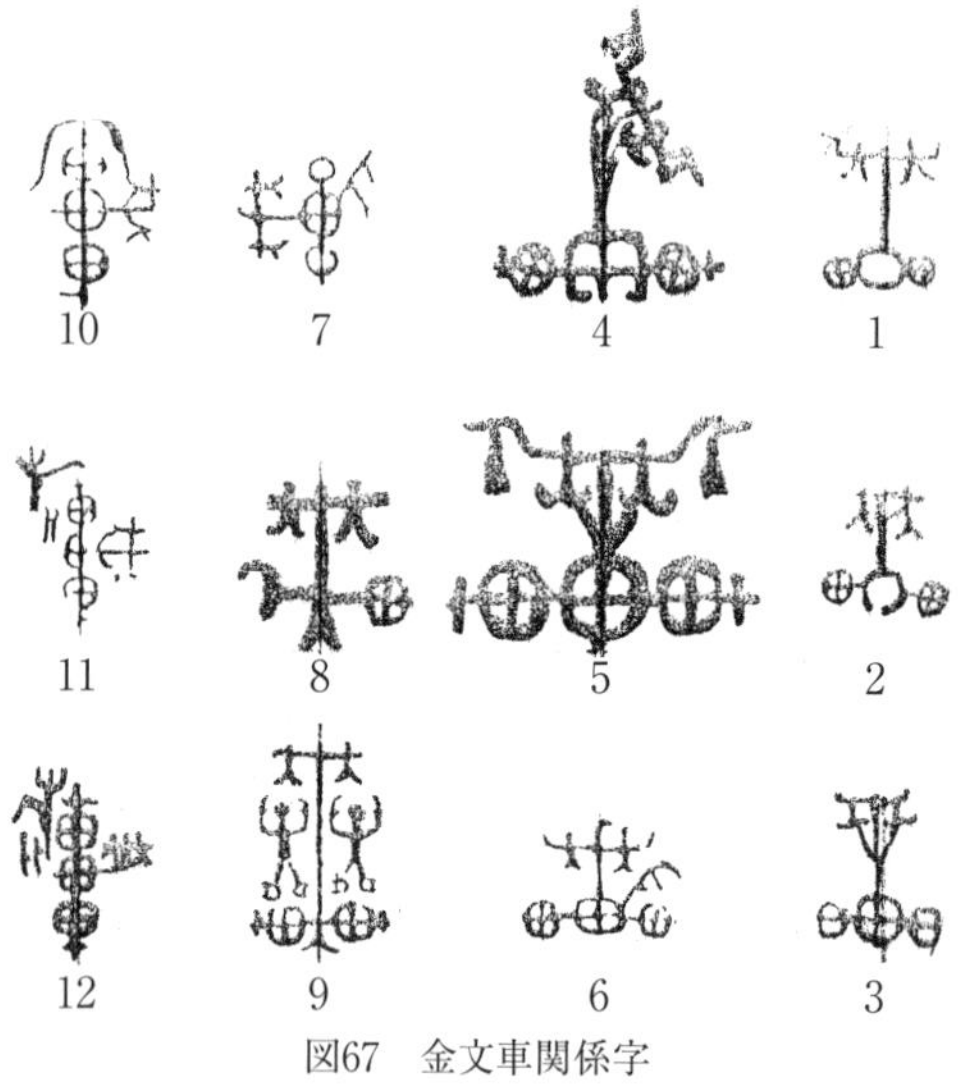

図67　金文車関係字

図66　安陽小屯C区、20号墓第1類乙種車の輈頭の飾金具

も太い衡というのはかかる力の割合からいっても不必要なことである。図に示された多数の銅泡は裏を上向きにして出土したので、この衡はこの銅泡を飾った前面を下にして出土したもの、その上から出た軛は軛の後に結ばれたもの、と石は考えている。それでよかろう。

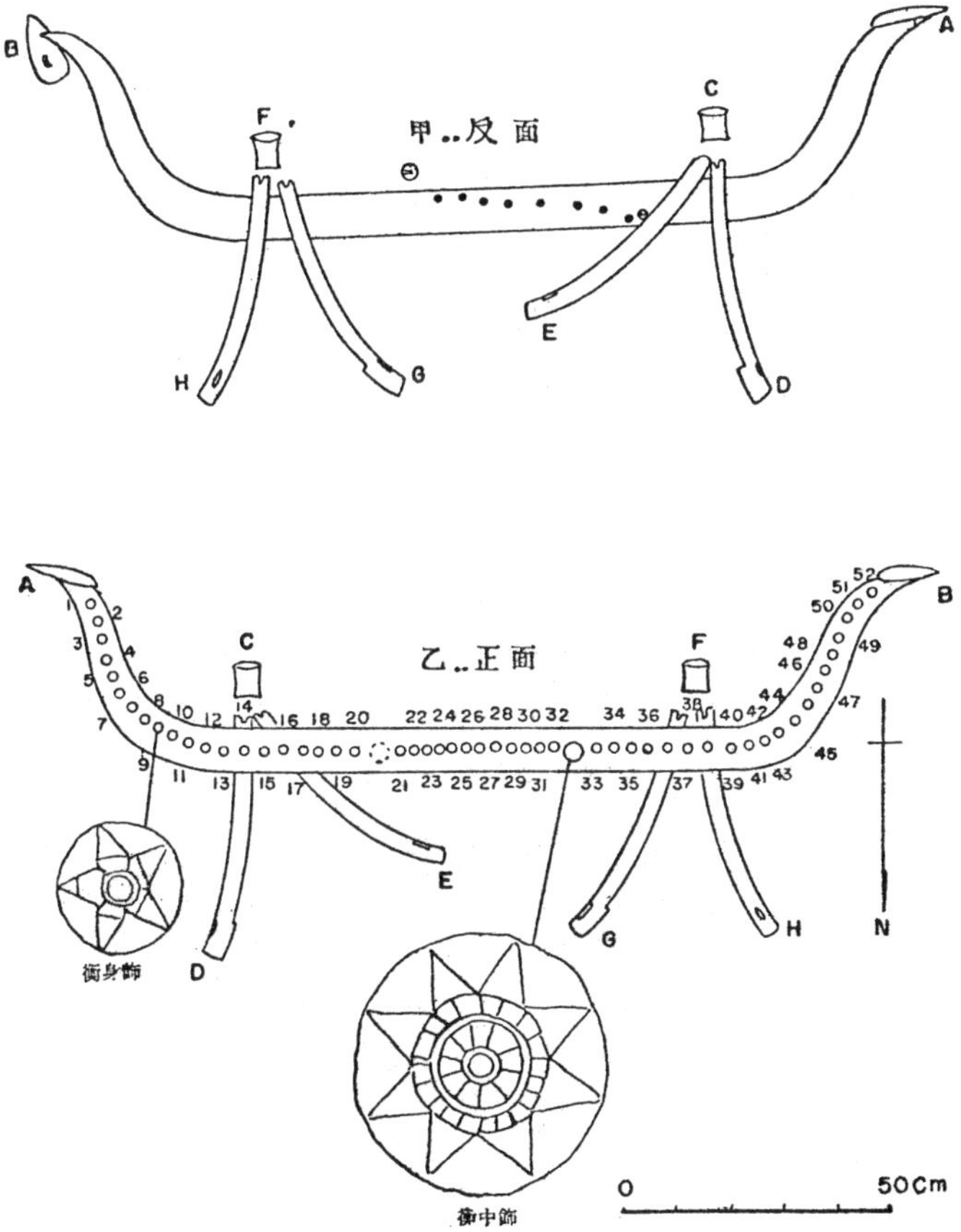

図68　石璋如による安陽小屯C区、20号墓の第1類乙種車の衡飾の復原

軛はもちろん木部は腐って、これにかぶせた青銅飾だけが残っている（図69）。この青銅飾は軛首と二つの軛脚の三つの部分から成り、軛脚の下部は筒状になっている。松緑石象嵌で星形の紋様をつけている。二つの軛の軛首は中心から測って八四センチの距離をおいて出土している。

第二の馬車は第一の馬車の西にある。軫の下から輈が出る部分の青銅飾（図70）と輈の踵と軫の交点の青銅飾（図71）が出ているが、第一の車のごとく、軫の周縁を飾った銅泡類がないので、輿の輪郭は明らかでない。前記の青銅飾の出土位置からみて、輿の前後の幅は七四センチで、第一の車よりも十数センチ小さい。車軸は軎の金具をつけたまま輿からとり外し、墓坑の南北方向の長さいっぱいに入れてあること第一の車と同じである。軎の金具（図72）も第一の車より長さ、直径とも約一センチずつ小さく、輿の大小に対応しているらしい。第一の車と同型式の轄の飾金具がある（図73）。一つの轄の金具には幅七—八ミリおよび一三—一四ミリの二種の平打ちの組紐の跡が銹に残っていて、轡か韁のあとではないかと石璋如は考えている。その類にほぼ間違いなかろう。

この車には青銅製の輈頭飾が発見されていない。卵形の衡飾は、やはりやや小型であるが一対、墓坑南西隅に固まって出ている。この車の軛は、軛首だけに青銅飾をつけたものである。石はまた第一の車について「軜飾」にあてたものに対応する一群の銅泡をこの車についても弁別している。第一の車の青銅飾を通した紋様のテーマは星形で

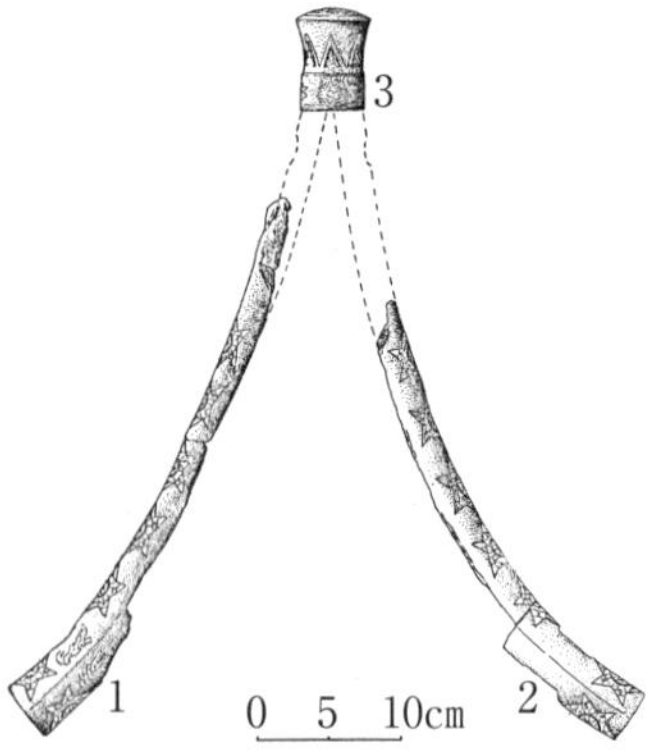

図69　安陽小屯C区、20号墓の第1類乙種車の軛

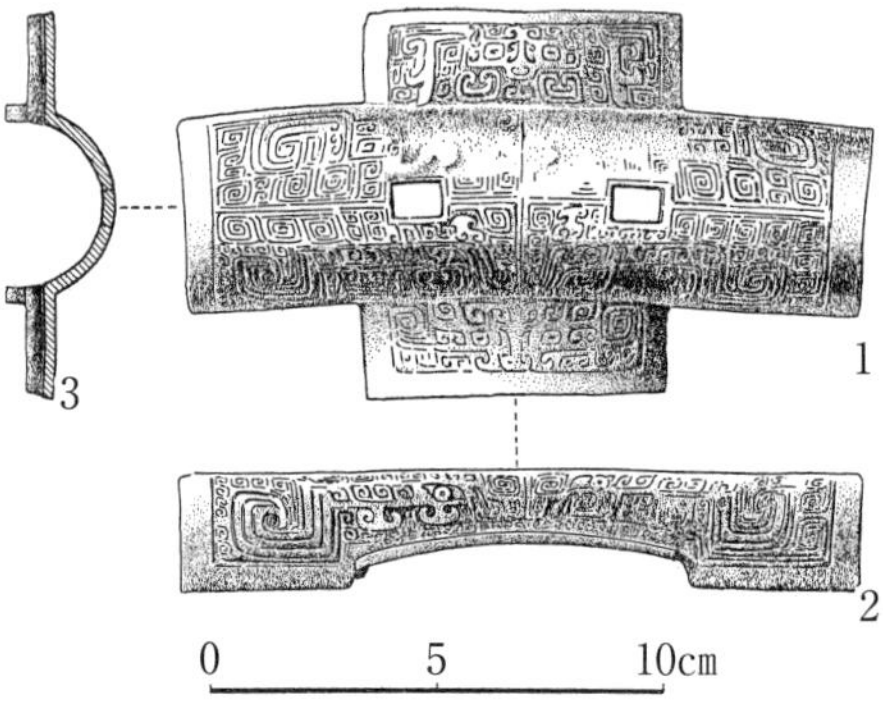

図70　安陽小屯C区、20号墓の第2類車の輈と軫の交叉部の飾金具

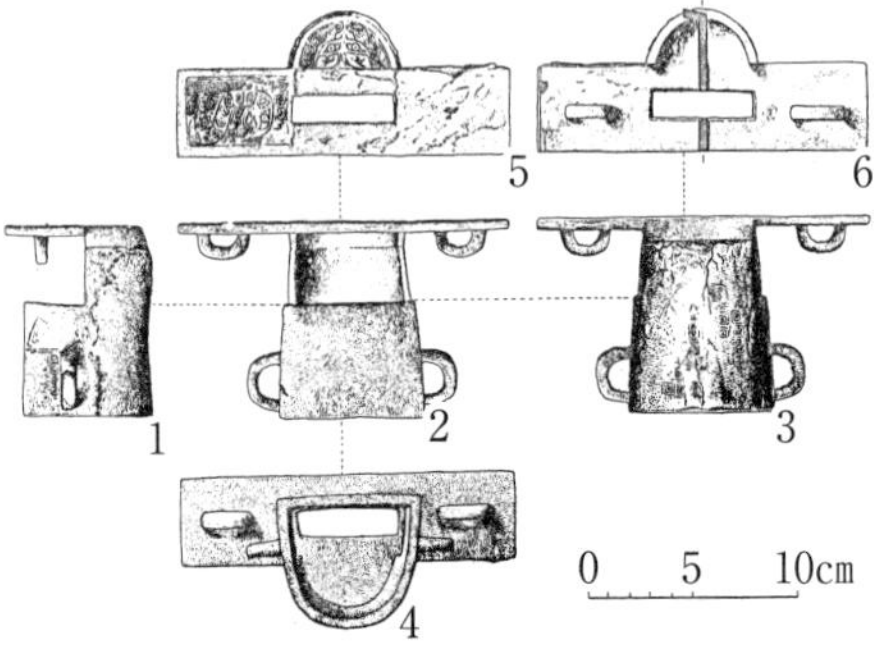

図71　安陽小屯C区、20号墓の第2類車の輈と踵と軫の交叉部の飾金具

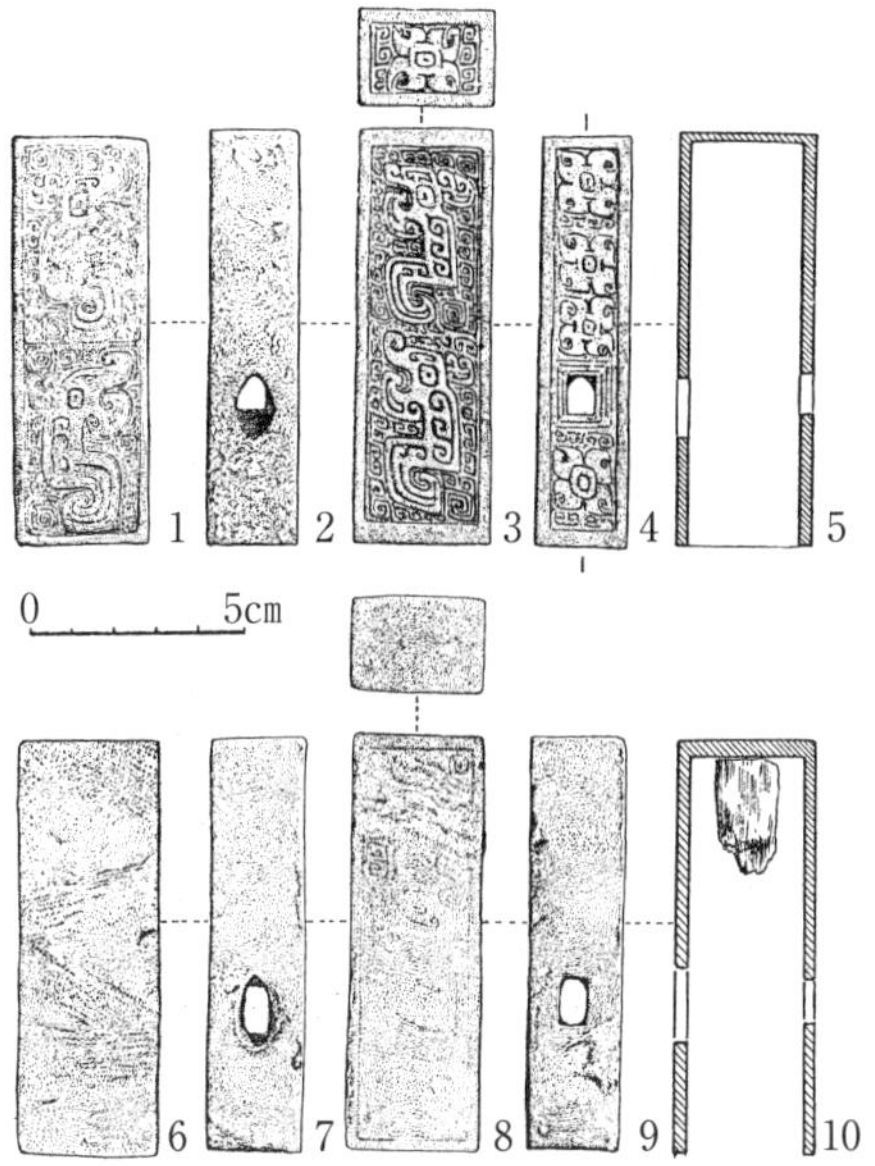

図73　安陽小屯Ｃ区、20号墓の第２類車の轄の飾金具

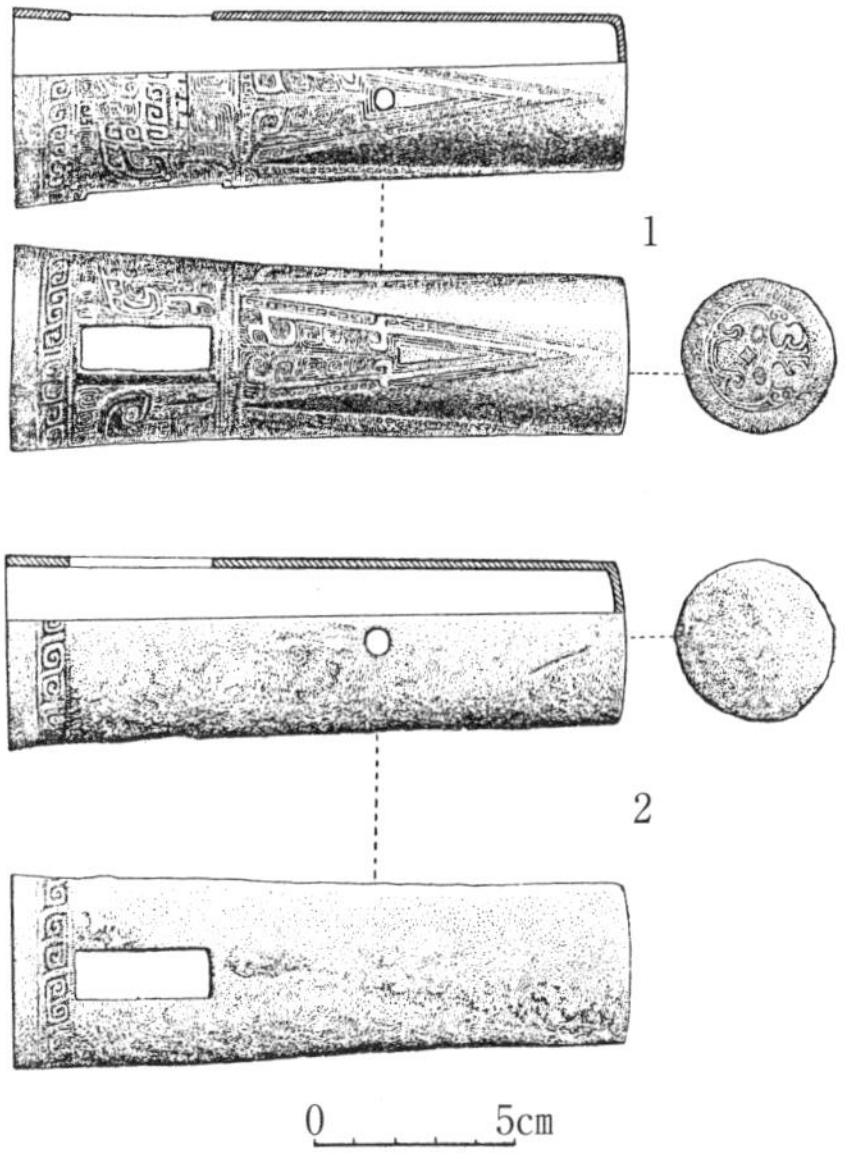

図72　安陽小屯Ｃ区、20号墓の第２類車の軎の飾金具

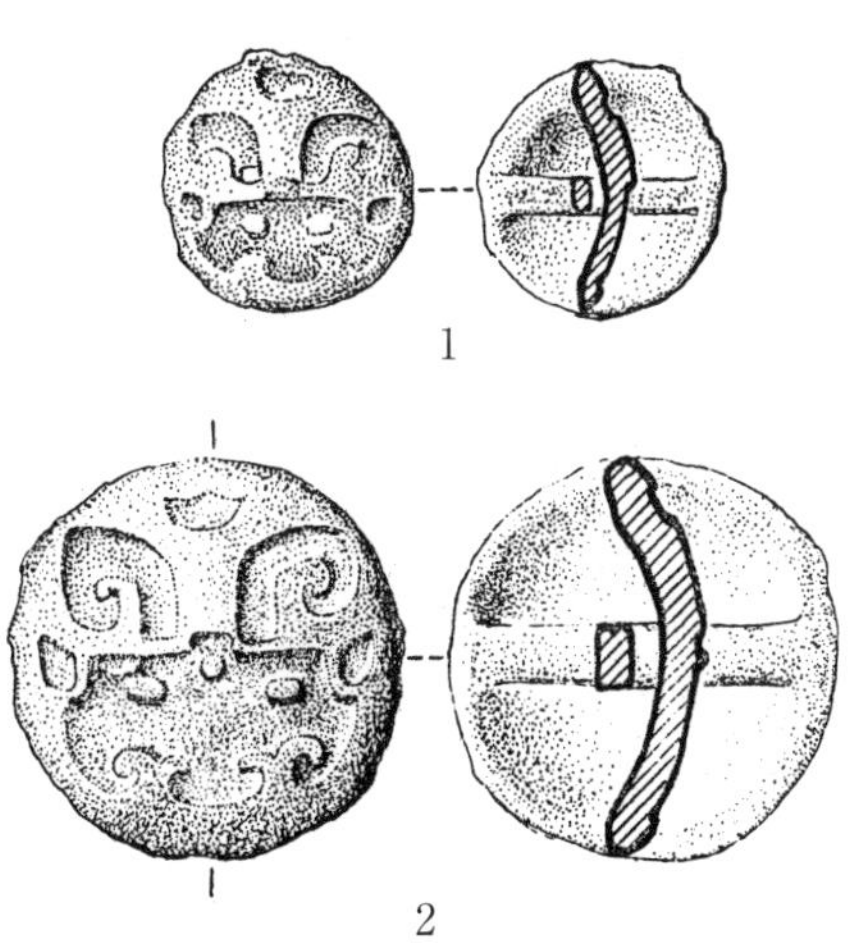

図74　安陽小屯Ｃ区、20号墓の第１グループの頭絡の青銅泡

あったが、この第二の車は饕餮、S字形にくねった龍、それに「井」紋である。

他に、第一、第二の車の輿の付近からそれぞれ一個ずつ、素紋で片側だけに鰭のついた青銅鈴が出ている。石璋如は馬の頸以外の部分につけたものである可能性が大だというが[6]、出土位置からみて馬の頸につけられたと思われる鈴は饕餮紋で飾られている点に相違がある。やはり車輿のどこかにつけられたか、あるいは車にたてた旂につけられたもの（旂に鈴をつけることは第一章、二二―二三頁）とみた方がよさそうに思われる。

この墓には四頭の馬が埋葬され、墓坑南辺に四つの頭骨が頭絡の飾りと共に出土している。うち、一番東と一番西のものが同じ型式の頭絡の装飾をつけ、一対をなし、中の二つがまた別の一対をなす。東西両端の一対の馬の頭絡は饕餮面を鋳出した青銅泡で飾られる（図74）。青銅泡の出土状態より石璋如は図75の6のごとく復原している。鑣は方形板状をなし、一辺に耳、これと平行の二辺に平行に頰革の端を通す筒、中央に銜を通すための孔をもつ。金属製の銜は出ていない。郭宝鈞は濬県辛村の西周前―中期墓の頭絡にも殷の伝統を引いて金属製の銜がないことに注意し、このような鑣には革の銜が使われたと考えている。

轡の延長である革紐が銜として口中に通されていたと考えてよいであろう。もちろん抜けないよう、鑣の外側に結びこぶを作る必要がある。よく調教されたおとなしい馬であれば革製の銜でも十分意のままに御することができると考えられ、また馬もその方が楽なはずだという（中尾喜保氏の意見による）。

石璋如の復原図では頰革と鑣の装着法、革の銜、方形鑣の外側についた耳――顎革を通すためのもの――が満足に画かれていない。正確には図76のごとくなるべきである。なおこの馬には饕餮を飾った鈴が頸から懸けられ、それを吊す紐もやや小型な青銅泡で飾られていたと考えられている（図77）。

中央の一組の馬の頭絡は図78に示したような饕餮面の形の青銅飾金具と子安貝で飾られていた。鑣の型式はさきの一組と同じである。子安貝の保存はよくなかったが、石璋如は図79の8のように復原している。この図で、鑣および

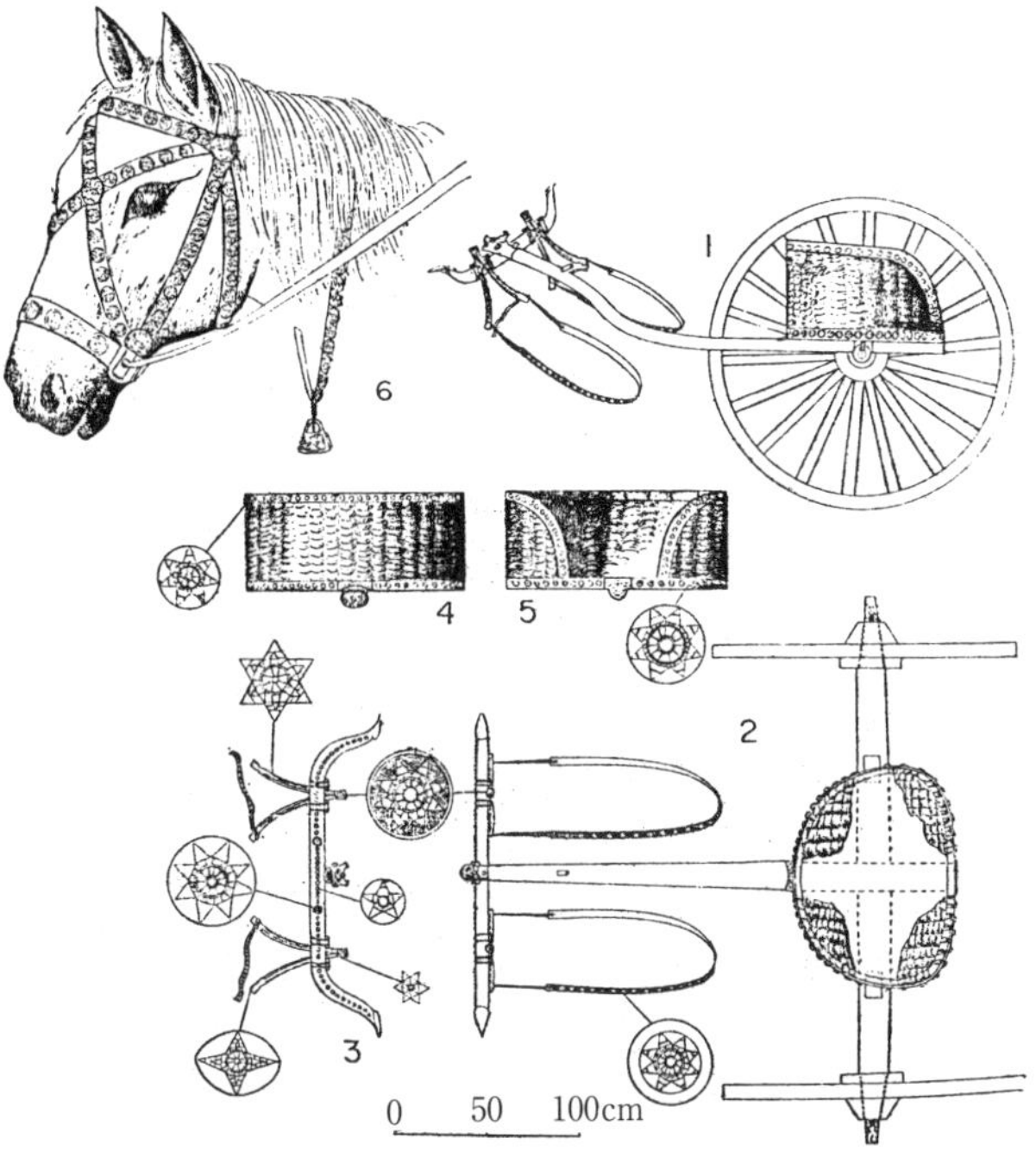

図75　石璋如氏による小屯Ｃ区、20号墓の第１類乙種馬車の復原図
１．車の側面図　２．車の俯瞰図　３．衡の前面図　４．輿の前面図
５．輿の後面図　６．馬の頭絡と鈴

図77　安陽小屯Ｃ区、20号墓出土の馬鈴

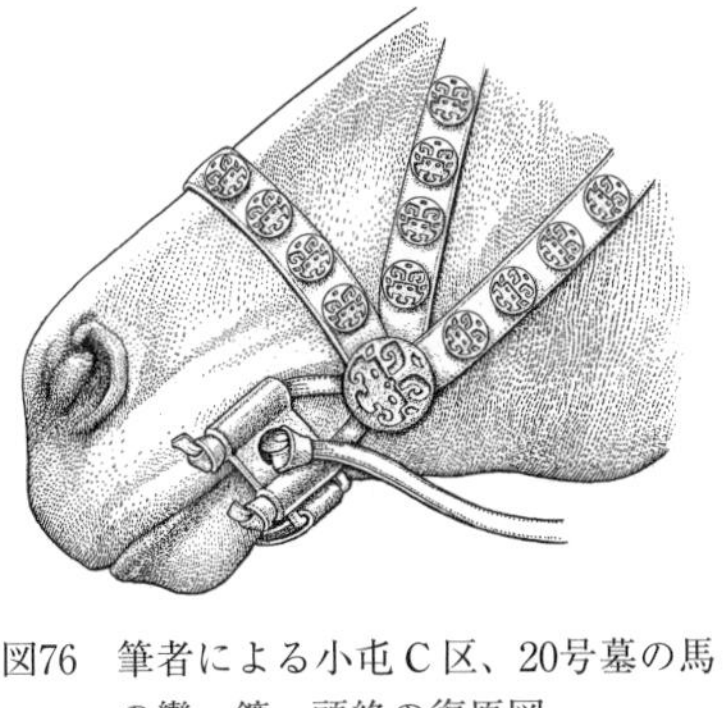

図76　筆者による小屯Ｃ区、20号墓の馬の轡、鑣、頭絡の復原図

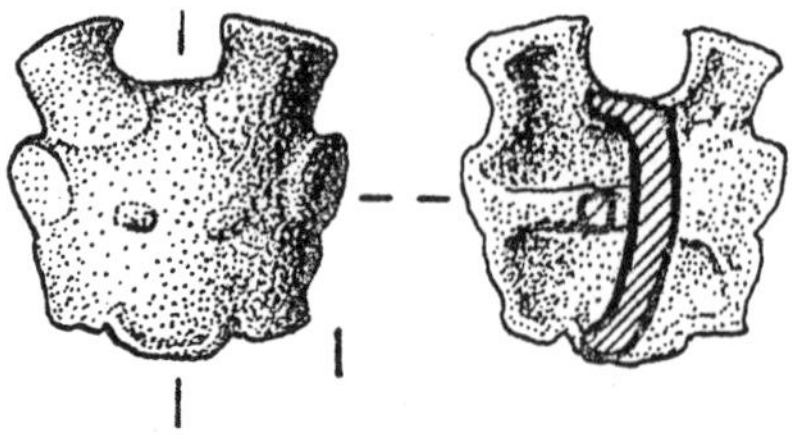

図78　安陽小屯Ｃ区、20号墓の馬の頭絡の飾金具

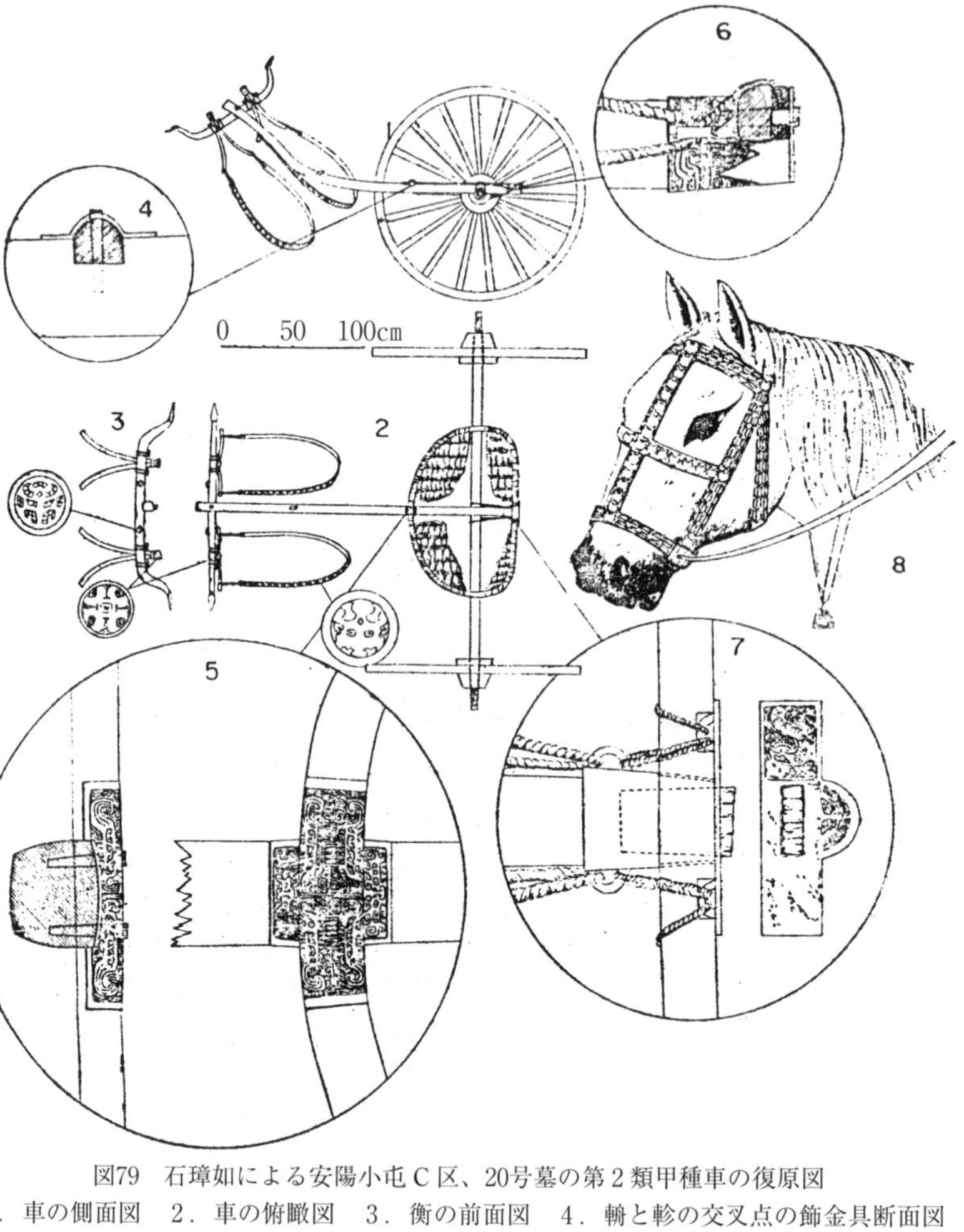

図79　石璋如による安陽小屯Ｃ区、20号墓の第２類甲種車の復原図
1．車の側面図　2．車の俯瞰図　3．衡の前面図　4．輈と軫の交叉点の飾金具断面図
5．同部飾金具装着図　6．輈と軫の交叉部の飾金具断面図　7．同部飾金具装着図
8．頭絡と鈴

頬革のあたりが不正確なこと、さきの例と同様である。またこの一対の馬の頸の近くからは鈴が出ていない。

これら四頭の馬を、石璋如はさきに記した組を第一の車に、後に記した方を第二の車に属せしめている。第一の車の方が輿、衡、軛などに青銅の飾りを多くつけるから、頭絡の装飾の豊富な第一の組をこれに属せしめることは妥当と考えられる。

この二〇号墓の二台の馬車を石璋如は図75、79のごとく復原した。石が第二類甲種とした馬車に全然周囲の囲いを作っていないのはおかしい。軫前と輈の交点の金具は、輿の内側に入る部分にも装飾があるのであるが、だからといって軨の類が全然なかったとは考えられない。そのような馬車は軽業師ででもない限り危険で乗れない。おおいを何もかけない簡単な格子状の囲いをつけた桟車といった類が後の時代にも知られているから、そのようなものを想定すべきである。

【四〇号墓】　西南部に後世の破壊を被っているが、中に埋められた馬車の大体をうかがうことができる。この墓は南北二・五メートル、東西の幅は北端で一・八メートル、南端で一・五五メートル、三体の人骨と二頭分の馬骨が検出された（図80）。

まず車馬についてみる。輿は後辺を墓坑の北壁に接して置かれ、軫の周囲につけられた龍形の飾り（図81）が箕の形なりに出土した（図82）。この輿の南北中央に、輈の踵が軫と交るところおよび輈が軫の前部中央で交るところを飾る青銅金具が出ている。二〇号墓の第一の車、石の第一類乙種のものと同型式で、龍と饕餮で飾られる。

この車の輿の中に、軫の周囲に飾られたのと同じ龍形の飾りが、図83のごとく連なって発見された。石璋如はこれを、車輿の周囲を囲う、一方の開いた囲いの上縁を飾るものと解釈した。図84のごとく考えたのである。乗り口は、通常の馬車と反対に、車の後でなく前に来るのである。これは誰が考えてもおかしい。何故蹴られたり、尾ではたか

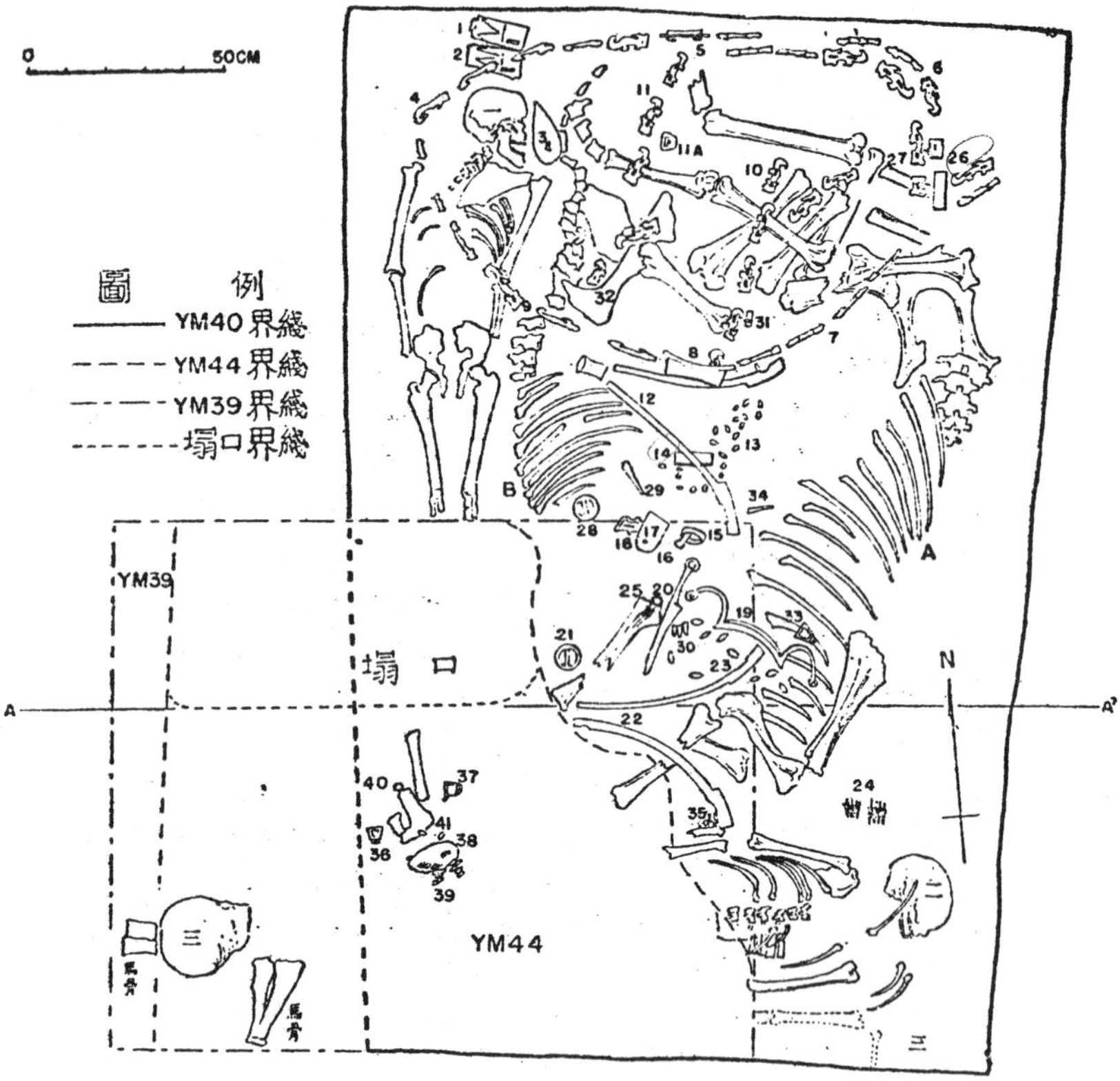

図80　安陽小屯Ｃ区、40号墓の遺物出土状態

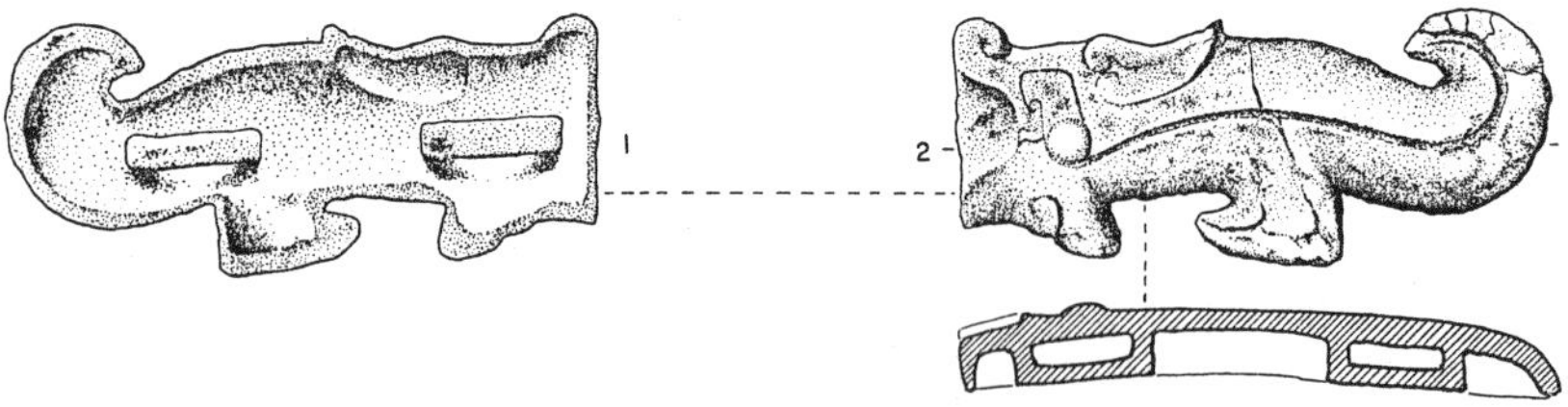
図81　安陽小屯Ｃ区、40号墓出土馬車の飾金具

れたりする危険をおかして馬の後足のすぐ後から、馬車に乗り降りする必要があろうか。そこで考えてみるに、石が指摘しているように(7)、この一連の龍は、すべて正面を下に、背面を上にして出土しており、図をみても確かにそうなっている。石の考えたように、椅子の立面のもたれのような形の囲いの上縁ぞいにとりつけられたものが、土中で図83のようにひしゃげたとしたら、向う側は裏向きでもこちら側は正面向きで出土するはずで、全部が裏向きになることはあり得ない。これは石の解釈が間違っているというほかない。

とはいえ輿の上から出土した一つながりの龍形飾が、輿の周囲の軨の飾りだということは大いにありうることである。すぐ後にみるように、この墓では車軸をとり外し、二つに折って車の部分を揃えて埋蔵している。上に高く出張る輿の囲いをとり外し、二つに折って重ね合せて輿の上にのせ、土をかけた、とでも見れば、先の石の解釈の矛盾は

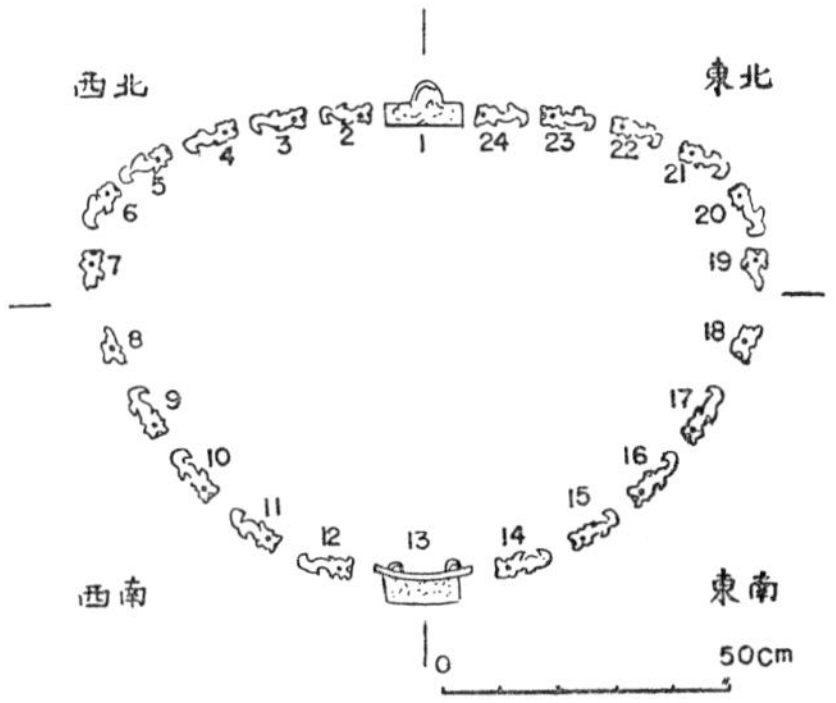

図82　安陽小屯C区、40号墓馬車の輿の床の周囲の飾金具

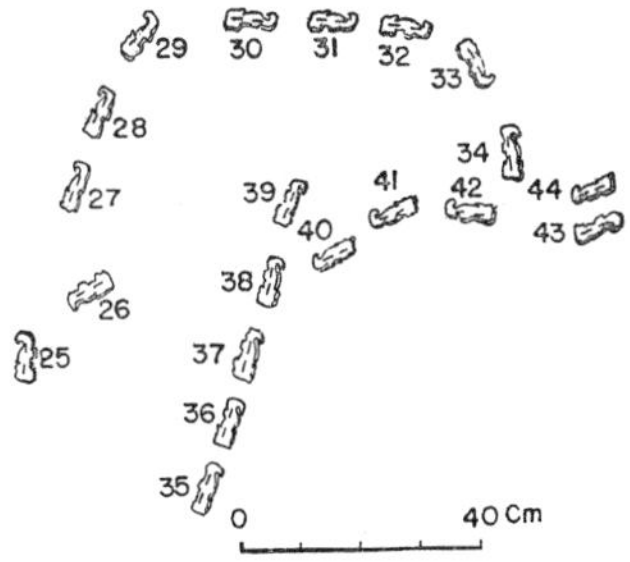

図83　安陽小屯C区、40号墓馬車の軨の龍形飾金具排列状態

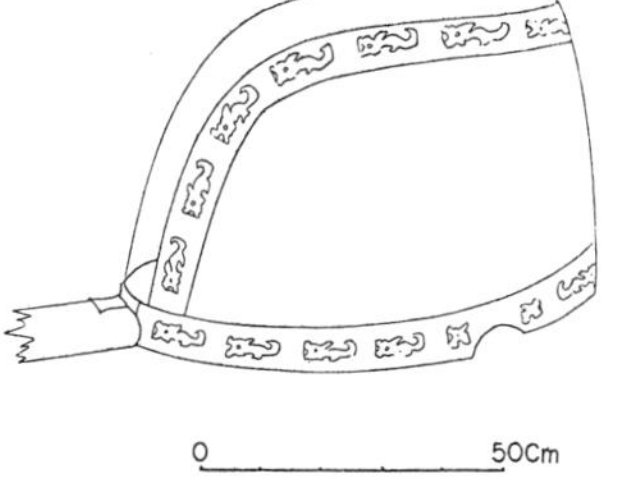

図84　石璋如による安陽小屯C区、40号墓馬車の輿の床の周囲および軨の飾金具装着状態復原図

解消されよう。

　害の金具は二つ並んで墓の西北部から、轄の飾金具は、東北部および中央部に離ればなれに出土した（図80の26、14）。二〇号墓第一の車のものと同型式、装飾のテーマは輿の飾りと同様龍である（図85a、b）。

　輈の痕跡は発見されていない。軛は衡にとりつけたまま輈から外し、南北方向に向けて墓坑の西よりに埋めたものとみられる（図86）。軛の青銅飾、衡端の飾りの型式は二〇号墓のものと同様である（図87a、b）。装飾のテーマは輿の飾りと同じ龍である。

　頭絡の飾りは子安貝製であるが、墓坑西南部にあって原位置から動いている。鑣は方形板状二管のものであるが、これも原位置から動いている。二〇号墓の鑣にあった、外側の耳がない（図88）。顎革が付けられないが、この革は必ずしもなくてならないものではない。三個出た鈴のうち、一個は墓坑の中央よりやや東南よりから出土し、他の二個は馬の頭絡などと共に出土した。

【二〇二号墓】　南北二・八メートル、東側と西側を隋墓に削られ、不完全にしか残らない（図89）。遺骨によって人間三人、馬二頭が数えられる。輿は墓坑南部に、後部を南壁に接して置かれたと思われ、輈の踵と軫の交点の飾金具および軫にそってとりつけた饕餮面の形の装飾（図90a、b）が出ている。ただし輿の東南部に当る部分しかない。いずれも上が星形になった奇形の角をつけた饕餮が装飾テーマである。石璋如は墓坑残存部西北方に並んで出てきた青銅饕餮形飾を輿の囲いを飾ったものとするが、長さがちょうどよいという以外に根拠がない(8)。「鞧飾」の方も同じことである(9)。
　墓坑の南東部に馬頭が検出され、その南から長方形板状二管の鑣が出ている。これも四〇号墓の例と同様外側に耳をつけない型式である。またその東方から図91の1、2のごとき、松緑石象嵌の飾金具が出ている。石は小屯一六四

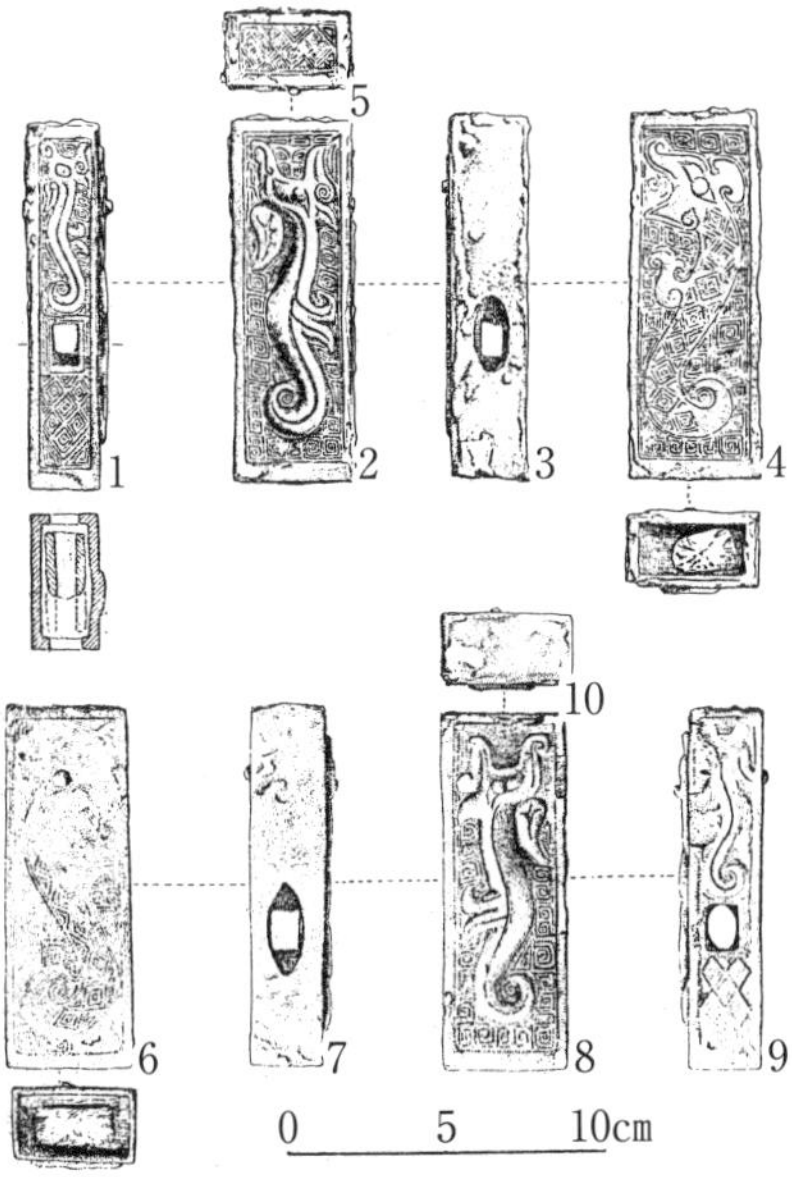

図85b　同車、轄の飾金具

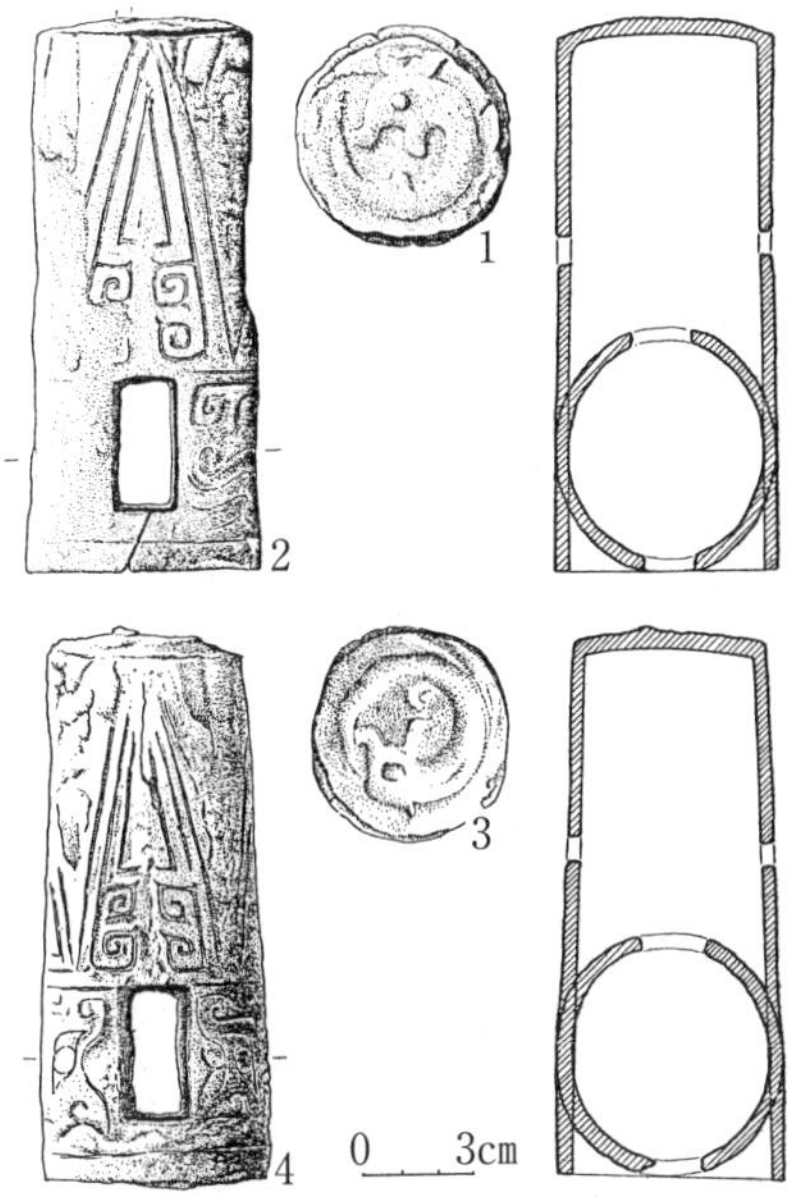

図85a　安陽小屯Ｃ区、40号墓第１類甲種車の害飾金具

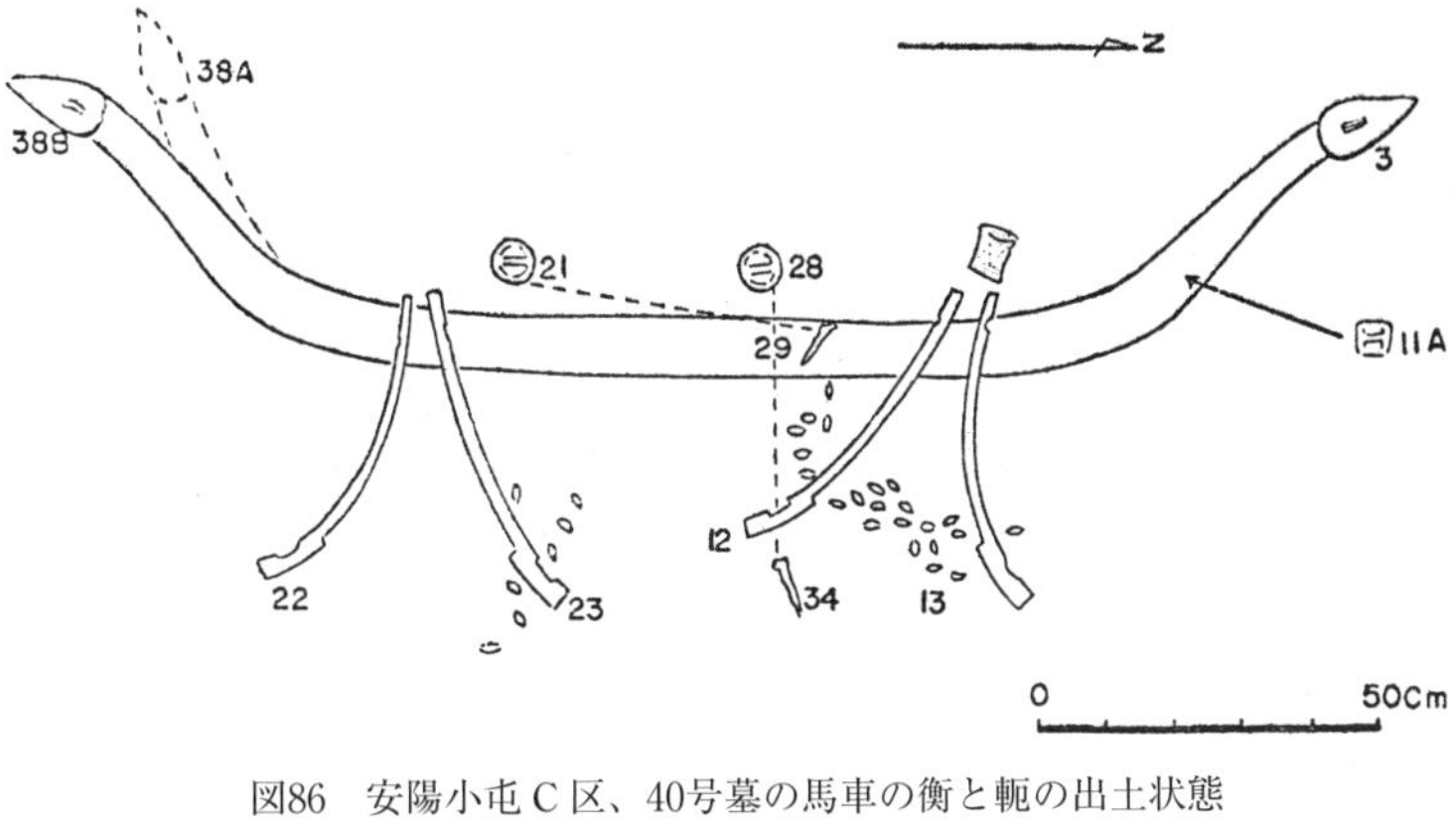

図86　安陽小屯Ｃ区、40号墓の馬車の衡と軛の出土状態

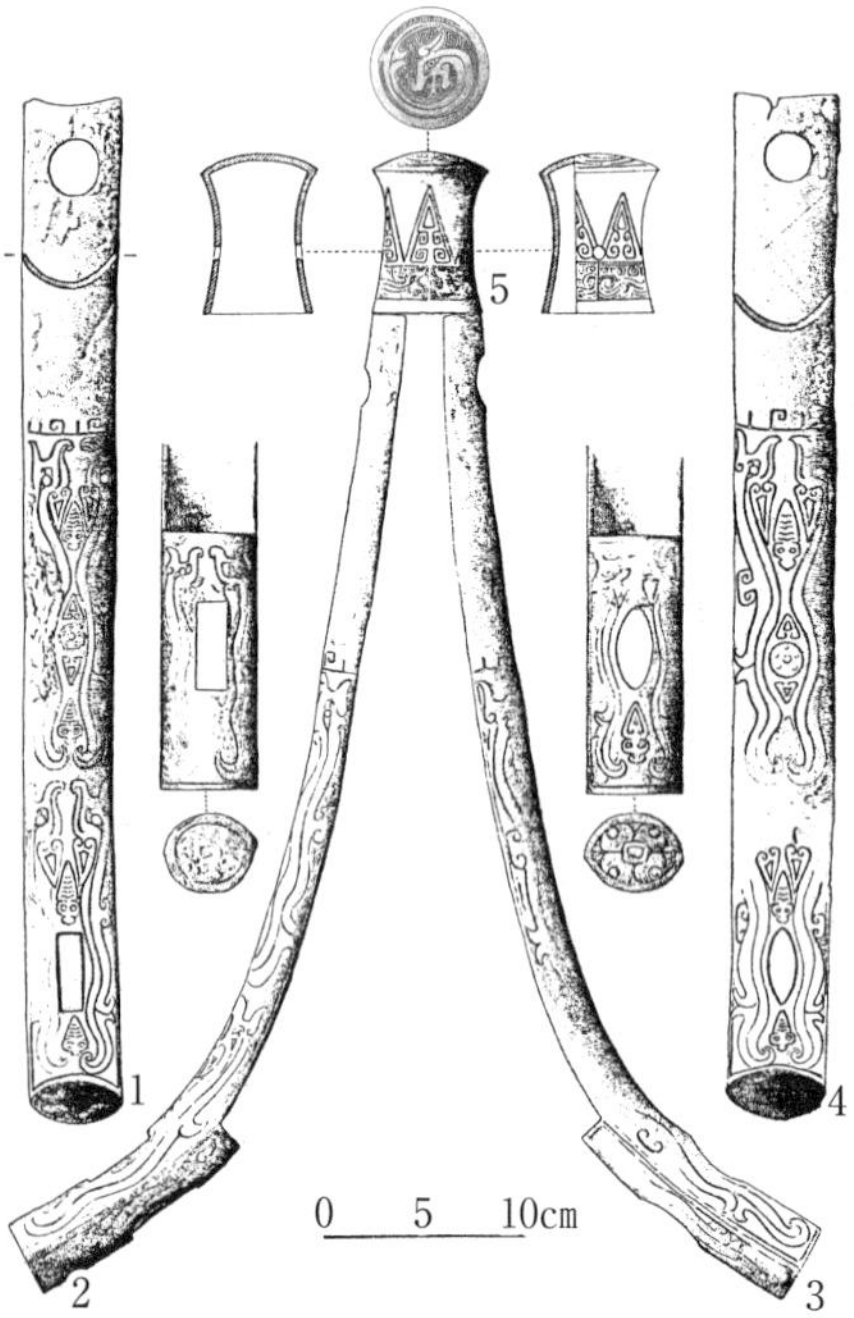

図87b　同上馬車の軛首および軛脚の飾金具

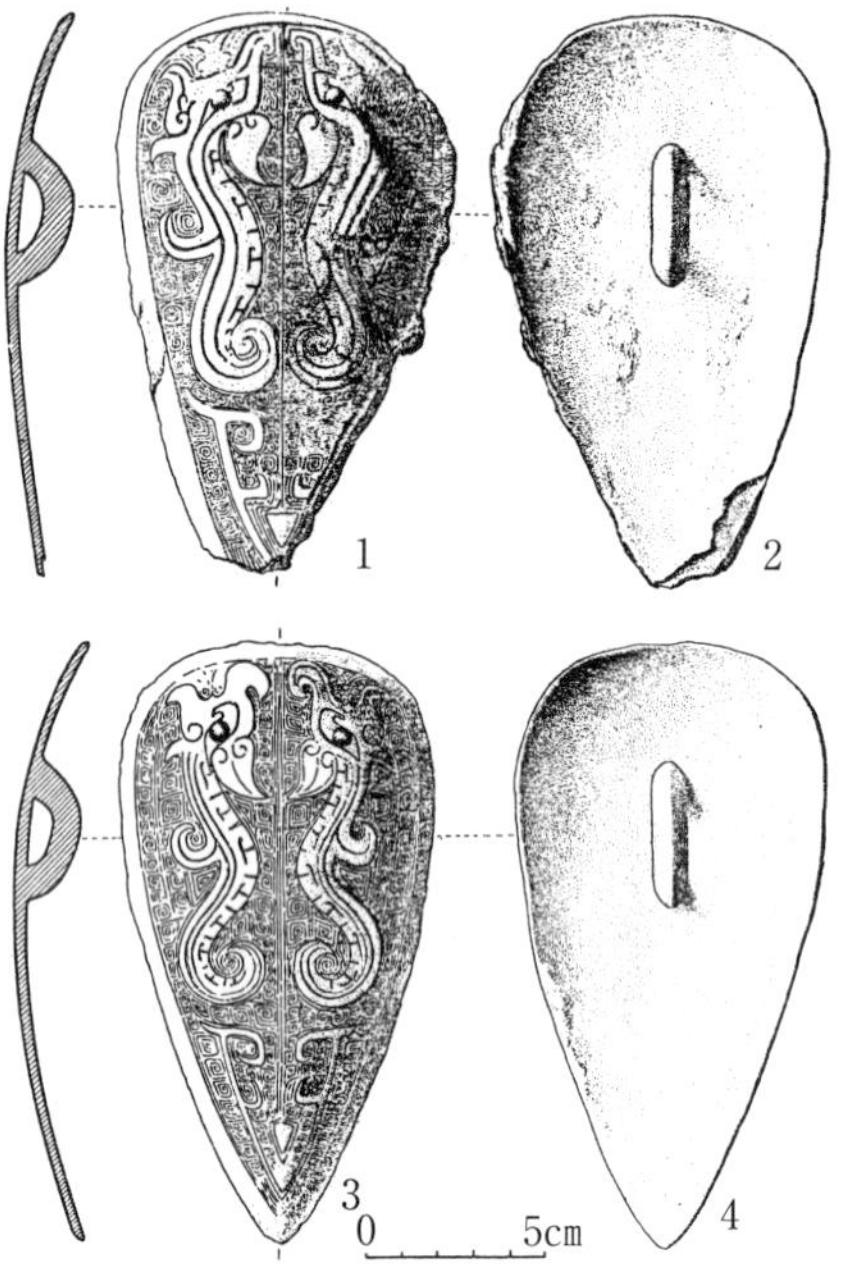

図87a　安陽小屯Ｃ区、40号墓の馬車の衡端飾金具

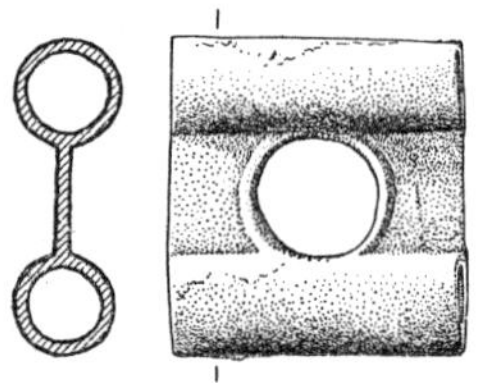

図88　安陽小屯Ｃ区、40号墓の馬の鑣

号墓の馬の額から出た貝製品と同形であるところから、これを当盧としている。妥当と思われる。その他このあたりから出た飾金具を鬣飾、鼻梁下飾などにあてている（図91の3—7）。それでよいかどうかはわからない。石が復原した頭絡の図（図92）は、鑣のつけ方がおかしいこと二〇号墓の場合と同様だが、この頭絡には咽喉革がない。これではすぐ外れてしまうであろう。銅泡の数が足りないなら、これを飾らない咽喉革を画きそえるべきである。

　他にこの墓から青銅製の轄飾が出ているが、二〇号、四〇号墓のものと同型式だから引かない。

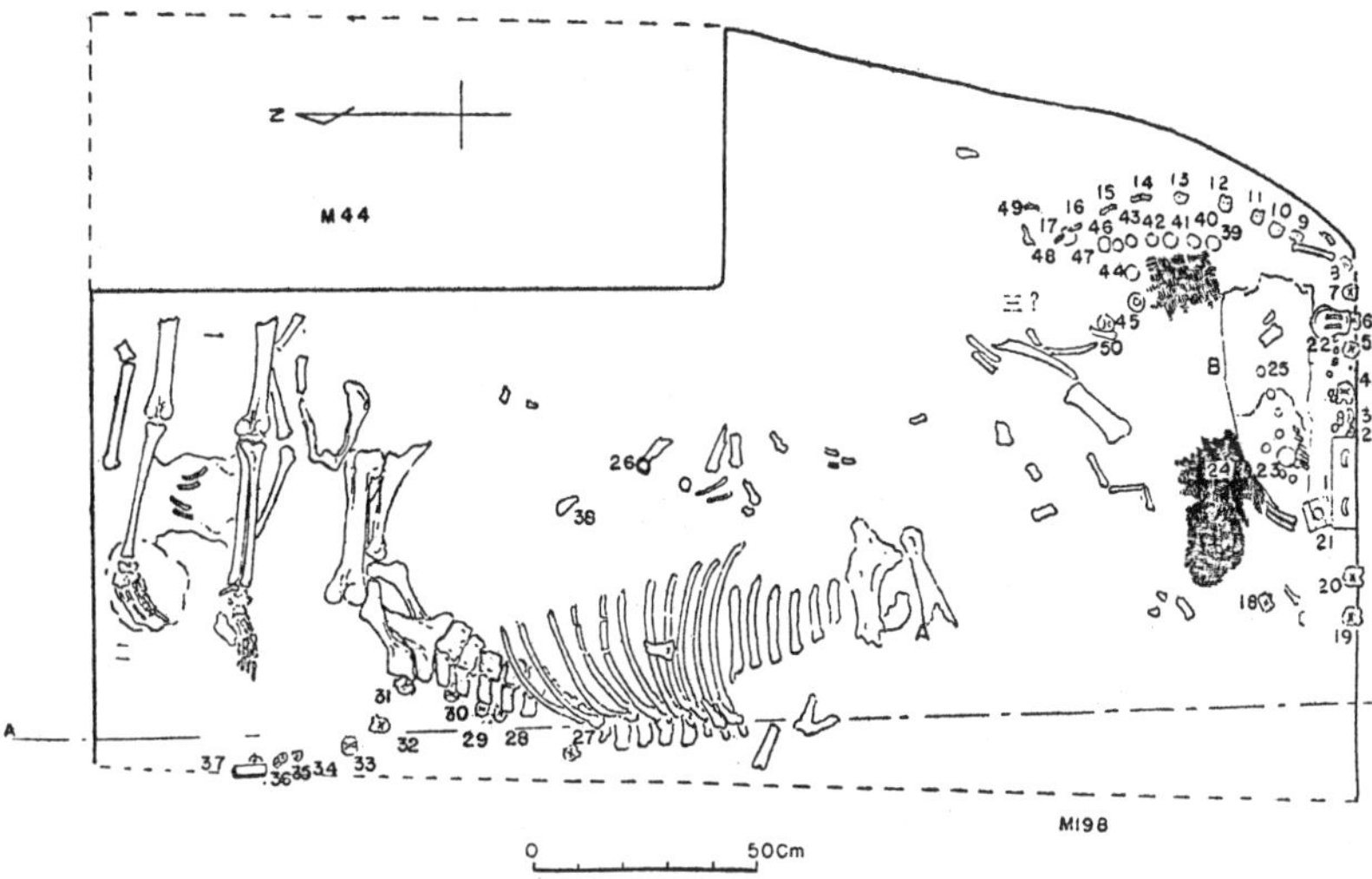

図89　安陽小屯Ｃ区、202号墓の遺物出土状態

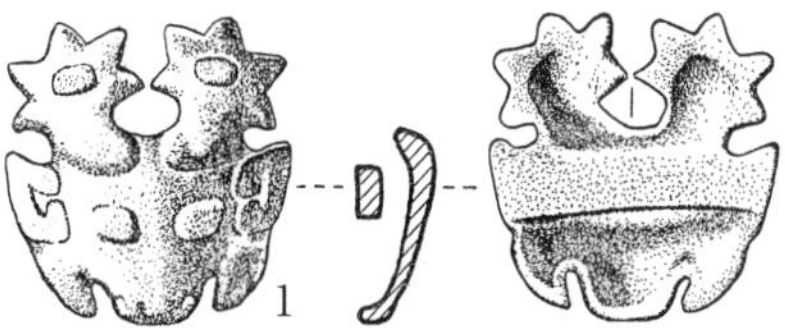

図90b　同馬車の輿の床の周囲の飾金具

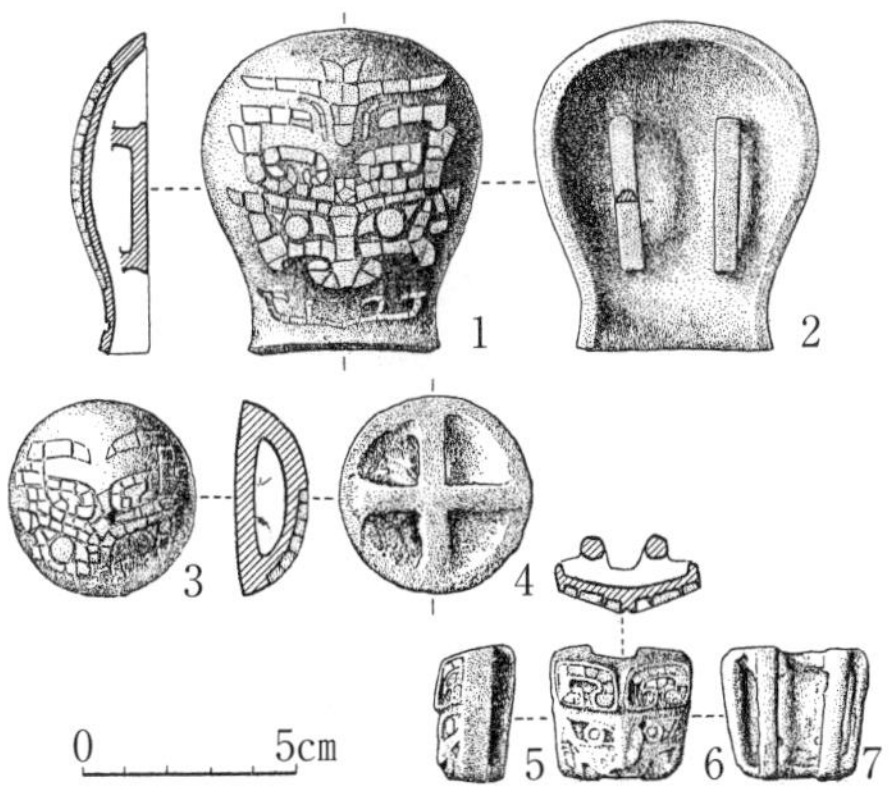

図91　安陽小屯Ｃ区、202号墓の馬の当盧および頭絡の飾金具

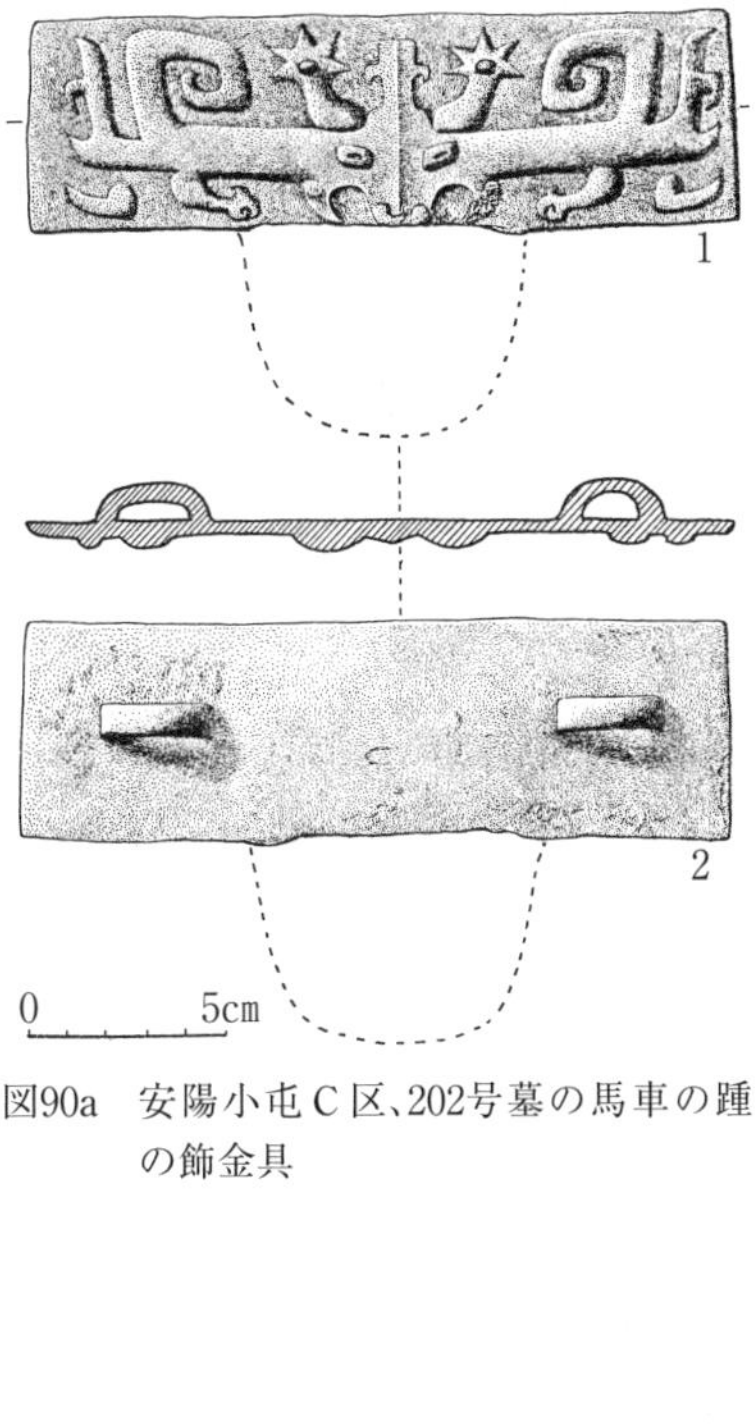

図90a　安陽小屯Ｃ区、202号墓の馬車の踵の飾金具

【四五号墓】 他の車坑にみるごとき青銅泡が出、二〇四号墓からは輈の踵と軫の交点の飾金具（図93）が出、いずれも車坑と知られるが、他に馬車の作りを知るに足るものが出ていないので略する。

二〇号、四〇号墓の乗員の持っていた武器に混って策、即ち馬車を御する鞭といわれる遺物が出ている。[10] 木部は腐って残らないが、先端には高さ二・七センチ、下底の径一・九センチの截頭円錐形の玉をはめ、その下には長さ約五・五センチ、幅一・一センチ、厚さ一ミリ足らずの金の薄板を二枚両側からかぶせた装飾が八段、その下一〇センチあけて下端にまた煙管の吸口の形の玉管（長さ二・七センチ、径一・六センチ）をはめる。全長五七・五センチと記される。[11] 石璋如はこの棒の先に革紐をつけたものと考えている。そして考工記、輈人に「軓前十尺而策半之」注に「十

図92　石璋如による安陽小屯C区、202号墓の馬の頭絡の復原図

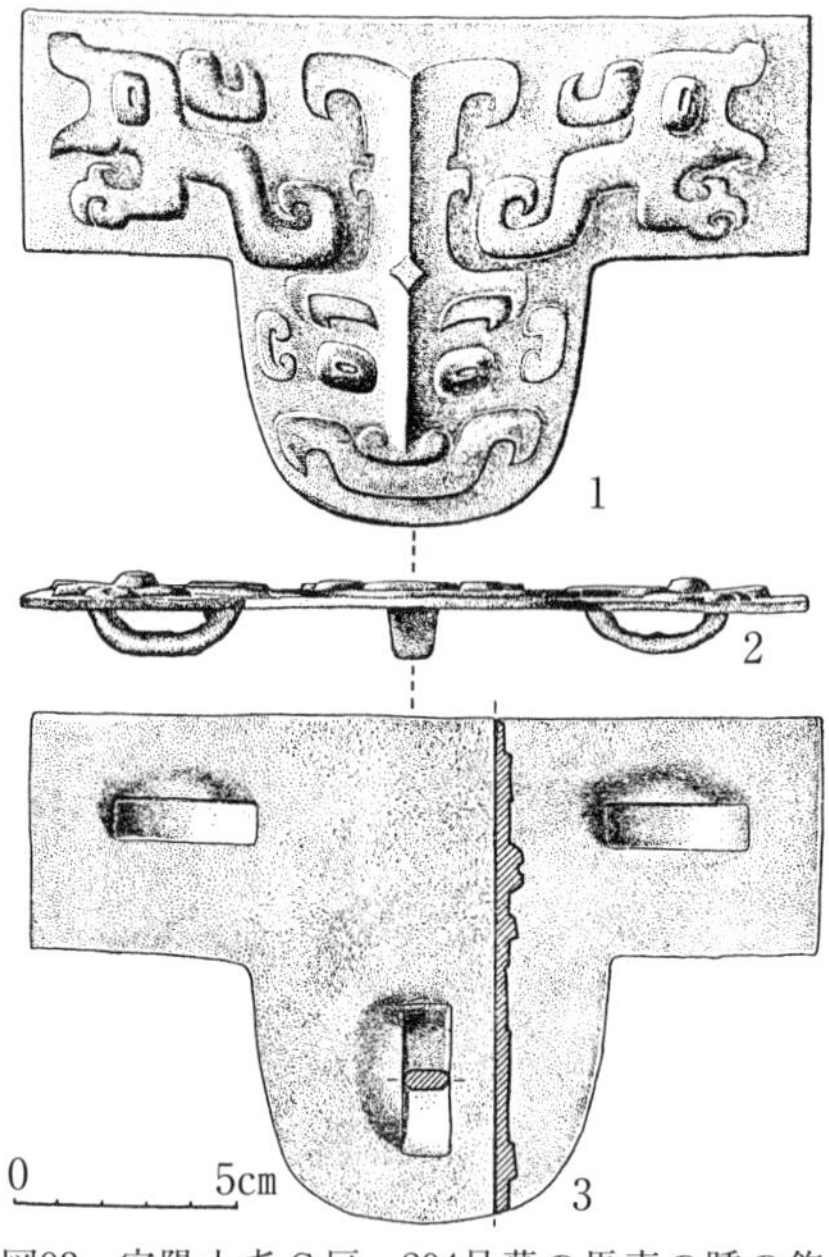

図93　安陽小屯C区、204号墓の馬車の踵の飾金具

或作七」というのにつき、石璋如はこの二〇号墓の馬車は軓前一・一二メートルで、この策の長さ五九・四センチの約二倍であり、これを南京博物院の殷代骨尺といわれるもの一尺約一六・八センチで割ると、ほぼ七尺となる。「七尺」がよいのではないか、という。しかし、この輈の軓前一メートルちょっとは馬一頭を容れるのに短かすぎるので、ひしゃげているか、非実用の模型であるかと思われ、標準にならない。策がほぼその半分というのも偶然であろう。

なおこれと相似た策は一六四号墓からも出ている(12)（図94）。この策は先端が尖り、横にもまた曲った刺が出ているのは興味深い(13)。「策」には「刺」の意味があるからである(14)。このような刺のついたむちで馬を御する技術が行われたことが知られる。

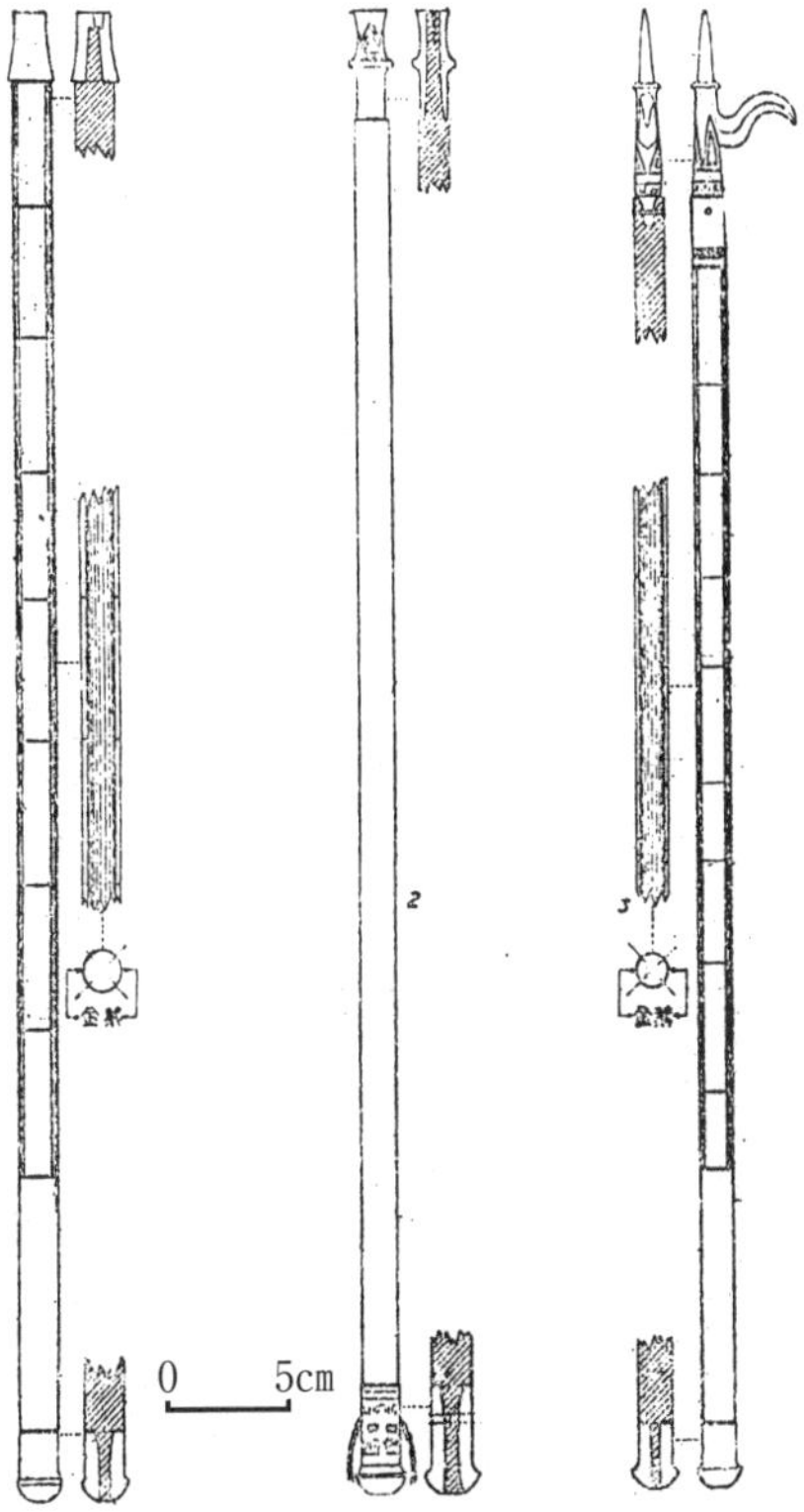

図94　安陽小屯出土の策の復原図（左より20号、40号、164号墓出土）

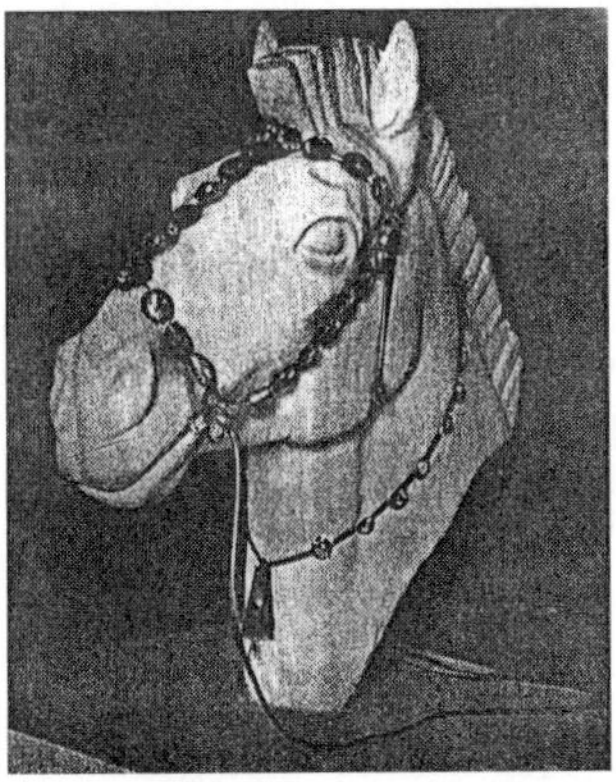

図95　安陽武官村大墓出土の馬の頭絡復原図

(b) 安陽侯家荘西北岡東区の車坑、馬坑

一九三五年、第一一次、一二次発掘に際し、この地区で多数の小墓と共に車坑、馬坑が発見された。[15] 大体殷後期であると思われるが、その時期は明らかでない。

第一一次発掘の際、南北約三メートル、東西約二メートル、深さ約二・五メートルの不規則な長方形の車坑が発掘された。車の各部分はばらばらにして放りこまれており、木質はすでに朽ちてなく、馬の頭絡の飾りと車飾が数百件出た。馬坑は一一個発見された。多くあまり規則的でない長方形の平面をもつ坑で、最小のものは南北二・三メートル、東西〇・八メートル、深さ一・七五メートルで馬一頭を入れる。最大のものは南北二・五メートル、東西七・七メートル、深さ二・八メートルで三七頭の馬を埋める。そのほかは南北約二・四―二・七メートル、東西一・一五―三・六メートル、深さ一・三―二・一メートルで、そのうち一坑が四頭の馬を埋めるほか、残りの七坑は各々二頭の馬を埋めている。このうちある馬坑では、馬はみな押しあいへしあいして、うちの何頭かは頭をあげ、足を坑壁にかけており、馬を活きたまま埋めたことがはっきりわかったという。第一一次発掘の状況については石璋如「小屯的地層」(『六同別録』上、一九四五年)に出ているというが、未見なので、これ以上のことが知られるのかどうかわからない。

第一二次発掘において、右と同処で一個の車坑が発掘され、二五台の車が出た。五つずつ組をなしていて、青銅の獣頭形の輈飾が一個発見された。[16] 輿は前が半円形をなし、前記の小屯C区のものと同じ形だという。[17] これ以上のことは現在明らかでない。

(c) 安陽武官村大墓の附葬坑

一九五〇年春、新たに出来た中国科学院考古研究所によって、安陽武官村で一基の大墓が発掘された。[18] 車は出なかったが、その北側の墓道からは上を北にした品字形に配置された馬坑が三つ発見され、東、西、北の順にそれぞれ

六、四、六頭、計一六頭の馬骨が出土した(19)。西側の坑には北に二頭、南に二頭を配し、頭には頭絡をつけ、頭絡は小銅円泡で飾られている。北の二頭は頸に銅鈴をかける。東側の坑には北に三頭、中に二頭、南に一頭を入れ、やはり銅鈴、頭絡、銅泡があり、当盧、銅鑣、辻金具を伴うものもある。馬は殺して入れたらしく、もがいた形跡はない。北側の坑には北に三頭、中、南に三頭を埋める(20)。当盧、頭絡、銅泡などがよく原位置を保っていて、うち一頭は非常にはっきりしており(21)、復原することができた（図95）。頭絡は次のごとくである。額に左右に目の後をめぐって紐が廻り、左右各三個の銅泡を飾り、中央に当盧がつく。当盧から鼻梁に沿って下る紐には三ないし四個の銅泡がつけられ、下端から左右の口角《くちかど》に至る紐に、各三個の銅泡がつく。頬革には各九個のやや小さい銅泡をつける。額の革、鼻革の接する処には大きい銅泡を使う。口角のところには方形の銅鑣が使われるものもある。額の革と接するところには十字形の辻金具が使われることもある。青銅製の銜は見出されなかったという。これらの金具は図96に示すごとくである。ここに示された鑣は、銅泡を四つつなげたような形で、後の西周時代にはあとを断つ、奇妙な作りのものである。銅泡のうち裏に十字形の梁がある大型のものが革紐の交叉部に使われるものである。鑣は合計八個しかなく、郭宝鈞は鑣のあるべき口角に、普通の大型の銅泡が使われることがあると記している。後述の象墓の刀子の柄頭を飾る馬頭も、頭絡に鑣が表わされていない。あるいはこの鑣のない頭絡は、水勒のようなもので、元来鑣のないものである可能性が考えられる。

なおこの東西両坑の間の小坑に、二人の人間がしゃがんで向き合った形に葬られ、西側の一人の側には銅鈴が、東側の一人のそばには銅戈が発見された。郭は、あるいは前者は犬馬の飼養係り、後者は門衛ではないか、という(22)。この戈は内の一面に嵌石で執字が表わされている(23)。郭氏はこの字を執と釈している。思うに、この字は『周礼』の圉師、圉人の圉で、養馬者の義ではなかろうか。殷時代には、先にみたように馬車と一緒にそれを扱うべき人間を、また象と一緒に象使いを葬るというように、取扱いにやや専門的な技芸を要するものには、その係りを一緒に殉葬する風があったように思われる。この二人の入れられた坑の位置からみて、この一六頭の馬に付属するものと解しうるようである。そうとすれば圉が圉の銘をつけた戈をもっていることになり、武器類の銘、引いては図象文字の性格を考える参考にもなりうるであろう(24)。

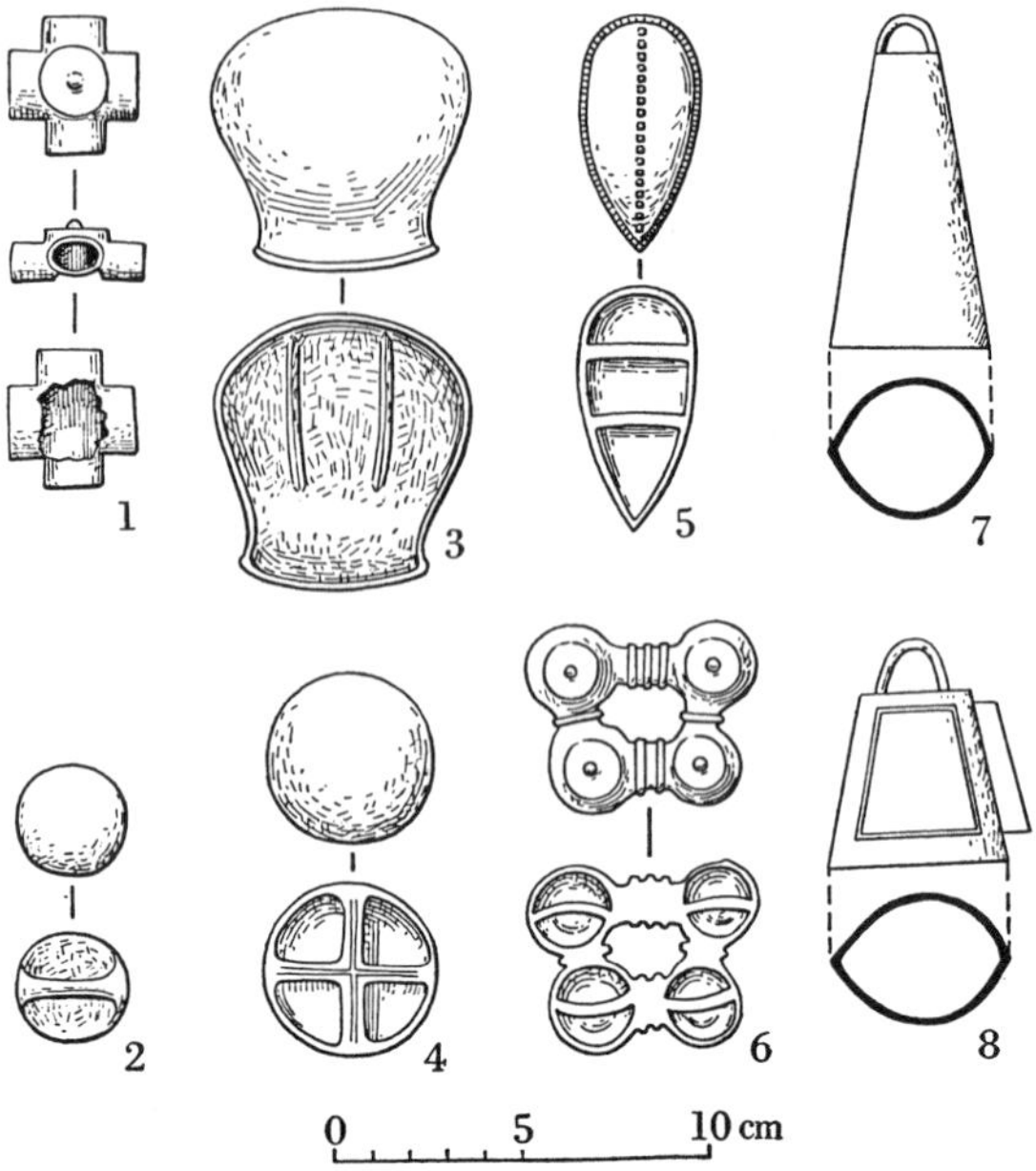

図96　安陽武官村大墓出土馬具ほか（殷）

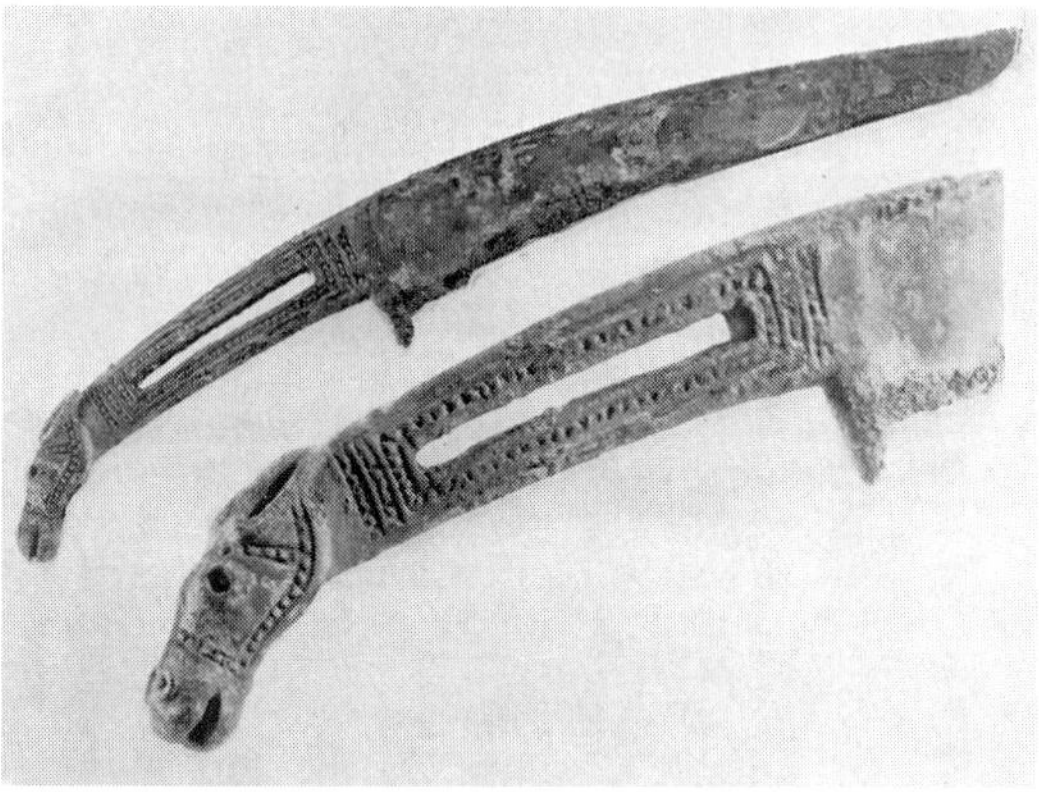
図97　安陽象墓出土青銅刀（殷）

(d)　安陽殷墟の「象墓」出土の馬頭を飾った刀子

他に類例を知らないが、一九三三年頃掘られ、象の紋様をつけた青銅器が多く出たところから「象墓」と通称され

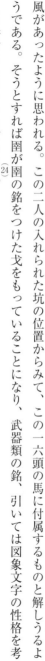

る墓があり、(25)そこから一括出土したと伝えられる遺物のうちに、勒をつけた馬頭を柄頭に飾った青銅刀子がある（図97）。柄のスロットの周縁にめぐらされた連珠紋などは非中国的な紋様要素ではあるが、刀の切尖の形、全体の姿は間違いなく殷式のものであり、また馬頭の表現をみても、鼻面、頤、目の表現は、小屯のYH一三一出土の馬頭の刀子(26)と全く同様であり、これが殷文化に属するものであることは疑いない。勒の革も連珠紋で表わされ、あるいは銅泡を飾った勒とも見うる頰革、項革、鼻革、額革のほか、咽喉革は表わされていない。鑣がなく、鼻革、頰革が口角から後に外れていて、水勒のような形にみえるが、果してそういうものを写そうとしたのか、表現の便宜でそう表わされたのかは決定しえない。しかし、前記の武官村の鑣を欠いた頭絡を考え併せると、あるいは前者の解釈が成り立つのではないかと考えられる。勿論そのような頭絡は繫駕しない場合に使われたものであろう。

(e)　安陽大司空村の車馬坑

一九五三年春、中国科学院考古研究所によって安陽小屯の洹河をへだてた対岸、大司空村で大規模な発掘が行われ、多数の殷墓と共に車馬坑が一つ（一七五号墓）発掘された(27)（図98）。ほぼ南北方向の長方坑で、(28)北端は坑口より北に掘り込まれているが、人間が入らなくなったので掘り拡げられたものと思われる。車の軸が坑底に接するよう、車輪、軸、輿、輈などに当るところを、坑底から更に掘りくぼめている（図98の五、六、八、九）。坑底から掘りこんだ槽は、上からみると車の俯瞰図のような具合になっている。このような方式は洛陽東郊の殷周の間の車坑に類例があるのみである、と記される。

坑の中央には輈を南にして車が置かれ、輈の両側に、頭を南にした馬が背中合せに二頭横たわる。馬の骨の整然たる様子からみて、これは殺してから置かれたものと考えられる。人骨は車の後の窮屈な空間に俯向けに置かれる。その下の土に黒い痕が長方形に残っているのは（十二）、下に敷いた織物のあとと考えられる。全体の配置からみてこの

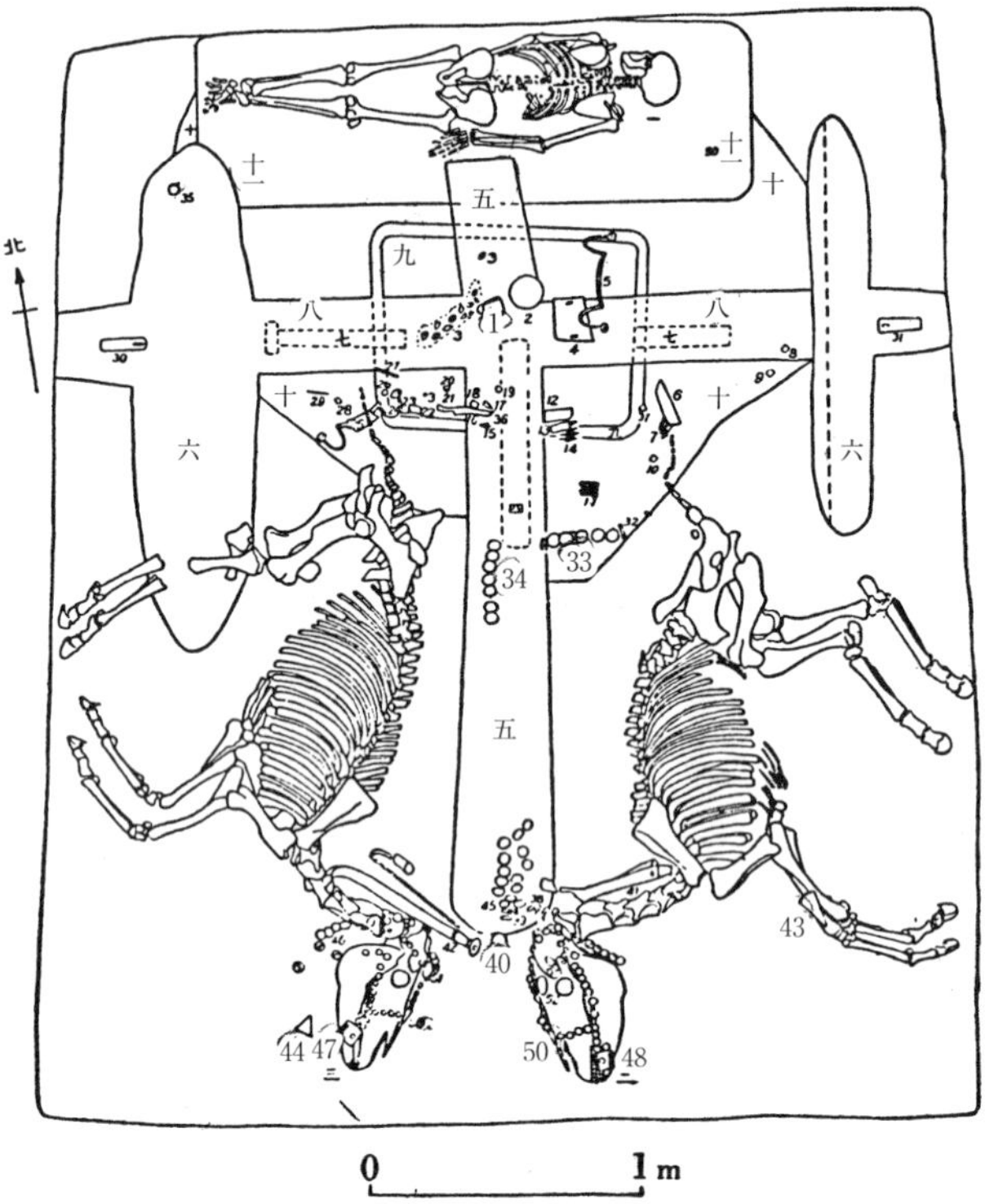

図98　安陽大司空村175号車馬坑（殷）

坑は馬車が主で、人間は付随的なものとみられる。輿と人骨の上に朱のついた布痕が菱形をなして拡がっている（十）のは、車や人間を納めた後その上を覆ったものであろうか。坑の中に填めた土中、軶の上に蓆紋が印せられているのは、それを覆った蓆のあとである。

車の木質は大部分腐朽し去っているが、土槽中に残る印痕などにより大凡の制を復原することができる。

両輪は内側の間隔二・一五メートル。槽の壁に貼りついた痕のよく保存されている左輪(29)でみると、輪の直径一・四六メートル、牙は径六センチの断面円形の棒から成る。輻は下半一〇本が残るが、半円で九本あるから全体は一八本あったと推定される。長さ五四センチ、牙に近い方の端は幅五センチ、轂に近い方の端は幅三・五センチ、断面は楕円形、とある。轂は現在残っている長さ二〇センチ、径二六センチ、藪は径一四センチ。轂の残長二〇センチのうち、賢は約一二センチ、軹の残っている長さ四センチ、両者の間、輻のはめられる部分は四センチである。この輪は、輻の根本より牙に近い方、外側の方が太くなっていて、考工記に記されるのと反対である。

軸は長さ三メートル。両端は軎の金具が原位置を保っているので、この長さはかなり正確であるという。両端は軎の金具の内径から四・一センチと知れる。[30]軎の金具は長さ一五・三センチ、先がやや細くなり、先の方に軸の木に固定するための目釘穴があり、もとの方に轄を入れる長方形の穴があるが、轄は残っていない。

輈は軸と十文字に交叉し、長さ二・八メートル。輿の前の方の保存のよいところでみると断面円形、径一一センチ。輿の後の槽が曲っているのは、輈に使った材木が曲っていたからだろうという。輈の槽が前端で深さ三二センチ、輿の前で一五センチと浅くなっているのは、輈の前が上にはね上っているのを坑底にうまく納めるための処置だという。衡ははっきりした痕跡がないが、銅泡などより長さ約一・二メートル前後だろうという。

馬の頸のところから青銅製の軛の金具が二組出ている。[31]軛首、二本の軛脚から成る。軛首は長さ九・三センチ、頂部は茸状をなし、下は管状、径四・一センチ。四角い目釘穴があり、先の軎と全く同様な紋様をつける。軛脚は高さ五五センチ、半管状をなし素紋、下端の軥は鉤形にはね上り、楕円形の管状をなす。脚の真中あたりに小方孔を穿ち、上端および軥に大きい方孔を穿つ。軛首、軛脚の中には木が残っている。

軸、輈の交叉点を中心に、幅九七センチ、奥行七五センチの隅丸の長方形をなした土槽がある。これは軫のあととされる。軫の材は幅五センチ、高さ四センチ、断面方形である。その上の輿の構造を知る手がかりは検出されなかった。

槽の深さの相異より、軸の上に輈、その上に軫があったことが知られるが、どのように接合されたかを知る材料はない。

他に車馬の付属品が若干出ている。杏葉形の青銅器（図98の43、44）[32]。表は二匹の龍を飾り、裏は上下に半円形の耳がつく。当盧は別に勒飾と共に原位置から出ているので、それとは別の装飾である。小屯の同様なものを以前に石璋如が「当盧」としたのは誤りで、後に衡端の飾りと言ったこと前引のごとくである。ほかに軸と輈の接するあたりから出た鈴(図98の1)[33]、衡の飾りと思われる青銅製の獣面形品(同39、40)[34]、用途不明の、青銅管の一端に環をつけた金具(同35)[35]などがある。

馬の頭骨には勒の飾りにつけた径三・四センチの銅泡[36]が原位置を保って発見されている(同49、50)。約五〇個が一組。額のところには銅泡と同じ形式をもち、径六・七センチ、裏側の梁が十文字をなす当盧がある。鼻面のところで勒の紐が分岐するところには蝉形の辻金具が着く。この金具の裏側中央に二本の梁があり、それぞれ額に向う紐、左右に岐れて口角に向う紐が通るようになっている。鑣(同47、48)は各馬一対ずつ口角から出ている。方形長さ七・三センチ、幅七・二センチで、中央に銜を通す孔があり、下端に顎革を通すための横長の隙がある。中央の孔を挟んで横向きに、横幅いっぱいの半管状の突起が付き、中に頬革から分岐してきた二本の紐を通すようになっており、現に管内に革紐のあとがはっきり残っている。

ほかに輈の槽や輿の前にやや平たい、大型の銅泡が若干並んでいるが(同33、34)、何につけたものか決し難い。この車にも若干の兵器が伴うが、その説明は略す。

この墓から出た馬の骨は非常に保存が良いように見られるが、馬等一九五五、図23、図版二六、二七などによって四肢骨等の大体の寸法を知ることができる。林田・山内一九五七の方法によってこの馬の鬐甲の高さを計算すると大体一四五センチ前後の数字が出、現代の蒙古馬の平均一三〇センチ余よりも遥かに大きく、アラブ馬に近い高さをもつらしいことに注意しておく[37]。漢以前の中国の馬はすべて、プルジェヴァルスキー系の小型の馬であったろうという従来の説[38]は考えなおさるべきである。これについては、第五章に論じるとおりである。

(2) 車の図象的表現

㈡西周のところで一緒にのべる。その条を参照のこと。

㈡ 西周

⑴ 発掘資料

⒜ 長安張家坡の車馬坑

一九五六―五七年の中国科学院考古研究所の発掘である。合計七基の車馬坑が相接して発見されたが、発掘が行われたのは四基である。一六七号、一六八号の二基は良好な状況で発見されたが、一八五号、一九二号は盗掘に遭っていた。これらの車馬坑は数十メートルの範囲内にあり、未発見の大墓に付属したものと考えられている。これらの墓は地層関係、周囲の墓の年代などからみて、西周第一期、即ち西周前期頃のものとされる。その見当でよさそうである。詳細な報告が出版されているので[39]、それによって見てみよう。

【一六七号墓（一号車馬坑）】 坑口が東西三・三、南北三・二メートルの方形をなし、坑は下拡がりになっている。その西方五―六メートルにもう一つ未発掘の車馬坑がありその東約二メートルに一六八号車馬坑があり、東西に三つが並んでいる。中に車一輌、馬二頭、人間一人を埋める。車の木部は土中に残った痕跡によってたどられている。車は轅を東に向ける。車輪に当るところは坑底を車輪半分の深さに掘りくぼめ、南北壁も軸頭を入れるべく掘り拡げている。轅の西側も坑底をさらに楕円形に掘りくぼめ、一対の馬を埋葬する。下に蓆を敷き、上にも蓆をかける。車の後の側壁を龕のように掘りくぼめ、そこに人間を一人埋めている。他に輿の左前方に豚の骨が一匹分あった。

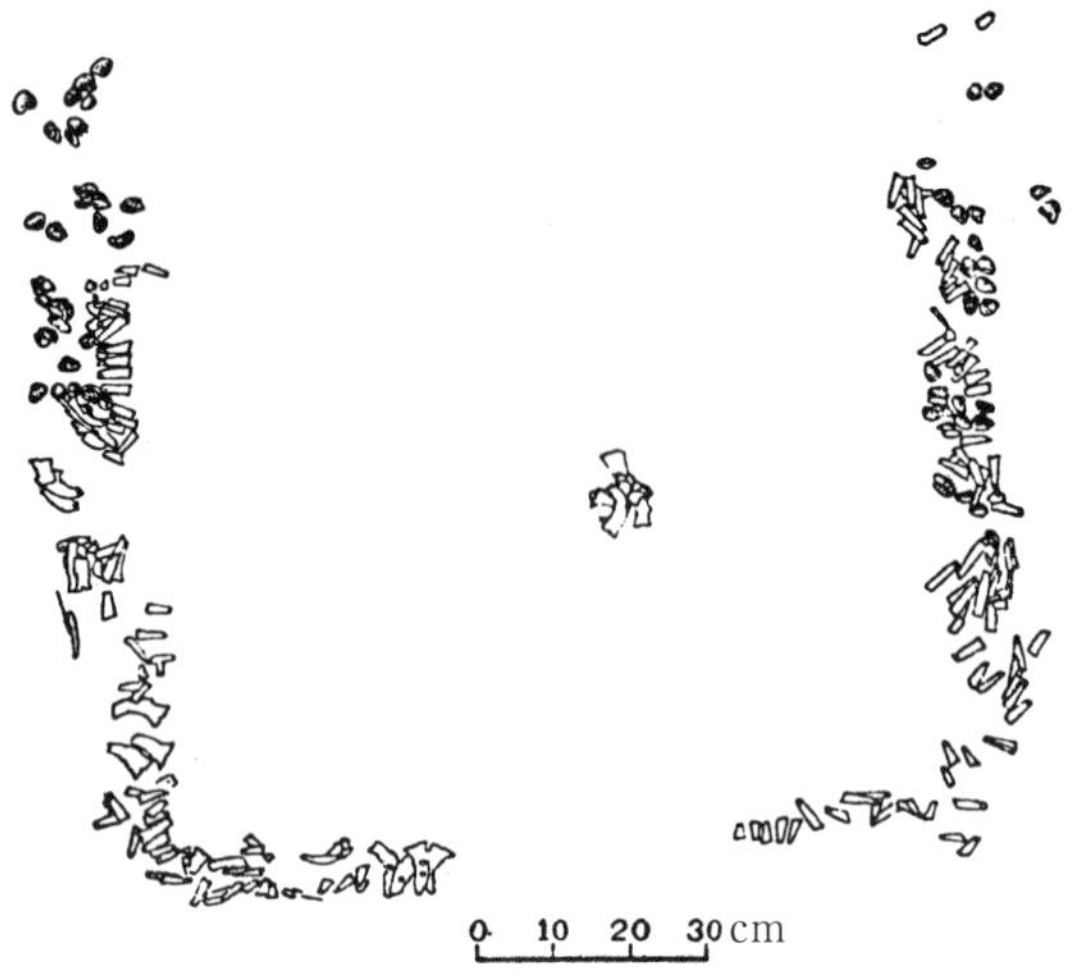

図99　長安張家坡１号車馬坑、馬車の輿の下の遺物出土状態

この車馬坑の車は次に記す二号車馬坑の二号車と大体同型式で衡の両端が高くはね上った型式である。輿の周囲沿いに蚌魚を吊した装飾が多数発見されている（図99）。輪は直径一二九センチ、牙の幅四・四センチ、轂の両端には青銅轄（図100の11）をはめ轂には二つの凸帯をめぐらす。輻は二二本。軸は長さ二九二センチ、両端に青銅の軎と轄をつける（図101）。輿は幅一〇七、奥行・高さ二五センチ、後の入口の幅二八センチ。この輿には軨や軾の材の痕跡が発見されないと記される。三号車馬坑のこれと同型式といわれる車について周囲の囲いは木板だったろうといわれているところをみると、この車も木板で囲ったとみてよかろう。輈は長さ二八一センチ、径六・五センチ、前方が上にはね上る。衡は二号車馬坑の二号車と同じで、両端に矛形の青銅飾（図100の10）と蚌飾をつける。衡の中央近く輈の両側に当るところの西面に獣面形の飾りをつける（図102の1）長さ二四センチ。軛には鑾をつけない。

馬は子安貝をつづりつけた口籠をつけ、衡と鑣はつけない。この口籠の作りは図103a、bのごとく復原されている。他の車馬坑でも子安貝の口籠をつけた馬は銜と鑣がないと記される。銜なしに口籠だけをつけ、これに手綱をつけ、鞭を併用して馬を御することは、東北より華中に至るまで中国各地で今日も行われることという。馬は鼻面を押されると痛いので、籠でもって御すことができるのである。口籠をはめておくと馬に道傍の草を食わせない利点がある（中尾喜保氏の教示による）。このような御法が西周前期にまで遡ることが知られる点興味深い資料である。

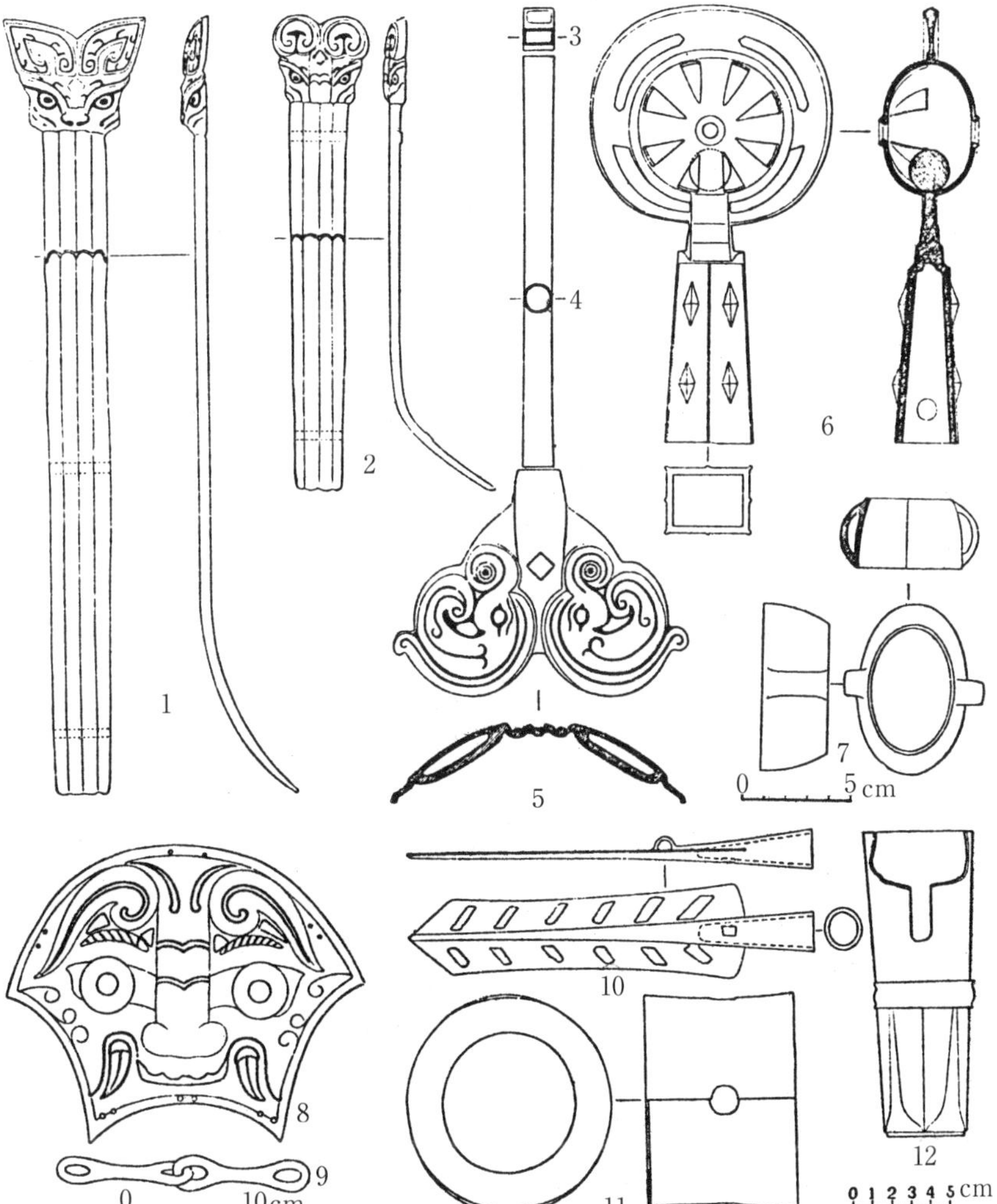

図100　長安張家坡車馬坑の車馬関係遺物

1、2．大小鉤形銅飾　3．方形扁平帯孔銅泡　4．銅管　5．獣面有管銅飾　6．銅鸞　7．銅軛箍　8．獣面銅飾　9．銅銜　10. 矛形衡端飾　11. 銅輨　12. 銅害飾

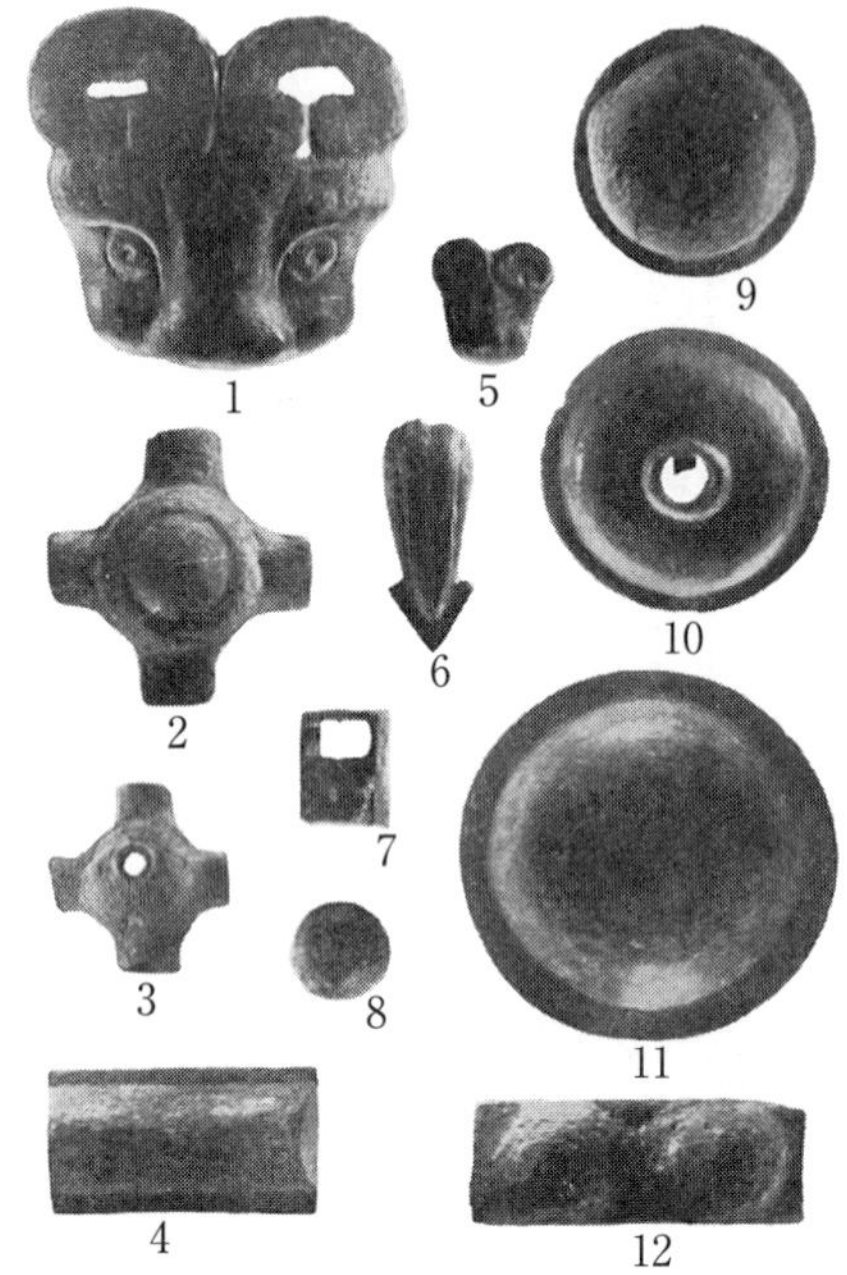

図102　長安張家坡車馬坑の車馬関係遺物
1．獣面大銅泡（第1号車馬坑）
2．十字形大銅泡　3．十字形小銅泡
4．長銅泡　5．獣面小銅泡　6．イカ形銅泡
7．方形扁平帯孔銅泡　8．小銅泡　9．円銅泡
10．帯孔円銅泡　11．大円銅泡
12．長銅泡（以上第2号車馬坑）

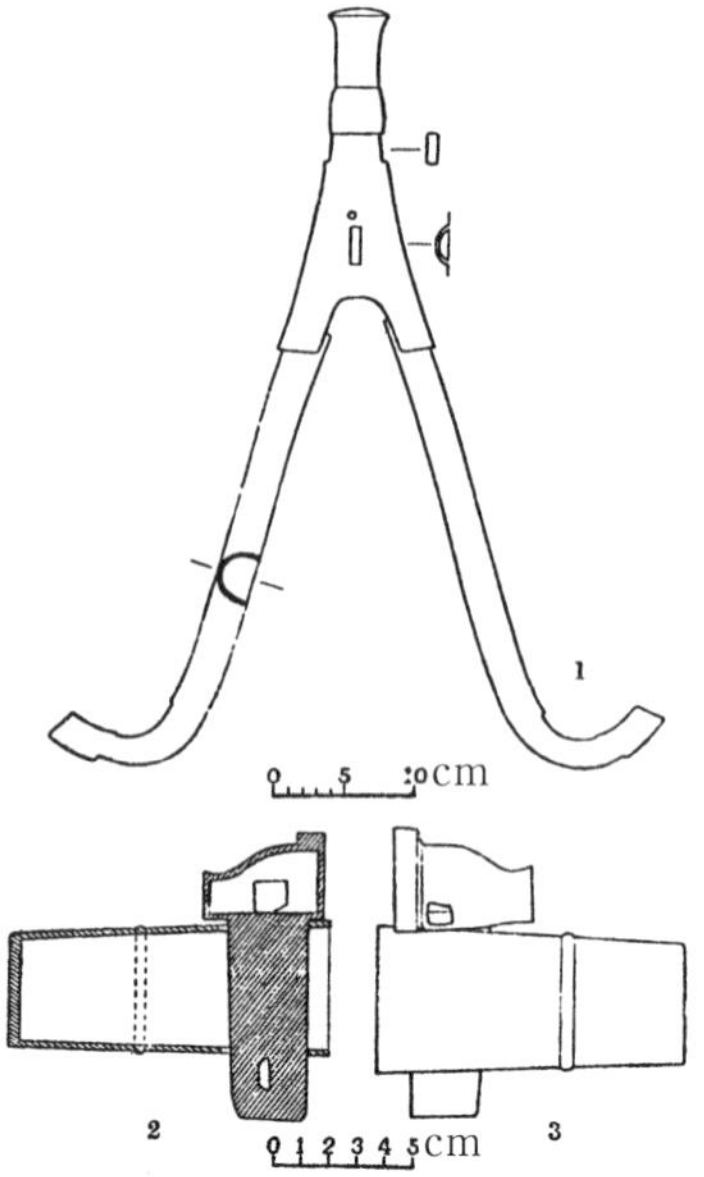

図101　長安張家坡車馬坑の軛飾、軎飾と轄

この車馬坑の馬の胸には、横に二列に、四つずつの子安貝が並んで、一定の間隔をおいて出ている（図104）。二号車馬坑一号車の同様な位置から出た青銅鱗形飾と同じく、鞶を飾るものであったことは疑いない。

【一六八号墓（二号車馬坑）】　南北五・六メートル、東西三・四メートルで、南北に二台の馬車を輈を東に向けて入れている（図105）。南のが一号車、北のが二号車と呼ばれている。二台の車は窮屈に軸頭を交叉させ、反対側の軸頭は南北壁をえぐって納めている。車輪の下半分の入る溝を作り、馬も輈底に掘った穴に入れ、下に蓆を敷き、上にも蓆をかけること、一号車馬坑と同様である。一号車の下には人間が一人埋められている。

まず一号車についてみるに、輪の直径一六六センチ、牙は幅六・五センチで断面梯形をなし、地につく部分が狭くなっている。轂は長さ五五センチ、輨ははめてない。輻は二一本で断面はほぼ楕円形。両輪の間隔は二二五センチである。軸は長さ三〇七センチ、両端に青銅軎があるが、轄は木製と記される。

輿はつぶれているが、大体長方形で、幅一三八センチ、奥行六八センチ、四隅に高さ四五センチ以上の木材が立つ。前には縦に細い木を入れて低い軨を車の両側にも同様な作りの軨を設けていたとみえ、左側にこれが残る。後面にも同様な軨があり、中央に幅四〇センチの入口を開く。輿の床の作りは不明。輿の両側の軨の上の材に接して、細腰骨飾（図106の11）が一対出ている。何かの紐の類をとめるに使ったものと思われる。

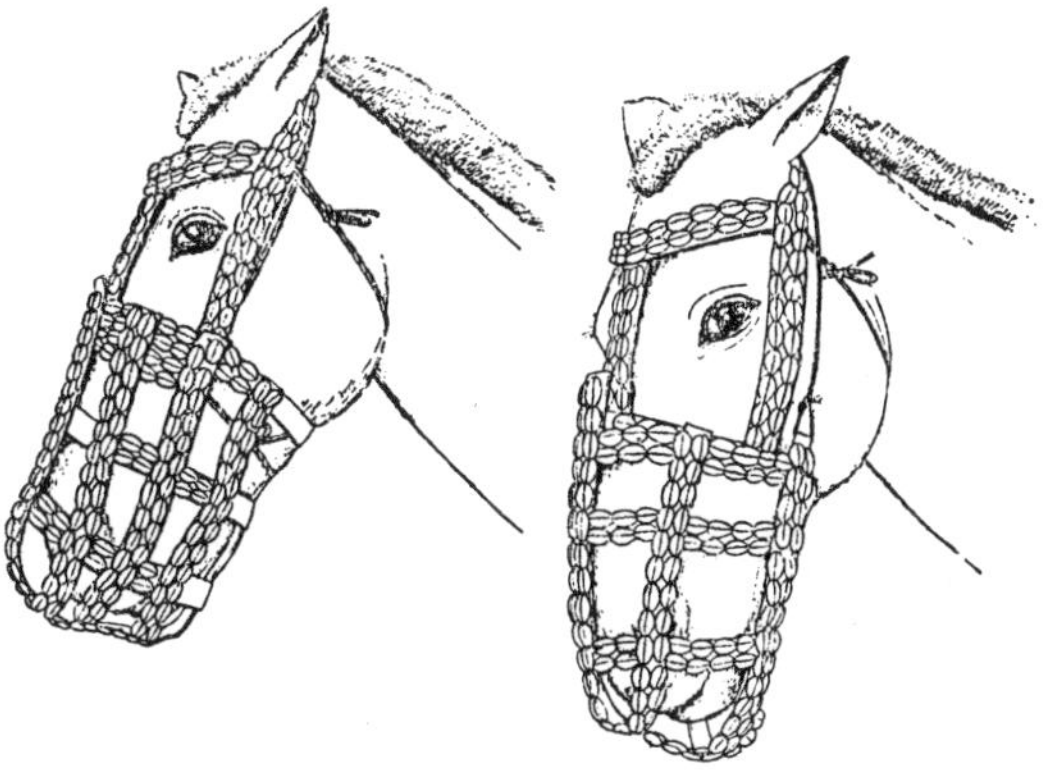
図103a　長安張家坡車馬坑の馬の子安貝飾口籠復原図

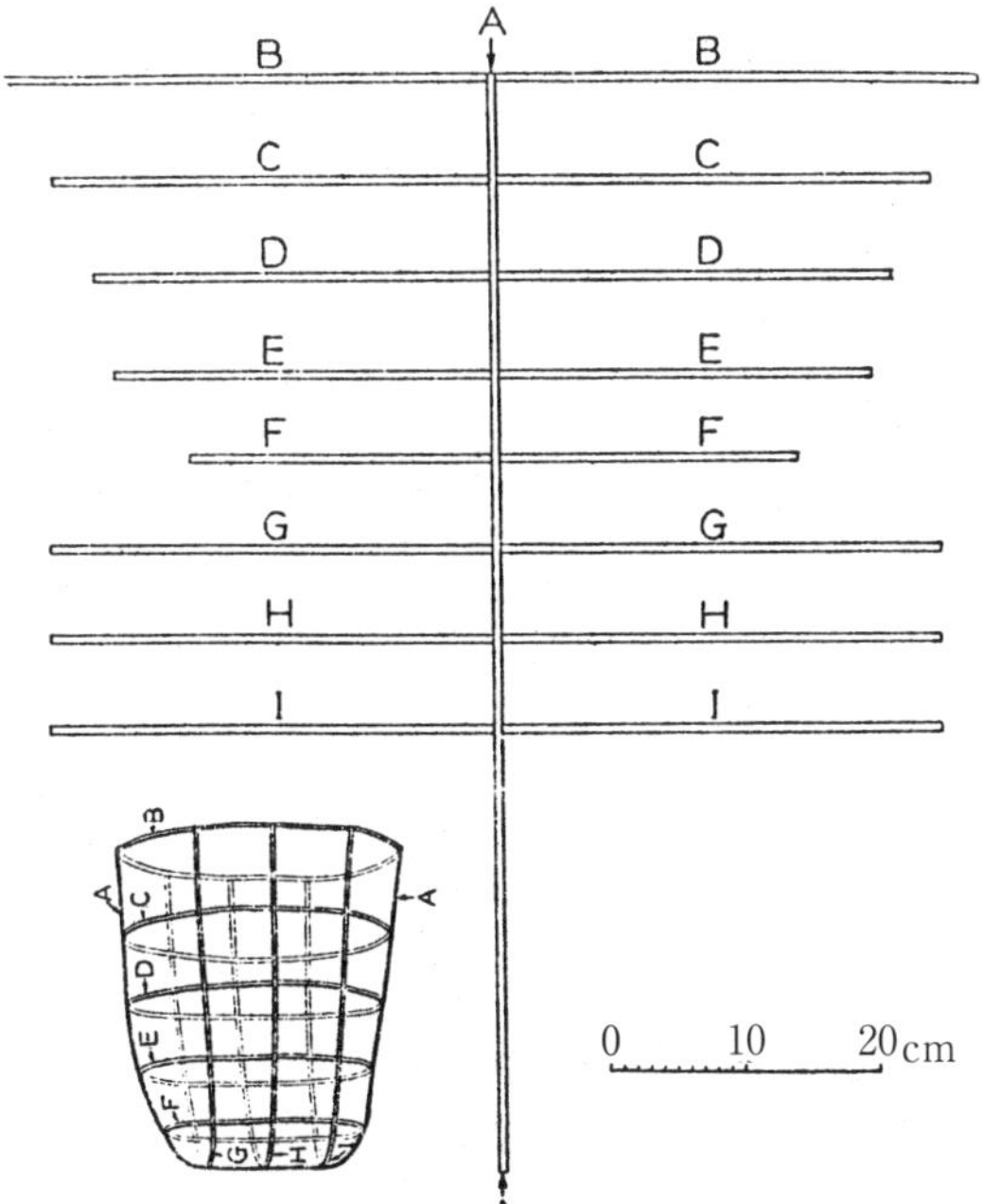

図103b　同上口籠の構造・展開図

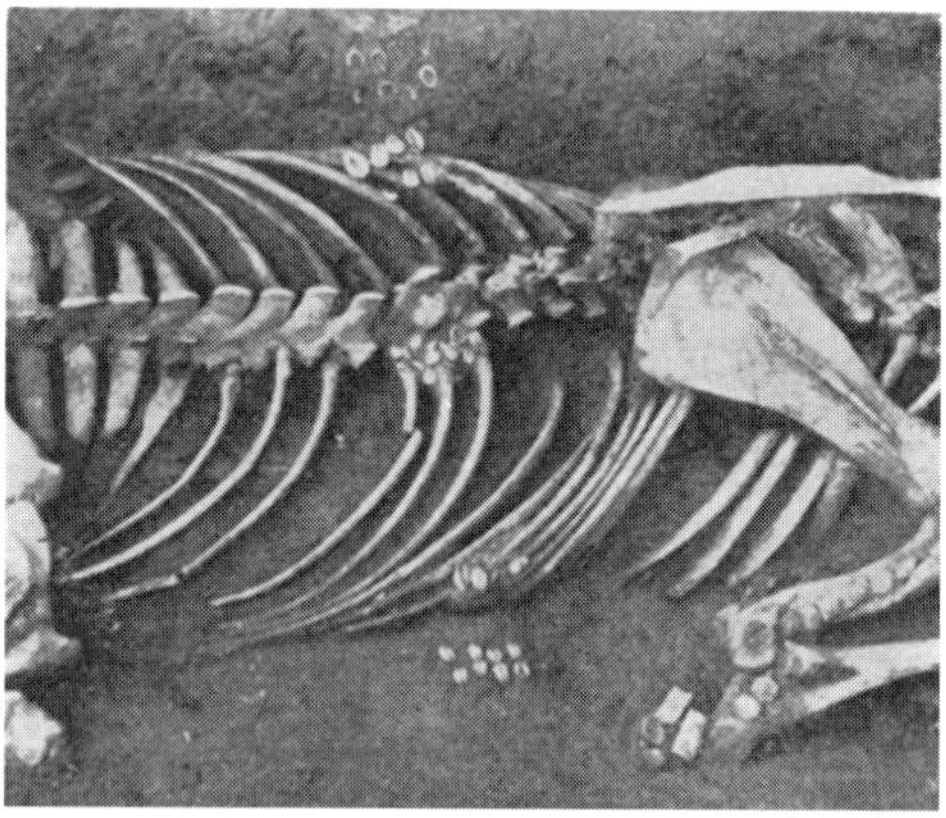

図104　長安張家坡1号車馬坑の馬の轡につけた子安貝飾の出土状態

輈は軸の上に載っており、長さ二九八センチ、踵は輿の後に突出する。輿の下から出た輈はわずかに上向きになる。衡は輈の前端に載り、長さ一三七センチ、径四・四センチ、両端は反り上らない。衡上、輈との交点に接して両側、輿に向う側に大きな青銅泡がつき（図106の2）、そこから一連の長方銅泡の列（図106の8）が輿の方に向ってのびる。報告者はそれを轡と呼ぶが、轡だとなぜ衡から前に向ってのびないか説明がつかない。大銅泡のところで衡とつながっていること、また四〇—五〇センチで終ってしまうことからみて、衡と輈を結ぶ革ではないかと考えられる。衡と輈を、その交点で結び合せるほか、このような補強が行われたことは、馬車を象った図象記号中にこれに当ると思われる線のある例があることによって知られる（図67の3—5）。

この一号車の輈の両側には二頭ずつの馬が埋められている。衡の下にいるのは二頭だけである。四頭とも平等に同様な頭絡、馬面、それに軛、韅までもつけているが、軛や韅は輈の両側につながれる服馬だけにしか要らないものである。この四頭が馬車に同時につながれる両服馬と両驂馬のつもりでないことはこのことから明らかである。外側の二頭は替馬のつもりで埋められたとみるほかない。それにしても、替馬が服馬と全く同様に、軛や韅までをすっかりつけて連れて歩かされたものとは、この墓によって始めて知られることである。この一号車の馬頭は、図107のごとく復原されている。この馬は頭絡と口籠の両方をつけている点、一号車馬坑の馬や二号車馬坑の二号車の馬と異なるのであるが、頭絡は青銅泡で飾られる。替馬の場合、額の中心には大銅泡（図106の10）、鼻の上にはイカ形の青銅泡（図106の13）、両額角には山形獣面銅泡（同106の12）をつけ、服馬の場合は上記の

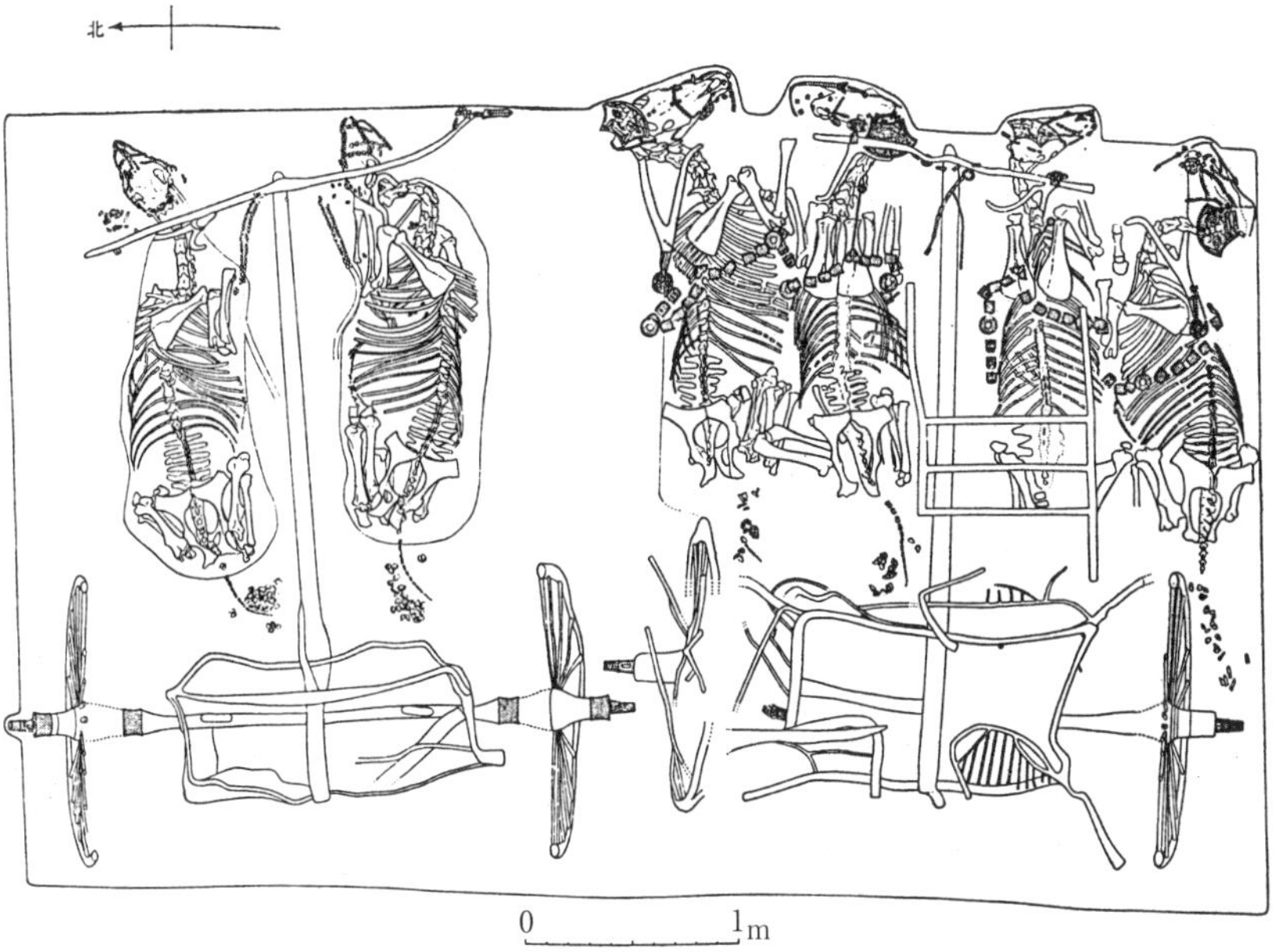

図105　張家坡２号車馬坑平面図

ところに十字形の銅泡（図106の15）が用いられる。額革、咽喉革などには、長方形銅泡（図106の7）がつけられる。耳の前には大きい獣面が飾られる。鑣は円形のものが使われる（図106の3）。中央に円孔があり、一方に楕円形の孔がもう一つある。裏に耳があるはずだが記述はない。図にはみえず、報告書の本文にも記載はないが、この四頭の馬には青銅の銜（図100の9）を伴っていたとみられる[40]。

　口籠の作りは一号車馬坑のものと原則的には同じである。正面に獣頭つきの飾金具を二つ（図100の1、2）つけ、紐の交わる点に山型の十字形の銅泡（図106の14）をつける。一号車馬坑の馬とは違い、この馬を御するためには銜と鑣がある。――図107に銜に轡がつけられていないのは不正確である。またこの図の頭絡は、咽喉革と額革の交わる点に、結合分解が可能な革紐の結び目か何かがなければならない。そうでないと頭絡の着脱ができないからである。

　軏は青銅飾がつかず、四頭分とも上に青銅鸞（図100の6）をたてている。

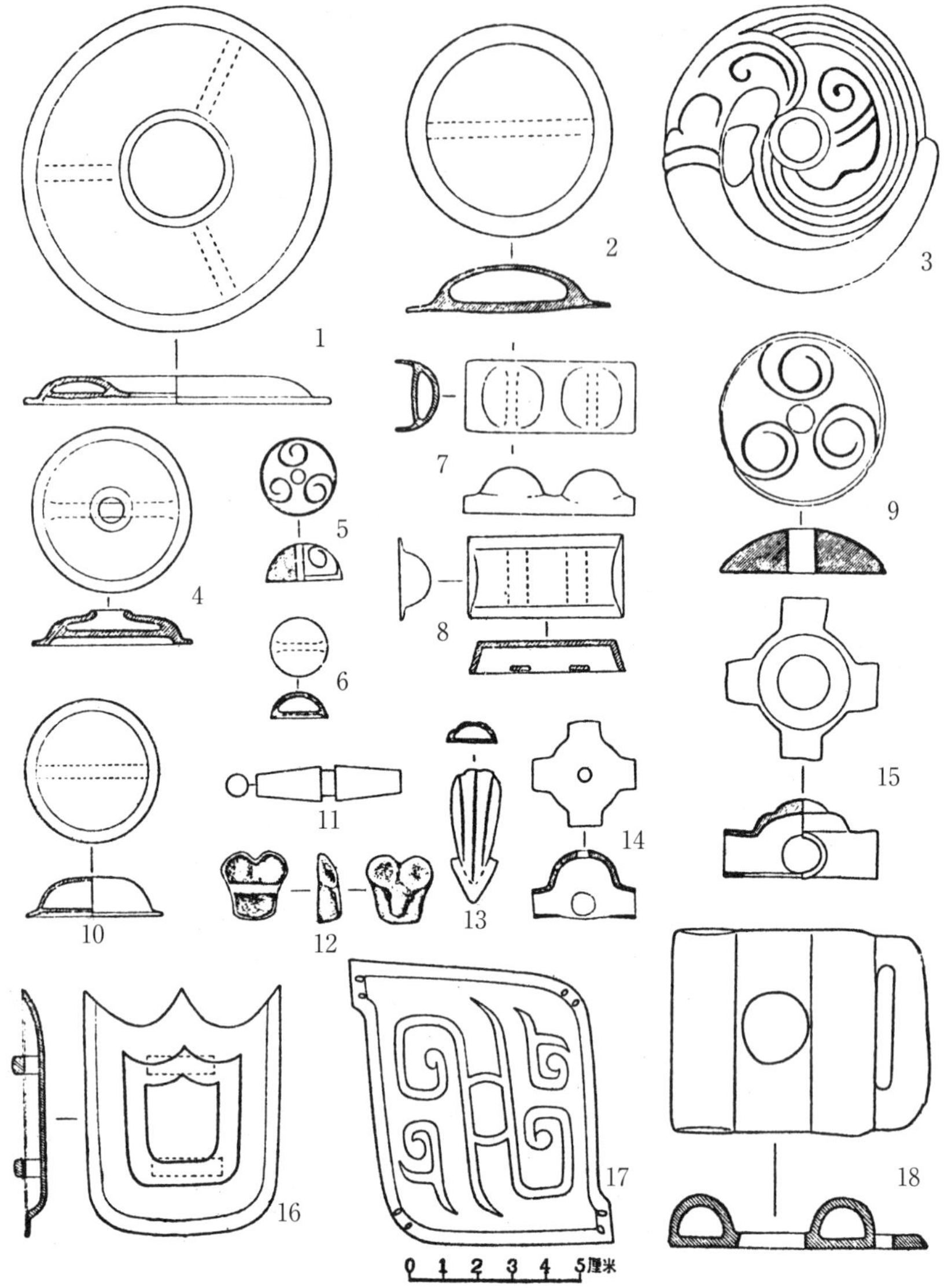

図106　長安張家坡車馬坑の車馬関係遺物

1．円形帯孔大銅泡　2．大円銅泡　3．鑣　4．帯孔円銅泡　5．小蚌泡　6．小銅泡　7、8．長銅泡　9．大蚌泡　10．円銅泡　11．細腰骨飾　12．獣面小銅泡　13．イカ形銅泡　14、15．大、小十字形銅泡　16．鱗形銅飾　17．菱形銅飾　18．鑣

四頭とも、胸から鬐甲の後に向って鱗形の飾金具（図106の16）が並んでいる。これが轡につけられたものであろうことは疑いない。この轡と軛とは、次に記すような仕掛で連結されていたと考えられている。即ち、報告書の記述によると、[41]軛に一番近いのは円形帯孔銅泡（図106の4）、次が扁平帯孔銅飾（図100の3）、細長銅管（図100の4）、獣面有管銅飾（図100の5）である。その出土状況はこの車馬坑平面図にもうかがわれる。報告書の解釈は正しいと考えられるので、それを復原図にえがくと図108に写したような形となる。青銅金具類の中には太い革紐が通され、轡と軛が結ばれていると考える。このように使用すれば、この仕掛は、轡を通じて馬の動作、特に停止を車衡に伝え、輿が馬の尻に衝突するのを防ぐことができたと思われるのである。

なお、この車馬坑の馬の尾のあたりに蛤殻と蚌魚が固まって出ていて、尾の装飾と考えられている。他の車馬坑の馬にも皆これがあるという。[42]

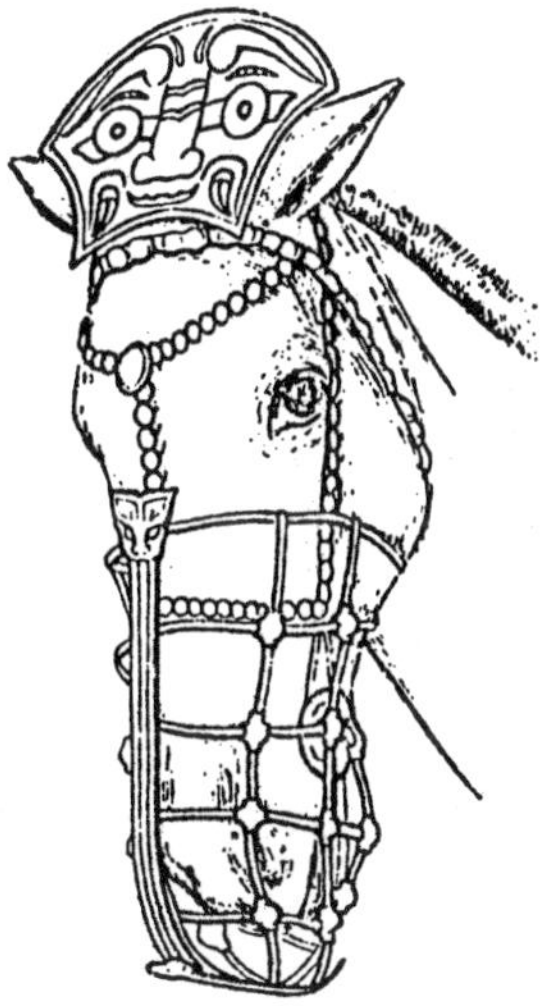

図107　長安張家坡2号車馬坑の馬の頭絡復原図

次は同じ墓の二号車。木部の痕跡がかなりはっきり残っている。輪は直径一三五センチ、牙の幅五・六センチ、轂は長さ五一センチで内外端に青銅轄を嵌めている。車軸は長さ二九四センチ、中央部の径七・八センチ、両端に向って細くなる。端には青銅製の軎をはめ、青銅轄をさしている。（図100の12）。軸上に靴底形の伏兔がのるが、やや中に寄りすぎである。報告には元来軫の下にあったと思われる、という。[43]しっかり縛りつけてあったはずであるが、何故動いたのか疑問である。輿は長方形の前方左右の隅を落したような形で出土した。報告につぶれたのでこの形になったと解釈しているが、殷代の箕の形の輿を考えれば、このままの形でもおかしくない。報告書の復原図（図109）に出土した形のままにしているが、これでよいと思われる。幅一三五センチ、奥行七〇セン

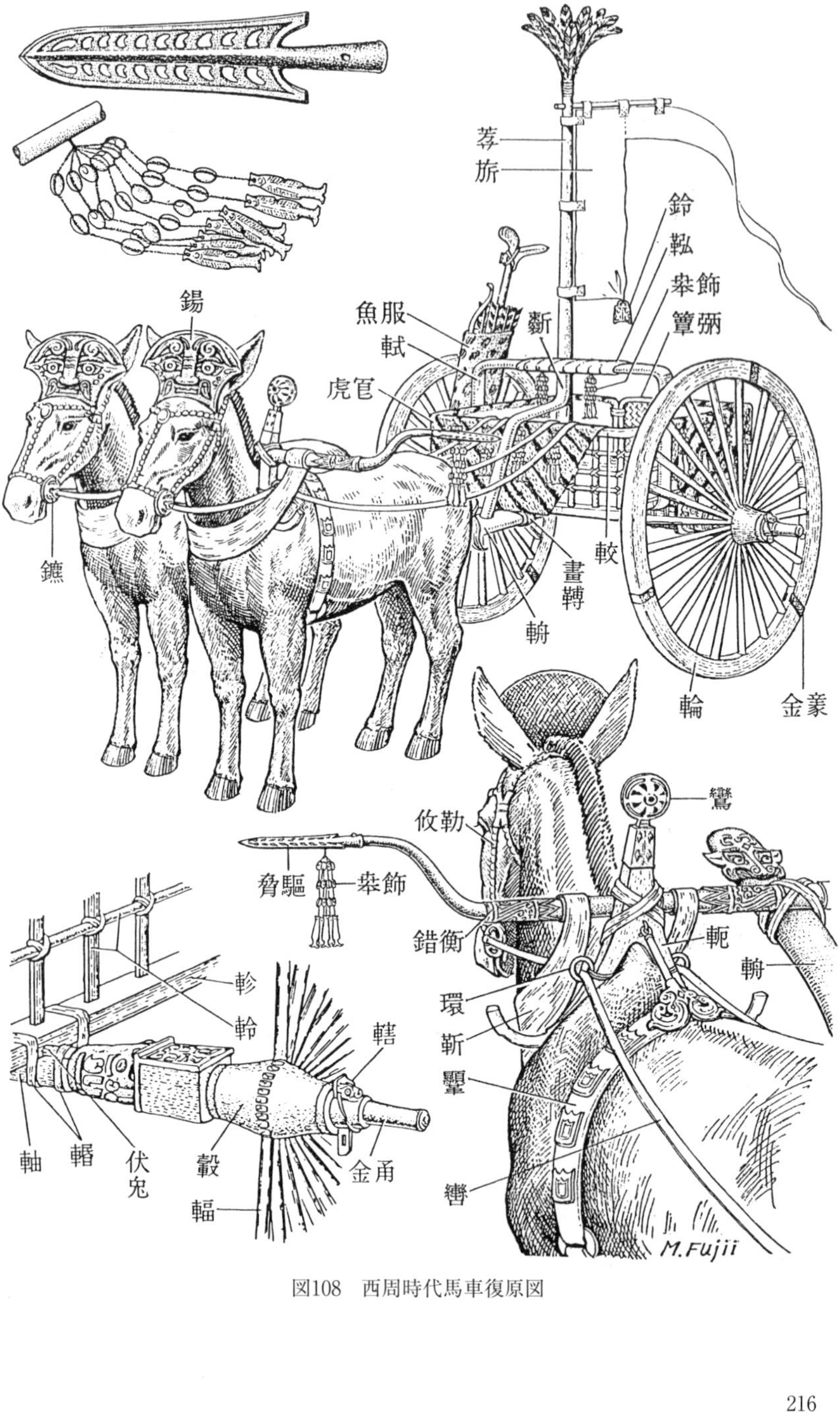

図108　西周時代馬車復原図

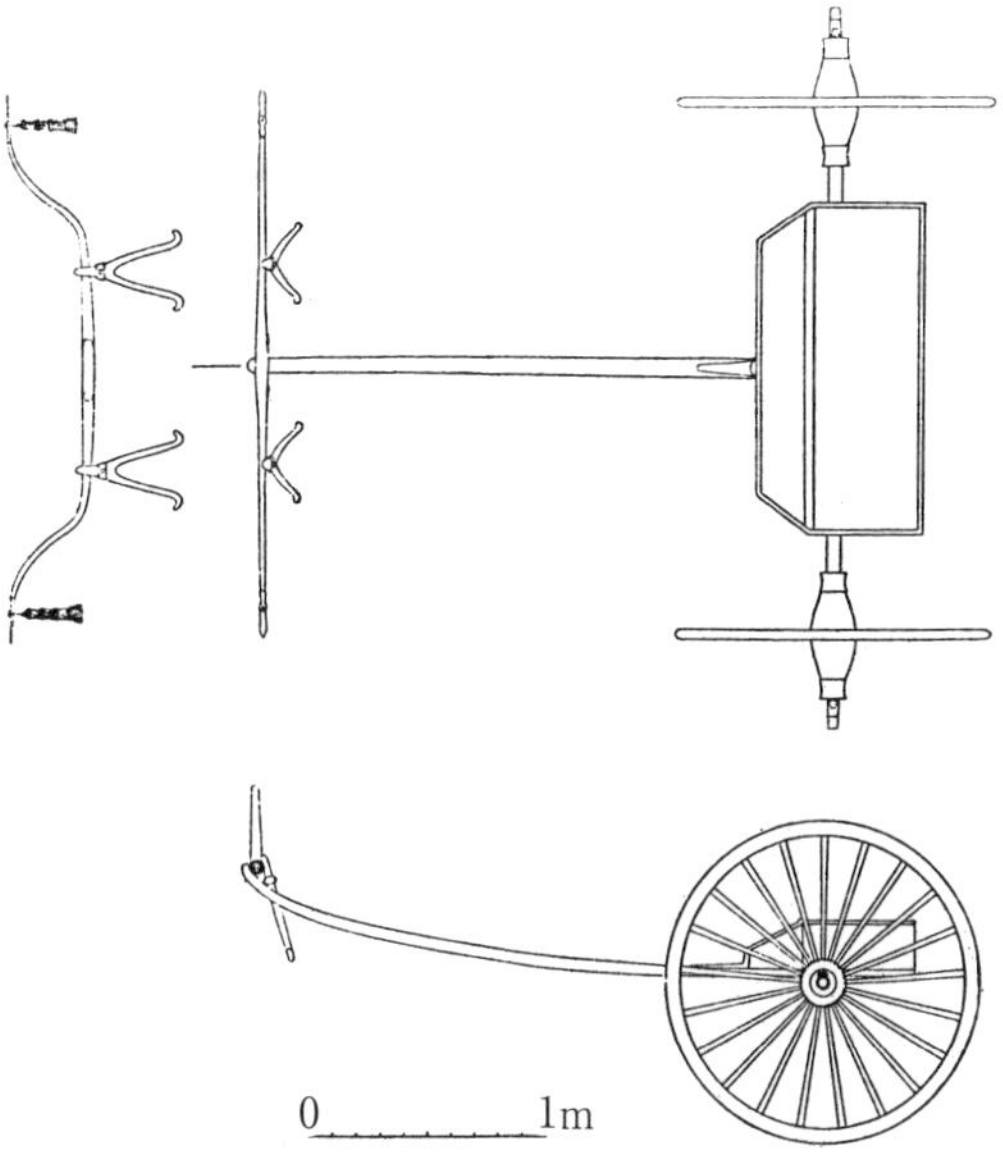

図109　長安張家坡２号車馬坑２号車復原図

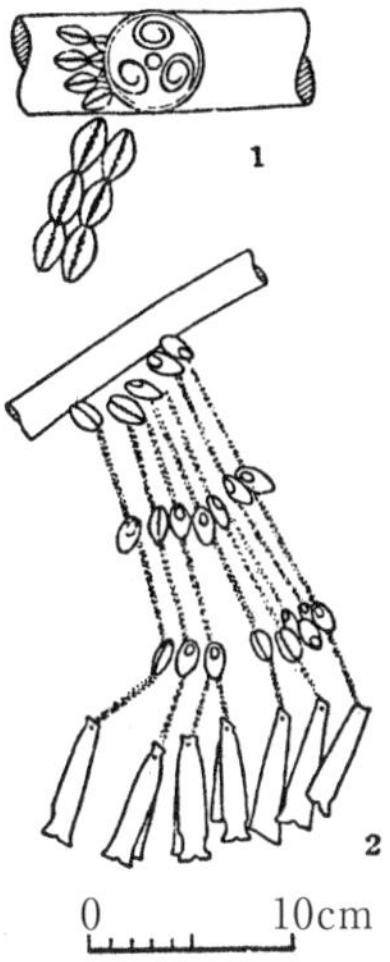

図110　長安張家坡２号車馬坑第２号車の衡飾

チ。輿の左右の囲いはわずか高さ二〇センチ、前面は一〇センチで格子状の材のあとがない。これも一号車馬坑のもの同様木の板で作ったものであろうか。前より、高さ二二センチのところに軾がある。後部の囲いははっきりしない。輈は長さ二九五センチ、径七センチ、前端が立ち上がっている。衡は長さ二一〇センチ、径四センチ、一号車馬坑のものと同様、両端が上にはね上り、端に青銅の矛形の飾りをつける。矛形飾の下には子安貝、蚌魚が吊され、また赤い織物の痕がのこっていたという（図110の2）。衡の、輈と交わるところの左右に輿の方に向いて円形の蚌泡をつけ、そこから二列の子安貝の列は輿の方に向う（図110の1）。一号車にあったのと同じ仕掛を蚌と子安貝で飾ったものである。韅も子安貝で飾られる。軛には頸のところに青銅の箍（図100の7）をはめている。

　この車に伴う馬は子安貝で飾った口籠をつけ、頭絡と鑣および大形の獣面形の錫をつけないこと、一号車馬坑の車と同様である[44]。

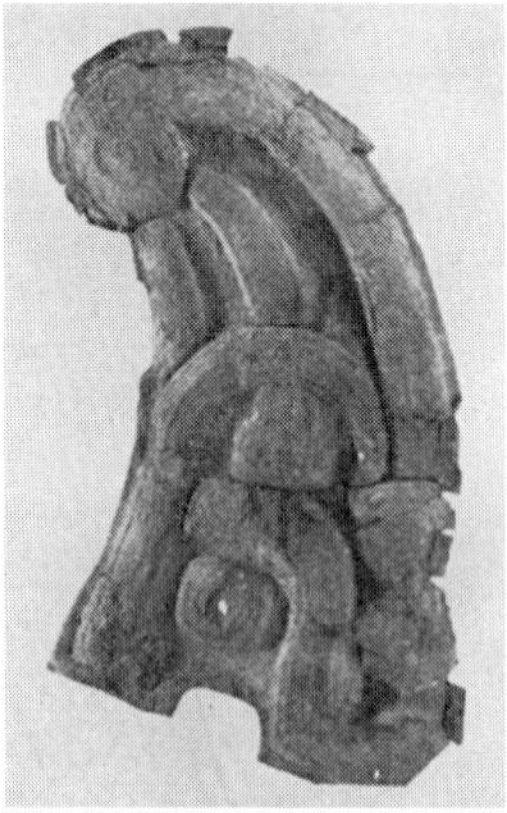

図112　長安張家坡３号車馬坑の半饕餮紋銅飾

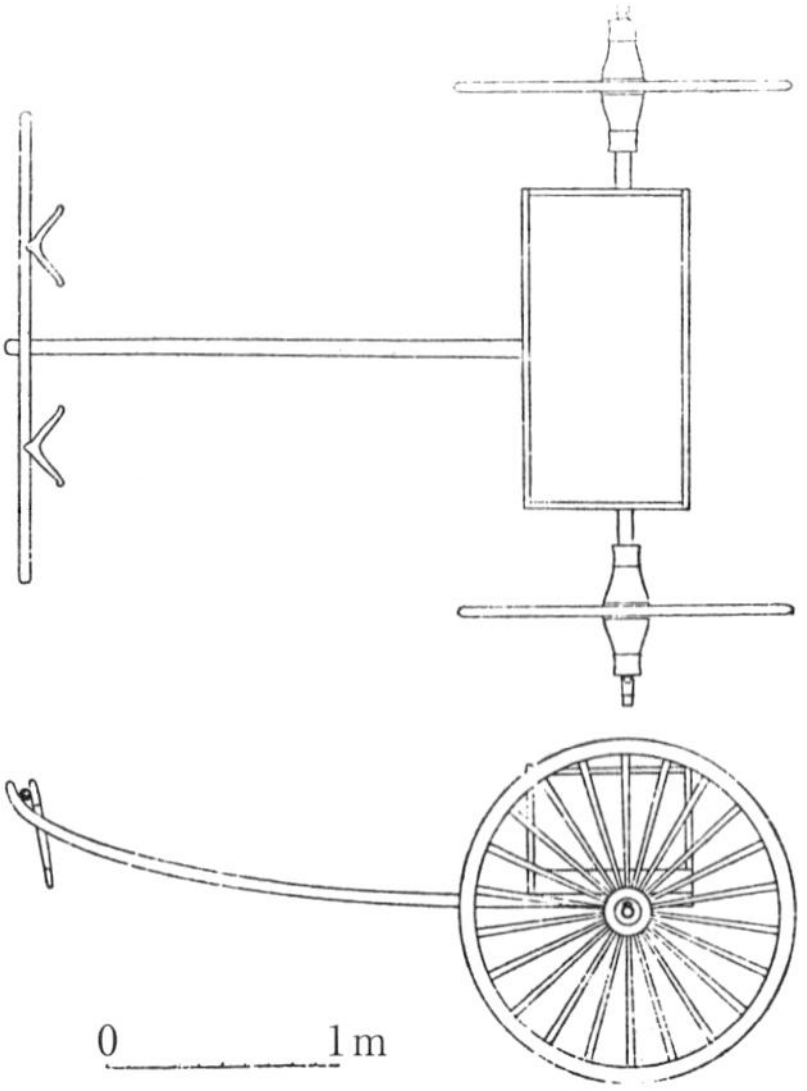

図111　長安張家坡３号車馬坑の馬車復原図

【一八五号墓（三号車馬坑）】　二号車馬坑の北約二〇メートルのところにある。[45] 平面形梯形をなし、坑は南北三・二メートル、東西は北辺が三・一メートル、南辺が二・六メートルであり、底の方が拡がっている。輈を南に向けて馬車一台、これに繋駕した形で馬二頭を埋め、車の後に人間を一人葬っている。車や馬の埋め方は一号車馬坑と同様。早くに盗掘にあい、軸、轂、轅、衡、などの金具、馬具の飾金具などを盗られている。盗掘者に破壊されてはいたが、一部の木部の腐朽したあとが空洞になって残っていたので、そこに石膏を注入してその作りと尺寸を知ることができた。それによって復原図がえがかれている（図111）。輪は直径一四〇センチ、牙は高さ六・五センチで断面梯形をなす。輻は二二本あり、断面形は大体菱形をなす。輿は幅一二五センチ、奥行八〇センチ、軫は直径七—一〇センチの円い材で作られる。輿の囲いの四隅の柱は直径三センチ、高さ四四センチ、軾は高さ約二〇センチのところに設けられている。輿の両側には、前後の柱の間、高さ四二センチのところに輢の材が渡される。左右の囲いは平滑であるから木の板らしいという。後面には幅五〇センチの入口があ

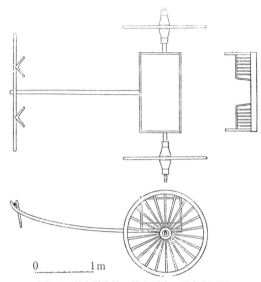

り、その両側の軨は幅三七センチ、高さ六センチで、六本の細い木の棒をたてている。入口に当るところの角には獣面形小銅泡を一つはめている。二号車馬坑一号車の例（図106の12）と同形のものという。輿の床は縦方向——というと輈と同方向ということであろうか——に木の板を敷いていて三枚が残り、残長一二センチ、幅一六センチ、厚さ二センチだという。

この馬車の馬には、図106の17のごとき轡の飾金具が出ている。また馬の頬のところから図112のような飾金具が出ている。饕餮面の半分で、二枚が一組で饕餮面を構成する。同様に孔があり、皮か何かにとじつけて馬の頬の飾りにしたものと推測されている(46)。

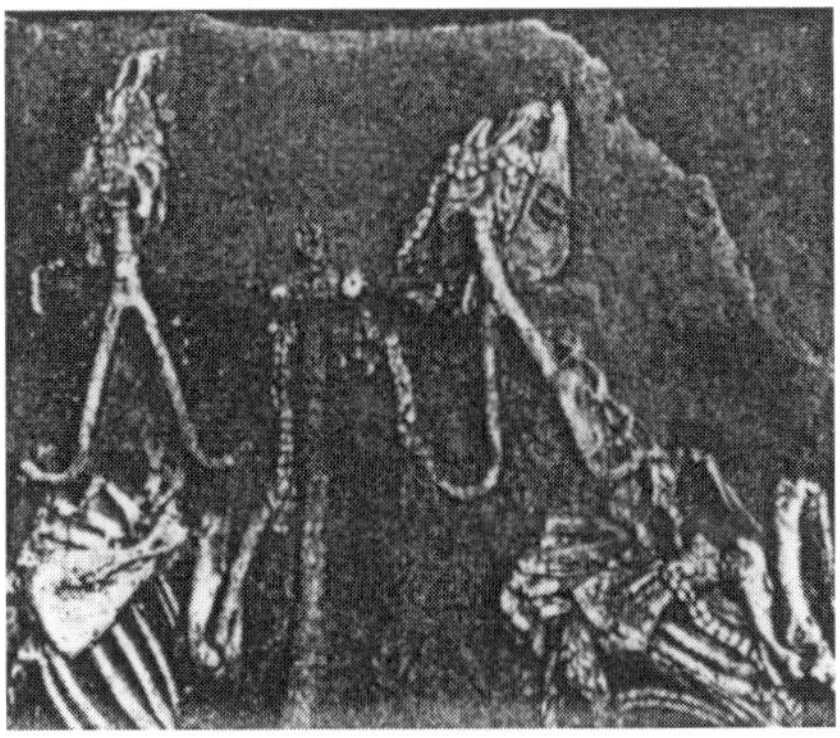
図113　長安張家坡４号車馬坑、３号車の衡、軛と服馬

【一九二号墓（四号車馬坑）】　一号車馬坑の西北約一〇メートルのところにある。南北八・三メートル、東西四メートルで、輈を東に向けて南北に三台の車を入れる。南より一、二、三号車と呼ぶ。二号車だけ四頭の馬を伴い、他は二頭ずつの馬をそえる。二号車の後に人間一人を葬る。二号車と三号車の上からは一本ずつ青銅戈が出ており、車に備えつけるものと考えられている。

一号車と二号車は盗掘で大部分破壊され、三号車は輈の前部、衡と二頭の馬の頭のところだけ残存していた。写真（図113）でみると衡の輈と交叉するところからほど遠からぬところに蚌泡があり、そこから二列の子安貝が輿の方に向ってつづくところは二号車馬坑の二号車と共通する。ただし、この馬車につけられた馬は方形有耳の鑣（図106の18）と図100の９と同形式の衡を伴っており、馬の頭の周囲に残るものも口籠でなく頭絡の装飾と考えられる。斬は斬首、斬脚に青銅の飾りをかぶせたものである（図101の1）。この馬車の右隅の馬の肩胛骨から前肢の後に向って子安貝の列が残っており、報告にはこれを轡の飾りとしている。その位置からみて鞶の飾りとみた方がよいのではなかろうか(47)。

以上、長安張家坡で発掘された西周前期坑の馬車を紹介したが、この車馬坑の発掘は次のような論点が知られたことを以って注目される。即ち、青銅製、二節より成る銜の出現がこの時期にあったこと。銜、鑣と共に口籠も併せて装着されたこと。銜、鑣なしに、口籠だけを以てする御法が早くこの時代にあったこと。鞶の存在の確証が得られたこと。鞶と斬を結合する特別の仕掛の存在。大型動物形獣面飾の錫としての装着法が知られたこと、等。他に、報告には特に注意されていないが、二号車馬坑の馬車には、軾と輈の軫の前方二〇―三〇センチのところとを結ぶ材――後に二五四頁に述べるごとく、金文に靳と呼ばれたものと思われる――が明らかに認められることも注意しておきたい。

(b)　河南濬県辛村の一群の墓

一九三二年の春と秋、三三年の春と秋、計四回にわたり、河南古蹟研究会、河南省政府、国立中央研究院の手によって河南濬県辛村の古墓群が発掘調査された(48)。

発掘後間もなく略報が出されたまま年月が経ち、あるだけの材料を発表する形で報告書が郭宝鈞によって出された。豊富な材料も甚だ不完全にしか知ることができないのは残念である。この墓は西周前―中期と中―後期に大体年代分けすることができる。各期に分け、郭宝鈞の報告の順にあらましを紹介しよう。西周前―中期の方から始める。

【四二号墓】　墓室は南北は六・七メートル、東西幅は北が約五・七、南が五・三メートル、深さ約一〇・四メートルの大墓で、遺物は上、中、下の三層に分けて入れられ、上層は車器、中層は兵器、下層は棺槨となっている。上層は深さ約三・五—四・三メートルの間で、輿を中央に、とり外した輪六枚を四壁に寄せかけて埋める。輪は轂の部分の墓壁に穴をあけている。賢・軹両端だけに飾金具をつけるものと共に轂全体に図114と同方式で飾金具をつけるものもある。(49)輿は幅一・三四メートル、奥行一・二メートル、四隅と、軫と軸の交点には柱をたて、横木をわたす。後の入口は右よりにある。軸には軎の金具をはめ、全長三メートル。輈の先端には青銅飾がつく（図115の1）。衡は長安張家坡二号車

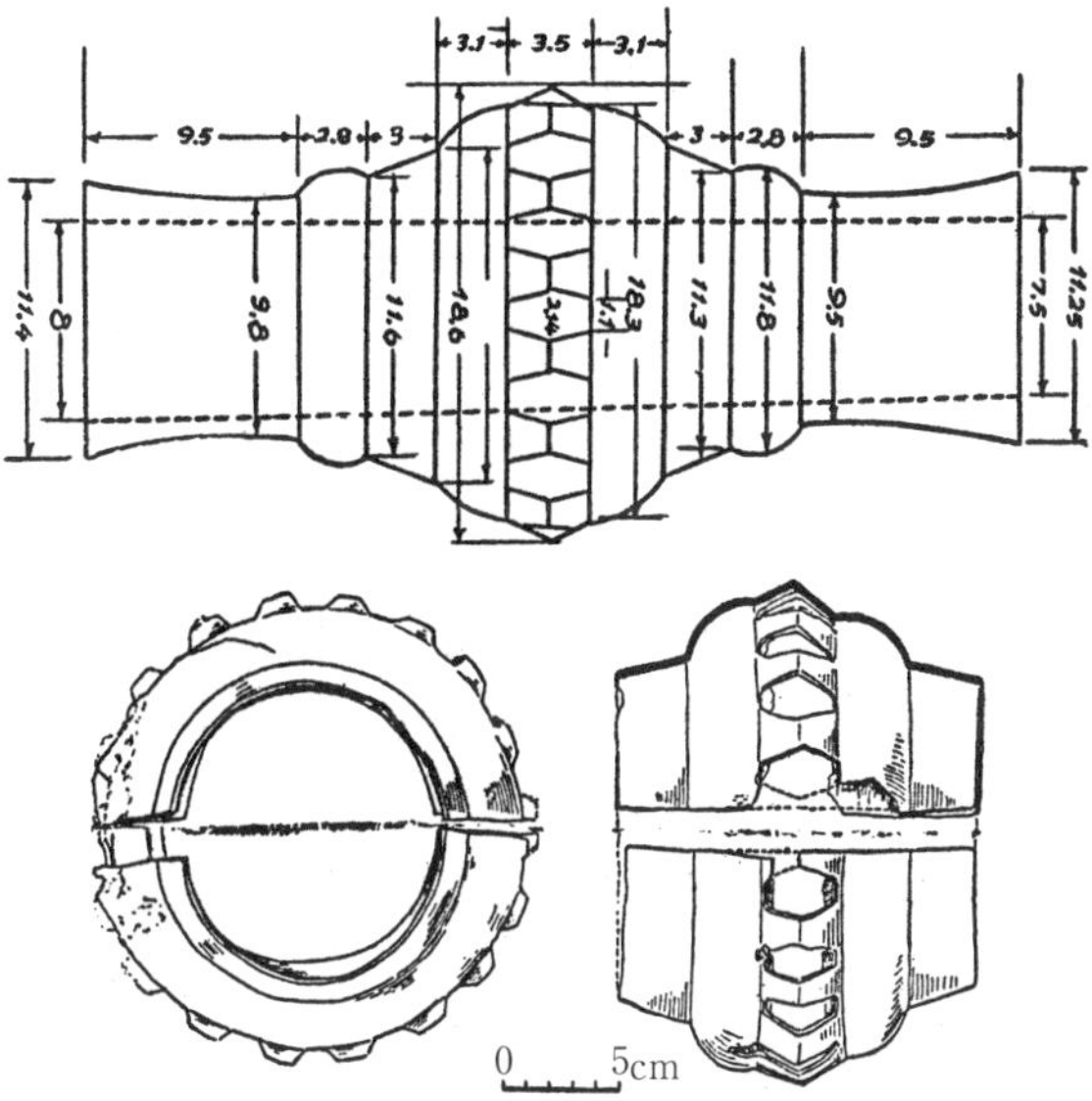

図114　濬県辛村１号墓の銅轂飾

図115　濬県辛村西周墓馬車銅飾
1．42号墓の輈飾　2．８号墓の踵飾
3．２号墓の轂飾

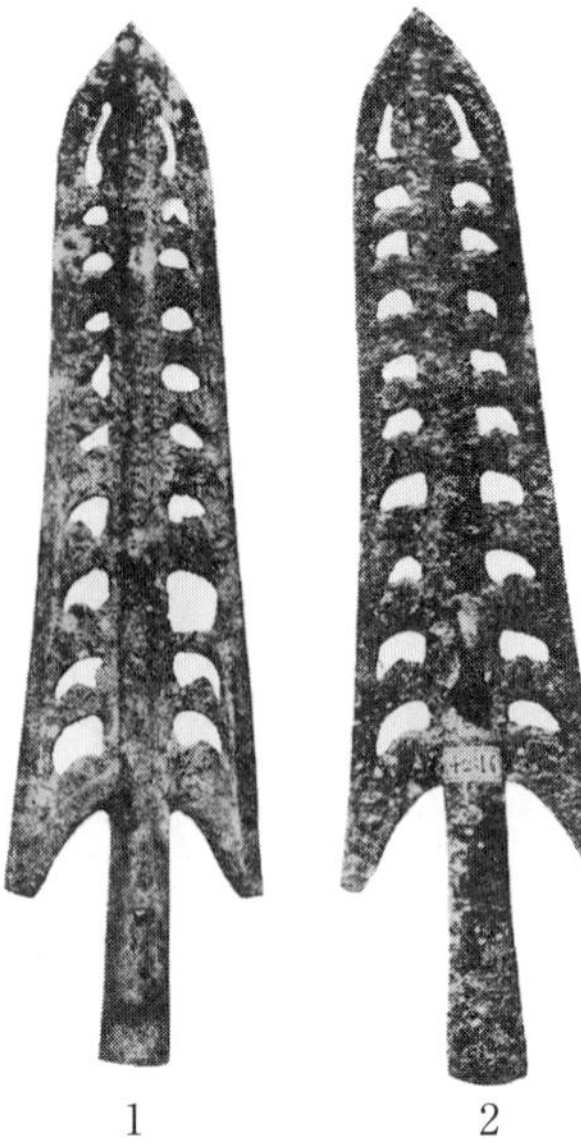

図116　濬県辛村1号墓(左)、42号墓(右)の矛形衡端飾

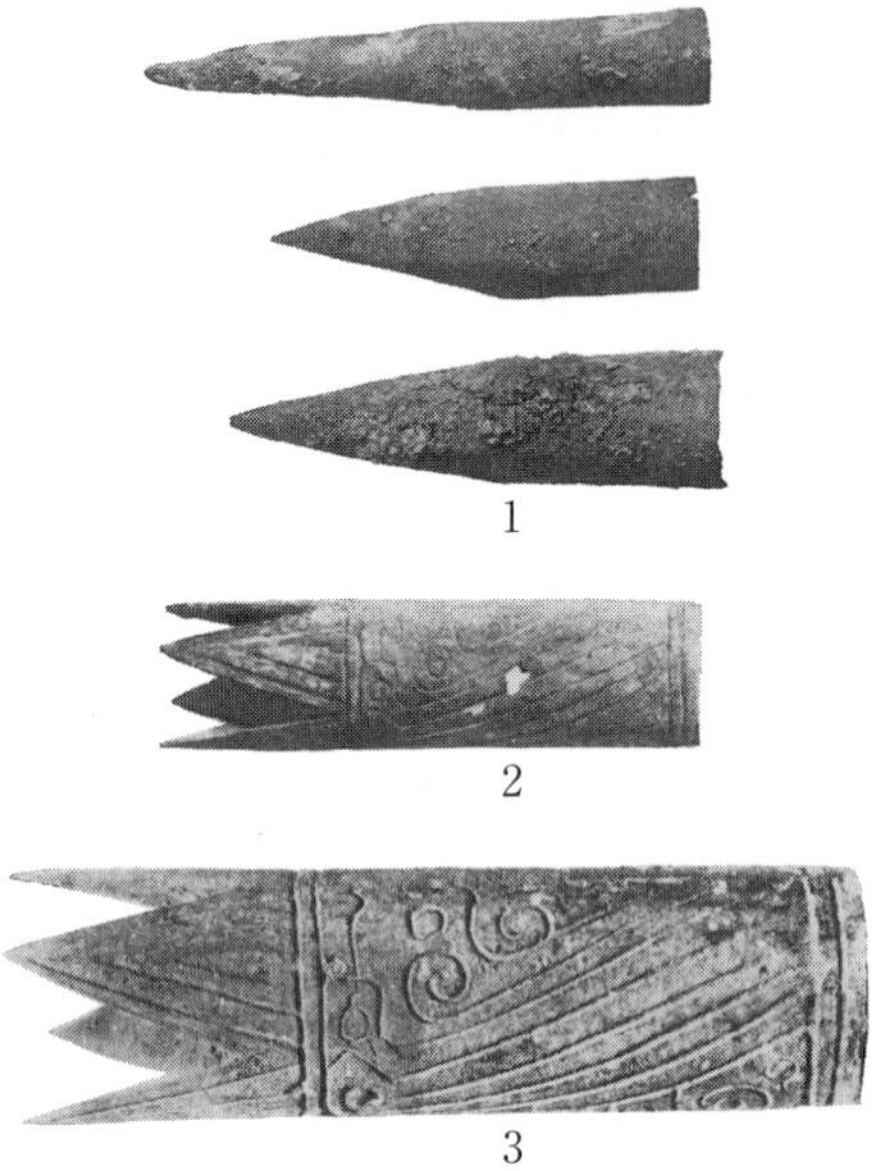

図117　濬県辛村馬車の衡飾

馬坑の二号車のごとく、両端がはね上り、矛形飾（図116）をつける。衡には図117のような飾りを貼りつけて飾りとしている。上の長い方が外に、下の短い方が内に飾られる（これをつけたところは図108を参照）。この衡につけた軛は図118のごとき一本に鋳た青銅飾で飾られる。軛と衡をくくりつけた鈕は図119のごとき飾りで飾られたと郭宝鈞は考えている。軛と衡の交点から出たところからそう推論したのである。大いにありうることと考えられる。(50) なおこの墓には馬が埋葬されていないが、あるいは未発見の別の坑に埋めたのであろうか、といわれる。(51)

【二号墓】　南北に墓道をつけた大墓で、墓室は南北六・九メートル、東西約五メートル、やはり上、中、下層に分けて品物の種類別に埋葬されている。上層の車具は水で洗い流され、青銅の轂飾（図115の3）ほか若干をのぞいてほとんど残らない。中層からは馬具が出た。張家坡二号車馬坑一号車の馬と同様、頭絡と円形の鑣、それにこの車馬坑の馬のものと同式の飾りの

1

2

図119　濬県辛村42号墓の横長銅獣面

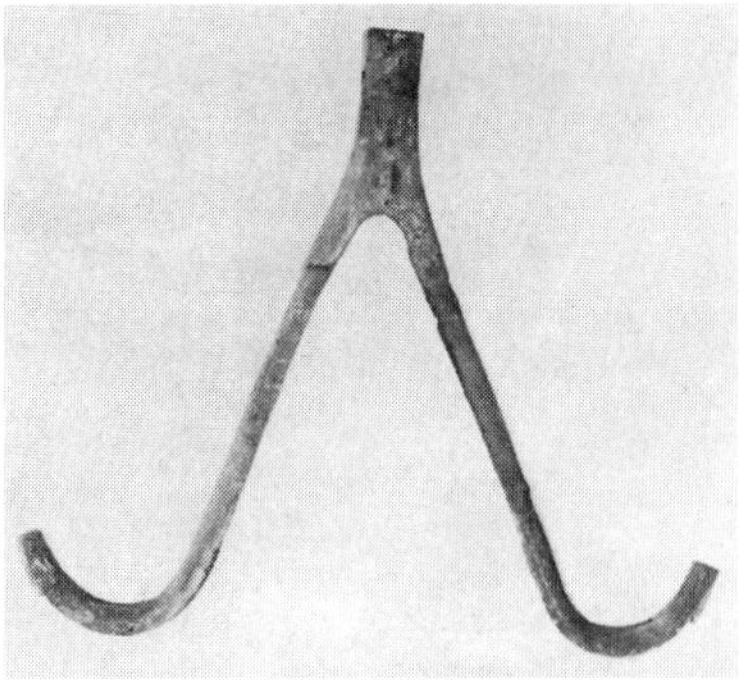

図118　濬県辛村42号墓の銅軛飾

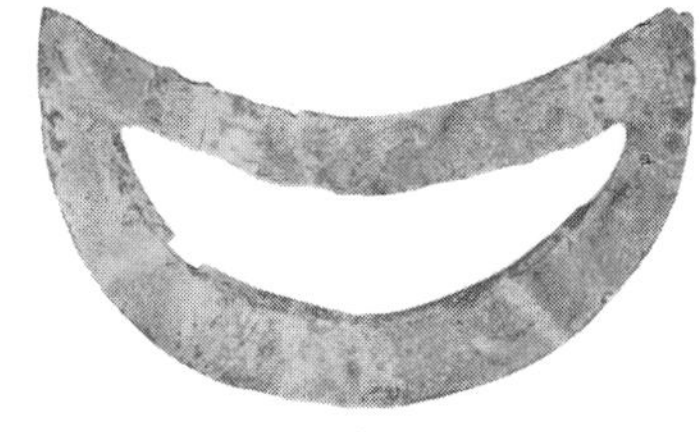

1

2

図121　濬県辛村２号墓の馬の月題と鍚

図120　濬県辛村２号墓の
馬口籠銅梁上部

ついた口籠（図120）をはめていた。この墓の馬具で面白いのは張家坡で知られた饕餮形の錫の上に、さらに三日月形の装飾を用いたことである（図121）。郭宝鈞はここから出たのと同様のものが張家坡の発掘例から確かに馬の頭上の装飾であることを知り、さらに『荘子』馬蹄篇「斉之月題」の注に、「司馬云、馬額上当顱如月形者」即ち「司馬いう、馬の額上の当顱の月形のごときものなり」とあるのを参照して、これが古く「月題」と呼ばれたものであると記している[52]。

【一号墓】これも南北に長い墓道のつく大型墓である（図122）。上、中、下三層に分けて品物別に埋めている。上層からは東西両壁によせかけて輪が一二、中央に一輛分の輿と人間一人が残る。破壊されている部分にもう一、二輛分の輿があったのでないかという。

西壁の北の三輛は保存がよく、「白色の塗料があった（これが塗料か木が朽ちて白くなったのか化学試験をしてないので不明）」と記される。少し先には輢の柱に白色を塗る、とあり、後述の八号車については、車の各部の木材はみなはっきり白色塗料が塗られ、「その下に紅黒色の漆皮らしいものがあるものが二片ある」と記されるから[53]、この一号墓の輪もわざわざ白く塗ったものと思われる。『儀礼』既夕礼に「主人乗悪車、白狗幦」とある。この「悪車」は注に木車と釈される。木車とは装飾のない車であるが、注には「古文に悪車の悪の字を堊に作る」と記されている。この悪車は堊車、即ち白堊で塗った車と取れよう。この車について「白狗幦」即ち白い犬の毛皮を車の周囲の桟に張る、とあり、白を尊重しているからである。ここから出土した白く塗った車がまさにこの堊車に当ろう。

車輪は径一・三六メートル、そのうち四個分については轂に飾金具をつけたものがある。図114のごときもので右が外である。内外端より九・五センチのところで一節、次の箍状の幅二・八センチの部分、「篆」が一節、それより中が一節であるが、最後の部分は図114のように二つの部分から成っている。輻は一八本ついていたことになる。この地の

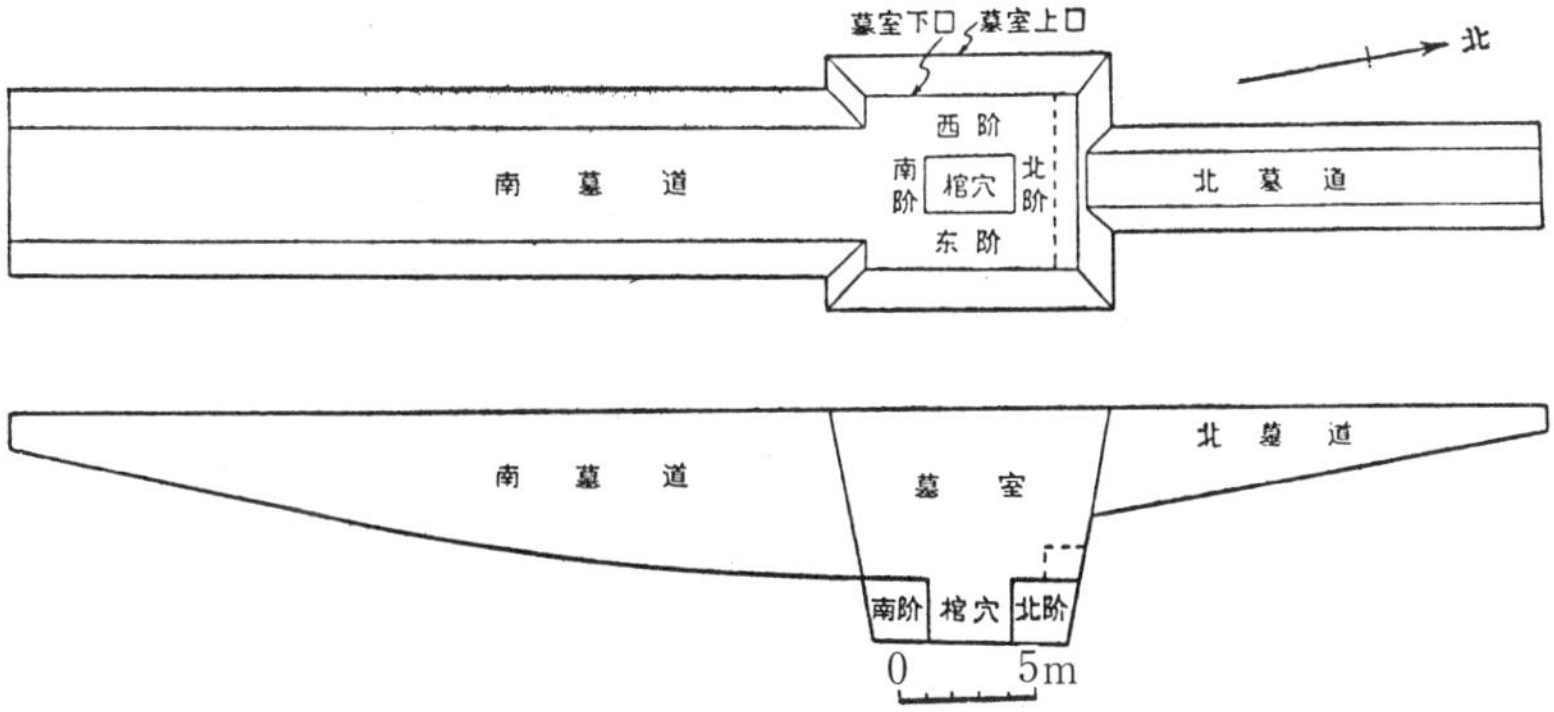

図122　濬県辛村1号墓平面図、断面図

図123　濬県辛村1号墓の軎と轄

西周中—後期の轂の飾金具（図137—図139）とは分割の仕方に相違がある。

　輿は軸、輈、衡を結合したままの形で墓室の西南隅にあった。軸は長さ三・二〇メートル、径五センチ、軎の金具（図123）をつける。輿は幅一・五〇メートル、奥行一・二〇メートル、軸は前より五〇センチのところに位置している。輈の左右にはこれと平行に、輈から各五〇センチのところに木材が渡されている。郭宝鈞はこれを床板を支える材で、従って床板は横方向に渡されていたと考えている。軾は高さ二四センチ、前から左右に半円を画いて廻り、軸と軫の交点に立った柱にまで及ぶ。この柱のうち、右のものは白色に塗られ、左右の柱ともにそれぞれ赤い革で一本の青銅轄が吊されていた（図123の1）。軸と軫の交点の外側に一〇×七センチの紋様の圧痕があった。郭宝鈞は轂内上方の掩板らしい、という[54]。輈は全長三・二メートル、軓から前が二・一〇メートルで径一〇センチ。前端はラッパ状に太くなり、径一四センチ。衡の交点から軓に向って一メートルばかり下向きに曲り、ついで水平に移る。輈上を上下にうねうねしながら子安貝をつづりつけた帯が二本、輈の前端から軓・軾に向っている。衡は全長二・五メートル強、両端のはね上ったところを除くと長さ一・三メートル、径四・五―五センチ。衡端の飾りは矛形（図124の4）、衡上には子安貝を別につづった帯をまといつける。軛の頸のところは赤い漆布で飾られ、上に鸞（図125）をたてる。衡のはね上ったところにもこれと連結されない同式の軛が一対ある。替馬用である。この車にはただし馬が伴っていない。衡と軛の交点には、両者をくくる帯の装飾「轙飾」にあしらわれる、蚌で作った小獣面が一つずつ出ている（図126）。

なおこの車の北方から衡端の矛形飾がもう一対出ており（図116の1）もう一台の車があったことが知られる。またこの層から人間が一人、俯身葬で葬られていた。

この墓の中層が槨内に向って陥没した部分から錫、頭絡の飾り、鑣など馬具の装飾類が出ている。鑣のみ図版がみられる（図127の1）。方形板状の型式であるが、張家坡のもので二本の管に通した頬革は、一辺の小さい二つの耳にとめるように作られている。

【六〇号墓】　墓室の南北二・八五メートル、東西一・六メートルの中型墓。墓室の二層台上、南北に相対して一対の軎が出、中央部槨上からは錫、頭絡を飾る銅泡類が原位置を保って出てきた（図128a、b）錫は兎の耳のような突出のある型式である。伴出青銅彝器、武器から西周前―中期と知られる例である。この墓には車具の一部と馬具を埋めている。馬車そのものや馬は入っていない。

【一九号墓】　これも中型墓で、南北三・五メートル、東西二・四メートル。これも青銅彝器や武器多数を出している。車馬具としては棺のそばから青銅轄（図129）、墓室南端から頭絡を飾る青銅泡と錫が発見されている。これも車馬具の一部を副葬したものである。

図125　濬県辛村１号墓の銅鸞

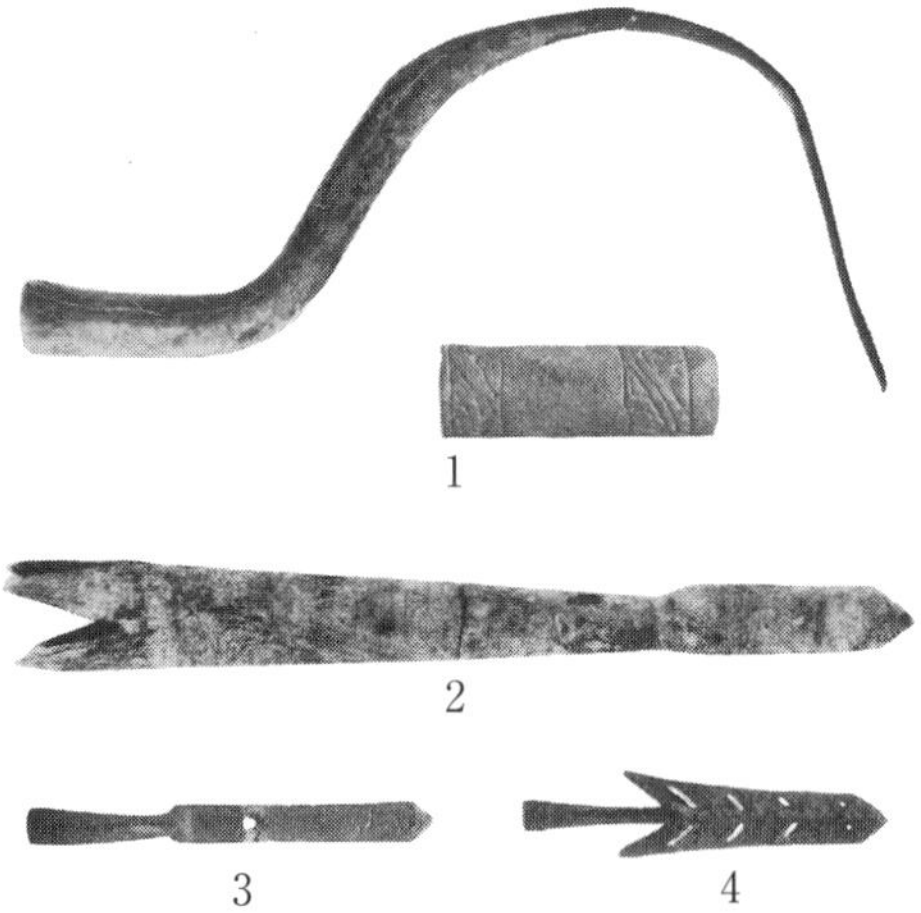

図124　濬県辛村各墓の馬車の衡端飾
1．62号墓(上)、3号墓(下)　2．3号墓
3．25号墓　4．1号墓

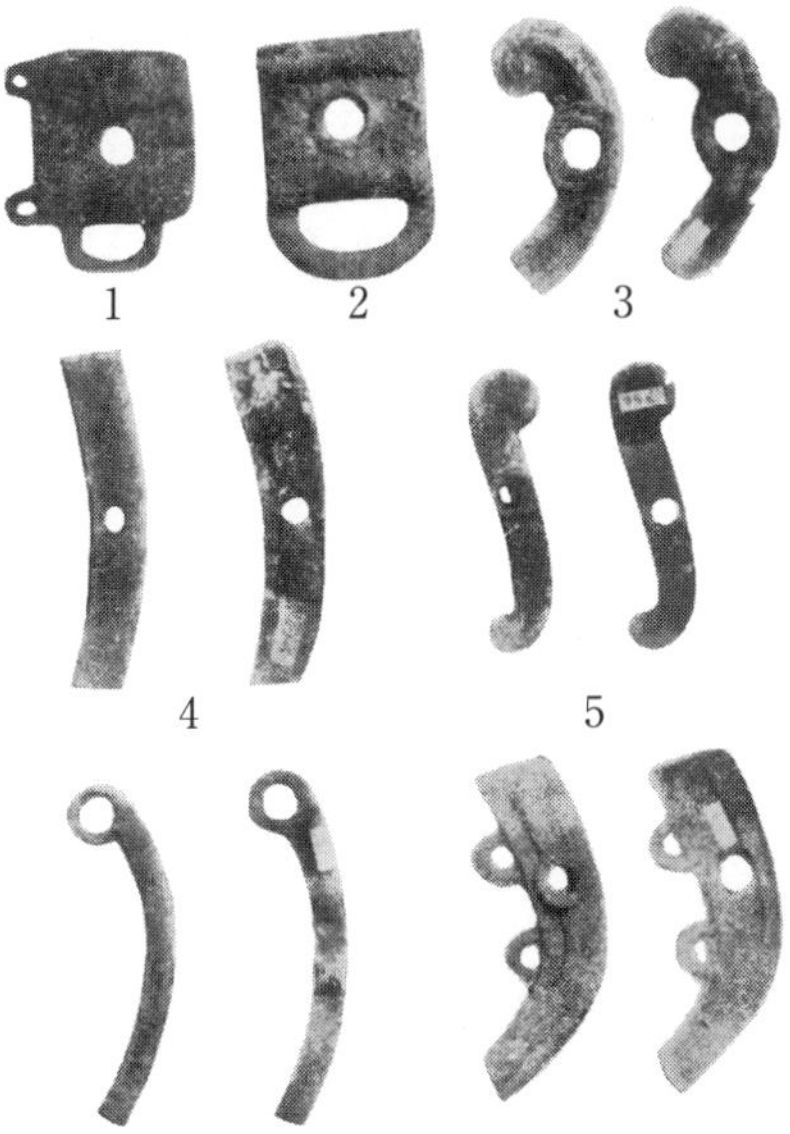

図127　濬県辛村各墓出土の銅鑣
1、2．1号墓　3．62号墓　4．67号墓
5．38号墓　6．5号墓　7．4号墓

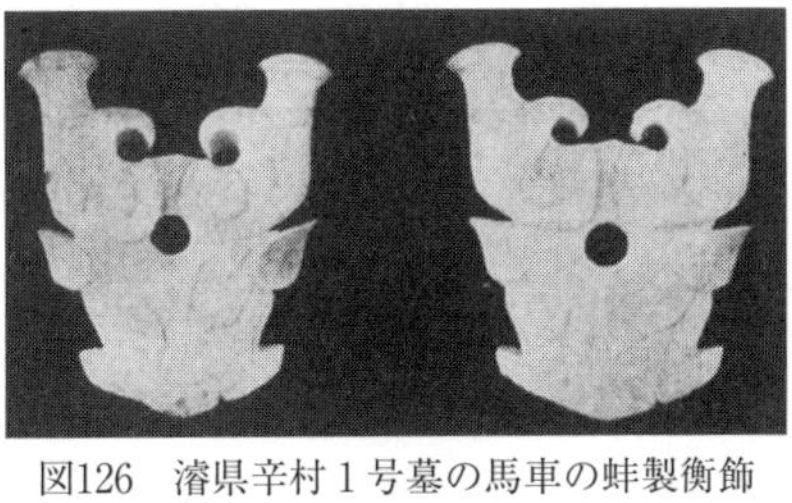

図126　濬県辛村１号墓の馬車の蚌製衡飾

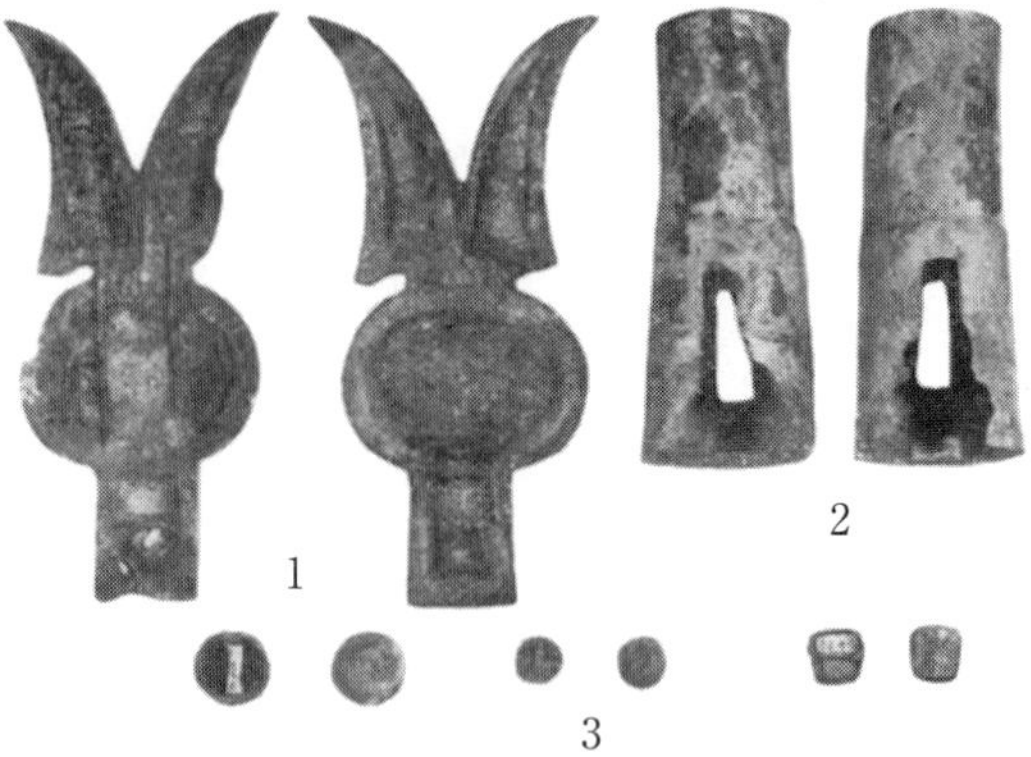

図128a　濬県辛村60号墓の銅鍚、軎飾、銅泡

図129　濬県辛村29号墓の轄

図128b　同墓出土の辻金具

図130　濬県辛村 8 号墓の銅伏兔飾

【八号墓】　中型墓とされるが墓室南北三・九メートル、東西三・二メートルとかなり大きく上・中・下三層に埋葬するところも前引大墓と同式である。

　車は上層、深さ八・三―八・九メートルのところに入れられる。東西壁に二つずつ輪をたてかけて入れる。向い合う輪が対をなし、南側のものが轂端内外に飾金具をはめ、輻が一八本ある。北側のものは飾金具がない。径一・三四メートル、牙の幅五センチというのは前者の寸法であろうか。

　東南部には輈、衡、軛がある。青銅飾はないが、みな白色塗料を塗り、その下には赤黒色の漆皮に似たものが二片あると記される。衡は長さ約一・一五メートル、径九センチ。西南部には輿の痕跡がある。北向きで、南側に幅三五

図132　濬県辛村８号墓の錫

図131　濬県辛村８号墓の出土状態

図133　濬県辛村８号墓の錫

センチの入口がある。入口の両側は囲いの上の横木に銅管をはめている。輿からの高さ三〇センチ。輈の踵と軫の交叉するところに踵の飾金具（図115の2）が発見されている。写真の向きに出土した。軫の後面から側面への曲り角は円くなっていると記される。輿の後面の幅一・三五メートル、軫の径四センチ。材の使い方が、張家坡などのものと違うらしい。輿の下には軸が二本置かれていた。一本は斜めに置かれ、長さ三・二メートルで青銅の軎の飾りがつく。一本は輿に付属したもので長さ二・八メートル、軎の飾りはなく正しい方向で出土している。これらは軸飾（図130）がつく。両側とも軸の先端から六〇センチ内に入ったところにあって、軸の木に貫かれている（図131）。

中層の遺物では深さ九・一メートルのところにまず錫が出現した。南壁に懸けられ、西の四つは目、耳、鼻、口を青銅で別口に作って皮革に綴じつける方式のもの（図132）。東の四つは一枚に鋳造したもの（図133）。これらに伴って頭絡を飾った小銅泡や子安貝などが連なって出土している。西南部には青銅の軛飾、東南部には方形鑣四、円形鑣八、張家坡二号車馬坑一号車のものと同式な口籠の青銅飾が出ている。

以上が西周前―中期墓の馬車関係遺物の発見された墓で、発見状況の記録によって車馬の作りの知られるもの。この古墓群から発見された車馬具で同時期に居することが知られ、興味を引くものとして以上の中に出てこなかった型式の鑣がある。図127の2、7は四号墓出土のもので、同図2の方は張家坡などにもあった方形板状で頰革を通すための管が二つ具わったものであるが、同図7の方は角形をなし、鑣を通す孔があり、一辺に二つの小耳がつき、頰革とつなぐようになっている。図127の3は六二号車馬坑出土の鑣である。コンマ形に全体を形造る。四号墓の例で側面に出ていた二つの耳は裏面に廻っている。この墓からは図134 a、bにみるような衡端飾と鸞が知られている。衡末飾にみるような鱗紋は青銅彝器では西周中―後期に多く出てくるものである。その頃まで降るものかもしれない。図127の5は三八号墓出土の青銅鑣。この墓からは前引六〇号墓から出たのと同式の、兔の耳のような突起のある錫が出ていてほぼ同時期と知られる。この鑣は長S字形をなし、ほぼ中央に鑣を通す孔がある点は前の例と同じである。頰革を通す孔は写真にはみえないが、銜の孔と直角の方向に二本あけられている。図127の4は六七号墓出土の青銅鑣。この墓からも三八号墓から出たのと同式の錫が出ている。これも角形。中央の孔と直角の方向に頰革を通す耳が裏側に二つある。

なおこの濬県辛村からは多数の鑣が発見されているが、青銅製の銜は五号墓からたった一つ出土しただけで、殷代以来の皮の銜の伝統を保持している、と郭宝鈞は記している。(55)

次は西周中―後期墓。

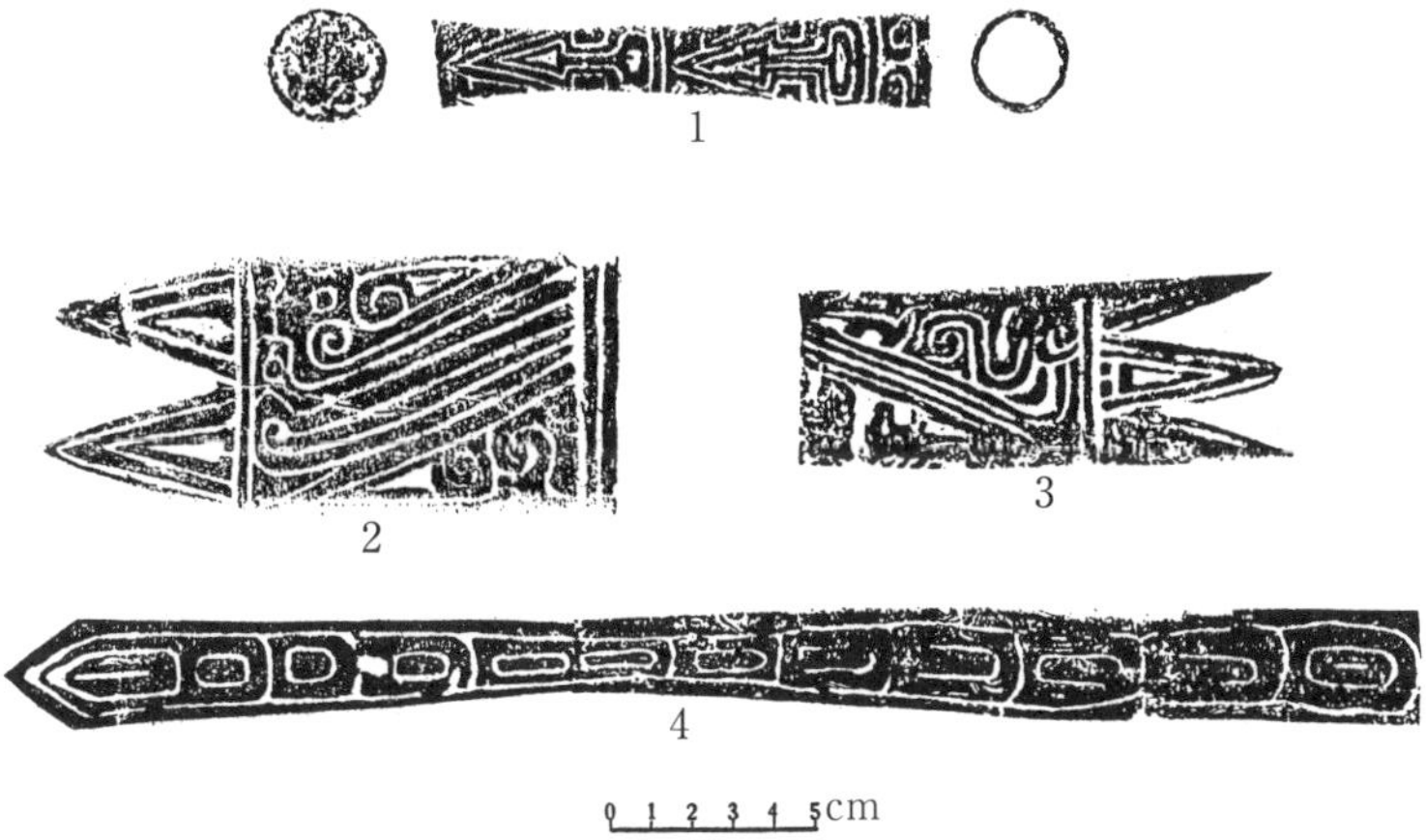

図134a　濬県辛村各墓の衡飾
1、3．3号墓　2．5号墓　4．62号墓

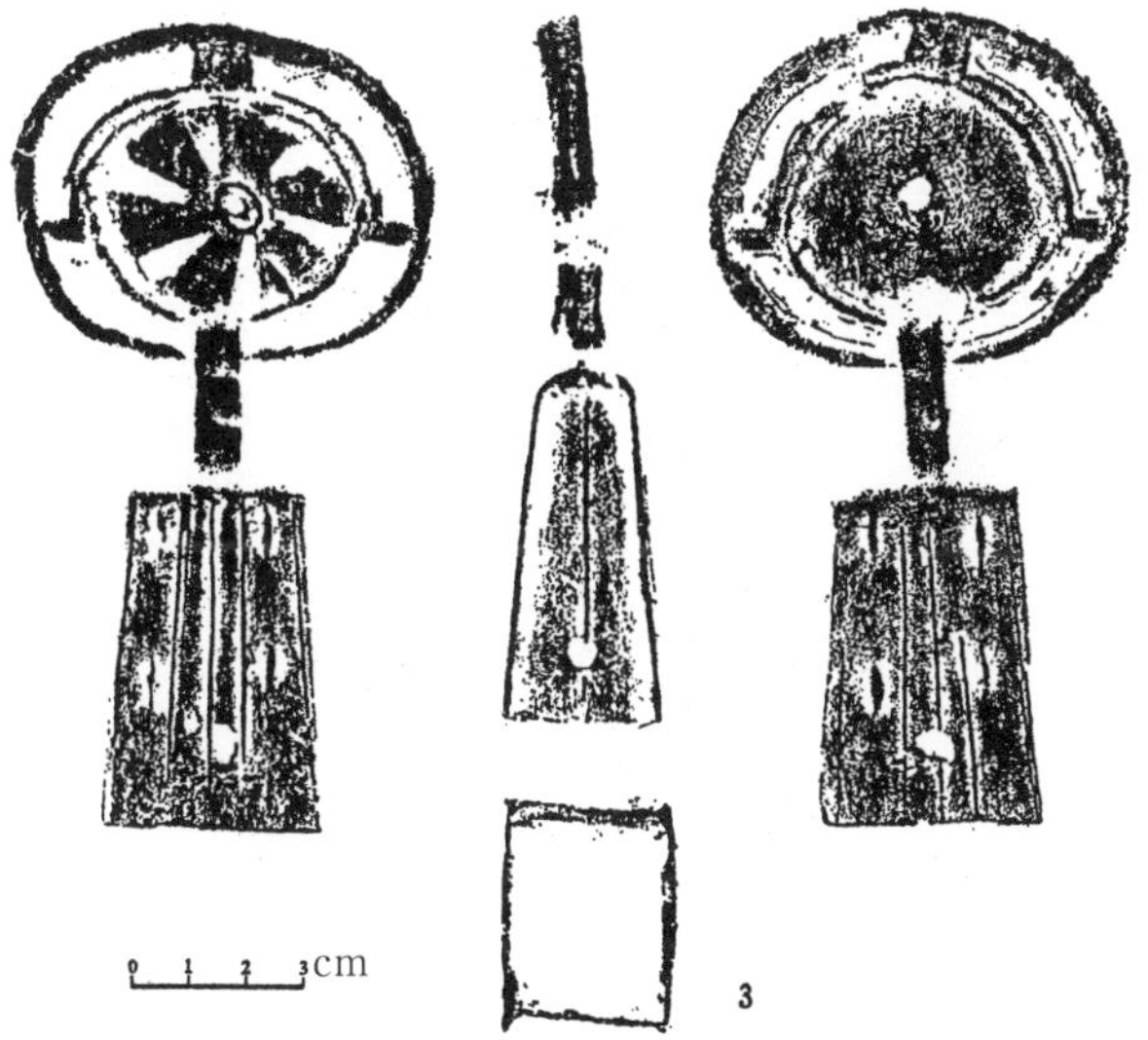

図134b　濬県辛村62号墓の銅鸞

図136　濬県辛村17号墓の軛首飾

図135　濬県辛村17号墓の戈

【一七号墓】　墓室は南北六・五メートル、東西五メートル、南北に墓道のついた大型墓である。盗掘にあい、遺物は破片になって発見されたものが多い。郭宝鈞はこの墓から出た援の先端が圭のごとき形に角張った戈（図135）が三門峡上村嶺虢国墓出土の東周初年のものと近似することから、時代がおそいと考えている[56]。郭宝鈞の指摘は正しいと思われる。おそいとはいえ、しかし東周までは降らないと思われる。この墓のすぐ東六メートルをへだててほぼ同じ大きさの墓、五号墓が並び、一七号墓が戈、鏃の出土することから男性の墓と考えられるに対し、五号墓の方は出土品から女性のものと思われ、郭宝鈞のいう通り[57]、この両墓は『礼記』檀弓の「衛人之祔也離之」（衛人の祔するやこれを離す）の習慣に従った夫婦異穴合葬墓と考えられる。ところで、この五号墓から出土した象牙、松緑石等の彫刻は西周中―後期の様式をもっている[58]。すると、これとほぼ同時代と思われる一七号墓も東周までは降るまい[59]。

さて、一七号墓出土の車馬具であるが、図136のような軛首の青銅飾の拓本が一つ発表されているだけである。この墓に馬飾が少ないのは特異だ、と記される。

【五号墓】　前記のごとく一七号墓の主人の夫人の墓と思われる。墓室は南北六・五メートル、東西五メートル。南北に墓道がある。上・中・下三層に分けて埋葬が行われており、車馬具は上層にある。出土状態の記述はない。轂飾は合計二組出たという。一組は図137a、bの轂飾で全体が図138の1・2のように組合わされたものである。もう一組の片割れは図139。これも同様な轂飾を組合せて撮った写真。図123、図140は軎の金具。図127

図137a　濬県辛村５号墓の轂飾
右、賢端　左、軹端

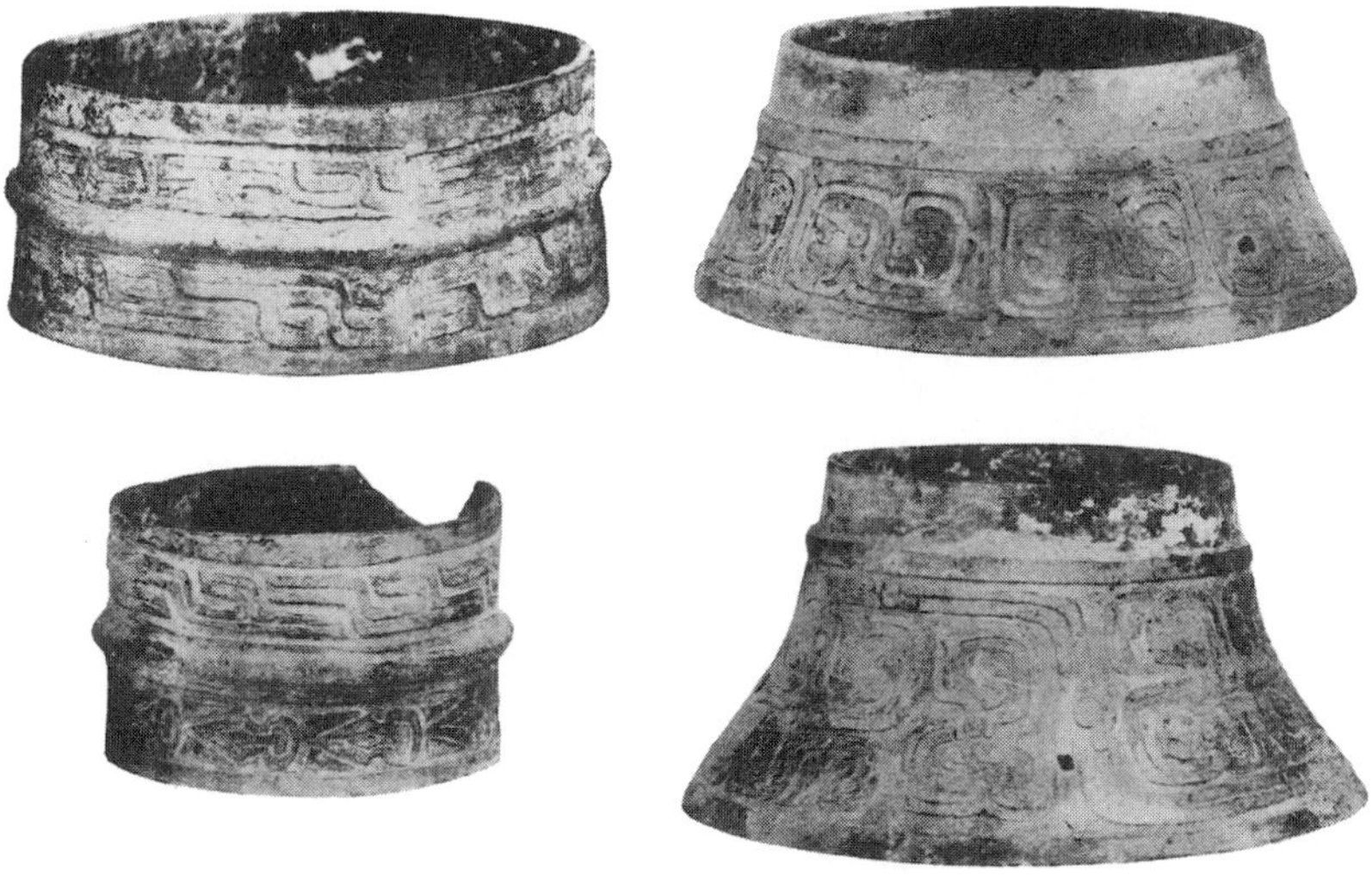

図137b　同墓出土の轂飾（図138参照）

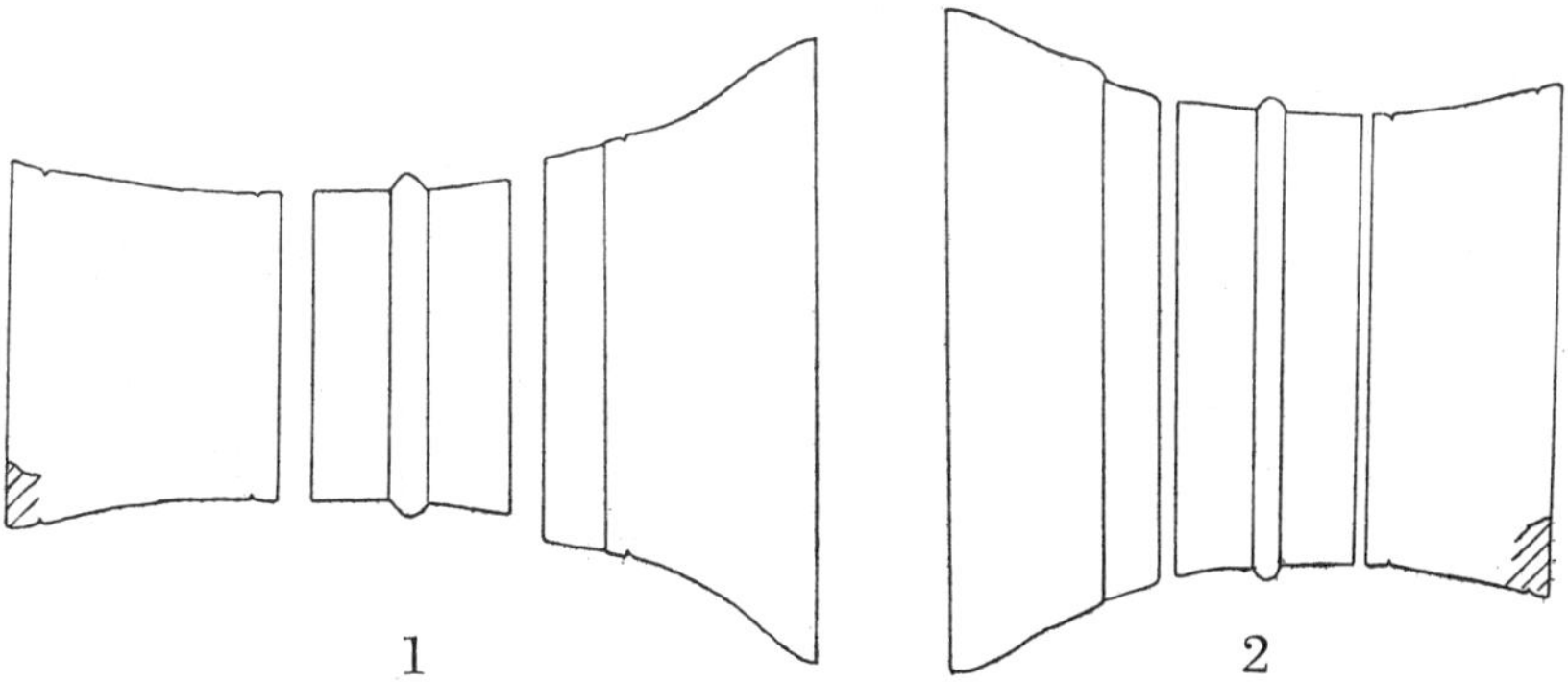

図138　濬県辛村５号墓、図137b の轂飾の使用位置

図139　濬県辛村５号墓の轂飾

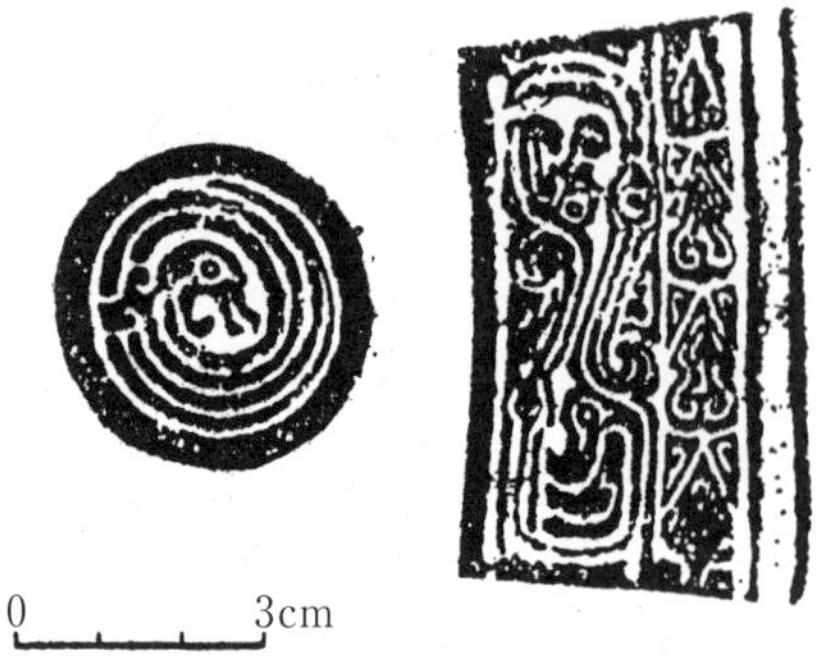

図140　濬県辛村５号墓の軎飾

の6、図141の6はここから出た鑣と銜。鑣はやや湾曲した板状をなし、裏側には頰革を通すための幅いっぱいの耳が二つある。西周前―中期のものと異なって中央に銜を通すための孔がなく、銜の両側にある大ぶりの孔にこの鑣を通すのである。この方が簡易な方式で春秋後期以後に例の多くなるものである。が、これははっきり年代の知られる最も古い例である。他に衡、軛などの青銅飾類の品目があげられている。

【三号車馬坑】　東西一〇メートル、南北九・一メートルの大型のもので、馬と犬を生きたままおいこみ、その上からばらばらにした馬車の部品を放りこんで土で埋めたもの。犬や馬は逃げて南側にかたまり、その上から車馬具が出てくる。馬車はばらばらにしたといっても衡と軛、輪と轂などはもとの結合のままの状態で発見された。馬には馬具はつけない。衡と軛の組合せが一一組、輪が二四枚数えられている。それにしても報告書に記される限り、轅飾やいわゆる較飾など、一台分ずつしかなく、軎の飾りが一対しかないことなどからみて、輿、軸、輈などは大体みな他の坑にでも埋められた可能性がある。

この車馬坑から出た車馬具で図のみられるものはかなり多い。うち代表的なものの幾つかを紹介して全般を代表させる。轅の先端の飾金具は図142の1のごときもので、西周前―中期のこの地の墓にも先がラッパ状になった例があったが、それを青銅飾にしたものといえよう。これは衡軛のセット第一一組に属するのであるが、この組に属する衡の飾りに図117の3、図124の2のごときものがある。それぞれ内および外の飾りである。またこの車馬坑の衡には二ないし四つの小獣面の飾りが伴うが、図141の5はこの第一一組に属するものである。小獣面の中には鉤と伴って軾の前につけられるものもあったらしいから、[60] 必ずしもこれが衡の飾りかどうかはわからない。

この墓から出た衡と軛のセットには、小獣面飾と共に環二個を伴うものが多い。[61] 春秋前期の三門峡上村嶺一〇五一号

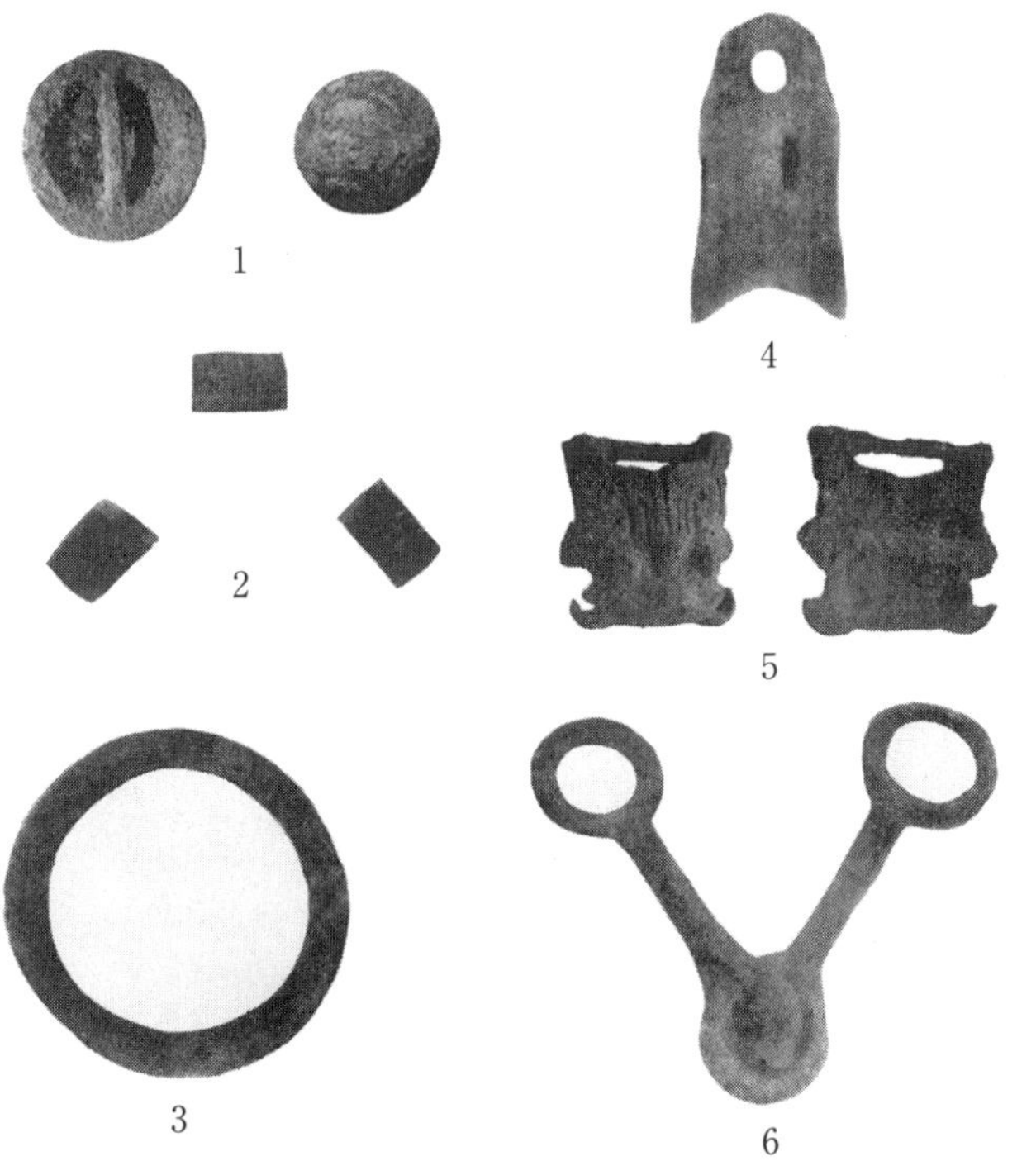

図141　濬県辛村車馬坑の車馬飾と銜

車馬坑の軛の両わきに各一つの環が出土しており、後述のごとく轡を通すものと考えられる。これも同様な用途のものではなかろうか。なお郭宝鈞は図134aの1のごとき青銅の筒状の金具が第六・七組の衡軛のセット中にあるのを、あるいは衡末の飾りかもしれないと考えている。[62] 軛の青銅飾には図143の2—4のように、頭と両脚の先を飾る方式のものが使われている。

この車馬坑から発見された図144の金具は珍しい。四本出土している。郭宝鈞は一端が銎になっているからここに輿の四隅の柱を入れたもので、『説文』に「較、車輢上曲鉤也」即ち「較は車の輢上の曲鉤なり」というのに当る、と説明している。[63] 横に長い部分の長さ二一・五センチ、径一・一センチである。較とは後漢時

代の馬車の模型に見るごときものであるが（図234）、問題の遺物がそれであるかどうか形の上からは判断しにくい。郭宝鈞はこの曲ったところに篷や蓋の四維を結ぶというのだが、そういうものは輢に直接結ぶ方がしっかりしそうに思われる。用法については出土状態によって推論の可能な類似遺物の出現をまった方がよさそうである。

1

2

図142　濬県辛村３号車馬坑（上）、25号車馬坑（下）の輨頭飾

　轂の装飾は、各輪の記述によるとさきの五号墓出土のものと同様、六つの部分に分けたものも多いが、図145は賢の側と軹の側をそれぞれ一つに鋳造したものである。他に、この墓から出た輪には牙の材のつぎ目につける青銅牙飾をつけたものが多い。図146はその例である。各輪四個が使われる。各輪は二本の牙を合せて作られるが、各材の端に各二個、合計四個が使われるという(64)。

【二五号車馬坑】　南北一〇メートル、東西七・四メートルの大型の車馬坑だが、村のすぐ近くで深さも一・二メートルしかないため、盗掘ですっかり荒されていた。三号車馬坑と同式の車馬坑で、衡と軛のセットが四組、輪、輿などが四組ばかり検出された。

　この車馬坑で重要なのは、軛を衡にくくる革の装飾の存在が出土状況によって判定されたことである。郭宝鈞がここに使われた装飾を轡飾と呼んだのが誤りであることは前に記した通りであるが、その作りと機能を説明して郭は次のようにいう。即ち軛を衡上に縛りつける上には、縄や革が必然的に攢集し、往ったりかえったりして巻きかためて始めて車を支え、車を引くのにたえうる。この飾りはこの必要に応ずるために作られている。時にその形状は長方形

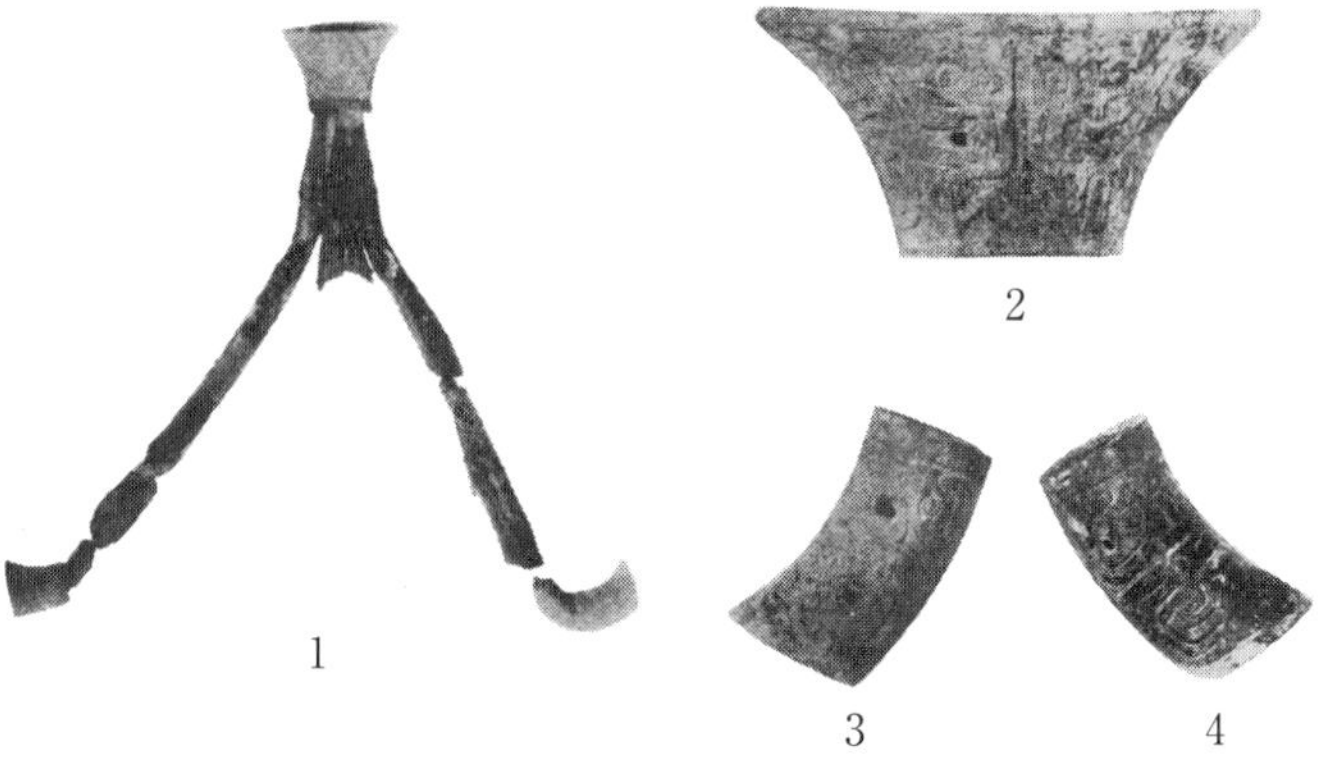

図143　濬県辛村３号車馬坑（2－4）、25号車馬坑（１）の軛飾

図144　濬県辛村３号車馬坑の較飾

図145　濬県辛村３号車馬坑の轂飾

で中空になり、二層に作られ、中間はちょうど縄や革を通すのに都合よくできている。表はやや凸、裏は凹に彎曲し、衡木の曲面に適合する。一対あり、いずれも軛と衡の交点から出土した、と。いわばマッチ箱から抽出を抜きとったような作りと思われる。これを衡にくくっておき、軛をくくりつける縄をこの飾りの間を通してしばれば左右

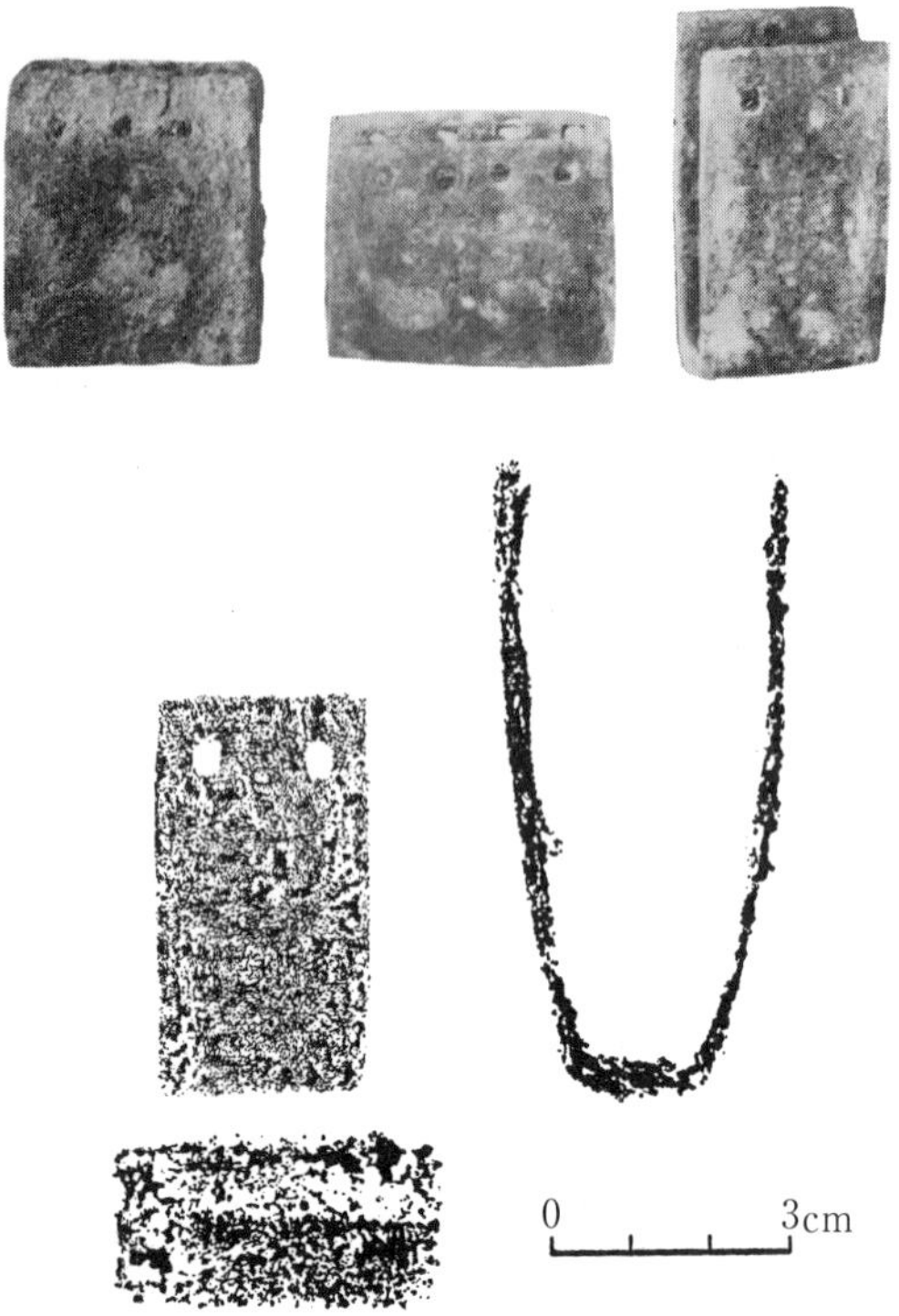

図146　濬県辛村３号車馬坑の牙接合金具

にずれなくて具合がよかろう。下に下る方形の環の説明がないが、くくった紐の端末をとめるのに使えよう。

この車馬坑からは木部の保存のよい軛が出ている（図143の１）両脚は一本の木で作り、軥のところは火であぶって曲げている。軛首の金具に両脚の木をはめ、さらに楔形の材をはめこんでいる。郭宝鈞は荷が重ければ重いほど軛は押し下げられ、楔の部分が圧せられて両脚はますますしっかりする仕掛だ、と感心しているが[65]、これは誤りである。軛は両脚で馬の頸を挟みはするが、両脚の合わさった部分で馬の頸に乗るものではない。

以上のほか、この車馬坑からは図142の２、図147の２のような輈首飾、図148の１のような衡端の飾りその他が知られる。図149が輿四隅に立つ柱の飾りと説明されるが、出土状況によって判定されたものではないようである。

以上西周時代前―中期および中―後期の濬県辛村の墓を通観してみるに、大まかに分けた二つの時期の間に著しい変化がみられる。前―中期墓には豊富に飾られた多種類の馬具をつけた馬が埋葬されるが、中―後期墓では馬には何もそのような馬具の痕跡が残らない。派手な馬具の飾り類が後期に行われたにかかわらず墓に入れられなくなったの

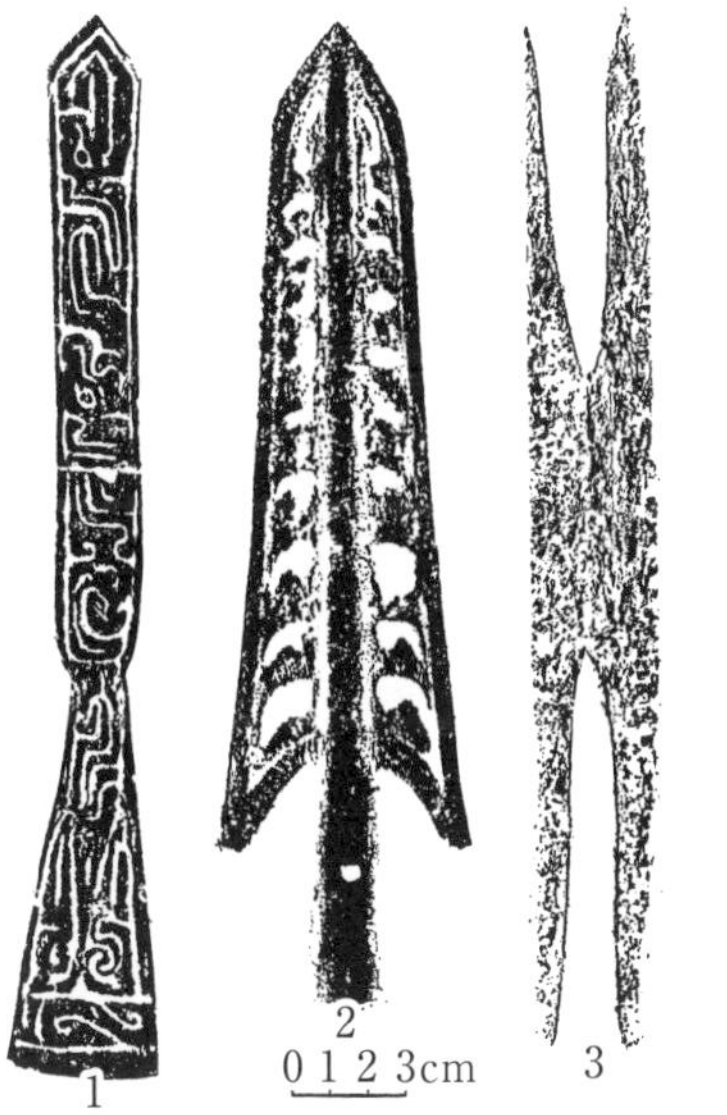

図148　濬県辛村25号車馬坑（左）と42号墓（中、右）の衡飾

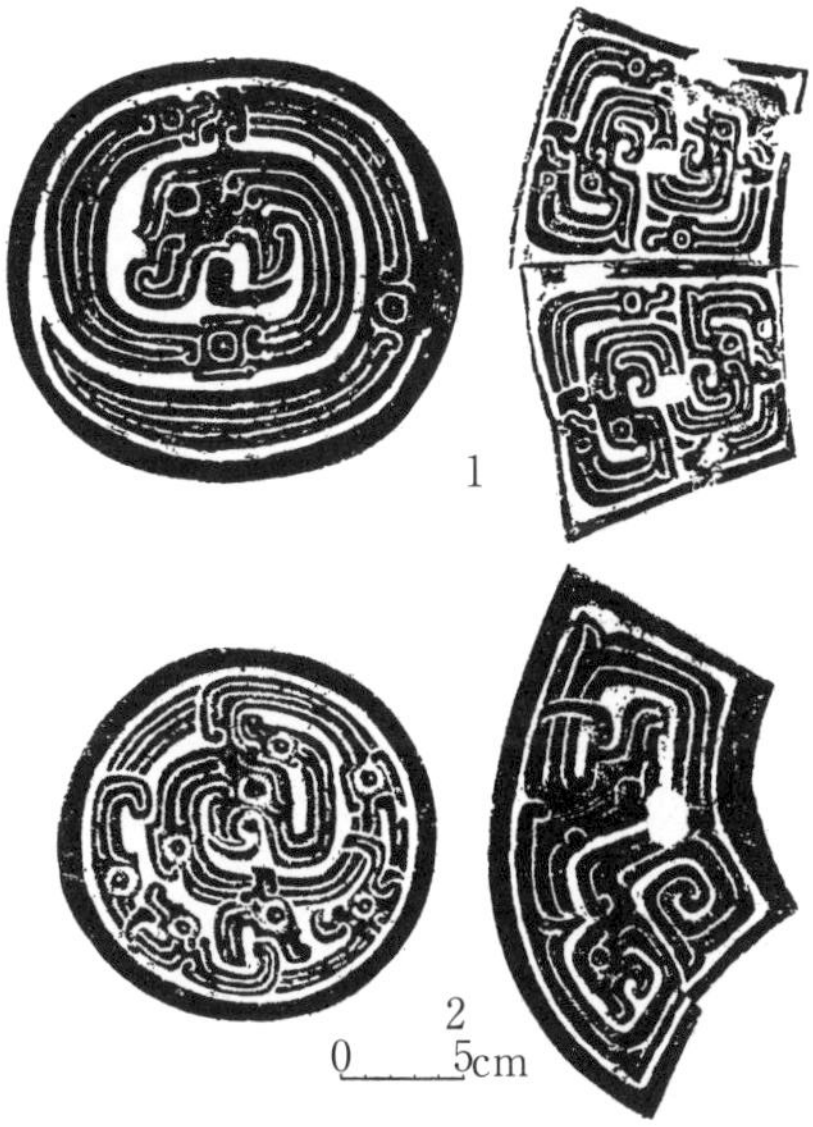

図147　濬県辛村３号車馬坑（上)、25号車馬坑（下）の輨頭飾

図149　濬県辛村25号車馬坑の輢飾

か、あるいは衰退に向ったのかは今日の資料を以てしては決し難い。後者に銜の外側の環に鑣を通す方式が出現するが、これも前者になかったものである。一方前者の車は青銅飾金具類がつけられはしても、轂、軝、衡などの飾りには素紋のものも多かったのに対し、後者は体をくねらせた龍、鱗紋その他、当時の青銅彝器が飾られていたのと同様な紋様であらゆる青銅飾金具が飾られるようになっている。飾りばかりでなく、その作りそのものにも変化があったかどうか、今のところ明らかでない。

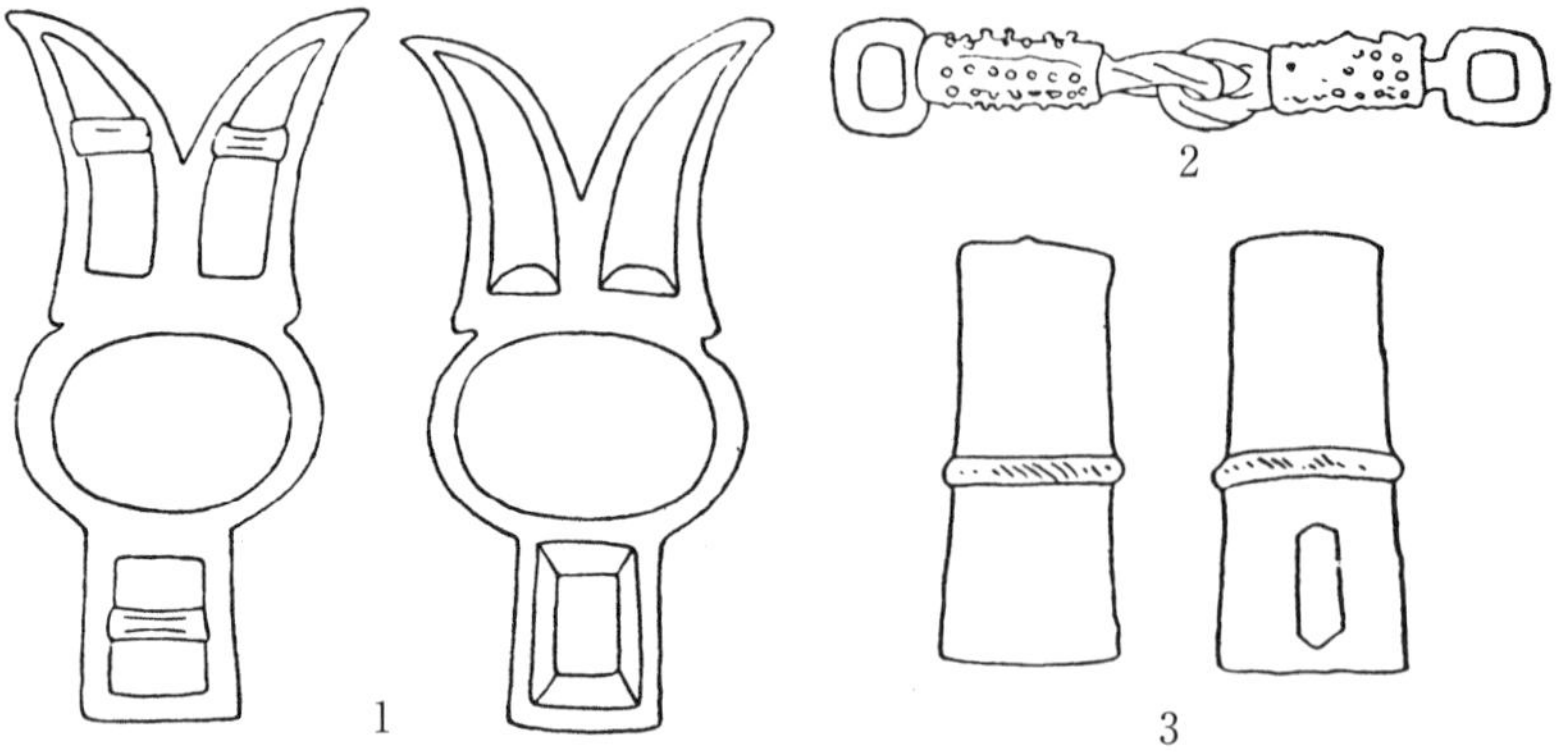

図150　洪趙県永凝堡西周墓の車馬具

(c)　山西省洪趙県永凝堡の墓

一九五三年偶然発見された墓で、取り出された遺物を回収した資料である。[66]鼎一、簋二、戈六、矛一、袋穂の斧頭三、鑿二などの青銅器、陶鬲、白陶罐、骨、貝器などと共に車馬具が出ている。青銅容器、武器の形式も、また当盧などの車馬具の形式も濬県辛村の西周前―中期の一群と一致する。

車具としては、軎の金具一対（図150の3）。縄を模したような紋様をつける。馬具としては青銅銜一個（図150の2）。中央を環でつないだ二節からなる形式で、棒状の部分には筒状の金具をかぶせ、この金具には小さいいぼいぼを多数つける。青銅銜には殷と知られる資料がなく、この例は現在知られる最も古いものの一つである。いぼいぼのついた筒をかぶせている点、癖の悪い馬を御す上に大いに威力を発揮したことであろう。当盧四個（図150の1）。濬県のものと同形式である。銅泡三二九個。大型のものも混る。大型のものは革紐の交叉部に使われたものであろう。ほかに、裏に木痕の残る円形の金具があげられているが、用途は不明である。

(d)　洛陽東郊下窰村東区の墓および車馬坑

一九五二年十月末から一カ月ほど、新生の中共政府の文化部社会文化事業管理局、北京大学歴史系および中国科学院考古研究所は協同で、第一次考古工作人員訓練班の実習のため洛陽東郊で殷から唐にわたる各期の墓を発掘した。そのうち下窖村の東区の一五一号、一五二号、一五四号の各墓から車馬関係の遺物が出ている(67)。車器の紋様からみて、西周後期のものと考えられる。

一五一号墓はほぼ南北向き、墓口は五・一メートルに三・六メートル、墓底は六・四五メートルに四・七八メートルの長方形、深さ一二メートルで、底が広く、上にゆくほどすぼまっている。中央部は盗掘に遇って何も残らないが、周囲には車輪その他の残痕がもとのまま発見された（図151）。図の番号によって説明すると、

1—輪。径一・三メートル、轂の径〇・二二メートル、輻の数は二一本。

2—輪。径一・二二メートル、轂の径〇・二四メートル。輻の数は半分で九本と記されているが、図では一〇本数えられる。

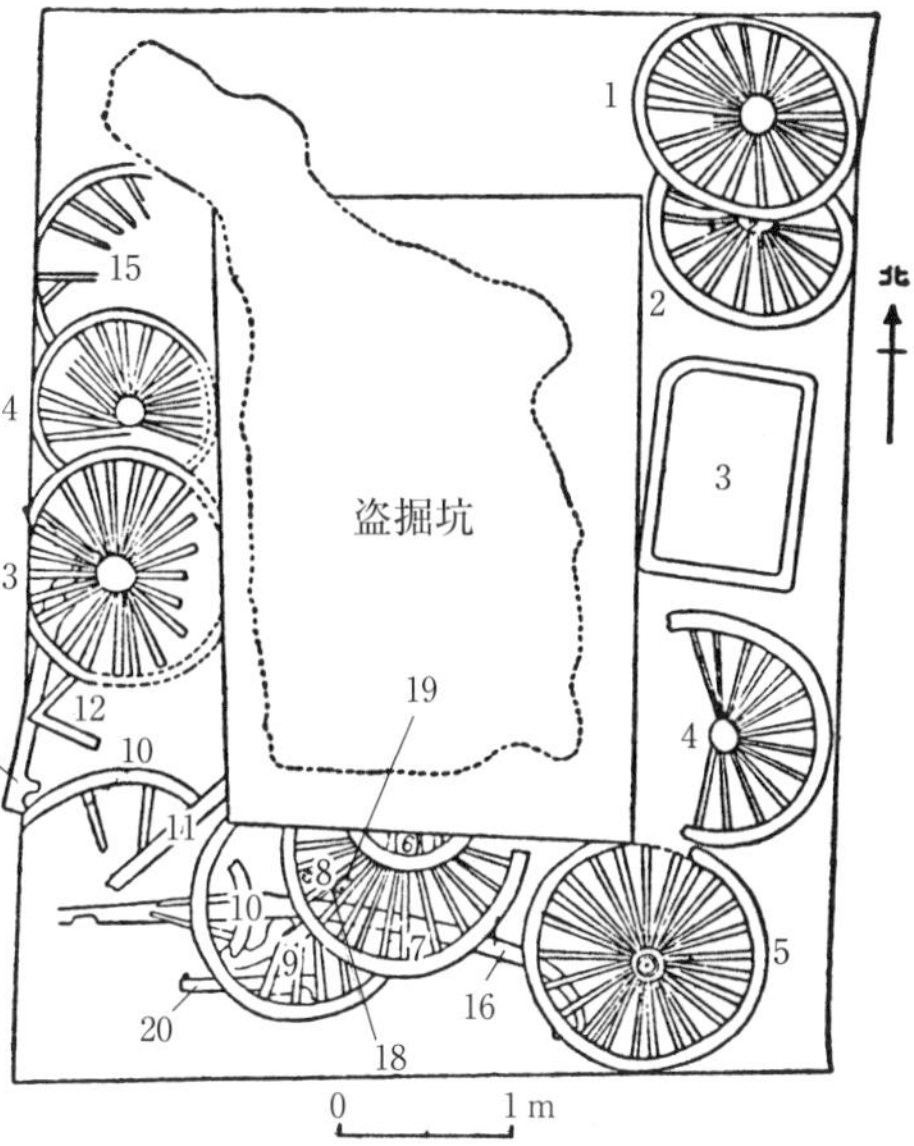

図151　洛陽東郊下窖村東区151号墓

3—輿。前後〇・九六メートル、幅一・二メートル。軫の材は幅六センチ。

4—輪。径一・三メートル、轂の径〇・二メートル、輻は半分で一〇本と記されているが、図では一一本とも数えられる。

5—輪。径一・四メートル、轂の径〇・一六メートル、輻は二四本。

6—牙と輻の一部分。

7—輪。径一・四メートル、轂の径は不明。輻の数は半分で一二本と記されている。

8—青銅の軎の金具(68)。長さ一一・五センチ、外端の径四・

九センチ、内端の径五・七センチ。轄を挿す孔は三・二×一・四センチ。軶の中に入る部分は一半が切り欠かれている。

9—輪。径一・三メートル、轂の径、輻の数は不明。

10—輪。もとの寸法は測りえない。

11—軶と記されているが、図でみるとそれにしては長すぎる。衡であろうか。

12—何かの木のあと。

13—輪。径一・三六メートル、轂の径〇・二二メートル、輻は二二本。

14—輪。径一・二メートル、轂の径〇・一六メートル、輻の数は半分で一一本と記されている。

15—輪。もとの寸法は不明。

16—輈[69]。長さ三・二メートル、中間の径〇・一二メートル。輈首は、輿の下に入る部分から真っ直ぐ前方に、延長した線より〇・八二メートル上にはね上る。後方から切り欠きが作られ、報告には軫を承けるものとされているが、3の輿の材の寸法からみて大きすぎる。軸を承けるものであろう。その長さ一二センチ、深さ四センチ。

18—軸。一端九〇センチの長さだけしか残らない。端に青銅の軎の金具が付き、輪のはまる部分の長さ四二センチ、径八センチ。軫を承ける部分には突起が付き、径二〇センチ。

19—青銅の軎の金具[70]。二個と記される。長さ一二・四センチ、外端の径六センチ、内端の径七・一五センチ。轄を挿す孔の径三×一・六五センチ。中に軸木が残る。

20—衡と記されている。八〇センチの長さだけ残る。径八センチ。端は凹字形に太くなり、はね上っている。その部分の長さ三八センチ。

21—衡と記されている。長さ一・六メートル、径一〇センチ、端末の形は20に同じ。端の部分の長さ三〇センチ。

右のほか青銅製、貝製の遺物の残片が出ている。そのうち銅小腰とあるのは、輝県琉璃閣一三一号墓から出た(71)ような、衡の飾りであろう。

一五二号墓は一五一号墓の東南一五メートルのところにある不規則な方形の馬坑である(72)。両者は関係あるものではないかと記されている。半分以上盗掘で荒されているが、ほぼ八頭分の馬骨が残っていた。車器その他の遺物は出ていない。

一五四号墓は一五一号墓の東北二六メートルにある(73)。大部分盗掘で荒らされているが、西北隅に車器が若干残っていた。鸞(74)は高さ一四・五センチ。もう一つ別に高さ一四センチのものが出ている。衡端の金具(75)は、衡にはめこむように管状をなし、一端はふさがっている。目釘孔は上面は方形、下面は円形で対をなす。長さ二一センチ、外径二・七センチ、内径二・三センチ。青銅の泡(76)は四・四×二・一五センチの長方形。革具の飾り。そのほか矛、方相の目、貝製の円泡、その他が出ている。

(2) 馬車の図像的表現

馬車の図像的表現として車という文字がある。便宜上殷時代の甲骨文、殷ないし西周の時代の金文をここに一緒にのべる。

(a) 甲骨文車字

甲骨文車字の前後の意味の通ずる用例として

癸巳卜、㱿貞、旬亡𡆥、王固曰、乃茲亦有希、……甲午王往逐兕、小臣古車馬、硪乡王畺、子央亦墜(77)

癸巳の日卜い、㱿貞《と》う。旬に囚《わざわい》なきか、と。王固《うらない》て曰く、乃ち茲にまた希《たたり》あらん。……甲午の日王往きて兕を逐う。小臣古の車馬、硪に王の〓に〓も、子Ꮆもまた墜つ

ここにいう小臣古、子Ꮆはそれぞれ小臣、子姓の人の名。〓はあるいは馭と釈されるが、この字は馬にも又にも从わないので憶測の説にすぎない。硪は『説文』に「硪、石巖也」即ち「硪は石巖なり」と、石の厓をいう。墜は郭沫若の釈による。[78]

癸巳の日に次の旬の吉凶を問うたところ、希があるとの答えが出た。果して甲午の日に王が兕（水牛）を狩しに行ったところ、小臣古の車馬が硪でもって王の〓に〓し、子Ꮆも（車から？）墜ちるという事故があった、という意味と考えられる。勿論この場合、後の春秋、戦国にもそうであったごとく、馬車に乗って獣を追ったのである。

ここに車と釈した字は図152の1に作る。『説文』に「車、輿輪之総名……象形」即ち「車は輿輪の総名……象形なり」と。この甲骨文も衡、輈、輪、軸、轄を象っており、後に述べる別の体の甲骨文、金文の車字がさらに両軛と軫をかき加えているのより簡略である。同じ体の車字は他にもある[79]（図52の2、3）。衡の両端が曲っているのは濬県辛村墓、洛陽東郊下窰村一五一号墓の衡のごとく、両端の折れ曲った形の衡を写したものと思われる。

前引の卜辞に現れる〓字を羅振玉は同じく車と釈しているが[80]、同じ字なら上下別な体を使い分けることも考え難い。おそらく車字ではあるまい。両輪の間にある田字形は何であろうか。遺物で知られる限り、輿は車軸の真上に載っている。しかし後にみるごとく、金文車字に図67の11（一八四頁）のごとく作るものがあり、輿は車軸より前を欠き、後の部分だけが表わされている。あるいは輿を軸より後にずらして作った車があったのであろうか。そうとすれば、今の字はそのような輿と軸、輪を象った字と考えられよう[81]。

図152の2に引いた羅一九三三、三、四〇、二と同様な内容を記したらしい鮑一九三一、一一四、一[82]にみえる車は図152の4に作り、両軛をかき加えている[83]。以上はすべて第一期の卜辞。第三期の卜辞で図152の5に作るものがある。衡

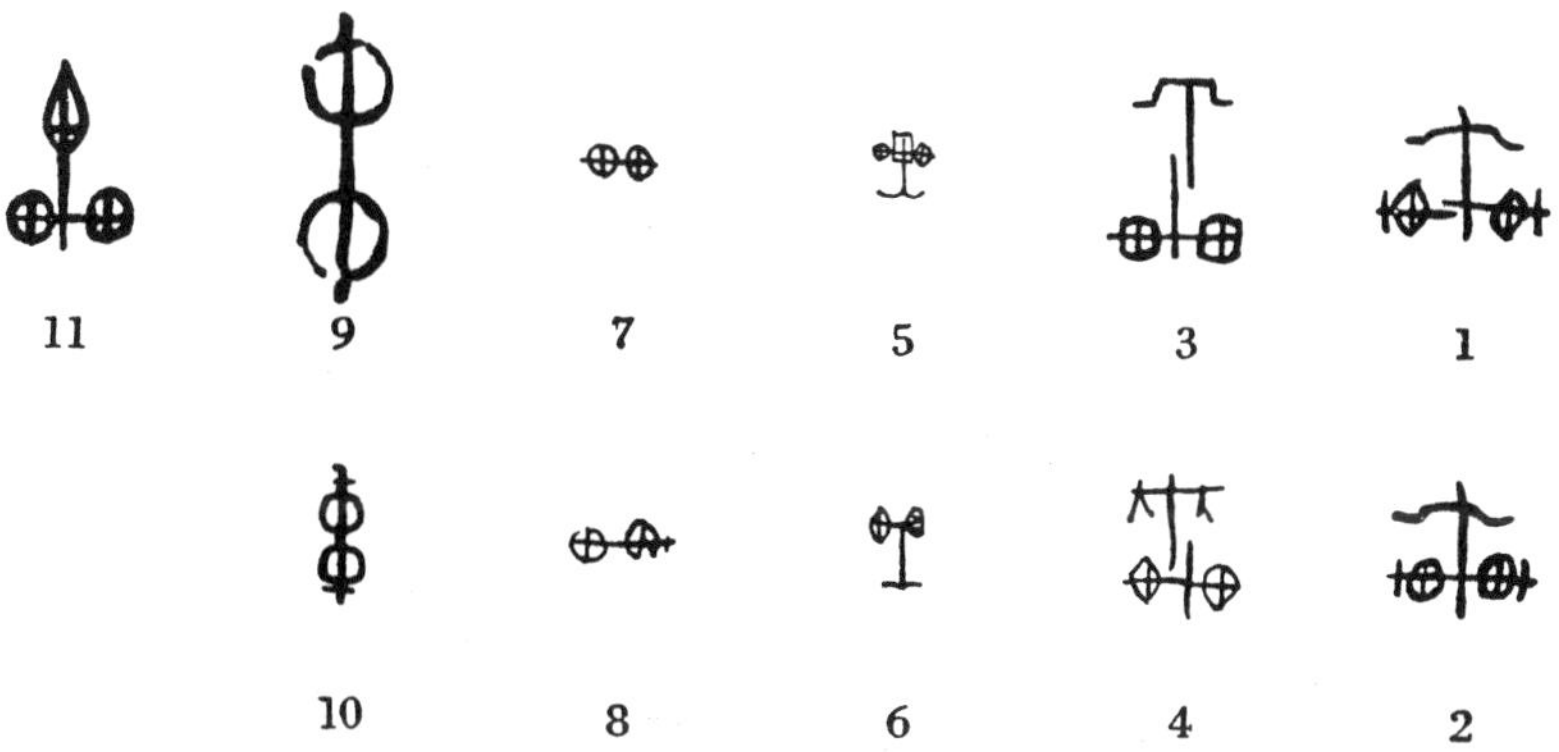

図152　甲骨文車関係字

を波形に表わしている。

右に引いた甲骨文字の車字が、安陽小屯C区、大司空村などの墓から出土したと同様な両輪一輈、二頭駢駕の馬車の象形字であることは改めて強調するまでもあるまい。いま引いた例はほとんどすべて第一期、即ち武丁時代のものである。遺物の方からは小屯C区の小屯前期のものが中国最古のものであるが、武丁時代に既にこのような象形字が使われていることから、その象形の対象となった馬車は、武丁よりも古い時代、即ち前一三〇〇年頃より以前の時代に既に中国で使用されていたことが知られるのである。このことは注意すべきである。

ほかに甲骨文には軸と両輪の象形字と思われるもの、その字に从う文字がある。「不其……[84]」、「舞于[85]」のごとく使われた図152の6、7の字は固有名詞であり、前後のつづきの不明な鮑一九三一、九一、四[86]の図152の8と共に、輪、輿の総名の意味の車字とは別字である。図152の7は金文図象記号にある図152の9[87]、10[88]と同字である。後にみるごとく金文でがに略される例は多い。

別に図152の11のごとき字がある。

……旬有一日癸亥、弗戈……

のごとく使われる。この字の両輪の間に立つ物の形は、矢に似た字の形に似るが、何を象るか明らかでない。この文字も車字とは別字であろう。ここは外夷の名に使われている。[89]

(b) 金文車字

殷時代の觚の饕餮の鼻面に記された車字（図67の1）は、衡の両端が上にはね上っている点、さきの甲骨文車字と同様である。この字は輿を中白の丸にえがいている。衡の両端のところは消えていて明らかでない。同じく殷ないし周初と思われる簟父丁爵の車（図67の2）[90]も輿を同様に表わしている。この車は図象記号である。車祖丁爵は、同じ図象記号をつけ、同じく丁を称するのに先の簟父丁爵は父丁、ここには祖丁というから、これより一世代後の人が作ったものと思われる。ここに書かれた車[91]（図67の3）はたしかに衡の両端が上にはね上っている。この字は輿のところを田字形に表わし、輪はたて棒を略して⊖状に作る。

図67の4、5に引いた図象記号の車にも、両端がはね上った衡がみられる。この場合、衡の両端から垂れたものがある。これは長安張家坡の馬車（図109）に発見されたごとき垂飾を象ったものに違いない。石璋如が5の例をみて、この垂飾を鈴と考えたのは[92]発掘データにもとづかない想像説である。図67の2—5の車には両軛と輈を結ぶ線があるが、これは何であろうか。十分明らかでないが、衡と輈とを連結し、輈に対して衡を直角に保持し、あまりぐらぐらしないようにする仕掛ではないかと思われる。長安張家坡二号車馬坑の一号車にこのような装置の装飾と思われるものが出ていることは先に記した（二一七頁）。図67の4の馬車は、輿の後で周囲をかこむ線が切れている。他の器につけられた同じ図象記号[93]にも同様な特徴が認められるから、これが鋳造の過程で生じた鋳型の出来損でないことが知られる。この輿の後部の切れ目は、図の囲いの軨に設けられた垂降のための戸口を象るものと考えられる。

ほかに両端のはね上った衡に从う車字として簟卣の例がある（図67の6）。この簟は中甗の例（図67の7）のごとく、後に傾いたすすきの穂のような旗をたてている。フリア美術館の春秋末期の鑑に画かれた馬車（図153）も後に傾いた旗をたてていて、その点共通である。『周礼』考工記に「戈柲六尺有六寸、既建而迆」即ち、「戈の柲六尺有六寸、既に建てて迆にす」と。戈などは車輢に斜めに挿されたと考えられている。旗なども殷時代以来斜めに挿す風があったものらしい。図面67の6、7の車の輈の先は少し曲っている。実際にあったこの形の輈を写したものと思われる。

やはり図象記号のごとく使われたと思われる車字として車軏がある。この字は図67の8のごとく表わされ、甲骨文に例があるように輿を略している。この車の輈の踵は魚の尾のような形になっている。このような踵は肇卣の図67の9の字[94]の从う車字にもみられる。安陽大司空村の車坑の車の輈は、踵の方が少し曲っており、自然に生えていた木の根本の曲りがそのまま残されたのではないかと考えられるが、この魚の尾のような形の踵も、あるいは輈にする立木の根本の広がりが残されたものでもあろうか。

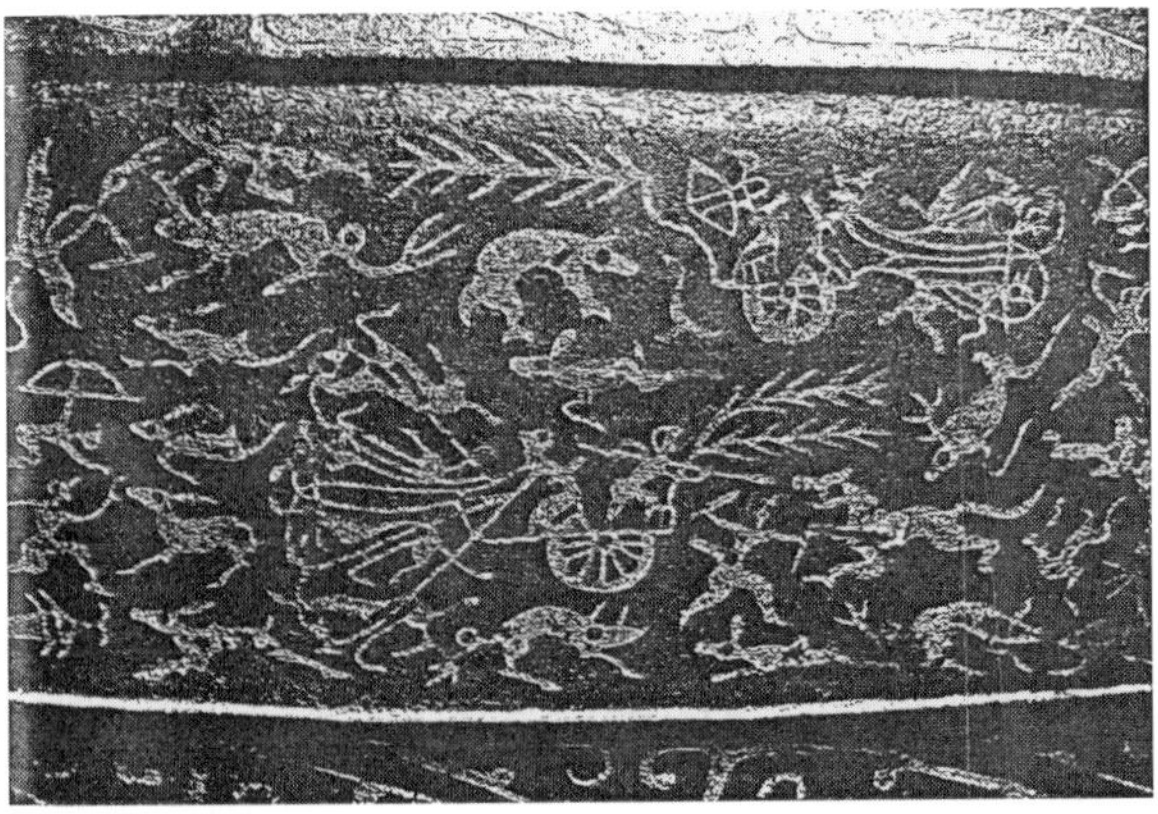

図153　春秋後期青銅鑑に表わされた馬車（Freer Gallery of Art, Smithsonian Institution）

甲骨文にもみられる、この輿を略し、衡、両軛、輈、軸、両輪、轄をかいた体の車字は、後に(3)項でのべるごとき西周中期、後期の呉方彝、番生簋、師兌簋など一群の金文中に一轅両輪の馬車という本義において多く用いられ、また車に从う文字にも要素として使われている。この体が後にやや訛変して『説文』に車の籀文としてあげられている戴字になることはいうまでもない。

一方、輿をかき加えた体も、字体から西周初期と思われる莫白彝その他の肇字[95]（図67の10）の从う車字に現れ、車輪の幅を一本略した体も西周前期の[illegible]澮白尊の肇字の从う車字[96]、それより時代の降る中甗[97]、史伏尊[98]などの肇字の从う車字に例がある。

金文車字には、先にふれたごとく、輿を車軸の後だけにかき表わした体がある。西周前期と思われる事白尊の肇字[99]（図67の11）の从う車がこれである。西周中期頃のものである。

車を象る文字、記号には輈をL字状に上に曲げて表わした車字がある。図67の3、12[100]がそれで、字体からみると前者は殷、後者は西周前―中期の感じである。この輈の表わし方も、単に筆の勢で勝手に曲げたものではなかろう。洛陽東郊下窰村一五一号墓の輈のごとく、輿の下から出て真っ直ぐ前にのび、馬の腹のわきあたりで上に曲る、L字形の輈を写したものにちがいない。殷（例えば大司空村車馬坑）から戦国（例えば輝県琉璃閣車馬坑）に至るまで、先秦時代の一輈の馬車にはS字形の輈が長く用いられ、『周礼』考工記に記される馬車の輈もこの形に規定されている。一方L字形の輈は洛陽東郊のほか現在実物の例証はないが、ここに文字の例がみられるので、これが決して例外的なものでなかったことが知られる。この形の輈は漢代の二輈の馬車には普遍的に使われるようになる。

このL字形の輈は、S字形の輈が二カ所を曲げて考工記にくわしくのべられているような微妙な曲線に作り上げねばならないのと比べ、工作はより簡便と思われる。早く西周中期にこのような輈が作られていたのに、なぜS字形の輈がその後も長く行われたのであろうか。馬の引く力の能率は両者とも同じと思われる。そうすると乗心地の問題であろう。

次のようなことではないかと思う。馬が最も自然なようにトロットで走る場合、肩は上下し、鬐甲に置かれた衡を伝って輈に震動が伝わり、人の乗った輿が揺れる。S字形の輈は適当にしなうことによってこの震動を和らげるに役立つ。『周礼』考工記、輈人の条は、輈の曲り加減をやかましく注意し、それがうまく出来ていると乗った人は疲れず、衣服がすり切れないことをのべている。その太さ、断面の形を部分によってどう変化させるかにはふれていないが、確かに適当に細工することによってこの輈は馬の肩の震動を抜き、乗り心地をよくし、また車の上から弓を射るにより良い条件を作り出すに役立ったに違いない。一方L字形の輈ではこの便が少なく、震動はより直接に輿に伝わったと思われる。

それではこの形の輈は工程を省略した安物であろうか。後漢時代の画像石をみると、輈はすべてこの形になっている。そうすると安物ということだけでは説明し切れない。おそらくこれは繋駕する馬の歩き方に関係があると思われる。生れつき調子歩（同側の前後両肢が同時に着地し、または離地する歩様）[101]をする馬があり、またその習性のある馬を調教によってこの歩様を習慣づけることもできる。動揺が少ないので騎乗用として西洋、中国、日本を通じ珍重される。また馬車を引かせても上下の動揺がなく、快適である。後漢時代の画像石の馬が、ほとんどすべての歩き方に表わされているが、必ずしも現実の馬がこの歩き方をしていたのを写生したとは決しえず、芸術家の表現上の慣習からそう表わされたのであるかもしれないことは、イェッツが注意するごとくである。[102]しかし殷以来の伝統的技術によって動揺をうまく緩和しうるごとく完成したS字形の輈が全く廃れ、L字形の輈が一般化したのは、この種の馬が普及してL字形の輈で十分快適でありS字形のものが不必要になったからではなかろうか。この点については、しかしさらに研究を要する。

もし右のように考えうるとすると、西周時代のL字形の輈も調子歩馬の使用に対するものと考えられる。S字形の輈がその後も長く行われたのは、調子歩馬がなかなか行きわたらなかったから、この形の輈によって動揺を緩和する必要が永くつづいたことを示すものであろう。

以上馬車の象形字である車字から、両端のはね上った衡、衡と輈を斜に突張っておく支え、魚の尾のように開いた輈の踵、輈首の曲り、軸より後に載せられた輿、後部の開いた輿、L字形の輈など、遺物に欠如した、または十分明らかでなかった車の作り、そのヴァリエーションの知識が得られた。

(3) 車服賜与形式の金文に記された車馬関係の語彙

西周の車馬関係の同時資料として重要なものに、西周中期、後期に形式の完成する策命金文がある。周室の臣が天子に朝見し、官職、車服を賜ったことを青銅製の彝器に記したもので、そのうちに賜った馬車、馬具の各部の特徴を具体的に記したものがある。表1に示したごときものがそれである。西周前期の金文中、例えば大盂鼎銘に賜り物として「車馬」が出てくるなどは時代の遡るものであるが、細部についての記載がないので馬車の部分名の資料にはならない。[103] 表1に示した器は西周中期から後期に及ぶものである。[104] この表の縦の欄には同じ銘に出てくる語彙が記入してある。各部分の名の肩にふってある数字は銘文中にそれが記されている順を示す。横の欄は共通の語彙で揃えてある。上下の順は大体番生簋の順に従っているが、これがまた大多数の銘の従っている順序でもある。なおいうまでもないが、西周金文中のこの記載の体裁は、最初に「車」「金車」等と大項目を挙げ、以下2—16までにその車の部分品の特徴を注記し、次に車に付属するものとして17の馬を挙げ、以下にまた18の攸勒をその付属品として注記する、という形になっているのである。

この表に示した語彙の各々が何を指すかについては別の論文で解説を行ったことがあるので、[105] 詳細はそれにゆずり、ここには各々がどういうものであるか、その概略を記す。また先の論文にかかげた西周馬車復原図を図108に掲げて理解の助けとしたい。[106] 以下の解説は表1の右欄の番号順。

1 車

「車」はその文字の象る馬車のこと。「金車」は『周礼』巾車の「金路……同姓以封」即ち「金路は……同姓もって封ず」の金路に相当する。そこの鄭玄の注にいうごとく「金を以て端末を飾」った車、つまり各部分の端末を金、即ち青銅で飾った馬車である。もちろん金文の場合『周礼』のいうような限られた用途のものと解する必要はない。「駒車」はどういう車か不明。e、f器で「馬四匹」と共に賜っているから駒《こま》の引く車という意味ではなさそうである。

他に克鐘[107]には「佃車馬乗」と佃車が出てくる。佃車は『周礼』巾車に「木路……以田、以封蕃国」即ち「木路は

表　1

	a 番生簋	b 呉方彝	c 師兌簋	d 牧簋	e 師克盨	f 𥃝盨
1	車[1]	金[1]車	金[1]車	金[1]車	駒[1]車	駒[1]車
2	電[2]軫					
3	桒[3]絣較	桒[5]較	桒[2]較	桒[2]較	桒[2]較	桒[2]較
4	朱[4]𩍓𠧟	桒[2]𠧟	朱[3]虢𠧟	朱[4]虢𠧟	朱[3]虢𠧟	朱[3]虢𠧟
5	靳[5]	朱[3]虢靳	靳[4]	靳[5]	靳[4]	靳[4]
6	虎[6]冟熏裏	虎[4]冟熏裏	虎[5]冟熏裏	虎[6]冟熏裏	虎[5]冟熏裏	虎[5]冟熏裏
7	逪[7]衡					
8	右[8]厄		右[6]厄			
9	画[9]轉	画[6]轉	画[7]轉		画[6]轉	画[6]轉
10	画[10]輯		画[8]輯	画[3]輯	画[7]輯	画[7]輯
11		金[7]甬	金[7]甬		金[8]甬	金[8]甬
12	金[11]童					
13	金[12]豙					
14	金[13]簟弼					
15	魚[14]葡					
16	朱[15]旂旜	金[1]荓二鈴		旂[7]	朱[9]旂	
17		馬[8]四匹	馬[10]四匹	馬[8]四匹	馬[10]四匹	馬[9]四匹
18		攸[9]勒	攸[11]勒		攸[11]勒	攸[10]勒

……もって田し、もって蕃国を封ず」と出てくる木路で、本来田猟に使うための車であったと思われるが、既にここでも天子からの賜与にまわされている。

2 軫

a器に電軫と出てくる。電はそのままでは意味がとれない。電は申の音に从う字だから、この電軫は申軫と読みかえればよい。『淮南子』原道訓「約車申轅」の注に「申は束なり」という。力のかかる材を革や動物の腱などに何カ所か巻き固め、曲げた材が割れたりはじけ上って来たりしないようにするのが「束」である。軫には輿の床の四方を囲む框材を指す場合と、後面の材のみを指す場合があるが、このような補強を必要とする軫とは前者の意味の軫でなければならない。

3 較

金文に出てくる較は、古典の注釈に出てくる較。即ち馬車の両わきの囲い（輢）の上の手すりと同じものを指すに違いない。西周金文ではb—f器には奉較と、a器には奉縟較と出てくる。王国維は後者を「奉という飾のある縟と較」と解しているが、4に出てくる「朱𠭯𢑚」「朱虢𢑚」の語法から類推してここは奉という飾りのある縟の較と取るべきである。董作賓は縟（䌹）を『説文』に「髹布なり」という髹字に読む(108)。漆を塗った麻布ということである。縟較とはそれをかぶせた較ということになる。

奉について孫詒譲は『詩』小雅、白駒の伝に「賁は黄白色なり」とあり、また京房の『易伝』に「五色成らざるをこれを賁という、文采まじれるなり」という賁に読む(109)。思うに、奉較、奉縟較の奉が黄白色とか、若干の色がまじった、という意味である可能性は少ない。a器の奉縟較の縟較が漆を塗った麻布とすると、漆の上に色々の色を塗り分ける技術は西周時代について知られていないからである。孫詒譲はまた𠦪は幩にも通ずるとし、『詩』衛風、碩人の「朱幩鑣鑣」の毛伝に「幩は飾なり、人君は朱をもってす。鑣に纏わせる扇汗にして、且つもって飾となす。鑣鑣は盛なる貌」とあるのを引く(110)。𠦪較の𠦪はこの幩と取れば解釈がつく。扇汗とは後の後漢時代の馬車の章に記すごとく、馬の鑣に結びつけた、ひらひらする飾りである。𠦪較、𠦪緈較とは、するとこのような飾りを吊した較ということになる。長安張家坡一号車馬坑の馬車について

　車箱の周囲には闌干が発見されず、また軾の痕跡もなかった。車箱の左、右、後の三面の軫の木の上には一ぱいに蚌製の魚形の装飾が掛けられ、あるいは釘で打ちつけられていた

と記される(111)（図99）。ここから出土したと同じ蚌製の魚形の飾りは同地二号車馬坑の二号車で、房状につながれて衡端に吊されている（図109、110）。今の軫に沿って出土したものも作りが同じであるから、同様に糸で吊されたものであることは疑いない。この車には較や軾の痕跡が発見されなかったというが、これはもちろん始めからなかったのではあるまい。この蚌製の魚は較につけられた飾りだったのではあるまいか。軫に青銅製の釦状の飾りをつける例は安陽小屯二〇号、四〇号等の墓から出た馬車にあるが（図61、62、82）、これらは軫に沿って一周している。それに対し、この蚌飾は前面および後面の中央が切れている点これと相違があり、一方較のあったはずの部分と分布範囲が一致しているからである。これこそ金文に「𠦪較」といわれる、較につけられた賁飾に違いない。幩は扇汗といわれるが、この蚌飾もそれと同方式の飾りである。また「賁」について前引のごとく黄白の飾りだという訓詁があるのも、あるいは賁飾が本来蚌で作った飾りであったことによるかとも考えられる。

4　𠭯

徐同柏は毛公鼎銘に出てくるこの文字を𨊻と読み(112)、孫詒譲もこれに賛成している(113)。『説文』に「𨊻は車軾の中の把

なり。『詩』に曰く、鞹鞃浅幭と読むこと穹のごとし」という。馬車の乗るところの前の横棒である軾の中にある握る部分ということである。武威出土の後漢時代の馬車の明器にこれが表わされている（第六章、図233）。軾上、主人の乗る右寄りの部分にあり、赤く塗った瓦状の杠がつけてあり、本来は毛皮かクッションの類で作ったものを表わす、と記される[114]。

c―f器には朱虢圅とある虢が『詩』韓奕の鞹であることは呉式芬、呉大澂、孫詒讓らの一致するところである[115]。鞹は韓奕の伝に「革なり」とある。革とは『説文』に毛を抜いてなめした獣皮だという。朱虢圅とはすると赤く染めたなめし革で包んだ軾の中央の部分ということになる。

a器には朱𦊅圅とある。この𦊅は朱虢圅の虢と同様、材質を指す語に違いないが、何と解すべきか成案がない。b器の𠦪圅の𠦪については3のところで解説した。図99に引いた長安張家坡出土の馬車で、輿の外周ばかりでなく、輿の中、少し右寄りに別に一かたまりの蚌魚が出土しているのは興味深い。輿の外周に沿って出土した蚌魚を「𠦪較」の賁飾とする先の筆者の推測が当っていれば、この輿の中から出土した蚌魚はまさに「𠦪圅」の賁飾ということになろう。

5 蘄

この文字については諸説があるが、これといったものが出ていない。孫詒讓は[116]鞎（車の輿の前の、革で飾りとした部分）に当て、郭沫若は靳（馬の胸前を廻る牽引用の革）に当てる[117]。郭説は、ここは車の飾りを記しているのであるから論外であり、孫説も、c―f器に「朱虢の圅と蘄」とあり、孫氏のようにとるとこれの句は「朱色の革で包んだ鞃と朱色の革で作った蘄」と解さねばならず、無理が生ずる。金文の用例に適合する車の部分品の名称中から蘄に該当するものを拾い出すことには、今のところ誰も成功していないのであるが、この文字で示された部分がどこに当るか、見当をつけることはできる。先にも注意したごとく、c器などで「朱虢𠧪蔪」とあり、𠧪、即ち軾の小把と蔪とは近い位置にあり、部品としての形態も相近いものであったらしいことが知られる。そういうものといえば、𠧪、即ち軾の中央に接続され、ここから前方、輈の輿から前方わずかのところにすえられた材である。軾が前後にぐらぐらしないように支えるもので、殷時代の馬車にははっきりした痕跡は認められないが、長安張家坡の西周馬車、三門峡市上村嶺の春秋前期の馬車にははっきりした例がある。この支柱であれば𠧪と並べて挙げられ、朱虢蔪として𠧪と同様に飾られるにふさわしかろう。ここには仮説としてこの材を蔪にあてておく。なお、蔪というものについて古典にはっきりした記録が残っていないのは、この装置が春秋以後に使われなくなったことによるのではなかろうかと考えられる。

6　冟

郭沫若はこの字が従来冕、冟（韔）、良、冥などと釈されていたのに対し、この字の从う皀は食器に食物を盛った形で、その上に冖をかぶせた構成の冟は、鼏と同じ作り方の、これと同様冖の音に从う字であり、冪、幎に通ずる字と考えた(118)。そう解するとうまく解釈がつく。

孫詒譲は『周礼正義』の巾車の条(119)に巾車の犬䄙、浅䄙等の䄙、『礼記』玉藻の羔幦、鹿幦等の幦、『詩』韓奕の浅幭の幭がいずれも同じものを指し、馬車の輿の前、左右をめぐる格子状の囲い、笭をおおったものであることをくわしく考証している。ここで問題の虎冟が虎の皮で作った䄙で、同様なものを指すであろうことは疑いない。「熏裏」とある熏は呉大澂が熏と釈し(120)、『説文』に「纁は浅絳なり」という纁に当てた。赤の薄いものである。「虎冟熏裏」とは虎の䄙で「纁色の裏つき」ということである。笭が格子状であるから、その外に張った虎の皮は裏が見える。そこで赤い裂地で裏がつけられていたのである。

7 遣衡

『詩』采芑に「約軝錯衡」と、また『詩』韓奕に「簟茀錯衡」とあり、毛伝にいずれも「錯衡は文衡なり」という。金文の遣衡がこの『詩』の錯衡であることは疑いないが、毛伝にいう「文衡」とはどのような飾りであろうか。『説文』に

錯は金涂なり

という。鋈金の技術は西周時代に知られていない。錯は措、即ち「置」の意味の字に通ずる。郭宝鈞は濬県辛村三号墓出土の、一端が粗に鋸歯状になった青銅製筒形の衡の飾金具（図117の3）を『詩』の「錯衡」にあてている(121)。錯を措の意味にとり、衡の木の上に置いた飾金具を「錯衡」と取るのも一案であろう。一方、同じ報告書の五二―五三頁をみると、辛村四二号墓の馬車の衡の飾りの様子が次のように記述されている。即ち、端に透しのある矛形の飾り（図116の2）をつけ、これのついた衡の木の端には瓦状に曲げた菱形の青銅飾を二枚合せて管状にし、側視形が⧓形になるようにかぶせてある。そして木の露れた空所は別に⧗形の金の薄片で埋め、この金葉と矛形飾の間は細く切った金葉で螺旋状に巻きすこぶる華美だという。これこそ『詩』の「錯衡」ではなかろうか。「錯」に金涂の意味があるのは、このような金葉を措《お》くのが「錯」であったのが、のち水銀アマルガムを使う金の技術が使われるようになった時、これを「錯」ということになったと考えると、すべてうまく解釈がつくことになろう。薄い金葉を幾何学的な形に切り抜いて器物を飾る技法は殷時代から知られている。安陽、小屯四〇号墓出土の「策」に用いられているのはその一例である。

8 厄

厄の字は呉大澂が戹、即ち『説文』の軛と釈した(122)。この文字ᐱは王国維も軛の象形だとし(123)、孫海波も濬県辛村出土

の青銅製の軶飾について、金文厄字と形が合うことに注意している。[124] 金文に「右厄」という「右」の字は左右の右ではなく、『詩』韓奕に「鋚革金厄」という「金厄」の「金」と同様、厄の作りないし装飾を指す語に違いない。ただし何という字に読みかえるべきか、今のところ成案がない。

9　轉

すべての例で「画轉」と記される。轉はすぐ次に記すごとく革具であるから、「画」は『釈名』釈書契に「絵なり、五色をもって物象を絵くなり」といい、『尚書』顧命「重豊蓆画純」の注に「彩色を画となす」という意味の「画」と取るべきである。

轉について『説文』に「轉は車下の索なり」といい、『釈名』釈車に「轉は縛にして車下にあり、輿とあい連縛するなり」という。車下の索といっても、一体何と輿を縛りつけるものであるかについては文献上の記録はない。殷の車はもちろん、西周のものも、また戦国に至るまで、軸、軫、輈など車の主要な材の結合に釘その他金属性の金具を用いた形迹はない。金具はあっても装飾用のものである。長沙一〇三号墓出土の漢代の馬車の模型も軸、軫、轅などの結合部はすべて紐を用いてくくり合せている。[125] おそらく漢代にも実用の馬車も同様に紐で結び合せる方式が行われていたと考えられる。

轉とは金文の場合、輈と前後の軫とを縛ったものではないかと推定される。というのは、この銘には次に軎が言われ、これは後述のごとく軸と左右の軫とを縛る革である。そうすると輿の下で縛り合せるべき重要な個所はあと軸と輈、輈と前後の軫であるが、画轉というからには美しく彩色で飾られているのだから、人の目につくところにあったに違いない。軸と輈の交叉するところは輿の真下で見えにくいから、ここではあるまい。そうするとここにいう「轉」に残されたところは、輈と前後の軫の交叉するところということになるのである。この部分が車を飾る時の一つの重要なポイントであったことは、ここに殷時代青銅製の飾金具を用いている（図70）ことからも知られる。

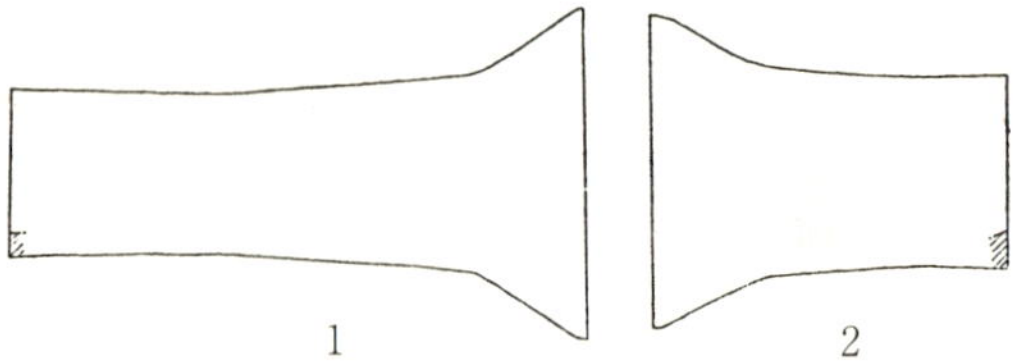

図154　濬県辛村春秋墓出土車馬具（M3）

10　䡅

この文字は呉大澂以来「䡅」と釈され、別に問題はない。この字は『説文』には𨎮に作られ、「𨎮は車の伏兔の下の革なり」という。伏兔とは本章、注(43)に示すごとく、車軸の木が輿の左右の軫と交叉する部分、車軸上にのせられる木である。殷玉裁は『説文』の𨎮のところに注して「輅（革紐）でこれを軸に固定することをいう」と説明している。洛陽東郊出土の馬車では、伏兔は軸に作りつけになっている。このようなものを考慮すれば、伏兔を枕にして軸と軫をくくり合せる革も同じく「車の伏兔の下の革」といいうる。これらを引っくるめて䡅といったとみてよかろう。金文では総ての例で「画䡅」と出てくる。「画」の意味は9に記した通りである。「画䡅」とは「彩色を施した、伏兔と車軸、軫を結びつける革」という意味になる。

前項の画轉の用いられる部分が青銅製の金具で飾られる例のあることは前に記した通りであるが、この画䡅の用いられる部分にも青銅の金具が使われる。濬県辛村八号墓からばらばらに分解して埋められた馬車が発見されているが、軫の下には二本の車軸が置かれていた。一つは長さ三・二メートルで両端に軎の金具が付く。一つは長さ二・八メートルで軎の金具はなく、青銅の軸飾が付いていた。軸飾は両端から六〇センチ入ったところに通されていた、と記される。[127] その出土状態は図131に引くごとくで、ここにいわれる軸飾とは図130のごとき遺物である。外端から六〇センチ入ったところというと、例えば辛村三号墓の青銅の轂飾からみると、轂の長さは約五五センチ（図154の1、2）、五号墓のものでみると長さ約四〇センチであるから、大体この軸飾の外に轂のはまる余地があることになる。この金具の着装状態の詳細については注(43)を参照。

11 甬

みな「金甬」と出てくる。徐同柏は毛公鼎に出てくるこの語につき、次のようにいう。即ち、

> 『説文』に釭は轂口の鉄なりと。また『釈名』に釭は空なり、と。甬は鐘の柄に対する名称であるが、釭の形はこれに似ている。故に甬の語を借りて釭の意味に使ったものだ

と。[128] 呉式芬、呉大澂もこれに従っている。[129]

思うに、轂口の鉄なりという釭は第六章図228のごときもので、鐘の柄とは似てもつかない。

郭沫若はこの説を却け、『続漢書』輿服志に現れる「吉陽筩」の筩をこれに当て、志の文からこれが軛につくものと考え

> 余はおもうに、吉陽は即ち吉祥である。筩は即ち『説文』の鐘字の下に引かれる重文の銿で、おそらく鸞鈴のことだろう

という。[130] 郭が甬を銿（鐘）即ち鸞鈴と考えたのはおかしい。「金甬」の金はもちろん「青銅製の」という意味だが、これらの楽器は青銅以外で作られることはないから、「金」とわざわざいう必要はないはずだからである。

思うに徐同柏がいう釭とは、『説文』に轂口の鉄というごとく、轂の、車軸の通る孔の口に嵌められた鉄製の金具で、第六章、図228のようなものであり、細長い截頭円錐形をなした鐘の柄の甬とは全然似ていない。

しかし甬が鐘の柄の名称であることから、これに似た形の車の部分品を考えたのは正しいと思われる。甬に対しては、車軸の外端に嵌められる軎の金具を引くべきである。この金具は鐘の柄の甬と全く同じ形をしており、同じ名称で呼ばれるにふさわしい。ここに金具を用いない車もあったのだから、[131] ここに青銅の金具を嵌めてあることは注記に

値することだったのである。金文中、金甬が必ず画轉ないし画轄の次に記されている事実は、これがそれと近い部分であることを示し、これを青銅製の軎の金具とすれば記述の順序の点でも矛盾を生じないのである。

12 童

この童は踵で、『周礼』考工記、輈人の「去一以為踵囲」の注に「踵は後で軫を承けるものなり」というもの、輈が前から入って輿の下をくぐり抜け、輿の後に出て軫の材を承けている部分である。この部分には殷時代から青銅金具が飾られている。西周時代では濬県辛村八号墓にある（図115の2）。これが金文の「金童」であることは疑いない。

13 豙

徐同柏は豙《き》を柅《じ》と釈し

豙は豕が怒り毛が竪つという意味だが、竪は立に从い「止」の意味がある。柅は車を止めるものである。故に豙を仮りて柅に使ったのだ

といい、(132)呉大澂はこれに従い、「柅と豙は一声の転だ」と付け加えている。(133)孫詒譲は別に豙は轙の仮借字だという。(134)しかしこの解釈は通らない。後の時代の轙に当る役割は、後にみるごとく春秋前期頃までは軛に結んだ環が果していたと考えられるからである。

王国維は徐同柏、呉大澂の説をとり、柅というものについて説明し

『易』の「繫于金柅」の疏に馬融の説を引き「柅とは車の下にあり、輪を止めて動かないようにするものだ」とあり、『釈名』には「𨏥棿は秘齧をいうような意味で、車軸上にあり、輪の秘齧前卻を正すものである」という。豙、柅、棿はみな発音が近い

という(135)。思うに、『釈名』にいう轉梖は後章に記すごとく、車蓋を固定するための装置で、この時代の蓋を伴わない馬車とは関係がない。

しからば徐同柏らがそれだという梖は、車のどの部品を指すか。

さきに王国維が引いた『易』の疏に引かれる馬融注は

梖者在車之下、所以止輪者也

即ち「梖は車の下にあり、輪を止める所以なり」とあるのだが、「車之下」とは車のどこを指すか。また「止輪」とはどういうことか。『説文』に軐字があって、「車の束なり」とあり、段玉裁はこれに注して次のようにいう。

考工記の「天子圭中必」の注に「必は読むこと鹿車の縪の縪のごとし、組をもってその中央を約するをいう。これを執るに失隊に備えんがためなり」と。『方言』にいわく、「車下の鉄は陳宋淮楚の間はこれを畢といい、大なるものはこれを綦という」と。郭注にいう「鹿車なり」と。按ずるに、鄭郭の鹿車なりというは、小車のわずかに一鹿を容るるのいいにあらざるなり。『方言』に曰く、「縺車は趙魏の間はこれを轣轆車といい、東斉海岱の間はこれを道軌という」と『広雅』に「縺車はこれを厤鹿といい、道軌はこれを鹿車という」というのは『方言』にもとづくものである。けだしここにいう厤鹿は『毛詩』の伝の歴録で、鹿車は即ち『周礼』の注の鹿車である。鹿車は暦鹿と同じ意味で、みなその囲繞することによって命名されたものである。糸部に「縪は止なり」と。古くは畢と必とは通用したので、故に軐と縪が同じで、約圭と約車が相類しているのである

と。『方言』の「車下の鉄」の鉄について戴震は『疏証』に「各本鉄を訛りて鐵に作るは非なり。『玉篇』にいう、鉄は索なり、古く鉄に作る、と。これによれば鉄は乃ち本字にして、鉄はその仮借の字なり」という。そうすると、軐というものは車下の鉄（索）で歴録（『詩』の小戎の楘、即ち輈の束）鞏（『説文』に車軸の束なりと）と同様、約束（くくる）の機能をもった索であり、軐にはまた縪（止める）の意味があることがわかる。さきに引かれた『易』の疏

引の馬融注に「梶とは車の下にあり、輪を止めて動かないようにするものだ」という梶とは輪のうちでも輻と牙、あるいは轂のつぎ目でなく、牙と牙のつぎ目をとめるものと思われる。『方言』の「車下索」の車下とは車のうち下の方、地につく部分という意味と考えられる。

豢を梶とすれば、金文に出てくる「金豢」は「金梶」で青銅製の梶で、濬県辛村出土の断面コ字形の板金がこれに当ることになる。図146の例は三号墓出土であるが、輪の牙は二本の木を合せて作られ、この金具は牙の材の接続部から出土したという(136)。b、c器などでは、画轉ないし画轉画轄の次には金甬、即ち車軸頭にかぶせる金具が挙げられるが、a器ではその代りに金豢が記されている。金豢を車輪の牙の接続部にかぶせる金具と解釈するとこの点落ちつきがよい。

14 簟弼

a器には金簟弼と出てくる。簟弼が『詩』載馳などに出てくる簟茀であることは諸家の一致して認めるところである。簟茀は『詩』載馳の伝に

簟は方文の席なり、車の蔽を茀という

とあり、竹で四角の目に編んだアンペラ風の敷物を使った蔽だとする。『詩』采芑の箋には、

茀の言は蔽なり、車の蔽飾の席文を象れるなり

といい、蔽に席を象った紋様をつけたとするが、これは穿ちすぎであろう。ところで車の蔽とはどの部分のことか。『詩』韓奕の箋には

簟茀は漆簟もて車蔽をつくる。今の藩なり

という。鄭玄のいう後漢時代の藩というものは、第六章、六三一頁に記すごとく、車に乗った人がかくれるほどの高

さをもった輿の両わきの衡立状のおおいのことである。蔽をこの藩の意味に取っては金文の場合は不適当である。西周の賜り物の車の輿の囲いにはみな「虎冟熏裏」がかけられることになっており、ここにそれとは飛び離れたところに、車輿の両側面においてこれと重なる藩が出てくるというのはおかしいからである。この簟弼の弼は笰、即ち車の後のドアのことと取るべきである。『爾雅』釈器に

輿の革は、前はこれは鞎といい、後はこれを笰という（郭注、韋をもって後戸に靶るなり）[137]、竹は、前はこれを禦といい、後はこれを蔽という（郭注、簟をもって後戸に衣するなり）

という。輿の後に開くドアについて、笰、蔽の語が使われている。「金簟弼」とはそうすると青銅の金具で飾られた、竹のアンペラ張りの輿の後に開くドアということになる。

15　魚服

服は葡に作られる。徐同柏はこれを服と釈している。[138] 王国維が注意しているように、この服は箙で車につけた矢などの兵器の入れものである。[139] 魚服は『詩』采芑にも出てくるが、魚服の魚は疏に魚皮で作った、という意味に解釈している。この魚はさかなでなく海獣の一種である。『左伝』閔公二年に「帰夫人魚軒」即ち「夫人に魚軒をおくる」とあり、注に「以魚皮為飾」という。『正義』にこれを説明して次のようにいう。

『詩』に「象弭魚服」といい、ここに「魚軒」といえば即ち魚をもって飾りとなすなり。その皮のもって器物を飾るべきものはただ魚獣のみ。故に「魚皮をもって飾りとなす」という。陸機の『毛詩義疏』にいう、「魚獣は猪に似、東海にこれあり。その皮は背上に斑文あり、腹下に純青あり。今人以て弓鞬歩叉をつくるものなり」

と。背に斑があるというとあざらしかあしかと考えられるが、腹の下が青いというと、あしかであろうか。あざらしの腹は白っぽいからである。ただしこれは陸機の説である。魚服、魚軒という時の魚獣はこの種類に限られたかどう

か疑わしい。あざらしの方が斑が鮮かで美しいからである。

16　旂

旂が日本の幟《のぼり》のごとく竿のわきに縦長の裂地がつき、上端に細長い吹流しのついた旗であったと考えられることは別に記した通りである（第一章、二二頁）。西周金文の賜りものでb器以下すべて馬車の記述のあと、馬の出てくる前にあるのは、これが馬車に建てられたものであったからである。馬車の輿の一隅に旗を建てた形を象った文字は図67の6、7に引いたごとくである。

a器に「朱旂旜金莽二鈴」（朱の旂。旜、金芳、二鈴あり）という。旜は郭沫若の釈による。[140] 旜は一色の長い裂地の旗である（第一章、八頁）。「朱旂旜」というと金文の賜り物の体例上「朱色の旂で旜つきのもの」ということになるが、旂の上についている吹流し、旂が旜にでもなっていたのであろうか。

「金莽」の莽は郭沫若が解しているように枋で柄のこと。[141]「金」を郭沫若は錦と読むが、「金車」「金甬」などと同様、普通に「青銅の」という意味にとるべきと思われる。「二鈴」とある鈴は旂に必ず付いているものであるが、二つある点が特に注記に価したことだったのだと解せられる。

17　馬

金文で馬車と共に馬を賜る時は必ず四匹である。克鐘銘には「佃車、馬乗」とあるが、乗には「四馬」の訓詁があり、四匹であることに変りはない。四匹というのはもちろん輈の両側に繋駕する服馬一対、およびその外側に繋駕する驂馬一対の計四匹である。馬車に伴わず、馬だけを賜る例については、また別に第五章に記されるのでここには触れない。

18　攸勒

馬車と一緒に賜る例では「馬四匹、攸勒」と出てくる。一方、馬車を賜らずに馬のみを賜る時は「馬」「馬四匹」といって「攸勒」を伴わず、また馬車なしに「攸勒」というものには馬の賜与がない。この現象をどう解すべきか、今のところ名案がない。

さて攸勒とは何か。まず勒の方から考える。勒は『説文』に

勒、馬頭絡銜也

という。絡というと『釈名』釈車に

勒は絡なり。その頭を絡してこれを引くなり

というごとく、頭をからめるものという意味でおもがいであることは問題ない。そうするとさきの『説文』の勒字の説解は「馬の頭の銜（はみ）を絡めてとめるもの」とでもいうことになるかというと、これは少し違う。『説文』に

銜は馬勒の口中なり

という。銜はもちろんはみであるが、これは勒の一部とされている。すると『説文』の勒の説解は「勒は馬の頭絡と銜なり」と読むべきであることが知られる。即ち、勒とは銜をも含めたおもがい、即ち馬の頭にかける御馬に必要な馬具全体の称なのである。

次に攸勒の攸はどういう意味であろうか。攸が『詩』の鞗、『説文』の鋚に当ることは疑いない。『説文』には

鋚は鉄なり。一に曰く轡首の銅なり

とある。轡首とは「轡（たづな）の首」ということである。逆にいえば轡がそれから出るところということで、段玉裁が注にいうごとく勒を指すと考えられる。段玉裁はまた鋚字の注に

小雅（蓼蕭）の「鞗革沖沖」の毛伝に「鞗は轡なり、革は轡首なり」と。按ずるに「鞗は轡なり」はまさに「鞗

は轡首の飾なり」に作るべし。伝写して二字を奪去せるのみ。下文にいう「沖沖は垂飾の貌」と。正に轡首の飾を承けていう

と。攸は轡首、即ち勒につけられた飾りで、『説文』に轡首の銅なりというから、青銅製のものを含めたものと知られる。そうすると、金文の攸勒とは発掘遺物で知られる青銅製の辻金具や銅泡などで飾られた勒ということになる。一例だけであるが師𩛥簋銘に「金勒」というものがある。これは確かに青銅金具で飾った勒という意味であるが、「金」と「攸」の違いは明らかにし難い。

なお、前引段玉裁の注に引かれた毛伝には「鞗勒沖沖」の「沖沖」を「垂飾の貌」というが、飾金具が馬の顔の上で踊っていたということになろうか。そのような垂飾の遺物は知られていない。「沖沖」には『詩』七月に氷を切る音の形容としての用法があるから、この場も金属性の飾金具の触れ合う音の形容と取るべきであろう。

三 東周

(1) 発掘資料

(a) 三門峡市上村嶺の車馬坑

一九五七年、陝県(現在の三門峡市)県城の東四・七キロの上村嶺で春秋前期の虢国墓地が発掘され、二三四の墓と共に三基の車馬坑と一基の馬坑が発掘された(142)。墓から副葬品として車馬具も出るが、それは後にしてまず車馬坑をみてみよう。

【一七二七号車馬坑】　一七〇六号墓あるいは一七六五号墓に付属したものだろうという。いずれも春秋前期の遺物が出ている[143]。この坑は南北一五・一メートル、東西三・八メートルあり、轅を北にして五輌の車と一〇頭の馬が入れられていた（図155上）。車はすべて木製漆塗で、木は腐って失われていたが、痕跡によって作りがたどられる。飾金具、馬具類は発見されていない。北より一―五号と呼ばれる。

三号車の保存が一番よいので、それについて詳細な説明がなされている。図156―158をみればその作りについては十分理解できるはずであり、尺寸については表2に記される通りであるが、若干の解説を加えておこう。この三号車の輈の前部、衡、軛は二号車の下に入っていて掘り起さなかったため、図156ではこの部分は二号車によって図が描かれている。この図では、轂の形が発掘された車の写真とも、また当然あるべき形とも相違している。轂は輻より外に出る側が長く、内が短くなければならず、またその形は截頭円錐形でなく、図159の1のごときくびれのある形でなければならないからである。この図ではまた、轂の内外の孔の直径が同じになっているが、当然外の孔の直径は内の孔の直径より小でなければならない。実用にしない明器だから手を抜いたということも考えられるが、今の轂の画き方から想像するに、これも図面のひき誤りではなかろうか。

この車で面白いのは軾の作りである。軨よりも一段高く、輿の床より四五センチの高さにあり、両端は彎曲して柱につづき――一本の木の曲げたのかどうか不明――この柱の下部は車の底に挿入されるという。下部がどの材にどう接続されたか、図でも曖昧である。軾には中央に支柱がつき、軾から垂直に下に向い、ついで前に向い、軨を越えて斜めに輈にはめこまれている。これはこの構造がはっきり知られる最初の例である。この支柱に当るものは張家坡の二号車馬坑の馬車にもあるらしく、西周金文に靳と呼ばれるものがこれであるらしいことは前に記した通りである。この車の軨の作りは図157にみる通りであるが、なかなか丁寧な細工である。軫は軨の材をはめこむ穴があけられているが、その内側が一段低くなっている。これは床板をはめこむためのものと解釈されている。輿の床には非常に薄い

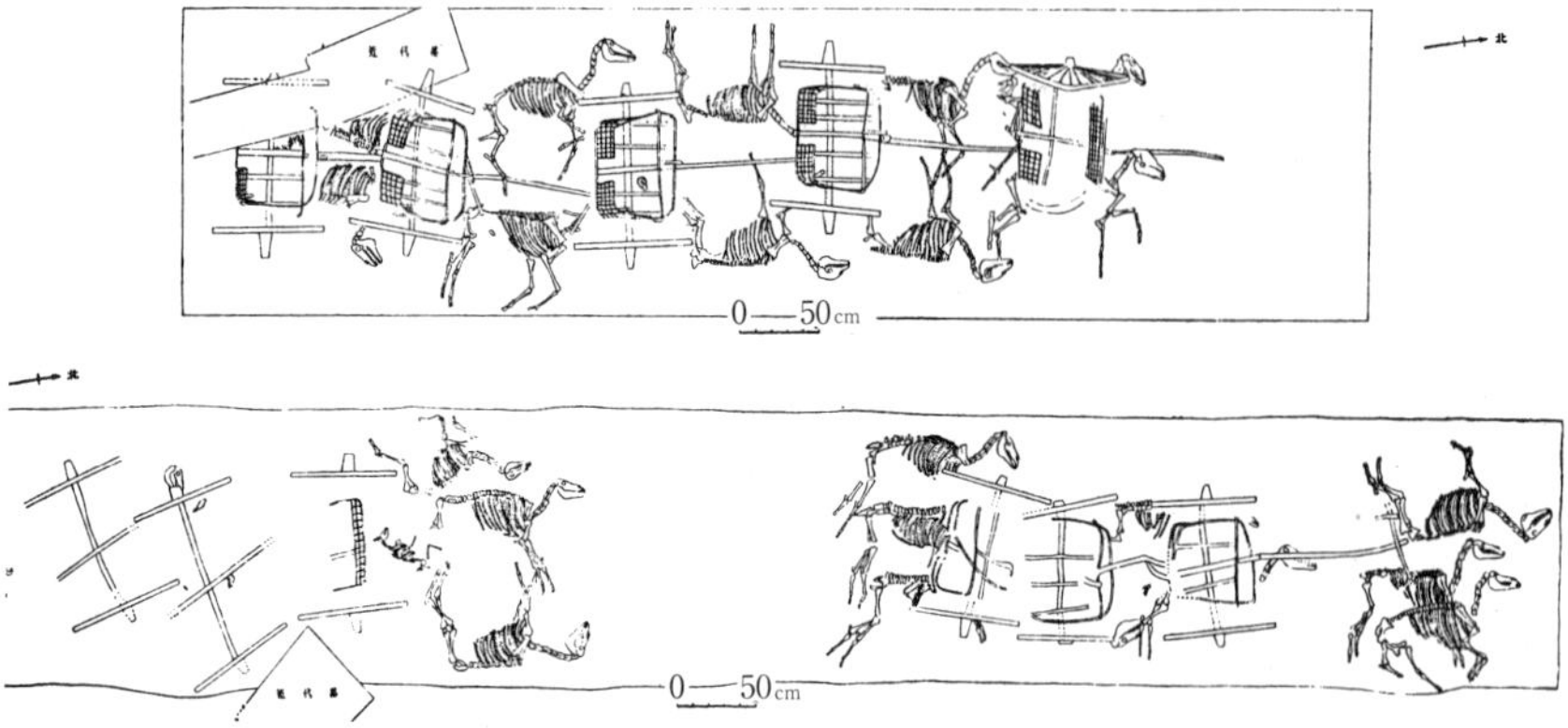

図155　三門峡市上村嶺1727号（上)、1051号（下）車馬坑平面

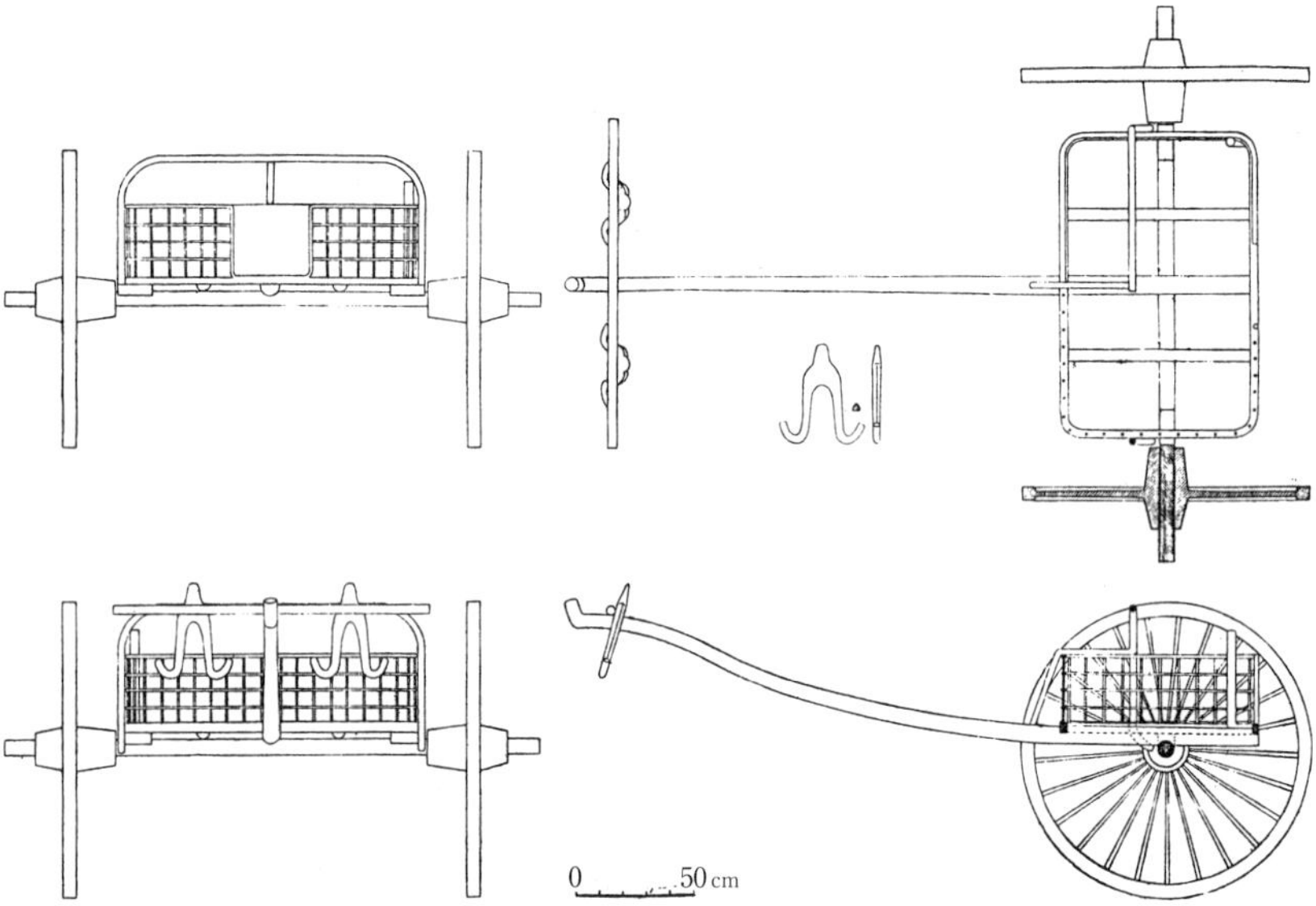

図156　三門峡市上村嶺1727号車馬坑３号車復原図

灰状のものが一皮出てきたのは床板の痕らしいという。

輿の右後部の隅から一〇センチばかり前に、直径四センチ、高さ四五センチの柱が立っている。報告には車蓋《がい》の柄を結びつけるものだろうか、あるいは別の用途のものであろうか、蓋の痕跡は見つからないが、という。蓋は輿の中央に立てるものである。これは旌旗を建てるためのものと見るべきであろう。

以上は三号車であるが、他の四輌の車については、輻、軨の柱、軫の前後に渡される材などの類とか、輈が軫の後に出るか出ないかなどに違いがあるが、全体の作りは同じといってよい。

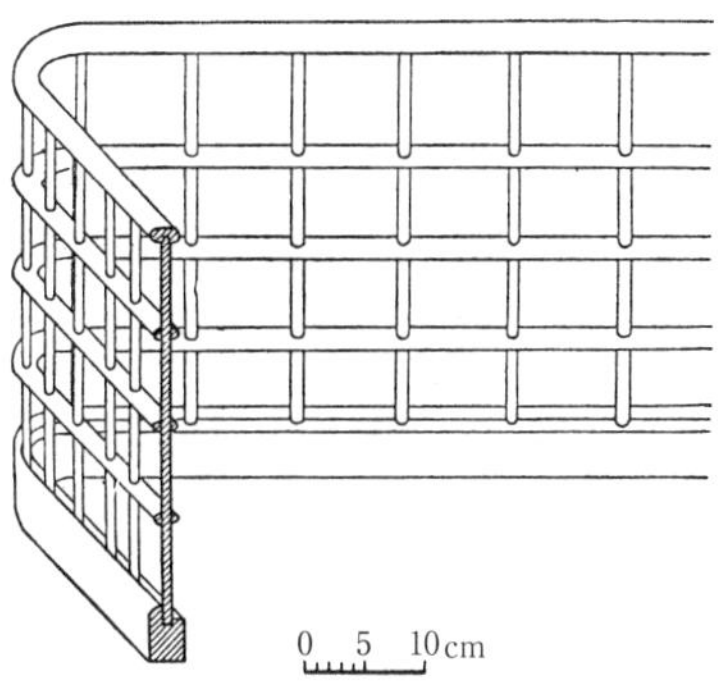

図157　三門峡市上村嶺1727号車馬坑３号車の軨の構造

【一〇五一号車馬坑】　一〇五二号墓の東一〇メートルのところにあり、これに付属するものとされる。この車馬坑から出た軝の飾金具は作り、紋様、寸法とも一〇五二号墓出土のものと同じというからこの点は確かと思われる。一〇五二号墓出土の青銅容器、武具、車馬具等[144]は典型的な春秋前期の様式をもつ。

この車馬坑は南北二九メートル、東西三・三―三・五メートル、一〇輌の車と二〇頭の馬を埋める（図155下）。車は北から一号、二号と番号がふられるが、一―三、四―六、七―一〇と組にして、固めて入れている。車の作りは一七二七号墓のものと大体同じだというが、それほど保存はよくなかったようである。

七号車だけが他のものと異なり、輈首、軝、牙、轂、軎に青銅金具をつけていた（図159、図160 a、b）。軎には轄がない。牙のつぎ目につける金具は濬県辛村のものと同式、U字形のもので、各輪二個が使われる。というこ

の車の各部寸法

（単位：cm）

輪				輈					衡			軛		
轂				長さ	後軫から出る部分の長さ	直径			前軫からの距離	長さ	直径	全高	両股の直径	
内の長さ	直径					前端	前軫と交叉する部分	後端					上端	下端
	外端	中	内端											
				300	6	6	6.8	7.8						
17	11	18	12	296	0	5.5	8	7.8	280	140	3.8	35+	3.5	3
	11.5	18.5		292+	8	5.5	7.5	7.8	292	140	5	26+	4	
	11.5	18		300	0	6	9	9	289	220	4	28+		

輿

輢、格子）			軾						右後部の木柱			入口の幅
横木の数	横木の直径		位置（前軾からの距離）	高さ	曲りにそって測った長さ	直径	中央の支柱の直径		木柱の数	高さ	直径	
	最上部の1本の太さ（高さ×幅）	他の3本の太さ（高さ×幅）					軾との接続部	前軾との接続部				
4	？×2.5	1×2							1			36
4	1.3×2.3	1×2	30	55	131	3.5	2.8	4.2	1	41	6	33
4	？×2.5	1×2	30	54	130	3	2.8	3.8	2	39	4	35
4	？×2.5	1×2	30	50	128+	3.6	3.8	4.3	1	45	4	40

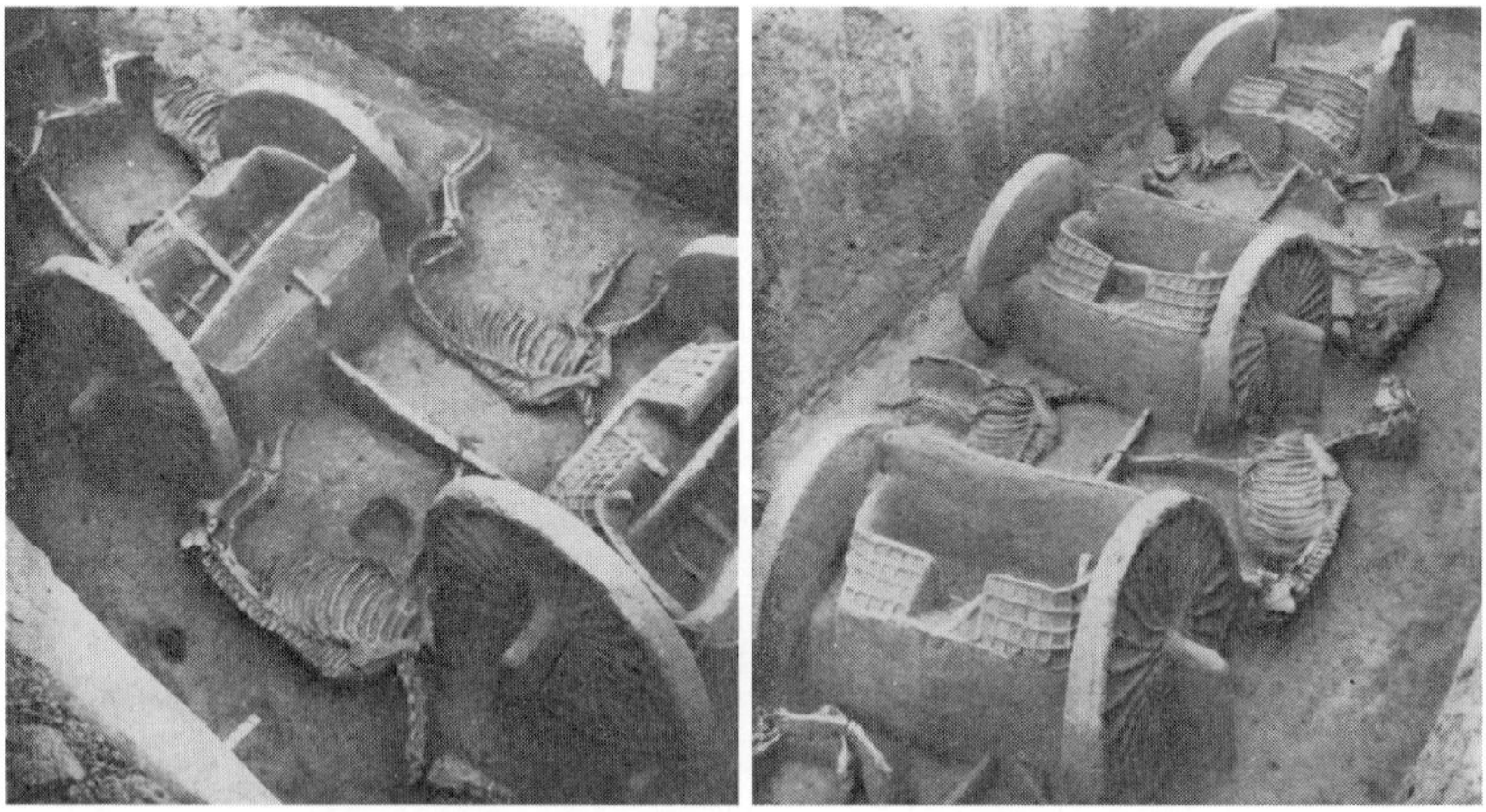

図158　三門峡市上村嶺1727号車馬坑２、３号車出土状態
左、３号車（東北より西南に向って）　右、２、３号車（東南より西北に向って）

表2　1727号車馬坑

	軌の幅	軸		車								
		長さ	直径	周の寸法	推算した直径	輻			牙			
						輻の数	太さ 轂（高さ×幅）	太さ 股（高さ×幅）	高さ	幅	通長	外の長さ
1号車	155^{+}	155^{+}	6	417	133	25	1.7×？	1×？	6	6		
2号車	180	236	6.5	393	125	28	1.7×？	1×？	6	6	36	14
4号車	169^{+}	227	6.3	382	122	26	1.7×？	1×？	6	6		12.5
5号車	190	226^{+}	7	405	126	34	1.7×2.5	1×3.7	6	6		14

	床				高さ	四周の囲い（軾、						
						縦の柱の数					縦の柱の直径	
	幅（前後の軫の長さ）	長さ（左右の軫の長さ）	四周の軫の木の直径	軫に渡した木の直径		四隅	前	後	左	右	入口横の柱の直径	その他の柱の直径
1号車	120	90	3×？		32	4	11	10			1.8	1
2号車	123	90	3×？	5.5	33	4		12	7^{+}	3^{+}	2	0.9
4号車	125	82	3.5×？	4.5	34	4		12		6^{+}	2	1
5号車	104^{+}	90	3.5×？	5.5	30	4		10		4^{+}	2	1

とは、辛村の車と同様、輪は半円形の牙二つを合せて作られていたのである。

　軛には、図160bにみるごとく、両脚のわきに一つずつ環を伴っている。この環は、銜から出た轡を通すためのものではないかと考えられる。後述のごとく、春秋後期頃の画像紋では服馬の四本の轡は衡の上を越しており、衡上にはこの轡を通すための半円形の環、轙がとりつけられている。軛に環をつけ、これに轡を通すこの方式の方が、馬が轡を逃げにくい点、衡上を越す方式よりも御しやすいという[145]。それでは何故衡の上を越す方式が行われるようになったのであろうか。後述のように衡の上を越す方式では、両服馬の内轡は衡の前で交叉し、御者は右手には両服の右轡を、左手には両服の左轡を二本ずつ握ることができ、両服を同時に同一方向に曲げるためにはどちらかの手を引くだけでよい。一方、軛の環による方式では左服の両轡は左手に、右服の両轡は右手に併せ持つことになり、両服を同時に同方向に曲げるには、

の車の各部寸法

（単位：cm）

牙の厚さ	轂の直径	輈の長さ	輈の直径	衡の長さ	衡の直径	軛の高さ	輿の幅	輿の長さ
6	15	300	6－8	100	5	27⁺	100	100
6	15	?	6	?	6	?	130	100
6	19	?	7	?	?	?	106	?
6	16	?	?	?	?	?	107	?
6	16	?	6	?	?	?	?	?
6	14	?	7	?	?	?	?	?

の車の各部寸法

（単位：cm）

牙の厚さ	轂の直径	輈の長さ	輈の直径	衡の長さ	衡の直径	軛の高さ	輿の幅	輿の長さ
6	14	282	6－8	?	?	?	130	82
5	17	300	6	?	?	?	?	?
6.5	15	?	?	?	?	?	130	85
7	15	?	?	?	?	?	?	?

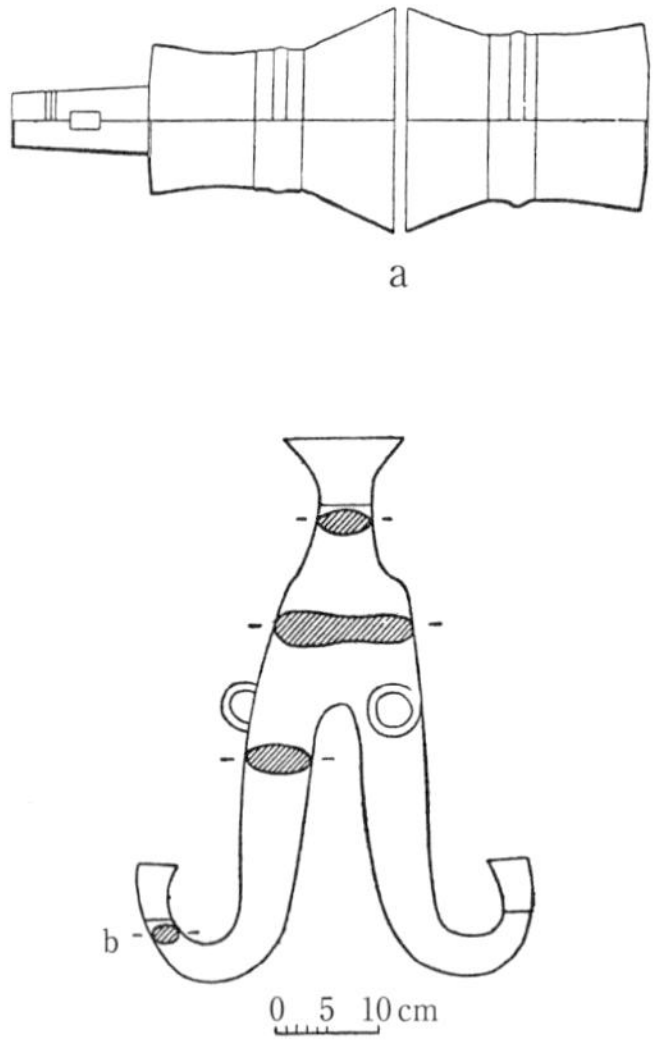

図160　三門峡市上村嶺1051号車馬坑の軎、轂と軛の復原図

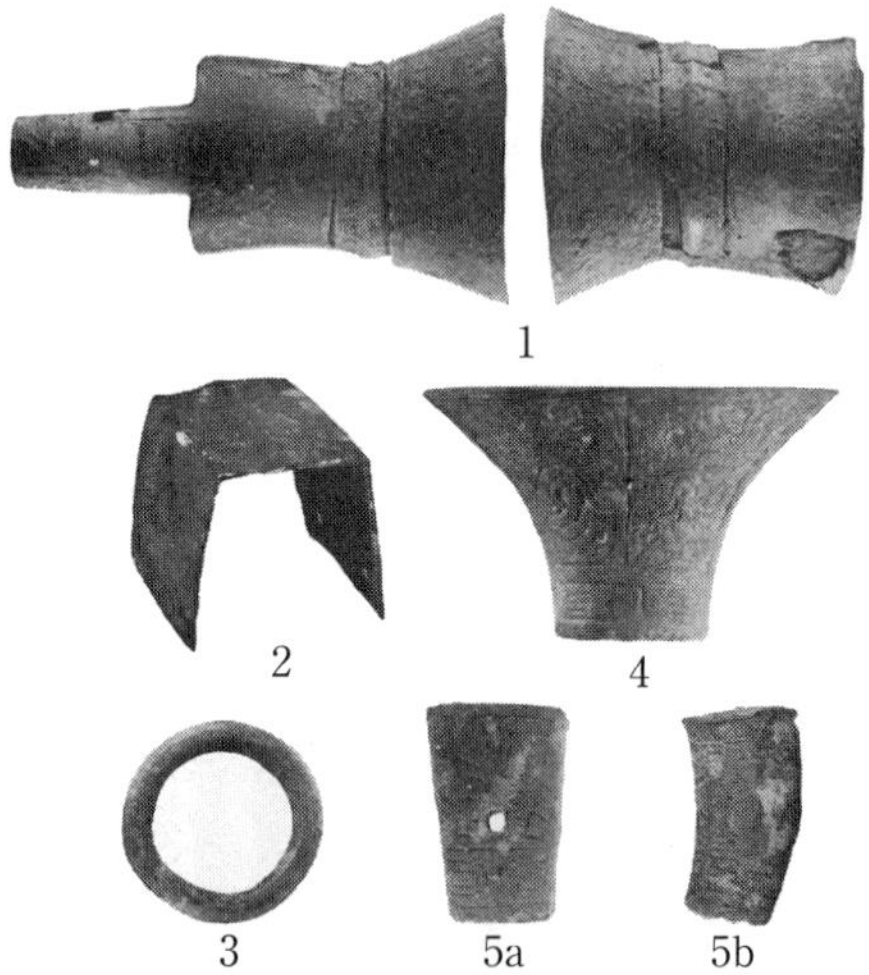

図159　三門峡市上村嶺1051号車馬坑の車馬具
1．軎、轂飾　2．牙接合金具　3．環
4．軛首飾　5．軛脚飾

表3　1051号車馬坑

	軌の幅	軸の長さ	軸の直径	車輪の長径	車輪の短径	輻の数	輻の幅	牙の高さ
1号車	166	200	6	124	107	25	1－2	6
2号車	166	178＋	6	?	97	25	1－2	6
3号車	170	205	5	133	110	25	1－2	6
4号車	174	222	?	130	114	25	1－2	6
5号車	215	247	7	140	92	25	1－2	6
6号車	175	217	6	135	95	30	1－2	6

表4　1811号車馬坑

	軌の幅	軸の長さ	軸の直径	車輪の長径	車輪の短径	輻の数	輻の幅	牙の高さ
1号車	164	200＋	8	119	117	26	1－2	6
2号車	175	236	7	126	126	44	1－2	6
3号車	165	187＋	7	123	121	27	1－2	6
4号車	178	222	7	128	125	27	1－2	6

両手首を同時にひねって両服の同じ側の轡を引く、というような動作が要求され、この方が技術的にむずかしそうに思われる。春秋後期以後にみるような技術が生れた所以である。辛村でも衡、軛のあたりから環が出た記録はあるが、出土位置がはっきりしていて用法が推測できる点でこの一〇五一号車馬坑の例は貴重である。

七号車以外については報告に寸法の表（表3）がのせられるだけで記述はない。

【一八一一号車馬坑】　一八一〇号墓の東四メートルにあり、これに付属するものとされる。一八一〇号墓[146]は春秋前期式の青銅容器、車具、武器、玉器など多数の遺物を出した墓である。この車馬坑は南北一五メートル、東西三メートルで、一〇輌の車と二〇頭の馬を埋めていた。車は輈を北にして一列縦隊にぎっしり並べられていた。車の作りは一七二七号車馬坑のものと大体同じと記されるが、図も写真も示されない。寸法表（表4）が出ている。

次に墓に副葬された車馬具をみてみよう。

軎の金具には西周以来の図161の11のごとく、轂を轄で止める方式のものの他、図162の一八一〇号墓出土のもののごとく、軸の先に鍔のある軎の金具をはめ、この金具は轄で軸にとめられるが、轂は軎の鍔でとめる、という新方式が出現する。後にはすべてこの方式のものに変ってゆくのであるが、この時分が転換期である。轄には図161の6、7のごとき二式があるが、この両式の轄はみな青銅の軎を使わないから、軸に直接挿したものらしいという。

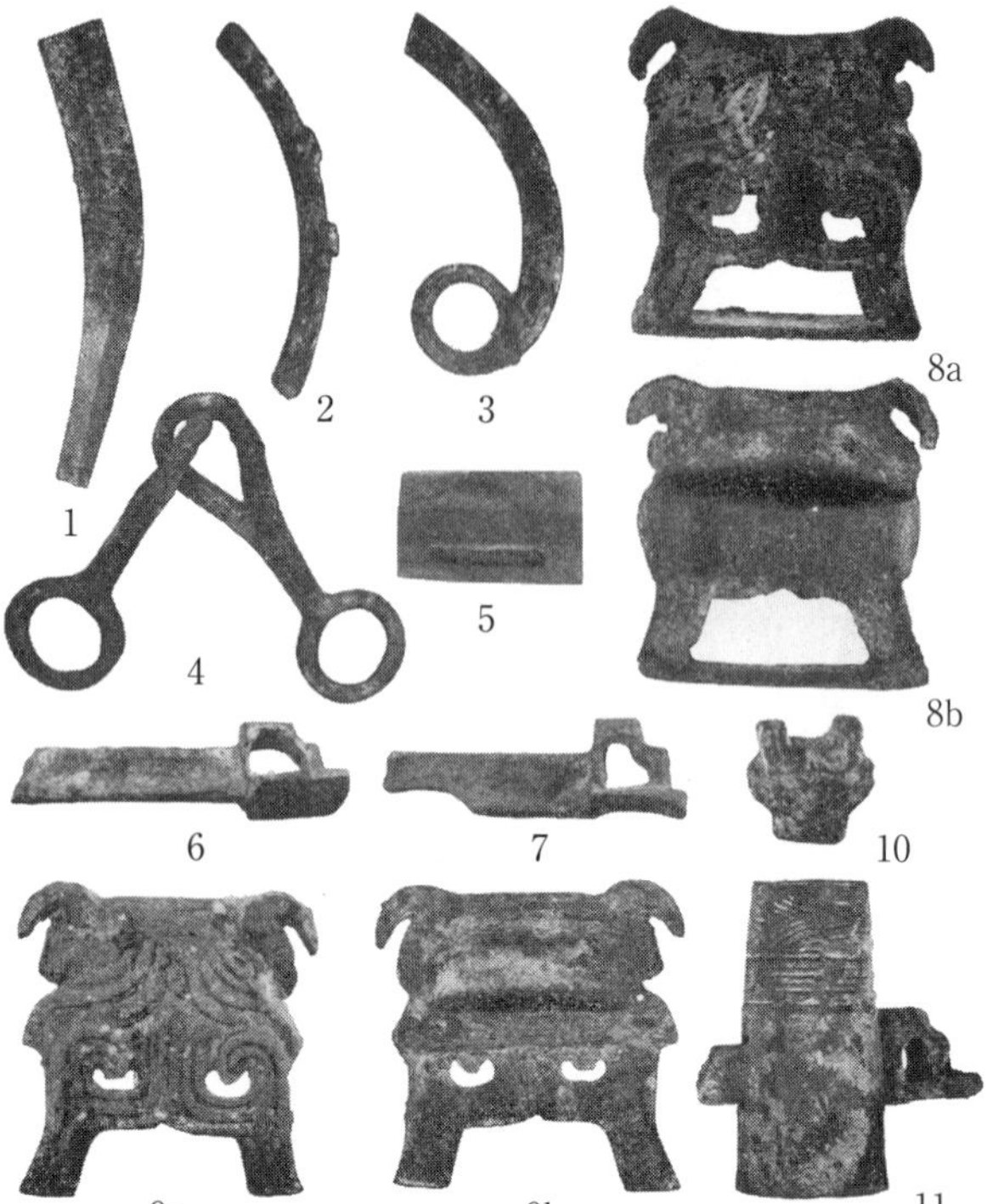

図161　三門峡市上村嶺各墓出土の車馬具
1．骨鑣（1617号墓）　2、3．銅鑣（1767号墓、1617号墓）
4．銅銜（1617号墓）　5．骨革具　6、7．銅轄
8、9．銅製饕頭（1617号墓）　10．銅製饕頭飾（1617号墓）
11．軎、轄（1617号墓）

図162　三門峡市上村嶺1810号墓の軎、轄

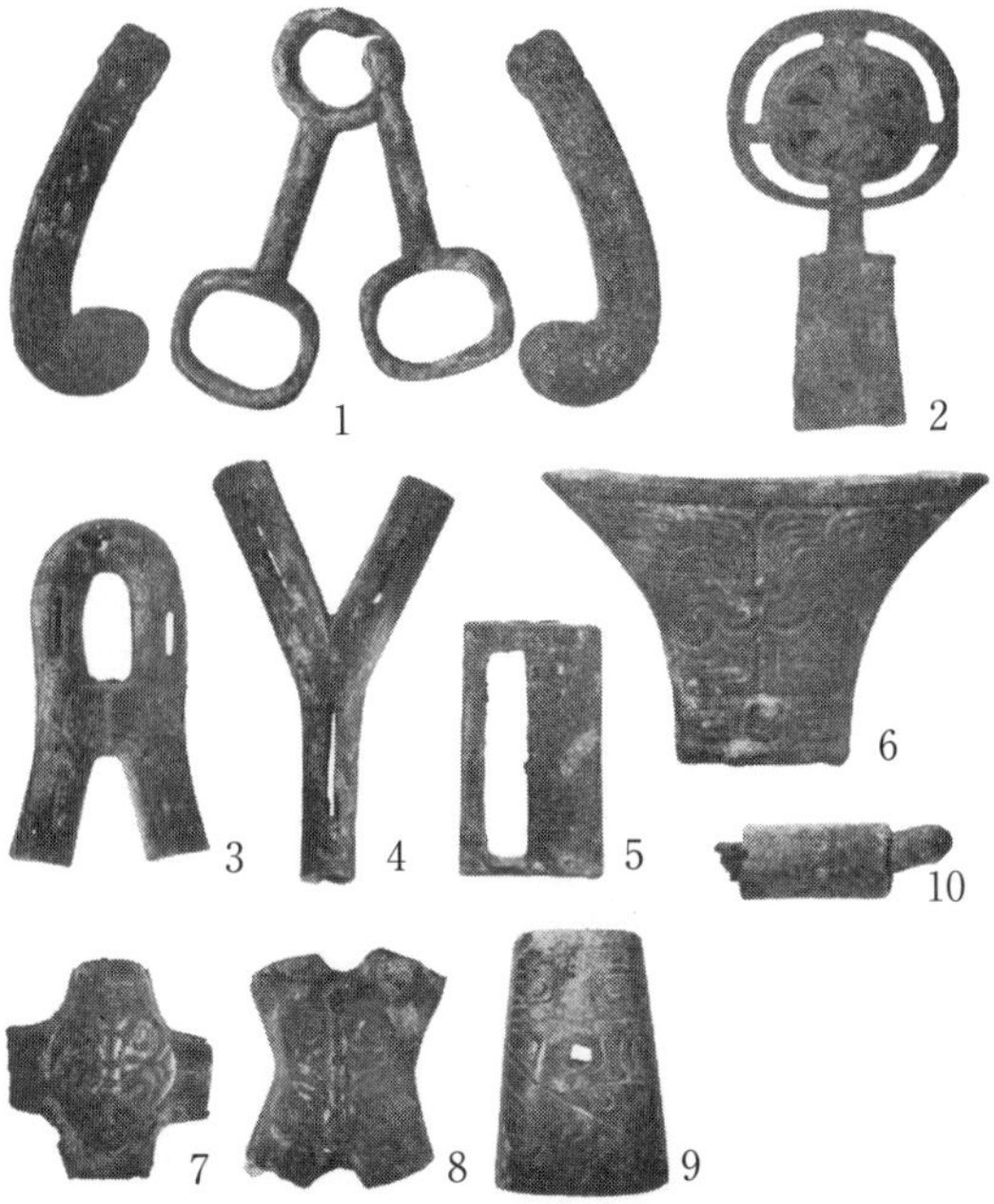

図163　三門峡市上村嶺1052号墓の車馬具
1．鑣と衡　2．鸞　3、4．革具飾　5．革金具
6．軛首飾　7、8．辻金具　9．軛脚飾　10．軎、轄

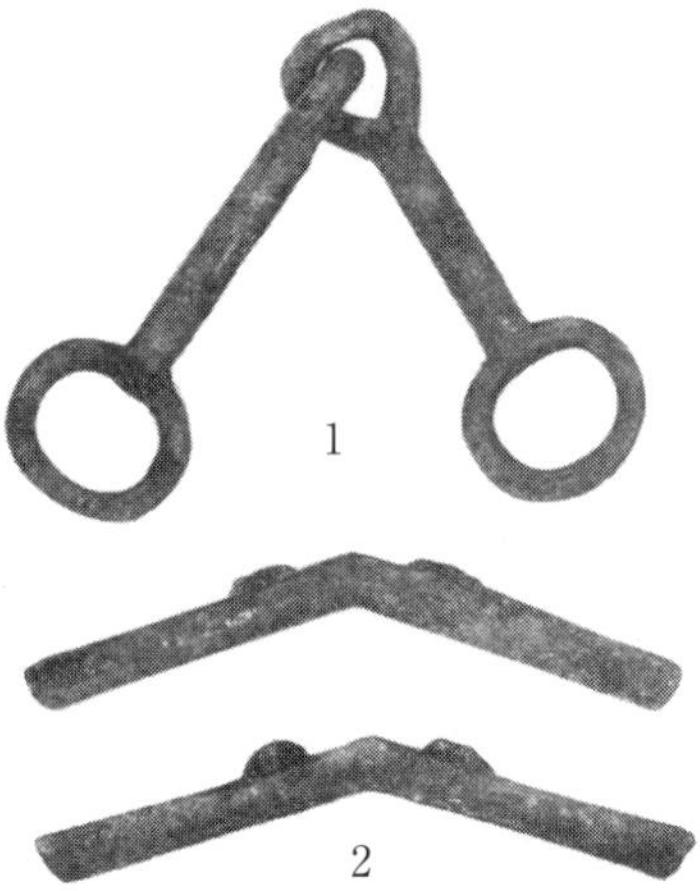

図164　三門峡市上村嶺1711号墓の馬具
1．銜　2．鑣

軛の金具は先に引いた（図160b）。鑾の型式は西周時代から変っていない（図163の2）。銜は二節からなる青銅製のもので、外端の環は大きく、ここに鑣を通すようになっている（図163の1、図164の1）。鑣はいずれも裏側に頬革を通すための耳が二つ着く方式のもので、図161の2、3、図163の1、図164の2のごとき各形があり、また骨製のものもある（図161の1）。頬革を通す孔が二つある。この骨鑣はその型式のもので一番時代の遡るものである。他に革具などに使われる装飾に幾種かがある。図161の10、図163の1、5、7、8、10、図165の1、2、5、6に示したごとき類である。

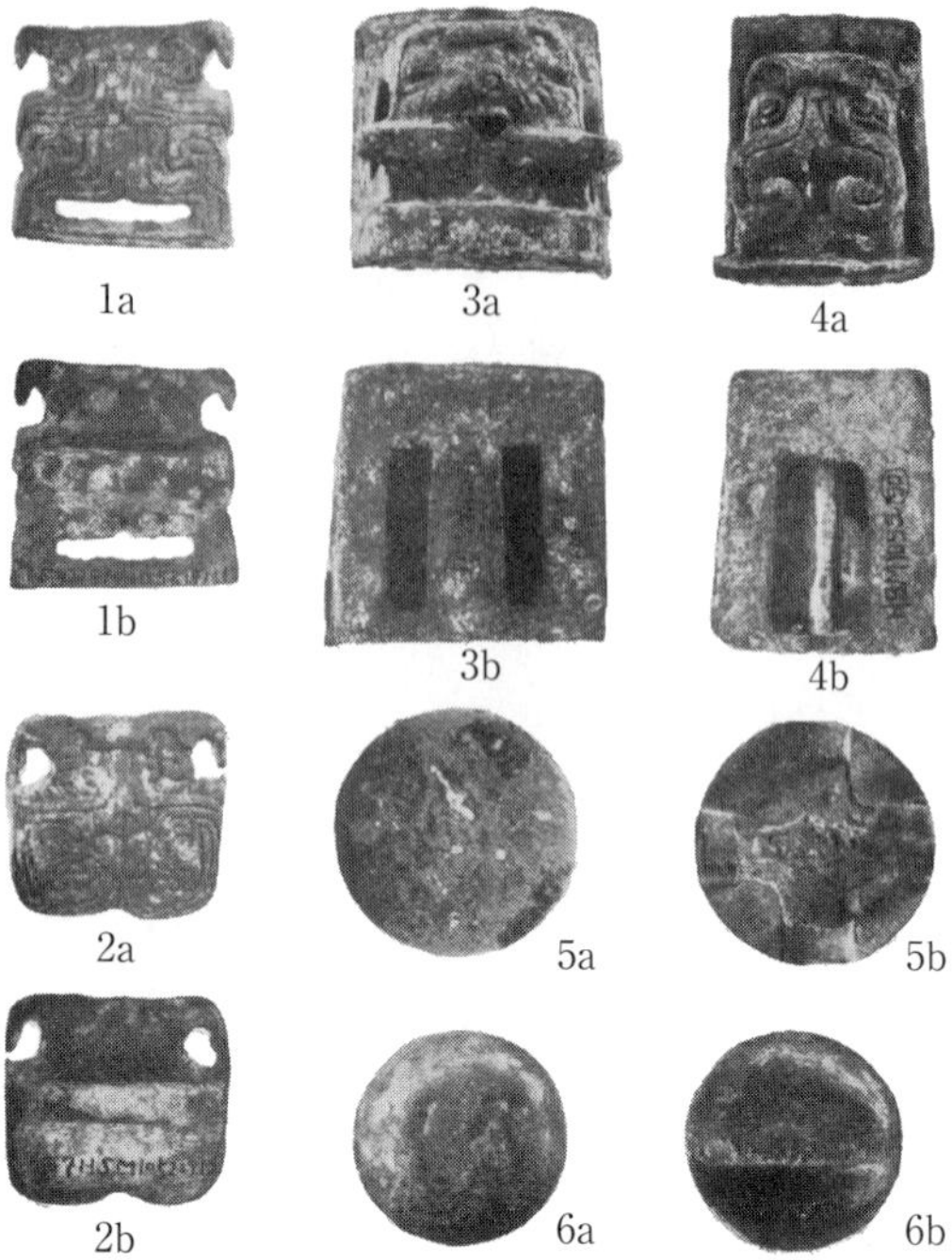

図165　三門峡市上村嶺1052号墓の馬具装飾類
1、2．饕餮頭飾　3、4．轄首形器　5、6．銅泡

(b) 寿県蔡侯墓

一九五五年六月、安徽省寿県の西門内で発見された蔡侯墓の発掘調査が行われ多数の遺物と共に車馬具が出ている(147)。出土した彝器の銘文からそれが春秋後期後半、前五世紀前半頃のものであることが知られ、その他の遺物もその紋様の様式が同一であることより、ほぼ同時代のものと考えて差支えない。この時代の一括遺物の確実な例である。

墓壙は南北約八・五メートル、東西七メートル、深さ約三・三メートルで、中央やや南よりに棺、その北に彝器を並

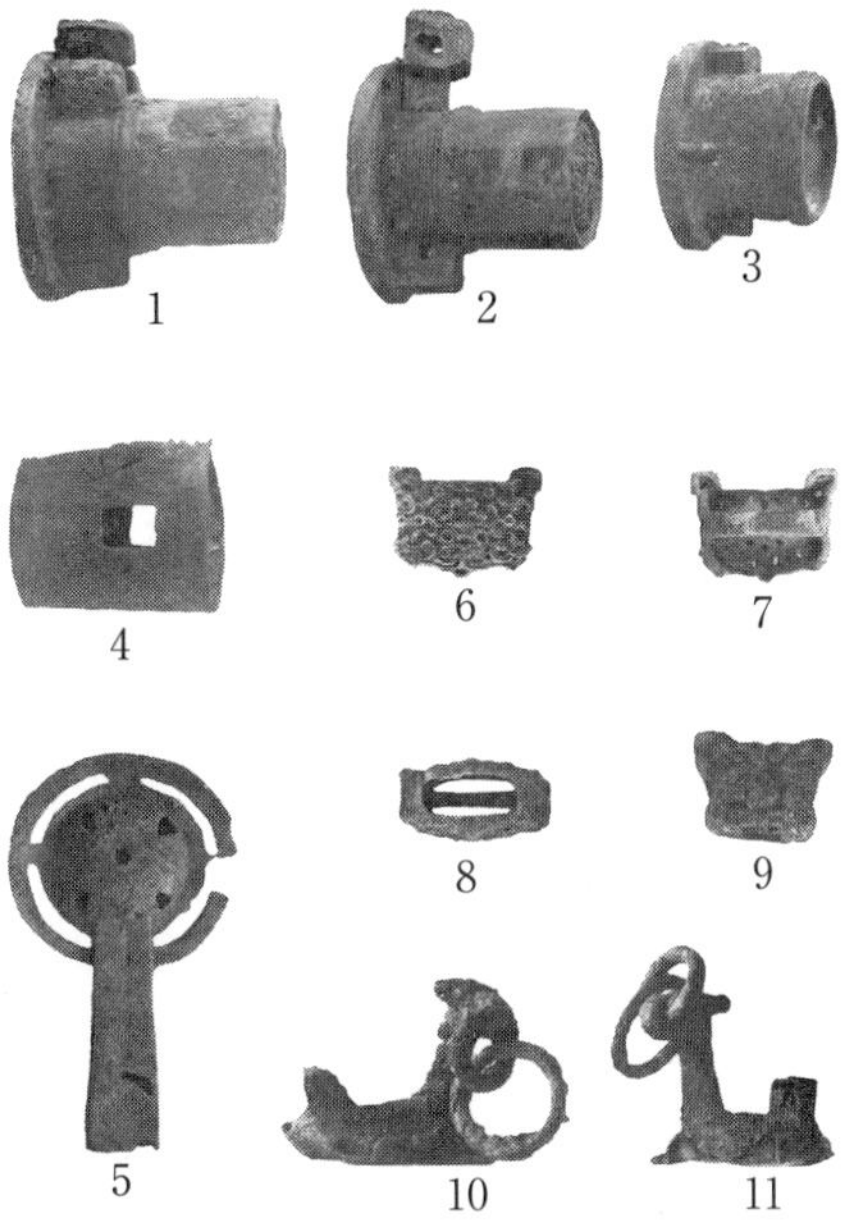

図166　寿県蔡侯墓の車馬具
1－4．軎と轄　5．鑾　6－9．革具飾
10、11．銜環伏獣形飾具

図167　寿県蔡侯墓の車馬具
1、2．銜、鑣　3．銅帽　4．鈴　5．方環飾
6．銅構　7．方策　8、9．方形帯環飾

べている。棺の西南、および東の二群に分れて武器、車馬具が置かれていた。東側の群の横には人骨が一体発見された。棺や副葬品を伴わないことより、殉葬者と考えられている。

車馬具は、個々の遺物がどこから出たか、報告書では必ずしも明らかでないので、報告書に従って種類別に総括的にのべるほかはない。

車器としてはまず軎の金具。I式（図166の1）——内側の端が鍔のようになっている式のもので、轄の入る孔の両側に突起がある。羽状獣紋、蟠螭紋を飾り、轄には獣頭をつけている。二個ある。II式（図166の2）——I式と似ているが、轄の孔のわきの突起が一つだけである。七個という半端な数が出ている。紋様はI式と同様である。III式（図166の3）——内側の端に鍔がつくこと先の車と同様であるが、外側の端が突きぬけていて筒状をなす。九個とこれも奇数個出たとある。蟠螭紋をつけている。以上すべて轄を伴っている。IV式（図166の4）——I—IIIが轄で軎の金具を軸

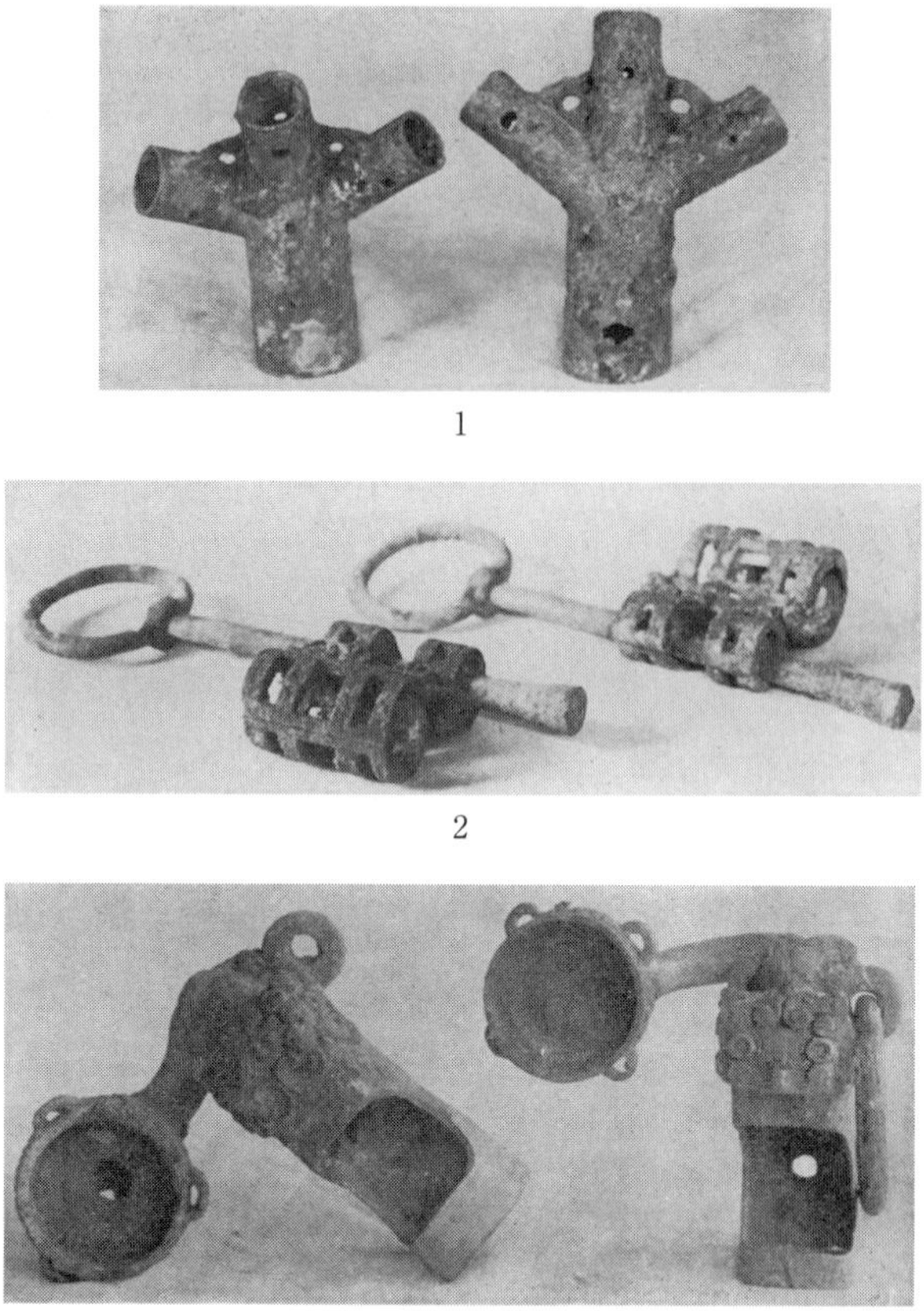

1 2 3

図168　寿県蔡侯墓の車馬具
1．三枝形飾　2．鎖形飾　3．獣首形飾

端に留め、この金具の鍔で轂を止める方式であるのと異なり、これは濬県の軎の金具と同様、鍔がなく、轄で轂を止める方式のものである。三個あり、素紋で轄を伴わない。これら軎の金具に奇数のものがあるのはおかしいが、おそらく半端のおつれは破片として未整理の箱の中に放りこまれているのであろう。

銅構と名づけられる断面コ字形の板金に上の抜けた四角筒をつけた、素紋の金具が四個（図167の6）。コ字形、四角筒の部分にともども目釘孔がある。横材に、これと直角の材を固定する金具に違いない。四個出ているし、大きさからみても軫の上に軾、輢をつけるための柱を固定するに使われたものと思われる。

報告に獣首形飾（図168の3）と名づけられた、横材の端につけられたと思われる金具が三個出ている。紋様、寸法が多少ずつちがうという。二個についてそれぞれ長さ一五・五センチ、一二センチとある。横にやや平たい断面長方形の筒の上面に切り欠きを設け（この面が上なことは端につけられた獣面の配置より判断される）、一端はふさがって片側に環がつき、ふさがった端より環と反対側に棒がのびて、その端に円い皿形の上向きの受け口がつく。皿形の周囲には小さい耳が三つないし四つつく。長方形の筒の部分は長辺が四センチ前後であるが、この大きさで横に平たい材といえば、軫は縦長で除外されるとすれば、軾か輢の柱しかない。筒の上の切り欠きは、やはりこれと同じくらいの太さの、これと直角に交わる材をのせる部分と思われる。皿形の部分が何を受けたかは明らかでない。筒の方は目釘孔で固定するようになっているのに対し、皿は浅く、おそらく上にはめたものをくくりつけるのに使ったと思われる耳を具えていることからみると、永久的に固定すべきものでなく、車の機能にとって本質的でない、しばしば取り外すべきものをはめたものであろう。あるいは、後述の車蓬の四隅の柱でもここに立てたのでなかろうか。同様の金具で、この皿がなく、環が下端に廻ったものが寿県付近から出ている。(148)

方管形飾（図169の10）と名づけられた正方形の筒形の飾りが一つある。四周に羽状獣紋をつけている。これも車の欄の飾りと考えられる。

三枝形飾（図168の1）といわれるものが一対。これは寄棟形の車蓋の、棟の両端に使われる金具である。(149) 一九五七年発掘された信陽長台関春秋時代末の墓(150)は、ちょうどこの蔡侯墓と同時代であるが、この墓の後北室から出た車蓋が復原され（図170）、この金具の用法が明らかにされた。(151) 屋根は竹の棒で骨組が作られ、組合せ部は筒を組合せたこの金具で止められる。この屋根には黒地赤彩の絹が張られる。屋根は一・六二×一・一二センチの框にのせられる。框の四面には細い竹で組んだ笭が、蝶番で吊される。そしてこの框は┐形の支柱で車欄にのせられる、といった構造である。なおこの墓からは、戦国以後の墓にごく普通にみられる蓋弓帽等傘形の蓋の金具が出ていない。その点濬県と同様である。未だこの時代にはそのような蓋がなかったものであろう。

柱頭飾（図171の5、6）といわれる径四・五センチの円形の飾りが一個あり、上面に松緑石を象嵌し、目釘孔のある三本の足がつく。上面中央に鈕がある。車のどこにつけられたものか不明である。

鸞が七個（図166の5）。円形の鈴に方柱状の脚がつく。

皮紐の類を車に留めるのに使ったかと思われる金具として、報告に銜環臥獣形飾（図166の10、11）と名づけられるものの一対がある。臥獣形の台の尾（？）の方より棒が出てそれに小環がつき、さらにそれに大環が組合わされる。輝県琉璃閣一号車の軜の前中央から大小の環を組合せたものが一対出ている。あるいはそれと同様の機能のもので、驂の内轡を軾前につなぐ時に使う環、即ち軜（『説文』「軜、驂馬内轡系軾前者也」（段注の本による））であろうか。琉璃閣と同様、ただ[152]大小の環を組合せただけのものも一対出ている。

次に馬具としてはまず銜（図167の1、2）がある。すべて二節に分れ、中央を小環でつなぎ、外端に大きい環をつけ

図169　寿県蔡侯墓の車馬具
1－3．犬鈴　4、5．合頁　6－9．銅泡　10．方管形飾

図170　信陽長台関春秋墓出土車蓋実大復原模型

た式のもので長さ二二―一九センチまでいろいろあり、計三六本出ている。角製の角形の鑣を伴うものが一三本、鑣には羽状獣文と思われるものを刻している。長さ一六センチ。青銅製の龍形の鑣を伴うもの六本。鑣の長さ一三・五センチ。角製のものは腐って失われたものがあったと思われる。鈴が八個（図166の4）。高さ九センチ、羽状獣紋のくずれたような紋様をつけている。高さ四―四・四センチの鈴二二個が犬鈴（図169の1―3）として記されている。犬のものとすべき理由はない。

革具の飾金具としては十字形筒状の辻金具七個（図171の10）。外径二・七センチ、内径一・四センチの環状のもの（図171の11）も辻金具とされている。塗金で中央に松緑石を嵌めた径四センチの円形の金具で、裏に紐を通す耳を四つつけたもの一対、および同様径三・八センチの円形で松緑石で巴紋をつけたもの一対（図171の1―4）は、勒の、馬の鼻面に当るところの金具であろうか。轡の飾りとされるものに、円筒を短く輪切にした形のもの（図171の7、8）五三九個、紋様があると記されるが、写真では明らかでない。図172のごときものであろう。上のものを平たく押しつぶした形のもの七二個これは塗金を施す。裏に紐を通す耳が二ついた長方形のもの（図171の17、18）一五個。上のものの短い辺に二つの燕尾形の突出のあるもの（図171の15、16）一七個。長さ二・二センチの管を上下二本合せた金具（図171の12、13）が一〇個、またその下に径六センチの鐶を吊したもの（図171の14）が三個出ており、鐶には左右対称に動物紋をつけている。いずれも轡の飾りとされているが、果して全部そうか不明である。これらは紐を通すべき孔の太さからみて、轡のような多少とも力がかかる革具ではなく、純粋に装飾的な革具、例えば鞅のようなものを飾った金具ではないかと思う。

車馬具の一群中に背を磨った宝貝が計一二八個出ている。これは革具、おそらく勒を飾ったものであろう。

革具の長さを加減して留めるに使ったと思われるびじょうが何種か出ている。一番単純なものは、幅六センチの横長の長方形の環の、長い辺の中央から外向きに長い舌をつけた一対の金具である（図167の7）。報告書には方策と名づけられ、『説文』に「觼、環之有舌者」即ち「觼は環の舌あるもの」という觼はこれをいうものであろう。『詩』の小戎に「鋈以觼軜」即ち「鋈して觼軜を用う」と。先の車体に固定した環である軜と併せ用いられ、軜が轡を車に固定するためのものであるに対し、これは長さを加減するための金具である。舌の出ていない長辺を軜に結び、我々のしめるバンドのように一定の間隔ごとに孔をあけた驂の内轡を長方形の環の下から通し適当な孔を舌にはめればよいわけである。上のものと同原理の働きをする金具と思われるものに方形帯環飾Ⅱ式としてかかげられた金具が二対ある

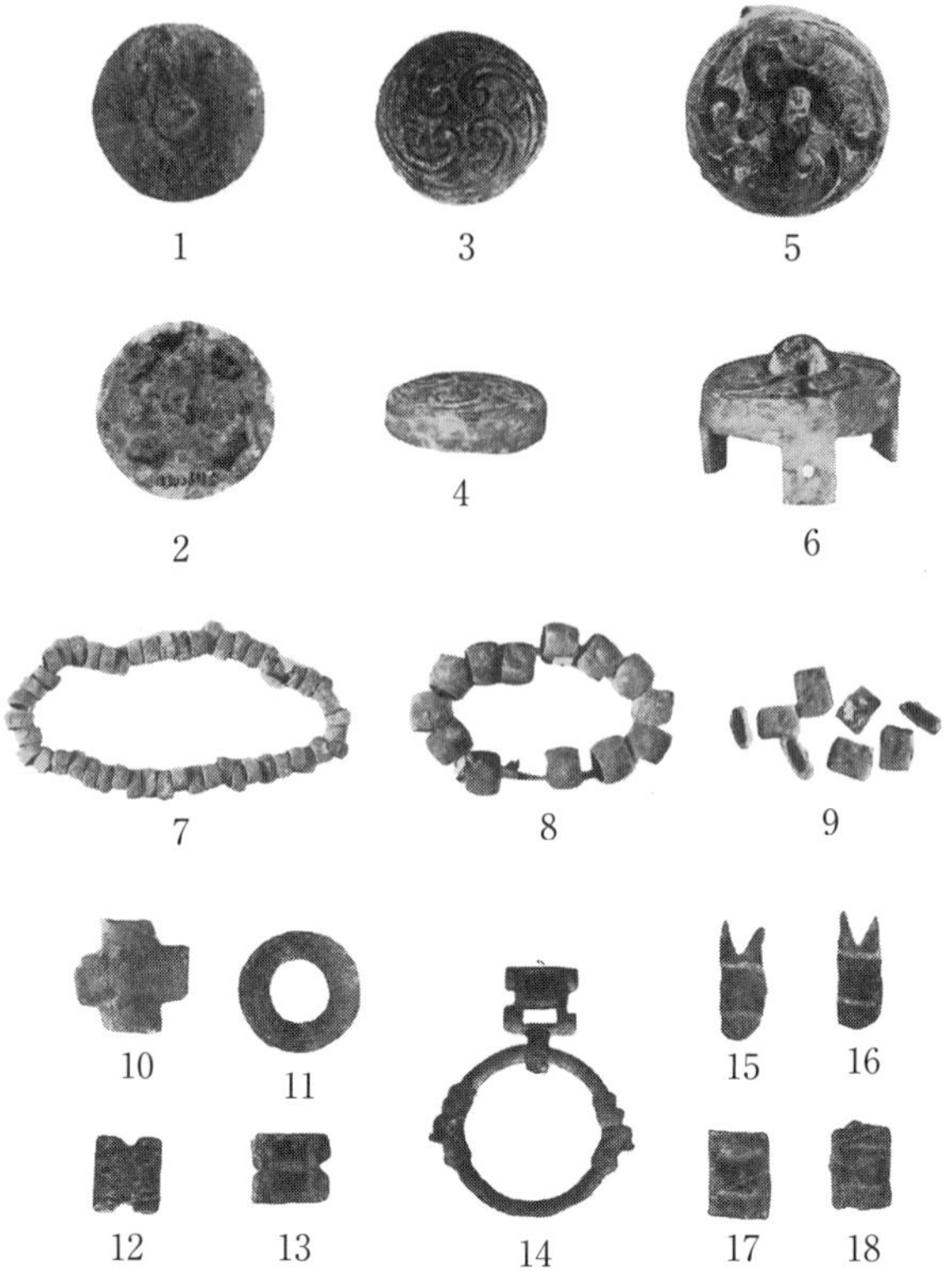

図171　寿県蔡侯墓の車馬具
1－4．鈜泡　5、6．柱頭飾　7－9、12－18．轡飾
10、11．辻金具

図172　図171、7、8の参考遺物

（図167の9）。舌と反対側の辺に棒が出て、その先に環がつく。この環で軜に結びつければよい。報告書に方形帯環飾Ⅰ式とされているもの（図167の8）は、この環の先が上向きにのび、そこが筒状になって中に骨がはめこまれているという。長さ一四・二センチで一対ある。骨の柄を手前につけている意味は十分に明らかではない。この金具が、驂馬の内轡を軾前に固定した時、その長さを調節するための鰒であることに誤りがなければ、この上に突出した骨製の柄の用途を想像することができる。即ちこの柄が御者の手許に上向きに立っていれば、これにつながった驂馬の内轡を引く必要がある時に、両手に三本ずつの轡を握ったまま、[153]わざわざこれを握らないでも手首にこの柄を引掛けて引くことができると思われる。ほかに、隅丸の長方形の環を、丸棒の先にとりつけ、環が上下に蝶番のように動くようにした金具（図167の5）がある。どこに使われたかわからない。環の大きさからみて、やはり轡の系統に関係あるものかもしれない。

ほかに大小の環一六個が出ている。琉璃閣の車にみられるような、衡にとりつけた半環状の轙はいつ頃から普及したかわからないが、あるいはこれらの環のうちには春秋前期上村嶺のもののごとく軛に結ばれて轙と同じ役を果したものがあるかもしれない。なお三連環一組というのが記されている。具体的な記述を欠くが、図173のようなものであろう。用途は不明。

報告に合頁と名づけられた金具がある（図169の4、5）。蝶番のように廻転しうる軸の片側に厚さ三、四ミリの長方形の板金が二枚、四、五ミリの空間を挟んで出ており、片側は環を通す孔のあいた短い金具になっている。板金は表裏とも羽状の獣紋を飾り、共に四個の目釘孔があって、或るものは全長七センチ、幅三・五センチ、或るものは六・二センチに三・八センチあり、一二個あるという。二枚の板金の間隔や、その反対側の短い金具の外端の孔からみて、蝶番と考えることはできない。カールベックはこれと同様な金具を革紐の端末の金具と考え長方形の板の間に革紐の端を挟んで目釘で留めたものと考えている。[154]妥当な考えである。この金具は非常に分厚くがっしりしており、間に挟

図173　三連環の参考遺物

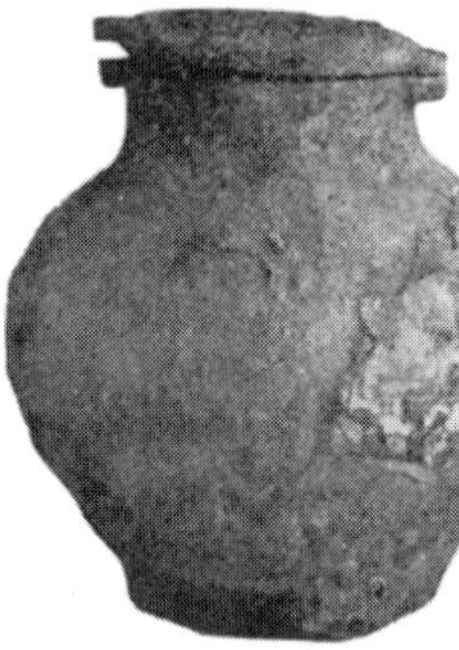

図174　寿県蔡侯墓の𦉢

むべき革紐も、おそらく二枚合せにした、非常に丈夫なものであったと思われる。この金具は何処に使われたものであろうか。力がかかる丈夫な革紐といえば靷である。とすると、この金具は靷に関係した金具ではあるまいか。『詩』小戎「陰靷鋈続」の毛伝に「鋈、白金也、続、続靷也」即ち「鋈は白金なり、続は続靷なり」、鄭箋に「鋈続、白金飾続靷之環」即ち「鋈続は白金もて続靷の環を飾れるなり」と。靷は第三節にのべるごとく驂馬が軸を引く革であるが、長さを調節したり、取り外したりするのに一々輿の下にもぐって軸に結び直したり外したりするのでは不自由であろう。そこで軸から軓の前のあたりまでの長さの革紐は軸に永久的につけておき、その先につけた環にここから先、驂までの革を結ぶようにしておけば、長さの調節、取り外し等に便利である。続の環の機能はこのようなものと思われる。今のべた金具は続の環にちがいない。長方形の板金に軸から来た革をとりつけ、その先の環に驂馬から来た靷の革を結ぶ。靷は輿の下から水平に出てきて、ここから馬の肩へと上ってゆくから、ここに蝶番のように廻転しうる仕掛がつけてある。これは鋈ではないが、羽状獣紋で飾ってある。

その他どこに使ったか不明な金具が若干ある。獣面形の薄い板を二枚合せた、あるいは片面だけの金具四種（図166の6—9）。大、小二種の、中高の円盤状の金具（図169の6—9）各七個および一〇個。中央に松緑石を象嵌し、羽状獣紋で飾っている。何か円筒形の材の端につけられたものであろう。それに用途が推測しかねるものとして、ほかに鎖形飾と名づけられた金具が一対（図168の2）ある。透しのある円筒を二つ並べ、環のついた棒を一方に挿したものである。棒の下端は太くなっていて筒から抜けない。おそらくこの一対は、棒の挿してない筒の方を相接して並べて使われたであろうことは、梅原一九三三、七、一三三、上にかかげられた金具からわかる。ほかに長さ一・九センチ、径一センチの棒の上にかぶせる金具[155]一対も車器としてあげられている。

帯蓋缶として、小さい青銅製の壺形容器が墓の西南部、車馬具と一緒に出ている（図174）。蓋と口縁に二つずつ孔があり、糸で結び合すようになっている。轂と軸の間に塗る脂を容れておく容器、檛であろう。銭坫『車制攷』器第六に「所以盛膏曰檛、説文解字、檛、盛膏器、方言、自関而西、盛膏者謂之鍋、鍋与檛同、史記荀卿伝、炙轂過�、又作過、別録又作輠、過輠亦同」即ち「膏を盛る所以を檛という。『説文解字』に檛は膏を盛るの器なり、と。『方言』に関よりして西は、膏を盛るものはこれを鍋という、と。鍋と檛は同じ。『史記』荀卿伝に炙轂過の髡と。また過に作る。『別録』にはまた輠に作る。過輠もまた同じ」と要領よくのべている。ついひと頃前まで荷馬車の車体の下にサイダーびんか何かに油を入れて吊しているのをみかけたものである。

(c) 淮南市蔡家崗趙家孤堆二号墓

一九五九年に発見され、越王者旨於賜戈など多数の青銅器類が発掘された[156]。越王者旨於賜は越王勾践の子鼫与（前四六四―四五九）にあてられる。出土遺物の紋様などからみても前引の蔡侯墓と相近い時期の墓と考えられる。この墓の副葬品中、車馬具が幾種かあげられている。銜（図175の3）のほかは蔡侯墓のものと重複しない。報告に車馬具とされるものが総て果して車馬具かどうか、またどのような部分に使われたものか等については、将来のはっきりした考古学的証拠の出現を待って決定せねばならないが、各種が一まとめになって出土している点参考になるから紹介しておきたい。

軎、轄（図176）　軎につばがついて轂をとめる方式のもので、轄の上端には四足獣が飾られている。

構（図177の1、2）　一は三本の木材をさしこむようになったもの、一は方形の材の端にはめるものである。

管形飾（図177の3）　二種あり、いずれも中央に節があり、一方が他方より細い。旗とか蓋などに使われたものであろうか。

拱管形座飾（図177の6、図175の7）　一七個あり、透し彫りで龍を飾った座の上に何かの材を通す管がのる。車に使われたものとすれば、輢とか軾を飾ったものと考えられよう。

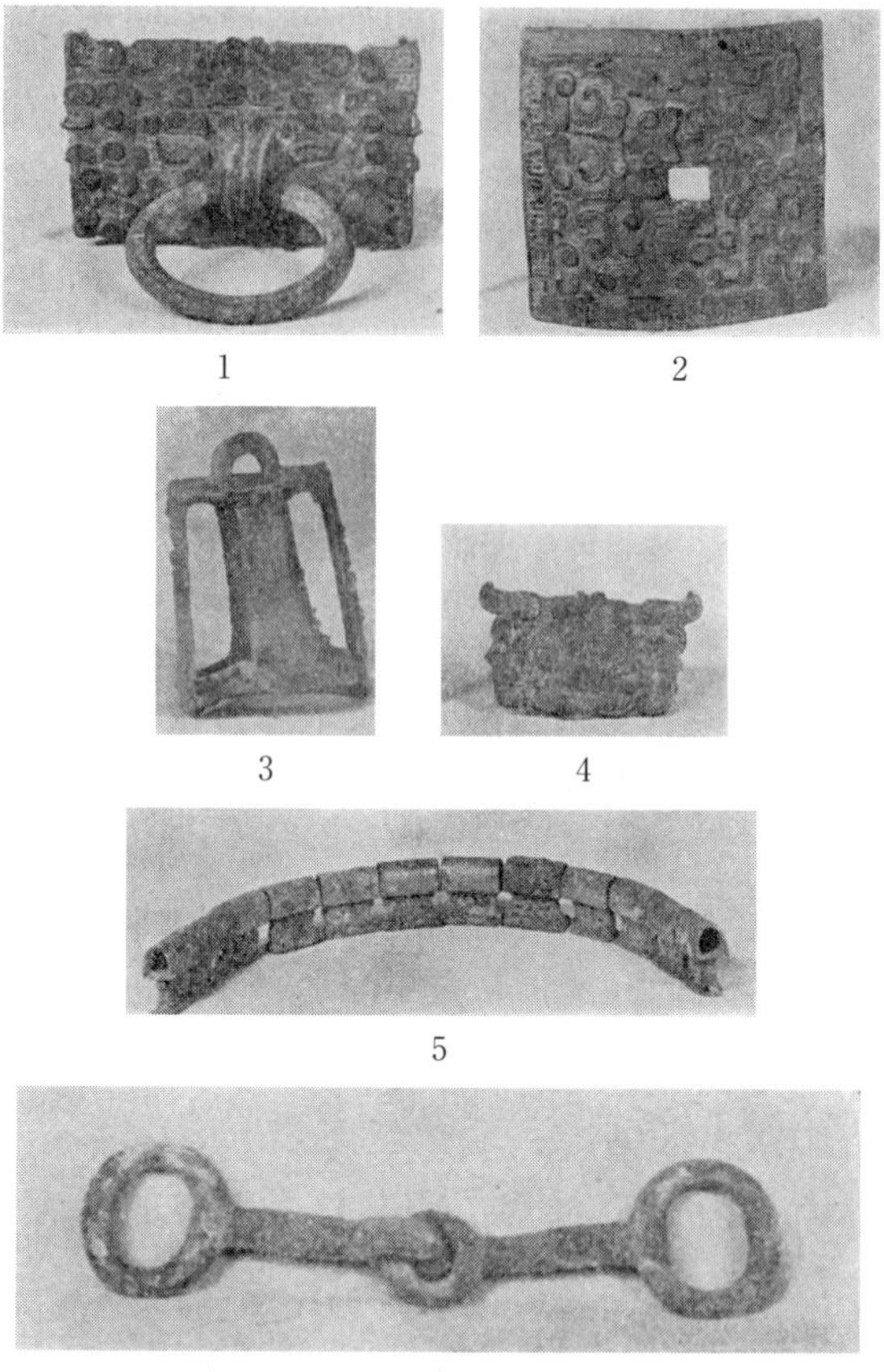

図175　淮南市蔡家崗趙家孤堆２号墓の車馬関係遺物
１．鋪首　２．方片形飾　３．鈴　４．饕餮形飾
５．拱管形産飾　６．衡

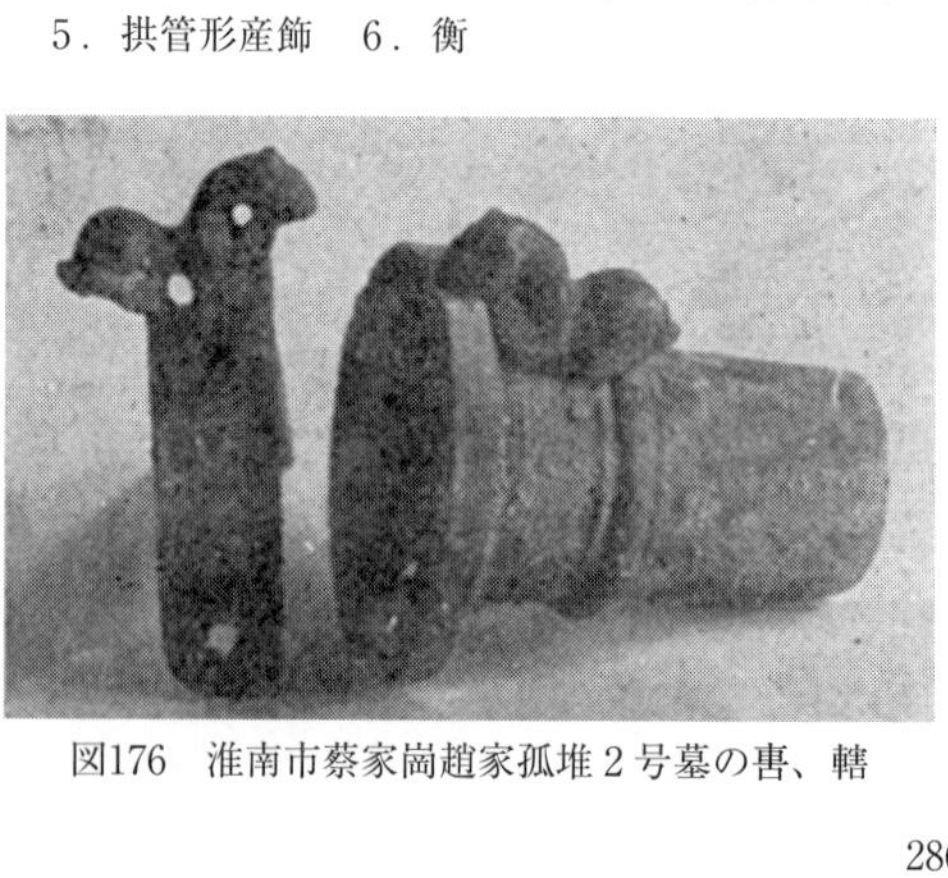

図176　淮南市蔡家崗趙家孤堆２号墓の軎、轄

図177　淮南市蔡家崗趙家孤堆２号墓の車馬関係遺物
1、2．銅構　3．管形飾　4．帯座鈕環飾　5．双管双環飾　6．拱管形座飾
7．帯鼻鈕環飾（左）、双脚鐶飾　8．凹形飾　9．折頁

図179　図177、４の参考品
（The Cleaveland Museum of Art）41. 5480 Handle, China

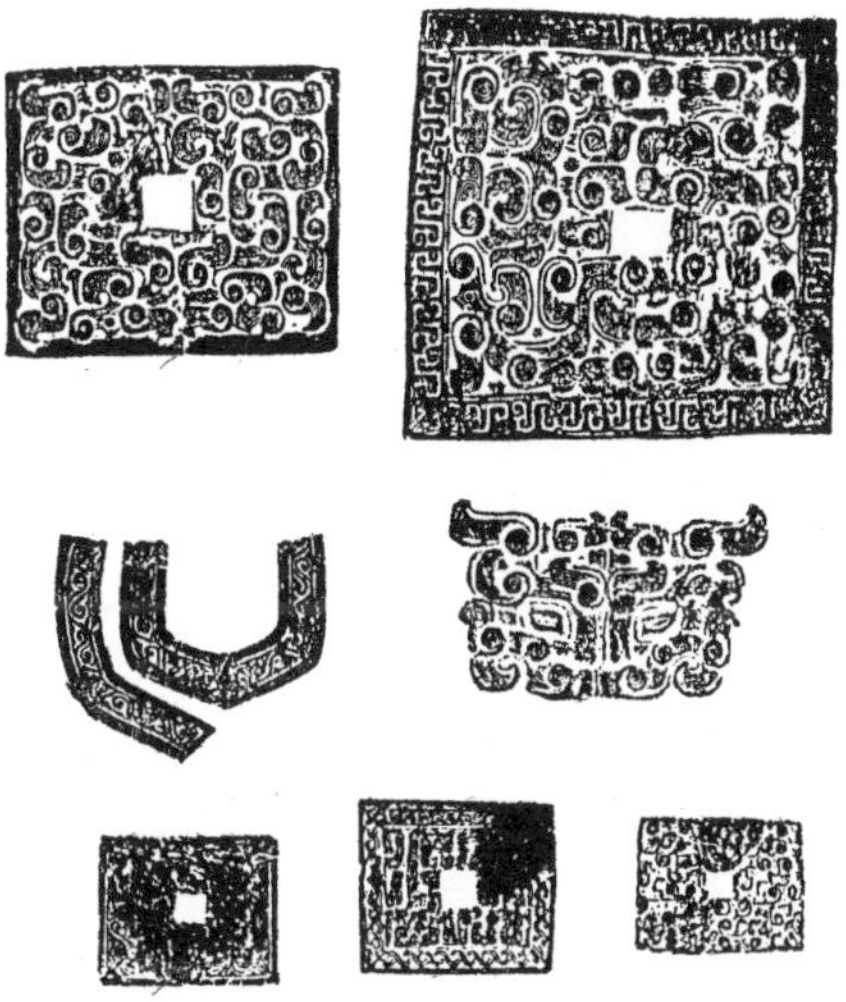

図178　淮南市蔡家崗南趙家孤堆２号墓の車馬関係遺物

方片形飾（図175の3、図178の2）一辺一二センチ、羽紋を飾った板で、やや反る。

長方片形飾（図178の1、10―12）長方形で反りはないらしい。これら方形、長方形の飾り板は中央に方孔がある。何かの金具とか把手をつける時の座金のようなものであろうか。

饕餮形飾（図175の5、図178の9）

凹形飾（図177の8、178の8）何かの縁にかぶせたものと思われるが、車馬具の飾りとしてはどこに用いられたか明らかにしがたい。

帯鼻鈕環飾（図177の7左）

帯座鈕環飾（図177の4）上についた楕円形の環は固定されているという。報告に解説はないが、この器物は図179に引いたごときものに違いない。クリーヴランド美術館の所蔵品で、人間を四人、頸のところで束ねた形の変ったデザインである。

双脚環飾（図177の7右）C字形の、抽出の環のような作りである。

双管双環飾（図177の5）パイプを二つくっつけた形の座に双環がつく。車馬具の革紐の端末を留めるものであろうか。

鈴（図175の3）透しになり、舌のない型式である。

(d) 輝県琉璃閣一三一号車馬坑ほか

一九五〇年十月から五一年一月にかけて中国科学院考古研究所の行った第一次輝県調査のさい発掘された琉璃閣一三一号車馬坑は一九輌の馬車を出し、最も重要である。(157) 時代を判定する手がかりになるような紋様のある青銅器類が出ていないので、はっきりした年代は決められない。鸞（図180の3）の形式が前記の寿県蔡侯墓のものに近いことから、両者の年代が相近いことが推測され、また骨角製の車飾の紋様からも大体近い時期が考えられる。

この坑はその西側にあり、一九三八年の盗掘で編鐘はじめ多数の遺物を出した大墓に付属したものである。盗掘者はこの坑も探りあてたが、車馬坑であることを知り、金目の遺物が当てにできないので放棄したため、荒されずに残ったものという。この坑は殷代の墓を破壊して掘られ、また上に漢、唐、近代の墓が掘りこまれている（図181）。ほぼ東西向きの長方形をなし、坑底は坑口より四・四メートルの深さにあり、南北七・七メートル、東西二〇・九メートル。東寄り東壁から二・八メートルのところに土壁が掘り残され[158]、東の馬坑、西の車坑をへだてている。土壁は中央で切れ、通路となっているが、漢墓に破壊され、もとの幅は不明。

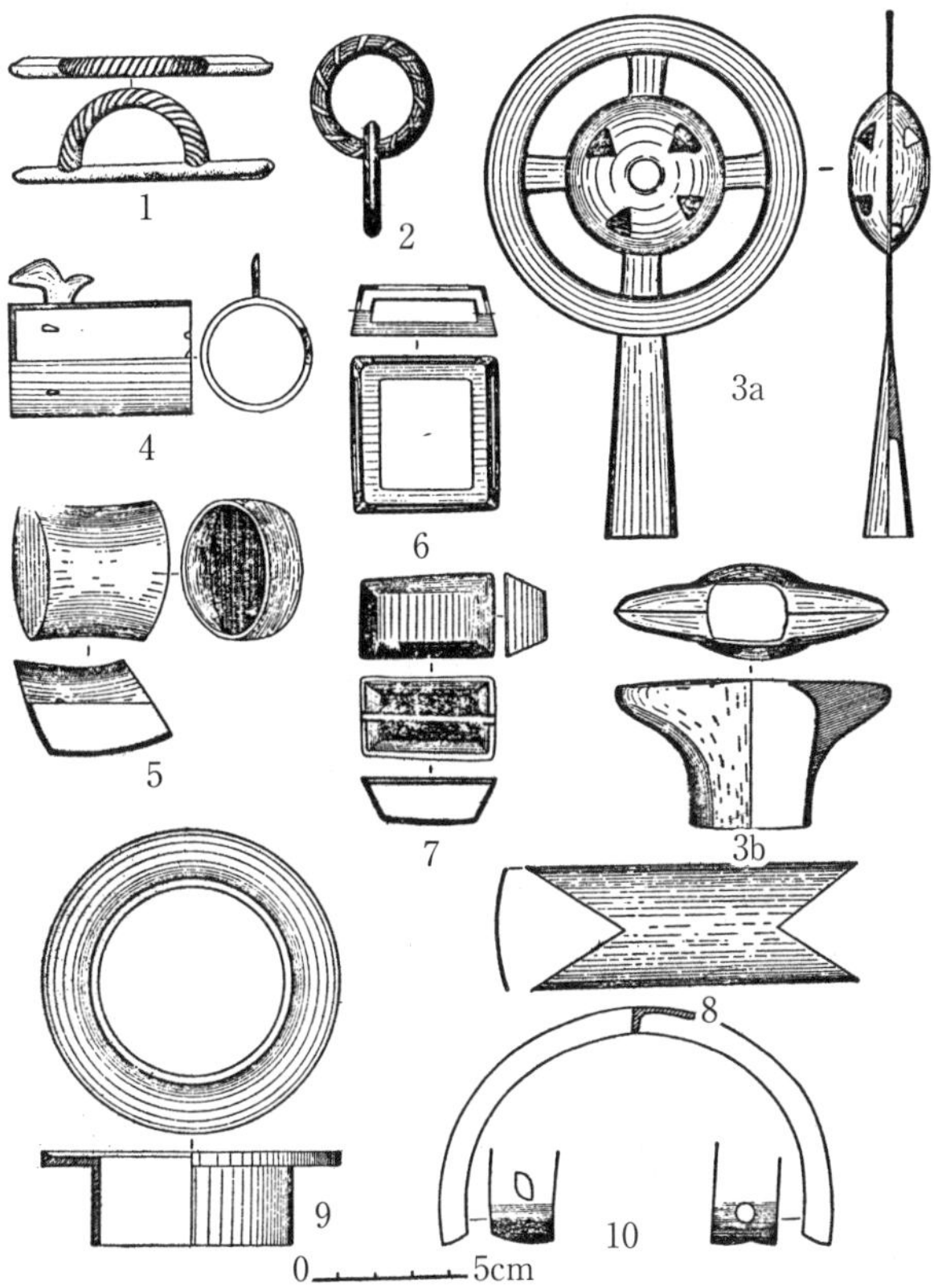

図180　輝県琉璃閣131号車馬坑の車馬具
1．轙　2．連環　3．鑾　4．衡端飾　5．軥飾　6．正方形飾
7．長方形飾　8．衡飾　9．輢後柱上の銅管　10．軜

馬坑の北部は近代の墓があるため未調査。南部には馬が六頭、すべて頭を東向きにして埋められていた。殺してから入れたものと思われる。

車坑の周壁には二層台がめぐる[159]。車坑には輈を東に、東西方向二列にして車一九輛を並べる。

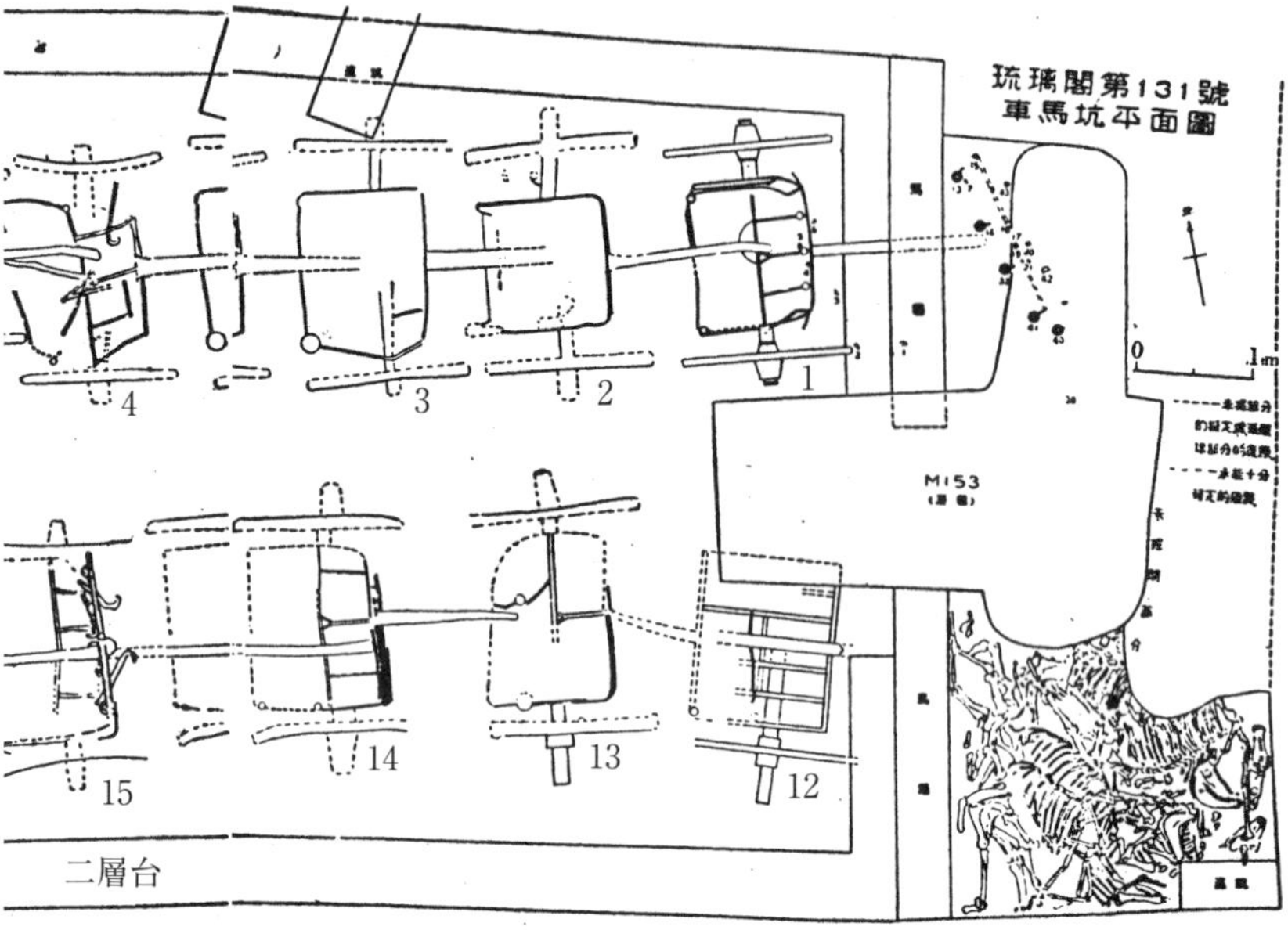

131号車馬坑平面図

後の車は前の車に輈をのせ、最前のものは輈を土壁にもたせている。青銅の飾金具をつけているのは一号車のみで、一〇号、一一号車の輿の上の欄干などは、朱漆が残っているので、それをたどって発掘することができたが、他は木質の腐朽した土質の変化に注意してもとの木部を掘り起したものである。一―一七号までの各車は前後より左右の幅の広い輿を具えた車。一八、一九号車は縦長の輿をつける。報告者の夏鼐は、この車の列を葬儀のさい使われた車と考え、一号車を『周礼』春官、冢人の鸞車、一八、一九号の縦長の輿をもった車を『釈名』釈喪制の喪輌車としている。一号から一七号までの横長の輿をもった車を輿の幅から、大型（幅一・四メートル）、中型（幅一・二五―一・三メートル）、小型（幅一・一メートル）、特小型に分けている。各車はこの分類でいうと一号中型、二号小型、三号大型、四号中型、五号特小型、六号小型、七号大型、八号中型、九―一一号小型、一二―一七号大型、それに一八―一九号縦長型である。

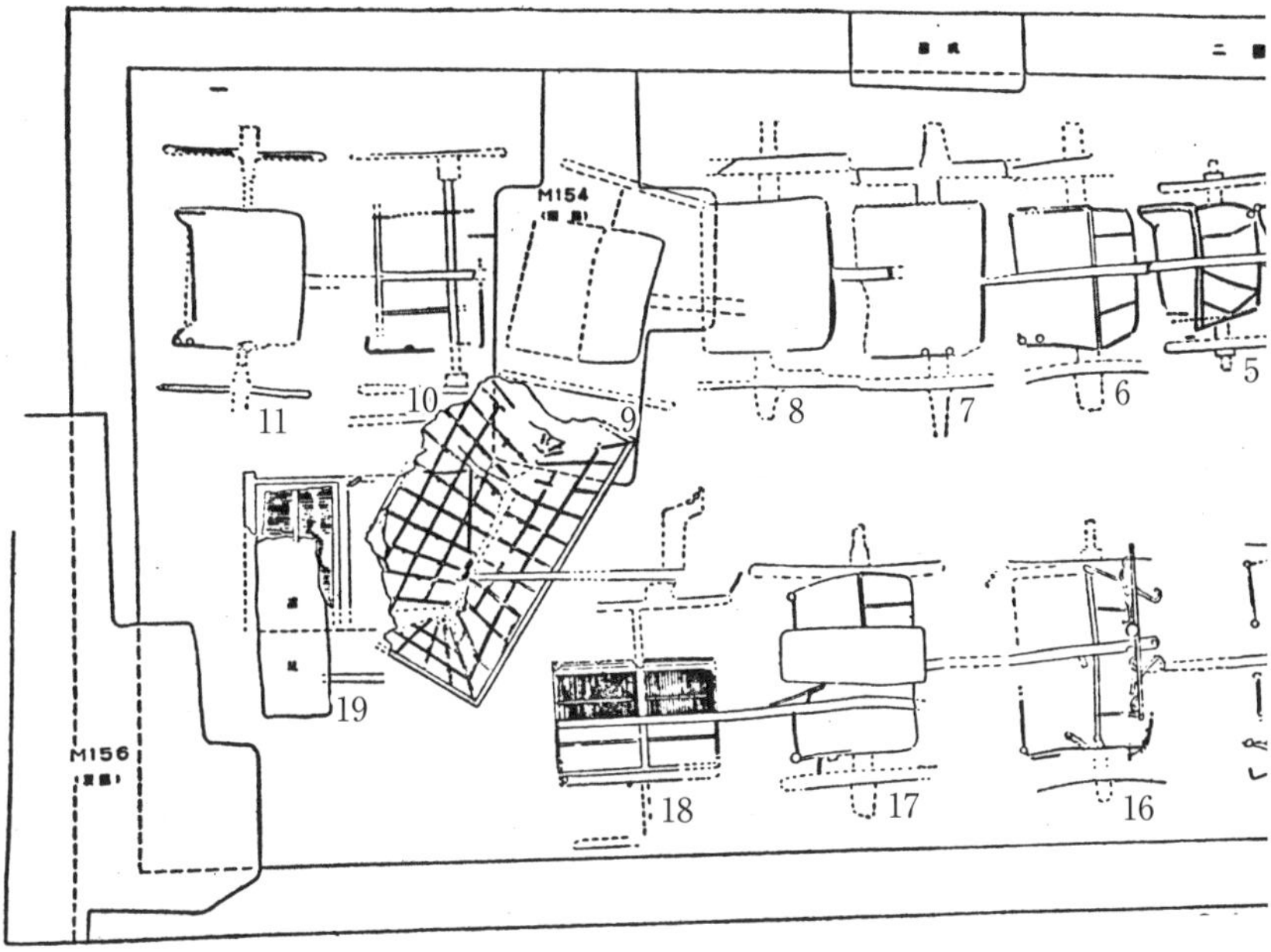

図181　輝県琉璃閣

比較的保存のよい一、五、六、一六、一七号各車について、同型のものを参考にしつつその主要部分の寸法が表示され（表5）、各車が説明されている。

一号車（図182）中型車に属し、この坑で青銅の金具をつけた唯一の車。輈は輿の下を出てからやや上に反り、八〇センチ——二〇センチあるいは三〇センチの誤植であろう、のちに「各車の輈は輿の前端から先二メートル前後、曲った輈は輿の下から出るとやや上に反り、多く全長の一〇分ノ一ぐらいのところでまた水平方向に曲る」とある——のところでまた下向きに曲り、一七〇センチのところで衡と交わる。——復原図はこの記述および先の表と輈の寸法が合わない。輈が短かすぎる。

衡の南半は漢墓の耳室の天井の土と一緒に崩れ落ちているが、北半は原のままである。両端は上に箇略な鳥形の突起をつけた金具（図180の4）をかぶせる。衡上の四個に鸞（図180の3a）が並ぶ。夏はこれを木製の轙の上につけて復原しているが、甚だ不安定であり、技術的に考えても不自然である。瓦状に

表5　車の各部寸法

（単位：cm）

	車の型	車輪の直径	牙の高さ	牙の厚さ	轂の長さ	轂の直径	輻の数	輻の幅	軌の幅	輿の広さ
1号車	中型	140	8	5.5	38	22	26	2	190	130
5号車	特小	95	6.5	4.8	16^{+}	16	26	1.8	140	95
6号車	小型	105	7.5	(6.5)	?	18	26	1.5–2	185	120
16号車	大型	130	(7)	(8)	(24)	17	26^{+4}	(1.5)	182	140
17号車	大型	140	(7)	(8)	(24)	20	26^{+4}	(1.5)	180	150？

	輿の長さ	軾の高さ	輢の高さ	輈の長さ	輈の直径	軸の長さ	軸の直径	衡の長さ	衡の直径	軛の高さ
1号車	104	26	36	170^{+}	8	242？	10–12	170	3	50
5号車	93	22^{+}	27^{+}	120^{+}	4	178	7	140	3	15^{+}
6号車	98	30	42	205	8	242	14？	140？	3	60
16号車	105	40？	40	210	10	236^{+}	9–12	140	4	54
17号車	110？	(30)	(40)	215	10	242	14	150	3	48

説明　輻数はみな26本であるが、大型車には夾輔が一対あり、この点から４本を増した方が良いと思われる。そこで「＋４」と注記した。軾高は車箱の前面の直柱の上端が後向きに曲るところの高さを指し、軾の後部が車箱の横木を貫くところの高さではない。輢高は車箱の両側の最高所における横木の高さ。輈径は輈の中程を測ったもの。車箱に近いところは常にやや太くなっている。軛長は軛の上端から両脚の先端までの距離。各欄の数字でプラスの符号のつけてあるのは、破壊を経て現存している長さ。疑問符のつけてあるのは、痕跡のはっきりしないもの。括弧をつけてあるのは、その車で測量したものでなく、同型の他の車の同じ部分をもって補入したもの。

反った青銅の薄板で作った小腰形の飾り（図180の8）は衡に象嵌したものであろう。衡の中央には方孔を上にして正方形の金具（図180の6）。四面に横長の孔があるので、革紐を通して衡と輈を縛り合せる時に使ったものらしい。その両側に長方形の金具（図180の7）、これも革具と関係があろうが用途ははっきりしない。鸞のうち二個は青銅製の座金具（図180の3b）を伴うので、夏はこれを軛首につくものとしている。軛の脚端の軥の金具（図180の5）は二個だけ出ており、断面楕円形の曲った管状で目釘孔が二個ある。鸞の座金（軛首）との距離五〇センチ。

輿の前端には、横三本、縦は両端も入れて一三本の、太さ一センチの木で組んだ高さ九センチの桟がめぐる。そのすぐ後に太さ二・二センチの垂直の棒が五本立ち、高さ二六センチのところで後に向って曲る。曲り目には丸い球をつけている。曲って四六センチ、軾と交わる。真中の一本は軾の近くで二叉になっている。この仕掛は『周礼』

考工記に現われる轛で漢画像石にみる漢代の車馬にもあり、木を組んだらしい格子目をつけて表わされている。夏鼐が図でここも軾としたのは誤りである。軾は径四・五センチ、両端は輢の両側に立つ高さ三六センチ[160]の柱の上端に接続する。輿の両側のすそにも、轛につづく三本の細い横棒、および両端の長い一本も入れて計一一本の縦棒から成る軹がめぐる。軾の交わる中間の縦棒および、輿の後端の角に立つ同じ高さの柱の中途、高さ二一センチのところに細い棒が一本わたされる。輿の後端の角に立つ柱のうち、左側の柱の上端には上につばのある管状の青銅金具（図180の9）が付く。この上に柱状の空洞が立っていたので石膏を注いで型をとった結果、革紐を斜めに巻いた棒状のものであることがわかった。この孔は旗竿を中に挿したものと思われる。

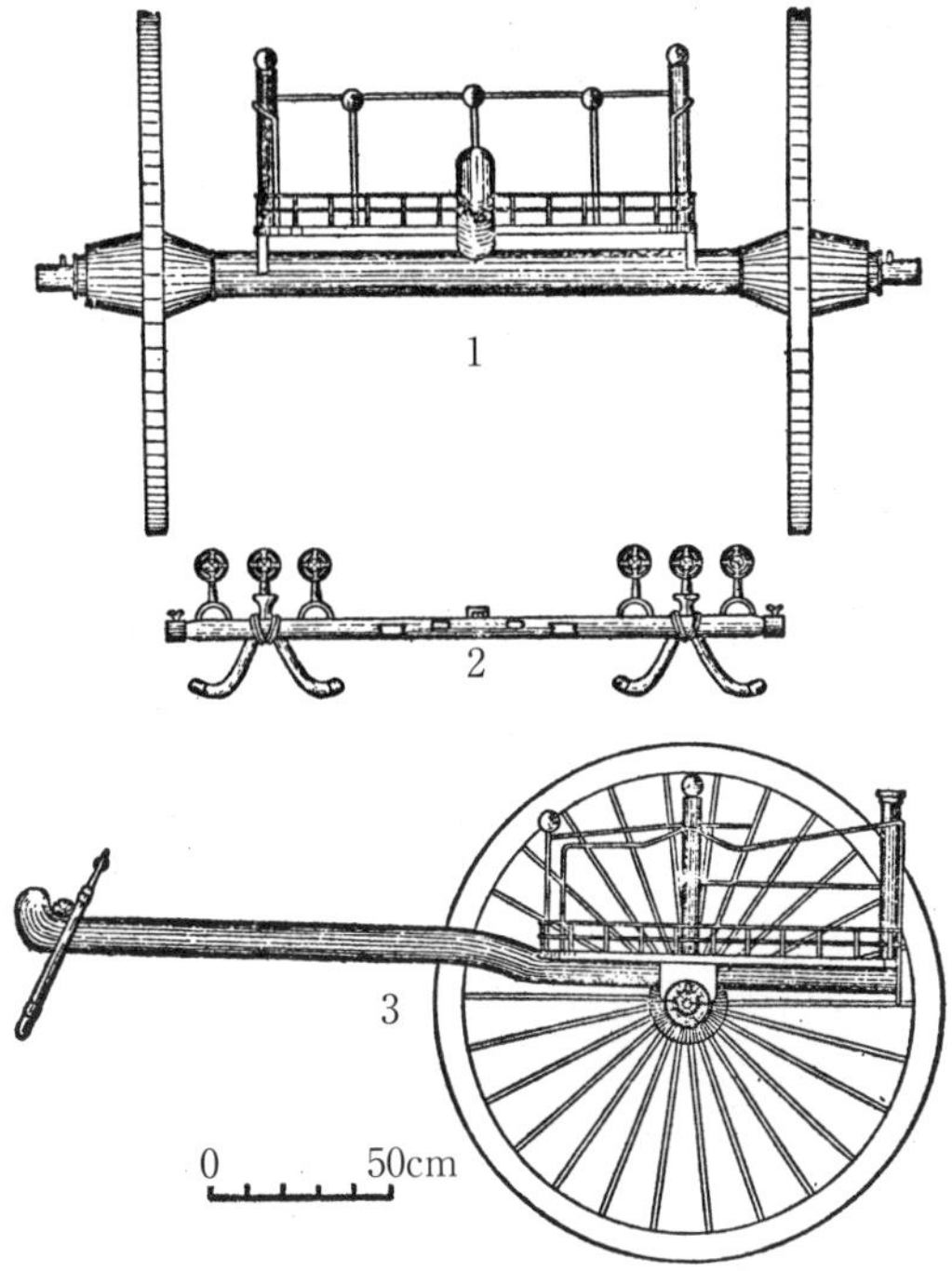

図182　輝県琉璃閣131号車馬坑、１号車復原図

輿の後面は真中に幅約三〇センチの乗降用通路と思われる空隙を残し、左右に三号車と同様な細い木を組んだわく（図183の3）が残っていた。轛の前端中央に近く、外径三―三・二センチの青銅環を二つ連ねたものが二組出ている。遊環の類と言っているが、位置からみておそらくそうではあるまい。また輿の前から発見された一対の半環形の金具（図180の1）を後にある二号車の輈だろうというが、環の半径一・四センチでは、六号車の木製の輈の半径五センチに比べ、あまりにも小さすぎるし、いかがであろうか。

轂は内、外両端ともそれぞれ二つの半円状の青銅の箍（図180の10）をはめているので長さがはっ

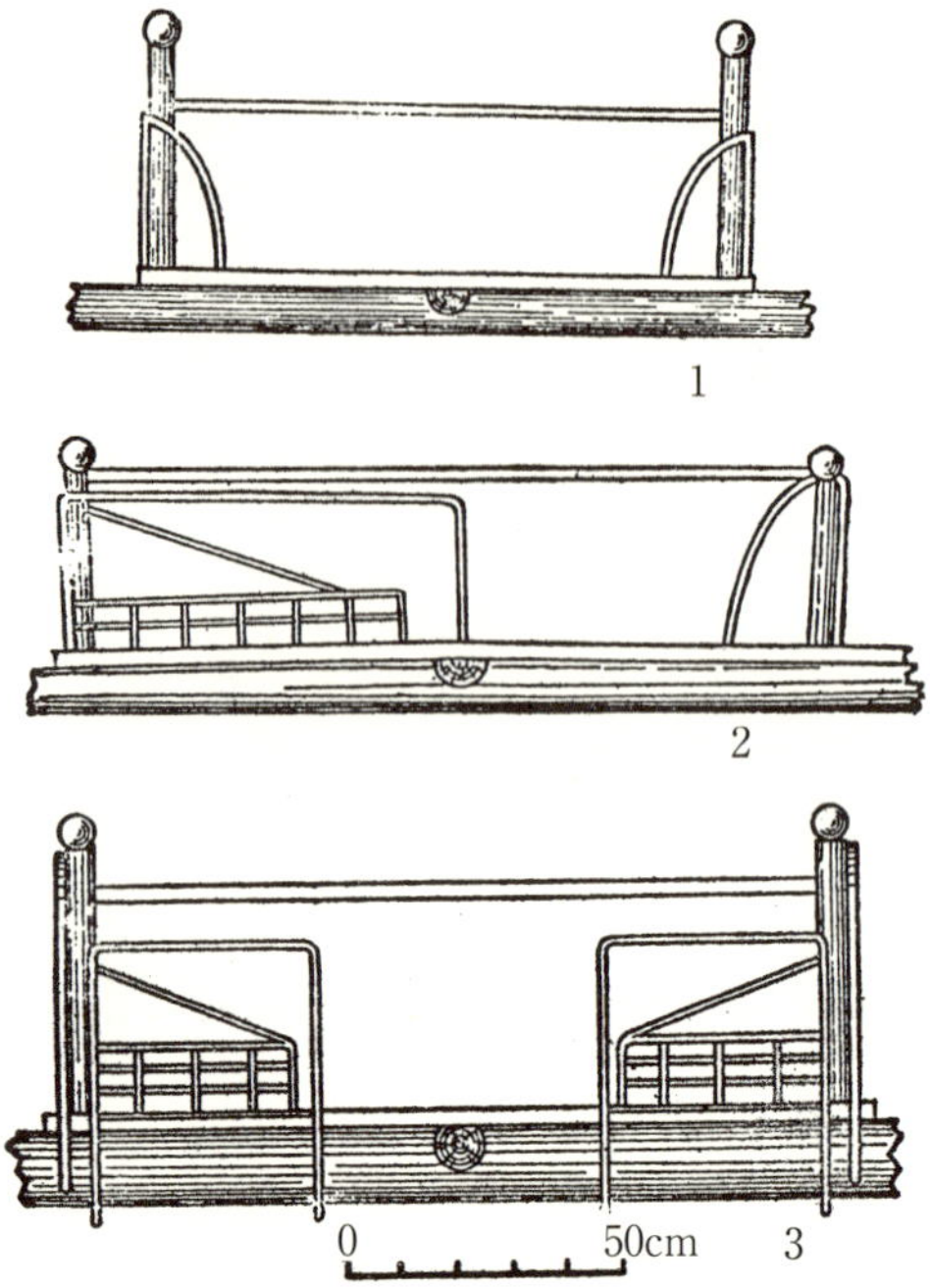

図183　輝県琉璃閣131号車馬坑馬車の輿の後部の構造
上より11号車、7号車、3号車

きりわかる。輪より外一六センチ、内九センチ。外の箍の外径一一センチ、内の箍の径一二・五センチ。夏はこの金具の内径を軸の通る孔の径としているが、そうすると轂の木の厚さ一センチ足らずということになり、これではいくら箍で緊めても持つはずがない。軎の金具の太さから知られる通常の軸の太さとも全く合わない。この解釈に従った復原図の軸の太さも誤りである。轄は他の車と同様残っていない。

五号車　特小型の車で、輈は輿前から上に反り、二〇センチのところで前向きに曲り、それから先は真っ直ぐ。長さ一二〇センチで衡と交わる。衡は折れており、両端の骨製管状の飾り（図184の4）が存するのみである。この骨製品は動物の管骨を輪切にして作り、円筒状、表面を平滑に磨き、焼きごてで渦文を印している。軛は軥の部分のみ検出された。輿の用材も細く、土圧でつぶされて復原が難しいが、他の車より簡単だったらしい。一号車にあったような輪の木組みはなく、軨は五本の縦の棒だけで骨組が作られたらしい。軾の材は二本あったようだと記される。輢は、太い柱とその上の較があるだけである。輿の後面は何もなく空いている。軸は他の車の三分ノ二の長さしかない。轂端から外に一八センチ出ている。轂は輪より外の長さ五センチ、内の長さは轂と軸の境目がはっきりせず不明。

六号車　輈は輿の下から出て上に向い、三五センチのところで前向きに曲り、それから先は真っ直ぐで、五号車の輈と重なり合う。両者の区別ははっきりしない。次にのべる衡や軛は、あるいは五号車に属するものかも知れないという。夏は後の軛首を飾る骨製の管の説明では、これを五号車のものとしている。衡の両端は骨製の管をつけ、衡端から一五センチ内に入ったところに一つずつ木製の轙がつく。径一〇センチの半円形で、肉の幅は二センチ、外側中央に幅〇・三センチ、厚さ〇・一センチの細長い骨片をつける。衡の外端からそれぞれ三七センチのところに木製の軛。軛首は骨製の管をかぶせている。

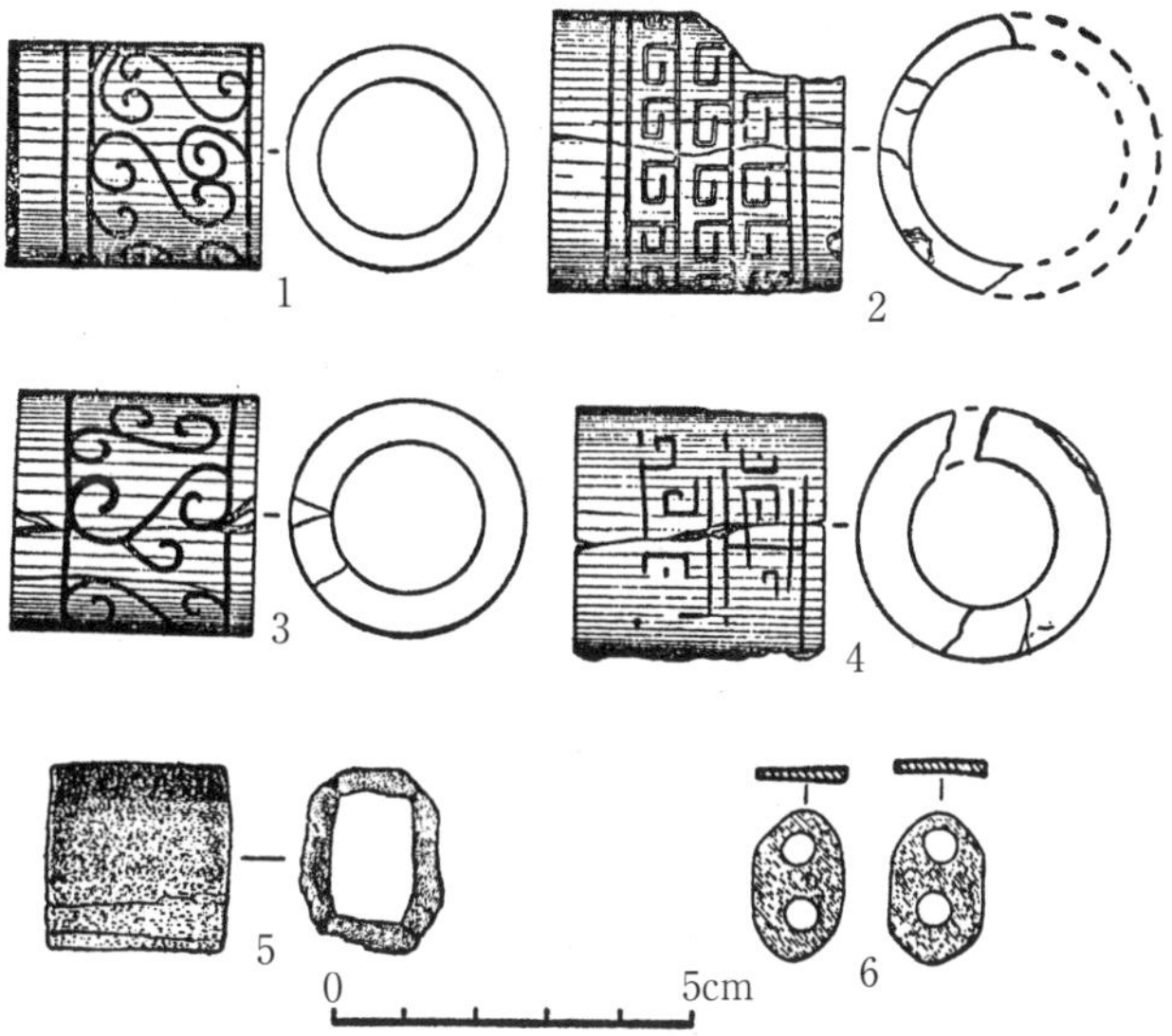

図184　輝県琉璃閣131号車馬坑の骨製車飾
1－4．紋様つき骨管　5．六稜骨管　6．車蓬上の骨飾

輿の軨、輢等の構造は一号車と同様であるが、轛の前の縦の棒が後に曲るところに丸い球状の飾りを付けないところは異なる。輿の後面には軨に類した構造を欠き、後端左右の柱から斜めに細い棒が認められるだけで、一一号車と同じである（図183の1）。軸と轂の境界ははっきりしない。

一六号車（図185）大型車に属する。この車の輈はやや太く、真っ直ぐで、輿から一八〇センチのところで衡と交わる。それから先はやや上に曲る。衡、軛の作りは六号車と似ている。衡の両端には骨製の管をはめる。衡の中央には直径七センチの瘤状のふくらみがつく。衡は輈の上に載っている。両端からそれぞれ三〇センチのところで二本の軛と交わり、その交点の左右一五センチのところに轙の半円の中心がくる。軛首には八稜形の骨製の管（図184の5）がつく。輿の四周の構造は一号車と似ている。輿の幅が広いので

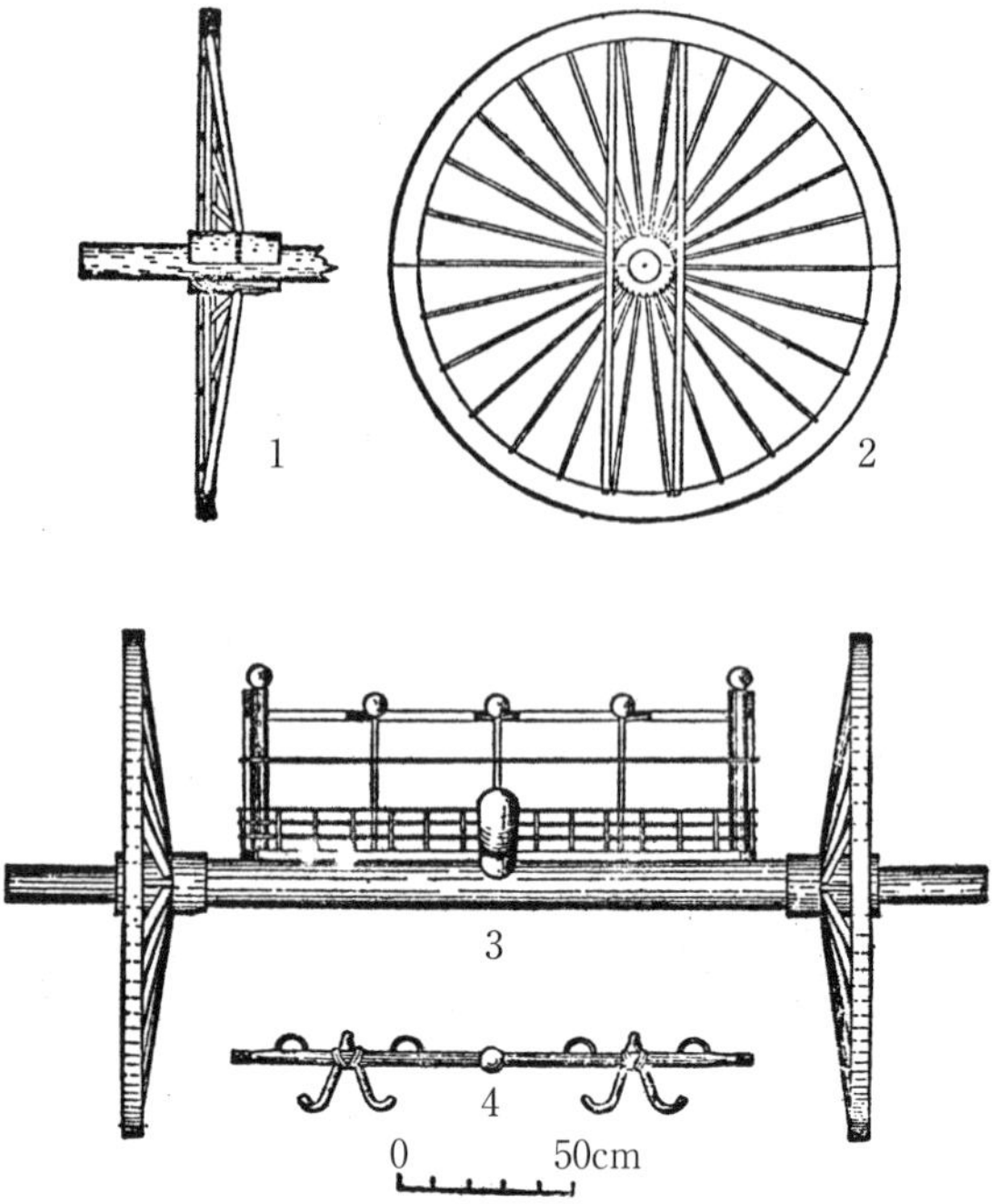

図185　輝県琉璃閣131号車馬坑16号車復原図

軨の縦棒は一五本になっている。轛の縦の棒が軛の方に曲る曲り目に横棒が一本わたされ、この棒は轛の両側の端で後に曲り、輢の中腰を水平に通って輿の後端左右の柱にまで及ぶ。車の北側――報告書の図版一一七では南側にある――の輢にそい、軾のわたされる柱のやや後に、円い柱が少し後に傾いて立ち、較の上に三〇センチほどつき出ている。石膏を注いで型をとった結果、一号車にあったと同様な、革紐を巻いた棒であることが知られた。おそらくこれも旗竿であろう。

　この車の輪は二六本の輻の外に二本の輔を具えている。二本の輔は平行に、轂を挟み、両端は輻と同一平面で牙にはめこまれている。輻は幅一・五センチであるのに対し、輔はやや太く、一・八――二センチある。輻は輔の後で轂にはめこまれているから、この輪は内向に皿型に凹んでいたと思われる。轂は輪の外に一〇センチ出ている。内側の長さは不明。

　一七号車　これも大型車に属する。構造は大体一六号車と同じである。車の幅一五〇センチとしたのは較の距離を測ったもので、土圧で外にふくらんでいるかもしれない。輈は輿の前一五五センチのところでやや下に折れ、衡と交わるところで上に曲る。軛首には骨製の管をつけない。輿の上、北半に長さ一二五センチ、幅九〇センチ、厚さ四〇センチの淤土があったが、中からは何も出なかった。

以上のほか、各車について次のごとき一般的な説明がなされている。輈は長さ二メートル前後で曲、直二種あり、曲輈は輿の下から出て上に曲り、全長の一〇分ノ一ぐらいの辺で下向きに曲る。直輈の場合、輿が後に傾くので、全体に少し上反りになっている。輈の先端は上に曲り、輈の上に縛りつけた衡が脱けるのを防ぐ。

輿は横長の長方形で、前の両角は角張らず、すべて丸みがある。幅はちがっても前後の長さは一―一・二メートルで大差はない。ただし一八、一九号車は長さ一・四および一・九メートル。軾は幅二・五―三センチ。三号車のみは六―七センチで倍ある。大型車の軨は縦棒一五本、横棒三あるいは四本から成る。輿の後面は、七号車が片側だけしか覆いがないほか、他はすべて両側にある。中型車では四、八号の二台があるが、前面の軨の作りは不明、後面は四号車では片側、八号車では両側にあるが不対称。小型車では軨は縦棒一一、横棒三本から成り、後面の覆いは片側のみ、あるいは斜めの棒が両側にあるだけである。

輿の床の構造は上の方を保存するため、若干輛が調査されただけである。一〇、一二号車では床に板か革を張ったらしいが、痕ははっきり残らない。軫は幅四・五センチの材で作られ、中央を輈が通る。一〇号車では、軫が輈にはめこまれる深さが前後で異なり、後が低くなっている。輈の両側、これと平行に、幅三センチの材が二本わたされる。軸は輿の中央より前寄りを横切り、軸は軫の前から三〇センチ、後から六〇センチのところにある。一二号の大型車では輈の左右に二本ずつ、これと平行に幅三センチの材がわたされ、これと直角な材が一本横切る。軸は軫の前後よりそれぞれ四〇センチ、六四センチの前寄りにある。一八、一九号車では、軫の内に縦横の材を渡すほか、細い紐を軸と同方向にびっしり張った痕がある。革紐であろうか。一八号車は軫の両側の材は幅九センチ、前後の材は幅三センチ。その中に入れた輈と平行な二本の材は幅二センチ。革紐は計六〇本。軸は前から六五、後から七五センチのところを横切っている。一九号車は一部盗掘坑に破壊され、一部車蓬に覆われているが、軫の後の材は幅九センチ、側面の材は幅四・五センチ。幅〇・八―一センチの革紐が、輈と同方向に六八本張られている。軸はやはり前寄りにあり、その後にこれと平行に幅六センチの材が二本軫の内にわたされている。

車蓋はその痕跡も、金具も発見されていない。ただ一九号車に属する車蓬があるだけである。一五〇×二四〇センチで、一九号車の一二〇×一九〇センチの輿の上にのせるとちょうど合う。寄棟形をなし、長さ約一五〇センチ、太さ約六センチの棒を棟にし、幅一・五センチの細い棒で骨組を作り、その上に楕円形板状の骨釦（図184の6）を使って蘆で編んだ蓆をとめている。

軸は長さ二三〇—二七〇センチ。太さは七—一二センチと記される。轂と軸の境が分明でないので、太さは多く不明である。一二、一三号車のはっきりした例では、轂の外に三〇センチほど出ている。

車輪は一四、一五号車では径一三〇—一四二センチだが、これは水平に測った寸法で、土圧でひしゃげているかもしれない。牙の幅は五・五—七センチ。厚さは、測定したわずかの例では六・五—八センチである。轂の寸法は、一二号がはっきりわかるわずかな例であるが、輪の外側へ一〇センチ、内側へ八センチ出ている。一三号車では外側へ一〇センチ、内側未調査。轂の径は輻のはまる部分で一二—二〇センチ。輻の数は、数えうるものではすべて二六本。大型車では輔二本が加わる。中小型車には輔はない。ただ小型車でも二号車はこれを伴う。輻の幅は一・五—一・七センチ、輔の幅は一・八—二センチ。軌の幅は一八〇—二〇〇センチだが、一九号車のみは二二〇センチである。ただしこれは牙で測ったのだから、ゆがんで広くなっているかもしれない。

夏鼐は「以上凡その構造をのべたが、材と材をどう組んだか、または縛り合せたのか、等について知るべき材料は残っていない。またこれらの車は、用材が細すぎるようであり、実用品でない明器とも疑われるが、腐ると木材はちぢむから、もとはもう少し太かったであろうから、実用にたえると思う。直輈の車に馬を駕したら、輿が後に傾くため、これも明器なるが故に手を抜いたものとも考えられるが、あるいはこのようなものが実際使われていたかもしれない」と言っている。思うにこの輈の真っ直ぐな車については、長沙の二本の輈をもった木製の車の模型（第六章、

図226）が参考になろう。この模型の輹は真っ直ぐになっているがこの型の車の実物は、画像石でみても、輹はすべて上に曲っている。あるいは曲げる手数を省いたのかもしれないが、また火であぶって曲げた輹が、水分を吸ってやわらかくなり、また土圧などを受けてもとにもどったとも考えられる。この坑の車では真っ直ぐな輹でも、やや上向きに反っているというが、これも洛陽東郊一五一号墓のような上反りの輈が湿気などでもとにもどったのではなかろうか。

琉璃閣の他の小墓からも若干車馬具が出ている。一一一号墓からは軎、轄各二、環でつながった二節よりなる青銅製の銜二。一三〇号墓からは軎、轄各二（図186の2）、骨製の牙形の鑣をつけた銜二（図187の1）、蓋弓帽九（図187の2）。

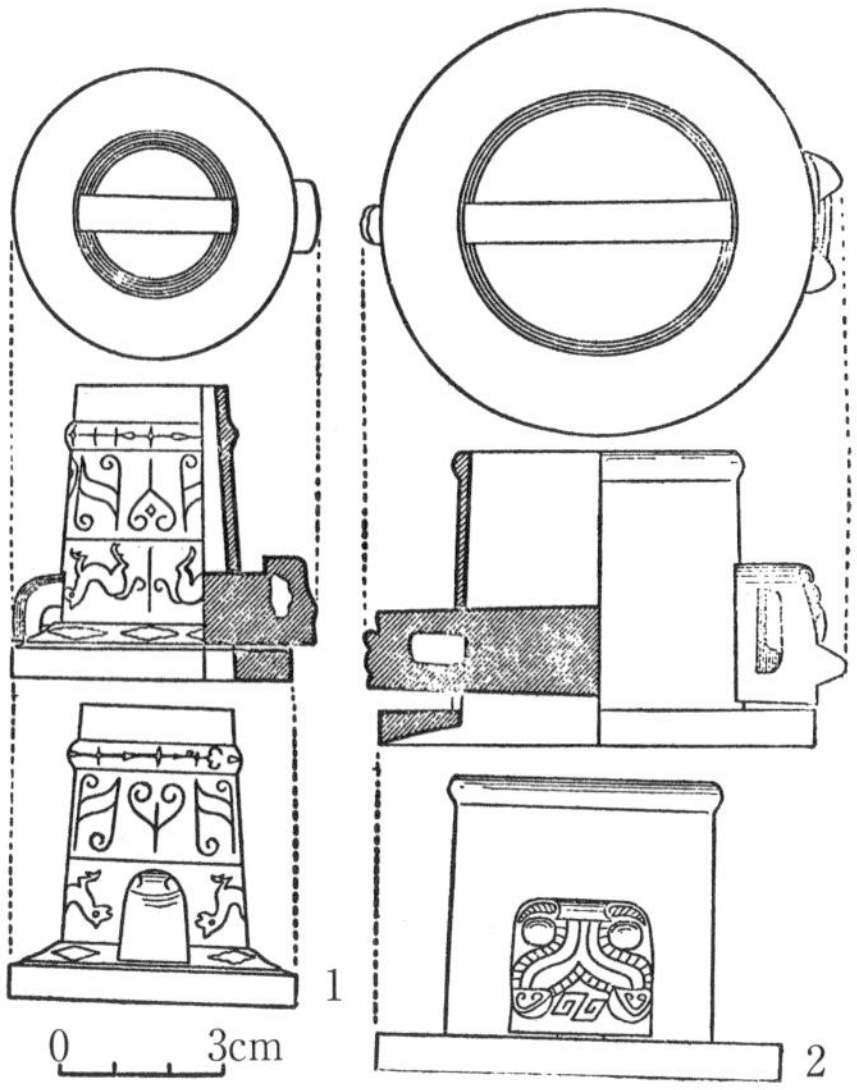

図186　輝県琉璃閣140号墓(左)130号墓の軎、轄

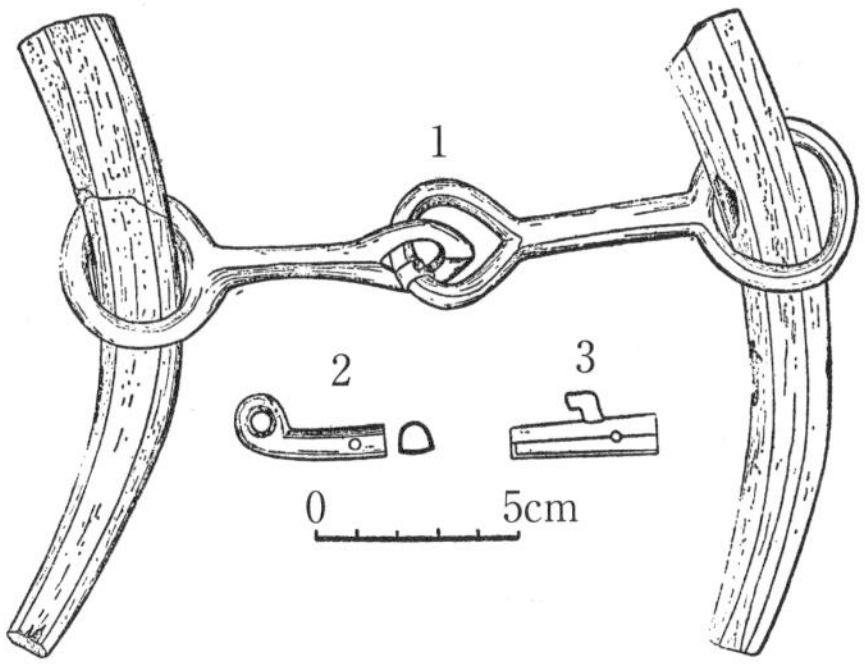

図187　輝県琉璃閣140号墓の車馬具
1．骨鑣と青銅銜　2、3．蓋弓帽

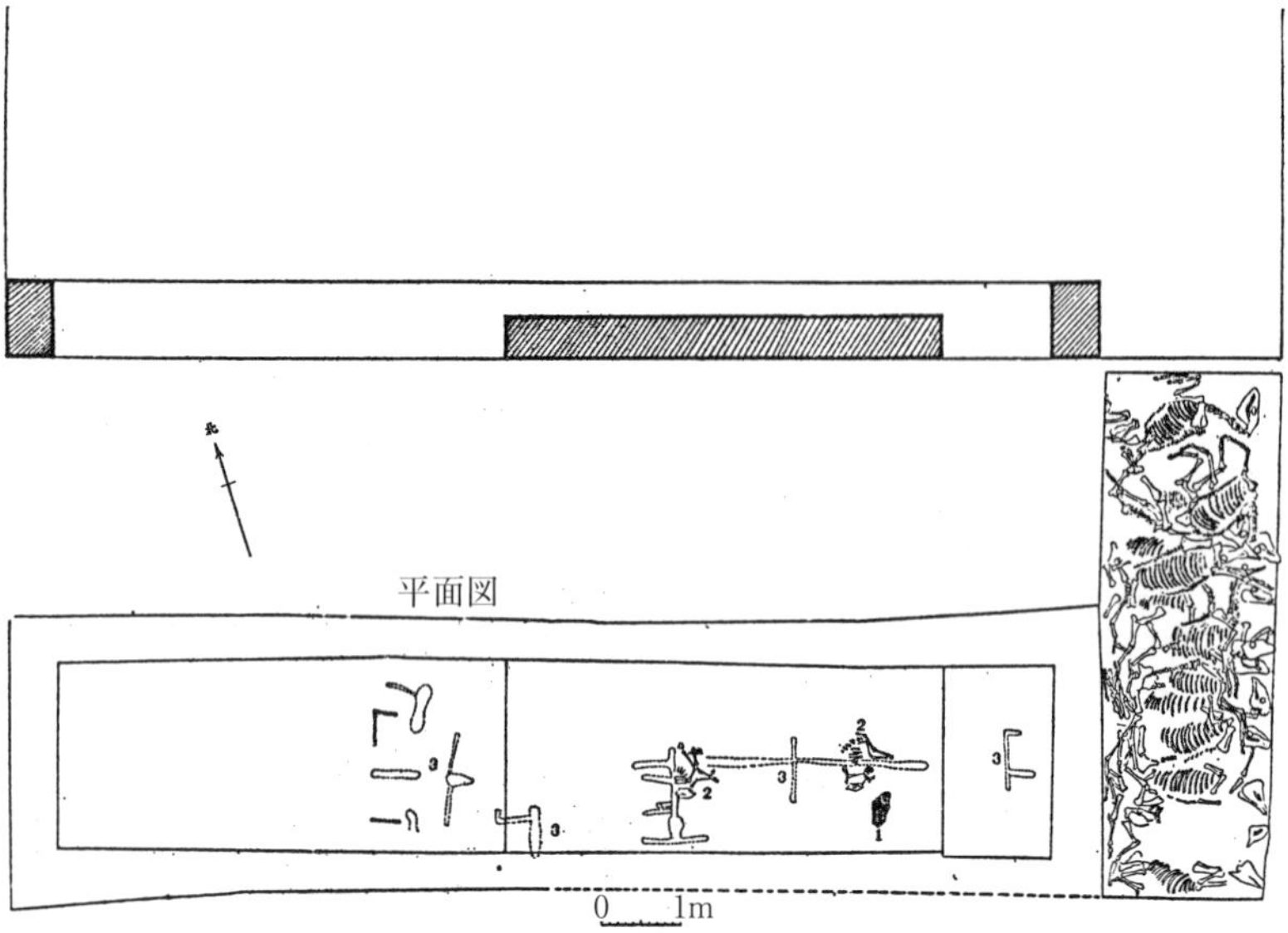

図188　邯鄲百家村３号車馬坑の断面図、平面図

銜の周囲に貝が散っているのは、あるいは勒の飾りであろうか。一四〇号墓からは軎、轄各五（図186の１）、骨製、牙形の鑣を伴う銜四、蓋弓帽三（図187の３）、蓋弓の曲り目につける管状金具一六、大小二つの青銅製の環をつないだもの。二四二号墓からは軎一。いずれも戦国時代のものである。軎は殷から春秋前期まで使われたような轄で轂を止めるものと異なり、轄で軎に金具を軸の固定し、軎の金具の銙で轂を止める方式のものである。[161]

(e)　邯鄲百家村車馬坑

邯鄲百家村から馬坑、車馬坑が発見されている。[162] 各坑出土遺物が発表されていないので正確に時代を判定することはできないが、この墓群出土の遺物は春秋後期から戦国に及ぶものである。大体その時分に属すると思われる。車が出たのは図188のようなL字形の車馬坑で、馬と車は分離して埋められている点、輝県琉璃閣のものと共通した方式である。肝腎の馬車は極めて保存が悪く、腐った木部の痕跡が検出されただけで作りの細部は明らかでない。

(f) 輝県固囲村一号大墓ほか

琉璃閣と同時に調査された同じく輝県の固囲村一号大墓(163)から、『輝県発掘報告』の口絵を飾る豪華な車具が発掘されている。出土遺物からみて、前四世紀頃のものと思われる。坑口で南北一八・八メートル、東西一七・七メートルもある墓壙に、南北にそれぞれ一二五メートル以上、四七メートル以上という長い墓道をつけた大墓の、南墓道から発見されたものである。墓壙は深さ一五・三メートルのところが槨の底になり、東西八メートルの幅がある。そこよりやや上った深さ一五・一メートルのところから、幅八・四メートルの南墓道が出ている。この墓道のほぼ真中、墓壙に接して別に馬車専用の槨が作られ、中央を大きく盗掘坑で穴をあけられていたが、中に車器が若干残っていた。この車用の槨は東西三・九八メートル、南北三・一メートル、高さ一・五一メートルある。報告者の郭宝鈞は出土状態について図も記述ものせていない。各出土遺物の項の記述でみると、郭は東西に二輌の車が入れられていたと判断しているようである。その当否は判断する術がない。

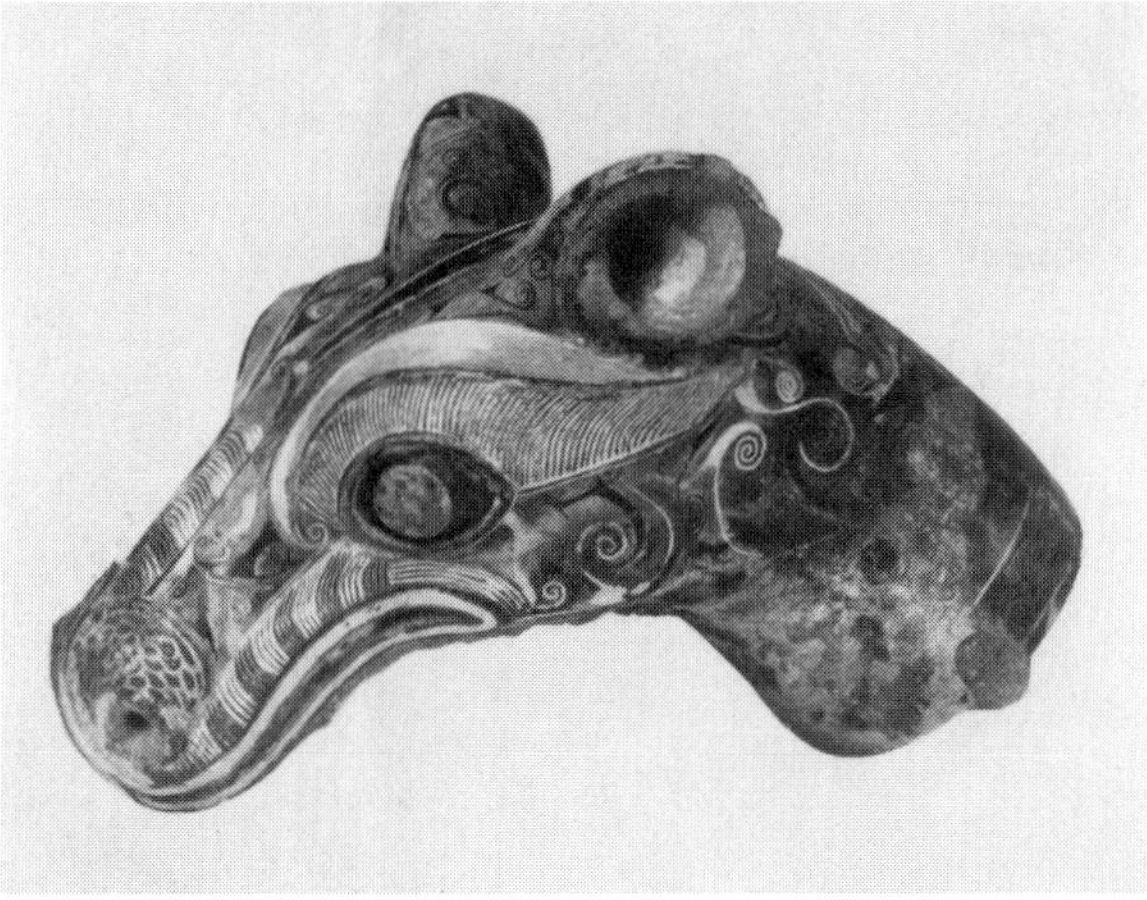
図189　輝県固囲村１号墓金銀象嵌青銅輈頭飾

まず東側の一組の遺物。輈首飾(図189)。口を北に向け、室の東北角より出土。金銀象嵌。中に輈の木が残り、衡の木が頸のところでこれと交わっていた。頸の両側に鈎が出ており、頸の輈のはまる管状部分の径四・七センチ。輈の木は粗い布を巻いてこの金具に突込んでいる。厚さ〇・一センチ、幅〇・六—一センチの、やや中高の銀の薄板の輈の飾りが長さ一五三センチつづいて出土している。輈の曲線にそってや

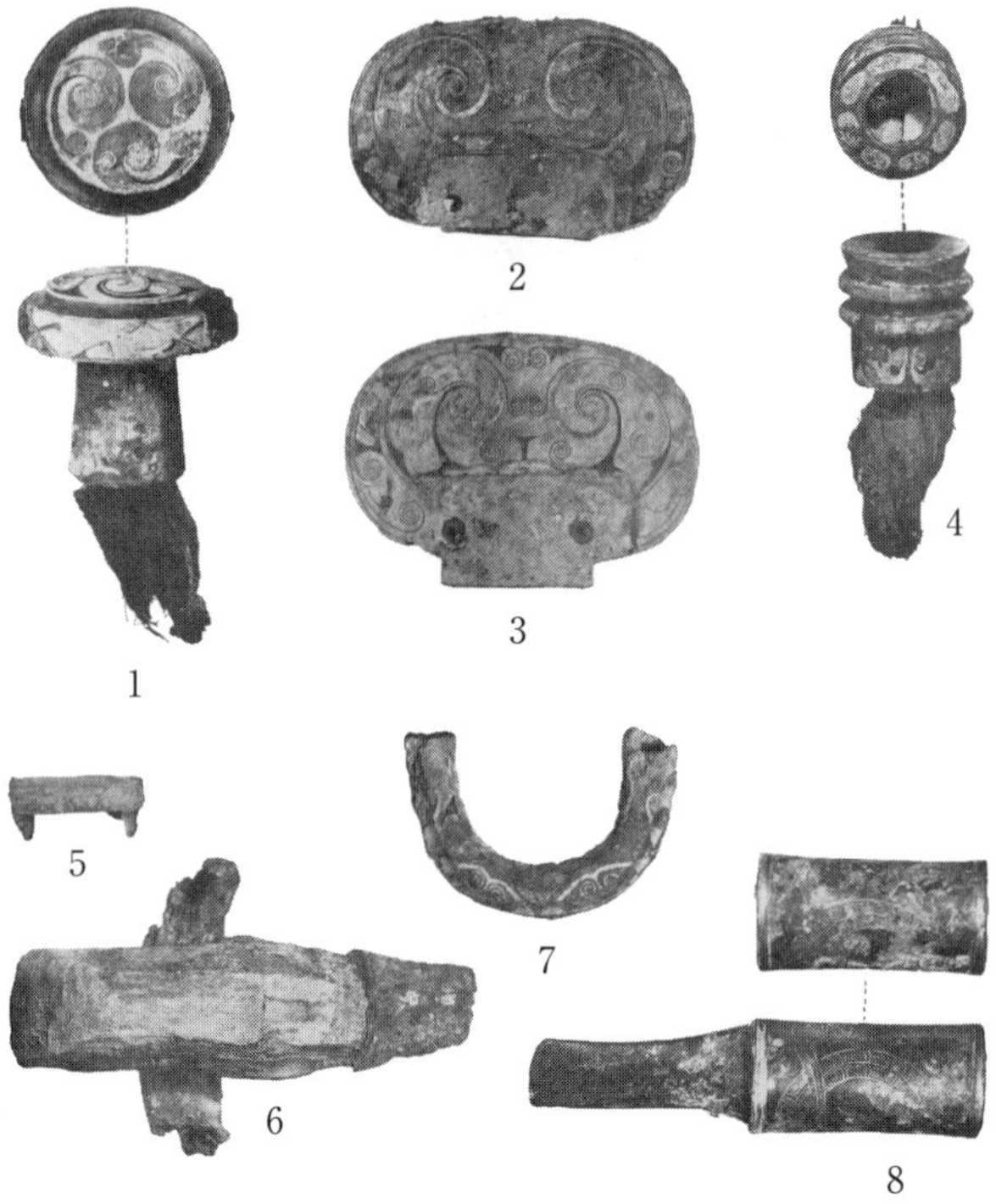

図190　輝県固囲村１号墓の馬車関係遺物
1．釘頭状柱頭飾　2、3．楕円形柱頭飾　4．轄形後較飾
5．長方形柱頭飾　6．輈頭残木　7．轙　8．衡端飾

や曲り目釘孔が六個ある。錯金の青銅製の轙（図190の7）。輈首飾の下から出土。半円形をなす。郭はこれで衡を輈首飾の鉤に引掛けると考えているが誤りであろう。衡の飾金具としては衡端飾、衡外飾、衡内飾が衡の片側半分に属し、前二者は衡木に連なって出土し、長さ一四・八センチあった。衡端飾（図190の8）は金銀象嵌、長さ五・二センチ、径二・六センチ。衡の木が残っている。衡外飾（図191の12）は銀製で管状、外端に向いた口は楕円をなし、上下二・九センチ、前後二・七センチ。真中あたりで上辺が段をなして太くなり、内に向いた口は上を平らにつぶした楕円形となり、上下三・八センチ、前後二・七センチ。衡内飾は同じく銀製で同じような形をなし、外に向いた口は上を平らにつぶした楕円形で上下四センチ、前後三・二センチ、内に向いた口は上下三・四センチ、前後三・三センチの楕円形。この三つを貫く衡は、真中の方が太く、外端が細くなっていたことがわかる。反対側は破壊され、衡内飾を失っている。

釘の頭の形をした柱頭飾（図190の1）は金銀象嵌。輿の前端左右より一つずつ出土。扁平な柱頭飾（図190の2）、同じく金象嵌。輿の左右より一つずつ出土。これらは輝県琉璃閣一号車の欄の柱頭の円球状の飾りと同様な位置に使われたものであろう。長方形柱頭飾（図190の5）。三・四センチに約二センチ、厚さ〇・六センチの長方形板状無紋の青銅板。裏に四本釘が出て、四・六×三・七センチの角柱の上に留められていた。上面に円いものの載っていた痕がある。右側に同様なものがもう一個が出土。このものの用途は明らかでない。複雑な蝶番様の青銅金具一。これも用途不明。鍔のある金銀象嵌円筒状柱頭飾（図190の4）は輿の後端に左右一対出土。琉璃閣一三一号墓一号車のものと同様と思われ、中に挿した木柱も残っていた。

軎金具。銀製で長さ四・六センチ、内側の口径三センチ、外側の径二・七センチ。轄は失われている。以上が東側の一組。

西側の一組とされるものには輨の飾金具といわれるもの（図191の2）、金銀象嵌で、径三・三センチ、二段に作られ、長さはそれぞれ三・五センチおよび四・三センチ。輨の飾金具というのは疑わしい。郭は両者の間にあった輻が失われたと考えているらしいが、両者ははめこみで食い合うようになっていて、輻を容れる余地はない。また図でみると、中を通る軸と称される木は一本になっているが、その外側両金具の内側についた木はつぎ目で二つに切れている。車蓋か何かの柱のつぎ手の部分の金具と思われる。ほぼ同じようなものがもう一つ出ている（図191の1）。軎金具および轄（図191の5、11）。琉璃閣の小墓出土のものと同式である。蓋弓帽三（図191の6）、鈴三（図191の10）。以上が一組とされる。これらの車の部分品は実用にしては小型であるから、副葬用として使われた模型の例とされている。

右と同じ時に発掘された春秋後期趙固村一号墓(164)からも青銅製の輈首飾、軎金具と轄、鑣を伴う銜等の車具が出ているが、琉璃閣、固囲村のものと同制で、出土状態から車の構造を推測する材料もないので省略する。褚邱の二、三号墓からも軎の金具、轄が出ているが、これも同様な理由で略する。

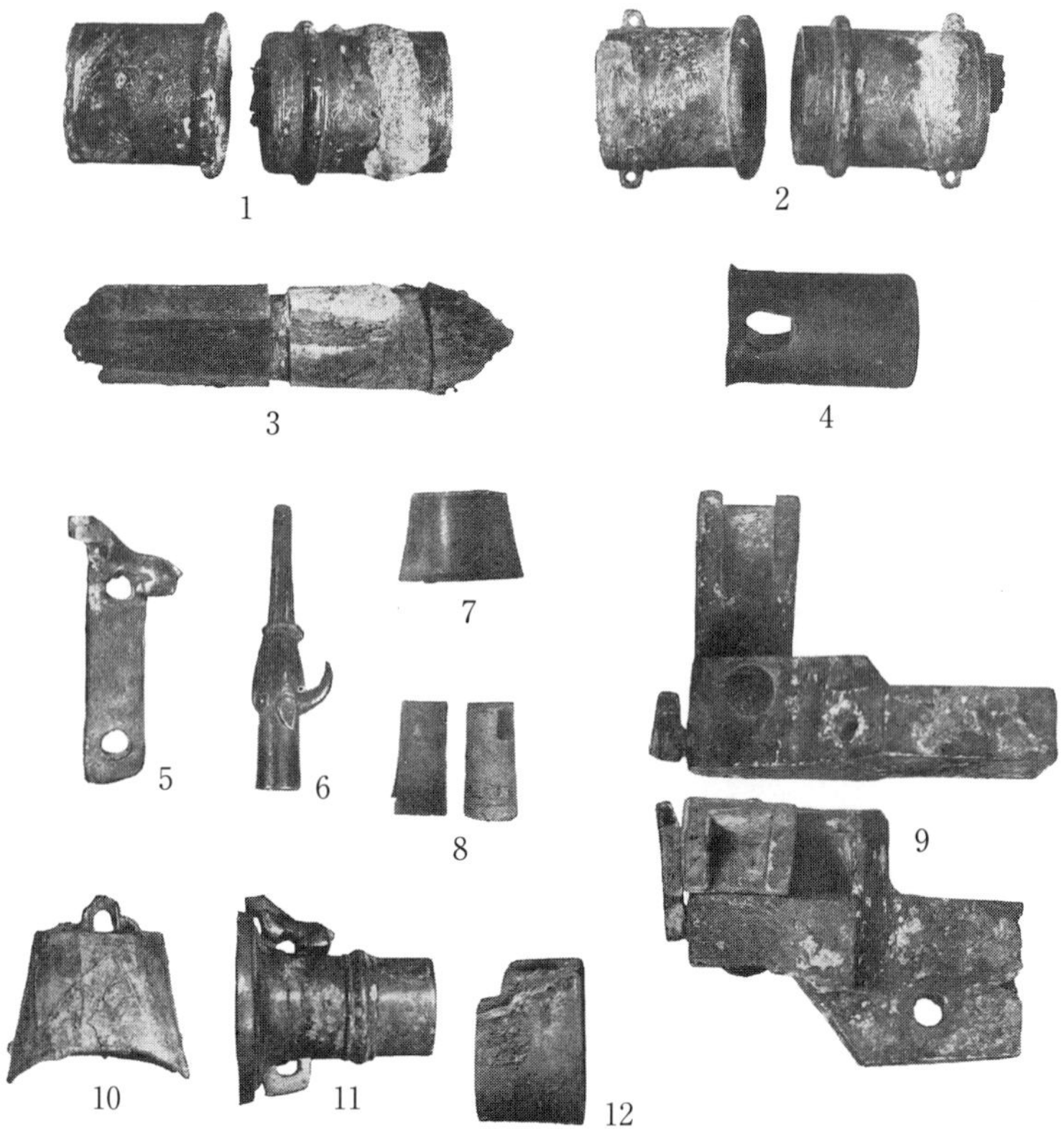

図191　輝県固囲村１号墓の馬車関係遺物
1、2．車蓋柄飾　3．残軸木　4．軎飾　5．轄　6．蓋弓帽　7．角製梯形器
8．角製円柱形器　9．廻転銅構　10．鈴　11．軎、轄　12．衡外端飾

図192　長治分水嶺12号墓の蓋の金具

長治分水嶺一二号墓からは青銅製の蓋《きぬがさ》の金具が出ている（図192）[165]。同墓出土の青銅器紋様からみて春秋後期後半頃のものである。図192に示した頂部、即ち、桯の金具は墓室中の列鼎の前にあり、その周囲径一・六―七メートルに規則正しく蓋弓、即ちかさの骨の外端の筒形金具、「爪」が出土した。蓋弓は一八本である。このような型式の蓋は漢代馬車に使われているのであるが、これが車に使われたものかどうか、この例では決定できない。大きさからみても車上に立てるのにちょうどよさそうである。馬車に使われた可能性は大と考えられる。

(g)　長沙識字嶺三〇七号車坑

一九五一年一〇月から一九五二年二月にかけて、中国科学院考古研究所の調査隊によって発掘された長沙東郊の戦国―唐宋各時代の墓の中に、識字嶺三〇七号の戦国時代車坑がある[166]。いずれこれだけ独立したものでなく、大墓に付随したものにちがいないが、その点については記載がない。出土した軎の金具、壺形金具、蓋弓帽などの形式からみて、戦国時代のものであることは疑いない。

東西方向の長方坑で四・二メートルに三・三メートル、西側に坂をなした墓道がつく。上の土は土木工事で削りとられているが、坑の深さ一・四メートル（図193）。車は輈を西にして入れられ、東よりに車輪をはめるため坑底に断面半円形の槽が掘られている。槽の幅二五センチ、長さ約一・三メートル、左右両槽の距離一・七五メートル。車軸を容れた、幅二六センチ、深さ四センチの槽が左側半分ばかりに掘られている。車の木部はすっかり腐ってしまって何も残っていないが、各部に用いられた青銅金具類が若干、色々な深さに残っていた。輪槽のすぐ内側、ほぼ車軸上にあたるところに薄い瓦状の金具一対（図194の1）。切り欠きのある側を内側に向けて出土した。車軸上の金具とされているが、具体的な用途は十分明らかでない。輿の後端あたり、坑底から約六〇センチの高さからは、円筒状の金具一対（図194）。輝県、琉璃閣のものと同様、輿の後端左右の柱の上につけられたものであろう。車軸槽の前方約二・七メートルから、左右で一対をなしたひょうたん形金具（図194の2）が二対、前後に約一〇センチずつをへだて、左右約一・五メートルの距離をおいて出た。衡の両端の金具であろうが、二対出ているのはどういうことであろうか。この金具の間に大環二つを小環一つでつないだ環が[167]四組出ている。驂馬の内轡を服馬の外轡につなぐ環とすれば、これも一対で足りるのが、二対出ている。衡が二本あるのに対応するものであろうか。

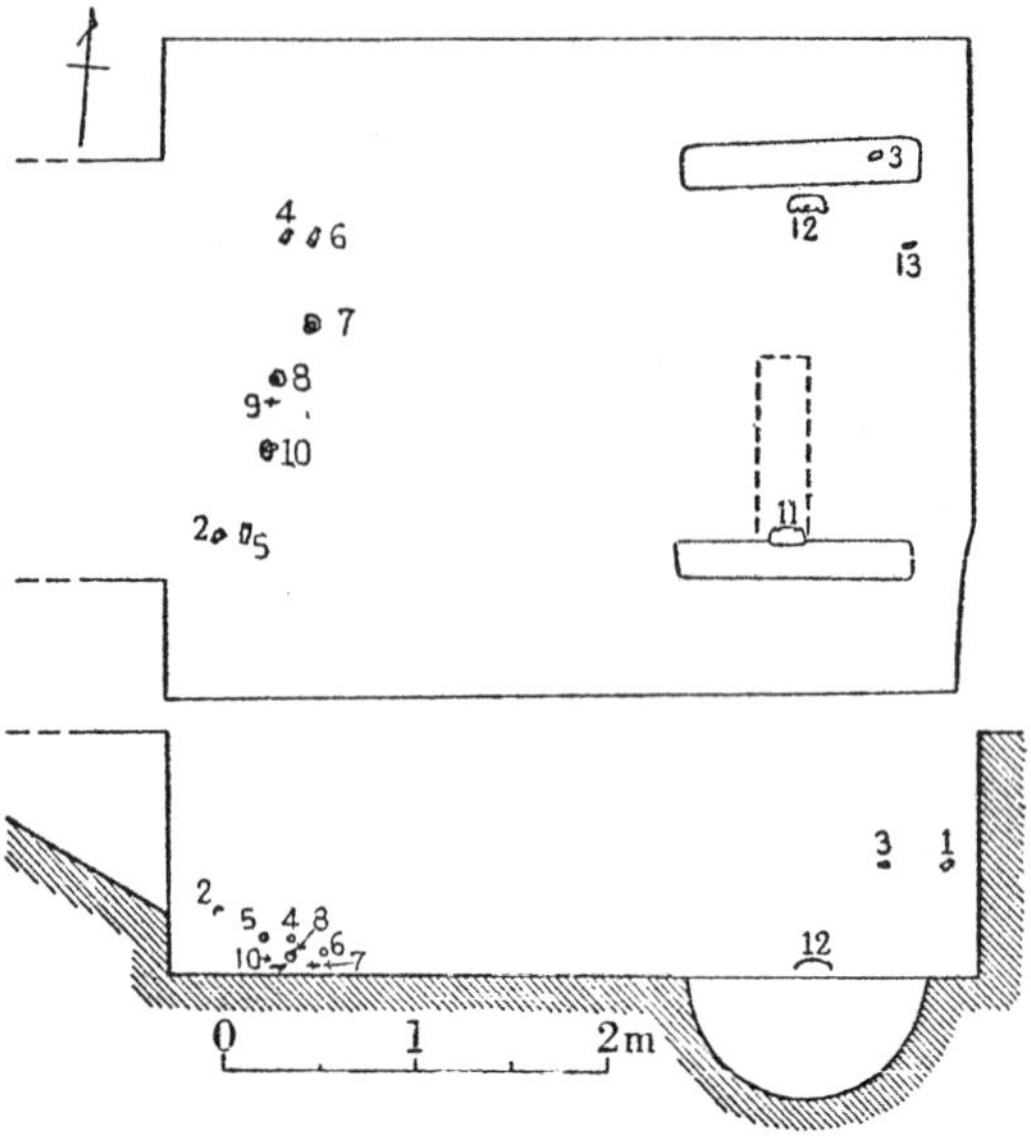

図193　長沙識字嶺307号車坑平面図、断面図

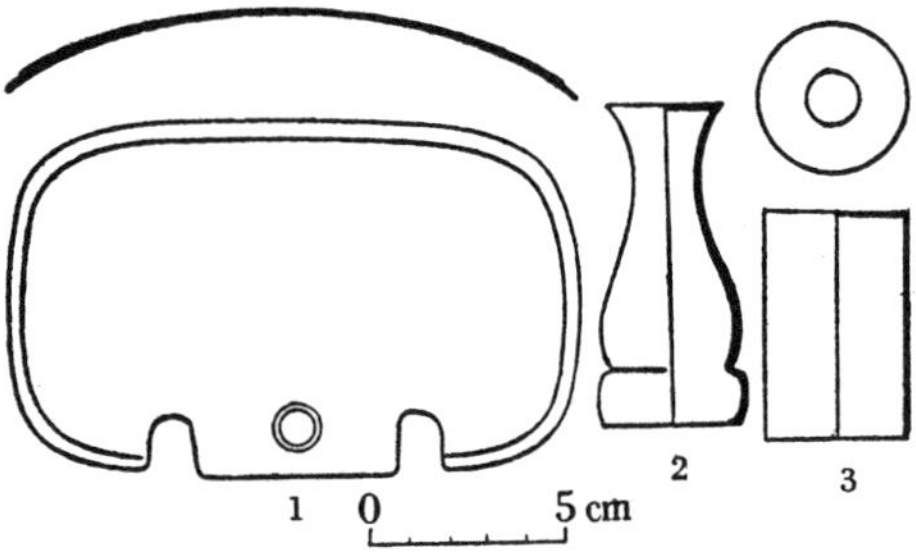

図194　長沙識字嶺307号車坑出土車具

(2) 馬車の図像的表現

(a) フリア美術館蔵の鑑

フリア美術館蔵の鑑[168]に影絵風に狩猟紋を表わすものがあり、その中に二頭立て、四頭立ての馬車が表わされている(第一章、図3の4参照)。紋様からみて、前五世紀のものである。

まず二頭立ての方をみよう。輿の後端からは杉の葉のように表わされた旗、旌がなびき、輿の上には二人の人物が乗る。輿の後にいる人物は後に向って弓を引き、腰に剣を佩く。輿の前端に立つのは御者で、やはり剣を佩き、前かがみになって轡をとっている。輪の、輿から上に出た部分の後の方三分ノ二ほどは、弓を引く人物の足を避けるためか、欠いてある。輿の上の装置としては、御者の膝の前に軫の縦の材とも思われるものが曲った柱状に表わされているほか、桟も何もない。これは田猟に使われているから、『周礼』巾車の木路に当るものであろう。鄭注には革鞔がなく、桟に漆を塗るだけだ、と言っている。桟の全くない車も考え難いから、表現の便宜上から省略したと考えられよう。軫は弓をもった人物の足の下から轂の上を通り、車輪を通り過ぎて御者の足の下に来ている。前後の幅が車輪より狭い横長の輿でなく、かなり前後に長い輿に表わされている。これが二人の人間をのせる上の表現の便宜か、実物を写したものかは明らかでない。しかし輝県琉璃閣一三一号墓の馬車のうちには、第一八、一九号車のようにこの絵と同様縦長の輿をもった車が出ている。あるいはこのような車を写したものかもしれない。夏鼐は上記の車を棺を載せて運ぶ車と考えているが、もしこの絵とのアイデンティフィケイションが正しければ、必ずしも夏鼐のごとく解釈する必要はなかろう。

御者の足の下から輈が出て斜め上に曲り、膝ぐらいの高さで前向きに再び曲り、あとは真っ直ぐで、水平に近くやや上向きに前に向い、衡の中央に交叉している。ここまでは横から見た形に表わされており、遺物では十分明らかでない輈の曲り具合がよくうかがわれる。衡は上からみた形にえがかれ、その下に二頭の馬が横から見た形で表わされている。衡は馬の鬐甲ないしそれよりやや上で頸と交わる。軛は略されている。

轡は、向う側の馬（逆さにえがかれた馬）について見ると、馬の口から左右に分れ、内側の轡は手前の馬の内側の轡と交叉し、衡の上を通って御者の右手に及ぶ。外側の轡は胴のわきを通って御者の左手に至る。手前の馬について見ると、内側の轡は向う側の馬の内側の轡と交叉し、衡の上を越して御者の左手に至る。外側の轡は馬の胴のわきを通り、輈のところで立ち消えとなる。向う側の馬の内側の轡と輈の間に、右上から左下の方向に短い線が引かれているが、これは解釈し難い。おそらく工人の誤りで、左上から右下の方向に引くべき線であろう。そうすると輈の手前で立ち消えになった手前の馬の外側の轡が、御者の右手へとつながることになる。

この轡のシステムを要約していえば、両服馬それぞれの、口の左側から出た二本の轡は一緒にして左手に、右側から出た二本は右手に握られているわけである。御者が右手を引けば両服馬の右側の轡が一度に引かれることになり、両馬は右に曲り、左手を引けば左に曲るわけである。

両服馬のそれぞれの軛の両側に一対ずつあったはずの計四つの轙のうち、内側の二つの轙には、衡をへだてて反対側の服馬の内側の轙が通されたわけであろう。轙も省略され、えがかれていない。なお轡以外の革具類も一切省略されている。

馬の足をみるとギャロップで走っているらしい。先に推測したごとく、輈が多少しなって上下の動揺を減殺したであろうと思われるが、それでも車は相当揺れたことであろう。馬の尾は先を結ぶかさやに納めるかしているらしい。

次に四頭立ての馬車をみよう。旌は二本に分れており、杆は輿の後端に立ち、逆さのL字形の支柱で補強されている。二人の人物が乗り、後の一人は後に向って矛をかまえ足をふんばっている。御者は輿の前端に立ち、前かがみになって轡をとっている。車輪はこの車でも矛を持った人物を避けて、輿の上に出た部分は後部三分ノ二ほど欠いている。軫は後の人物の前に出した足から、轂の上を通り、御者の足まで及び、これも先のものと同様たてに長い。桟は先の馬車と同様全部省略されている。

輈は御者の足の下から上向きに曲って出ているが、それから先衡まではすっかり省略されている。『詩』には「駟驖孔阜、六轡在手（駟の驖は孔《はなは》だ阜《さかん》に、六轡は手にあり）」（駟驖）、「我馬維駒、六轡如濡（我が馬はこれ駒、六轡は濡れたるがごとし）」（皇皇者華）等、馬車の輿から前については馬と六轡をうたったものが非常に多い。この原図をえがいた工人も当時の第一級の関心事たる馬の六轡をすっきり表わすため、輈の前半は犠牲にしたのであろうか。衡は両服馬の頸の上にえがかれている。服馬の轡は先の二頭立てと同じ原則で御者の手に及んでいる。

驂馬は服馬の両側よりやや後にえがかれている。『詩』大叔于田「両驂雁行」の形である。驂の外側の轡は馬の肩の外側の辺を通り、右側の驂の外轡は御者の右手に、左側のは左手に、それぞれ両服馬の右側および左側の轡各二本と一緒に握られる。驂の内轡は両服馬の外轡と衡の前で一本に合さっている。どのように結ばれていたかは図では全く不明である。『詩』小戎「鋈以觼軜」の毛伝に「軜、驂内轡也」即ち「軜は驂の内轡なり」、箋に「鋈以觼軜、軜之觼、以白金為飾也、軜繫於軾前」即ち「鋈以觼軜とは、軜の觼、白金をもって飾となすなり。軜は軾前に繫ぐ」という。漢代には内轡は「軾前」に留め金でつながれたと考えられていたのである。寿県蔡侯墓の車具のうち、この觼軜に当ると思われる金具については、先に説明したごとくである。この絵に表わされているのは、これとは異なった方式である。ここでは服馬の外側の轡に驂馬の内側の轡が結ばれている。しかし、両者がしっかり結ばれていたとしたら、服馬の外轡を引いた時、同じ強さで驂馬の内轡が引かれ、服と驂が同時にそれぞれ外と内に曲ろうとしてぶつかってしまう。驂の内側の轡は、服馬の轡に対して何らかの自由な、ないしは遊びをもったルーズな方式で結ばれていたと考えなければなるまい。現代ではこの場合、服馬の外側の轡に、自由に動くゆるい環をはめ、その環に驂馬の轡を結ぶ方式がとられる。濬県辛村、それより時代の降る墓から、環、連環の類が車馬具と一緒に出ている。そのうちにはこのような用途のものがあると考えられる。このようなシステムにおいても、右に曲るには、右手に握った轡を引けばよい。両服馬、右の驂馬は右側の轡を引かれて右に曲る。左の驂馬は、左の服馬の外轡につながれた右側の轡で引かれ、左の服馬について右に曲ってくる。左に曲る場合はその逆である。

この絵にも革具類は轡の外すべて省略され、驂馬は車を引かず、ただ服馬の両側を一緒に走るだけのように表わされている。

(b) ピルスベリ・コレクションの壺

同じ時代の遺物で、ピルスベリ・コレクションの狩猟紋をつけた壺に四頭立ての馬車がえがかれている（第一章、図3の3参照）。輿の後端には竿に竪にとりつけたらしいたて長の旗を建て、弓をもった人物が後向きに立つ。輿の後に獲物の鳥がぶら下げられている。前端には御者が前かがみに立って両手を前にのばし、轡を握る姿勢をとる。脚の前に密着して短い柱のようなものが見える。フリアの鑑と同様なものを表わしたと思われる。輪は先の画と同様、上の方を省略している。輈の側面形はここにもきれいに表わされている。頸のところに、俯瞰形の衡がつくことも先の馬車と同様。衡は両服馬の鬐甲よりやや上のあたりに画かれている。轡のシステムも先の四頭立てと同様らしいが、これは先のものほど丁寧に表わされていない。

以上僅か二例にすぎないが、遺物、文献だけでは十分明らかでない輈の曲り方、轡のシステムがこの絵によって明らかになるのである。

(c) 轡のシステムについての遺物の傍証

フリア美術館蔵の鑑に表わされた馬車の轡のシステムを裏付ける遺物として、中国のものではないが、その強い影

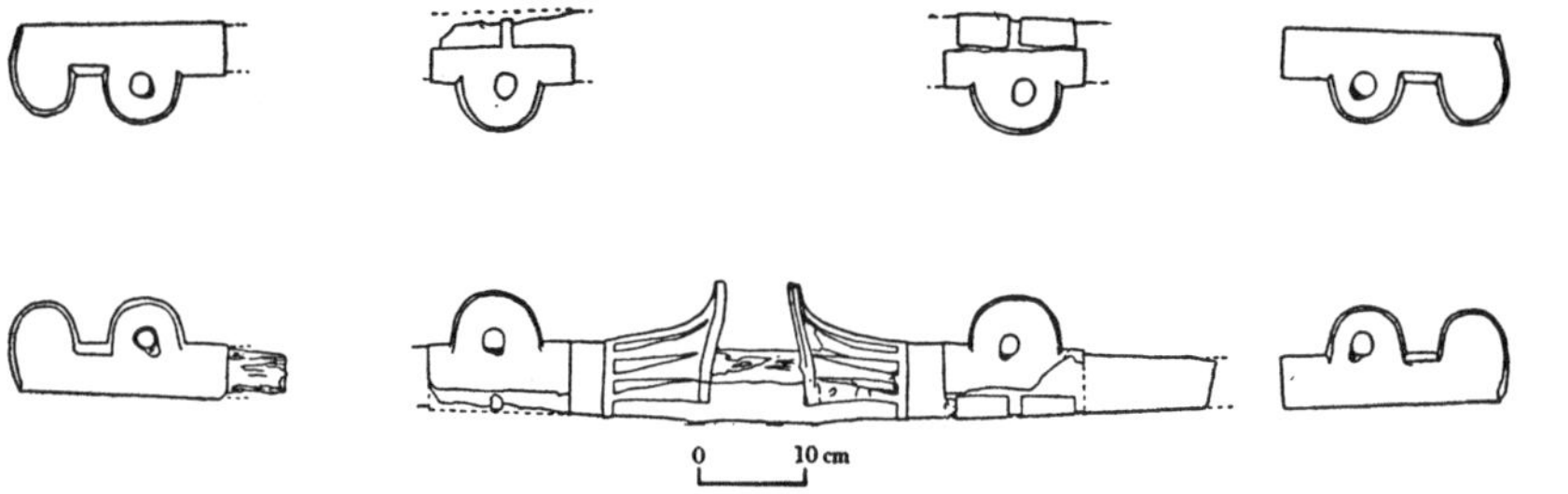

図195　平壌貞柏里出土の一輈の馬車の衡

響を受けていると思われる朝鮮の平壌貞柏里出土の衡がある（図195）。この遺物は楽浪前期、即ち漢の武帝が衛氏の朝鮮を亡ぼして楽浪郡を置いた時（前一〇八）より百年ほどの間のものとせられる[169]。中国の同時代の遺物でこのような遺物は未だ知らないが、労幹がのべるように漢代中国人の進出するところには馬車も進出しているのであり[170]、また次にのべるようにこの衡は先秦時代以来の一輈の型式の馬車に属するもので、同じ楽浪前期の馬車の金具、即ち笠形銅柄頭[171]、乙字形銅管[172]、銅鈴、蓋の蚤の金具等も全く中国の戦国時代以来の伝統を引きついだものである。中国の馬車を論ずるのにこの遺物を参考にするゆえんである。この衡は木製で黒漆を塗り、途中折れて失われた部分があるが、内側の轙から外に向って次第に太さを減じてゆく割合を、失われた部分も同一と考えて、外側の轙の金具のはまる位置を推定すると、全長約一・四メートルになるという。図のごとく中央を彫りくぼめて輈の載るべき鞍状の切込みをつくり、両側に鋸歯状透紋様の金具を嵌めている。輈の載るべき部分がかまぼこ形に作られ、その左右の作り出しも弧状に外開きになっているのは、ここがきっちり固定されていると衡につながれた両服馬の不斉一な動きによってこの切り欠きが破損するから、衡が交点を中心に輈に対して自由に動きうるよう余裕をもたせたものである。その外側に内側の轙の金具がつく。下側は帯金で衡に留められている。衡の両端には、外側の轙と一つになった衡端の金具がつく。さてここにこの衡を引いたのは、轙に、轡の革紐によってできた紐擦れの痕があるからであるが、図に示したように、一面には左右両側とも上側に、一面には下側中心寄りに生じている。御者からいってどちらの側が手前、どちらの側が向う側、即ち馬の頭のある側になるであろうか。

図の下側に写した、紐擦れが下側中心寄りにある方が馬の頭の側である。理由は次のごとくである。衡は輈をへだてにして鬐甲と頸の間のくぼみ、即ち斧痕に置かれるわけである。馬は轡をきらってこれを避けるために、また車を引くのに楽な姿勢であることからも頭を下げようとする。後にのべるように、ノエットは、頸革が喉をしめつけるので、この繋駕法では馬は頭を高くかかげた漢画像石に多くみかけるような姿勢を自然にとるというが、車に惰性がついてきてあまり力を要しないようになれば、先の狩猟紋鑑にみるような、自然な姿勢をとるであろう。頭を下げられたのでは馬が突然狂走した時に制御できないから、御者はしじゅう轡を引いたりゆるめたりしながら御する。そこで轙の孔はたえ間ない馬と御者の轡の引き合いでここにみるように強く磨滅するのであるが、轡を引いて馬が頭をかかげ、項を屈撓した姿勢になった時でも、馬の口角は衡より低い位置にくる。漢画像石の馬車の図では、衡の位置は斧痕よりも大分上の方に位置しているように画かれていることが多く、その点実物に忠実ではないが、衡は馬の口角より高く、その上を越す轡は必ず口角から衡の方にやや上ってゆくようにえがかれており、この点は誤りない。また轡をゆるめた時は馬は頸を下げるので口角はさらに低い位置になる。即ち御者と馬との轡の引き合いによって轙の孔の馬の頭のある側が擦れるとすれば下側ばかりということになるからである。

擦れあとが輈を中心に左右一対ずつの轙において、いずれも中心に向った側にあるというのはどういうことであろうか。右側の服馬の左右両轡を衡上の、輈との交点から右側にある内外二つの轙に、左側の服馬も同様に左側の内外両轙に通したとしたら、擦れあとはこの遺物とは異なり、輈との交点から右側にある内側の轙では外向きに、左側の内側の轙でも同様外向きに、言いかえれば、衡の片側の轙の擦れあとは馬の頸を対称にいずれも内向きに生ずるはずである。それがこのようになっているというのは、先に狩猟紋の中の馬車にみたごとく、両服の内轡は衡の前で交叉し、右服の内轡は輈との交点から左側にある内側の轙に、左服の轡はその反対に来ていたからにほかならない。即ち、先に図像でみた轡のシステムはここに遺物の傍証をえたわけである。

なお、この反対側、即ち御者からいって手前の側の紐擦れのあとであるが、これは上側についている。輝県琉璃閣の馬の高さは正確にはわからないが、殷の最高の馬、鬐甲の高さ一・四五メートルの馬に同墓の車を繋駕し、今の狩猟紋にみるごとく立って御したとすると、御者の手の高さは自分の足から約一メートルぐらい、輿の高さ約〇・七メートルとして、轡は衡から御者の方に上ってゆくことになる。狩猟紋でみると、御者の両手はやや離れている。この轙の擦れ方をみると外側の轙は擦れ方が強く、内側のものは上縁がやや擦れた程度である。轡は内側の轙からほぼ平行して手に及んでいたものと思われる。

(3)『周礼』考工記

先秦の馬車の制を記したものに『周礼』考工記がある。考工記の性質、各段の内容、字句の解釈についてのくわしい解説は第四章にゆずり、ここにはその要旨のみを記す。

始めに、周が車を尊んだから、輪人、輿人、輈人など最も多くの官がこれの製作にあずかるという歴史的説明、車の六という数による哲学的意味づけの総序がある。

次に輪人の仕事。輪の直径は兵車、乗車が六尺六寸、田車が六尺四寸とされる。あまり小さいと車が重いし、大きすぎては乗り降りに不便で、これくらいがちょうどよい。使う材木は適当な季節に切る。鄭玄は漢時代には轂には雑楡、輻には檀、牙には橿を使うと注している。これらを組立てるには、轂はスムーズに回転すること、輻はほぞ穴、鑿にぴたりとはまりこむこと、牙はしっかり組合されることを目標とする。出来た品は、牙は真円に、輻は根本から先の方に向ってきれいにそろって太さを減ずるように削られていること、轂はきちっと稜角が斉等で、上にかぶせた革はぴっちりしていることが必要である。輪が軸と同方向にぐらぐらしないため、輪全体を皿形に反らせる（綆）に当って、牙をはめる前に轂の鑿に輻を植えた時、蚤の先端はきれいにそろっており、牙の鑿にぴったりとはまり込むようにせねばならない。轂を斬る時は立木の日の当る側と反対側の目印をつけておく、木目の疏な側は火であぶって堅くする。そうすると古くなってもひずみが来ない。轂は細くて長すぎると三〇本の輻をはめこむのに窮屈すぎる。太くて短いと輻と轂の内外端の距離が短かすぎて丈夫でない。

輪の高さの六分ノ一を牙の囲とする。牙の囲の三分ノ二に漆を塗る。漆を塗った部分の内径の半分の長さを轂の長さおよび轂の囲とする。この囲の三分ノ一の寸法を藪、即ち軸を通すべき孔の輻の立つべき部分に対応するところの囲とする。賢、即ち轂の内側の端の外囲は轂長の五分ノ三、軹、即ち轂の外側の端の外囲は轂長の五分ノ二とする。轂の仕上げに当っては藪の中心線を中心として対称な形に整える。周囲に篆、即ち凸帯を正しく作り出す。膠は厚く塗り、動物の筋で何回も巻き固める。上には革をぴっちりとかぶせる。漆と骨を焼いた灰をまぜた下塗りを施し、乾いたら石で磨くのであるが、これが青白色にできていたら、轂が上等なことがわかる。

次は輻のこと。輻は轂の外端から二、内端から一の位置に植える。輻をはめるほぞ穴である鑿の深さは、輻の幅と同じとする（ただし輻の幅の規定はない）。輻の幅が広いわりに鑿が浅いとぐらぐらするし、鑿が深く輻が細すぎるとしっかりするが強さが足りない。輻の幅と弱、即ち輻の鑿にはまりこむ部分の長さを等しくするとちょうどよい。輻の先の方三分ノ一を削って細めておくと、ぬかるみでも泥がべたべた付かない（石巌里二〇一号墳から出た車輻と推測されている木製品は、漢代の例であるが、牙に近い部分、輻長の五分ノ三ほどが細めてあり、長沙の例はほぼ五分の四ほどが細められている）。股、即ち輻の轂に近い部分の囲の三分ノ二を骹、即ち牙に近い部分の囲とする。輻は火であぶってひずみを正し、また適当な曲りを与える。出来たら水に浮かせてみて正しくできているかをたしかめる。轂に輻を植えた時、蚤の外端がそろってうまく牙のほぞ穴に合致し、牙の内側の平面と輻の軸線とは綆を形成するために

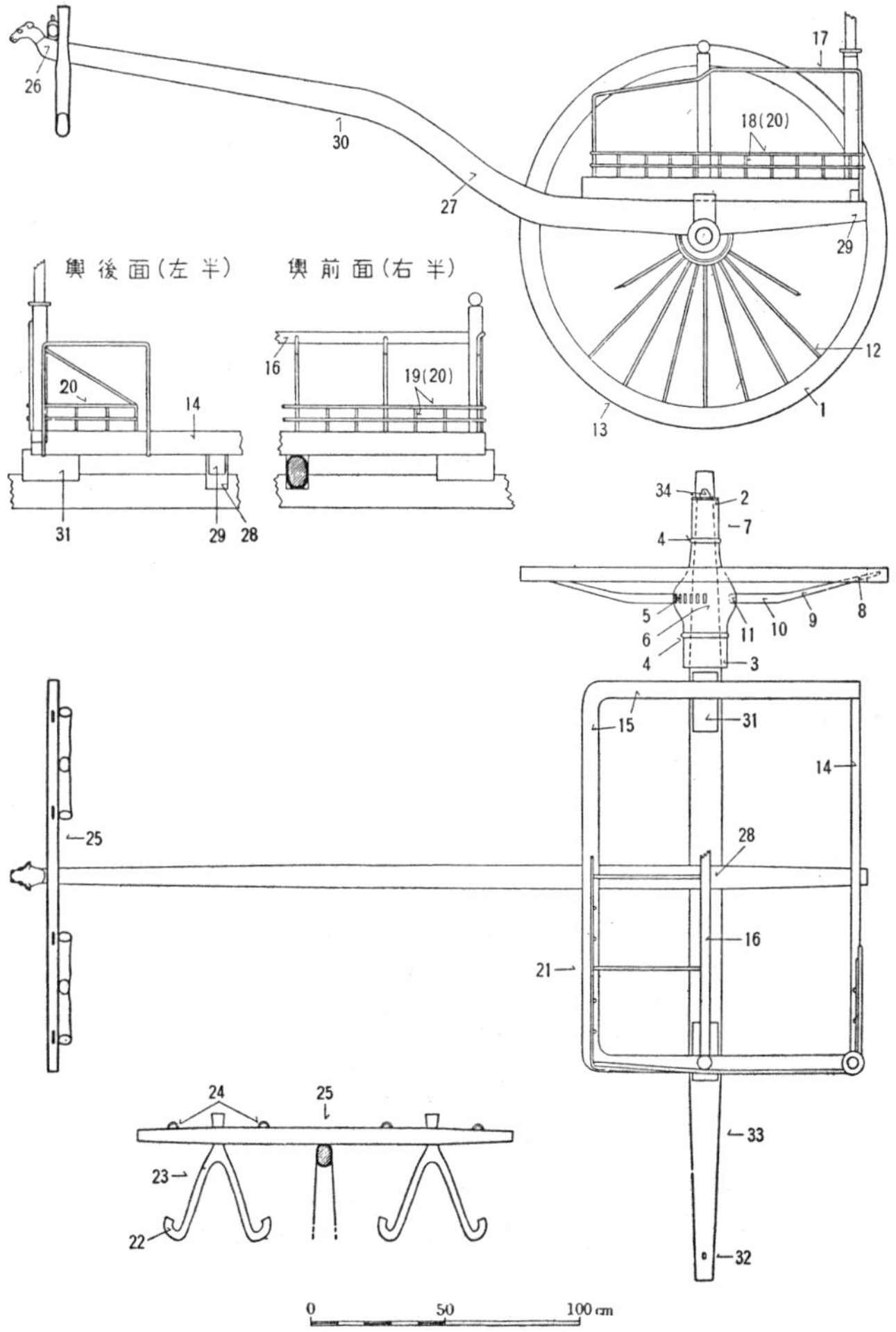

1　牙(輞)
2　軹
3　賢
4　篆(軝)
5　鑿
6　藪(壼中)
（2～6）7　轂
8　蚤(爪)
9　骹
10　股
11　菑(弱)
（8～11）12　輻
（1～12）13　輪

14　軫
15　軓
（14・15）(軫)
16　軾
17　較
18　軹
19　轛
（18・19）20軨
（14～20）21　輿
22　軥……23　軶
24　轙……25　衡

26　頸
27　侯(胡)
28　当兎
29　踵
（26～29）30　輈
31　轐(伏兎)
32　軎(轊)……33　軸
34　轄

図196　一輈の馬車の各部名称図

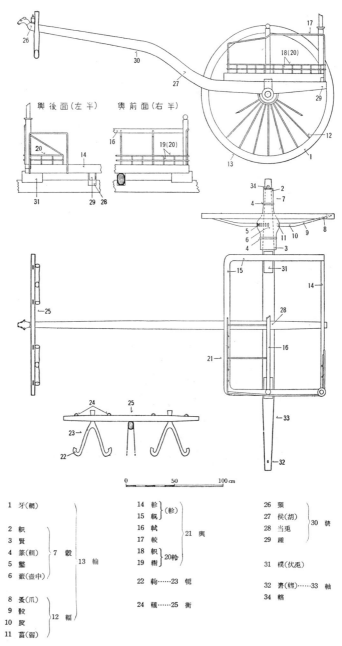

一定の角度をなしながらも蚤と牙の鑿がぴたりとはまれば、製品はぐらぐらせず丈夫である。直径六尺六寸の輪を皿形に反らせるのに牙を轂の鑿から三分ノ二寸張り出させるとちょうど丈夫でよい。

大体輪を作る場合、沢を走る車では輪の地に着く部分を殺いで薄くし、山を走る車では削らないで上下を同じ厚さにしておくとよい。前者の場合そうしておくと泥を切り分けて走るので塗が付着しない。後者の場合はごろごろと石の上をふんで走るので輪が磨滅せず、鑿が傷まない。牙の材を火であぶって曲げる場合、外側ははじけず、側面はふくれ上らず、内側も繊維が折れないのがちょうどよい火加減である（一体何本の材を合せて全周を作ったかについて、孫詒譲は車人、大車の条から、三本であろうという[173]。前引画像石でも牙は全周の三分ノ一の材を使っている。濬県辛村、三門峡上村嶺のものが二材を合せたことは先にのべた）。

輪が出来たら、コンパスでその丸さを点検し、萬という何かわからない道具で全体にひずみがないか調べ、ぶら下げてみて輻が上下に真っ直ぐ通っているかを当ってみる。水に浮かべてみて重さの均衡がとれているかを見、藪に黍を入れて左右の輪の藪が同等か否かをくらべ、竿ばかりで左右の輪の目方が同じかどうかをしらべる。これらがうまく行っていれば第一流の作である。

輪人は蓋、即ち漢画像石にみるような車上の蓋を作るのであるが、車の作りと直接関係がないから略する。

次は輿人の仕事。輪の高さ、輿の輻、衡の長さの三つは等しい（このことは、たしかに例えば輝県琉璃閣の馬車の寸法表をみてもわかるように、ごく大ざっぱには真である。車の各部の寸法のうち大体近いものを三つ拾えばこういうことになるであろう。実際にあった馬車の各部の寸法と、それを修辞上効果的な割り切った数字に、思い切って端折って表現している考工記の寸法記述の関係がここにうかがわれよう）。

輿の横幅の三分ノ二をその前後の長さにする。前後の長さの前三分ノ一のところに軾を作る。その高さは輿の幅の半分とする。較、即ち輿の両側の手すりは、軾よりも輿の前後の長さの半分だけ高くなる。輿の幅の六分ノ一を軫、即ち輿の床の後縁の材の囲とする。軫の囲の三分ノ二を軾の囲とする。軾の囲の三分ノ二を較の囲とする。較の囲の三分ノ二を輢、即ち輿の両側の囲いを形成するたてよこの桟の囲とする。輢の囲の三分ノ二を轛、即ち軾の下の囲いを形成するたてよこの桟の囲とする。各部分は丸いものは正円、四角いものは九〇度、立つものは垂直、横のものは水平で、まっすぐ立木のごとく立ち、継ぎ目は木の枝のようにしっかり着いていなければならない。大体車の各材は、太いものを細いものに合せてはならない。継ぎ目が弱いからである。原則として士の乗る桟がむき出しの車は上すぼまりに、桟に革のおおいをつけた上等の車は上ひろがりとすることが望ましい。

次は輈人の仕事。最優秀な馬を繋駕すべき車では、輿下から出て上に曲った輈が、再び前方に曲る曲り目の中点の高さが地上から四尺七寸、次の段階の馬を繋駕すべき車では四尺、その次の段階の馬を繋駕すべき車では三尺三寸とする。この三段階を輈の三度という。軸には材の木目が通っていること、強靭なこと、轂との間に隙間がないこと、の三点が大切で、これを軸の三理という。軓、即ち輿の床の前、左右三面を形成する材から輈の前端まで水平の距離は一〇尺、むちの柄の長さはその半分である。

軓、衡など、車にかかる力を持ちこたえる材を次に記す。任正、即ち鄭玄によると軸と輈に加わるショックによって、輿がゆがまないようつっかい棒の役もする輿下の前左右三面の材である軓[174]は、輈の長さの一〇分ノ一をその囲の寸法とする。衡の両軛の間の力のかかる太い部分は、全長の五分ノ一をその囲の寸法とする。この規準より細いと加わった力にたえない。輿の幅の五分ノ一を軸の囲とする。輈の軸と交叉する部分は、輈の長さの一〇分ノ一をその囲の寸法とする。この寸法の三分ノ二を頸、即ち輈の前端、衡と交叉する部分の囲とする。踵、即ち輈の後端軫と交叉する部分の囲は頸の囲の五分ノ四とする。

輈を火であぶって曲げるには、木理にむりが加わらないようにし、あまり深く曲げすぎないようにせねばならない。牛車は轅が真っ直ぐなために牛が引く水平の力の分力が牛の頸を圧し、坂を登るのが困難で、また牛の胴によって支えられることがないため引っくりかえりやすい。また平地で先の頸を圧する力を和げるために少し後荷にして釣合わせておくと、登り坂にかかって牛の引く力が弱まると共に先の分力も減じ、輈の上にのしかかって押えてやらないと輈の先がはね上り、牛の頸を緩喉革で縊する結果になる。これも輈が真っ直ぐであるために起る不都合である。牛車はそこで坂を登るのが困難で、坂を下りるにも今度は荷台の後に突き出た輈の後部を引っぱってやらないと、車が牛の尻に衝突してしまう。これも輈が真っ直ぐなためである（これはそのためとは考えられない）。そういうわけで馬車の輈は適当にアーチ状に曲って（？）丈夫である必要がある。輈を強く曲げすぎると弱くなって折れるし、曲りが弱すぎれば先の直輈に近いわけで、馬の頸を圧する力が強く加わることになる。輈が「注」という形容語（意味は十分明らかでない）のように曲っていれば能率はよく、持久力をもち、乗り心持もよい。馬とよく調和して進み、また人の意のままに後退できる。輈の出来が良ければ一日中走っても動揺が少ないため車に乗せられた主人はくたびれず、数千里を走っても余計な力が加わらないため馬は蹄をいためず、車の欄によりかかって御する御者も、一年中御していても衣服がすり切れない、というように馬の力を効率よく利用できる。

輈にはひび割れたりしないよう轂と同様膠を塗って動物の筋を巻き、漆の上塗りがしてあるが、良い輈では漆に環状のひび割れが伏兎から軏の手前七寸の所、軏と交叉する部分にこれが生ずるのは第一級の輈である（輈は両服馬から衡を通じて伝わる不規則な力、輪の障碍物にぶつかって生ずる左右不斉一な力、などによって軸と輈が破損したり分解したりしないため、適当にしなうことが必要である。しなうから上塗りの漆にひび割れができるのであろう。軏は先に注(174)にのべたごとく、輈を左右から軸に支えるつっかい棒の役ももつ。輈に加わった横向きの力が軏との交点で支えられるから、ここにひび割れが多く生じ、またここで支え切れなかった力は、輈と軸の結合部を傷めぬためには、やはり輈の軸より前の部分の方がしなうことによって支えられる方が好ましい。そこでここにひび割れが生ずるのが良い、というのであろう）。

以下には再び車の各部備品の宇宙論的な意味づけが記されるが、ここには略す。

以上考工記に記されただけでは、あと木製の部分品でいっても軝がないし、また金属製の金具、革製の馬具も全然記載を欠き、大変不完全である。しかし、書いてある限りにおいてみても、遺物や金文資料などでは不明であった、多くの細部が明らかにされるのである。

(四)　一輈の馬車の下限

最後に、この一輈の馬車がいつ頃まで用いられていたか、その下限の問題を考えておかねばならない。

(1)　遺物、図像

まず遺物の方からみると、漢人がもたらした、あるいはそれの強い影響のもとに作られたと思われる楽浪の一轅の馬車の遺物があり、それがほぼ武帝の征服以後前漢末までとされる楽浪前期に属するものであることは先に(三)、(2)、(c)にのべたごとくである。それが副葬用に作られた仮器でなく、実用されたものであることは、轙の磨滅の痕から証される。後漢後半以後に盛んに作られた画像石、画像塼に現れる馬車は、ほとんどすべて二本の輈の間に一頭の馬を入れた馬車である。一輈の馬車の確かなものとしては、一番時代が古いと思われる孝堂山石室後壁上層の楽隊をのせた車、およびその後につづく車ぐらいなものである。後者には「大王車」と記されており、この行列が天子の鹵簿であることが知られる。前者では一本の輈が車の前から出て手前の服馬のかげにかくれ、背の上にその先端に近いところがみえており、後者では、車から出る部分は画き落されているが、前者と同様手前の馬の背の上にその上端に近いところがみえている。洛陽東郊の西周後期の墓にあった形の、車から水平に出て、前端に近いところで上にはね上る式のものである。革具としては轡のほか靳と韅があるが、前の車にみえる服馬、後の車にみえる驂馬ともに靳は胸前をめぐっており、その後端は尻を廻って胴を水平に一まわりしているようにみえる。この胸前を廻った革は二本の轅の間に馬を挟む方式の繋駕法で使われる革具であり、次節にのべるような先秦時代の一輈車の靳と異なっており、この革具では馬を一輈の馬車に繋駕することができない。この二台の後に、二頭の馬を二本の轅に挟んだと思われる馬車がつづいているが[176]、画工に一輈の馬車の繋駕法について正確な知識がなかったので、この二轅の馬車になぞらえて一轅車の革具をえがいたのではなかろうか[177]。

以上、遺物、図像からみると、前漢時代には一轅の馬車が実用された証拠があり、後漢になると二轅の馬車が圧倒的に多くなり、画工にも一轅の馬車の革具などについては正確な知識がなくなっていたらしいことが知られる。一輈の馬車について、後漢末の鄭玄などの学者も十分正確な表象を持っていなかったらしいことは、考工記の注などから明らかにうかがわれる。これらは、実物がその時分には実用されなくなっていたことを証するものであろう。『続漢書』礼儀志、『晋書』輿服志等、天子の車に六頭の馬を駕する規定がみえるが、それは実際に行われたとしても天子の鹵簿という特別な場合に限られたと思われる。例えば昭和三十二年から三十三年、東京、京都で行われた敦煌芸術展出陳の、四二〇号窟（隋とされる）の壁画（模写）には四頭駢駕の馬車が表わされているが[178]、殷周時代の方式と異なり、衡は長く両服馬ばかりでなく、両驂にも及んでいる。一本の衡に四頭の馬をつないだのでは衡にむりな力が加わり、折れることが極めて多かったに相違ない。実用というより、昔の方式が忘れられ、天子、高官の鹵簿の伝統的な規定に合せるため、まずく復原された形式と考えられよう。

後漢時代後半以後、一本の輈をつけた馬車が特別の場合以外使われなくなり、実用には専ら二轅の馬車が用いられ、殷以来行われた一輈の馬車についての知識が失われたことは以上によって推察される。

後漢になって二本の轅をつけた馬車が、一本の輈をつけたものにとって代ったのは、その性能がすぐれていたからである。第六章で詳しく述べるごとく二轅の馬車は馬の斧痕に軛をへだてとして衡をのせ、馬の胸前に幅広い帯をめぐらし、その後端は轅の曲り目のあたりに結ぶ。ずれ落ちないように鬐甲から斜めにこの帯の胸前に近い部分に廻る革帯をつけ、これを吊る工夫もみられる。韅を前肢のすぐ後で胸に巻き、上端は衡にくくりつける。軛が前後にぐらぐらしないよう、轅から枝を出してその下端を支えるものもある。[179]

このように繫駕された馬は、胸前にある革を通じて二本の轅を引く。これは現代の挽曳と同原理の、非常に合理的な繫駕法であり、殷以来の一輈の馬車の靳が、馬の喉をしめつけて呼吸を困難にするのに比べ、革命的な進歩である。前に二頭ないし四頭で引いていた車をただの一頭で十分引くことができるわけである。[180]

であるから、一輈の馬車の衰退は二轅の馬車の出現、普及と表裏をなすものである。後漢に一輈の馬車がすっかり衰えたことはいま述べたごとくであるが、それはそれよりもっと早くから後退し始めていたことであろう。それはいつからのことか、遺物の上からは現在十分明らかにし難い。

(2) 文献資料

文献資料から考えてみよう。漢代の公けの陸上交通機関として伝の制度があった。県城ごとに伝舎があり、公用および公用の性格をもった旅行者のために馬車の乗りつぎ、休息宿泊等の設備を備えるものである。[181] この制度は四頭立ておよび一、二頭立ての馬車、騎乗用の馬によっている。即ち『史記』孝文本紀「余皆以給伝置」の条の『索隠』に「如淳云、律、四馬高足為伝置、四馬中足為馳置、下足為乗置、一馬二馬為軺置、如置急者乗一馬曰乗也」即ち「如淳云う。律に、四馬の高足を伝置となし、四馬の中足を馳置となし、下足を乗置となし、一馬二馬を軺置となす。如し置の急なるものあらば一馬に乗り、乗というなり」と。森鹿三は伝置および馳置、乗置の置を『漢書』高帝紀注の同じ漢律の引用の置伝、および馳伝、乗伝等と伝に作る方がすぐれており、如置の二字がない点もまさっており、この条は「本来「急者乗一馬曰騎乗」とでもあったのではなかろうか」といっている(182)。

漢律は漢高祖の臣の蕭何が秦の制を受けて作ったものといわれる。そうすると漢初あるいは秦代からすでに四頭立ての旧来の馬車と共に一ないし二頭立ての馬車が用いられていたことになる。後者は「一馬二馬為軺置」とあるから、この場合の二馬は一本の輈の両側に一頭ずつ繋駕したものでなく、先に引いた孝堂山石室の画像石の、「大王車」の後につづく車のごとく、一馬を繋駕すると同じ馬車に、二本の輈の間に二頭を入れる方式によって繋駕したものであろう。

森はこの律の文について「これは律とあるが正文そのものではなく、律説即ち律文の注釈の如くうけとられるが」といわれる。律説とすると、これがいつできたものかわからないが、漢初よりも降った時代の制かもしれない。そうとすると二輈の馬車のあった証拠は漢初までは遡らず、もっと時代が降るかもしれないということになるであろうか。

『公羊伝』隠公元年「……以乗馬束帛」疏引『尚書大伝』に「士乗飾車両馬、庶人単馬木車」即ち「士は飾車の両馬なるに乗り、庶人は単馬の木車に乗る」と。その撰者伏勝は秦の博士となり、漢の文帝の時に九十余歳だった人である。ここに単馬とあるが、もしかれの時代、あるいはこのような説の創られた、伏勝より以前の時代に、馬車というものには一本の輈の両側に両服馬をつなぐ式のものしかなかったとしたら、観念の上で士より身分の低い者はより粗末な車に乗るべきだと考えたにしても、一本の輈の片側に馬を一頭だけつないだ車を考えることはいくらなんでもないと思われる。とするとおそらくも秦の頃にはやはりすでに二本の輈の間に一頭の馬を入れる馬車が出来ていたと考えられると思う。

車一台に馬が一頭ですむこの能率のよい車が現れたら、一台に二ないし四頭も必要な旧式の車は急速に行われなくなっていったにちがいない。森が引いた例にみられるように、居延漢簡には車一台に馬四頭の割になる車を記したものに比し、一台に一ないし二頭の割になった軺車あるいは方相車というものが非常に多い[183]。居延簡は武帝末年から後漢初に及び、大部分が前一世紀前半のものというが、居延簡の残っているのは偶然に属することであるから、それほどの重要性をおくことはできないにしても、この四頭立てと一ないし二頭立ての軺車の比は、後者が前者を圧倒し去ろうとしている状態をあるていど反映しているとみて差支えなかろう。伝の制は前漢には広く盛んに行われたが、前漢末より衰え、後漢になると騎乗による駅馬の方式に取って代られたことを青山定雄がくわしくのべている[184]。不経済な時代おくれの一本の輈の馬車は、この国家によって維持される伝車の制が行われなくなると共に、完全に実用の世界からは消えてゆかざるをえなかったにちがいない。

以上、殷以来の一本の輈をつけた馬車は、戦国時代末ないし秦時代、二本の轅をつけた馬車が現れると共に、この能率の良い馬車に圧倒され始め、前漢後半には既に後者にほとんど取って代られ、後漢時代中頃以後はこれを見たことのある者もなく、その構造、繋駕法なども忘れられてしまった、というのが大凡の情勢と思われる。一本の輈をつけた馬車の衰微と表裏をなす、二本の轅をつけた馬車の出現の時期については、さらにくわしく考証する必要があるが、別の機会に改めて考えたい。

(五)　要　約

中国最古の馬車である安陽小屯C区二〇号墓などの車馬坑の馬車は、主要部において既に春秋、戦国時代のものとほぼ同じ構造をもつ。一本の輈の後端に近い部分に一本の軸が十字形に交叉し、軸の両端に各一個の輪がつく。もちろん軸は固定され、輪がその外を回転する方式である。軸と輈の交叉点を中心に、横長の長方形、ないし半円形の輿がつく。輈の前端には衡が交叉し、衡は両服馬を容れるだけの長さを持ち、一対の人字形の軛が結ばれ、これを隔てにして両服馬の斧痕の上に載せられたと考えられる。車字から、衡の両端が上にはね上るものがあったことが知られる。輿にはセットにしておそらく箙に容れたと思われる武器が装備される。

殷の馬車はみな輿が比較的小さく（左右一メートル内外、前後八〇センチ内外）、また輻の轂が殷より幅広くなっている点、春秋末、戦国のものと異なっている。青銅製の銜の発見例はない。

なおこれらの馬車は大墓の副葬坑に副葬され、あるいは建築に伴う、おそらく王室の関係した祭祀に伴った車坑から出土したもので、貴族用のものであることは明らかである。輈首、軛、輈と衡の交叉部、軎などに青銅製の金具が取りつけられ、他の部分の材、革具も貝その他で飾られ、儀式的性格をもった馬車である。卜辞に田猟で馬車の事故のあったことを記すものがあり、実戦用の馬車の存在が類推される。殷時代においても、西周時代以後と同様、使用者の社会的地位を客観化したものとして馬車が用いられたであろうから、出土遺物が非実用のものとしても、実用のものもこれと相近い華やかなものが使われたことであろう。この考察は後の時代の遺物についてもあてはまることである。

西周中―後期になると、御馬の具として二節より成る銜、曲った棒状の鑣が現れる。馬車の車体の構造における変化は十分明らかでないが、従来のS字形の軛と並んで、L字形の軛が現れる。

西周中期から後期にかけ、周室の諸侯に対する支配態勢が完成し、諸侯は周室に朝見して領土、官職を安堵され、その印として各種の賜り物をもらってくる。その中に馬車があり、金文にはもらった車馬の各部の特徴をくわしく注記したものがある。それによって西周後期の派手な色彩、材料を使った馬車の装飾が具体的に知られる。遺物でみても、衡飾その他、青銅製の飾金具を使う部分が増加している。また較、軾、複、鞹、轛、梶、簟茀、葡などの語彙があることから、出土遺物では不明であった輿の軫の上の構造、結合法、装備品などが、戦国時代のものと共通であったらしいことが推測される。

春秋時代前期の馬車には、輿に細い材を組んだ桟をめぐらせ、床に木の板を張るなど細部の作りのよくわかる例が知られる。軛に轡を通す環をそなえたものは西周時代からあったと思われるが、はっきり証拠の現れるのはこの時期である。二節から成る銜の外の環に鑣を通す方式、錡状の部分がついて、これで輪を止める形式の軎はこの時期に新しく出現し、次の時代に普遍化するものである。

春秋末期、前五世紀前半になると、青銅製の金具類はさらに一段と種類を増す。寿県蔡侯墓の例でみると、輿に関係した金具としては、軫と闌の柱との結合部の金具、闌の柱の頂上を飾る金具、輿の上に、おそらく平面方形の蓬を固定するための金具、闌の横材の端末に付ける金具、など。また驂の内轡を軾前につなぐための金具、その長さを加減する、舌のあるびじょう（觼）、靷をつなぐ金具（続）等々。これらにより車の各部同志の結合はかなり丈夫になり、また輿に結ぶ革紐類の結合分解、長さの調節などは、大いに能率化したと考えられる。

春秋後期ないし戦国時代頃かと思われる輝県琉璃閣一三一号車馬坑から出た馬車によって、この時代の馬車の木部の形が相当はっきり知られる。衡、輈、輪、軸など基本的な点は殷以来の伝統を襲いでいるが、細い材を組んだ軨の作りが具体的に知られ、輿の前半の部分の作りなどは、後漢画像石にみる二轅の馬車のものと既に大体同じと見うけられる。また輪の綆、輔の存在、縦長の輿の車、車蓬などがあったことも知られ、円形の蓋の使われた可能性も大である。

戦国中期頃と思われる輝県固囲村一号大墓の馬車は、金銀象嵌の豪華な金具をつけ、この頃の上等な馬車を想像する良い材料である。この時期になると考工記にあるごとき蓋の、青銅製の爪の遺物が出現する。

一方前五世紀頃の銅器につけられた影絵風の馬車の図によって、遺物、文献ではわかり難い輈の形がはっきり知られる。また轡のシステムも推測され、このシステムは楽浪前期の衡、軶の金具によって裏付けられる。

『周礼』考工記は、輝県戦国墓にみるような馬車を頭に置いて記されたものであるが、各部分の比例は観念的に作られたもので大凡のものにすぎないとはいえ、馬車を作る工程、出来上りの検査、各部のあるべき理想的な標準を記したところは大いに参考になる。馬車の各部にはそれぞれその性質に適した木材が撰ばれ、火であぶって必要な形に整えられる。轂、輈などは弓と同じように筋をぎっちり巻いて固め、革でおおい、また漆の上漆りをする。考工記には記されていないが、軫、軸、輈、など各部分相互間の重要な結合部は革紐で結び合されたと考えられる。

二　繋駕法、御法

㈠　繋　駕　法

第一節にのべた先秦時代の馬車に、一本の輈を挟んで二頭ないし四頭の馬が駢駕されたことは広く知られるところである。しかしどのような革具でどう繋駕されたか、という点になると、常識的によく知られているというにはほど遠い。次にこの点について考察する。

⑴　遺　物

安陽小屯二〇号墓の平面図の63、64の二並びの銅泡の列を石璋如は「由輿底到馬頸両面各有一行銅泡、想係引（靷

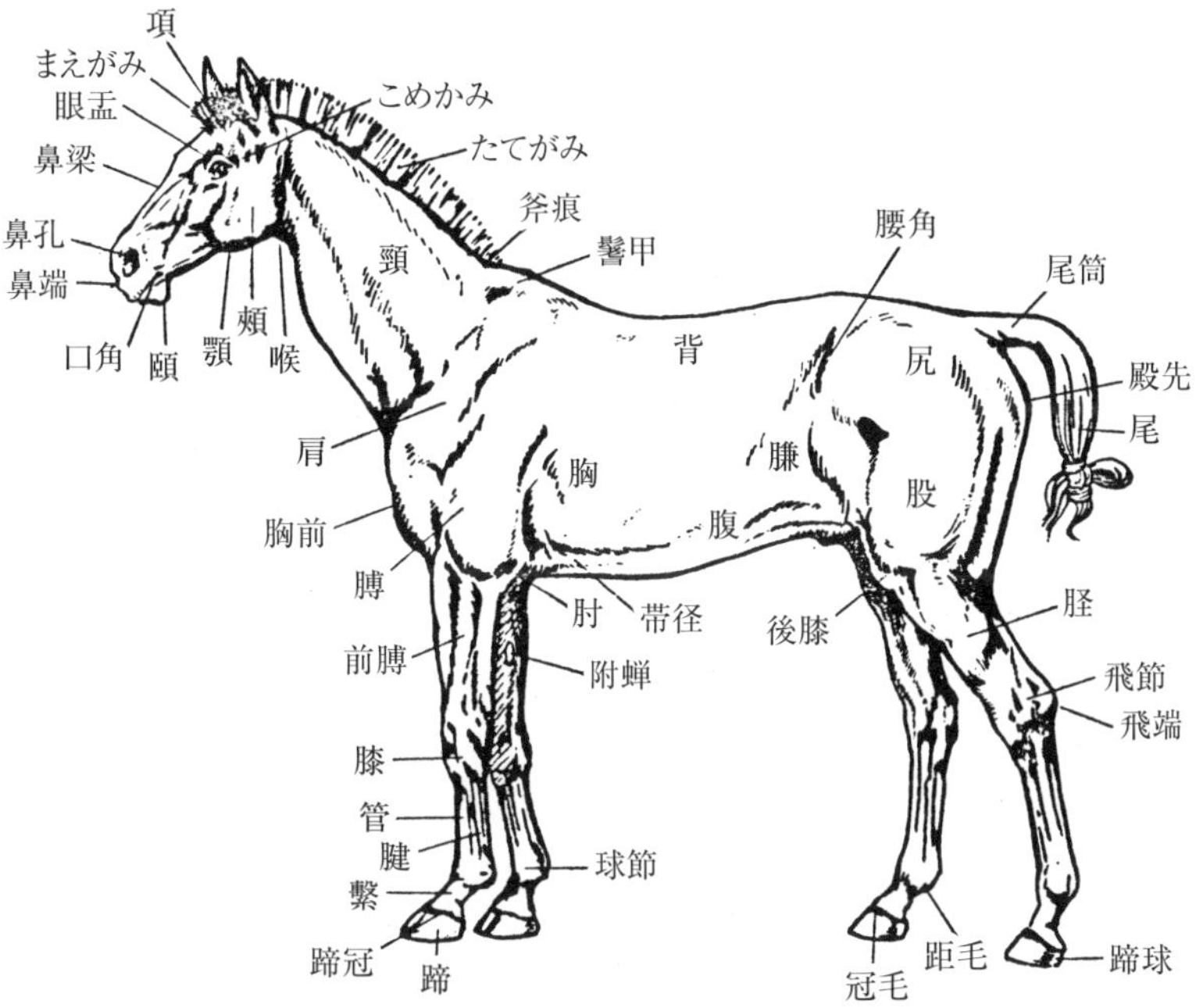

図197　馬の身体各部名称図

の誤植）飾」即ち「輿底より馬の頸の両面に各一行の銅泡あり。想うに靷飾に係わらん」といった(185)。これだけの材料では靷の存在を証することができない。石璋如はのちに解釈をかえ、63の方は第一類車の輢の飾り、64の方は第二類車の轚にしている(186)。

これ以外についても、繋駕のための革具を証する遺物はほとんどない。寿県蔡侯墓から、靷をつなぐ金具、続が知られるくらいのものである。

(2) 文　献

(a) 靳、付論游環

西周後期金文に、繋駕用の革具として靳が現れる。西周には靳が何たるかを証する材料がない。東周以後の文献およびそれに対する漢以後の注釈によってこれを考えるほかはない。

『説文』に「靳、当膺也」即ち「靳は当膺なり」と。膺とは馬のどの部分か。『説文』に「鞅、頸靼也」即ち「鞅は頸の靼なり」と。また『周礼』巾車、注に「纓、今馬鞅也」即ち「纓は今の馬鞅なり」と。また『左伝』桓公二年、注に「纓在馬膺前」即ち「纓は馬の膺の前にあり」と。纓、即ち鞅の在り場所に注目してこの三つを比較すると、膺とは頸の下の方、馬の頸礎から胸前のあたりのことで、その後方の胸ではないことが知られる。即ち、漢代には靳は馬の膺（頸礎から胸前）にある革具と解されていたのである。そうすると、靳の後端はどこにつながれていたか。

『詩』小戎「游環脅駆、陰靷鋈続」の毛伝に「游環、靷環也、游在背上、所以禦出也」即ち「游環は靷の環なり。游して背上にあり。出るを禦ぐ所以なり」とある毛伝の「靷環也」について戴震は「釈文作靳環、引沈重云、旧本皆作靳、今考、下言陰靷鋈続、伝曰、続、続靷也、箋曰、鋈続、白金続靷之環、然則靳環与靷環乃二物、詩並言之、転写譌溷、後人遂莫之弁」即ち「『釈文』には靳環に作り、沈重を引きていい、旧本みな靳に作る、と。今考うるに、下に陰靷鋈続という、伝に曰く、続は続靷なり、と。箋に曰く、鋈続は白金の続靷の環なり、と。然らば則ち靳環と靷環は乃ち二物なり。『詩』にこれを並び言う。転写して譌溷し、後人遂にこれを弁ずるなし」と。(187) 游環が靳環で、「背上」にあり、しかも靳が当膺であるとすると、靳は膺から鬐甲の方に巻いていたと考えねばならない。

ところでこの游環であるが、諸説があってなかなかむずかしい。この小戎にうたわれているのは、後に「四牡孔阜、六轡在手」とあるから、四頭駢駕の馬車である。鄭玄は毛伝の「所以禦出」を補足して「游環在背上、無常処、貫驂之外轡以禁其出」即ち「游環は背上にありて常処なし。驂の外轡を貫き、もってその出ずるを禁ず」という。毛、鄭とも「背上」というが何の「背上」か。

『釈名』は「游環在服馬背上、驂馬之外轡貫之、游移前郤無常処也」即ち「游環は服馬の背上にあり、驂馬の外轡これを貫き、游移前郤して常処なきなり」と説明する。ところが問題の個所について『釈文』は「靳者言無常処、游在驂馬背上、以驂馬外轡貫之、以止驂之出」即ち「靳とは常処なきをいう。游して驂馬の背上にあり、驂馬の外轡をもってこれを貫き、もって驂の出ずるを止む」と別なことをいい、『正義』はまた「游環者以環貫靷、游在背上、故謂之靷環也、貫両驂馬之外轡、引轡為環所束、驂馬欲出、此環牽之、故所以禦出也」即ち「游環とは環をもって靷を貫き、游して背上にあり。故にこれを靷環という。両驂馬の外轡これを貫く。轡を引けば環の束する所となり。驂馬出でんと欲すれば此の環これを牽く。故に出ずるを禦ぐ所以なり」という。

『釈名』は服馬の「背上」にあるといい、何に通されるということはいわないが、何かに通されていなければ無意味であるから、毛伝の靳の環だという説は当然のことと考えているにちがいない。すると、游環とは服馬の背上にあり、靳に通され、これに驂馬の外轡も通されるものだ、ということになる。これはまずい考えである。

なぜというに、『詩』大叔于田に「両服上襄、両驂鴈行」即ち「両服は上襄にして両驂は鴈行す」とあり、箋に「鴈行者、与中服相次序」即ち「鴈行とは中服と相い次序するなり」という。驂は中服、即ち服馬より後に退っているものであることがわかる。また『左伝』定公九年「吾従子、如驂之靳」即ち「吾の子に従うこと、驂の靳のごとし」という言葉もその意味から解釈されている。ところで驂の外轡が頸の内側を廻っていては驂を御することは不可能であるから、外轡は頸の外側を廻っていなくてはならない。驂馬が服馬よりやや後退した位置にあり、驂馬の外轡がその頸の外側を廻って、しかも服馬の背上の靳に通された游環を通って御者の手に及ばねばならないとすると、驂馬の外轡はその頸の外側を廻って九〇度近い角度で内向きに曲り、服馬の背上の游環を通り、それから御者の手に至る、というようなばかばかしい廻り道をせねばならないことになる。

孔穎達は『正義』に游環は靷の環というが、彼は後述のごとく『左伝』哀公二年の『正義』に「両驂在旁、挽靷助之」即ち「両驂は旁にあり、靷を挽きてこれを助く」といい、本文には両靷とあるのであるから、靷は両驂馬が車を挽く革と考えているのである。馬の胸前ないし鬐甲のあたりから発し、輿の軓に向って斜めに降りてくる長い革に游環をはめ、これに驂馬の外轡を通すというのもいかがであろうか。轡をゆるめた時、游環が後にずって来たり、驂馬が歩をゆるめたり早めたりするごとに游環に束せられた外轡が引かれたりゆるめられたり、これでは游環も驂馬を御すために便宜というより、かえって邪魔であろう。

とすると、游環は『経典釈文』の説のごとく、驂馬の「背上」にあるという説が正しいであろう。先に引いた前五世紀の青銅器に表わされた馬車の図をみると、驂馬の外轡は服馬の「背上」までぎくしゃくと廻り道などせず、驂馬の胴体を横切ってなだらかに御者の手に及んでいる。游環は表わされていないが、あったとすれば驂馬の「背上」であろう。清代の考証家はみな『釈名』の服馬の背上ということにこだわっていろいろ想像しているが、一々引かない。

游環が驂馬の「背上」にある靳の環であり、游移するものとすると、靳は環状に膺から斧痕、鬐甲ないし背をゆるく巻いている革具と考えられる。遥かに時代の降る後漢時代の画像に、この考えの傍証が見出される。六〇六頁に詳しく記した通りである。

なお右のように解釈した場合の游環の作用は次のようなものと考えられる。即ち驂の外轡をこれに通すことによって、馬が首をはね上げた場合に外轡が馬の頭を越して内側に廻り、驂を御するただ一本しかない轡がその機能を失うことを防ぐ。轡を通しておく環が固定されていると、轡を引いた時に馬の口角に対する当りが激しくなる。靳の背上にある長さを自由に移動するようにしておくことによってこれを和らげることができる。馬の調教により、反対扶助、即ち外側の轡をやわらかく引くことによって、馬を内側に向わせることができる。これらが游環の「所以禦出」の具体的な内容である。またこのような游環を設けることによって馬の首を最も御しやすい姿勢――顎を引き、首をかかげた姿勢――において、轡を最も御しやすいように、馬の口から御者の手までほぼ一直線に保つことができる。

靳は驂馬ばかりでなく、服馬にもある。『左伝』定公九年「猛笑曰、吾従子如驂之靳（猛笑いて曰く、吾の子に従うこと、驂の靳のごとし）」の注に「靳車中馬也、猛不敢与書争、言己従書、如驂馬之随靳也」即ち「靳は車の中馬なり。猛敢えて書と争わず。己の書に従うこと、驂馬の靳に随うがごときを言う」といい、『正義』は先の『詩』大叔于田を引き、驂馬は服馬よりやや後にあり、「驂馬之首当服馬之胷、胷上有靳、故云我之従子、如驂馬当服馬之靳、杜言靳車中馬也、言靳是中馬之駕具、故以靳表中馬」即ち「驂馬の首は服馬の胸に当る。胸上に靳あり。故にいう、我の子に従うこと驂馬の服馬の靳に当るがごとし、と。杜の靳は車の中馬なりというは、靳はこれ中馬の駕具にして、故に靳をもって中馬を表わすを言う」と説明している。服馬においては、斧痕のあたりに衡が載っている。服馬は衡にくくりつけられていなければならないとすれば、驂馬において膺から鬐甲、背のあたりを一廻りしていた靳が、服馬の場合、鬐甲の上のあたりで衡に結びつけられていたと考えるのが自然であろう。

先に「靳は当膺なり」とあった時の膺を、頸礎から胸前までの範囲を指すと考えた。漢代の二本の輈の間に一馬を挟む繋駕法の馬車では、画像石に無数の例があるごとく、この革の前部は大体肩端のあたりにかかっている。しかしこのように、その上端が斧痕の上あたりに載った衡に結ばれる場合は、斜め後上方に向うことになるから、その前部は肩端よりも上、頸礎のあたりまでずれ上ることと考えられる。

以上は文献資料による考証であるが、一九七一年になって靳に関する図像上の証拠を発見することができた。図198のごときもので、図199はその馬車の部分の写しである。河南省から多く発見される式のスタンプ紋の大型空塼で、年代は前漢中頃から後半にかけてのものである。前記のごとく（三一九―三二三頁）一輈の馬車から二輈の馬車への変遷期に当る。この馬車は二頭の服馬と一頭の驂馬を繋駕したと思われる。図199の写しで、右から二頭a、bは馬具が揃っているが、左の一頭は違っていることからまずそう考えられる。さらに、a、bの馬の靳（図199のd）が、後漢時代の二輈の馬車のものと比べて著しく高いところをめぐっていることが注意される。即ち、後漢時代の馬車の当膺即ち靳が、肩から胸前をめぐっている（第七章、章末図11―18参照）のに対し、この靳はもっと高い位置、頸の下部をめぐっており、鬐甲とほどんど水平の高さにあるのである。このa、b二頭の馬が輈の間に挟まれる方式の繋駕法でなく、靳が鬐甲の上に在る衡に結ばれた一輈の馬車であることが知られる。なにぶん太い線で表わされたスタンプ紋で

図198　前漢空塼のスタンプ紋の一輈の馬車

図199　馬車の写し

あるから細かいところは十分明らかでないが、a、b両馬の間にみえるeが、あるいは輈の前端ではないかと思われる。服馬の靳の後端が衡に結ばれていると、靳はこの図にみるように著しく高い位置を廻ることになり、頸の下部をしめつける結果となる点、すこぶる不都合な方式である。そのため、現代のもっと合理的な繋駕法を知る者にとって、このような方式が行われていたことはほとんど信じ難いことなのであるが、中国については始めて、ここに図像の証拠を示すことができたのである。

図199のcの驂馬では靳が、a、bの両服馬よりりゆるくめぐらされ、その後部は韅（図199のf）と結合されているようである。この靳はまた斧痕のあたりから下ってきた革によって吊され、あまり低く垂れないように工夫されている。この靳は服馬のものと異なり、衡に結ばれて挽曳のための強い力が直かにかかってくるものではなく、従って上にずれ上ることもないため、頸をしめないように低い位置をゆるくめぐるように考案されているのである。韅には小円が並ぶ。円い飾金具の類を表わしているらしい。韅と靳の合さったところから、靷が後にのびているはずであるが、馬の体の向うであるから表わされていない。この驂馬には内轡しか見えないが、外轡はかすれて見えないのか、始めから表わ

されていなかったのかについては今のところ明らかでない。

(b) 靷

衡に服馬を結びつける革具を考える場合、靳のほかに靷というものを考えておく必要がある。『説文』に「靷、頸靼也」即ち「靷は頸の靼なり」と。『釈名』に「靷、嬰也、喉下称嬰、言嬰絡之也」即ち「靷は嬰なり。喉下なるを嬰と称す。これを嬰絡するを言うなり」と。また『周礼』巾車「玉路、鍚樊纓十有再就(玉路は鍚、樊、纓十有再就あり)」について鄭玄は「纓、今馬靷也」即ち「纓は今の馬靷なり」と言っており、靷は馬の頸にめぐらされた革であることが知られる。

一方『左伝』襄公十八年に「斉侯駕、将走郵棠、大子与郭栄扣馬曰……君必待之、将犯之、大子抽剣断靷、乃止」即ち「斉侯駕し、将に郵棠に走らんとす。大子と郭栄は馬を扣えていう……君必ずこれを待て、と。将にこれを犯さんとす。大子剣を抽いて靷を断つ。乃ち止る」という話があり、『後漢書』周章伝にも「章前抜佩刀、絶馬靷」即ち「章はすすみ佩刀を抜きて馬靷を絶つ」と同様なジェスチュアが示される。『後漢書』郭憲伝には「憲諫曰、天下初定、車駕未可動、憲乃当車抜佩刀以断車靷」即ち「憲諫めて曰く、天下初めて定まり、車駕未だ動くべからず、と。憲すなわち車に当り、佩刀を抜きてもって車の靷を絶つ」という話があり、靷は後述のごとく、馬に車を牽かせるに当って力がまともにかかる重要な革であるから、先の二例で同様な状況の下に切られた靷も、馬と車を結びつける重要な革で、これを切ることによって車を実際に動かないようにしたのではないかとも考えられる。また『周礼』巾車の前引の条の注に鄭司農の「纓謂当膺」即ち「纓は当膺をいう」という異説がみられ、当膺は『説文』によれば靳のことで、纓即ち靷と靳を同一視する説である。靳は(a)にくわしく述べたごとき革具である。

ところが例えば先の巾車の注のつづきに「樊及纓皆以五采罽飾之」即ち「樊および纓はみな五采の罽をもってこれ

を飾る」とあり、『左伝』桓公二年の注に「纓在馬膺前、如索帬」即ち「纓は馬の膺の前にあり、索帬のごとし」とあるごとく、色とりどりのひらひらしたものが胸前に垂れた、装飾的な意味合いの強いものらしい。『周礼』巾車の「王之五路……樊纓十有再就（王の五路は……樊、纓十有再就）」について鄭司農は「纓謂当胷、士喪礼下篇曰、馬纓三就、礼家説曰、纓当胷、以削革為之、三就、三重三匝也」即ち「纓は当胸をいう。士喪礼下篇に曰く、馬纓は三就と。礼家の説に曰く、纓は当胸なり。革を削りてこれを作る。三就とは三重を匝なり」といったのに対し、鄭玄は「纓今馬鞅、王路之樊及纓皆以五采罽飾之、十二就、就成也」即ち「纓は今の馬鞅なり。王の路の樊及び纓はみな五采の罽をもってこれを飾る。十二就の就は成なり」と解釈する。樊、即ち鞶と纓は五采のフェルトで飾ったというのである。ところで十二就ということはどういうことか。『周礼』弁師の「五采繅十有二就、皆五采玉十有二（五采の繅十有二就、みな五采の玉十有二あり）」について鄭玄は「繅、雑文之名也、合五采糸為之、縄垂於延之前後各十二、所謂邃延也、就、成也、縄之毎一帀而貫五采玉、十二斿則十二玉也」即ち「繅とは雑文の名なり。五采の糸を合せてこれをつくる。縄は延の前後に垂れること各々十二なり。いわゆる延を邃《ふか》くするものなり。就は成なり。縄の一帀ごとに五采の玉を貫く。十二斿なれば十二玉なり」と言っている。即ち鄭玄は「就」を一まわり、即ち五色を一通りそろえて一セットにしたものの意にとり、冕の上の長方形板状の飾り板の周囲には五色の糸一二就——五色の糸は撚り合せて一本にしてあったから一二本ということになる——の紐を垂し、その一つ一つに五色のるり色の玉を一つずつ通してある、と解しているのである。すると先の巾車の馬の飾りについて鄭玄が「五采の罽で飾り、十二就」というのは五色のフェルトを細く切って五色一通りそろえてセットにしたもの（これが一就）を一二個飾る、と考えていたことが知られる。

巾車の文でみても、纓のほかに玉路の特徴としてあげられているのは、すべて車の機能と無関係な、威儀を整える付加的な物ばかりであり、この樊纓に相当するとされる『詩』の鉤膺という言葉も、「鉤膺鞗革」（采芑）、「鉤膺鏤錫」（韓奕）等挽曳とは関係のない装飾物と並称されている。
『左伝』宣公十二年に「楽伯曰、吾聞致師者、左射以菆、代御執轡、御下、両馬掉鞅而還」即ち「楽伯曰く、吾聞く、師を致す者は、左《さ》は射るに菆をもってし、御に代りて轡を執る。御は下り、馬を両し、鞅を掉して還る、と」とあり、注に「両、飾也、掉、正也、示間暇」即ち「両は飾なり、掉は正なり。間暇を示す」とあり、『正義』に「両飾掉正、皆無明訓、服虔亦云、是相伝為然也、飾馬者謂随宜刷刮馬、又正其鞅、以示間暇」即ち「両は飾なり、掉は正なりとは、みな明訓なし。服虔またいう、これ相伝えて然りとなすなり。馬を飾るとは宜しきに随いて馬を刷刮するなり。またその鞅を正すは、もって間暇を示す、と」と。鞅がもし馬と衡を結ぶ挽曳上必須の革具としたら、敵の前に行って車を停め、鞅を正したのでは、せっかく悠々たるところを示そうというのがすっかりぶちこわしである。鞅が付帯的な飾りにすぎないからこそ、この動作が間暇を示すことになるわけである。とすると鄭司農の鞅を当膺とする説は、他に傍証のえられない単なる異説にすぎないようである。

鞅が直接挽曳と関係のない装飾的なものとすると、先の君主が馬車を出そうとするのを臣下が強く止めようとして鞅を切るというのは、靳や靷を切って実害を与えるのは控え、ただ靳に近いところにある鞅を切ってみせて強い意志表示をするに止める、礼儀をわきまえた一種のしぐさと解せられる。

胡承珙、馬瑞辰らが鞅、纓、靳をごたごたに一緒にしているのは[188]全く受取り難い。

なお、『左伝』僖公二十八年「韅靷鞅靽」の注に「在腹曰鞅」即ち「腹にあるを鞅という」というのは他に例証がなく、段玉裁も『説文解字』同字の注に「恐らく未だ然らざらん」、といっている。

以上、次のことが明らかにされたと思う。即ち服馬は胸前を廻り、鬐甲ないし斧痕の方に及ぶ靳によって衡に結ばれ、驂馬にも胸前から鬐甲ないし斧痕に廻る靳がある。鞅は靳と相近い位置にあるが、装飾的なもので繫駕には関係ない。

服馬は靳で衡に結ばれていたとしても、車を引く力は全部靳にかかったであろうか、また別の革具があって、それで車を引いたのであろうか。驂馬はどのように車につながれたであろうか。これらについても図像的表現ないし遺物に証拠を求めることはほとんどできない。文献の記載を、車の構造、馬の性質にあてはめてみることによって推論するより仕方がない。

(c) 靷

靷について考えてみたい。『説文』に「靷、引軸也[189]」即ち「靷は引軸なり」と。段玉裁は靷が馬を引く力のかかる革具である証として注に『左伝』哀公二年「郵良曰、我両靷将絶、吾能止之、我御之上也、駕而乗材、両靷皆絶」即ち「郵良曰く、我が両靷将に絶たんとするも、吾よくこれを止む。我に御の上なるものなり、と。駕して材に乗るに、両靷みな絶つ」の条を引く。注に、「材、横木、明細小也」即ち「材は横木なり。細小なるを明らかにするなり」とあり、「乗材」の乗は、『左伝』襄公二十三年「乗槐本而覆」即ち「槐の本に乗りて覆う」の乗と同例で乗り上げることである。靷が切れかけていることを証するに、繫駕して横にした木の上に車を乗り上げさせたら、両靷が切れた、というのだから、たしかに靷は馬の引く力がかかる革具であったことがわかる。

この『左伝』哀公二年の条につき、孔潁達は『正義』に、「古之駕四馬者、服馬夾轅、其頸負軛、両驂在旁、挽靷助之」即ち「古の四馬を駕する者は、服馬轅を夾み、その頸は軛を負う。両驂は旁らにあり、靷を挽きてこれを助く」といい、『詩』小戎「陰靷鋈続」の『正義』で「靷者以皮為之、繫於陰板之上」即ち「靷は皮をもってこれをつくり、陰板の上に繫ぐ」として、靷は驂馬が車を引く革具であり、また『説文』が軸を引くと言うのとは別に、陰板、即ち軓をおおう板を引くものと考えている。それに対し段玉裁は「陰靷鋈続」の伝「靷所以引也[190]」即ち「靷は引く所以なり」というのを『説文』の「所以引軸者也」即ち「軸を引く所以なり」と取り、戴震に従い、軓には車を引く力などかけられるものではない、と反対する。たしかに遺物でみても軓は軫と同じくらいの太さで、軸、輈よりも遥かに細く、一本の材を曲げて左右、前三面にわたしたもので、馬の荒々しい力を車全体に伝えるには不適当である。棒で力いっぱいたたけば折れることもある[191]程度のものである。まして孔頴達のいう陰板は、これをおおう板にすぎない[192]。即ち、靷は『説文』のごとく、軸を引くと考えるべきであろう。

段玉裁はまた『説文』靷字の注に「轅載於軸、両靷亦繫於軸、……（靷）幾等与轅、靷在輿下而見於軓前、乃設環以続靷、而系諸衡」即ち「轅は軸に載り、両靷もまた軸に繫がる、……（靷は）轅と等しきに幾《ちか》し。靷は輿下にありて軓前に見《あらわ》る。乃ち環を設けてもって靷に続け、これを衡に系ぐ」と靷を軸と衡を結び、轅と大体同様な位置、機能をもつものと考え、「驂在服外、而後於服、与靷不正相当」即ち「驂は服の外にありて服より後る。靷と正に相当らず」といって孔頴達の靷を驂が車を引く革とする考えにも反対しているようである。これはいかがであろうか。

先に引いた楽浪前期の衡の遺物で知られるごとく、衡は輈の先に固定されるものである。すぐ先に推測したように、服馬は衡に靳で繫がれているのであるから、服馬は、靳、衡を通じ、後者に固定された輈によって車を引くことができるといえる。段玉裁の考えのごとく衡に靷が結ばれ、輈と同様軸につながっているとしたら、衡が輈に固定されていないのでなければ靷は不要であり、また『左伝』哀公二年の「両靷みな絶つ」というようなことも起りえない。これは先に考証した車の構造に反する。万一衡と輈の結合部が離れた時の用心に段玉裁の考えたような靷を張っておいたということも一応考えられるが、今の『左伝』哀公二年の条にはそういうことも書いてない。即ち段玉裁の考えは承服し難い。

とすると、別様に靷でもって服馬に車軸を引かせる方式は考えられないだろうか。中国近世の繫駕法にみるごとく[193]、例えば「当膺也」という靳から各服馬の体の両側にそって挽索を後に向ってつなぎ、馬の尻の後方でこれを一本に合せ、軸に結ぶ。両服馬で各一本ずつ計二本で「両靷」となる、ということも考えられる。しかしこれは実際には不可能である。この方式は体の両側から来た挽索が一本に合する点が馬の尻から相当長い距離を置いた後方にあり、しかも馬がゆっくり歩くだけであるから、挽索が馬の脚に絡まるとか、馬の脚に擦り傷を起す、などの支障を来さないのである。前節にみたごとく先秦の馬車においては衡と輿の間には、馬が一頭入るに足るだけの距離しかないとすると、服馬の体の両側から来た挽索は脚のすぐ後で一本に合しなければならないことになる。馬の胴の両側から来た挽索をその両端につなぎ、中央に車を引くべき一本の挽索をつなぐpalonierというものはヨーロッパで一二―一三世紀、近代と同式の繋駕法に伴って始めて現れるもので[194]、中国で古く用いられた証拠は一つもない。中国先秦の馬車を引く馬は歩くだけでなく速歩で走らねばならない。体の両側から来た挽索を拡げておく役をするこの馬具がないとすると、挽索は馬の脚に引っかからないまでも、両脚を圧して走ることを著しく妨げるであろう。第一、漢以後、ヨーロッパ文明が入って来るまで、この挽索による繋駕法は中国に知られていない。明頃までは何頭もの馬に一台の車を引かせるには、平行な轅の間に騈駕する方法しか知られていないのである[195]。北米インディアンの方式も同様中国に全く見ないことから論外である。

そうすると、靷を服馬の馬具と考える余地はないことになる。即ち孔頴達のごとく靷は驂が車を引く馬具と考えるほかはない。

服馬は靷でなく、輈を通じて靳で車を引くのである。だから『周礼』考工記に「輈深則折、浅則負」即ち「輈深ければ即ち折れ、浅ければ負う」、「輈欲弧而無折、経而無絶」即ち「輈は弧にして折れることなく、経にして絶つことなからんことを欲す」とその曲り加減、加工法がやかましく吟味されているのである。輈がただかじを取る役しか果さないとすると、その前に出てくる、直轅の場合の非能率性の話も解釈できない。

靷を驂が軸を引く馬具とすると、車軸と反対の端は驂において胸前から髻甲のあたりを一まわりしている靳に結ばれていたと考えねばなるまい。驂馬、服馬とも靳という、同じ名称で呼ばれる革具をつけているのであるから、服馬は靳を衡に結び、衡に固定された輈を通じて軸を引き、驂馬は靳につながれた靷によって車軸を引く、と考えるのが穏当であろう。

服馬と輿の距離はかなり狭い。輿の幅も一―一・五メートルぐらいのものである。驂に至る靷が車軸から出て軓の下に現れ、そこから服馬の後脚に引っかからないように、また車輪にもぶつからないように斜め前方に出てゆくことが出来たであろうか。「引軸也」といわれるからにはそうなっていたと考えざるをえない。靷は車の斜め前方に出てゆくので、もし服馬と驂馬を横に一直線に並べようとすると、両者の間隔が不必要に大きくなり、驂馬が立木に引っかかる等の事故が起りやすくなる。これを狭めるためには、驂馬は服馬より後に退らせねばならない。これが『詩』大叔于田「両驂雁行」の必然性である。

靷は「引軸也」といっても、軸は左右両側の軎の間全体の称であるから、斜め前方に向うと考えず、例えば軎のあたりに結ばれたと考えられないであろうか。通常軎の金具はやや先細りの截頭円錐形をなしており、靷のような力のかかる革具を結んだ時にしっかり固定させるべき装置はつけられていない。戦国前期の懐来北辛堡一号墓から出た軎の金具には、截頭円錐形の部分の側面に環をつけたものがある(196)。これは靷の革を結合するに好適のごとくに思われるが、この環はどうも馬の荒々しい力がかかるためには少々華奢すぎる。また同墓からは、同じ部分に、軸を中心にして対称の位置に一対の環をつけたものもある(197)。靷をつなぐためならただ一つで足りるはずである。これらの環は、そうしてみるとやはり靷をつなぐものでなく、この部分につけるひらひらした飾り、飛軨を結ぶためのものとみた方がよさそうである。

(d)　鞶

以上のほか、鞶と呼ばれる革具がある。『説文』に「鞶、箸掖鞥也」即ち「鞶革は掖に箸くる鞥なり」と。沈濤は『説文古本考』に「左伝僖二十八年釈文、正義引並作著掖皮也、蓋古本如是、史記礼書鮫韅、集解引徐広曰、韅者当馬腋之革、正与合、則知今本作鞥者誤」即ち「『左伝』僖二十八年『釈文』、『正義』の引は並びに掖に著くる皮に作る。蓋し古本かくのごとからん。『史記』礼書の鮫韅は、『集解』の引の徐広に曰く、韅は馬の腋に当つるの革なり、と。正に与に合す。則ち今本に鞥に作るは誤りなることを知る」という。段玉裁は『説文』の「箸掖鞥」を「箸亦靼」として、注に「鞥当作靼」即ち「鞥は当に靼に作るべし」というし、王筠は『説文句読』に「鞥左伝釈文引作皮、謂之鞥者、繞其腹猶繞其頭也」即ち「鞥は『左伝』の『釈文』の引に皮に作る。これを鞥というはその腹を繞ることなおその頭を繞るごとし」と妥協的なことを述べるなど、字句に多少問題がある。しかし漢代に韅は馬の腋のところを繞る革帯であるとの解釈があったことは動かない。

別に『釈名』に「韅、経也、横経其腹下也」即ち「韅は経なり、その腹下を横経するなり」という解釈があるが、このような革具は今まで考察してきたような一連の鞁具のうちに占めるべきところがない。騎馬用の鞍の腹帯に韅の名が転用されたのかもしれないが、先秦時代の馬車の場合には不適当な解釈である。また『左伝』僖公二十八年の注に「在背曰韅」即ち「背にあるを韅という」とあるが、これにつづく靷、鞅の注と共に、おそらく誤りであろう。

長安張家坡の西周車馬坑の馬には、韅につけたと思われる飾金具が原位置のまま発掘されている。図104（二一二頁）に記したごとくである。

馬の腋の下を繞る革帯は漢代の馬車にもあり、その上端は斧痕の上あたりに載った衡に結ばれている。

ノエットはこの革具を、馬車のかじ取りと後退のためのものとしている。[198]『詩』六月「戎車既安、如軒如軽」即ち「戎車すでに安く、軒なるがごとく軽なるがごとく」とあるごとく、衡は前荷でもなく、後荷でもなく、軽く馬の斧痕の上に載っているわけであるが、韅は車が軒になった時、輈がはね上らないようにする作用もあったと思われる。また『周礼』考工記、輈人の「及其下也、不援其邸、必緧牛後」即ち「その下るに及びては、その邸を援かざれば、必ず牛の後を緧す」の条でわかるごとく、先秦時代には荷の重い荷車でさえブレーキ[199]は勿論、緧《しりがい》もない。荷の軽い小車も然りであろう。とすると轙は車を止める時、車の堕性を馬の腋でしっかり喰い止める上にも重要な役を果したであろう。

(e) 要　約

以上、遺物の方面の資料が乏しいため、時代による実際の変遷をたどることはできなかったが、主として漢時代の経典の注釈によって、おそらく戦国時代から前漢までの、その発展の最後の時期のものと思われる一輈の馬車の繋駕法の原理だけは明らかになったと考える。服馬は輈を挟み、両服馬の斧痕の上あたりに衡が載る。『周礼』考工記、輈人のところで述べたように、衡に結ばれた二つの軛は服馬の斧痕を挟み、衡が直接馬の椎骨にごつごつ当るのを防ぐ。両服馬それぞれの頸礎のあたりを靳がめぐり、後端は衡に結ばれる。また両服馬それぞれとの胴を、前脚のすぐ後で鞶が巻き、衡と結合する工夫がなされる。両驂も靳が肩端ないし頸礎から斧痕ないし鬐甲を巻き、それに結ばれた靷は軓前で輿下の軸に結ばれた革に続で継がれるのである。

㈡ 御　法

御馬のための馬具としては勒、銜、轡、策などがあり、その関係の遺物は第一節に馬車関係のものと一緒にのべた（一、㈠、⑴、(a)、(b)、(c)、(d)、(e)、㈡、⑴、(a)、(b)、(c)、㈢、⑴、(a)、(b)、(c)、(e)）。勒の作りは一、㈠、⑴、(d)にのべた安陽象墓出土の馬頭を飾った刀子が一番はっきりしている。これは銜、轡の表現を欠く。これと相近い作りの勒は、(e)にのべた安陽大司空村の車馬坑の馬にみられる。その細部の写真（図97）でみると、象墓の刀子の作りと異なるのは、鼻筋から上ってきた革が眼の後から来た額革と交叉し、耳の間を通ってのび、耳の後を回って来た項革と合している点である。また鑣の装着の具合がわかる。即ち、口角の後上方にある鼻革、頬革の交点から、二叉に岐れた革紐が出、方形板状の鑣の裏にある二本の半管形の孔に通されたと思われる。というのは、二叉に岐れた革につけられた銅泡らしきものが写っており、方形板状の鑣の方向も鼻革、頬革の交点に向いているからである。先に引いた武官村大墓出土の勒の復原模型は、鑣のつけ方がどうも曖昧なように思われる。

銜の遺物は発見されていないが、方形板状の鑣の中央の孔から抜けぬよう、両端に瘤を作った革紐製のものが用いられたと考えられる。板状の鑣の一辺にある耳には、もちろん轡が結ばれる。

轡については、卜辞に轡と釈される文字が現れる。即ち郭沫若は

庚[戌卜、王曰]貞翌[辛亥其]田□
庚戌卜、王曰貞其呈□用
庚戌卜、王曰貞其剢右馬
庚戌卜、王曰貞其剢左馬
……王……馬(200)

庚戌の日に卜う。王曰く、貞《ト》う、翌辛亥の日に其れ□に田《かり》せんか。
庚戌の日に卜う。王曰く、貞う、其れ……
庚戌の日に卜う。王曰く、貞う、其れ右馬に剢せんか。
庚戌の日に卜う。王曰く、貞う、其れ左馬に剢せんか。
……王……馬に……

に現れる剢につき、「剢字羅振玉収為利字(201)。案字左旁从𥝢、𥝢字一作穂、从禾恵声(202)。此言「剢左馬」上片言「恵左右」、同属田猟之卜、則剢蓋从刀𥝢声之字。叀古文以為恵及剢字疑均仮為轡」といい(203)、

また

乙未……長……不……

乙未卜、貫貞旧乙左（入?）馬、叜其犂、不歺、吉。

乙未卜、貫貞□叜入馬、叜士其犂、不歺。

乙未卜、貫貞自（?）子入馬、⧄乙叜犂。

乙未卜、貫貞⧄賓入赤瑪、其犂、不歺、吉。

乙未卜、貫貞左□其犂、不歺。

乙未卜、貫貞在罒田、黄允赤馬其犂……。

乙未卜、貫貞辰入馬、叜其犂、□歺。

……貫……(204)。

乙未の日に……長……せざらんか。

乙未の日に卜う。貫貞う、旧乙は馬を左（入《おさ》）めんか。叜が其れ犂するに歺せざらんか。吉なり。

乙未の日に卜う。貫貞う、□叜は馬を入《おさ》めんか。叜士が其れ犂するに歺せざらんか。

乙未の日に卜う。貫貞う、自（?）子は馬を入めんか。⧄乙叜が犂せんか。

乙未の日に卜う。貫貞う、⧄賓は赤瑪を入めんか。其れ犂するに歺せざらんか。吉なり。

乙未の日に卜う、貫貞う。左□が其れ犂するに歺せざらんか。

乙未の日に卜う。貫貞う、罒に在りて田《かり》さるに、黄允と赤馬に其れ犂せんか……。

乙未の日に卜う。貫貞う、辰は馬を入めんか、叜が其れ犂するに、歺せ（ざ）らんか。

……貫……。

に現れる犂も刹の異文で轡に仮借するとしている。(205) 旧乙、□叏、子、▨賓、辰は人名である。(206) 罕において田する辞が現れるから、田猟に行くにあたって、各処より納入された馬につき、どれに轡をかけるべきか、吉凶を卜したもの、ということになる。しかし、刹、犂を轡と釈することができるかどうか、確証はない。しかし、田猟に出かける前に、それに使用する馬に対して行うべき、何らかの作業であるという見当はほぼ当っているであろう。

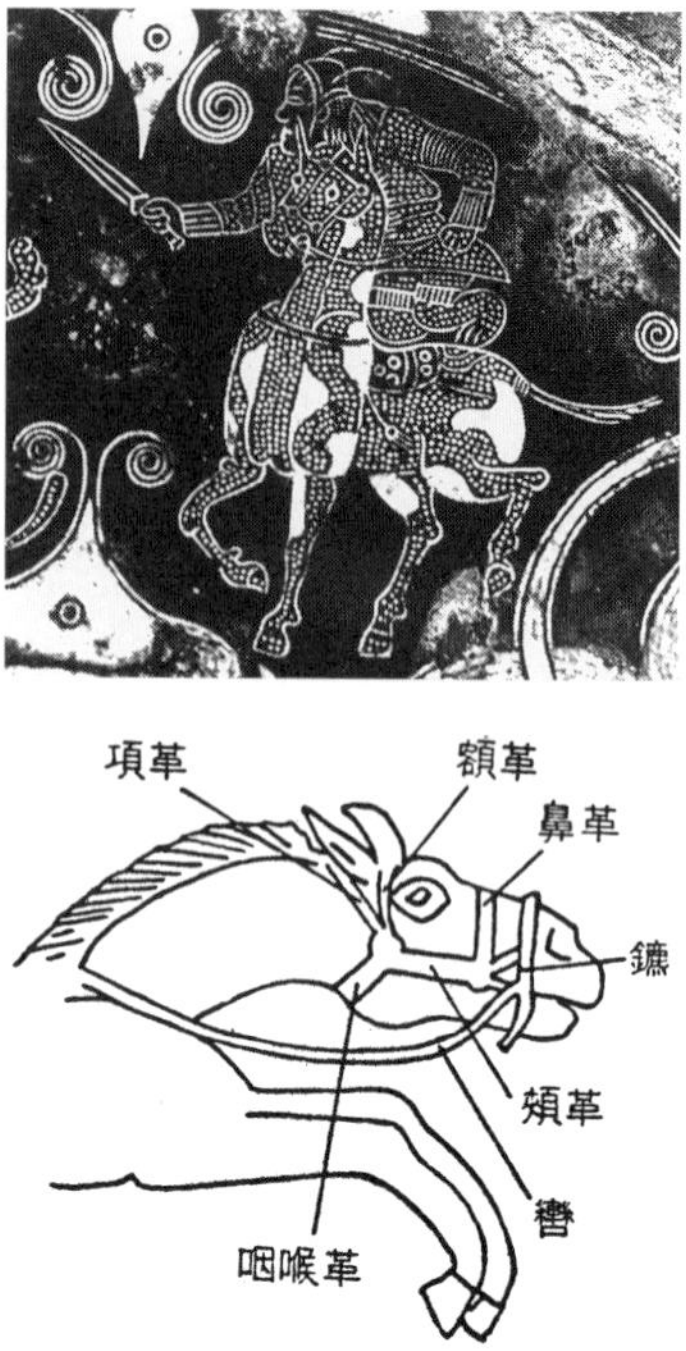

図200　戦国、前漢時代の頭絡

西周前―中期になると青銅製の銜が現れ、癖の悪い馬を御すのも大いに楽になったであろうことは先にのべた。また長安張家坡の発掘によって口籠のみによる御馬がこの時代に遡り、また銜・鑣と口籠が併用されたことが知られる。西周前―中期ごろから細長い棒状の鑣が現れるが、中央部に銜を通し、その上下の耳に二叉に岐れた頰革を通す方式で、殷のものと原理は変らない。

春秋前期、三門峡上村嶺からは二孔を穿った牙状の鑣が出現する（図161の1）。輝県琉璃閣戦国墓における出土状況からみても、この式の鑣が銜の両端の環に通されて（図187の1）使われたことは疑いない。(207) 二叉に岐れた頰革は鑣にうがたれた二孔に通される。棒状の鑣は頰革と直角の方向に立つわけで、その状況は細川護立氏蔵の金銀象嵌鏡の馬（図200、上）、前漢の墓塼に捺された馬の像（図200、下）にみられよう。この方式だと、鑣の孔に通されている場合よりも銜はよりシャープに轡の動きに応じて動いたことと思われる。春秋前期には旧来の方式のものも使われているが、春秋後期になってこの方式のものが専ら用いられる。

春秋後期の勒は、一九五二年に発掘された唐山賈各荘の一八号墓出土の革紐につけた青銅飾が原位置のまま発見された例によって、復原されている（図201）。銜が一緒に出ているのであるが、復原模型にはどうしたことか銜の代りに細い針金が頬革と鼻革の交点にある環に結ばれているだけである。この墓ではおそらく角ないし骨製の鑣があったのが、腐って失われたものと思われるが、それがないので銜をとりつけることができなかったのであろう。この模型では鼻筋を通る革が額で止っているが、細川氏の鏡の馬では、安陽大司空村のもののごとく耳の間を通りぬけて項革に結ばれているらしい。

春秋末期から前漢時代にかけての、轡のシステムについては一、㈢、⑵にのべたごとくである。即ち、両服馬の右側から出た轡は御者の右手に、左側から出たものは左手に握られる。右驂の外側の轡は靳に通した游環を通って御者の右手に、左驂の外轡は同様にして左手に握られる。内轡は、あるいは軓前に固定され、あるいは両服馬の外轡に通した環に結ばれる。

図201　唐山賈各荘18号墓の頭絡の復原模型

以上馬車の作りの大筋がわかり、繫駕法が明らかとなり、御馬の馬具類、轡の扱い方の大凡も知られた。読者は想像のうちで先秦時代の馬車を御することができるであろう。車は使う時に軸と轂、轄の間に脂を塗る。『詩』何人斯に「爾之函行、遑脂爾車」即ち「爾《なんじ》の函《すみか》に行く、爾の車に脂《あぶら》さす遑《いとま》あらんや」と、また『左伝』襄公三十一年に「巾車脂轄」即ち「巾車は轄に脂さす」と。轄は車を使わない時は抜いておき、使う時にさす。『詩』車舝に「間関車之舝兮」即ち「車の舝を間関し」と、また泉水に「載脂載犛」即ち「載《すなわ》ち脂さし、載ち犛す」と（犛は轄）。濬県辛村の轄も軎の金具から抜いてあった。こういう心得は現在と変りない。『詩』大叔于田の「両服上襄、両驂雁行」（両服は上襄にして両驂は雁行す）の鄭箋に「襄、駕也、上駕者、言為衆馬之最良也」即ち「襄は駕なり、上駕とは衆馬の最良たるを言う」という。服馬には優秀な馬を使う。牽引の力において、また車のかじ取りにおいて主導的な役を果すからである。

　周代馬車を御することは六芸の一つに数えられ、貴族の身につけておくべき素養の一つとされている。『周礼』保氏に「保氏掌諫王悪、而養国子以道、乃教之六芸、……四曰五馭」即ち「保氏は王の悪を諫め、国子を養うに道をもってすることを掌る、乃ちこれに六芸を教う……四に五馭という」とあり、注に「鄭司農曰……五馭、鳴和鸞、逐水曲、過君表、舞交衢、逐禽左」即ち「鄭司農曰く……五馭とは和鸞を鳴らし、水曲を逐い、君表し過ぎ、交衢に舞い、禽の左を逐うなり」と。「鳴和鸞」は、孫詒譲は『周礼』大馭の「凡馭路儀、以鸞和為節」即ち「凡そ路に馭するの儀は、鸞和をもって節となす」をいうとする。[208] 鄭玄は「舒疾之法也」即ち「舒疾の法なり」という。ぎくしゃくせず、シャンシャンとリズミカルに鈴を鳴らしながらスムーズにスピードを上げたり落したりすること。「逐水曲」は、賈疏に「無正文、鄭以意而言、謂御車随逐水勢之屈曲而不墜水也」即ち「正文なし。鄭は意をもって言う。車を御するに水勢の屈曲に随逐し、水に墜ちざるなり」という。蛇行道路をうまく走ること。「過君表」は賈公彦が『詩』小雅、車攻の毛伝、『穀梁伝』昭公八年に王は田猟に際し、柄の曲った旗に褐布を巻いて門とし、矢の的にする棒に裘を巻いて門の間の柱とするが、間隔は車の軎頭の両側一握ずつしか余裕がない、これにぶつけた者は入ることを許されない、とあるのにあてたが、孫詒譲はこれは門で表とはいいえないとし、朝会に際し君位にたてられた表の前を過ぎる時の敬意を表する礼だという。[209]「舞交衢」につき賈公彦は「謂御車、在交道車旋、応於舞節」即ち「車を御し、交道にありて車旋るに、舞の節に応ずるをいう」という。道路の交叉点でもたもたせず、とっとと鮮かに曲ることであろう。「逐禽左」は田猟で動物を逐うのに、その左側に車をもって行くこと。『詩』秦風、駟驖にあるごとく、王は動物の左側から射るしきたりになっているからである。五馭としてあげられているのはこれだけである。御の技術はこの五つに止まらないであろうが、これだけでもそうやさしいものではあるまい。動力は生きた動物であり、これを四本ないし六本の轡であやつらねばならないからである。『詩』には「六轡如組(210)（六轡は組のごとし）」、「六轡如糸(211)（六轡は糸のごとし）」など、轡のさばきのみごとなことを咏った句が多い。

また四馬駢駕であるから横幅が広く、驂を立木などに引っかけたり(212)せぬよう注意しなければならないし、重心が低くて安定した車というにはほど遠いらしいから、ちょっとした障碍に乗り上げて引っくりかえったり(213)せぬよう注意せねばならない。

むちは、安陽小屯車馬坑から出た遺物が石璋如の考えたごとく策であるとすると、棒の先端に革紐をつけた形式のものである。両手に三本ずつの轡を握りながら片手にこれを併せ持ち、曲る時に棒の部分で馬の肩を軽くたたいて指示を与え、あるいは片手だけに六本の轡を持ちかえ、あいた片手で策を振り、馬の耳もとで革紐の部分をしゅっと鳴らして馬を激励する、というように使われたことであろう。

三　性　能

春秋時代の兵車は御、左、右の三人乗りを原則とすることは『左伝』などによって広く知られるところである。それより古い時代となると不明である。殷虚の例をみると小屯二〇号墓は馬車と共に三人、小屯四〇号墓では二人、大司空村一七五号墓では一人がそれぞれ副葬されている。しかしこれらの人間がすべて一緒に埋められた馬車に乗るべき人間か、あるいは中に馬車の世話をするだけの僕が混っているか、すべてについて決することはできない。最後の例がただの僕であろうことは先に一、㈠、⑴、(e)で推測したごとくである。考工記でみると、この三人乗りの車である兵車、乗車は最も大型の部類に入っているのである。一、㈢、⑵、(a)、(b)でのべた前五世紀頃の銅器に表わされた狩猟図では、考工記にいうそれより一まわり小さい車である田車と思われる車に御者と射手の二人が乗っている。

　駟乗即ち「四人共車」ということもあることはある。それにしても馬四頭もかかって小さな箱に三人か四人乗せるだけとは、今日からみていかにも奇異なことである。『左伝』宣公十二年「晋人或以広隊、不能進（注に広、兵車也）、楚人惎之脱扃（注に惎、教也）、少進、馬還、又惎之抜旆投衡、乃出（注に還、便旋不進、旆、大旗也、抜旆投衡上、使不帆風、差軽）」即ち「晋人或いは広の隊《お》つるをもって進むあたわず（注に広は兵車なり、と）。楚人これに扃を脱せんことを惎《おし》う（注に惎は教なり、と）。少しく進むも馬還る。またくれに旆を抜きて衡に投ぜんことを惎う（注に還とは便旋して進まざるなり。旆は大旗なり。旆を抜きて衡上に投じ、風に帆せざらしむれば差《さも》しく軽し、と）」などという話をみると誠にだらしない馬車である。大きな旗をたてたら風の抵抗で動けなくなったのである。それに『左伝』文公十一年に出てくる駟乗という四人乗りの兵車も、[214] 馬車をもたない長狄を相手に戦った時の宋、魯の特別な戦法だったのではないかと思われる。というのは『左伝』宣公十二年「（趙旃）弃車而走林、逢大夫与其二子乗、謂其二子無顧、顧曰、趙傁在後、怒之、使下、指木曰、尸女於是、授趙旃綏、以免」即ち「（趙旃は）車を棄て、林に走る。逢大夫二子と乗る。その二子に謂いて顧みることなからしむ。顧みて曰く、趙傁後に在り、と。これに怒り、下らしめ、木を指して曰く、なんじをここに尸せん、と。趙旃に綏を授け、もって免る」という話をみると逃げのびるには四人乗りではむりらしい。『左伝』成公二年、韓厥の御する車に綦母張が車を失って寓乗を請い、拾い上げてもらっているが、左が車の下に射落とされてこの車には車の上にたおれた右と、韓厥の二人しか乗っていなかったのである。また『左伝』襄公二十五年「陳侯扶其大子偃師奔墓、遇司馬桓子曰、載余、曰将巡城、遇賈獲、載其母妻、下之而授公車、公曰、舎而母、辞曰不祥、与其妻扶其母以奔墓、亦免」即ち「陳侯はその大子の偃師を扶けて墓に奔る。

司馬桓子に遇い、曰く、余を載せよ、と。曰く、将に城を巡らんとす、と。賈獲の其の母と妻を載するに遇う。これを下し、公に車を授く。公曰く、なんじの母は舎《お》け、と。辞して曰く、不祥なり、と。その妻と母を扶け、もって墓に奔り、また免る」という話をみると、五人乗りなどは思いがけぬことのようである。陳公と大子だけでは定員に一人余るので賈獲の母一人をのせてやるといったわけである。即ち徒歩の敵と戦う分には間に合うが、戦車同志の場合には三人乗りが限度で、四人乗りではスピードが落ちて役をなさなくなるのではないかと考えられるのである。ほかに、『左伝』襄公二十三年に斉の荘公が衛と戦った時の陣容を記した条に、先駆（前鋒軍）、申駆（次前軍）、弐広（公副車）、啓（左翼）、胠（右翼）が三人乗りに対し、大殿（後軍）だけが四人乗りになっている。もっとも申駆は「申鮮虞之、傅摯為右」即ち「申鮮虞之と傅摯は右となる」とあり、右、中の他に二人の右があったようにみえる。『正義』に「俗本多云申鮮虞之子、今案、注云傅摯申鮮虞之子、若伝先有子字、無煩此注、故今定本皆無」即ち「俗本に多く「申鮮虞之子」と云う。今案ずるに、注に「傅摯は申鮮虞の子」という。もし伝に先に「子」の字あらば、この注を煩わすことなからん。故に今の定本にみな（「子」の字は）なし」という。いかにもそうであるが、四人乗りなら、四人目は「某々駟乗」といいそうなものである。疑いを決しえないから、今しばらくおいて考慮から外す。顧頡剛、楊向奎一九三七は「駟乗」は蓋し戦闘力を増すものであろう、というが、それならしんがりだけが四人乗りというのはどうであろうか。三人乗りより四人乗りの方が戦闘力は増すにちがいないが、機動力の点で劣ってくるから、前面の陣には用いることができなかったのではなかろうか。

もう一つ駟乗とあるのは、昭公二十年、衛霊公が外出中に乱が起り、公が車に乗って事変の起ったのとは別の門から駆け入り、公宮に来た時、一人が駟乗じている。宝をとり出し、強行突破して逃げ出す時も四人乗りだったのかどうかはわからない。輿の大きさは先にみたごとく、小さなリヤカーの箱くらいのものとはいえ、三人乗っていてもあと一人や二人乗るくらいのむりはできないことはなかろう。大勢乗った方が戦闘力が増すのなら、大きい車を作ったらいいし、いざというとき車のなくなった者を収容する便があることからいっても、三人ぎりぎりしか乗れない車というのも不便である。三人一組の戦闘単位としての便宜も勿論あろうが、四頭立ての馬の牽引力の限界に制約されて、乗員をそれ以上に増すことが出来ないからヴァリエーションに乏しい、最低の三人で単位を作っている、ということがあるのではないかと思われる。

この非能率は一体どういうことであろうか。ノエットは「古代の繋駕法というものが存在し、それが現代のものと外見を異にするものであることは、誰しもただ漠然とは知っている。が、この外見の相異にかかわらず、牽引動物は古代人に対し、今日と相似た働きをしてやっていたと認めているのである。ところがこの見解は全く根拠がない。実は全くそうではなく、古代においては動物の動力はあるかなきかのごときものであり、古代の繋駕法は全く児戯に類した粗末なもので、問題をほんの仮に解決したものにすぎず、それはその外形において今日のものと異なるばかりでなく、その原則、部品、能率において全く異なるものである。牽引動物の力は一〇世紀、第一カペー王朝になってはじめて人の手に捉えられたのであり、古代式から近代式への移行は人類に莫大な利益をもたらし、近代世界への挺となったものである」[215]とのべ、以下このテーマを論証している。彼が証するように古代の繋駕法は、その最も古い例から、西洋において中世それが消滅するまで、全く同一の、不変の方式が行われている。ノエットは中国先秦時代の文献資料は苦手であったらしく、「……『詩経』……には四頭立ての馬車を多くうたっているが、その記述は非常に混乱していて、正確な観念を形造ることが出来ない」[216]として、後漢画像石以後の資料のみ扱っているが、中国以外の旧大陸の資料にみられる古代式繋駕法を次のように総括している[217]。

原則——古代の馬の繋駕方式は次の二つの主要な原則に基いている。即ち喉による牽引、および馬の数が何頭であろうと駢駕すること。

馬具——馬具は五つの部品から成る。即ち、頸革、轡、衡、輈、銜で、これらは互に結び合され、組合されて牽引、かじ取りと後退、馬車の支持、御馬の四つの主要な装置を形造る。

部品――頸革は、牽引のための主要な部品であるが、しなやかな革帯で作られ、かたい芯は入っていなかった。これは、馬の喉の、ちょうど皮の下を気管が通っている部分の上を巻く。鬐甲の上で衡に結ばれ、肩には全く接触していない。

轡は、かじ取りと後退のための部品であるが、しなやかな革帯で作られ、前肢の後で胸をめぐり、頸革と同じところで衡に結ばれる。

衡は、牽引、かじ取り、後退、二輪をつけた馬車の支持のための部品であるが、真っ直ぐな、あるいは彎曲した木の棒で、釘と鞣皮の紐で輈の先に十文字に固定されていた。両服馬の鬐甲の上に載り、この二頭の馬の頸革と轡がその両端に結ばれる。

輈は、牽引、かじ取り、後退、および二輪をつけた馬車の支持の部品であるが、真っ直ぐなあるいは彎曲した弾力のある長い木の棒で、衡と馬車の箱の下にある車軸を結ぶものであった。

銜は、馬を御するための部品であるが、今日のものと同じような小勒のはみで、付属の装備を伴っていた。

四つの補置――牽引の装置は頸革、衡、輈で構成される。

かじ取りと後退のための装置は、轡帯、衡、輈で構成される。

二輪をつけた馬車の支持の装置は、轡帯、衡、輈で構成される。

御馬の装置は、頭絡と、二叉に分岐しない二本の轡を伴う銜で構成される。

働き――牽引――繫駕した馬が動き出すと、両服馬は牽引の装置で馬車を引っ張る。頸革は喉にぴたりと貼りつき、馬の呼吸を困難にする。馬が頭を下げる時にはこれが甚だしい。というのはこのような姿勢をとると頸の筋肉がたるんでやわらかくなり、気管を保護しないからである。かくて馬は頸を本能的にかかげ、古代の遺物にえがかれた挽馬に特徴的な姿勢を取るのである。ところでこの体を起した姿勢は挽馬の姿勢としては最もまずいものである。馬の重心は後に移動し、体重を牽引に使うことができないからである。

このような条件において馬の力はその極く小部分しか利用されないことは容易に説明できることであり、また一九一〇年の（同氏の）実験において証明されたことである。

かじ取りと後退――繋駕した馬車が曲ると、かじ取りの装置たる轡、衡、轅が馬車を曲げるために働く。車軸が一本の車ではこの運動は容易に行われた。しかし、車軸が二本の車では、前輪が動くように出来ていないので、今日の乳母車と同様、前輪を持ち上げない限り小廻りをすることができない。

上記の装置はまた、速力を減じたり、停止または後退する際、馬車を抑え、馬の尻にぶつかるのを防ぐに役立つ。

二輪の馬車の支持――二輪の馬車の支持は衡と轅で行われ、また衡をとめておく轡帯もつけたりの役目を果す。

御馬――繋駕した馬を御する方法は今日と同様な方法で行われる。ただし二叉の轡が発明されていなかったので、一頭の馬に二本ずつである。だから四頭立ての馬車の御者は八本の轡を握ることになる。

編成――古代の繋駕は、通常衡の下に駢駕せられた二頭の馬によって編成された。二頭以上の時も常に駢駕の形で繋駕されたが、両服馬のみが実際に衡を引き、他は、ただ牽綱でつなぎとめられているだけで、繋駕の中においては、替え馬または威儀を飾るためのものでしかない。

一本の衡に四頭の馬を繋ぐ方法は古代のあらゆる国々で試みられた。しかし衡が長すぎるので折れやすくなったり、または曲りやすくなったりする。かくてこれは例外的に使われるに止った。

能率――繋駕した馬の総体の力は、各々の馬の頑張り、繋いだ馬の数、および足の磨損に対する抵抗力から割り出される。古代の繋駕は実際は喉で引く、蹄鉄をつけない二頭の馬であり、全然貧弱な能率しか持ちえなかったのである。先で述べるごとく、クセノフォンの記載、テオドシアン法典の De cursu publico の規定、および一九一〇年に行った実験から、能率は最も強力な車で五〇〇キログラムに達しなかったのである。

このことから、なぜ古代において馬は野良仕事に使われることがなく、また耕作に用いられることが絶えてなかったかが説明される。

私ができるだけの資料を使って復原を試みた中国先秦の馬車は、ノエットの述べるこの古代式繋駕法の馬車とほとんど同一といってよい。二叉の轡が用いられたこと、驂馬も靷によって牽引に参加したこと等のほかは、アイデンティックといっても差支えない。この方式だと頸革（靳）が喉をしめつけるので極く軽い、五〇〇キロ以下の車しか引けないというのである。

一体馬に喉で車を引かせたということを承認するのには、誰しもそんな馬鹿げたことを、という強い抵抗を感ずるであろう。ほんの少し下の肩で引かせることになぜ何千年も気がつかなかったのか、全く不可解に思える。しかしノエットが示す無数の資料を前にしては、やはりこの不可解な事実を承認せざるをえないのである。ノエット自らが一九一〇年に実験したところでは、この衡の下に二頭の馬を駢駕する方式では、どう工夫してみてもやはり頸革は上にずれ上って喉をしめつける。そしてテオドシアン法典に規定された五〇〇キロ以上を引かせるのは困難だったという[218]。頸革が喉をしめたら、現代の挽馬のように馬が前のめりになって体重をかけて車を引くことは全然不可能である。だから坂道にかかるとたった二人か三人の人間をのせた四頭立ての馬車を、人間が押してやらなければならないのであろう。『左伝』成公二年に「緩曰、自始合、苟有険、余必下推車」即ち「緩（郤克の右）曰く、始めて合してより、苟くも険あらば、余必ず下りて車を推す」と、また『新序』に「趙簡子上羊腸之坂、群臣皆偏袒推車、而虎会独担戟行歌不推車」即ち「趙簡子が羊腸の坂を上るに、群臣みな偏袒して車を推す。而して虎会は独り戟を担ぎ、行歌して車を推さず」と。

ところでこのテオドシアン法典についてのノエットの説明[219]をみると、荷物や、傷病者をのせてゆっくり走る最も積載量の多いangariaという車は最高一五〇〇ポンドと規定されており、当時の一ポンドは約三二八グラムであるからこれは四九二キロになるという。この車は一台を二頭の牛が引き、二頭が交替用の予備につけられる。angariaについで積載最の多いredaという車は最高一〇〇〇ポンドと規定され、これは一対の騾馬が引き、交替用の予備に夏は六頭、冬は八頭がつけられる。ノエットはこの目方の制限を馬車に適用しているのであるが、これらは牛や騾馬が引く車で、厳密にいえばこの一五〇〇ポンド、一〇〇〇ポンド等は馬車の標準とはならない。その他もっと軽い荷を引く車も、騾馬や驢馬が引くように規定され、馬は騎乗用であって原則として車に繋駕することを禁ぜられていたのである。[220]しかし騾馬が居ない時は馬に引かせてよいことになっているから、redaの目方、一〇〇〇ポンド（三二八キロ）は馬が引いたことがわかる。ノエットはさらにユリアヌス帝がコンスタンス帝にあてた第二の談話に、四世紀頃パルチアで使われていた戦争用の象について、それが車何台分もの荷を運ぶと言っていることから、大きな象は最高一二〇〇キロを運ぶのだから、これは当時の車何台分にも当ると見えたはずだ、とテオドシアン法典の規定を傍証している。たしかに衡の下に二頭の獣を繋駕する方式では、いかに能率が悪かったかはわかるが、いま問題の馬車が五〇〇キロ引いたか三〇〇キロ引いたか等、より立ち入ったことはわからない。

ノエットは実際に実験して五〇〇キロ以上を引かせるのは困難だったというが、五〇〇キロを引いて馬がどの程度の距離を歩き得るのか、速く走らせたらどの程度の目方を引いてどのくらいの時間たえ得るのか等、くわしいことは何も記していない。長時間戦場をかけめぐり、また不整地を全速力で狩猟して廻るためには、最大限の五〇〇キロでは重すぎるであろうことはたしかであろう。

中国先秦の馬車の自重は、仮に、考工記の標準で大雑把に計算して木部の体積約一四〇〇〇〇立方センチとして、木の比重を約〇・八とすれば約一一二キロ、軎、轄その他の金具を数キロとして、まず一二〇キロぐらいという数字がでる。エジプトの戦車の目方をノエットは一〇〇キロ足らずと推定している。[221] 大体一〇〇キロ前後とみれば誤りはなかろう。これに三人の人間が乗って約三〇〇余キロである。中国においては驂馬も斜め前からで非能率ではあるが牽引に参加している。これくらいが長時間の疾駆にたえる目方であり、『左伝』でみたごとくこれ以上では重すぎるのであろうか。くわしいことは実物模型を作って実験してみるより仕方ない。この問題の解明は将来にまちたい。

四　起原、系統

前節でちょっとのべたごとく、中国先秦時代の馬車は古代オリエント、ヨーロッパのものと基本的な特徴において非常によく似ている――というより全く共通しているといってもよい。そこで、この馬車は中国にいつ頃現れたものか、また中国で独自に創られたものか、あるいは西方のものと何らかの関係があるものか、等の問題に最後にふれておかねばならない。

殷虚より時代の遡る馬車の遺物、ないしその図像上の証拠は現在のところ出ていない。何ケ所かの先史遺跡より馬の骨が出ているが（第五章、四九九―五〇一頁参照）、これが家畜であるか、また車を引かせたものか、それとも食用にしたものか明らかでない。

(一)　中国の馬車の起原に関する伝説

中国の馬車の起原に関する伝説としては戦国時代の文献に夏の奚仲が作ったとあるのが最も古い。墨子の門人の作と畢沅がいう[222]『墨子』非儒篇に「奚仲作車」即ち「奚仲は車を作る」と、前三世紀中頃の荀卿の説を記した『荀子』の解蔽篇に「奚仲作車、乗杜作乗馬」即ち「奚仲は車を作り、乗杜は乗馬を作る」と、戦国末年の作とされる『世本』(『宋書』礼志五引)に「奚仲始作車」即ち「奚仲は始めて車を作る」と、秦の呂不韋の賓客の集めたという『呂氏春秋』の君守篇に「奚仲作車」と。また周末―秦頃のものといわれる[223]『尸子』に「造車者奚仲也」即ち「車を造る者は、奚仲なり」と、『管子』の中でも古い部分と安井衡がいう[224]「経言」の中の形勢篇に「奚仲之巧、非斲削也」即ち「奚仲の巧は斲削のみにあらざるなり」といい、その解説である形勢解に「奚仲之為車器也、方圜曲直、皆中規矩鉤縄、故機旋相得、用之牢利、成器堅固……」即ち「奚仲の車器を作るや、方圜曲直みな規矩鉤縄に中る。故に機旋相い得、これを用うれば牢利にして器を成すこと堅固……」とあり、これも奚仲が車を作った話である。『左伝』定公元年には「薛宰曰、薛之皇祖奚仲、居薛、以為夏車正」即ち「薛宰曰く、薛の皇祖奚仲は、薛に居り、もって夏の車正となる」とあり、ここでは車を司る官となった歴史上の人物として、論争の拠り所に引張り出されている。薛の史官の記録に書いてあったのであろう。これが奚仲造車という話の出所かとも思われる。一方『山海経』大荒北経には「番禺生奚仲、奚仲生吉光、始以木為車」即ち「番禺は奚仲を生み、奚仲は吉光を生む。始めて木をもって車をつくる」といい、奚仲の子の吉光が作ったように記している。郭璞は注に「世本曰、奚仲造車、此言吉光、明其父子共創意首称也」即ち「『世本』に曰く、奚仲車を造る、と。ここに吉光というは、その父子共に創意首称するを明らかにするなり」とこの食いちがいを説明している。

以上戦国時代に夏の奚仲(ないしその子)が車を作ったという話が流布していたことがわかる。車正になったというからにはこの車は労働者の使う荷車や何かでなく、王や諸侯等がのるための、車字が象る両輪、輿、輈、衡、両軛を具えた、馬にひかせる馬車であろう。『説文』に「車、輿輪之総名也、夏后時奚仲所造」即ち「車は輿輪の総名なり。夏后の時に奚仲の造るところ」ということくである。

漢になっても夏の奚仲が車を作ったという説が行われていたことは今の『説文』に現れる文のほかに、前漢初の陸賈の『新語』道基篇に「禹乃決江疏河、……人民得去高険処平土、川谷交錯、風化未通、九州絶隔、未有舟車之用、以済深致遠、於是奚仲乃橈曲為輪、因直為輈、駕車服牛、浮舟杖檝、以代人力」即ち「禹は乃ち江を決し、河を疏し、……人民高険を去りて平土に処るを得。川谷交錯し、風化未だ通ぜず、九州絶隔す。未だ舟車の用ありてもって深を済し遠きに致す。ここにおいて奚仲は曲を橈めて輪をつくり、直に因りて輈をつくる。車に駕し手を服し、舟を浮べて檝を杖し、もって人力に代う」といい、淮南王劉安の撰という『淮南子』修務訓にも「奚仲為車」即ち「奚仲は車をつくる」とあり、後漢の王充の『論衡』対作篇にも「造端更為、前始未有、若倉頡作書、奚仲作車、是也」即ち「端を造りて更めてつくるは、前始未だあらざればなり。倉頡の書を作り、奚仲の車を作るがごときこれなり」とある。

一方後漢以後になると『釈名』（『太平御覧』七七二引による）に「黄帝造車、故号軒轅氏」即ち「黄帝車を造る。故に軒轅氏と号す」と奚仲とは別に黄帝が現れる。『古史考』（『太平御覧』七七三引による）には「黄帝作車、少皞時略加牛、禹時奚仲駕馬、仲又造車更広其制度也」即ち「黄帝車を作る。少皞の時略々牛を加え、禹の時奚仲馬を駕す。仲また車をも造りて更にその制度を広むるなり」というが黄帝と奚仲をむりにくっつけ合せたきらいがある。『宋書』礼志五には「上古聖人見転蓬、始為輪、輪何可以載、因為輿、任重致遠、流転無極、後代聖人観北斗魁方、杓曲攜龍角、為帝車、曲其輈以便駕、系本云奚仲始作車、按疱羲画八卦、而為大輿、服牛乗馬、以利天下、奚仲乃夏之車正、安得始造乎、系本之言非也」即ち「上古に聖人蓬の転ずるを見て始めて輪をつくる。輪何ぞもって載すべけん。因りて輿をつくり、重きに任じて遠きに致し、流転極りなり。後代の聖人北斗の魁の方にして杓の曲りて龍角に攜《つらな》りて帝車となるを観、その輈を曲げてもって駕に便にす。『系本』に云う、奚仲始めて車をつくる、と。按ずるに疱羲八卦を画す。而して大輿をつくりて牛を服し馬を乗し、もって天下を利す。奚仲は乃ち夏の車正、安んぞ始めて造を得んや。『系本』の言は非なり」という。三皇五帝の系列が整備されてくると、『大戴礼記』五帝徳の「宰我曰、請問帝堯、孔子曰……富而不驕、貴而不予、黄黼黻衣、丹車白馬」即ち「宰我曰く、請う、帝堯を問わん。孔子曰く……富みて驕らず、貴にして予《あた》わず、黄の黼黻の衣にして丹車白馬あり」、『礼記』明堂位の「鸞車、有虞氏之車也」即ち「鸞車は有虞氏の車なり」など夏より古いはずの時代の車が言われていることから、車の創造を奚仲より古い帝王に遡らせ、これを奚仲の伝説と折衷させ、あるいは奚仲を抹殺する必要が生じたのであろう。

　こういう人工の臭気の強いものにくらべて奚仲の伝説は、それの現れる資料の年代も古く、またこれが作為された古の聖人でも何でもない人であるところにかえって真実味がありそうであり、薛の国の史官の記録に拠り所があったらしいことからも、多少とも何か古い言い伝えに由来するところがあったように思われる。

　夏という国の歴史、具体的な文化についてたしかなことは現在全く不明である。しかし夏という王朝が殷王朝が天下をとる前にあったことだけは事実である。周初に、殷の前に夏があり、殷がこれを亡ぼしてこれに代ったと一般に考えられていたことは『尚書』の多士の文などから知られる等々。夏の奚仲が車を作ったという伝説が信ぜられていた戦国時代には、殷は約五〇〇―六〇〇年間、その前の夏は約五〇〇年間つづいたものと考えられていたのである[225]。殷周革命を前一一世紀頃として、奚仲の馬車の創作は、今の表現になおせば、前三千年紀末から二千年紀前半と信ぜられていた、ということができよう。先に引いた『左伝』の杜注に「奚仲為夏禹掌車服大夫」とあるが、禹の時の人というのが古い伝えによるものか、あるいは車の創作を古い昔の聖王に付会しようとする後漢以後の傾向によって禹を持ち出したものかは不明である。

　もちろん馬車が奚仲という一人の男によって発明されたということはまずありえないことである。また、殷の前に夏が存在したことは事実としても、それが具体的にどのような文化をもち、どのあたりに在った国かという点についても確実なことは一向に明らかでない。とすると中国の車の起原の問題は、このような不明な国の人とされる伝説的人物の発明と戦国時代の人が信じていた、ということを知ったところで、歴史事実としては一つも明らかにされたことにはなるまい。

(二) 古代オリエントにおける馬車の発達

発掘資料も、文献に残る伝説も中国の馬車の起原を考える上に一向に役に立たないとすると、中国の外の世界における馬車の発達状況をながめ、その中において占める中国の馬車の位地を定め、中国の馬車がそれらと歴史的につながりがあるかどうかを考察するという方法が残された道ということになる。

古代オリエントないしそれに関連をもつと考えられる地域における馬車、およびそれに関連する馬飼養の問題を取扱った文献はなかなか多い。主要なものだけでも、Nuoffer 1904（未見）、Studniczka 1907（未見）、Przeworski 1928（未見）、Unger 1929, Unger 1929a（未見）、Moortgatt 1930（未見）、Hilzheimer 1931, Noëtte 1931, Wrezinski 1932（未見）、Popplow 1934（未見）、Hermes 1936, Potratz 1938（未見）、Wiesner 1939, Christian 1940（未見）、Potratz 1941（未見）、Schmidt 1946, Haudricourt 1948（未見）、Salonen 1951（未見）、Schachermeyer 1951, Childe 1952, Hančar 1955など。個々の資料に関するものに至ってはさらに多数である(226)。

これら文献のうち読むことができたものよりも、現在見ることが出来ないものの方が多い有様であるから、研究史を述べ、それぞれの説に批判を加えてゆく、というような正攻法の記述で進むことが許されない。またこの馬ないし馬車の問題は多かれ少なかれインド・ゲルマンの起原の問題と絡み合せて論ぜられているので、関連するところが非常に広く、その方の問題までも論じつくし、自己の立場を決めるということはなかなか厄介である。幸いにして最後にあげたハンチャルは、ヴィースナーやシュミットの研究に最も著しくみられるような、インド・ゲルマンの起原についての仮説からする解釈を意識的に排除し、もっぱら客観的事実の積み重ねによって結論を導き出す方法をとっており、また最も新しい研究成果をとり入れて詳細に記述を進めているので、いま便宜上主としてこの本の古代オリエントの章によって概観したい。勿論ハンチャルが拠った一々の資料について検討してみなければ、その論旨の当否について考えを決めるわけにはゆかないわけであるから、氏の論を終始誤りないものとして紹介するのではないことはいうまでもない。(227)

古代オリエントには、その地で馬の家畜化が行われる前提となるべき土着の野生の馬は欠如している。馬科の動物（Equidae）としてはエジプトに驢馬（*Equus asinus L.*）が、インド西部をも含めて近東には半驢（Halbesel）に属するオナーゲル（*Equus onager Pall.*）、クラン（*Equus hemionus Pall.*）が野生している。以下ハンチャルに従い、前五、四、三千年紀と、前二千年紀および一千年紀の二つに分けてのべる。(228)

(1) 前五、四、三千年紀

馬科の骨の資料はかなりある。前五千年紀の北西イランの遺跡ではベルト洞窟、アッスールの東、ケルクク付近のカラト・ジャルモ、前四千年紀の遺跡ではイラクのバリック河谷のテル・アスワッドとテル・メフレッシュ、メギッド、シアルクⅡ、三千年紀初のものではテル・アスマルなど。カラト・ジャルモのものはおそらく半驢と思われ、シアルクⅡのものはクラン、テル・アスマルの最古層（前二八〇〇―二七〇〇）のものはオナーゲルである。ハラフ時代（前三五〇〇―三二五〇）のテル・アスワッド、オベイド時代（前三二五〇―三〇〇〇）のテル・メフレッシュのものも、ジェムデット・ナスル（前二八〇〇―±二七〇〇）およびナラム・シン時代のテル・ブラク、シャガール・バザールのものと同様クランに近いもの。ウルのシュバド王女の墓のものもウーリーは半驢と認めている。キシュ（前二六〇〇頃）では驢馬の骨のほか、馬の歯と言われるものがあり、本当とすると前三千年紀の馬の骨の唯一の例となるが、アムシュラーはこれをアナウの馬（実は半驢）と比較しており、疑問が存する。これは問題としても、古代オリエントにおいて前五、四、三千年紀には半驢が広く利用されたことが骨の証よりたしかと言いうる。

次に図像的表現、運搬具の方より考える。馬科の表現は前四、三千年期には牛と比べると非常に少ない。オベイド期（前三二五〇―三〇〇〇）スーサの土器にえがかれた馬科は、尾の特徴から馬というよりも半驢に近く、同期のテペ・ギヤンの土器にえがかれた人像を伴うものも、体つきから半驢とみられる。それに対しスーサの象牙像はプルジェヴァルスキー馬とみられるが、もちろん家畜と認むべき証拠はない。

一方ウルクⅣ期（前三〇〇〇―二八〇〇）に属する、馬科の頭を一九個えがいた有名なエラムの骨の板は、前アジアにいるオナーゲルの像とせられる。不確かであるが、テペ・ガウラの同時代の層から出たというアスファルトに捺した印章には秣槽と共に一頭の馬がいる。

ジェムデット・ナスル期（前二八〇〇―二七〇〇）には、バグダッドの東北、テル・アグラブから出た石製の馬の胴がある。

初期王朝時代（ウル第一王朝は前二五〇〇頃）のウルのシュバド王女の墓から出た、エレクトロン製の轡を通す環を飾る馬科は、半驢と判定されている。オナーゲルが家畜化されたことを示すものである。

馬科の家畜化、交通手段としての利用の方から、騎者および車の表現が重要である。スーサの骨片に刻した最古の騎者像はⅠⅡ層（前二八〇〇頃）の中間より出たものである。この動物は馬科という以上に規定することが困難であるが、この頃すでに家畜化が行われたことを証するものである。しかし動物に騎乗する風はその後三千年紀末、二千年紀初に至るまで証拠がなく、この時代でも馬に騎る例は六例中一例のみで他は牛、象等であり、その技術もはなは

表6　古代世界における最古の車

時　代	地　　域
前3000±	両河地方
2500±	インダス河谷
2500−	中央アジア・ステップ
2200±100	ハブール、ユーフラテス上流、シリア北部、アルメニア、ドニエプル中流
2000±100	オロンテス
1900±100	中央アナトリア、クレタ、ドナウ河中流、中欧
1800−	エジプト
1500±300	ゲオルギア、北コーカサス、ダゲスタン、ヴォルガ中流
1550±30	ギリシア本土
1523+	中　国
1100±200	北欧、北イタリア
1000±200	カルミュック・ステップ、シベリア
500±100	ブリテン島

（ハンチャル1955、表56より）

だ原始的であるから、騎乗の風はこの時代に何らの重要性も持たなかったものと考えられる。

それに対し前三千年紀は車の発達した時代である。車の遺物、図像的表現の研究は馬科の利用の問題に寄与するところ大である。そこで車の問題であるが、その起原の問題についての先人の説は紹介を略し、ただちに本論に入る。現在知られている古代文明諸国最古の車の資料を表示すると表6のごとくで、両河地方が断然古い。テル・ハラーフの土器にえがかれた車。H・シュミットは八本の輻[229]をつけた車輪、輿の前の欄、この車を引く馬を認めている。同層から粘土製の車の模型が出ている。輿に牙と輻（?）をえがいた二つの車輪をつける。H・シュミットはテル・ハラーフ期（前三五〇〇―三二五〇）とし、V・クリスチァンはウルクⅣ期（前三〇〇〇―二八〇〇）とする。シュミットは車を引くのを馬というが、これは明らかにオナーゲルである。

次のジェムデット・ナスル期（ウルク出土の印章の二輪、四輪の車、テペ・ガウラⅧの粘土製模型）に比し、ウルクⅣ期（前三〇〇〇―二八〇〇）の例は少ない。しかしこの期のスメルの象形文字の資料は重要である。この文字の存在は車がこの文字より前、四千年紀末にはおそらく出来ており、この時代には文化的に重要な役割を果したことを示すからである。この字は橇状の車体に前後二つの車輪をえがく。おそらく四輪であろう。車輪は輻を使わない板状のものであるらしい。

車はこの時代の文化、経済、政治の発達に伴い、同時に発達した技術を以って創り出されてきたものである。車の発明（前三〇〇〇—二八〇〇）は、すぐ先のオベイド時代（三三五〇—三〇〇〇）の陶車の発明と無関係でないかもしれない。

最古の車の実物は、キシュの王墓から発掘されたメジリム時代（前二六〇〇頃）のものである。一ないし二台の四輪車、および三ないし五台の二輪車である。四輪車の一つは車体の後にはみだしたところが、半円形をなした幅四五センチの台をなし、その前、車体の両側に三日月形の欄が認められた。車輪は板を合せて作った径五〇センチの板状のものである。一本の轅をつけ、その長さ三メートル、衡の下に四頭の馬科がつながれていた。

同時代の車はスーサのドンヨン墓地から出ている。一つの車は二頭の小型の牛と御者を伴い、一つの車は車輪が良く保存されていた。十字に結み合せた板状の車輪で、周囲には牙《が》のような具合に、幅四、五センチの材が銅の釘でうちつけてあった。

前三千年紀中頃のものに、ウル王墓の車がある。PG一二三二墓出土の二頭の馬科をつないだ四輪車は、車輪は圧痕によると径六五センチ、幅二・二センチ、方錐形の板の両側に三日月形の板をつけ、横木で留めて作っており、車体はモザイクで飾られていたらしい。

ウーリーの発掘したウルのアバルギ王女の墓の車は、四輪車でも大きさ、牽引獣を異にする。圧痕から第一の車は前輪は径六〇センチ、後輪は八〇センチ、車軸の長さ七〇センチ、径一四センチ、輿の幅五六センチ。軸と輿は銅の釘でとめられていたらしい。車軸には長さ一八・五、一〇・五センチの銅の轄があり、車輪を止めている。第二の車は、前、後輪の径一メートル、軸長一メートル。輿の幅五〇センチ、轅の長さ二・七メートル。車輪はやはり三枚の板を合せて作っている。いずれも三頭の牛がつながれる。二頭は衡の下に、一頭はその横に。胸革、轡には銀、ラピスラズリの飾りをつける。銀製の鼻環がつく。

図202　テル・アグラブ出土前３千年紀の馬車の模型

これらの車は、輿が小さく、地上よりの高さが低く、その割に軌が広く、轅が異常に長いところに特色がある。この車は前輪の軸が固定されているので急に曲げることはできない。軸が輿に比して約二倍の長さをもつのは、安定をうるためである。

この前三千年紀中頃の車の資料は模型、図像的表現によって補足される。キシュの車の模型でみると、四輪のものも輿の構造が全く同じである。即ち車輪の数による用途の区別、即ち二輪は乗用、四輪は荷物用、といった区別が全くない点は注目すべきである。

模型によってみると、この頃の車の輿の構造は三種に分けられる。第一の形式はテル・アグラブから出た銅製の模型（図202）にみるごときものである。軸ごと廻転する二輪の車の上にのった輿は、前後によりかかりのある台をなし、人間はその間に足をひろげて坐る、というより立っている。reitend fährt とさえいえる形である。時代の降る（前二千年紀初）スーサのものも、この型式を保存しているが、人間は車にまたがって坐っており、前の壁には轡を通す孔がつけられている。第二の形式はアッスールE層（前二〇〇〇頃）から出た粘土製の車にみるごとき、轡を通す孔のある前壁の後に、足をのせる空間をあけ、その後に腰掛のついたものである。この式の車は前二〇世紀末から前一九世紀のカッパドキアのシリンダー印にもみられる。第三の形式はさきのキシュの車にみるごとき、前壁は同様であるが、後には人が立って乗るような場所をあけているもので、車の後端に足かけ板のような作り出しのあるものもある。そのほか模型でみると、屋根おおいをつけた車のあったことも知られる。

この一人乗りの車はどのような必要から作られ、何に使われたものか。バグダッドの東、ハファジから出たメジリム時代の始め（前二六〇〇頃）の土器に、馬科の引く車がえがかれているが、車の後端に立つ御者の前には、槍をもった主要人物が大きくえがかれている。これはこのころ車が狩か戦争に使われたことを示している。この馬科が引く車と対照的なのは、ほぼ同時代の、スーサのドンヨン墓地三二二号墓から出た土器の画で、祭祀に関連ある光景らしいが、車は瘤牛が引き、牛方が歩いてこれを導いている。祭祀に車が使われたらしい。ウルI時代（前二四世紀）のシリンダー印の図像も同様の関連を示す。モールトガットによると、これはシャマシュの二つの様相を示すもので、夜は地下の水上を舟で、昼は太陽として天空を車で進むことを示すものという。

ウル第一王朝、ラガシュの王の時代（前二五〇〇―二三五〇）の資料として、有名なウルの「スタンダード」のモザイクがある。戦争の光景に表わされた戦車は、先に模型によって三つに分類した車とは異なった、第四の形式をもつもので、輿は後のあいた長方形の欄（わくにおそらく革を張ったもの）を具え、後に足かけ板が出ている。これが本来の意味の戦車であることは疑いない。前壁が楯になっており、そこに投槍が具えてあるばかりでなく、足かけ板に乗った戦士は闘斧、または投槍をかまえ、車の下にたおれた敵が横たわっていることから、戦車の上から戦ったものであることがわかる。車の後の足かけ板が、戦士用のものとすると、後にこれをつけたキシュの粘土模型、またキシュの車は戦車であることがわかる。ラガシュのエアンナウムの禿鷹の碑（前二五世紀）も、戦車の上から戦う王を表わしている。この種の戦車の表現はシリンダー印章にもみられる。

これらの戦車と、先にみた一人乗りの車との過渡形式の車は、メジリム時代の、ウルから出た板石の破片（それを補うものとしてハファジから出た同様用途の板石）に表わされた車にみられる。これは、禿鷹の碑、ウルの「スタンダード」と同様、前壁の闘斧、投槍を具えていて明らかに戦車であるが、人間の乗るところは跨がって乗るサドル式になっている。

以上スメリアの一人乗りの車は戦争と密接に結びついたものであることがわかる。これは戦士が乗って戦うに便利な型式として発生してきたものではないかと考えられる。大きくいって、この古代スメリア（前二六〇〇―二三五〇）の車はいまだ原始的で（周囲に革のタイヤを巻いた板状の車輪、車軸の上に固定した輿、非常に長い轅など）、出来てから日が浅く、いろいろ改良を試みている時期にあるといえる。

この時代に車が重要性をもってきていたことは、車の各部分や、また色々用途を異にする車を指示する語彙の豊富なことによっても知られる。この時代には経済の拡張、人口増加と共に耕地の増加が必要となり、そのため他国征服の戦争も起り、また王の権力獲得のための抗争も行われた。戦車はこの状勢の中で急速に発達していったものである。また戦争用の車として、牽引動物にも交替が起ったのである。

古代スメリアの車の繋駕の問題は、繋駕の技術、および牽引動物の二方面から考えてみる。

繋駕技術について本質的なことは、すべて一轅車であり、古代両河地方に二本の轅は皆無なことである。遺物、またはその圧痕から、その長さは三メートルくらい、その先端に衡が紐または木栓でとりつけられ、衡は牛の頸または馬科の鬐甲にのる。轅の後半に環の二ついた轡を通す金具がつけられる。轅の曲り方は二種類ある。一はウルの「スタンダード」にあるごとき、比較的真っ直ぐに、一対の牽引動物の胴の間を上に向う式、一はハファジの土器などにみるごとき、上向きに、弦を下にした弓なりに曲った式である。後者は次の理由から葦束で作られたと考えられている。即ち強く彎曲していること、轡を通す環には多く大きな鋲を具えたものがあるが、これを木に打っては木が折れやすくなること、である。この高く弓なりに曲った轅は、急に曲ろうとする時、牽引動物が下を越すことができるので、曲りやすい利点がある。

この時代の繋駕法の特徴としてあげられる第二のものは、馬科の繋駕に使われる靳（頸革）である。頸を廻って衡に結ばれ、馬科はこれで衡を通じて車を引くことになる。キシュの発掘で認められた、肩のすぐ後から胸を一まわりして衡に結ばれる革（韁）は、後退の時に役立つ。

ここで注意されることは、これが馬科の動物の力を利用する方法としては、非常に不十分な方式だということである。四頭をつなぐことが多いが、外側の二頭はただ靳で衡に結ばれているだけである。この衡と一輈による方式は一見して明らかなように、牛に適した方式である。牛は頸に固い筋肉が通っており、頸のすぐ後の脊椎は棘状突起が高く突出し、この前に衡を置いてこれを引かせるに好適である。ウルの墓では、事実牛のこの部分に衡が置かれていた。衡と牛とは本来的に結びついたものであるに対し、馬科では鬐甲が低いのでここで衡を引くことが出来ない。馬科を衡で引かせる方法は即ち、牛から引きつがれた、二次的なものと考えられる。

このことはスメリアの頭絡の方式からする有力な傍証がある。ウルの「スタンダード」、テル・アグラブの銅製の模型、ユーフラテス中流のマリの寺院址から出た貝のモザイク、ウルI時代のシリンダー印章によって、御するためには鼻先にある銀環が使用されたことがわかる。これは半驢の鼻の構造上可能であるごとく、鼻に通された環と思われ、マリの例はこれを証するものである。この時代では、三頭、四頭、またはそれ以上何頭かを繫駕する場合でも、轡は二本だけで、各々両服の鼻環（Nüsternring、牛の鼻環はNaseringとあるが、同じく鼻環と訳しておく）に結ばれているだけであり、驂は服を通じて間接に御されるにすぎない。

従来誤って鼻勒（Kappzanm）と言われていたものは口籠（Beisskorb）である。マリの例で轡が鼻環に結ばれていることは、これが鼻勒でないことを示し、ウルのスタンダードの、先に引いたと反対側の板の、脱駕して引かれてゆく馬科も、鼻環で引かれている。この口籠は隣にいる動物や人間を咬まないようにするものである。口籠の使用はこの動物が、荒っぽく、意地の悪いので名高い、この地の半驢であったことを示すものではないかと思う。

以上、衡と輈による繫駕法、鼻環の使用が、牛と馬科の繫駕に共通するものであることをみた。牛に適用されていた方式が、適当かどうかも顧みず、そのまま馬科に適用されたのがこのスメリアの馬科の繫駕法であることが明らかになった。牽引獣として牛が馬科に先行することは、星座名の方からも傍証がえられる。

さてそこで両河地方の車の起原の問題であるが、これを考える材料となる考古学上の遺物はない。しかし次にのべるごとく、ウルクⅣ期の車の象形文字、ウルのシュバッド女王の墓から出た橇、同地のアバルギ王墓から出た四輪荷車の作り、および古代スメリアでは一轅車のみが排他的に行われたことなどより、間接に推測することができる。

ウルクⅣ期（前三〇〇〇—二八〇〇）の橇の字と車の字を並べてみると、車字はソリの下に四つの板状の車輪をつけた形である。

スメル・アッカド時代の両河地方では橇の図像的表現が欠如している。ずっと降ってアッシリアのサンヘリブ（前七〇五—六八二）の建築事業を表わした浮彫に、橇で柱を運ぶ光景がある。四本の引き綱でコロの上を引いている。

エジプトでは人間または牛の引く二本の滑板付の典型的な橇が古くから一般的に使われている。本質的なことは、この橇はすべて綱で引かれることである。ウルクⅣ期の文字にみると同様な、橇に四輪をつけた車はエジプトにもみられる。これは第一中間期（前二二五〇—二一九〇）のエル・カブにあるセベクネリトの墓に発見された柩車の図像で、輿の前は橇のように反り上り、衡につながれた二頭の牛が引き綱で引いている。

ウルのシュバッド女王の墓から出た橇は、今のところ唯一の遺物であるが、半驢の像を飾ったエレクトロン製の轡を通す環の存在で知られるごとく、引き綱でなく轅がつけられ、二頭の馬科によって引かれるものである。ウーリーがこの橇の復原で轅を落したのは解せない。この橇が轅を具えていることは、先に象形文字によって推測された車の成立における橇の役割を考える上に重要である。ウルのアバルギ王墓から出た四輪の荷車は、軸が輿に銅の釘で打ちつけられていて、方向転換にははなはだ不便なものである。この点、象形文字の車は、まさに四つの車輪の上にのせた橇というにふさわしいものと思われる。

スメリアの橇に四輪をつけた車は、象形文字ではわからないが、この橇から推測されるように轅で引かれたとすると、エジプトのセベクネクトの墓の例のごとく純粋な橇の子孫とはいえない。ここで一轅で引く技術の起原が問題となる。まず一轅と引き綱は全く起原を異にし、一轅と二轅も本質的な相異があること、衡と牛とは起原的に一つに結びついたものであることを注意しておく。

インド、両河地方、中央アナトリア、エジプト、北東部の森林、ツンドラ地帯を除いたヨーロッパでは、牛は最初の牽引動物として現れ、この地域にはまた衡、一轅の二輪車、犂（Pflug）の文化要素が分布している。これはこれらの事物の起原に関して重要な事実である。

犂も衡に結ばれた一対の牛によって引かれ、一轅の二輪車も同じ方式で引かれる。アルタモノフは前者が後者に先行すると考えたが、いかがであろうか。北西ヨーロッパの犂の遺物は前一五〇〇年を遡るものがなく、中欧の衡も前二〇〇〇年を遡らず、南ロシアの犂も前一五〇〇年を遡らない。キプロスから出た牛の引く犂の粘土像は、前二三〇〇—一九〇〇年頃のものである。両河地方、エジプトでは最も古くは象形文字に表わされた犂の字があり、エジプトでは前二七〇〇年、スメリアではウルクⅣ期（前三〇〇〇—二八〇〇）に上り、実物の成立は前四千年紀末にまで遡ると思われる。エジプトのものと両河地方のものは起原的に共通した形式であるが、それを指す言語の方からいって両河地方が先行すると思われる。即ち犂も車と同じ地方で、同じ時代に成立したものであることが知られる。

それではこの地で犂と一轅とは起原的に関連があるか否か。

スメリア、古代エジプトの犂をみると、古代ヨーロッパやキプロスの例にあるような衡で引く方式が欠如している。古代オリエントの犂はgrindelが短く、牽引獣の衡にまではとどかない。エジプトでは、前三千年紀の犂は一対の牛の角に結びつけられた衡（Stirndoppeljoch）と綱で結ばれている。即ちこれらは衡でgrindelを引く犂ではなく、一轅車の起原とは関係づけえない。衡で引く犂は、むしろ後に一轅車の技術を犂に応用したものであろう。

スメリアには、橇に四輪と一轅をとりつけた車と、二輪の、一轅と輿が有機的につながった車の二種があることは示唆的である。後者は Schleife の後身であると考える。

自然が与えてくれる木の枝や棒を使って物を運ぶのに、荷の目方が平均して地面と最大に広く接触するようにしたのが最も原始的な橇（Schlitte）であり、一端を高く持ち上げ、地面と摩擦する部分を最小にして引きずるのは、最も原始的な Schleife といえる。両者ともスメリアの車の発達の前段階に関連があると思われる。四輪車が橇に起原することは前記のごとく明らかである。二輪車が Schleife から出たことについては、民族学や先史学の証拠があげられる。

今日でもインド、クリミア、バルカンでは地勢の関係で車の使えないところでは、衡につながれた一対の動物の引く三角形の Schleife が使われており、この Schleife に一対の車輪をつけた原始的な車の現在における残存例は、オードリクールがくわしく研究している通りで、先史時代ヨーロッパにも若干の証拠が見出されるのである。

前四千年紀に一轅が発明されたことは古代オリエントの交通史上の大事件である。この方式はその後何千年もの間変らずに使われつづけていったのである。

以上の古代オリエントの交通手段発達の歴史は、初期の馬飼養の歴史と絡み合ってくる。即ち牛の引く車の改善はやがてよりよい牽引動物の使用を導き、交易の中心地たるスメリアでは盛んに車が作られ、車を引くのに牛以外の土着の動物を使うほか、外国の秀れた動物を輸入して使う可能性も考えられてくるからである。

スメリア人が牛車を改善するため、土着の足の早い唯一の馬科である半驢、オナーゲルを以て牛に代えようとしたことは十分考えられる。

ここでオナーゲルの牽引動物としての登場——馬科の牽引力の最初の利用——が、古代オリエントの交通史上の第二の重大事件として前三〇〇〇年に起ることになる。O・アントニウスはオナーゲルを家畜化し、交通手段に利用しうることを動物園における経験、歴史的、民族学的事実から証明している。

エジプト新王国時代の墳墓壁画には馬と並んで半驢が戦車を引くものがある。前二千年紀のメソポタミアの例として、アッシリアのシリンダー印章がある。ここに表わされた動物は馬でもなく、驢馬でもない。鼻孔をふくらましたところは半驢の特徴と思われ、牡牝の一対のあらわす光景が、家畜の多産と関連しているところから、これを子孫のできない騾馬とみることは排除される。ニネヴェのクユンジックのアッスルバニパルの宮殿の彫刻には若い牡オナーゲルを活捕りする光景があり、これも交通手段に利用するためと思われる。ヘロドトスが、「クセルクセス軍中のインド人が「野生驢馬」に戦車を引かせている」というのも半驢と思われ、ストラボは「ペルシャのカラマン人がオナーゲルに戦車を引かせている」と書いている。民族学の例でいうと、インドの土民はオナーゲルが仔を産んだ時にその群を追いまわし、疲れて倒れた仔を捕え、飼いならす例がある。

言語の方からいうと、アッカド時代には馬、驢馬、騾馬（Moultier, Maulesel）を指す語と並んで、足の早い奇蹄類の繫駕動物を指す agalu の語がある。さらに遡ってスメル語で馬科の動物を指す語に anšu がある。ふつう驢馬と訳されているが真正の驢馬は両河地方には土着していない。両者は考古学、骨学的に当時経済的に利用されていたことが知られる半驢を指すと考えるべきである。スメリアの文書に「家驢馬」が多く現れるのに、遺物にも骨にもこれが欠如しているという矛盾が解消するし、そうみることによっていくつかの文書が矛盾なく解釈される。

半驢が広く繫駕用に使われたことは以上のごとくであるが、この考えは近隣の国から馬または騾馬を輸入して使っていたとする説に対立するものである。馬または騾馬を使用したという説は何を根拠とするか。図像的表現の解釈、および、両河地方に野生の馬が欠如しているに対し、一方 anšu kura「山の驢馬」の語があることである。

古代スメリアは既にジェムデット・ナスル期（前二八〇〇―二七〇〇）に前アジア全域に広い交易圏を持ち、前三千年紀末には、さらに周辺山地と交易関係をもっていたことはまぎれもない事実である。とすると両河地方が、周辺地域から馬や騾馬を輸入した可能性は十分考えられる。半驢の使用は馬、ないし騾馬の使用を排除するものでないし、たまたま入ってきたこれら外国の動物を、繫駕用に使ったことは当然ありうることである。

しかし、輸入された馬や騾馬だけが繋駕用に使われたという意見には、次の弱点がある。即ち、スメリアの芸術に現れるまがう方なき半驢の表現を、それが家畜化し難いとの観点からそうでないとしりぞけていること、および、前三千年紀にスメリアの交易圏内に馬ないし騾馬が飼養されていたという前提が証明されていないことである。後者についてては以下に記するごとくである。

エジプトは馬の輸出国としては問題にならない。馬はヒクソス侵入（前一六七〇）以前に遡らないからである。

イラン最古の馬科の証（ベルト洞窟、前五千年紀）は、その地の野生動物（オナーゲル？ 野生馬？）の存在、ないし狩猟民の家畜化の試みを証するにすぎない。

スーサとエラムはこの問題について答えを与えず、アナウ、テペ・シアルクⅡからも半驢の骨のみしか出ていない。カッパドキアのシリンダー印章に現れる馬科、よく引かれるキュルテペの馬の小像、テル・ブラク、シャガール・バザールから出たこれと同様な、交易の証拠とされる馬の小像は、小アジア東部がスメリアへの馬、騾馬の輸出国であったという議論の証拠に引かれるが、これも受取り難い。アッシリアとの交易文書に捺された印は古い時代のものでなく、前一九五〇―一七〇〇年頃に降り、「馬に乗る神」の印も三千年紀終末に属するものだからである。

この小アジアの否定的な状況は、小アジアの金石併用時代（前二四〇〇―二二〇〇）のアラジャ・ヒュユクの動物の骨の調査によって確かめられる。馬は全くなく、馬科としては驢馬がたった一片、全体の〇・〇八パーセントあるにすぎない。動物像にも馬は全く現れないのである。前四、三千年紀を通じ、小アジアでは馬は全く飼われていない。確実な例は前二千年紀に入ってからである。

騾馬の飼養を考える人はあるいは古典古代や聖書の所伝を頭に置いているのであるが、これはせいぜい前一〇〇〇年ぐらいに遡るにすぎない。またヒッタイトなどの法律文書に現れるものも前二千年紀中頃のことである。

フリーデリクスはイランで騾馬の飼養が始まったことを証明しようとしたが、その前提となるべきイランにおける驢馬の存在の証拠をあげなかった。驢馬はアシュハバード、メルヴからサマルカンド、フェルガーナに到るまで、中中央アジアのテペからは発見されていず、野生していた証拠がない。家驢馬は遥か後になって、前二〇〇年から紀元頃に始めて現れるのである。

イランのテペ・シアルクI―Ⅳは骨、図像ともに驢馬がいたことを証さない。シアルクⅣの土器の画にえがかれた牛のような尾をもった動物の或るものをギルシュマンは驢馬といっている。この時期は両河地方のオベイドからウルクⅣ期に当り、anšu kura の語の現れる最古の時代であるジェムデット・ナスル期の一つ前に当る点で重要であるが、シアルクⅡから出た動物の骨のうち、馬科は半驢の歯が出ているだけであるし、これだけではこの画を驢馬と証明する力は弱い。北部イランのテペ・ヒッサールI―Ⅲには、骨は出ていない。ヒッサールⅡ（前三千年紀）からは驢馬の粘土小像が唯一の馬科として報ぜられ、ヒッサールⅣ（前三千年紀末）には馬のモチーフが装飾に使われているが、前三千年紀初の騾馬の輸出国としてはやはり除外されるのである。

西北インドのヅォブ河流域のラナ・グンダイ遺跡は前四千年紀末から前一千年紀中頃にいたるとされるが、その第一層から出た動物の骨は家畜の馬、驢馬、牛、羊と報告されている。この層をピゴットは前四千年紀後半としている。野生動物のうち馬科ではオナーゲルしかいない地域に、かくも早く馬が家畜として現れ、そのうえ驢馬もいる点が注意される。ここが馬家畜化、騾馬飼養の起原の地と考えられるであろうか。

ここで馬や驢馬が早く家畜化されていたとしたらこの地が両河地方とインダス河谷の橋渡しをする地域であるだけに重要である。しかし略報が出ているだけであるからこの点確かなことは不明であり、また次の点に疑問が存する。即ち、報告されているごときわずかな骨片や歯で家畜か野生か判定できないはずであること。ピゴットは騎馬遊牧民の遺跡というが遺物に騎馬民であった根拠がなく、臆測にすぎないと思われること、など。ヅォブ河地域のペリアノ・グンダイから出た馬科の粘土像は、この地域における馬科の重要性を反映したものと考えうるが、これが馬かどうかは判定し難い。

大局から考えて、前三千年紀に現れたインダス文明は、両河地方と明らかに起原的に関係があるものであり、文化的に関係を持っており、交通手段の方面も例外ではない。車の完成も年代的に両河地方が先行しており、影響を与える側である。ところが一方馬、騾馬などの繫駕用の動物は東から両河地方にもたらされたであろうか。ラナ・グンダイは馬と驢馬がいたといわれるだけで、スメルとの文化的関係、等々は一切不明である。この点については、インダス河谷のハラッパ、モヘンジョ・ダロの文明をみれば解答がえられる。この文明の家畜をみると、馬、驢馬に関してはその骨の遺物も、芸術的表現も全く欠如している。車はすべて一対の牛が衡と一轅をもって引くもので、馬科は使われていず、この点両河地方より立ちおくれているのである。

以上前四、三千年紀両河地方周辺における馬や驢馬の飼養が証明されないとすると、周辺地域より馬や騾馬が輸入され、繫駕用に使われたという見解も不確実なものといわざるをえない。

(2) 前二千年紀、一千年紀初

この時代は以前のスメル・アッカドの政治的、文化的な統一時代が終り、政治的、文化的に小さく分れ、互に覇を争いながら発展していった時代である。前二千年紀初には部族、民族の戦闘的というよりむしろ平和的な移動に伴い、都市国家が分立し抗争した。ハンムラビ（前一七二八―一六八六）が一時的に統一を再現する。二千年紀中頃には民族移動が目立つ。カッシート（インド・ヨーロッパ人?）のバビロン支配（前一五三〇―一一六〇）。かれらは言語学的にはルリスタン、コーカサス、カスピ地方と関連がある。言語からいってインド・ヨーロッパ族でもセム族でもないフルリ人は、ティグリス、ユーフラテス上流地域に平和的に浸透し、ひろがっていった。戦車戦士たるインド・イラン系の貴族支配者のもとに、二千年紀中頃には小アジア、シリア、パレスチナに勢力をひろげている。前一七世紀にエジプトに侵入したヒクソスは、フルリの一支でなく、これに逐われたシリア、パレスチナの住民の混合した一団の人間と考えられている。小アジアには前一八世紀頃よりインド・ヨーロッパ人のヒッタイトが現れる。どこから来たかは明らかでない。前一七、一六世紀、および一四、一三世紀に勢力を伸している。

前二千年紀には政治情勢はめまぐるしく変化するが、ここに展開される外交と軍備は馬飼養の問題と密接に関連してくる。アマルナ文書中の前アジアの宮廷からアメノフィス三、四世に送られた粘土板（前一三七〇—一三四八頃）から、エジプトが黄金を送る代りに、藍銅鉱、馬、戦車、鉄製武器を要求したことが知られる。

さらにボガズキョイのヒッタイト王室粘土板文書（前一四六〇頃以後）、マリ、テル・ハラーフ、ヌジ、スーサ等の文書から、前一四、一三世紀頃馬がもっていた重要な意味を知ることができる。今、これに関連した文書をあらゆる方面から解明してゆく余裕はないが、前二千年紀、馬がいかに高く評価されたかを示す若干の例をあげる。カッシート、ミタンニの王からエジプト王に送る挨拶の決り文句に、領土、家、妻などと並んで馬と車の安否が問われる。前一八、一七世紀のアッスールの文書には、新年の行進用の馬車と馬を要求するもの、白馬を要求するもの、などが残っている。またアッシュルバリト一世がアメノフィス四世に、「自分の厩から美しい王用の車と二頭の白馬を贈物にする」と書き送るもの。ミタンニのトゥシュラッタが、アメノフィス四世に「ハッティから捕獲してきた車一台と二頭の馬と、若者と娘、それに五頭の馬を差上げる」という手紙。

馬と戦車が何故かくも友好の印として高く評価されたか。それについてはこれらの文書は何も語らない。

前一四世紀、ミタンニ人のキクリという人がヒッタイト語で書いた、有名な世界最古の馬学の文書も、馬の食物、手入法、調教の日程などをくわしく書いているが、馬を何のために調教するかは書いてない。そこでこの本の性質については諸説があるが、馬の気候馴化が目的であるというのが本当らしい。前一三世紀のヒッタイトの法律文書に、馬は輸入品の中に列せられており、前一三世紀、ヒッタイト王がバビロン王に送った手紙には、前にもらった牡馬が年をとってしまったから、若いのを送ってくれと頼むものがあり、馬は当時輸入品であったらしいのである。即ち、ヒッタイトには小さな馬しか居ず、バビロンには大型のものが居り、これが輸入されていたことがわかる。キクリ文書は即ち暖い国から気温の低い高原に連れて来られた馬に対する手入れ、気候馴化の注意である。またもよおし物の戦車競走用という目的も見逃しえない。キクリ文書が軍用馬の教範であったことは次の諸点から傍証されよう。

(a) ヒッタイトでは気候の関係で冬は馬を使わず、春になると調教をしなおしたこと。

(b) 軍隊の構成、戦力は戦車用の馬の調教に依存し、戦車の威容、競技に王侯の政治的な権力を表わすものとしての戦車馬の重大な意義があったこと。ヒッタイトの軍隊は戦車戦士と歩兵とから成る。前二千年紀古代オリエントに共通なごとく、前者が主要な戦力である。ヒッタイト関係の戦車一台に対する歩兵数の記録は、二〇人、三五人、一三人(ヒッタイトの敵側)、五人(エジプト側)などの例がある。

キクリ文書の他にも、ボガズキョイ文書中に同様な性質のものがあり、ウガリット、アッシリア(前一三世紀)にもあることは、戦車馬の重要化と一致する事実である。

(c) ヒッタイトとエジプトの戦ったカデシュの戦(前一二九六)は、両軍とも戦車で戦ったことが明らかな点で重要である。

以上、戦車は前二千年紀の古代オリエントに現れた戦争用の「武器」であり、馬はこれの繋駕用の動物として広い地域に立ち現れてきたのである。

前三千年紀には全然、またはほとんどいなかった馬が、どこからバビロニア、ミタンニ、エジプトに現れてきたか。文書の方面から若干の示唆がえられる。

普通エジプトに馬と戦車を導入したのはヒクソスの侵入(前一六七〇―一五七〇)ということになっている。しかし、馬の骨の遺物は前一五世紀を越えず、最古のヒエログリフはヒクソスを追放したアモシス王と同名のアモシス将軍の墓の銘に出現し、馬と戦車が間接に言及されている最初は、カモーゼ王とアモシス王のヒクソス追放戦の記述で、クラークによると、前一五八〇―一五五七年の間にあたる。はっきり馬と戦車が言及されているのは前一六世紀末からで、すべて軍用のものである。即ち馬と戦車は、エジプトでは前一六世紀中頃から知られ、使用されたことがわかる。

バビロンにおいては前述のごとく前一六世紀中頃から、馬と戦車が重要性を増したことが知られる。

東部小アジアでは、カッパドキアの粘土板（前一九五〇―一七〇〇）の証が最も古い。アッシリアのカネシュの植民地であるキュルテペのシリンダー印章の図柄には、馬の上に立ち、右手に杯を持ち、左手に鼻環につないだ轡を握る「馬上の神」が表わされている。

馬に乗る神の図像は特に意味が深い。即ちこれが神像であることはさらに古く、アッシリアの植民の初期に遡ることを示すが、またヒッタイトの新帝国の楔形文字銘によって、これがヒッタイトの千の神々の一人ピルヴァであることが知られ、この名によってこれがインド・ゲルマン系でもセム系でもコーカサス系でもない、土着の神であることがわかり、この神がアッシリア植民以前からのものであることが知られるからである。即ちこの地で、前二〇〇〇年以前に馬が家畜化されていたことがわかるのである。

キュルテペの別の「馬上の神」の印章は作風からシリア、カッパドキアの産物であることを示すことは重要であり、この馬がキュルテペ、シャガール・バザールの小馬像などと合致することは、同方向の関連を示すものである。

馬の利用、その重要さの程度に関しては、キュルテペの印章の馬が鼻環で御されていること、カッパドキアの粘土板文書には多く驢馬の引く四輪の荷車が現れるが、馬の引く、二輪の競走用の飾馬車もわずかながら現れることは意味深い。

ヒッタイトの文書では、中央アナトリアのクッシャールの王アニッタの文書（前一八世紀初）に四〇台の車、四〇対の馬が現れ、前一六世紀末のヒッタイト古帝国の王の戦争記録にフルリの戦車八〇台が加わった記録がある。また前一五世紀の法律書にも、価格表、刑法の条に馬が現れる。

即ち、小アジア東部では前二〇〇〇年前後より馬が飼養され、前一九五〇—一七〇〇年の頃に戦車に使われた証があるのである。

フルリについては、カルケミシュの王アプラハンダが、ハンムラビと同時代の人であるマリのツィムリ・リムにやった「戦車用の白馬は今ない。どこかで手に入れて送ろう。それまで、ハルサムナ産の紅栗毛を送っておく」という手紙は、前二千年紀末に馬の交易の中心であったカルケミシュが、早く前一七〇〇年頃にもそうであったことを証するものである。この周辺で馬を産し、戦車用に調教されていたものであろう。このアプラハンダの手紙に出てくるハルサムナに当ると思われる地名はヒッタイトの文書にも現れ、およそ東小アジア、アルメニア、トランスコーカサス地方をさすと思われる。この地が早く前一七〇〇年に馬の産地だったことが知られる。

以上文書の記録から前二千年紀の戦車は、①エジプト、バビロニアでは前一五五〇年以後現れるが、②一方東小アジアではこれより相当遡ることがわかった。

そこで考古学上の証拠から調べてみよう。今の文書の文からわかるごとく、前二千年紀においては馬と戦車は不可分の一体をなし、馬は例外なしに戦車の繋駕用としてのみ現れる。そこで、考古学上から戦車を調べることによって、馬の利用の方も研究できるのである。即ちシリンダー印章、石刻、墳墓の壁画などからその発展系列、時代の先後、伝搬経路などをたどり、その起原をたずねることにより、それに伴う馬の問題も探究できるわけである。

多くの人の研究によって、前二、一千年紀の戦車の発達について次のようなことが知られている。

(1) 前三千年紀の車輪が板状のものであったに対し、この時代のものは例外なく輻と牙のついた車輪である。古い時代のものは比較的小さく、四本の輻をもつ。前二千年紀初のカッパドキアの印章の四輪車、ハブール河上流のシャガール・バザールの粘土製模型など最古の輻をもった車輪の例である。前一四〇〇年頃から前アジア、エジプトに六本の輻のものが優勢となり、前一千年紀初には地方により八本（シリア、アッシリア）、一二本さらに一五本（エラム）のものが現れ、アッシリア（前七世紀）には人の背よりも丈の高い車輪が作られた。

(2)　前二千年紀において輿の底面は前が少し丸くなっているが、前八世紀アッシリアのものは角張る。たいてい弓矢を入れたケースを装備し、武器はReflexbogenが特徴的なものである。ただヒッタイトではこれを使った証拠が知られていない。エジプトのカデシュの戦の画では、ヒッタイト人は盾と矛だけしか持たず、御者も欠く。

(3)　アジア、エジプトの最古の戦車、およびキプロス、クレタ、ミケネの戦車では、輿の中央が車軸の真上に載っている。前者では前一四〇〇年前後から輿は車軸の前にずれ出し、輿の後縁が車軸の真上に置かれるようになる。これが極端に移動したのがサハラの岩壁絵画の戦車である。

(4)　輈は輿の下底に固定されているが、古くクレタで（SMⅠ、前一五八〇―一四七〇）、またギリシア本土で（SHⅡ、前一四九〇―一四二〇）、また、おくれてアッシリアでも前九世紀に上輈（Oberdeichsel）が付加される。これは本来の輈を補強するため、その前端から、輿の欄の前上端を結ぶ棒または革で、両輈は紐や支柱で結び合されている。

技術的に見て、これらの発展は能率（特に速力）の向上を目指すものであることが知られる。引く馬に好都合なように軽量化が行われる。即ち板状の車輪を輻のある車輪に代えること、輿を小さくすることなど。輿を軸より前に移し、輈がはね上るのを防ぐのも能率向上の一つの方法である。

上輈は輈を補強して破壊を防ぎ、サハラの極端に前にずらした輿は、サハラの柔かい地面を走る上に、車輪の荷重を減らすためのものである。クノッソスの粘土板の車工の仕事を記した文書から、当時の車が非常にこわれやすかったことが知られる。クノッソスの粘土板文書からはまた、壊れた時の用意に車に鋸を具えていたことが知られ、前六世紀の新バビロニアの前兆を記した書には、衡、轅などが折れた場合にあげられている。この点に関してフローレンス博物館にあるテーベ出土の、有名な戦車の実物（前一五世紀）が参考になる（図203）。真っ直ぐな部分（轅、軸、輻の）はヒイラギ（轅はニレ?）、彎曲した部分（牙、軓、欄）はトネリコ、衡は東洋産のシデ、巻いた部分（輻の牙、轂にはまる部分）は白樺の枝を使い、壊れないような木材を細心に撰んでいる。また青銅の使用に関しては、カッシートの文書があり、王の戦車の八本の輻に八・五キロ、また別の例では車一対に二八ないし三一キロを使っている。

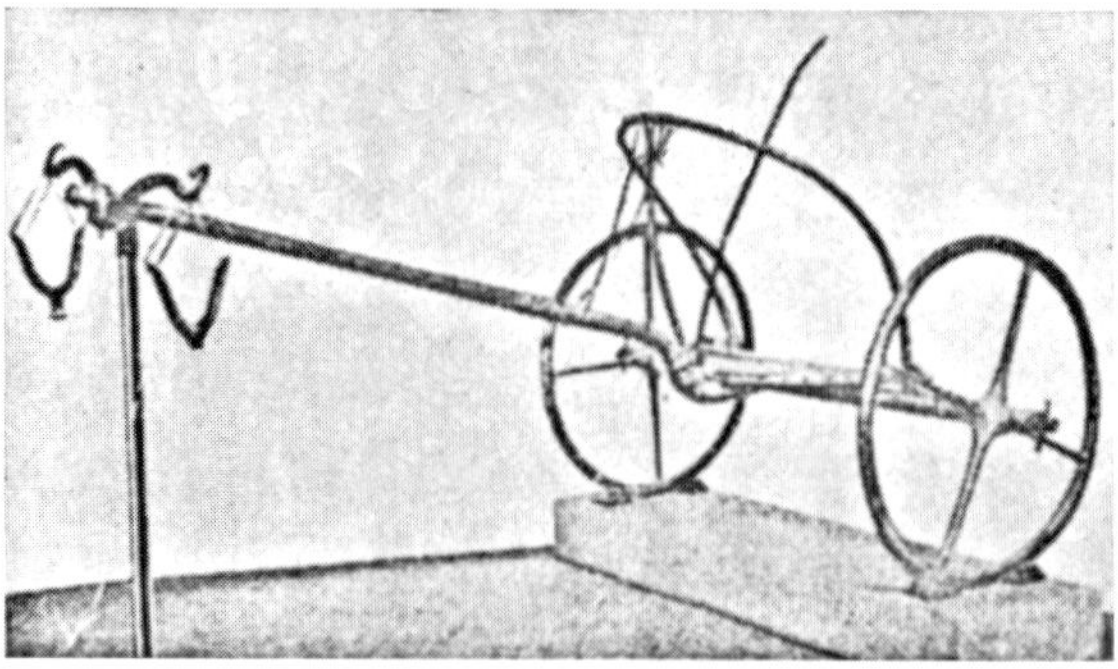

図203　前２千年紀後半のエジプトの戦車

馬と戦車のコンビのうち、戦車の発達はほぼ右のごとくであるが、馬の方については、考古学上その体位の向上、および馬具の発達、の二方面から考察しうる。

戦車馬は、図像によってみると、前二千年紀後半のものも、前千年紀のものも、いずれも戦車用に飼育した大型のものであることは疑いない。実際の大きさは明らかでないが、ボガズキョイ・ハットゥシャの墓から出た、おそらくアブラハンダの手紙にいうハルサムナ産の馬といわれるものに当ると思われる馬は、高さ一・五メートルの立派なものである。クノッソスの「小宮殿」から出た印に表わされた、船に積んだ馬の図から推測されるように、馬の輸入が行われる一方、ミケネの第五号竪穴墓から出た剣の刃の紋様にあるような、その地に野生していたタルパン馬の家畜化も行われたらしく、この種の馬はミケネのステーレの戦車に繫駕されている。サハラの戦車の馬も、体つきから土着の冷血種の馬と思われる。

馬具の方からみると、車を引く装置の方は前二千年紀になっても改革は行われていない。即ち前三千年紀同様、轅と衡とによる方式である。ただ韁が新たに現れ、シリア、エジプト、クレタ、ペロポンネソスにその図像表現がみられる。この革具は靳とともに衡に結ばれている。これによって衡が上下にぐらぐらするのが防がれる。

馬を御するための頭絡（Zäumung、はみ、これを頭に装着するための革具の総体）は、前二千年紀に大きな進歩をとげた。この方面に関しては、小勒（Trense）の発達が重要である。文字の記録に現れるのは前一四世紀が最初であるが、遺物の方からはさらに古くその発展がたどられる。H・ポトラッツによると左のごとくである。

前二千年紀から一千年紀初の金属製小勒はみ[230]のうち第一の式は銜が二節から出来ているものである。針金をよじって作り、中央が環状になって結び合され、外端にも轡をつける環が作られる。長さは一〇—二六センチにわたるが、ふつう一四センチぐらいである。鑣は棒状。また鑣が四角い板状をなすものもある。中央に銜を通す孔があり、縁に鼻革、頤革を通す横長の孔がつく。この式は、前アジア、エジプト、ギリシア等広く分布し、すべて青銅製。前一五〇〇—八〇〇年まで、各時代にある。

第二の式は、銜が一本の棒から出来ているものである。鑣は車輪形の板状をなす。第一式より原始的な形である。シリア、パレスチナ、エジプトから発見され、前一六、一五世紀に属する。

両式とも広い地域に同形式のものが分布しており、発展経路、起原の地をたどるのが難しい。H・ポトラッツは新アッシリアの王宮（前九—七世紀）の図像を細かく研究し、G・ヘルメスも図像と遺物の方からその発達をたどっている。しかし図像的表現は鑣しか表わされていず、また地方的な古い形式の残存も予想せねばならないという制約がある。

ヘルメスは古代オリエントの小勒の発達を次のように考えた。

(1) 鼻勒（Kappzaum）が前三千年紀の伝統の残存として最も古い形である。鼻面の少し後寄りを革紐で一まわりさせ、これを頭に留めておくためのこみ入った革紐が付属する。キュルテペの例が最古で、同時代（前一九世紀）のシャガール・バザールの粘土の小馬像にもみられる。時代の降る例ではペロポネソス（前一四九〇頃）、クレタ（前一五八〇―一四七〇）、キプロス（前一四二〇―一二〇〇）、ユーフラテス上流のアルスランテペ・マラチャ（前一〇―九世紀）、カルケミシュ・セラブルス（前八世紀）、ウガリット（前一四世紀）などがある。

ところで鑣の表現を欠き、轡が頤のところで終っている表現が、すべて鼻勒で、水勒（Halftar）でないかどうかは、決しえない問題である。しかし古代オリエントで鼻勒の使われたことはたしかである。クユンジク・ニニヴェの半浮彫に表わされたエラム人の馬車にこれがあり、パレスチナでは遥か後、ユダヤ時代、ヘレニズム時代の粘土像にこれの例がみられる。

(2) ヘルメスのいうヒクソス式小勒は、エジプトの第一八王朝の戦車の画にみるごとき（ヘルメスはこれを鼻勒の系統を引くという）銜と、口のすぐ後を頤から鼻梁に一まわりする鼻革と銜受の革から成るものをいう。

ヘルメスが、二節から成る銜と四角い板状の鑣の遺物がこの小勒に付属するものと考えたのはよいとして、小勒が鼻勒から出たという考えは首肯し難い。なぜなら御馬の原則から言って、人為的に口を閉じさせておいて御する鼻勒と人為的に口を開けておいて御する小勒とは、原理が正反対だからである。前二千年紀の古代オリエントには鼻勒とともに先にあげた各種の小勒が並び行われたと考えられる。

戦車を御すための装置として最後に轡をあげなければならない。より原始的なのは轡を馬から直接手に導く方法である。例は少ない。よりこみ入った方法は、衡につけた環に一度通し、馬の口角への当りを和らげる方式である。この環はボガズキョイ、ハリス河谷では上に繫駕動物を飾る点で古代スメリアの伝統を存しているが、やがて半環状のものに変る。

車の運転には二つの方式が広く行われている。一つは、二人乗りの方式で御者が轡をとり、一人が武器をとる。一つは一人乗りの方式である。もちろん速力を出すべく荷を軽くするためである。手をあけておくため、轡は腰に結びつけられる。

以上各方面にわたる考察によって、前二千年紀末から千年紀初にかけて戦車は能率向上の道をたどり、馬の重要性が増して行ったことが知られる。またこの時代の古代オリエントの戦車、馬の発展経路をたどることも可能である。

小勒はみの遺物が両河地方北部、シリア、パレスチナを経てエジプト、エーゲ海地方に分布しているのは偶然ではない。これは戦車の図像の分布に一致し、その分布経路はモールトガット、シャッハーマイヤーによって詳しく調べられている。

モールトガットは前アジアの戦車の図像的表現を研究して、戦車に乗って野外で狩猟する図、およびそれに密接に結びついた戦車戦の図は前一七五〇―一五〇〇年頃、両河地方北部、周辺の山岳地方、シリア北部――即ちミタンニの領域で成立したモチーフであると結論した。

シャッハーマイヤーはこれに加えて戦車につながれた馬の駈足の表現法を研究し、その表現法、および戦車の時代的、地域的分布を研究し、両河地方北部およびシリア北部（ミタンニ）→エジプト→ミケネ、クレタの系統を明らかにした。ヒクソス人、ミケネ時代のギリシアがこれをひろめるにあずかって力あったことであろう。

ともかくミタンニが時代的にも、系列的にも最初にあることは重要である。この地域は輻を使った車輪が最も古く現れる地域でもある。エジプトの車大工が戦車用の木材の供給を仰いだナハラインという土地は、フローレンス博物館の木材の研究から、アルメニア・コーカサス地方と考えられる。これはエジプトの車大工の木材についての高い知識を示すばかりでなく、エジプトの車の製作技術がこの地方で成立したことを示すものといえよう。

ハブール河上流のシャガール・バザール（ミタンニ）の前一九世紀に属する層から、馬をつなぐ衡、馬車用の馬が出土し、その上から五人の男、その上から一人の男が発掘されている。C・J・ガッドは五人の男をキクリ文書にいうごとき馬の世話をする者、一人の男をその調教師にあてているが当っていよう。

これら考古学上の諸事実に加えて、先に述べたごとき文字の記録の上からする早期の馬飼養に関する証拠が、やはりこのシリア、東小アジア、アルメニア・コーカサス地方にあるのである。即ち前に述べたごとき馬上の神（前一九五〇以後）、カッパドキア粘土板文書の戦車、馬への最古の言及（前一九五〇―一七〇〇）、ハルサムナの養馬場およびカルケミシュの馬の交易（前一七〇〇頃）、戦車馬の調教所としてのシャガール・バザール（前一七四九―一七一七）、ミタンニ人キクリの戦車馬調教指導書（前一四〇〇以後）など。

以上によって前アジア山岳地方が時代的に、また系統上からいって馬、戦車において先行することは明らかである。これはこの地で土着に発生したものか、それとも戦車、または馬が外からこの地に導入された結果によるものであろうか。これは旧世界全体の戦車、馬の状況を見渡すことによって判断すべき問題である。

古代オリエントの今のべてきた以外の地域について戦車の資料を補足すると、
パレスチナ――都市の発掘調査により、前一八世紀頃パレスチナはアジアとエジプトの貿易の中介地として富み、前一七、一六世紀には城門の作りなど戦車戦用の防備をしていたことが知られ、前一五、一四世紀の文書から戦車で武装した義勇兵の軍隊があったことが知られる。

馬が祭儀に関係する唯一の例として、ガザのテル・エル・アッジュルの墓に、馬具をつけない馬を副葬したものがある。F・ピートリーは前一七五〇―一六五〇年のものという。

フェニキア人の間では勢力争いのために戦車が使われ、ウガリットの文書には戦車、馬具、車輪の数を記録した政府の文書がある。

イスラエル時代のパレスチナ（前一二〇〇―九〇〇）については、敵対したカナン人の都市の戦車隊を長い間打ち破ることができなかったこと、および「ソロモンの厩」が戦車、馬に関して知られている。旧約聖書にはソロモンの持っていた早櫪、戦車、騎兵の数が記され、またかれが馬を買入れた地がカルケミシュ付近であることも研究されている等。

中国については前記参照。

西ヨーロッパ――セイリスベリの競走場といわれる巨石記念物の存在。年代はカーボン・デイティングにより、前二千年紀中頃とされる。この頃馬がイギリスにいたことは骨の残存によって証せられている。

北ヨーロッパ――ギヴィクの青銅器時代の箱式石棺にえがかれた車は、競走、戦争用の馬車であることはその形から疑いない。四本の輻をもった車輪、御しやすいようかがんだ御者、環を通さず馬から直接手に導かれた轡。同様な車は同時代のスウェーデンの岩壁画等にみるところである。キヴィクのものは墓の型式から青銅器時代第二期（前一二〇〇―一〇〇〇）のものとされる。

インド――ピゴットの研究により、戦車に関して次のことがわかっている。

(1)　前三千年紀におけるインドと両河地方の間には多くの文化要素の交流が認められる。しかし後者に行われた馬科の引く戦車は、前者には欠如している。

(2)　二千年紀前半、北バルチスタン（ラナ・グンダイ、ソール・ダム）にも、平野部（ハラッパ、モヘンジョ・ダロ）にも、明らかな政治的擾乱時代があり、住民の交替が起る。前一五世紀後半の住民はイランないしその周辺地区の民族と思われる。しかし現在のところこの時代にも戦車、高度の馬飼養を証すべき遺物、ないし図像的な証拠は欠如している。

(3)　この奇異な馬、戦車の欠如を、ピゴットはリーグヴェーダによって補っている。これの成立の時期を前一二から一一世紀とするについては、ここに現れる神とヒッタイト、ミタンニのもの（前一三八〇）とを比較する者、これに使われる馬学上の語彙とキクリ文書とを比較する者があり、異説もあるが、前二千年紀後半ということはいえる。

前二千年紀インドにリーグヴェーダをもって侵入してきた民族が、同時代のヒッタイト人、ミタンニ人、カッシート人と同様、インド・ゲルマン語を話す、おそらくアーリア人であったことは考古学上からも考えられることである。

このリーグヴェーダから、馬はアーリア人の家畜のうち最も著しいものであったことが知られる。戦車につながれ、戦争のために騎乗することはなかった。馬は競走ないし戦争用の車に繋駕するものとして尊重された点が重要である。ここに記された車は長さ三・五メートルの轅、長さ一・六メートルの衡をもち、後のあいた丸形の輿には戦士の乗るところがあり、車軸は長さ二メートルあることもわかる。

イラン――馬飼養で有名なイランに、前二千年紀の戦車ないし馬の例証が乏しいのは偶然によるものであろう。戦車の図像の第一の例はルリスタン青銅器のものである。ルリスタンの銅器は学者の発掘を経ず市場に流れており、伴出物の状況が不明であり、それについては噂で戦車、馬が副葬されていると聞くだけである。典型的なルリスタン式の板状の鑣（ルリスタン青銅器第二期）で、全体が戦車の形に作られているものがある。空想的な大きな猫が引いているが、轡は衡の環を通して射手の腰に結ばれ、一人乗りの馬車から弓を射るウガリットのモチーフと基本的に同じである。

第二の例はシリンダー印章の図柄で、騎馬の勢子と戦車に乗る射手が羚羊を狩っている。この小型の印はテペ・シアルクのB墓地（前一二〇〇―一一〇〇）のものと同型式である。土器など他の遺物から見てもルリスタンの住民は青銅器時代後期のテペ・シアルク、テペ・ギャンと近縁の民族であったと思われる。シアルクのシリンダー印章には馬鐸を頸から垂げた馬に騎り、短剣をもって怪獣と闘う図が表わされている。

これらの図像は、次にのべる馬具の傍証をえて、後期青銅器時代、初期鉄器時代におけるイランの馬利用の盛んであったことを証するものである。

前二―一千年紀の小勒はみは二種に分けられる。

(1) 両端に環ないし孔のある一本の棒状の銜、および板状の鑣から成るもの。板状の鑣には次のような種類がある。(a)端に細い孔があき、ほぼ四角形をなすもの。象形の装飾をつけるものもつけないものもある。(b)円板状のもの。これにも装飾のあるものとないものがある。(c)純粋に象形のもの。なかには実用に適しない巨大なものもある。

(2) 二節からなる銜と、やや彎曲した棒状の鑣からなる小勒はみ。ルリスタン、テペ・ギャンI、テペ・シアルクのB墓地から出ている。これには、トランスコーカサス後期青銅器時代のもののごとく、針金をよじって作り、外端に環をつけ、鑣は各々三個の、二方向の孔があけられるもの。鑣の頰革（Backenriemen）を通すべき二つの孔の間に銜を通す孔があり、銜の外端が手の形になるもの。銜を伴わず、鑣だけ発見されるもので、同方向の三つの孔のあけられているもの。また鑣を伴わず、銜だけ単独に出るものもある。

以上の前一五〇〇年以降イランで馬が重要な位置を占めてきたことを示す証拠に加えて、さらに板状の鑣、その他に馬の像が多いこと等があげられる。

北アフリカ——この地方については、イベリア半島、北アフリカで独立に馬の家畜化が起ったか否か、およびサハラの岩壁画の問題がある。

前者については現在のところ資料が不足で決することができない。

後者はサハラの岩壁または岩塊に赤または紫の絵具でかかれ、または刻された馬車である。輿を極端に前にずらし、車輪の荷を軽くして柔かい地面を走るに便にしている。轡は衡の環を通さず、馬の口から直接手に導かれている。アハガルのものとタッシリのものが時代的に相近いものであることは、その表現様式の近似から考えられ、トリポリ、タッシリ、アハガルの地域的な関係からも推測される。

この岩壁画についてはロートのくわしい研究がある。それによると、馬の flying galop、轡を衡の環に通さないこと、一緒に画かれた人間の三角形を二つくっつけた形の胴の表現、鐘形のスカートなどから、これをミケネ・ミノア系統と認めることができる。この様式の岩壁画は北東から西南に向い、サハラに分布している。この方向への征服活動に随伴したものと思われる。キレナイカにはエーゲ文明人の植民地があり、クレタとの交通が盛んであったから、サハラとエーゲ海地方の結びつきは当然考えうる。中央サハラの住民が戦車を知ったであろうことはリビアとエジプトの戦争（前一二〇〇頃）にかれらが傭兵として加わっていることから推測される。またロートはこのタッシリ・サハラの戦車を所有した王侯を、ヘロドトスのガラマ人にあてている。エーゲ海の海洋民が土地を求めてサハラ中央まで進出し、定住した（前一千年紀初）ガガラス人であるとするのである。かれらはスダンの象牙、金などをエーゲ海地方に仲介交易することによって富んだと思われる。

アハガル台地のティ・ム・ミッサオウの騎馬像は、表現様式から今の戦車と同時代のものと思われるが、この馬には頭絡も手綱もなく、騎者は棒を手にしているだけである。これはシリウス・イタリクス、ポリビウス、ストラボの北アフリカの乗馬法についての記述と一致する。

さて前の馬、戦車が前アジア山岳地帯で独自に創られたものか、外から導入されたかの問題にもどる。現在のところ知られている最古の戦車の例を今までのべてきたところによって表示すると表7のごとくになる。

時代的に言って北シリア、北部両河地方に先行する例は現在一つも知られていない。またこの地方は両河地方の高度の文明の一環をなしており、両河地方の文化中心地のうちにこの戦車の系統をたどりうるのであるから、この地で独自に発達して出来てきたものと考えられる。

バビロンの戦車製作用の木材の輸入先の記録、先にのべたエジプトの戦車の木材の出自などから、北シリア、東小アジアの地でこの前二千年紀の戦車が完成され、出来上った形をとってから各地に伝わっていったことが知られる。この地で戦車を完成させた原動力が何かについては、十分明らかでない。これは繋駕動物の発達によるものであろうか。

表７　考古学、文献上からみた現在最古の戦車の証拠

時　　代	地　　域	証　　拠
前1950–1700	東小アジア	カッパドキア粘土板、アニッタ文書の戦車、馬への言及
1700±	北シリア・メソポタミア	アプラハンダ書簡、シャシュ・アダッド注文書、シリンダー印章の戦車狩猟・戦争モチーフ
1700±	パレスチナ	戦車導入の随伴現象としての、種馬用城塞の出現
1750±	エジプト	カモーゼ粘土板、ウゼルの墓およびトゥートゥモシス一世（前1524–）のスカラブにおける戦車の図
1750–	エーゲ海地方	
	ギリシア本土	ミケネの竪穴墓の戦車の図
	クレタ	テュリッソスの文字板上の戦車の図
1500–	中　　国	侯家荘の車坑
1500–	西　　欧	ソールスベリのストーンヘンジの戦車競走用馬場（？）
1200–	北　　欧	キヴィックの墳墓板石
1200–	インド	リーグヴェーダ
1200–	イラン	
	テペ・シアルクのB墓地	シリンダー印章の戦車狩猟図
	ハリスタン	戦車から弓を射る図柄の板状鑣
1200–	北アフリカ	サハラの岩壁画
1000–	ダゲスタン	ベレケイの石函の板石の図
800	ウラルトウ	ムザジルの寺院中のルサス一世（前733–714）の青銅戦車
800	トランスコーカサス	アクタラの帯金の刻文

（ハンチャル1955、表60より）

前二千年紀の戦車に使用される以前の馬に関する資料は表8のごとくである。

この表から馬の歴史に関し次のことが言える。

(1) 北ヨーロッパには野生馬、家畜化した馬が継続して認められる。しかし、いま問題の時代に交通用に使用したかどうかは不明である。

(2) 南東ヨーロッパ、カルパチア山脈の東では馬、半驢ともトリポリエ文化で交通に利用され、カルパチア山脈の西側、中欧でも前二〇〇〇年頃とされる骨製の鑣の発見によって馬が交通に利用されたことが知られる。

(3) コーカサス地方の野生馬の存在および早期の馬家畜化（シェンガヴィット、前二一〇〇頃。ボジュユク、前二四〇〇—二二〇〇。マイコプ、前二四〇〇—一九〇〇）は、戦車用馬の最初の出現と時代的に結び

表8　戦車時代以前の馬科の利用の証拠概括表

年代	地　　域	半驢利用の証拠(1)	野生馬産出の証拠(2)	馬飼養の証拠	馬を繋駕した証拠
5000	両河地方	?←カラト・ジャルモ→?			
	イラン(東北部)	ベルト洞窟			
	ヨーロッパ（北部)		デンマーク、スウェーデンの貝塚、サチャム、ラドガ馬		
4000	ヨーロッパ（北部)		デンマーク、スウェーデンの貝塚		
3500	両河地方	テル・アスワド、テル・メフレシュ、シャガール・バザール			
	パレスチナ	メギッド			
	イラン（高原）	テペ・シアルクⅡ、テペ・ギャン			
	同（南辺）		スーサⅠ		
	ツラン	アナウⅠb			
	インド(北西部)		?←ラナ・グンダイ→?		
	シベリア		エニセイ		
	ヨーロッパ（北部)		デンマーク、スウェーデンの貝塚		
	同（南東部）		トリポリエA：ルカ・ヴルブレ		
			?←ヴェチュカヤ→?		
3000	両河地方	テル・ハラーフ、テル・ブラク、テル・アスマル、テル・アグラブ、ウル、マリ			
		?←キシュ→?			
	イラン（南辺）	エラム			
		?←スーサ→?			
	ツラン	アナウⅡ、シャーテペ			
	シベリア		バザイハ		
	ヨーロッパ（北部)		デンマーク、スウェーデンの貝塚		
	同（南東部）			トリポリエA、B_1	
2500	両河地方	シャガール・バザール			
	小アジア		?←ボズユユック→?		
	ツラン	シャー・テペⅡ			
	シベリア(東部)			アファナシェヴォ文化	
	同（西部）			トランスウラル南部クスタナイ	
	コーカサス（北部)		?←マイコプ→?		
	同（南部）		シェンガヴィット		

	ヨーロッパ（北部）		?←デンマーク、スウェー→?デン、北ドイツ巨石墓、デュンメル湖の住居址		
	同（中部）			ドナウ河谷文化？	
	同（南東部）	スシュコフカ、ビルツェ・ズローチェ、ピィェトレヌイ、コシロフツイ		トリポリエB_2、C_1	
	同（北東部）			ファチャノーヴォ文化？	
2000	両河地方			シャガール・バザール	戦車馬、衡、鼻勒
	シリア			ハルサムナ	戦車繋駕馬
	小アジア			キュルテペ、トロイⅣ	車行、鼻環
	ツラン	後期ケリチェ・ミナール文化		ターザ・バーグ・ヤーブ文化？	
		スタニツァ・サクサウル	スタニツァ・サクサウル		
	インド(西北部)			モヘンジョ・ダロ	
	シベリア(東部)			アファナシェヴォ文化	
	同（西部）			トランスウラル南部クスタナイ	
	中　国		仰韶文化	龍山文化	
	ヨーロッパ（北部）			デンマーク・スウェーデン・北ドイツ巨石墓、デュンメル湖の住居址	
	同（中部）			ドナウ河谷文化、ヨルダンスミュール、ズロータ、ボザーシュパルト、フェリク	ホードメゾーヴァーシャールヘイ・ボザーシュパルトの骨製鑣
	同（西部）			後期新石器、初期青銅器時代の杭上住居	「ビュルク」の骨製鑣
	同（南東部）			トリポリエC_2、カタコンブ文化	ウサトーヴォの骨製鑣
	同（北東部）			ファチャノーヴォ文化	
1700					

註 ⑴ アンダーラインなし　狩猟の対象
--------- 飼養するも用途不特定
— - — - 輸送に使用
——— 繋駕用
⑵ アンダーラインなし　骨の証拠による
〰〰 画像的表現による

（ハンチャル1955、表61より）

つき、古代オリエント土着発生の戦車に対応する戦車馬の発達についての資料を提供する。

(4) 戦車以前の馬養地は南北交通の重要交通路に沿って分布している。

そこで先のメソポタミア、シリア、小アジア土着発生の戦車に使われた馬の出自の問題であるが、馬を戦車につなぐことは、外から輸入されたものでなく、この地で始められたことと思われる。しかし、馬を戦車につなぐことより前には、馬の知識、飼養の経験、交通への利用の試みが前提され、これはカルパチア周辺地区で行われていたことが知られている。

この戦車の発展、および馬の利用の両者の接触、また外よりの影響と、これを受入れるべき要求に関する説明は考古学に求めることができるであろうか。

ここでよく引き出される仮説は、前二千年紀の前アジアのインド・ゲルマン人(ヒッタイト、ミタンニ、カッシート)が戦車使用民族で、戦車をもってオリエントを征服した事実と結びついたものである。即ちこの事実をみてインド・ゲルマン人が戦車の発明者、最初の利用者であると考えるばかりでなく、ユーラシア草原地帯のどこかから、高度の馬飼養の知識をもったアーリア系の民族移動が起り、強力な軍隊をもって古代オリエント、さらに中国にまで侵入して行った、という歴史像を創り出すのである。

現在の研究の水準からみるとインド・ゲルマンは大群をなしてすべてを席巻して征服の歩を進めていったのではなく、考古学的、文字的記録からみて小群をなして平和的、または戦闘的に緩慢に浸透していったものと考えられてきている。

戦車用の馬の出自については、A・カンメンフーバーの馬学に関するテキストの研究が手がかりを与えてくれる。それによると、

(1) キクリの書、ウガリットの馬学の文書、アッシリアの調教の指導書、ボガズキョイから出たヒッタイトのもう

一つ別の馬学の文書などはすべて非インド・ゲルマンたるフルリ人から出たと言えるばかりでなく、キクリの書もフルリ人の原作であることが知られ、他の馬に関する指針書にも明らかにフルリの影響がある。即ちこれらはフルリ人の馬飼養の経験が伝えられたものであり、フルリ人の馬飼養技術の高度の発達が推測される。

⑵　これらの書の編者の職を示す語に、フルリ語が混じっており、アーリアの層の下にフルリの影響が見られる。

⑶　フルリの調教師がヒッタイトやアッシリアに招聘されているのがミタンニの力が衰えて後（これらの文書は前一三五〇以後）であることは、戦車が有力な武器であり、一国の武力の源であった事実に一致する。

ここに馬学のテキストの研究から、メソポタミア、北シリア、東小アジアにおいて戦車が完成されるに至った状況について、この地でフルリ人は既に盛んに馬を飼っており（馬上の神）、一方また古代オリエントの文化的産物である戦車、四輪車、鼻環による御法を知っていたが、アーリア人との衝突によって戦車に馬を繋ぐことを始め、性能の向上を図った、ということが知られる。

さらに戦車の完成について次の二点を明らかにしておく必要がある。

⑴　戦車につなぐようになって要求された御馬の技術の進歩は、この地で起ったものか、外より完成された形で入ってきたものか。

⑵　歴史上の現象として、戦車の進歩と伝搬の原動力は何か。

⑴は頭絡の発展および馬車との接触による完成の問題に帰する。

次の表9は各地域各時代の頭絡を表示したものである。この表を作るについて、各遺物の些小な特異性に迷わされず、包括的な基準をたてるために本質的な特徴を摑むこと、異った形式を、歴史的発展がわかるように排列することに留意した。

この表から、鼻環（Nüsternring）、鼻勒、骨製の鑣、青銅の小勒はみの各型式はこの順の発展系列を示し、年代的

馬の頭絡形式

	と		年	代						
1600–1500	1500					1000				500
				北ヨーロッパ？				パレスチナ？		
クレタ、キプロス、シリア	←ルリスタン→					←南東小アジア→				
			←スイス→							
→	ハンガリー→			北イタリア	←北ドイツ→	スイス	バイエルン	ポントス・アラル海ステップ		
						北コーカサス スウェーデン		←アッシリア	←ハンガリー	
					北西及西ドイツ、スイス、オーストリア					
シリア、パレスチナ、エジプト		？←		ルリスタン（？）→						
				中国（？）						
	？←ルリスタン→？									
	←ルリスタン→									
						←		北コーカサス、ドニエプル・ドン・ヴォルガ地域		
								北コーカサス、ドニエプル・ドン・ヴォルガ地域 南コーカサス		
							？←	北コーカサス、ドニエプル地域		
	メソポタミア、パレスチナ、エジプト、小アジア、ギリシア									
					？←南コーカサス→？				イタリア	
							北コーカサス、ドナウ地域、北チロル、スイス		イタリア	
			←ルリスタン→	イラン←南コーカサス→						
							？←南コーカサス→	クルジスタン、メソポタミア、シリア、エジプト、ドニエプル、ジーベンビュルゲン、ブルガリア、ギリシア		
							？← ハンガリー→	北コーカサス		
				イラン		？←北コーカサス ？←ドナウ地域→				
						←ハンガリー オーストリア				
								ドニエプル・ドン・北コーカサス		
									←ドニエプル地域 北コーカサス ←シベリア	
							ハンガリー、ユーゴ、チェコ、オーストリア		ドネツ地域	
									ドニエプル地域、北コーカサス、カマ、シベリア	

（ハンチャル1955、表62より）

表9　初期遊牧時代までの

形式					地域						
					2500	2400 2100	2000				
鼻環	口籠を伴う				両河地方						
鼻環	口籠を伴わない				両河地方		←東小アジア→				
鼻勒								東小アジア メソポタミア			
骨製小勒はみ	銜、銜を通す孔及び異った方向の2～3孔ある棒状鑣										
骨製小勒はみ	2方向の孔のある棒状鑣							東ハンガリア(?)→ 南西ロシア(?)→ ?← スイス →?			? ?
骨製小勒はみ	同方向3孔のある棒状鑣										
青銅製小勒はみ	両端が環になる棒状銜	2方向3孔の棒状鑣									
青銅製小勒はみ	両端が環になる棒状銜	板状鑣	車輪形								
青銅製小勒はみ	両端が環になる棒状銜	板状鑣	方　形								
青銅製小勒はみ	両端が環になる棒状銜	板状鑣	方形で一辺に耳あり								
青銅製小勒はみ	両端が環になる棒状銜	板状鑣	象　形								
青銅製小勒はみ	二節からなる銜	両端の双環	同方向三耳、一端がシャベル状の曲った棒状鑣								
青銅製小勒はみ	二節からなる銜	両端の双環	鑣なし								
青銅製小勒はみ	二節からなる銜	両端の双環	両端が釦状の鑣								
青銅製小勒はみ	二節からなる銜	両端が単環	中央に穴をあけた鑣	方形で一辺に耳あり							
青銅製小勒はみ	二節からなる銜	両端が単環	中央に穴をあけた鑣	車輪形							
青銅製小勒はみ	二節からなる銜	両端が単環	中央に穴をあけた鑣	装飾的な形、象形							
青銅製小勒はみ	二節からなる銜	両端が単環	中央に穴をあけた鑣	2方向3孔の棒状							
青銅製小勒はみ	二節からなる銜	両端が単環	銜に鋳つけた不動の棒状鑣								
青銅製小勒はみ	二節からなる銜	両端が単環	銜に環でつながる棒状鑣								
青銅製小勒はみ	二節からなる銜	両端が単環	銜に革紐でつなぐ同方向3孔の棒状鑣								
青銅製小勒はみ	二節からなる銜	両端が単環	両端が釦状の鑣								
青銅製小勒はみ	二節からなる銜	両端が鐙形の環	真直または彎曲した	棒状の鑣	同方向3耳						
青銅製小勒はみ	二節からなる銜	両端が鐙形の環	真直または彎曲した	棒状の鑣	同方向3孔（端が動物形のものもあり）						
青銅製小勒はみ	二節からなる銜	両端が鐙形の環	彎曲した	棒状の鑣	同方向又は2方向の管状の孔						
青銅製小勒はみ	二節からなる銜	両端が鐙形の環	鑣なし								

にもこの順に古いこと、これらはすべて原理を異にし、それぞれ独創的であるから、その発明の一回性は疑いないこと、小勒はみが創られると共に、各地で多様な形式のものがいろいろ試作されたことが知られる。

この表をみると、まず小勒においても古代オリエントが最も古く、その成立にあずかったと思われること、および中欧の最古の小勒はみ使用の時代が目につく。即ち、前一六〇〇年以降は戦車の時代で古代オリエントを中心に小勒がひろがり、前八〇〇年以降は騎馬遊牧民の時代でエニセイ河からヴォルガ河、北コーカサス、ドニエプル河からドナウ河中流までの草原地帯に小勒が拡がった時代である。

戦車の急速な発展をうながした御法の進歩がオリエントで起ったか、外から輸入されたかについて、この表から次のようにいえる。

前二千年紀頃鼻環が東小アジアで馬に使われているが、これは正式の戦車馬には使われた例がなく、戦車の発展とは係りない。

鼻勒はやはり東小アジア、メソポタミアで発生したものだが、同地で後まで使われ、戦車とともに広く拡まっているから、戦車の発達と密接な関係をもつ。

前一五〇〇―一〇〇〇年の戦車の最盛期に、各種の小勒はみが戦車と同様な分布を示し、両者は密接に結びついている。それでは小勒はみはどこから来り、またこのように特別に多く使われたか。

表から、戦車に先行する鑣の例として南西ロシア（オデッサ付近のウサトーヴォ）、東ハンガリー（チョングラード州のホードメゾーヴァーシャルヘイ・ボザーシュパルト）がある。しかし前者は発掘者により青銅器時代の骨製の鑣とされたが、今日ではこれは却けられており、後者はどのようなものか明らかな記述がない。即ちいずれも不確実なものである。

スイス（シュピーツ）の例は鹿角の中央に銜のための孔、その両側に頰革のための孔をあけた鑣で、その後間断ない発展系列を経てウルネンフェルダー文化では青銅製に変ってゆくものである。古代オリエントのものはここから由来するといえるであろうか。

その形式の関連から、時代、空間上の橋渡しをすべき資料は次の若干の例に限られている。

スイスの青銅器時代後期に属するコルスレットの骨製の小勒はみは、古い形式の残存と考えられ、その発達を考える資料となる。カルパチヤ周辺地区の多くの鹿角製の鑣は、青銅器時代後期のものであるが、前二千年紀に遡る古い形を存すると思われる。これは銜を欠き、その残存する例から銜は革製であったと考えられる。

ヴォルガ河畔のクイブイシェフ付近、カマロフカの第五号クルガン（スキト時代直前）出土の、馬の頸骨の歯隙のところから原位置のまま発見された骨製の鑣は、長骨をたてに割って作り、中央に革製の銜を通す孔、その上下に頭絡の革のための孔があけられている。これは木槨墳文化最末期のヤゴードノイェのもの、ウサトーヴォのものに近いが、オビ河畔のウスチ・パルイの囮トナカイ用のもの（前四―二世紀）にもよく似ている。

革のような柔かい材料を使った銜は、起原的には歯の間を、舌の上から通した轡ないし引き手綱を、口の両側に鑣をつけて留めた形から出たと思われるが、それを証する例としてパズイルイックから出た完全に革具も残っている頭絡がある。銜の左側から出た轡の後端は環になり、これに右側から出た轡が通される。左側から来た轡の端が抜けないように右側のものには結び目が作られ、その後端は長く、余って遊んでいる。この轡の端が二本になった奇妙な形は、轡が鑣のところで終らず、馬の口をぬけて一方から他方に通りぬけていた原始形の残存と見られる。この方式の名残は古代オリエントの青銅製の銜と鑣の作り（棒状の銜を止める形の板状の鑣、針金をよじって作った銜）にも見受けられる。小勒はみの起原は以上のように考えられるが、しかしこれを時代的、地域的に系統だてることは今のところ困難である。しかし、タイス河、ドニエストル河周辺の骨製の鑣にその起原があると考えられる。

小勒はみの発達については表から、

(1)　銜と鑣の結合法からみて、約一〇〇〇年間、鑣の中央の孔に銜を通す法が行われ、前一〇〇〇年頃以後、始めてその結合法に改良が行われ、色々の方式が起る（紐で結び合す、鑣に轡を通す、銜と鑣を一つに鋳たり、または両者をそれぞれついた環で鎖様に結び合せる、十手状の鑣の枝に銜の外端の環を通す、など）。現在の資料では、鑣の銜に接する部分を拡げ、ここに小勒の頬革を結ぶようにした形の原初形は、前二千年紀末のテペ・ギャン、テペ・シアルク（B墓地）が最古だからである。

(2)　小勒はみの発達については次の形式序列が考えられる。

(a)　轡と銜が一本の紐から成り、すり抜けないよう口の両側のところで何らかの骨の棒に通したもの。

(b)　銜を一本の棒状の骨で作ったもの。銜は鑣の孔に通され、孔の両側の頬革を通す孔は銜の孔と直角の方向にあけられる。実年代の古いものはないが、この種の遺物は古い時代の遺存と思われる。青銅製の一本の棒状の銜の方は事実実年代も古い。古代オリエントでは車輪状の鑣をつけたものが前一六〇〇年以降。次いで方形板状の鑣を伴うもの。中欧西部では前二千年紀末に二方向に三個の孔をあけた骨製のものと同原則の青銅製の鑣を伴うものが現れる。中欧の最古の小勒はみは最も原初的な形式のものではなく、古代オリエントのものはこれの系統を受けたものとはいい難い。小勒はみを青銅製にしたことは馬学上の重要な進歩であるが、これも古代オリエントがヨーロッパに先行する。

(c)　銜を、中央が環でつながった二節からなる形に転換（前一五〇〇頃）。

古代オリエントには二形式の小勒（鼻をめぐる革と頤からの革で装着する四角い板状の鑣、二岐になった頬革で装着する棒状の鑣）があることからみて、戦車の重要化とともに小勒の形式にも盛んに各種の試みがなされたことがわかる。第二の形式の鑣が西部イラン、トランスコーカサスに集中的に発見され、はみの効果を鋭くし、またうまくこれを装着できるようういろいろな試みがなされていることは、イラン・アルメニア・南コーカサス地方の馬飼養が戦車の重要化とともに盛んになったことを示している。この地方に行われた二方向に三個の孔をあけた棒状の鑣は前二千年紀末頃、南、中欧に拡がっているが、この伝搬も当時の馬飼養状況、金属の交易、民族移動などの情勢を考えれば当然のこととして理解される。

(d) うまく装着し、より効果をよくするための各種の試み。銜の両端の環の形、銜と鑣の結合法に機能を高める意図がうかがわれ、また前一千年紀初にはイェニセイ河からドナウ河までの草原地帯に拡まっており、この地方の馬の飼養、利用の急速な高度化が知られる。

以上頭絡の形式を広範囲にわたって研究した結果、古代オリエントのものは外来のものでなく、シリア・メソポタミア・東小アジアの山岳地方で土着に発生したものであることが結論された。

以上古代世界の戦車は北シリア、東小アジアで発生し、それに伴う御馬技術にとって決定的な、鼻勒および小勒はみも、同じくこの地方から起ったことが知られた。

(三) 中国先秦の馬車と古代オリエントの馬車の関係

(1) 小　序

今まで中国先秦の馬車と古代オリエントの馬車の関係を正面切って論じた論文は、私のみた限りでは見当らないようである。その問題に若干ふれたものは少しある。

ビショップは、中国青銅器文化が西南アジアよりおそく、しかも突然始まったこと、さらにその文化複合のうちの若干の様相は西方においては、何世紀も前に起っていることから、その文化が西方から伝わったものであると考えた。そして、伝わり方については伝搬によるものか、民族移動によるものか後の研究にまたねばならないといいながらも、その伝わり方を次のようだったろうと想像している。即ち、青銅器製作の知識は、車の使用と一緒に、前三千年紀末からコーカサス、エルブールス、ヒンズークシュの北の草原地帯に伝わり、そこで地方的変異を被り、さらに分枝した一枝は、北中国に伝わった、という。そして同時に西方から伝わったものとして家父長制の社会組織、都市居住の風、馬、牛、羊、山羊、小麦、馬の牽く戦車、牛車などをあげている(231)。それらについて別に具体的な証拠をあげていない。想像、予想は自由である。

ヴィースナーは古代オリエントに馬車をもたらしたのはアーリア系のミタンニ、その他一連の同系の民族で、かれらは前二千年紀半ば頃この地方に侵入し、馬車とともに、馬車に乗って複合 Reflexbogen を操って戦争、狩猟を行う風、騎士的君主制の社会制度などをもたらしたが、極東の中国に紀元前二千年紀後半に同様な戦車、戦術が出現するのは、これと同じ関連においてである、として、中国における戦車の出現を、オリエントと関連させて考えている(232)。

中国における馬車の出現を、オリエントにおけるそれと関連あるものと考えたのはよいが、馬車が、それをオリエントに拡めたと同じ民族の持って来たものと考えたのは首肯し難い。殷ないし、それより前の時代に、近東方面から外民族が中国に侵入したことを証する形跡は何もないからである。

ハンチャルは先に中国の馬飼養の問題の章で引いたごとく、それを龍山文化、殷時代に西ないし西北方から中国に入ってきたものと考えている。氏は馬が歴史上初めて重要性をもったのは戦車に繋駕する動物としてであり、歴史を形造ってゆく上ににわかに重い役割を演じるようになったのは戦車を引く動物となってからのことであると考えているのであるから(233)、馬飼養が殷時代高度に貴族階級の戦争、政治上に重要性を増したといっているからには、中国の戦車は馬の飼養とともに、それと同時に中国に入ってきたと考えているわけである。氏はまた殷時代の中国の馬飼養、交通への利用が、それとは逆にミヌシンスクのアンドロノヴォ文化、特にカラスク文化に刺戟、影響を与えたのではないかという問題について、考察を加えている。即ち、それについてキセーレフが、カラスク文化になると明らかに羊の飼養が盛んになったことと関係あるものとして注目した石碑に彫られた羊の像を、中国の殷、周初の饕餮——安泰と幸福のシンボル——に起原すると考えたこと、および中国で古く旂鈴等と呼ばれ、最近石璋如が弭の金具とした殷式に多い弓形の金具と同形の金具も衡を象ったもので中国起原であるとしたことをとりあげている。そして後の方の問題について、この金具の出た墓からは、車は出たが馬は出なかったこと、この形は中国の衡とは形が異なることをのべ、中国ではこの式の金具は武具に付属するものとされており、たしかにミヌシンスクと中国の密接な親縁関係を示すものではあるが、馬車が中国からミヌシンスクに行ったことを証するものでないことを弁じている。いかにももっともである。中国の青銅器文化の西方ないし西北方との関連については、今は論じない。

(2) 本論

中国文化の源流をなす殷文化の起原に関して、その文化を構成する重要な要素である青銅器製作技術の起原については、それが西方ないし北方から中国に入ったか、中国独自に発達したものであるかをくわしく論じた論文が数多い。しかし、中国周辺地域の青銅器の研究が未発達のため、殷時代の青銅器——この場合は武器——の年代がこれより古いか新しいかについて問題があり、中国周辺地域を飛越して、さらに西方のものと比較を試みると、その類似点が相当漠然とし、また類似する遺物の種類の数がごく限られてしまう、などの障碍があって、なかなかすっきりした結論を導き出すのは困難な状態である。

それと比べると、馬車の場合は中国と古代オリエントの関係を考える上に非常に有利である。青銅製の武器であれば、例えば矛とか鉞は、その特徴の一つをなす柄に装着する方法という観点からみれば、一般的に言って、主要なものとしてはソケットによるか、なかごによるかの二つしかない。途中の地域に点々とその技術の伝搬した証拠となる遺物が発見されなければ、例えば殷のものと、ロシアのセイマ文化のものが同様な装着法を採っているからといって、直ちに両者に歴史的関連があるとは結論しえないであろう。両地で独立に発明された可能性も十分に考えられるからである。馬車の場合は事情が異なる。古代オリエントにおいて、前三千年紀末、二千年紀初に一定の地域で一回的に創り出され、そこから一元的に周囲に拡がって行った複雑な道具である馬車——多方面の進んだ技術を総合して製作され、繋駕法に関してはその前段階から受けついだ奇妙な、不合理な面をそのまま保持している——が、オリエントで盛んに使われたのとほぼ相対応する時代に中国でもまた偶然独立に発明され、同様盛んに活躍した、などということは考え難いからである。

　中国の馬車とオリエントのものが、どのように類似しているかについては、前節までに記してきたところによって、自ずから明らかなはずであるが、次にこの点を簡単に要約しておく。

(a) 出現の時代

　オリエントでは前三千年紀末、二千年紀初に出現し、メソポタミア、エジプトなどでは前一六世紀中頃から使われ出す。中国においては小屯前期にはその遺物があり、武丁時代の甲骨文にその象形字があることから、前一四世紀末にこれがあったことは確実である。しかし、殷後期（小屯期）に先立つ殷中期（二里岡上層期）には未だ車馬具が発見されていない。

(b) 構造

輻をつけた二輪。その軸と交叉する一本のS字形の輈。両者の交叉点につけられた一人―二人乗り程度の小さい輿。輈の前端でこれと交叉する衡。衡に結ばれた軛――例えばフローレンス博物館のエジプトの馬車のもの（図203）を参照、軛首の茸形の飾りまで中国のものと同じである――。『周礼』考工記に馬車の各部にそれぞれ適合した異なる木材を用いることが記されるが、その点もフローレンスの馬車、エジプトの車大工の記録から知られる、各部により異なる木材の種類の選択を思い起させる。㈡、⑵、(b)に、衡と輈を結び合せる支えのあるものがあったろうことを推測したが、同様の装置は前七世紀のアッシリアの浮彫[238]にみられる。

中国の馬車は殷時代から既に一八本の輻を具えた車輪が作られ、オリエントのものがせいぜい八本くらいの少数なのと異なっており、また、輿の位置をオリエントの例では時代の降るものでは軸と輈の交点より前にずらし、輪にかかる目方を軽減しようとしているのと異なり、中国では終始軸と輈の交点の真上に輿を作っている。輪の輻の数を増し、これを丈夫にすることができたため、そのような細工を必要としなかったのであろうか。馬にとっては衡がのしかかってくるより「軒なるがごとく、輊なるがごとし」というような状態の方が楽であるにちがいない。

(c)　繋駕法、御法

一対の服馬が輈を挟んで対照に置かれ、輈の前端に交叉する衡が服馬の斧痕の上に軛をへだててのせられ、頸礎のあたりを廻る靳、胸を廻る韅で衡にくくりつけられ、衡、輈を通じて車を引く点、オリエントのものと全く同原理であること、前記のごとくである。

オリエントにおいては、服馬以外の馬は、服馬に並べてつながれるだけで牽引に参加しないに対し、中国の馬車においては驂馬が靷を通じて軸を引く[239]。これはクリールがいうように中国で独自に発達したものである[240]。

御馬の具として小勒が用いられる点、オリエントと同様である。殷時代の銜については明らかでないが、方形板状の鑣はオリエント各地で前一五〇〇年頃からある形である。オリエントで同様古くからある一本の棒状の銜、これに伴う輪状等の鑣の方は、中国にはない。

驂馬を牽引に参加させることと共に、これを御すため、その内轡を服馬の外轡につなぎ、あるいは軾前につなぐ方法も、中国独自の発明と考えられる。

なお、馬の問題については第五章に詳論したが第一節㈠、(1)、(e)でちょっとふれた安陽大司空村の一・四五メートル内外の大型の馬も、殷時代その周辺地域に優秀な馬を飼っていたと考えうる、漢以後の遊牧民に該当するような民族がいた証拠が少なくとも現在は知られていないし、小アジア東部、アルメニア、トランスコーカサス地方に産した優秀な戦車用の馬（一・五メートルのものがある(241)）が中国にも伝わってきたのではないかと考えられることに注意しておきたい。

(d) 社会における役割

戦争用の兵器として、中国の馬車が重要であったことは、顧頡剛・楊向奎一九三七に論ぜられるごとくである。即ち一国の軍事力は戦車の数で計られ、一台の戦車には左右中三人の士が乗り、各戦車には一〇―数十人の歩兵が割当てられるのである。顧、楊は、殷時代には馬車は未だ戦争の主力とはされなかった。卜辞にも征伐に際し、登人何千人とあるが、馬車にはふれていない。戦争の主力となったのは周初からだろう、という。殷時代に馬車が戦争に使われたという確かな証拠はない。しかし、卜辞によると狩猟用に使われたことは確かである。また安陽小屯C区の車坑のごとく、殷時代の馬車に弓、戈などの武器が具えられており、春秋時代、戦車に乗る戦士は弓、矛を武器として戦ったことを考えると、殷時代の馬車に具えられているこれらの武器が、戦争の際この馬車に乗る人間によって使われたものでないと考えることは困難である。西周後期の禹鼎銘(242)に武公という人が禹という者に命じ、「公の戎車百乗、廝馭二百、徒千」をひきいて鄂侯馭方を征伐することを命じたとある。この頃の戦闘の主力が戦車と戦車一輛につき二人の雑役、一〇人の歩兵であったことが知られる。

　オリエントにおいては馬車は一人乗りか二人乗りが原則である。二人乗りの時は一人は御、一人は射手である。車の欄には箙に入れて槍、斧などの近接戦用の武器が具えられている。中国の馬車も同様欄に箙に入れた武器を備えていたこと一、㈢、⑶に注意したごとくである。戦車のもつ重要性、戦車一台に対する歩兵の比も、オリエントと中国に大差はない。ヒッタイトの記録では戦車一台に歩兵二〇人、三五人、一三人等々の割となる(243)ごとくである。即ち、戦争において戦車の占める重要性、各戦車上で戦う兵士の武器の種類、戦車と歩兵から成る軍隊の構成の各点において、オリエントと中国に著しい平行関係があるのである。

　田猟用として馬車が中国で殷時代から用いられたことは一、㈡、2、(a)にあげた甲骨文からも明らかであり、『詩』にも西周末宣王時代といわれる車攻、吉日などにうたわれ、春秋末期の馬車に乗って田猟する状景は一、㈢、⑵にあげた銅器の紋様に活々とえがかれている通りで、他に経籍に数多くの記述が見出され、一々あげるまでもなかろう。

　オリエントにおいても馬車に乗って狩猟する光景は、例えばミタンニ時代のメソポタミア、カッシート時代のバビロニアのシリンダー印章、石刻、ウガリットの黄金製の皿など例が多く、好んで表現されたテーマの一つである。戦争の場合と同様、走る車の上から弓を射ている。

　重宝として西周中期以後、車服賜与形式金文に、王からの賜り物の中に派手な馬車があげられていること、第一節㈡、⑶に記したごとくであり、このような美しい馬車に乗って朝見する晴れの姿は、『詩』韓奕などにうたわれている。『周礼』巾車では、さらに進んで社会的地位の異なるのに相応して、車の装飾の種類に等級がつけられていたと考えられている。また車が王ばかりでなく、貴族相互間の贈り物にも使われたこと、例えば『左伝』襄公二十八年「(慶封)……遂来奔、献車於季武子、美沢可鑑」即ち「(慶封は)……遂に来奔し、車を季武子に献ず。美沢にして鑑みるべし」とあるごとくである。

馬車の重宝としての性格は西周中頃策命制度が確立した頃から始まったものとは考えられない。理由は次のごとくである。即ち、西周時代の車服賜与形式金文に記されている、王から賜った馬車に対応する馬車は、同時代の墓の副葬品中に見出される。西周時代の大墓に車馬を副葬する風は、葬俗全体とともに殷からそっくり引きついだもので、車馬を副葬する風をも含めた葬俗全体からして、周時代における変更は、ある限りの資料からみて全く認められない。とすると、西周時代に副葬された馬車が重宝としての性格をもつことがたしかなのであるから、殷墓に副葬されている同様の華やかな金具、貝飾などで飾られた馬車も、重宝としての性格をもっていたことは疑いない。『左伝』定公四年「分魯公以大路……、分康叔以大路……」即ち「魯公に分つに大路をもってし……、康叔に分つに大路をもってし……」などと周初封建の際親族に分った宝物の筆頭に青銅の飾金具をつけた馬車があげられているのも、後起の伝説ではあるまい。ただし殷の金文に馬車を賜ったことを記すものがない。

オリエントにおいて馬車が宝物として諸王の贈りものにされ、またパレードに使われたこと(244)は、先に第四節(二)、(2)に引いたごとくである。

(e) 結　論

以上のごとく、中国に殷時代から出現する一本の輈をつけた馬車は、オリエントのものと構造、繫駕法、御法において全く共通である。複雑な構造、製作法、古代オリエントにおいてその起源、発展のあとがたどられる奇妙な繫駕法、オリエントに最も古い例が見出される御馬具が中国に再び見出される事実は、これがオリエントとは独立に、中国でも同様なものが偶然発明されたのではないか、と考える可能性を全く排除する。即ち、中国の一本の輈をつけた馬車は、オリエントにおいて一回的に発展、成立したものが中国に伝わったものである。オリエントとの共通点はその外的な形式に留まらず、使用法、社会における役割の面まで及んでいる。即ち戦争用の武器としての性格、それに乗る戦士の使う武器、軍隊の編成中における位置、また王侯のスポーツとしての田猟に際しての使用、重宝、華やかな飾りをつけた行列ないしパレード用の具としての性格など。前二千年紀における、殷の西方、オリエントとの間に横たわる広大な地域の情勢についての知識は、現在のところほとんど全く空白であるから、具体的にオリエントの馬車が、いかにして、どのような経路を通って伝わったかを考えることはできない。しかし、形式が共通するばかりでなく、その使用法、使用される領域、社会において演ずる役割においても共通するのであるから、馬車を持った少数の人間がはるばるオリエントから中国にたどりついて、かれらの持って来た馬車が中国で模倣して作られ出した、というような形で伝わったものではありえない。文化の発達、社会の発展において、総体的にオリエントの文化中心地域に歴史的に深い関係をもった若干の文化を仲介として、もちろんいくらかの変化を被りながらも、馬車はオリエントにおいて自らの周囲において関連をもった技術的、社会的な実存とともに、中国にまで伝わったと考えざるをえない。しかし中間地域の諸文明が全く明らかでないので、これ以上具体的にその伝わり方を考察することができない。

とはいえ、殷文化を構成し、それよりのち前一千年紀全体にわたった重要な役割を演じた文化要素の一つたる馬車が、確実にオリエントから伝わって来たものであることが知られたことは重要である。単に器物として伝わっただけでなく、社会的関連においても故郷の地と中国に平行関係があるとなると、前二千年紀の前三分ノ二の時代――オリエントにおける一輌の馬車の発生が前二〇〇〇年前後であるから、今の場合それより後、中国における馬車の確実な証拠の現れる前一四世紀末頃まで――における中国とオリエントの歴史的関係が、予想以上に深かったと考えざるをえないのである。さらに殷文化を構成する要素でオリエントと深い関係をもち、そこに起原をもったものは、馬車一つだけに留まったとは考え難い。今後青銅器鋳造その他の技術、思想の系統を考える場合の有力な橋頭堡を確保することができたと考える。

〔補記〕

先秦式の馬車の資料として最も重要なものと思われる青銅製の四頭立ての馬車の模型が秦始皇陵西側から発見されている。輈の長さ二・五メートルもあるもので、革具類も青銅で模されている（楊寛著、西島定生他訳『中国皇帝陵の起源と変遷』一九八一、東京、図版4）。一九八二年四月現在、未だその報告は見ることができない。しかしその小さい写真によって知られる重要なことは、服馬の軛の両脚の間がゆるい紐でつながれており、筆者の復原図のように頸をめぐって衡に結ばれた革紐が別に見えないことである。秦の馬車がこの方式であったことがうかがわれる。逆Y字形の軛は紀元前二千年紀中期のエジプトに顕著で、その時代の浮彫や絵画にこの軛脚を結ぶゆるい革帯で車を引く馬の様子が多く表わされており、この馬具の機能についてはリッタウァーが詳しく考察している通りである（Littauer, Mary Aiken : The Function of the Yoke Saddle in Ancient Harnessing, *Antiquity*, no. 42, 1968, pp. 27-31）。しかし殷周の軛の脚が異常に長いことに関してリッタウァーは、画像の証がない現在斬の革紐は直接衡に結ばれていたことを提案するに止める、と記している（前引三〇頁）。この点に関しては結論を先に持ち越したい。

先秦式の馬車の繫駕法については孫機「従胸式系駕法到鞍套式系駕法――我国古代車制略説」『考古』一九八〇、五、四四八―四六〇頁が出されている。中国の先秦式の馬車は漢以後のものと同様、胸前を廻る革によって車を引いたもので、その点西アジアのものと挽曳の原則を異にするという説である。孫の論には肝腎の点に幾つかの誤りがある。例えば長安張家坡の二号車馬坑の馬の鞁に付いた環を『詩』小戎の游環に当て、游環は毛伝に靷の環だとする注釈により、この環に靷がつき、胸前を廻る革によって車を引いたと考えたこと。体側にある環を游環としたのは、毛伝にも鄭箋にもこれが馬の背にあって游動すると記されていることを見落した論である。軮については本章に記した通りであるが、孫はこれを胸前を廻り、靷につながれる挽曳の革具と誤解している。さらに孫は先秦の馬車の車輪の直径が約一・二～一・五メートルであることを発掘例によって示し、「蒙古馬の鬐甲の高さは平均一・三メートルであるから、馬の胸前の高さはほぼ車軸あるいは陰板に相当する」として同氏の先の挽曳法に対する傍証としている。車の直径が右のごとき寸法とすると、軸はその半分の高さに在り、鬐甲の高さの三分ノ二ばかりのところにある胸先の位置よりずっと低いはずで、これも何か勘違いをしているようである。その他、個々の論点について賛成し難いところも多いが一々挙げない。

第一節(二)、(1)、(a)で長安張家坡一号車について衡と輈を結ぶ革の存在について推定を加えたが、同様なことはリッタウァーも記している（Littauer, M. A.: Rock Carvings of Chariots in Transcaucasia, Central Asia and Mongolia, *Proceedings of the Prehistoric Society*, no. 43, pp. 243-262, p.255）。この革の機能についてリッタウァーは次のように記す。「衡と輈の結合を補強し、輈に対して衡がねじれるのを防ぎ、急に曲る際一方の服馬が輈に押しつけられないようにする。また一方の服馬が他より足が早い時にもこれがないと衡がねじれる。また衡にかかる力を輈と衡の交点より後方に伝え、交点にかかる力を分散させる」と（前引、二五四頁）。同氏はまたこの衡と輈を結ぶ革の証がエジプトの第一八王朝から前三世紀まで、西アジアに見出されることに注意している。中国の馬車と西アジアのものとの類似点として以前に気付かなかったところを新たに教えられた。

同氏が前引論文で紹介しているトランスマーカレア、カザフスタン、パミール、外蒙古アルタイの山中の岩壁画の一輈の馬車の画像——中国殷、西周時代の「車」字と極めて近い表現をもつ——は中国と西アジアの馬車の伝来関係について重要な示唆を与えるものと言えよう。これらは野生動物、家畜の画のみに混っているところから家畜を飼養する人々のものと考えられ、またトランスマーカレア、パミールのものは二、三千メートルの高山にあるところから、アルプ（高山草地）の放牧を行った人々のものと推測され、年代の証も握み難い点、我々の関心の前二千年紀における東西の農耕文明のつながりを考える資料としては、未だ使いにくいものではあるが。

注

(1) その位置については石一九四七、挿図九、また石一九五二、挿図二、および八参照。
(2) 林一九五八a、四〇頁以下。
(3) 以下石一九七〇、一六―一五五頁による。
(4) 石一九七〇、三六頁
(5) 同、九〇頁。
(6) 石璋如が（前引、五八頁）軏と衡と輈を結合する釘の名としたのは『説文』軏（軏と同字）に対する段玉裁の注によったものと思われるが、これは段玉裁の解釈の誤りであることは上記の考察によって明らかである。軏については『論語』為政篇「小車無軏」の集解に引く包注に「軏者轅端上曲、鉤衡者也」というのが正確である。輈と衡の交る所を目釘でとめた例は皆無であるのに対し、輈の先端が上に曲って衡が抜け脱ちないようになった作りは先秦時代の馬車の遺物にいくらも例があり、これこそ軏と呼ばれたものと考えられるからである。
(7) 石一九七〇、一一一。
(8) 同、一七七頁。
(9) 同、二一七頁。
(10) 同、二一九頁。
(11) 石一九五〇、八〇頁以下。
(12) 記述による寸法の合計と合わない。計算によると約五九・四センチ。
(13) 石一九五〇、八〇頁以下。
先端の玉飾は先が尖り、横向に蹴爪状の枝が出る。その長さ八・五センチ。基部に茎をつけて木にさしこむようになっている。茎には小さい目釘孔がある。下端には煙管の吸口状の玉飾をつける。その長さ二・五センチ、径約一・四センチ。その上一〇センチほどのところから長短不同の金の薄板をかぶせた装飾が九段ある。その部分の長さ三五センチ。その上に幅四ミリの金の板でたがをはめ、さらにその上に幅約三ミリに松緑石を象嵌している。全長五七・五センチという。
(14) 聞一多は次のようにいう（聞一九五六、下、五三一―五三三）。「『広韻』「筴、策也」策亦従朿声、蓋古馬策以棘為之、故『楚辞』九章曰「施黄棘之枉策」。策謂之筴、亦猶棠謂之味、表謂之誅矣。所以刺馬行者謂之策、亦謂之筴、是朱有刺義、其証之」と。
(15) 梅原一九四二、胡一九五五、八二頁。両者とも国立中央研究院二十四年度総報告の抜書きである。
(16) 石一九五二、四七七頁。
(17) 陳一九五六、五五八頁。
(18) 郭一九五一。
(19) 同、一九―二〇頁。
(20) 同、図版七、1。
(21) 同、図版七、2。
(22) 同、二一頁。
(23) 同、三九頁、図版二二、6、四五、12。
(24) なおこの大墓の南側の墓道にも銅泡、銅鈴を伴う馬坑が発見されたが、現代の墓があるため全部は掘られなかった。またこの大墓の二層台上の殉葬者中、W8には馬鈴三、銅泡二〇、W12には銅泡一〇、当盧二が、それぞれ他の武器類と共に副葬されていた。

(25) White 1956, p. 15.

(26) 李一九五二、図版三四、1。

(27) 馬等一九五五、六〇―六七頁。

(28) 坑口は深さ一・一メートルのところに現れ、南北三・八メートル、東西三・五メートル。地表下三・八五メートルに坑底があり、南北三・九七メートル、東西は北端で三・三メートル、南端で三・五メートル。

(29) 馬等一九五五、図版二六、2。

(30) 同、図25、また図版三〇、2、3。

(31) 同、図版二八。

(32) 同、図版二九、3参照。

(33) 同、図版三〇、5参照。

(34) 同、図版二九、4参照。

(35) 同、図版三〇、4参照。

(36) 径四・六センチ。

(37) 上に引いた図によって私の推定したCが五二センチ、Hが三一センチ、McⅢが二四センチ、Fが四一センチ、Tが三七・五センチ、MtⅢが二九センチの値により林田が計算した結果による。

(38) 例えばYetts 1934, 石田一九五六。

(39) 中国科学院考古研究所一九六二、一四一―一五五頁。

(40) 報告の銜、鑣の条に、「合計六組出、二号車馬坑の一号車と四号車馬坑の三号車に属する」という（一五四頁）からである。

(41) 中国科学院考古研究所一九六二、一四八頁。

(42) 同、一五五頁に「是連結木軛和鞍具」と。これが木軛につけられたものと解釈されている。

(43) 筆者は先に『甲骨学』一一号に発表した論文（林一九七六）に西周時代の馬車の復原図を掲載した。その中で車軸が軫の外にはみ出る部分を飾る金具については、濬県辛村八号墓における出土状況の記述と写真（郭一九六四、五一頁、図版三・1）を利用したが、勘違いをして筒状の部分が外側を向くように復原図を作った。その誤りについては張長寿、張孝光両氏論文の指摘する通りである（張等一九八〇）。両氏は北京琉璃河一号車馬坑の発掘例（図a）を引き、車軸と軫、伏兔、轂の復原図を掲げている（同、図六）（図b）。ところがこの復原図が正確でない。それは次の点においてである。張の復原図では轂の内端が問題の伏兔の飾金具の外側につく方形の板の下に喰い込み、この金具の筒状の部分の外端に接している。轂の内端は張も引く琉璃河車馬坑の発掘図（図a）から知られるように、方形の板の外端のところで止って

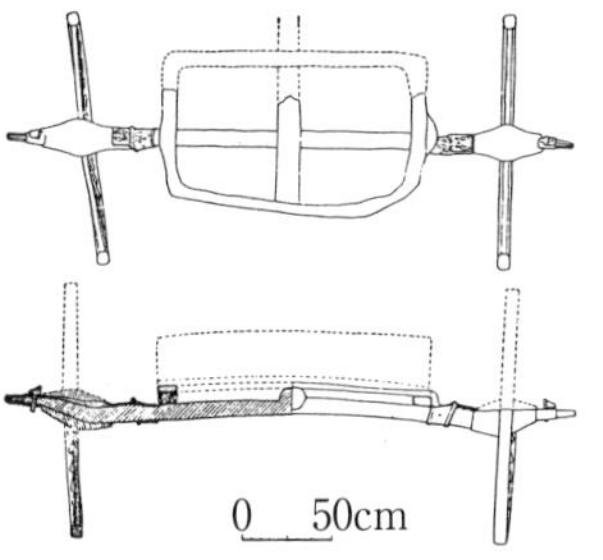

図a　琉璃河第1号車馬坑車の平、側面図

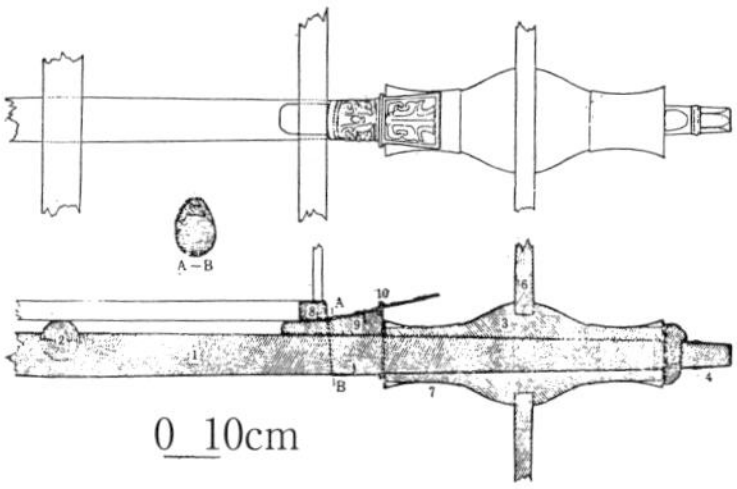

図b　伏兔と軸飾の復原図

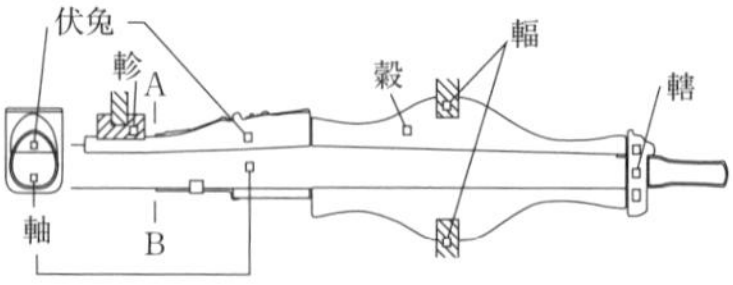

図c　軸端から軫に至る部分の構造

いなければならない。そこで轂が止っているからには、この金具の方形の部分の下には木がつまっていて、その木で轂がそこより中に入るのを止める構造になっていたはずである。本文に掲げた筆者の馬車復原図のその部分に見るごとくである。

軸端から軫に至る部分の構造をさらに詳細に考察してみるに、それは図cに示したごときものであったと推測される。伏兔の木は車軸の上に固定され、車軸上をずれ動いたりしないようにするため、その材は外側から少々内すぼまりに削られ、伏兔の金具の内すぼまりの筒の中に打ち込まれたに相違ない。また伏兔を軸の木に密着させるためには、両者の接する面は筆者の復原図に示したように、平面に仕上げられていたであろう――張の復原図では車軸がその部分でも円柱状になっているのであるが。

伏兔の材の外側は、そこの飾金具の外側に付く方形の板の下のスペースを充すような形にあらかじめ仕立てられていたに違いない。その外側に向く面は轂の内端の面と擦れるところである。この伏兔の木の広くなった部分が轂によって押された場合、伏兔の木はこの飾金具の筒状の部分の内すぼまりになった構造により、外から内に向う力はその部分で喰い止められるというわけである。張の復原図のようなことでは、古代の車大工の巧妙な工夫も一向に活かされていないと思われるので、敢えて再訂正を行った次第である。

なお筆者の復原図は伏兔の飾金具は一九五八年、京都の尚雅堂で筆者の測った実測図、轂は濬県辛村五号墓のもの（本章、図138）、軸端の金具は辛村一号墓のもの（郭一九六四、図版三一、4）といったポンコツであるが、縮尺を変えたりあれこれ合うように探すまでもなく、一発で復原図のごとく適合した。西周時代の馬車に或る規格があったことが実感されたことであるが、その問題についてはさらにデータを多数揃えてから論ずる必要があろう。

(44) 中国科学院考古研究所一九六二、一五五頁。
(45) 同、一四五頁。
(46) 同、一五〇頁。
(47) 林一九六九、一七四―一七五頁。
(48) 郭　一九六四、三―六頁。
(49) 郭一九六四、四九頁。
(50) 郭一九六四、五四頁。ただし郭宝鈞がこれを轛と呼んだのには賛成できない。⿰車贊は『説文』に⿰車樊の同字とされているが、「⿰車樊、車衡之束也」とある。ここに「束」というのは、『説文』のこの字の前に「鍪、車軸束也」「⿰革必、車束也」という「束」と同じで、車の部品の材を腱などでたがのように巻いて固めることである。郭宝鈞のごとく「輈持衡為一束、軛附衡為二束」で計三束、というように、「束」を物と物を縛り合せるひもの意味にとることは許されまい。

(51) 郭一九六四、一二頁。

(52) 同、五七頁。

(53) 同、二一頁。

(54) 同、一五頁。

(55) 同、五六頁。

(56) 同、一七頁。

(57) 同、一八頁。

(58) 林一九六九、一七四頁。

(59) 援の先端が圭のような形になった戈は、西周のおそい時期に淵源し、秦秋前期にこれが盛んになったと考えてよかろう。

(60) 郭一九六四、五五頁。

(61) 同、二九頁。

(62) 同、五三頁。

(63) 同、五四頁。

(64) 同、四九頁。

(65) 同、五三頁。

(66) 解一九五七。

(67) 郭・林一九五五。

(68) 同、図一三。

(69) 以下21まで原図に番号を欠く。17を除き筆者記入。

(70) 同、図一四。

(71) 中国科学院考古研究所一九五六、図五九、8。

(72) ほぼ南北向き、東西南北各々三・五メートル、三・八二メートル、二・七五メートル、二・五五メートル、深さ二・六五メートル。

(73) 南北四・六五メートル、東西三・三メートル、深さ六メートル。

(74) 郭・林一九五五、図版八、1。

(75) 同、図一五。

(76) 同、図一六。

(77) 羅一九一四、三。胡一九五〇、二二四も同文。

(78) 郭一九三三、七五三片。

(79) 2—羅一九三三、三、四〇、二。3—羅一九一一、七、五、三。

(80) 羅一九二七、中、一六頁。

(81) これと同じ字は胡一九五四、二八一一にもある。

(82) 羅一九一一、五、六、三に同じ。

(83) 胡一九五一、明、六四一も同様に作る。

(84) 胡一九五四、一〇〇二。

(85) 董一九四九、八〇八一。

(86) 胡一九五四、二七〇一に同じ。

(87) 羅一九三六、一三、四八、串斝。同、一六、三、串父甲爵。

(88) 羅一九三六、一〇、四六、父丁豆。同、一四、五二、車

父丁觶。これらはヘラルディックな鳥形と組合されている。

(89) 葉一九二五、一二、一六に「……曰……亥……允……」とあり、あるいはこれと同文の例かもしれない。

(90) 肇は車の読み誤り。

(91) 羅一九三六、一六、一。

(92) 石一九七〇、一九八。

(93) 于一九五七、三三一、三五一頁。

(94) この字は肇とは釈せない。

(95) そのほか宁父辛尊（同、一一、一八）、咎父癸尊（同、一一、二九。一三、三〇の卣も同文）など。

(96) 羅一九三六、一一、三一。

(97) 図67の7前引。

(98) 羅一九三六、一一、二七。

(99) 事白尊（羅一九三六、一一、二〇）など。

(100) 12―作父丁尊（羅一九三六、一一、二七）。

(101) 久合田一九三二、一〇五頁。

(102) Yetts 1934, p. 246.

(103) 番生簋―郭一九五八、図録一六五葉。
呉方彝―同、図録五八葉。
師兌簋―同、図録一五〇葉。
牧　簋―同、図録五九葉。
師克盨―郭一九六二。
[illegible]　盨―郭一九五八、図録一三二―一三六葉。

(104) 馬車関係の語彙が多く出てくるものとして、右以外に毛公鼎銘がある。この鼎の銘の真偽についてオーストラリア国立大学のノール・バーナードが偽物説を出したのに対し、香港中文大学の鄭徳坤、台北の故宮博物院の張光遠らの異論があり（Barnard 1959, Barnard 1965, 鄭一九七一、李一九六九、序論五〇―五一頁、張一九七三）、バーナードがまた反論を準備中とのことで論争の結着は未だついていない。その真偽について筆者も実物を検分して自らの断定を下したいと考えている。しかし未だその機会をえていないため、これには引かなかった。毛公鼎に出てくる車馬関係の語彙は大部分番生簋と重複する。また毛公鼎にあって番生簋その他の器に出てこない靮䡈、金嚨、金膺が実際どのような車馬具を指すか、憶測以上の解釈は出せないから、西周金文の語彙を問題とするこの論文の大勢には影響がない。他に車馬関係の語彙の出てくるものに彔伯㦰簋、伯晨鼎がある。これらは字の様式からみても殷周時代から外れる代物であるため、ここには採ってない。

(105) 林一九七六。

(106) この国の馬車は長安張家坡二号車馬坑発掘の第二号車を基礎にして描いたもので、各部分の装飾の様子は金文の語彙の解釈によって復原してある。馬は何か見すぼらしく見えるが、郿県出土の駒尊（陝西省博物館・陝西省文物管理委員会一九六〇、同五七）のタイプを採ったのである。図はもちろん筆者が自分で描いたものではなく、筆者の意を体してイラストレーターの藤井実氏が仕上げて下さったものである。復原図の細部の出典をさらにくわしく示せば次のごとくである。

輿の軫から上、較、軾、斷の作りは張家坡の例では不明なため（中国科学院考古研究所一九六二、図九四、九五）、上村嶺一七二七号車馬坑三号車（中国科学院考古研究所一九五九、図四〇）に拠る。輿に立つ旂は第一章、三三―三四頁参照。轡を輝県琉璃閣の馬車（中国科学院考古研究所一九五六、図五八）のように衡の上の轙を通さなかったのは、半円形の轙の遺物が西周にないこと、また上村嶺で軛の両脚のつけ根あたりから青銅環が発見され（中国科学院考古研究所一九五九、図四三）、これが轡を通すための環とするとすこぶる御しやすいと想像されることから図のごとく復原した。靳を衡に結ぶ繋駕法については本章三三一頁参照。轝と軛を図に示した金具（中国科学院考古研究所一九六二、図一〇二、3―5）で結合したのは張家坡二号車馬坑における轝の飾金具とこの金具の出土位置から筆者が推定したもの。轝と衡は結合されていなければ轝の機能（本章三四〇頁）が発揮されず、両者を結合するものとしては出土位置からみてこの金具をおいて他にない、という推論である。軸が輿の下から出たところに着装してある饕餮紋飾金具がここに用いられたものであることは濬県辛村八号墓の車における出土位置（郭一九六四、二一頁、図版三、1）から明らかである。図にはこの八号墓のもの（同、図版三一、5）を採った。

右のほか、図を描く際に手本とした遺物の出典を注記しておくと次のごとくである。

錫、鸞―中国科学院考古研究所一九六二、図一〇二。軛―同、図一〇三。攸勒、鑣、轝飾金具―同、図一〇四。賁飾―同、図九六。戈―郭一九六四、図版一八、9。脅驅―同、図版二〇、3、4。金豢―同、図版三〇、2。金甬と轄―同、図三一、3、4（轄に革紐がつけてあるのについては本章二二五頁の図123参照）。錯衡の飾金具―郭一九六四、図版三三、1。輈頭の飾金具―同、図版三二、1。

なお、図に書きこんである名称で金文に出てこない語彙は先秦古典に用いられるものが採ってある。

(107) 郭一九五八、図録九四葉。
(108) 董一九五二、二六頁。
(109) 孫一九一六、七―八葉。
(110) 同右。
(111) 中国科学院考古研究所一九六二、一四五頁、図九七。
(112) 徐一八八六、一六、二八葉。
(113) 孫一九一六、八葉。
(114) 甘粛省博物館一九七二、一六頁。
(115) 呉一八九五、三、六一葉、呉一九一八、四、八葉、孫一九一六、七、八葉。
(116) 孫一九一六、八葉。
(117) 郭一九三二、二七一―二七二葉。
(118) 同、二七三―二七四葉。
(119) 孫一九〇五、五二、五二―五三葉。
(120) 呉一九一八、四、八―九葉。
(121) 郭一九六四、五二葉。
(122) 呉一九一八、四、九葉。
(123) 王一九二七、毛公鼎銘考釈、一五葉。
(124) 孫一九三七、六二葉。
(125) 中国科学院考古研究所一九五七、一四五―一四八頁。
(126) 呉一九一八、四、九葉。

(127) 郭一九六四、二二頁。

(128) 徐一八八六、一六、二九葉。

(129) 呉一八九五、三、三、六一葉、呉大澂一九一八、四、九葉。

(130) 郭一九三二。

(131) 例えば濬県辛村八号墓の例。本章二二八頁参照。

(132) 徐一八八六、一六、二九葉。

(133) 呉一九一八、四、九葉。

(134) 孫一九一六、七、九―一〇葉。

(135) 王一九二七、毛公鼎銘考釈、一五葉。

(136) 郭一九六四、四九頁。

(137) 注に「以韋靶後戸」とある靶は郝懿行の義疏に鞎の誤りとされる。

(138) 徐一八八六、一六、二九葉。

(139) 王一九二七、毛公鼎銘考釈、一六葉。

(140) 郭一九五八、考釈、一三三頁。

(141) 郭一九五八、考釈、一三三頁。

(142) 中国科学院考古研究所一九五九。

(143) 前者出土の遺物では前引図版一三、4に鼎がかかげられ、後者出土の青銅器その他の遺物は、同、図版五〇―五二に写真が見られる。

(144) 同、図版三三―八。

(145) 中尾喜保氏の意見による。

(146) 中国科学院考古研究所一九五九、図版五五―七。

(147) 安徽省文物管理委員会等一九五六。

(148) Karlbeck 1955, Pl. 18, 3. この蔡侯墓と同様寿州付近で出土した遺物の明瞭な図版が多数載せられており、いま引く報告書の不明瞭な写真を判ずるに良い参考となる。

(149) 暢一九五八、三九頁。

(150) 郭一九五八。

(151) 陳・賈一九五八、二四―二五頁。

(152) ただ双連環と記されるが、遺物の配置図から、大小の双環であることがわかる。

(153) 御者の轡の持ち方については次節三四五頁を参照。

(154) Karlbeck 1955, p. 81.

(155) 安徽省文物管理委員会一九五六、図版一四、3。

(156) 安徽省文化局文物工作隊一九六三、二〇四―二一二頁。

(157) 中国科学院考古研究所一九五六、四五―五二頁。

(158) 幅〇・四六メートル、高さ一・一メートル。

(159) 幅〇・五一―〇・五五メートル、高さ〇・三メートル。

(160) 太さの記述を欠く。

(161) 中国科学院考古研究所一九五六、図五六、2。

(162) 河北省文化局文物工作隊一九六二。

(163) 中国科学院考古研究所一九五六、六九頁以下。

(164) 同、一一〇頁以下。

(165) 山西省文物管理委員会一九五七。

(166) 中国科学院考古研究所一九五七、二七頁。

(167) 同、三九頁には三組とあるが、図二三には四組記入されているのでそれに従った。大環の径六・三センチ、小環の径四・一センチ。

(168) 梅原一九三六、図版五五。原田・駒井一九三七、図版六。なお同、図版七に引かれる故宮博物院蔵の鈁に表わされた馬車は、偽物と思われる故ここには論じない。
(169)　榧本・小泉一九五六。
(170)　労榦一九四七、七三頁。
(171)　輝県琉璃閣の馬車の、軾、輢の付く柱の金具と同用途と考えられる。
(172)　濬県辛村東周墓の条にのべたごとき、輢の前後両端の金具と考えられる。
(173)　孫一九〇五。
(174)　殷時代から戦国まで、この三面をめぐる軓が丈夫なように一本の材を曲げて作られていることは遺物について注意したごとくである。
(175)　関野一九一六、第一〇図。この画像石が後漢の永建四年（後一二九）以前のものであることは確かである（同、本文一六頁）。関野はさらに、後一世紀後半を降らないものといわれている。しかし人物、馬、その他の画き方、テーマは二世紀中葉の武梁祠のものと大差ないから、後漢より古く遡ることはないと思われる。
(176)　同様な馬車はChavannes 1909, Pl. 91にもある。
(177)　なおChavannes 1909, Pl, 512下段、および同書Pl. 523下段右端にも四頭駢駕の例があるが、轅がどうなっているかいずれも不明である。
(178)　展覧会図録74。観覧した時のメモによる。敦煌文物研究所編輯委員会一九五八、図一八がこれだが、大部分真実な図版の中に四頭の馬すらほとんど弁別できない。
(179)　Chavannes 1909, Pl. 49, no. 104上左隅の馬車。
(180)　第二、三節参照。
(181)　濱口一九三五。
(182)　森一九五七。
(183)　同右。
(184)　青山一九三八。
(185)　石一九四七、一八頁。
(186)　石一九七〇、三六頁。
(187)　戴『毛鄭詩考正』五葉。
(188)　胡『毛詩後箋』一一葉。馬『毛詩伝箋通釈』一二葉。
(189)　段玉裁は注に『荀子』礼論篇「金革轡靷」の楊倞注引によって「所以引軸也」としている。
(190)　戴『毛鄭詩考正』五葉。
(191)　『左伝』昭公二十一年。
(192)　陰板とは、あるいは殷以来遺物のある、輢と軓のつぎ目につけられる飾金具であろうか。
(193)　Noëtte 1931, fig. 134.
(194)　ibid., p. 125.
(195)　例えば、宋一六三七、九、顧・朱一九五七、一七頁の図。
(196)　河北省文化局文物工作隊一九六二、図八、1。
(197)　同、図八、6。
(198)　Noëtte 1931, pp. 12–13.
(199)　明時代になってもブレーキというものがなかったらしいことは宋一六三七に車が中高の橋を越える時、「十馬之中、択一最強力者、係于車後、当其下坂、則九馬従前緩曳、一馬従後竭力抓住、以利其馳趨之勢」というようなことをやっていることから推測される。
(200)　羅一九一六、下、五、一五（李旦丘一九四一、八八に同じ）。

(201) 羅一九二七、中、七三。

(202) 『説文』に「采、禾成秀人所収者也、从爪禾、穂俗从禾、恵声」と。

(203) 郭一九三三、一五六頁。

(204) 羅一九一四、九、一五（曾一九三九は一〇、一七とす）と一〇、五（曾一九三九は九、五とす）の接合、羅一九一六、下、一八、八と林一九一七、二、二六、七の接合。郭一九三三は一五六頁に後者の上に前者が接合するのではないかといい、曾一九三九、四七もそのように接合している。

(205) 郭一九三三、一五七頁。

(206) 陳邦懐は旧乙の旧を厩と読み「旧乙左一は乙の左厩だ」と解釈するが（陳一九五九、上、一〇）、語法の上からそう解釈するのは無理である。

(207) 中国科学院考古研究所一九五六、四四頁。また一三二頁、図版一〇四、3、4。

(208) 孫一九〇五。

(209) 同右。

(210) 大叔于田。

(211) 皇皇。

(212) 『左伝』桓公三年「驂絓而止」、成公二年「驂絓於木而止」のごとし。

(213) 『左伝』襄公二十三年「乗槐本而覆」。

(214) 『左伝』文公十一年、注。

(215) Noëtte 1931, pp. 3–4.

(216) ibid., p. 106.

(217) ibid., pp. 12–15.

(218) ibid., pp. 162–163.

(219) ibid., pp. 157–162.

(220) Pauly-Wissowa 1894–, cursus publicus の項。

(221) Noëtte 1931, p. 50.

(222) 畢沅校注『墨子』。

(223) 孫星衍『尸子集本』序。

(224) 『管子纂詁』。

(225) 陳一九五五。

(226) Hančar 1955の文献目録がくわしい。

(227) ハンチャルの本の紹介であるから、原著の注は一々引かない。

(228) 資料の絶対年代の問題は、地域を異にする資料の先後を論ずるうえに非常に重要であるが、ここには古代オリエントの紀年の問題にまで根本的な検討を加えている余裕はない。これも一九四〇年代以後のこの方面の新しい成果を強調しているハンチャルの記述をそのままに紹介する。

(229) 以下中国先秦時代の車馬具に対応物のみられる部品の名称は、前節にならい中国先秦時代の名称を用いる。

(230) 原本はただTrenseとあり、訳せば「小勒」であるが、「小勒」というと、はみとこれを馬の頭に装着する革具の全体をいい、特殊的にははみにつく頬革を指す。特にはみの方を指して使われている場合「小勒」ではまぎらわしいから「小勒はみ」としておく。また「はみ」を以て鑣（Knebel）と銜（Mundstück）の総体を指すこととする。

(231) Bishop 1932, pp. 625–626.

(232) Wiesner 1939, pp. 36–37.
(233) Hančar 1955, pp. 548–551.
(234) Киселев 1951, p. 160.
(235) ibid., p. 166.
(236) ibid., Pl. 12, fig. 67.
(237) ibid., p. 161.
(238) Noëtte 1931, fig. 22.
(239) これが中国でいつからあるかは明らかでない。寿県蔡侯墓から出たと同様な軛の続の金具は、濬県辛村出土と伝えられる遺物の中に例がある（White 1956, Pl. 89）が、西周前期末のものか、春秋前期のものかは明らかでない。車馬坑から出る馬の数を車の数で割った数をそのまま車一台を引いた馬の数とするのは、あまりにも単純な算術的な考え方である。
(240) Creel 1936, p. 151.
(241) Hančar 1955, p. 460.
(242) 徐一九五九、五三―五四頁。
(243) Hančar 1955, p. 481.
(244) ibid., pp. 477–478.

挿図目録

図57　石一九七〇、上、挿図四
図58　同、上、挿図三
図59　同、下、図版一〇
図60　同、下、図版八
図61　同、上、挿図一四
図62　同、上、挿図一五
図63　同、上、挿図三〇
図64　同、下、図版四六
図65　同、下、図版四八
図66　同、下、図版五一
図67の1　黄一九四三、上、三八
2　羅一九三六、一六、一〇
3　同、一六、一
4　于一九五七、二四二、一
5　同、一二六
6　羅一九三六、一三、七。同、六、二五に彝として重出。
7　同、五、五
8　同、一四、一四
9　同、一三、一三
10　同、六、三九
11　同、六、二五
12　同、一一、二七
図68　石一九七〇、上、挿図二一
図69　同、下、図版六八
図70　同、下、図版七二
図71　同、下、図版七四
図72　同、下、図版七六
図73　同、下、図版七八
図74　同、下、図版一〇四、一〇六

図75　同、上、挿図四七
図76　著者原図
図77　石一九七〇、下、図版一二一、2
図78　同、下、図版一一六、1
図79　同、上、挿図四八
図80　同、上、挿図五二
図81　同、下、図版一六二
図82　同、上、挿図五三
図83　同、上、挿図五五
図84　同、上、挿図五六
図85　a　同、下、図版一七八
　　　b　同、下、図版一八〇
図86　同、上、挿図五九
図87　a　同、下、図版一八二
　　　b　同、下、図版一八四
図88　同、下、図版一八八
図89　同、上、挿図六五
図90　a　同、下、図版二〇〇
　　　b　同、下、図版二〇二、1
図91　同、下、図版二一六
図92　同、上、挿図六六
図93　同、下、図版二二〇
図94　石一九五〇、付、挿図一
図95　郭一九五一、図版二五
図96　同、挿図八
図97　White 1956, Pl. 24
図98　馬等一九五五、図二三
図99　中国科学院考古研究所一九六二、図九七
図100　同、図一〇二
図101　同、図一〇三
図102　同、図版一〇八
図103　a　同、図一〇〇
　　　b　同、図一〇一
図104　同、図版一〇五、五
図105　同、図九四
図106　同、図一〇四
図107　同、図九九
図108　林一九七六、図一
図109　中国科学院考古研究所一九六二、図九五
図110　同、図九六
図111　同、図九八
図112　同、図版一〇六、2
図113　同、図版一〇五、2
図114　郭一九六四、図一二、一三
図115　同、図版三三
図116　同、図版二〇、3、4
図117　同、図版三四
図118　同、図版三七、4
図119　同、図版三八、1、2
図120　同、図版九五、2
図121　同、図版四五
図122　同、図四

図123　同、図版三一
図124　同、図版三五
図125　同、図版三七、1
図126　同、図版五二、2
図127　同、図版四〇
図128　a　同、図版七、1―3
　b　同、図版九八、2
図129　同、図版八、4
図130　同、図版三一、5
図131　同、図版三、1
図132　同、図版四四、1
図133　同、図版四二
図134　a　同、図版八
　b　同、図版八八、3
図135　同、図版六五、1
図136　同、図版八六、4
図137　a　同、図版二八
　b　同、図版二九
図138　著者原図
図139　郭一九六四、図版三〇、1
図140　同、図版八〇、6
図141　同、図版四一
図142　同、図版三二
図143　同、図版三六
図144　同、図版三九、1
図145　a　同、図版二六
　b　同、図版二七
図146　同、図一四、図版三〇、2
図147　同、図版八二
図148　同、図版八五
図149　同、図版三九、2
図150　解一九五七、図九―一一より。
図151　郭・林一九五五、図一二
図152の1　羅一九一四、三、一
　2　羅一九三三、四〇、二
　3　羅一九一一、七、五、三
　4　鮑一九三一、一一四、一
　5　李一九五〇、三三〇
　6　胡一九五四、一〇〇二
　7　董一九四九、八〇八一
　8　鮑一九三一、九一、四
　9　羅一九三六、一三、四八、同、一六、三
　10　同、一〇、四六、同、一四、五二
　11　董一九四九、七七九五
図153　狩猟紋鑑、Freer Gallery of Art, Smithsonian Institution, Washington, D.C.（樋口隆康氏撮影）
図154　郭一九六四、図版二六、二七より作図
図155　中国科学院考古研究所一九五九、図三九上
図156　同、図四〇
図157　同、図四一
図158　同、図六八
図159　同、図七二

図160 a 同、図四二
b 同、図四三
図161 同、図二二
図162 同、図五七、6
図163 同、図三六
図164 同、図五三
図165 同、図三七
図166 安徽省文物管理委員会・安徽省博物館一九五六、図二三
図167 同、図二四
図168 同、図二七
図169 同、図二六
図170 陳・賈一九五八、二五
図171 安徽省文物管理委員会等一九五六、図二五
図172 Karlbeck 1955, fig. 44, 14
図173 Ibid., fig. 19, 5, 6
図174 安徽省文物管理委員会・安徽省博物館一九五六、図一七、4
図175 安徽省文化局文物工作隊一九六三、四、図版六
図176 同、図五
図177 同、図版五
図178 同、図六
図179 The Cleaveland Museum of Art 蔵品
図180 中国科学院考古研究所一九五六、図五九
図181 同、図版一一七
図182 同、図五八
図183 同、図六〇
図184 同、図六二
図185 同、図六一
図186 同、図五三
図187 同、図五四
図188 河北省文化局文物工作隊一九六二、図七
図189 中国科学院考古研究所一九五六、口絵
図190 同、図版五一
図191 同、図版五二
図192 山西省文物管理委員会一九五七、図版五、6
図193 中国科学院考古研究所一九五七、図二三
図194 同、図三四
図195 梅原・藤田一九四七、第三図、図版七
図196 中尾喜保氏図
図197 中尾喜保氏製作
図198 個人蔵空塼拓本より
図199 同右より筆者作製
図200 京大人文科学研究所考古資料九六六三
図201 安一九五三、図版二〇、2
図202 Hančar 1955, Pl. 22
図203 フローレンス博物館蔵

引用文献目録

〈日本文〉

青山定雄一九三八「支那上代の駅伝」『交通文化』三

石田英一郎一九五六「天馬の道」『桃太郎の母』一一六—一七一頁所収
梅原末治一九三三『支那古銅精華』京都
梅原末治一九三六『戦国式銅器の研究』京都
梅原末治一九四二「河南省彰徳府外侯家荘古墓群の概観」（上）『宝雲』二九、一九—四五頁
梅原末治・藤田亮策一九四七『朝鮮古文化綜鑑』第一巻、丹波市
榧本杜人・小泉顕夫一九五六「大陸の状勢、朝鮮」『日本考古学講座』四
久合田勉一九三二『馬学』外貌篇、東京
関野貞一九一六『支那山東省に於ける漢代墳墓の表飾』東京
濱口重国一九三五「漢代の伝舎—特に其の設置地点に就いて」『東洋学報』二二、四
林泰輔一九一七『亀甲獣骨文字』
林田重幸・山内忠平一九五七「馬における骨長より体高の推定法」『鹿児島大学農学部学術報告』六、一四六—一五六頁
林巳奈夫一九五八「殷文化の編年」『考古学雑誌』四三、三、三二—五五頁
林巳奈夫一九六九「中国古代の祭玉、瑞玉」『東方学報』京都四〇、一六一—三二二頁。
林巳奈夫一九七六「西周金文に現れる車馬関係語彙」『甲骨学』一一、六九—九六頁。
林巳奈夫一九七二『中国殷周時代の武器』、京都大学人文科学研究所
原田淑人・駒井和愛一九三七『支那古器図攷』舟車篇、東京
森鹿三一九五七「居延簡にみえる馬について」『東方学報』京都二七

〈中国文〉

安徽省文物管理委員会等一九五六『寿県蔡侯墓出土遺物』北京
安徽省文化局文物工作隊一九六三「安徽淮南市蔡家崗趙家孤堆戦国墓」『考古』一九六三、四
安志敏一九五三「河北省唐山市賈各荘発掘報告」『考古学報』六、五七—一一六頁
于省吾一九五七『商周金文録遺』北京
王国維一九二七「観堂古金文考釈五種」『海甯王忠愨公遺書』初集
解希恭一九五七「山西洪趙県永凝堡出土的銅器」『文物参考資料』一九五七、八、四二—四四頁
郭宝鈞一九五一「一九五〇年春殷墟発掘報告」『中国考古学報』五、一—六一頁
郭宝鈞・林寿晋一九五五「一九五二年秋季洛陽東郊発掘報告」『考古学報』九、九一—一一六頁
郭宝鈞一九六四『濬県辛村』北京
郭沫若一九三二「毛公鼎之年代」『金文叢攷』二五五—三〇一頁
郭沫若一九三三『卜辞通纂』東京
郭沫若一九五八「信陽墓的年代与国別」『文物参考資料』一九五八、一、五
郭沫若一九五八『両周金文辞大系図録考釈』北京、（一九三五年初版）

郭沫若一九六二「師克盨銘考釈」『文物』一九六二、六
河北省文化局文物工作隊一九六二「河北邯鄲百家村戦国墓」『考古』一九六二、一二
甘粛省博物館一九七二「武威磨嘴子三座漢墓発掘簡報」『文物』一九七二、一二、九—二三頁
恵士奇（一六七一—一七四一）『礼説』
顧炎培・朱秉清一九五七「上海市蓬萊区文物古迹普査工作的経験、収獲、体会和存在問題」『文物参考資料』一九五七、二、一五—一八頁
顧頡剛・楊向奎一九三七「中国古代車戦考略」『東方雑誌』三四、一、三九—五四頁
胡厚宣一九五〇『戦後寧滬新獲甲骨集』北京
胡厚宣一九五一『戦後南北所見甲骨録』上海
胡厚宣一九五四『戦後京津新獲甲骨集』上海
胡厚宣一九五五『殷墟発掘』上海
胡承珙（一七七六—一八三二）『毛詩後箋』
呉式芬一八九五『攈古録金文』
呉大澂一九一八『愙斎集古録』
黄濬一九四三『鄴中片羽』三集
山西省文物管理委員会一九五七「山西長治分水嶺古墓的清理」『考古学報』一九五七、一
徐中舒一九五九「禹鼎年代及其相関問題」『考古学報』一九五九、三
徐同柏一八八六『従古堂款識学』
石璋如一九四七「殷虚最近之重要発現附論小屯地層」『中国考古学報』二、一—八一頁
石璋如一九五〇「小屯殷代的成套兵器、附殷代的策」『歴史語言研究所集刊』二二
石璋如一九五二「小屯C区的墓葬群」『歴史語言研究所集刊』二三下、四四七—四八七頁
石璋如一九七〇「小屯、殷虚墓葬之一」『北組墓葬』南港
陝西省博物館・陝西省文物管理委員会一九六〇『陝西省博物館、陝西省文物管理委員会蔵青銅器図釈』北京
宋応星一六三七『天工開物』
曽毅公一九三九『殷契叕存』
孫詒譲一九〇五『周礼正義』
孫詒譲一九一六『籀膏述林』
孫海波一九三七『濬県彝器』上海
戴震（一七二三—一七七七）『毛鄭詩考正』
中国科学院考古研究所一九五六『輝県発掘報告』北京
中国科学院考古研究所一九五七『長沙発掘報告』北京
中国科学院考古研究所一九五九『上村嶺虢国墓地』北京
中国科学院考古研究所一九六二『灃西発掘報告』北京
張光遠一九七三「西周重器毛公鼎」『故宮季刊』七、二、一—六九頁
張長寿・張孝光一九八〇「説伏兔与画轊」『考古』一九八〇、四、三六一—三六四頁
暢文斎一九五八「我対幾件出土器物的認識」『文物参考資料』一九五八、八、三九—四〇頁
陳大章・賈峨一九五八「復製信陽楚墓出土木漆器模型的体会」『文物参考資料』一九五八、一、二四—二八頁
陳邦懐一九五九『殷代社会史料徴存』天津

陳夢家一九五五「商殷与夏的年代問題」『歴史研究』一九五五、二
陳夢家一九五六『殷墟卜辞綜述』北京
鄭珍（一八〇六―一八六四）『輪輿私箋』
鄭徳坤一九七一「漢字異体略説」『香港中文大学中国文化研究所学報』四、一、一三七―一七二頁
丁晏（一七九四―一八七五）『周礼釈注』
董作賓一九四九『殷虚文字』乙編、台北
賓作賓一九五二『毛公鼎』台北
敦煌文物研究所編輯委員会一九五八『壁画、隋』（敦煌画庫、六）、北京
馬瑞辰（一七八二―一八五三）『毛詩伝箋通釈』
馬得志等一九五五「一九五三年安陽大司空村発掘報告」『考古学報』九、北京、二五―九〇頁
聞一多一九五六『古典新義』聞一多全集選刊二、北京
鮑鼎一九三一『鉄雲蔵亀釈文』上海
葉玉森一九二五『鉄雲蔵亀拾遺』
羅振玉一九一一『殷虚書契』
羅振玉一九一四『殷虚書契菁華』
羅振玉一九一六『殷虚書契後編』
羅振玉一九二七『増訂殷虚書契考釈』
羅振玉一九三三『殷虚書契続編』
羅振玉一九三六『三代吉金文存』
李亜農一九五〇『殷契摭佚続編』上海
李済一九五二「記小屯出土之青銅器、中篇、鋒刃器」『文史哲学報』四、台北、一七九―二四〇頁
李旦丘一九四一『殷契摭佚』北京
李棪一九六九『金文選読』一、香港
李文信一九五七「遼陽三道壕西漢村落遺址」『考古学報』一九五七、一、一一九―一二六頁
労榦一九四七「論漢代之陸運与水運」『歴史語言研究所集刊』一六

〈欧　文〉

Barnard, N. 1959, New Approaches and Research Methods in Chin-Shih-Hsüeh,『東洋文化研究所紀要』一九、一―三一頁
Barnard, N. 1965, Chow China: A Review of the Third Volume of Cheng Te-K'un's Archaeology in China, *Monumenta Serica*, vol. 24
Bishop, C. W. 1932, The rise of civilization in China, with reference to its geographical aspects, *Geographical Review*, vol. 22, pp. 617–631
Chavannes, E. 1909, *Mission archéologique dans la Chine septentrionale*, Paris
Childe V. G. 1952, *New Light on the Most Ancient East*, London
Christian, V. 1940, *Altertumskunde des Zweistromnlandes*, Leipzig.
Creel, H. G. 1936, *The birth of China*, London
Hančar, F. 1955, *Das Pferd in prähistorischer und früher historischer Zeit*, München,
Haudricourt, A. G. 1948, Contrihution à la géographie et à l'éthnologie de la voiture. *La revue de géographie humaine et d'éthnologie* 1, Paris

Hermes, G. 1936, Das Gezähnmte Pfered in alten Orient, *Anthropos*, vol. 31

Hilzheimer, M. 1931, Die Anschirrung bei den alten Summern, *Prähistorische Zeitschrift*, vol 22

Karlbeck, O. 1955, Selected objects from ancient Shou-chou, *Bulletin of the Museum of Far Eastern Antiquities*, no. 27

Кцселев, С. В. 1951, *Древняя цсторця южноц Сцбцрц* Москва（初版一九五〇）

Moortgat, A. 1930, Der Kampf zu Wagen in der Kunst des alten Orient, *Orientalische Literaturzeitung*

Noëtte, ct L. 1931, *L'attelage, le cheval de selle à travers les âges*, Paris Nuoffer, O. 1904, *Rennwagen im Altertum*, vol. 1 Leipzig

Pauly-Wissowa 1894–, *Realenciclopedie der classischen Altertumswissenschaft.*

Popplow, U. 1934, *Pferd und Wagen im Alten Orient*, Berlin

Potratz, H. A. 1938, *Das Pferd in der Frühzeit*, Seestadt Rostock

Potratz, H. A. 1941, Die Pferdegebisse des Zweistromländischen Raumes, *Archif für. Orientforschung*, vol. 14

Przeworski, S. 1928, Die Rennwagendarstellungen in der Nordsyrischen Kunst, *Archiv für. Orientforschng*, vol. 5

Salonen, A. 1951, Die Landfahrzeuge des alten Mesopatamien, *Annales Academiae Scientiarum Fennicae*, Ser. B–72/3, Helsinki

Schachermeyer, F. 1951, Streitwagen und Streitwagenbild im Alten Orient und bei den mykenischen Griechen, *Anthropos*, vol 46

Schmidt, W. 1946, *Rassen und Völker in Vorgeschichte* und *Geschichte des Abendlandes*, vol. 2, Luzern

Studniczka, F. 1907, Der Rennwagen im Syrisch-phönikischen Gebiet, Jahrb *uch für das Kaiserliche Deutsche Archäologische Institnt*, vol. 22, Berlin

Unger, E. 1929, Wagen-Vorderasien, *Reallexikon der Vorgeschichte*, vol. 14, Berlin

Unger, E. 1929a, *Der Rennwagen in Vorderasien*

White, W. C. 1956, *Bronze culture of ancient China*, Toronto

Wiesner, J. 1939, Fahren und Reiten in Alteuropa und im Alten Orient, *Alter Orient*, vol. 28, pp. 2–4

Wrezinski, W. 1932, Löwenjagd in alten Ägypten, *Morgenland,*, vol. 23, Leipzig.

Yetts, W. P. 1934, Horse : a factor in early chinese history, *Eurasia Septentrionalis Antigua*, vol, 9, pp. 231–255

第四章　『周礼』考工記の車制

前章では『周礼』考工記の車制にも触れたが、本文の注釈、その内容の解説は省略して、要旨のみを記した。ここには本文を一段ごとに順を追って、先学の解釈を参照しつつ私の考えをくわしく述べたい。

考工記とは、前漢時代河間献王（前一五五—一三〇）の時李氏が周官五篇を上ったが、冬官一篇を失っていた、千金をもってさがし求めたが出てこないので考工記で補った、という由来のものである。考工記の作られた年代について江永は、秦、鄭の国名が現れることよりこれが東周時代のものであり、またここに現れる河の名、使われている方言より斉人の作ったものであることを論じている(1)。妥当と思われる。

考工記の記述であるが、「六分輪崇、以其一為之牙囲、参分牙囲而漆其二……」即ち「輪の崇を六分し、その一をもって牙の囲となし、牙の囲を参分してその二に漆す……」といったように数字をもって車の各部分の比例を規定しており、一見はなはだ科学的にみえる。これをよく読めばここに記された馬車の設計図なり模型なりが作れそうに思われる。後漢の鄭玄に始まり、江永、戴震(2)、程瑤田(3)、阮元(4)、鄭珍(5)、王宗涑(6)ら多くの学者が、考工記の馬車を正確な寸法の数字の形で、また図の形で復原しようとしている。矢島恭介も清朝人の説によってあらましの解説を試み、考工記を車の製作にあたってのあらましの規準を示すものと考えながら、やはりその馬車の図を作っている(7)。

しかし記の寸法の指定を注意して見ると、これは車の寸法の指図書きとははなはだ遠いもので、ふんだんに現れる数字も、馬車の復原には役立たない、体裁を飾る見せかけにすぎないことがわかる。先に引いたところを例にとれば、車輪の高さの六分ノ一を牙の囲の寸法にするというのだが、牙の断面は円か正方形か、または別な形か、その規定がない。牙の囲の三分ノ二に漆を塗り、その漆を塗った部分の内径が轂の各部の寸法を決めて行く標準になるのであるが、牙の断面の形や厚さ、幅について触れていないから、轂の寸法のこまごました指定はすべて無意味となる。次に幅の形について同じく何々の何分ノ一をどうするという形の記述がくるが、ここでもその基準になる幅の幅と厚さについての規定がないので、各部の比例もすべて空に浮いたものとなっている。馬車を創ったのが誰であるにしろ牙、軸、輈、軫等、各部分を作るのに、各々の機能によって材料の断面の形をそれぞれ別にするだけの智恵は当然あったはずであり、このことは遺物の方からも知られる。それをすべて一様に「囲」という形で太さ、大きさの寸法を規定しているのはどういうことであろうか。「知者創物、巧者述之守之、百工之事皆聖人之作也」即ち「知者は物を創り、巧者これを述べこれを守る。百工の事はみな聖人の作なり」と書かれているが、この数字を書いた人の意図は、聖人の智恵を整然たる数字の比例という形で飾ろうとしたものであろう。この数字は馬車の実物を造る場合の指定あるいは実際にあった馬車の各部分の比例の記録というより、言葉の上の修辞の分野に属すると思われる。だから各材の断面の形、厚さや幅の比例がどうであるかということは一々書かず、すべて「囲」ということで記述の簡潔を期しているのである。もちろん一本の輈をつけた馬車が実際に使われていた時代に書かれたものであるから、修辞に主な意図があったからといって、各部の大きさがあまりひどく実際のものとかけ離れていることはないと思われる。例えば輈より軸、軸より軫が細いことになっているのは、輝県琉璃閣の遺物と一致するごときである。

なお、この数字を以て車の各部の寸法を規定した部分と、一般的にその完成品の良し悪しの見所を述べた、一種の鑑定法のような部分との間に少々ちぐはぐなところがある。例えばさきの牙のことをのべるところで、牙の漆を塗った部分の直径を轂の寸法の規準にしており、従って牙の厚さと幅は決ったものとされているのに、「凡為輪、行沢者欲杼、行山者欲侔」即ち「凡そ輪をつくるに、沢を行くものは杼なることを欲し、山を行くものは侔なることを欲す」と牙の形は用途によって異なることを述べていたりするごときである。この二つの部分は一緒に作られたものではないのではないかと疑われる節がある。

ここにある資料はおよそ右のごとき性質のものと考える。これを頭においてここに記された馬車の記述を見てみよう。

一　総　序

有虞氏上陶、夏后氏上匠、殷人上梓、周人上輿

有虞氏は陶を上び、夏后氏は匠を上び、殷人は梓を上び、周人は輿を上ぶ

王朝が変るごとにその尊ぶ官が変ることをのべたものである。最後の句は賈公彦によると周の武王は紂を誅し、上下が尊卑の差を失っているのを疾み、尊卑を顕かにする車服を尚んだということであるという。以下「上下以為節」までは輪人、輿人、輈人、車人四職の総序である、と王宗涑はいう。なお馬車の各部の名称については三二一頁、図196を参照されたい。

故一器而工聚焉者、車為多

故に一器にして工のこれに聚るものは、車を多しとなす

孫詒譲は「工、官也」即ち「工とは官なり」という(8)。車を作るには輪人、輿人、輈人等多くの官があずかる。車は周一代が最も尚んだものだから、故に車を作るに最も多くの官がかかるというのである。この段と同様車を多数の官が分業で作ったことをのべたものとして孫詒譲は『呂氏春秋』君守篇、『淮南子』主術訓を引く。車は、いわば当時の技術の粋を聚めたものと考えられていたのである。

車有六等之数
車に六等の数あり

六という数の由来について鄭玄は『易』の三材六画に法るものだという。説卦に「是以立天之道曰陰与陽、立地之道曰柔与剛、立人之道曰仁与義、兼三才而両之、故易六画而成卦」即ち「ここをもって天の道を立てて陰と陽といい、地の道を立てて柔と剛といい、人の道を立てて仁と義という。三才を兼ねてこれを両つにす。故に『易』は六画にして卦を成す」とある。輿人に「軫之方也、以象地也、蓋之圜也、以象天也」即ち「軫の方なるは、もって地を象るなり。蓋の圜なるは、もって天を象るなり」とあり車の蓋と輿は天と地を象り、中に人が乗るのでこれで『易』の天地人三才がそろう。そこから鄭玄は六という数の由来を説明しているのである。

車軫四尺、謂之一等、戈柲六尺有六寸、既建而迆、崇於軫四尺、謂之二等、人長八尺、崇於戈四尺、謂之三等、殳長尋有四尺、崇於人四尺、謂之四等、車戟常、崇於殳四尺、謂之五等、酋矛常有四尺、崇於戟四尺、謂之六等、車謂之六等之数

車軫は四尺、これを一等という。戈の柲は六尺有六寸、既に建てて迆にして、軫より崇《たか》きこと四尺、これを二等という。人長は八尺、戈より崇きこと四尺、これを三等という。殳の長さは尋有四尺、人より崇きこと四尺、これを四等という。車戟は常、殳より崇きこと四尺、これを五等という。酋矛は常有四尺、戟より崇きこと四尺、これを六等という。車にはこれを六等の数という

鄭玄は、これは兵車の話だという。迆は斜にたおしてたてることである。尋は八尺、常は二尋。これらの武器は車の闌の外側に建てて並べたものであるという説は、第三章、二四七頁に紹介した。最後の一句は同じことをくり返して言ったものである。この六等は車軫四尺の一等の他は以下に記される車の制に関係づけられていない。有虞氏上陶云々の一段が車の歴史的意味づけとすれば、この一段は六という、世界を支配する原理に関係をもった数による車の

哲学的意味づけのつもりであろう。

　凡察車之道、必自載於地者始也、是故察車自輪始

凡そ車を察するの道は、必ず地に載るものより始むるなり。この故に車を察するには輪より始む

「察」は視である。王宗涑は、ここは輪人から記述を始めるわけを説明したものだという。

　凡察車之道、欲其樸属而微至、不樸属、無以為完久也、不微至、無以為戚速也

凡そ車を察するの道は、その樸属にして微至なるを欲す。樸属ならざればもって完久なることなく、微至ならざればもって戚速なることなきなり

鄭玄注に「樸属、猶附著、堅固貌也」即ち「樸属とはなお附著のごときなり。堅固の貌なり」と。「微至」は地に着いた部分がほんの少しだということで、これで車輪が真円かどうかをみるのである。「戚」は斉人の言葉で、疾いということである。

　輪已崇、則人不能登也、輪已庳、則於馬終古登阤也

輪已《はなは》だ崇ければ則ち人登るあたわざるなり。輪已だ庳ければ則ち馬において終古阤を登るなり

鄭玄の注に「已、大也、甚也、崇、高也、斉人之言終古、猶言常也、阤、阪也」即ち「已は大なり、甚なり。崇は高なり、斉人の言に終古とはなお常というがごときなり、阤は阪なり」と。孫詒譲は「終古」という語の用いられるのは斉だけに限らないことを注意している。

　故兵車之輪六尺有六寸、田車之輪六尺有三寸、乗車之輪六尺有六寸

故に兵車の輪は六尺有六寸、田車の輪は六尺有三寸、乗車の輪は六尺有六寸なり

鄭玄は注に「此以馬大小為節也、……兵車乗車駕国馬、田車駕田馬」即ち「これ馬の大小をもって節となすなり……兵車乗車は国馬を駕し、田車は田馬を駕す」と考え、輈人の注に「国馬高八尺、田馬七尺」即ち「国馬は高さ八

尺、田馬は七尺」といっている。江永はこれを疑い、用途に応じて車の大小があり、それぞれにちょうどよい大きさの馬をつなぐのだと逆に考えている。馬に大小があるにしろ、生物学的に限界があるのであるし、どっちにでも言えることとである。

ここに、以後車の各部の寸法の規準となるべき車輪の寸法が尺で出てくる。戦国時代の一尺の長さは十分明らかでないのでこれが何センチに当るかは、不明である。関野雄は戦国時代の貨幣の寸法の測定によって小尺が一八センチ、大尺が二二・五センチであることを論証せられたが、(9)戦国時代の青銅製の車器の寸法に当ってみると、氏の説の寸法では一向に割り切れないものが多い。考工記には「人長八尺」とあるから、ともかく一尺を二十センチ前後と思ってここに記された車を考えていれば間違いないことくらいは確かであろう。

六尺有六寸之輪、軹崇三尺有三寸也、加軫与轐焉四尺也、人長八尺、登下以為節

六尺有六寸の輪、軹の崇は三尺有三寸なり。これに軫と轐を加うれば四尺なり。人長は八尺、登下もって節となす

軹は鄭司農は「軎（軎と同字）也」といい、鄭玄は「轂末也」とする。轂末なりというのは『説文』の「軹車輪小穿也」即ち「軹は車の輪の小穿なり」で、少し先に賢、軹と対照して出てくる軹であり、轂の孔の外側の口のことである。李惇は、「これに軫と轐を加える」とあり、轐は軸上にあり、軫は轐上にあるのだから、この軹は軸の部分の名であることは疑いないといって、鄭司農の解釈を是としており、(10)孫詒譲もこれに従っている。記には「軹崇三尺有三寸」即ち「軹の崇は三尺三寸」とあり、軹の中心とも何ともいわず、はなはだ大ざっぱな言い方であって、李惇のごとくそう理づめに取るべき記述でもない。また、ここに使われている軹がすぐ先に賢と対照して出てくる軹と別義に使われたとは考えにくい。(11)この節の初めにのべた、この記のルーズな寸法記載の性質からみて、この場合は鄭玄に従うべきであろう。軫は、ここではもちろん輿後の横木の義ではなく、拡大された、輿下の四面の材の義である。轐

は鄭司農は「謂伏兔也」即ち「伏兔をいうなり」といい、『説文』に「轐、車伏兔也」即ち「轐は車の伏兔なり」といい、伏兔とは軸上にあり、下駄の歯のように突起の出たコの字形の材で、軫を軸上に固定するところに使われる木である。長沙漢墓出土の木製馬車[12]は漢代の例であるが、伏兔の制を考える参考になろう。

軹の高さ三尺三寸に軫と轐を加えるといかにして四尺になるかという計算は、記の文に、轐の寸法が出ていないことから、そもそも不可能である。また軫の太さも高さ、幅の記載はなく、「囲」の寸法でしか記されていない。江永以来多くの人が計算を試みているが、みな推測、憶測が混らざるをえない。この記の数字の曖昧さから由来する限界を忘れたものである。

二　輪　人

輪人為輪、斬三材必以其時

輪人は輪をつくる。三材を斬るには必ずその時をもってす

鄭注に「三材所以為轂輻牙也、斬之以時、材在陽則中冬斬之、在陰則中夏斬之、今世轂用雑楡、輻以檀、牙以橿也」即ち「三材とは轂、輻、牙を作る所以なり。これを斬るに時をもってす。材陽にあれば即ち中冬にこれを斬り、陰にあれば則に中夏にこれを斬る。今世には轂には雑楡を用い、輻には檀を用い、牙には橿を用うるなり」と。「材在陽則……中夏斬之」は『周礼』山虞に「仲冬斬陽木、仲夏斬陰木」即ち「仲冬には陽木を斬り、仲夏には陰木を斬る」に拠るもの。楡《にれ》には白枌と赤枌がある。程瑤田は雑楡とは両者いずれをも用いることか、という。孫詒譲は『斉民要術』に「梜楡可以為車轂」即ち「梜楡は以って車轂をつくるべし」とある梜楡ではないかと。檀はまゆみ。橿は

もちのき。『詩』魏風、伐檀「坎々伐輻兮」の毛伝に「輻、檀輻也」即ち「輻は檀の輻なり」と。また「坎々伐輪兮」の毛伝に「檀、可以為輪」即ち「檀は輪をつくるべし」と。檀は輻ばかりでなく牙を作るのにも用いられたらしい。

中国の馬車の遺物について、各部分にどのような木材が使われたか調べた資料は少ないが、河南安陽出土の殷時代の馬車の犢頭金具中に残った木柄は木瓜紅属 Rehderdendron kweichowensis Hu、河南濬県辛村二五号墓の軸木は銀鐘樹 Helesia macgregorii、同墓軛木は Ulms laevis pall.、同四二号墓の141の鑾の柄は青皮木属 Schoephia にそれぞれ近いと鑑定されている[13]。これらが具体的にどのような木で、木材としてどのような性質のものであるかについてはいま調べることができなかった。専門家の教示をねがうものである。

三材既具、巧者合之

三材既に具われば、巧者これを合す

鄭注に「調其鑿内而合之」即ち「その鑿内（枘）を調えてこれを合す」と。

轂也者以為利転也、輻也者以為直指也、牙也者以為固抱也

轂はもって利転となす。輻はもって直指となす。牙はもって固抱となす

「利転」とはスムーズにまわること。「直指」とは輻がゆがまず、ぴたりと鑿にはまっていること。「固抱」とは牙のつぎ目がしっかりと噛み合っていること。注に「鄭司農云、牙謂輪輮也、世間或謂之罔」即ち「鄭司農いう、牙とは輪の輮をいう。世間に或いはこれを罔という」と。牙とは車輪を作るに曲げた木を何本か合せる、その合せ目が牙の形をしているところから来た名、輮は各材が煣、即ち火で曲げて作られるところから言う名、罔は網の紐を結んで形造るごとく、材をつづり合せて作ることから来た名であることは、阮元、王宗涑にくわしい。

輪敝三材不失職、謂之完

輪敝するも三材職を失わざる、これを完という

「敝」はぼろになること。「三材不失職」とは三材が従前通り機能を失わぬこと、「完」とは製作技術が完全ということ。

なおここに三材というのは、輿人の初めに三称、輈人の初めに三度、三理というのと同じ文例で、各官の職を三という形而上的意味をもった数で権威づける意味があると思われる。

　望而眡其輪、欲其幎爾而下迆也、進而眡之、欲其微至也、無所取之、取諸圜也

　望みてその輪を眡《み》るに、その幎爾として下迆するを欲するなり。進みてこれを眡るに、その微至なることを欲するなり。これを取る所なし。これを圜に取るなり

「望」は遠くからみること。「眡」は視。「輪」は車輪全体でなく牙のこと。「幎」は鄭注に「均致貌」即ち「均しく致（緻）なる貌」と。『広雅』釈詁に「幎、覆也」即ち「幎は覆なり」とあるが、物に布のようなものをかぶせると左右平均になることより出た意味。段玉裁は、「下迆」は賈公彦の疏の拠った本は「不迆」となっており、賈はこれによって轂と輻のことを謂ったように取っているが、ここは牙のことを述べているのであるから誤りであるという(14)。「不迆」とは牙がみな下に向って斜めに傾いてゆくこと。江永は、「進而眡之」の進を鄭玄は「猶行也」即ち「猶お行のごときなり」として車を動かすことと考えたのは確かでない。車でなく、みる人が進むのである。鮑人「望而眡之、進而握之」即ち「望みてこれを眡、進みてこれを握る」という用法で証明される、という。「微至」は先に説明した。「圜」は円。

　望其輻、欲其掣爾而纖也、進而眡之、欲其肉称也、無所取之、取諸易直也

　その輻を望むに、その掣爾として纖なるを欲するなり。進みてこれを眡るに、その肉の称なるを欲するなり。これを取る所なし。これを易直に取るなり

鄭注に「掣、纖殺小貌」即ち「掣は纖にして殺小なる貌」と。輻は後に出てくるように、轂に近い方は股（ももの

義）と呼ばれて太くなっており、牙に近い方は骹（すねの義）と呼ばれて細くなっている。戴震はこのことから「輻有鴻有殺、似人之臂拏、故欲其掔爾而纖、不攡腫也、許叔重説文解字曰、掔、人臂皃、攕、好手皃、詩曰攕々女手」即ち「輻には鴻あり殺あり、人の臂拏に似たり。故にその掔爾として纖、攡腫せざるを欲するなり。許叔重の『説文解字』に曰く、掔は人の臂の皃、攕は好手の皃、『詩』に曰く、攕攕たる女手、と」という。段玉裁は、鄭司農が「掔読為紛容掔参之掔」即ち「掔は読みて紛容掔参の掔となす」というのは、木の枝が竦擢している形容の「掔参」という語を輻の形容にあてて解釈したものであることを解明している。(15)「肉称」を鄭注に「弘殺好也」即ち「弘殺好きなり」というのは、股を太くし、骹を細くした具合が均好なことをいう。「易直」の易は平であろう。

望其轂、欲其眼也、進而眡之、欲其幬之廉也、無所取之、取諸急也

望んでその轂を眡るに、その眼なるを欲す。進みてこれを眡るに、その幬の廉なるを欲す。これを取る所なく、これを急に取るなり

鄭玄に「眼、出大皃也」即ち「眼とは出でて大なる皃なり」と。これについて段玉裁は、「眼」は『説文』の睔（目大也）、暉（大目出也）、睍（目出皃也）、睅（大目也）と音が近いので眼をこのような意味に解釈したのだと考える。『説文』に「輥、轂斉等皃也、周礼曰、望其轂、欲其輥也」即ち「輥は轂の斉等の皃なり。『周礼』に曰く、その轂を望むに、その輥なるを欲するなり、と」と。ここでは鄭玄の眼は輥と書かれ、意味も異なる。鄭司農は「眼読如限切之限」即ち「眼の読みは限切の限のごとし」という。「限切」とは門限（しきい）のことで、音とともにその意味を取り、斉整截然としたこととされている。「幬」は鄭注に「幬幔轂之革也、革急則裹木廉隅見」即ち「幬は轂に幔するの革なり。革急なれば則ち裹《つつ》める木の廉隅見《あら》わる」と。戴震は「以革幬轂謂之軝、説文亦作䩢、从革、小雅、約軝錯衡、毛伝曰、軝、長轂之軝也、朱而約之……惟長轂尽飾、大車短轂則無飾、故謂之長轂之軝」即ち「革をもって轂を幬するをこれを軝という。『説文』にまた䩢に作り、革に从う。（『詩』）小雅の「約軝錯衡」の毛伝に、軝は長

轂の軝なり、朱にしてこれを約す、と。……ただ長轂のみ尽く飾り、大車は短轂なれば則ち飾りなし。故にこれを長轂の軝という」といっている。「急」とは『説文』に「褊なり」とあり、着物が小さいことの意とされる。引伸してぴっちりして窮屈なことをいう。ここでは幬革が轂にぴっちりはまっていることをいう。

眡其綆、欲其蚤之正也

その綆を眡るに、その蚤の正なるを欲するなり

鄭注に「蚤当為爪、謂輻入牙中者也、鄭司農云、綆読為関東言餅之餅、謂輪箄也、玄謂、輪雖箄、爪牙必正也」即ち「蚤は当に爪に作るべし。輻の牙に入るものをいう。鄭司農いう、綆は読みて関東に餅と言うの餅となす。輪の箄をいうなり。玄謂う、輪は箄すといえども爪牙必ず正しきなり」と。蚤を爪にしているのは『説文』に「蚤、齧人跳虫也、从虫叉声、叉古爪字」即ち「蚤は人を齧む跳虫なり。虫に从い叉の声、叉は古の爪字」とあり、蚤を爪の仮借と取ったのである。輻を人の腕に、その先端に作られた、牙の鑿に入るべき部分を爪にみたてた名称である。漢代の模型の馬車ではあるが、古く知られる楽浪彩篋塚出土の輻[16]、一九五一年発掘の長沙漢墓の馬車の輻（四五一頁図206）などをみると、いかにも鳥や獣の爪のような形をしている。

「鄭司農云」の「読為」は、段玉裁は「読如」に改めている。音の説明だからである。「輪箄」は車輪が左右にぎしぎしゆがまないように牙を外に出し、全体を皿形にすることである。この先で出てくるから、その時にまた説明する。「欲其蚤之正也」を鄭玄は「輪雖箄、爪牙必正」と説明しているが、「正」とはどういうことか。孫詒譲は「正謂鑿空正居牙中、爪入牙、仍不偏也」即ち「正とは鑿の空の正しく牙の中に居り、爪の牙に入るに、仍りて偏らざるをいうなり」といっている。案ずるに、先に「輻也者以為直指也」即ち「輻はもって直指となす」とあり、また少し先に（輻が）「直以指牙、牙得、則無槷而固、不得、則有槷必足見也」即ち「直にしてもって牙を指し、牙得れば則ち槷なくして固く、得ざれば則ち槷ありて必ず足見《あらわ》れん」とあり、この段は今の「欲其蚤之正也、察其菑蚤不齵、則

図204　嘉祥県劉家村、後漢画像石の車大工

輪雖敝不匡」即ち「その蚤の正なるを欲するなり。その菑蚤を察して齵ならざれば、則ち輪敝するといえども匡せず」というのと対応しているようであるから、この「正」は「直也」（韗人注）でやはり「直指」、「直以指牙」のことではあるまいか。輪を作る場合、まず最初に轂に輻をはめこみ、次にこれに牙をとりつける場合[17]（図204）輻の蚤が牙の鑿から外れず、また鑿と蚤の間に隙間ができたりせず、ぴたりとはまることであろう。

察其菑蚤不齵、則輪雖敝不匡

その菑蚤を察して齵ならざれば、則ち輪敝するといえども匡せず

鄭玄の注に「菑謂輻入轂中者也」即ち「菑は輻の轂中に入るものを謂う」と。また注に「鄭司農云、菑読如雑厠之厠、謂建輻也、泰山平原所樹立物為菑、声如胾、博立梟棊亦為菑」即ち「鄭司農云う、菑の読みは雑厠の厠のごとし。輻を建つるをいうなり。泰山、平原に樹立する所の物を菑となす。声は胾のごとし。博に梟棊を立つるもまた菑となす」とあり、段玉裁は「読如雑厠、擬其音也、泰山平原呼所樹立物為菑、声如胾、此学方言証之、……又云博立梟棊亦為菑者、広証之、皆建立之義、弓人之菑栗、詩箋之熾菑、管子之剚耕剚耘、史記之倳刃、義訓略同」即ち「読みは雑厠のごとしとは、その音を擬するなり。泰山、平原に樹立する所の物を呼びて菑となす、声は胾のごとしとは、これ方言を挙げてこれを証するなり……また博に梟棊を立つるもまた菑となすとは、広くこれを証するなり。みな建立の義あり。（『周礼』）弓人の菑栗、『詩』の箋の熾菑、『管子』の剚耕、剚耘、『史記』の倳刃も、義訓略々同じ」と解説している。先に引いた楽浪彩篋塚の車の模型の輻では、菑の部分は「表裏を削って一種の柄の役目をするよう造作[18]」され、轂に突き立てるという意味の菑という名にいかにもふさわしい形に作られている。

「齵」は乱杙歯のこと。「匡」は戴震が「凡物刺起不平曰匡」即ち「凡そ物の刺起して平らかならざるを匡という」とする。車輪がぼろになってきても牙がねじれたりしない、ということである。

以上で車輪全般の善し悪しについての一般論を終り、次から轂の話。

凡斬轂之道、必矩其陰陽

凡そ轂を斬るの道は、必ず陰陽に矩す

轂を作る材木を伐る時の心得である。「矩」は鄭注に「謂刻識之也」即ち「これを刻識するを謂う」と。目印をつけておくことである。「陰陽」について江永は「山虞陽木陰木、以生山南為陽、山北為陰、此則陰陽木各有向日背日、以向日為陽、背日為陰」即ち「山虞の陽木陰木は、山の南に生ゆるをもって陽となし、山の北を陰となす。これ則ち陰陽の木々は各々向日背日あり。向日をもって陽となし、背日をもって陰となす」といい、孫詒譲も賛成している。しかしすぐ次に陽の方は木理が緻密で堅く陰の方は疏で柔かいとある。樹木は日の多く当る側が反対側より年輪の間隔が広くなっているものである。陰陽の命名法がどうもそぐわないが、実際に照らせば江永の解釈の正反対でなければならない。

陽也者稹理而堅、陰也者疏理而柔、是故以火養其陰、而斉諸其陽、則轂雖敝不藃

陽なるものは稹理にして堅く、陰なるものは疏理にして柔かし。この故に火をもってその陰を養い、これをその陽と斉しくすれば、即ち轂敝すといえども藃せず

鄭注に「稹致也」即ち「稹は致なり」と。段玉裁は「致」は緻だという。すべて物がびっしりつんでいることをいう。また「火養其陰、炙堅之也」即ち「火もてその陰を養うとは、炙りてこれを堅くするなり」と。火であぶって堅くする技術は、われわれ竹槍を作る時に試みたところである。藃について鄭司農は「藃当作秏」即ち「藃は当に秏に

作るべし」といい鄭玄は「藃、藃暴。陰柔、後必橈減、幬革暴起」即ち「藃とは藃暴なり。陰は柔かく、後に必ず橈減し、幬せる革暴起す」という。「秏」は軸との摩擦で減ることでなく、時間がたつにつれて体積を減じてへこんでくることである。鄭玄は、材にひずみが来るから、上にかぶせた革にたるみが出来、ぼこんと持ち上ってくる、という解釈で、起る現象は両者とも同じことを言っている。

轂小而長則柞、大而短則摯

轂小にして長ければ則ち柞、大にして短なれば摯なり

鄭司農は「柞読為迫唶之唶、謂輻間柞狭也、摯読為槷、謂輻危槷也」即ち「柞は読みて迫唶の唶となす。輻間の柞狭なるをいうなり。摯は読みて槷となす。輻の危槷なるをいうなり」と。戴震は「槷同隉」即ち「槷は隉に同じ」という。『説文』に「隉危也」即ち「隉は危なり」と。轂の太さが小だと三〇本の輻をはめこむのに間隔が窮屈にすぎる、太くて短いと輻のつけ根と轂の内外端の距離が短かすぎて丈夫でない、ということである。

是故六分其輪崇、以其一為之牙囲

この故にその輪の崇を六分し、その一をもって牙の囲となす

輪の高さは六尺六寸だから、牙の囲はその六分ノ一、一尺一寸となる。

参分其牙囲而漆其二

その牙の囲を三分してその二に漆す

鄭注に「不漆其践地者也」即ち「その地を践む者は漆せざるなり」とあるのは当然として、以後漆を塗った部分の直径が轂の寸法の基準となってゆくのであるが、記の文に牙の断面の形、厚さ、幅の規定がない。そこで数字を出そうとすれば必ず仮定が入ってくることになる。程瑶田は牙の断面を正方形と仮定し、阮元は「牙囲」を牙の幅と解釈するが取るに足りない。鄭玄は「漆者七寸三分寸之一、不漆者三寸三分寸之二、令牙厚一寸三分寸之二、則内外面不

漆者各一寸也」即ち「漆するものは七寸三分寸ノ一、漆せざるものは三寸三分寸ノ二、令《もし》牙の厚さ一寸三分寸ノ二なれば則ち内外面の漆せざるもの各一寸なり」という。初めの数字は牙の囲一尺一寸の三分ノ二および残りがそれぞれ七寸三分ノ一、三寸三分ノ二になるという計算である。次の「令牙厚一寸三分寸之二」というのは、もし牙の厚さを一寸三分ノ一とすれば、と仮定したものであるが、後に鄭玄は「令輻広三寸半」としているので、もしこの「牙厚」を輻のはめられる面の厚さとすると、輻は牙の外にはみ出すことになる。鄭珍はそこで図205のごとく考えた。即ち、一寸三分ノ一は地に着く部分の幅で、上辺は輻の幅と同じく三・五寸。太い線で引いたのが漆を塗る部分計七寸三分ノ一。地につく部分の幅一寸三分ノ一の両端から、高さ一寸、漆を塗った部分まで殺ぎ落す。鄭珍の図では、幅一寸に殺ぎ落すようになっている。そうすると、鄭玄が次の句の注に「六尺六寸之輪、漆内六尺四寸」即ち「六尺六寸の輪、漆の内は六尺四寸」としたのにうまく合うという。孫詒譲もこの考えに賛成したが、この解釈にも誤りがある。高さ一寸のところから斜めに、地に着く面の両端まで殺ぎ落した面の幅は、高さ一寸の直角三角形の斜辺となり、当然一寸より大である。従って「漆せざるもの三寸三分寸ノ二」と合わない。また一寸幅に殺ぎ落したとすれば牙の囲の計算は合うが、輪の高さが六尺六寸より低くなってしまう。円周率を三として計算していた時代だから、鄭玄はこれくらいのちがいなど平気であるいはこのように考えていたのかも知れない。しかしこれで計算が合ったと早合点するのは感心しない。

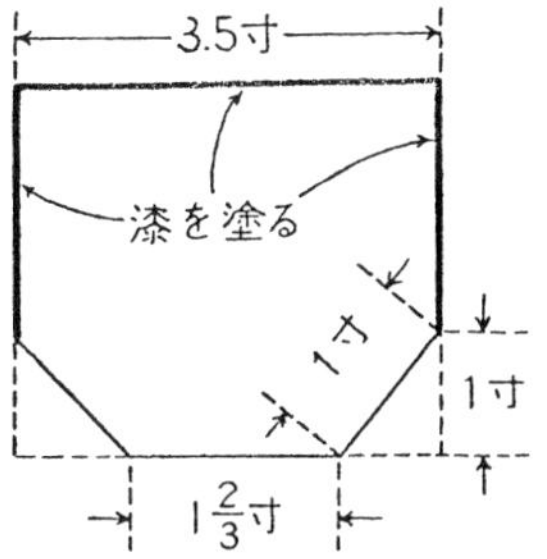

図205　鄭珍の考えた考工記、輪人「参分其牙囲而漆其二」の解釈

　鄭珍は「令者非仮設之辞、以記無明文、由参互推得、而不敢質言、使若仮設其数云爾」即ち「令とは仮設の辞にあらず、記に明文なきをもって参互によって推得す。而して敢えて質言せず、その数を仮設するがごとくからしめて云うのみ」と、鄭玄の「令」として仮定した数字を弁護し、例えば漆内の径六尺四寸というのも軫間（六尺六寸）の五分ノ一たる軸囲が、賢の穿と同径であろうこ

とからその三分ノ五たる轂囲＝轂長を出し、それを倍して六尺四寸という数を逆推したことを計算してみせている。しかし鄭珍のこの計算にもちゃんと鄭玄の「令大小穿金厚一寸」という仮設が入ってきており、記そのものの合理性でなく、鄭玄の注の一貫性の一端を証したに止っているのである。

椁其漆内而中詘之、以為轂長、以其長為之囲

その漆の内を椁し、これを中詘してもって轂長となし、その長さをもってこれが囲となす

「椁」は鄭司農が「椁者度両漆之内相距之尺寸也」即ち「椁とは両漆の内の相い距するの尺寸を度《はか》るをいうなり」と。「詘」について孫詒譲は「説文言部云、詘、詰詘也、広雅釈詁云、詘、曲也、案詘屈声類同、取牙漆内直度、中屈之、折取其半以為轂之長度也」即ち「『説文』言部に云う、詘は詰詘なり、と。『広雅』釈詁に云う、詘は曲なり、と。案ずるに詘と屈とは声類同じくす。牙の漆の内を取りて直度し、これを中屈し、その半を折取してもって轂の長度となすなり」と。鄭玄の計算では轂長三・二尺になる。「その長さをもってこれが囲となす」とはその長さをその周囲の寸法とすること。

以其囲之防捎其藪

その囲の防をもってその藪を捎す

注に「捎、除也、防、三分之一也、鄭司農云、捎読為桑螵蛸之蛸、藪読為蜂藪之藪、謂轂空壺中也、玄謂、此藪径三寸九分寸之五、壺中、当輻菑者也、蜂藪者、猶言趨也、藪者衆輻所趨也」即ち「捎とは除なり。防は三分ノ一なり、鄭司農云う、捎は読みて桑の螵蛸の蛸となす。藪は読みて蜂藪の藪となす。轂の空の壺中をいうなり。玄謂えらく、この藪は径三寸九分寸ノ五。壺中とは輻の菑に当るものなり。蜂藪とはなお趨というがごときなり。藪とは衆輻の趨る所なり」と。「捎、除也」即ち「捎とは除なり」とは、藪の孔をえぐりとること。「防、三分之一也」について程瑶田は「防、余也、又分也、理也」即ち「防は余なり。また分なり、理なり」とし、『礼記』王制の注よりこれを

十分ノ一と解釈し、輻をはめる鑿の深さと取る。ここに藪といい、鑿と言っていないからこれはむりである。阮元は防を『説文』「朸、木理也（朸は木理なり）」の朸にとり、ここは「順轂木中直理、除去轂中心木而為藪」即ち「轂木中の直理に順い、轂の中心の木を除去して藪をつくる」と取る。こう取るには少なくとも記の「囲之」二字が邪魔である。ここは江永の「謂以三分之二為肉、三分之一為壷中空也、壷中空所以受軸也」即ち「三分ノ二を肉となし、三分ノ一を壷中の空となすなり。壷中の空は軸を受くる所以なり」ととるべきであろう。鄭司農のいう「轂空壷中」については段玉裁が「轂空壷中、老子所謂以無有為用者也……案説文木部、橾、車轂中空也、従木喿声、読若藪、蓋故書作橾、大鄭易橾為藪、故云読為、許謂橾為正字、故云読若、今周礼本恐有誤」即ち「轂の空の壷中とは、『老子』のいわゆる無有をもって用となすものなり……案ずるに『説文』木部に橾は車轂の中の空なり、木に従い喿の声、読むこと藪のごとし、と。蓋し故書には橾に作り、大鄭、橾を易えて藪に作る。故に「読為」という。許は橾を謂いて正字となす。故に「読若」という。今の『周礼』の本は恐らく誤りあらん」と説明している。鄭玄の「壷中とは輻の菑に当るものなり」というのは轂中の空虚になったところで、その外側はちょうど輻の菑をはめるべき鑿が穿たれているところ、の意味である。藪の内径は賢の方が大、軹の方が小となっているが、中間の菑の鑿にあたるところでその太さが示されているという解釈である。防が三分ノ一だという傍証もないし、藪には囲とも径とも書いてないが、一応こう取ってみるより仕方がなかろう。不完全な記述である。

　五分其轂之長、去一以為賢、去三以為軹

　その轂の長さを五分し、一を去りてもって賢となし、三を去りてもって軹となす

鄭司農は「賢、大穿也、軹、小穿也」即ち「賢は大穿、軹は小穿なり」と。轂の軸を通すべき孔は内側が大、外側が小となっていることはいうまでもない。銭坫は「広雅曰、賢大也、賢有大義、故大穿謂之賢」即ち「『広雅』曰く、賢は大なり、と。賢に大の義あり、故に大穿はこれを賢という」と。[19] また鄭珍は「賢者、説文、⿱臤目、大目也、从目臤

声、与賢音義並同、或本是䁈字、写者増目成貝、或賢有勝義、以両穿相較、此頭之大為勝、遂名賢、於義亦得也、軹者、凡語止詞曰只、轂孔至末而止、即呼為只、後因加車作軹、軸耑錔亦当軸止処、又所以止軸之出、故亦呼為只、其作字遂両同」即ち「賢とは、『説文』に䁈は大目なり、目に从い臤の声と。賢と音、義並びに同じ。或いはもとこれ䁈の字にして、写す者目を増して貝となすか。或いは賢に勝の義あり。両穿をもって相い較ぶるに、この頭の大なるをもって勝れるとなし、遂に賢と名づくるも、義においてまた得るなり。軹とは、凡そ語の止詞を只という。轂孔末に至りて止まる。即ち呼びて只となす。後に車を加うるに因りて軹に作る。軸耑の錔もまた軸の止まる処に当り、また軸の出を止むる所以なり。故にまた呼びて只となし、その作字遂に両つながら同じ」と。轂の太い方が賢、外側の方が軹であることは間違いなかろう。

この賢と軹は、先の藪と同様、囲とも、径とも、長さとも、寸法の取り方が記されていない。鄭玄は「此大穿径八寸十五分寸之八、小穿径四寸十五分寸之四、大穿甚大、似誤矣、大穿実五分轂長去二也、去二則六寸五分寸之二、凡大小穿皆謂金也、今（戴震は「今、当作令、賈疏已誤」と）大小穿金厚一寸、則大穿穿内径四寸五分寸之二、小穿穿内径二寸十五分寸之四、如是乃与藪相称也」即ち「この大穿は径八寸十五分寸ノ八、小穿は径四寸十五分寸ノ四にして、大穿は甚だ大なり。誤りに似たり。大穿は実は轂長を五分して二を去るなり。二を去らば則ち六寸五分寸ノ二なり。凡そ大小の穿とはみな金をいう。今（戴震は「今は当に令に作るべし。賈疏已に誤る」と）大小の穿の金厚さ一寸なれば、則ち大穿の穿の内径は四寸五分寸ノ二、小穿の穿の内径は二寸十五分寸ノ四なり。かくのごとくんば乃ち藪と相い称《かな》うなり」という。賢、軹は囲の寸法を示すものと取り、轂長のそれぞれ五分ノ四、五分ノ二を囲とし、それを円周率三で割ったのがここに出ている径の数字である。賢を「去一」とするとあまり太すぎるのでこれを「去二」の誤りと考えて訂正し、それでも出てきた賢、軹の径六寸五分寸ノ二、四寸十五分寸ノ四をそれぞれ上底、下底とする截頭円錐形の孔をあけるとすると、壷中のところで、先に出された寸法（鄭玄の計算だと三寸九分寸ノ五）より太くなりすぎてしまう。そこで仮に厚さ一寸の釭（軸承の金具）をこの孔にはめこむと仮定して（令）、壷中の太さ、および後に出てくる軸の太さと辻褄を合せたのである。漢時代の轂にはめこまれた鉄製の釭は遺物が出ている（第六章、図228参照）。

鄭玄の仮説でおかしいのは、釭の厚さが一寸というのは厚すぎることである。漢代の鉄製のものは、厚さ一センチ内外とみられる。一尺を二〇センチ前後としてすると一寸は二センチ前後になるがそれでは厚きに失しよう。轂は濬県辛村のものをみても、輝県琉璃閣のものをみても、輻の出るところが一番太く、その内外は瓶の頸のような形になって太さを減じており、これは後漢の画像石の馬車でもそうである。正確にその寸法の測定できる例は乏しいが、琉璃閣一号車では輻の出る部分の太さ直径二二センチと書かれ、賢、軹の端は金具がはまっているから正確にわかり、それによると径一一センチ、賢の方は一二・五センチで輻の出る部分のほぼ二分ノ一になっている。もっともこれは短轂に属するから、今の長轂の車の参考にはあまりならないかもしれない。考工記より時代が遡るが、濬県五号墓の金具（二三三頁、図137参照）では太い端がそれぞれ一五・五センチ、一六・五センチだから、これを輻の出る部分の木の太さとして、軹端が外径九センチ、賢端が一二・八センチで、賢、軹はそれぞれ轂の太さのほぼ四分ノ三、二分ノ一となっている。同じ五号墓のもので賢、軹いずれの側のものともわからないが轂の金具があり（短いからおそらく賢端であろう）（二三四頁、図139参照）、輻に寄った太い側が径一五・一センチ。外端は一一センチで、太さは約三分ノ二になっている。三号墓出土の同様な例（二三七頁、図145参照）では賢端の方は太い方が径二〇・七センチ、細い方が一一・四センチ、軹端の方は太い方は一七・六センチ、細い一方が八・九センチで、輻の出る部分の太さを二〇・七センチとすれば、賢端は約二分ノ一、軹端は約五分ノ二である。

この例でみると賢端の径は輻の出る部分の四分ノ三ないし二分ノ一、軹端は二分ノ一ないし五分ノ二となっている。そうすると考工記の文の賢が五分ノ三、軹が五分ノ二というのを孔の内径とすると、轂木の外径とすれすれないし超過しかねない。いくら厚さ一寸の飛切り丈夫な釘をはめてみても木の部分がもつまい。

この賢、軹を孔の名とした鄭司農に誤りがあるのではなかろうか。次の一節の注に「鄭司農云読容上属曰軹容」即ち「鄭司農云う、容を読むに上属して軹の容という」とあるのにつき、孫詒譲は（段玉裁らがここの「云」は衍文であるといったのを引く）ここの注に「鄭司農云……軹小穿也」即ち「鄭司農云う……軹は小穿なり」というのは「軹容小穿也」即ち「軹の容の小穿なり」とあったはずだという。とすると軹容は軹の容れる空所の義となるが、あるいは鄭司農は軹を孔の名でなく轂の外端の名と考えたのかもしれない。最初に引用したごとく賢、軹はそれぞれ、大、および止の義をもつから、これは轂の内、外端の名称であり、ここはその外径を示したものであると考えれば万事まくゆきそうである。そうすると藪の径は轂の菑に当る部分で示されるだけで、内、外端の口径は書いてないことになるが、それは最初にのべたようなこの記のルーズな記述から一向に差支えないと思う。この截頭円錐形の孔をもった轂にはまるべき軸の太さも、ただ軸囲として、軸上のいずれの点かも示さずに大まかに記されているだけである。

なお程瑶田はこの賢、軹を次に出てくる轂の装飾を施すべき部分の長さの話と取ったが、この一段と「容轂必直云々」の文とは、かれの強調するごとき文脈のつづきはないと思われる。

容轂必直、陳篆必正、施膠必厚、施筋必数、幬必負幹

轂を容《かたち》づくること必ず直に、篆を陳《なら》ぶること必ず正に、膠を施すこと必ず厚く、筋を施すこと必ず数《しばしば》し、幬は必ず幹を負うべし

鄭玄は「容者、治轂為之形容也」即ち「容とは轂を治め、これが形容をつくるなり」と。程瑶田は「未飾之先、治之法也」即ち「未だこれを飾らざるの先に、これを治むるの法なり」という。「容轂必直」とは以下に記された仕上げを施すに先だち、轂の外形に手を加える場合、藪の中心線を中心として対称な形に整えなくてはならぬ、ということである。「篆」は鄭玄が「轂約也」即ち「轂の約なり」と。鄭珍はこれを説明して「轂約謂之篆、鐘帯亦謂之篆、

皆指囲繞一周者、抦巾車先鄭注、篆読為圭瑑之瑑、夏篆、轂有約也、参之先鄭典瑞注、瑑有圻堮瑑起、説文、瑑、圭璧上起兆瑑、知篆以瑑起而名、鐘帯亦名因瑑起、其制於轂幹刻之、令起圻堮一周、刻此処微容、即彼処起圻堮、其圻堮処即是篆也」即ち「轂の約、これを篆といい、鐘の帯もまたこれを篆という。みな囲繞一周するものを指す。巾車の先鄭注に抦るに、篆は読みて圭瑑の瑑となす。夏篆とは轂に約あるなり、と。これを先鄭の（『周礼』）典瑞注の、瑑は圻堮ありて瑑起するなり、『説文』の瑑は圭璧上に兆瑑を起すなりを参すれば、篆の瑑起をもって名づけ、鐘帯もまた名づくるに瑑起に因ることを知る。その制轂幹においてこれを刻し、圻堮を起して一周せしむれば、刻せるこの処微しく容づくられ、即ちかの処圻堮を起す。その圻堮の処する即ち篆なり」と。篆はつまり鐘の篆の断面半円形の凸帯、玉器に刻まれた凸線の紋様のごとく、轂の周囲をめぐって彫り起された凸帯である。濬県辛村五号墓のものに青銅で模されたものが見られよう。また鄭珍は「陳、列也、篆非一処、故曰陳」、「篆、説文作輴、訓車約、蓋所抦本異」即ち「陳は列なり。篆は一処に非ず、故に陳という」、「篆は『説文』に輴に作り、車の約と訓ず。蓋し抦る所の本異なるなり」と。なお篆は轂約といわれるが、鄭珍のいうように轂を約束、即ちたがのように緊めるものではない。緊めつけるのは次に記された「施膠必厚、施筋必数」、即ち膠を厚く塗り、動物の筋でぐるぐる巻きにする作業によって行われるのである。鄭注に「幬負幹者、革轂相応、無贏不足也」即ち「幬が幹を負うとは、革と轂と相い応じ、贏不足なきなり」と。その上から革をぴっちりかぶせて保護する。ぴっちりしているから篆は革の上に凸帯をなして露れることになる。

既摩、革色青白、謂之轂之善

既に摩し、革の色の青白なる、これを轂の善という

『説文』に「摩、研也」即ち「摩は研なり」と。鄭玄は「謂丸漆之、乾、而以石摩平之、革色青白、善之徴也」即ち「これに丸漆し、乾かし、石をもってこれを摩平するに、革の色青白なるは善きの徴なり」と説明する。「丸」は

垸で、『説文』に「垸、㠯桼龢灰、丸而䰍也」即ち「垸は桼をもって灰に龢し、丸して䰍するなり」（段注の本による）といい、上塗りをする前に骨を焼いた灰を混ぜた漆で下塗りをすること。この上からつやの出る上塗りをして飾ることになるのである。

以上で轂のことは終り、次は輻のこと。

参分其轂長、二在外、一在内、以置其輻

その轂長を参分し、二は外にあり、一は内にあり、もってその輻を置く

輻をはめるべき位置の指定である。鄭玄は「轂長三尺二寸者、令輻広三寸半、則輻内九寸半、輻外一尺九寸」即ち「轂長三尺二寸なるもの、令《も》し輻広三寸半なれば、則ち輻の内は九寸半、輻の外は一尺九寸なり」という。これは記の文の指定とちがうようである。記の文は轂長を三分し、外に二、内一にあたる線に輻の中心がくるようにする、ということではなかろうか。程瑤田が指摘しているように(20)鄭玄の注では輻を、その外端から轂の外までが二、その内端から轂の内端までが一となるように置くことになっている。鄭玄のように輻の幅を三寸半とすれば、正しくは「輻内九寸弱、輻外一尺九寸五分強」となるべきだろう。

凡輻、量其鑿深以為輻広

凡そ輻は、その鑿の深さを量りてもって輻広となす

鑿は『説文』に「所以穿木也」即ち「木を穿つ所以なり」（段注の本による）と。鑿は木を穿つ道具だが、穿けた孔も鑿という。(21)鑿の深さを輻の幅にする、とその比例をいうが、その深さは記されていない。輻をはめるところにあたる藪の径は先の文によって轂の径の三分ノ一であるから、鑿の深さは藪をくり抜いた外側の厚さ、即ち轂の径の三分ノ一より小でなければならないことは確かであるが、ここは軸から轂、轂から輻へと目方がかかり車輪の左右の動

揺が輻を通じて轂に伝わるところであるから、藪と鑿との間は鄭珍の考えたようにほんの一皮のへだたりさえあれば足り、従って藪をくり抜いた残りである外側の厚さでほぼ鑿の深さも決る、と考えるわけにゆかない。鄭玄は先の注で輻広三寸半といいこの記の文があるから鑿の深さも三寸半と考えたわけであるが、鄭玄のように円周率三で計算すると、鑿の底と藪の間には五厘強つまり二ミリ前後の木しか残らない。ほんのボール紙一重の厚さである。これは仮設としても受取り難い数である。

輻広而鑿浅、則是以大抈、雖有良工、莫之能固

輻広くして鑿浅ければ、則ちこれ大抈にして、良工ありといえどもこれを能く固くするなし

鄭注に「抈、揺動貌」即ち「抈は揺動の貌なり」と。ぐらぐらすることである。そうすると轂の方が先にだめになるのである。

鑿深而輻小、則是固有余而強不足也

鑿深くして輻小なれば、則ちこれ固さに余りありて強さ足らず

鄭注に「言輻弱、不勝轂之所任也」即ち「輻の弱くして轂の任ずる所に勝えざるなり」と。

故竑其輻広、以為之弱、則雖有重任轂不折

故にその輻広を竑し、もってこれが弱となさば、重任ありといえども轂折れず

ここは最初の「その鑿の深さを量りてもって輻広となす」の趣旨をくり返してのべたもので、こうすれば轂と輻の力がつり合うというのである。「竑」は鄭司農が「竑読如紘綖之紘、謂度之」即ち「竑は読むこと紘綖の紘のごとし。これを度るをいう」と。「弱」は鄭玄が「弱、菑也、今人謂蒲本在水中者為弱、是其類也」即ち「弱は菑なり。今人蒲の本の水中にあるものを謂いて弱となす。これその類なり」と。菑、即ち、輻の轂中にはまりこんだところを、蒲の根本の水中につかった部分、弱（蒻）になぞらえた名である。

阮元は「……若入轂之菑、自当更薄、而菑末又当削鋭之、蓋以三十輻共趨藪心、若菑厚而豊末、轂心不堅、而鑿亦相通、故淮南説山訓曰、轂強必以弱輻、両強不能相服、又説林訓曰、輻之入轂、各値其鑿、不得相通、荀子引詩曰、轂既破砕、乃大其輻、此皆強有余、而固不足也」即ち「轂に入るの菑のごときは、自ら当に更に薄くすべし。而して菑末また当に削りてこれを鋭くすべし。蓋し三十輻をもって共に藪心に趨るに、もし菑厚くして豊末なれば、轂の心堅からず、而して鑿もまた相い通ず。故に『淮南』説山訓に曰く、轂強ければ必ずもって輻を弱くす、両強相い服す能わず、と。また説林訓に曰く、輻の轂に入るに、各々その鑿に値るも、相い通ずるを得ず、と。『荀子』『詩』を引きて曰く、轂既に破砕す、即ちその輻を大にすればなり、と。これみな強さ余りありて固さ足らざるなり」とこの一段の論旨を敷延している。菑は輻と同じ太さのままでなく、方錐形に削り殺がれたであろうことを多くの考証家が考え、その具体的方法をいろいろ推測しているが、単なる推測にすぎず、煩雑であるから一々紹介しない。なお記載を欠くが、蚤の幅と鑿の深さの関係もこれにならうものと推測が加えられている。

参分其輻之長、而殺其一、則雖有深泥、亦弗之溓也

その輻の長さを参分し、その一を殺すれば、深泥ありといえども、またこれに溓せざるなり

鄭玄は「殺、衰小之也」即ち「殺とはこれを衰小するなり」と。細くすることである。輻長の牙に近い方三分ノ一を細くするのである。「溓」については鄭司農が「溓読為黏、謂泥不黏著輻也」即ち「溓は読みて黏となす。泥の輻に黏著せざるをいう」という。黏の仮借と解釈したものである。泥がべたべた輻に着かないというのである。ここにいう三分ノ一は蚤と菑を除けた寸法であろう。

楽浪彩篋塚から出た車輻と推測されている木製品は、漢代の例であるが、牙に近い部分、輻長の五分ノ三ほどが殺せられており、長沙の例ではほぼ五分ノ四ほどが殺せられている（図206）。(22)

参分其股囲去一、以為骹囲

その股の囲を参分して一を去り、もって骹の囲となす

鄭注に「謂殺輻之数也」即ち「輻を殺するの数をいう」と。「輻之」の「之」につき阮元は校勘記に「余本之作内、按内字是」即ち「余本には「之」を「内」に作る。按ずるに「内」の字是《ぜ》なり」とし、孫詒讓は「之旧本作内、宋余仁仲本同、於義得通、但宋明各本皆作之、今従之」即ち「「之」は旧本に「内」に作る。宋の余仁仲本同じ。義において通ずるを得。ただ宋明の各本みな「之」に作る。今これに従う」という。「内」とすると鄭玄は骹を内側から削って細くすると考えたことになろうが、いずれ鄭玄の解釈にすぎず、たいしたことではない。すぐ手前の一段の、骹を殺する比例をのべたものであるが、寸法が囲という形で出てくるので、厚さ、幅両方から細くしたか、幅だけを細くしたか不明である。長沙漢墓の例は、軸と同方向の幅のみを狭くしている（図206左）。股、骹は鄭司農が「股謂近轂者也、骹謂近牙者也」即ち「股は轂に近きものをいうなり、骹は牙に近きものをいうなり」と。

揉輻必斉、平沈必均

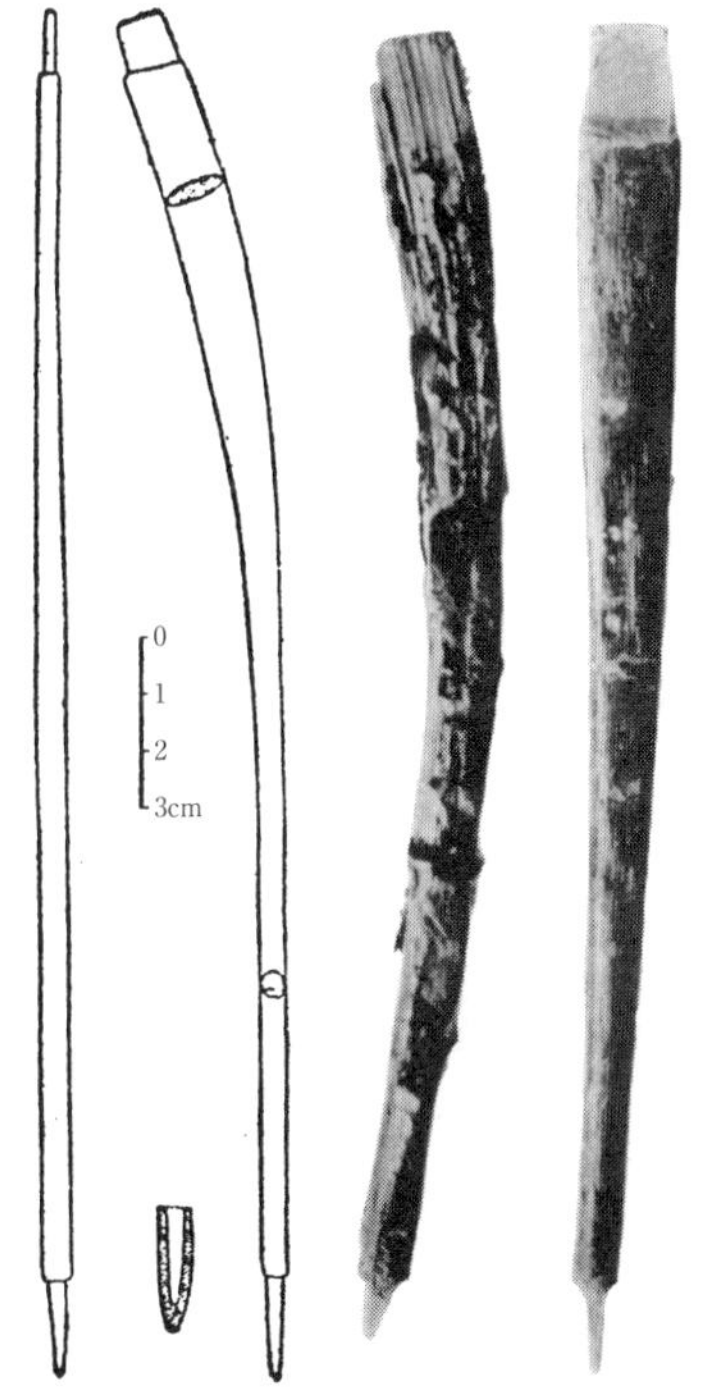

図206　漢馬車模型の輻　右、楽浪彩篋塚　左、長沙伍家嶺203号墓

輻を揉するには必ず斉しくし、平沈して必ず均しくす

輻の仕上げと製品検査の要領である。鄭玄の注に「揉謂以火槁之」即ち「揉とは火をもってこれを槁するをいう」と。「揉」は『説文』の煣で[23]『説文』には「煣、屈申木也」即ち「煣は申木を屈するなり」と真っ直ぐな木を曲げる義にしているが、恵士奇の証するように[24]「槁」は矯の仮借で、ここは曲りを正

す義もあったと考えられる。鄭珍は輻、牙、輈などは鋸で挽いて木目が斜めになったりして強さを減ずるのを防ぐため、丸いまま、あるいは割って使ったから煣する必要があるのだと考えている。いかにもそうであろう。大体この時代には、薄板を鋸で挽いて作ることは行われなかったと考えられる。

一方、長沙漢墓の馬車の模型の輻は、輪が後述の綆を形成するよう、外向きに弓なりに曲っている。原材の歪みを正すとともにこの彎曲を作るために火であぶって曲げることも行われたと考えられる。

「斉」は鄭玄が「衆輻之直斉如一也」即ち「衆輻の直にして斉しきこと一のごとし」と説明する。「平沈」は同じく鄭注に「平沈平漸也、鄭司農云、平沈謂浮之水上、無軽重」即ち「平沈とは平漸なり、鄭司農云う、平沈とはこれを水上に浮ぶるに軽重なきなり」と。

直以指牙、得則無槷而固

直にもって牙を指し、得れば則ち槷なくしてしかも固し

鄭珍は「直以指牙、謂三十輻投轂訖、皆将入牙鑿時也」即ち「直にもって牙を指すとは、三十輻轂に投じ訖り、みな将に牙の鑿に入らんとするの時をいう」と。このことは先に「欲其蚤之正」の説明のところでのべた通りである。「得」について鄭玄は「得謂倨句鑿内相応也」即ち「得とは倨句鑿内相い応ずると謂う」と説明している（内は枘）。この注の「倨句」については従来異なった解釈がある。一は賈公彦が疏でのべている解釈で「以輻直者為倨、以牙曲者為句、輻牙雖有倨句、至於鑿内必正、正則為得」即ち「輻の直なるものをもって倨となし、牙の曲なるものをもって句となす。輻牙倨句ありといえども、鑿を内に至りては必ず正しく、正しければ則ち得となす」という説明である。念のため、倨句とは一点から出る二つの線分の形をいい、一つの線分を倨、他を句といい、両者のなす角度は直角とは限らない（例えば考工記、磬人、「倨句一矩有半」のごとき用法）。賈は牙と輻の交る点各々について倨句の形を考えたものと思う。鄭珍は輻と牙を倨、句にとる賈に賛成しながら、別様に考え、「倨、輻也、句、牙也、衆菑既投

轂、乃以牙両半規交而抱之時、倨之柄各指其鑿、句之鑿各値其枘、両相応而無豪末偏邪相就之処、斯之謂得」即ち「倨は輻なり、句は牙なり。衆菑既に轂に投ぜられ、すなわち牙の両つの半規をもって交えてこれを抱くの時、倨の枘各々その鑿を指し、句の鑿各々その枘に値えば、両つながら相い応じて豪末も偏邪して相い就くの処なし。これをこれ得という」と多数の鑿と枘の組合せ全体についてのことと取っている。

それに対し、江永は賈公彦の解釈を非とし「輻之入牙者作倨句之形、即辺筍是也」即ち「輻の牙に入るものは倨句の形に作る。即ち辺筍これなり」といい、倨句を輻の牙にはまりこむ枘である蚤は輻の一辺をL字形に切り欠いて作っていることの意味に取っている。戴震はこれに従い、孫詒譲もこの解釈である。しかしこの江説を鄭珍は「注云、倨句鑿内相応、明倨句不専就枘言、江戴蓋止就枘上求合鄭説、不知経云直以指牙、是拠投轂訖、将入牙鑿時言」即ち「注に「倨句鑿内相い応ず」といい、明らかに倨句は専らには枘に就きて言わず。江、戴けだしただ枘上にて鄭説に合うことを求め、経の直にもって牙を指すといい、これ轂に投ずること訖り、将に牙の鑿に入れんとする時に拠りて言うことを知らず」とやっつけており、全くその通りである。倨句はやはり輻と牙の関係についていわれたものにちがいない。しかし賈公彦のように取っても、鄭珍のように取っても、大体牙と輻がほぞで結合されるからには倨句をなすに決っているのになぜわざわざ鄭玄が倨句と言ったか説明がつかない。

思うにこれは次に出てくる綆と関係があると思う。輪が綆を形成するように、牙は輝県琉璃閣の馬車のごとくやや外向きに傾けて轂にはめこまれるか、あるいは漢代の馬車の模型のように外向きに曲げられており、蚤は輻の鑿の直上でなく、直上を外れた外側にある。蚤の外への張出し加減は、牙を轂に斜めに傾けてはめこむか、あるいは煣することによって作られるわけであるが、多数の輻を轂の鑿に植えた時、ちょっとした加減で、蚤の張出し加減は凹凸になりやすいだろう。また牙の鑿も、後述のごとく、斜めにあけられねばならない。そこで「輻の外端の蚤がうまく牙のほぞ穴に合致し、牙の内側の平面と輻の軸線とは一定の角度をなしながら、しかも蚤と牙の鑿とがしっくり合えば」「無槷而固」というのがこの段の意味ではなかろうか。輻が真っ直ぐで、轂と牙の鑿上下相対しているのであれば、別に技術的な困難はないだろう。

鄭玄は輻が牙の内側の面に直角でなく、或る角度をなして、しかもぴたりとはまりこまねばならない技術的な困難さを頭に置いて「鑿内相応」の上に「倨句」の語を加えたのではなかろうか。「綆」については次の段の説明を参照。

「槷」は注に「鄭司農云、槷椴也、蜀人言椴曰槷」即ち「鄭司農云う、槷は椴なり、蜀人椴を言いて槷という」と。程瑶田は椴は『説文』の「楔」と同じ字という。

不得、則有槷必足見也

得ざれば則ち槷あるも必ず足見《あら》わる

鄭玄は「必足見、言槷大也」即ち「必ず足見わるとは、槷の大なるをいう」と。鄭珍は「足槷之末也」即ち「足とは槷の末なり」という。鑿と枘がうまく合わない場合、楔を打ちこんでおいても結局ぐらぐらして抜けてきて、頭が上に見えてくるということだろうか。鄭玄はつづけて「則雖得、猶有槷、但小耳」即ち「則ち得といえども、なお槷あり。ただ小なるのみ」というのは孫詒譲がいうように誤りである。ぴったりしているのに楔は要らない。

六尺有六寸之輪、綆三分寸之二、謂之輪之固

六尺有六寸の輪、綆三分寸ノ二、これを輪の固という

鄭玄は「輪箄則車行不掉也、参分寸之二者、出於輻股鑿之数也」即ち「輪に箄あれば則ち車行くも掉せず。三分寸ノ二とは、輻の股の鑿を出ずるの数なり」と。「掉」は『説文』に「瑶也」即ち「揺れるなり」と。箄によって車が左右に揺れるのを防ぐというのであり、轂と輻がぐらぐらしないようにする工夫である。「綆」は具体的にどういうことかという点については諸説がある。鄭玄のいう「輻の股の鑿を出ずるの数なり」について賈公彦は「鑿牙之時、孔向外侵三分寸之二、使輻股外箄、故云輻股鑿之数」即ち「牙に鑿するの時、孔外に向いて三分寸ノ二を侵し、輻の

股をして外箄せしむ。故に輻の股の鑿の数という」と説明する。牙の鑿を垂直に穿けず、鑿の口から外に向って斜めに穿ち、輻を外向きに傾かせるという考えである。江永はこれを非難してこの説は「似牙上鑿孔不正、非也、牙之厚無幾、鑿孔有偏、恐偏一辺非暴裂即先甐矣、此賈氏察物未精、失鄭注意者也、今車牙孔不偏而輻爪用辺筍、欠辺向内、是以牙偏向外、鄭前言倨句鑿内相応、是古人亦用辺筍」即ち「牙上の鑿孔正しからざるに似たるは非なり。牙の厚さ幾ばくもなし。鑿孔偏することあれば、恐らく偏せる一辺、暴裂するに非ざれば即ち先に甐せん。これ賈氏の物を察すること未だ精ならず、鄭注の意を失するものなり。今車の牙の孔偏せずして輻の爪に辺筍を用い、欠辺内に向う。ここをもって牙偏して外に向う。鄭前に倨句鑿内相い応ずと言う。これ古人もまた辺筍を用いしなり」という。辺筍を倨句にあてる考えは否定しながら、綆の作り方についてこれと同系統の考え方をしたのが鄭珍である。輻の骹は内側だけを削って細め、外側は削らず、出来上ったとき轂と牙に垂直となる。牙の鑿の外端は牙の外縁から三分ノ二寸内に入ったところになるようにする。こうすれば牙は股の鑿より外に三分ノ二寸はみ出る、これが綆だ、という考えである。これでは牙の鑿は少し外にずれるにしろ、轂の鑿の真上にあり、軸に平行の方向の力が加った時には、牙を三分ノ二寸外にずらさなかった時とほとんど同様にぐらぐらし、「輪之固」を結果しえない。鄭珍の考えは次の考工記匠人の注にみられる鄭玄の輻広に綆の数を足している計算法にはよく合う。即ち匠人の注に「軌謂徹広、乗車六尺六寸旁加七寸……旁加七寸者、輻内二寸半、輻広三寸半、綆三分寸之二、金錔之間三分寸之一」即ち「軌は徹の広さをいう。乗車六尺六寸、旁に七寸を加う……旁に七寸を加うとは、輻の内二寸半、輻の広さ三寸半、綆三分寸ノ二、金錔の間三分寸ノ一」と。ところでこの注はあまり上出来とはいえない。六尺六寸は輿の横幅。これは考工記の通りである。輻内二寸半というが、考工記の寸法でゆくと轂の輻内の寸法は九寸前後であるから二寸半というからには轂が輿の下に入っているとせねばならぬ。これは周代にも漢代にも例がない。「金錔之間」というのは轂にはめられた釭と錔の間に取ってあった余裕であるが、一体軌の幅を計るのに轂を止めるべき錔から車輪を余裕分だけ内側に

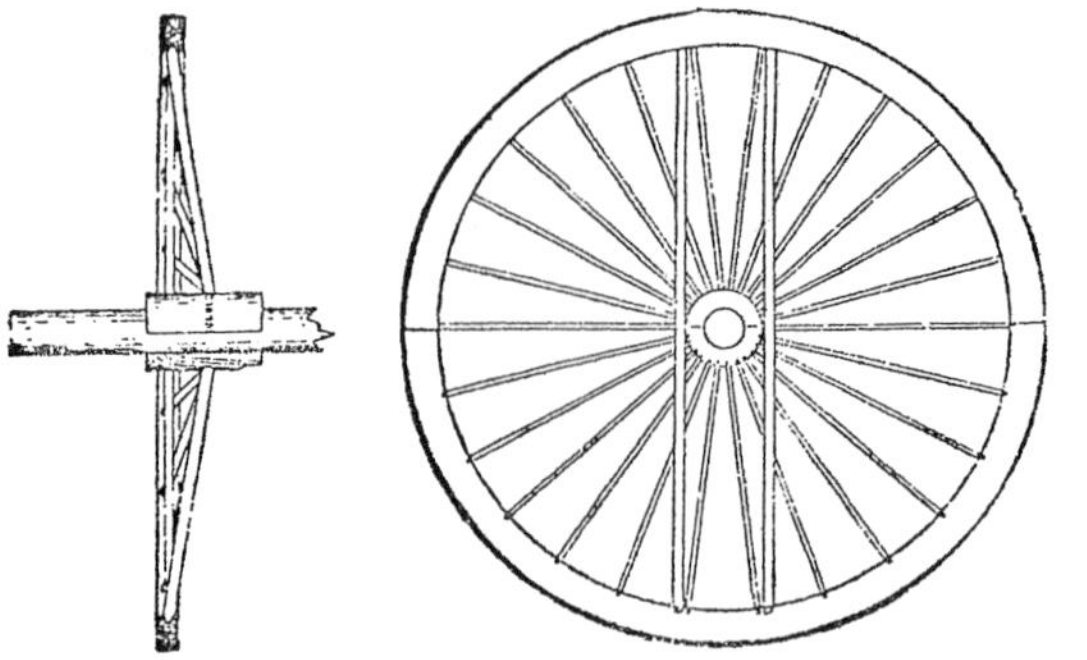

図207　輝県琉璃閣131号車馬坑16号車の車輪

引きよせて寸法を取り、後で余裕分を加算する法があろうか（鄭珍はこの錧を内錧といい、金を大穿の釭と取るが内錧なるものは経典にも遺物にも理論的にも――車輪は外に寄って行くように軸の太さが外にゆくほど小さくなっている――存在しない）。鄭玄は先の牙の厚さにせよ、賢、軹の金の厚さにしろ、輻の幅にしろ、寸法を仮定するにもうまく整数が出るよう人工的な数字を取っており便宜主義のきらいがある。ここの「輻内」、「金錧之間」などの数字のとり方となると、今みたように「七寸」の整数を出すための細工がはっきりしている。綆の加算も事実に忠実というより、数字を合わせる方便とも疑いうる。綆の考察に当ってこの注は考慮に入れない所以である。阮元は鄭玄の説そのものを否定し、王宗涑もこれに従う。程瑤田は牙の厚さ一寸三分ノ二とすると轂の方が牙より幅広いことになり、牙の外にはみ出す。綆は牙でなく輻に現れなければならないと考え輻を外に傾けた。牙より轂がはみ出すなど、ばかばかしいことをまともに考えたものである。

それでは「綆」はどういうことか。先に「眡其綆云々」の条でのべたように、輻をやや外向きに傾け車輪を傘のように反らすことであると思う。先の条の注に、「鄭司農云、……綆謂輪箄也」即ち「鄭司農いう、綆は……輪の箄をいう」と。またここに「綆参分寸ノ二、これを輪の固という」といい、鄭注に「輪に箄あれば則ち車行くも掉せざるなり」と。「箄」は『説文』に「箄、簁箄也」即ち「箄は簁箄なり」と。何か容器の名らしい。容器だと、中が窪んでいたにちがいない。先の条の疏に、「凡造車、輪皆向外箄」即ち「凡そ車を造るに、輪はみな外に向いて箄あり」と。車輪が中窪みになり、車の左右の動揺を防止するものとすれば、輝県琉璃閣一六号車の車輪（図207）の造りを考えざるをえない。この報告の図がどのていど正確かはわからないが、記事をよむと輔は牙に接するところで輻と同一平面にあり、輔は真っ直ぐで、轂を挟んでいる。輻は輔の後で轂にあつまっている。また輻は轂に斜めにはめこまれているとある。とするとこの図の輻、輔の前後の輻は正確かどうかわからぬが、構造の原則には誤りがなかろう。これは二鄭、賈疏とよく合う。この構造については唐人も正確な概念をもっていたのであろう。先に引いたこの段の賈公彦の疏に、牙の穿を外向きに斜めにあけるというのも正しいと思われる。「三分寸之二」とはそうすると賈公彦のようにとるべきであろうか。牙、輻の各部寸法がはっきりしないから正確には出しかねるが、賈の方法で計算すると牙は股の鑿より数寸外に張り出すことになる。一尺を二〇センチ前後として、ほぼ琉璃閣一六号車と同じくらいの見当である。

凡為輪、行沢者欲杼、行山者欲侔

凡そ輪を作るに、沢を行くものは杼なるを欲す。山を行くものは侔なるを欲す

鄭注に「杼、謂削薄其践地者、侔、上下等」即ち「杼はその地を践むものを削薄するをいう、侔は上下等しきなり」と。ここは牙の造りについての一般論である。

杼以行沢、則是刀以割塗也、是故塗不附

杼にしてもって沢を行けば、則ちこれ刀のごとくもって塗を割る。この故に塗附かず

『詩』小雅、角弓「如塗塗附」の毛伝に「塗、泥、附、著也」即ち「塗は泥、附は著なり」と。泥がつくことを「塗附」という。牙のこばを落しておくと刀の刃のように泥を切り分けて走るので泥がつかないというのである。

侔以行山、則是摶以行石也、是故輪雖敝、不甐於鑿

侔にしてもって山を行けば、則ちこれ摶にしてもって石を行く。この故に輪敝すといえども、鑿において甐せず

鄭玄は「摶、圜厚也」即ち「摶は圜厚なり」と。「甐」については「甐亦敝也、以輪之厚、石雖齧之、不能敝其鑿旁、使之動」即ち「甐もまた敝なり。輪の厚きをもって、石これを齧むといえども、その鑿の旁を敝してこれをして動かしむるあたわず」と。鄭司農が「不甐於鑿、謂不動於鑿中也」即ち「鑿において甐せずとは、鑿中において動かざるをいう」といい、「不甐」の結果のみを説明したのについて鄭玄は「甐」字の意味を補足説明しているものだ、と王宗涑はいう。

　凡揉牙、外不廉而内不挫、旁不腫、謂之火之善

凡そ牙を揉するに、外は廉せず内は挫せざる、旁は腫せざる、これを火の善という

鄭注に「廉、絶也」即ち「廉は絶なり」と。『説文』に「熑、火煣車网絶也」即ち「熑とは火もて車网を煣するに絶つなり」といい、ここの文を引き「周礼曰、煣牙外不熑」即ち「『周礼』いわく、牙を煣するに外熑せず」と。また注に「挫、折也、腫、瘣也」即ち「挫は折なり、腫は瘣なり」と。瘣は『説文』に「病也、一曰腫旁出也」即ち「病なり、一にいわく腫の旁出するなり」と。ここにのべられていることは竹細工で経験しているところであろう。

一体牙の材を何本合せて輪を作ったかについて、孫詒譲は「竊疑当是合三木為之、拠車人、大車云渠三柯者三、柏車云、其渠二柯者三、説渠並以三命分紀度、他工無此文例、是必非苟為詭異、蓋牙木通制、実是合三成規、無論大車小車咸用是法」即ち「竊かに疑うらくは、まさにこれ三木を合せてこれを為る。車人に拠るに、大車に渠（牙のこと）は三柯（柯は三尺にあたる長さ）なるもの三といい、柏車にその渠は二柯なるもの三といい、渠を説くに並びに三をもって分って命じ度を記す。他工にこの文例なし。これ必ず苟くも詭異をなすに非ざらん。蓋し牙の木の通制は、実はこれ三を合せて規を成す。大車小車を論ずることなく、みなこの法を用う」と三本の材を合せて作ったであろうことを推測している。先に掲げた画像石でも牙は曲げている最中のもの、曲げ終ったもの、輞にとりつけたもの、すべて全周の三分ノ一である。孫詒譲の考えは是であろう。濬県のものが四材を合せたらしいことは先にのべた[25]。

是故規之以眡其圜也

この故にこれを規してその圜を眡るなり

以下「謂之国工」までは出来上った車輪の検査法である。「規」はいうまでもなく昔のコンパス。

萬之以眡其匡

これを萬してその匡を眡る

「萬」は鄭注に「等為萬蔞、以運輪上、輪中萬蔞、則不匡剌也」即ち「等しく萬蔞をつくり、もって輪上に運らせ、輪萬蔞に中《あた》れば則ち匡剌せざるなり」と。「萬蔞」というものを輪（ここでは牙のこと）の上で廻してみて、合えば歪みがないことになる、というのである。萬蔞というものは孫詒譲が「鄭君蓋扨目験得之」即ち「鄭君は蓋し目験に扨りてこれを得ん」というが、どういうものか不明である。戴震は「蓋与輪等大、平可取準」即ち「蓋し輪と等大にして、平にして準を取るべし」という。鄭注はつづけて「鄭司農云、（禹）読為萬、書或作矩」即ち「鄭司農云う、（禹は）読みて萬となす。書に或いは矩に作る」と。これにヒントをえてか萬を矩、匡を方とする説もあるが、牙と方という規準はうまく結びつかない。

縣之以眡其輻之直也

これを懸けてもってその輻の直を眡るなり

鄭玄は「輪輻三十上下相直、従旁以縄懸之、中縄則鑿正輻直也」即ち「輪の輻三十、上下相い直す。旁より縄をもってこれを懸け、縄に中《あた》れば則ち鑿正しく輻直なるなり」と説明している。

水之以眡其平沈之均也

これを水してもってその平沈の均しきを眡るなり

さきの輻の検査法と同じ方法である。

量其藪以黍、以眡其同也

その藪を量るに黍をもってし、もってその同じきを眡るなり

鄭注に「黍滑而斉、以量両壷、無贏不足則同」即ち「黍は滑にして斉し、もって両壷を量り、贏不足なければ則ち同じ」と。黍はすべすべして粒がそろっているから、これで軸のはまるべき藪の大きさがそろっているかどうかを調べるのである。

権之以眡其軽重之侔也

これを権してもってその軽重の侔しきを眡る

鄭注に「侔、等也、称両輪、鈞石同則等矣、輪有軽重、則引之有難易」即ち「侔とは等しきなり。両輪を称《はか》り、鈞石同じければ則ち等しきなり。輪に軽重あれば則ちこれを引くに難易あり」と。

故可規、可萬、可水、可縣、可量、可権也、謂之国工

故に規すべく、萬すべく、水すべく、懸くべく、量るべく、権すべくば、これを国工という

国工は鄭注に「国之名工」と。

輪人為蓋………謂之国工

輪人蓋をつくる………これを国工という

漢の画像石の車上にみるような蓋が出来るのであるが、車の構造と直接関係ないから省略する。

三　輿　人

輿人為車、輪崇、車広、衡長、参加一、謂之参称

輿人車をつくるに、輪崇、車広、衡長の参は一の如し。これを参称という

鄭注に「称猶等也、車、輿也、衡亦長容両服」即ち「称はなお等のごときなり。車は輿なり。衡もまた長さは両服を容る」と。この「参如一」は、例えば輝県琉璃閣の馬車の寸法表（第三章、二九二頁、表5参照）をみてもわかるごとく、ごく大ざっぱには真である。たしかに、車の各部寸法のうち大体近いものを三つ拾えば「輪崇、車広、衡長」の三つになるだろう。実際にあった馬車の各部寸法と、それを修辞上効果的な割り切れた数字に相当思い切って端折って表現している考工記の寸法記述との関係――全くでたらめでもなければ、決して現実に存在したものでもない――がここにうかがわれよう。

参分車広、去一以為隧

車広を三分し、一を去りてもって隧をなす

鄭司農は「隧謂車輿深也」即ち「隧は車輿の深をいう」と。前後の奥行きである。鄭玄に「兵車之隧四尺四寸」即ち「兵車の隧は四尺四寸」と。横幅の三分ノ二だからこうなる。「兵車」と言ったのは、始めの方で兵車が先にあげられているからで、乗車も同寸法である。

参分其隧、一在前、二在後、以揉其式

その隧を参分し、一は前にあり、二は後にあり、もってその式を揉す

鄭玄は「兵車之式、深尺四寸三分寸之二」即ち「兵車の式は、深さ尺四寸三分寸ノ二」と。江永は「因前有憑式木、故通車前三分隧之一、皆可謂之式、其実式木不止横在車前、有曲而在両旁」即ち「前に憑式の木あるによりて、故に車前三分隧の一を通じてみなこれを式というべきなり、その実、式木は横ざまに車前にあるに止まらず、曲りて両旁に在るあり」という。「式」は軾である。輿の前三分ノ一のところから左右、前、三面をめぐっていたという考

えである。発掘された馬車の遺物では上村嶺のものが一本の木を曲げた軾をつけているが、二六九頁、図157にみるように、軾の木は一本の木を曲げて横木と両側の柱を形造っていて、この点、江永の推測とは相違している。

以其広之半、為之式崇

その広さの半をもって、これを式の崇となす

鄭注に「兵車之式、高三尺三寸」即ち「兵車の式は高さ三尺三寸」と。

以其隧之半、為之較崇

その隧の半をもって、これを較の崇となす

鄭注に「兵車、自較而下、凡五尺五寸」即ち「兵車は較より下、凡そ五尺五寸」と。さきの軾の高さ三尺三寸に、輿の隧四尺四寸の半分を足した数である。「較」は鄭注に「較、両輢上出式者」即ち「較は両輢上の式を出ずるもの」という。ここにいう「輢」は「車旁也」即ち「車の旁なり」(『説文』)で、両側の囲いである。「較」は『説文』の較で「車輢上曲鉤也」即ち「車の輢上の曲鉤なり」(段注の本による)、と。較は五九〇頁、図233にみるような、輢の上に付加されたコ字形の金具である。

六分其広、以一為之軫囲

その広を六分し、一をもって軫の囲となす

寸法は例によって不明確な囲という形で示されている。囲一尺一寸となる。鄭玄は「軫、輿後横者也」即ち「軫は輿の後の横なるものなり」という。「軫之方也、以象地」即ち「軫の方なるはもって地を象る」という時の、輿下の四面の材に拡大された意味としていない。これは輈人の任正を左右前三面に取っているからである。輿人が残りの三面を扱わないことになるのは奇妙であるが、たびたびのべたように大体が考工記とは実際の工人の作業をのべた本ではないから、これも仕方ない。鄭玄のように取っても十分通ずるので一応

従っておく。先にみたように安陽、洛陽等の馬車の左右前三面の材は曲り目が丸みをもっていて一本の材を曲げて

作っていると思われるから、この三面と後の一面を分ける名前のつけ方には根拠があるといえよう。

参分軫囲、去一以為式囲

軫の囲を三分し、一を去りてもって式の囲となす

軫の囲の三分ノ二を軾の囲とするということ。

参分式囲、去一以為較囲

式の囲を参分し、一を去りてもって較の囲となす

較は先に説明した。

参分較囲、去一以為軹囲

較の囲を参分し、一を去りてもって軹の囲となす

鄭玄は「軹、輢之植者衡者也」即ち「軹とは輢の植《た》つもの、衡なるものなり」といい、また次の段に「轛、式之植者衡者也」即ち「轛とは式の植つもの、衡なるものなり」という。「輢」は車箱の両側のかこいであるが板のようなものではなく、細い棒を縦横に組み合せた柵のようなものである。孫詒譲は「古車制、輿上三面皆有横直木、而無版、貴者所乗則有輓革耳[26]」即ち「古の車の制は、輿上の三面みな横直の木ありて版なし、貴者の乗るところなれば則ち輓革あるのみ」という。鄭玄は軹は車の両側のかこいたる輢の縦横の桟の材、轛は車の前面のかこいの縦横の桟の材という解釈である。鄭司農は「轛、読如繫綴之綴、謂車輿軨立者。立者為轛、横者為軹」即ち「轛は読むこと繫綴の綴のごとし。車の輿の軨の立つものなり。立つものを轛となし、横なるものを軹となす」と別な説である。鄭珍は、軹と轛は太さがちがうから、これを横、縦の棒と取ると記の「凡そ居材は、大は小と併することなし」に牴触するので鄭玄は取らなかったのだ、『説文』が轛を「車の横軨」としているのも誤りだという。形式的な論で、輝県琉

璘閣の例でも縦の材がやや太く、横の材が細くなっているのと合わないが、命名は便宜上鄭玄の説に従っておく。注に「書或轛作軨」即ち「書に或いは轛を軨に作る」とあるのは、二鄭とも軨を轛と軹を総括した名と考えていたので、参考に付記しただけで採らなかったのである。軨が軹と轛を総括した名称であることは戴震が「車の闌はこれを軨という」として考証している(27)。

参分軹圍、去一以為轛圍

軹の囲を参分し、一を去りてもって轛の囲となす

轛は前に説明した通り。

圜者中規、方者中矩、立者中縣、衡車中水、直者如生焉、継者如附焉

圜たるものは規に中《あた》り、方なるものは矩に中り、立つものは縣に中り、衡なるものは水に中り、直なるものは生ゆるがごとく、継ぐものは附くがごとし

鄭注に「如生、如木従地生、如附、如附枝之弘殺也」即ち「生ゆるがごとしとは、木の地より生ずるがごとく、附くがごとしとは、附枝の弘殺あるがごときなり」と。

凡居材、大与小無併、大倚小則摧、引之則絶

凡そ居材は、大は小と併すことなし。大小に倚れば則ち摧け、これを引けば則ち絶つ

「居材」とは孫詒譲が「局材、与弓人居幹居角義同、謂処置車上之材」即ち「居材とは弓人の居幹、居角と義同じ。車上に処置するの材なり」と説明している。「併」は鄭玄が「併、偏邪相就也」即ち「併は偏邪して相い就くなり」と。

棧車欲弇

棧車は弇なるを欲す

「桟車」は鄭注に「士乗桟車」即ち「士は桟車に乗る」と。これは『周礼』巾車の引用である。巾車の注に「桟車無革鞔而漆之」即ち「桟車は革鞔なくしてこれに漆す」と。輿の前、左右の桟がむき出しの車である。「弇」について孫詒譲は「爾雅釈器云、圜弇上謂之鼒、郭注云、鼎斂上而小口、此弇亦謂之斂也」即ち「『爾雅』釈器にいう、圜にして上に弇するはこれを鼒という、と。郭注にいう、鼎の上に斂して小口なるもの、と。この弇もまたこれを斂というなり」と。ところで今まで車の各部寸法については一々指定があり、いまさら弇だの侈だのという余地はない。先人はいかに解釈すべきかに苦しんでいる。寸法を記した部分と車の良し悪しを一般的にのべた部分が一度に書かれたものではないかと疑われるところである。

飾車欲侈

飾車は侈なるを欲す

「飾車」は注に「飾車謂革鞔輿也、大夫以上革鞔輿」即ち「飾車とは革もて輿に鞔するをいうなり。大夫以上は革鞔の輿なり」と。「侈」については孫詒譲が「五音集韵引字林云、侈大也、飾車大夫以上車、有重較、較上重耳反出、校之常車為張大、故欲侈」即ち「『五音集韵』引の『字林』にいう、侈は大なり、と。飾車は大夫以上の車にして、重較ありて較上に重耳反出す。これを常車に校ぶるに張大となす、故に侈なるを欲するなり」と説明している。

四　輈人

輈人為輈

輈人は輈をつくる

鄭注に「輈、車轅也」即ち「輈は車の轅なり」と。王宗涑は「析言之、曲者為輈、直者為轅、小車曲輈、一木居中、両服馬夾輈左右」即ち「これを析言すれば、曲れるものは輈となし、直なるものは轅となす。小車は曲輈にして一木中に居り、両服馬は輈の左右を夾む」と。

輈有三度、軸有三理

輈に三度あり、軸に三理あり

三度、三理はすぐ次に説明される。

国馬之輈、深四尺七寸

国馬の輈は深さ四尺七寸

鄭注に「国馬謂種馬、戎馬、斉馬、道馬、高八尺」即ち「国馬は種馬、戎馬、斉馬、道馬をいう、高さ八尺なり」と。賈公彦は、これは『周礼』校人に六種の馬があげられており、そのうち田馬と駑馬は次に出てくるので始めの四つを国馬にあてたもので、高八尺というのは『周礼』廋人に「馬八尺以上為龍」即ち「馬の八尺以上は龍となす」とある一番大きなのをあてたのだという。この国馬は国工、国輈と同様、ただ優秀な馬の義と思われる。漢代の馬の標準の高さが五尺九寸であったことを、森鹿三が居延漢簡の材料から証していられる(28)。漢代の一尺は約二三センチだから、五尺九寸は約一三八センチとなる。安陽大司空村の一四五センチ内外の馬が、差当り、国馬の名に価いしよう。つづいて鄭玄は「兵車乗車、軹崇三尺有三寸、加軫与轐七寸、又併此輈深、則衡高八尺七寸也、除馬之高、則余七寸、為衡頸之間也」即ち「兵車乗車は軹の崇《たか》さ三尺有三寸、軫と轐七寸を加え、またこの輈の深さを併せれば、則ち衡の高さ八尺七寸なり。馬の高さを除けば則ち余り七寸、衡と頸の間となすなり」と解説している。軹崇と軫、轐の寸法を加える計算は輪人のすぐ手前のところに出てきた。輈の形は先に遺物でみたごとく殷から戦国まで同様である。鄭玄は「輈深」は一番高くなった最前端で垂直に計った値とみたにちがいない。軫の垂直の高さ四尺に足しているからである。これを軫の高さに足すと八尺七寸になり、馬の高さとの間に七寸の空きができるというのである。これは「衡頸之間」だというのだが、賈公彦は「頸」を輈の部分の名である頸にとり、衡と輈を円棒として径の寸法を計算し、七寸と一五分ノ九と出した。馬の頸が一五分ノ九寸へこむとしてこの七寸に合せている。鄭珍も同様な解釈で、計算のつじつまの合せ方がややちがうだけである。孫詒譲もこれに賛成している。しかし鄭玄は「衡頸之間」という。頸が輈の先端の名なら衡と頸は隙間なくしっかりくくられているから「間」とはいわず「并衡与頸云々」とでもいっただろう。この句は江永のいうように衡と馬の頸の間と取るべきである。ではこの空きに鄭玄は何が来ると考えていたか。もちろん軛である。軛は人字形をなしているから、軛の頸部に結んだ衡と、それの挟む馬の頸との間には空きがなければならない。鄭玄は当然これを予想して注を書いたと思われる。考工記に軛を作る官がないので後人が誤ったのであろう。江永はこの空きに衡を置くように考えたが、軛こそ衡と同じ役割を果す馬具なのである。即ち馬の鬐甲に直接衡があたり、魚の背鰭のように出ている頸の骨の突起を傷めないよう、軛の両脚で両側から挟み、衡を支えておくのである。現在は頸の両側に分れたふとん様の小さい衡が使われる。

輈の形は発掘遺物、図像によって明らかであるが、程瑶田、阮元、王宗涑、鄭珍らすべて輈を弓なりに中高となった形にえがいている。これでは両服馬は胴で輈を圧して車のかじを取ることができない(29)。これは注の「鄭司農云、深四尺七寸、謂轅曲中」即ち「鄭司農いう、深さ四尺七寸とは轅の曲の中を謂う」につられたものである。「轅曲中」というからには中高、少なくとも前端から水平な部分が長い形を考えるのであるが、この鄭司農の注は江永が「先鄭謂轅曲中、姑引之、在下、其実後鄭意不従也」即ち「先鄭轅の曲の中と謂うは、姑くこれを引くなり。下に在るは、その実後鄭の意これに従わざりしなり」というごとく後鄭とは別な説なのである。発掘された輈の形を考えてみるに、前鄭は後鄭とは別に、この四尺七寸を、軓を出て上の方に向い、再び前向きに曲る曲り目の中点の輈の高さ、と取ったものと考えるより外ない。輈の著しい曲り目はここより外ないからである。そうすると、この寸法は地上からの高さであろう。
以上鄭玄と鄭司農は全く別な考えである。輈の形が発掘品、図像によって知られるごときものとすると、輈の深さは鄭司農のごとく取るべきである。さもないと、後に出てくる「輈深ければ則ち折れ、浅ければ則ち負う」の深い、浅いが解釈できない。輈の前端の高さと取ると、馬の大きさが決っていれば、その高さも決ってしまい、深いも浅いも加減しようがないからである。

田馬之輈、深四尺

田馬の輈は深さ四尺

鄭注に「田車軹崇三尺一寸半、并此輈深而七尺一寸半、今田馬七尺、衡頸之間亦七寸、加(阮元校勘記により訂正)軫与轐五寸半、則衡高七尺七寸」即ち「田車の軹の崇三尺一寸半、この輈深を并すれば七尺一寸半。今田馬は七尺、衡頸の間もまた七寸なり。軫と轐五寸半を加うれば、則ち衡の高さ七尺七寸なり」と。田馬七尺というのは、廋人の駷馬にあてたものだと賈公彦がいう。「軫と轐五寸半」という数字は、兵車と比べた車の高さの減少の割合からみて小さすぎるとし、王宗涑、孫詒譲は疑問としている。例によって合計七尺七寸の数を出すために、鄭玄が作為したものにちがいない。衡頸の間が七寸と不変なのもおかしい。

駑馬之輈、深三尺有三寸

駑馬の輈は深さ三尺有三寸

鄭注に「輪軹与軫轐大小之減率寸半也、則駑馬之車、軹崇三尺、加軫与轐四寸、又并此輈深、衡高六尺七寸也、今駑馬六尺、除馬之高、則衡頸之間亦七寸」即ち「輪軹と軫轐の大小の減率寸半なり。則ち駑馬の車は軹の崇三尺、軫と轐四寸を加え、またこの輈の深を并すれば、衡の高さ六尺七寸なり。今駑馬は六尺、馬の高さを除けば則ち衡頸の間もまた七寸なり」と。王宗涑はこの車は車人の柏車にあてた寸法と考えうるという。「駑馬」は廋人の「六尺以上は馬となす」の「馬」にあてたものである。ここの寸法の比例も理論上おかしいこと、田馬の条と同様である。
以上が「輈有三度」の内容。

軸有三理、一者以為媺也

軸に三理あり、一はもって媺となす

孫詒讓は、媺、美は古今字だ、と。鄭玄注の「無節目也」即ち「節目なきなり」を説明して「謂治材平易不見節目也」即ち「材を治すること平易にして節目を見ざるなり」という。

二者以為久也

二はもって久となす

鄭玄注に「堅刃也」即ち「堅刃なるなり」と。「刃」は韌である。

三者以為利也

三はもって利となす

鄭玄注に「滑密也」即ち「滑密なるなり」と。「密」は轂との間隙が密ということ。

軓前十尺而策半之

軓前は十尺にして策はこれを半にす

「軓」は鄭司農が「軓謂式前也、書或作軋」即ち「軓は式の前をいうなり。書に或いは軋に作る」というに対し、鄭玄は「玄謂軓是、軓法也、謂輿下三面材、輢式之所尌、持車正也」即ち「玄おもえらく、軓が是《ぜ》なり。軓とは法なり。輿下の三面の材は輢・式の尌つ所にして、車の正を持するなり」とこれを是正している。つまり、軋でなく軓の字が正しい、何故かというと軓は法の意味があるからである、軓は式前、即ち輿の前面一面だけでなく、左右も入れた三面をいい、そこに式や輢がたてられ、車を正しく保つ（任正の説明参照）ものだから、法の意味をもつ字で呼ばれるのだ、とのべたものである。なかなか堂々とした論である。鄭玄は『説文』軓字のところに引く『周礼』大行人「立当前軓」即ち「立つに前軓に当る」の「前軓」の語により、前軓というからには左右軓もあると考え、三面材といったのだと孫詒譲はのべている。[30] 現存の文献資料だけから考えればそういうことにもなろう。

「軓前十尺」について鄭玄は「謂輈軓以前之長、十或作七、令（阮元により訂正）七為弦、四尺七寸為句（阮元により訂正）求其股、則股短矣、七非也」即ち「輈の軓以前の長さをいう。十は或いは七に作る。令《も》し七を弦となし、四尺七寸を句となしてその股を求むれば、股短かし。七は非なり」と説明している。鄭玄は「輈は輿の下をくぐっているが、軓から前の寸法をいう十を七とした場合、直角三角形の斜辺を七尺、高さを四尺七寸とすると、底辺、即ち服馬の頸より後が入るべき余地が短くなりすぎるから七は誤りだ」という考えである。底辺の長さを、賈公彦は計算間違いをしたが、鄭珍は五尺一寸八分弱と訂正している。――これも間違っている。五尺一寸八分七厘強が正しい。鄭玄は十尺を軓前から輈の前端まで斜めに測った寸法ととったわけである。阮元もこう取ったが、この両点を結ぶ斜めの直線の中点からさらにこれに直角に輈の深さ四尺七寸等をとり、ひどく上に反り上った輈を考えた。これは先にのべた理由で無意味である。戴震は軓前より輈の曲線沿いに十尺の長さとしたが、王宗涑が指摘したようにこれでは国馬、田馬、駑馬と馬が小さくなるに従い、衡と輿の距離が大となり、不合理である。江永、程瑶田、王宗涑、鄭珍らは十尺を水平に測った距離とし、孫詒譲もこう考えている。はっきり証拠はないが、おそらくそのつもりで書かれたものだろう。なお一尺を二〇センチ前後として軓前十尺だと二メートル前後となり、輝県琉璃閣の馬車と大体合う。策は馬のむちである。五尺となる。柄の長さであろう。

凡任木

凡そ任木は

鄭玄は「目車持任之材」即ち「車の持任の材を目《もく》す」と。任木とは下にのべる任正、衡任等車の力をもちこたえる材の総称だということ。

任正者、十分其輈之長、以其一為之囲、衡任者、五分其長、以其一為之囲、小於度、謂之無任

正に任ずるものは、その輈の長さを十分し、その一をもってこれが囲となす。衡の任は、その長さを五分して、その一をもってこれが囲となす。度よりも小なれば、これを無任という

「任正」については鄭注に「任正者謂輿下三面材、持車正者也、輈軓前十尺、与隧四尺四寸、凡丈四尺四寸、則任正之囲尺四寸五分寸之二」即ち「正に任ずるものとは輿下の三面の材をいう。車の正を持するなり。輈は軓前十尺、隧四尺四寸と凡て丈四尺四寸なり。即ち任正の囲は尺四寸五分寸ノ二」と。輿下三面材というと軓のことである。三面を一つの名の軓で呼ぶことの必然性は先に輿人「その広さを六分し、一をもってこれを軫の囲となす」の条で説明した。こうとると鄭玄のいう「持車正」の正は具体的にどういうことを指すのであろうか。黄以周は「任正者、任此正也、正謂車正、車正者輿也、輿方形、故謂之車正」即ち「任正とは、この正に任ずるなり。正とは車の正をいう。車の正なるものは輿なり。輿は方形、故にこれを車の正という」という。(31)たいへん抽象的な説明であるが、ここにいわれている「正」は、『礼記』玉藻、「士、前後正」の孔頴達の疏「正謂不衺也、直而不衺謂之正、方而不衺、亦謂之正」即ち「正とは衺ならざるをいうなり。直にして衺ならざる、これを正という。方にして衺ならざるもまたこれを正という」と説明される正で、ゆがまない真四角の義であろう。黄以周は静的に輿の正をみているが、私はダイナミックに取った方がよいと思う。即ち、輿がゆがんで菱形になろうとするのを持ちこたえる、という意味である。輈と車軸は輿の下で十文字に交っているが、片一方の車輪が何かの障碍にぶつかった場合、また輈が服馬によって急に片方に押された場合、輈と軸はゆがんで、そのなす角は直角でなくなろうとするにちがいない。これを支えるものがなければ、いくら丈夫に結んでおいても、ただ一点だけで支えなければならないのでは、輈と軸はぐらぐらしてきて、ショックが甚だしい時には車が分解してしまうかもしれない。輿下の三面材はこれを支える役をするのである。

されば こそ殷より戦国に至るまで、この材は丈夫なように一本の木を曲げて作られているのである。鄭玄の考えた意味はこういうことであったと思う。「軓とは法なり」という解釈もこの観点より考えれば活きいきとした意味をもってくる。

以上は鄭玄の解釈の解釈である。鄭玄のように解釈すると、上に輿人の作る式、較、軹の樹つべき軓が、輿人でなく輈人の条にあることになって、はなはだ不自然である。これについて鄭珍は「其囲数不見輿人、而見之輈人者、以其出数於輈長也」即ち「その囲の数は輿人に見えず、而してこれを輈人に見《あら》わすは、その数を輈長より出すをもってなり」と説明するが[32]、これでは循環論法で説明にならない。戴震は任正を輈と取るが、阮元に四ケ条をあげてその不合理を反駁されている。しかし阮元が任正を輈の後端、軫の下にあり、輈と直角をなす材と考えたのはおかしい。その必要があるなら、軫を太く丈夫に作れば足りるであろう。この記では「凡」の下には「凡察車之道」「凡斬轂之道」「凡輻」「凡為輪」等としてその下に一般論が来るのであるが、ここはすぐ寸法の規定が現れる。「凡任木」と「任正者」の間に脱落があるのかもしれない。もともとこのようになっていたとすれば、任木について、鄭玄の解釈以外に、よりすぐれた解釈も思い浮ばない。

「衡任」について鄭玄は「衡任者、謂両軛之間也、兵車乗車、衡囲一尺三寸五分寸之一」即ち「衡の任とは両軛の間をいう。兵車乗車の衡の囲は一尺三寸五分寸ノ一」という。「両軛の間をいう」と断ったのは、その外側は先に濬県辛村の遺物にみたごとく、力がかからないために太さを減じているから、両軛（軶）の内側、輈に結ばれる部分の太さのことだ、と断ったのである。孫詒譲は、『小爾雅』以来混同されている衡と軛は別のものであることを、文献の上からくわしく考証している。遺物によって正確な表象をもつことのできる我々には不要だから紹介しない。

最後の一句については、鄭玄の注に「無任、言其不勝任」即ち「無任とはその任に勝えざるをいう」と。

五分其軫間、以其一為之軸囲

その軫間を五分し、その一をもってこれを軸の囲となす

鄭注に「軸囲亦一尺三寸五分寸之一、与衡任相応」即ち「軸の囲もまた一尺三寸五分寸ノ一にして、衡の任と相い応ず」と。「軫間」とは左右の軫の間隔、即ち輿の幅で、輿人の「輪崇、車広、衡長、参如一」の規定より、同じく六尺六寸だから、その五分ノ一から鄭玄の注の数字が出る。孫詒譲は断面円として直径四寸二分ちょっととなり、先の鄭玄の注にある賢の内径より二分弱小さいが、これは軸の木の上にかぶせる鐗の金の厚さに当ると解釈している。賢の径についての鄭玄の解釈がそもそも誤りであろうことは輪人の当該の条に説明した通りである。

十分其輈之長、以其一為之当兔之囲

その輈の長さを十分し、その一をもってこれを当兔の囲となす

鄭注に「輈当伏兔者也、亦囲尺四寸五分寸之二、与任正者相応」即ち「輈の伏兔に当るものなり。また囲は尺四寸五分寸ノ二にして、正に任ずるものと相い応ず」と。「当兔」は総叙「これに軫と轐を加うれば四尺なり」の轐である。「当兔」は即ち輈が軸の伏兔と組み合されるところである。洛陽東郊の輈は上面に切り欠きを作っている。鄭珍、孫詒譲らが当兔の囲を切り欠いて細くなった部分の寸法と考えたのは正しい。任正と同寸法の太さからさらに切り欠きを作ったのでは弱くなりすぎるからである。帆前十尺に輿の隧四尺四寸を足した輈の長さの一〇分ノ一は一尺四寸四分となる。

参分其兔囲、去一以為頸囲

その兔の囲を参分し、一を去りてもって頸の囲となす

鄭注に「頸、前持衡者、囲九寸十五分寸之九」即ち「頸は前の衡を持するもの、囲は九寸十五分寸ノ九なり」と。頸は輈の前端、衡を支える部分の名である。小屯、固囲村ののように先端に動物頭を飾れば、この部分は文字通り「頸は頭の茎なり」となる。ここに「兔囲」とあるのにつき程瑶田が「承上当兔之囲而言参分兔囲、是兔囲即当兔

之囲省文也」即ち「上の当兔の囲を承けて兔の囲を参分すといえば、この兔の囲は即ち当兔の囲の省文なり」と解釈した(33)のは正しい。王宗涑はこれに反対してこの兔は伏兔だといい、鄭珍は同じことをさらにくわしく「言三分其兔囲、即是伏兔之囲、明当兔伏兔其囲一也、不然、伏兔是主名、指輈之当之、可省曰兔、当兔豈可省曰兔乎」即ち「その兔の囲を三分すというは、即ちこれ伏兔の囲にして、当兔と伏兔はその囲の一なるを明かにするなり。然らざれば、伏兔はこれ主名にして輈のこれに当るを指し、省きて兔というべし。当兔は豈に省きて兔というべけんや」という。いかにも当兔を兔と略するのは理屈からいっておかしいが、例えば輿人の記述を見ても軫囲から式囲を出し、式囲から較囲を出す、というように尻取り式に寸法の記述を進めて行くのがこの記の通例になっているから、ここに突然一つだけ輈とは別の伏兔を寸法の規準に持ち出していると考えるのは変であるし、第一、伏兔の寸法は記に規定がないのである。それを、伏兔と当兔が同寸法であることをこうして示したのだと考えるのは考えすぎであろう。

五分其頸囲、去一以為踵囲

その頸の囲を五分し、一を去りて踵の囲となす

鄭注に「踵、後承軫者也、囲七寸七十五分寸之五十一」即ち「踵は後、軫を承くるものなり。囲は七寸七十五分寸ノ五十一なり」と。「踵」は輈の最後端で輿の後面の材、軫が載るところである。

凡揉輈、欲其孫而無弧深

凡そ輈を揉するには、その孫にして弧の深きことなきを欲す

輈を火であぶって曲げる話である。「孫」は鄭注に「孫、順理也」即ち「孫とは理に順うなり」と。木理にむりが加わらないということ。

「弧」については鄭注に杜子春の「弧読為尽而不汙之汙」即ち「弧は読みて「尽くして汙ならず」の汙となす」という説を引く。これは段玉裁が「尽而不汙、見春秋成十四年左氏伝、汙読為紆、謂紆曲也、杜易弧為汙、汙訓窊下、

窊下猶紆曲也」即ち「尽くして汙ならず」は『春秋』の成十四年の『左氏伝』に見ゆ。汙は読みて紆となす。紆曲をいうなり。杜は弧を易えて汙となす、汙は窊下と訓ず。窊下はなお紆曲のごときなり」と説明する。

鄭玄は杜子春とは別に「弧、木弓也、凡弓引之中参、中参深之極也、揉輈之倨句、如二可也、如三則深、傷其力」即ち「弧は木弓なり。凡そ弓はこれを引けば参に中《あた》る。参に中るは深きの極みなり。輈を楺するの倨句は、もし二なれば可なり。もし三なれば則ち深くしてその力を傷う」という説である。「木弓」とは木と角と腱をはり合せたものでない、木の弓。鄭玄は「弧」を文字通り取ったのである。「弧」は『周礼』司弓矢の「弧弓」と思われ、これは弦を張った時、最も曲りの浅い種類の弓で、「天子之弓」に当り、九本を並べると円をなすものである。「これを引けば参に中る」は考工記、弓人にあり、鄭玄は「張之、弦居一尺、引之又二尺」即ち「これを張れば弦一尺に居り、これを引けばまた二尺なり」という。弦を張ると弓体と弦の間が一尺、三尺の矢をつがえて二尺引くとちょうど一ぱいに引いたことになる。これが「深之極」というのだが、弓は弓人によると引く人の体格によって長さ六尺六寸、六尺三寸、六尺、の上、中、下三制があり、つがえる矢が三尺というのはどの制に使うものか明らかでないから、「深之極」といってもはっきりした数字では出てこない。「輈を揉するの倨句は、もし二なれば可なり。もし三なれば則ち深くしてその力を傷う」の「三」という数字は、中参の「参」に当り、そうすると「二」は弓の弦を、弓体から二尺の距離まで引くということになる。「倨句」は弓体と矢のなす形についていっていったものだろう。その場合の弓の曲りの強さも、先にいったように弓の長さがいろいろあるからはっきりとは表わしえないわけである。鄭珍は「可者約略之詞」即ち「可とは約略の詞なり」という。大体その見当の曲り、というくらいの意味と思われる。軓の前から上に向った輈が前に曲る曲り目の曲線についてのことであろう。賈公彦は六尺の弓を二尺引くとすると、六尺が輈の輿下も加えた全長、一丈四尺四寸になれば同じ比例で二尺は四尺八寸となる、と計算し、これを国馬の輈の深、四尺七寸と比較しているが、およそ無意味である。輈は大まかに言ってS字形をなしており、弓とは似てもつかず、第一、弓を引い

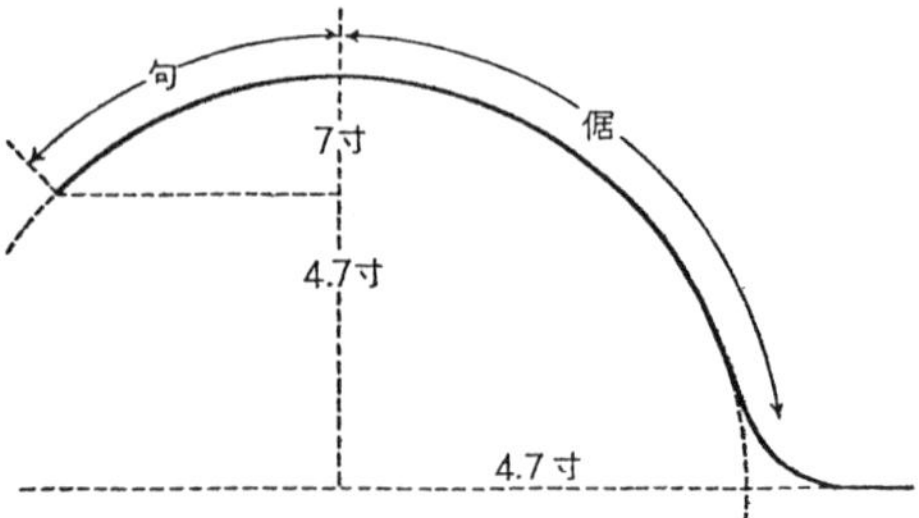

図208　王宗涑の考えた考工記輈人の輈の形

た場合に両端を引張る弦《つる》の中点と弓体の距離と、弓の両端を結ぶ直線と弓体の最大距離であるこの場合の「深」とは別物だからである。江永は一丈三尺三寸の輈を、軓前十尺になるように曲げる義だろうと考えているが、その数字がどうして出たものか明らかでない。王宗涑は輈の形を、その深四尺七寸を半径とした円の周にそった形に考えているのであるが、「倨句もし二なれば可なり」を倨は輈の一番高くなった点から後、軓前まで、句は一番高くなった点よりも前、この点より、垂直に七寸だけ低くなった点にある前端までと取り、また「二」は、弓の弧の中点から弦に下した垂線の両側の二つの半径と取り、輈の全長を計算している。輈の形が誤りであるし、「倨句」「二」のとり方に根拠を欠く（図208）。

鄭珍は「輈状擬弧、其弦即以擬弓弦、其深之上距至弦之正中、即以擬矢、中参者謂凡弓引之、其中容矢長三尺、所謂弧深也、輈之矢止、如弧深三之二、故曰如二、輈之矢、以深度約之、毎寸得四釐二毫五糸強、深四尺七寸者、中当二尺、深四尺者、中当一尺七寸、深三尺三寸者、中当一尺三寸、而実度之、皆多三寸強、注云如二可也、可也者約略之詞云々」即ち「輈の状は弧に擬せられ、その弦は即ちもって弓の弦に擬せらる。その深の上、弦の正中に距至するは矢に擬せらる。参に中るとは、凡そ弓はこれを引けば、その中に矢の長さ三尺なるを容るるをいう。いわゆる弧の深さなり。輈の矢の止まる、弧の深さのその二のごとし。故に「もし二なれば」という。輈の矢は深度をもってこれを約すれば、毎寸四釐二毫五糸強を得。深さ四尺七寸なるもの、中は当に二尺なるべし。深さ四尺なるものは中は当に一尺七寸なるべし。深さ三尺三寸なるものは、中は当に一尺三寸なるべし。而してこれを実度すれば、みな多きこと三寸強なり。注にもし二なれば可なり、という。可なりとは約略の詞、云々」と、例によって細かい数字を出している。これ

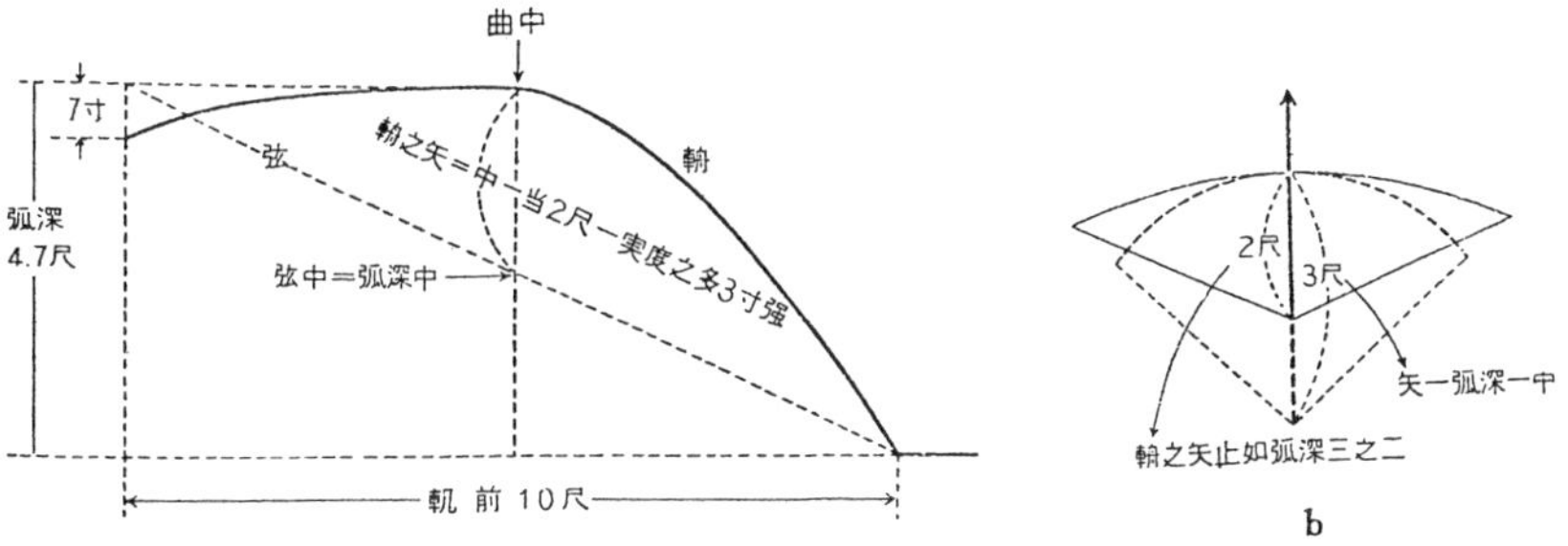

a　b

図209　鄭珍の考えた考工記輈人の輈の形

はおよそ次のような考えと思われる。即ち鄭珍の、いま引いたところより少し前に記された輈の曲線の作図法、および鄭珍の図によって図示すると、図209のごとくなる。弧弓を矢の長さ三尺いっぱいに引いては曲りが強すぎるから三分ノ二で止める。その場合、矢の弓と弦の間にある部分の長さは二尺である。これを深さ四・七尺の国馬の輈の矢にあてはめる。輈の矢と輈の深度の比は四・七分ノ二となる。比の価は〇・四二五五…である。「輈の矢は深度をもってこれを約すれば、毎寸四釐二毫五糸強を得」というのはこういう意味と思われる。四厘…は小数点が一つ誤っていると考えるほかはない。この比例でゆくと深さ四尺の田馬の輈の矢は一・七〇二〇尺（ほぼ一尺七寸）、深さ三尺三寸の駑馬の輈は一・四〇四一五尺（ほぼ一尺四寸、鄭珍の一尺三寸は誤り）でなければならない。ところでこの弧弓の矢になぞらえて計算した輈の矢の数は、鄭珍の作図した輈の矢、即ち輈の深度の二分ノ一（それぞれ二・三五尺、二尺、一・六五尺）より約三寸強ずつ少ない、というのである。長さのずっと短い弧弓につがえる矢の三分ノ二の長さをとり、そのまま輈に持ってくることからして無意味であるし、その他いろいろわざわざ指摘するまでもなく考え誤りの塊りのようなものである。全くこういう馬鹿ばかしい計算について行くのには苦労させられる。

　鄭玄の解釈についての後人の解釈の説明だけでたいへん面倒なことになったが、ここは鄭玄のように弧を何らかの数値を表わすと取るほどのことはなく、杜子春のように、単なる形容ととる方が原典の意味に近いと思われる。

今夫大車之轅摯、其登又難、既克其登、其覆車也必易、此無故、唯轅直且無橈也

今かの大車の轅は摯にして、その登るやまた難く、既に克くそれ登るも、その車を覆すや必ず易し。これ故なし、唯轅の直にしてかつ橈むことなければなり

鄭注に「大車、牛車也」即ち「大車は牛車なり」と。牛が引く荷車である。以下荷車に例をとって直轅の不利な点をあげ、小車が曲輈をつけねばならぬ理由をあげる。「摯」は鄭注に「輖也」即ち「輖なり」と。『説文』に「輖、重也」即ち「輖は重なり」と。段注は摯、蟄、輊が同字のことをのべている。「摯は輖なり」とは軒、即ち車の前が軽くて上に上ろうとするのと正反対、重くて下に圧する力の加わることである。この場合は荷が前荷であることによって轅の前端に下向きの力が加わることをいうのでなく、轅が真っ直ぐで、しかも轅が車に接する部分が前端より低い点にあるので、前端に加わった水平に前に引く力が車に接する部分では水平方向とともに垂直に上に向う力に分力し、車が上に上らないために前端で下に圧する力となって牛の背に加わることをいうのである（図211の1）。鄭注に「登、上阪也、克、能也」即ち「登とは阪を上るなり、克は能なり」と。坂を登るとき引っくりかえりやすいというのは、直轅のために轅の後半は動物の胴より下、足の方に外れ胴で支えられることがただでさえ少ないのに、坂にかかれば轅がさらに地面に近くなってこれがはなはだしくなるためであろう。

是故大車平地既節軒摯之任、及其登阤、不伏其轅、必縊牛、此無故、唯轅直且無橈也

この故に、大車は平地に既に軒摯の任を節するも、その阤を登るに及べば、その轅に伏せざれば必ず牛を縊す。これ故なし、唯だ轅の直にしてかつ橈むことなければなり

「節」は弓人の注に「猶適也」即ち「なお適のごときなり」と。ちょうどよく調節すること。この場合、荷物を少し後荷になるように積んで調節するのである。「軒」はもちろん摯の反対、車の前が軽くて上に上ろうとすること。「阤」は、注に「阪なり」と。平地で牛が車を引く時に牛の頸に下向きに加わる力を相殺するよう、少し後荷にして

釣合わせてあった荷が、坂にかかり、牛の引く力が小となり、従って頸を圧する力も小となるとともに輈の先を釣り上げる結果となる。そこで人が輈にのりかかって押えつけないと牛の頸を緩候革で縊する結果となるのである。坂にかかると荷の重心が平地の時より車軸に関して後にずれるので、輈を釣り上げることになるが（図211の3）、これは輈の曲直にかかわりなく起ることなので、王宗涑のようにこれを輈が真っ直ぐなことから起る不都合の説明とするのは不適当である。

故登阤者、倍任者也、猶能以登、及其下阤也、不援其邸、必緧其牛後、此無故、唯輈直且無橈也

故に阤を登るは任を倍にするものなり。なお能くもって登るも、その阤を下るに及びてや、その邸を援《ひ》かざれば、必ずその牛の後を緧す。これ故なし、唯だ輈の直にしてかつ橈むことなければなり

鄭注に「倍任、用力倍也」即ち「任を倍にするとは力を用うること倍なるなり」と。坂にかかると人間までぶら下るからますます力が要るはずである。「援」は『説文』に「引なり」と。「邸」について孫詒譲は「王宗涑云、邸当作軝、説文云、軝、大車後也、今謂之車尾、邸借字、案王説是也、掌次、設皇邸、鄭司農注云、邸、後版也、則此邸亦謂車後、釈名釈車云、有邸曰輜、無邸曰軿、宋書礼志引字林云、軿車有衣蔽、無後轅、其有後轅者、謂之輜、即軝亦即後轅也」即ち「王宗涑いう、邸は当に軝に作るべし。『説文』にいう、軝は大車の後なり、と。今はこれを車尾という、邸は借字なり、と。案ずるに王説是《ぜ》なり。掌次に皇邸を設く、と。鄭司農注にいう、邸は後版なり、と。即ちこの邸もまた車後をいう。『釈名』釈車にいう、邸あるを輜といい、邸なきを軿という、と。『宋書』礼志引の『字林』にいう、軿車には衣蔽ありて後轅なし。その後轅あるものはこれを輜という、と。即ち軝もまた即ち後轅なり」という。大車で、輈からずっとつづいて来た材が車箱を過ぎ後に突き出た部分である。漢の画像石にもみられる（五九九頁、図241参照）。

「緧」については鄭注に「故書緧作鰌、鄭司農云、鰌読為緧、関東謂紂為緧、鰌魚字」即ち「故書に緧を鰌に作る。

鄭司農いう、鰌は読みて緧となす。関東には紂をいいて緧となす。鰌は魚の字」と。陸徳明の拠った本は鰌は緧に作り、「鰌魚字」の三字がなかった、この方がよいテキストだ、と孫詒譲はいう。「関東には紂をいいて緧となす」とは段玉裁によると『方言』に「車紂、自関而東、周洛韓鄭汝潁而東謂之䋺、或謂之曲綯、或謂之曲綸、自関而西謂之紂」即ち「車の紂は、関よりして東、周洛韓鄭汝潁にして東はこれを䋺といい、或いはこれを曲綯といい、或いはこれを曲綸という。関よりして西はこれを紂という」とあるもので、この䋺は緧であるという。恵士奇は「……緧、一作䋺、釈名曰、䋺遒也、在後遒追使不得郤縮也、（王隠晋書）、潘岳疾王済、裴楷、乃題閤道為謡曰、閤道東有大牛、王済鞅裴楷鞧、夾頚為鞅、後遒為鞧、言済在前、楷在後也」即ち「……緧は一に䋺に作る。『釈名』曰く、䋺は遒なり、後にありて遒追し、郤縮するを得ざらしむるなり。（王隠の『晋書』に）潘岳は王済、裴楷を疾む。乃ち閤道に題し、謡をつくりて曰く、閤道の東に大牛あり、王済は鞅、裴楷は鞧、と。頚を夾むを鞅となし、後に遒さるを鞧となす。済の前にあり、楷の後にあるをいう」と。この記の用法はしりがいという馬具の名でなく、「遒、迫也」（『説文』）即ち「遒は迫なり」の意味の動詞に使われている。坂を下る時は車の後に突き出ている後轅をつかまえ、引張って止めてやらないと勢がつきすぎて牛の尻に車がぶつかりそうになる、ということである。ちなみに、これは即ち牛に緧がないからこういうことが起るのである。これがあれば車が前へ暴走しようとする力は牛の尻で喰い止められ、車が牛の尻にぶつかるような心配はないはずだからである。勿論ブレーキもないわけである。しかしこれが轅が真っ直ぐなせいだというのは解せない。

是故輈欲頎典

この故に輈は頎典なるを欲す

ここからはまた小車の輈に話がもどる。鄭玄は「頎典、堅刃貌」即ち「頎典は堅刃の貌」と。刃は先にもあったように靭である。鄭司農は「頎読為懇、典読為殄、駟車之轅、率尺所一縛、懇典似謂此也」即ち「頎は読みて懇となす。典は読みて殄となす。駟車の轅は尺所を率として一縛す。貇典はこれをいうに似たり」と別様にとる。段玉裁は「貇」、「殄」は音を示すものだから「読為」は「読如」とすべきだという。そして「貇典」は「俔典」とあるべきだと校定している。「尺所」は、孔広森が「尺許」であることを考証している(34)。鄭司農はこれを『詩』小戎の五楘、即ち輈に約一尺おきにたがのように巻いた縛の形容と取ったのである。この前まで真っ直ぐな轅の不都合な点をずっと列挙してきて、ここにそれをうけて「是故……」と言うのだから、何か、輈は曲っているべきだという意味のことを述べているのでなければしめくくりがつかない。二鄭はその点曖昧である。戴震は「俔典者、鄭用牧曰……穹隆而堅強之貌」即ち「俔典とは、鄭用牧いわく……穹隆にして堅強の貌」と言うが、たしかにその見当にはちがいない。

輈深則折、浅則負

輈深ければ折れ、浅ければ負う

鄭玄は「揉之大深、傷其力、馬倚之則折也」即ち「これを揉すること大《はなは》だしく深ければ、その力を傷め、馬これに倚れば則ち折るるなり」と説明する。曲げすぎれば弱くなることは言うまでもない。王宗涑は「力」を「乃杒之省、説文云、杒、木理也」即ち「乃ち杒の省なり。『説文』にいう、杒は木理なり」とみる。服馬は輈を挟んでいるわけであるが、車が曲る時には馬が体でこれを一方に押すことになるが、その場合、馬がのしかかると折れるというのである。後半は鄭注に「揉之浅、則馬善負之」即ち「これを揉すること浅ければ、則ち馬よくこれを負う」という。賈公彦はこれを「輈直、似在馬背負之相似、故善負之、本或作若負、皆合義、不須改也」即ち「輈直なれば馬の背にあるに似てこれを負うにあい似たり、故に善くこれを負う。本に或いは「負うがごとし」に作る。みな義に合す。須らく改むべからざるなり」と解し、鄭珍も「若不中二、則又浅不及深度、其輈頸間七寸之空、必与馬身平、馬股又喜上載之、故云浅則負也」即ち「もし二に中らざれば、則ちまた浅くして深度に及ばず、その輈頸の間に七寸の空あり。必ず馬身と平にして馬の股また喜んで上これを載す、故に浅ければ則ち負う、というなり」と、「負」をいずれも背負う義にとっている。しかし曲りが浅くて直線に近ければ輈は両服馬の間を鬐甲の高さより斜めに馬の胴の横を通って下に向うはずで、背負うなどということは、現実にせよ、見かけだけにせよありえない。この「負」は先の直輈の場合の「摯」と同じことをいうのではなかろうか。

輈注則利準、利準則久、和則安

輈注なれば利準なり、利準なれば久しく、和すれば安し

注に「故書準作水、鄭司農云、注則利水、謂輈脊上雨注、令水去利也」即ち「故書に準を水に作る、鄭司農いう、注なれば水に利なるなりとは、輈の脊上に雨注ぐとき、水をして去らしむるに利なるなり」と。「故書に準を水に作る」については丁晏が「案栗氏注、準故書或作水、杜子春云、当為水、説文水部、水、準也、釈名釈天、水、準也、準平物也、白虎通（五行）、云、水之為言準也、養物平均、有準則也云々」即ち「案ずるに、栗氏の注に、準は故書に或いは水に作る、杜子春いう、当に水に作るべし、と。『説文』水部に水は準なり、と。『釈名』釈天に水は準なり、物を準平するなり、と。『白虎通』（五行）にいう、水の言たる準なり、物を養うこと平均にして準則あるなり、と。云々」と水、準が同義であることをのべている。[35] 鄭司農は輈の水はけがよい義にとっているのである。一方、鄭玄は「利水重読似非也、注則利、謂輈之揉者、形如注星則利也、準則久、謂輈之在輿下者、平如準則能久也、和則安、注与準者和、人乗之則安」即ち「利水の重読するは非なるに似たり。「注則利」とは輈の揉するもの、形注星のごとくんば則ち利なるをいうなり。「準則久」とは輈の輿下にあるものの、平なること準のごとければ則ち久しきを謂うなり。和なれば安しとは、注と準なるもの和すれば、人これに乗れば則ち安し」と別な説である。まずテキストを「輈注則利、準則久、和則安」と訂正し、「注」は星の名とする。これについて孫詒譲は「後鄭読注与梓人注鳴之注同、其義則取象注星也、史記天官書云、柳為鳥注、又律書云、注者言万物之始衰、陽気下注、故曰注、索隠云、注、咮也、爾雅釈天云、咮謂之柳、郭注云、咮、朱鳥之口、開元占経南方七宿占云、咮、一曰注、音相近也、丹元子

歩天歌云、柳八星曲頭垂似柳、謂輈之末下垂者、其句如注星、則利於引車也」即ち「後鄭「注」を読むこと梓人の「注もて鳴く」の「注」と同じ。その義は則ち注星を象るに取るなり。『史記』天官書にいう、柳は鳥の注をなす、と。また（『史記』）律書にいう、注とは万物の始めて衰え、陽気の下注するをいう、故に注という、と。『索隠』にいう、注は味なり、と。『爾雅』釈天にいう、味はこれを柳という、と。郭注にいう、味は朱鳥の口なり、と。『開元占経』南方七宿占にいう、味は一に注という、と。音相い近きなり。丹元子の『歩天歌』にいう、柳は八星、頭を曲げて垂るること柳に似たり、と。輈の末の下垂するもの、その句《まが》ること注星のごとければ、則ち車を引くに利なるなり」と説明している。柳とは二十八宿の一で、土橋八千太、スタニスラス・シュヴァリエ両氏の表によると、うみへび座のδ、σ、η、ρ、ε、ζ、ω、θにあてられている（図210の1）。これを宋の『淳祐天文図』(36)は図210の2のようにつないでいる。σ、ηは余計であるが、θからδまでを、θを軓、δを軓首にそれぞれあてて輈にみたてたのであろう。載震以下清朝人の輈の図はこの形を頭において作られていると思われる。たしかに輈の形に似ている。しかし輈がこの通りの曲線をもっていたと考えるのは誤りであろう。そのように取ると、鄭玄が先に輈を弧を二尺引いた形に比しているのと合わない。

それはそれとして、「輈注」とあるのを、注星の形のごとし、という意味にとれるであろうか。先に出てきた「孫而無弧深」の弧を弧弓と取ったのと同様、少々むりである。特定の物の形のようだ、というのでなく、やはり一般的な形容の語と取るべきであろう。

江永は二鄭の解釈に疑いをもち、「注者不深不浅、行如水注、利準者、便利而安耳」即ち「注とは深からず浅からず、行くこと水の注ぐがごときなり、利準とは便利にして安きのみ」と解釈し、戴震も似た考えである。注という形容が、江永の取ったような意味かどうか、確証はないが、ともかくここのところは輈がいかようにか曲っていれば能率が良いということである。なぜ能率が良いかというと、極端な場合として図211の2のごとく衡に交叉するところか

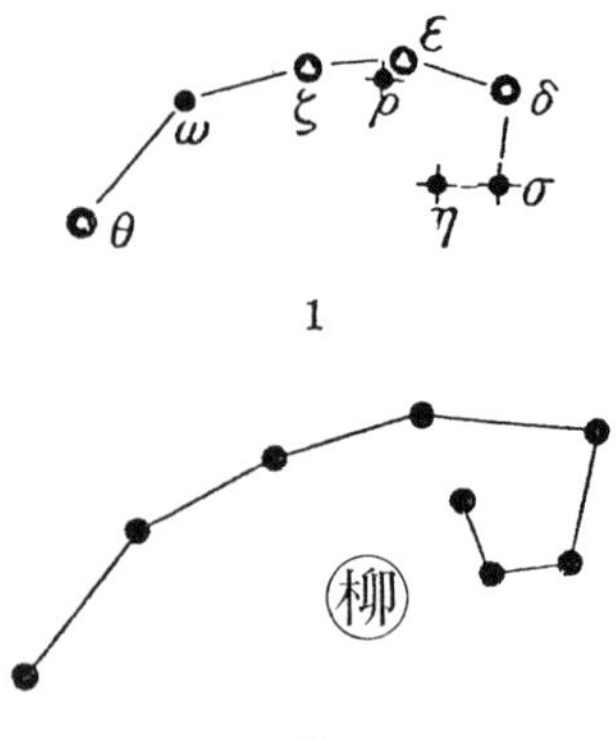

図210　柳宿の星

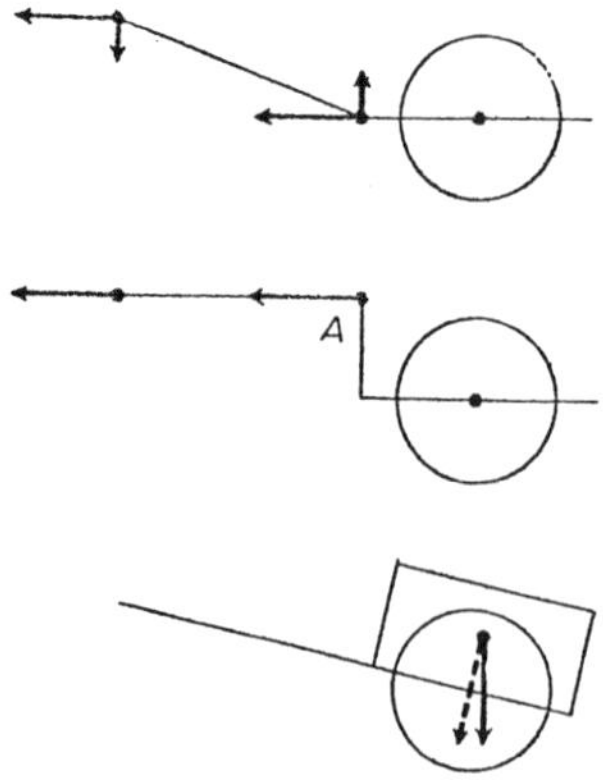

図211　輈の形と馬の力の効率

ら輈が水平に後にのびている場合が考えられるが、そのとき輈は車をA点で引くことになり、先の直轅の場合働いた分力はゼロとなり、衡が馬の斧痕を圧することもなく、馬の引く力はすべて車を引くのに使われることになる。クレタ、ギリシアなどの一輈の馬車では、輈の前端と輿の前面の闌の上縁を上轅で結びつける方法が行われているが、この場合と同様の効果をもったことであろう。中国の馬車の場合は上轅など使われないので、一本の輈だけでもたせねばならない。A点の曲りが急だと、そこが弱くなる。輈が強さを減ずることなく、しかもなるべくA点が地上より高い（深い）ことが望まれるわけである。

　輈欲弧而無折、経而無絶

　輈は弧にして折るるなく、経にして絶つことなきを欲す

前半について鄭玄は「揉輈大深、則折也」即ち「輈を揉すること大《はなは》だしく深ければ則ち折るるなり」という。賈公彦はこれは先の「孫而無弧深」と同じことをいうものだと説明している。「経」は鄭注に「経、亦順理也」即ち「経もまた理に順うなり」と。孫詒譲は「呂氏春秋察伝篇、高注云、経、理也」即ち「『呂氏春秋』察伝篇の高注にいう、経は理なり」と補足する。「絶」は王宗涑が「絶、与「火煣車輞絶」之絶同」即ち「絶とは「火もて車輞を煣するに絶つ」の絶と同じ」という。曲げすぎて外側がぱしっと割れること。

進則与馬謀、退則与人謀

進めば則ち馬と謀り、退けば則ち人と謀る

鄭注に「言進退之易、与人馬之意相応、馬行主於進、人則有当退時」即ち「進退の易く、人と馬の意の相い応ずるをいう。馬の行くは進むを主とし、人は則ち当に退くべきときにあり」と。孫詒譲は「韓非子喩老篇云、王子期曰、「凡御之所貴、馬体安于車、人心調于馬、而後可以進速致遠」与此意略同」即ち「『韓非子』喩老篇にいう、王子期いわく、「凡そ御の貴ぶところは、馬体車に安んじ、人心馬に調し、而して後もって進むこと速くして遠きに致すべし」、と。ここと意ほぼ同じ」と。

終日馳騁、左不楗

終日馳騁するも左は楗せず

注に「杜子春云、楗読為蹇、左面不便、馬苦蹇、輈調善、則馬不蹇也」即ち「杜子春いう、楗は読みて蹇となす。左面便ならず、馬苦蹇す。輈調べて善なれば則ち馬蹇せず」と。賈公彦の疏は「子春意、拠軍将乗車之法、将在中、故御者在左、楗為蹇躍解之、四馬六轡在御之手、而不在中央、而在於左、故曰左面不便、馬苦蹇……」即ち「子春の意は軍将乗車の法に拠るに、将は中にあり、故に御者は左に在り。楗は蹇躍となしてこれを解す。四馬の六轡御の手にありて、中央にあらずして左にあり。故に左面便ならず、馬苦蹇す、と……」と解説している。中央で御するに越したことはなかろうが、左側に坐っていたとて、馬の左側の方がうまく御せないということはない。またこれは轡の操作であり、輈の作りとは無関係である。この前の一段で馬と輈の調和を書き、この次には馬のこと、その次は御者のことをのべている。とすると、ここは馬の左側でなく、次の鄭玄のように馬車に乗る主人のことを書いたと取る方がよい。注はつづいて「書楗或作券、玄謂、券今倦字也、輈和、則久馳騁、載在左者不罷倦、尊者在左」即ち「書に楗は或いは券に作る。玄おもえらく券は今の倦の字なり。輈和すれば則ち久しく馳騁するも、載りて左にある者罷倦せず。尊者は左にあり」と。「券」、「倦」について段玉裁は「古多用券、今多用倦、是謂之古今字、張揖之古今字詁所由作也、説文力部、券下曰労也、人部、倦下曰罷也、分載之、不云一字」即ち「古は多く券を用い、今は多く倦を用う、これこれを古今字という。張揖の『古今字詁』由りて作らるる所なり。『説文』力部、券の下に労なり、といい、人部、倦字の下に罷なり、といい、これを分載して一字といわず」と。「尊者は左にあり」について賈公彦が、「尋常在国乗車之法、尊在左、御者中央」即ち「尋常に国にありて乗車するの法は、尊は左にあり、御車は中央なり」と。輈がうまく曲っていれば、馬の引く力の分力が働かず、輿が上下に動揺することが少ないから、乗っている人は疲れないだろう。

行数千里、馬不契需

行くこと数千里なるも馬契需せず

注に「鄭司農云、契読為爰契我亀之契、需読為畏需之需、為不傷蹄、不需道里」即ち「鄭司農いう、契は読みて「爰《ここ》に我が亀に契す」の契となす。需は読みて畏需の需となす。ために蹄を傷めず、道里に需せざるなり」と。ここは馬のことである。「爰契我亀」は『詩』大雅、緜の語である。「契」につき段玉裁は「読為契者、用其義也、毛公曰、契、開也、故以傷蹄言之」即ち「読みて契となすとはその義を用うるなり。毛公曰く、契は開なり、と。故に蹄を傷むるをもってこれをいう」と。つづいて「需」字について「耎、今本作需、疏引易需卦釈文云、需音須、又乃乱反、今案、云乃乱反、則当是耎字、説文大部曰、耎、稍前大也、読若畏偄、人部曰、偄、弱也、司農云畏耎者、与許畏偄同、不耎道里者、不怯偄道里悠遠也」即ち「耎は今本に需に作る。疏引の『易』需卦の『釈文』にいう、需の音は須、また乃乱の反、と。今案ずるに乃乱の反といえば、則ち当にこれ耎字なるべし。『説文』大部にいわく、耎は稍や前の大なるなり、読むこと畏偄のごとし、と。人部にいわく、偄は弱なり、と。鄭司農の畏耎というは許慎の畏偄と同じ。道里に耎せずとは、道里の悠遠なるに怯偄せざるなり」と。輈の形が合理的にできていて馬に余計な重さがかからないから蹄を傷めることが少ないのである（もちろんこのころ蹄鉄などはない）。戴震は別に『方言』によって「契需」を「畏偄」と取っている。

終歳御、衣衽不敝

終歳御するも衣衽敝せざるは

鄭玄は「衽、謂裳」即ち「衽は裳という」と。孫詒譲はこの解釈について「此注以裳釈衽、則専指裳旁之衽言之、然裳旁之衽、唯深衣有之、而御者不必皆服深衣、則鄭意似謂無論朝服喪服、其裳幅亦通謂之衽」即ち「この注は裳をもって衽を釈す。則ち専ら裳旁の衽を指してこれをいう。然れども裳旁の衽はただ深衣のみこれあり、而して御者は必ずしもみな深衣を服せず。則ち鄭意は朝服喪服を論ぜずしていい、その裳の幅もまた通じてこれを衽というに似たり」という。御者は轡、策で両手がふさがっているから、車によりかかって体を支えなければなるまい。戦国時代の銅器を飾る狩猟紋の馬車（一八頁、図3参照）で、御者のひざのすぐ前にこれと平行にある棒は、軾をつけた柱と思われるが、この御者は前かがみになり軾にひざでよりかかっている姿勢である。車の動揺が少なければ衣服のすり切れる度が少ないわけである。

此唯輈之和也

これただ輈の和すればなり

注に「和則安、是以然也、謂進則与馬謀而下」即ち「和すれば安し。ここをもって然るなり。進めば則ち馬と謀るより下をいう」と。「進めば則ち馬と謀る」以下のようでありうるのはこういうわけだからだ、というしめくくりである。

勸登馬力

馬の力を勸登し

注に「登、上也、輈和、勧馬用力」即ち「登は上なり。輈和すれば馬の力を用うるを勧む」と。戴震は「登猶進也、加也」即ち「登とはなお進、加のごときなり」という。直輈のように馬の力を減殺しないということは、馬の力を増加させるともいえよう。

馬力既竭、輈猶能一取焉

馬力既に竭くるも、輈なおよく一たび取る

注に「馬止、輈尚能一前取道、喩易進也」即ち「馬止るも、輈なおよく一たび前みて道を取る。進み易きを喩うるなり」と。

良輈環灂、自伏兔不至軓七寸、軓中有灂、謂之国輈

良輈は環灂あり。伏兔より軓に至らざること七寸なり、軓中に灂あれば、これを国輈という

鄭玄は「伏兔至軓、蓋如式深、兵車乗車式深尺四寸三分寸之二、灂不至軓七寸、則是半有灂也、輈有筋膠之被、出力均者、則灂遠」即ち「伏兔より軓に至るとは、蓋し式の深のごとし。兵車乗車の式の深は尺四寸三分寸ノ二、灂軓に至らざること七寸なれば、則ちこれ半ばまで灂あるなり、輈に筋膠の被あり。力を出すこと均しきものは、則ち灂遠し」という。伏兔の大きさは記に規定がない。何によって鄭玄が伏兔から軓までを式の深と同じだろうと考えたのか不明である。「輈に筋膠の被あり」というのは、轂と同様、力が強くかかるのでひび割れたりしないよう、膠を塗って動物の筋でぎりぎり巻いたものである。湿気に冒されぬように上から漆を塗っておく。この漆に灂ができるのである。鄭玄のいう灂とはどういうものであろうか。程瑶田はこの鄭玄の注について「灂謂紋理、環灂者、如今琴上之蛇蚹断紋也、有筋膠之被、乃有灂、故弓人云、牛筋蕡灂、麋筋斥蠖灂、角亦有之、故弓人云、角環灂、灂蓋用久、而後見者与、良輈環灂、自伏兔不至軓七寸、是必輈当兔之前、其筋膠之被、止於軓後七寸処、灂生於筋膠之被故也、否則其灂不応起自伏兔而又以不至軓七寸限之矣、然云軓中有灂、謂之国輈、則是雖有筋膠之被、不皆有灂也、惟良輈

有之、其用力均、故致然与、注云、用力均者、則灂遠、蓋軓中七寸筋膠被処、尽有灂矣……」即ち「灂は紋理をいう。環灂とは今の琴上の蛇蚹断紋のごときなり。筋膠の被あれば乃ち灂あり。故に弓人にいう、牛筋は蕡灂、麋筋は斥蠖灂と。角にもまたこれあり。故に弓人にいう。角は環灂と。灂は蓋し用うること久しくして、而して後に見《あらわ》るるものか。良輈は環灂、伏兔より軓に至らざること七寸と。これ必ず輈の当兔の前なり。その筋膠の被、軓後七寸の処において止る。灂は筋膠の被に生ずるが故なり。否らざれば則ちその灂まさに伏兔より起りてまた軓に至らざるといえども皆は灂あらざるなり。惟だ良輈のみこれあるは、その力を用うること均しく、故に然るを致せるか。注にいう、力を用うること均しきものは則ち灂遠し、と。蓋し軓中七寸、筋膠の被する処、尽く灂あり……」と考えている。妥当な考えである。ただ「力を用うること均しきものは則ち灂遠し」というのは、灂が軓中七寸の中にも及ぶというのでなく、遠く軓前七寸の辺まで及ぶということではなかろうか。上塗りした漆に生ずる灂がどのように分布するかによってその品の良し悪しを判定することは、弓人「大和無灂、其次筋角皆有灂而深、其次有灂而疏、其次角無灂」即ち「大和は灂なし、その次は筋角みな灂ありて深し、その次は灂ありて疏なり、その次は角に灂なし」という条にも見える。鄭玄のこの注の考えは正しいと思う。戴震は「記反覆言輈之和、灂耐久遠、亦和之徴」即ち「記に反覆して輈の和を言う。灂の耐ゆること久遠なるは、また和の徴なり」といい、孫詒譲も輈と軓、輿版ががたがたしないから灂がすり減らず永くもつというように取るが、これはおかしい。上塗りの漆が減ってなくなるほど方々ががたがたするのも変だし、多少ががたがたしても、減るのは見え難い材と材の合せ目だけのはずだからである。注をみると次に「鄭司農云、灂読為灂酒之灂、環灂謂漆沂鄂如環」即ち「鄭司農いう、灂は読みて灂酒の灂となす。環灂は漆の沂鄂の環のごときをいう」とあり、先鄭は灂を沂鄂、即ち先の轂のところで説明したごとく、断面半面形の凸帯紋という、意識的につけた紋様の義に取っている。鄭玄は先のように鄭司農とは別な説であるから、これは参考に付記したものと思われる。戴、孫はこれを見誤ったので、鄭玄の注を濟が磨滅してなくなると解釈したのであろう。濟はどうして生ずるか。材が彎曲するために上塗りの漆がひび割れるのであろう。軓は輿人のところで推測したごとく、輈を左右から車軸に支えておくつっかい棒の役をしている。輈の軓より前の部分が馬の胴で横に押される力は、この点にかかってくる。だから軓に当る部分に濟が生じ、その後七寸ばかりは生じない。伏兔から前に濟ができるのがよいというのはどうだろう。軓だけではどうしても横方向のショックを支え切れるものではない。とすると軸と輈を組み合せた部分を傷めぬためには、輈の方が少し彎曲することによってこれを受け止めるのが良いのではなかろうか。そのためにはやんわりとなるべく長い部分が曲る方が良い。国輈といわれる程のものは、これがうまく作られているので濟が生ずる部分が長いのであろう。

軫之方也、以象地也、蓋之圜也、以象天也、輪輻三十、以象日月也、蓋弓二十有八、以象星也

軫の方なるは、もって地を象るなり。蓋の圜なるは、もって天を象るなり。輪の輻の三十あるは、もって日月を象るなり。蓋の弓の二十有八あるは、もって星を象るなり

以下は車の象徴的な意義をのべている。孫詒譲はこの一段と同趣旨のことをのべたものとして『周書』周祝篇、『大載礼記』保傅篇等を引く。輪については鄭玄が「輪象日月者、以其運行也、日月三十日而合宿」即ち「輪の日月を象るとは、その運行するをもってなり。日月は三十日にして宿に合す」と説明している。蓋弓の象徴する星は二十八宿のことである。これ以下四種の旗の象徴はそれぞれ東南西北に当る。

龍旂九斿、以象大火也

龍旂の九斿あるは、もって大火を象るなり

孫詒譲は「以下記路車所建旌旂、象東南西北四官之星、又放星数為斿数也」即ち「以下路車の建つる所の旌旂の東

南西北四官の星を象り、また星数に放《なら》いて斿の数となすを記す」と。

鄭玄は「交龍為旂、諸侯之所建也」即ち「交龍を旂となす、諸侯の建つる所」と。これは『周礼』司常の引用である。つづいて「大火、蒼龍宿之心、其属有尾、尾有九星」即ち「大火は蒼龍宿の心なり。その属に尾あり、尾には九星あり」と。『爾雅』釈天に「大辰、房、心、尾也、大火謂之大辰」即ち「大辰は房、心、尾なり。大火はこれを大辰という」と。二十八宿のうち東方の蒼龍宿、角、亢、氐、房、心、尾、箕のうち大火といわれる房、心、尾、即ちさそり座が最も著しく、時候の標準の中心となるものである。そのうちの尾の九星――土橋八千太、スタニスラス・シュヴァリエ両氏はさそり座のμ_1、ε、ζ、η、θ、ι_1、χ、λ、υにあてている[37]――の数を龍旂の数に取ったものだ、という説明である。龍旂は天子が建てるものか諸侯がたてるものか、本数は九でよいかどうか、等の考証は、車の作りと関係が薄いからすべて略して紹介しない。

　鳥旟七斿、以象鶉火也

　鳥旟の七斿あるは、もって鶉火を象るなり

鄭玄の注に「鳥隼為旟、州里之所建、鶉火、朱鳥宿之柳、其属有星、星七星」即ち「鳥隼を旟となす、州里の建つる所なり。鶉火は朱鳥宿の柳にして、その属に星《せい》あり、星は七星」と。「鳥隼を旟となす、州里の建つる所」は司常の引用。「柳」は先に輈人のところでのべたうみへび座の中の星。「鶉火」、即ち柳は二十八宿中の南方の朱鳥宿のうち、時候をみる標準になるものである。「その属に星あり」というのは、『左伝』襄公九年の「古之火正……」の条の孔穎達の疏に「春秋緯文燿鉤云、味謂鳥陽、七星為頸、宋均注云、陽猶首、柳謂之味、鳥首也、七星為朱鳥頸也、味与頸共在於午者、鳥之正宿、口屈在頸、七星与味体相接連故也」即ち「『春秋緯文燿鉤』にいう、味は鳥の陽をいう、七星は頸となる、と。宋均の注にいう、陽はなお首のごときなり。柳はこれを味という。鳥の首なり。七星は朱鳥の頸となる。味と頸の共に午にあるものは鳥の正宿なり。口は屈して頸にあり。七星と味は体相い接連するが故なり」

と。柳は朱鳥の頭、星《せい》はその頸にみたてられていたのである。柳は星《ほし》の数が八つで鳥旟七斿と数が合わない。そこで頸にあたる星《せい》の星《ほし》の数が七つ――うみへび座のα、τ_1、τ_2、ιほかαの南の六等星三つにあてられる――であるのをとって斿の数を説明したというのである。

熊旗六斿、以象伐也

熊旗の六斿あるは、もって伐を象る

鄭玄の注に「熊虎為旗、師都之所建、伐属白虎宿、与参連体而六星」即ち「熊虎を旗となす、師都の建つる所なり。伐は白虎の宿に属し、参と体を連ねて六星あり」と。「熊虎……所建」は司常によるもの。『史記』天官書「参為白虎、三星直者、是為衡石、下有三星兌、曰罰、為斬艾事」即ち「参は白虎となす。三星の直なるものは、これを衡石となす。下に三星の兌なるあり、罰という。斬艾のことをなす」と。『正義』に「罰亦作伐」即ち「罰はまた伐に作る」とある。伐は参、即ちオリオン座のζ、ε、δの下に固まったι_1、θ_2、ιの三つの星のことである。西方の白虎の宿のうちの一つである。孫詒譲もいうごとく古くは『史記』のいう「其外四星、左右肩股也」即ち「その外の四星は左右の肩股なり」の四星（α、γ、χ、β）を参に含めない。また「参と体を連ねて六星あり」について孫詒譲は「伐亦通謂之参、公羊昭十七年伝云、伐為大辰、何注云、伐謂参伐也、此経亦通謂参為伐、故六斿取象於彼」即ち「伐もまた通じてこれを参という。『公羊』昭十七年伝にいう、伐は大辰たり、と。何注にいう、伐は参伐をいうなり、と。この経もまた通じて参をいいて伐となす。故に六斿象を彼に取る」と説明している。

亀蛇四斿、以象営室也

亀蛇の四斿あるは、もって営室を象るなり

鄭玄の注に「亀蛇為旐、県鄙之所建、営室玄武宿、与東壁連体而四星」即ち「亀蛇を旐となす、県鄙の建つる所なり、営室は玄武の宿、東壁と体を連ねて四星なり、と」。王引之は「亀蛇四斿」というのはおかしい、「亀旐四斿」の誤りだという。[38] もっともである。「亀蛇……所建」は司常によるもの。営室はペガサス座のα、β。北方の玄武宿の一つである。東壁はアンドロメダ座のαとペガサス座のγ。「東壁と体を連ねて四星なり」というのは、『左伝』襄公三十年「歳在娵訾之口」の注に「娵訾、営室東壁」即ち「娵訾は営室と東壁なり」と、『爾雅』釈天「娵訾之口、営室東壁也（娵訾の口は営室と東壁なり）」の孔疏に「孫炎曰、娵訾之歎、則口開方、営室東壁四方似口、故因名也」即ち「孫炎いわく、娵訾の歎ずれば、則ち口方に開く。営室と東壁は四方にして口に似たり、故に因りて名づくるなり」といい、営室、東壁は合せて一つの四角にみられていたので、この四つで斿数四を解釈したのである。

弧旌枉矢、以象弧也

弧旌枉矢はもって弧を象るなり

鄭注に「覲礼曰、侯氏載龍旂弧韣、則旌旗之属、皆有弧也」即ち「覲礼に曰く、侯氏は龍旂弧韣を載す、と。則ち旌旗の属、みな弧あるなり」と。『儀礼』覲礼をみると旂に弧があることがわかり、ここの文で旌に弧があることがわかるから、旂以下旌旗の属はすべて弧があるのだろう、という推理である。つづいて「弧、以張縿之幅、有衣謂之韣」即ち「弧はもって縿の幅を張る。衣ありてこれを韣という」と。縿は旗の端に何本もつけるひらひらした斿をとりつける布で、弧はそれをぴんとさせるために、おそらくしんし針のような形につけられた弓状のものであろう。この弧にサックをはめたのを韣というのである。韣はもとはそのサックの名。つづいて「又為設矢、象弧星有矢也」即ち「また為に矢を設く。弧星の矢あるを象るなり」と。『史記』天官書に「其東有大星、曰狼、狼角変色、多盗賊、下有四星、曰弧、直狼」即ち「その東に大星ありて狼という。狼の角色を変うれば盗賊多し。下に四星あり、弧という、狼に直る」と。天狼はシリウス。弧は大犬座のδ、η、ε、ほか六等星一つ、艫座のπ、ι、o、χほか六等星一つ。『正義』に「弧九星、在狼東南、天之弓也、以伐叛懐遠、又主備賊盗之知姦邪者、弧矢向狼動移……」即ち「弧は九星、狼の東南にあり、天の弓なり。もって叛けるを伏ち遠きを懐く。また賊盗の姦邪を知るものに備う。弧矢狼に向って動移すれば……」と。また龍川の考証に「王元啓曰、按六星彎者弧、中三星直者為矢、今四星曰弧、四字誤、猪飼彦博曰、四当作九」即ち「王元啓曰く、按ずるに六星の彎するものは弧、中の三星の直なるものは矢となす。今四星を弧という、と。四の字は誤りなり。猪飼彦博いわく、四は当に九に作るべし」と。『淳祐天文図』のつなぎ方をみても、弓、矢がそれぞれ実際の星のどれどれに当るか、うまくあてはめ難い。

鄭玄はつづいて「妖星有枉矢者、蛇行有毛目」即ち「妖星に枉矢というものあり、蛇行して毛と目あり」とつけ加える。ここの妖星というのは弧という星座に伴う矢とは別物である。孫詒譲は「鄭言此者、以弧星属矢、不名枉矢、経云枉矢、兼取妖星為象也」即ち「鄭のこれをいうは、この弧星に属矢あるも、枉矢と名づけられず、経に枉矢をいうをもって、兼ねて妖星を取りて象となすなり」と解している。孫は緯書を多く引いて考証しているが、ここには紹介しない。鄭注に「此云枉矢、蓋画之也」即ち「ここに枉矢というは、蓋しこれを画けるなり」と。鄭玄は、縿の布にとりつけた弧では本物の矢は番えられないから、実物でなく画にかいて表わしたものと考えたのである。

これで考工記の馬車のことを記した部分は終りである。車人に出ているのは牛にひかせる荷車なので略する。これだけでは、木製の部分品でいっても軛がないし、力のかかり方のちがいによって当然様々であったはずの各部分同士の結合法が記されていない。また金属製の金具、革製の馬具も全然記載を欠き、馬車としては、たいへん不完全である。しかし書いてある限りにおいてみても、遺物や金文資料等では不明であった多くの細部が明らかに知られるのである。

注

（1）江『周礼疑義挙要』考工記一。以下江永の説はこの書から引く。
（2）戴『考工記図』。以下戴震の説はこの書から引く。
（3）程一八〇三。以下程瑶田の説はこの書から引く。
（4）阮『考工記車制図解』。以下阮元の説はこの書から引く。
（5）鄭『輪輿私箋』。以下鄭珍の説はこの書から引く。
（6）王『考工記考弁』。
（7）矢島一九二八。
（8）孫一九〇五。以下孫詒譲の説はこの書から引く。
（9）関野一九五三。
（10）李『群経識小』。
（11）輿人に出てくる軹については、王宗涑は『考工記考弁』一の戴震の軹についての説を反駁した条で、輢の誤りと考える。誠に明快な論で、従うべきであろう。
（12）中国科学院考古研究所一九五七、一四七頁、図一一四。
（13）何一九五一、二七五、二七七、二六一頁。
（14）段『経韵楼集』与諸同志書論校書之難。
（15）段『周礼漢読考』。以下段玉裁の説はこの書から引く。
（16）朝鮮古蹟研究会一九三四、図版八五。
（17）この順序で作業が行われたことは Chavannes 1909, Pl. 77, no. 147 にかかげられた、車輪製作をえがいた画像石から知られる。
（18）朝鮮古蹟研究会一九三四、六二頁。
（19）銭『車制攷』。以下銭坫の説はこの書による。
（20）程一八〇三、輪綆求合徹広記注異同記。
（21）図206に引いた長沙漢墓出土の模型の馬車の輻の轂はほぼこの比例となっている。
（22）朝鮮古蹟研究会一九三四、図版八五。
（23）『説文』煣字の条に考工記を引き「揉牙」を「煣牙」に作る。
（24）恵『礼説』考工記、凡揉牙外不廉。以下恵士奇の説はこの書から引く。
（25）林一九五九、一九二頁。（編者注）本書二三六頁では「各輪は二本の牙を合せて作られる」とする。
（26）『周礼正義』「以其隧之半為之較崇」の段の正義。
（27）載『考工記図』釈車。
（28）森一九五七。
（29）服馬が胴で輈を押すと考えられていたことは、少し先の「輈深則折」の鄭注に「馬倚之」とあることからも明らかである。
（30）この条のテキストは、軓、軝、軌の字が既に唐代より乱れていて大変面倒である。孫詒譲の『周礼正義』に明快な考証が出ているから参照されたい。

（31）黄『礼書通故』車制通故二。以下黄以周の説はこの書から引く。
（32）鄭『輪輿私箋』「参分軹囲去一以為為轛」の条。
（33）程一八〇三、輈人任木義述。
（34）孔『礼学卮言』周礼鄭注蒙案。
（35）丁『周礼釈注』。以下丁晏の説はこの書から引く。
（36）京大人文科学研究所蔵拓本。
（37）土橋八千太、Stanislas Chevalier, S. J., *Catalogue d'étoiles observées à Pé-kin sous l'empereur Kien-long*. 以下中国星座名と現在の命名のアイデンティフィケイションはこれによる。
（38）王一七九七、周官、下、亀蛇四斿。

挿図目録

図204 Chavannes 1909, Pl. 77, no.147
図205 著者図
図206 右 朝鮮古蹟研究会一九三四、図版八五
左 中国科学院考古研究所一九五七、図一二〇
図207 中国科学院考古研究所一九五六、図六一
図208 著者図
図209 同右
図210の1 土橋八千太'Stanislas Chevalier, S. J., *Catalogue d'étoiles observées à Pé-kin sous l'empereur Kien-long* 付図
2 著者図
図211 同右

引用文献目録

〈日本文〉
上田穣一九三〇「石氏星経の研究」『東洋文庫論叢』第一二、東京
梅原末治・藤田亮策一九四七『朝鮮古文化綜鑑』第一巻、丹波市
関野雄一九五三「中国古代の尺度について」『中国考古学研究』
朝鮮古蹟研究会一九三四『楽浪彩篋塚』
森鹿三一九五七「居延簡にみえる馬について」『東方学報』京都二七
矢島恭介一九二八「支那古代の車制」『考古学雑誌』一八、五・七・八

〈中国文〉
王引之一七九七『経義述聞』
王宗涑（一九世紀中頃）『考工記考弁』
何天相一九五一「中国之古木」(二)『中国考古学報』五
恵士奇（一六七一―一七四一）『礼説』
阮元（一七六四―一八四九）『考工記車制図解』
黄以周（一八二八―一八九九）『礼書通故』
江永（一六八一―一七六二）『周礼疑義挙要』
孔広森（一七五二―一七八六）『礼学卮言』

銭坫（一七四四—一八〇六）『車制攷』
孫詒譲一九〇五『周礼正義』
戴震（一七二三—一七七七）『考工記図』
段玉裁（一七三五—一八一五）『経韵楼集』
段玉裁『周礼漢読考』
中国科学院考古研究所一九五六『輝県発掘報告』北京
中国科学院考古研究所一九五七『長沙発掘報告』北京
丁晏（一七九四—一八七五）『周礼釈注』
鄭珍（一八〇六—一八六四）『輪輿私箋』
程瑶田一八〇三『考工創物小記』
李惇（一七三四—一七八四）『群経識小』
李文信一九五七「遼陽三道壕西漢村落遺址」『考古学報』一九五七、一、一一九—一二六頁

〈欧　文〉

Chavannes, E. 1909 *Mission archéologique dans la Chine septentrionale*, Paris

第五章　先秦時代の馬

私は第三章で中国先秦時代の馬車について論じたが、ここでは馬車に繋駕してこれを引かせた馬について記す。私は馬学とか骨学の方面についてては門外漢であるから、馬については、考古学の遺物と同程度に確かな目で見、判断を下してゆくわけにはゆかない。材料を提出して、おおよその見通しを述べ、より立ち入ったことについては専門家の意見をまちたい。

一　各時代の馬の体格

(一)　殷以前の馬

殷より前、仰韶、龍山文化遺跡から馬の骨歯などが若干出ているが、その系統、性質を考えるに足るものはない。次にそれを列挙するに止める。

(a)　山東省歴城県龍山鎮城子崖

楊鍾健が *Equus* sp. と鑑定した馬の骨が、犬、豚に次いで多数に出ている。この遺跡は上下両層に分れ、下層が龍山文化、上層が殷―周時代であるが、馬の骨は上下両層ともに出るという(1)。しかし、ここの発掘遺物の上下層いずれに属するかの記録には相当不確かな点が存するから馬が果して龍山文化層からも出たかどうか、疑問がある。(2)上層から出た分が家畜の馬であろうことはほぼ間違いないとして、下層から出たとしてもただ *Equus* sp. というのでは *Equus caballus* か *Equus Hemionus* かどうかもわからないのである。

(b) 山西省洪趙県坊堆村

一九五四年山西省文物管理委員会が発掘調査した遺跡で、仰韶文化時代の竪穴中から、多数の牛骨その他の動物の骨と共に馬の歯が出ている。他の部分の骨があったかどうかについては、すべての骨が調査されたわけではないらしいので不明である。(3)

(c) 山西省臨汾県高堆村

一九五四年冬、山西省文物管理委員会が調査した仰韶文化遺跡で、不明の獣骨、牛、豚の牙と共に馬の歯が記されている。(4)

(d) 陝西省西安半坡

一九五四—五七年の半坡仰韶文化遺跡の発掘で馬の第二前臼歯、門歯各一、指骨と趾骨各一が発見された。これらはモウコノウマ(*Equus przewalskii Poliakov*)のものとよく似ているという。少量のため人間が飼ったものとは見られない、とされる。(5)狩猟の対象であったとすると、古くこのあたりにもこの種の馬が野生していたことが知られる。

殷以前の遺跡から出た馬に関する資料は現在上にあげた程度しか知りえない。仰韶、龍山文化の遺跡から「獣骨」

が出たという報告は無数にあるから、精査すればその中から馬骨が検出される可能性も多いのではないかと思われる。一九五六年に考古工作会議で楊鍾健が提唱したような獣骨研究専門の部門が考古学関係の組織中に設立され、本格的な研究の始まる日の早からんことを希望して止まない。[6] これらの馬は馬といっても、一体いわゆる馬（*Equus caballus*）なのかどうか、また野生のものか家畜化されたものか、すべて不明である。

二　殷時代の馬

(a) 骨の資料

安陽殷虚の車馬坑から多数の馬骨が出土していることは、中国の馬車を論じた際に記したごとくであるが（第三章、一、㈠参照）、それら馬骨の骨学的な研究などが行われたということは現在まったくきかない。ただ一九五三年発掘の安陽大司空村一七五号車馬坑は、馬骨が完全に残っており、その坑の平面図は、[7] この坑の出土状況の写真と器物、[8] 馬骨などの尺寸を比較してみると、いい加減に写生したものでなく、相当忠実に実測して作られたものであることが知られる。そこで、同図に入れられた比例尺でこの馬骨の主要部分を計ってみると、この両馬は頭蓋基底長五二―五三センチ、上膊骨最大長（以下すべて最大長を記す）三一センチ、前膊骨三六センチ、腕前骨二四―二五センチ、股骨四一センチ、脛骨三七―三八センチ、蹠骨二九センチくらいの見当になる。林田重幸はその推定法[9]により先の値が正しいとして計算してみると、だいたい体高一四五センチ内外の馬であったことが推定されるという。吉田新七郎『支那産馬族の研究』（一九二二）は、純蒙古馬六〇頭について最低一二三センチ、最高一三六センチ、平均牝で一三〇・五センチ、牡で一三一・四センチと出しており、一四〇センチを越えるものがない。増井清が出したアラブ種二四頭の体高の平均値は一四七・〇四±〇・四〇センチである、と御教示下さった（書簡による）。先の骨の寸法は図

図212　殷時代金文の馬

から推測した値であり、その図を書いた人が骨学についての素養のない人であることは、骨の形の頼りない描き方から知られるのであるし、右の数字がどれほどの信頼度をもつかは怪しいものであるが、この馬が純蒙古馬などよりは一まわり大きい、アラブ種に近いものらしいことくらいはいえるのではないかと思う。中国学者の研究が発表されることを切に期待する。

(b) 図像的表現

馬を表わした図像として銅器の銘文に現れる図象記号がある。殷後期より西周中頃くらいにわたるが、ここに一括してのべる。

馬戈[10]（図212、上）の内《ない》に大きく馬科の動物の形をした図象記号がつけられている。胡は全くなく、銎で柄に固定する方式の戈でこの方式のものはだいたい殷時代に限られたものである。鼻面と口の辺りがコンヴェンショナライズされた形に表わされた大きめの頭に、大きな耳が立ち、頸には短い鬣がつけられている（馬の各部名称については三二七頁、図197参照）。胴は高さに比して長く、平尻で胸前も貧弱である。円形に表わされた蹄をもった足がつく。この形の蹄の表現は甲骨文の馬字に例がある[11]。尾は長く、尖端が三つに分れている。

W・P・イェッツはこの資料をただちに馬としているが[12]、これが驢馬、あるいは騾馬ではないかということは一応検討しておく必要がある。

M・ヒルツハイメルが馬、驢馬、Maultier（牡馬と牝驢馬の混血。馬騾。『説文』の「駃は駃騠なり。馬父、羸の子なり」〔段玉裁は注に「けだしまさに馬父にして驢母の羸なりの六字に作るべし」という〕に当る）、Maulesel（牡驢馬と牝馬の混血。驢騾。『説文』の「羸は驢父、馬母なるものなり」〔段玉裁の注したテキストによる〕に当る）の見分け方の標準をしろうと向きにわかりやすく説明しているからそれを借りると左上の表のごとくである(13)。

さてこれに照してみると、この動物は驢馬の条件におおよそ合うのではなかろうか、と考えられよう。しかし首のかかげ方は馬のようであり、尻は角ばっているとはっきりとも言えない。尾は牛のものに似るが、のちにみるごとく甲骨文の馬字がこの形の尾をもっていることから、これは必ずしもこの動物の尾が牛の尾のように尖端にだけふさふさ毛が生えているのを写生したものでなく、尾というものがあることを、尾という記号を付け加えることによって示したものであると考えうる。この時代の動物表現に他にもよくある例である(14)。姿勢、尻の形が驢馬より馬に近く、尾の形が実物を写生したものとは言えないとすると、耳が長いことから、それではMaultierだと言えないだろうか。鬣が立っている点が合わないが、同じ馬でもプルジェヴァルスキー馬のように鬣の立った馬と驢馬の混血としたら、鬣が立っているということもありうるだろう。また長い鬣を短く刈っているのかもしれない。

	鬣	耳	尾	尻	腿
馬	垂れる	短い	ふさふさ毛がある	丸い	肥
驢馬	立つ	長い	牛のごとし	角ばる	腴
Maultier	垂れる	長い	ふさふさ毛がある	丸い	肥
Maulesel	立つ	短い	ふさふさ毛がある ただし柄がつく	丸い	肥

これと同様長い耳、立った鬣、長い尾をもった同様の表現をもった動物を含む図象記号はほかにも例が多い。

両馬形羊[illegible]父乙鼎(15)にも相似た馬がみられる（図212、下）。高さに比して胴が長く、平尻。半兔頭の大きい頭がつく。両馬形天牲形父丁彝(16)もやはり相似た馬であるが（図212、中）胸前がやや張り、頸をかかげている。これらはいずれも銘のスタイルから殷のものと考えられる。

父丁尊(17)は器の型式より西周前期のものと思われるが、ここに天字形の人物の両手に牽いているのはいまの馬戈と同じ特徴をもった動物である。足、胴、頸はやや細長く表わされ、頭も小

図213　殷時代甲骨文の馬

さい。この動物の尾は甲骨文尾字（）のごとく尾を状に作っている。器の型式ないし字体からみてやや時代が降り、西周中期のものと思われるもので、同一の記号は兄辛簋[18]、辨父己彝[19]、作从簋彝[20]、牽牲形父辛尊[21]にもみられる。牽牲形父辛鼎[22]の天字形人物の両脇の動物は非常に猪頭に表わされているが、やはり同一のものを表わしたものであろう。

図213に示したのは甲骨文の馬字である。これが第五期の字体を経て篆文の馬字に変還してゆくことは改めて言うまでもない。この馬字とさきの図象記号の動物を比較してみよう。先に Maultier の特徴かと疑った長い耳は、甲骨文にもみられる。その他頭の形、胴体の形、蹄、尾の表現等すべて一致している。とするとさきの図象記号は、甲骨文では肥腴のない線で表わされた馬を、やや丁寧により絵画的にえがいたものにすぎないことがわかる。耳が長いことをもってこれを Maultier とすると、中国の馬という文字は Maultier の象形ということになり、馬は騾馬だ、ということになってしまう。これは秦二世皇帝に対してくらいしか通用させることのできない結論であろう。

顧炎武[23]は、驢馬や騾馬は漢以後匈奴より大量に中国に入ってきたもので、それ以前はあっても稀少なものであった、輸入され始めたのはおそらく趙武霊王以後で、『史記』匈奴伝にも両者は奇獣に数えられていると述べている。

以上図象記号、甲骨文に表わされた馬は、耳が長く、鬣が立ち、胴が長い割に足は短か目で、尾が長い、という特徴をもっている。先に馬車を論じた際（第三章、一、(一)、(1)、(d)）引いた安陽殷虚「象墓」出土の小刀の柄頭に飾られた馬頭（二〇二頁、図97）、安陽小屯出土の小刀の柄頭を飾る馬頭[24]も、図象記号、甲骨文に表わされたと同様な馬を立体的に表わしたものと考えられる。どうみても、乾燥した、軽やかな、貴相をもった頭というのとは正反対の、ぼってりと重い頭である。

これら図像に表わされた馬は、安陽大司空村の馬骨から推定されたような、割に高い馬と同一の馬を表わしたものであろうか。図像に表わされた、正方形馬というには遠い、足に比して胴の長い、筋肉の発達していなそうな馬は、あるいは大司空村の馬とは別種かも知れない。しかし、最も普通に見かける馬がこのようなものであったので、馬の図像がすべてこの形に表わされたのであることは、ほぼ誤りなかろう。

(三) 西周時代の馬

西周後期の馬の資料としては、河南省濬県辛村から多くの馬骨が出土しているが(第三章、二二〇―二三九頁参照)、残念なことに専門家の調査を経ないまま失われてしまったそうである。[25]

長安張家坡西周前期車馬坑から保存のよい馬骨が馬車の痕跡と共に発見され、発掘平面図には馬骨も画かれている。[26]発掘報告にはこの馬の骨学的調査は記されていない。またこの図面で測った主要な骨の寸法を林田・山内一九五七の表4にあてはめて馬の高さを推算してみたところ、一頭分の各骨から算出される値に開きが大きすぎる。この図は骨については不正確と思われる。骨の実物について専門家に研究してもらう必要がある。そこで、この時代についても図像的表現によって当時の馬をうかがうに止めなければならない。

(a) 陝西省郿県李家村の犠尊

西周中頃のものとして時代のはっきりする資料に、陝西省郿県県城の東一キロばかりにある李家村出土の馬の形をした犠尊がある。[27]一九五五年三月、村民が苜蓿を掘る際、方彝二、尊一と共に偶然掘り出したもので、遺跡の性質は未だ確認されていない。胸前にあたる部分に銘文がつけられている。[28]銘文中に現れる師虘という人名を李学勤は師遽簋、師遽方彝の師遽にあて、同じ人である盠の作った同出の方彝の形制が後者と同じであることに注意している。師

図214　郿県出土の西周時代の青銅製の馬

遽の方彝を郭沫若は懿王時代とし[29]、陳夢家は共王時代に分類している[30]。同一人の作った方尊、方彝は一見して明らかなごとく西周中期の形式をもち、おおよそ九〇〇年前後のものであることは疑いない。

そこでこの馬（図214）の特徴であるが、足は太目で短く、前膝が突出して表わされている点、さきの両馬形羊〓父乙鼎、両馬形天牲形父丁彝と同様である。尻は卵丸尻とみうけられる。胴が円筒状なのは製作技術の制約によるものであろう。尾が非常に短いのも同様の原因によるものであろうか。あるいは後述の前漢時代の塼に表わされた馬のように、鞘に入れた形かもしれないが、それと異なり、円弧状にはね上ってはいない。頸は太く、鬣は短く、刻線で毛を表現している。頸から胸前にかけて真っ平らに作られているが、ここに銘文をつける時の技術上の必要ということを考慮せねばなるまい。頭は大きく、半兎頭気味の頭らしい。耳は殷代の文字、図象記号と同様、かなり大きく表わされている。目およびその上の眉の表現は、実物に忠実というには遠く、伝統的、類型的な目の表現をここに適用したにすぎない。このことはこの目の表現が龍、犠首などに共通することから明らかである。

これが馬でなく、空想上の動物であるという想定を、一〇〇パーセント否定し去ることはできない。しかし、これで写そうとした現実の動物が居たとしたら、それは馬であろう。

この犠尊の銘文の内容はこれを馬と解釈する上の参考となる。

器銘に

隹王十又二月、辰才甲申、王初執駒于〓。王乎師豦召盠、王親旨盠駒、錫両〓。稽首、曰……（下略）

惟れ王の十有二月、辰は甲申に在り、王初めて駒を屐に執う。王師豦を呼びて盠を召す。王親ら盠に駒を旨し、
両〓を錫《たま》う。稽首して曰く……

とあり、蓋銘に

王鱁駒吾、錫盠駒、〓雷、駱子
王駒を吾に鱁し、盠に駒、〓雷、駱子を錫《たま》う

また器内に入っていた同形の器蓋に

王鱁駒屐、錫盠駒、〓雷、駱子
王駒を屐に鱁し、盠に駒、〓雷、駱子を錫《たま》う

とある。

器銘の「初」字は『考古学報』一九五七年、二、図版二にかかげられた拓では「衣」ともみえるが、前引諸釈に従い、初としておく（「執」字は拓本が明瞭でないが、羅福頤以下「執」と釈しており、おそらくそれで誤りないと思う）。「旨」を羅福頤、李学勤は〓とし李は「載」と釈しているが、これはきずを見誤ったもので史樹青、郭沫若のごとく「旨」とすべきことは明らかである。〓字を羅は「僕」とし、史は「犕」とし、郭は「拝」とするがいずれも誤りである。この字の扁は何と釈すべきか不明であり、旁は羅のみたごとく「業」である。静簋が僕を〓に作り、旁が〓に从わず、〓に从うのと同様である。蓋銘の鱁字を李は「訊」と釈し、郭は鱁字の从う「〓」字は金文の「執訊折首」の「訊」字であるが、この字は句に从う。句は声符で、鱁字は蓋し古の「拘」字だろうという。郭説は当っていよう。〓字は不明。郭は「用乎?」と釈するが、字形上まったく成立しえない。

「王初執駒于屐」の「執駒」を、李学勤は『周礼』校人、庾人、『大戴礼記』夏小正の「執駒」にあて、郭沫若もその典礼を説明する。楊向奎はさらに次のごとくくわしく解説している[31]。即ち、執駒のことは『周礼』『大戴礼記』の

外にも『礼記』月令、『呂氏春秋』十二紀、『淮南子』時則訓にくわしい記載がある。『礼記』月令に「季春之月……乃ち累牛騰馬を合せ、牝を牧に遊ばしむ。駒犢を犠牲にし、挙げてその数を書す」（『呂氏春秋』十二紀も同じ、『淮南子』時則訓は下の二句を欠く）とあり、累牛は時則訓に牒牛とあり、種牛である。牛馬を交尾させることを記したものである。『周礼』牧師に「孟春には牧を焚し、中春には淫を通ぜしむ」とあり、鄭注に「中春は陰陽の交わり、万物生ずるの時なり。以って馬の牝牡を合すべきなり、月令には季春に乃ち累牛騰馬を合せ牝を牧に遊ばしむと。これは秦の時の書なり。秦の地は寒涼にして、万物後れて動く」という。

さて次は交尾が終った後のことであるが、『周礼』校人に「春に馬祖を祭り、執駒す。夏に先牧を祭り、馬を頒ち攻特す」とある。夏小正四月の「執陟、攻駒」の伝に「執とは、始めて駒を執うるなり、執駒とは、これを離して母から去らしむるなり」「攻駒とは、これに車を服することを教え、数ばこれを舍くなり」とあるのは、『周礼』、月令の記載と異なっており、また五月の条に「頒馬」とあり、伝に「頒馬とは、夫婦之駒を分つ」とあるが、これは『周礼』、月令の執駒の意味に近い。孫詒譲は『周礼』校人の正義に、「攻特」について「鄭司農いう、攻特とはこれを騬することなり。鄭の廋人の注に「攻駒」を説くのと義は同じなり。『説文』馬部にいう、騬は馬を犗するなり……馬勢を割去するをいう。今の扇馬なり」という。種馬を去勢して妊娠した牝を傷つけぬようにし、また服乗に便にするのである。『礼記』月令に「仲夏の月、游牝は群を別にす、則ち騰駒を縶し馬政を班つ」（『呂氏春秋』十二紀は「游牝別群」を「游牝別其群」に作る。時則訓も同じ）という。高誘は『淮南子』時則訓の注に「是の月、牝馬の懐胎は已に定る。故に其の群を別ち、騰駒が其の胎育を蹏傷するを欲せざるなり、故にこれを執う」という。即ち、交尾が行われ、次に執駒を行って牝馬を保護し、さらに『周礼』、夏小正の「攻特」のことを行って、根本的な解決を行うのだ、と説明している。

この楊向奎の考えは執駒と攻特を妊娠した牝の保護という面からのみ解釈するが、そうとばかり考うべき必然性はないと思われる。『周礼』校人には、春「執駒」を行い、夏、「頒馬」「攻特」を行う、とある。春「執駒」を行う、という条について鄭司農は「執駒は母に近づくことなからしむ。猶お攻駒のごときなり、二歳を駒といい、三歳を駣という」という。孫詒譲はその条の正義に「『大戴礼記』夏小正にいう、「四月執陟攻駒」と。伝にいう、執とは始めて駒を執るなり。執駒とは、これを離して母を去らしむるなり、執えて君に升すなり。攻駒とはこれに服車を教う、数ばこれを舎すなりと。案ずるに先鄭の母に近づくことなからしむというは、即ち、夏小正の伝のいうところの、これを離して母を去らしむるなり。廋人には攻駒と執駒とは二事たり、夏小正を合す。此れ執駒は猶お攻駒のごときなり。もって皆是れ其の乗匹の事を禁ずるなり。執駒もまた其の蹄齧する者を騬するというにあらざるなり」という。鄭玄は今の条について「玄おもえらく、執は猶お拘のごときなり。春通淫の時、駒弱く血気未だ定まらず、其の乗匹してこれを傷くるがためなり」という。二歳の駒の保護という眼目からする処置、という解釈である。

馬は、母馬の栄養、天候などの条件により異なるが、在胎日数一一ヶ月前後で生れる[32]。そして生後六ヶ月の牡駒は栄養がよければ普通交尾を行い得、牝駒は一ヶ年以下で充分発情を呈し、また駒から生れた仔馬は当然良くない仔馬であるから[33]、「二歳を駒という」という「駒」は、鄭玄の考えたように発情期[34]にこれを捕えて雌雄分離しておく方が好ましい。馬は満三年で成長を終る。そして体高、管囲は早く、胸囲などはおそく生長するなど、部分により多少の差があるが、満一歳で約八分通り、満二歳で九分五厘程度に成熟する[35]。久合田一九四一には種馬育成所の調教のスケジュールがのせられているが、二歳駒の七ヶ月目より始めている。夏小正、四月の条には先に引いたごとく「執陟、攻駒」と併んでいわれ、伝に「執陟は執駒、攻駒はこれに服車を教う、数ばこれを舎すなり」とあり、駒を捕え、牝牡を分けたついでに、馬車を繋駕するための調教を始めることになっている。『周礼』校人の注に鄭司農が「執駒……猶攻駒也」と両者を相近いものと解釈したのも、両者が相連続して行われたことを頭においていったことであろう。この「攻駒」の攻は、鄭司農は「攻特」の攻、即ち去勢する、という意味に取ってはいないようである。「無令近母」即ち「母に近づかしむることなし」といっているからである。

　一方『周礼』廋人の「攻駒」について鄭玄は注に「攻駒制其蹄齧者」即ち「攻駒とはその蹄齧する者を制するなり」という。中の「制」字について阮元は校勘記に、「閩監本同じ、余本、嘉靖本、毛本に制を騬に作る。当に拠りて正すべし。」という。校人の注に鄭司農云う、攻特はこれを騬するをいう」という。そうすると校人は攻特を、廋人は攻駒を行うことになる。形式的に言って、この分業は不可解である。また校人の注には鄭玄は「攻特」の攻を言いかえて解釈せず、「其の特を攻するなり、其の蹄齧して乗用すべからざるがためなり」といい、次に「鄭司農云う、攻特はこれを騬するをいう」という。これは賛成はしないが参考に引いた、という形のように思われる。「攻特」、「攻駒」の攻を、攻、制、といったとすると、どういう意味のつもりであったか、十分明らかでない。おそらく矯正する、というような意味であろうか。ともかく駒の教育馴致に関連したことである。

　以上「攻駒」については色々な解釈があってはっきりその意味を確かめることができないが、「執駒」と時間的に連続して、これと密接に関連をもったもので、二歳の駒の調教、馴致、などといった方向の行事と考えることは許されるであろう。

　ところで、いま問題の盠犧尊の銘には「惟れ王の十又二月」とある。楊向奎は、これは周正で、夏正なら一〇月、秋末冬初に当る。春、秋に執駒の礼が行われたのだろう。牛馬は春秋二回交尾期がある、と注意している。前年の春、または秋に生れた駒を捕えて分離し、調教を始める行事が行われたものと考えられる。

　王が初めて㡿において「執駒」の行事を行った後、王は師豦をして盠を召さしめ、というところまでは問題ないが、王親ら……以下は考釈者によって色々に句読が切られている。羅福頤は「王親ら盠に駒を屮口し、両僕を賜った」と切る。僕と釈された字の扁は不明でも、これを僕の仮借字と考え、僕という身分の人間二人を賜ったとすることもできそうだが、その意味ならば伯克壺(36)にあるように、「僕二夫」という形になるはずであるから、それは語法上不可能である。史樹青らも「王親ら盠に駒を旨し、両𤢻を錫った」とし、「𤢻」は馬僕にちがいない、おそらく王は二匹の駒を賜り、それに付随して二人の馬僕を賜ったのだろう、というが、この考えも両僕と同様な理由で成立しがたい。郭沫若は「王親旨盠駒錫両。拝稽首……」と切り、「駒錫両」とは駒二匹を賜ることだという。このような言い方の例を知らない。おそらくむりであろう。

ここは次のような方向を以って考えてはいかがであろうか。即ち、金文で、器と蓋は通例として同一の内容のことを記すものである。今の犠尊では蓋銘は非常に短いが、スペースの加減で器銘と同内容のことを、つづめて言ったものにちがいないということである。

蓋銘を先ず検討してみるに、史樹青等は「王騾駒、京、昜（賜）盠、駒用雷（罍）駱子」と切り、駱子を人名というが、これでどう読むつもりか、全く意味が通じない。李学勤は「王䮝駒㕯、賜盠駒□雷、騅子」「王䮝駒厈、賜盠駒□雷、駱子」と切り、㕯、厈は地名、騅、駱は駒の親馬の名で、子馬だから親馬の名を取って騅子、駱子と名づけたもの、という。そうすると「□雷」が不明のまま残ってしまう。郭沫若は李の□を「用𢦔?」と改めるが、採用しがたいこと前記のごとくである。蓋銘の最後の四字はまずおいて、器と蓋の銘の内容を比較してみると、蓋銘の「王駒を㕯に䮝す」「王駒を厈に䮝す」は、器銘の「王初めて駒を厈に執う」であろうことは間違いなかろう。郭のいうごとく、執と䮝（拘）は同義である。また、器に、執駒の地名が厈となり、蓋銘に㕯とあり、もう一器の蓋に厈とある点に疑問があるが、これは郭のいうごとく、同地異名か、区域の大小と解釈すべきであろう。次に蓋銘に「錫盠駒」とあるが、器銘で錫の目的語は両樸となっている。器蓋同内容を記したという前提を正しいとする限り、両樸と駒は同一のものをいうと考えねばならない。樸字の扁は何という字か不明であるが、あるいは駙の仮借ではなかろうか。「両駙」、といういい方は、両服、両驂という言い方に例がある。孫詒譲が証するように、金文の「土田僕庸」は『詩』魯頌、閟宮の「土田附庸」で、古く僕と附は通用する。[37]『説文』に「駙、副馬也」（駙は副馬なり）と。盠は副馬用に駒二頭を賜ったことになる。そうすると器に「両駙」を賜り、蓋に「錫盠駒、〓雷騅子」とあるのは、「駒、すなわち、〓雷と騅子」というようにまず総括的な名をあげ、後に内容を注記する金文の常用の語法の例を以って解釈しうると思われる。器内から出た蓋の銘の、私が「騅」とした字を、李、郭は「騅」とするが、旁は隹とも見えない。銹ときずで各々がおかしい具合になったと見た方が良いだろう。そうすると二つの蓋の銘に出てくる〓雷、騅子は馬の名と考えられる(38)。

ところでここに馬を二頭賜ったことを記した銘文のある馬の形をした犠尊があり、先に推測したごとく、もう一器、同銘の、同形の器があったと思われるから、計二つの馬の形の犠尊があったことになるとすると、馬を二頭賜ったのを記念して二つの馬形の犠尊を作ったことになる。李学勤のいうごとくあるいは王が賜った馬をモデルにしたことも考えられる。

銘文に記された賜りものが何らかの形で器に表された例としては、李氏も引く貉子卣《ゆう》(39)に「王士衜に命じ貉子に鹿三を帰らしむ」とあり、器の頸部に小さく帯状に鹿の形象をめぐらしている例がある(40)。

㈣　東周時代の馬

東周時代の資料では、三門峡上村嶺、邯鄲百家村の車馬坑、侯馬牛村古城城東の獣坑、輝県琉璃閣の馬坑から馬の骨が出ている。三門峡上村嶺の車馬坑の平面図が報告書にみられるが(41)、馬骨の図はどうもあまり正確でないらしく、この図で測った馬骨から林田・山内一九五七により馬の高さを推算すると、各個体の体高に二〇～三〇センチの開きが出たりする。これも実物によって専門家に研究してもらわないと、発表された図だけでは馬の体高すら推測できない。邯鄲百家村車馬坑からもきれいな馬骨が出ているが、発表されているのは小さな写真だけであり、輝県琉璃閣の馬坑の平面図も草率に描かれていていずれも馬骨研究の資料には使えない。侯馬牛村古城城東獣坑中の馬についても獣坑の小さい図があるだけで骨の研究はなされていない[42]。

(a) 前五世紀銅器象嵌文の馬

図像としては、先に引いた狩猟紋鑑、狩猟紋壺がある（一八頁、図3の4）。前者の馬は、二頭立ての馬車につけられた馬で、耳が短く、二本にえがかれ、四頭立ての方はまるで驢馬の耳のように長く、一頭につき一本ずつしか表わされていない。驢馬や騾馬は先にのべたごとく、先秦時代には中国に知られていず、また驢馬は前肢の構造上駈ることが困難な動物で、馬車に繫駕して駈けさせることは考ええないとすると、これはやはり両方とも馬と考えられる。耳が二本ずつえがかれた馬の方は頭が比較的小さく表わされている。何故このように描き分けられたかはわからない。強いて考えれば、殷以来の耳が長く頭の大きい種と、これとは別な、頭が小さく耳の短い種をかき分けたものであろうか。なにぶん細かい象嵌文なので馬の体つきの特徴はわからない。両種とも尾の先は後漢画像石にみるごとく、結ぶかサック（『説文』に「紒は馬尾の韜なり」とあるもの）に入れてあるらしく、丸まっている。もちろん御者が尾ではたかれないためである。この風がこの時分（前五世紀）よりあったことが知られて興味深い。

狩猟紋壺の馬の方はより自然に忠実に表現されており、特徴も若干わかる。兔頭様の大き目の頭、長くない頸、立った鬣、足に比して長目の胴。馬戈や郿県の犠尊と相似た体つきの馬と思われる。

(b) 洛陽老城区東周墓出土の青銅馬

立体的表現のものには青銅製の馬がある（図215）。出土遺跡のはっきりしている例では洛陽市老城区の西二五〇メートルの墓から出たものがある[43]。遺物の配置を示す図と伴出遺物の品目があげられているだけなので時代ははっきり断定できないが、剣や帯鉤が出ているから、東周後期と考えてよかろう。問題の馬はそのうちの二つの写真がのせられている。長さ三四センチ、頭は割に大きく、写真がぼんやりしていて十分にはわからないが、横幅も広そうである。額はやや丸味があり兎頭気味で、耳はちょっと殷西周の銅器にみる虎の耳のように幅広く、先が丸っこいようであるが、これも写真では十分わからない。鬣は鄠県のものと同様な表現らしく、短いと思われる。腰は突出し、尻は丸い。尾は左のものでは先が折れているようにもみえる。胸前の形はよくわからないが相当の幅がある。足は鼎の獣足をとってきて付けたごとくで、太く短い。全体の感じはずんぐり太いが、技術上の制約を割引すると狩猟紋壺の馬に近い形となるであろう。

図215　洛陽老城区東周墓の馬

(c) 伝洛陽金村出土の青銅馬

盗掘によって出土し、古美術商の手を経たものであるが、やはりこの洛陽の馬と同様な用途と思われる青銅製の馬が知られている。河南省洛陽の北東二〇キロばかりの金村というところから一九二八年以後の盗掘によって出たと伝えられるものである。まず梅原末治一九三七、図版四〇、四一にかかげられたものについてみよう。これらはもちろん本当に金村から出たものかどうかは確かでないから、金村から出たと伝えられる他の遺物が東周後期のものであるからといって、この馬も同時代のものと結論することはできない。しかしこれは漢のものではない。図版四〇の馬の胴、頸の作りを漢の例えば土偶の馬と比較してみると、漢のものはもっと単純な、簡素な面をもって形作られている。東周前半頃のこのような動物の丸彫りの例はちょっと思い当らないが、西周中頃というと先の鄠県の例のようなこれとは似ない、技術の劣る、硬直したものである。それでは殷はどうか。例えば犀の形をした小臣艅犠尊のような写実的なものがある(44)が、殷のものは動物に潜む神秘的な力といった、原始人の動物に対する観念をじかに感じさせるような作品であり、これとは似て非なるものである。これはやはり東周後期、即ち六世紀中頃より秦までの期間のものである。この、中に空気を入れてふくらしたような、丸味のあるぴんと緊張した面はこの時期の、丸彫りに限らず青銅容器類すべてにもみられる特徴である。

さてこの二つの馬をみてみると、実物を見ていないから十分わからないが、四肢と頸はいずれも後からついだあとがある。図版四〇の方は頭が大きく、頸が太短く、脚も太いのに対し、図版四一の方は頭が小さく、頸が長く、脚が細く弱々しい。いずれも高さ六寸五分とあり、一対として売っていたものであろうか。前者にはおおよそ(b)のものと相近い体つきの馬を認めうるが、後者からは何か木に竹をついだような、そぐわない感じを受ける。頭、胴、足とばらばらになって盗掘者より美術商の手に渡った何馬分かの馬を、適当に一つに寄せ集め、さらに足りないところは作りもので補ったということは十分ありうる。私はこの写真だけをみて、これがもともとこのような形に、このような各部の比例で作られたものとして当時の馬を考察する資料に使う自信はない。図版四〇の馬の胴などは写真でみてもたしかにオリジナルなものと思われるが、他は知らない。この時代に(b)の例のほかにも青銅で作られた馬があったこと、およびこの胴の形がさきのものとよく似ていることを知るだけで満足しよう。

(d)　伝輝県出土の黒陶馬

今までみてきた、頭が比較的大きく、頸は太短く、胸前は張り出さず、背の線にあまりS字状のアクセントがなく、尻が丸い種類の馬は、いわゆる黒陶明器の馬にも認められる。この手の遺物が戦国時代に属することは一般に認められているごとくである(45)。ただ、輝県出土という所伝には相変らず疑問が残っている。中国科学院の輝県発掘において、やや相近い遺物は出土したが(46)、黒くてつやのあるこの手のものとはやや様子が違ったものであるという(47)。山西省長治市分水嶺古墓群中の一四号墓からもやはり同じ手と思われる陶製の人物、虎の俑が発掘されているが(48)、色つ

図216　伝輝県出土の戦国時代黒陶製の馬

や、質の記載がないので、この伝輝県のものと比較することができない。この長治のものは、前五世紀と考えられる[49]山西李峪の一括遺物と相近い紋様をつけた銅器を伴出している。

関野のあげた黒陶明器は、解放後古美術商岳彬の所蔵品を検査したとき多数発見された偽物に類するものがあり、十中九までは偽物だ、という批判がある。そして馬にも発見された偽物によく似たものがあると記されている[50]。しかし十中九までという、偽物をみた目で、真物と思ったものもあるのであろうか。現在科学的調査によって発見された戦国の俑は、やや作りの異なるものだけであるが、これらは似ないものをすべて偽物と決めつけるべき根拠はない。当時作られたもののあらゆる種類が発掘によって確かめられているというにはほど遠いからである。ここにはその作ゆきからみて偽物とは到底信じられないものを、一応資料として使うこととする。

さて関野一九五一の図版二五、二六、二七、第六図の1、第七図（図216）の馬をみてみよう。体全体の形は一見して洛陽出土の青銅製の馬、狩猟紋壺の馬と同じものであることが見取られよう。即ち、頭は単純な面に簡略化されているので細部は不明であるが、体全体とくらべて大き目で、太短く、耳も大きい。頸も太短く、胸前は張り出ていない。鬣は短くて立つ。胴は太く高さに比して長目で、背の線は起伏に乏しく、腰角から後は急角度にこけている。足も太短いが、折れやすい粘土で作らねばならなかったため、太目に作ったであろうことを割引きする必要があろう。尾は粘土製の関係もあり、短く、尻に密着して表わされている。

(e) 戦国時代半瓦当に表わされた馬

以上みてきた馬と同じタイプと思われる馬は前四―前三世紀といわれる斉の半瓦当にも見出される(51)。関野雄はこの半瓦当の年代について、それが燕の半瓦当の系統を引くもので、斉が田斉になって国が富み栄えた時代に作られたもの、その建国（前三七九）から滅亡（前二二一）の間のものであろうことを政治および経済の一般的な情勢から推測している。その限りにおいていかにももっともであるが、もう少し正確に、年代のわかる遺物との比較から年代を考定することが可能であろう。また半瓦当のいわゆる「黼文」と郾王戠矛(52)の紋様との共通など一つの手がかりとなろう。郾王戠（職）は燕昭王で、前三一一―二七九年在位である。

さて、半瓦当の紋様は、狭いスペースに小さく表わされており、技術も素朴であるが、たとえば関野雄一九五二、図版七の21―図版一三にかかげられた例（図217）をみればわかるごとく、丈は低く、胴、足は筋肉が発達せず、耳が比較的大きく表わされているなどに、今まで見てきた馬と同じタイプの馬を看取することができるであろう。

図217　戦国時代の半瓦当の馬

(f) 伝洛陽金村出土の別のタイプの青銅馬

一方戦国時代には以上と異なったタイプに属すると思われる馬の図像が知られている。ホワイト一九三四、図版八四の209a（図218）(53)、209bに出ている金村出土と伝えられる馬、同じく金村出土という英国博物館蔵の馬である。前者は頸と足についだあとがある。後者の足先は前者のおそらくオリジナルと思われる後足に比べてみると、たしかに出来の悪い後補と思われる節があり、胴の筋肉の隆起、目、口のあたりにこれも

図218　伝洛陽金村出土の戦国時代の青銅製の馬

出来の悪い写真のリタッチが目立つ。前者は高さ九インチ、後者は一〇インチで作り、寸法とも相近い。先にのべた金村のものと同様な理由から、やはり戦国時代頃のものと認められよう。

頭は体に比して小さく、相当強度の兔頭であることがまず目につく。眼窩は額から突出している。頸は長く、鵠頸で、鬣は短く、立つ。胸前は強く張り出し、頸の筋肉は自然に忠実に写されている。腹の線は腹から斜めに直線上に上にへこみ、腰角は高く突出し、そこから尾の付け根の方に殺げた著しい斜尻をしている。足はやはり太く短く、腿が強調されている。肩、膊、股にも筋肉が強調されて表現されている。後者の尾がオリジナルとすれば、その先は結ばれている。これと同様な特徴をもった馬は洛陽付近出土と伝えられる空塼のスタンプ紋（図219—221）に見られ、[54] ホワイトもこの類似に注意している。[55] ホワイトはこの塼を前三世紀と考えているが、[56] 現在の知識をもって言えば、前漢中～後期に降るものである。

金村出土と伝えられる金銀象嵌の鏡（第三章、図200）に出てくる乗馬は小さい頭、鵠頸をもち、胸前は張り、相当幅広い。足は今までの例より細いようである。尾は結んでなくて、短い毛が先の方にだけついているように見える。この馬の上には二本の羽根のような飾りをつけたかぶりものをつけ、鎧を着た男が飛び下りようとしており、中国式の剣をもって虎に立ち向かおうとしている。人間と比べてみて、この馬は一メートル前後しかなさそうである。

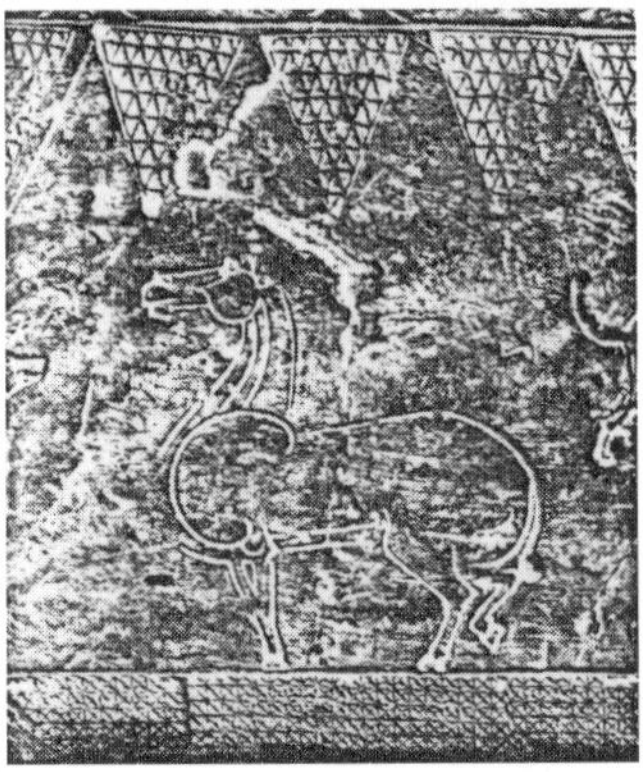

図219（右）、図220（左上）、図221（左下）
前漢時代の空塼に表わされた馬（Royal Ontario Museum, Toronto）

㈤ 要約

以上要約すると、殷以前の馬は家畜かどうか不明で、もちろん種類も不明。殷以後戦国時代までの馬も、骨の資料の調査が全く行われていないので十分なことはわからない。安陽大司空村の殷時代馬坑の馬は、現在のアラブ種に近い高さをもつらしい。しかし図像的表現によってみるとこの期間全体にわたって、頭は大きく、耳も大き目で兎頭ないし半兎頭、鬣は短く立ち（前髪もないらしい）、胸前は貧弱、高さに比して胴は長く、腰角は目立たず、尻も貧弱、尾は長い、といった特徴の馬が表現されていて大司空村の馬に当ると思われるものはない。

これらの馬に似たものをさがせば、だいたい現在の蒙古馬に近いといえるであろうか。しかし、馬戈、盠犧尊にみる馬は胴がもっと細く表わされており、後者は、多少アラブ種の混ったといわれる桑貝子馬ないし伊犁馬[57]に近いようである。

一方戦国時代にはこれと相当著しい区別のある表現が現れる。即ち頭は比較的小さく、兔頭ないし半兔頭、耳は小、鬣は長いものを刈りこんだらしいものもあり（前髪はやはりない?）、鵠頸、胸前は強く張り、高さに比してやはり胴は長いが腰角が高く突出し、頸、肩、尻、肢などの筋肉、腱が強調され、飛節の角度が誇張されて小さく表わされる、などの特徴をもったものである。

ここに馬の芸術的表現を研究しようというのでなく、各時代の馬そのものを研究しようとするのであるから、馬について論ずる前にこの表現の上の異同は、描写の対象となった馬の体格の特徴に対応するものか、あるいは対象たる馬とはあまり関係がなく、ただ単に表現技法の異同を示すだけのものでしかないか、の問題を考察しておく必要がある。

これは馬の骨の資料の専門的な調査によって最終的な答えが与えられるべき問題である。しかしそれがない現在、扱いうる限りの材料で考えてみるに、私はやはり前者であると考える。

即ち後者の考えをとるとすると、殷から春秋時代には表現の技法が未発達で、自然に忠実でなかったから、馬の表現もぎこちなく、頭は実物より大きすぎ、尾も実際のものより長すぎ、胸前や尻の形は無視されて表わされたのであるが、戦国時代に入って初めてその特徴が自然に忠実にとらえられ、表現されるようになった、と考えなければならない。けだし図象記号にせよ、犧尊にせよ、墓に入れる仮器にせよ、わざわざみすぼらしい駑馬を表わそうとするはずがなく、なるべくたくましい理想的な良馬に近いものを表わそうとしたにちがいないからである。ところが後者のこの考え方は殷以来の動物表現に見られる事実と相違する。

殷時代の人がいかに動物の特徴をよく見、巧みに表現する能力をもっていたかは、甲骨文の象、兕、鹿、豕、犬などの字をみればわかる。これらの形がいかに巧みなものであるかに感心しなかったならば、それはむしろみる人がかえってこれらの動物の体つき、姿勢のくせをよく知らないからである。立体的表現では、例えば鵌犧尊(58)がスマトラ犀の見事な像であることは別にくわしくのべた通りである[59]。このようなみごとな伝統をもった殷時代の人が、馬の表現だけは稚拙で、実物とはかけはなれたみすぼらしいものを表現したとは考え難い。この場合、安陽大司空村のアラブ種に近い高さをもった馬は、図象記号、甲骨文の作られ、固定化し、使用された時代に例外的存在であったから、それにはその姿が表わされていない、と考えるより仕方ない。

西周時代前期は殷の伝統の延長であるが、中頃より青銅器の製作技術に衰退の傾向が現れる[60]。郿県の例が、胴の作りなどやや生硬なのはこの傾向の表れであろう。

春秋時代前半は馬の図像的表現が今のところないとともに、他の動物の自然に忠実な表現の例も知らない。

春秋時代後半、五世紀の鑑の狩猟紋の象嵌の作者は、やはり秀れた動物芸術家である。例えば馬車のそばに表わされた象をみればよい。体つきもうまく表わされているが、鼻を水平にしているのは警戒している姿勢だそうである。その他の動物も熊だの、水鳥だの、我々の見知っている動物はすぐアイデンティファイできる。とするとここに表わされた馬もきっと当時の馬の特徴を巧みにとらえたものであったにちがいない。

こうみてくると、殷から戦国までの一連の貧弱な馬、および戦国になって現れるたくましい、皮膚の乾燥した馬の表現は、それぞれその時代に現実にいた馬に対応するものであることが考えられよう。

二　中国先秦時代の馬の系統の問題

(一)　先人の説、その批評

イェッツ（前引）は先に引いた馬戈の馬や霍去病の墓の馬、オルドスブロンズに飾られた馬（おそらく漢時代頃のものだろうという）はすべて共通に大きな頭、立った鬣、短い足、長い尾をもっており、プルジェヴァルスキー馬の系統を引いたものであり、それに対し孝堂山石室画像石[61]の貴人の行列にみられるような小さい頭、張った胸前をもち、前肢を高くあげて歩いている馬は前二世紀に西方より輸入された優秀な種類の馬を示すものとしている。そしてこのような姿勢の馬の表現を、バクトリヤその他ヘレニズム時代のコインに類比し、これがコインを通じて中国に学ばれたであろうことをのべている。

いかにも頸の姿勢、胸前の形、前肢の挙揚は両者に共通している。しかしよくみると、ヘレニズムの貨幣の馬（図222）が、正方形馬、即ち高さと胴の長さが等しい馬であるに対し、画像石の馬（図223）は横長の長方形馬である。頭は前者が直頭ないし羊頭であり、前髪があるらしい（図222の4、プケファロスには明らかにみられる）のに対し、後者は半兎頭気味で前髪はない。前者の繋が強く傾斜しているに対し、後者は傾斜が少ない、など馬の審美上、また実用上重大であるべき特徴に著しい相違がある。即ち両者は、芸術的な表現様式からみて全く別なものである。前者は今日の競馬用に適した体形であるが、後者は、騎兵用、ないし輓馬用に適した頑丈な馬である。このように両者の芸術的表現の対象となった馬を考えた場合にも、実用上の本質的な点において重大な相違がある。画像石の馬は前漢中～後期の空心塼の馬（図219―221）と体形の特徴が共通であり、同種の馬を伝統的な手法でえがいたものであろう。

イェッツのいうように、この型の馬が武帝のフェルガーナ遠征以後に現れたということになると、この馬が新たにそのとき中国にもたらされた西方の良馬である可能性も考えられるが、右にみた両者の相違からみては、ヘレニズム世界のものとは一応無関係と考えうるであろう。行列の際の美観ということもあるし、また戦争などの場合、不整地を走るためには、頸を斜め前にのばして歩幅を長くして速力を出すことより先に、頸を高くかかげしめ、肢を高く揚げて蹴つまずかない姿勢をとらせる方が第一に要求されたと思われる（頸が垂直だと前肢は乳頭膊筋によって上方に引き上げられる）[62]。そうするとこの姿勢は当時の馬に対する実用上の要求から出たもので、独立にどこの地でも生れうる必然的なものといえよう。

図222　ヘレニズムのコインの馬（British Museum）

ホワイトは洛陽空心塼の馬について記した条に、イェッツの今の論文を参照し、西方の優秀な馬はもっと古くから輸入されていたろう、と補足している[63]。その証拠として『詩』魯頌、駉「駉々牡馬」、有駜「有駜牡馬」の語や『穆天子伝』などを引くが、そもそも良馬という標準は品種のいかんにかかわらないことであるから、良馬がいたことをもって輸入馬がいた証とするのは不当である。

とはいえ、この戦国時代に出現する頑丈そうな馬は、やはり中国の北、西の周辺から新しくこのころ輸入された種類である可能性が依然大であると思われる。それはこうである。即ちこの新種の馬の尻がかなり峻立しており、体の幅が広いのは、速力を出すにはむしろ不適当で、前に進む力を強く出すに適当な形である[64]。胴が太く、高さに比して長いというのも、今日でいえば重輓馬むきの形である[65]。即ちこの馬は駿足というより、タフで馬力の強い方に重点を置いて考えた時の良馬である。石田英一郎が引いた[66]『漢書』鼂錯伝の「今匈奴の地形技芸は中国と異なる。山阪を上下し、渓澗に出入するは、

図223　後漢時代の肥城県孝堂山石室の馬

中国の馬与《し》かざるなり。険道傾仄に、且つ馳せ且つ射るは、中国の騎与《し》かざるなり」という言葉は、つまり山坂を走り廻るに足る力の強い体、丈夫な蹄をもった馬を匈奴が持っており、中国産の在来馬がこれに及ばないということで、中国人が北方遊牧民と辺境で戦う時に望んだ頑強な馬というのは、ちょうどこんな馬ではなかったかと考えられるのである。これはこの種のものが北方遊牧民から輸入されたものではないかと考えられる間接な証拠といえよう。この問題についてはまた後節にのべる。

それでは現在大体その特徴を推測しうる中国最古の馬である、殷以来一般に広く使われたらしい、イェッツのいうプルジェヴァルスキー系統という馬は、いったいどういう素性のものであろうか。

エルケスはこれを中国で家畜化されたものという。[67] その論旨は概要次のごとくである。

第一に、中国には旧石器時代より野生の馬が棲息しており、新石器時代にも馬が知られていたことは辛店の土器にえがかれていることから知られ、城子崖から大量の馬骨が出土したことから、すでに馬が飼われていたことが知られる。

第二に、インド・シナ語の馬の語はすべて共通であることは、原インド・シナ人が各地に分れる前に馬をもっていた証である。

第三は中国の伝説である。即ち馬の飼養の創始者たる乗雅、それと同一人とされる乗杜の伝説が存する。これには先史時代の馬飼養の記憶が含まれている。乗杜は相土と同一人とされ、相土は殷王の祖先である。これは殷が古代の馬飼養の中心地であったことを示す。殷代卜辞からこの時代に野馬を捕え、馴らしたことが知られる。一方『周礼』校人「夏《なつ》祭先牧」の鄭玄注に「先牧は始めて馬を養いし者なり、其の人は未だ聞かず」とある。これから周の馬飼養の創始者が殷とは別であったことが知られる。周文化圏は他から、おそらく古い馬飼養の中心地であった夏からこれを受入れたものであろう。

第四は、中国で馬飼養が始まったことは他の犠牲獣は突き殺され、または撃ち殺されるのに、馬と牛は射殺される供犠法にみられる。これは馬と牛はもと野生動物であったことを示す証拠である。

右のような論である。石田英一郎はこれに対し、前引論文でその論拠の一々に反駁を加え、さらに中国の歴史時代の馬匹の補給、馬に関する新技術の導入には、常に西北辺境から内陸アジアの草原に連なるルートが問題になっている点を詳細に論じている。

いかにもエルケスの論拠は薄弱である。第一の点について石田は、野生馬が多数棲息していたのは、現在もそうである中国西北辺境から内陸アジアについてこそ、より多くの蓋然性をもって言えることである、またプルジェヴァルスキー馬らしい骨の出た旧石器時代遺跡は、シャラ・オソ・ゴルであり、辛店期の土器の出たのも甘粛省の洮河流域で、いずれも中原よりも内陸アジアに連なった西北辺境である、と内陸アジアを無視した論であることを指摘する。

エルケスの引く城子崖の資料の不確かなことはこの論文の最初にのべたごとくである。また辛店期の馬の絵（図224）というものは第一、馬かどうか問題である。両端に足の二本ずつついたディアボロ形にかかれた胴をもった動物の、馬の頭ともみうる鉤形の突起を頭とすれば、他端の二本の突起は馬の尻とは似てもつかないし、鉤形の方を尾とすると、これは馬の尾とは見えない形であるし、また馬と判定する有力な標準となるべき頭がないことになってしまう。

図224　動物の画のある辛店期の土器
（Museum of Far Eastern Antiquities）

第二にこの遺跡からは若干の青銅器が出ている(68)。この期は彩陶としては形式的にみては時代の降るものであり、青銅器が出ている点からみて絶対年代も中原地方の殷周に降るものと思われる(69)。これらからみて辛店を殷に先行する時代の中国新石器時代の例に引くのは適当でない。

山西の仰韶文化遺跡から若干の馬骨の資料が出ており、他にも調査の進展につれて例がふえる可能性の存することは最初にのべたごとくである。しかしこれらが家畜であったか野生のものであったかはこの資料からは現在決定しえない。

第二の点について石田は、エルケスが大ざっぱにインド・シナ語といったのは誤りで、厳密には「ほとんどすべてのタイ・シナ語は」というべきことを指摘し、具体的な例証をもって反駁している。

第三の点について石田は、民族学者の経験からすると、文化英雄の伝説の存在は、何らその文化財の独立起源、もしくは外部よりの伝来の問題を決定する資料となりえないことを指摘している。誠にもっともなことである。

第一、エルケスが『呂氏春秋』審分覧の「乗雅駕を作る」、『荀子』解蔽篇の「乗杜乗馬を作る」の語を、乗雅、乗杜が馬の飼養を始めたと取ったのは、明らかな誤りである。ここはもちろん馬車に繋駕することを始めた義である。だから鄭玄も馬の飼養を始めた人は知らぬ、と言うのである。

エルケスがクリール(70)によって、殷代卜辞に田猟で馬を捕獲する記事があると言うのも、誤りである。卜辞にはそのような例は絶無である。クリールは卜辞の例を引いていないが、古く誤って馬と釈された兕に関する卜辞によってそう言ったにちがいない。胡厚宣はこのような軽率な誤りを戒めている。[71]

卜辞によってみると、殷時代後期の馬の飼養は、野生のものを捕えて飼い馴すというような原始的な段階でなく、後述のごとく春秋時代と同様な方法が行われていたのではないかと考えられるのである。

第四の点については、エルケスはBiot, *Chou-Li*, 8, 14b, 15aを引くが、そのテキストがみられないのではっきりしない。石田は『周礼』司馬、司弓矢の「凡そ祭祀には、牲を射るの弓矢を共す」の注の「牲を射るとは、親ら殺すを示す……」等のことをいうのであるらしいといい、この「牲」の字が果して馬をも含むか否かは別にしても、このような礼があることから、ただちに中国本土においてその狩猟獣の家畜化が行われたという結論は生れてこないであろう、という。いかにももっともである。

ハンチャルは欧文の文献を使って、中国文化が仰韶文化から閉鎖的なものでなく、満洲、沿海州、蒙古、トランスバイカル、新疆自治区などとも広く関連をもっていた一般的な情勢をのべた後、馬が卜辞に現れ、また馬が犠牲に使われることが稀なこと、また卜辞に野生の馬を狩る記事のあること、山西、甘粛が野生の馬の生息、馬の飼育に適していること、禹が初めて馬に車を引かせた伝説のあること、殷の王墓に多くの馬、馬車（ハンチャルがロシア語にトランスクライブされた輝県琉璃閣の車馬坑をも殷時代のものとしているのはもちろん誤りである）を副葬していることなどから考えて、中国の馬飼養は前王朝時代後期、初期王朝時代（前約一八〇〇―一〇〇〇）に西ないし北西方から新たに獲得されたもので、急速に重要性を増してきたが、それは広い民衆の経済生活の上においてではなく、貴族の戦争、政治上の基盤においてであったと考えている。[72]

この論は一般の状況からするおおよその見当であり、引かれた個々の資料については、先にエルケスの考えの批判でのべたごとくである。

二　文献資料からみた殷—戦国時代における中国及び周辺地域の馬の飼養

(a) 殷

殷の王、貴族の戦争、田猟、朝見など晴れの場合に果した戦車の役割については別に述べたごとくであるが、それを引く馬が、殷の都ないしその付近で飼われていたことは当然推測される。厩の遺跡と知られるものはまだ発掘されていないが、甲骨文にその証拠がある。

郭沫若は『殷契粋編』第一五五一片を「畜馬在茲寓」（馬を畜うに、この寓にありてせんか）と釈し[73]、「『説文』に「畜は田畜なり、淮南王曰く、玄田を畜と為す」と。此れに作る。乃ち幺に从い囿に从う。明らかに是れ養畜の義なり。蓋し牛馬を囿に繋ぐをいうなり。字変じて畜と為る。淮南の説は其の朔にあらず。寓字は半損すといえども然れども其の跡甚だ明らかなり。厩の初文たること疑うべきなし」という。陳夢家はさらに胡厚宣一九五一、一、五二一「王畜馬才兹寓」（王馬を畜うに、この寓にありてせんか）、同五二二「……茲寓（……この寓に……）」、胡厚宣二九五四、四八三一「王其乍俥梌于寓」（王其れ俥梌を寓に作らんか）を引いてこの説に賛成している[74]。寓字の从うが牢、宰の从うと同様、馬を飼う場所を示していることは疑いない。『説文』に「牢は閑なり、牛馬を養う圏なり」、と。はたしかに圏を象るものであろう。が象る圏とは具体的にどのようなものであろうか。動物が自由に運動して歩けるよう相当な広さをもち、周囲に柵をめぐらしたような場所ではあるまい。そうとすると、入口の両側に平行に出た二本の棒の解釈がつかない。四辺形の一辺の一部にただ口があいていれば足りるからである。漢代の圏は明器に作られているが、狭い囲いの中に沢山の動物がきゅうくつに容れられている。実際の猪圏の遺跡でみても長さ数メートル程度の狭いものである[75]。この遺跡でみると猪圏は浅い竪穴の中に作られている。殷虚で動物飼養のための圏とされる遺跡は知られていないが、一般の人間は竪穴に住んでいた[76]。陳夢家（前引）はを「平地上に圏柵をもっ

て欄を為るを象る」というが、平地と考える根拠をあげていない。漢代にも竪穴式の圏が行われているのをみると、殷代にはまだ一般の人間も竪穴に住んでいたのであるから、家畜を住わせる圏もおそらく竪穴式に作られていたと考えることができるのではなかろうか。そうすれば冂の上の方形は竪穴を、出口の下から平行に出る二本の線は出口の坂道を象ると解釈できるであろう。相似た例としては、中国とは遠く離れたヴォルガ下流の木槨墳文化（前一二〇〇—七〇〇）の例であるが、長方形竪穴に坂道の出入口をつけた家畜小屋の遺跡が知られている。(77)

遺跡が発掘されていないのであるから、単なる文字の形の解釈によって断定を下そうというつもりはないが、ともかく馬を収容する、比較的狭い施設があったことだけはたしかである。『左伝』荘公二十九年に「春、新たに延廐を作る。書するは時ならざるなり。凡そ馬は、日中して出し、日中して入る」と。この時代には、春分になると馬を廐から出して放牧し、秋分になるとまた廐に収容する、という形が行われていたのである。殷時代卜辞の「畜馬在茲廐」というのも、秋から冬、野外に食糧が乏しくなった時に廐に馬を収容して飼うことを問うたものではなかろうか。より原始的な牧畜法としては、現在も蒙古で行われており(78)、また中国の戦国時代平行ぐらいの時代と思われる(79)アルタイのパズイルイックの馬から知られるように(80)、冬でも放牧しておいて、乏しい草を雪をかき分けて食うに任せるという方法がある。秋から冬の間だけ廐で飼料を与えて飼うこの方法は、これに比べると一般と進歩した形である。野馬を捕えて飼い馴らすというような古い段階ではないことを弁じておく。

野生のプルジェヴァルスキー馬はいうまでもなく一様に灰褐色で鰻線があるものである。殷の馬に色々の色のものがあったことは例えば第一章、二、(二)に引いた卜辞からも知られ、白馬も卜辞にみえる(81)。黒いものも黎馬(82)の卜辞から知られ、白から黒まで、多くの毛色のものがあったことがわかるが、この毛色の変化は家畜化の結果生じてくるものである(83)。即ちこの方からも殷代の馬が家畜化されて相当久しいものであったことが知られるのである。

殷王朝の馬の補給については、やはり卜辞に若干の資料がある。

胡厚宣[84]は羅振玉一九一四、九、一五と一〇、五合および羅振玉一九一六、下一八、八と林泰輔一九二一、二、二六、七合の卜辞に出てくる「入馬」の語につき、「入馬とは、貢馬なり。殷の本地は馬を産せず、馬は皆殷の西北より貢来す。故に馬は較〻稀貴の動物なり」といい、その段の注に「余別に「殷代之車馬文化」の一文あり、これに詳し」というが、その論文が何に発表されたか詳かでない。この胡厚宣の引く卜辞は第三章の「御法」の項（三四三頁）に引いた乙未の田の卜辞である。

また董作賓一九四九、八八一二にこれとほぼ同様なことを卜したと思われる「……瑪……不步」がある。

馬の調達に関連した卜辞にはほかに

(2)甲辰卜㱿貞（奚）来白馬王占曰吉、其来馬五（董作賓一九四九、三四四九）

甲辰の日に卜う。㱿貞《と》う。は白馬を来《いた》さんか。王占いみて曰く、吉なり。それ馬五を来さん。

(3)……□弜来馬丞（羅振玉一九一六、下、三〇、一二）

……弜は馬を来さんか。丞。

(4)□辰卜凷貞乎取馬于凷以三月（羅振玉一九三三、五、四、五）

□辰の日に卜う。凷貞う。馬を凷に取ら乎《し》むるに、以《もた》らさんか。三月。

(5)……取弜馬弗其以才子……（羅振玉一九三三、五、八、三）

……弜の馬を取ら（しむるに）、以らさざらんか。子……にあり。

(6)貞乎取白馬以

其来、

不其来馬（董作賓一九四九、五三〇五）

貞う、に白馬を取ら乎《し》むるに、以らさんか。

は其れ来《いた》さんか。
それ馬を来さざらんか。
(7)丁亥卜㱿貞方冎馬取乎御史
貞勿乎取方冎馬（董作賓一九四九、七三六〇）
丁亥の日にトう。㱿貞う。方冎の馬を取るに、御史に乎《せしめ》んか。
貞う、方冎の馬を取ら乎《し》むることなからんか。

三四三頁に「弅入馬、自子入馬、自貯入赤瑪」という入は貢納の義であり、(2)の「来白馬」、(3)の「弜来馬」の来も同様であり、(4)の「乎取馬于𡆥」、(5)の「取弜馬」、(6)の「乎取白馬」、(7)の「乎取方冎馬」の取が捕取の義であることは胡厚宣のいうごとくである(85)。入、来の上の字が貢納の主体であることはいうまでもない。また「取馬于𡆥」は𡆥の地から馬を捕取する、「取方冎馬」は方冎の馬を捕取する義である。(6)の例で「取白馬」と「其来」が対貞となっていることからわかるごとく「取」ももちろん貢納を前提とする行為として言われていることである。「取」については西周金文の大鼎銘(86)に「王召走馬雁令取䮰卅二匹賜大」即ち「王走馬雁を召しての䮰卅二匹を取らしめ、大に賜わる」とある。これは貢納ではなく賜る方であるが、某地の馬を捕取するということと賜ることが密接な関係にあり、卜辞との関連において興味深いが、残念ながら現存の銘文は真物ではない(87)。

ここに貢納の主体として現れる三四三頁の貯、(3)、(5)の弜、(6)のの名は、五種記事刻辞に現れる多数の甲骨の貢納者の中にも見える。即ち先に引いた胡厚宣論文の番号でいえば、貯は八八辞で亀甲を、弜は二九一、二九二辞で亀甲を、は三二六—三三六辞で獣骨をそれぞれ貢納している。胡厚宣が多くの例をあげてのべているように(88)、甲骨その他を殷王朝に貢納している国には、殷王朝の支配下にある国が多数あり、貢納は支配下にある国の義務であったと考えられる。甲骨も貢納している上記の馬の貢納者は殷の勢力下にあった国であったと考えられる。

そのほかの馬の貢納者名のうち三四三頁の旧乙、异は十分明らかでない。第三辞は异が納入し、异士が犁（䊮）することを貞うているから、异は身分名ないし官かもしれず（异字に他の用例があるかどうかいま明らかにしない）、そうすると第四辞の乙も异士と相並んで記されており、异士と同性質の名詞かもしれない[89]。そうすると、第二辞の旧乙は旧臣[90]、旧友[91]と同様な用法で、もとの乙の身分ないし官にあった者の義と解釈されよう。第四辞の子はおそらく子某という時の子であろう。

第一辞の長もおそらく貢納者名と思われるが、他にその名詞の性格、地望を知りうる資料があるかどうか知らない。

(4)の𡆥は殷の勢力下にあった雄族で、河南西部方面に位置していたとされる[92]。

(7)の方冎は不明である。冎は陳夢家が冎と釈している[93]。第一辞の「方冎馬」の句だけをみると方、即ち「方国が馬に禍する」とも読めるようであるが、第二辞を参照すると、やはり「方冎の馬」と読むべきであろう。方冎がどこにあったか、いかなる性格の国族名か、いま明らかにしない。

以上、不明なものは除き、明らかなものでは馬はすべて殷王朝の勢力下にある国族ないし官から納入されているのである。殷の勢力圏がどのような拡がりをもっていたか確定するのは難しい。甲骨文に現れる地名が現在のどこに当るかの考証、また旅行の途次占った一連の卜辞の日付によってそこに現れる地名の間の距離を推定する方法などにより、殷の勢力下の地名の分布によってその範囲を考える方法がある。しかし地名の考証も、甲骨文でかかれた地名を今の何という字に釈するかについてまず問題のあるものがかなりあるのであり、第二段階としてもちろんそれを経籍に残る地名にあてるについても、同一地名が方々にある場合は特に、説の分れることが多いからである。ごく大ざっぱのところ、おおよそ河北南半、山西南部、河南省の大部分、山東省、ぐらいがその勢力圏であったことには考証者の考えが一致している[94]。

殷式の遺物は殷の早い時期より、北は河北中部、西は陝西西南部、東は山東全境、南は江西西北部に及んでおり、(95) 地名の考証者があるいは無意識のうちに思いえがき、その範囲内で甲骨文地名に合う地名をさがし求めたであろう範囲よりも遥かに広境にわたっている。ただこれらの地方が殷の勢力の消長により、夷狄に奪われたか、また殷に奪回されたか、等のことはわからない。

ともかくおおよそ右に記したような範囲内の地域から馬が貢納されており、いわゆる北方乾燥地帯から入ったという証拠がないことだけはたしかである。しかし、貢納者の国族が、後の馬の産地、供給地である北方乾燥地帯に接した地方に位し、中継ぎをしただけだ、とも一応考えうる。しかし、前述のごとく、亀甲の貢納者と馬の貢納者が重なるものがある。もっとも亀甲を納入しているからといって、必ずしもこれを南方と関連づける必要はなく、現在の華中、華南のフォーナは殷時代黄河下流域にもあったことは筆者が別にくわしくのべたごとくである。(96) しかし、ともかく長城地帯と卜占用の亀とは両立しない。戦国時代の人の観念では、『尚書』禹貢にみられるごとく、貢納品はその土地の土産品と考えられている。これは殷において別様であったとは考え難い。殷王朝の勢力下にあった国族は、やはり土産の亀、土産の馬を貢納したのではなかろうか。『左伝』僖公十五年に「古は大事には必ず其の産を乗す」の語があり、これは各土地土地で馬を飼育し、大事、即ち祭祀、戦争にはこれを使っていた伝統についての知識をうかがわしめる言葉である。前述のごとく戦国時代の人は、馬は諸侯の国邑の外にある牧場に馬を気候がよい時節には放牧し、冬は官の厩に収容するものと考えていた。おそらくこのような方法で殷の領域内各地に馬の飼養が行われ、それが殷王朝の需要にあてられていたとせねばならない。

一方、殷の領域内で飼われていた馬が、周辺の乾燥地帯から輸入されたものであったかどうかについては何も証拠がない。殷の西方、北方の敵の、狩猟民か、農耕民か、等の経済的な基本的な点については、卜辞も一切語らないから、そこから馬が輸入されることがありえたかどうかについても知りえないのである。

であろう。

(b) 西　周

西周時代、その領域内で馬の繁殖が行われていたことは一、㈢に引いた盠犧尊の銘に証拠を求めることができるであろう。

漢以後のように、その周辺乾燥地帯から多数の馬が輸入されたことがなかったかどうかについては、西周後期の金文、『詩』に現われる「玁狁」が頭に浮ぶことであろう。王国維は「鬼方昆夷玁狁考」(96a)に、それが後の匈奴の祖先であるといっており、匈奴は馬を多く持った遊牧民だからである。しかし、かれらについては西周の強敵であったとはいえ、遊牧民であったか農耕民であったか、何ら知ることができない。そして漢の匈奴をそのまま時代の遡る玁狁にあてはめて良いとはいえない。匈奴のごとき遊牧民が正確にいつから中国の周辺に現れたかについては現在まったく不明で、後述のわずかな考古学的証拠も、戦国時代まで遊牧民の存在を証するものがないからである。

この問題については康王時代の小盂鼎が参考となるであろう。その銘文の写しと釈文を図225にかかげる。(97)ここに問題なのは第三行後半から第七行にかけてのところである。「盂は王に報告していった。「王は自分、盂に命じ、□□をひきいて㦰方を伐たしめた。その結果自分は□□の首級十をあげ、酋長二人を捕え、□の首級四千八百十二を獲、一万三千八十一人の捕虜をとらえ、……何匹を鹵獲、車三十輛を鹵獲、牛百五十五頭、羊三十八頭を鹵獲した。盂はまたいった。(自分はまたこれこれの戦いで)……を鹵獲し、酋長一人を捕えた。□二百三十七の首級を獲、□□二……百四匹を鹵獲、車百八両を鹵獲した」。」というのである。

ここにいう㦰方について王国維は「鬼方昆夷玁狁考」に、これは『易』既済爻辞に「高宗鬼方を伐ち、三年にしてこれに克つ」等々と現れる鬼方で、これを陝西省鄜県の周辺地区に隣接した地の異民族で、後の玁狁、犬戎、白狄、匈奴の古い祖先であることを論じている。もしその論に誤りがないとすれば、この金文は後の騎馬遊牧民族の典型と考えられる匈奴の、西周初期における経済、文化を知る上の稀有の資料ということになる。

王国維は𢦏字を戭と釈し、注に「呉氏の摹本には戭字半ば泐し、𢦏に作る。然れども第八行に戭字の首有り、又稍々磨泐す。二字の用筆位置を合せ観れば、確かに是れ戭字なるを知るなり」といい、梁白戈の魃字、他の金文畏字を引き、「卜に从うと、攴に从うと、戈に从うとは、皆通ずべし。則ち戭字も亦畏字なり」とし、先の『易』等の鬼方は漢人が経籍を隷書でトランスクライブした際に畏方を鬼方と改めたものであることを考証し、先の戭方が経籍の鬼方であることを証する。

ところで、𢦏方を戭方であるとする王国維の第一前提であるが、拓本でみると、王国維の言と異なり、第四行の𢦏字の从う由の下部は明らかにそれで完結していて、泐してはいない。また王国維が呉氏摹本の第八行の戭字というのは筆者模本第九行第一〇字で「武」字である（図225）。

即ち王国維が鬼に从い戈に从うと考えた字は、由に从い、戈に从う字である。するとこれを戭字とすることによってたてられた考証は根拠を失う。そうするとこの𢦏方はどこにあった国か全く明らかにする手がかりがないであろうか。王国維は前引論文に、この小盂鼎は陝西鳳翔府郿県礼村溝岸の間から出土し、その地は西北の方、岐山県に接している、ここは盂の封地にちがいないといい、その前提の上に「鬼方の地は自ずから当に盂の封地と相い近かるべし、而して岐山郿県以東は即ち豊鎬にして、其の南は又限るに終南太一をもってす。唯だ其の西汧渭の間は乃ち西戎出入の道にして、又西のかた隴坻を踰ゆれば則ち戎地為り……是に由りてこれを観れば、鬼方の地は汧隴の間にあり、或いは更に其の西にあること、蓋し疑義なきなり云々」と推論を下している。もしこの推論が正しければ、𢦏方を何と読もうと、また典籍にこれを当る国の記録があろうとなかろうと、この銘文は後の戎翟の居住地域にいた氏族の、西周時代における状況を多少とも明らかにする資料ということになるのである。しかし、王国維の前提した、宗廟の宝器は作器者の国に埋められているはずだ、ということは一向に保証されていない。春秋時代には例えば『左伝』をみても、桓公二年、荘公二〇年、成公二年、等沢山の例があるように、宗廟の彝器は多く他国に渡って行って

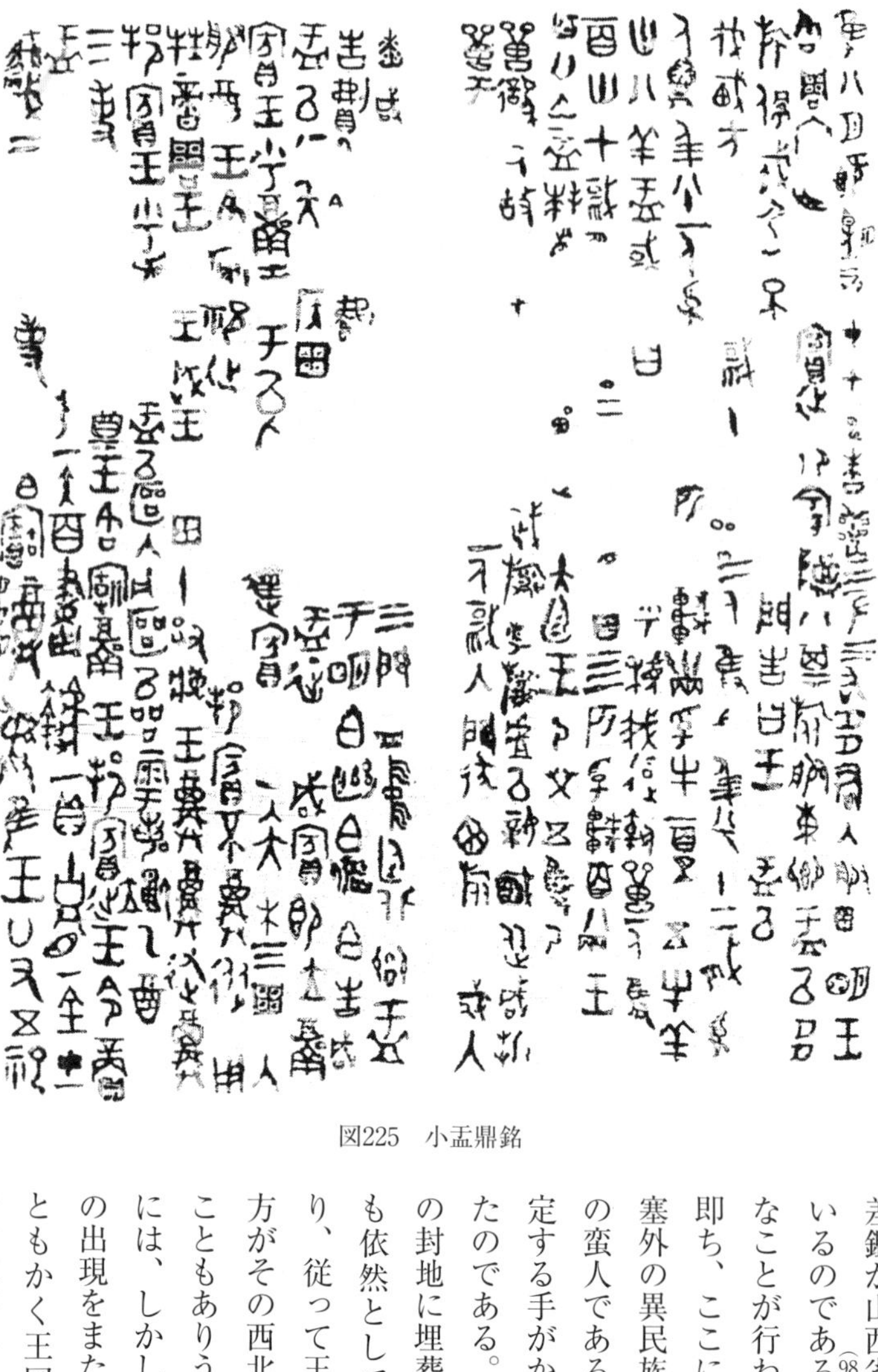

図225　小盂鼎銘

いるのであり、事実例えば呉王夫差鑑が山西省から出土したりしているのである(98)。西周時代にも同様なことが行われたと考えられる。即ち、ここに現れる戜方は、北方塞外の異民族であるか、南方徼外の蛮人であるかすらもはっきり確定する手がかりがないことになったのである。しかし、この器が盂の封地に埋葬されたという可能性も依然として残っているのであり、従って王国維のいうように戜方がその西北方の異民族であったこともありうる。これを確かめるには、しかし何らかの新たな証拠の出現をまたなければならない。ともかく王国維が考証し、郭沫若、陳夢家などが従っているように戜方を鬼方と解釈することは許

されないことになってしまったが、一つの参考としてこの銘文を見ておくこともむだではあるまい。

この銘文の捕獲数をみると、第一段については人間は殺したもの、生捕りにしたものを含めて一万八千近くに及ぶのに、馬――車の前に記される動物何匹というのはおそらく車をひく馬であろう――の数は不明であるにしても他の家畜は牛三五五頭、羊三八頭にすぎない。漢代の記録に現れる捕獲した匈奴の家畜が、匈奴一人当り五―三五頭、正常な状態の二〇頭前後であり、その中における馬、牛、羊、などの比率も大体現在の蒙古、西トルキスタンの遊牧民の比率に合致しているの[99]と比べてみると、家畜数の少ないことはおよそ比較にならない。江上の引く[100]古のフェルガナの地で、古来馬の産地を以て喧伝されたトクマック省、イシィク・クル省の例では、羊、山羊がそれぞれ約八〇、七〇パーセントであるに対し、馬はそれぞれ約一

五、二四パーセントである。ここにその類比を以て馬の数を足しても百匹は超えまい。もちろんこの一例だけではなはだ不十分である。䍐方の本拠に攻めこんで略奪を行ったのか、単にどこかで遭遇戦を行い、輸送用の牛、食糧用に連れて来た羊を捕獲しただけかも明らかではないからである。しかし漢の匈奴に対する戦争の例[101]と比較してみると、首級三千八百余をあげ、一万三千余人を捕虜にするというと、そうとう大規模な方に属する。漢代の例を以て類推し、多少とも相似た状況が在りえたとすると、もし䍐方が遊牧民ないし、家畜飼養を盛んに行っている民族であったら、場合のいかんにかかわらずもっと桁ちがいの家畜の捕獲があったはずと考えられる。また家畜の組成も漢、現在の中ア、蒙古遊牧民の類比から羊が七〇―八〇パーセントを占め、牛は三―一〇パーセント程度でしかないはずである。ここに牛の多いことも遊牧民の家畜と考えることをさまたげる。けだし、馬、羊は雪におおわれた草地でも雪をかきわけて草を食って生きてゆくに対し、牛はそれができず、遊牧に適しない動物だからである。即ち、このただ一つの例をもって考えると、この䍐方は後の匈奴のような遊牧民でも、また家畜飼養を盛んに行っている民族でも、ないとせざるをえない[101a]。

以上西周前半頃には、中国人にとって異民族であり、大がかりな討伐の対象であった䍐方も、遊牧民でもなく、特に家畜を多数飼っている民族でもなく、戦争にはおそらく中国と同様戦車を使っていた民族と考えられ、後世の匈奴などとは習俗、経済を全く異にしていたと考えられる。䍐方が中国西北の異民族であるとしても、かれらに後世の遊牧民におけるごとき多数の優れた馬の供給を期待することはできまい。

(c) 東周

石田英一郎は『左伝』昭公四年「冀の北土は、馬の生ずるところなれどもこれに興れる国なし。険と馬を恃むは以って固しとなすべからざるなり」の語、その他『呂氏春秋』『国語』等を引き、中国産馬の中心が燕、趙、秦など北ないし西北に位する北狄西戎と境を接した国であったことをいい、エーバーハルト(102)を引き、古の良い相馬者といわれる者が、知られうる限り秦および趙の出身者であったことをいう。この地域で馬が盛んに飼われたことは疑いない。ついでエルケスが『左伝』僖公十五年「古は大事には必ず其の産を乗す、其の水土に生れて其の人心を知る。其の教訓に安んじ、其の道に服習す……」等に基づき、周代にはすでに中原の諸国みないずれも、それぞれ土産の馬を飼育していたもので、それが漢民族農耕地の拡大の結果、従前の牧地がますます狭められ、遂に漢人の植民の最も稀薄な北部の諸国が、最も集約的な産馬の中心地となって、土産の馬を以て足りない他の国にも馬を補給するようになったものであると主張(103)したことを意外とし、欧亜大陸の全般の情勢からこれが当を得ないことを論ずる(104)。

私はエルケスのこの考えは誤っていないと考える。殷、西周時代におけるその領域内での馬の飼育状況は前記のごとくである。

また戦国時代に各国内で馬が多数飼われていたが、この時代に既に人口増加および重農主義的政策による牧草地の狭小化が起って中国中央部の国々では軍用馬の不足が起り、漢時代になるとさらにこの傾向が強まり、山西省北部の従来までの馬の産地にも牧馬地域の農地化が進み、前漢時代にはなお官による馬の飼育が盛んであったのが後漢時代にはこれも衰退し、三国時代になると軍用馬も周辺民族からの輸入に強く依存せざるをえなくなった情勢の推移については、宮川尚志の「漢代の家畜」一―四章にくわしくのべられている。

それより以前の時代、人口がまだそれほど増加せず、土地の農地化がまだ余裕を残していた時代には、馬の供給も十分国内産のもので間に合っていたと推測されるのである。殷時代における、国内からの馬に調達についての卜辞資料、金文における周辺異民族の家畜飼養の低調さについての証拠は、この戦国―三国における情勢の歴史的変遷を頭において理解すべきであろう。漢時代の情勢、ないし現代における状況(105)を直ちに殷、ないし周時代にあてはめて考えることは戒むべきである。そして、漢時代に、中国の馬が匈奴など北方遊牧民の馬に比べて劣勢であったのは、必ずしも馬そのものとして劣っていたのでなく、匈奴と戦争する場合にその使用法、地理的条件が異なるために引けを取ったのであろうことは、先にのべたごとくである。もし石田のごとく馬の飼育繁殖が中国の文化中心地において重要な位置を占めていなかったと考えたならば、先に盠駒尊の銘文の説明のさい引いたように『周礼』の馬の飼育を司る官の存在、またその官の仕事とよく一致する月令、夏小正のような年中行事の中の記載を、いかに解釈しうるであろうか。

中国の北、西、周辺地区の馬飼養についての文献の資料も乏しい。石田は、エルケスが『左伝』隠公九年（前七一四）、および昭公元年（前五五一）の、北狄が鄭および太原に侵入した時の「彼は徒し我は車す」について、中国北辺の遊牧民が、馬そのものはすでに久しく飼育していても、紀元前六世紀の頃まではまだ乗馬も戦車も知らなかった証拠と考えた[106]のにつき、「これはたしかに、内陸アジア草原地帯における遊牧民族形成の時期とその当初の文化の性格とを考える上に、重要な資料となるものである。だが同時にまた、この問題の究明には、地勢を異にした塞内に侵入した場合に有利な戦闘形式や、ことには畜群を伴う侵入を不可能ならしめた長城工事の当時における有無などが、まず明らかにせられねばならないであろう」という[107]。この問題については次項に述べる考古学的な資料が、いかに先の句を受取るべきかについて、多少の方向づけを与えてくれるであろう。

(三) 考古学的資料からみた殷—戦国時代における中国周辺地域の馬飼養

(a) 中国西北・北方辺境地帯

わずかな文献資料からうかがい知りうる限りにおいては、以上のごとく殷、西周時代においては馬はその領域内から供給されていたように思われ、周辺民族に特に良馬を飼育しているものがあったか否かについては、分量はわずかとはいえ否定的な証拠しかないのである。次に考古学的資料はいかがであろうか。この方面の資料も研究が未発達なため、馬の問題に関してはごくわずかなことしか教えてくれないのである。

殷、西周の人にとっては夷狄の居住地であった甘粛、陝西西部、山西北部、河北北部などの地域には、殷に先立つ時代に、中原地域から仰韶文化、ついで龍山文化などの農耕文化が伝わり、中原地域と同様な道具を使って農耕を行っていたことは改めていうまでもない(108)。この時代における馬骨の資料はこの章の始めにかかげたごとくであり、これらの地方に馬の飼養が盛んであった証拠は全くない。中原地域の殷周時代平行の文化は、後の羌族の居住地である甘粛省では、辛店、唐汪、寺窪、卞窯、沙井などの諸文化が以前より知られていた(109)。現在のところ、この地域の諸文化の編年、相互関係の研究が活発であるが、ここはそれらを詳しく紹介する場ではない。ただこれらの地域の文化は新石器時代の始めに陝西省、関中平野からこの地域に伝わった農耕文化で、次第に地方的特色が濃厚になってゆき、西周時代には漢代の氐、羌につながる性格が顕著に表われて来るのであるが、その間特に馬飼養に関する証跡は注意されていないことを記しておく。

馬飼養について若干の注目すべき資料の知られるのは夏家店上層文化である。この文化は内蒙古自治区東南部の哲里木南部、錫林郭勒東南部から河北省北部、遼寧省西部にかけての地域に分布する青銅器時代文化(110)で、殷早期から西周にかけての中国の文化中心地域の文化の系統をひく夏家店下層文化の上に重なる文化であり、西周末から春秋、戦国時代にかけての時期のものと考えられている(111)。この夏家店上層文化の人々も石包丁の存在から知られるごとく農耕を行い、竪穴住居やブタの飼育から知られるように定住的な村落生活を営んでいた(112)。夏家店下層文化からは馬骨は知られないが、上層文化からは検出されている(113)。馬骨のうち調査結果が発表されているものとしては赤峰紅山後のものがある。第一住地a区出土のもので、次のごとく記されている。

モウコノウマ *Equus przewalskii Poliakov*

眼窩後辺の小片であって、これを現生のモウコノウマ（飼馬）のものに比較してみると大きさ及び性状とも全く同一である。モウコノウマには中部最新世に至って、東アジアにおいて出現した馬であって、西欧においては後期旧石器時代に欧洲平原にも姿をみせていた。新石器時代には中国から日本にまで飼馬として生存していたものである。[114]

小さな破片で大したことはわからないらしいが、直良はプルジェヴァルスキー馬に近い小型の家畜の馬と考えているらしい。これが前記戦国―漢時代の図像に現れるような、がっしりした大型の馬でないことはたしかであろう。ほかに家畜では二種の犬、牛、豚、羊が識別されている。[115]

この馬の骨は遺跡の第一住地a区出土のものであるが[116]、この第一住地の文化は同遺跡石槨墓のものと一致しているという。[117]当時発見の石槨墓の土器、銅鏃等[118]は、現在でいえば夏家店上層文化に当ることが遺物の比較によって知られる。[119]

夏家店上層文化の馬の使用についての資料としては、また内蒙古、昭烏達盟、寧城県南山根一〇二号石槨墓出土の骨板刻紋[120]が重要である。この墓は出土遺物の比較から同一〇一号墓と同時期とされ[121]、一〇一号墓は出土した文化中心地域のものと同型式をもった青銅簋、鼎[122]から、春秋前期のものと判断され[123]、この文化の編年の中で最も早い時期のものとして位置づけられている。[124]問題の骨板は長さ三四センチ、動物の長骨の比較的平らな面を切り取り、そこに刻紋を施したもので、用途は不明である。紋様の主要部は先頭に二頭の鹿と弓矢を手にした人間、次に同方向を向いて前後に並ぶ二台の馬車が画かれる。馬車は殷代甲骨文、西周金文「車」字と同様な表現で俯視形の衡、輈、輿、その左右に側視形、即ち円形に表わされた輪があり、軸が輪と輿を貫いている。輈の両側には戦国時代の画像紋のように、輈に背を向けて側視形の馬が一対画かれている。後の馬車の一対の馬の前方には犬が画かれる。鹿も犬も馬も区別なく、同じ様式化した形に表現されているため、馬の体形の特徴をこの画から読みとることはできない。しかしここで馬が文化中心地域と同様、両輪一輈の馬車を引く動物として使われており、馬車の型式も、その画法も文化中心地域と同様であることは重要である。夏家店上層文化に先立つ下層文化が文化中心地域の文化と同系統のものであったことは先に記した通りである。この馬車も同じ系統のものと認められる。もっとも一〇二号墓出土の衡、鑣は文化中心地域に見ない型式のものであり[125]、青銅武器、道具と同様、この面でも彼等独自の文化を作り上げていたことに注意する必要があろう。

『赤峰紅山後』の結語には、この第二文化（夏家店上層文化）を先秦時代の東胡とか山戎とか呼ばれた民族の文化と記している。おそらく当っていよう。かれらは「水草に随って放牧し、居は常処なし[126]」という漂泊生活を行っていたらしいが、また「耕種は常に布穀の鳴くを以て候となし、地は青穄東牆に宜し。東牆は蓬草に似、実は葵子の如し。十月に至って熟す。能く白酒を作る」とあり、農耕も行っていたことが知られる。これらの条件に合致する生活形態は、ある一定のところに決った家屋を持ち、そこで農業も行い、一部の人たちは家畜に随って移動する一種の移牧（transhumance）ではなかったかと考えられる。以上彼らが定着性の強い、中国よりも後れた農耕生活を行っており、匈奴ないし現在の蒙古人にみるごとき、純粋な遊牧民ではなく、従ってその生活において馬の果す役割も彼らほど重要でなかったことはたしかであり、中国に対する優秀な馬の供給者とは考え難いのである。

夏家店下層、同上層文化の分布地域の西隣は騎馬民族として著名な匈奴の居住地である。内蒙古自治区の南西部に当る黄河屈曲部のオルドス地方からは、戦国—漢代の彼等の墓も何個所から発見されている[127]。しかし夏家店下層、上層文化に平行する時期に、この地方にどのような文化を持った人々が住んでいたかについては、今のところ一向に知られていないようである。

(b) 南シベリアから西トルキスタンにわたる地域

殷から春秋時代までにわたる中国周辺の民族の文化には、現在知りうる限り、中原地域に対する優良な馬の供給を期待しえないことは右に文献、遺物の両方面から論じたごとくであるが、それではそれを越えてさらに遠く北方ないし西方の地域から交易によって馬がもたらされたのではないか、という点を考慮してみる必要がある。前漢時代に西域の交通路が張騫によって大きく開かれる以前から、西ないし北方地域との文化交流、交易があったことについては明らかな証拠があるからである。

(イ) 中国の馬の問題を考察する際の綏遠青銅器文化の役割

綏遠青銅器は従来その出土遺跡の知れているものがあまりなかったため、遊離した遺物を型式学的に編年し、その性格を考察するほか手段がなく、その点、漢時代平行の遺物と春秋時代のものを大ざっぱに一からげにして一つの文化に属すると考え、その文化の性格を推測するという誤りも起りかねなかった。ところが、先にのべたごとく、漢と春秋では、中国における馬の需給状態は大きく変ってきている。漢時代の中国北辺の馬を多くもった遊牧民の遺物を春秋にまで遡ると誤認したら、大いに全般の情勢の認識を誤ることになろう。不明な点を多く残す遺物に基づいて、歴史的変遷を無視した漠然たる「騎馬遊牧民」というようなものを、いつの時代にも中国北辺に仮想する誤りは避けなければなるまい。

綏遠青銅器に様々の異なった系統のたどられるものがあり、これが中央アジア・シベリア南部と中国とをつなぐ環であることはたしかである。[128] その限りにおいてこれを中国の馬の由来の問題を考える参考となる。

中国北辺出土の青銅器の中にはまた殷後期、西周中期平行の一群がある。[129] これらについては殷代青銅器の起源、系統の問題として、多くの人の論文があり、[130] 未だ定論と目すべきものがない。非常に大きなスペースを要するので今は周匝にこれを論ずる暇はない。これについては別の機会にくわしく私の見解をのべたい。

今ここに必要な限りのことをのべると、その一群の中に獣頭小刀のごとく、中国、綏遠、ミヌシンスクに明らかに共通するものがあり、(131)この形式の小刀がシベリアから中国に伝わったか、その逆であるか、等の問題は別にしても、その間の文化の交流の事実は否定しえない。また殷後期式の弭が中国からシベリアに伝わったものであることには異論がなかろう。(132)またこの類の青銅器の中には殷時代のふつう戉と釈される甲骨文字、(133)陶文同字(134)を象ったと思われる武器がある。楕円形の刃の鉞(135)が含まれており、この綏遠青銅器文化に殷後期人が知識と関心をもっていたことが知られ、またこの式の鉞の筩につけられた円形の突起は、(136)明らかに中国の西周時代の胡の長くなった戈を模したと思われる綏遠青銅器に属する戈(137)にもあり、この一群の青銅器文化と中国との接触、交流が証せられる。また他の武器、道具にはミヌシンスクを通ぜず、西方コーカサス、ルリスタン、両河地方との関連を示すものがある。(138)とすると、先にみたごとく中国周辺地区の戎狄は秀れた馬の飼養者ではなかったとしても、中国の大きな需要にこたえ、ミヌシンスク、さらに南方の中央アジア・ステップ地帯の馬が、中国周辺の民族の仲介によって中国にもたらされた可能性も考えられる。

もう少し新しい段階の小刀にミヌシンスクのタガール期と多くの遺物において共通するものがあり、(139)また中国戦国時代の鏡、絹織物がアルタイのパズイルイックのクルガンから出土しており、両地に交易関係のあったことも人の知るごとくである。(140)

そこで次に中国に馬を供給した可能性のある地域の、馬飼養に関する状況をみてみよう。

(ロ)　セレンガ河流域、トランスバイカル地方

セレンガ河流域の、ミヌシクスクのアンドロノヴォ期（前一七〇〇―一二〇〇）平行とされるトロゴイ、サヤントゥイスクの両墓地からは、次表のごとき動物の骨が出ている。(141)

同時代のシスおよびトランスバイカリヤの墓に副葬された動物骨は次表のごとくである。

遺　　跡	馬	牛	羊	犬科	シカ	ノロ	兔
トロゴイ墓地（8基の墓）	3	2	2	1	2	2	1
サヤントゥイスク墓地（5基の墓）	2	2	1	—	1	1	—

遺　　跡	馬	牛	馴鹿	野獣
セレンガ河畔のフォファノーヴァ	−	+	−	+
イルクーツク「メジョーフカ」	+	−	−	−
イルクーツク	−	+	+	−
コトゥイ（アンガラ源流地域）	+	+	−	+
アンガラ源流地域	+	+	−	−
イリーム地域（レナ上流とアンガラの間）	+	−	−	−
レナ源流地域	−	−	+	−
ヴェルホレンスク（レナ上流）	−	−	+	−

発　見　地	羊	牛	犢	馬	駱駝
モホフ	—	—	—	—	—
ウスチ・スイダ	5	2	—	—	—
スイダ	—	—	—	—	—
クリヴァーヤ	1	4	1	—	—
ウスチ・チェシ	2	5	—	—	—
ゲオリイェフスカヤ	1	—	—	1	1（?）
ブイストラーヤ1930	3	6	—	—	—
ブイストラーヤ1931	—	—	—	—	—
パドクニンスカヤ	1	2	—	—	—
ヤルキ1926	2	—	—	—	—
ニーニャ1908	1	1	—	—	—
チェシ1928	3	—	—	—	—
イヴィンスカヤ・ゴーラ	1	—	—	1	1
オラク1927	1	—	—	—	—
ブイストラーヤ1929	1	—	—	—	—
オクーニイェフ1926	2	—	—	—	—
オクーニイェフ1927	5	—	—	—	—
サラガシュ1926	8	—	—	—	—

かれらには農耕は欠如し、狩猟、漁撈、牧畜経済の生活を行っていたのである。[142] 羊の飼養はタイガ地域の中には及んでいない。馬は牛と並んで食肉用として利用されたと思われる、とハンチャルはのべている。

この馬がどのような馬であったか明らかでない。しかし、ヴィットは外蒙古の或る地方では現在でも馬の平均の高さが一二五センチであり、朝鮮にはさらに低い馬がいるといい、また、漢代には濊のところに「果下馬有り」とあり、注に「高さ三尺、これに乗りて果樹の下を行くべし」[143]とあるのを引き、今日のアジアの馬の高さは北東から西南に向って高くなる、と言っている[144]。

日本の在来馬の中には対馬、三崎、宝、宮古など一連の小型馬があり、一一〇センチから一二〇センチ内外であり、この型の馬は古くは日本の縄文式後期から飼われている[145]。縄文後期の絶対年代は前二千年紀頃とされるが、狩猟漁撈と並んで馬の飼養を行っていた点、前二千年紀の北蒙古、バイカル湖付近の文化を考える参考となる。これらを考え合せると、この文化の馬も、現在の外蒙古の平均一二五センチの馬とか、日本をはじめ東アジアに広く分布する小形馬[146]に相近い、小型の馬ではなかったかと憶測される。

(ハ)　ミヌシンスク盆地

殷後期、西周時代と時代的に平行するミヌシンスク盆地のカラスク文化[147]はその前のアンドロノヴォ文化に比して、著しい人口の増加を示す。その遊牧的傾向が強くなってきたことは、墳墓に副葬される家畜のうち、羊の占める量が著しく多く（前表参照[148]）また豚が全く欠如していることからも推測される。

またエニセイ河畔バテニ付近、ズナメンカのステーレに刻線をもってえがかれた、遊牧民の住居用の四輪の車[149]もこの方向の推測を裏づけるものである。その傍には、おそらくこれを引くための動物として、一頭の馬がえがかれている。一方、鎌が発見されており、住居址の土器片の分量も多いことは、カラスク期の住民がもっぱら遊牧のみに頼って生活していたのではないことを示している。馬は荷馬車を引くための動物として重要性を増してきたと思われるが、墓に副葬される例は少ない。また青銅製その他の馬具の遺物は残っていない。この馬がどのような体格の馬であったかについては明らかでない。

次のタガール前期には農業が著しい発展を示し、鎌の発見例も非常に多く、灌漑用水路の発達も著しい。その木造小屋、天幕の小屋を含む村落風景はボヤーラ山脈中のアバカンスコイェ・ペレウォーズイィ村に発見された岩壁絵画にみられる。この天幕はタガール人の家畜に随って移動する生活を証するものである。墓に副葬された家畜の統計[150]は、祭儀に反映された形での経済生活を示すものでしかないが、カラスクの同様な資料と比較することによってある程度のことを知ることができる。墓から出る動物骨には大型の動物——牛、馬が優勢である。これはカラスクで盛んになった羊飼養の衰退を証するものでなく、大型の家畜の意義の増大を証するものである。遺物からみてこの期には馬の経済的意義が著しく高まったことが知られる。即ちこの期に北アジアで初めて馬具が現れる。

タガール期の遺物中には大量の青銅製の小勒はみ、小勒の付属する節約の遺物があるのである。節約はスキタイのものに近似し、大多数は円板状の板を上下に二枚重ね、三ないし四個の梁でつないだ形である。梁の間で革紐が交叉し、または三叉に岐れる。この釦状節約の上面は渦紋または胴を曲げた動物浮彫で飾られる。これらの特徴はスキタイのクルガンの小勒の節約と一致する。小勒銜はすべて青銅製で、二節より成る。両端に環をつけた素紋の銜が最も多いが、外端の環が横梁をつけた三角形、底辺が内に凹んだ三角形をなすものもある。三角形の環の頂点、銜の軸のつく部分には通常鑣をつけるための孔がある。黒海北部地域の銜では、三角形の環は古い形式に属する。タガール期には鐙状の環をもった銜もあり、これはスキタイでは前六世紀の墓から出る古い形式である。これらタガール期の銜は墓からは出ず、偶然の発見である。これは蒙古、トゥバでもアルタイでも同様である。このことはタガール期の定着農耕的経済を示すものであろう。

タガール後期のクルガンには、前期と同様な品目が副葬されており、その中にはやはり馬具は含まれない。キセーレフの概説はこの後期の経済、馬飼養の状況については記していない。

(二) アルタイ地域

ミヌシンスクのカラスク文化は、たとえばカトゥン河畔のベレ[151]ゾーフ墓地からカラスク式の小刀、カラスク式を思わせる馬の頭を飾った骨製の箸が出ていることから知られるごとく、アルタイ地方にも及んでいるが、その基底の上に次のタガール前期と相近い文化もここに及んでいる。アルタイの西側ナルイム河（イルトゥイシュ河の上流の支流）源流、ブフタルマ河上流（同）地方のマイエミール文化がこれである。[152]墓穴の北部には一ないし二頭の馬が副葬され、他の副葬品とともに次のごとき馬具が出ている。[153]外端が鐙形の環になった二節からなる青銅銜。これはスキタイの前七―六世紀のものの丸写しである。銜に伴う青銅製のラズヴィルカ（Развилка）の形の鑣は全く独創的である。小勒の革は丸い組紐で編まれ、青銅製の樽形の飾りを通し、交叉する紐を通すための孔隙をつけた環をつけている。また小勒の飾りとして典型的なものに猪牙がある。牙の上端には、革紐に固く結びつけるために直角に二方向から穿孔されている。馬の脇腹のところからは、固定したとめ金を具えた絞具が出る。鞍のとめ金と思われる。

この期に属するボリシェレチェンスコイェ村の住居址からは、多数の魚、野獣の骨とともに、馬、牛、羊、犬の家畜の骨も出ており、狩猟、漁撈、牧畜経済が推測されるが、農業を行った証拠はない。が、土器の多いことは定着的生活を証し、農業を行ったため定着的生活を行っていたのではないかと考えられる。

マイエミール第二期文化のクルガンはその構造、葬法において第一期とよく合致している。墓穴中には例えばトゥヤーフト村一一号クルガンでは二頭の馬が副葬されている。[154]馬具では、鞍をとめる革帯、その締金、小勒の飾り、銜、鑣がある。銜は鉄製、[155]スキタイの前六世紀のものと全く同様である。鑣も鉄製、頬革を通す孔が二つである点、第一期のものが三つあるのと異なる。猪牙製の革紐飾りがあり、これはマイエミール文化の特色と考えられる。Киселев1951 図版二八の18は小勒の原形を残しており、その装着法を復原しうる。これに伴う青銅製の猪牙形の小勒の装飾はミヌシンスクにもあり、サラトフの前五世紀末頃のクルガンからも出ている。青銅製の方形の耳のある環状、または骨製の二孔ある板状等をなした締具。

これと同様の文化はセミパラチンスクの東方、ウバ河畔のヴァヴィロンカ村とザレーチュノイェ村の間のクルガンにも認められる。

以上この前七―四世紀にわたるミヌシンスクのタガール期平行の文化がミヌシンスクばかりでなく、アルタイにも認められるのである。またトゥーヴァ、ザ・バイカルにも同様な文化が拡がっている。中国北辺の綏遠青銅器にもやはりこれと親近な性格をもった青銅器文化が及んでいたことは改めていうまでもない。一方もちろん地域差もあるのであり、アルタイに普遍的な馬を副葬する風習は、ミヌシンスクには欠如しているごときである。

カラスク期に比し、この一連の文化の中で馬の重要性が著しく増加したことは、多数の銜、鑣、節約などの青銅製馬具によって証せられ、アルタイのマイエミール文化の馬は、腹帯の締具を伴うところから、騎乗用のものであったと考えられる。前述のごとく彼らは知られる限りにおいて、すべて定着的な生活を行いながらも、その経済の中で牧畜の重要性が増し、移牧的家畜飼養法が盛んになったと思われ、馬が重要性を増したことはこれに対応するものであろう。

それでは彼らはどのような馬を飼っていたのであろうか。その肝腎な点になると明らかにされていないようである。多少はっきりわかるのはアルタイのパズイルイックのクルガンの馬についてだけであろう。この馬によって、他を類推するより仕方がない。

(ホ) パズイルイックのクルガンの馬

この有名なクルガンについてはここに改めて解説する必要はないであろう(156)。このクルガンの馬についてはВитт 1952にややくわしい記述がみられる。ヴィットの論文の概要は以下のごとくである。

1 パズイルイックのクルガンの馬

馬は墓壙の北側に、壁ぞいに埋められている。馬を納める部分の形、大きさは、馬の数によって不定である。一つの墓に副葬される馬の数は七頭(二号クルガン)から一四頭(三、四号クルガン)の間を上下し、五号クルガンは九頭、一号は一〇頭、シビンのクルガンでは一四頭である。副葬された馬は、放りこまれたのでなく、特別にしつらえた場所に横たえられたものである。一見無秩序にごたごた横たわっていて、打ち殺されたようにみえるが、骨の配置を復原してみると、一定の秩序を以って並べられていることがわかる。そしてその配列、馬の姿勢は、場所の節約を目指している。その姿勢はいわゆる「傷ついた鹿」といわれるもので、前後の足を体の下に折り、頸、頭を折り曲げている。配列には若干の異なった方式がみられるが、東の列から順に納れていったと思われる。最も良い、飾りを多くつけた馬が東側の第一列にあり、西端の方は場所が次第に窮屈になり、混乱しているものがあるからである。これらの馬が種馬か騸馬かの問題は後に述べる。また各墓とも三歳から三歳半の若い馬、さらに二歳から二歳半の駒を含み、成熟したものより数が多い。この問題についても後に述べる。

馬の保存状態は様々である。一号、五号のクルガンのものが最良であるが、他のクルガンの馬でも毛、鬣、尾の毛色を弁ずることができた。現在この地方の馬は灰色、鼠色、斑などで、栗毛、またはそれに近いものは稀であるのと異なり、パズイルイックのクルガンの馬の圧倒的多数は赤―暗赤色から半ば栗毛、明るい金色に至る各種のニュアンスの毛色をもつ。また今日の赤毛に多い頭、鼻の白いものは一例も検出されなかった。当時は蹄鉄を打つ術を知らなかったから、蹄の強さが決定的な意義をもったわけである。ところで四肢に白いぶちのある馬は蹄に色があり、もろいのである。

馬の化粧に関しては、大部分の馬は前髪、鬣は短く刈りこみ、突立っている。最も長いもので一〇―一二センチ。尾は真中で結んだり、弁髪状に編んだりしている。ギリシア人には、喪の印に鬣を刈る風があるが、パズイルイックのものもそうではないかと一応疑われる。しかし南ロシアのスキタイ人は日用の馬の鬣を刈っており、またパズイルイックの馬の鬣も、髻甲のところに二五センチの毛房が残されており、これも馬の所有者が生前、これに騎る時、つかまるために残されたものと考えられるのである。

パズイルイックの馬の維持、飼料、蕃殖等に関しては次のように考えられる。隊長用の馬は、後述の理由から特別に創られ、他とかなり異なった条件で飼われたことがわかる。クルガンの馬坑の上には「天蓋」があり、三号のクルガンでは千島茶の茎の敷藁の上に馬を置いていた。生きている時も、少くとも軍馬は屋根の下に入れ、敷藁の上に保護されていたと考えられる。

多くの馬は蹄に不平均な褶がある。この環は飢餓によって生ずるものである。大部分の馬は冬季野外に飼われ、ほとんど、あるいは全く飼料を与えられなかったものと思われる。ルデンコが一九四九年に発掘した五号クルガンは、他の例が秋に埋葬されているのと異なり、年初に埋められ、馬が冷凍になっていた。大部分の馬は疲弊しているのに、一頭のみ良く肥えていた。この馬は鹿頭で飾ったマスク、ライオンの頭を飾った勒をつけており、頭蓋、骨骼からみて他と異なり、大型の、別のタイプに属している。この馬が隊長用の乗馬で、冬も特別に飼われていたことは疑いない。

また軍馬は、年をとるまで飼っておいたことがわかる。時に二〇歳のものもあるが、これは可愛がって世話をしてやらねば、このような高齢まで生存することはありえない。ブケファロスがアレクサンドルのお供をして遠征に加わり、インドで三〇歳で死んだことはよく知られている。

2 骨学、頭蓋学的資料の概観

二〇年前パズイルイックの一号クルガンの馬をみて、現在アルタイにはみられないような、たくましい、血統のよいものであることに感銘を受けた。このクルガンの馬は容易に二つのタイプに分けることができた。即ち、現在北方ステップ、山麓地方に普通の、高さ平均一三〇センチを越えない馬、および今日のアラブ種の高さ平均一四六―一五〇センチに達するものである。後者は前者に比し、より高い骨骼、長い頸、純血な頭、均勢のとれた四肢、緊密な胴をもち、明赤色の毛色をしている。このアルタイの馬は、有名なチェルトムルイックの壺に表わされたスキタイの馬とは風貌を異にしている。このクルガンの遺物が、中、前アジアと文化的なつながりをもっていることから、この馬も中央アジアから交易品、または戦利品としてもたらされたのではないかと予想された。そしてその後も旧ソ連の多くの学者はこの考えを受入れている。その後多くの学者の努力によって資料は増加し、個々の資料間の割れ目がふさがれ、不明な点が明らかにされてきた。そして多少とも完全なパズイルイックの馬の骨五六、シベの同一坑出土の若い駒一三、他に不完全な各地出土（アラゴル、カタンダ、ビイスク・スローストキ、クユム）の骨八がある。ここに、研究の第一の困難は年齢、タイプに非常に相違があることである。

骨骼の基本の寸法（成熟した馬）に大きな幅がある。即ち

頭蓋基底長	四五一―五二〇ミリ
前　頭　長	五〇〇―五八一・五
前額最大幅	一八九―二二〇
上顎歯列長	一五三―一八〇
diastem 長	六七―一一二・五
下　顎　長	三九二―四三九・五
椎頸の大略の長さ	四九七―五六八
脊椎　〃	七一三―七八二
腰椎　〃	二二六―三〇一
薦骨　〃	一七四―二〇四

	最大長	骨幹の幅
腕前骨（McⅢ）	二〇五—二三六ミリ	三〇—三六ミリ
前膊骨（R）	三一二・五—三五三	三五—四二
上膊骨（H）	二七五—三二一	三一—三九
肩胛骨（Sc）	三二二—三六八	——
跗前骨（MtⅢ）	二五〇—二八五	二八—三三
脛骨（T）	三三六—三八一	三五—四四
股骨（F）	三七〇—四二二	三六—五〇
骨盤（P）の半分の真っ直ぐの長さ	三九四—四七〇	——

3 アルタイのクルガンの馬の高さ

我々は馬の高さを計算するのに、発掘された資料とともに、現生の馬の資料を使って作成した表を用いる。後者は、小型のポニーから大型の重大種に至るまで、その生前の高さの知られているものを使っている（表1、略）。この表はあらゆる大きさの馬を分類する際の標準とすることができる。

これによってアルタイのクルガンの馬について、正確に両極端の高さを出しえた。

a 最小のもの、鬐甲高　一二八—一三〇センチ

b 最大のもの、鬐甲高　一四八—一五〇センチ

これ以上のものはないが、この数字はこのような古い時代としては非常に大きい。アラブ種のごとき、現在世界にいる丈の高い種類の高さは一四六—一五〇センチである。

パズイルイックの六基のクルガン、シベのクルガンの馬は四群に分けられる。

表２　頭蓋骨および下顎骨の計測値（各群ごとの平均）

（単位：mm）

	基 底 長	前 頭 長	額最大幅	上顎歯列長	下 顎 長
Ⅰ　群	512	562	212. 3	169. 1	428. 4
Ⅱ　群	498	545. 5	207. 2	166. 6	418
Ⅲ　群	483	533. 2	204. 5	166. 3	407. 7
Ⅳ　群	463. 7	517. 8	200. 8	164. 3	400. 1

表３　四肢骨の計測値（各群ごとの平均）　（単位：mm）

	Sc	P	H	F	R	T	McⅢ	MtⅢ
Ⅰ　群	359. 5	458. 0	312. 5	416	351. 8	372. 8	235	280. 2
Ⅱ　群	348. 6	441. 6	298. 8	401. 2	337. 2	360. 8	227. 0	270. 2
Ⅲ　群	338. 1	430. 2	290. 2	391. 5	330. 0	351. 1	223. 2	266. 5
Ⅳ　群	330. 1	418. 0	282. 8	382. 1	321. 1	343. 2	216. 4	260. 2

表４　体の太さの計測値　（単位：mm）

		H	F	R	T	McⅢ	MtⅢ
Ⅰ　群	中央	37. 0	43. 2	40. 6	42. 1	33. 8	32
	末端	(36–38)	(41–50)	(39–42)	(40–45)	(33–35)	(31–33)
Ⅱ　群	中央	35. 2	41. 3	39. 0	40. 9	33. 0	30. 4
	末端	(33–37. 5)	(37–45)	(35–41. 5)	(38–43. 5)	(30–36)	(28–32)
Ⅲ　群	中央	35. 8	41	39. 2	41. 3	33. 5	30. 75
	末端	(33. 5–39)	(38–44)	(37–41)	(38–44)	(32–34. 5)	(28–33)
Ⅳ　群	中央	33. 9	39. 5	37. 3	39. 3	32. 3	30. 1
	末端	(31–37. 5)	(36–42)	(35–39)	(35–44)	(30. 5–34)	(28–33)

表５　骨の太さの指数（各群ごとの数値の平均）

	H	F	R	T	Mc	Mt
Ⅰ　群	11. 7	10. 4	11. 6	11. 3	14. 1	11. 4
Ⅱ　群	11. 8	10. 3	11. 6	11. 3	14. 5	11. 1
Ⅲ　群	12. 3	10. 5	11. 9	11. 8	15. 0	11. 5
Ⅳ　群	12. 0	10. 3	11. 7	11. 5	14. 9	11. 55

Ⅰ群　頭蓋基底長　五〇五ミリ以上（八例）
Ⅱ群　〃　五〇五―四九〇ミリ（二〇例）
Ⅲ群　〃　四九〇―四七五ミリ（一四例）
Ⅳ群　〃　四七五ミリ以下（一四例）

各群の頭蓋骨、骨骼の長さを表2、表3に示す。この表から各群の平均の馬の高さをみると、Ⅰ―一四五センチ、Ⅱ―一四〇センチ、Ⅲ―一三六センチ、Ⅳ―一三二センチとなる。

Ⅱ、特にⅠ群の馬は、各クルガンに一ないし二頭入っている。特別の乗馬と考えられる。このⅠ、Ⅱ群の馬の四肢骨は長さで他とははっきり区別がみられる。しかし太さは長さに比例して大とならないので、四肢骨はⅢ、Ⅳ群のものよりほっそりしている。表4、表5をみられたい。表5の骨の太さの指数は

$$\frac{骨幹の太さ\times 100}{骨長}$$

である。

骨の太さ、長さの相違は上の表で一目瞭然であるが、実物の写真[157]を並べてみればさらにはっきりする。上の表から四肢骨にⅠ、Ⅱ群とⅢ、Ⅳ群との間にはっきり区別のあることがわかる。現在のアラブ種とⅠ、Ⅱ群を較べると、さらにその特徴がはっきりする（表6）。

Ⅰ、Ⅳ群の例を一つずつとってみると、誰でもこの二つが別の血統の馬であると考えるであろう。骨骼、体格の最もよいⅠ、Ⅱ群の貴種の馬と、Ⅲ、Ⅳ群を比べると、さらに頭蓋の形の相違も確認される。良い方の馬ではより軽やか、より狭く、長い。またプロフィールも異なる。直頭または鮫頭でなく、波状に突起する。歯列が著しく短く、diastem がかなり長い。

Ｉ群の馬は頸がより長く、胴は短か目で緊密である。前肢は後肢よりいくらか長い。これらは今日の最上の馬種に共通する特徴である。とはいえ、低い、ずんぐりした高さ一三〇―一三五センチの馬が土着種で、一四五―一五〇センチの良種がアルタイに外来の種であり、またこれに関連して、不可避的に、中位の一三六―一四四センチのあまり変差のないものを混合、混血種と考えることは、いろいろの点から許されない。パズイルイックにおける各種の馬の混血の仮説は、アファナーシエフが出している。

自分はこのようなことは不可能と考え、逆の仮説を立てる。大きさの変差の最も少ない中心的なⅢ群（一三六―一四〇センチ）を、パズイルイック、シベばかりでなく、アルタイ西側のステップ、山に近い地域の基本種と考える。この種から、種に本来の変異の力により、生存条件の力により、極端なタイプ（Ｉ、Ⅳ）が出てきたのである。

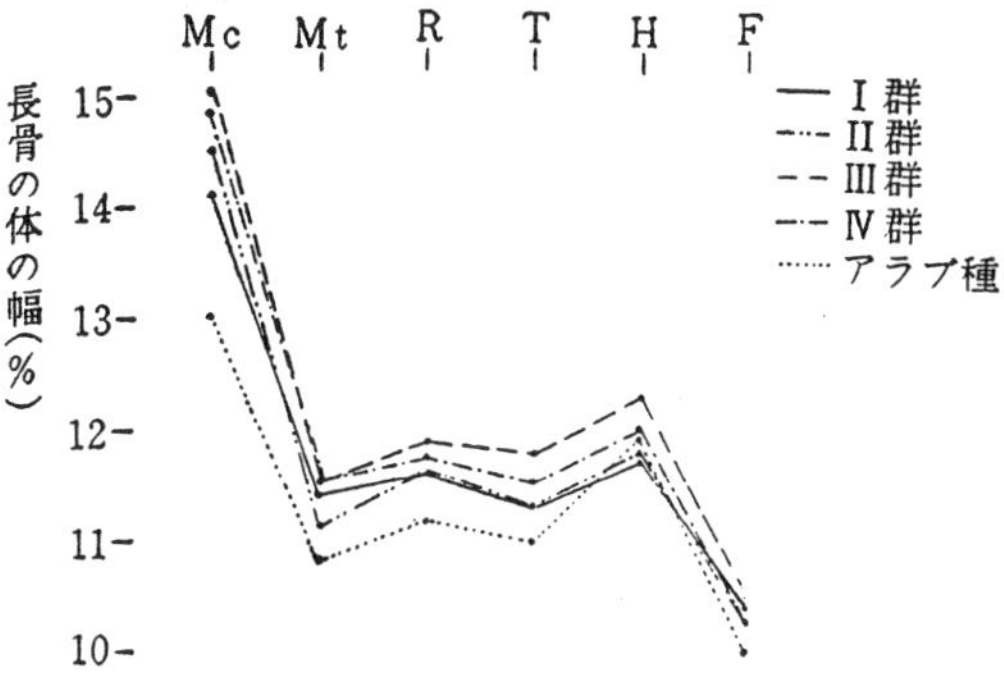

表6　四肢骨の太さの指数

アルタイのクルガンの最上の種の体格は、大体次の影響から作られたのである。⑴良い飼料と世話。⑵隊長の乗馬用の駒の中から、最も大きい、体格のよいものを選り出す。⑶若いうちに去勢する。

体格の枠に止っていてはここに提出した命題の詳細の解明は与えられない。この命題は生物のオルガニズムの生長の合法則性、各種の環境に条件づけられるこの生長の変化の計算に基づくのである。そこで、圧縮したテーゼの形で自分の見解を述べる。

⑴　大型の、上等な馬はパズイルイック（四号クルガンは例外）、シベの各クルガンから出る。これは遠方から輸入したという説明に対する反証といえる。各首長が中央アジアから馬を手に入れることは不可能なのではないか。

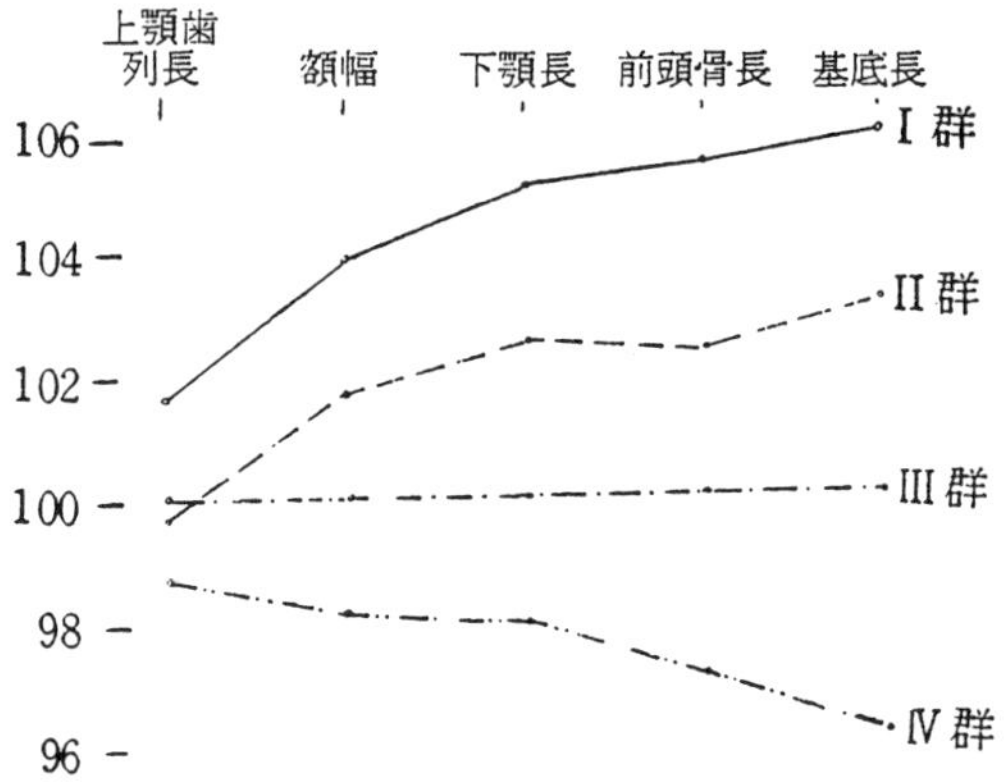

表7　頭蓋骨計測値の比例（III群を100％とする）

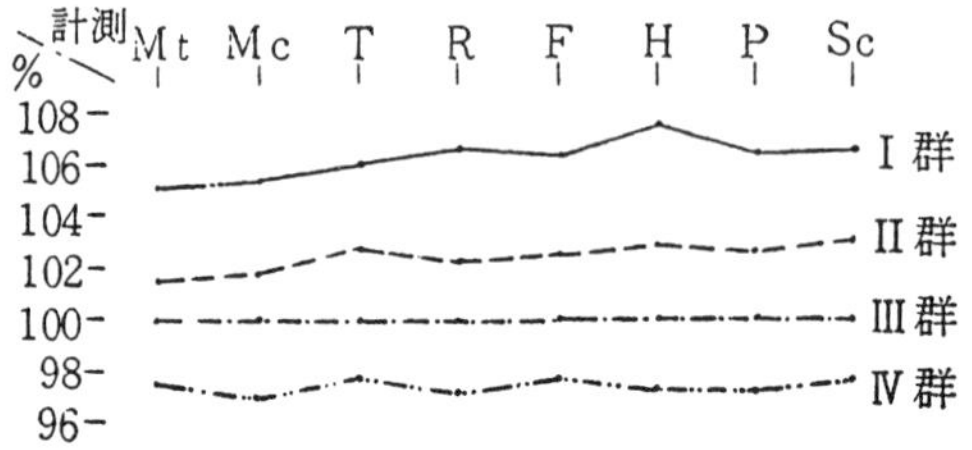

表8　各群の骨骼のプロフィール（III群を100％とする）

(2)　IとII、IIとIII、IIIとIVの各群の間に、大きさ、タイプの断絶がない。

(3)　頭蓋骨の各タイプ間の相違は分類学上の特徴を示さず、基本的には大きさの相違からくる違いである。胎児時代後期の良い生長、成熟し切った時の大きさによってI型とIII、IV型を区別するプロフィール、より長い頭の形、狭い額、比較的歯が小さいことdiastemの長大さ等が見出されるのである。

一年八カ月および三年八カ月のプルジェヴァルスキー馬[158]の頭蓋骨を比較してみれば、頭蓋骨の形、構造の発展を知ることができる。ここにより小規模な段階を以ってではあるが、同一種内で条件の良否によって生ずる成獣間の特徴の相違が認められる。

三八の頭蓋骨、一九の下顎骨を計測して各種の指数をとると、各頭蓋骨の間に、論争の余地なく異なった種に属すると推論せしむるごとき証拠を見出すことができない（表7）。

(4)　四肢骨の図表も同様な本質を示し、先の見解を強化する。I、II群およびIV群の出た基本形と思われるIII群を一〇〇パーセントとすると表8のごとくなる。

この図表をみるとIV群は全体に小さいだけで比例はIII群と同様。I、II群はやや異なる。III群の比例、指数が全体に大きくなっているが、近位の骨の増加率が大で、遠位のものは小である。

このようなプロフィールの形態は、エヌ・ペー・チルヴィンスキーやロシアの動物学＝畜産学派の労作に照らすと次のように説明されている。即ちこれはより良く、より強度の胎児時代後期の生長を証明する。

生物は子供と成熟したもので四肢各骨の比例が異なる。最末端のmetapodは成長が非常に小で、近位の骨は条件によって大いに成長の可能性をもつ。表9はパズイルイックの馬で作ったものである。表10と反対にプロフィールの曲線は上昇でなく、下降線をえがく。

過去二世紀の間に高さ一四四―一四八センチのアラブ種、それに類した馬から、一六〇―一六四センチの純血競馬馬が作り出された。現在のサラブレッドの牡馬と、アラブ種の牡馬の骨骼を比べると（表10）、根本的にはパズイルイックのI群とⅢ群の比較図と同じ姿の図ができる。ただ非常に鋭く表現されている。

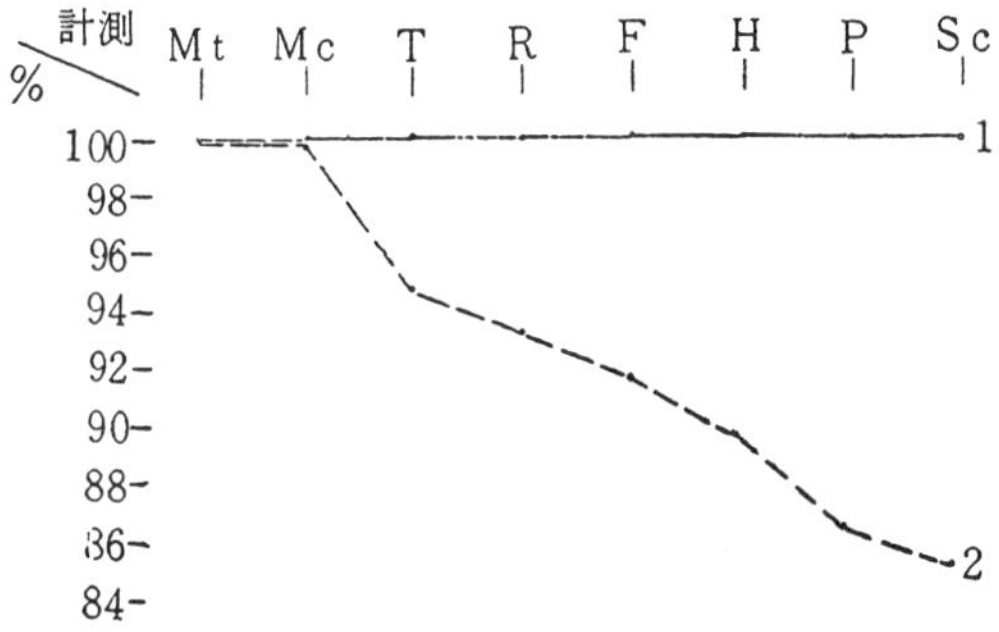

表9　完全に熟成した馬の骨骼のプロフィール（1）と3才の馬の骨骼のプロフィール（2）

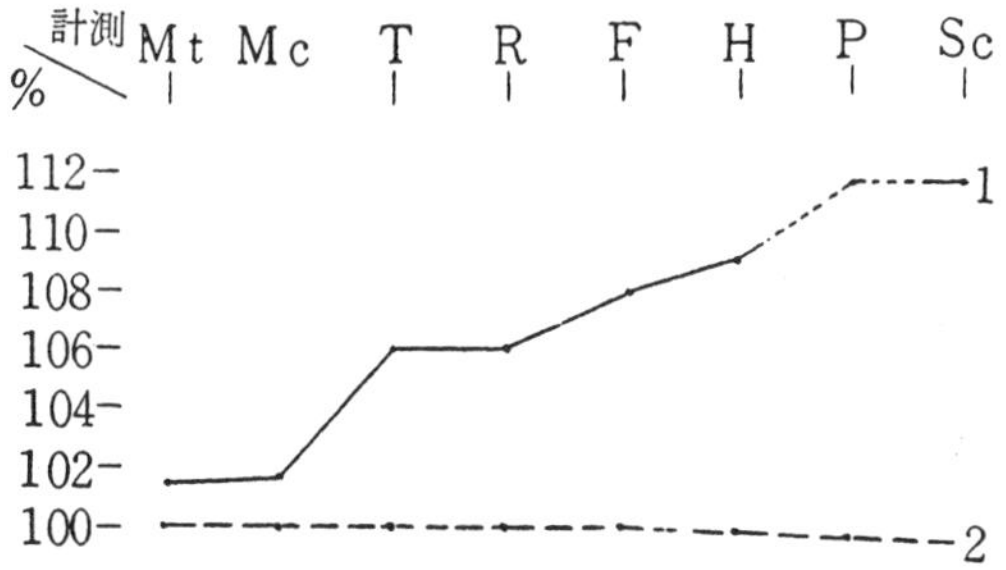

表10　純血アングロ種の牡馬の骨骼のプロフィール（1）とアラブ牡馬の種骨骼（2）との比較

任意の馬種の管骨の長さの増加は、太さの増加を伴わない。逆にヴェー・イー・グローモヴァの旧世界の馬の古生物学的研究によると、次の法則が見出される。即ち、同時代の別種の馬を比較すると、四肢の長いものは細く、短いものは太い。

パズイルイックの高い馬の存在の解釈に関する最初の説の最大の難点は、次の事実の説明にある。何故クルガン出土のより大型の馬が、比較的短い胴をもつか、の説明である。

若い時に給養がよければ、胴は四肢よりも伸びるはずである。事実、若い時に給養の悪い馬は、足が長く胴が短い。しかし、これはただ抑圧を受けないで生長した場合のことで、個体の成長の全行程が転換し、別様に進行する場合にはあてはまらない。

ストラボは、スキタイ人、サルマート人が去勢馬に騎る風習を記している。パズイルイックの馬骨を精査すると最上の隊長用の馬が骨骼からみて若い時に去勢されたものと考えられる。

次のようなことであったと考えられる。即ち、隊長はちょうどよい時に交替の馬を準備する。というのは一歳半の牡駒、二歳の駒のうち最もおそく生れたものの中から、最も大きく育ったものをえらび、去勢する。まだ完全に成長し切っていない馬の大部分が最も高い群（Ⅰ、Ⅱ）に属するのはこのためである。二、三歳の馬のMcⅢ、MtⅢの絶対長が、完全に成長した馬のMcⅢ、MtⅢの平均を時に凌駕しているのも、このことで説明される。ペルシア人の間に長くいたクセノフォンは、仔馬の腕前骨の長さで、その成長した時の馬の高さを予言しうることをよく知っていた。

現在我々は、若い時に去勢すると、四肢骨が四―六センチ余計にのびることを知っている。胴長は同時には増えない。この四―六センチの余分の成長が、Ⅰ群とⅡ群を分けるものである。

去勢は化骨をおさえ、四肢骨の長さの成長期間を長引かせる。しかし脊、腰、薦椎の成長には影響を与えない。しかし四肢骨の近位の部分は独自の生長率でのびる（前肢は後肢より大）。その姿は表8のⅠ群の馬にみられる。この図で前肢の方が後肢よりやや生長率が大であることがわかる。

去勢した馬の方が頸が長く、細い。頸椎は四肢に比例して長くなる。椎骨の他の部分は去勢されない牡馬より小、または同じくらいで、より大ではない。馬の型はそこでより短い。正方形に近い形となる。

最後に、頭蓋骨の形、特徴の変化にも、去勢の影響を認めることができる。この点についてはエヌ・ベー・チルヴィンスキーが牡羊について研究しているが、馬はほとんど研究されていない。この頭蓋骨の特徴は、骨骼の示すところとよく一致するので、アルタイの隊長用の馬がすべて騸馬であった点についての疑惑を却けることができる。

ギリシア人は、スキタイ人は去勢馬に騎り、鬣を切る風があったと考え、ローマ人も、両者を結びつけて考えている。アルタイのスキタイ人も、騎乗用の馬のみ鬣を切ったと推測しうる。パズイルイックのクルガンの鬣の長い馬は種馬と考えられる。去勢された馬よりも短い四肢骨、短い前膊骨の馬に出遇う。チェルトムルイックの壺に表わされた馬にも、鬣の長いものと短いものとがある。

以上により、この地方土着の種のうちで大型の馬が生れうることが知られ、また輸入説の必然性のないことも知られたであろう。

4　アルタイの高い馬の生きていた時の外観

アルタイのクルガンの馬を復原するに当って、これを近代化する危険は避けねばならない。パズイルイックの最も良い馬はアラブ馬に近い高さをもち、骨の細長い点でも近代のものと大差はないが、一方次のことを忘れてはならない。即ちパズイルイックの時代には今日のアラブ種、トルクメンのアハル・テケ馬、サラブレッドのような種は作られていなかったことである。パズイルイックの馬と相近い体格、金色の赤毛の毛色は、ドン地方の馬に残っている。

アルタイの古墳の馬では、明るい赤毛の馬が目につく。この毛色はマッサゲート人、メディア人、パルチア人などにも好まれ、これらは太陽崇拝と関係があると思われる。

アルタイの高さ一四八―一五〇センチの馬はよく突出した鬐甲、あまり長くない背、乾燥した耐久力のある、関節の発達した四肢をもつ。今日のアラブ種と比較すると、アルタイのクルガンの馬は著しく粗野で、より重く、骨ががっしりし、より毛深い。頭はより大で、腕前骨、跗前骨はより短く、蹄はより幅広い。そして現在のアルタイの馬、一四世紀のミヌシンスク地方の馬、九―一一世紀のキルギス・ハカーシーの馬とは著しい区別がある。

これと対照してⅢ、Ⅳ群の馬は長い胴、短い頸をもち、尻が高く、ずんぐりしており、額は真っ直ぐで鼻面は短い。外形はチェルトムルイックの壺に表わされた、鞍を置いた馬に似ている。

アルタイの上等の方の馬は、古代の馬の表現の中に似たものを求めると、クサンテの墓碑のフリーズの馬[159]に見出すことができる。このような大型の馬はローマ時代に至る西ヨーロッパ、ロシアの馬骨の資料にほとんど見出すことができない。メディア、中央アジア、それに接するステップにヨーロッパのものよりも高い良馬を産したことは文献に多くの記述が見出されるが、アルタイの発掘によって、それがこのような北方にもひろがり、さらにその飼育法までも知ることができたのである。

5 各墓出土の馬の特徴、および馬学者の観点からみた各墓の相対年代

シベ、パズイルイックの各クルガンの馬の平均の高さに優劣がある点に注目し、これを、平原から止むをえずこの山地に移って来たこの民族の馬が、気候条件が悪いため高さが低くなっていったものとして説明する。（6、7、結論、略）

この論文について立ち入った専門家の批評をきくことができなかったが、素人目にみておかしいのはここでは引用を控えたヴィットの表1で、最も大型のものから最小の種まで、例えば頭蓋基底長二五ミリの幅につき鬐高の高さ八センチが対応する、というように、骨の寸法と鬐高の高さが等間隔になっている点である。この表を作る資料としたデータも一切記されていない。試みに林田・山内一九五七の式で骨の寸法から計算してみると、鬐高の高さにつきこの表と数センチの差が出る。

アルタイの背の高い馬は、Ⅲ群の中間的な基本種を去勢して作ったものという解釈の是非については、私は全く判

断を下す畜産学の素養をもたない。

ここに記されたような馬が、交易によって中国に入ってきたかどうか、といういま関心事の問題についても、はっきり定めることができない。アルタイの最も大型の去勢によって作られたという馬は、アラブ種より重く、骨太で、頭はより大で兎頭気味、というと、戦国時代になって中国の図像に現れてくるがっしりした、筋肉のよく発達した馬がこれではないかとも考えられる。しかし、中国のものは図像のみであり、アルタイのものも身体各部の正確な寸法のデータもわからないし、現在両者がどれほど似ているかについて判断を下すことはできない。

㈹　フェルガーナ、バクトリアその他

中国、ギリシアなどの史籍に名高い大宛（フェルガーナ）、バクトリアなどの前一千年紀後半のツラン地方の馬[160]が中国の戦国時代の頑丈そうなタイプの馬と異なっており、ここから中国に行ったものでないことは先にイェッツの反駁の際に記したごとくである。

それ以前の時代、殷、西周に対応する時代、ないしそれより早い時代についてはいかがであろうか、この地方は多くの人によって馬の家畜化の故郷と推定せられているが、そう古い時代から馬の飼育が盛んであった証拠はない。アナウⅠから出た馬と称せられたものはⅤ・Ⅰ・グローモヴァ、B・ルントホルムの研究によると半驢であり、アナウⅡ、Ⅲと並行するナマースガ・テペ[161]の家畜の中には馬が欠如し[162]、この遺跡とも文化的関連をもったシャー・テペ下層の家畜とされていたものもルントホルムの再検討によって誤りとされ、上層のそれも疑わしいことが明らかにされ、トルクメンが馬の家畜化の故郷とは考えられないことが知られてきているのである[163]。

テペの住人の文化以外については、アラル海周辺のケルチェミナールの狩猟、漁撈文化の次に来る青銅器文化、タザ・バグ・ヤブ文化があり、古代のホラズムに遺跡が発見されている。遺物からアンドロノヴォ文化のヴァリエーションとみられ、前二千年紀初、中期に年代づけられている。羊、牛、馬を飼い、農耕も行っており、経済的にもアンドロノヴォ文化と一致している。

次に前二千年紀後半にはホラズムにス・ヤルガン文化が来る。農耕、牧畜文化である。前一千年紀初にはアミル・アバッド文化が代る。この時代までのカスピ海東部、アラル海周辺の文化は、現在のところ馬に関する資料は貧弱である。

これらの文化はミヌシンスクからカザック共和国全域のステップ、周辺山地に広がったアンドロノヴォ文化[164]の一支として発展している。後期アンドロノヴォはサカ文化の前、前七世紀頃まで続き、地域的にもサカの遊牧民文化の地をおおっており、後に有名になる馬飼育文化の先駆と考えられる。フェルガーナの前一〇〇〇年頃とされる岩壁画には狩の光景、幾何学的モチーフと並んで人間、牛、ヤク、馬、犬がえがかれるが、車にはヤクが繋駕され、また騎馬の表現もない。これがどの文化に属するか明らかではないが、馬が特に文化的に重要性を持っていたと考えるべき徴は欠けている。

以上、紀元前一千年紀後半より有名になる馬の本場たるツラン地方も、前一千年紀前半以前については、馬の飼育が盛んであったとか優秀な馬がいたという積極的な証拠は全く欠如しているのである。

なお、紀元後三世紀のものといわれる、ホラズム地方のトプラック・カラ遺跡出土の馬の頭蓋骨についてヴェー・イー・ツァルキンが研究を行っている[165]。この頭蓋骨は前頭骨長五七七ミリ、基底長五二二ミリあり、その大きさはアラブ、キルギス、トルキスタンの馬を凌駕し、オランダ種、西洋重種など西洋の大型種に近い。そして額は狭く真っ直ぐで、鼻面は長く、長い眼窩、短い歯列をもつという。このような大型馬がいつから現れたかは全く不明である。ともかくこの地方の馬については歴史的に系統をたどりえず、問題が明らかになるというには遠いことはたしかで、まして中国のものとの比較という段階ではない。

完全に定着的な生活を行っており、性格が異なる文化であるが、トボル河下流地域においては、初期アンドロノヴォ文化に当るフェドロフスク期に、がっしりした中型のポニーに近似した小型の馬が各墓に食肉用として副葬され、また後期アンドロノヴォ平行のアラクル期にはかなり大きく、脚のすらっとした馬が出ており、一対にして馬車に繋駕されたと考えられる。(166) これはツランの馬を考えるうえに多少参考になるであろう。

以上、考古学的遺物によって、殷ないし、それより遡るかもしれない時代から戦国時代にかけて交易、文化交流のあったことの知られる、中国の西方、北方の地域の馬飼養状況を検討してみたわけであるが、これらの地域の馬も大きさ、体格等の知られる例がほとんどなく、中国の馬の系統について決定的な結論を得ることが出来なかった。中国側、中央アジア側両者とも比較すべき馬の骨の資料がほとんどの場合欠如しているのでお話にならないのである。

三　結　語

以上殷時代以来戦国まで、中国の馬は都市の周辺で、その為政者の監督する牧場で飼養、繁殖され、国内で自給されるのが儒教の経典に記された原則であり、このことは殷代の卜辞、周代の金文などの同時代史料によって確認される。戦国以後農地の拡張によって馬飼養のための牧場が少なくなり、西北辺境地域からの輸入が必要となってきた。殷時代以後戦国まで、中原で飼われていた馬は、図像によって推測すると、頭は比較的大きく兎頭気味で、頸は短く、胴は長く、足が短く、全体に粗野で、蒙古馬に近い感じのものであり、一方殷時代には、もっと高いアラブ種に近い高さをもったものもあった。この種のものがその後どうなったか証拠が不足ではっきりわからない。また戦国時代になると皮膚が乾燥し、筋肉が発達し、胸前が張り、尻が急峻な、今日の挽馬向きの標準に合った頑丈な馬が図像に出てくる。

これらの馬の系統については、はっきりさせるに足るだけの証拠が現在不足している。殷から戦国に至る、中国辺境地帯の戎狄のみすぼらしい青銅器文化には、進んだ馬飼養、良馬をとても期待しえない。殷時代以来、中国においては冬は厩に収容して飼葉を与えるという、進歩した飼養法をとっており、馬が天子、諸侯のきらびやかな馬車を引かねばならなかった中原地域は、おそらく周辺地域よりも大型の、優れた馬を作っていたに相違ない。

戦国時代中頃、中国人が騎馬の風を採用し馬に騎って辺境地帯の山川を跋渉し、乾燥地帯の悪条件で戦争をしなければならなくなった時、馬に対する評価の標準に変化が起ったであろう。二ないし四頭がかりで軽い荷を引いて平坦地を走るのであるなら、馬は特に発達した筋肉、走るのに適した体格は必要としないであろう。不整地を、困苦欠乏にたえて人をのせて走るには、当然別の標準が適用される。戦国時代の図像に現われる馬が、騎兵用の標準からみた良馬であることは前述のごとくである。このような馬が中国より古く騎馬の風をもち、馬飼養を盛んに行っていた中央アジア乾燥地帯、その周辺地域から入ってきたものであろうことは誰しも予想するところである。しかし第二節に検討したごとく、それが入ってきた故地は、現在の知識をもってしてはいずこともアイデンティファイすることができない。またそれ以前の殷文化から確認される戦車用の馬についても事情は同じことである。ただ、殷文化に現れる戦車の起原について論じた際述べたごとく、殷虚の大型馬は、戦車とともに西アジアから中国に伝わったのではないかと考えられる。

殷以前の馬利用の問題が全く明らかでないので、殷以後戦国に至るまで中国で一般に広く使用されている蒙古馬に似た種類の馬が戦車導入前から家畜として飼われていたものが戦車に利用されたものか、やはり戦車と一緒に新しく入ってきたものか、あるいは戦車、馬が中国に入って後に野生のものが中国で家畜化されたものか等、より立ち入った事情は全く明らかにすることができない。

【補記】　中国に馬については謝成俠著、千田英之訳『中国養馬史』(一九七七年刊)が刊行されている。先秦時代の相馬に関する典籍としては長沙馬王堆三号墓出土の絹に書いたものが発表されている(馬王堆漢墓帛書整理小組「馬王堆漢墓帛書《相馬経》釈文」『文物』一九七七、八、一七―二二頁)。しかし読みにくく、何が書いてあるか把握するのも難しい。解説が一編発表されているが(謝成俠「関于長沙馬王堆漢墓帛書《相馬経》的探討」『文物』一九七七、八、二三―二六頁)、全体の構成すら見誤っていて上出来とはいえず、ちょっと利用しにくい資料である。

注

(1)　李等一九三四、九〇―九一頁。
(2)　林一九五七、三五七―三五八頁。
(3)　王一九五五、四八頁。
(4)　張一九五六、五五頁。
(5)　中国科学院考古研究所一九六三、二五九頁。
(6)　楊一九五六。
(7)　馬等一九五五、図二三。第三章、図九八参照。
(8)　馬等一九五五、図二六、二七、二九の1・2。
(9)　林田・山内一九五七。
(10)　羅一九三七、一九、一一。
(11)　羅一九一三、四、四六、四六葉、一・三・四、董一九四九、九〇九二、李一九五〇、一五二。
(12)　Yetts 1934, pp. 236–238.
(13)　Hilzheimer 1931, p. 13.
(14)　林一九五三参照。
(15)　『書道全集1』一九五四、図一三下。
(16)　同、図一三中。
(17)　于一九四〇、上、一二。
(18)　孫一九三九、二七。
(19)　容一九三六、六二。
(20)　同、六〇。
(21)　羅一九三六、一一、一五。
(22)　同、二、二八。
(23)　『日知録』巻二九、驢驘。
(24)　李一九五二、図三四の1・2。
(25)　楊一九五六、九頁。
(26)　中国科学院考古研究所一九六二、図九四。

(27) 李等一九五七、四、五頁の図。
(28) 羅一九五七、史等一九五七、李学勤一九五七、郭一九五七に考釈がある。
(29) 郭一九五七a。
(30) 陳夢家一九五五—五六、(六)。
(31) 楊一九五七。
(32) 久合田一九四一、一〇三—一〇六頁。
(33) 同、一二三頁。
(34) 同、八五—九五頁。日本では三月—七月。四、五月が盛り。また一〇、一一月にもある。
(35) 同、一一一—一一六頁。
(36) 郭一九五七a、図九三。
(37) 孫一九二九、3、召伯虎毀第二器、一二二頁。
(38) この蓋銘の参考として、召尊、召卣（陳一九五五、図三—五）があげられる。于省吾は召卣の「白懋父賜罍白馬姘黄焇散」の姘黄と焇散を馬名としている（于一九四三、釈姘黄、『双剣誃古文雑釈』所収）。
(39) 羅一九三六、一三、四一、Karlgren 1952, Pl. 20, 21.
(40) 容一九四一、下、六七〇図。
(41) 中国科学院考古研究所一九五九、図三九。この図のスケールに五〇センチとあるのは一メートルの誤り。
(42) 山西省文物管理委員会一九五九、二二五頁。
(43) 傅永魁一九五六。
(44) 『書道全集1』一九五四、図二八。
(45) 関野一九五一。
(46) 中国科学院考古学研究所一九五六、図版二二、11、12。
(47) 同、一〇九頁。
(48) 暢一九五七、図二、1、2。
(49) 林一九五二、六四頁。
(50) 梓一九五七。
(51) 関野一九五二、一〇一—一〇六頁。
(52) 羅一九三七、二〇、三七b。
(53) 『世界美術全集2』一九五一、図九五にあり。
(54) White 1939.
(55) ibid., p. 41.
(56) ibid., pp. 14–15.
(57) 久合田一九三五、図九、一〇。
(58) 『書道全集1』一九五四、図二八。
(59) 林一九五八、二六—二九頁。
(60) 『世界大百科事典』（平凡社）、青銅器の項、中国文化中心地域の条。
(61) 関野一九一六、図一三、一四。
(62) 久合田一九三二、一八〇頁。
(63) White 1939, p. 140以下。
(64) 久合田一九三二、一九九—二〇〇、二〇七頁。
(65) 同、二八九頁。

(66) 石田一九五六、一二六頁。
(67) Erkes 1942.
(68) Andersson 1925, 邦訳八八頁。
(69) 林一九五八a。
(70) Creel 1936, p. 74.
(71) 胡一九五〇、四九頁。「又如甲骨文〓字、羅振玉（『殷虚書契考釈』、増訂本、中巻二九葉、商承祚『殷虚文字類編』従之、見巻一〇葉一）、王襄（『簠室殷契類纂』巻一〇）都釈馬、董作賓釈麟（獲白麟解、刊『安陽発掘報告』第二期）、葉玉森釈駮（『殷虚書契前編集釈』二巻二二葉）、其実乃是兕字、詳見唐蘭、獲白兕考（『史学年報』第四期）一文。釈馬的学説、也早就被推翻了、但古代史（筆者註、呉沢『中国歴史大系』古代史）二一一頁還引獲兕的卜辞、論「当時也有野馬存在、故卜辞中也有獲馬記載」」。
(72) Hančar 1955, pp. 257–279.
(73) 郭一九三七、考釈二〇七頁。
(74) 陳一九五六a、五五六頁。
(75) 李文信一九五七。
(76) 石一九五五。
(77) Hančar 1955, Pl. 4.
(78) ワグナー一九四二、四三一―四三三頁。
(79) 魯金科（ルデンコ）一九五七、三七―四〇頁。
(80) Витт 1952, p. 168.
(81) 林一九二一、二、一五、一三。董一九四九、三四四九、五三〇五。
(82) 郭一九三三、何、八。羅一九三三、二、二五、一一。
(83) ケルレル一九〇九、四九―五〇頁。
(84) 胡一九四四、五一頁。
(85) 同右。
(86) 郭一九五七a、三、七五。
(87) この銘文の最も古い著録は『西清古鑑』であるが、文章はユニークで、この時分に創作されたとは考えにくい。『西清古鑑』に著録されたものは真物で、現在のこるのはその模刻であるのか、あるいは『西清古鑑』に著録されたものも真物の模作品であったのか、確かめ難いが、ともかく始めに真物のこのような銘文があったことは十分考えうることである。
(88) 胡一九四四a。
(89) 饒宗頤は（饒一九五九、一一五二―五三頁）弗を騈と釈し、駛と読んで足の速い馬とする。この卜辞にはこの意味に解しては前後がつづかない。
(90) 羅一九一三、四、一五、四。
(91) 羅一九一六、下、二、五。
(92) 白川一九五八。
(93) 陳一九三六。
(94) 胡一九四四b、第三節、陳一九五六a、第八章、島一九五六。

(95) 鄒一九八〇、一二三—九頁。
(96) 林一九五八。
(96a) 王一九二一、一三。
(97) この銘のつけられた器は早く失われ、拓本は現在一種しか伝わらない。銹がひどく、文字は見えにくいところが多い。銘文の写しは呉式芬のものがあり(呉一八九五、三、三三、四二)、釈文、考釈は郭沫若(郭一九五七a、六、三五—三八)、陳夢家(陳一九五五—五六、㈣、八五—九四)、白川静(白川一九六二—、一二、六八二—七一八)などにみられるが、拓本ではっきりしない文字をどう見て何と釈するかについては問題のあるものが多い。ここにかかげた銘文の写しは、筆者の判定の結果であり、釈文はこれによって作ったものである。銘文の写しで小点を打ってあるところは字画の輪郭がはっきりしない部分である。銘文は二段に分けて書かれているが、釈文に示してあるごとく、この銘文が各段とも原則として二〇字詰一〇行に書かれていることが知られたのは興味深い。
(98) 羅一九三〇、一一、四—五。
(99) 江上波夫一九五六。また前一世紀のトランスコーカサスの戦争で捕獲された羊、牛、馬、人間の数字も参考になろう(Hančar 1955, 一五五—一五七頁および注一一六参照)。
(100) 江上一九五六、四一頁表。
(101) 同右、三二一—三三頁。
(101a) 一九八〇年発見の西周後期の多友鼎の銘文も周軍が玁狁から車を鹵獲したことを記録しており、彼等が遊牧騎馬民族でなかったことが証されている(李一九八一、九二頁)
(102) Eberhard 1942, p. 15.(未見)
(103) Erkes 1942, pp. 36–42.
(104) 石田一九五六、一三六頁以下。
(105) ワグナー一九四二、三九〇頁以下。
(106) Erkes 1942, pp. 54–55.
(107) 石田一九五六、一四六—一四七頁。
(108) 甘粛についての最近の研究状況はアンデルソンの頃と大分変っている。林一九五八参照。
(109) 安一九五六a。
(110) 文物編集委員会編、関野雄監訳一九八一、七二頁。
(111) 中国科学院考古研究所内蒙古工作隊一九七四、一四二—一四三頁。
(112) 同右、一二九—一三五頁。
(113) 同右、一三五頁。
(114) 同右、一二〇頁。
(115) 同右、一一一—一二一頁。
(116) 浜田等一九三八、一二〇頁。
(117) 同右、四〇頁。
(118) 同右、図八、一〇。
(119) 中国科学院考古研究所内蒙古工作隊一九七四、同三〇、三一を前注所引のものと比較。

(120) 中国社会科学院考古研究所東北工作隊一九八一、図六、図版七。
(121) 同右、三〇八頁。
(122) 遼寧省昭烏達盟文物工作站、中国科学院考古研究所東北工作隊一九七三、図版2、1、三、1、2。
(123) 林一九八四、簋四〇一―四一二、鼎三三五―三五〇。
(124) 靳一九八二、三八八―三九二頁。
(125) 中国科学院考古研究所東北工作隊一九八一、図三、四。
(126) 『魏志』三〇引『魏書』。
(127) 文物編集委員会編、関野雄監訳一九八一、七四―五頁。
(128) 高浜一九八〇。
(129) 『図解考古学辞典』、綏遠青銅器。
(130) Karlgren 1945, Loehr 1949, Loehr, 1949, 51等。
(131) Loehr 1951参照。
(132) 仮に石璋如の命名（石一九五〇、三九―四四頁）による。これが弭としては不適当であることは、弓に石璋如の復原（同、挿図一五）のごとく付けたとしたら、弓を引く時に上面の凸凹した浮彫が手に喰いこんで痛いことであろう。その方が妥当カールグレンはこれを箙の飾りとしている。であろう（Jettmar 1950, pp. 103–104引による）。
(133) 例えば林泰輔一九二一、二、三、一二。
(134) 梅原一九四一、図六、三。
(135) 例えば岡崎一九五三、第六図、三―四。
(136) 例えば同、第六図、五。
(137) 例えば Janse 1935, Pl. 5, 13.
(138) Loehr 1956, pp. 27–28. 江上・水野一九三五、一六―一八頁。
(139) Loehr 1951.
(140) 魯金科（ルデンコ）一九五七、三七―四八頁。
(141) 以下この節の記述は Hančar 1955, pp. 246–250による。
(142) この地域の文化については С. В. Киселев, Монголия в древности, *Известия АНСССР, ист. фил. Сер.* 1947, IV の概要がエリセーエフ一九五〇にある。角田文衛「セレンガ流域の古代文化」（角田一九五四、九五―一一一頁）を参照。
(143) 『後漢書』巻一一五、東夷伝、濊の条。
(144) Витт, 1952, p. 190.
(145) 林田一九五六、六三―七七頁。
(146) 林田・山内一九五六、Ⅲトカラ馬と東亜諸地域馬との比較。
(147) ミチューリン一九五六。
(148) Киселев 1951, p. 141.
(149) Hančar 1955, fig. 8.
(150) 以下この項末尾まで Киселев 1951, pp. 256–257.
(151) Киселев 1951, p. 288.
(152) 以下、ミチューリン一九五六、一八三―一八五頁。
(153) Киселев 1951, p. 290.

(154) 以下 ibid., p. 294以下。
(155) ibid., Pl. 28, 18.
(156) 梅原一九二八、一六九―二〇五頁、角田一九五四、六三―八九頁、アルタイ、パズイルイック第二号墳の調査、ミチューリン一九五六等参照。
(157) Витт, 1952, fig. 5-8.
(158) ibid., fig. 13, 14.
(159) ibid., fig. 4.
(160) 以下主としてHančar 1955, p. 255以下による。
(161) Hančar 1955, p. 375は上限を前二三五〇年とする。
(162) 角田一九五八。
(163) Hančar 1955, pp. 373-381.
(164) 角田一九五四、一―一四頁「遊牧社会構成の成立」参照。
(165) Цалкин 1952.
(166) Hančar 1955, pp. 238-242.

挿図目録

図212 羅振玉一九三七、一九、一一、『書道全集1』一九五四、図13中・下
図213 商一九三三、九八〇、三七八
図214 李等一九五七、五頁
図215 傅一九五六、七六頁
図216 『世界美術全集2』一九五一、図九四
図217 関野一九五二、図版九、26
図218 White 1934, Pl. 84, 209a
図219 Royal Ontario Museum 写真（White 1939, Pl. 77）
図220 同右（White 1939, Pl. 71）
図221 同右（White 1939, Pl. 79）
図222 Yetts 1934, fig. 5
図223 京都大学人文科学研究所蔵拓本
図224 Museum of Far Eastern Antiquities 写真
図225 著者原図

引用文献目録

〈日本文〉

石田英一郎一九五六「天馬の道」『桃太郎の母』
梅原末治一九二八『古代北方系文物の研究』京都
梅原末治一九三七『洛陽金村古墓聚英』京都
梅原末治一九四一『河南安陽遺物の研究』京都
江上波夫、水野清一一九三五『内蒙古長城地帯』東京
江上波夫一九五六「匈奴の経済活動」『東洋文化研究所紀要』九
エリセーエフ、V. 一九五〇「古代のモンゴリア」『考古学雑誌』三六、四、二一一―二三一頁
王国維一九二一『観堂集林』
岡崎敬一九五三「鉞と矛について」『東方学報』京都、二三

久合田勉一九三二　『馬学』外貌篇、東京
久合田勉一九三五　『馬学』種類篇、東京
久合田勉一九四一　『馬学』蕃殖飼育篇、東京
ケルレル、C．（加茂儀一訳）一九〇九　『家畜系統史』東京
島邦男一九五六「甲骨文の地名」『人文社会』九、弘前
『書道全集1』一九五四　東京
白川静一九五八「殷代雄族考」其六、乖、『甲骨金文学論叢』八、京都
白川静一九六二―『金文通釈』白鶴美術館誌一
『図解考古学辞典』一九五九（水野清一、小林行雄編）東京
『世界大百科事典1』、東京
『世界美術全集2』、一九五一　東京
関野貞一九一六『支那山東省に於ける漢代墳墓の表飾』東京
関野雄一九五一「黒陶と黒陶明器について」『三彩』五六（伝輝県出土黒陶明器特集号）（『中国考古学研究』所収）
関野雄一九五二『半瓦当の研究』東京
高浜秀一九八〇「北方系の刀子」『MUSEUM』五五六号、八―二三頁
角田文衛一九五四『古代北方文化の研究』京都
角田文衛一九五八「ナマースガ遺丘」『史林』四一、一、四一―六三頁
浜田耕作等一九三八『赤峰紅山後』京都
原田淑人等一九五七『中国考古の旅』東京
林泰輔一九二一『亀甲獣骨文字』東京
林巳奈夫一九五二「龍について」『史林』三五、三二
林巳奈夫一九五三「殷周青銅器に現れる龍について――附論、殷周銅器における動物表現形式二三について」『東方学報』京都、二三
林巳奈夫一九五七「現代中国における殷以前の綜合的研究について」『古代学』五、三・四
林巳奈夫一九五八「安陽殷虚の哺乳動物群について」『甲骨学』六
林巳奈夫一九五八a「現代中国における殷以前文化の綜合的研究について」(2)、『古代学』七、一
林巳奈夫一九八四『殷周時代青銅器の研究』東京
林田重幸一九五六「日本古代馬の研究」『人類学雑誌』六四、四、六三―七七
林田重幸、山内忠平一九五六「九州在来馬の研究」『日本畜産学会報』二七、三、一八三―一八九
林田重幸、山内忠平一九五七「馬における骨長より体高の推定法」『鹿児島大学農学部学術報告』六、一四六―一五六頁
ミチューリン、A．（佐藤純一訳）一九五六「南シベリアの古代文化」『古代学』五、一、七七―九四頁、五、三・四、三二八―三三六頁
宮川尚志一九四七「漢代の家畜」『東洋史研究』九、五・六、二〇四―二一四頁、一〇、一、一三一―一三五頁
リサン、E．一九三〇「天津北疆博物院の古生物学的並に考古学的事業」『考古学論叢』二、二五―三一頁
ワグナー、W．（高山洋吉訳）一九四二『中国農書』下、東京

〈中国文〉

安志敏一九五四「唐山石棺墓及其相関的遺物」『考古学報』七、

七七―八六頁
安志敏一九五五「河北曲陽調査記」『考古通訊』一九五五、一、三九―四四頁
安志敏一九五六「黄河三門水庫考古調査簡報」『考古通訊』一九五六、五、一―一一頁
安志敏一九五六a「甘粛遠古文化及其有関的幾個問題」『考古通訊』一九五六、六、七―一九頁
于省吾一九四〇『双剣誃古器物図録』北京
于省吾一九四三『双剣誃殷契駢枝三編』
王寄生一九五五「山西洪趙坊堆村古遺址墓群清理簡報」『文物参考資料』一九五五、四六―五四頁
郭沫若一九三三『卜辞通纂』東京
郭沫若一九三七『殷契粋編』東京
郭沫若一九五七「盠器銘考釈」『考古学報』一九五七、二、一―六頁
郭沫若一九五七a『両周金文辞大系図録考釈』北京
靳楓毅一九八二「論中国東北地区含曲刃青銅短剣的文化遺存(上)」『考古学報』一九八二、四、三八七―四二六
饒宗頤一九五九『殷代貞卜人物通考』香港
顧炎武『日知録』
呉闓生『吉金文録』
胡厚宣一九四四「武丁時代五種記事刻辞」『甲骨学商史論叢』初集、三
胡厚宣一九四四a「殷代封建制度考」『甲骨学商史論叢』初集、一
胡厚宣一九四四b「卜辞中所見之殷代農業」『甲骨学商史論叢』二集、一
胡厚宣一九五〇『古代史研究的史料問題』上海
胡厚宣一九五一『戦後寧滬新獲甲骨集』北京
胡厚宣一九五四『戦後京津新獲甲骨集』上海
呉式芬一八九五『攈古録金文』
山西省文物管理委員会一九五九「山西省文管会侯馬工作站工作的総収獲(一九五六冬至一九五九初)」『考古』一九五九、二二二―二二八頁
梓渓一九五七「対『中国考古学研究』一書的商榷」『文物参考資料』一九五七、一二、七七
史樹青等一九五七「盠尊、盠彝及騾駒罍釈文」『文物参考資料』一九五七、六、六九頁
寿田一九五七「太原光社新石器時代遺址的発現与遭遇」『文物参考資料』一九五七、一、五七―五八頁
商承祚一九三三『殷契佚存』南京
石璋如一九五〇「小屯殷代的成套兵器」『中央研究院歴史語言研究所集刊』二二、一九―八四頁
石璋如一九五五「小屯殷代的建築遺蹟」『中央研究院歴史語言研究所集刊』二六、一三一―一八八頁
孫詒譲一九二九『古籀余論』北京
鄒衡一九八〇『夏商周考古学論文集』北京
孫海波一九三九『河南吉金図志賸稿』北京
中国科学院考古研究所一九五六『輝県発掘報告』北京
中国科学院考古研究所一九五九『上村嶺虢国墓地』北京
中国科学院考古研究所一九六二『灃西発掘報告――一九五五―一九五七年陝西長安県灃西郷考古発掘報告』北京

中国科学院考古研究所一九六三『西安半坡——原始氏族公社聚落遺址』北京

中国科学院考古研究所内蒙古工作隊一九七四「赤峰薬王廟、夏家店遺址試掘報告」『考古学報』一九七四、一、一一一—一四三頁

中国社会科学院考古研究所東北工作隊一九八一「内蒙古寧城県南山根一〇二号石槨墓」『考古』一九八一、四、三〇四—三〇八頁

張徳光一九五六「晋南五県古代人類文化遺址初歩調査簡報」『文物参考資料』一九五六、九、五三—五六頁

暢文斎一九五七「山西長治市分水嶺古墓的清理」『考古学報』一九五七、一、一〇三—一一八頁

陳夢家一九三六「釈丙」『考古社々刊』五、一七—二三頁

陳夢家一九五五—五六「西周銅器断代」(二)—(六)、『考古学報』九—一九五六、四

陳夢家一九五六a『殷虚卜辞綜述』北京

鄭紹宗一九五六「熱河興隆発現的戦国生産工具鋳範」『考古通訊』一九五六、一、二九—三五頁

董作賓一九四九『小屯、第二本、殷虚文字乙編』上海

佟柱臣一九五七「赤峰東八家石城址勘査記」『考古通訊』一九五七、六、一五—二二頁

馬得志等一九五五「一九五三年安陽大司空村発掘報告」『考古学報』九、二五—九〇頁

傅永魁一九五六「洛陽市清理一座東周墓出土四匹銅馬」『文物参考資料』一九五六、九、七六—七七頁

文物編集委員会編、関野雄監訳一九八一『中国考古学三十年』東京

容庚一九三六『善斎彝器図録』北平

容庚一九四一『商周彝器通考』北京

楊向奎一九五七「釈「執駒」」『歴史研究』一九五七、一〇、九五—九七頁

楊鍾健一九五六「考古工作和人骨獣骨等遺存問題」『文物参考資料』一九五六、三、七—一〇頁

羅振玉一九一三『殷虚書契』京都

羅振玉一九一四『殷虚書契菁華』

羅振玉一九一六『殷虚書契後編』

羅振玉一九三〇『貞松堂集古遺文』

羅振玉一九三三『殷虚書契続編』

羅振玉一九三六『三代吉金文存』

羅福頤一九五七「郿県銅器銘文試釈」『文物参考資料』一九五七、五、七〇頁

李亜農一九五〇『殷契摭佚続編』北京

李学勤一九五七「郿県李家村銅器考」『文物参考資料』一九五七、七、五九頁

李学勤一九八一「論多友鼎的時代及意義」『人文雑志』一九八一、六、八七—九二頁

李景華一九五四「河南項城高寺集的古代遺址」『文物参考資料』一九五四、一二七—一三一頁

李済等一九三四『城子崖』北京

李済一九五二「記小屯出土之青銅器」中篇、鋒刃器、『文史哲学報』四、一七九—二四〇頁

李長慶等一九五七「祖国歴史文物的又一次重要発現」『文物参

考資料』一九五七、四、五―一〇頁
李文信一九五七「遼陽三道壕西漢村落遺址」『考古学報』一九五七、一、一一九―一二六頁
遼寧省昭烏達盟文物工作站、中国科学院考古研究所東北工作隊一九七三「寧城南山根的石槨墓」『考古学報』一九七三、二、二七―三八頁
魯金科（Руденко, С. И.）一九五七「論中国与阿魯泰部落的古代関係」『考古学報』一九五七、二、三七―四八頁

〈欧　文〉

Andersson, J. G. 1925 Preliminary Report on Archaeological Research in Kansu, *Memoire of the Geographical Survey of China*, Ser. A, 5.（三森定男訳『支那の原始文明』一九四一、東京、所収）

Andersson. J. G. 1943 Researches into the Prehistory of the Chinese, *Bulletin of the Museum of Far Eastern Antiquities*, no. 15, pp. 7–204

Arne, T. J. 1933 Die Funde von Luan P'ing und Hsuan Hua, *Bulletin of the Museum of Far Eastern Antiquities*, no. 5, pp. 155–175

Creel, H. G. 1936 *The Birth of China*, London

Eberhard, W. 1942 Untersuchungen über den Aufbau der Chinesischen Kultur, II,: Lokalkulturen in alten China, Tail la : Die Lokalkulturen des Nordens und Westens, *T'oung Pao*, Suplément au vol. 38, 1942

Erkes, E. 1942 Das Pferd im alten China, *T'oung Pao*, vol. 36

Hančar, F. 1955 Das Pferd in prähistorischer und frühhistorischer Zeit, *Wiener Beiträge zur Kulturgeschichte und Linguistik*, vol. 11

Hilzheimer, M. 1931 Die Anschirrung bei den alten Sumerern, *Prähistorische Zeitschrift*, vol. 22, p. 13

Janse, O. 1935 L'empires des steppes et les relations entre l'Europe et l'Extrême-Orient dans l'Antiquité, *Revue des arts asiatique*, vol. 9, p. 1

Jettmar, K. 1950 The Karasuk Culture and its South-eastern Affinities, *Bulletin of the Museum of Far Eastern Antiquities*, no. 22, pp. 83–126

Karlgren, B. 1945 Some Weapons and Tools of the Yin Dynasty, *Bulletin of the Museum of Far Eastern Antiquities*, no. 17, pp. 101–144

Karlgren, B., 1952 Catalogue of the Chinese Bronzes in the Alfred F. Pillsbury Collection, Minneapolis

Киселев, С. В. 1951 *Древняя История на южной Сибири*, Москва

Loehr, M. 1949 Tools and Weapons from Anyang and Siberian Analogies, *American Journal of Archaeology*, vol. 53, no. 2, pp. 126–144

Loehr, M. 1949, 51 Ordos Daggers and Knives, New Material, Classification and Chronology, *Artibus Asiae*, vol. 13, pp. 23–83 ; vol. 14, pp. 77–162

Loehr, M. 1956 *Chinese Bronze Age Weapons*, Michigan

Витт В. О. 1952 Лошади пазырыкских курганов, *Советская Археология*, vol. 14, pp. 163–205

White, W. C. 1934 *Tombs of Old Lo-yang*, Shanghai
White, W. C. 1939 *Tomb Tile Pictures of Ancient China*, Toronto
Yetts, W. P. 1934 The Horse : A Factor in Early Chinese History, *Eurasia Septentrionalis Antiqua*, vol. 9
Цалкин, В. И. 1952 Фауна античного и раннесредневеного Хорезма, *Археологические и этнографические работы Хорезмской экспедиции 1945–1948*, Москва, pp. 214–244

第六章　後漢時代の馬車

一　馬　車

　中国の馬車は殷時代から戦国に到るまで、二つの車輪をもった車体に一本の輈をつけ、その両側に一対の馬を繫駕する方式のものであったことは周知のごとくである。これが後漢の画像では圧倒的多数が二本の轅の間に一頭の馬を繫駕する方式になっている。その交替の時期について筆者はさきに、殷以来の一本の輈をつけた馬車は戦国時代末ないし秦時代、二本の轅をつけた馬車が現れるとともに、この能率の良い馬車に圧倒され始め、前漢後半には既に後者に取って代られ、後漢時代中頃以後は一本の輈の馬車をみたことのある者もなく、その構造、繫駕法も忘れられてしまったであろうことを遺物、文献の資料から推測した(1)。後漢の画像石にいやというほどくり返し画かれている二本の轅の馬車の方式は、発明されてからまだ日の浅い、いわば新式のものであったのである。

　始めに馬車の作りのあらまし、各部名称を記し、次に馬車の種類について述べる。

(一) 馬車の作りと各部名称

(1) 輪、轆、輞、輻、箄、轂

先ず車輪。乗用車、荷車とも通常多数の細いスポークのついたものが使われた。もちろん全部木製のものである。『説文』には

輪、有輻曰輪、無輻曰輇

即ち「輪は、輻のあるのを輪といい、輻のないのを輇という」というが、輻のない車輪——当然円盤状のものと考えられる——の遺物、図像は今のところ知られない。

『釈名』釈車に輪、轆の名が記され

輪、綸也、言弥綸也、周帀之言也、或言轆、言輻総入轂中也

即ち「輪とは綸の意味で、つながり補い合い、糸で引張るように引くという意味で、ぐるっと一まわりしているということである。あるいは轆ともいう。輻（スポーク）がすべて轂のほぞの中に入っている、という意味である」というのである。この説明は右に記したタイヤとスポークをもった型式の車輪のことを指していることは明らかである。

轆は『方言』九には輮と書かれる。

輪、韓楚之間謂之軑、或謂之軝、関西謂之輮

即ち「輪は韓楚の間ではこれを軑といい、あるいは軝といい、函谷関の西ではこれを輮という」ということである。漢代の馬車の完全な遺物は今のところ知られないが、墓に副葬されたかなり忠実な木製、青銅製の模型が幾つか知られていて参考になる。図226の1は長沙伍家嶺二〇三号墓出土の例で、前漢末のものとされる[2]。

輪の周囲の地に着く部分が輞である。『釈名』釈車に

輞、罔也、罔羅周輪之外也、関西曰輮、言曲輮也、或曰輾、輾、緜也、緜連其外也

即ち「輞とは罔という意味である。罔羅して輪の外をとり巻いているのである。函谷関の西ではこれを輮という、曲りたわんでいるというのである。あるいは輾ともいう。輾とは緜の意味で、輪の外につらなっているということだ」というのである。『周礼』考工記には輞に対して「牙」の語が使われている。

木材を火であぶって曲げたものを何本か合せて輞を作る方法は『周礼』考工記、輪人に記される。図227に示した車大工の工房の画でみると三本合せている。

スポークは輻である。『急就篇』に「輻轂……」と出てくることにより漢代の語と知られる。図226の5ははじめに引いた模型の馬車の輻である。『周礼』考工記、輪人には輻にはまる方の細長い枘を蚤、轂にはまる方を菑と呼んでいる。漢代の名称は明らかでない。この輻は轂に近いところで曲っている。これも考工記、輪人によると火であぶって曲げたものである。輻が曲っていることにより、図226の2の馬車の車輪の図にみるごとき輪全体の反りが形成される。この反りは考工記、輪人には綆《へい》と記され、鄭玄は鄭司農が

謂輪箄也

即ち「輪の箄をいう」というのを引く（第四章、四五六頁）。漢代には箄といったことが知られる。輝県琉璃閣一六号車の車輪にこれが観察され（第四章、四五六頁図207）、春秋後期頃からあった工夫であることが知られる。輪が左右にぎしぎししないようにする働きをもつ。

輻の植えられる部分が轂である。『急就篇』「輻轂……」の顔師古の注に

轂謂輻所湊也

即ち「轂とは輻のあつまる所をいう」という通りである。中に孔があいて、ここに心棒の木、「軸」が通る（図226の2）。

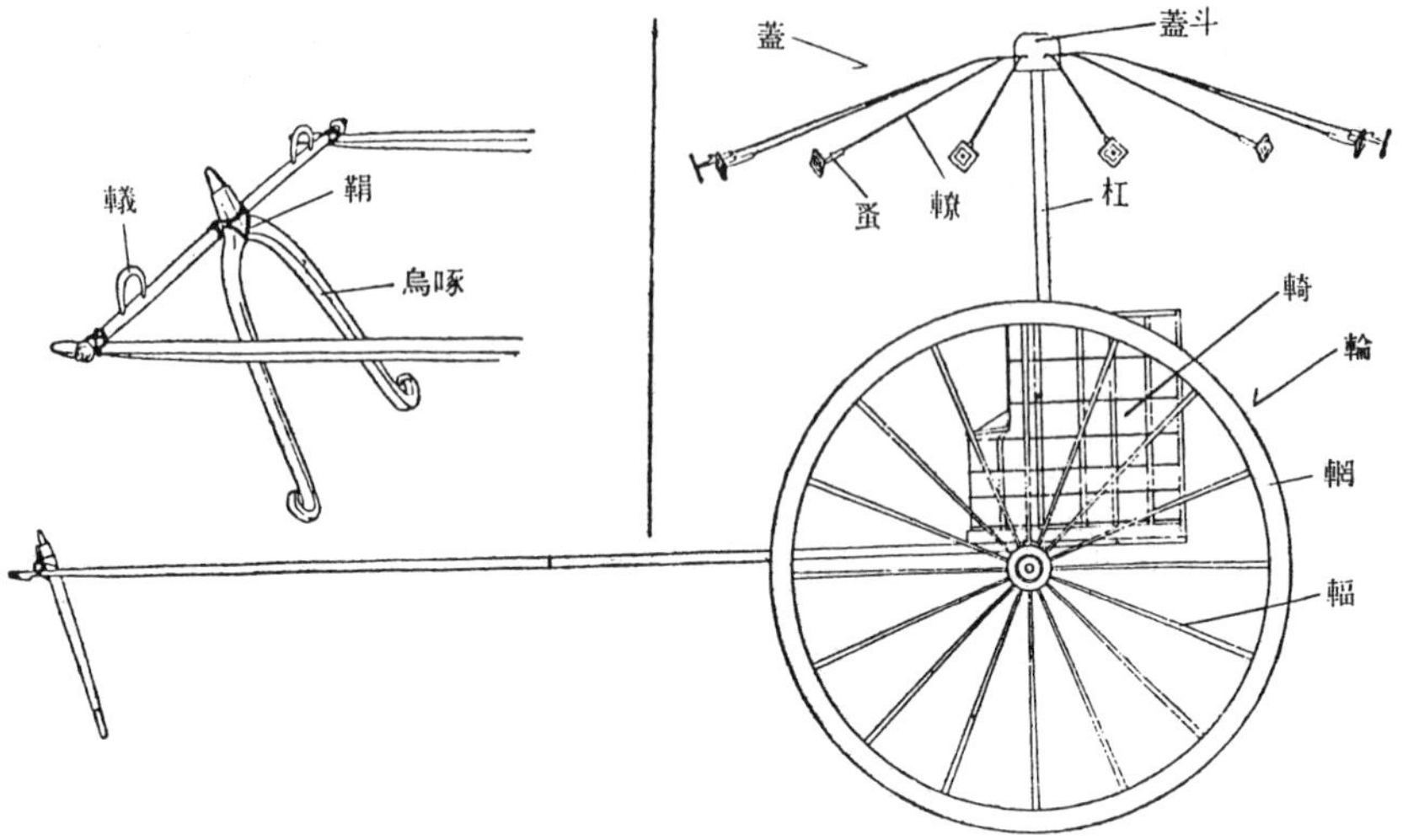

(1)

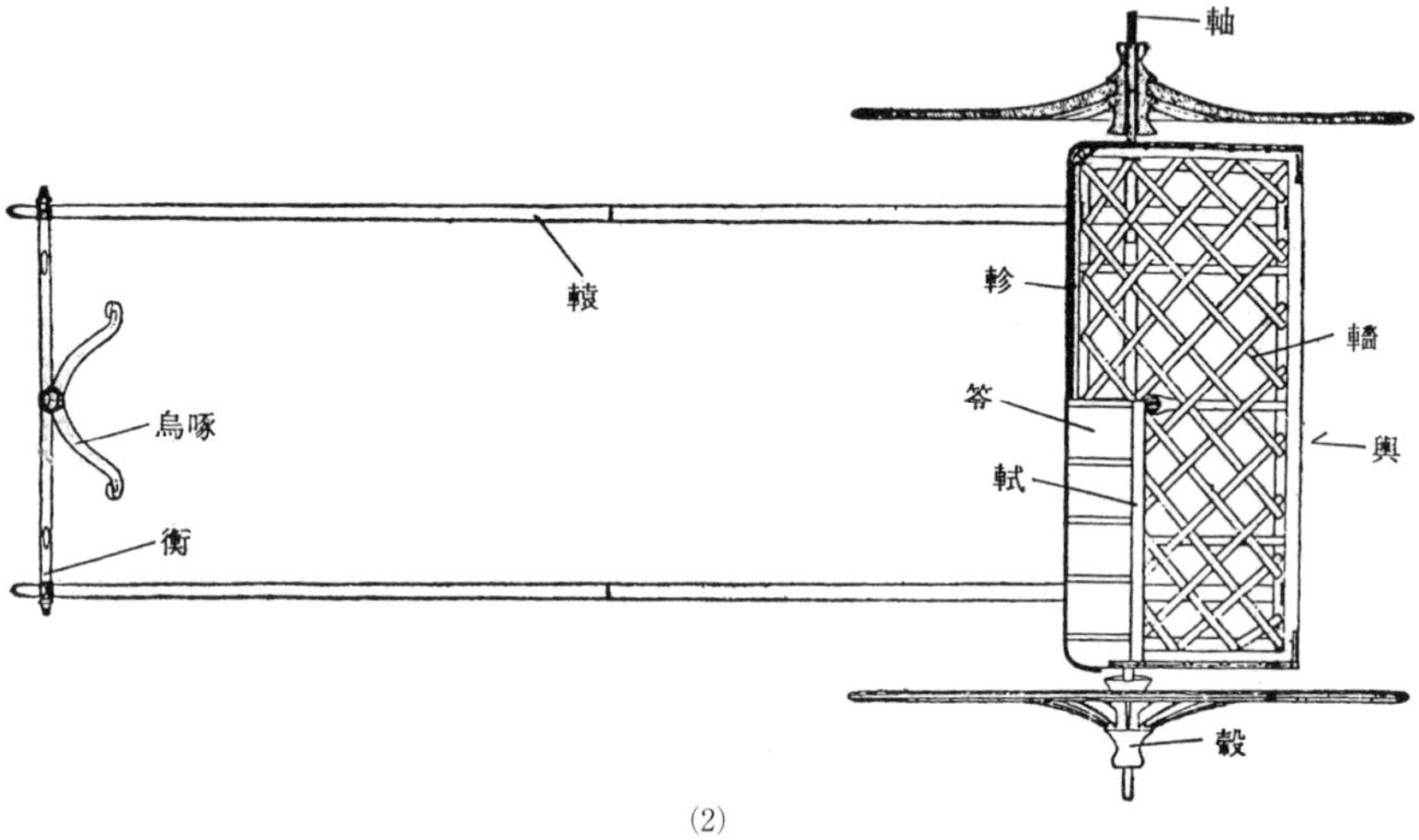

(2)

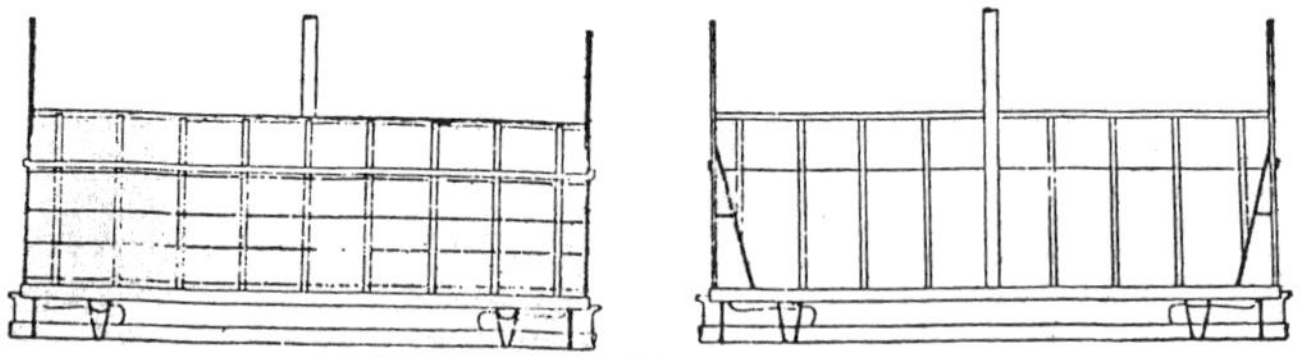

(3)

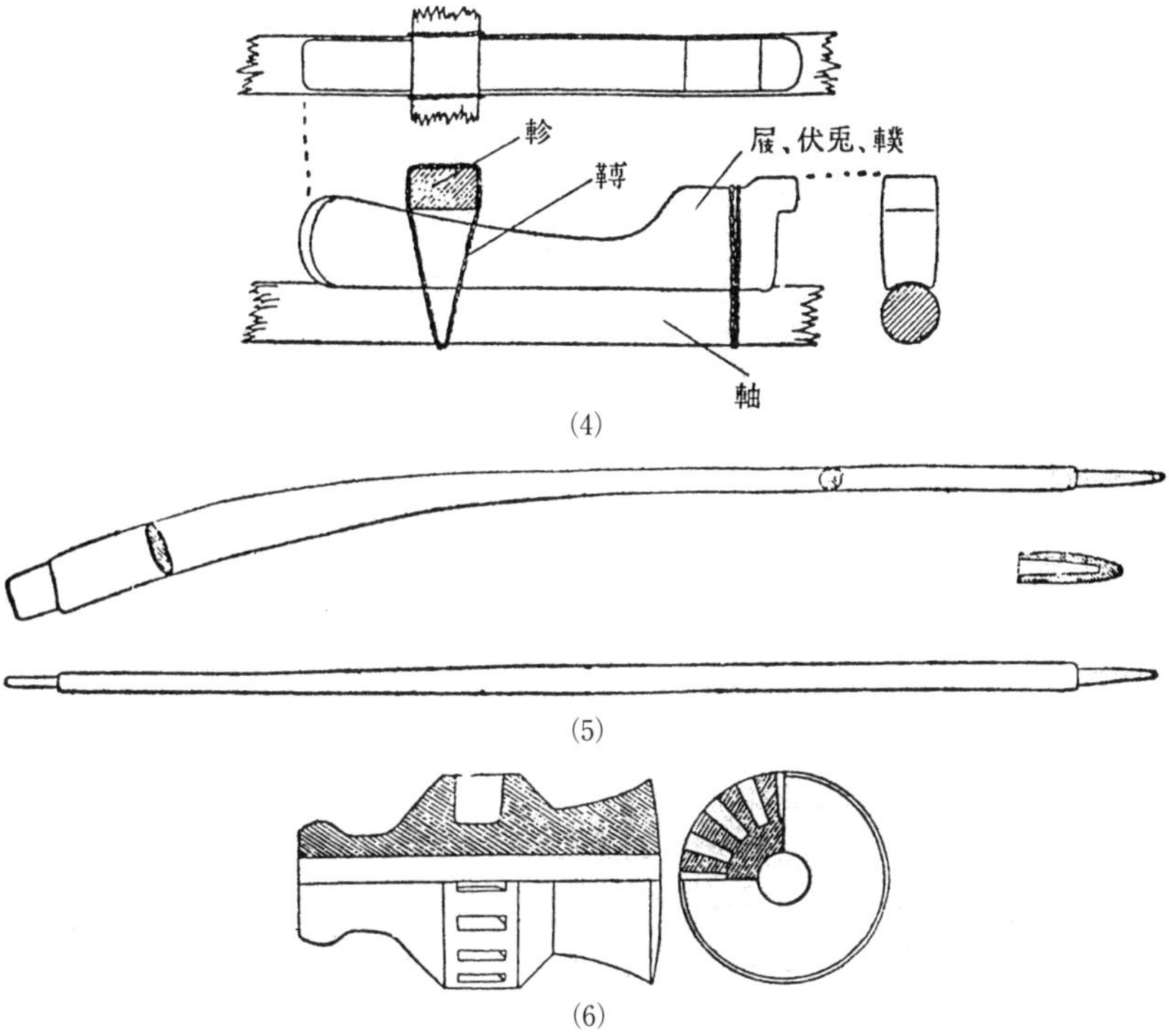

図226　軺車　木製明器　長沙伍家嶺203号墓

図227　輪の制作　画像石　嘉祥劉村洪福院

(2)　軸、釭、鐗、轄、軹、輠、輨、軨

軸については『釈名』釈車に

軸、抽也、入轂中、可抽出也

即ち「軸は抽の意味である。轂の中に入り、抽出することができるものだ」と説明される。図226の6は前引の模型の馬車の轂である。左右の輪を通す心棒である「軸」の木は先秦時代の発掘例でみると、一本の通った材が使われる。

軸に通された輪が外側に寄ってゆくように、轂の穴は外側に向って直径をやや減じているのが常である。前引図226の6の長沙二〇三号墓の車の模形の轂もそのような作りになっている。

轂と軸が擦れて磨滅しないように漢代にはここに鉄の金具をはめた。『釈名』釈車には

釭、空也、其中空也

即ち「釭とは空ということだ。その中が空なのだ」という。中が空だというのでは何のことかわからないが『説文』をみると

釭、車轂中鉄也

即ち「釭とは車の轂の中の鉄だ」という。図228、229のごときものが漢代の例である。漢以前の遺物は今のところ知られない。轂にはめられた釭に対応して軸の方にも鉄製の磨滅防止の金具が必要である。『釈名』釈車に

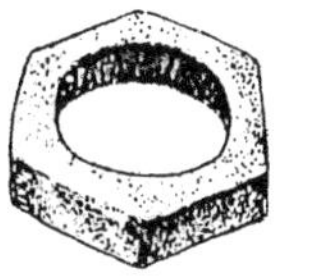

図228　釭　洛陽河南県城

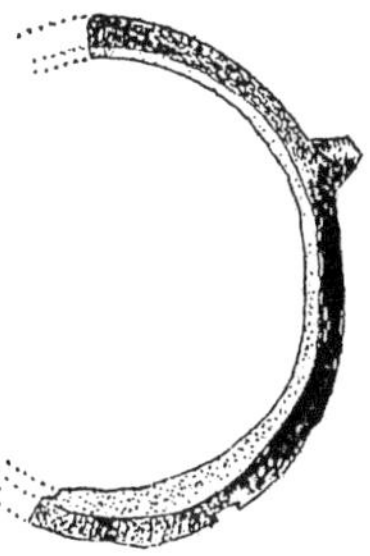

図229　釭　遼陽三道壕

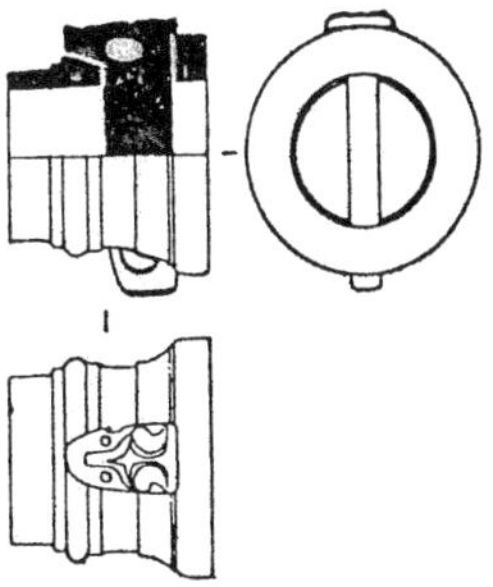

図230　軹の金具　漣水三里墩

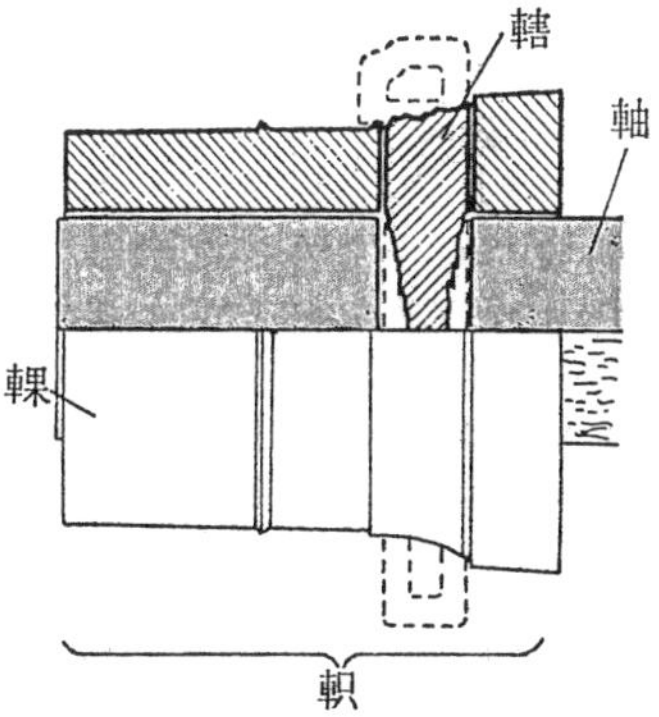

図231　軹の各部名称（寧陽潘家王茂村遺物より）

　鐧、間也、間釭軸之間、使不相摩也

即ち「鐧とは間という意味である。釭と軸の間をへだて、互いに擦れないようにさせるものだ」というのである。軸の木にはめる、そう厚くない筒状の鉄であろうか。今のところそれに当ると思われる遺物は知られない。

轂を軸にはめた後、轂が抜け落ちないように止める装置が当然必要である。『急就篇』「輻轂輨轄……」の顔師古の注に

　轄、堅貫軸頭制轂之鉄也

即ち「軸の端をたてに貫き、轂が外れないよう制止する鉄だ」という。日本の大八車の軸端に挿してあるピンと同様なものと想像される。しかしそういう簡単な仕掛の遺物は今のところ知られない。遺物、ないしその模型がのこるのは図230に示したように、軸頭につばのある帽子状の金具をかぶせてこの金具をピンで車軸の端に固定し、この金具のつば状の部分で轂を止める方式のものである。

この轂から外にはみ出た「軸」の端の部分を軹《し》という。『釈名』釈車に

　軹、指也、如指而見於轂頭也

即ち「軹とは指ということである。指《ゆび》のごとくで轂の頭に見えているものだ」と

いう（図231）。また『釈名』釈車に

　輠、裹也、裹軹頭也

即ち「輠とは裹（つつむ）の意味である。軹頭を裹むものである」というのである。右に示したような飾金具であることは疑いない。

轂の外端は轄ないし輠のつば状の部分で止められ、これと摩れ合うわけである。そこで轂の外端にも磨滅を防ぐための鉄がはめられた。『急就篇』前引のところの注に顔師古は

　輨、轂端之鉄也

即ち「輨は轂の端の鉄である」と。この輨がそれである。これも遺物は今のところ知られない。

轄は孔から抜け出さないようにその頭の孔に革紐が通され、これで軸にとめられた。日本の大八車では金具の環が使われていたが、それに当る役をするものである。『礼記』曲礼上「僕展軨」の『釈文』に引く盧植の説に

　車轄頭靻也

即ち「車の轄の頭につく革紐だ」というのである。漢代にもこの語があった。『急就篇』に

　軹軾軫軨……

とある。ここの顔師古の注にいうごとく、この軨にひらひらした飾りをつけたのが飛軨である。『続漢書』輿服志「乗輿……升龍飛軨」の注に

　薛綜曰、飛軨以緹油、広八寸、長注地……繫軸頭

即ち「薛綜はいう、飛軨は緹油（不明）で作り、幅が八寸、長さは地面に垂れる程度で……車軸の頭に繫ぐ」という。図243のｓに見るごときものがこれである。『続漢書』の今のところのつづきをみると身分の高下によってその乗用の馬車につける飛軨の紋様に差等がつけられていたことが知られる。

(3) 輿、軫、枕、桄

次に人の乗るところ。輿と呼ばれた。『急就篇』に「輜軺轅軸輿輪𨏥」と出てくる。『釈名』釈車には

輿挙也

と説明される。人をのせて持ち上げておくところだ、というのである。この部分の土台をなすのはその底部、四周をめぐる材であるが、古来この部分は前と左右を一本の材を曲げて作り、後には別の材を加えるという構造になっている。図226の長沙の模型では四本の木を合せているが、(3) 前の左右の角は木を曲げて作った場合にそうなるごとく、隅丸に作られている。この四面の材のうち後面の材は先秦時代同様「軫」といわれた。『方言』に

軫謂之枕

即ち「軫はこれを枕という」とあり、郭璞の注に

車後横木

即ち「車の乗るところの後部にある横方向の木だ」という。『周礼』考工記、輈人には

軫之方也、以象地也

即ち「軫の方形をなすのは地を象る」というごとく、輿の底の四面の材のうち後面ばかりでなく前左右の材も含めて軫と呼ぶことがあった。漢代にもそういうことがあったかどうかは明らかでない。しかし前と左右を構成する材に対する漢代の名称が字書の類に見出されないから、ここには仮に四面とも軫ということにしておく。

輿が前後に長い場合、軫の間に横木が渡されることがあった。漢代の例は今のところ知られないが、図232は洛陽中州路、戦国時代車馬坑出土の例である。これは「桄」と呼ばれた。王念孫は『広雅』釈水、艑謂之桄の『疏証』に

衆経音義巻十四云、桄、声類作輄、車下横木也、今車牀及梯轝下横木皆曰桄

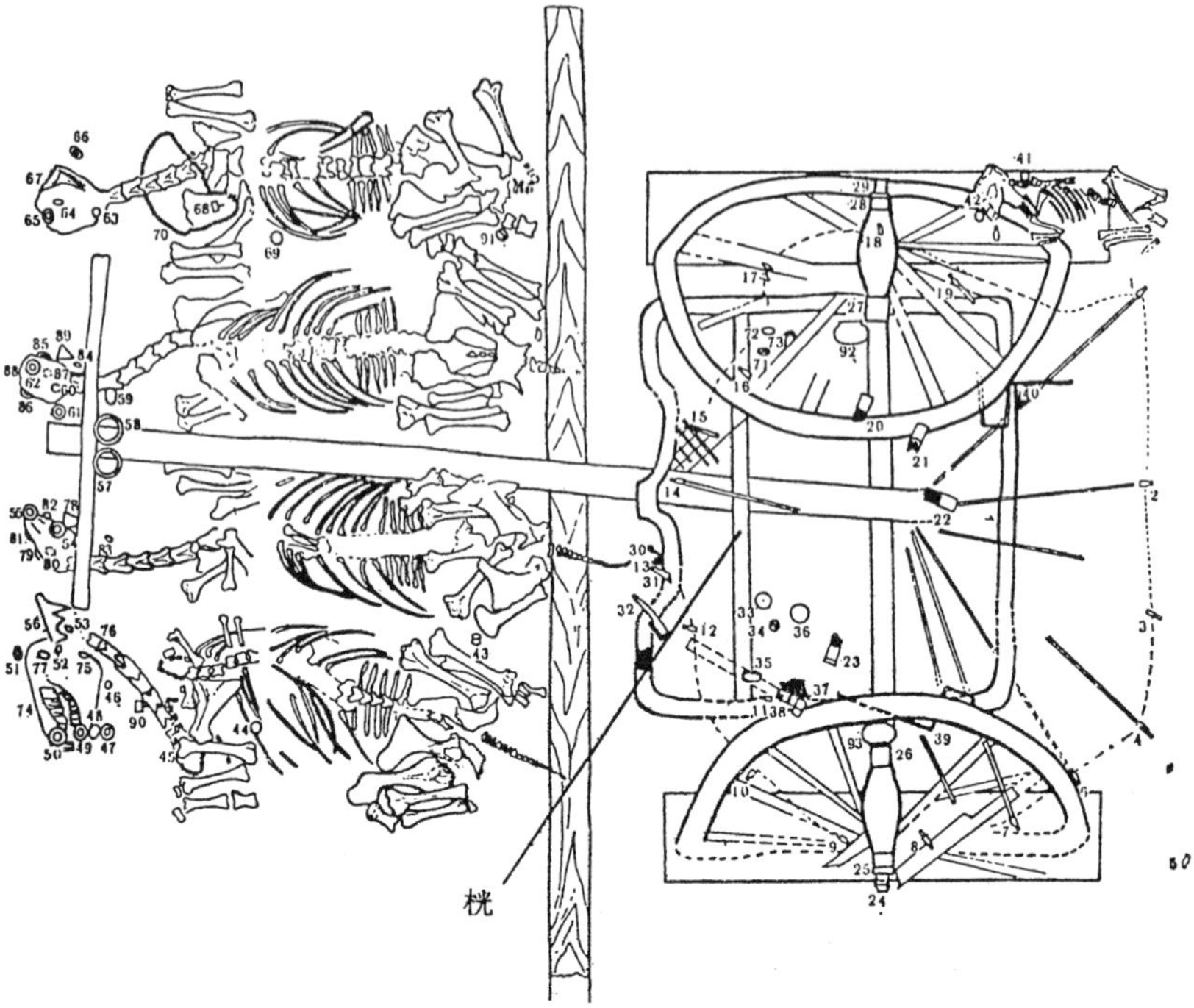

図232　桄のつく馬車　戦国　洛陽中州路

即ち『衆経音義』巻十四に「桄は『声類』に輄に作る、車下の横木なり、今車床および梯欙の下の横木をみな桄という」とある」といい、今本の『釈名』に桄とあるべきところを枕と書くが、本当は

桄、横在前、如臥牀之有桄也、桄、横也、横在下也

即ち「桄は横ざまに前にあり、臥牀の桄あるがごときなり。桄は横なり、横ざまに下にあり」とあるべきだという。もっともである。

(4)　伏兎、⿰車憂、轉

輿は一本のながえ（輈）ないし二本のながえ（轅）と結合される。どの場合も、軸の上に乗る形で輈、轅が交わり、その上に軫が乗るという原則である。軫は輈や轅の高さだけ軸から浮くから、ここに枕木をかませる。これが伏兎である。『釈名』釈車に

屐、似人屐也、又曰伏兎、在軸上、似之也、

又曰轐、轐、伏也、伏於軸上也

即ち「屐は人のはく屐に似ている。また伏兔ともいう。軸上にあってこれに似るのだ。また轐ともいう。轐とは伏ということで、軸上に伏しているのだ」と。図226の(4)は長沙の模型の馬車の伏兔の使用の有様である。[4] 図は模型であるが、紐で結び合されている。実物には革紐が使われた。『説文』に

䡞、車伏兔下革也

即ち「䡞は車の伏兔の下の革なり」と。伏兔と軸をしばり合せる革紐である。また『釈名』釈車に

䡛、縛也、在車下、与輿相連縛也

即ち「䡛は縛なり、車の下にあり、輿とあい連縛するなり」と。西周の金文にこの䡛に彩色の加えられる例が出てくることから、これが外に見える部分に使われるものとすると、ながえと軫とくくり合せるものと思われることは先に記したところである（第三章、二五七頁）。

(5)　轖、靯䩮、文鞇、鞦

長沙の馬車の模型では輿の床に革紐を交叉させて斜格子状に張り、漆を塗っている（図226の(2)）。報告書にこれを漢代の轖（轖）といわれたものだとしている。[5] その通りである。『説文』に

轖、車藉交革也

という（桂馥の『義証』の校訂による）。轖は車に敷く交わった革だ、というのである。『急就篇』には「革轖髤漆……」と革扁に作る。ここの顔注に

革轖、車藉之交革也

即ち「革轖は車の藉の交革である」と。革が張ってあれば震動を吸収するに効果があったろう。

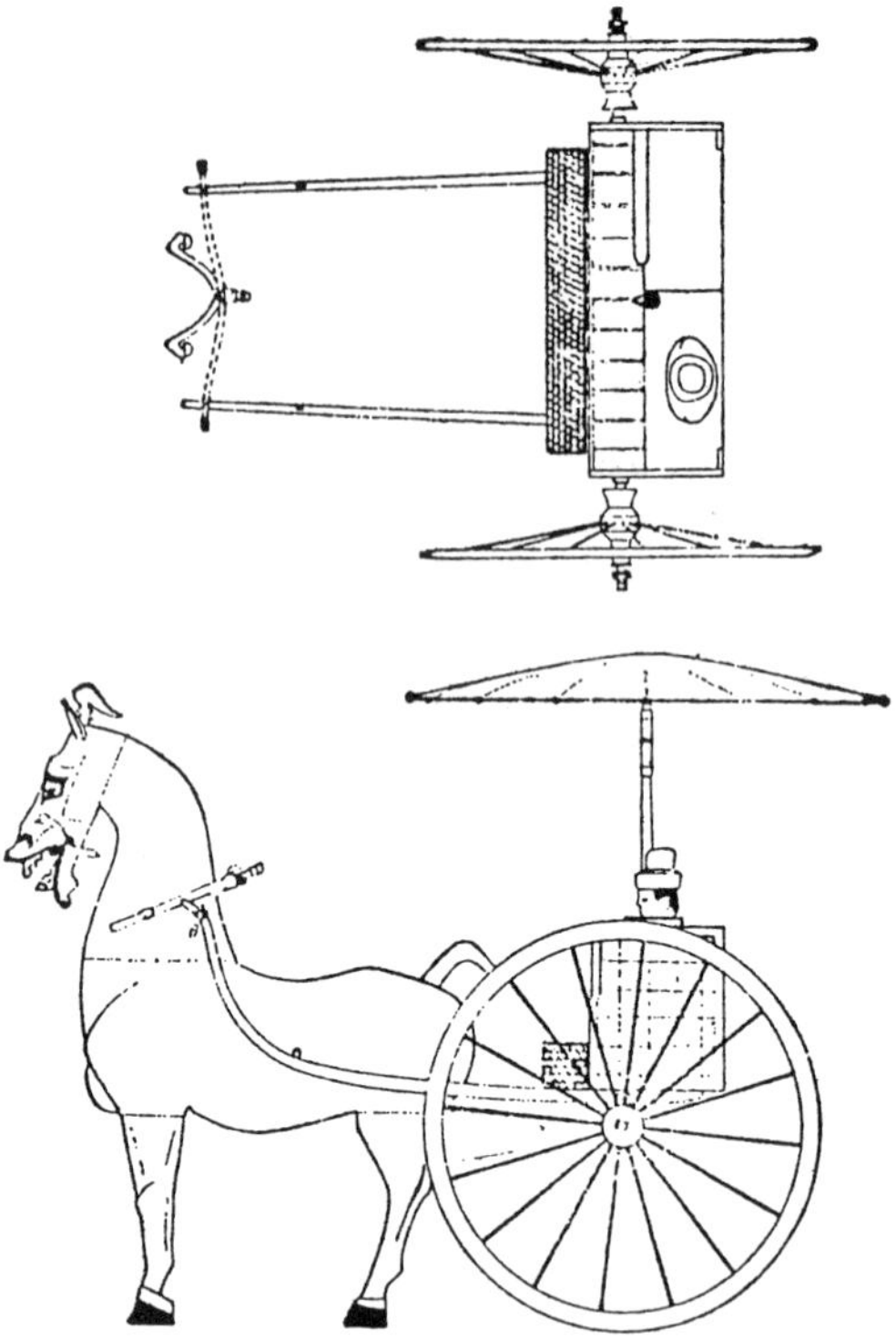

図233　軺車　木製明器　武威磨嘴子

この革の上にじかに坐ったわけではない。ござの類を敷いたのである。『釈名』釈車に

鞋韉、車中重薦也、軽鞋韉、小貂者也

即ち「鞋韉とは馬車の中に敷く二重の薦（寝る時にふとん代りに敷くござ）である。軽鞋韉とは小型で短い類である」と。敷ぶとん代りに使うござの類だから、わりと厚手のやわらかいものであるが、これを二重に使うのである。これでまたかなり震動は吸収されたろう。

坐乗する場合、また坐ぶとんやクッションが使われた。『釈名』釈車に

文鞇、車中所坐者也、用虎皮為之、有文采、鞇、因也、因与下輿相聯著也

即ち「文鞇とは馬車の中で坐るのに使うものである。虎の皮で作り、紋様のあるものである。鞇とは因という意味である。因ってその下の輿とつらなり、くっつくものである」という。この坐ぶとんは輿の床に固定されていたらしい。ただ敷いてあるだけでは震動でだんだんずれたりする不都合が起りえよう。武威磨嘴子四八号墓出土の木製馬車明器は輿の左半に御者が坐っているが、右側、主人の乗るべきところは床が少し高くなり、赤く塗ってあって、鞇を表現しているというが、図にはそれが書かれていない（図233）。

また坐乗した時によりかかるクッションがあった。⿰革伏である。『釈名』釈車に

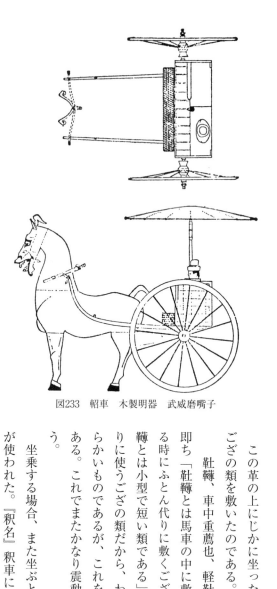

韥、伏也、在前、人所伏也

即ち「韥とは伏という意味である。前にあり、人がそこによりかかるものである」と。『急就篇』「鞇韥……」の顔師古の注に

韥、韋囊、在車中、人所憑伏也、今謂之隠囊

即ち「韥は皮で作った袋で、馬車の中にあり、人がよりかかるものである。今日（唐）では隠囊という」という。『釈名』で見ると、次に記す軾との相違がはっきりしないが、『急就篇』の注でみると明らかに皮で作ったクッションである。

(6)　軾、軨、輢、較、輒

輿の前よりの方にある横木が軾（図226の(2)）である。『釈名』釈車に

軾、式也、所伏以式敬者也

即ち「軾とは式という意味である。その上に身をかがめて式敬するものである」と。もちろんお辞儀をするために設けられたものでなく、つかまって体を支えるためのものである。前引の武威磨嘴子四八号墓の木製の模型では軾の右半、主人の乗る側には瓦状の上反りになった赤塗りのものがかぶせてあった（図233）。軾のおおい、軨ではないかと報告書に記される。(6) 軨は『詩』に出てくる字である。漢代の名称は明らかでない。

乗車の馬車で輿の両側にある囲いは輢である。『説文』に

輢、車旁也

即ち「輢とは馬車の両わきの部分だ」というのである（図226の(1)）。輢の用語は考工記、輿人には出てこないが『説文』のこの字の段注に引かれるごとく『戦国策』趙策三に

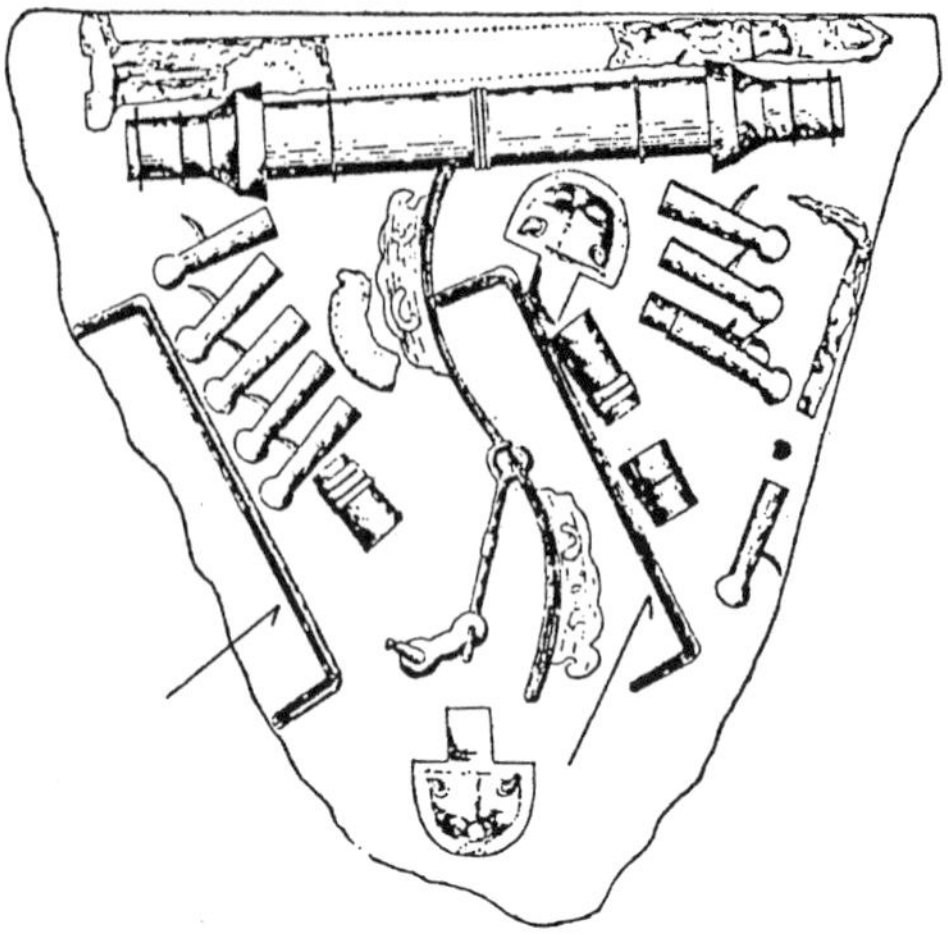

図234　較　青銅明器　洛陽焼溝

　臣恐秦折王之椅也

即ち「臣は秦の王の椅を折らんことを恐る（椅は輢の意味）」とあり、また鄭玄は『周礼』考工記の車の概論のところの注に

　戈殳戟矛皆揷車輢

即ち「戈殳戟矛はみな車の輢に挿す」と輢の語を使う。戦国から漢代にこの用語が使われたことが知られる。

　輢の上の辺の上にはつかまるための手すりが付けられることがあった。較と呼ばれるものである。『説文』に

　較、車輢上曲鉤也

即ち「馬車の輢の上にある、曲尺状に曲った鉤形のものだ」と。曲は曲尺のように曲る、ということで、針金をぐにゃりと曲げたように曲るという意味ではない。武威磨嘴子四八号墓出土の木製馬車の左右の輢の上にコ字形の青銅製品が手すりのような形にとりつけられていた[7]（図233）。この発掘の報告には従来矩形器と呼ばれていたものがこれであるという[8]。例えば洛陽焼溝八二号墓出土の一セットの馬車の金具（図234）の中に一対あるものがそれである。またこのようにコ字形のものでなく、弓なりになったものは図266の立乗の小車の輢上に画かれている。

　上等の乗用馬車では輢の上辺、外に向って泥除けがつけられることがあった。車耳とか轓とか呼ばれたものである。『漢書』景帝紀の「令長吏二千石車、朱両轓、千石至六百石、朱左轓」とある条の注に引かれる応劭の説に

　車耳反出、所以為藩、屛翳塵泥也、二千石双朱、其次乃偏其左轓、以簟為之、或用革

即ち「車耳は外に反りかえって出張っており、垣根をなすもので、塵や泥を防ぐものである。二千石の長官の乗用車は左右両方とも朱色のものを付け、次の位の者は左側の軓（轓に同じ）だけを付ける。アンペラで作ったり、また革を使うこともある」というのである。塵や泥を除けるといっても、「外向きに反りかえって出っ張る」とあり、また位によっては左側だけしか付けないことがあるのだから、輿の両側に垂直に立つ板状の装置、輢のことではなく、その上端についた泥除け（図243のr）のことであることは疑いない。ここの条の注に顔師古はこれを藩（後述）と混同している。唐代には早くもわからなくなっていたらしい。

(7) 笭、薦版

小車の型式の馬車では、輿の前部の囲いが低い袋状の部分を形成している。『釈名』釈車に

笭、横在車前、織竹作之、孔笭々也

即ち「笭は車の前部に横向きにあり、竹を編んで作る。孔があいて笭々（すかすか）としている。という意味である」というのである。図233の馬車の模型の輿の前部の低くなった囲いの部分のことに違いない。

前後に長い車体の車では、輿の底、前部を横切って渡された材に桄があることを先に記したが、それより前の方に御者の坐る部分が別に設けられるものがあり、薦版と呼ばれた。『釈名』釈車に

桄……薦版在上、如薦席也、斉人謂車桄以前曰縮、言局縮也、兗冀曰育、御者坐中、執御育々然也（呉志忠の校本）

即ち「桄は……で薦版はその上にあり、寝る時に敷くござのようなものである。斉の人は車の桄より前のことを縮という。局縮（せま苦しい）という意味である。兗、冀の地方では育という。御者がそこに坐って御し、その様が育育（うれしげな様）としているからである」と。図277の軿車などで、主人の乗る部分より前に作られた御者の乗る部分のことと考えられる。

(8) 蓋、轑、蚤、蓋斗、杠、維、韓輗

軺車などの乗用の馬車の輿にはパラソル状のおおいが立てられた（図226の(1)）。「蓋《がい》」と呼ばれたものである。次に引く傘のような骨のあるおおいに「蓋」の名が使われることから明らかな通りである。その骨は轑とか叉とか呼ばれた。「釈名」釈車に

轑、蓋叉也、如屋構橑也

即ち「轑とは蓋の叉である。家の屋根の骨組みの橑（たるき）のようなものである」という。『周礼』考工記に「弓」というものである。図226の(1)に見るように少し彎曲している。その外端に青銅製の飾金具がつけられ、先端が花の形に象られることが多い（図226の(1)、図235）。この金具は蚤で、花のついたものは華蚤である。『続漢書』輿服志、下、「羽蓋華蚤」の注に

徐広曰……金華施橑末

即ち「徐広はいう……金で作った花を橑の末端につける」という説明である。『漢書』王莽伝、下に

造華蓋……金瑵

即ち「華蓋を造る……金瑵あり」と。瑵と書かれることもある。顔師古は注に

瑵読曰爪、謂蓋弓頭為爪形

即ち「瑵は爪のように読む。蓋の弓の頭に爪形を作るのをいう」というが、少々不正確である。図235に見るように頭の飾金具に爪形のものがついている、というべきである。唐代にはこれもわからなくなっていたらしい。

この華蚤の爪形は上面に向って立つわけだが（図226の(1)）、蓋の裂を縛りつけるためのものと考えられていた。(9) 武威磨嘴子四八号墓出土の木製馬車の模型の蓋は黒い絹が張られているが、その縁の裏側に小さい竹の環が付けられ、そ

の環が蚤の金具の爪に引掛けられていた[10]。実物もこのように環で引掛けて留めるようになっていたに違いない。糸でくくりつけるのなら爪形でなく環状の耳の方が適当だからである。

轅が集中するかなめに当る部分は『周礼』考工記には「部」といわれるが、同書「部広六寸」の注に

　鄭司農云、部蓋斗也

即ち「鄭司農いう、部は蓋斗なり」とある。蓋斗というのが漢代の名称らしい（図226の(1)）。このパラソル状の蓋の柄は杠である。『釈名』釈車に

　杠、公也、衆叉所公共也

即ち「杠とは公の意味である。多くの叉の公共にする所である」と説明している。画像石の小車の画像では杠の中途に竹の節状のものが描き加えられている。おそらく図236のごとき、つぎ手の金具と思われる。洛陽中州路の戦国車馬坑出土の馬車の輿上からはこれが二組出ている（図232の20—23）。あるいは坐乗、立乗の場合場合によって長さを加減できるように工夫されていたのではないかと想像される。

軺車には蓋から四本の紐が出て輢に結ばれるものがある。『説文』に

　維、車蓋維也

即ち「維とは馬車の蓋の維（引張り綱）である」というものである。図267のqに見るごときものがこれである。どの馬車にもあったわけではない。いくばくかの官位のある役人の乗る車に

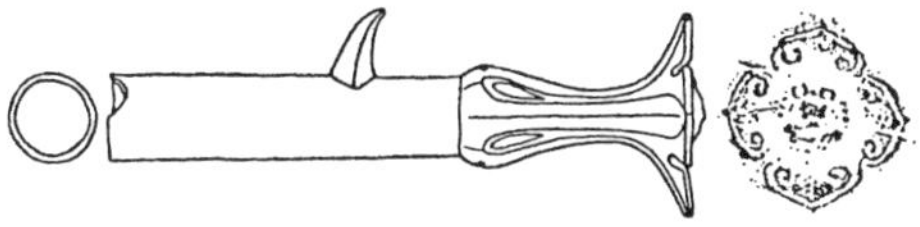

図235　華蚤

図236　つぎ手金具戦国　洛陽中州路

これの使用が許されることになっていた。『続漢書』輿服志、上に

六百石以上……二百石以下……皆有四維……

即ち「六百石以上……二百石以下……みな四維あり」などと規定がある。

蓋のとりつけ方は十分明らかでないが、長沙伍家嶺二〇三号墓出土の三号車では輿の底、前後の方向に渡された三本の材のうち中央のものには前から三分の一のところに蓋の杠を受ける枘穴があけられていた[11]。この位置は軾の真下に当るわけである。軾にも蓋の杠を留める仕掛があったに違いないが、破損、欠失があって明らかでなかったと見え、それについては記載がない[12]。武威雷台漢墓出土の青銅製の軺車模型では、蓋の杠は軾の中央後側に設けられた方形板状の付加物にあけられた孔に通されている（図237）。

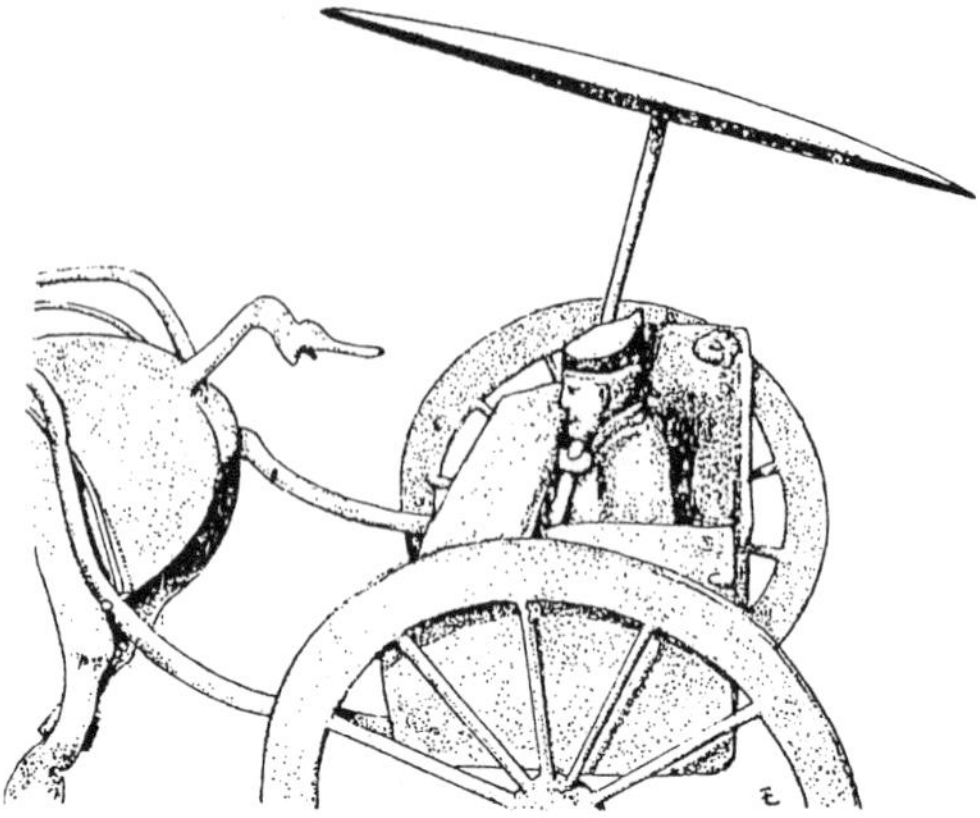

図237　轉輗（乗者の顎の下）武威雷台

蓋の杠を固定するこの装置は轉輗、俾倪と呼ばれたものらしい。『釈名』釈車に

轉輗猶秘齧也、在車軸上、正輪之秘齧前却也

即ち「轉輗とは秘齧といったような意味である。車軸上にあり、輪の秘齧前却を正すものである」とあるのにつき、王先謙は『疏証補』に次のような孫詒讓の説を引く。

慧苑の『華儼経音義』引の『声類』に

俾倪、軾中環、持蓋杠者也

即ち「俾倪は軾の真中にある環で蓋の杠を支えるものだ」といい、また『急就篇』の「蓋轑俾倪枙縛棠」の顔師

古注に

俾倪持蓋之杠、在軾中央、環為之、所以止蓋弓之前卻也

即ち「俾倪は蓋の杠を保持するもので軾の中央にあり、環で作られている。蓋の傘の部分の骨が前後するのを防止するものである」と。この『釈名』の𨎥輗は『急就篇』と『声類』の俾倪で、ここに「車軸上」とある軸は軾の誤り、「輪の秘齧前卻を正す」とある輪は轑――『急就篇』の顔注の蓋弓に当る――の誤りに違いないと。もっともである。

(9)　枸簍、軬、隆彊、郎疏、立人、羊門

乗用の馬車で四注の屋根形のおおいのつくものがあり、これは幄と呼ばれるが、これについては後に輧車のところで記す。また前後に長い車台を持つ類があり、上に蒲鉾なりの屋根がつけられる（図252）。これには多くの名称がある。『方言』九に

車枸簍、宋魏陳楚之間謂之篌、或謂之䉁籠、其上約謂之箹、或謂之箕、秦晋之間、自関而西謂之枸簍、西隴謂之㭬、南楚之外謂之篷、或謂之隆屈

即ち「車の枸簍は、宋魏陳楚の間ではこれを篌といい、あるいは䉁籠という。その上の約するものを箹といい、あるいは箕という。秦晋の間、関より西にはこれを枸簍といい、西隴にはこれを㭬といい、南楚の外ではこれを篷といい、あるいはこれを隆屈という」と。「䉁籠」の条の郭璞の注に音は穹隆という。アーチ状の屋根のことと推測される。ここに出てくる㭬の注に「即ち軬の字だ」というが、この字は『釈名』釈車に

軬、藩也、蔽水雨也

即ち「軬とは藩、即ち遮蔽するという意味で、水や雨を防ぐものだ」という。確かに蒲鉾なりの屋根のことと知られ

る。

一方『釈名』釈車の前引とは別のところに

隆彊、言体隆而彊也、或曰車弓、似弓曲也、其上竹曰郎疏、相遠晶晶然也

即ち「隆彊とはその全体が盛り上っていて強いという意味である。あるいは車弓ともいう。弓の曲りに似ているからである。その上に渡された竹を郎疏という。相互の間隔が遠くあいていて晶々としている」と。ここにいう「郎疏」というのは図252の例で隆彊の骨の上に前後方向に渡された細い材のことに違いない。そうすると、これが「その上に」あるところの車弓とは、同図に見るごとき、蒲鉾なりの屋根を支える弓なりの骨をおいて他に考えることができない。郭璞は前引『方言』の「枸簍」の下に「即ち車弓なり」と注しているが、これはおかしい。漢代に蒲鉾なりの屋根（枸簍）とそれを支える弓なりの骨（車弓）が別の名で呼ばれていたのである。晋代にどちらも車弓の名で呼ばれるようになったのであろうか、あるいは郭璞の知識が不正確だったのであろうか、ともかく漢代にはあてはまらない。

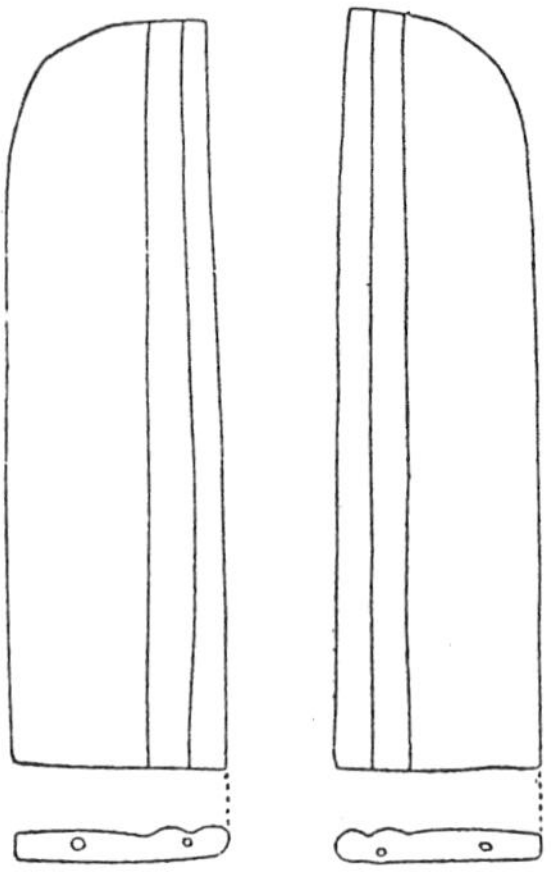

図238　立人　木製明器　長沙伍家嶺203号墓

『釈名』釈車には「立人」というものが記される。

立人、象人立也、或曰陽門、在前曰陽、両旁似門也

即ち「立人は人の立つのを象る。あるいは陽門という。前にあるのを陽という。これが両側にあるのが門に似ている」というのである。畢沅はこの「陽門」は『周礼』車人の「羊車二柯有参分柯之一」の注に

鄭司農云、羊車謂車羊門也

即ち「鄭司農はいう、羊車とは車の羊門のあるものだ」という「羊門」に当てている。長沙伍家嶺二〇三号墓出土の

馬車模型の部品に図238のごとき木版が一対あり、蒲鉾なりの車蓬の前面両側に立てられたものではないかと考えられている。[13]「立人」とはこのようなものと考えられる。

⑽ 𨏥、棠、銴、箱

車の人の乗る部分のおおいとしては他に「𨏥」というものがある。『釈名』釈車に

図239　𨏥のつく車　画像石　銅山洪楼

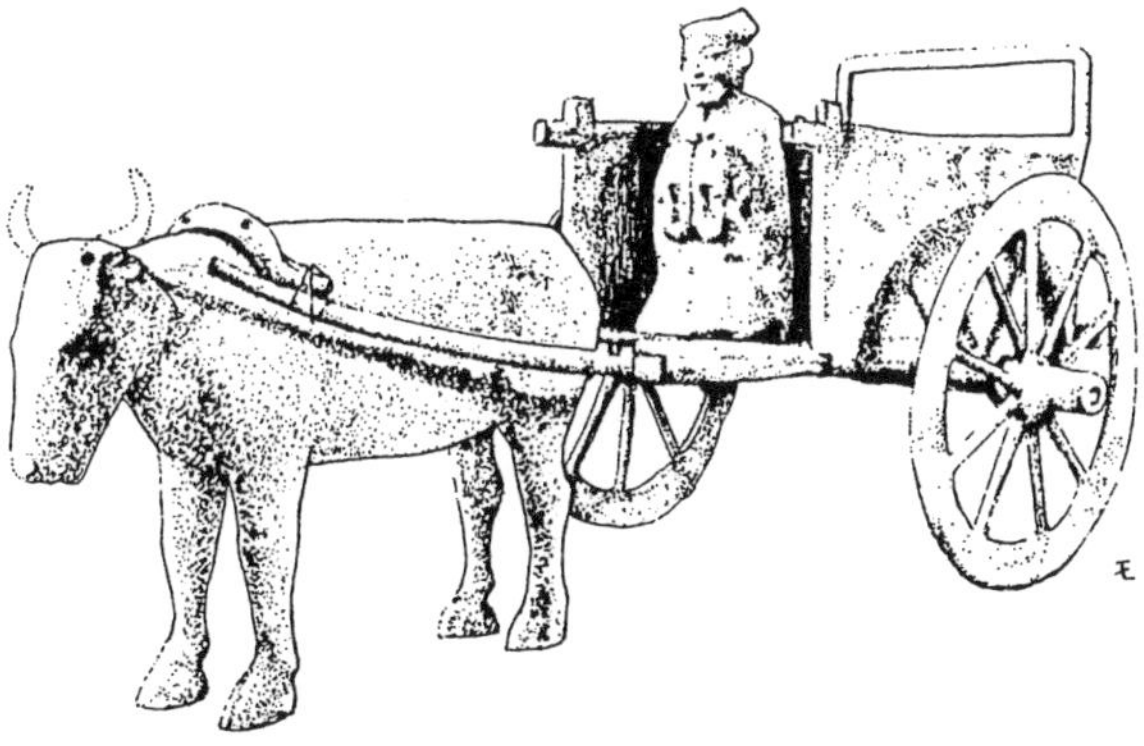

図240　大車　青銅明器　武威雷台

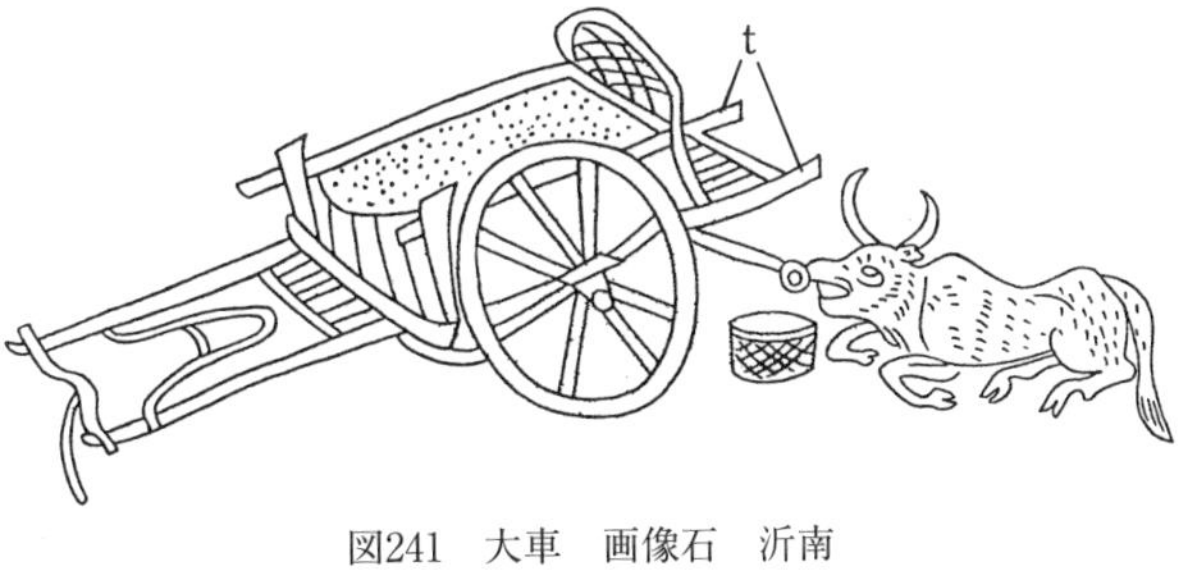

図241　大車　画像石　沂南

轖、憲也、所以禦熱也

即ち「轖とは憲（法度）という意味である。熱を防ぐためのものである」と。この字はまた「幰」とも書かれ、畢沅が『一切経音義』、『広韻』引の『倉頡篇』に

布帛張車上為幰

即ち「麻布や絹の裂で車の上に張ったものを幰という」とあるのを引くように、車の上に張った裂である。『釈名』にはまた

棠、橖也、在車両旁、橖轖使不得進卻也

即ち「棠とは橖、即ちつっかえをする、という意味である。車の両側にあり、轖をつっかえてこれが前後しないようにするものだ」というのである。車上に張った裂でつっかえ棒で支えられたものといえば、図239のごとき、車の上にテントのフライのように張られた裂を指すに違いない。この図は漢代のものとしては現在知られる唯一のものであるが、作りは十分はっきりしない。図284のごときものを参照するとよくわかる。『説文』に

鋻、車橖結也

即ち「鋻とは車の橖の連結用のものだ」とある。金に从うから金具で、おそらく車体と橖の接続する部分に使われたものと思われる。橖はこういう金具を使ってしっかり装着されたらしい。

なお牛の引く荷車の荷を載せる部分は「箱」といわれた。『方言』九に

箱謂之棐

即ち「箱のことはまた棐という」とある。この箱は『詩』谷風、大車の「睆彼牽牛、不以服箱」の毛伝に

箱、大車之箱

即ち「箱とは大車（荷物車）の箱だ」というのと同じ意味と思われる。

⑾　綏、乗石

馬車は二輪であり、ブレーキもないため、ぐらぐらし、乗る時にわりに上りにくいものである。そこで乗る時につかまる綱があった。『文選』子虚賦「繆繞玉綏」の注に郭璞を引き

綏、登車所執

即ち「綏とは車に登る時に執る所のものだ」という。後で、図266の馬車の輿の後に垂れた大きな総状のものを綏の下端に当てておいた。

また車に乗るための台に使う石があった。『周礼』夏官、隷僕の「王行、洗乗石」の注に鄭司農の説を引き

乗石、王所登上車之石也

即ち「乗石とは王がそれに登り、車に乗るのに使う石だ」という。漢代に何と呼ばれたか明らかでないが、図265に見るごとき方形の石がこれではないかと思われる。[14]

⑿　輈、轅、鉤心

次に車台の前に出るながえとその付属品。『周礼』考工記の始めに記される乗用の馬車につく彎曲した一本のながえは輈と呼び、車人の条の牛の引く荷車の彎曲しない二本のながえは轅と呼んでいる。『詩』『左伝』などの古典に出てくる馬車（もちろん一本のながえを持つもの）でもながえは皆「輈」と記される。漢代には『方言』九に

轅、楚衛之間謂之輈

即ち「轅のことを楚、衛の間では輈という」とあり、『方言』の出来た頃（後漢前半頃[15]）には一本のながえの馬車と二本のながえの牛車による呼び分けはなくなっていたと思われる節がある。これは後漢になると二本のながえの馬車

が普及し、一本のながえの旧来の型式の馬車は後述のように天子その他特別の高位の者の乗用車以外に使われなくなったことに由ろう。『急就篇』には轅の字はあっても輈の字はない。先秦時代以来の一本のながえの馬車の使われた前漢時代には昔ながらにそのながえはふつう輈と呼ばれたと考えられるし、また後漢になっても天子から皇子、諸侯王の馬車に残存したと思われる同型式の馬車の一本のながえは輈と呼ばれている[16]。ここではこの漢代の通常の呼称により、馬車の一本のながえを輈と、馬車、牛車とも二本のながえを轅と呼ぶことにする。

輈も轅も輿の下に入り込み、軸の材の上に乗る形でこれと交叉する（図226の(3)）。輈、轅が軸の上に来るため、軸と軫が交わる部分では伏兔という枕を一つかませる必要があることは先に記した。輈、轅には切り欠きが作られ、軸を引掛けるようになっていた。『釈名』釈車に

鉤心、従輿心下鉤軸

即ち「鉤心は輿の中心の下で軸の材を引掛けるものである」と。鉤心の設けられるのは、輈、轅の材である。『周礼』考工記、車人「凡為轅、三其輪崇、参分其長、二在前一在後、以鑿其鉤」の注に鄭司農を引き

鉤、鉤心

即ち「鉤は鉤心だ」という。鉤心が轅に作られたことが証される。

一本の輈を持った馬車の漢代における実物や模型の発掘例は今のところ知られないが、おそらくその型式は戦国時代のものと同様であったと考えられる。二本の轅の馬車のうち、小車のごとき軽い乗用車では先秦の輈と同様、輿から前に出てのち馬の腹に当るあたりで上に曲り、前端近く、馬の肩の上方あたりでさらに前方に曲る（図245ほか）。輿の長い、輜車のごとき型式の馬車では輿を出てから少し上方に彎曲しながら馬の腹のあたりを通過し、馬の肩の辺で上方に曲る型式である（図249ほか）。画像石の画像や武威の青銅模型で見ると後者の轅にはよく沢山の棘のようなものが出ているが（図249、254）、どういう効用のあったものか明らかでない。牛の引く荷車では轅は真っ直ぐか真っ直ぐに

近い形である（図240、241）。

⒀　衡、楇、烏啄、枙、軥、轙

馬車では輈の前端に横木が結合される（図226の⑵）。これが衡である。『釈名』釈車に

衡、横也、横馬頸上也

即ち「衡とは横《よこ》という意味である。馬の頸の上に横になっているものである」と。一本の輈の場合は衡の中央にこれが交わり、輈の左右に繋駕された馬の頸の上に横になり、輈の場合は衡が二本の輈の間に渡され、輈の間に繋駕された馬の、頸の上に横になるわけである。

どちらの場合も衡は直接馬の頸の上に乗るわけではない。『釈名』釈車に

楇、扼也、所以扼牛頸也、馬曰烏啄、下向叉馬頸也、似烏開口、向下啄物時也

即ち「楇とは扼する、という意味で、牛の頸を扼するものである。馬の場合には烏啄と呼ぶ。下向きに馬の頸を挟むのである。烏が嘴を開き、下を向いて物を啄む時のようだからそういうのである」と。牛車の場合は図240、241に見るごとく、輈の前端に渡された横木が中央で上に向って彎曲し、ここが牛の頸のつけ根、鬐甲（胸椎の前部、棘突起が上に飛び出たところ）の前のところに乗る。これが楇である。馬車の場合は衡が直接馬の頸に乗らず、図226の⑴に見るような人字形のもので馬の頸を挟み、それが衡に結ばれる。この人字形のものが烏啄である。先秦時代からの名称で軛という。この語は漢代にも使われた。『急就篇』には枙と書かれる。

馬のばあい直接衡が馬の頸に載せられないのは、馬の頸のつけ根の鬐甲にこれがごつごつ当り、ここを傷める恐れがあるからである。そこで両側から烏啄で挟み、鬐甲に衡が直接当るのを防ぐのである。牛の場合は馬の鬐甲の突出に当る部分の前方に強い靭帯があって楇を直接載せるに適しており、従って烏啄に当るものは必要ないのである。

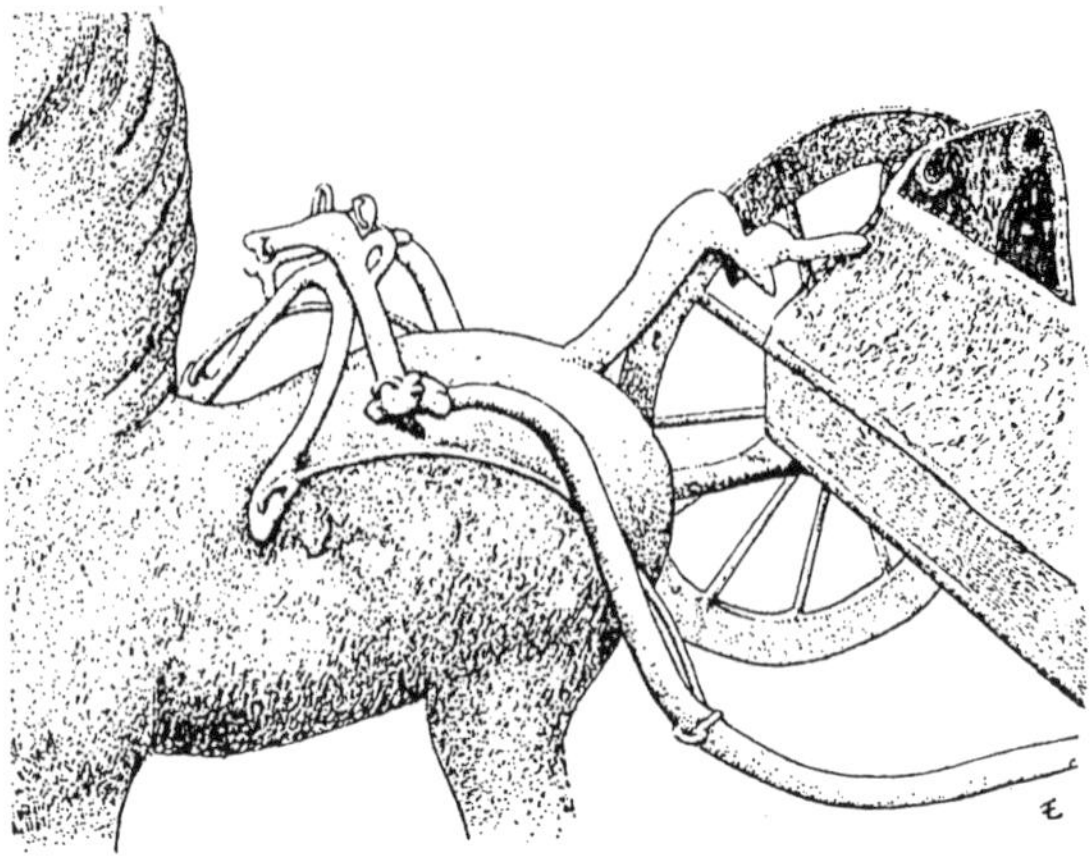

図242　烏啄の保持法　青銅明器　武威雷台

烏啄（軛）は衡にくくりつけられていた。『釈名』釈車に

　　鞙、縣也、所以縣縛軛也

即ち「鞙とは懸の意味である。軛を懸け縛るためのものだ」という。図226の長沙出土の模型でも烏啄は衡に紐で結びつけられていた。

　烏啄は前後に倒れてはその機能を果さない。そこで後漢時代には輈の前端の近くから枝を出し、その先に烏啄の下端を結んで必要な角度に保持する工夫がなされた。図242は武威雷台の青銅製模型である。画像石の後漢時代の馬車の画像にも多くこれが画かれていて、中にはこの支えの棒を輈にくくりつけた様の描写されているものもある（図246、247）。漢代に何と呼ばれたものかは明らかでない。

　衡の上には手綱を通す環がとりつけられた。轙と呼ばれるものである（図226の(1)）。この語は『急就篇』に出てきて漢代に使われた語と知られる。『説文』に

　　轙、車衡載轡者

即ち「轙とは車の衡の轡を保持する部分だ」という。先に先秦時代の馬車を論じた際、平壌貞柏里出土の前漢頃に当る一輈の馬車に使われた衡を引いた（図195）。ここに使われているのは前引のものが衡の材に青銅の半環をはめ込む方式であるのと異なり、衡にはめる筒状の飾金具と一体に作られ、轡の通る孔が小ぶりであるところに特色がある。孔に磨滅のあとがあって実用品と知られる（第三章、三一〇―三一三頁）。

⒁　鞏、歴録、轐

車の力のかかる部分の材は割れを防ぐためところどころを巻き緊めることが行われている。『説文』に

鞏、車軸束也

即ち「鞏とは車の軸木の束（巻き緊めたもの）だ」という。また、『詩』秦風、小戎に「五楘梁輈」とあり、『釈文』にこの「楘」はまた「鞏」に作るテキストがあるといい

歴録也、曲轅上束也

即ち「五楘とは歴録をいい、曲った轅にある「束」のことだ」という。軸にも輈にも楘（鞏）という「束」があったことが知られる。また『説文』に

轐、車衡三束也

即ち「轐とは車の衡の三カ所の「束」だ」と。衡も補強のために三カ所巻き緊められることがあったことが知られる。こういった語彙については、漢にも引続き使われていたかどうか明らかでない。しかしその技法が漢にもあったであろうことは疑いない。

㈡　繫駕、御馬のための革具

⑴　靳、靷、鞧、韅

先秦時代の一本の輈を持った馬車では、輈の両側に一対の馬（服馬）がつながれ、軛を介して衡を支え、その頸を

めぐる革帯、靳が衡に結ばれ、服馬はこれに頸をしめられながら衡、軛を通じて車を引くという甚だ非能率な牽引法が行われた。また服馬の外側にさらに一対の馬（驂馬）がそえられ、驂馬は頸をめぐる革帯、靳と、車軸とを結ぶ長い革帯、靷によって牽引に参加することもあった。これらについては先に詳しく論じたので詳細はその方を見られたい（第三章、三二七―三四一頁）。ここにはその後知られるに到った関係資料を引き、前に論じたことの傍証としたい。その一は三三二頁、図199に示した空塼の画像である。出土地は不明であるが、洛陽に多い前漢中・後期のものと同じ様式をもち、同期のものであることは問題ない。三頭だての馬車で向う側の二頭（a、b）の間、肩の上の高さに一本の輈の前端と思われるものが見える（e）。これらが輈を挟む服馬である。この二頭には肩より上、頸のつけ根のところを水平に廻る太い帯が画かれる（d）。これが靳に違いない。先秦時代の馬車を論じた際、靳がこの位置を廻り、馬の頸をしめることになることを推論したが、ここに画像の証を得たわけである。前漢時代、一本の輈の馬車が未だ使われていた時代の画像である。手前の馬（c）は驂馬で、衡につながれず、靳（d）につながれた靷で車軸を引くのであるから、靳は頸の方にずれ上らず、胸前を廻っているわけで、その点服馬と相違があるのであるが、この違いも描き分けられている。驂馬に腹帯（f）がつけられているが、これも靳の補助の役割をもったものと考えられる。なおこの驂馬の内側の轡は画かれているが、外側の方は、ちょうどその辺がスタンプの押しが悪く、写っていない。

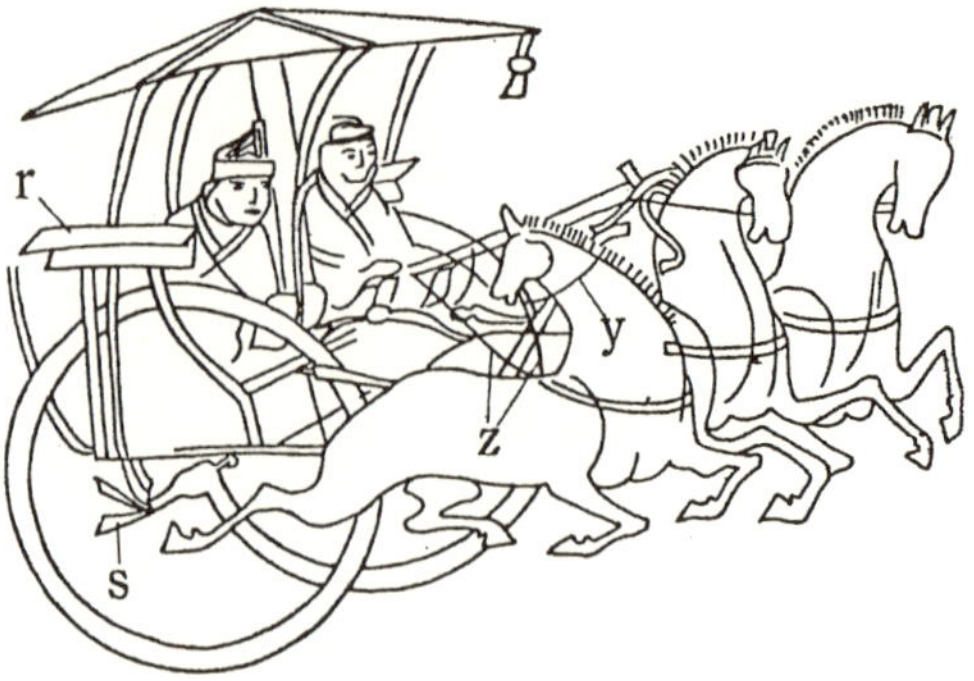

図243　一輈の馬車　画像塼　成都揚子山

図243は後漢時代の四川画像塼に画かれた三頭立ての馬車である。三頭のうち中央の一頭は後漢時代の普通の一頭立ての場合と同様な方式で両轅の間に繫駕されている。二本の轅のうち手前の一本は手前の馬の背のあたりから現れて

右上に向い、この馬の頚の向うに突き出し、その上に衡が載る。その衡に軶が結ばれ、中央の馬の頚を挟む。中央の馬の轡は衡の上を越して御者の手に及んでいる。手前の馬の頚には衡も軶もない。胸前から鬐甲にめぐる革――靳がかけられるのみである。馬の口の手前から出た轡（y）は頚の向うを廻っており、反対の轡（z）は鬐甲のところで靳に触れ、そこから斜め上後方に向い、御者の手に及ぶ。この轡は先秦時代の驂馬の轡について筆者が考証したごとく、靳に通された遊環をくぐっているものと考えられる。靳の後部もおそらく先秦時代の驂馬の繋駕法と同様な方式で馬車に結ばれたものであろう。先に先秦時代の馬車の繋駕法について考察を加えた時には、遊環は驂馬の「背上」にある靳の環であり、遊移するもので、靳は環状に「膺」から斧痕、鬐甲ないし背をゆるく巻いている革具であることを、文献資料だけから考証したが（第三章、三二七―三三三頁）、ここに時代が降るとはいえ、筆者の考証した通りのものの図像があったのである。向う側の馬も、図が明瞭でないが手前のものと同方式でつながれたものと見られる。

『急就篇』の馬車関係の語彙を列挙するところに「靳靷……」とあるところから知られるように靳、靷の語は両轅の馬車の用語に転用されている。一輈の馬車と両轅の馬車とには前漢時代に長い併用の時代があったのだから当然である。靳は『説文』に

　　靳、当膺也

即ち「靳は当膺（胸に当てるもの）だ」という。図244―254にaとした革具がそれに違いない。胸前に当る部分で幅広くなり、若干の装飾のついたものもあり（図247、250）、ここが一つの単位をなした靳、当膺であることが知られる。下にずれ落ちないように鬐甲をめぐる補助の革帯で吊されている。また東京賦に「鉤膺玉瓌」とあり、注に

　　鉤膺、当胷也

即ち「鉤膺とは当胸のことだ」という。鉤膺――馬の胸前に引掛けるもの、という名称もあったのである。

図244―254に見るように、この靳の後方は長い革帯となり、図244、246、251のごときS字状の轅の馬車では馬の腹の横

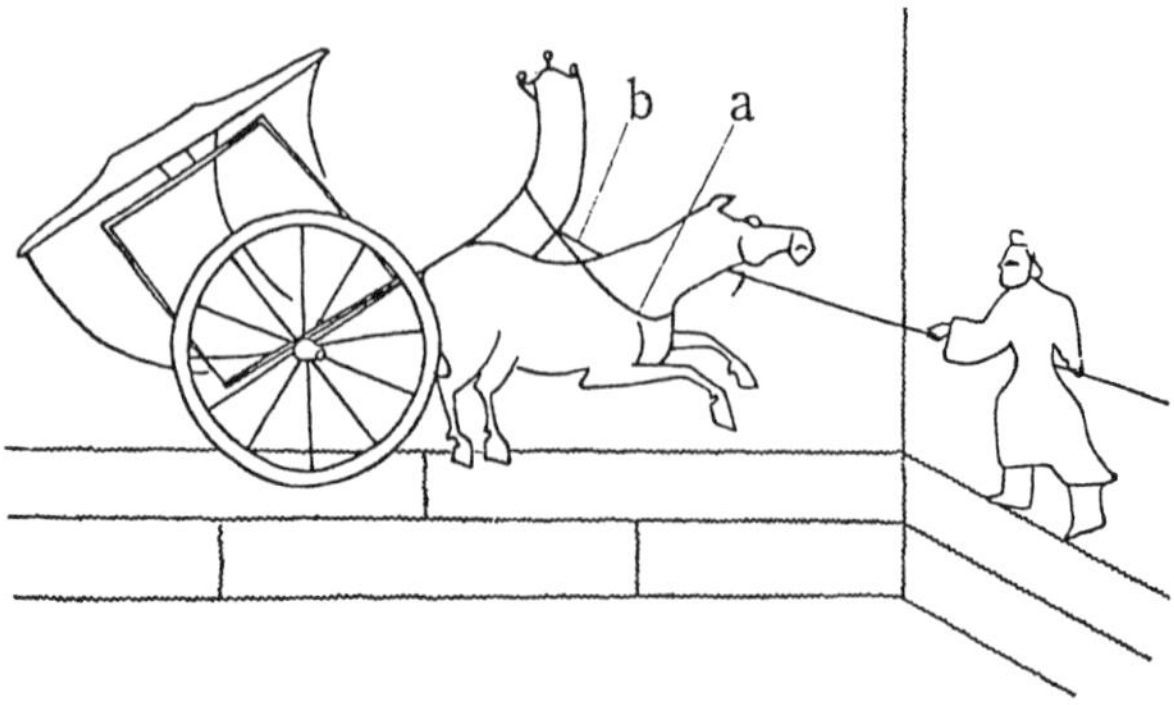

図244　繫駕、御馬の革具（軒車）画像石　孝堂山

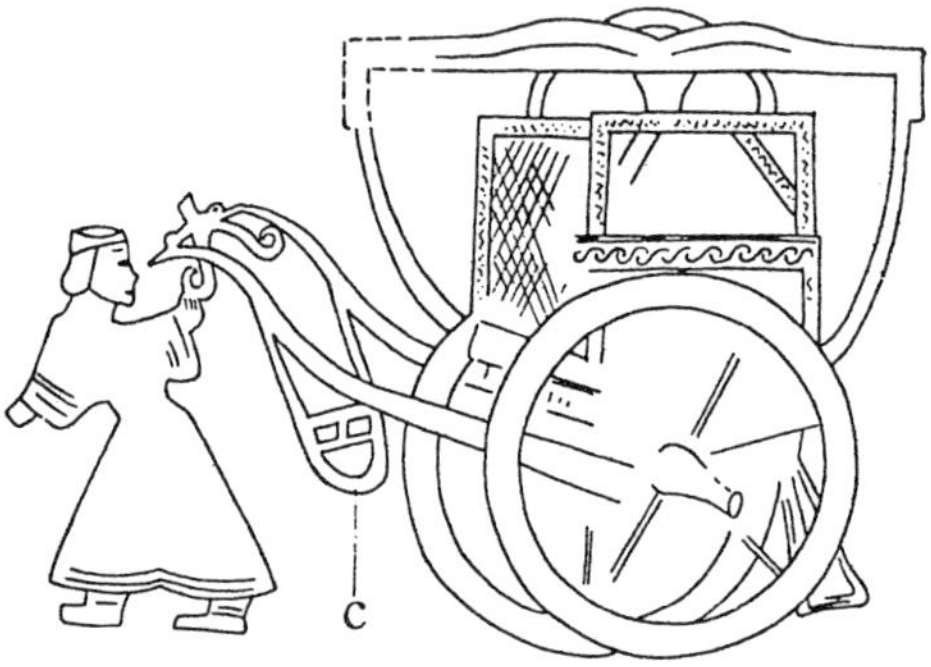

図245　繫駕、御馬の革具（軒車）画像石　武氏前石室

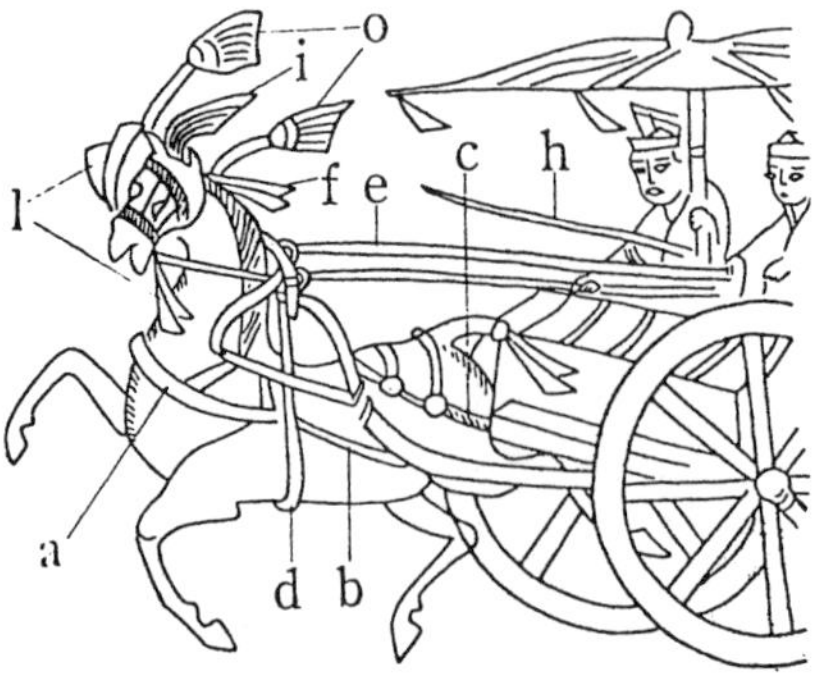

図246　繫駕、御馬の革具（小車）画像石　沂南

あたりで輈の曲り目に結ばれている（同図のb）。図251では輈に結んだ端が装飾的に垂らされている。また図252―254のL字形の輈のつく馬車ではさらに後方に向って伸びており、おそらく軸に結ばれていたと考えられる。これらでは下に垂れ下らないようにところどころ輈にゆるい環状のもので吊されている。これらは『釈名』釈車に

靷、所以引車也

即ち「靷とは車を引くものだ」という靷である。

またしりがいが使われている。図245—254にcとしたものである。ずり落ちないように多く馬の腰に支えるための革がつく。その前の端は図245の馬を外した画で明らかに知られるように、轅の前端に近いところに結びつけられている。図247、251にもこれを輈に結んだ様が描写されている。いうまでもなく馬車を止める際に、馬を止めると車の惰力はこのしりがいを通じて馬の尻で受け止められることになるのである。また馬車をバックさせる際にも役に立つ。

『釈名』釈車に

　鞧、遒也、在後遒迫、使不得卻縮也

即ち「鞧とは遒の意味である。馬の後にあって遒迫（後から押す）し、馬が後ずさりで車にぶつからないようにするものである」という。この鞧がしりがいのことである。『方言』九には「紂」の字に書かれ、地方によって緧、曲綯、

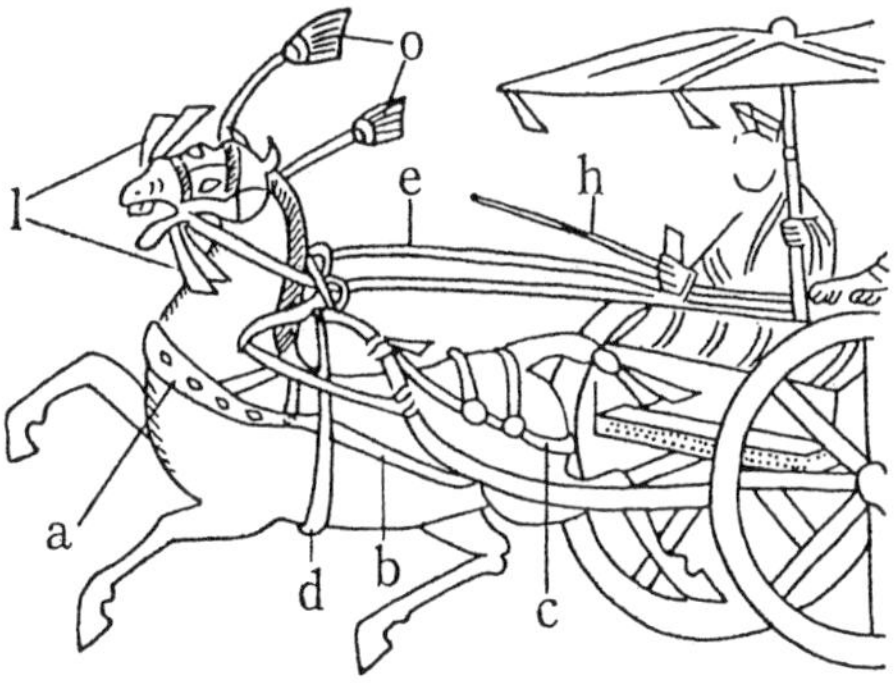

図247　繋駕、御馬の革具（小車）画像石　沂南

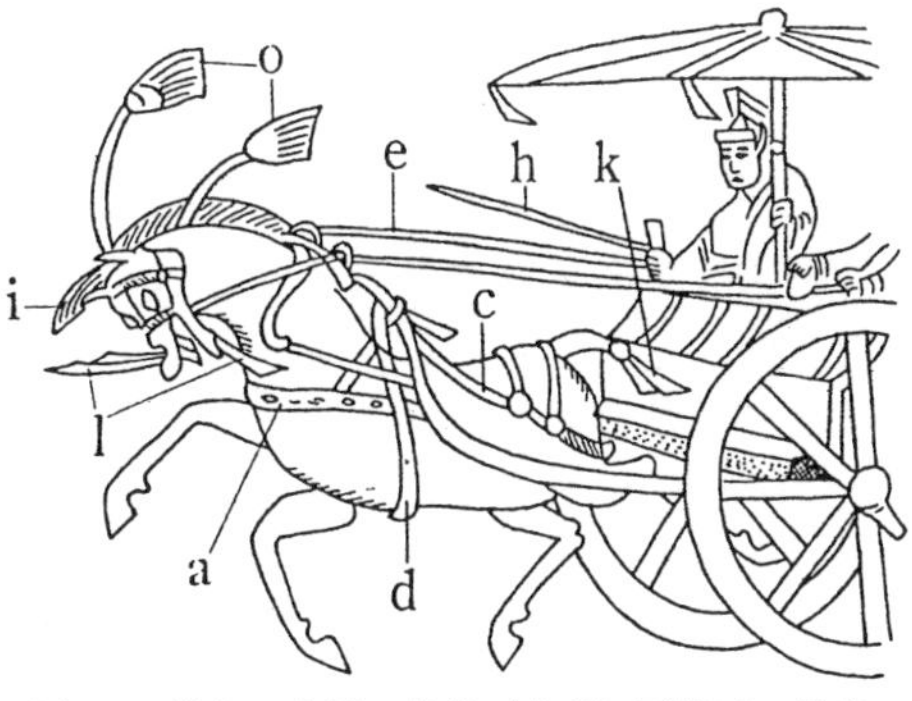

図248　繋駕、御馬の革具（小車）画像石　沂南

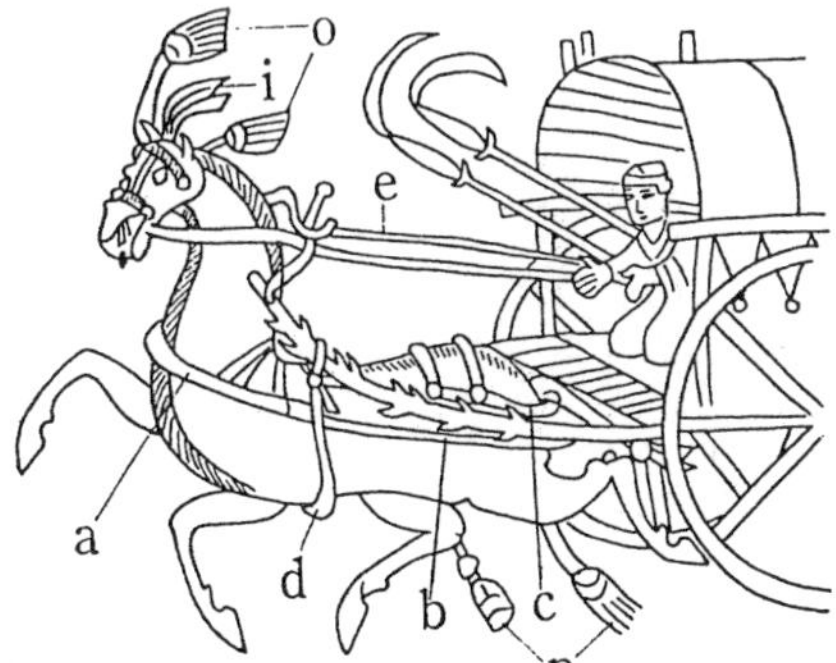

図249　繋駕、御馬の革具（輜車）画像石　沂南

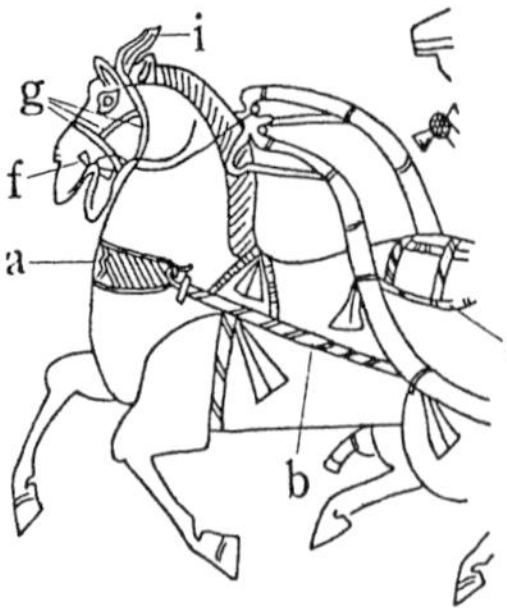

図251　繋駕、御馬の革具（小車）画像石　泰安

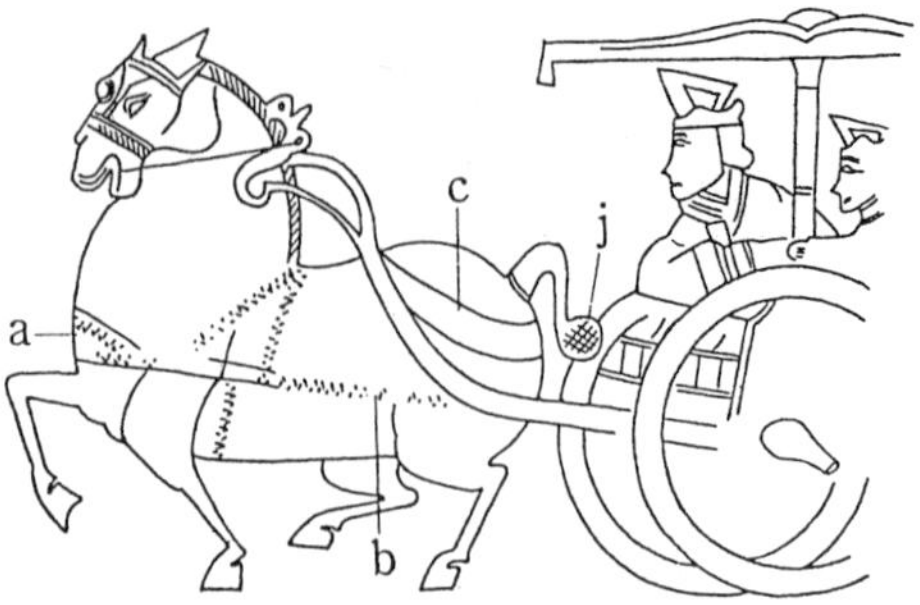

図250　繋駕、御馬の革具(小車)画像石　武氏前石室

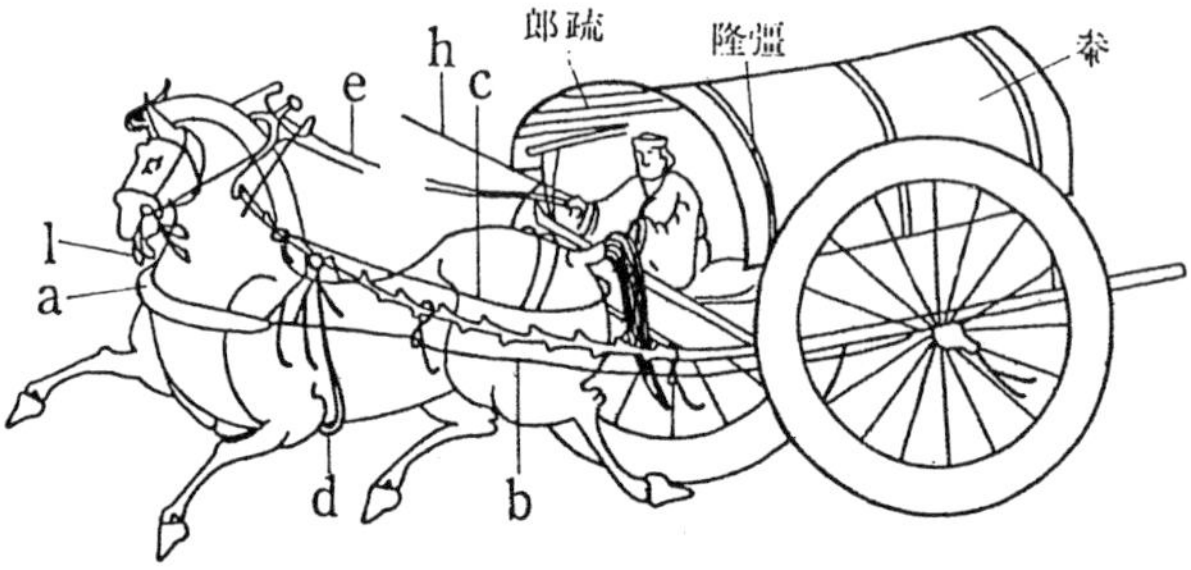

図252　繋駕、御馬の革具（輜車）画像石　福山東留公村

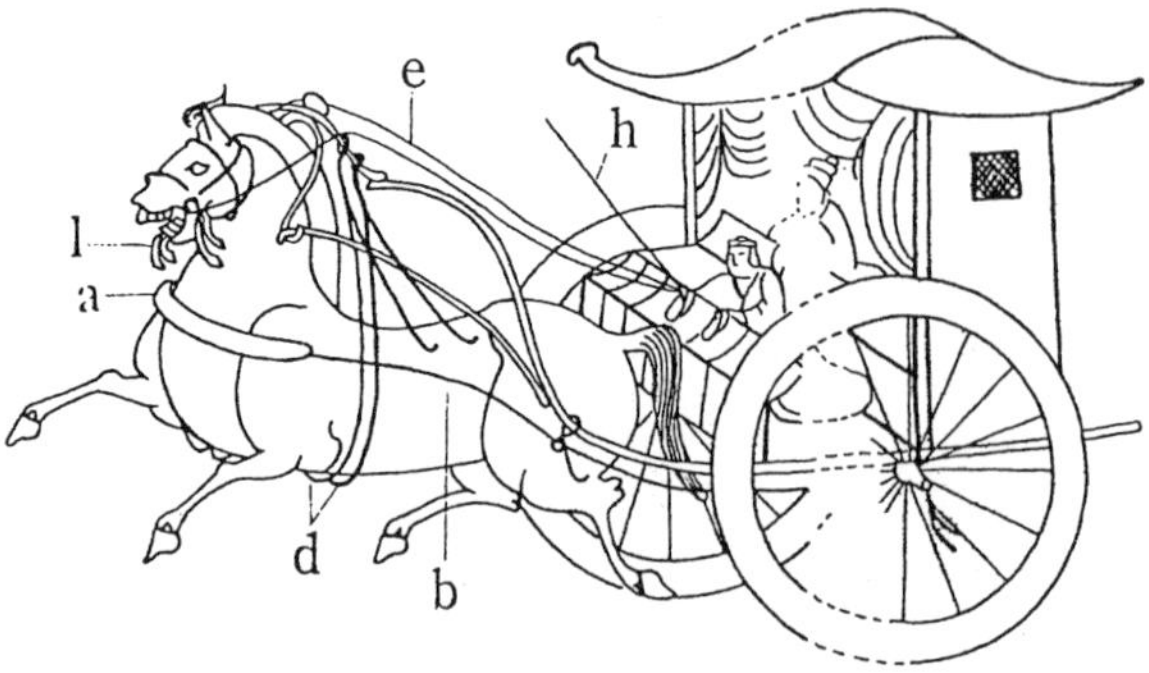

図253　繋駕、御馬の革具（軿車）画像石　福山東留公村

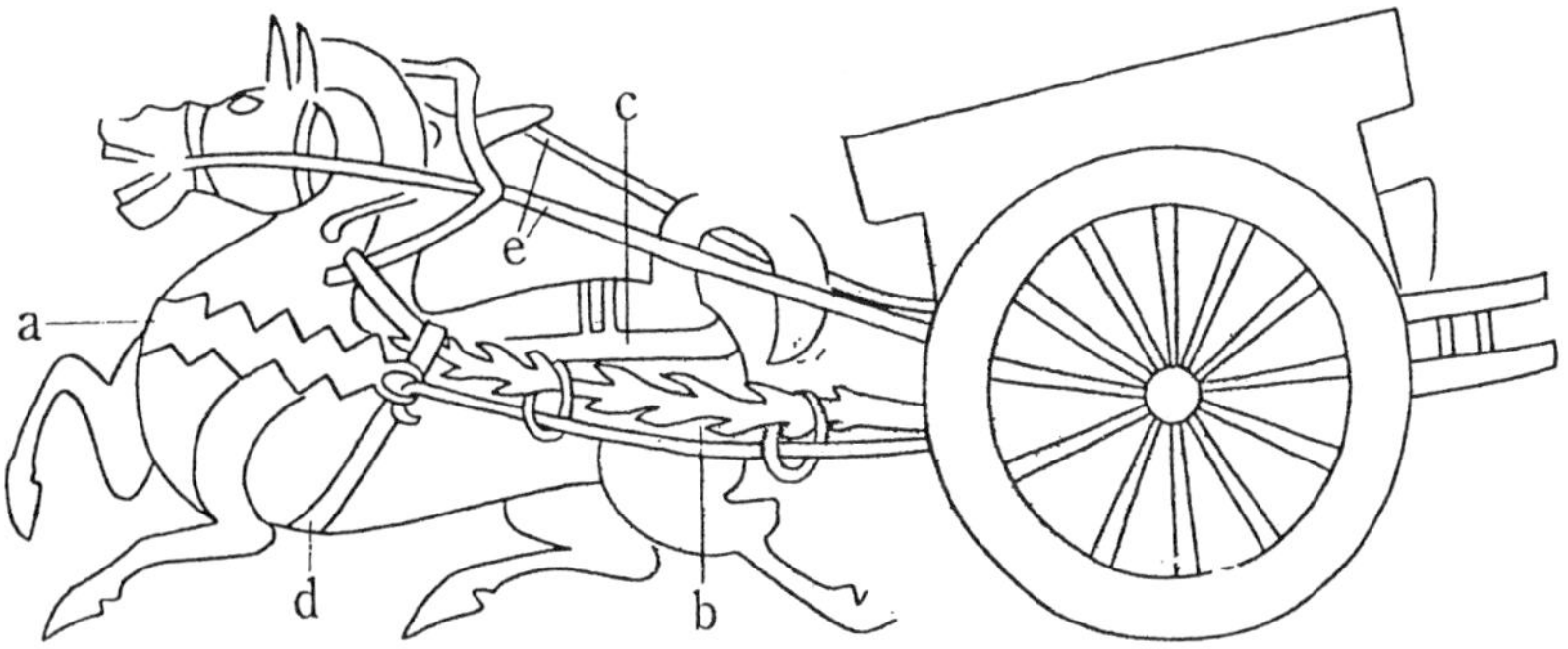

図254　繫駕、御馬の革具（輜車）画像石　臨沂琅玡書院王右軍祠内

曲綸などの語が使われることを記す。

何かの拍子で轅がはね上るのを防ぐため、前肢のすぐ後のあたりを廻る革帯がある。図246―254にdとしたものがそれである。その上端は図249、252、254では轅の前端に近いところに結ばれている。重い荷を引くL字形の轅を持った馬車にはこの方式が行われたらしい。図253の軿車では上端が衡に結ばれている。この革具は韅である。『釈名』釈車に

韅、経也、横経其腹下也

即ち「韅とは経の意味である。横向きに馬の腹の下を経過するものだ」というのである。『説文』には

韅、箸掖鞥也

即ち「韅とはわき下につける鞥だ」とある。鞥とは轡（手綱）のことであり、ここには合わない。多くの注釈者が一致するごとく、靼（なめし皮）と正すべきである。『釈名』では腹というが、画像石を見ると『説文』のごとく掖（わきの下）、即ち前肢の後と言う方が正確である。

(2)　銜、鏑、鑣、轡、羇

次は御馬用の馬具。御馬のために圧倒的に多くの場合使われたのは、先秦時代と同様小勒はみ、これを装着するための勒、それにはみを引いたりゆるめたりするためのたづなである。はみは漢代に銜と呼ばれている。例えば先に引く

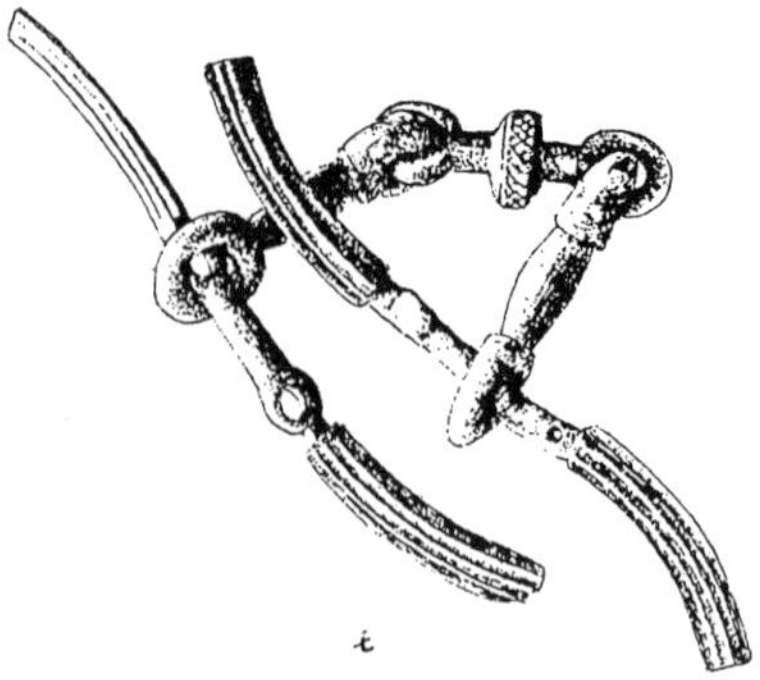

図255　鑣、銜　平壌石巌里９号墳

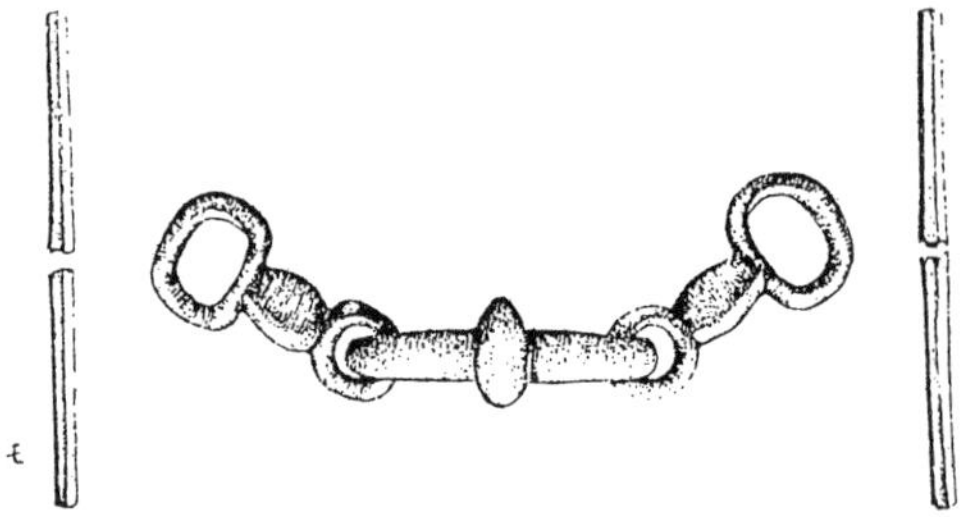

図256　鑣、鏑のある銜　平壌王光墓

『淮南子』の句に使われているごとくである。銜について『説文』に

　　銜、馬勒口中也……銜者、所以行馬者也

即ち「銜とは馬の頭に着ける馬具のうち口の中に咬ませる部分である。……銜とは馬を走らせるためのものである」と。実物、明器ともに例が多い（図255、256）。両端の環でつなぎ合された三節から成るものが多い。馯馬を御するためには中央の節に大きな球をつけたものが用いられた。『淮南子』氾論訓の「是猶無鏑銜橜策而御馯馬」の高誘注に

　　鏑、銜口中央鉄、大如鶏子中黄、所制馬口也

即ち「鏑とははみの口に銜ませる部分の中央にある鉄で、大きさは鶏の卵の黄身ほどで、馬の口を制御するものである」というのである。図256は楽浪王光墓出土の銜であるが鏑とはこれの中央の節の真中の球のことに違いない。径約三センチで右に引いた高誘注の記す通りの大きさである。

　銜が馬の口から一方に抜け出さないように両端を止め、併せて馬が轡を咬まないようにする[17]装置がはみえだであるが、漢代には図255―258に見るように、銜の外端の環に多少とも細長いはみえだの中央部を通す方式のものが使われた。図255のように軽くS字形に彎曲し、両端が少し太くなるだけのもの、また図257のように透しの紋様をつけるものの他、図256のような八角棒状の骨角製品もあった。いずれも銜の外端の環に通される部分を挟んで二つの孔があり、これに二叉になった頰革が通された。図259にその様が明瞭に描かれている。この孔に革紐の残る例も

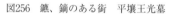

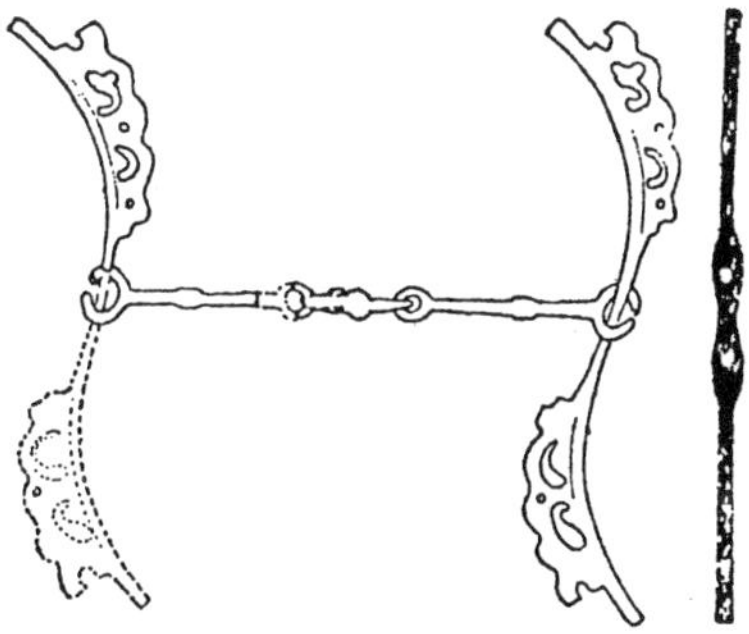

図258　同前

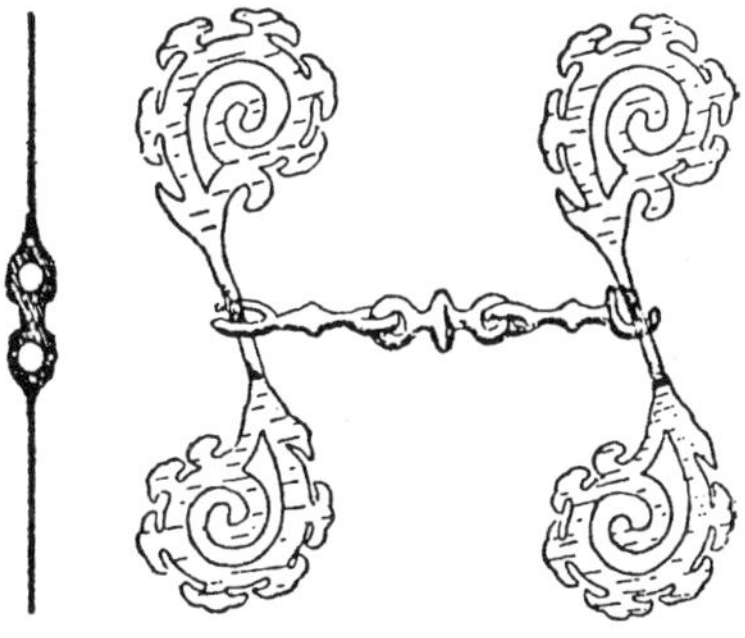

図257　鑣、銜　青銅明器　洛陽焼溝

古くより知られる(18)。

このはみえだは先秦時代と同様、漢代にも鑣と呼ばれた。『釈名』釈車に

鑣、苞也、在旁、苞斂其口也

即ち「鑣とは苞という意味である。横にあって馬の口をつつみ（苞）、緊めるものだ」というのである。

銜と鑣が馬の口から外れないように留めておく装置がおもがいである。画像石ではあまり正確な表現はないが前漢時代中・後期の例では洛陽漢墓の空塼のスタンプ紋の馬のよい例がある（図259）。おもがいの革具には現今の名称を書き入れた。

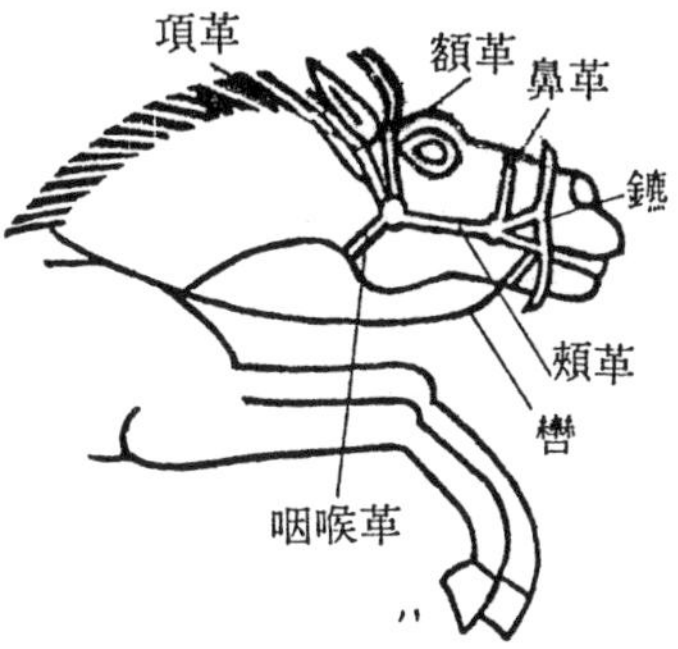

図259　頭絡　画像塼

銜を一方に引いたり、あるいは全体に引いたり、あるいはゆるめたりして馬を御するための装置がたづなである。手綱の先端は銜の外端の環に結ばれる。図255に引いた例ではこの手綱の革が少し残っている。先秦時代と同様漢代にもこれは轡と呼ばれた。『釈名』釈車に

轡、払也、牽引払戻、以制馬也

即ち「轡は払という意味である。これを引いたり、あるいは振り動かしたり馬の頭をねじ曲げたりして（払戻）、馬を制御するもので

ある」という通りである。

　轡は馬の口角より衡の上の轙を通って御者の手に及ぶ。図246、252、253にeとして示したものであるがこれを正確に画いた例もわりに少ない。衡を越すところは図248、253が正しい。例えば図246で轡が軛の下を、図247では衡と轙の下をくぐっているように画かれるが、およそ無意味である。

　衡を使わず、馬の頭に荒い籠状のもの——現在水勒といわれる——をはめ、それに手綱をつけて御する方法は長安張家坡の西周車馬坑にその例が知られる（図260）。漢代には遺物ないし画像の証は今のところ知られないが、関係の語彙によってその使用が推測される。『釈名』釈車に

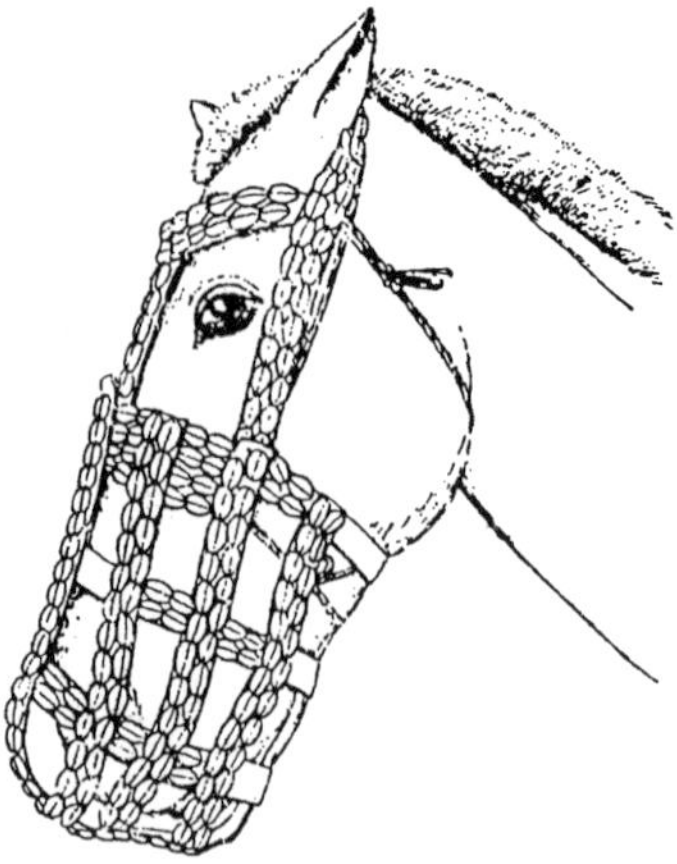

図260　羇　西周　長安張家坡

　羇、検也、所以検持、制之也

即ち「羇とは検（おさえる、制御する、禁ずる）の意味で、馬を検し持してこれを制するものだ」という。羇は羈とも書かれ、『説文』网部には䍐と書かれ

　䍐、馬絡頭也

即ち「䍐とは馬の頭をからめるものだ」とある。頭絡といっても勒は別にあるからそれではない。『急就篇』「轡勒鞅韅靽羈韁」の顔師古注に

　羈、絡頭也、勒之無銜者也

即ち「羈とは頭絡のことで、勒の銜のないものだ」という。字が网に从うところからみても先の水勒のことであることは疑いない。おとなしい馬を御するにはこのようなもので十分である。

(3) 鏉、策

御者は轡の他に棒状のむちである策をも併用して馬を御した。前引『淮南子』氾論訓の条に劉文典の『集解』は『列子釈文』引の許慎注を引き

鏉、馬策端有利鋒、所以刺不前也

即ち「鏉とは馬の策(むち)の端につく鋭いとがりで、進もうとしない馬を突っつくものである」という。利口な馬であれば策で強く叩くまでもなく、その動きだけで指図できるのであるが、鈍い馬には鏉のようなものも使われた。御者は右手に轡と策(図246—248、252、253のh)を持ち、左手にもう一方の轡を持って御するわけである。図267ではこの点が正確に画かれている。

(三) 装飾の馬具、馬の化粧

(1) 紛、騑

漢時代、馬につけられた装飾の類には左のごときものがある。

〈紛〉 尾の尖端は多くの例で図250のjのごとく丸い瘤状に表わされ、また図248、269のkのごとく、これにひらひらした布切れ状のものをつけたものもある。図242の武威雷台の青銅馬車の馬にもこれが表わされている。jのごとく尾の尖端が丸まっているのは『説文』に

紛、馬尾韜也

即ち「紛とは馬の尾を納れるさやである」という「紛」を表わしたものと思われる。このさやは『釈名』釈車に

紛、放也、防其放弛、以拘之也

即ち「紛とは放ということである。この放弛を防ぎこれを拘束するものである」というごとく、ばらけるのを防ぐため、まとめておくためのものである。自然のままだと馬車に乗った人が馬の尾で顔をはたかれたりするからである。馬の尾を紛に納める例は、春秋時代の画像紋に書かれている（一八頁、図3）。おそらくさらに古く遡りうるであろう。

〈馻〉図248のkの、紛の先につけられたひらひらした飾りは馻にあてられている[19]。『説文』に

馻、系馬尾也

即ち「馻は馬尾を系するものである」とある。段玉裁はここの「系」は『玉篇』によって「結」にした方がよいとの意見である。そうすると、ここは尾の先を結んだ髻状のもの、という意味になる。しかし段の引く楊雄『太玄経』文第十二に

君子乗位、為車為馬、車軨馬馻、可周天下

即ち「君子の位に乗るは車たり、馬たり、車軨馬馻もて天下を周るべし」と馬馻は車軨と併べてあげられ、車軨は前記のごとく図243、269のsに画かれている通りのものであり、この馬の尾のひらひらしたものと全く同じである。そうしてみると、馬馻というのも車軨と同じ、このひらひらしたものをいうとみて概ね間違いないのではなかろうか。

(2) 扇汗、当盧、金鍐、方釳、叉髦、鞅、総

〈扇汗〉『説文』に

幩、馬纏鑣扇汗也

即ち「幘とは馬の鑣に巻きつけた扇汗のことである」と。承培元の『説文引経証例』にこれは鑣に裂余の朱帛をくくりつけ、この流蘇は下に垂れていて、走るとひらひらし、胸前の汗を扇ぐということで、口の傍にあるからまた排沫といわれる、と説明している。図246、247、252、253の1はこれにちがいない。『続漢書』輿服志、上に

乗輿……升龍赤扇汗

即ち「乗輿には……升龍の赤の扇汗」とあるように、扇汗は漢代の用語である。一九六二年の夏パキスタン国ペシャワールの町で馬車を観察したところ、馬の口角にちょうど画像石に見ると同じ飾りが、セルロイドのような比較的硬い材料で作って下げられており、馬が走るとその歩度に合せてリズミカルな、ちょうど扇で平らにあおぐような運動をするものであることを知った。扇汗とは適切な名称をつけたものである。

〈当盧〉『詩』大雅、韓奕「鉤膺鏤鍚」の鄭玄の箋に

眉上曰鍚、刻金飾之、今当盧也

即ち「馬の眉の上にあるのを鍚という。青銅を透彫りにしたものでこれを飾る。今日（後漢）の当盧である」といういわゆる馬面で、漢代に普通当盧と呼ばれたことが知られる。『続漢書』輿服志、上には当盧の用語のほか、この『詩』に使われる鏤鍚の語も金銀車などの記述に出てくる。これは雅語として使われたと見られよう。漢代の当盧には図261のごときものが普通である。図像でこれを着用したと思われる表現は今のところ知られない。

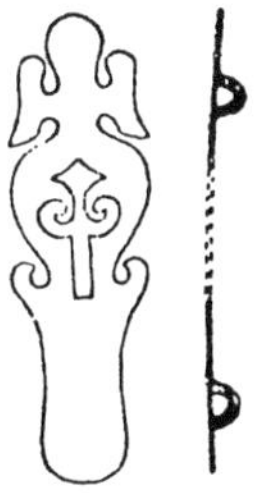
図261　当盧　洛陽
焼溝　青銅
明器

〈金鑁《ばん》〉『続漢書』輿服志に天子の乗る金根車の馬の飾りのうちにあげられている。注に

『独断』曰、金鑁者、馬冠也、高広各五寸、上如五華形、在馬髦前

即ち「『独断』にいう、金鑁とは馬の冠である。高さ広さとも各五寸で、上は五弁の花の形のようで、馬の髦（後述）の前にある」という。図270のmはこれと思われ

る。位置はちょうど前髪の前あたりに当り、大きさもそのようなところである。この例では上が花のようになっているかどうかわからないが、成都羊子山一号墓の画像塼の、四頭いる馬のうち左上の馬（図262）は首を手前にねじ向け、頭を下げていて、その頭上に「五華形」とは小異があるが、七花形のもの（m）が画かれていて、この鍐を表わしたものと考えられる。他の三頭の馬は側視形に画かれ、前髪のあたりにきのこ状のものが画かれていて、この七花形の飾りの側視形がきのこ状であることが知られるのである。

〈方釳〉『続漢書』輿服志に右の金鍐の次にあげられ、「方釳、揷翟尾」即ち「方釳には翟の尾羽根を揷す」といい、注に

方釳、鉄也、広数寸在馬鍐後、後有三孔、揷翟尾其中

即ち「方釳とは鉄製品で、広さ数寸、馬の鍐（さきの金鍐）の後にある。後方に三つの孔があり、きじの尾羽根をその中に揷す」という。これに当ると思われる画像は今のところ知られない。

図262　鍐　画像石　成都揚子山

なお前引『続漢書』輿服志の金鍐についての注の終りの方に

徐広曰、金為馬叉髦

即ち「徐広はいう、金もて馬の叉髦を作ったものだ」と。叉髦とは何か。髦とは人間でいうと頭の両側に垂した毛髪製の毛総の飾りである。[20] 叉髦といえば二またになった毛総の飾りで、これを金（ブロンズ）で作って馬の頭に着けたのが金鍐だという説明である。叉髦という用語はこの輿服志、上の終りの方に

王公列侯鏤錫叉髦

即ち「王公列侯は鏤錫叉髦あり」という風に出てくる。天子の馬車を引く馬の金鍐方釳に当るものとして王公列侯の

馬車で叉髦が記されているから、徐広が金鑁と同じものとして扱っていることには問題がある。[21]とはいえ、王公列侯のような身分の高い人の馬車の馬の頭に叉髦という、二叉になった毛束の形のブロンズ製品が着けられたことが知られるが、これも今のところ遺物や図像は知られない。二叉になっていない毛束の形の飾りであれば例がある。例えば武威雷台の青銅馬によい例が見られる（図263）。これが髦に違いない。同様なものが遼陽北園壁画墓の壁画に書かれているのを李文信は叉髦としている。[22]李は叉髦と方釳を区別し損い、その論証は不正確であるが、結論だけは当っている。

図263　鞍をつけた馬　青銅明器　武威雷台

〈鞅、樊纓〉『釈名』釈車に

鞅、嬰也、喉下称嬰、言纓絡之也、其下飾曰樊纓、其形樊々、而上属纓也

即ち「鞅とは嬰という意味である。のどの下のところにあるものを嬰という。のどを纓絡する（まといつかせる）ことをいう。その下につく飾りを樊纓という。その形は樊々としていて（どういう形容か不明）上は纓につないである」というのである。ここに「纓につないである」という纓は上文の嬰である。『周礼』巾車「樊纓十有二就」の注に鄭玄は

纓今馬鞅

即ち「纓は後漢時代の馬鞅である」というのと同説である。[23]人間の冠の紐、纓がのどの下を廻るように、鞅は馬ののどの下を廻る飾りである。

『釈名』にはこれの下に「樊纓」という飾りが吊るされていたというのである。『周礼』前引の条の注に、鄭玄は樊を「今の馬の大帯なり」といい、纓とは別のものと解しており、別説である。「樊纓」というものは『続漢書』輿服志にも出てくるが、『周礼』に出てくるこの後の解釈に前記のような相違がある点からみて、これは古典的なものを復原した制度であり、後漢時代にはこれがどういうものであるかについての知識が不確かになっていたことが知られる。鞅、即ち馬ののどの下を廻る飾りの方は後漢にもあったことは確かであるが。しかしこれに当ると思われる漢代の遺物、画像は今のところ知られない。

なお曾昭燏らは図246—249のoのごときものを纓に当てるが、[24] 特に考証はない。思うに『続漢書』輿服志の一番終りの諸馬の飾りを記したところに、天子の馬に「龍画総」というものがある。この「総」は『周礼』巾車の王后の五路の「鷖総」に鄭衆が注して

鷖読為鳧鷖之鷖、鷖総者青黒色、以繒為之、総著馬勒、直両耳与両鑣

即ち「鷖は鳧鷖の鷖と同じ意味に読む。鷖総とは青黒色で、絹の裂で作り、馬の頭絡に着け、両耳と両鑣に相当するところにある」という。すると曾昭燏が纓と考えたものはこの総と見た方がよさそうである。画像のふさがどこから吊されているか十分はっきり表わされていないので、確定できないが。その他、図249のpのごとく、馬の腹の下に二条の飾りをつけたものがある。後の方はふさの類である。前の方のものを報告書には鈴としている。[25] 同時代における名称は知らない。

(3) 鬣、髪の刈込、塗色

挽曳、御馬とあまり関係ないが、威儀を示すため、馬には各種の化粧、装飾が施される。鬣はどの馬をみても、短かく切りそろえてあるらしく、斜線を加えた一定の幅の帯で表わされている。これは先秦時代からの伝統である。毛

が逆立った、という意味の「鬣々」という形容の通りである。

前漢中・後期の画像空塼には、同じ鬣を刈り込むのでも、長いところを部分的に残したりして変化をつけているが（図264）、後漢時代の画像石にはそのような例は発見されない。

前髪も刈り込むのが普通である。図246、249の馬の耳の間に立つ布切れ状の形（i）は、何かの飾りかともみえるが図248、251のiなどを併せみると、やはり先を切りそろえた前髪らしい。『儀礼』士喪礼の記に

主人乗悪車……馬不斉髪

即ち「主人は悪車に乗り……馬は髪を斉えない」と喪に服する主人の車について特に髪を切りそろえないと断ってあるところをみると、普通の馬は切りそろえるものとされていたと考えられる。この風習も古くからあったものと知られる。

図264　刈り込んだ鬣　画像塼

馬に色を塗ることもあったらしい。『続漢書』輿服志に、天子の車の副車に五時車というものが記され、青、赤、黄、白、黒に塗り、馬もそれぞれ同じ色に塗るという。また白馬はその髪尾を朱にして「朱鬣」と名づけたと記される。また同書には大行載車、即ち天子の柩をのせる車につける馬は白い馬で

以黒薬灼其身為虎文

即ち「黒い薬をもってその身を灼して虎文をつくる」とあり、黒で虎のような縞をやきつける、というのである。春秋後期の画像紋には虎のような縞をつけた馬が表わされており[26]、これは学者の頭の中だけで作り上げた話ではなく、少なくとも春秋時代からの伝統の裏づけのあることであることが知られ

る。

(四) 馬車の車種

画像石には各種の馬車が画かれるが、その各形式が同時代に何と呼ばれたかについては、洪适の『隷釈』、『隷続』、王昶の『金石索』、瞿中溶の『漢武梁祠堂石刻画像考』、畢沅、阮元の『山左金石志』等の著録に考証があってよさそうなものであるが、これが見あたらない。関野貞、シャヴァンヌ、容庚等の解説にもこの問題にふれていない。『山左金石志』(七、一九表)に車蓋を四つに分類しており、瞿中溶が前引の本の巻末に画像石からとった各種の馬車の模写図をかかげて若干の解説を加えているのが馬車そのものに関心の示された僅かな例外である。原田淑人、駒井和愛も『支那古器図攷』舟車馬具篇に鼓吹車、輧車についてアイデンティフィケイションを試みているが[27]、それ以外については触れていない。この問題に注意が向けられ出したのはここ二〇年余のことである。即ち新中国になってから出版された画像石、画像塼の報告、図録の解説書である[28]。しかし近人のアイデンティフィケイションもはなはだ不十分で、そのまま利用できるというにはほど遠いものがある。以下ここに一般的な車種について考証を試みるゆえんである。

(1) 小車、安車、軺車、金根車、高車、容車、軒車

〈小車〉『釈名』釈車には

小車、駕馬軽小之車也、駕馬宜軽、使之局小也

即ち「小車は馬を繋駕する軽くて小型の車である。馬を繋駕するには軽いのがよいので狭く小型に作ってある」と。

図265　轜車、小車　画像石　沂南

また同じく『釈名』に

　安車、蓋卑坐乗、今吏所乗小車也

即ち「安車は蓋（かさ）が低く、坐って乗るもので、今日（後漢）の役人が乗る小車である」と。小車、高車、安車の順に記され、立って乗る小車である高車に並んでこの安車が記され、役人の普通の乗物だ、とある。後漢時代の車馬行列に普通に見かける、役人の坐乗した「蓋」のついた馬車（図265の右）が正確にいえば安車、大まかにいえば小車であることが知られる。

　武威雷台後漢後期の墓から発見された青銅製車馬行列の中に

　　冀張君小車馬、御奴一人

および

　　守左騎千人張掖長張君小車馬、御奴一人

と胸に銘の刻された馬があり[29]、発見された馬車類のうち作りの比較的粗末な類二輛（輿の床が板状で革を網状に張った形に作られていず、軸端が重轂になっていない）がこれに当てられている。この墓の遺物は発見した農民が運び出してしまったため、この銘のある馬とこの型式の馬車が本来組になっていたかどうかについては考古学的な証拠はない。しかし「小車の馬」の銘のある馬の数とこの型式の車の数が合い、『釈名』の記す小車（安車）の規定に合するところから、この報告書の比定は正しかろう。

　〈軺車〉『説文』に

軺、小車也

即ち「軺は小車の一種だ」という。『釈名』釈車には

軺車、軺遥也、遥遠也、四向遠望之車也

即ち「軺車の軺とは遥の意味である。遥とは遠ということで、四方が遠望できる車である」と。四方が遠望できる車というだけではさきの小車と区別がつけられない。多くの研究者は後漢時代の画像石中の車馬行列中の小車を軺車と呼び[30]、筆者もこの名称を採ったが[31]、軺車は小車の中でも上等な類（図266）と見るべきである。

図266　軺車　画像石　武氏左石室

『漢書』平帝紀、元始三年の条に

立軺併馬

即ち「立って乗る軺車で馬を二頭繋駕する」というが、馬を二頭つなぐのは後引のように身分の高い人の乗る車である。また官位の高い役人の乗る馬車には「耳」がつけられるのであるが、『晋書』輿服志の軺車のことを記した条に

三品将軍以上尚書令軺車、黒耳、後戸

即ち「三品将軍以上、尚書令の軺車では「耳」を黒く塗り、後にドアがある」という。こういった高級な馬車が軺車と呼ばれたことが知られる。『続漢書』輿服志では軺車の呼称は使われず、一様に安車の名で呼ばれているのであるが。

『御覧』七七五引の謝承の『後漢書』に

許慶字子伯、家貧、為督郵乗牛車、郷里号曰軺車督郵

図267　軺車　画像石

即ち「許慶は字は子伯、家が貧しかったが、督郵になっても牛車に乗って歩いた。そこで郷里では軺車督郵と呼んだ」という話がある。通常の役人が乗る小車（安車）が買えず、安い牛車に乗って歩いたのをからかい、小車よりも一段と高級な馬車である軺車の名を冠して軺車督郵と呼んだところにおかしさがあったのである。

江陵鳳凰山八号墓出土の遣策に

軺車、牛車各一乗

があり、軺車の名が出てくる(32)。車輪が四個出土し、復原することができるが、その他の細かい部分品は今後の復原を待つと報告され、肝腎の馬車の型式については知ることができない。

軺車に二頭以上の馬が繋駕される例は先に引いたが、他に『続漢書』輿服志、上に太皇太后、皇太后の法駕について

左右騑、駕三馬

即ち「左右にそえ馬を加え、三頭を繋駕する」というのである。先に馬具を解説した条で図243の例を引いてこの図の三頭のうち、中央の一頭は二本の輈に挟まれた漢式の繋駕法で、左右の馬は先秦時代の驂馬と同様な方式で繋駕されていることを説明した。

図267の左の馬車は二頭がつながれているが、手前の馬は明らかに漢式に繋駕されているに対し、向う側の馬には靳が表わされず、轡も手前の馬の分しか画かれていない。単なる予備用のそえ馬かとも思われるが、あるいは図243同様、先秦式につながれ

図268　高車　画像石　孝堂山

ていたのを、画家が馬具の表現を略したのかもしれない。そうすると、『続漢書』輿服志上に例えば長公主等の馬車について

皆右騑而已

即ち「みな右の騑があるだけだ」というのは、このようなものをいったと考えられよう。図267の右の馬車の向う側の二頭についても左の馬車についてと同様なことがいえる。

孝堂山石室奥壁車馬行列の東部の二頭の馬車（図268）では、二頭立てでも、手前の馬のこちら側に轅があるところをみると、二頭が並んで轅の間に挟まれているようである。この場合、図269の馬車のように、轅が三本あったか二本であったかは画像ではわからない。靳も二頭で共有しているように表わされている。同じ行列中の太鼓を積んだ車は、一本の轅の両側に一対を繋駕した先秦式のものを表わした可能性が強い。ただ靳、靷が水平に臂にまで廻るように表わされているのは漢式の馬車の方式である。

〈金根車〉　天子の乗る車で、『続漢書』輿服志をみると、随分と盛り沢山な飾りが記されているが、これに当る画像は現在見出し難い。図269の車はそこに記される飾りのうち

鸞雀立衡

即ち「鸞雀が衡の上に立つ」というのが表わされている。「大王車」と題されるから、乗る人は天子ではなく王国の王である。鸞雀は天子より下の身分の者の車には付けるという規定がない。綱紀がゆるんで王が天子に多少あやかったものであろうか。天子の乗輿は六頭立てとされるが、図269の下図は轅の前端（u）、軶（w）、衡（v）、轙（x）の

部分を多少図式的に復原したところである。この表現から推量すると、この車には三本の輈がついて、内側の二頭は一頭ずつその間に挟まり、外側の二頭は外側の輈の外にそえられたものと考えられる。靳が一番手前の馬を含めて四頭をひとまとめに胸前に廻っているように表わされているのは不合理である。とはいえ、同じ四頭だてでも、一本の輈の両側に両服を、その外側に両驂を繋駕する先秦式とは全く異なり、中央の二頭は、二頭とも両わきから二本の輈に挟まれている点、漢式繋駕法の原則に従っているのである。この馬車は四頭立てである。

金根車の羽蓋華蚤

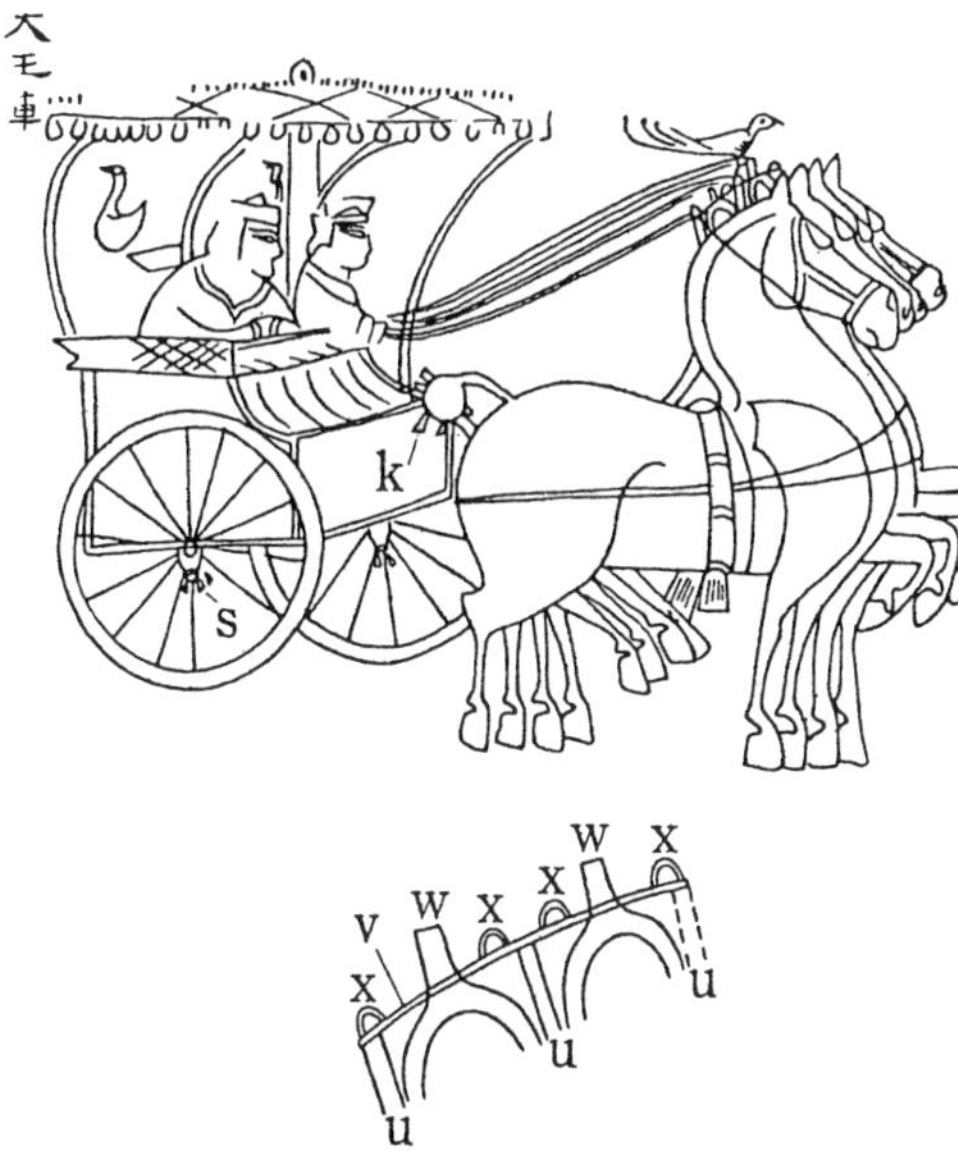

図269「鸞雀立衡」「羽蓋華蚤」の車　画像石　孝堂山

即ち「蓋のおおいを翠羽で作り、骨の外端に花の開いた形の飾りをつける」というのも画かれているとみてよかろう。つまり蓋の上縁がケバ状に表わされているのは羽蓋の羽根と解釈しうるし、また蓋の下縁に円形が連なっているのは華蚤とみることができるからである。

金根車には

　建大旂十有二斿、画日月升龍

即ち「大旂十二流れのものを建て、日、月、升龍を画く」[33]と輿服志に記される。第一章図1の1、2の雲車の縦にすじの入ったのぼり状のものには日月の類と思われるものが表わされている。ここに画かれているのは同章で述べたように旂ではなく常と呼ばれた旗であるが、日月升龍などを画いた盛大な旗を想像する参考とすることができよう。十二斿というとひらひらしたものが一二本あったのである。なお図1の1、2の雲車にははたきのような形のものが何本も立っている。これは雲罕というものででもあろうか。『漢書』司馬相如伝上「載雲罕」の注に

張揖曰、罕、畢也

即ち「張揖はいう、罕は畢のことだ」という。罕は畢、即ち柄の長い網だというのである。また『続漢書』輿服志上「前駆有九斿雲罕」の注に

薛綜曰、旌旗名

即ち「薛綜はいう、旌旗の名だ」というごとく、旗の類ともいわれる。畢というものは甲骨文、金文の象形字あるいは畢という星座の形でわかるごとく、頂点を下にした二等辺三角形の網に長い柄をつけたものである。その形を裂地で作った旗であるとすると、裂地の部分が下に垂れて図1の1、2に表わされたような形になるのではないかと考えられるのである。

『釈名』釈車には他に小車の一種として高車がある。

高車、其蓋高、立乗載之車也

即ち「高車はその蓋が高く、立って乗る車だ」と。高車、即ち立乗の軺車というと、図268のごとき例がある。

〈容車〉『釈名』釈車に、

容車、婦人所載小車也、其蓋施帷、所以隠蔽形容也

即ち「容車は婦人の乗るところの小車である。その蓋に帷を施すのは、その姿をかくすためのものである」という。帷がある点を除けば小車と同じものということになる。『周礼』巾車「王后之五路、重翟……」の注や『詩』衛風、氓「漸車帷裳」の箋をみると、この種の車は「裳幃」「幢容」「童容」などと呼ばれたことがわかる。これらの名称は

いずれも蓋に施された裂の名を以て命名されたものであることが知られる。この容車というものは、そうすると『続漢書』輿服志に

太皇太后、皇太后、法駕皆御金根、加交路帳裳

即ち「太皇太后、皇太后の法駕にはみな金根車を使うが、交路のある帳裳を加える」と。また

公列侯中二千石二千石夫人、会朝若蚕、各乗其夫之安車、右騑、加交路帷裳、皆皁

即ち「公、列侯、中二千石、二千石の夫人は、会朝もしくは養蚕の儀式には、各〻その夫の安車に乗り、右側の騑を繋駕し、交路のある帷裳を加える、みな黒い」と記されるごとき、男子用の車に臨時に帳裳、帷裳（周囲にめぐらす垂れ幕）をつけたものと同じようなもので、車の形式はたしかに『釈名』のいうように小車そのものであったと考えられるのである。

このような車は現在知られる後漢時代の画像のうちから探し出すことはできない。なお『後漢書』列伝十に、祭遵の葬式に天子は朱輪容車、葬士軍陣を贈って葬らせたとあるのにつき、章懐太子が注して

容車、容飾之車、象生時也

即ち「容車とは容飾をした車で、生きていた時の乗用の車を象ったものだ」というが、生時を象るという点は憶測にすぎまい。送葬の行列には天子の鹵簿にも金根容車を用いるが（『続漢書』礼儀志、下）、生時に男が容車に乗る話はきかない。この容車の用法は葬式の時の特殊的なものであろう。

〈軒車〉　後漢の画像中には図245、270のごとく、小車の車箱の両わきが高く衝立のようになった種類の車がある。これが軒車と呼ばれたものと思われる。

『説文』には

軒、曲輈藩車也

図270　軒車　画像石　孝堂山下

即ち「軒とは曲った輈をもった藩のある車だ」とあり、曲輈というからには一本の輈のついた形式の車について言っているのである。しかし漢以後の二本の轅の車にも軒という種類が引きつづき使われ、藩のあるのが軒車だという定義のあったことは『文選』東京賦「属車九九」の薛注に

属車有藩者曰軒

即ち「車馬行列のおともの車で藩のあるものを軒という」とあるによって知られる。

ところでここにいう藩が問題である。『一切経音義』二十引『蒼頡』に

藩、蔽也

即ち「藩とは蔽うということである」といい、『儀礼』既夕礼、藩蔽の疏に

藩謂車両辺御風為藩蔽

即ち「藩とは馬車の両辺の風を防いで藩蔽となるものをいう」という。すると藩は車箱の両わきのおおいという意味になる。軺車も画像にみるごとく両わきにおおいがある。それでは軒車も軺車も同じようなものということになろうか。ここはしかし単なる何は何なり、というような、同時代の人がその語をもっていかなる対象を表象したかを二の次にした、抽象的な文字の訓詁が問題なのではない。その語を以て物を定義しているのであるから、同時代の人がそれを以てどのような品物を指し示そうとしたかを、さらに現実的に考究せねばならない。

軒車にあるという藩は、車輿の両側にあって風塵を防ぐためのものであって、軺車にあるような低いものではなかろう。『左伝』襄公二十三年に、晋が娘を呉にやるに当って、斉侯が折帰父に媵女を晋に送りとどけさせる機会を利用し、欒盈がひそかにその行列の車にかくれて晋にもどった話に

以藩載欒盈及其士

即ち「藩（車）に欒盈とその士を載せた」と記されている。注に

藩、車之有障蔽者

即ち「藩は馬車で障蔽のあるものだ」とある。するとここにいう藩のある車――即ち軒車――は外から丸見えの小車、軺車とは異なり、人目を避けうる程度のおおいのあるものであることが知られる。外から見えないようなおおいのある車のうちには、後述の輜車、軿車のごときものがあるが、先に引いた『文選』で知られるように軒車は公式の鹵簿の属車になるのであるから、そのような女性用や男性の私用の車種ではない。

図245、270に示した車にあるごとき高い衡立状のものは藩の訓詁にふさわしい。そこでこの車を軒車にアイデンティファイしたのである。

なおここに出てくる藩を車耳の轓と混同してならないことは先に車耳の条に記した通りである。

(2)　輜車、輂車、衣車

以上に記したのは人の乗る部分が横長で狭隘な類であるが、次はもっとスペースの広い類である。

〈輜車〉『釈名』釈車に

輜車、載輜重、臥息其中之車也、輜廁也、所載衣物、雑廁其中也、軿車……輜軿之形同、有邸曰輜、無邸曰軿

即ち「輜車とは輜重をのせ、その中で横になって息める車である。輜とは廁という意味で、のせた衣類や荷物がその

中でまざり合っているということである。軿車とは……。輜車と軿車は形は同じであるが、邸、即ち車の後、両側から突き出た材のあるのが輜車で、これのないのが軿車である」と。ここの軿車については後に考察するが、輜車とは荷物をのせ、人が中で横になれる車というから、車体の前後に長い類である。図265の左のようなものに違いない。「邸」とは図241、265にtとした材である。邸は後轅とも呼ばれる。『宋書』礼志五引の『字林』には

軿車有衣蔽、無後轅、其有後轅者、謂之輜

即ち「軿車とは衣（おおい）と蔽（わきの囲い）があって後轅がない。これがあるのは輜という」とあり、邸＝後轅について同じことを記す。『字林』には衣と蔽があることをいう。衣、蔽とは前引の図265の左の車の蒲鉾なりのおおいのことに違いない。この車は馬が繋駕されているが、文献でも輜車は馬が引いたことが知られる。『後漢書』桓栄伝に

以栄為少傅、賜以輜車乗馬

即ち「栄をもって少傅となし、輜車と乗馬を賜った」とある。乗馬は騎乗用の馬でなく、輜車に繋駕する馬の義である。この輜車はもちろん桓栄の乗用に天子から下賜されたものである。荷車と同じ形式で、荷物用にも使われるような車を賜ったと思うと、伝に記される桓栄の感激ぶりがおかしく思われる。しかし漢代にはこの形式の車が私用の乗用車に使われ、天子からの賞賜にもこれが用いられたのである。『周礼』巾車の「凡良車散車……」に鄭玄が注して

給遊燕及恩恵之賜、不在等者、謂若今輜車後戸之属

即ち「遊燕に給し、および恩恵の賜にするもので等にあらざるもので、今の（後漢の）輜車後戸の属のごときをいう」という。後漢時代、輜車が私用の乗用車に使われたことが知られる。また後戸というから、後にドアがついていたのである。(34)

輜車と区別があったかなかったか明らかでないが、これと同様な型式、用途をもった馬車に輂車がある。『説文』

に

輂、大車駕馬也

即ち「輂とは荷車で馬を繋駕したものだ」とある。図271はさきに見た輜車と同じ型式を持つ馬車の画であるが

輂車一乗

と題されている。また武威雷台の後漢墓発見の青銅馬の胸に刻まれた銘に

冀張君夫人輂車馬、将車奴一人、従婢一人、
守張掖長張君前夫人輂車馬、将車奴一人、従婢一人

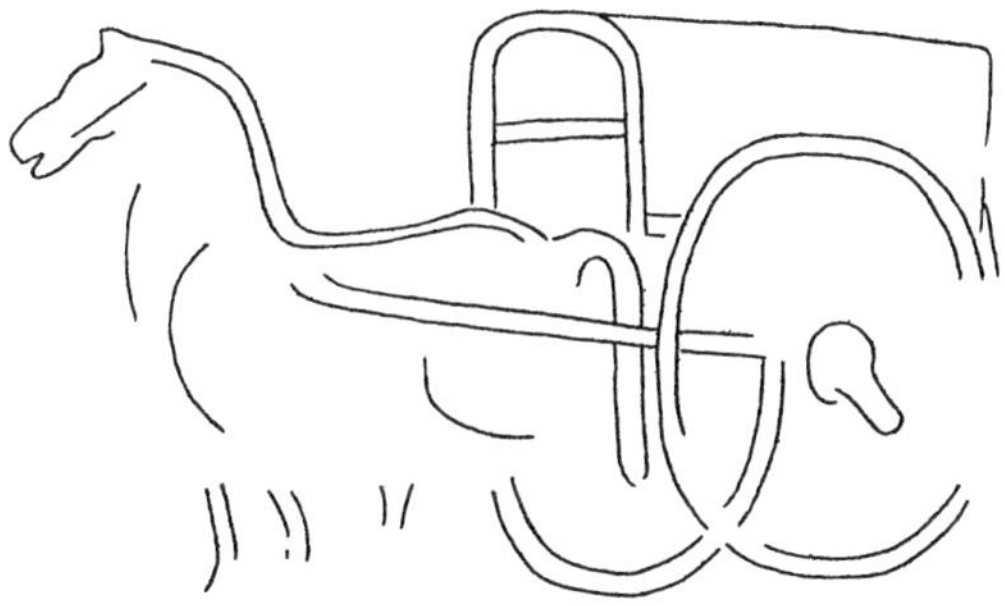

図271　輂車　墓室壁画　托克托

守張掖長張君後夫人輂車馬、将車奴一人、従婢二人

の銘のあるものがあり、図272のごとき馬車がこの輂車の馬の繋駕されていた馬車に当てられている(35)。同時出土の牛車と同じく低い囲いのついた、前後に長い車台を具え、後轅をもつが、牛車の轅が平滑な材であるのと異なり、画像石の輜車によくみる（図265の左）のと同様、轅に棘のある材を使用する点に違いがある。この輂車は大体において『説文』にいう大車に馬を繋駕したもの、という定義とよく合っている。前にも記した通り、この墓の遺物は農民によってとり出されたものであるから、前引の銘のある馬がこの馬車に繋駕されていたかどうか考古学的な証拠はないのであるが、この点からみて報告者の比定は正しかろう。囲いの後面片側半分はドアになっている。輜車にある「後戸」である。このドアには特別の名称がある。『説文』に

戻《たい》、輜車旁推戸也

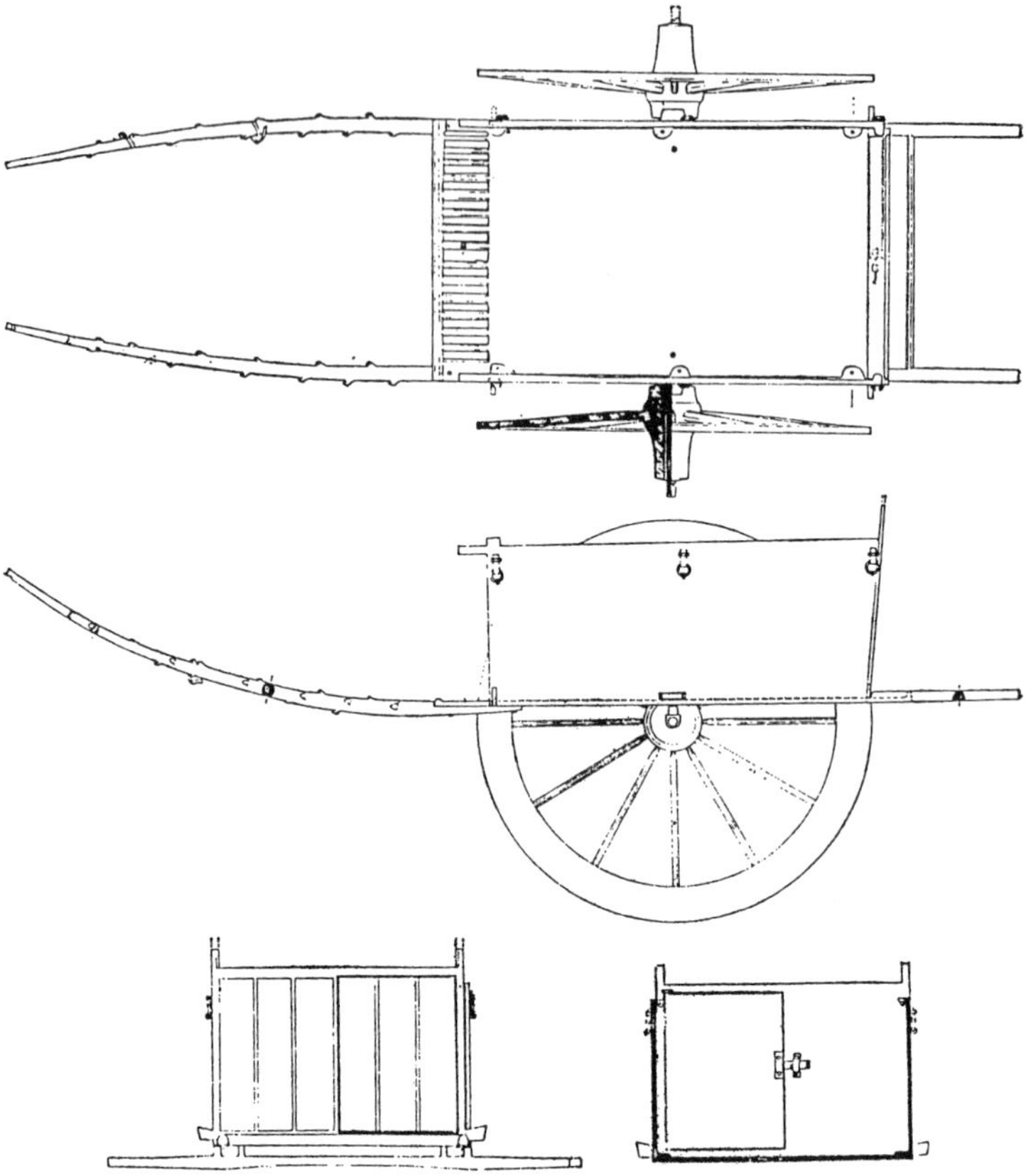

図272　輂車　青銅明器　武威雷台

即ち「戻とは輜車のかたわらについた推して開くドアである」とある。段玉裁は前後がおおわれて、旁に戸があいているというが、それでは車輪が邪魔で出入りできまい。桂馥は窓と考えている。しかし戸はやはり出入口にちがいない。そうするとここに示したように後面の片側に寄った戸口をいうのではあるまいか。「推戸」と特に言っているのは、ここに見る開き戸とよく合致する。

　この馬車は馬の胸の銘文から知られるごとく、この墓の被葬者の張氏の夫人の乗り物である。平面図でわかるように、両側の囲いの内側上端近くに各面に三つずつ小さい孔のある耳がつき、外側にはそれに対応した位置に環がある。この耳には、図271の輂車のごとき蒲鉾なりのおおい蓋をつけるための骨、車弓を通し、外側の環には図265に描写されているように、蓋を留める紐が通されていたものと考えられる。車台の周囲の囲いの内側には織物のあとが残っていたという。これらの点からみてもこの車は夫人の乗用車であるにふさわしかろう。

このような輂車は前に見た輜車と極めて近く、どこに相違があるものか見極めにくい。両者が同一型式の馬車であるかどうかの断定は今のところ保留しておくことにする。

輜車に近似したものに衣車と呼ばれるものがある。『左伝』定公九年「(陽虎)載葱霊、寝於其中而逃」に注して杜預は

　　葱霊、輜車名

即ち「葱霊とは輜車を指す名称だ」といい、孔疏は

　　賈逵云、葱霊衣車也、有葱有霊

即ち「賈逵はいう、葱霊とは衣車で、葱(窗、まど)と霊(櫺、まどの格子)のあるものだ」というのを引く。中に寝たというのだから、葱霊を衣車と解釈したからには、衣車は輜車と同様、細長いものと考えられていたのである。

『礼記』曲礼、上「国君不乗奇車」の注に

　　奇車猟衣之属

即ち「奇車とは猟車、衣車の属だ」とあるのについて、孔穎達は『正義』に梁の何胤の『礼記隠義』の

　　衣車如鼈而長

即ち「衣車は亀のような形で長いものだ」という解釈を引く。たしかに長いという解釈があったのである。輜車と衣車は近いものに違いない。図273は前面の戸口のわきに窓がある。賈逵はこのようなものを頭にえがいたのかとも思われる。しかし孔穎達は賈逵の説を引いたのち、そうすると両側の窓があるのだという図274は北朝初期とされるもので

図273　衣車　晋　陶製明器　長沙金盆嶺

図274　衣車　南北朝初期　陶製明器　西安草場坡

あるが、孔のいうように両旁に窓がある。孔はこのようなものを考えていったのであろうか。図273、274とも前面に戸口がある。『釈名』釈車に

衣車、前戸、所以載衣服之車也

即ち「衣車は前に戸口があり、衣服をのせる車である」という。これらは前面に戸口があるというのとちょうど合う。これらは衣車として間違いなかろう。衣車とはすると輜車が荷車に蒲鉾なりのおおいをつけて後に出入口のある型式であるのに対し、同様前後に長い車台をもつが、小屋のような高い四面のおおいを具え、それに蒲鉾なりの屋根がつき、出入口が前である点に相違がある車であったことが知られる。

(3)　軿車、輜軿車、犢車、通幰車、羊車

〈軿車〉　輜車の条に記したように、『釈名』の定義によると図275のような車が軿車ということになる。また輜車の例によって、類推すれば、同形式の車で馬が引く図276のようなものも軿車といってよいであろう。とはいえこれらの軿車はたしかに軿車でも、次の輜軿車の条に記すごとく輜軿車を略称した軿車と考えられるのである。

軿車の特徴の記録には右の形式とは合致しないものが出てくるのである。『周礼』巾車に皇后用の車たる翟車について「翟車、貝面組総、有握」とあり、注に

有握、則此無蓋矣、如今輧車是也

という。ここの「握」字は『釈文』に干宝、馬融の注したテキストには「幄」字に作ると記される。鄭玄は「幄が屋根になっているからきぬがさ式の蓋はないわけだ。そうすると今の輧車のようなものだ」というのである。

「幄」は『釈名』釈牀帳に

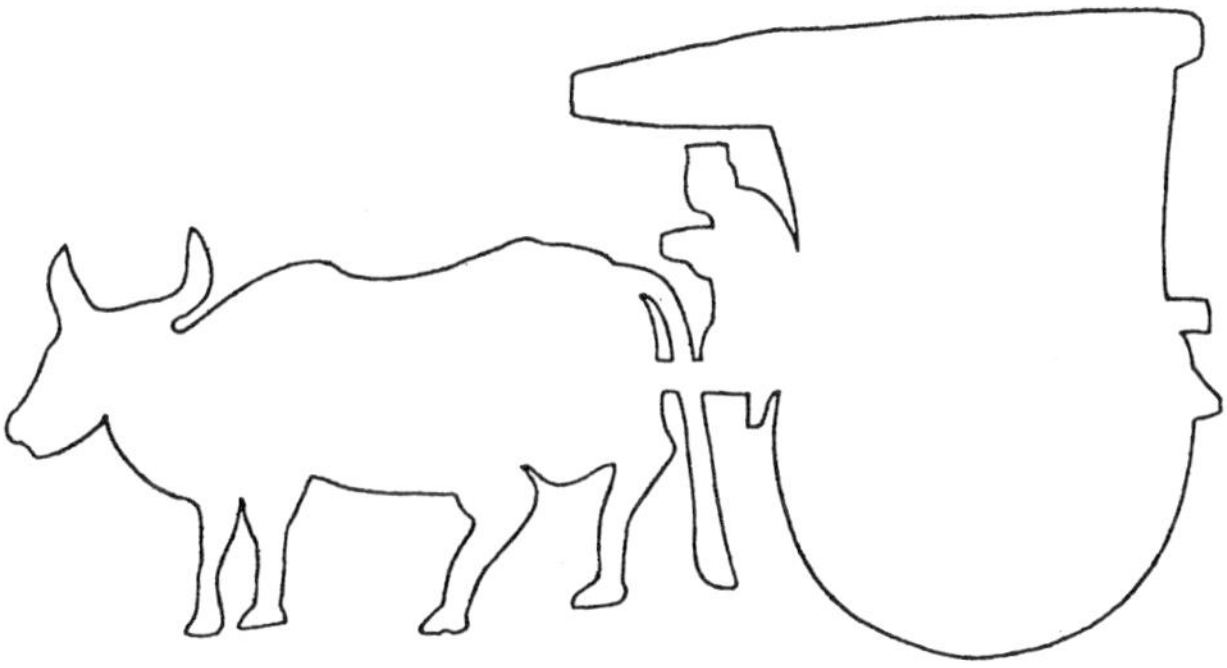

図275　輜輧車　画像石　綏徳

幄、屋也、以帛衣板、施之形如屋也

即ち「幄とは屋ということである。絹の裂を板にかぶせ、これを家の屋根のような形に施したものだ」とある。骨組の上に屋根形に張った帛製のおおいである。図280は中に主人が坐った几帳の類である。周囲を囲うきれ（帷）の上に屋根形のおおいがつく。これが「幄」と思われる。図281は魏正始の銘の入った例で、このような帷幄の骨の接続用パイプの復原図である。図280はこのような骨に裂を張ったもの。鄭玄によると、こういう裂の屋根形のおおいのついた車が輧車だというのである。屋根形のおおいのついた車といえば図277、278のごとき形式のもの以外にない。のきが反り上って、ちょうど後漢時代の楼屋などにある「飛檐」のような形に作られている。当時の人は「幄は屋なり」といわれた時にこの二つを表象したであろう。図277、278の屋根のぶわっとした曲線は裂地を思わせる。図278は幄の頂上に軽度の瘤状の突起が表わされている。これは下の支えが張った裂の上に露われた形に相違ない。この式の車の屋根には図278のごとく斜めに交叉した線が表わされている例が多いのは、車が走った時、風でばかばかしないよう、ちょうど蒙古包のように帯で押えたものであろうか。それはともかく、鄭玄が輧車につ

図276　輜軿車　画像塼　成都揚子山

図277　軿車　画像石　沂南

いていった帛製の屋根、幄はこのようなものにちがいない。

こうみると軿車はさきの『釈名』にいう蒲鉾屋根の車とは全く外見の違った、寄棟造の屋根のある車ということになるのである。図277の車では屋根の前端に小円形の飾りが並んでいる。図269の例と比較してみると、これは華蚤の類を表わしたものと知られる。『続漢書』輿服志上に

太皇太后、皇太后……非法駕乗紫罽軿車……黄金塗五末華蚤

即ち「太皇太后、皇太后は……、法駕でない時は紫色の罽を用いた軿車で……黄金のメッキをした五つの端末の飾りと花形のかさの骨の外端の飾りをつける」というから、軿車の屋根にも華蚤を飾るものがあったことが知られる。

この車が女性用であることは右に引いた『続漢書』輿服志の文からも知られる。また図279でも主人の頭の様子からは十分に性別を判定し難いが、車のわきを走っているのが婢であることから、女性が乗っていることがわかる。また孔子見老子画像石(36)をみると、孔子の後に軒車が停っていて「孔子車」と題され、これに向い合った老子の後にも車があり、老子の車と思われる。ただし榜題はない。この車は軿車である。男もこの種の車に乗ったことが知られる。『後漢書』梁冀伝に、梁冀が「平上軿車を作った」とあるが、これも自分の乗用の軿車として変った型のものを作っ

たのである。

　この式の車は図に示したごとく、わきに「蔽」があり、多く窓をつけている。図278のごとく後面に帷が垂れているものもあり、図277のごとくドアのついたものもある。前面は図278のように幾何学紋様の格子になったものがある。なお、この式の車を曾昭燏等一九五六（三三頁）に輜車にあてているのは誤りである。

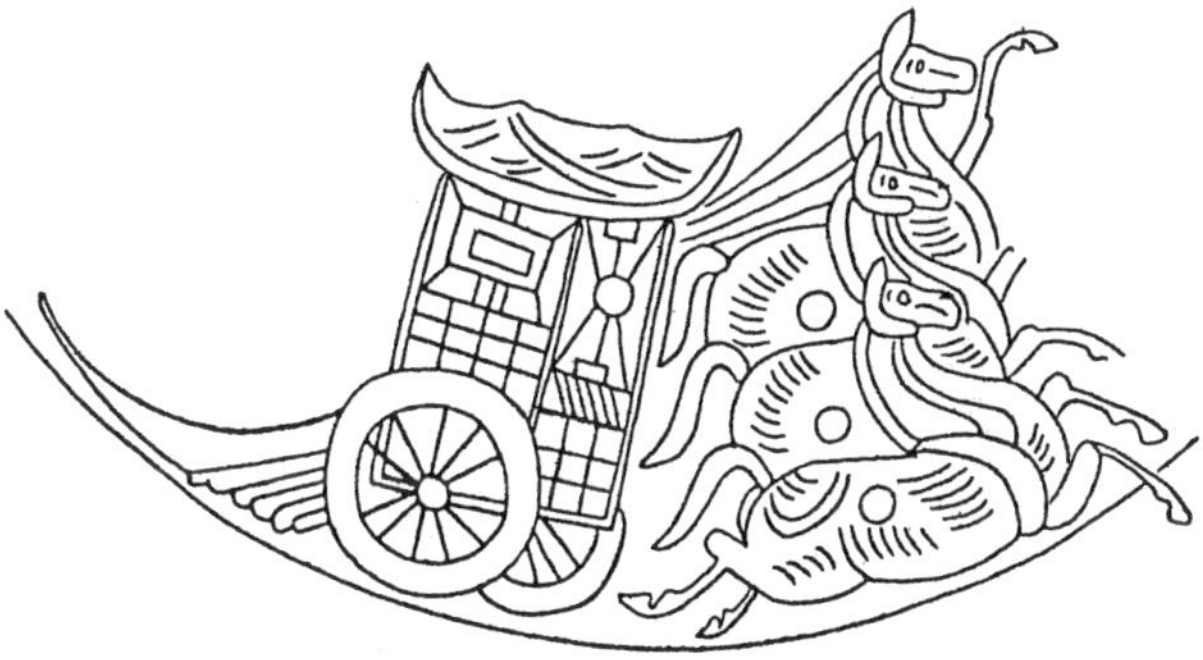
図278　軿車　鏡背紋

図279　軿車　画像塼　成都揚子山

〈輜軿車〉　右に記したごとく、輜車というものがあり、軿車というものがあるから、輜軿車というと輜や軿の類の車という意味かと思うと、そうではない。輜軿車という別の種類があるのである。『続漢書』輿服志に女性用の車が規定されている。それによると「太皇太后、皇太后は紫罽軿車、大貴人……封君は油画軿車と軿車であり、公、列侯、中二千石、二千石の夫人については漆布輜軿車」とある。即ち軿車と並んで輜軿車が別の一種類としてあげられているのである。またこの条によって、輜軿車は軿車より粗末な種類であったことが知られるのである。
　輜軿車はまた「軿車」とも略称される。

図280　帖の垂れた幄　墓室壁画　遼陽棒台子

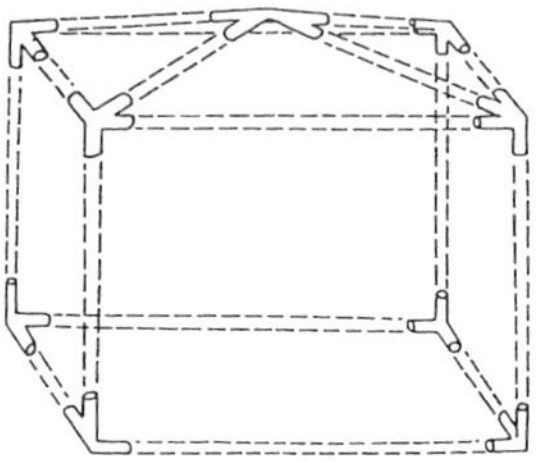

図281　幄の骨　魏　洛陽澗西

『古列女伝』貞順、斉孝孟姫伝に

　妾聞、妃后踰閾、必乗安車輜軿……今立車無軿、非所敢受命

即ち「自分はこう聞いています、妃や后が閾をこえて外出する時は必ず安車か輜軿に乗り……と。ところがいま立車しかなく軿車がありません。これでは敢て命をお受けできません」とあるごとくである。輜軿を軿ともいいうるということは輜は軿を限定する語であったことを示す。そこで思い起されるのは『釈名』に記される、輜と同形式で後轅がないだけのちがいをもつ軿車のことである。屋根形のおおいをもった軿車に対し、蒲鉾屋根をもったこの軿車は、輜の形式の軿車、ということで「輜軿」と呼ばれたのではなかろうか。こう解釈すれば『続漢書』輿服志で輜軿が軿車より身分の下の者が乗ることになっているのも理解できることである。荷車と同じ形式の輜軿は、飾りの格子のついた窓や入口、蓋蚤などを飾る屋根形のおおいの軿車よりもたしかに見劣りがする。

　右の輜軿車の解釈に誤りがなければ、『釈名』にいう軿車は輜軿車を略称した軿車である。車の種類の名称としては輜軿車をとる方がまぎらわしくないのでその方をここに採用したのである。前記のごとく図275、276が『釈名』のいう軿車で即ち輜軿車である。

　『釈名』の軿車、即ち輜軿車は前引のごとく女性の乗る車とされる。図276の車に乗るのは、髪の形からみて女性と思われる。しかし輜軿車も軿車と同様、男性も用いた。『後漢書』奢固伝に

出入踰侈、輜軿曜日

即ち「出入するのに奢侈が程度を越し、軿輜が日に耀いた」と。また袁紹伝に

輜軿柴轂、塡接街陌

即ち「ぜいたくな輜軿と身分の賤しい者の乗る柴轂が道路いっぱいになった」などとあるのはいずれも男が乗る話で、私用に乗用したのである。

〈犢車、通幰車〉さきに記した輜軿ないし輜軿車の上に水平の日除けの裂地を張った車があった。この裂地が「幰（幰）」と呼ばれたことは五九九―六〇〇頁に記した通りである。この式の車について『晋書』輿服志に[37]

通幰車駕牛、猶今犢車制、但挙其幰、通覆車上也

即ち「通幰車は牛を繋駕すること、今日の犢車の制と同じである。ただその幰を高くかかげ、車の上を通覆するようにしてある」とある。『説文』新附に

幰、車幔也

即ち「幰は車の幔である」とあるし、この幔はさきの『釈名』のいう「幰」と同じものである。晋代の通幰車は牛車で車全体の上を幰（幔）がおおったものというから、ちょうど図282の型式のものがこれに当る。そして、通幰車と犢車は似ていて、違いは前者の幰が車全体の上をおおっている点にあるというのだから、犢車の幰は車全体をおおわないことが知られる。図283、284がこれに相当する。『宋書』礼志五に「犢車、軿車之流也」というが、図284は屋根が平らであるが、その車体は軿車といえよう。図283は晋代とされるが作りの細部は明瞭でない。図284は北魏のもので、幰は車を通覆していないが、車体の中央、後部に図282と同様な棖がつけられ、その先端には幰をとめるためのものと思われる鉤がついていて、いつでも幰が通覆できるようになっている。漢代の画像で幰のついた車としては前にも引いたが今のところ図239の例しか知られない。車は輜車ないし輂車の型式をもつ。この型式のものが漢代に何と呼ばれた

図282　犢車　北魏　画像石棺

図283　犢車　晋　墓室壁画　遼陽上王家村

図284　犢車　北魏　画像石

かは明らかでない。

図282の型式のものが晋代に犢車といわれ、軿車の流とされたのであるが漢代にも犢車と呼ばれた車があった。

『釈名』釈車に

羊車、羊、祥也、祥、善也、善飾之車、今犢車是也

即ち「羊車の羊とは祥の意味で、祥とは善という意味である。羊車とは善飾の車で、今（後漢時代）の犢車がこれに当る」というのである。この『釈名』には羊車の前には柏車が挙げられ、羊車の次には墨車が挙げられており、柏車、羊車は『周礼』考工記、車人にこの順で記されるもの、墨車は『周礼』巾車に記されるもので、いずれも古典に

出てくる車の種類の解説である。羊車については『周礼』考工記、車人に

羊車二柯有三分柯之一

即ち「羊車の車台の（両側の囲いの前後の長さは）二柯と三分ノ一柯（七尺）である」とある。七尺は約一・五メートルで、図275に引いた車ぐらいの大きさである。この車は先に見たごとく、軿車（正確には輜軿車）であり、牛が引いている。これが漢の犢車である可能性が考えられる。また図275の車は図282の南北朝の犢車と近い型式で、それから幰をとり除いたものと見られる。ところで前引考工記の注に引かれる鄭司農の説に

羊車、謂車羊門也

即ち「羊車とは車の羊門のあるものだ」とある。羊門についてはさきに五九八頁（図238）に長沙漢墓の出土品を引き、これが蒲鉾なりの車のおおいの前面両側に板を立てて形成された入口のことであることを記した。この車は御者が車体の前に出て御しており、図273、274にみるような、薦板の上に坐すらしい。この車はこれらの車のように蒲鉾なりの屋根と前に開いた扉をもち、扉の両側が「立人」であったことが考えられる。鄭司農はそのような車台のある車を考えたと思われる。

同じところの注に鄭玄は

羊、善也、善車若今定張車

即ち「羊車の羊とは善という意味である。善車とは今日の（後漢の）定張車のようなものだ」という。羊車の羊を善とする点は『釈名』と同説であるが、定張車というのはどのような車か明らかでない。

以上により古典に出てくる羊車を、車台が前後に長い、蒲鉾なりのおおいのついた車に当てる解釈があったことが知られる。そしてこの型式の車が後漢時代に当時の犢車に近いと考えられていたことが推測された。

二　その他の車

(1)　大　車

牛の引く車のうち、図240、241のような荷物をのせる車がある。これらの牛車は漢代に大車と呼ばれたと考えられる。『説文』車部に「輗は大車の轅端の衡を持するものなり」とか「輹は大車の簀なり」と大車の語がよく使われている。ところで『説文』車部にはまた「輂は大車の馬を駕するものなり」とある。輂は前節に引いたように武威雷台の明器の銘文に使われていて明らかに漢代の用語と知られる。するとこの『説文』の輂の説解に使われる大車の語も漢代に使われた用語でなければならない。この大車の語は『周礼』考工記、車人に使われているが、大車が古典にのみ使われ、漢代に古語になってしまっているものとしたらこの輂の説解は同時代の語を古語で説明しているという妙なことになるからである。

牛を繋駕した荷車は画像石にもあり（図241）、また明器も幾つか知られる。図240は武威雷台出土の例である。両轅の前に衡、烏啄の代りに輗がつく点で、近似した型式をもった同墓出土の馬車と区別される。車全体の大きさは同出の輂車とほぼ同じであるが、車輪が小さ目である。「駕車奴」の銘をもった御者が車の前部に坐っている。

ほかに牛の引く車である猟車等については(4)に記す。

(2)　輦　車

人の引く車は輦車と呼ばれた。『説文』に

図285　輦車　画像石　楽山柿子湾

図286　鹿車　画像塼　成都揚子山

輦、輓車也、从車扶、在車前引之也

即ち「輦とは（人が）車を引張ることである。車と扶に从う会意の字である。車の前にあってこれを引くということだ」と。また『釈名』に

輦車、人所輦也

即ち「輦車とは人の引くものだ」と。図285は人が二本の轅の中に入り、大八のように引いている。輜車ないし衣車のようなおおいがつき、中に人が乗っている。輦は例えば『左伝』定公六年の伝に公叔父子が年をとったので輦に乗って公のところに行った、という話があるほか、古典の用法では主として人の乗る車と知られる。この図像は人の引く車に人間が乗っている。これが輦であることは疑いない。

また桂馥は『義証』に『漢書』貨殖列伝に

卓氏……夫妻推輦行

とある条その他、『漢書』『晋書』『隋書』などの正史から輦の出てくる個所を多く引いている。輦が漢代以外にも使われた用語であることが知られる。

図287　鹿車　画像石　渠県蒲家湾

(3) 鹿車

別に動物を使わない車に鹿車（轆車）があり、これが主として荷物を運ぶための手押しの一輪車であることは劉仙洲の論文[38]にくわしい。劉も引くごとく後漢時代の画

像石　孝堂山

像石や画像塼に一輪車の画像があり（図286、287）、この時代に一輪車の使われたことが知られる。また武梁祠の董永の物語を画いた画像にも董永の父が一輪車に腰かけている画があるが、この物語について敦煌発見の唐の句道興の『捜神記』に劉向の孝子図を引き、「董永が轆車で父を畑のそばの木かげに推して行き……」と記されているところから劉仙洲は画像の一輪車が劉向の時代に轆車と呼ばれたことが証されるという。もっともと思われる。劉はまた『後漢書』に鹿車の出てくる例を何条か引き、これが一人（例外的に二人）で推して荷物を運ぶ車であったことを確認している。

(4) 驘車、羊車、猟車、檻車

六四二頁前引の古典に使われる羊車の名称は、漢以後まったく異なった型式の小型の車を呼ぶのに使われている。『釈名』釈車に

　驘車、羊車、各以所駕名之

即ち「驘車や羊車は各々その繋駕する動物の名によって命名されたものだ」という。羊に引かせた車、羊車があったのである。六朝時代に人の引く車、小型の馬の引く車で同じ名をもって呼ばれたものがあったことは王先謙の『釈名疏証補』羊車の条にくわしい。

〈猟車〉馬車の種類としては他に『釈名』釈車に

　猟車、所乗以畋猟也

即ち「猟車とはそれに乗って畋猟をするものだ」と。図288は孝堂山石室の画像石の狩猟の光景である。蓋《がい》などのおおいが上にない。小車などよりたっぷり広い車台のついた車の上

図288　狩猟　画

から主人が弩をかまえている。車は牛が引いている。主人の後には戟をかついだ従者が立ち、車の後には獲れた動物が逆さに吊されている。これは猟車に違いない。

〈檻車〉　また『釈名』釈車には檻車がある。

檻車、上施闌檻、以格猛獣、亦囚禁罪人之車也

即ち「檻車は上に格子の檻を設け、猛獣をとじこめ、また罪人を監禁するための車である」と。遺物や図像の証拠は今のところ知られない。

注

（1）林一九五九、二二二―二二五頁。
（2）中国科学院考古研究所一九五七、一六〇頁。
（3）中国科学院考古研究所一九五七、一四四頁。
（4）この模型で輮が伏兔の上に乗る形に結合されているのは模型なるが故の便法と思われる。これでは伏兔の存在意義がない。
（5）中国科学院考古研究所一九五七、一四四―一四五頁。
（6）甘粛省博物館一九七二、一三、一六頁。
（7）同右。
（8）同、一六頁。
（9）中国科学院考古研究所一九五七、一四八頁。
（10）甘粛省博物館一九七二、一三頁。
（11）中国科学院考古研究所一九五七、一四四頁。
（12）同、一四五頁。
（13）同、一三九頁。
（14）銭坫『車制考』末尾の項参照。
（15）『方言疏証序』。
（16）『続漢書』輿服志、上。
（17）利口な馬は轡を咬むことによって口にかかる圧を防ぐ、そうされると御馬が不可能となってしまう。中尾喜保氏の教示による。
（18）関野一九二七、本文冊、二四二図。
（19）重慶市博物館一九五七、四八頁。
（20）林一九七二、二一―二四頁。
（21）前引徐広注の叉髦を文髦とするテキストがあるが、王公列侯の叉髦との関係上、叉髦とする百衲本のテキストを採った。
（22）李一九四七、一四三頁。
（23）この注に引かれるように、鄭司農が纓を当胷に当てたのに対する反論である。
（24）曾等一九五六、二一頁。
（25）同、二二頁。
（26）林一九六一―六二、七、一二。
（27）原田、駒井一九三七、二八、三八頁。
（28）聞一九五五、曾等一九五六、重慶市博物館一九五七等。
（29）甘粛省博物館一九七四、九三―九四頁。
（30）聞一九五五、第一三図解説、曾等一九五六、三三頁、重慶市博物館一九五七、四八頁。
（31）林一九六四、一―二頁。
（32）長江流域第二期文物考古工作人員訓練班一九七四、四八頁。
（33）林一九七四、二六九頁。
（34）なお『説文』には「輜、軿車前衣車後也」とあるが、このままでは意味がとれず、テキストに乱れがあることは確かであるが、多くの学者の研究にもかかわらず、すっきりした復原は成功していない。

(35) 甘粛省博物館一九七四、九四頁。

(36) 関野一九一六、六三図。

(37) 明監本、汲古閣本、殿本等はすべて幔に作るが、五省局廿四史本は幰に作る。

(38) 劉一九六四。

挿図目録（「……より」と記したものは、それをもとに描いたことを示す）

図226　中国科学院考古研究所一九五七、図一一七―一二四
図227　関野一九一六、二〇九図より
図228　黄一九五六、図版九、8より
図229　東北博物館一九五七、図版六、21より
図230　南京博物館一九七三、図六、1
図231　山東省文物管理処等一九五九、図一三九より
図232　洛陽博物館一九七四、図一
図233　甘粛省博物館一九七二、図七
図234　洛陽考古発掘隊一九五九、図八二
図235　人文研測図、拓本より
図236　洛陽博物館一九七四、図三、4
図237　人文研写真より（一九七三年故宮博物院慈寧宮陳列）
図238　中国科学院考古研究所一九五七、図一一六
図239　江蘇省文物管理委員会一九五九、四六図より
図240　甘粛省博物館一九七二、図版六、2より
図241　曾等一九五六、三五幅より
図242　人文研写真より（一九七三年故宮博物院慈寧宮陳列）
図243　重慶市博物館一九五七、図版二四より
図244　Chavannes 1909, no. 51 より
図245　ibid., no. 107 より
図246　曾等一九五六、三七幅より
図247　同右
図248　同右
図249　同、三九幅より
図250　Chavannes 1909, no. 108 より
図251　傅一九五〇―五一、二、四図より
図252　王一九五七、図版四より
図253　同右
図254　傅一九五〇―五一、一、二一八図より
図255　関野一九二七、図三五七より
図256　朝鮮古蹟研究会一九三五、図版八〇、一三七―一三九より
図257　洛陽考古発掘隊一九五九、図八一、12
図258　同、図八一、11
図259　人文研写真より（White 1939, Pl. 72）
図260　中国科学院考古研究所一九六二a、図一〇〇
図261　洛陽考古発掘隊一九五九、図八一、14
図262　重慶市博物館一九五七、図版三〇より
図263　人文研写真より（一九七三年故宮博物院慈寧宮陳列）

図264 王立オンタリオ博物館原板写真より
図265 曾等一九五六、七幅より
図266 Chavannes 1909, no. 129 より
図267 ibid., no. 170 より
図268 ibid., no. 46 より
図269 ibid., no. 45 より
図270 関野一九一六、一四〇図より
図271 羅一九五六、図八より
図272 甘粛省博物館一九四七、図七
図273 湖南省博物館一九五九、図版一四、3より
図274 全国基本建設工程中出土文物展覧会工作委員会、一九五五、図版六七より
図275 陝西省博物館等一九五八、図版一一二より
図276 重慶市博物館一九五七、図版二一より
図277 曾等一九五六、七幅より
図278 梅原一九三九、図版九より
図279 重慶市博物館一九五七、図版一九より
図280 朝鮮古蹟研究会一九三五、図版七二
図281 李等一九五八、図四より
図282 人文研写真より
図283 李一九五九、図九より
図284 原田・駒井一九三七、図版一三、2より
図285 聞一九五五、五三図より
図286 劉一九六四、図版一、3より、重慶市博物館一九五七、図版二一で補う
図287 劉仙州一九六四、図版二、3より
図288 Chavannes 1909, no. 50 より

引用文献目録

〈日本文〉

梅原末治一九三九『紹興古鏡聚英』京都
梅原末治、藤田亮策一九四七『朝鮮古文化総鑑』一、天理
関野貞一九一六『支那山東省に於ける漢代墳墓の表飾』東京
関野貞一九二七『楽浪郡時代の遺蹟』京城
朝鮮古蹟研究会一九三五『楽浪王光墓』京城
林巳奈夫一九六一―六二「戦国時代の画像紋」『考古学雑誌』四七、三、二七―四九頁。四七、四、二〇―四八頁、四八、一、一―二二頁
林巳奈夫一九七二「西周時代玉人像の衣服と頭飾」『史林』五五、二、一―三八頁
林巳奈夫一九七四「漢代鬼神の世界」『東方学報』京都四六、二二三―三〇六頁
原田淑人、駒井和愛一九三七『支那古器図攷』舟車馬具篇、東京

〈中国文〉

王子雲一九五七『中国古代石刻画選集』北京
甘粛省博物館一九七二「武威磨嘴子三座漢墓発掘簡報」『文物』一九七二、一二、九―二三頁
甘粛省博物館一九七四「武威雷台漢墓」『考古学報』一九七四、

二、八七―一〇九頁
湖南省博物館一九五九「長沙両晋南朝隋墓発掘報告」『考古学報』一九五九、三、七五―一〇五頁
江蘇省文物管理委員会一九五九『江蘇徐州漢画像石』北京
黄展岳一九五六「一九五五年春洛陽漢河南県城東区発掘報告」『考古学報』一九五六、四、二一―五四頁
山東省文物管理処、山東省博物館一九五九『山東文物選集』普査部分、北京
重慶市博物館一九五七『重慶市博物館蔵四川漢画像磚選集』北京
陝西省博物館、陝西省文管会一九五八『陝北東漢画象石刻選集』北京
全国基本建設工程中出土文物展覧会工作委員会一九五五『全国基本建設工程中出土文物展覧図録』北京
曾昭燏、蔣宝庚、黎忠義一九五六『沂南古画像石墓発掘報告』北京
中国科学院考古研究所一九五七『長沙発掘報告』北京
中国科学院考古研究所一九六二『灃西発掘報告』北京
長江流域第二期文物考古工作人員訓練班一九七四「湖北江陵鳳凰山西漢墓発掘簡報」『文物』一九七四、六、四一―六一頁
東北博物館一九五七「遼陽三道壕西漢村落遺址」『考古学報』一九五七、一、一一九―一二六頁
南京博物館一九七三「江蘇漣水三里墩西漢墓」『考古』一九七三、二、八〇―八七、八九頁
傅惜華一九五〇―五一『漢代画像全集』初、二、北京
聞宥一九五五『四川漢代画家選集』上海
羅福頤一九五六「内蒙古自治区托克托県新発現的漢墓壁画」『文物参考資料』一九五六、九、四一―四三頁
洛陽考古発掘隊一九五九『洛陽焼溝漢墓』北京
洛陽博物館一九七四「洛陽中州路戦国車馬坑」『考古』一九七四、三、一七一―一七八頁
李慶発一九五九「遼陽上王村晋代壁画墓清理簡報」『文物』一九五九、七、六〇―六二頁
李宗道、趙国璧一九五八「洛陽一六工区曹魏墓清理」『考古通訊』一九五八、七、五一―五三頁
李文信一九四七「遼陽北園画壁古墓記略」『国立瀋陽博物院籌備委員会彙刊』一、一二三―一六三頁
劉仙州一九六四「我国独輪車的創始時期応上推到西漢晩年」『文物』一九六四、六、一―五頁

〈欧　文〉

Chavannes, E. 1909 *Mission archéologique dans la Chine septentrionale*, Paris
White, W. C. 1939 *Tomb Tile Pictures of Ancient China*, Toronto

第七章　後漢時代の車馬行列

車馬行列は後漢時代の墓室、祠堂の壁を飾った画像石に表わされている各種のテーマのうち、最も普通なものの一つである。この車馬行列は何を表わしたもので、またいかなる意図を以て墓室や祠堂の壁に刻まれたものであるか。行列を構成するのはどのような身分の人々で行列中でどのような役割を果しているのか等、基本的な問題が十分解明されないまま残されている。以下これらの問題を取扱ってみたい。

車馬行列を研究するためには、当然のことながら馬車の種類、同時代における名称、用途を明らかにしておく必要があり、また行列を構成する人々の身分や職を判定するため、服装、特にかぶりものについても同様な知識をもっていることが必須である。これら基本的な問題については前章に論じ、またさきに「漢代男子のかぶりもの」(『史林』四六、五、一九六三)として発表したので再説しない。

一　車馬行列の主題、意図

車馬行列が何を表わしたものであるかについて、最も普通な解釈は、墓に葬られた人が官職にあった時の姿を表わしたものだとするものである。

古く阮元は、「画像石は大体聖賢の故事、その人の歴た官職を表わす。李剛の石刻に「君為荊州刺史時(君の荊州刺史たりし時)」とあり、魯峻の石刻に「祀南郊従大駕出時(南郊に祀るに大駕に従いて出でし時)」、「為九江太守時(九江太守たりし時)」といい、武氏石刻に「此君車馬(これ君の車馬)」、「君為都□時(君の都□たりし時)」、「君為市掾時(君の市掾たりし時)」、「為督郵時(督郵たりし時)」というのは皆その明証である」という。(1) もっともと考えられる。

これに対しオットー・フィッシャーは、墓の祠堂、墓室を飾る画像石、壁画等の題材はすべて死者の霊の死後の世界と関連した呪術的な意味をもつと解釈し、車馬行列も同様、死者の魂のあの世への旅行を表わしたものだと考えている。(2) これは誤りである。

第一、中国では先秦時代以来、死者の魂が馬車に乗ってあの世へ旅することを証する文献資料は皆無である。考古学的資料からみても、もしそのような信仰があるとしたら、先秦時代に実物の馬車を墓に副葬しているのは、当然それが死者の旅行用という意味をもつはずであるのに、直ちには使用できないようにわざわざ轄を抜いてあるものもあり、また各部をばらばらに分解して埋葬している例もある。また漢時代の墓に副葬されるのは車輪の廻らない模型(第六章、五八二頁)、とり外した馬車の部品、その模型である。これらは死者の旅行用に供するつもりとしては不親切な処置であり、これから死者の旅行に供するためという意図は読みとりにくいのではなかろうか。

またフィッシャーは武氏後石室第二石の画像で、天空に西王母、東王公が坐し、二台の馬車が空中を走る下で、一人の男が門に立って三頭立ての馬車で出発しようとしている図を、死者が死者の世界に旅立とうとしているところと考えられないだろうか、という。そうとしたら、三頭だての馬にも、天をかける馬車につけられた馬のごとく翼が画かれていてもよさそうなものだが、それがない。

またフィッシャーは車馬行列の到着する先に闕や亭が画かれているのは崑崙のごとき別世界の門への到着を示し、宮室に客人が迎えられ、宴楽の光景が展開されるのは西王母、東王公の住む世界へ死者の魂が迎え入れられ、饗宴を楽しむ光景と解釈している。しかし行列の到着するのはどの例をみても平凡な亭長や門卒の出迎えるあり来りの駅亭であり、フィッシャーがデモーニッシュな性質を示すものと考えた鋪首などは、当時どこの門にも付けられていたものである。そしてあたりには当時神霊界たることを示すに用いられた神人、雲気などは全然表わされていないのである。

郭沫若が墓から出土した瓦盆に丹書された熹平二年の年紀のある文書を引いていうごとく、(3) たしかに後漢時代には地上の官制になぞらえて地下の世界にも官吏が居ると信ぜられていたのである。画像石の車馬行列の榜題に記されるのは地下の世界の官吏で、これは墓の主人がそれに伴われてあの世を旅するところではないかと一応疑いうる。例えば郭の引く例でみてもたしかに地下の世界の官吏は「魂門亭長」「塚中游徼」「地下二千石」等と呼ばれている。しかるに画像石の車馬行列の榜題に記される官名に「墓門」「塚中」「地下」などの文字が冠せられたものは皆無である。即ちこれらは地上の世界の官である。また地下の官吏は天帝の臣下であって、画像石に表わされているごとき死んだ人間の部下ではない。

なおフィッシャーがいう車馬行列の到着先での宮室中の宴楽、樹木、鬼神、狩猟等のテーマについてはさきに私の見解を述べておいた。(4) 即ちこれらは戦国時代の画像紋に遡りうるものであり、その伝統の下に漢時代の人が現世においてかくありたいという願望をこめて画いたものと考えられるのである。即ちフィッシャーの意見は全面的に承服し難い。

次に画像石の車馬行列が墓に葬られた主人の経歴を示すという阮元の見解について、もう少し丁寧に検討しておこう。阮元の引く李剛石刻は李剛石室残画像として『隷続』第一八、一―三に記録されている。画像の図はない。石は高さ八寸足らず、長さ一丈半ばかりという。その行列次第および題字は記述によると次頁のごとくである。

行列の先頭は当然左である。これから想像されるのは、現在画像のみられる画像石のうち、導車にも導騎、伍佰を伴う後述の表11（六九二―六九三頁）に分類した図30―33のごとき大編成の車馬行列である。主人は呼称からして「君」であり、「……郡太守」や「東郡……」を導、従に立てているのである。

阮元の引く魯峻の石刻は魯峻石壁残画像として『隷続』第一七、一―五に記録される。二石あり、共に幅三尺、高二尺、三段の欄に分けて画像を刻する。第一石上段は「祠南郊従大駕出時」のほか一七榜の文字が記録されているが、文字の模写の順序に混乱があるらしく、画像、榜題の記録と合致せず、行列次第を復原するのが困難である。記事の方を正しいとして「校尉騎」の順序が誤っているとすると、次のごとくなるのではなかろうか。行列は二列で進み、榜題も横に二行になっていたらしい。

（車馬一）
東郡……
（導従騶騎歩卒）
（榜題渺）
（車馬一）
時史刺州荊為君
（導従騶騎歩卒）
（榜題渺）
（騶騎歩卒）
（榜題渺）
（車馬一）
……郡太守
（騶騎歩卒）
（榜題渺）
（車馬一）
（渺）
（故人の騎六）
……烏桓……

祠南郊従大駕出時
小史騎持僮（幢）
小史僮（幢）第……
持駙馬帳下騎
駙馬帳下騎持
大車帳下騎
校尉騎
（大車）
（歩於中者四人）
鮮明騎
鮮明騎
鮮明騎持弓
（八騎）
鈴下
鈴下
……為騎
（三〇余騎如魚鱗然列両行）

鷹（薦）士生（一人）
奏曹書佐
主薄車
騎士僕射（二騎）
（鈴下二騎）

闕里之先賢也
（冠剣接武一五人）

第二石は次のごとく復原される。

君為九江太守時　（車）　（導騎八）　功曹史導　（車）　（二騎）　泐
（雲気紋）
闕里之賢也　（一六人）

第一石第一段は左が先頭で（大車）とあるのが伍佰を伴うらしく、行列の主人の車と考えられる。第二段は第一段右端からのつづきで、同様左が前であろう。ここに画かれた車馬行列は、図がないので十分明らかでないが、規模からみて天子の鹵簿ではあるまい。行列の主人は墓の主人とみてよかろう。第二石の第一段右端「君為九江太守時（君の九江太守たりし時）」の榜題の左にある車が魯峻の乗る車と考えられる。

次に阮元の引く武氏石室についてみる。前石室の車馬行列中に記された行列の主人の官職のうちに、この石室群に属する武栄碑に記された武栄の官職に合致するものがあることから、この石室を武栄のものとする説がある[5]。碑には「（為州）書佐、郡曹史、主簿、督郵、五官掾、功曹、守従事」即ち「州の書佐、郡曹史、主簿、督郵、五官掾、功曹、守従事となる」とある。しかし正確に一致するのは第一〇石（章末付図18）の「為督郵時」（督郵たりし時）とあるもののみである。第九石（章末付図1）の「五官掾車」とあるのは、石室の主人の乗った車かどうか疑わしい。今は泐して見えないが、『山左金石志』巻七、三九によるとこの五官掾車の前の車には「君為市掾時」（君の市掾たりし時）

の榜題があり、後の車には「君為都□時」（君の都□たりし時）の榜題があったのである。この「君為……」は墓の主人の乗る車であるから、その文字のない「五官掾車」が主人のものでないことはほぼ確かである。武栄のものではないことになっても、行列に主人がある官職にあった時の姿を表わしていることだけは確かである。

『山左金石志』の読みに誤りないとすると、一つの行列の中に主人が二度表わされていることになる。シャヴァンヌはそのような例は他にないという。(6) しかし彼が図版一八五番にかかげた例（章末付図2）には前後に並ぶ二台の馬車があり、それぞれ「為郡□時」（郡□たりし時）、「為郡□時」（郡□たりし時）と榜題がある。シャヴァンヌは「欠けている文字はそれぞれ別の字で、郡で異なった役についていた生涯の二つの時期を表わしたのであろう」と解説する。異なった時期の別の官職についている姿を一つの行列中に表わすことはあったのである。

武氏前石室には以上のほか、第一三石（章末付図7）に「君車」（君の車）、第五石（章末付図6）に「此君車馬」（これ君の車馬）とある。

そのほか山東省梁山県銀山荘の壁画墓(7)に画かれた車馬行列（章末付図26）では、「游激」「功曹」につづいて「淳于鵠卿車馬（淳于鵠卿の車馬）」と記された馬車があり、あとに「主簿」がつづく。淳于鵠が行列の主人で、墓に葬られた人の名であることは疑いない。

これらはいわばお誂えの例であるが、既製品として、型で捺した塼もある。山東省楽陵県五里塚出土の画像塼には騎者を先だてて四維のある馬車が表わされ、前に「君車」（君の車）とある。(8)

以上榜題のある例からみて、独立の車馬行列の画像が墓に葬られた人間の生涯の一時期——それも公的生活において或る地位にあった時——を表わしたものであることがまず推測される。魯峻石刻に「南郊に祠るに天子の大駕に従って出行した時」というように記されるところからみて、単なる履歴というようなものでなく、光輝にみちた時期を誇らしげに画いたものであろうことを推測することができるのである。少し時代が降るが、『宋書』長沙景王道憐伝に付された伝によると、劉宋の宗室の劉韞は人才凡鄙であったが、勲功によって太宗に寵愛された。この男は上手な画かきに自分の出行鹵簿図をかかせ、いつも自ら披きみていたという。俗人にとって盛大な車馬行列の主人であることは最大の晴れ姿で、その画は何回見てもあきぬ、うれしいものだったらしい。こういう男がまた多かったらしく、『歴代名画記』巻三、述古之秘画珍図をみると「諸鹵簿図不備録、篇目至多（諸々の鹵簿図 備さには録さず、篇目至って多し）」とある。前記榜題のある画像石の車馬行列も、墓に葬られた人間の栄達の姿を写した記念写真的なものであることは、ほぼ疑いなかろう。また榜題のない無数の車馬行列図も、これとは全然別な意図をもって画かれたものと考えることは困難である。

そうかといって、これら画像が、必ずしも墓の被葬者の地位に応じた車馬行列を忠実に画いているとは限らない。例えば前引の画像塼に型で機械的に捺された車馬の図が、その塼を使用した墓の主人の地位にふさわしい制のものであったかどうかは不確定な問題である。武氏前石室第二石（章末付図15）の丞相の車を挟む行列が、同石室第四石（章末付図5）の令の車の行列より貧弱なのは理窟に合わない、等。

車の型式や行列の規模が当時の実際行われていたところにどのていど忠実であるかは次節の問題として、以上によってこの行列が墓に飾られた意図が、被葬者の光輝に満ちた、万人の願望の的であった高い社会的地位を表現することであったことは疑いなかろう。

この車馬のモチーフを以て万人が理想とする高い社会的地位を象徴的に表現することは、なにも漢時代に新しく始まった風習ではないのである。『詩経』をみると西周末から春秋時代、外民族を征伐した国民的英雄の出陣や凱旋、冊命のための朝見その他、嫁を迎えにゆく壻など、敬慕の対象となる人物は様々の語を以て形容された見事な馬、美々しい馬車を以てうたわれている。(9) 馬車が高い社会的地位の象徴としての社会的機能を強く持ち始めたのは、おそらく青銅製の車馬具が急激な発達を示す西周時代初期からであろう。西周中期から後期の金文に、天子に朝見した諸侯が官位、所領、所管の安堵に際してこまごまとした規定をもった車馬具を賜与された記録の多いことはよく知られるごとくである。そして車馬具の多様化、華美化が戦国時代に至って一つの頂点に達することも、おびただしい発掘資料が証するところである。『詩経』からうかがわれるごとき、敬慕、あこがれの対象となる社会的地位の人物の象徴としての馬車の伝統的役割は、これら遺物に対応して西周初より連綿として戦国までつづいて来たものと考えられるのである。ここに問題としてとり上げた画像石の車馬行列のモチーフも、この周時代以来の車馬の象徴的役割の伝統の後漢的表現として理解さるべきである。後漢画像石に表わされている他のモチーフ、宴楽、樹木、鬼神、狩猟なども戦国時代の画像紋に遡り、それがさらに古い時代に根ざすものであることはさきに六五五頁にふれたごとくで、後漢の車馬行列が周時代からの伝統と深いつながりをもつ点、画像石の画のテーマの中で孤立したものではないのである。

二　画像石車馬行列の構成単位

『続漢書』輿服志などに記されるごとく、当時社会的身分の高下に従って乗る馬車の形式や、その前後につらなるお供の行列の編成の繁簡に差等があったことは周知のごとくである。画像石等の図像的資料に表わされているところは、文献の記録とどのていど合致するであろうか。即ち画家はどこまで忠実に画いており、また記録に残る規定はどのていど忠実に行われていたのであろうか。墓や祠堂に車馬行列を飾った意図は大体見当がついたから、次にこれらの問題を考えてみたい。

『続漢書』輿服志等の文献資料には行列を構成する人員について伍佰何人、騶騎何人等と記しているのであるから、文献と画像を比較対照するには、画像に表わされているのが当時何と呼ばれたものであるかのアイデンティフィケイションが必要である。かなりの手間であるがまずこれから始めねばならない。大体行列の前の方に配置される者より後の方へ向って記す。

行列そのものではないが、行列の出発を見送り、また出迎えに立つ人物から始めると、

1　送迎亭長（以下1、2等の数字は章末付図の図像の上下に付した番号に対応する）　図3、7、10、11、15、25、29、40で出迎え、図6、7、31で見送る武冠の人物は亭長であろう。多く楯を横たえて持ち、また笏を持つ者もある。この風態の人物で図10には「寺門亭長迎」（寺門の亭長迎う）と榜題があり、図6の同様な人物にももと「此亭長」（これ亭長なり）の文字があったことは『金石索』によって知られる。また車馬行列ではないが、望都一号漢墓、前室南壁に画かれた人物も、同じく楯を横たえ、上体をかがめていること右と同様で、「門亭長」（門の亭長）と題されている。(10)瞿仲溶はこの亭長が楯を持って上役の通過を迎える様を説明するものとして『後漢書』逢萌伝「家貧給事県、為亭長時、尉行過亭、萌侯迎拝謁、既而擲楯歎曰（注、亭長主捕盗賊、故執楯也）大丈夫安能為人役哉」即ち「家貧しくして県に給事す。亭長たりしは尉行きて亭を過ぐ。萌侯迎えて拝謁す。既にして楯を擲って歎じて曰く（注、亭長は盗賊を捕うることを主る。故に楯を執るなり）大丈夫安んぞよく人のために役せられしや、と」の条を引く。(11)

亭長は亭ごとにいて盗賊を捕える役であり、また『続漢書』百官志五に引く『漢官儀』にあるごとく、材官、騎士の類が五六歳で停年になった後に亭長に選抜されることもあるくらいであるから、武冠をかぶったこのいかつい男は亭長たるにふさわしい。

2　送迎文官　図5、16、26、34、38で出迎え、図5、15、17、18、26で見送る進賢冠をつける者がこれである。大部分笏を持つ。これらの人物の官職はわからない。

3　送迎門卒　図3、11、16などで幘をつけた姿で亭長のわきに画かれているのがこれである。このような篲を持った人物は望都一号墓の前室南壁に、入口を挟んで「門亭長」（門の亭長）と向い合せに画かれ、「寺門卒」（寺門の卒）と題されている。[12] 篲を持つ意味について曾昭燏等は『史記』高祖本紀「後高祖朝、太公擁篲、迎門卻行」即ち「のち高祖朝するに、太公篲を擁し、門に迎えて卻行す」とあり、『集解』に「李奇曰、為恭也、如今卒持帚者也」即ち「李奇いわく、恭をなすなり。今の卒の帚を持つ者のごときなり」とある条を引き、尊貴の人を迎えるのに先ず道を掃除して恭敬を表わすのだ、といっている。[13]

外に見送りのうちで図23の武冠をつけ、棨戟をもつ者も門卒の類とみられよう。幘をつけ、笏をもつ図13、21の見送りの人物も便宜上ここに入れておく。

4　追鼓掾？・鼓吏？　図10、11、29などで幘をつけ、門外に設けられた鼓を打つ人物がいる。陳直は望都一号漢墓の前室西壁の人物画にある「追鼓掾」の題字について、追鼓は搥鼓の省文に違いないが、この官名は『続漢書』『晋書』『宋書』の各百官志にない、といい、また漢代に寺門の外に鼓があったことは『漢書』何並伝にみえる、と注意している。[14] 何並伝には「林卿……令騎奴還至寺門、抜刀剝其建鼓（注、師古曰、諸官曹之所、通呼為寺、建鼓一名植鼓、建、立也、謂植木而旁懸鼓焉、県有此鼓者、所以召集号令、為開閉之時）」即ち「林卿……騎奴をして還りて寺門に至り、刀を抜きてその建鼓を剝がしむ（注、師古曰く、諸官曹の所を通呼して寺となす。建鼓は一に植鼓と名づく。建は立なり。木を植《た》てて旁に鼓を懸くるをいう。県にこの鼓あるは、召集号令する所以、開閉の時のためなり）」とある。画像をみると、顔師古が木を植えるというのは、少なくとも後漢時代には当らないようである。画像石ではいずれも門の柱やひさしに吊されるか、スタンドの上に据えられているからである。また広州東郊鷹崗の後漢、建初元年塼墓出土の陶製城堡模型をみると、周壁の内に設けられたコ字形の建物の、中庭に抜ける戸口の中に鼓と思われるものが壁に吊され、それを打つ人形がそえられている。[15] 沂南画像石墓でも、墓門を入ると入口に接して東西壁に鼓とこれを打つ小吏の画像が彫られている。[16] 実際の遺物にならったものに違いない。行列の到着に当ってこの門前の鼓を打っているのは、追鼓掾ないしその配下の吏とも思われる。

一方『続漢書』百官志五、亭長のことを記した条の注に引かれる『漢官儀』に、亭長の配下に後述の伍佰と同じように赤幘行縢といういでたちで、刀剣その他で武装した役人、「鼓吏」が記されている。陳直は『後漢書』列伝七〇下の禰衡伝に「鼓史」があり、同じ人の話を書いた『世説新語』、言語第二には「鼓吏」に作るが、これは宴会賓客の時の奏楽の吏で、先の追鼓掾とはやや異なる、という。[17] これは誤解であろう。ここに記されているのは、曹操がこらしめのために禰衡を鼓吏にし、賓客を集めて太鼓のたたき方のコンクールを催した話で、音楽奏者の一員として太鼓をたたいたのではない。禰衡がなった鼓吏も、『漢官儀』に記される走卒の類たる鼓吏とみる方が自然であろう。鼓吏は名の示すごとく、太鼓をたたく任務を帯びていたから、太鼓のうまい禰衡をこれに任命したのであろう。

そうすると、この画像で鼓をたたいているのは鼓吏かもしれない。

5　伍佰（持殳、吹管）　図8、12、17、24、32、40で短い棒状のものを口に当て、棒をもって幘をかぶる歩卒が画かれている。図40は行列の先頭に立っているが、図12、17では行列の主人の車を先導し、図8では騎吏の先に立って走っている。その役割からみて伍佰とみられよう。伍佰は劉志遠が崔豹『古今注』の「伍佰……一曰戸伯……漢諸侯行、則戸伯率其伍、以導引也」即ち「伍佰は……一に戸伯という……漢に諸侯行けば、則ち戸伯その伍を率い、もって導引す」を引き、また陳直が『後漢書』曹節伝の注の「韋昭弁釈名曰、五百字本為伍、伍当也、伯道也、使之導引、当道陌中、以駆除也」即ち「韋昭の『弁釈名』に曰く、五百の字はもと伍につくる。伍は当なり、伯は道なり。これをして導引せしむ。道陌中にあたりてもって駆除するなり」を引いていうごとく、行列を先導するものである。[18]

『古今注』の先に引いた条のつづきに「古兵士服韋弁、今戸伯服赤幘纁衣素韎、弁之遺法也」即ち「古は兵士は韋弁を服す。今の戸伯の赤幘纁衣素韎を服するは、弁の遺法なり」とある。望都一号墓の伍佰と題される絵[19]をみると、伍佰の幘は赤く、衣はクローム・イエローのように刷られている。纁はうすい赤というが、大体近い色といえよう。『古今注』の記載に合致している。

なお陳直は『続漢書』輿服志（以下は「志」と略称する）に「武官伍百、文官辟車鈴下侍閤……皆有程品」即ち「武官は伍百、文官は辟車、鈴下、侍閤……みな程品あり」とあるのをみると、武官の侍衛を伍佰、文官では辟車というように文武の官による区別があったように取れるが、望都の壁画では「辟車伍佰」というのとその略称「伍佰」が並用されているから、この区別には問題があるといっている。[20] たしかに『唐六典』十四引の『漢官儀』に「太常駕四馬、主簿前車八乗、有鈴下、侍閤、年車、騎吏、五百等員」即ち「太常は四馬を駕し、主簿、前車八乗。鈴下、侍閤、年車、騎吏、五百等の員あり」とある。「五百」は宋本残巻に「伍佰」に作る。「年車」は『後漢書』周紆伝「鈴下」の下の引用に「鈴下、侍閤、辟車」とある「辟車」の誤りと思われる。即ち「伍佰」は「辟車」と並べて挙げられているのである。

さきに図像でみたごとく、同じ装備の歩卒が一方では行列を先導し、また主人の車の前で前駆となっている。前者は前記のごとく伍佰と呼んでよいであろう。また車の前を走っているのは辟車と呼ぶべきであろう。陳直は『周礼』秋官「条狼氏、掌執鞭以趨辟……」（条狼氏は鞭を執りてもって趨辟することを掌る）の注に「趨辟、趨而辟行人、若今卒辟車之為也」即ち「趨辟とは、趨りて行人を辟くること、今の卒の辟車の為《い》のごときなり」というのを引き、辟車は避車の省文で、通行人が辟車をみたら趨って路を避けるというわけだといっている。[21] そうすると、同じ歩卒が行列を先導する時は伍佰と呼ばれ、主要な車を先導する時は辟車伍佰、辟車と呼ばれたわけで、辟車伍佰は当然望都一号墓壁画のごとく伍佰と略称されるわけである。他の持物をもった6以下についても同様のことがいえよう。

以下21までに引く歩卒のうちには、後述のごとく、5、15などのごとく確かに当時伍佰と呼ばれたことの知られるものもあるが、これらと持物が異なり、果して当時伍佰と呼ばれたかさだかでないものもある。しかしこれらは大部分行列の先頭と車の前後に配せられ、役割がほぼ共通していると認められるので、すべて伍佰として分類することにした。これらの中には「走卒」と呼ばれたものが混っているかもしれない。「志」に「武官伍佰、文官辟車、軨下、侍閤、門闌、部署、街里走卒[22]、皆有程品、随所典領」即ち「武官は伍佰、文官は辟車、軨下、侍閤。門闌、部署、街里の走卒、みな程品ありて随所に典領す」とある。行列図の中に伍佰、辟車のほかに走卒と呼ばれたもののいる可能性があるわけである。『後漢書』虞詡伝「以走卒銭、給貸貧人」の注に「走卒、伍佰之類也」即ち「走卒は伍佰の類なり」というが、これだけの説明では図像の中から走卒を弁別するのは困難である。

さてこの5の伍佰の持つ長い棒であるが、これは殳と呼ばれたものである。『説文』に「殳、以杖殊人也、礼、殳以積竹八觚、長丈二尺、建於兵車、旅賁以先駆」即ち「殳は杖をもって人を殊するなり。礼に殳は積竹をもってして八觚、長さ丈二尺。兵車に建て、旅賁はもって先駆す」といい、『古今注』に「殳、前駆之器也……公王以下通用之以前駆」即ち「殳は前駆の器なり……公王以下これを通用し、もって前駆す」という。何本かの竹材を貼り合せて作った八角棒で、行列の前駆が使うというのである。さきに引いた望都一号墓に画かれた伍佰は長い棒を持って立っている。これが殳であることは疑いない[23]。『説文』の「旅賁云々」の条の典拠は『詩』衛風、伯兮「伯也執殳、為王前駆」即ち「伯や、殳を執り、王のために前駆す」であるといわれるところからみると、このような棒は古くからある伍佰の伝統的な持物であるらしい。

次にこの5にあげた伍佰が口に当てている短い棒状のものであるが、これについて曾昭燏等は「志」の「長安雒陽令及王国都県、加前後兵車亭長」（長安、雒陽の令および王国、都県は前後に兵車、亭長を加う）の注「纂要、雒陽亭長、車前吹管」即ち「『纂要』に、雒陽の亭長は車前に管を吹く」というのを引いて、これは「吹管」を表わしたものだという[24]。是であろう。

6　伍佰（持旐、吹管）　図1、3、9などで行列の先頭に立ち、先に房のついた棒をかつぎ、口に短い棒状の管をくわえた人物がいる。図30では二台目の車のわきに位置する。いずれも幘をつけている。図3の例につき曾昭燏等は、房のついた棒をかついでいるのは『漢書』韓延寿伝の「千人持幢旁轂」（千人幢を持ちて轂を旁にす）の「持幢」だといっている。[25]しかし幢は30に記すごとく、大ぶりな蓋状のものでここにかつぐものとは違ったものであると考えられる。

棒のさきに房状のものがついた画像としては、瞿仲溶が「節」とするものがある。[26]武氏前石室第七石[27]の第一層右端の「斉将」と題される人物の持つもの、および、第二層中央近くの「乳母」と題される女の持つものである。節の作りについては『後漢書』光武帝紀、上の「持節北渡河」（節を持ちて北して河を渡る）の注に「節、所以為信也、以竹為之、柄長八尺、以旄牛尾為其毦三重」即ち「節は信となす所以なり。竹をもってこれをつくる。柄長は八尺、旄牛の尾をもってその毦を作ること三重」（毦は毛の飾り）というごとくで、これらの図の器物は柄が短かすぎる。第一層で主従が各一本、計二本ある点、および第二層で乳母のような女が持つ点、節たるの性質に反する。節とは武氏左石室新出石に[28]「漢使者」と題される人物がかつぐ、上端とその下方二ヶ所計三ヶ所に毛の房飾りのついた棒がこれにちがいない。これは漢の使者が持つ点、節にふさわしく、またさきの柄長八尺「為其毦三重」という条件に合うからである。

そうするとこの伍佰のかつぐものは節ではない。下っ端の伍佰が一本ずつ持っている点、節の性質に合わず、また形からみても房が一つしかついていないからである。

思うに、この伍佰のもつものは「旄」と呼ばれたものであろう。「旄」は牛の類の尾で作った旗指物の類である。その具体的な作りについては『後漢書』東平憲王蒼伝「設羽旄」（羽旄を設く）の注に「旄謂注旄於竿首」即ち「旄は旄を竿首に注せるという」とある。竿の先端に旄をぶら下げたものである。いま問題の伍佰の持つ器がこれであろう。牛の類の尾といっても、端はきれいに切りそろえてある。なお『説文』に「旄、幢也」即ち「旄は幢なり」というが、これは旌は幢のたぐいだ、という大ざっぱないい方である。羽毛の類で作られたくらげ状のものに柄をつけた点はたしかに共通している。

7 伍佰（帯刀、吹管）　図10にある。腰に横たえているものは房のついた環頭大刀と思われる。四維のある車の前で管を吹いている。

8 伍佰（持殳、便面）　図1、4、6、15、18などで、いずれも行列の中途に「辟車」として配置されている。幘をつけ、片手に殳を持ち、もう一方の手に半円形に近い形の道具を持つ。この道具は画像石の解説に古く旂とか節とか呼ばれていたものであるが、便面に当てるのが適切である。劉志遠[29]はこれを扇の一形式だとして『漢書』張敞伝「自以便面拊馬」（自ら便面をもって馬を拊つ）の顔注に「便面、所以障面、蓋扇之類也、不欲見人、以此自障面、則得其便、故曰便面、亦曰屏面、今之沙門所持竹扇、上袤平而下圜、即古之便面也」即ち「便面は面を障る所以にして、蓋し扇の類なり。人を見ることを欲せざるとき、これをもって自ら面を障れば則ち便を得。故に便面という。また屏面という。今の沙門の持つ所の竹扇は、上袤平にして下圜し。即ち古の便面なり」とある条を引く。まさに図に画かれたものがこれに当る。この種の扇は画像石の各種の場面で侍者が主人をわきから扇ぐのに使っている。伍佰のごとき下級の兵卒が持っているのは旁の主人を扇ぐという意であろう。辟車伍佰が扇の類を持つことは「志」には記載がないが、『晋書』輿服志の大鹵簿の終りの方、三卿につぐ人員の中に「辟車六人、執方扇」即ち「辟車六人、方扇を執る」とある。漢代からの伝統に違いない。

9 伍佰（帯刀、持便面）　図5、10、30、38にある。刀は環頭である。図38では先導し、他は辟車の役である。図37では刀を腰につけずに手に持つが一応ここに入れておく。

10 伍佰（持殳）　図4最後尾にいる。図19の最後尾にいる二人は先の太くなった棒を持つ。図23の騎者42も同様のものを持つが、先はもっと極端に拡がっている。この道具が何であるかはっきりしないが、同じく殳の一種であろうか。

11 伍佰（帯刀、持殳） 図18で辟車の役についている。

12 伍佰（持旄、便面） 図16で辟車の配置につく。

13 伍佰（持鉤、便面） 図21に行列を先導している。肩にかついでいる、頭が洋傘の柄のように曲ったものは、鉤というものであろう。図22の先頭に立つ騎者が同様なものをかついでいて「鉤騎」と題されている。このかついでいるものによって名をえたものであろう。『漢書』韓延寿伝「作刀剣鉤鐔」（刀剣鉤鐔を作る）の顔注に「鉤亦兵器也、似剣而曲、所以鉤殺人也」即ち「鉤もまた兵器なり。剣に似て曲る。人を鉤殺する所以なり」という。この画像に表わされたものがこれであろう。

14 伍佰（持鉤） 図39の先導は鉤だけしか持たないようである。

15 伍佰（持棨戟、便面）または調間 図6、21に先導している。この伍佰は卜字形の穂のついた武器をさげている。戟の一種である。この戟には各所にひらひらした飾りが吊してあるから、さやに入れたものであるが、枝状に出た刃の下に斜に布目をつけた四角いものがついている。これは何であろうか。『漢書』王延寿伝「建幢棨」（幢棨を建つ）の注に顔師古は「棨、有衣之戟也、其衣以赤黒繒為之」即ち「棨は有衣の戟なり。その衣は赤黒の繒をもってこれをつくる」という。「有衣」という衣はさやではあるまい。この布目のついた四角いものが衣ではなかろうか。望都一号墓に画かれた伍佰の一人[30]は戟をついて立つが、この戟の枝状の刃には手拭を掛けたような形に布が掛けられている。画像石の布目をつけた四角い部分は、このような布を表わしたものにちがいない。顔師古が「有衣之戟」という衣はこの手拭状に表わされたものをいうのであろう。顔師古は赤黒の繒というが、望都の壁画の戟の「衣」は伍佰の衣と同じうすい赤色（纁）に塗られている。このような戟が当時「棨」と呼ばれたものである。図6にはこの棨戟をもった人物に「調間二人」と題されている。「調間」の名については不明。

16 伍佰（持棨戟、殳）　図32で導車のわきにいる。

17 伍佰（持棨戟、あるいは戟）　図34、35、36にある。図34の行列を迎える側、図35の中程のものは棨戟をもつ。一方、他は「衣」のない戟をもつ。これらは進賢冠をかぶっていて普通の伍佰と風俗が異なっている。

15、16、17で伍佰が棨戟を持っているが、『古今注』上に「棨戟、殳之遺象也」即ち「棨戟は殳の遺象なり」といい、前駆がこれを持つわけを説明している。

18 伍佰（持弩、便面、帯刀）　図11に辟車の配置についている。「志」に「璅弩車前伍佰、公八人……」即ち「璅弩の車前の伍佰、公は八人」（璅は石の玉に次ぐものという。弩の飾りと思われる）とあるのはこの類と思われる。

19 伍佰（持弩）　図4、30、31、32で辟車の配置につく。やはり、璅弩伍佰の類であろう。図30、31の例では片手に二叉のものを持っている。あるいは図4の例の矢に相当する表現であろうか。

20 伍佰（持弓）　図34で、先導および少し後に居る者は弓をかかえているようである。これは爵弁をつけている。おそらく伍佰ではなかろうが、便宜上ここに入れておく。

21 伍佰（持物不明）　図8、30、37に居る。伍佰に違いないが石が泐していて分類できない。

次は騎馬のメンバーであるが、榜題がない限り、それらが同時代に何と呼ばれたものか決めることはなかなか難しい。導騎、従騎のうちで棨戟などの武器をもった騎者は、「志」に「公以下至二千石、騎吏四人……皆帯剣、持棨戟為前列、揵弓韣九鞬」即ち「公以下二千石に至るまで、騎吏四人……みな剣を帯し、棨戟を持ちて前列となり、弓韣九鞬を揵す」（九は丸の誤り）とあるところから、騎吏と呼んでよいであろう。このような武器を持たない騎者のうちには、「志」に「軨下、侍閤、門闌、部署、街里走卒、皆有程品多少、随所典領」即ち「軨下、侍閤、門闌、部署、街里の走卒、みな程品の多少ありて随所に典領す」というから、行列の主人の部下であった各種の役人が含まれていると思われる。しかし現存する画像石にはこれらの役名を題したものがほとんどなく、いでたちで弁別することはできない。

そのほか後漢時代の車馬行列図の中には「騎士」と思われるものがある。図35の大王の車の前後に二列縦隊に並ぶ武冠をつけた騎者は（鞬を鞍につけるものと、これの見えないものがあるが）その配置、冠からみてこの行列を警衛する近衛兵の類と考えてよいであろう。即ち「志」によると、虎賁武騎は鶡冠をかぶり、虎文単衣を着るとあり、東京芸術大学蔵の筒形青銅器に金象嵌で画かれた武冠をつけ、虎のような紋様のある服をつけて騎射を行う人物を、江上はこれに当てている。[31]他の五官、左、右、羽林の各部隊については配下の騎士が何を冠するか記述がないが、おそらく相近いものだったであろう。図35の武冠の騎者は衣服の紋様がはっきりしないが、この類の近衛兵とみてよいであろう。そうすると他の画像石の行列中に現れる騎兵の類も、この「騎士」とみてよいであろうか。

画像石は多く後漢時代の地方官の車馬行列を画いているのであるが、たしかに前漢時代には郡国にも「騎士」がいたのであるが[32]、後漢時代にはこれが廃されたことになっている。光武帝は軍備縮小策をとり、建武六年（後三〇年）郡の軍政に当る都尉の官を廃し、翌年、郡国の軽車、騎士、材官を全廃してしまった。そして宮城、首都を護る部隊、要地に残された部隊は職業軍人によって編成されることとなった。[33]即ち郡国からは材官、騎士の類が姿を消したはずで、応劭が「自郡国罷材官騎士之後、官無警備」[34]即ち「郡国に材官、騎士を罷むるの後より、官に警備なし」というごとくである。王国においても郡の都尉に当る中尉の官は存続したが、常備部隊は全廃同様の処置にあい、王の宿衛警備のために小数の虎賁騎士が京師の北軍から支給されるに止った。[35]これらはもちろん鹵簿に加わったわけで、「志」に「諸侯王法駕、官属傅相以下皆備、鹵簿似京都官騎、張弓帯剣遮迾、出入称課促」即ち「諸侯王の法駕、官属傅相以下みな備わる。鹵簿は京都の官騎に似たり。弓を張り、剣を帯して遮迾し、出入に（課）促を称す」とあるごとくである。図35に出てくる騎士はこの京師より支給されたものであろうか。

しかし後漢時代の画像的表現において、県令程度の者の行列に配置されている騎士の類は何であろうか。後漢時代、大規模な外民族の侵入や盗賊の蜂起に対抗しうるような兵力は地方に残されなかったにしても、画像に歴然と騎士の類と思われる者が画かれているのであるから、県令くらいの者の行列の警備に当る程度の騎士の類は何らかの形で存続したと見ねばなるまい。県令の私兵とか、門下游徼の乾分とかいう形であったろうか。図26では「游徼」と題された騎者は鞬を鞍につけた騎士のいでたちである。騎士の類は游徼の配下の武士であったのではないかとの推測に傾かしめる事実である。[36]

以下騎者のメンバーを分類記述するが、右に記した外は当時の職名が明らかでないのが大部分なので、それらについては主人に先行する者を導騎、後につづく者を従騎と総括的な名で呼ぶことにする。[37]

22　導騎士（着武冠）　図7、13、17、21、24、25、31、34にみられる。いずれも行列の先頭に立っている。図17の者の持つのは鞭である。武器の類は持たないが、図35で弓鞬を着けた者と混って行列しているから、この類も騎士と呼ぶことにする。図34では爵弁をかぶった騎者と並んでいる。

これらのうち図13、21、24など単独で先頭に立っている騎士のうちには、そのうちどれがそうかわからないが、亭長がいると考えられる。即ち「志」には「長安、雒陽令、及王国都県、加前後兵車亭長」即ち「長安、雒陽の令および王国、都県は、前後に兵車、亭長を加う」とある。ここの注に「纂要、雒陽亭長、車前吹管」即ち「『纂要』に、雒陽の亭長、車前に管を吹く」というが、画像石に現れる行列ではみな伍佰の類がたて笛を吹く。亭長はいうまでもなく亭にあって武器を具え、盗賊を捕える役人であるから、行列に加わったら先頭に立って警備に当るのが自然と思われる。図26で同じ任務をもった県の役人である游徼が騎士のいでたちで先頭に立つのと同例である。

23　導騎卒（着幘）　図9、19、27、33、34、38、42に画かれている。いずれも行列の先頭に立つ。行列を先導する点、22と同様であるが、武冠の代りに幘だけしか着けていない。伍佰、歩卒の類もかぶりものが幘であるところをみると、この騎者は騎士より一段下の身分の者と考えられる。仮に騎卒と名づけておく。図38の例は騎卒であるか、その前の車の従僕であるかはっきりしない。

この騎卒のうちにも、さきの亭長の部下の卒がいるかもしれない。

24 導騎（着進賢冠） 図15、16、18、34、40などに画かれている。文官には違いないが、何の官かは明らかにし難い。

なお外に図18に頭部が泐した以上三項への帰属の明らかでない導騎がある。

次に行列の主人より後に配置され、持物のない騎者。

25 従騎士（着武冠） 図35、36の鹵簿中、王の後にたくさん行列している。

26 従騎（着幘） 図5、7、8、9、13、14、15、22、30、37、39、40にみえる。図22には「騎倉頭」と題される。倉頭は蒼頭である。『漢旧儀』に「庶子舎人……従侍中以下為倉頭」即ち「庶子舎人……従侍中以下は倉頭となす」とあり、孫星衍は注に「案、鮑宣伝注引、以乍巳、倉作蒼」即ち「案ずるに、鮑宣伝注の引に、以は巳に作り、倉は蒼に作る」という。また同書に「長安……給倉頭廬児出入大車駟馬、前後大車、軿車……」即ち「長安には……倉頭、廬児、出入の大車駟馬、前後の大車、軿車……を給す」とあり、また『風俗通』[38]に「尚書御史台、皆以官蒼頭為史」即ち「尚書、御史台はみな官の蒼頭をもって史となす」とあるごとく、蒼頭は僕隷だというが役人として使われている。図22に画かれているのはそういった類であろう。『史記』列伝四四に衛青が舎人の田仁と任安を従えて旅行した時に、両人が「騎奴」と同じ席で食事をさせられて憤慨した話がある。この騎奴もこの騎蒼頭の類であろうか。図24のほかはいずれも主人の車のすぐ後につき従っているが、図22以外の画像中の幘をつけた騎者が、すべて騎蒼頭であるとは限らないようである。遼陽、北園で昭和一九年に発見された石室墓の壁画では、黒蓋車、即ち行列の主人の車のすぐ後に従う騎者は、伍佰と同様幘も衣服も赤ずくめである[39]。これは武卒に違いない。またこの26に分類した中には28のごとき侍者の類もいるかもしれない。

27 従騎（着進賢冠）　図4、5、7、24、31、38などに画かれている。図4、38では鞭をもつ。

28 従騎（持嚢）　図4―8、12、15、17、19、20、30―33、42など、大体行列の主人の乗った四維のある車の後につき従い、細長いやや下ふくらみの袋を肩にし、あるいは腕にかかえている。みな幘をかぶる。図19では幘の色は黒と記される。画像ではこれらの騎者はいずれもみな主人の車のすぐ後につき従っている。

この騎者の持物は何であろうか。瞿仲溶は鞶帯嚢というが、(40)そういうものは袋に入れてお付きに持って歩かせるものなのであろうか。シャヴァンヌは「箭帛」とするが説明はない。(41)李文信は韃と呼んでいるが、(42)これは誤りである。図11をみればわかるごとく韃は弓のケースで、画像石で馬の鞍につけられており、形が異なる。この物は、例えば武氏前石室第三石(43)の、堂中に坐した主人のすぐわきの便面をもった侍者がこれをかついでいるのをみると、行列の威儀だけに使われたものではないことがわかる。四川省徳陽県出土の画像塼(44)の男女がよりそって坐る図で、男の傍に同じく便面とこの物をもった男の侍者が立ち、女の傍に便面と巾を持った女の侍者が立っているところをみると、これは男子の従者が公私にかかわらずこれを持って侍るものであったことが知られる。沂南画像石墓の報告書をみると、(45)拓片第四〇幅下段に、男の召使いが三人並び、先頭は鞍を、次の者は鞭を、三人目はいま問題の品物を持っている。この画像の上段は馬小屋の情景で、馬丁が馬に飼葉を食わせている上に大きな板が釣られ、それに馬の鞍その他馬具類がひと揃い吊されている。そして韃の中には下段三人目の召使いが持っていたのと同じ表現のものが入れられている。この画幅の下段の召使いたちは、上段に画かれた馬具類をとりおろして主人の出発のため馬の支度にゆくところであるらしい。するといま問題の品物は、どうも韃の中に入れられたもの、即ち弓袋に納めた弓らしい、ということになる。漢代の多少とも地位のある男子は、公私にかかわらず必ず召使いが弓袋に容れた弓を持って侍るものだったらしい。これに文献的証拠があるかどうかについては識者の教示を乞いたい。

29 従騎（持嚢、刀、あるいは韃） 図10の最後尾に騎者は左手に28と同じ嚢をかかげ、右手に環頭大刀を持っている。刀のわきに二本下っている線は何を表わしたものか、石が泐して判定しがたい。図11では嚢を持った騎者の鞍に韃がつけてある。

30 導従騎士（持幢） 図14で行列の主人のすぐ後に小ぶりな蓋《きぬがさ》状のものを持って従う武冠の従者がいる。図はないが、図33でも行列の主人格の乗る三頭だての黒蓋車、および黒蓋有維単耳車の後に「曲柄華蓋」をもつ騎車が従うという。幢は『漢書』韓延寿伝「建幢棨」（幢棨を建つ）の注に晋灼が「幢、旌幢也」即ち「幢は旌の幢なり」というごとく、旗印の類である。形は『釈名』釈兵に「幢、童也、其貌童童然也」即ち「幢は童なり、その貌童々然たるなり」という。「童々」というのは、『蜀書』先主伝に「舎東南角籬上有桑樹生、高五丈余、遥望見、童童如小車蓋」即ち「舎の東南角の籬上に桑樹の生ゆるあり。高さ五丈余、遥かに望見するに童々として小車の蓋のごとし」というから、傘形にもっこりした形の形容である。図14の蓋状のものは、蓋にしては小さい。まさにこの幢であろう。『漢書』韓延寿伝に「千人持幢旁轂」即ち「千人は幢を持ちて轂を旁にす」という。「千人」の官が、轂のわきに幢を持って立つというのである。この図14にほぼ同じである。図33でも位置は同じである。ただ柄が曲っているという。図33の例は黒い幢を持つと記されるが図はない。遼陽、北園の昭和一九年日満文化協会発掘の壁画墓にある例は、まとい状をなし、上下二重になり、上は黒、下は赤に塗られていたという(46)。これは全体にばさばさした羽ないし毛で構成されているようである。「志」の戎車の条にいう「羽析幢翳」即ち「羽析の幢翳」（『説文』に「翳は華蓋なり」）というのはこのようなものであろうか。

時代は唐まで降るが、陳明達は敦煌二一七洞、三一一洞のそれぞれ盛唐、中唐の壁画中に画かれた、木の柄に下から上に順に小さくなる三つの傘状のものをつけたものを、石幢の原形として引いている(47)。遼陽、北園の例の、羽毛をひらひらした布裂に代え、華麗にしたような形式である。漢代のいま引いたごときものが幢と呼ばれたであろうことの傍証とすることができよう。

なお図9の導騎の持つ大きな頭のついた棒も、この幢の類であろうか。図27の後尾の方にみえるものも、はっきりしないがここに分類しておく。

31　導従騎士（持旗幟）　図12、30―33に表わされている。長いひらひらと翻るものは旗幟と呼ばれたもののたぐいであろう。図12では武冠の導騎が、図32、33では導騎も従騎も持っている。図33では最初のものが赤と黒の二色、次の三頭立ての黒蓋車に従うもののは赤、次の「黒蓋有維単耳車」に従うもののも赤に塗ってあったという。

32　導騎士（帯鞬）　図26、31、32、35にいる。図32の第三列目の二人は進賢冠をつけ、第二列目と差があるが、便宜上ここに分類する。武冠をかぶり、鞬を鞍につけたこの騎者が「騎士」と呼ばれたものと考えられることは、六七〇頁に記したごとくである。さきに引いたように、「志」に「諸侯王法駕、官属傅相以下、皆備鹵簿、似京都官騎、(48)張弓帯鞬遮迾、出入称課促」(49)即ち「諸侯王の法駕は傅相以下の官吏が鹵簿に参加する。京都の官騎に似て（？）弓は張って鞬に納めており、行列がゆくとき通行人を止め、出入に当って行列を整斉にする」というのである。後に記す騎吏が弓袋の中にしまった弓を鞬に入れていたのに対し、官騎は張った弓を帯行していたわけである。図上における弓のこの区別については41の条参照。

図35ではこの騎士が鼓吹騎の前に配置されている。『続漢書』百官志四、五校の末尾のところの劉昭注に「案、大駕鹵簿、五校在前、各有鼓吹一部」即ち「案ずるに大駕の鹵簿は、五校前にあり、各々鼓吹一部あり」とある。中央から支給された騎士の隊に、近衛兵にならって小規模な鼓吹がついていることがあったことが知られる。

なお図26でこの騎士のいでたちの者に「游徼」と題されていることは22の条で記した。

33　導従騎卒（帯鞬）　図28、37、38、41に画かれている。いずれも幘をかぶり、図28、38では行列の中心人物の乗る車の前に、図37では後に、図41では車一台に二騎ずつついている。この騎者は騎士の武冠を幘に代えたもので、この33と32の関係は23と22の関係と共通したものと考えられる。図28、38は張らぬ弓を、図41は張った弓をもつ。

34　従騎卒（持弓）　図13で主人の車のすぐ後に走っている。幘をつけ、騎乗しながら弓を引いているようである。『古今注』上に「西漢、京兆、河南尹、及執金吾、司隷校尉、皆使人導引伝呼、使行者止、坐者起、四人皆持角弓、違者則射之、有乗高窺者、亦射之」即ち「西漢に、京兆、河南の尹、及び執金吾、司隷校尉、みな人をして導引伝呼せしめ、行くものは止り、坐れるものは起たしむ。四人みな角弓を持ち、違う者は則ちこれを射、高きに乗りて窺う者あらばまたこれを射る」とある。しかし、この図では主人の車の後について弓を引いているのであるから、これには該当しないと思われる。

35　導騎士（帯刀）　図5にある。武冠をかぶり、行列の先頭に立つ。

36　従騎（帯刀）　図25で進賢冠をかぶり、主人の車の後にいる。侍者の類であろう。

37　導騎士（持鉤）　図22にある。武冠をかぶり、鉤をもつ。鉤については先に13に記した。「鉤騎四人」と題される。

38　導騎（持両短杖）　図19にいる。幘（?）をかぶり、二本の短い棒を持つが、模写であるためこれが何であるか確かめ難い。

39　従騎（持物不明）　図38にいる。

40　騎吏（持棨戟）　図5—9、13、20などに画かれている。図5—8では主人の乗った四維のある車の前を走る辟車伍佰のすぐ前に配置されており、図9、13、20では辟車伍佰が居ず、主人の車のすぐ前に配置される。図20では最後尾にも二人いる。図5のかぶりものは不明、他はすべて武冠をつけている。図6には「此騎吏」（これ騎吏）と題される。その行列中における位置、持物、冠が共通しているから、これらはすべて騎吏と名づけてよかろう。さきに六六九頁に引いたごとく、「志」に騎吏について、「公以下二千石に至るまでは行列に騎吏四人を配属する。千石以下三百石の県長までは二人を配属する。皆剣を帯し、棨戟を持って前に進んで群衆をさえぎる役をする。[50] 弓袋（弓鞬）、矢筒（丸）、弓のケース（韇）は閉じている」という。画像石の騎吏は持物によって41—43の三種に分けられるが、棨戟以外の持物は「志」の記載と一致しない。

騎吏は最初に記した配置からみて、人ばらいをし、主人の警衛に当る伍佰の騎乗したものといった性格のものであることが知られる。伍佰の特徴的な持物である棨戟[51]を持つ点からもそういえるであろう。

41　騎吏（持棨戟、帯鞬）　図4で主人の車のすぐ前の辟車伍佰の前を走っているのは、その配置、持物からいって同じく騎吏と呼んでよいであろう。ただ頭には爵弁らしきものを着ける点が少しく異なっている。

鞍の上には、上端にひらひらした裂の飾りがついたものを着けている。これは弓袋に入れた弓を納めた容器である。40の条に訳文を記した騎吏のいでたちに、このようなものを着けるように規定されている通りである。この図だけではそうとわからないが、図11の29をみるとよくわかる。即ち弓には弦が張られていず、上端におそらく弓袋の飾りと思われるひらひらした飾りがついている。他に図23の42、38の33など同じ飾りのついたものは同例と思われる。明らかに弦を張った弓を画いた図26、35の32、図41の33などにはこの飾りがないことから、これがおそらく弓袋の飾りであろうことが推測される。

42　騎吏（持幢、棨戟、鞬、殳？）　図23にある。棨戟、鞬のほかにもいろいろ持物があるが、明らかに行列の主人の乗っている車のすぐ前に配されている。即ち40に記した、伍佰のいない場合の騎吏の定位置である。かぶりものもお決りのごとく武冠であるらしい。

他に武器を持たない騎者に図23、32、35などにみるような楽器を奏する一群がある。漢代に楽隊は「鼓吹」と呼ばれたことはいうまでもない。六七五頁に引いたごとく、鹵簿の前駆をなす各部隊に楽隊が付属していたことはたしかであるが、次にみるごとき騎馬のものと、その先に記すごとき車に乗るものと、どのような区別があったのか、文献には記述がない。第一、後漢時代にはっきり騎馬の楽隊があったことを記した文献資料も見当らない。

43 騎吏（持旄） 図23に見える。以下に記す楽器をもった一隊の騎者の中で、この者のみ楽器を持たない。この騎者の持物が、旄の先に旄と呼ばれる吹流しをつけたものであることは第一章に記した通りである。

44 鼓吹騎（撃提） 図23、32、35にみえる。馬の頸の後に小さい太鼓を立てて打っている。この鼓は「提」と呼ばれたものである。『周礼』大司馬「師帥執提」（師帥は提を執る）の注に鄭司農が「提……馬上鼓、有曲木提持鼓、立馬髪上者、故謂之提」即ち「提は……馬上の鼓にして、曲木ありて鼓を提持し、馬髪の上に立つものなり。故にこれを提という」とあるのはこれに違いない。図23の鼓の上には大げさな飾りがついている。左右に分れ、中央に近い部分は下が鋸歯状になっている。これは「業」というものであろう。『説文』に「業、大版也、所以飾縣鐘鼓、捷業如鋸歯、以白画之、象其鉏鋙相承也」即ち「業は大版なり。懸けし鐘鼓を飾る所以なり。捷業として鋸歯のごとし。白をもってこれに画き、その鉏鋙相い受くるを象る」という。これは鐘や鼓を懸ける横木の飾りである。この画像の鼓は横木に吊す型式になっていないが、鼓の上に在る点からみて、ここに記された「業」の一ヴァリエイションではないかと思われる。ぎざぎざのない下半は何か吹流しの類であろうか。図35の鼓の上には旄のごとき房状の飾りがつけられている。

45 鼓吹騎（撃鉦） 図23後尾鼓吹騎六騎の中央の二騎は、片手に柄のついた杯状の楽器を持ち、片手に槌状のものを持って打っている。この楽器は鉦である。『説文』に「鉦、鐃也、似鈴、柄上下通」即ち「鉦は鐃なり。鈴に似て柄は上下通ず」という。舌があって、口を下にして振り鳴らす鐸と異なり、柄の孔に木の棒を通し、口を上にして持ち、物でたたいて鳴らすかねで、殷時代より遺物がある。後漢に近い時代のものでは、「侯騎鉦」と銘のある「新」時代の遺物が知られる(52)。

46 鼓吹騎（吹簫）　図35ではっきりわかるごとく、短い管を横に並べた楽器を吹いている。図23の鼓吹騎の手前の二人も同様のものを持つというが、図でははっきりしない。この楽器は簫といわれたものに違いない。『国語』魯語、下「令伶簫咏歌、及鹿鳴之三」の注に「簫、楽器、編竹為之」即ち「簫は楽器なり。竹を編みてこれをつくる」という。

騎者のうち最後に甲冑などで武装したメンバーを記すが、もとの図のあるものが少なく、具体的な姿が十分うかがえない。

47 導従騎士（被甲冑持長旗）　図はないが、図33の先頭に近いところと後尾の方に居るという。後尾の騎の持つ旗は赤色だという。またその騎の冑には「紅纓」がつくというが、報告者の用語例から図19の49の騎者の冑と同様な飾りがついていたことが知られる。

48 導騎士（被甲冑持矟）　図33の先頭に近い方にいる。昭和一九年発掘の遼陽北園の石室墓に同様な騎者が画かれている。(53)この柄の長い矛は「矟」と呼ばれたものであろう。『釈名』釈兵に「矛長丈八尺曰矟、馬上所持、言矟々便殺也、又曰、激矛、激、截也」即ち「矛の長さ丈八尺なるを矟という。馬上に持つ所、矟々として殺すに便なるをいう。また激矛という。激とは截なり」と。長い槍は騎兵向きのもので、日本の戦国時代、馬上で使うようになると柄の長い槍が作られるようになったという。『続漢書』輿服志にはないが、『晋書』輿服志に大鹵簿の後尾の方に羽林騎の隊が配置され、「騎皆持矟」即ち「騎はみな矟を持つ」という。

49 導騎士（被冑持矟）　図19に行列の主人の車のすぐ前に配置されている。甲を被らない。

50 導従騎士（持矟）　図37にある。図33に画かれているというが、画はない。

次は馬車。先頭に近いところに配置されたものから記すと、

51　兵車　図20に行列の先頭を切り、図31では斧車につづいている。「志」に「軽車、古之戦車也、洞朱輪輿、不巾不蓋、建矛戟幢麾、𨏥輒弩箙」即ち「軽車は古の戦車なり。輪輿を洞して朱にす。巾せず蓋せず。矛、戟、幢、麾を建て、弩服を𨏥（輒）す」とある。耕車の条の『集解』によると、最後の句の「輒」は余分であり、𨏥は置くの義とすべしという。そうすると大意は、「軽車は昔の戦車である。車輪や車体を深い朱色（?）に塗り、車体の側面の格子に布を張らず、傘形のおおいもつけない。矛、戟、幢、麾を建て、弩を入れるサックをつける」というのである。つづいて「蔵在武庫、大駕法駕出、射声校尉、司馬、吏士載以次属車」即ち「武庫に蔵せられ、大駕、法駕出ずれば射声校尉、司馬、吏士載りてもって属車に次す」とある。日頃は武庫の中に蔵ってあるが、大駕、法駕の時は出し、射声校尉、射声校尉司馬、その配下の兵士が官位の順に属車に乗るというのである。

ここに画かれた車には蓋はないが巾はある。図20では後向きに斜めに矛を建てている。戟、幢、麾はないし、弩の箙もみえない点、「志」と合わない点が多いが、武器を振うに便なように蓋がなく、武器を積みこんでいるところから、一応これを兵車とした。

「志」には射声校尉の兵隊が軽車に乗るとあるが、射声校尉は五校の一で、六七五頁に引いたごとく、『続漢書』百官志の劉昭注に「大駕鹵簿、五校在前」即ち「大駕の鹵簿には五校前に在り」とあり、先頭に立ったことがわかる。また「志」には「長安雒陽令及王国都県、加前後兵車亭長」即ち「長安、雒陽の令および王国、都県には前後に兵車、亭長を加う」とあり、兵車を先頭に立てる原則は天子以下同様である。この画像石の行列もそのようになっている。

画像的資料にこのような兵車が出てくるのは全く稀である。前、後漢を通じて、首都防衛軍の精鋭として「軽車」という兵種が騎士、材官の類と併称されることが多いが、戦車戦の時代は早く春秋末に過ぎ去ってしまっていたので

あるから、漢時代には実際の戦争の上では重要性を持たず、従って後漢時代後半ともなれば、地方においては官吏の行列の威儀を飾るために使われることすら稀となっていたのであろう。

52 斧車　図3、31、33にある。車のうちで一番前にある。「志」に「県令以上、加導斧車」即ち「県令以上の者は先導に斧車を加える」というのである。これらの図像の車は上に斧を建て、行列の前の方に配置されているから、この「斧車」とみて差支えなかろう。図3の斧の柄の上には幢状の飾りをつけている。この車には蓋がなく、後向きに斜めに二本の矛と環頭の刀を挿していて、51の兵車に当るものである。四川徳陽県出土の画像塼の斧車[54]も後に矛を同じ形に挿している。「斧車」とは斧を建てた兵車のことであることがわかる。図33の斧車も、図には略されているが、説明によって同様矛か戟が挿してあったことが知られる。

53 鼓車　図33、35にある。「志」に「乗輿法駕……後有金鉦、黄鉞、黄門鼓車」即ち「乗輿の法駕には……後に金鉦、黄鉞、黄門鼓車あり」とある。『集解』に「黄山曰、此車載黄門鼓吹楽人也、漢楽人皆曰鼓員、見前書礼楽志、故車亦曰鼓車、即鼓吹車」即ち「黄山いわく、この車、黄門の鼓吹の楽人を載するなり。漢に楽人はみな鼓員という。『漢書』礼楽志に見ゆ。故に車もまた鼓車という。即ち鼓吹車なり」と。即ち、この車は黄門の鼓吹の楽人をのせたのである。漢代には『漢書』礼楽志に見えるように楽人を鼓員といった。故に楽人をのせた車を鼓車といったのである、鼓車は鼓吹車のことである、というのである。図35の車は二重になり、下に簫を吹く楽人が並び、上に鼓を建て、屋根にのった二人がこれをたたいている。まさに鼓吹をのせた車、即ち鼓車に当ろう。

一方、「志」には前記の天子の鹵簿のほかには、金鉦、黄鉞、鼓車を具える記載がない。『続漢書』礼儀志上に引かれる丁孚、『漢儀』に、皇后の鹵簿に鼓吹と金鉦、黄鉞を加えるというぐらいである。そうすると図33は天子や皇后の鹵簿ではないのに鼓車があるのはおかしいことになる。しかし『後漢書』梁節王暢伝にみるごとく天子から鼓吹を賜っている例もあり、これは下賜されたものとも見うる。また記録に現存するのが当時あった規定のすべてであるというにはほど遠いことはいうまでもない。

次に図33の車であるが、このような太鼓だけをのせた車は同じく鼓車と呼んでよいであろうか。おそらくよいであろう。図33には、斧、太鼓、鉦の類（？）をのせた車がつづいており、「志」に金鉦、黄鉦、鼓の三車が列挙されている。そうすると図33の行列で太鼓をのせた車は鼓吹を簡略化して太鼓だけを載せたもので、「志」の鼓車に該当するのではないかと考えられるからである。

図35の鼓車は太鼓の両面下縁に小さな鈴を吊し、上には先端が龍頭形になった長い飾りがつく。図33の鼓車は後に矛を挿し、蓋がなく、兵車の類であることがわかる。鼓の上には幢のようなものを飾り、後に向ってなびく飾りが二条結ばれている。これは鸞旗というものではなかろうか。「志」に皮軒につける飾りとして鸞旗が記され、それについて「鸞旗者、編羽旄列繋幢旁」即ち「鸞旗とは、羽旄を編みて幢の旁に列繋するなり」という。即ち羽を編んだ旄を、幢のわきに並べてつないだもの、というのである。先に記したごとく旄とははたきの頭のようなもの、幢とは羽毛で作った蓋《きぬがさ》状の飾りである。この鼓上の飾りはまさにこれに該当しよう。
54　金鉦車　図33にみえる。鉦というとさきの45の鼓吹騎が手に持つような小型のかねである。この車には何か巨大なものが吊されている。原画が少しぼやけていたためであろうか。模写図は形がもやもやしている。物を吊すための衣桁状の框があるから、やはり釣鐘状のものが下げられていたのであろうか。そうとすれば下っていたのは鉦ではあるまい。鉦は口を上にして手で持って撃つものだからである。十分はっきりしないので、一応報告者に従って金鉦車としておく。この車も兵車の形式をもち、後に矛は二本挿してある。
55　兵車（載甕）　図19で導車のうちにこれが混っている。甕に何が入っているか、またその行列に加えられた意味も不明である。張衡の西都賦（『文選』巻一）に前漢の皇帝が大がかりな田猟を行って無数の野生動物を殺し、参加者にそれを焼いて振舞う情景をうたって「陳軽車以行炰、騰酒車以斟酌」即ち「軽車を陳べてもって炰を行い、酒車を騰《は》せてもって斟酌す」とある。ここにいう酒車とはあるいはこの甕を積んだ兵車のごときものかもしれない。しかし酒車が行列の導車に加えられているというのも解釈がつき難い。

56　導軺車（立乗）　図35に二台並んでいる。いずれも二頭立てである。立乗であることは車の一番後に乗っている武冠の人物からわかる。「志」の乗輿のところの注に「徐広曰、立乗曰高車、坐乗曰安車」即ち「徐広いわく、立乗するを高車といい、坐乗するを安車という」という。この立乗の車は高車の名にふさわしく、車輪から上の丈が高い。前の車は進賢冠の文官が御し、長冠の男が主人である。この車には後向に二本の棨戟が挿してある。重要な地位の人が乗っているらしいが、官職は不明である。

57　導軺車（武官坐乗）　図4、5、7、8、11、12、13、17、24、29、30にある。車の主人は武冠をかぶった武官である。図13、17、24などは車のうち一番前であり、図5、7、8、11、12、29などは二番目に位置している。図5、7には「門下游徼」と題されている。これらはおそらくみな郡の督盗賊、県の門下游徼、郷の游徼など、盗賊を捕える官であろう。

58　導軺車（文官坐乗）　進賢冠をつけた文官の乗る車で、図3、4、5、7、8、10―13、15、16、18、21、24―26、29―32、34、37、38、42などほとんどの行列にいる。先頭に立つもの、二番目ないしそれ以下に列するものなど様々である。榜題のある例をみると、図5の「門下賊曹」、図7の「賊曹」、図15の「門下功曹」、図26の「功曹」などは先頭に在り、図5、7の「門下功曹」は三番目にいる。ほかに図42に「道吏車」、図18に「行亭車」、図10に「□□行亭」車がある。道吏、行亭の官は明らかでない。

59　導軺車（着幘者？坐乗）　車の主人が幘をつけているらしい車。図19、41にある。かぶり物は図19の方は模写であり、図41は泐していて十分確かめられない。図19の車は耳、四維がついた車で、六百石以上の者が先導していることになるが、それが幘をつけているのはおかしい。

次に行列の主人公の乗る車をあげる。
60 金根安車　図35で「大王車」と題されるものである。これが金根車のつもりで画かれたものであろうことは六二七頁に記したごとくである。
61 主軺車（駕三馬）　図23、33にある。図33の方は三馬を駕すという記述だけで図はないが、図23は確かに両轅の間に一頭、その左右に騑を加えた形である。「志」をみると、三頭を繋駕するのは皇孫で止り、官吏にはない。図33は相当大規模な行列だが、図23の方は型で図柄を捺した塼を並べたものであるためもあって、簡略である。ここに画かれた車が規則通りに使われているか疑わしい。図23の車には四維、耳（轓）、飛軨がついている。四維は「志」に「景帝中元五年始詔……二百石以下白布蓋、皆有四維」即ち「景帝中元五年に始めて詔し……二百石以下は白布の蓋、みな四維あり」とあり、一番下の方の者の車にもあるわけである。耳（轓）は右に引いた詔に「六百石以上施車轓」即ち「六百石以上は車轓を施す」とある。飛軨は「志」には天子以下公、列侯までは具体的な規定があるが、それ以下についてははっきりしない。「志」の終りに近い方、天子以下の車の飾りを記した条の注に「薛綜曰、飛軨以緹油……二千石亦然、但無画耳」即ち「薛綜いわく、飛軨は緹油をもってし……二千石もまた然り。但だ画なきのみ」とあり、二千石でもこれがあったとされる。ともかくこの車の主人は二千石以上の人らしい。
62 主軺車（駕二馬）　図32のかなり大げさな行列中にみえる。騑を一頭加えているのは「志」に記される景帝中元五年の詔に「中二千石以上右騑」即ち「中二千石以上は右騑あり」とあるのに当る。
63 主軺車（駕一馬、有耳、維）　図4、5、7、9、12、30、31にある。図5には「令車」、図7には「君車」と題される。この「令」は県令に違いない。これらの車は耳があるから前引の景帝の詔によると六百石以上の者の車ということになる。
図5、7、12、22、30の車で、後半車台の下に大きな総状のものが下っている。これは綏の下端であろう。『儀礼』

士昏礼「壻御婦車、授綏」（壻は婦の車を御し、綏を授く）の注に「綏、所以引升車者」即ち「綏は引きて車に升る所以のものなり」というごとく、車に乗る時つかまる紐である。図をみるといずれも車体の後端から後に垂れている。このあたりにつくものというと綏をおいて他にないようであるから、これを綏に当てておく。

図4の馬車の蓋の外縁ぞいに円形の小さい飾りが並んでいるのは、五九四頁に記したごとく、華蚤の飾りである。曾昭燏等は「志」に公列侯、中二千石、二千石の夫人の車について「加交路帷裳」即ち「交路の帷裳を加う」と記す交路にあてている[55]。これは太皇太后、皇太后の車の条にも交路とあるもので、この交路は、この条の『集解』によると、大行載車のところにいう「交絡」の誤りという。自分の夫の乗用車に夫人が乗るため、臨時に張る布裂のおおいの飾りで、斜格子状の装飾である。男子用の車の蓋の外縁の飾りとは関係がない。

64　主軺車（駕一馬、有維無耳）　図13、14、15、20、21、22、24、26、27、28、などに画かれている。図15にはこの車に「此丞相車」とある。前に導騎がおり、後に侍者の類や主簿が従っているから、一応この行列の主人公である。車に耳がないのは前引の景帝の詔によると六百石より下の官吏である。丞相は後漢に廃されて、司徒がそのことを行ったが、献帝の建安十三年に再び司徒をやめて丞相を置いている。この画像石は後漢末の丞相に違いないが、それがこのけちな車に乗っているのは規定に合わない。

65　主軺車（駕一馬、耳等不明）　図6、8、10、11、16、17、19にある。図19のほかは四維がみえるほか、耳の有無等は石が泐して不明である。図6には「此君馬車」（これ君の馬車）の題がある。図19には黒蓋だという記述があるだけである。黒い蓋は、「志」に「三百石以上皁布蓋、千石以上皁繒覆蓋」即ち「三百石以上は皁布の蓋、千石以上は皁繒の覆蓋」とある。蓋と覆蓋の違いはわからないが、ともかく黒い蓋は三百石以上であることがわかる。

66　軒車　図18、25にみえる。図18には「為督郵時」（督郵たりし時）と題される督郵は郡の監察の官であるが、「志」には官吏の乗用として規定があるのは軺車だけである。軒車の類は天子の鹵簿の属車に皮軒があるに止る。画像をみると、実際にはこれが用いられたのである。そして画像の行列の程度からみて、これを使ったのは督郵のような権勢のある者ばかりではなかったらしい。

次は行列のうちで主人の車のあとにつづく車。

67　従軺車　図1、4—18、26、30—33、39、41などにある。図5には「主簿車」、図6には前より順に「主簿車」「主記車」、図26には「主簿」と題され、また図1には「五官掾車」、図7には「主簿車」「行亭車」、図15には「□□車」と題される。「志」に「公卿以下至県三百石……主簿、主記、両車為従」即ち「公卿以下県の三百石に至るまで……主簿、主記の両車従となる」とある。題字のあるものは主簿が多く、主記と両方記されるものもあるのは、大体この規則が行われたことを示すものであろう。一台ないし二台の従軺車が画かれている場合、題字がなくても大体主簿、主記といった秘書官が乗るものとみてよいであろう。なお五官掾というのは郡の役人で祭祠を司るものという(56)。図33には四台の従者があり、そのうち三台については白い蓋をつけると記される。「志」に引かれた景帝の詔に「二百石以下白布蓋」即ち「二百石以下は白布の蓋」とあるのはこれに当るだろう。

図7、39、41は次に記す輜車、軿車の後につく従車である。

68　従軿車　図13、14、22、27、28、31、33、36にある。軿車は女性の乗る車で、また男性も公式でない時に乗用した（第六章、六三九頁）。これらの図ではいずれも行列の後尾の方に位置している。図28では主人の車のすぐ後につづいている。おそらく行列の主人の夫人が乗っているのであろう。「志」によると公列侯中二千石、二千石の夫人は公会でない時には漆布の輜軿車に乗り、軿車はそれ以上の身分の者が乗ることになっている。画像石をみるとこの規則は後漢時代後半頃には実行されなかったことが知られる。図22には「輜車」と題されているが、上の字は読めない。なお図33では前の一台は耳がつき、何と名づけてよいかわからない車だが、側面が蓋の高さまでおおわれているという特徴から、ここに分類しておく。

69　輧車　図37—42の輧車は行列の主人の乗用になっている。この輧車は後述（六九六頁）のごとく、女性が乗っている証拠がなく、むしろ男性であるらしい証拠がある。おそらく女主人単独の出行ではなく、墓の男主人の非公式の出行を表わしたものであろう。行列の編成も軺車を主とする公式のものと異なっている。

70　従輜車　図7、19、28、37、38、41、42にある。図28、37、38では輧車の次に、図19では牛が繋駕されて最後尾に列し、図41では輧車の前に位置している。これらの輜車は旅行の必需品を積みこんでいるのであろう。

以上のほか特殊なものとして

71　駱駝、象ほか　図34に行列の先頭近くに加わっている。『晋書』輿服志では象が車を引くように記されているが、後漢には象や駱駝をこのような形で参加させたらしい。永初三年（後一〇九年）に鄧皇后は一連の倹約政策の一つとして象、橐駝（駱駝）をやめたが、豊年にまたもとに復したというから[57]、この図像の作られた時分にもおそらく京師に象や駱駝がいて、このような形で使われたことであろう。

ほかに図33にはかざり馬が行列に加わっている。これも便宜上ここに入れておく。

後漢時代の馬車行列の画像に見出される歩、騎、車の人員は大体以上でつくされる。

三　車馬行列の編成

前節に解説した単位をもって構成される車馬行列は、一見どれも似たようなものともみえ、あるいは各例に通ずる原則もない雑然たるもののように見えるかもしれない。しかし仔細に点検すると、その編成にはある程度の原則があり、若干の種類に分類することができ、また同一種類の編成のうちに繁簡の差等があることがわかるのである。次にこれを説明し、文献の記載との対応関係も検討する。

(1) 中小編成の公式行列　最も普通にあるものである。その編成の秩序を表1のごとく整理してみた。即ち先駆に伍佰、文ないし武官の騎がいる。兵車が加わる時は、その次に兵車が入る。次が部下の官吏の乗った導車。次に前駆の騎吏、伍佰を先立てた主人の車。主人の後には近臣がつき従う。次は部下の官吏の乗った従車で、その間に伍佰、騎吏、従騎等の入ることもある。部下の官吏の乗った従車の後に軿、輜車がつづくこともある。

編成の規模はさらに細分することができる。表1のａは主人の車が一頭立てで四維と耳を具えているものを集めた。図6、8は主人の車の形式は不明だが編成の規模が相近いところからここに加えた。表4は画像と「志」に記載された身分の高下を対照する目安になるものを表示したものである。表1のａと表4を対照してみると、表1の図3、4は車に耳があり、斧車がついていて騎吏が二人、伍佰が計四人あるから表4の六百石、千石のところにあてはまる。県でいえば一万戸以下が四百石、三百石の県長、一万戸以上が六百石以上の県令という標準があった(58)。この図3、4は県でいうと六百石、千石の県令ということになる。図5、7、9は斧車がないのに車に耳がある点、伍佰が四人でなく二人である点、表4と合わない。図像表現のうち主人の乗る車の形式がその身分を表わす点で最も目立つから誤っていないとすると、伍佰、斧車の点で合わないとしても、やはり六百石前後であろうか。

図10、11は辟車伍佰が四人いる。馬車の形式は明らかでないが、表4でみると騎吏、斧車がなければならない。これを度外視すると、六百石くらいのところに来る。

表1のｂに分類したのは主人の車に四維があって耳がなく、騎吏ないし伍佰のみが前駆となったものである。主人の車の形式が不明で、前駆が伍佰のみのものもここに加えた。

表4の標準をあてはめてみるに、図9にも例があるが、騎吏だけで伍佰がないものはないはずであるにかかわらず、図13にもこれがある。伍佰の点を度外視すれば図13は三百石、四百石ということになる。またこの表1のｂのう

表1

（左　端　が　先　頭）

分類	編成／図番号	先駆						導	前駆						従								
		伍佰		導騎		兵車		導車		騎吏		伍佰		主車		従騎		従軺車		従軿車		従輜車	
a	3.4	6(2)		22(2)		52(1)		58, 57(7)		41(2)		19, 8(4)		63(1)		28, 27(2)		67(1)	伍佰 10(2)				
	5			35(2)				58, 57(3)		40(2)		9(2)		63(1)		28, 26, 27(4)		67(1)					
	6		（前				欠）		伍佰 15(2)	40(2)		8(2)		65(1)		28(2)		67(2)					
	7			22(2)				58, 57(3)		40(2)		8(2)		63(1)		28, 26, 27(3)		67(2)				70(1)	
	8		（前				欠）	58, 57(3)	伍佰 5(2)	40(2)		21(2)		65(1)		26, 28(2)		67(1)					
	9	6(2)		22, 23, 30(4)						40(2)				63(1)		26(1)		67(1)	従騎 27(1)				
	10							58(2)				7, 9(4)		65(1)				67(2)	従騎 29(1)				
	11							58, 57(2)				5, 18(4)		65(1)		29(2)		67(1)					
	12			22(2)				58, 57(2)	騎士 31(2)			5(2)		63(1)		28, 26, 24(3)		67(1)					
b	13			22(1)				57, 58(2)		40(2)				64(1)	従騎 34(1)			67(1)		68(1)	従騎 26(5)		
	14		（前										欠）	64(1)	騎士 30(1)	26(2)		67(1)	従騎 26(2)	68(1)	従騎 26(2)		
	15			24(2)				58(1)				8(2)		64(1)		28, 26(2)		67(1)					
	16			24(1)				58(1)				12(2)		65(1)		28(1)		67(1)					
	17			22(3)				57(1)				5(2)		65(1)		28(1)		67(1)					
	18			24(2)				58(1)				8, 11(2)		66(1)				67(1)					
	19			23(4)	導車 59(1)		導騎卒 23(2)	55(1)	導騎 38(2)	49(2)				65(1)		28(2)						70(1)	伍佰 10(2)
c	20					51(1)				40(2)				64(1)		28(1)	騎吏 40(2)						
	23									42(4)				61(1)			鼓吹騎 43-46(4)						
d	21	15, 13(3)		22(1)				58(1)	導騎 25(1)					64(1)									
	24	5(2)		22(1)				57, 58(2)						64(1)	伍佰 9(2)	25, 26(4)							
	25			22(2)				58(1)	騎士 35(2)					66(1)	騎士 36(2)								
	26			32(1)				58(1)						64(1)				67(1)	従騎 25(1)				
	27			23, 32(5)										64(1)		28, 30, 39(5)				63(1)	伍佰 8(1)		
	28			33(1)										64(1)						68(1)		70(1)	
	29							58, 57(2)						65(1)									
	22		（前										欠）	64(1)	騎士 37(4)	（中			欠）	68(1)	従騎 26(1)		

ち、伍佰のみのものは表4でみると二百石に相当する。ところが図15で丞相の車を中心とする行列がこの程度の格式なのもおかしいことは前節に指摘したごとくである。

図19の行列は主人の車の蓋が黒い。表4でみると三百石以上である。また騎吏が二人、斧車がないのをみると四百石以下ということになる。大体その辺の格式であろうか。導車に甕を積んだ車がいる点、他に例がない。

図13、14には後尾に軿車がついているが、誰が乗っているか決定する証拠がない。おそらく行列の主人の夫人が乗るものであろう。その後に従う騎者はその従僕の類であろうか。公式の行列のどの位置に夫人の車が列するかについては「志」に規定がない。この軿車が夫人のものとすれば、後尾につくのが普通であったことになる。

表1、cに分類したのは、上記のものの変り型と見うるものである。図20は行列の先頭に兵車が加わっている。これは前節51の条に記したごとく、「志」によると長安、雒陽の令、王国、大きい県の令にあるはずのものである。しかしこの行列の主人の車には耳もなく、導車も従車もない。しかし騎吏が計四人いる点、大きい県令の条件に合っている。

図23は主人の車に三馬を駕し、「志」に「皇孫緑車以従、皆左右騑駕三、公列侯安車……右騑」即ち「皇孫は緑車もって従う。みな左右の騑ありて三を駕す。公列侯の安車は……右騑あり」、「景帝中元五年始詔……中二千石以上右騑」即ち「景帝中元五年始めて詔し……中二千石以上は右騑あり」とあるのをみると皇孫の車に相当し、公列侯から中二千石までの車が右側の騑を加えて計二頭しか繫駕しないのより一段上位のものである。騎吏が四人いるのは表4でみるごとく公―二千石の格である。ただこの例は型で捺した塼を並列して構成した行列であるから、ちぐはぐなところもありうるわけである。

表1のdに分類したのは、主人の軺車に耳がなく、車前の伍佰も騎吏もいない行列である。表4と対照すると百石程度に当る。図26には図の導従に官吏の官名が題されているから確かに公式の行列と知られるが(59)、その他については

表3に分類したような私的な出行も混っているかもしれない。

以上、表1には「志」の記載に合いそうな行列を集めて分類したのであるが、合致するのは全く少数で、むしろ偶然にすぎないかのごとくであることが知られた。門下五吏を行列に加うべしという規定にしても同様である。即ち、注(37)に引いたごとく「志」には「公卿以下三百石の県長に至るまで、導と従に門下の五吏を置く。賊曹、督盜賊、功曹はみな剣を帯し、三台の車に分乗して導に参加する。主簿、主記は二台の車に分乗して従となる」というのであるが、図6には後に「主簿車」「主記車」と題される車がある点これと合う。また図5は導に「門下賊曹」「門下游徼」「門下功曹」と題された車が三台加わっている点もこれに合うが(60)、従には「主簿車」一台しかなく、主記の車が欠けている。これらはむしろ稀な例で、他の例をみると図3、4は導に七車あるに対して従は一車だけであり、他も一見して明らかなごとく導、従とも車の台数が合致しないのである。

翻って考えるに、「志」に残る規定がそのまま図像に当てはまったら奇怪であろう。むしろ、表4の「志」に規定された車の形式、お供の種類、数が、多くの例で表1とひどくは齟齬せず、一—二欄の誤差を以て大体合う点に注目すべきであろう。画工に車馬行列の規則についての専門的な知識があったとは思われないとすれば、例えば三百石程度の県長の行列を画かねばならない場合に、不釣合なお供を画いたり、主人を立派すぎる馬車に乗せたりしていず、その画が大まかにみれば「志」の規定に外れないように出来ているとすれば、日常目にみて記憶しているものがそのようなものであったことが証せられる。即ち役人たちは規則を大体遵守していたことが知られるのである。政府の決めた規則はなかなかその通りには実行されないものであるから、この場合、画像と「志」に残る規定の違いは、現実に規則からずれた行列があってそれが画として残ったことも考えられ、またこれは画家の記憶の不正確さによるとも考えられる。おそらく両方が当てはまるであろうが、これは決定し難い問題である。

(2)　大編成の公式行列　次に少数例であるが、もっと複雑な大編成についてみる。表2のaのうち、図30をまず見てみよう。図では伍佰は車の両側に配せられているが、表では便宜上車の前に記した。この行列は仮説的に‖と―で区分した。車の上につけた◎、○、△は主従の上下関係を示す。◎印の主車を含む‖内の区画は、例えば表1のaの図10、11に近い形である。ただ最前部に導騎がつき、導車にも伍佰が伴う。その左の‖で区切った区画も、主車を含む区画の相似形である。この区画内の二台の車のうち、後の車は蓋に飾りがあり、その前の車より格が上と思われ、その主人格らしい。◎印の主車の後にはお決りの従騎、従車が来る。こうみると、この行列は表1に分類した、導車を先立てた行列が二重になったものであることが知られる。即ち表1で主車の先立てていた導車が、自らの導車を先立て、それぞれ伍佰を伴っていると見ることができるのである。

図31の行列も同じ要領で区切ってみた。導車は自らの導車を先立てていないが、導車が伍佰、導騎を伴う点図30と同様である。斧車を中心とする先駆を先頭に立てる。図30、31は同じ石に刻されている。同じ主人の生涯の異なる時期における晴れの場を画いたものであろう。図31の方は先駆の斧車がついているから、表4でみると六百石以上である。図30では行列の主人が臣下として先立てている導車がさらに臣下として先立てている導車に四人の伍佰がついている。四人の伍佰は六百石以上である。仮に地方官にあてはめてみると、県令を部下にした郡太守が行列の主人の先導をしているとでもいえる。これは六五六頁に示した李剛

従騎	鼓吹騎	従車	従騎	鼓吹騎	‖	従騎	◎主車	伍佰	導騎
?(10)	44(1)	67(2)	31(2)	44(2)	‖	28(2)	62(1)	19(6)	31(6)

伍佰	導騎	伍佰	導騎	‖	伍佰	駱駝象	‖	伍佰	導騎	導騎	○導車	導騎
20(2)	22(2)	20(1)	22(2)	‖	20(1)	71(2)	‖	17(5)	24(2)	22(2)	58(2)	22(2)

表2

分類	図番号	
a	30	導騎 31(2) │ 伍佰 21(4)・△導車 58(1) │ 伍佰 21,6(4)・○導車 57(1) ‖ 導騎 31(2) │ 伍佰 19(4)・○導車 58(1) │ 伍佰 9(4)・◎主車 63(1)・従騎 28(1) ‖ 従騎 26(1)・従車 67(1)
	31	導騎 22,32(2)・兵車 52(1)・導騎 31,22(2)・兵車 51(1) ‖ 導騎 31(2)・伍佰 19(2)・○導車 58(1) ‖ 導騎 22(1)・伍佰 8(2)・◎主車 63(1)・従騎 28(2) ‖ 従車 67,68(2)・従騎 27(1)
	32	伍佰 5(2)・導騎 32(4) ‖ 導騎 31(2)・○導車 58(1) ‖ 導騎 31(1)・○導車 58(1) ‖ 伍佰 16(2)・○導車 58(1) ‖ 伍佰 16(2)・導騎 40(2)・○導車 58(1) ‖ 伍佰 16(2)・導騎 40(2)・○導車 58(1) ‖ 導騎 40(2)・伍佰 11(2)・○導車 58(1) ‖
	34—36	従騎 25(2)・従車 69(2)・従騎 25(16)・伍佰 17(4) ‖ 従騎 25(2)・◎主車 60(1)・導騎 22(2)・鼓吹車 53(1)・導騎 22(10)・伍佰 17(2) │ 鼓吹騎 44,46(4)・導騎 22,32(6) ‖ 導騎 22(2)・導車 56(1)・○導車 56(1)・導騎 22(2)・伍佰 17(2) ‖
b	33	導騎 23(7)……導騎 31(2) ‖ 兵車 52(1)……兵車 54(1) ‖ 導騎 23(5)……主車 61(1)……伕馬 71(1) ‖ 従車 67(1)……従車 67(1) ‖ 従車 68(1)……従騎 ?(3) ‖ 従騎 50(3)……

の石刻を思い起させる。荊州刺史であった時の行列で、後には「東郡……」が従い、「……郡太守」が先導している。これは図がないが、両者に騶騎歩卒がついていたらしく、図31と同じ型の行列であったと想像される。刺史はいうまでもなく郡国を監察する役人であるが、後漢時代には行政にも介入し、郡国の長官に対して権力を増大していった[61]。太守を導従にして大規模な行列を組んだとしても不思議はない。

表2のaの図32は二重編成がさらに長大になったものである。さきの例のごとく試みに‖で区切ってみた。◎印の主車のいる区画の前には導騎と伍佰ないし伍佰と導騎、あるいは伍佰や騎士を伴う○印の導車のグループが先立ち、先頭に伍佰、導騎の先駆がつく。主車の後には鼓吹騎を伴う一群がつづく、主人の車の形

式は二馬を駕したもので表4をみると中二千石以上の乗るものであり、伍佰が六人というのはそれ以上の格とみられる。

表2のaの最後に示したのは図34―36の「大王」の行列である。主人はいうまでもなく◎印の四頭だての車にいる。行列は=を以て区分したような小単位に分割できるであろう。最初に歩、騎から成る先駆がくること表1のものと同様。次に表1の編成で斧車のくる位置に駱駝、象がいる。次には伍佰、導騎を先立てた導車の小単位がくることは、表2のaの他の例に共通する。次に鼓吹騎が入る。図32では主人の車の後にいたものである。次が鼓吹車を含む前駆群を先立てた主人の車である。この車の格式がすこぶる高いことは前記のごとくである。後に軿車を主とした小単位がくる。これも表1の行列と同じ原則である。

表2のbは図33一例しかないが、これはaの二重編成とは異なり、人数が多い割に編成の原則は単純である。表1に分類したものの先駆に当るところに武装した騎兵の一隊がいる。第一節に引いた李剛石刻で烏丸騎が先頭に立っているのと同例とみられる。次に先駆の斧車等がつづき、その次には導車の類がなく、すぐ次に主人の車の前駆の類がくる点、表1の編成と相違がある。主人の車の次に蓋、幢をもった騎、および仗馬がつづく点、第一節に引いた魯峻石刻で「帳下騎持駙馬」(帳下の騎駙馬を持つ)、「小史騎持幢」(小史の騎幢を持つ)が「大車」の次につづくのと対応しているようである。行列の最後の方に軿車が配置される点、表1の通例の通りである。最後尾に騎士の大集団がつく。表2のaに分類した図32にもこの例がみられる。

以上によって、表2に分類した大編成の公式行列と思われるものも、表1の中小編成の原則によって整理しうることが知られた。即ち表2のbには中小編成の各単位の構成人数がふえて複雑になったものであり、表2のaは大体中小編成の各人員に当るところに、この中小編成の行列をまるごと代入したものであることが知られたであろう。表2のaの大編成と表1の中小編成の関係は、前者は後者の二乗のようなものということができるのである。またこの大

表3
（左端が先頭）

図番号＼編成	伍佰	導騎	導車			導騎	主車	従騎	従車	従騎	
37	21 (1)	33 (2)	58 (1)			50 (2)	69 (1)	33 (2)	70 (1)	26 (2)	伍佰 9 (1)
38	9 (2)		58 (1)			33, 23 (2)	69 (1)	27 (2)	70 (1)	39 (2)	
39	14 (1)	22 (1)					69 (1)	26 (1)	67 (1)	26 (1)	
40	5 (1)						69 (1)	26 (1)			
41		33 (2)	59 (1)	導騎 33 (2)	導車 70 (1)	33 (2)	69 (1)	33 (2)	67 (1)		
42		23 (2)	58 (1)				69 (1)	28 (1)	70 (1)		

表4

行列単位＼秩		百石	二百石	三百石	四百石	六百石	千石	比二千石	二千石	中二千石	それ以上	「志」の文
主車	四維	○	○	○	○	○	○	○	○	○	○	中二千石以上……二百石以下……皆有四維
	耳					○	○	○	○	○	○	六百石以上施車轓
	驂	1	1	1	1	1	1	1	1	2	2	中二千石以上右騑
	蓋	白布	白布	皁布	皁布	皁布	皁繒	皁繒	皁繒	皁繒	皁繒	三百石以上皁布、千石以上皁繒覆蓋、三百石以下白布
斧車						○	○	○	○	○	○	県令以上加導斧車
騎吏				2	2	2	2	4	4	4	4	公以下至二千石騎吏四人、千石以下至三百石県長二人
車前伍佰			2	2	2	4	4	4	4	4	8	長安雒陽令及王国都県…璅弩車前伍佰、公八人、中二千石二千石六百石皆四人、四百石以下至二百石、皆二人

編成の行列の主人は、中小編成の行列を行いうる役人たちを部下に持つ者であろうことも先に推測したところである。

(3) 中小編成の私的行列　表3に分類したのは軿車が主となった行列である。図37は四維のある軺車、軿車、輜車がこの順にあり、その点表1のdに分類した図28と近似しているが、この行列の到着先で宴会が行われており、この行列の目的が私的なものと思われるので、仮にここに入れてみたが、あるいは表1のdに入れるべきかもしれない。図40は例外的な編成であるから除外してみると、完備したものでは表1の類と相近く、伍佰、導騎、導車を先立て、従車も備わっている。車前の伍佰、騎吏はいない。図40は導車、主車、従車の間に二人ずつ帯韃の騎卒が挟まった編成で、普通の編成とは全然原則が異なっているが、軿車が入っている点で仮にここに分類したものである。

これらの例で、軿車に乗るのが女である証拠は見当らない。即ち女が顔を出しているとか、婢がついているということはない。図42で軿車の後から乗り出しているのは着幘の男であり、受取ろうとしている品物は侍者が常に男主人の側で持って侍っている例の弓袋に入れた弓である。そうするとこれらの軿車の主人は男である可能性が強い。

武氏前石室第七石(62)、第三段の光景について、米沢嘉圃は中央で挨拶する客人は左方に停る車から降りてきた人物であり、またこの客人が右方の宴会の席に坐る人物でもあることをくわしく研究している(63)。妥当な考説と思われる。ただシャヴァンヌがこの客人がやって来たと思われる左方の三台の車について、最後の輜車は従僕、荷物をのせてきたもので、次の軿車は婦人、一番前の軺車は男の客人の乗ってきたものと考えたことには異論があるべきである(64)。即ち車馬行列の原則からいって、一番前の、耳も四維もない車は主人の車でなく、当然部下の乗った導車とみるべきである。そして最後の輜車は荷物用に相違ないから、到着した客人は当然中央の軿車に乗ってきたものとみねばならない。この種の車が遊燕のさい男子の乗用に使われた有力な証拠となし得よう。表3に分類した行列は主人公の私的な出遊の行列であると考えてよいであろう。

以上車馬行列に関連した問題の解明に多くの紙面を費やしてきたが、手間をかけた割には現段階において明らかにできない点が多く残っている。研究者の次の段階への踏み台として役だてば、と念ずる次第である。専門外の漢代官制に関係するところが多く、京大人文科学研究所の永田英正氏に多くの教示を受けた。記して感謝の意を表したい。ただしこの方面に関して誤りがあれば、すべて筆者の責任である。

67 8 8 65

58 58

28 10

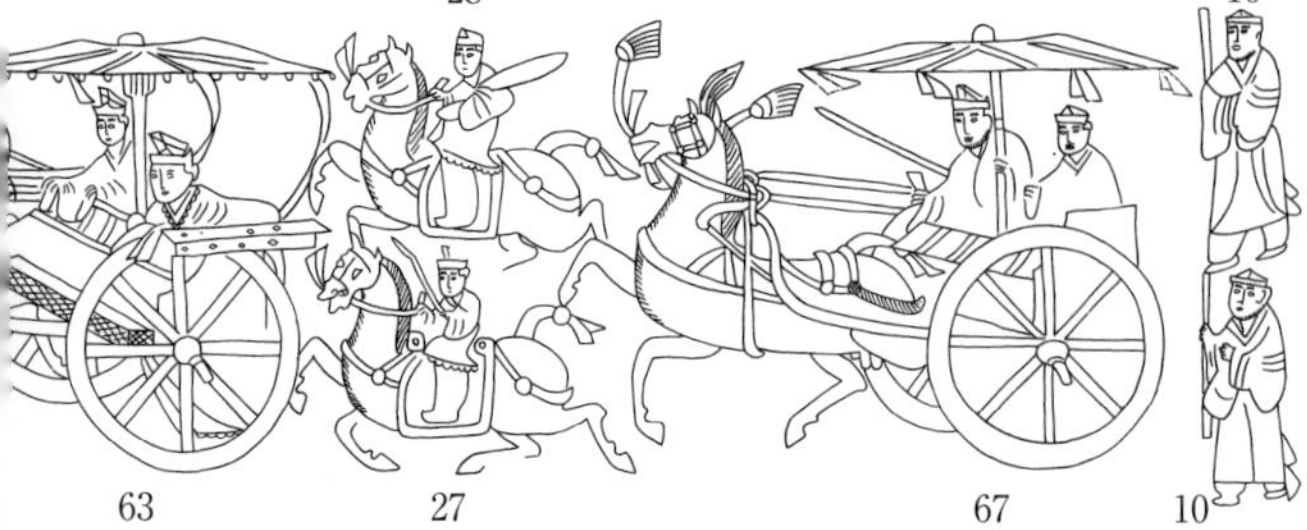

63 27 67 10

1

2

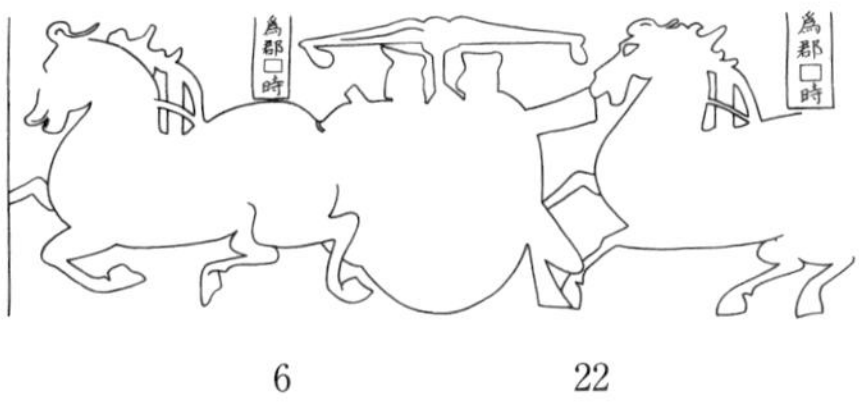

3

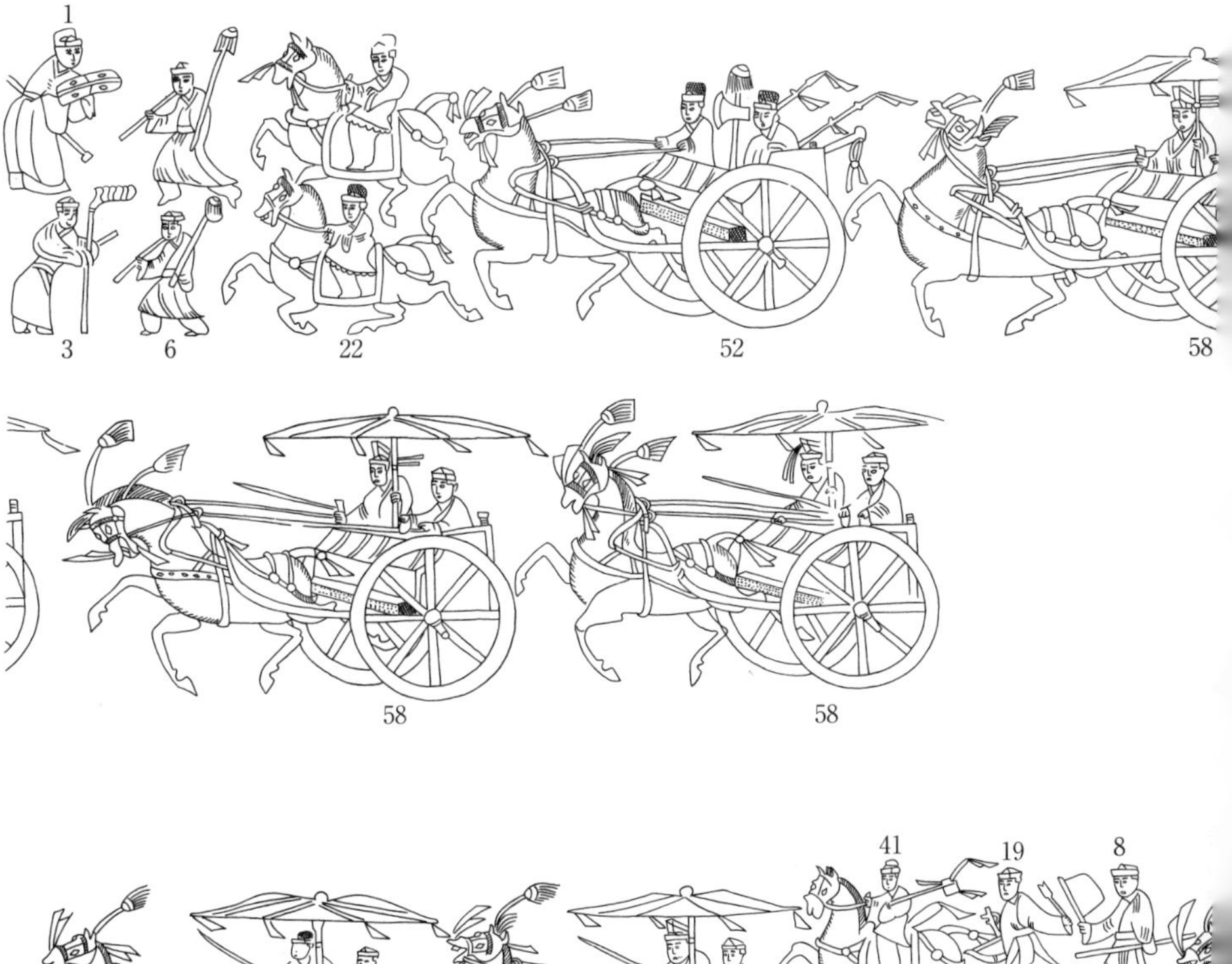

4

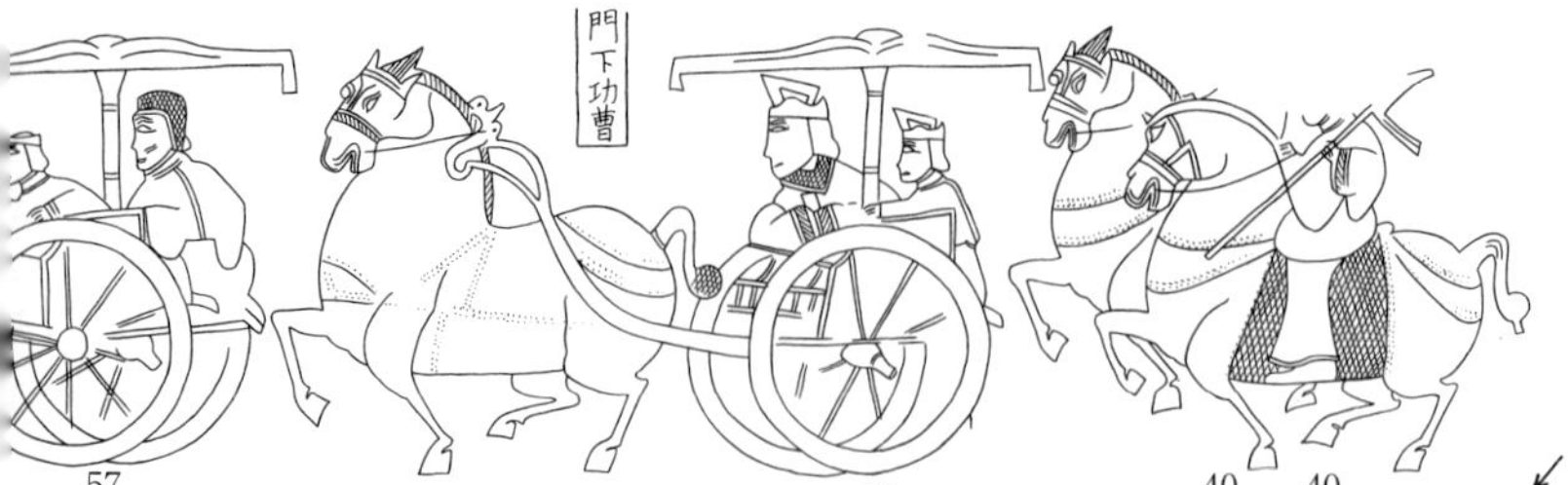

57 58 40 40

67 2

67 67 1

58 40 40 8 8 63

67 1

5

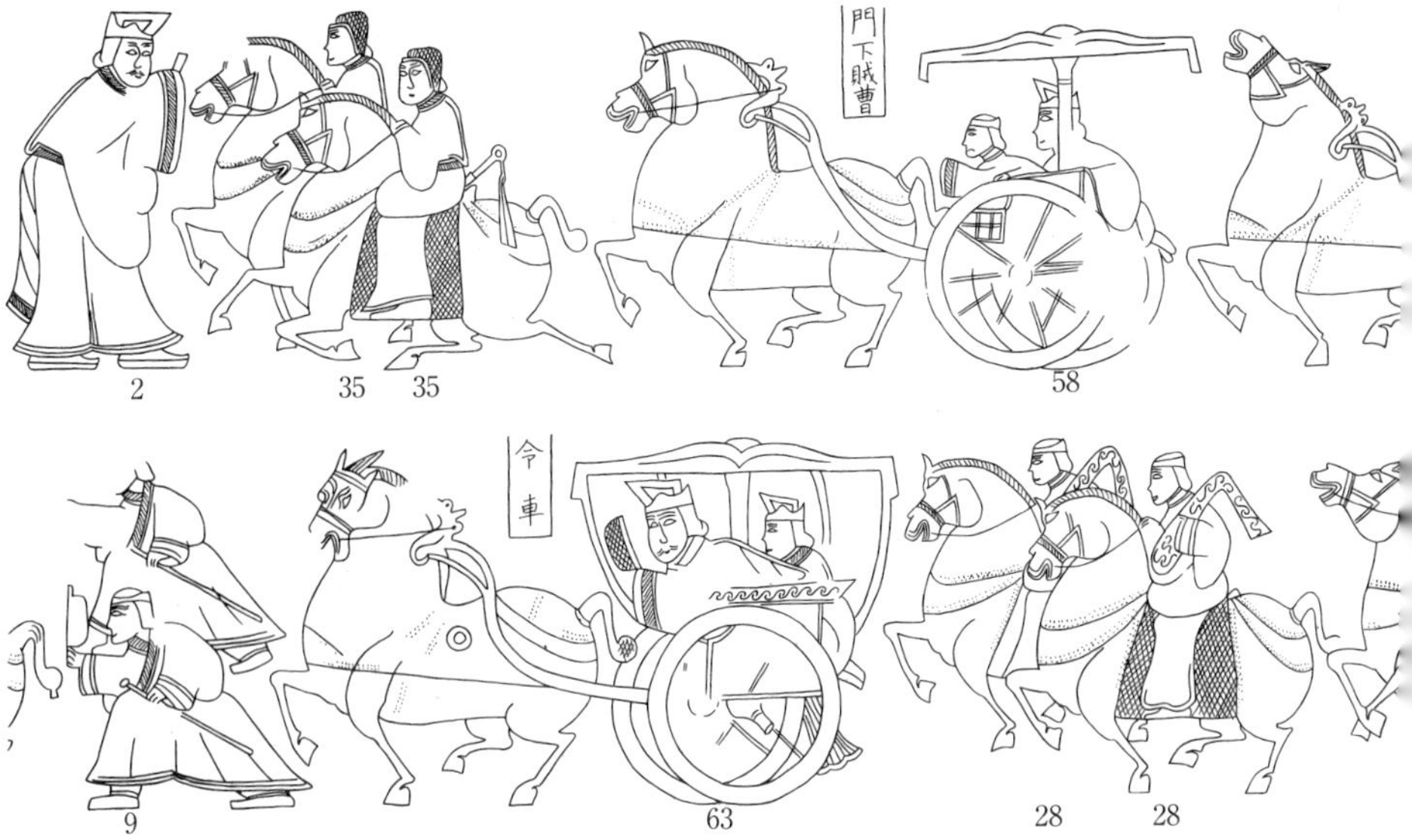
門下賊曹
2
35 35
58
令車
9
63
28 28

6

此騎吏
調間二人
此君車馬
15
40 40
8
65

7

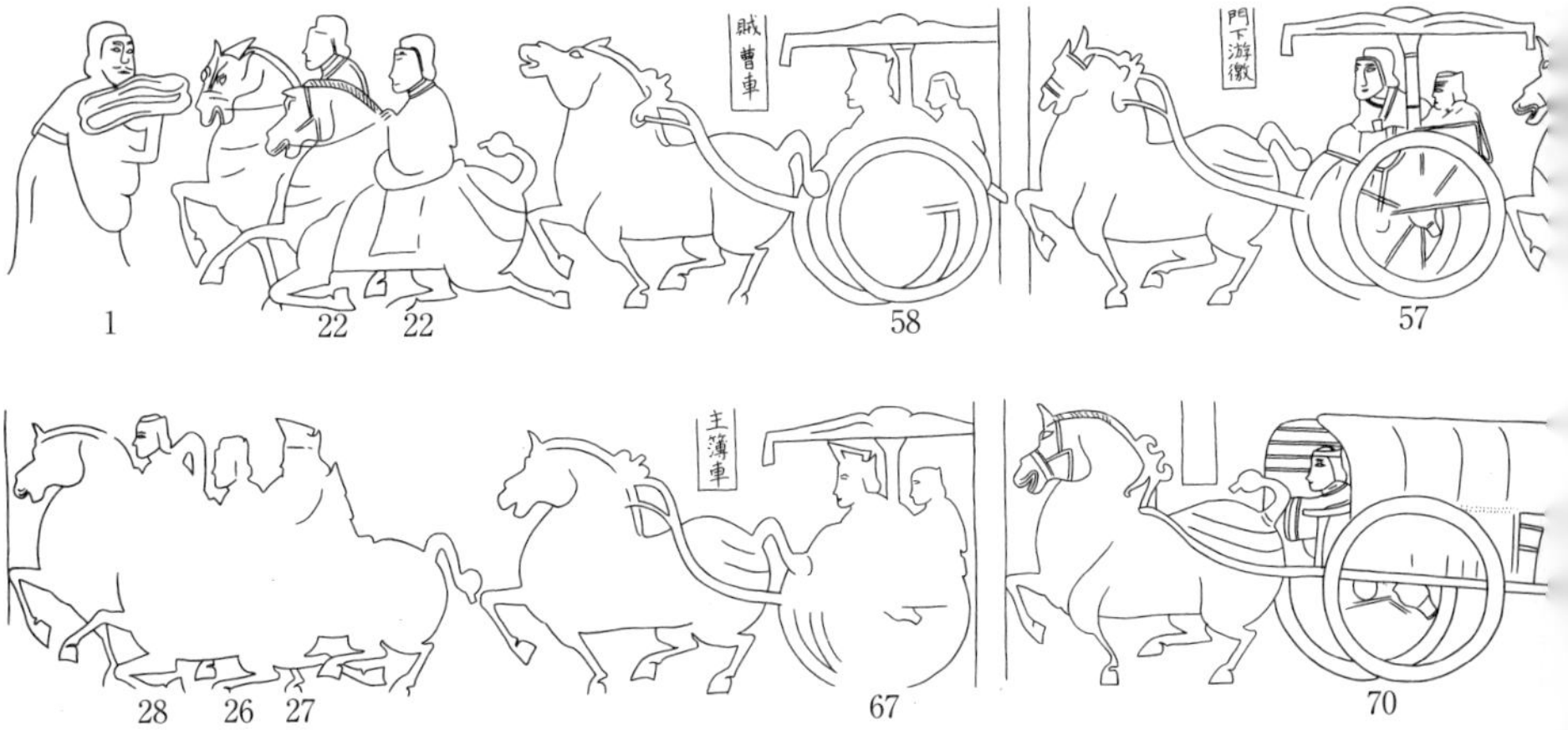
賊曹車
門下游徼
主簿車
1
22 22
58
57
28 26 27
67
70

21 21 65 26 28 67

40 63 26 67 27

7 7 9 9

8

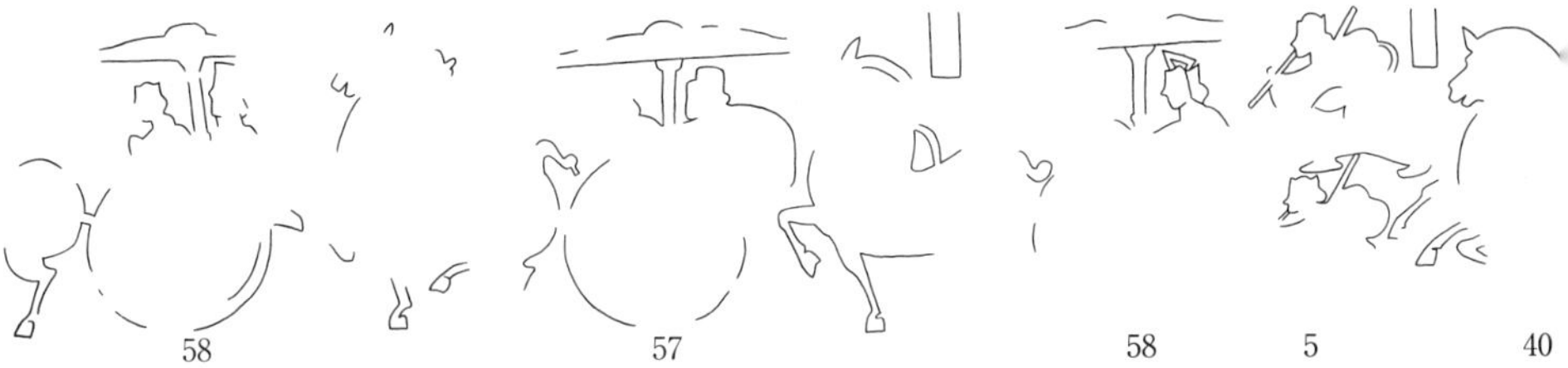

58 57 58 5 40

9

6 6 22 23 30 30

10

4 1 57カ58

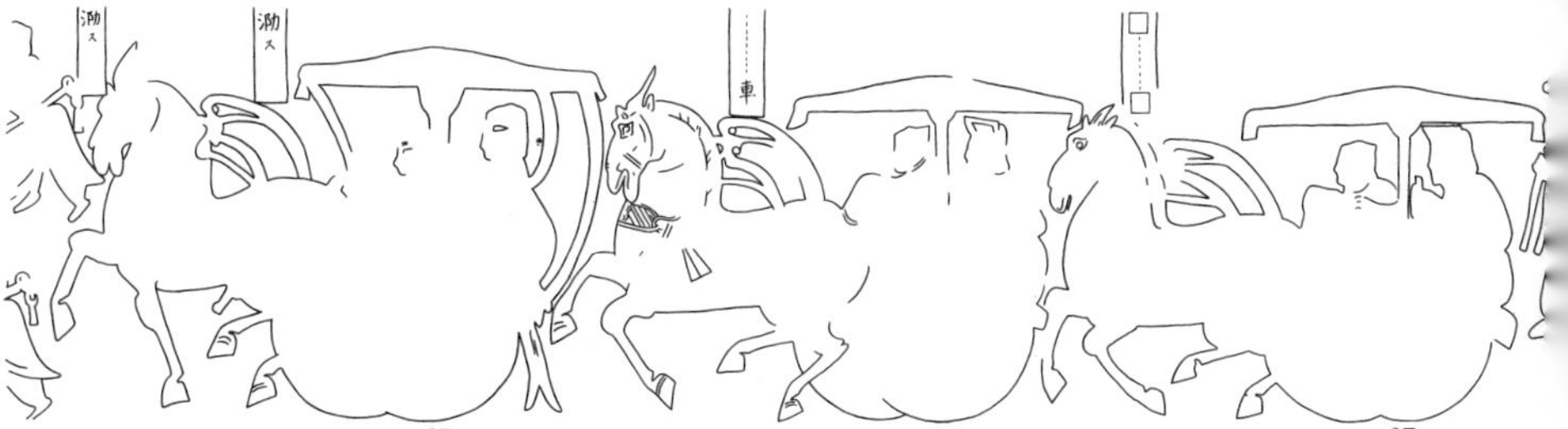

65 67 67

57

67

58

26 24 67

11

12

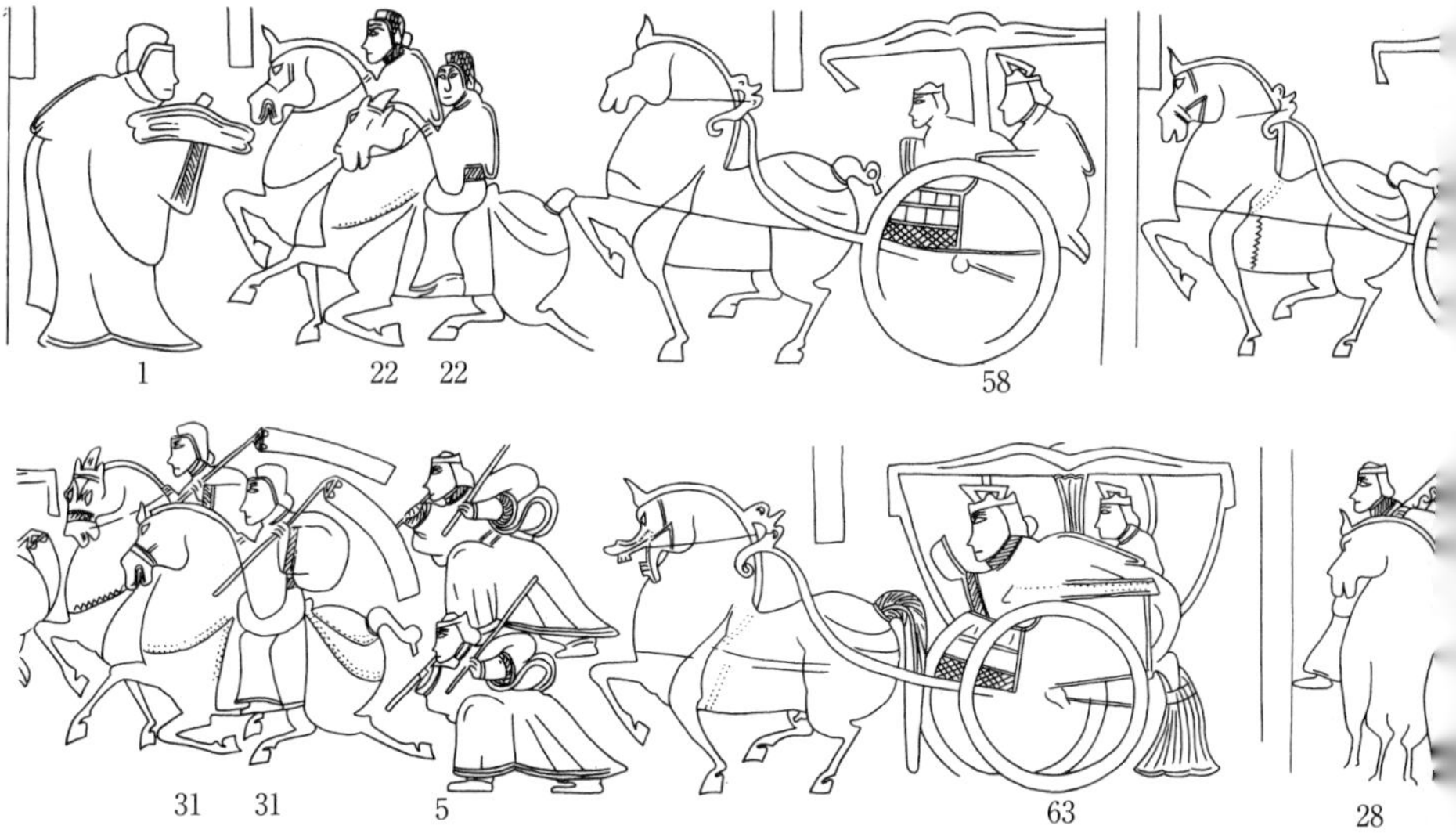

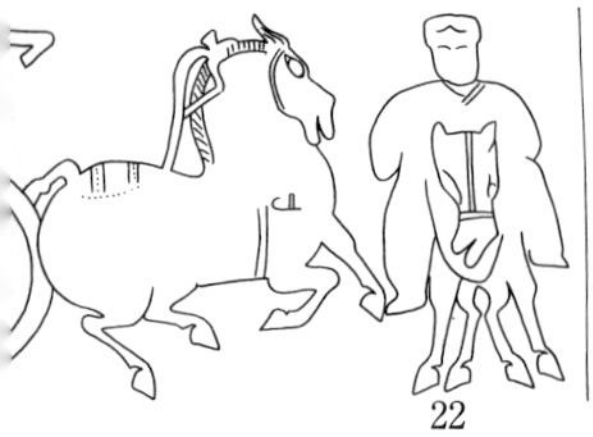

22

34

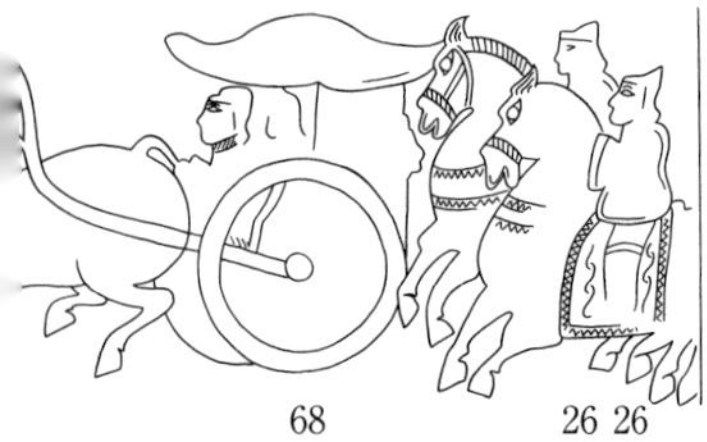

68 26 26

64 28 26 67 2

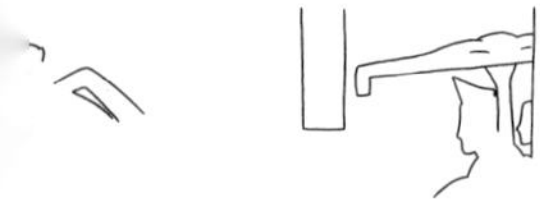

8 67

13

64
40 40
58
3
26 26
26 26 26
68
67

14

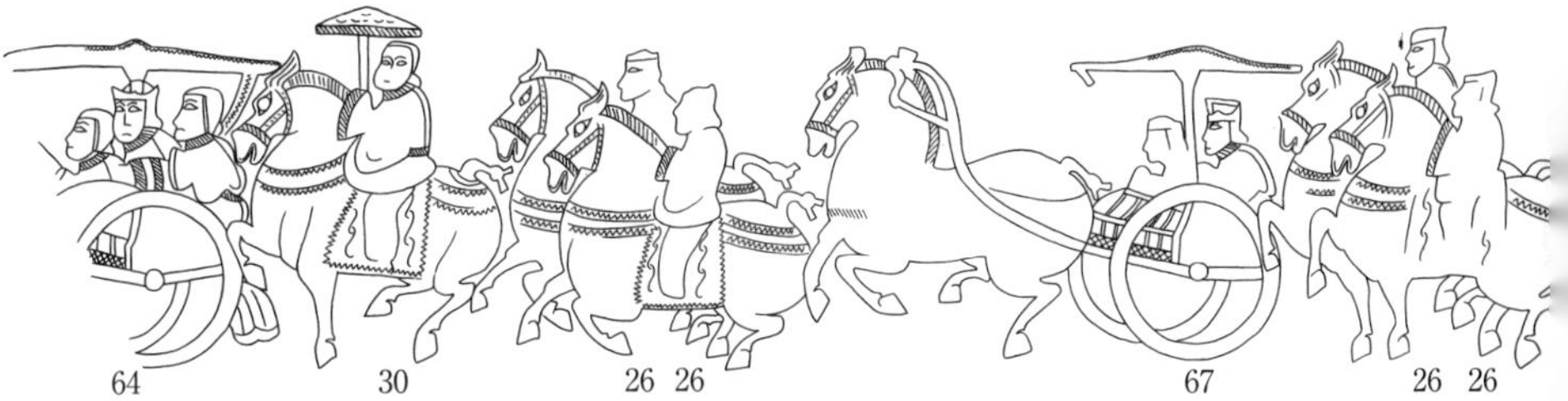
64
30
26 26
67
26 26

15

門下功曹
1
24
24
58
8

16

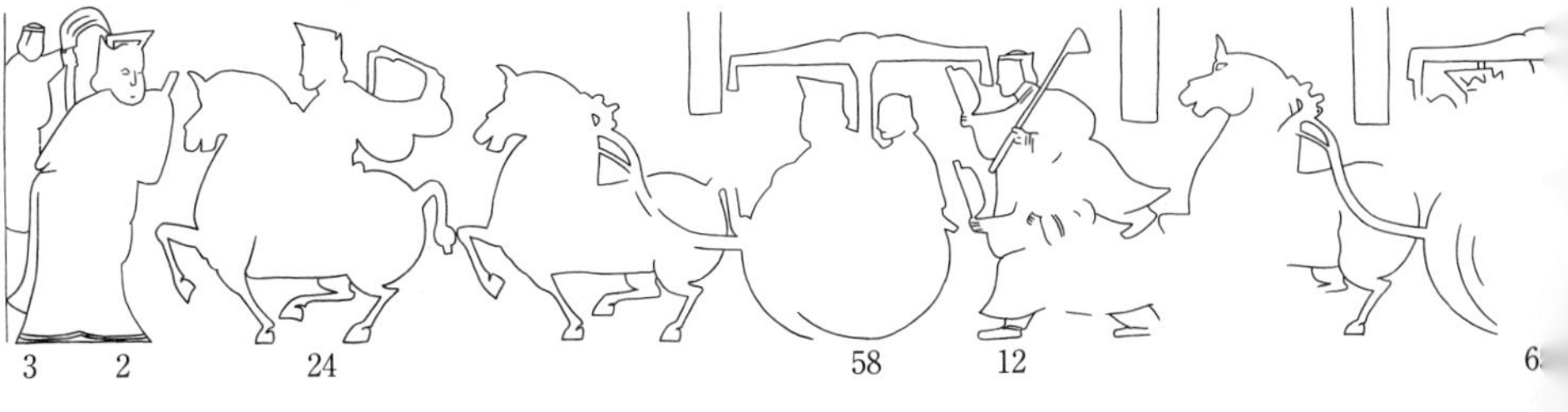
3 2
24
58
12

65 28 67 2

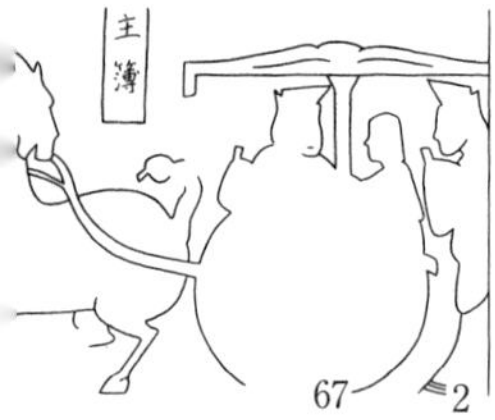

67 2

10

49 65 28 70 10

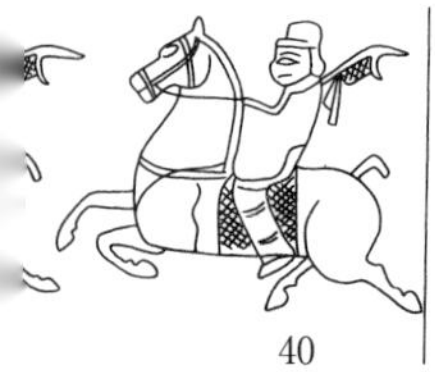

40

64 3

17

22 22 22 57 5 5

18

24 24 58 8 11 66

19

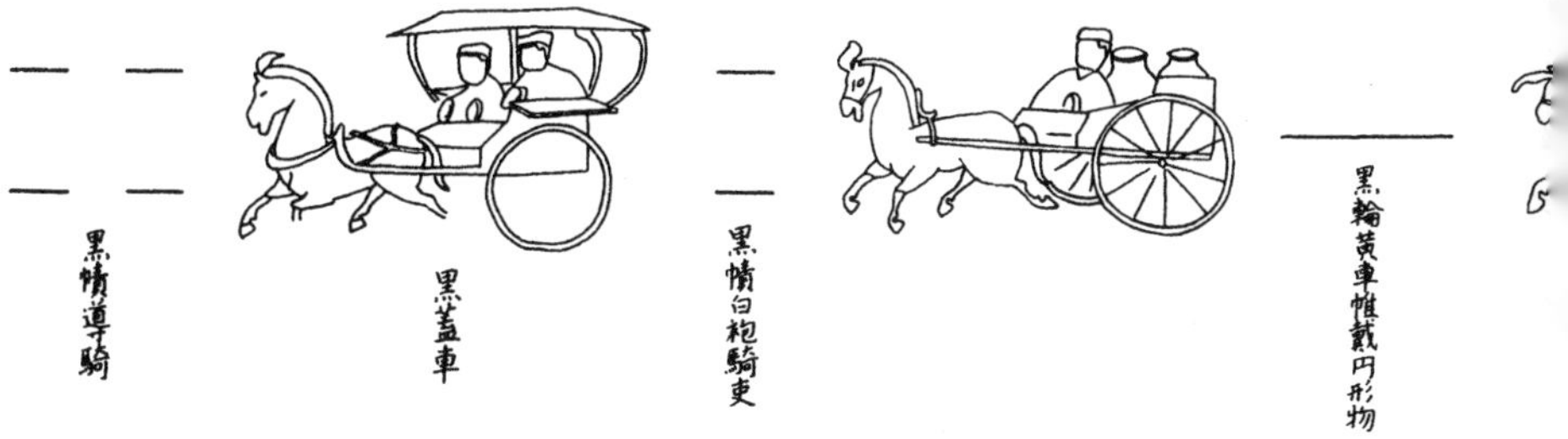

23 59 23 55

20

51 40 40 64 28

21

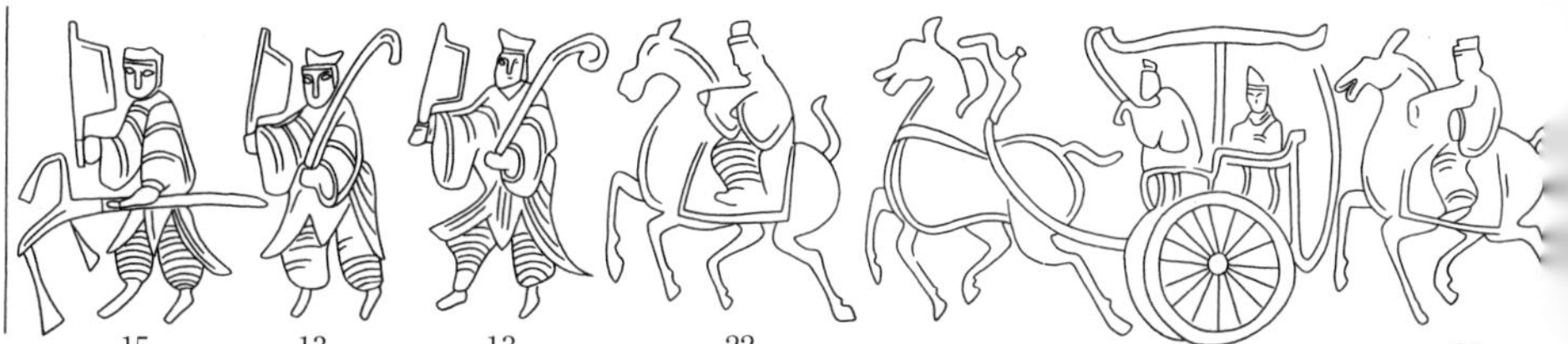

15 13 13 22 58 25

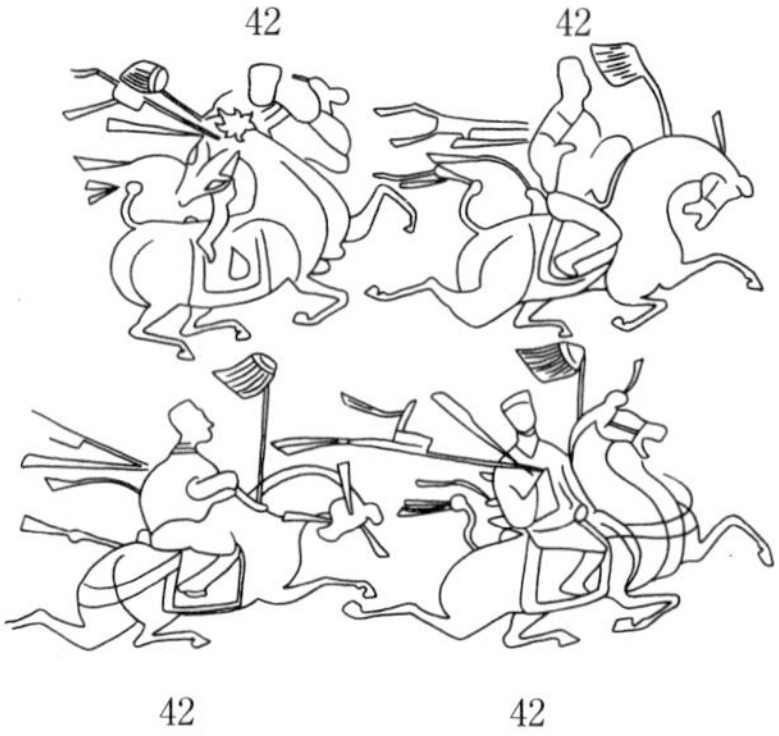
42
42
42
42

64
9
9
27
27
26
26

58
22
22
1

22

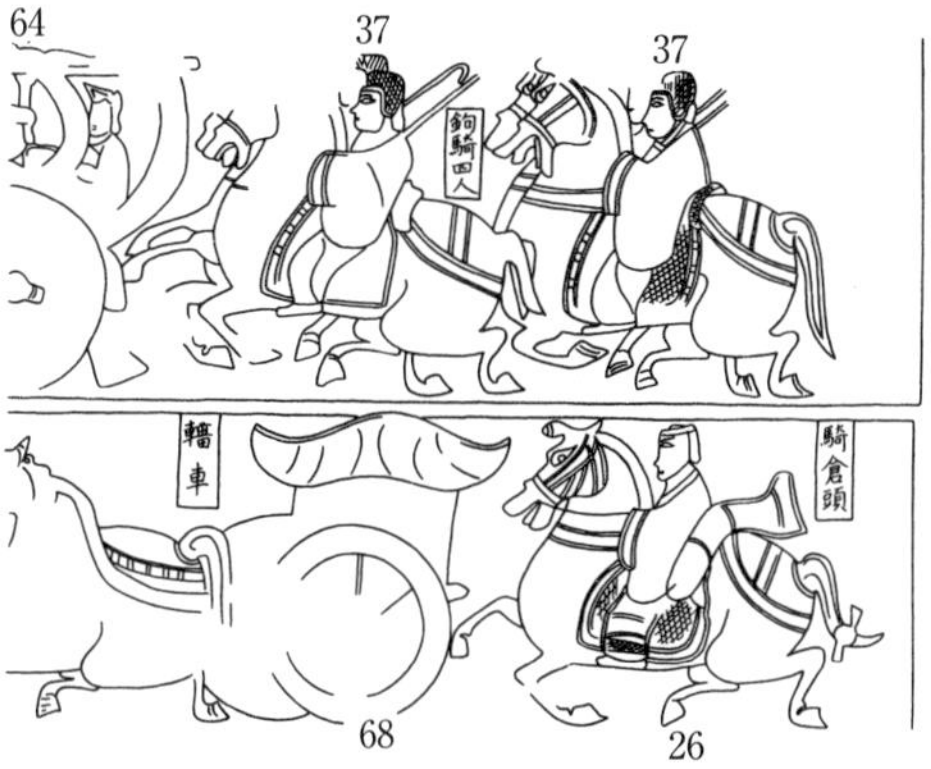

23

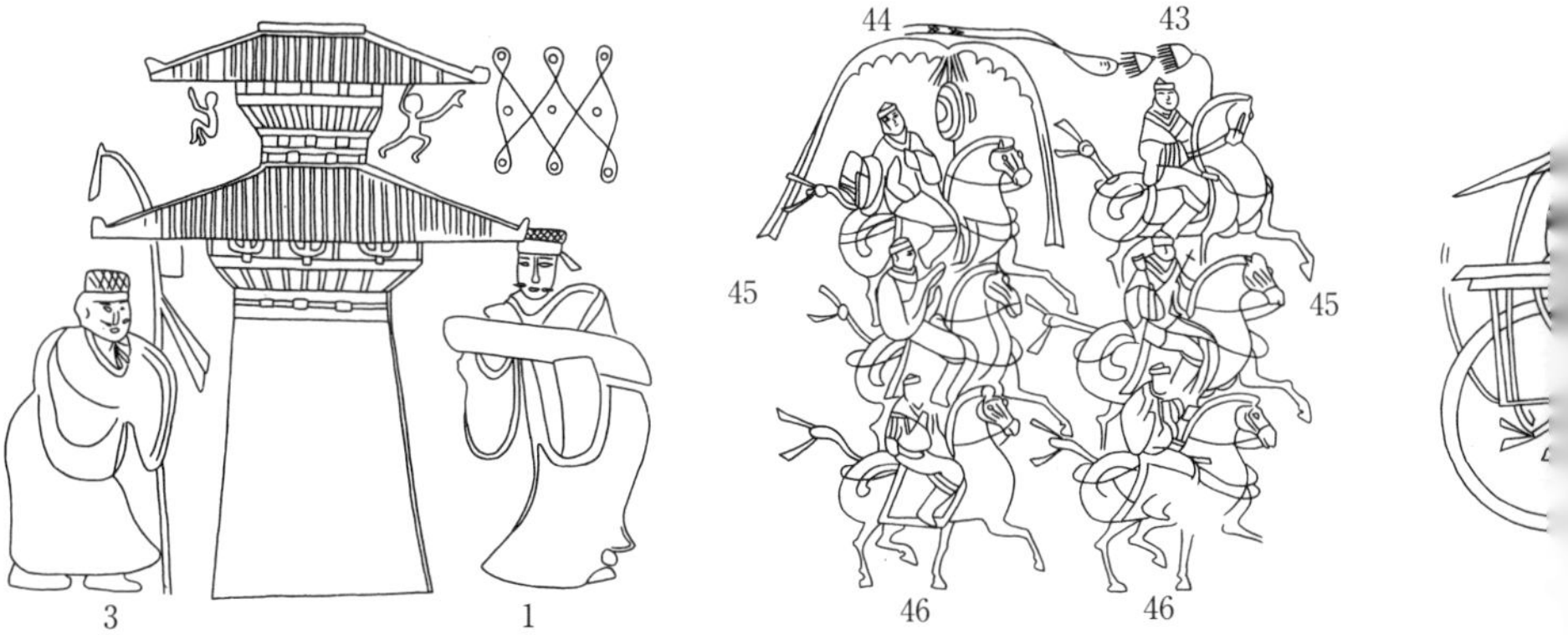

24

25

64 67 25 2

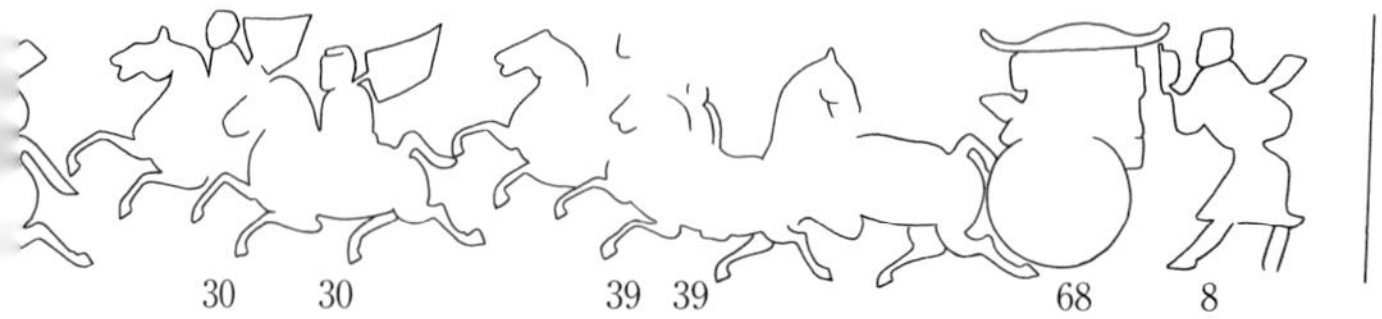

30 30 39 39 68 8

4 1 58 57 65

26

都亭
游徼
1
32

27

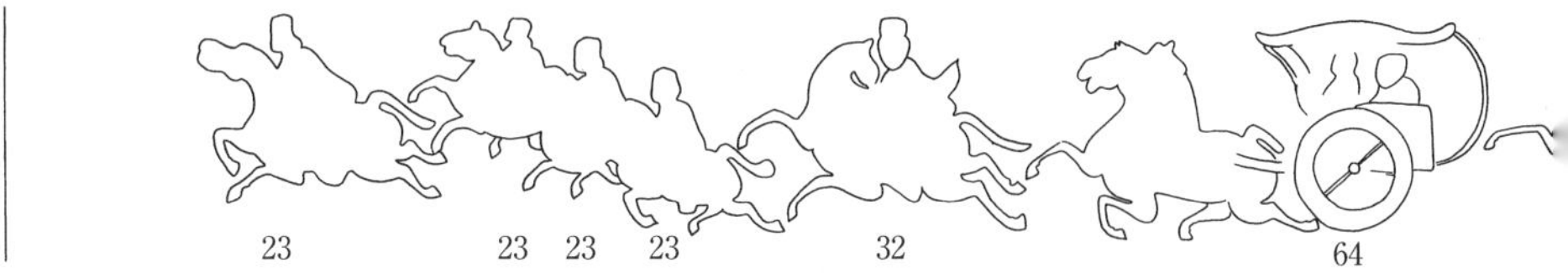
23 23 23 23 32 64

28

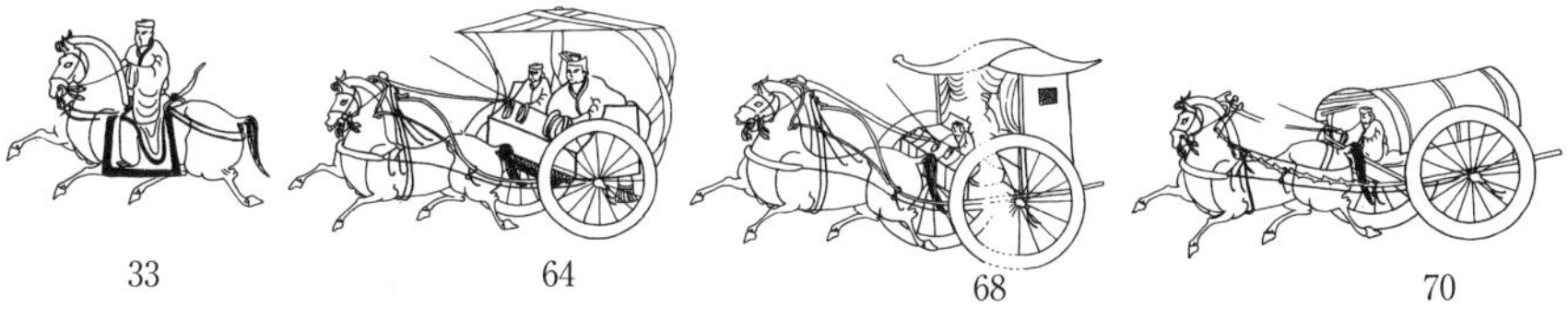
33 64 68 70

30

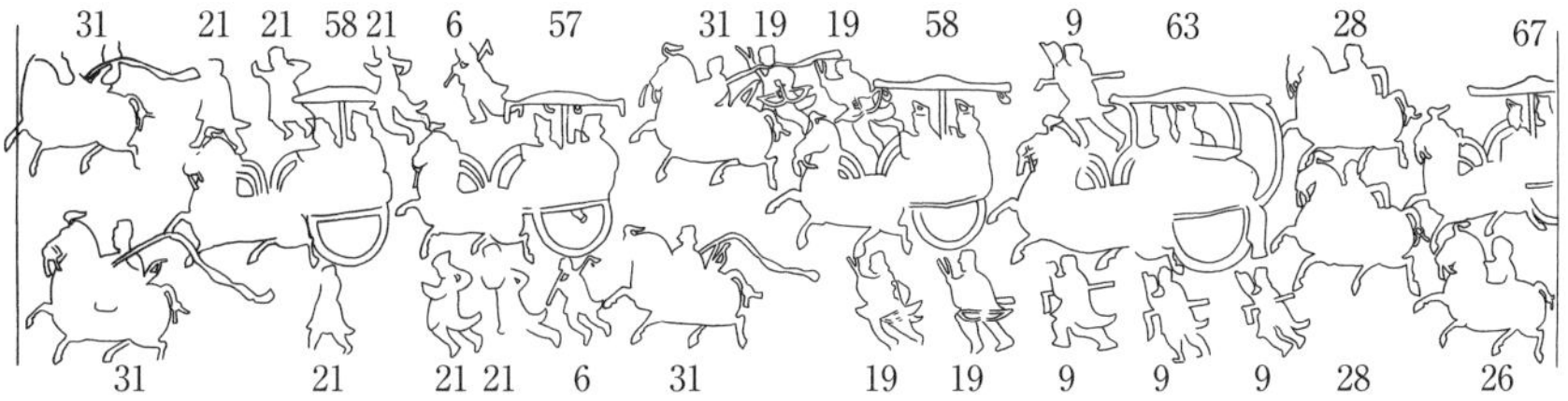
31 21 21 58 21 6 57 31 19 19 58 9 63 28 67
31 21 21 21 6 31 19 19 9 9 9 28 26

31

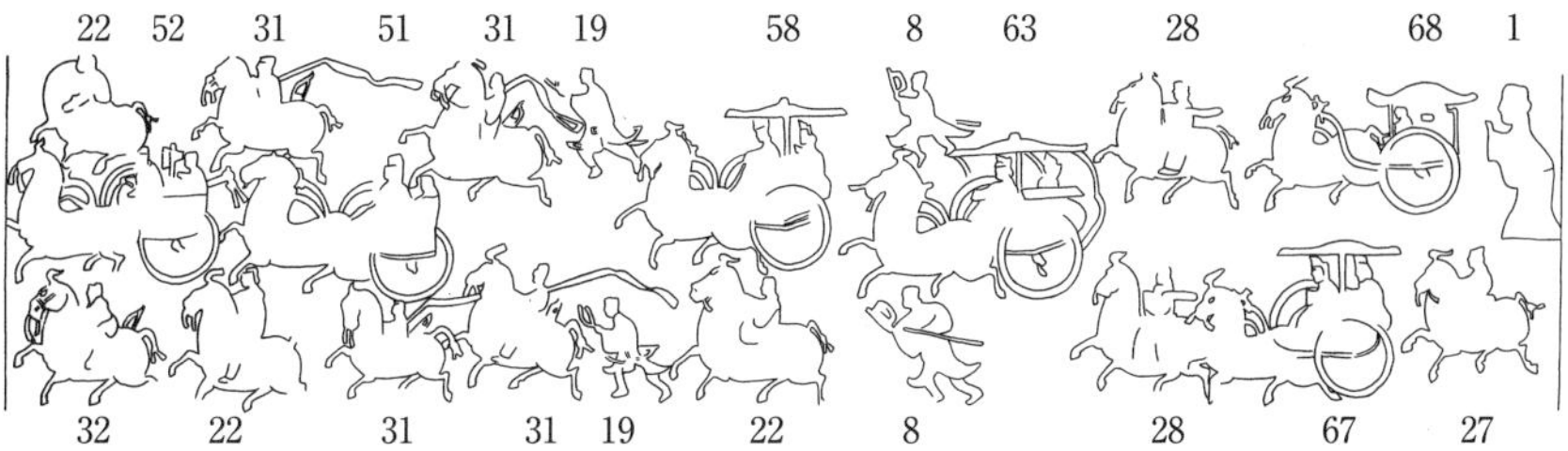
22 52 31 51 31 19 58 8 63 28 68 1
32 22 31 31 19 22 8 28 67 27

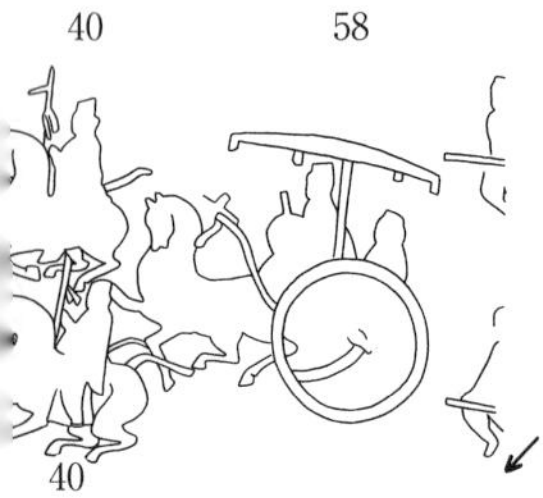
40
58
40

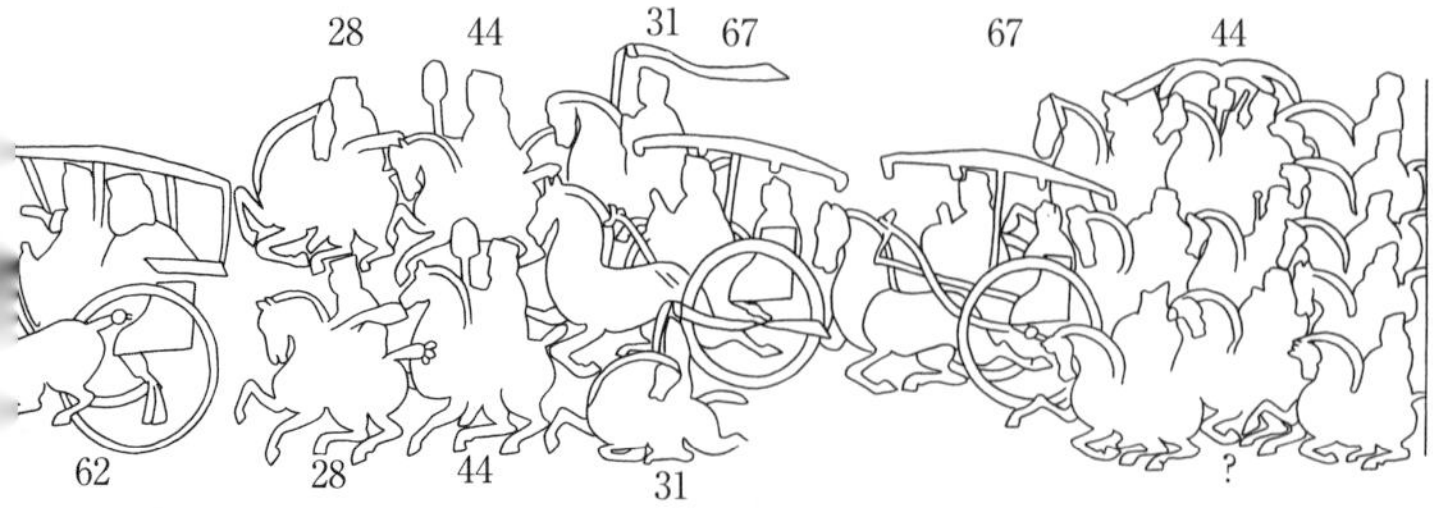
28
44
31
67
67
44
62
28
44
31
?

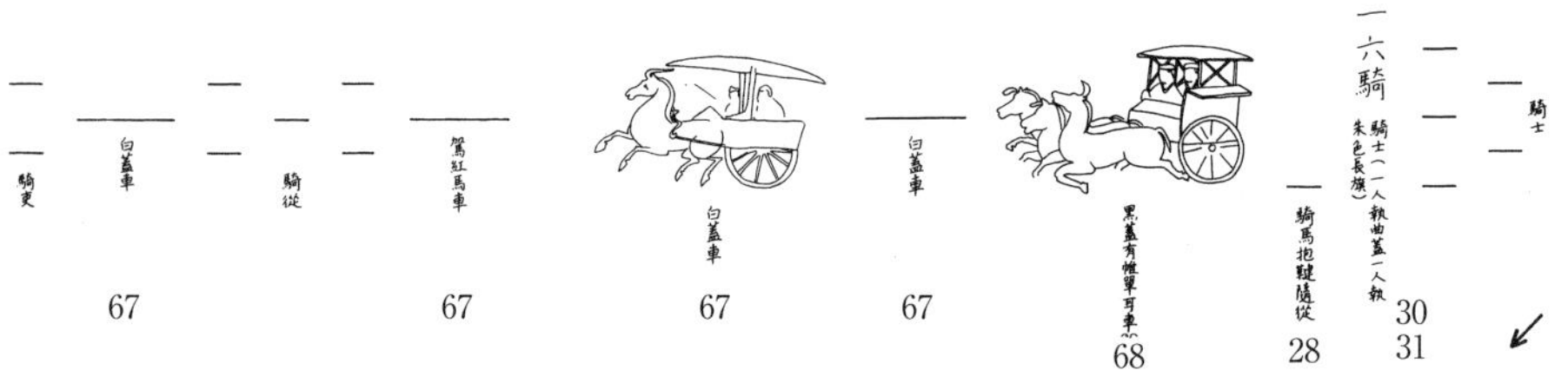
騎吏
白蓋車
67
騎從
駕紅馬車
67
白蓋車
67
白蓋車
67
黒蓋有帷單耳車ᄽ
68
騎馬抱韃隨從
28
一六騎
騎士（一人執曲蓋一人執朱色長旗）
30
31
騎士

32

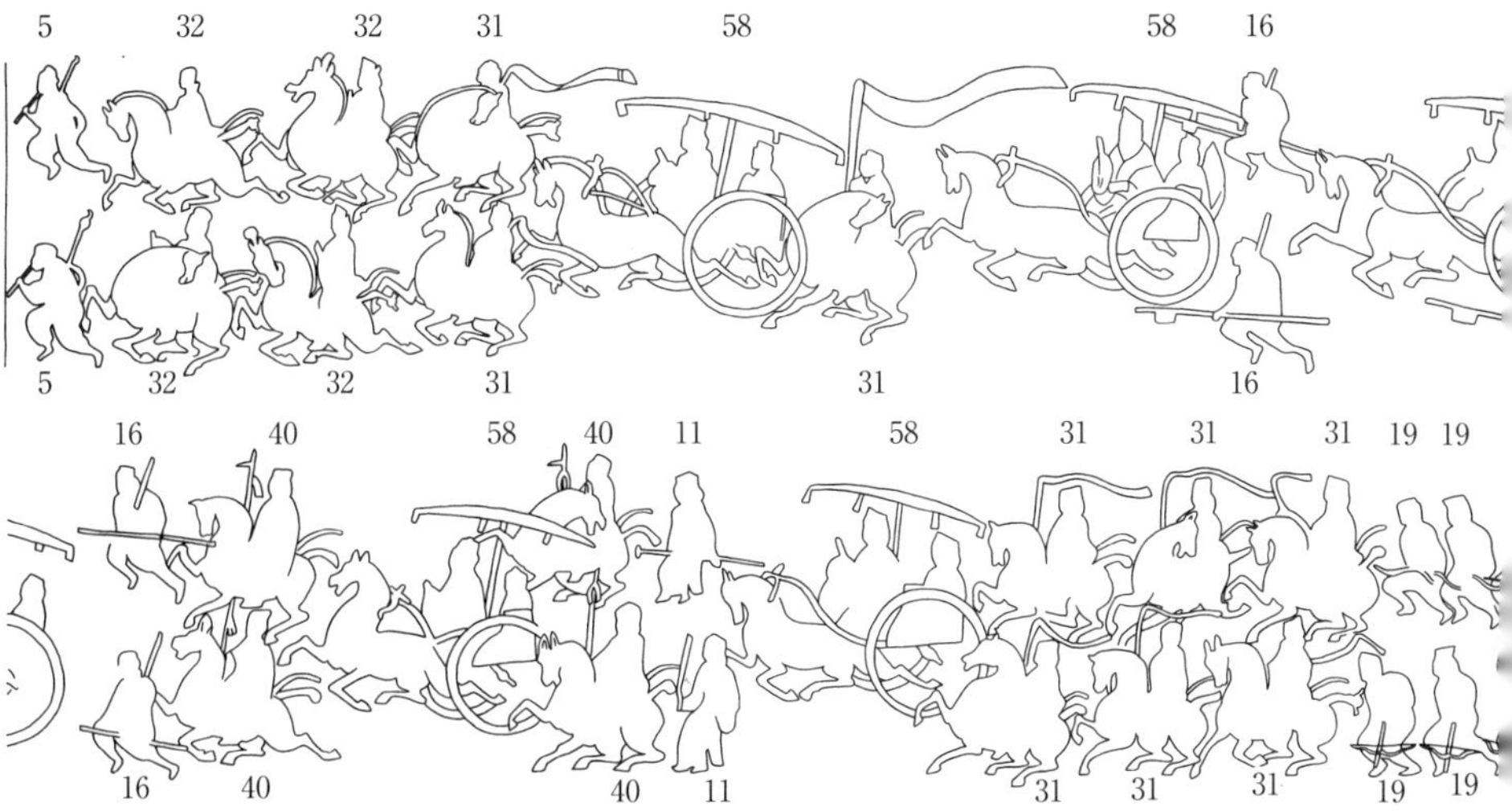

5 32 32 31 58 58 16
5 32 32 31 31 16
16 40 58 40 11 58 31 31 31 19 19
16 40 40 11 31 31 31 19 19

33

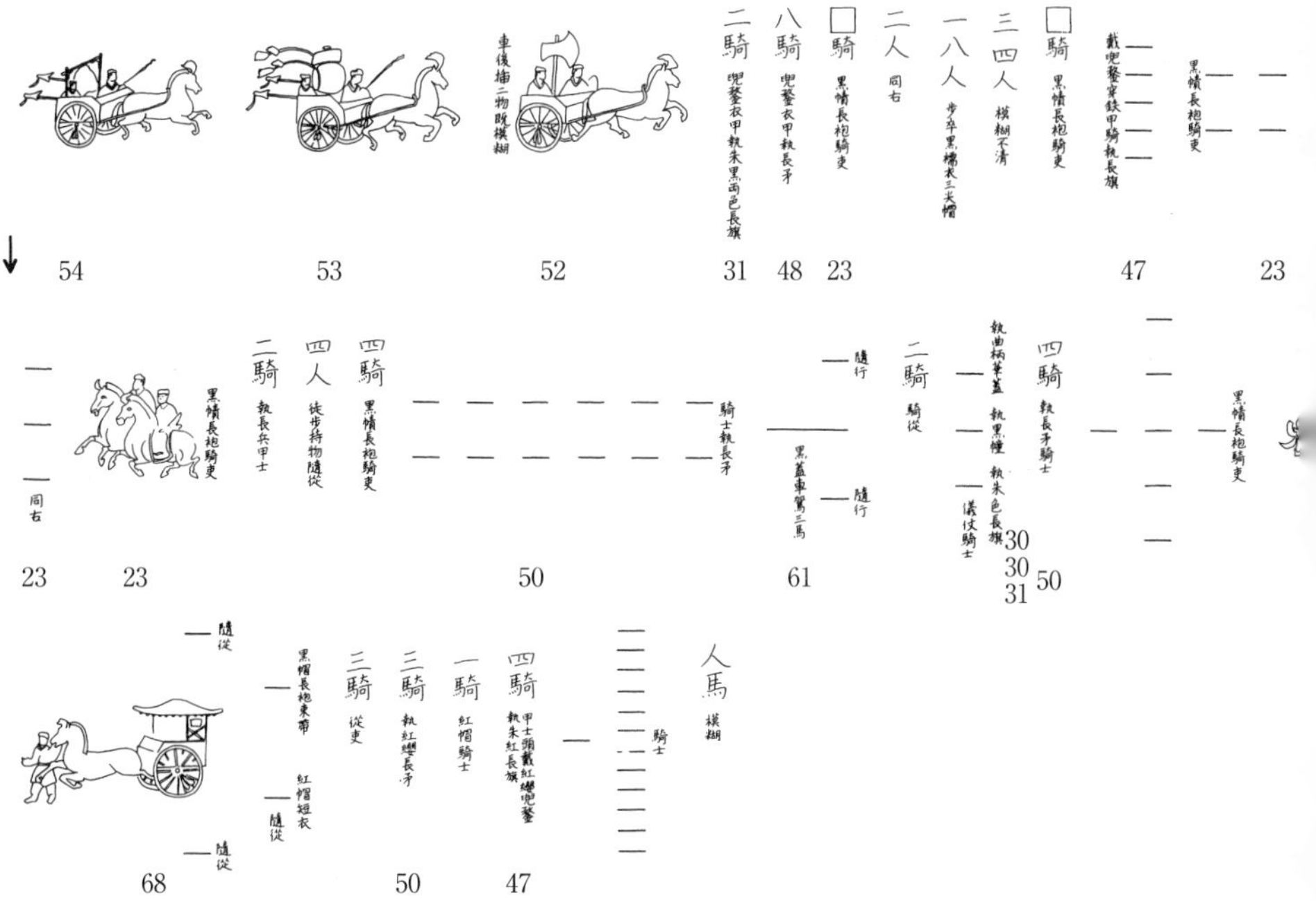

車後插二物既模糊
二騎 兜鍪衣甲執朱黒兩色長旗
八騎 兜鍪衣甲執長矛
□騎 黒幘長袍騎吏
二人 同右
一八人 步卒黒襦衣三尖帽
三四人 模糊不清
□騎 黒幘長袍騎吏
戴兜鍪穿鉄甲騎執長旗
黒幘長袍騎吏
54 53 52 31 48 23 47 23
同右
黒幘長袍騎吏
二騎 執長兵甲士
四人 徒步持物隨從
四騎 黒幘長袍騎吏
騎士執長矛
黒蓋車駕三馬
隨行
隨行
二騎 騎從
執曲柄華蓋
執黒幢
執朱色長旗
儀仗騎士
四騎 執長矛騎士
黒幘長袍騎吏
23 23 50 61 30 30 31 50
隨從
黒帽長袍束帶
紅帽短衣
隨從
隨從
三騎 從吏
三騎 執紅纓長矛
一騎 紅帽騎士
四騎 甲士頭戴紅纓兜鍪執朱紅長旗
騎士
人馬 模糊
68 50 47

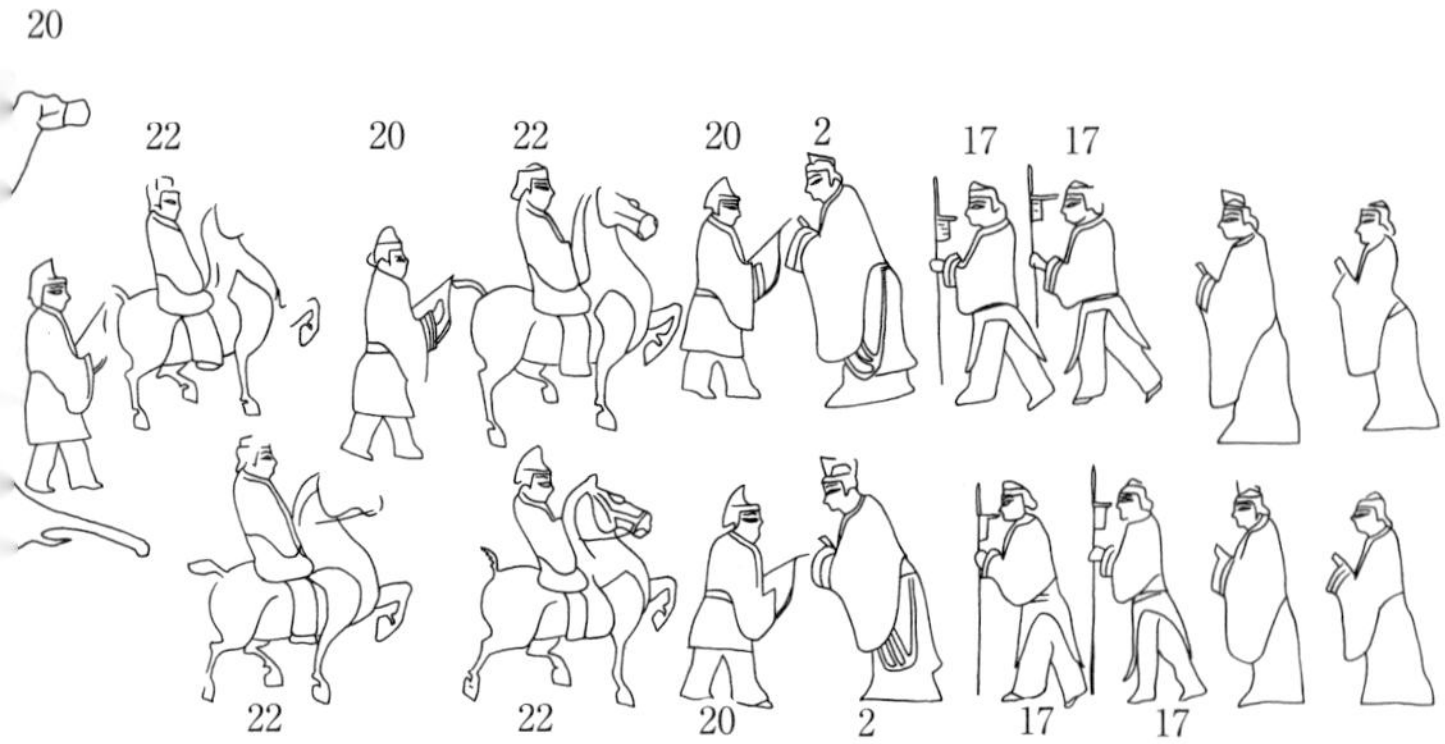
20
22 20 22 20 2 17 17
22 22 20 2 17 17

22
56 22

22 22 22 17
22 22 22 17

25 25 25 25 17 17
25 25 25 25 17 17

34

17
22
58
22
21
17
17
17
17
22
58
22
24
17
17
71

35

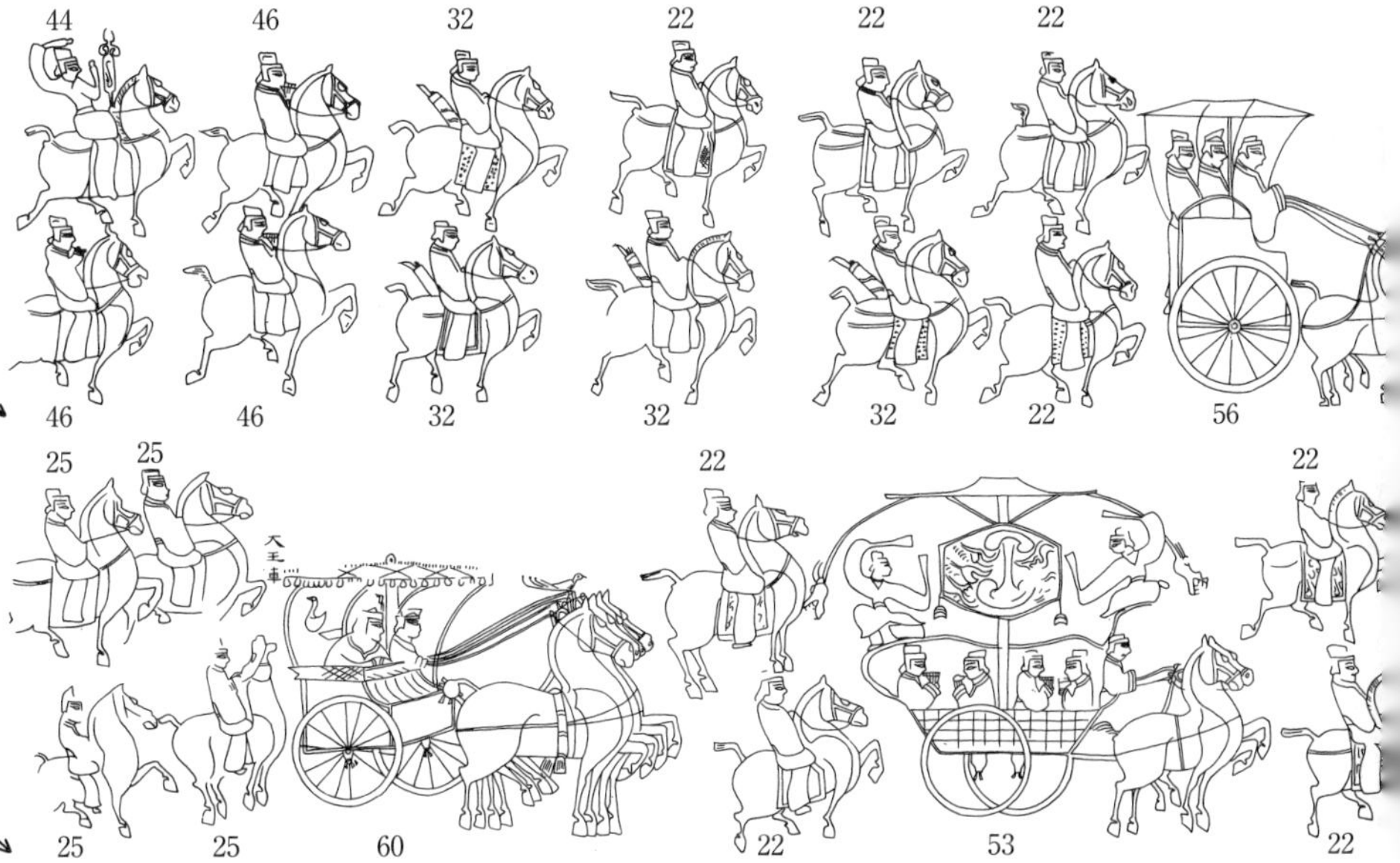
44
46
32
22
22
22
46
46
32
32
32
22
56
25
25
大王車
22
22
25
25
60
22
53
22

36

25
68
25
25
25
25
25
68
25
25
25
25

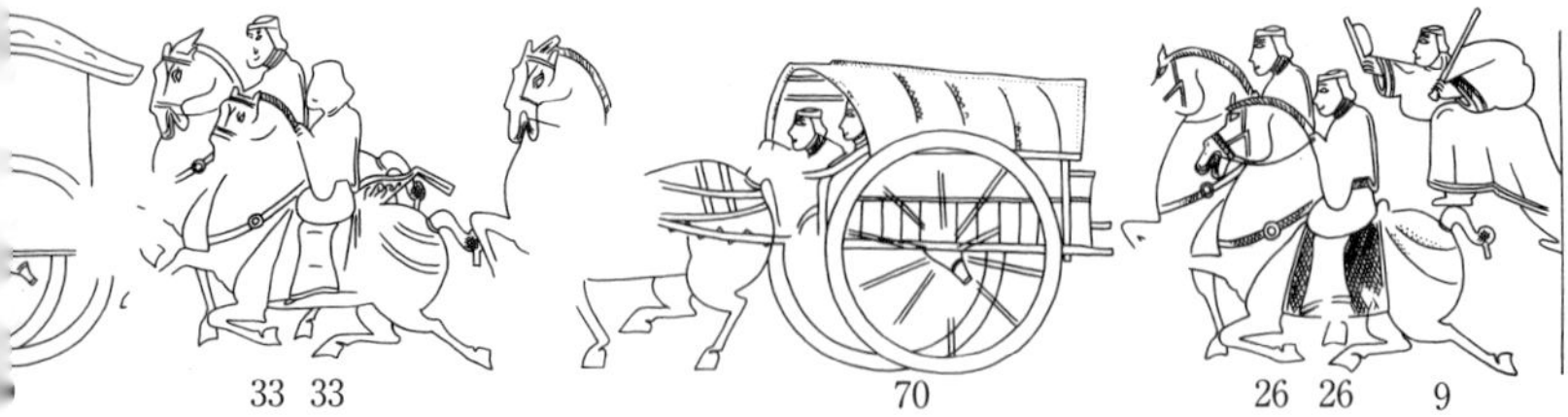
33 33
70
26 26
9

27
39
27
70
39

9
26
67
26

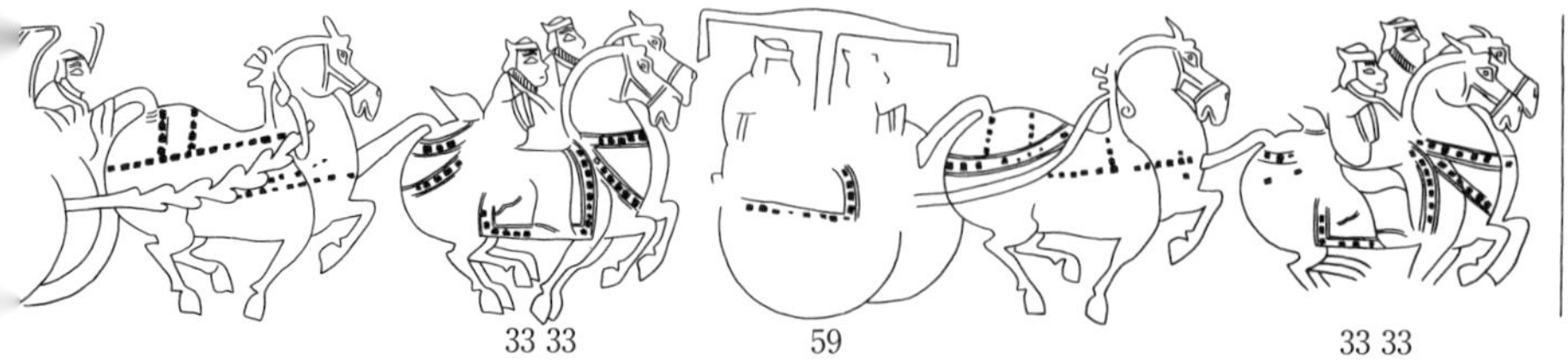
33 33
59
33 33

70

37

38

39

40

41

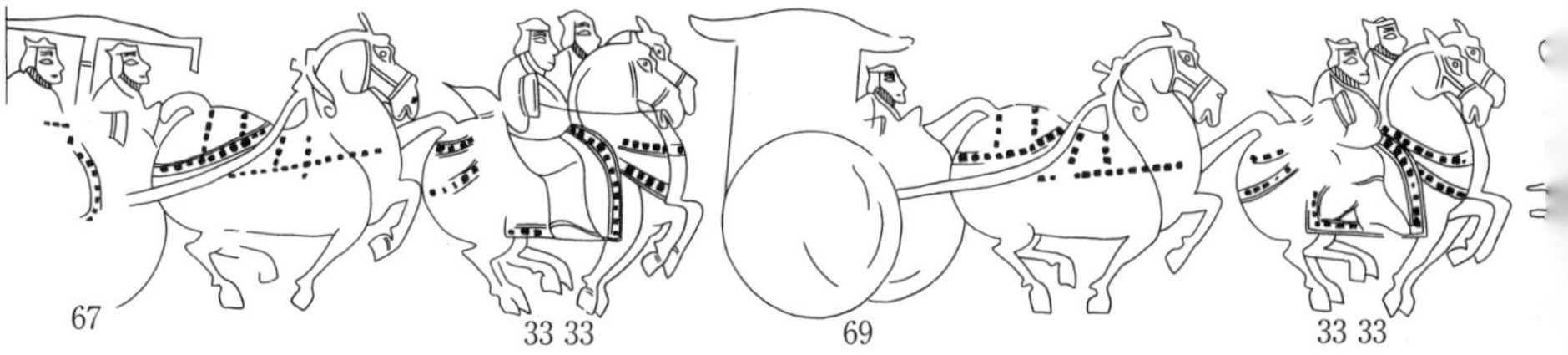

42

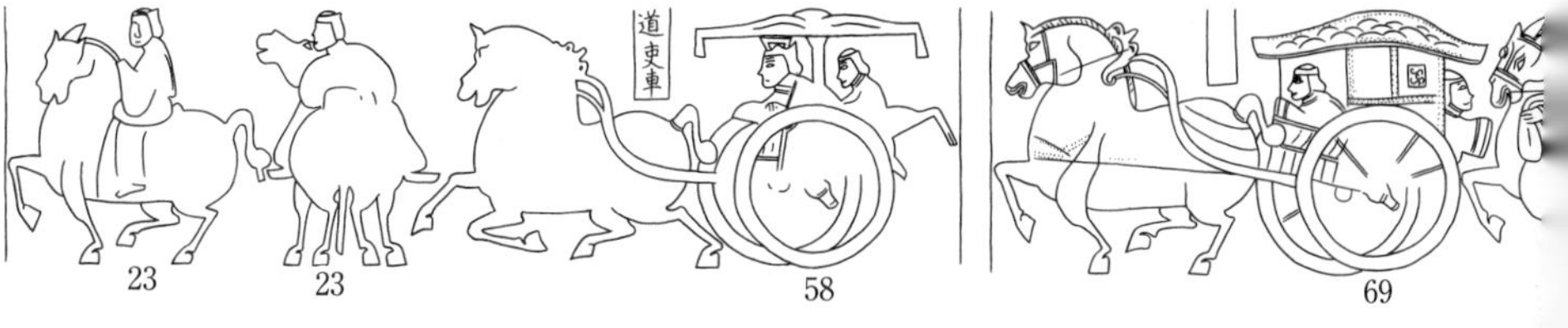

注

（1）畢・阮一七九七、第七、一一—一二。
（2）Fischer 1931, pp. 41–42, 95–100.
（3）郭一九五四、七七—七八頁。
（4）林一九六二、七—一四頁。
（5）容一九三六、考釈四—五頁。
（6）Chavannes 1909, Pl. 1, 1re partie, p. 188.
（7）関等、一九五五。
（8）「山東楽陵県発現古墓」一一五頁。
（9）Dewall 1964, 51–67.
（10）北京歴史博物館等一九五五、図版五、二二。
（11）瞿仲溶。
（12）北京歴史博物館等一九五五、図版五、一八。
（13）曾等一九五六、三二頁。
（14）陳一九六三、一六二頁。
（15）広州市文管会一九五八、図四〇、胡一九六二、二〇九頁。
（16）曾等一九五六、拓片第九、一〇幅。
（17）陳一九六三、一六二頁。
（18）劉一九五八、一二頁、陳一九六三、一六三頁。
（19）北京歴史博物館等一九五五、図版九。
（20）陳一九六三、一六三頁。
（21）同右。
（22）門闌、部署、街里は走卒にかかる。
（23）このような棒のうちには殳とは別に、木の外に銅で作ったものがあったらしい。『古今注』上に「車輻、棒也、漢朝執金吾、金吾亦棒也、以銅為之、黄金塗両末、謂為金吾、御史大夫、司隷、校尉亦得執焉、御史校尉、郡守、都尉、県長之類、皆以木為吾焉、用以夾車、故謂之車輻、一曰形似輻、故謂之車輻也」というごときである。しかしこれは上官の持つもので、歩卒の持物ではないようである。
（24）曾等一九五六、三二頁。
（25）同右。
（26）瞿「武祠前石室画像攷」末尾の図九、図一三。
（27）関野一九一六、六五図。
（28）同、八六図。
（29）劉一九五八、一〇頁。
（30）北京歴史博物館等一九五五、図版九。
（31）江上一九三三。
（32）大庭脩によると（大庭一九五二）、前漢時代には男子は二三歳—五六歳までみな兵役の義務があり、二三歳になると一年間兵卒として（おそらく郡国に）勤務、その他に一年衛士として長安に上番する義務がある。この二年で一般人の義務は終る。材官、騎士は一般人の中から材力ある者を選んで特殊訓練をし、郡国に常駐する。また毎歳太官の都試（査閲）を受けるべく郡治に集まるというのが立前であった。材官は両足で弩の弓を押え、両手で弦を引いて機に引懸けることのできるような力持ちの兵卒であり、騎士は騎射をよくする騎兵である。近衛兵も、部隊によって特殊性はあるが、やはり国民の中から選抜された者を以て編成された。即ち郡国にも騎士がいたのである。

(33) 浜口一九四三。

(34)『後漢書』百官志五、注引。

(35) 浜口一九四三、二〇九頁および注(6)。

(36) 同、二四二―二四六頁。

(37) この導、従の名は後漢時代の用法に従ったものである。「志」に「公卿以下至県三百石長、導従置門下五吏、賊曹、督盗賊、功曹、皆帯剣、三車従導、主簿、主記、両車為従、県令以上、加導斧車」というごとくである。

(38)『続漢書』百官志三、御史中丞の条に引く逸文。

(39) 常一九五五、図版一。

(40) 瞿仲溶『漢武梁祠堂石刻画像攷』巻六、一一。

(41) Chavannes 1909, p. 200.

(42) 李一九五五、三四頁。

(43) 関野一九一六、第六〇図。

(44) 劉一九五八、二二図。

(45) 曾等一九五六、図版五一。

(46) 駒井一九五〇、図版一一、左。二三頁。

(47) 陳一九六〇。

(48)「似京都官騎」というのは少しおかしい。前記のごとく、王国には京都の北軍から官騎が支給されていたわけだからである。

(49)『集解』に「釈課促」の課は衍字だという。

(50) 原文の「前列」は文字通りに位置を記しているのではなさそうである。画像石によってみると、騎吏は主人の車のすぐ前、またはすぐ前に配された辟車伍佰の前に在り、ここは前列とは呼びえないと思われるからである。この「列」はこの条のすぐ先に「張弓帯鞬遮迾」とある「迾」に取った方が意味が通る。

(51) 17の伍佰の条末尾参照。

(52) 容一九三一、三、三九。

(53) 駒井一九五〇、図版一一。

(54) 劉一九五八、五一図。

(55) 曾等一九五六、三三頁。

(56) 厳一九六一、一二三―一二四頁。

(57)『後漢書』紀一〇上。

(58) 厳一九六一、二一七頁。

(59) 杉本憲司はこの行列の主人の淳于諶が五百石以下の長や相に従っていた二百石の丞か尉であったと推定した（杉本憲司一九七〇、五九九頁）。

(60) 郡の督盗賊は県の游徼に相当する。

(61) 厳一九六一、二八四―二九〇頁。

(62) 関野一九一六、六五図。

(63) 米沢一九四二、三五三―三五五頁。

(64) Chavannes 1909, p. 184.

付図出所目録

図1　山東省、嘉祥県、武氏前石室第九石。Chavannes 1909, Pl. 54, no. 111, Pl. 73, no. 111 bis

図2　出土地不明。Chavannes 1909, Pl. 98, no. 186

図3、4　山東省、沂南画像石墓中室西壁上段、北壁上段西半。

曾等一九五六、拓片三七、三八幅

図5　山東省、嘉祥県、武氏前石室第四石。Chavannes 1909, Pl. 52, no. 108

図6　山東省、嘉祥県、武氏前石室第五石。Chavannes 1909, Pl. 50, no. 106

図7　山東省、嘉祥県、武氏前石室第一三石、第三石、第一一石。Chavannes 1909, Pl. 56, no. 116, Pl. 51, no. 107, Pl. 55, no. 113. Fairbank 1941, fig. 6 復原図により接合

図8　山東省、嘉祥県、武氏後石室第六石。Chavannes 1909, Pl. 71, no. 135

図9　安徽省、定遠県、壩王荘画像石墓中室南壁上部。安徽文物管理委員会一九五九、図5上

図10　山東省、泰安県城外、乾家堡。京都大学人文科学研究所、石刻資料　XXIII, 三五（傅一九五一、図二、三）

図11　同右（傅一九五一、図四、五）

図12　山東省、嘉祥県、武氏左石室第七石・第九石・第八石。Chavannes 1909, Pl. 63, no. 127, Pl. 65, no. 129, Pl. 64, no. 128. Fairbank 1941, fig. 8 復原図により接合

図13　山東省。傅一九五〇、図二三五、二三四

図14　山東省、聊城県。傅一九五一、図二三

図15　山東省、嘉祥県、武氏前石室第二石。Chavannes 1909, Pl. 50, no. 105

図16　山東省、嘉祥県、武氏前石室第一五石。Chavannes 1909, Pl. 55, no. 115

図17　山東省、嘉祥県、武氏左石室第二石。Chavannes 1909, Pl. 55, no. 121

図18　山東省、嘉祥県、武氏前石室第一〇石。Chavannes 1909, Pl. 58, no. 120

図19　遼寧省、遼陽、三道壕、窯業第四現場壁画墓。李一九五五、二八—三五頁

図20　山東省、嘉祥県、上華林村、真武廟。傅一九五〇、図一九三

図21　江蘇省、銅山県、茅村地区。江蘇文物管理委員会一九五九、図一〇七

図22　Chavannes 1909, Pl. 98, no. 186

図23　四川省、成都、羊子山一号墓東壁。重慶市博物館一九五七、図版三七、三一、二四、三〇。馮一九六一、図5により排列

図24　江蘇省、銅山県、洪楼地区。江蘇文物管理委員会一九五九、図六二

図25　山東省、滕県。傅一九五一、図六八

図26　山東省、梁山県、後銀山壁画墓西壁。関等一九五五、図版三

図27　安徽省、定遠県、壩王荘画像石墓中室北壁上部。安徽文物管理委員会一九五九、図5、下

図28　山東省、福山県、東留公村。王一九五七、図版四

図29　山東省。傅一九五〇、図二四四

図30　山東省、安邱、董家荘画像石墓中室西壁。山東省博物館一九六四、図六

図31　同右

図32　四川省、成都、羊子山一号墓東壁。迅冰一九五九、石刻三三、出行之六—一〇

図33　遼寧省、遼陽、棒台子屯壁画墓。李一九五五、一五―二八頁
図34―36　山東省、肥城県、孝堂山石室東壁・北壁・西壁。Chavannes 1909, Pl. 27, no. 48, Pl. 24, no. 45, Pl. 25, no. 46, Pl. 26, no. 47
図37　山東省、嘉祥県、武梁石室第三石・第一石。Chavannes 1909, Pl. 46, no. 77, Pl. 44, no. 75
図38　山東省、沂南画像石墓北壁上段東半。曾等一九五六、拓片三九幅。
図39　江蘇省、徐州、茅村画像石墓三室北壁。江蘇文管会一九五九、図一六。
図40　山東省、傅一九五〇、図二七五。
図41　山東省。傅一九五〇、図二六四、二六五。
図42　山東省、嘉祥県、武氏前石室第一二石、一一石。Chavannes 1909, Pl. 55, no. 114, Pl. 55, no. 113. Fairbank 1941, fig. 6 復原図により接合。

なおこれらの図は右にあげた以外の拓本の見られるものは参照し、できるだけ復原したうえ模写した。

引用文献目録

〈日本文〉

江上波夫一九三三「漢代の狩猟・動物の図様につきて」『市村博士古稀記念東洋史論叢』東京、二二一―二四九頁
大庭脩一九五二「材官考」『龍谷史壇』三六、七六―八七頁
駒井和愛一九五〇『遼陽発見の漢代墳墓』東京
杉本憲司一九七〇「山東省の一漢代壁画墓について」『日本古代文化論攷』東京、五九一―六〇六頁
関野貞一九一六『支那山東省に於ける漢代墳墓の表飾』東京
浜口重国一九四三「光武帝の軍備縮少とその影響」『東亜学』八、二〇五―二四八頁
林巳奈夫一九六二「戦国時代の画像紋」㈢『考古学雑誌』四八、一、一―二二頁
米沢嘉圃一九四二「顧愷之の画雲台山記に就いて――複合構図法考㈥」『國華』六二五、三五三―三六〇頁

〈中国文〉

安徽省文物管理委員会一九五九「定遠県壩王荘古画象石墓」『文物』一九五九、一二、四三―四六頁
王子雲一九五七『中国古代石刻画選集』北京
郭沫若一九五四「申述一下関於殷代殉人的問題」『奴隷制時代』七三―八〇頁
関天相・冀剛一九五五「梁山漢墓」『文物参考資料』一九五五、五、四三―五〇頁
瞿仲溶「武祠前石室画像攷」『漢武梁祠堂石刻画像攷』附
厳耕望一九六一『中国地方行政制度史（上編㈠、㈡）』巻上、秦漢地方行政制度』上、下冊、台北
広州市文物管理委員会一九五八『広州出土漢代陶屋』北京
江蘇文物管理委員会一九五九『江蘇徐州漢画象石』北京
胡肇椿一九六二「楼櫓塢壁与東漢的階級闘争」『考古』一九六

二、四、二〇六—二一〇頁
山東省博物館一九六四「山東安邱漢画像石墓発掘簡報」『文物』一九六四、四、三〇—四〇頁
「山東楽陵県発現古墓」『文物参考資料』一九五五、一〇、一二三—一二四頁
重慶市博物館一九五七『重慶市博物館蔵四川漢画像磚選集』北京
常任俠一九五五『漢代絵画選集』北京
迅冰一九五九『四川漢代彫塑芸術』北京
曾昭燏等一九五六『沂南古画像石墓発掘報告』北京
陳直一九六三「望都漢墓壁画題字通釈」『考古』一九六三、三、一六一—一六四頁
陳明達一九六〇「石幢弁」『文物』一九六〇、二、二一—二五頁
畢沅・阮元一七九七『山左金石志』
傅惜華一九五〇『漢代画像全集』初編、北京
傅惜華一九五一『漢代画像全集』二編、北京
馮漢驥一九六一「四川的画像磚墓及画像磚」『文物』一九六一、一一、三五—四二頁
北京歴史博物館・河北省文物管理委員会一九五五『望都漢墓壁画』北京
容庚一九三一『漢金文録』北京
容庚一九三六『漢武梁祠画像録』考釈、北京
李文信一九五五「遼陽発現的三座壁画古墓」『文物参考資料』一九五五、一五—四二頁
劉志遠一九五八『四川漢代画像磚芸術』北京。

〈欧文〉

Chavannes, E. 1909 *Mission archéologiques dans la Chine septentrionale*, Paris
Dewall, Magdalene von 1964 Pferd und Wagen im frühen China, *Saarbrucker Beiträge zur Altertumskunde*, Bonn
Fairbank, W. 1941 The Offering Shrines of "Wu Liang Tz'u", *Harvard Journal of Asiatic Studies*, vol. 6, no. 1, pp. 1–6
Fischer, O. 1931 *Die chinesische Malerei der Han Zeit*, Berlin

解題

岡村秀典

本書は林巳奈夫先生が一九八〇年代はじめごろ出版を準備された自選論集である。二〇〇六年の逝去後、蔵書を整理していたときに段ボール箱に入った原稿の束を発見した。「中国古代の文物」と標題されたそれは、出版社の編集を経て一九八三年九月に見本刷が出校するところまで進んでいたが、なぜか陽の目をみることがなかったものであった。先生は同じころ日本学士院賞の受賞対象となった『殷周時代青銅器の研究』（京都大学人文科学研究所研究報告、一九八四年）に取り組み、つづいて『殷周時代青銅器紋様の研究』（一九八六年）・『春秋戦国時代青銅器の研究』（一九八九年）や『中国古玉の研究』（一九九一年）・『中国古玉器総説』（一九九九年、以上すべて吉川弘文館の刊行）など中国古代の青銅器や玉器にかんする大冊の執筆に傾注されたから、出版の時機を逸してしまったのかもしれない。

七章からなる本論は、いずれも先生が京都大学人文科学研究所（以下「人文研」と略す）の助手であったときに発表された一連の論文で、それぞれの初出は次の通りである。

第一章　中国先秦時代の旗（『史林』第四九巻第二号、一九六六年）
第二章　殷周時代の図象記号（『東方学報』京都第三九冊、一九六八年）
第三章　中国先秦時代の馬車（『東方学報』京都第二九冊、一九五九年）
第四章　周礼考工記の車制（『東方学報』京都第三〇冊、一九五九年）
第五章　中国先秦時代の馬（一）（二）（『民族学研究』第二三巻第四号、一九五九年、第二四巻第一・二号、一九六〇年）
第六章　後漢時代の馬車（上）（下）（『考古学雑誌』第四九巻第三・第四号、一九六三年）
第七章　後漢時代の車馬行列（『東方学報』京都第三七冊、一九六六年）

発表順にみると、先秦時代の馬車と馬を論じた第三章から第五章は一九五九・六〇年の二年間に集中している。三〇代前半の生気あふれる作品であり、本書の中核をなしている。つづいて漢代の車馬を論じた第六・第七章、殷周時代の図象記号や旗を論じた第一・第二章の論文が相次いで発表されている。このうち「中国先秦時代の馬車」の一部は「西周金文に現れる車馬関係語彙」（『甲骨学』第一一号、一九七六年）として大幅に書き直され、「後漢時代の馬車」は『漢代の文物』（京都大学人文科学研究所、一九七六年）に「七　乗物」として修訂再録されたものが本書の底本になっている。また、『民族学研究』誌に発表された馬の論文をのぞいて漢文を原文のまま引用していたが、本書では読者の便宜のために訓読がすべてに併記されている。「序論」は本書のために書き下ろされたものである。

収録論文のうち四篇は人文研の研究紀要である『東方学報』に発表された。それは原稿の枚数制限がないため、最初に発表された「中国先秦時代の馬車」は二段組一三〇頁におよぶ長編である。学会誌に発表された「中国先秦時代の馬」と「後漢時代の馬車」も長大なため、それぞれ二分割して掲載されている。

本書で詳細に論じられているように、中国では殷時代に馬と戦車が突如として出現する。それは完成された形でオリエントから伝来した。西周時代には青銅製の車馬具が発達し、王が諸侯にさまざまな車馬具を賜与したことが青銅器の銘文（金文）に記されている。また『詩』には外民族を征伐する英雄の出陣や凱旋、冊命のための朝見などの場面において、美しく飾った馬や車が描写され、東周時代の斉で成立したとされる『周礼』考工記には車の形制にかんする記述がある。考工記に記された馬車各部分の寸法は多分に観念的だが、馬車を作る工程や出来上がりの基準などの情報は、馬車の構造や性能を考える上で有益である。戦国・秦漢時代には金銀を象嵌した青銅製車馬具が発達し、馬車がステイタス・シンボルとして社会的機能をもつようになる。『続漢書』輿服志をはじめとする古文献には身分に応じた車種や車馬具についての記載があり、後漢墓の画像石や壁画には豪壮な車馬行列が描かれている。しかし、漢代には戦車から騎馬へと戦法が大きく転換したほか、後漢時代末期に戦乱相次ぎ、騎馬に長けた遊牧民族が大挙して北中国に侵入するようになり、馬車はその役割を終える。馬車の消滅はいわば古代の終焉でもあったのである。

清代の考証学者たちは、こうした古文献と漢代以後の礼学者たちの注釈をもとに、周代の車制にかんする緻密な考証を積み重ねてきた。また、金文にみえる車馬関係の文字や画像石の榜題として刻まれた文字を解釈してきた。二〇世紀になると、甲骨文の発見にともなって古典籍と甲骨・金文を併用した殷周時代史研究がはじまった。

一方、青銅製の車馬具は清代のころから骨董品として収集されていたものの、いずれも小さな部品であり、文字がないため、研究者の関心を引くことはほとんどなかった。一九三〇年代になって中央研究院歴史語言研究所の石璋如らが河南省安陽殷虚小屯で殷時代の車馬坑を発掘、郭宝鈞らが河南省濬県辛村で西周・春秋時代の大型墓を発掘し、多数の車馬具がまとまって出土した。これらの科学的な調査によって、ようやく馬車の考古学的な研究が可能となった。しかし、木材を組み合わせて作った馬車の本体や馬をつなぐための革紐などは土中で腐朽し、発掘技術が未熟なこともあって、発掘ではばらばらになった車馬具と馬骨が検出されただけであるから、馬車の構造や馬の繋駕法を復原するのはむずかしかった。しかも日中戦争によって調査資料の整理がむずかしくなり、正式の報告書が刊行されたのは戦後になってからであった。

考古学による研究が大きく進展したのは、新中国の成立後である。一九五〇年から五二年にかけて中国科学院考古研究所の夏鼐らが河南省輝県琉璃閣で戦国時代の車馬坑を発掘し、わずかな土色のちがいを判別して腐朽した木製の輿と輪を検出することにはじめて成功した。その画期的な成果の報告書は一九五六年に刊行され、つづいて安陽殷虚や洛陽東郊などで発掘された殷・西周時代の車馬坑についても簡単な報告が現れるようになった。

林先生が人文研の助手に着任されたのは一九五七年一二月、こうした古代車馬の考古学研究のまさに黎明期であった。以下、先生の足跡をたどりながら、先生がどのようにして本書の研究をまとめられたのかを考えてみたい。

先生は考古少年であった。一九二五年、神奈川県藤沢市に生まれ、父の林達夫は『ファーブル昆虫記』の翻訳や百科全書の編集者として名高い。その影響を受けて、先生もたんなる考古少年というより、動物や植物など身近なあらゆるものに関心を寄せた。考古学者でなかったら植物学者になっていた、とも回顧されていたという。本書第四章に馬車の力学的分析、第五章に馬の動物学的分析が詳しく論じられているのも、そうした自然科学を含む博物学的な先生の研究志向をよく示している。

一九四七年、先生は旧制一高を卒業し、ふつうなら東京大学に進むところを、なじみのない京都大学文学部に進学された。それはひとえに考古学を研究するためであった。そのとき考古学教室の主任教授は梅原末治であり、その指導もあって東洋考古学を専攻されたが、主に薫陶を受けたのは人文研教授の貝塚茂樹であった。貝塚は甲骨・金文を用いた中国古代史研究を開拓し、考古学の調査成果にも大きな関心を寄せていた。先生は一高の先輩にあたる樋口隆康（のち京都大学教授）や同学年の伊藤道治（のち人文研助手をへて神戸大学教授）らとともに貝塚から甲骨・金文の手ほどきを受け、殷周時代の考古学研究を志した。

人文研では東方文化学院の時代より伝統的な考証学と西洋近代の研究法とを融合させた分野横断的な共同研究が進められていたが、先生は貝塚の主宰する「両周金文編年の研究」班や科学史の藪内清を班長とする「漢より唐末に至る中国科学技術史の研究」班などに参加した。本書第四章の「『周礼』考工記の車制」は、藪内班の成果報告として『東方学報』の「中国古代科学技術史の研究」特集号に掲載されたものであり、同号には人文研の吉田光邦の「周礼考工記の一考察」も収録されている。考工記にかんする緻密にして周到な考証は、この共同研究のなかで培われたのであろう。こうした伝統的な考証学に甲骨・金文を用いた歴史学と新しい考古学的な調査成果を総合する研究を進め、入所後の短期間のうちにまとめあげられたのが、本書の中核をなす第三章から第五章であった。つづいて発表された本書の第二章は、殷・西周時代の青銅器に表された図象記号とそれに関係する甲骨文をもとに殷周時代の社会関係、とくに人びとの社会的紐帯に焦点をあてて論じたものである。当時、それは古代史研究者の間でさかんに議論されていた研究テーマであるが、先生は関連資料だけをピックアップして論じる従来の説を批判し、あらゆる資料を網羅的にカードに採り、その全体を系統的に分類整理するという方法で進められた。それは漢籍目録など工具書の作成に早くから利用されていた手法だが、後に人文研の梅棹忠夫が『知的生産の技術』(岩波新書、一九六九年)に京大式カードを用いた整理方法を公表したことにより世間に広まった。先生の編集した『三代吉金文存器影参照目録　附小校経閣金文拓本目録』(大安、一九六七年)はこの副産物であり、『中国殷周時代の武器』(京都大学人文科学研究所、一九七二年)はこの間の研究成果としてまとめられた学位論文である。そして本書第一章は、武器と並んで重要な役割をもつ軍旗と図象記号の研究から派生した課題であった。

入所のころに話を戻すと、林先生を人文研の助手に招いたのは東洋考古学研究部門の水野清一である。一九五五年の京都大学カラコルム・ヒンズークシ学術探検隊の成果を受けて、水野は一九五九年に考古美術・地理・人類技術・歴史言語の各班からなるイラン・アフガニスタン・パキスタン学術調査隊を組織した。人文研がユーラシアの西方に大きくフィールドを広げようとしたときであり、林先生はその調査に一九六二年の第三回まで毎回参加した。欧米における考古学・動物学・民族学の成果を参照しながら、中国における馬と馬車の起源をオリエントに求めた本書第三・第五章の研究は、同時期の成果であり、おそらくその海外調査と無関係ではあるまい。林先生は第二外国語にフランス語を選択し、フランスのランティエ著『先史時代の生活』(白水社クセジュ文庫、一九五六年)のような訳書も出版されていたが、馬の特性と車の構造にもとづいて繫駕法の変遷を論じたノエット著のフランス語論文は、本書第三章第三節において詳しく検討されている。先生はまた、ドイツ語やロシア語の文献も渉猟された。ユーラシアの車馬を論じたハンチャル著のドイツ語文献は、厚さ八センチほどの大冊であるが、人文研の所蔵本は端が擦り切れるぐらい読み込まれた痕があり、第三章第四節においてそれが数十頁にわたって参照されている。アルタイ・パズイルイックのクルガンで発掘された馬については、第五章第二節においてロシア語のヴィットト報告が詳細に引用されている。なお、先秦時代の馬にかんする第五章第一節の一部は“Some Epigraphical Evidences on the Horse Breeding in

Ancient China” と題する英語論文として『ウィーン民族学会誌（Mitteiungen der Anthropologischen Gesellschaft in Wien）』第九二号（ハンチャル記念特集、一九六二年）に発表され、欧米の考古・民族学界においても大きな反響を呼んだ。先生が後年ドイツ考古学協会海外会員に選出されたのは、その論文が高く評価されたからであろう。

人文研ではまた、中国芸術・考古学の長廣敏雄を班長として漢代の画像石を読み解く「漢代の美術と思想」班が開かれており、本書第六・第七章の研究はその共同研究が契機になったのだろう。しかも鄭司農や鄭玄ら漢代の礼学者は考工記などに詳しい注釈を残しており、先秦時代の馬車を考えるためにも漢代の馬車に対する理解が最低限必要とされたから、先生は殷周時代に研究の重心を置く一方、出土車馬具や馬車の画像資料を手がかりとして漢代の考古学研究に着手されたのである。その後、一九六八年に貝塚茂樹と水野清一、六九年に長廣が退官し、殷周時代を専門とする所員は先生ひとりだけとなったことから、先生は助教授昇任後の一九七〇年に「漢代文物の研究」という共同研究班を立ち上げた。漢代の文物なら研究所の内外に関心をもつ研究者が少なくなかったからである。その研究会は後漢時代に成立した辞典の『釈名』を会読しながら、関連の考古資料と文献資料を網羅する方法によって進められ、その成果は『漢代の文物』（京都大学人文科学研究所、一九七六年）としてまとめられた。先にも述べたように、その「七　乗物」は本書第六章「後漢時代の馬車」の底本である。

清代より画像石の拓本を用いた図像考証がおこなわれていたが、石の破損や摩滅などにより拓本では読みとりにくくなった図像でも、先生は透徹した観察眼で原形に近い形に描き起こし、図像の姿態や配置を精密に分析する新しい図像学の手法を切り開いた。なかでも車馬行列については、馬車の種類をそれぞれに考証するだけでなく、伍佰・導騎・兵車・導車・騎吏・主車・従騎などからなる車馬行列の編成を大きく四階層に分類し、『続漢書』輿服志などにみえる官僚制度との対応関係を明らかにした。先生は図象記号から殷・西周時代の社会関係を分析したように、文献資料による馬車の同定にとどまらず、ステイタス・シンボルであった馬車と車馬行列の総合的な分析によって後漢時代の官僚制度の実相にせまろうとされたのである。

林先生の車馬研究が一段落した一九六六年、文化大革命の勃発により中国考古学の新しい情報は完全に途絶し、遺跡の発掘調査が再びさかんになるのは一九八〇年代になってからである。先生が本書の編集に着手されたのは、そのころである。長安張家坡や三門峡上村嶺などで発掘された西周・春秋時代の馬車をもとに、張長寿や孫機、リッタウァーらが馬車の構造や馬の繋駕法にかんする研究論文を相次いで発表したことから、本書ではそれらを批評する「補記」を第三章の四〇八・四〇九頁に加え、章末の注(43)・(106)などでも所見が追記されている。また、「補記」の冒頭でも触れられているように、一九八〇年には陝西省臨潼県に所在する秦始皇帝陵の陪葬坑で青銅製馬車二輌が発掘された。それは実際の四頭立て馬車を約二分の一の大きさに細部まで正確に写し取った模型で、馬とその革具類もすべて青銅でみごとに造作されている(秦始皇兵馬俑博物館・陝西省考古研究所『秦始皇陵銅車馬発掘報告』文物出版社、一九九八年)。文革以前、馬車の発掘は黄河中流域に限られていたが、近年は発掘技術が格段に進歩したおかげで、中国各地で馬車が原形をとどめたまま検出されるようになり、甘粛省馬家塬戦国墓では馬車や牛車の木組や金・銀・鉄などの装飾部品がきわめて良好な状態で発掘されている(『文物』二〇一〇年第六期、同二〇一八年第六期など)。さらに漢代の諸侯王墓からも金銀の金具で装飾した馬車が発掘され、山東省長清県双乳山の済北王墓から出土した馬車の展覧会図録『漢代「王車」の輝き』(京都府京都文化博物館ほか、二〇〇一年)は、前漢時代の豪華な馬車を復原した日本語の参考書として有益である。

また、殷周時代の墓にともなう馬坑や車馬坑からは多数の馬骨が出土し、動物考古学の専門家による慎重な骨の発掘がおこなわれ、サイズの測定や牡牝、年齢の鑑定のほか、DNA分析や車の牽引などによる病理学的な分析も実施されるようになった。林先生が本書で検討したような馬種の系統問題も、近い将来に解決するかもしれない。

こうした考古学のめざましい発見に比べて、考古資料と文献資料を総合する車馬研究は立ち後れていた。文革後の大学教育では考古学が歴史学から完全に独立し、考古学の発掘資料が充実するにつれて、器物の形をもとに時代や地域性を論じることができ、そうした考古学に特化した研究がますます増えているからである。しかし、本書でも強調されているように、発掘された器物の名称、用途、社会における役割などを研究するためには、どうしても文献資料によらざるをえない。考古学者の文字離れが進むなかで参考書として注目されたのが、一九三〇年代に河南省濬県辛村で西周・春秋時代の車馬具、一九五〇年代に河南省輝県琉璃閣で戦国時代の車馬坑を発掘していた郭宝鈞の研究である。かれは一九六〇年代はじめに殷周時代の車具を考証する『殷周車器研究』を執筆していたが、未刊のまま死去し、遺著として文物出版社から刊行されたのは一九九八年、同じように一九六〇年代に図像資料と文献資料をもとに後漢時代の馬車を復原した王振鐸の遺作『東漢車制復原研究』が科学出版社から刊行されたのは一九九七年のことである。いずれも黎明期の考古学研究であり、本書とよく似た経緯をたどっている。

近年、戦国時代の曾侯乙墓などから葬送儀礼を記録した竹簡が出土し、車馬研究は新しい展開をみせている。古文字学を専攻する武漢大学の蕭聖中は『曾侯乙墓竹簡釈文補正曁車馬制度研究』（科学出版社、二〇一一年）を出版し、出土文字資料と伝世文献資料とをつき合わせて考証する研究がスタートしたのである。

このなかで本書に論じられた林先生の車馬研究は、ますます重要になっている。本書に収録された論文は、上述のように、かねてより欧米の研究者に注目されてきたが、昨年、「『周礼』考工記の車制」が復旦大学の宮谷如さんによって中国語に翻訳されたことにより（『伝統中国研究集刊』第一七輯、上海社会科学院出版社、二〇一七年）、先生の研究が中国の研究者にも周知されるようになった。しかし、殷周時代から後漢時代にいたる考古資料、甲骨・金文などの出土文字資料、礼書をはじめとする伝世文献資料を総合した研究は、いまだ現れていないし、研究の細分化によって、今後も現れることがないかもしれない。三〇年あまり上梓が後れたとはいえ、こうして林先生の中国古代車馬研究がまとまった形で世に問うことができたことを素直に喜びたい。

最後になったが、本書の出版を快諾いただいた奥様の林真弥子さんに感謝する。また、本書の出版にあたっては、原稿の整理から文字入力まで、すべて臨川書店のお世話になった。とくに独特の手書き原稿、ユニコードにもない漢字、甲骨・金文の作字のほか、挿図が非常に多く、かなり困難な作業であったと思われる。入稿から出版まで一年以上経ってしまったが、後れがちな校正を辛抱強く待っていただいた臨川書店の工藤健太さんに御礼を申し上げる。

Chariot and Horse in Ancient China

by

Minao HAYASHI

RINSEN BOOK CO.

Kyoto, October 2018

TABLE OF CONTENTS

索　　引

人名（神・民族名）索引

ア行

カ行

サ行

タ行

ナ、ハ行

マ、ヤ行

ラ行

地名・遺跡名索引

ア行

カ行

サ行

タ、ナ行

ハ行

マ、ラ行

事 項 索 引

ア行

カ行

サ行

車馬関係索引

ア行

カ行

サ行

タ行

マ、ヤ行

ラ行

文献索引

ア行

カ行

サ行

タ行

ハ、マ、ヤ行

ラ行

林　巳奈夫（はやし　みなお）
1925年5月神奈川県生まれ。京都大学文学部史学科考古学専攻卒業、平凡社編集部を経て、京都大学人文科学研究所助手、助教授、教授。京都大学名誉教授。日本学士院賞（1985）。勲三等旭日中綬章（1995）。日本学士院会員（2004）。主な著書に『中国殷周時代の武器』、『漢代の文物』、『殷周時代青銅器の研究』、『春秋戦国時代青銅器の研究』、『漢代の神神』、『中国古玉の研究』、『中国古玉器総説』、『中国古代の生活史』など。2006年1月逝去。享年80歳。

中国古代車馬研究

二〇一八年一〇月三一日　初版発行

著者　林　巳奈夫
編者　岡村秀典
発行者　片岡　敦
印刷製本　亜細亜印刷株式会社

発行所　株式会社　臨川書店
606-8204　京都市左京区田中下柳町八番地
電話（〇七五）七二一—七一一一
郵便振替　〇一〇七〇—二—八〇〇

落丁本・乱丁本はお取替えいたします
定価はカバーに表示してあります

ISBN978-4-653-04367-6 C3022 ©林　真弥子 2018